THEOTONIO NEGRÃO

VERSÃO **COMPACTA**

CÓDIGO CIVIL

CÓDIGO CIVIL

Theotonio Negrão

Foi advogado militante, Juiz do Tribunal Regional Eleitoral de São Paulo (categoria de jurista) e Presidente da Associação dos Advogados de São Paulo.

Em 1961, através do Ministério da Educação — MEC, publicou um Dicionário da Legislação Federal, contendo o texto (ou o ementário, conforme o caso) de toda a legislação federal vigente àquela época.

José Roberto Ferreira Gouvêa

Graduado pela Faculdade de Direito do Largo São Francisco (USP), turma de 1973, e aluno, em Paris, da École Nationale de la Magistrature. Foi advogado em São Paulo, Procurador de Justiça do Ministério Público do Estado de São Paulo, professor de Direito Civil da Faculdade de Direito da Fundação Instituto de Ensino para Osasco e Presidente do Conselho Nacional da Defesa do Consumidor.

Desde abril de 2000 é Serventuário da Justiça, tendo obtido os 1º e 3º lugares no 1º Concurso de Outorga de Delegações de Registro de Imóveis e de Protesto de Letras e Títulos promovido pelo Tribunal de Justiça do Estado de São Paulo.

Luis Guilherme Aidar Bondioli

Advogado graduado pela Faculdade de Direito da Universidade de São Paulo — Largo São Francisco (1998), onde também obteve os títulos de mestre (2004) e doutor (2008) em Direito Processual. Publicou por esta Editora as obras *Embargos de declaração* (2007, 2ª tir.), *O novo CPC: a terceira etapa da reforma* (2006), *Reconvenção no processo civil* (2009) e *Comentários ao Código de Processo Civil — v. XX (arts. 994 a 1.044)* (2017, 2ª ed.). Tem diversos artigos publicados em revistas jurídicas e em obras coletivas.

João Francisco Naves da Fonseca

Advogado graduado pela Faculdade de Direito da Universidade de São Paulo — Largo São Francisco, onde também obteve os títulos de mestre e doutor em Direito Processual. Membro do Instituto Brasileiro de Direito Processual e do Centro de Estudos Avançados de Processo. Publicou por esta Editora as obras *Exame dos fatos nos recursos extraordinário e especial* (2012), *O processo do mandado de injunção* (2016) e *Comentários ao Código de Processo Civil — v. IX (arts. 485 a 508)* (2017, 2ª tir.). Tem diversos artigos publicados em revistas jurídicas e em obras coletivas.

THEOTONIO NEGRÃO

VERSÃO COMPACTA

- Comentários ao Código Civil
- Atualizado até a Lei 13.465, de 11.7.2017

THEOTONIO NEGRÃO
JOSÉ ROBERTO F. GOUVÊA
LUIS GUILHERME A. BONDIOLI
JOÃO FRANCISCO N. DA FONSECA

CÓDIGO CIVIL

EDIÇÃO ESPECIAL 2017

saraiva jur

ISBN 978-85-472-2179-9

DADOS INTERNACIONAIS DE CATALOGAÇÃO NA PUBLICAÇÃO (CIP)

Brasil

[Código Civil]
Código Civil : edição especial / Theotonio Negrão ; José Roberto F. Gouvêa, Luis Guilherme A. Bondioli, João Francisco N. da Fonseca. – São Paulo : Saraiva, 2017.

1. Direito civil - Legislação - Brasil I. Negrão, Theotonio, 1917-2003 II. Gouvêa, José Roberto F. III. Bondioli, Luis Guilherme A. IV. Fonseca, João Francisco N. da V. Título.

17-1054 CDU 347(81)(094.4)

Índice para catálogo sistemático:

1. Brasil : Código Civil 347(81)(094.4)

SOMOS EDUCAÇÃO | saraiva jur

Av. das Nações Unidas, 7.221, 1º andar, Setor B
Pinheiros – São Paulo – SP – CEP 05425-902

SAC | 0800-0117875
De 2ª a 6ª, das 8h às 18h
www.editorasaraiva.com.br/contato

Presidente Eduardo Mufarej
Vice-presidente Claudio Lensing
Diretora editorial Flávia Alves Bravin

Conselho editorial
Presidente Carlos Ragazzo
Consultor acadêmico Murilo Angeli Dias dos Santos

Gerência
Planejamento e novos projetos Renata Pascual Müller
Concursos Roberto Navarro
Legislação e doutrina Thaís de Camargo Rodrigues

Edição Deborah Caetano de Freitas Viadana

Produção editorial Ana Cristina Garcia (coord.)
Luciana Cordeiro Shirakawa
Rosana Peroni Fazolari

Arte e digital Mônica Landi (coord.)
Claudirene de Moura Santos Silva
Guilherme H. M. Salvador
Tiago Dela Rosa
Verônica Pivisan Reis

Planejamento e processos Clarissa Boraschi Maria (coord.)
Juliana Bojczuk Fermino
Kelli Priscila Pinto
Marília Cordeiro

Fernando Penteado
Tatiana dos Santos Romão

Novos projetos Laura Paraiso Buldrini Filogonio

Diagramação e revisão Know-How Editorial

Comunicação e MKT Elaine Cristina da Silva
Capa Aero Comunicação
Produção gráfica Marli Rampim
Impressão e acabamento Geográfica

Data de fechamento da edição: 12-7-2017

Dúvidas? Acesse www.editorasaraiva.com.br/direito

CL 604391 CAE 622490

Apresentação

Em 1974, o nosso *Código de Processo Civil e legislação processual em vigor* nasceu, com 592 páginas, em formato reduzido. Em 1980, o nosso *Código Civil e legislação civil em vigor* veio à luz, um pouco maior, com 722 páginas, ainda em formato reduzido, mas colocando em evidência uma realidade inexorável: ambas as obras estavam fadadas ao crescimento, dada a sua razão de ser, qual seja, a informação.

Durante os mais de 40 anos de vida dessas obras, o anunciado crescimento motivou uma série de movimentos para a sua devida acomodação. O formato dos livros aumentou, referências a artigos doutrinários foram parcialmente eliminadas, leis foram excluídas, mas sempre com o cuidado de preservar ao máximo o conhecimento acumulado ao longo dos anos.

Chegamos em 2017 à 48ª edição do *Código de Processo Civil e legislação processual em vigor* e à 35ª edição do *Código Civil e legislação civil em vigor*, com 4.716 páginas somadas nos dois livros. Todavia, a ideia de um resgate da concepção original da obra nunca nos abandonou. A solução que encontramos para viabilizar esse resgate foi o lançamento de uma **edição especial** para cada livro, consubstanciada em versão compacta, em formato reduzido e atualizada.

O *Novo Código de Processo Civil* tem por objeto central a Lei 13.105, de 16.3.15, devidamente anotada, inclusive com acréscimos às notas existentes na 48ª edição do *Código de Processo Civil e legislação processual em vigor*. O *Código Civil*, por sua vez, ocupa-se da Lei 10.406, de 10.1.02, igualmente anotada e também com acréscimos às notas existentes na 35ª edição do *Código Civil e legislação civil em vigor*. Ambas as obras foram elaboradas já à luz da Lei 13.465, de 11.7.17, que – entre outras providências – cuidou do art. 799 do CPC e dos arts. 1.225-XIII, 1.358-A e 1.510-A a 1.510-E do CC.

Tanto o *Novo Código de Processo Civil* quanto o *Código Civil* fazem referência a conteúdo do *Código de Processo Civil e legislação processual em vigor* e do *Código Civil e legislação civil em vigor* e trazem o índice alfabético-remissivo característico dessas obras mais extensas. Assim, criamos um diálogo entre os quatro livros e estimulamos a interação do leitor com todos eles.

Quem já conhece o *Código de Processo Civil e legislação processual em vigor* ou o *Código Civil e legislação civil em vigor* passa a contar com uma versão mais enxuta dessas obras, com ênfase na sua portabilidade. Quem entra em contato com o nosso trabalho por meio do *Novo Código de Processo Civil* ou do *Código Civil* fica sabendo que há uma versão mais robusta das nossas anotações à legislação processual e à legislação civil em vigor.

Com isso, esperamos levar adiante o propósito de utilidade para o leitor que motivou a própria fundação das obras, há mais de quatro décadas.

* * *

Mais uma vez contamos com o eficiente auxílio da nossa assistente, Ruth Kieco Suzuki, a quem somos muito gratos. Prestamos nossas homenagens também a todas as pessoas da Editora Saraiva e da Know-how Editorial que contribuíram para a edição especial deste livro. Muito obrigado a todos vocês!

* * *

Críticas e sugestões ao livro podem ser enviadas ao endereço eletrônico theotonio@somoseducacao.com.br, pelo que muito agradecemos.

J. R. F. G.
L. G. A. B.
J. F. N. F.

Abreviaturas

✎	indica resumo bibliográfico de doutrina
AC	Ato Complementar
ADCT	Ato das Disposições Constitucionais Transitórias
ADI	Ação Direta de Inconstitucionalidade
ADPF	Arguição de Descumprimento de Preceito Fundamental
Ag	Agravo
AgInt	Agravo Interno
AgRg	Agravo Regimental
AI	Agravo de Instrumento; Ato Institucional
AIT	Agravo de Instrumento Trabalhista
Ajuris	Revista da Associação dos Juízes do Rio Grande do Sul
AMS	Apelação em Mandado de Segurança
AO	Ação Ordinária
AP	Apelação
ap.	apenso
AR	Ação Rescisória
art.	artigo
Bol. AASP	Boletim da Associação dos Advogados de São Paulo
CA	Código de Águas (Dec. 24.643, de 10.7.34); Conflito de Atribuições
cap.	capítulo
c/c	combinado com
CC	Código Civil (Lei 10.406, de 10.1.02)
CC rev.	Código Civil revogado (Lei 3.071, de 1.1.16)
CCLCV	Código Civil e legislação civil em vigor, do autor
CCo	Código Comercial (Lei 556, de 25.6.1850; seus arts. 1º a 456 foram revogados pelo CC atual)
CDC	Código de Defesa do Consumidor (Lei 8.078, de 11.9.90)
CED	Enunciados do Centro de Estudos e Debates do 2º TASP (Bol. AASP 1.854/supl., p. 1)
CEJ	Enunciados aprovados pelo Centro de Estudos Judiciários do Conselho da Justiça Federal
CF	Constituição Federal
cf.	confronte com, conforme
CJ	Conflito de Jurisdição
CLT	Consolidação das Leis do Trabalho (Dec. lei 5.452, de 1.5.43)
CNJ	Conselho Nacional de Justiça
col.	coluna
CP	Código Penal (Dec. lei 2.848, de 7.12.40, com os arts. 1º a 120 modificados pela Lei 7.209, de 11.7.84)

CPC	Código de Processo Civil (Lei 13.105, de 16.3.15)
CPC rev. ou CPC/73	Código de Processo Civil de 1973 (Lei 5.869, de 11.1.73)
CPCLPV	Código de Processo Civil e legislação processual em vigor, dos autores
CPC/39	Código de Processo Civil de 1939 (Dec. lei 1.608, de 18.9.39)
CPP	Código de Processo Penal (Dec. lei 3.689, de 3.10.41)
CTN	Código Tributário Nacional (Lei 5.172, de 25.10.66)
Dec.	Decreto
Dec. leg.	Decreto legislativo
Dec. lei	Decreto-lei
dec. mon.	decisão monocrática
desp.	despacho
disp. trans.	disposição(ões) transitória(s)
DJE	Diário da Justiça do Estado de São Paulo
DJU	Diário da Justiça da União
DOU	Diário Oficial da União
EA	Estatuto da Advocacia (Lei 8.906, de 4.7.94)
EAC	Embargos na Apelação Cível
EAR	Embargos em Ação Rescisória
ECA	Estatuto da Criança e do Adolescente (Lei 8.069, de 13.7.90)
ED	Embargos de Divergência
ed.	edição
EDcl	Embargos de Declaração
EI	Embargos Infringentes
em.	ementa
Em. Const.	Emenda Constitucional
Em. Reg.	Emenda Regimental
embs.	embargos
EPD	Estatuto da Pessoa com Deficiência
ERE	Embargos em Recurso Extraordinário
EREO	Embargos em Remessa *ex officio*
ET	Estatuto da Terra (Lei 4.504, de 30.11.64)
EId	Estatuto do Idoso (Lei 10.741, de 1.10.03)
ETAB	Encontro dos Tribunais de Alçada do Brasil
ex.	exemplo
HC	*Habeas corpus*
HD	*Habeas data*
i. e.	isto é
IF	Intervenção Federal
IINC	Incidente de Inconstitucionalidade; Arguição de Inconstitucionalidade
inc.	inciso
Inf. STF	Informativo STF
ínt.	íntegra
IP	Interesse Público — Revista Bimestral de Direito Público
IUJur	Incidente de Uniformização de Jurisprudência

JECSP	Juizado Especial Cível de São Paulo
JECRJ	Juizado Especial Cível do Rio de Janeiro
JTA	Julgados dos Tribunais de Alçada Civil de São Paulo (ed. Lex, até o vol. 70; ed. Saraiva, do vol. 71 a 82; ed. RT, do vol. 83 em diante)
JTAERGS	Julgados do Tribunal de Alçada do Estado do Rio Grande do Sul
JTJ	Jurisprudência do Tribunal de Justiça do Estado de São Paulo, ed. Lex, a partir do vol. 140 (ex-RJTJESP)
Just.	Justitia, revista da Procuradoria-Geral de Justiça de SP
LA	Lei de Alimentos (Lei 5.478, de 25.7.68)
LAF	Lei das Alienações Fiduciárias (Dec. lei 911, de 1.10.69)
LAJ	Lei de Assistência Judiciária (Lei 1.060, de 5.2.50)
LAP	Lei da Ação Popular (Lei 4.717, de 29.6.65)
LArb	Lei de Arbitragem
LC	Lei Complementar
LCa	Lei Cambial (Dec. 2.044, de 31.12.08)
LCE	Lei dos Condomínios Edilícios (Lei 4.591, de 16.12.64)
LCh	Lei do Cheque (Lei 7.357, de 2.9.85)
LCM	Lei de Correção Monetária (Lei 6.899, de 8.4.81)
LCP	Lei das Contravenções Penais (Dec. lei 3.688, de 3.10.41)
LCU	Lei Cambial Uniforme (Dec. 57.663, de 24.1.66)
LD	Lei de Desapropriações (Dec. lei 3.365, de 21.6.41)
LDA	Lei de Direitos Autorais (Lei 9.610, de 19.2.98)
LDi	Lei do Divórcio (Lei 6.515, de 26.12.77)
LDR	Lei do Direito de Resposta (Lei 13.188, de 11.11.15)
LDu	Lei das Duplicatas (Lei 5.474, de 18.7.68)
LEF	Lei das Execuções Fiscais (Lei 6.830, de 22.9.80)
Lex	Lex, seção de legislação federal
Lex est.	Lex, seção de legislação estadual paulista
Lex-JTA	Julgados dos Tribunais de Alçada Civil de SP, ed. Lex (a partir do vol. 71, inclusive)
Lex-Marg.	Lex, seção de legislação federal, Marginália
LI	Lei do Inquilinato (Lei 8.245, de 18.10.91)
LIA	Lei de Improbidade Administrativa (Lei 8.429, de 2.6.92)
LICC	Lei de Introdução ao Código Civil (antiga denominação do Dec. lei 4.657, de 4.9.42)
LINDB	Lei de Introdução às normas do Direito Brasileiro (Dec. lei 4.657, de 4.9.42)
LIP	Lei de Investigação de Paternidade (Lei 8.560, de 29.12.92)
Liv.	livro
LJE	Lei dos Juizados Especiais (Lei 9.099, de 26.9.95)
LJEF	Lei dos Juizados Especiais Federais (Lei 10.259, de 12.7.01)
LMI	Lei do Mandado de Injunção (Lei 13.300, de 23.6.16)
LMS	Lei do Mandado de Segurança (Lei 12.016, de 7.8.09)
LOJF	Lei de Organização da Justiça Federal (Lei 5.010, de 30.5.66)

LOM	Lei Orgânica da Magistratura Nacional (LC 35, de 14.3.79)
LPB	Lei dos Planos de Benefícios da Previdência Social (Lei 8.213, de 24.7.91)
LRF	Lei de Recuperação e Falência (Lei 11.101, de 9.2.05)
LRP	Lei dos Registros Públicos (Lei 6.015, de 31.12.73)
LSA	Lei das Sociedades Anônimas (Lei 6.404, de 15.12.76)
MC	Medida Cautelar
MCI	Marco Civil da Internet (Lei 12.965, de 23.4.14)
Med. Prov.	Medida Provisória
MI	Mandado de Injunção
MP	Ministério Público
MS	Mandado de Segurança
n.	número
NSC	Normas de Serviço da Corregedoria-Geral da Justiça de São Paulo
obs.	observação
p/	para
p.	página, páginas
Pet	Petição
p. ex.	por exemplo
p. vets.	partes vetadas e veto rejeitado pelo Congresso
ProAf	Proposta de Afetação
Prov.	Provimento
PUIL	Pedido de Uniformização de Interpretação de Lei
RAMPR	Revista da Associação dos Magistrados do Paraná
RBDF	Revista Brasileira de Direito de Família
RBDFS	Revista Brasileira de Direito das Famílias e Sucessões
RBDP	Revista Brasileira de Direito Processual
RBDPb	Revista Brasileira de Direito Público
RCD	Reconsideração
RcDesp	Reconsideração de despacho
RCJF	Regimento de Custas da Justiça Federal (Lei 6.032, de 30.4.74)
Rcl	Reclamação
RDA	Revista de Direito Administrativo
RDDP	Revista Dialética de Direito Processual
RDFAS	Revista de Direito de Família e das Sucessões
RDI	Revista de Direito Imobiliário
RDP	Revista de Direito Público
RDPr	Revista de Direito Privado
RE	Recurso Extraordinário
Reg.	Região; Regimental
rel.	relator
rel. p. o ac.	relator para o acórdão
REO	Remessa *ex officio*
rep.	republicado

Res.	Resolução
REsp	Recurso Especial
ret.	retificação, retificado em
Rev. AASP	Revista do Advogado (da Associação dos Advogados de São Paulo)
RF	Revista Forense
RHC	Recurso em *Habeas Corpus*
RIASP	Revista do Instituto dos Advogados de São Paulo
RIDA	Revista IOB de Direito Administrativo
RIDCPC	Revista IOB de Direito Civil e Processual Civil
RIDF	Revista IOB de Direito de Família
RISTF	Regimento Interno do STF
RISTJ	Regimento Interno do STJ
RJ	Revista Jurídica (Ed. Notadez)
RJ-Lex	Revista Jurídica LEX
RJM	Revista Jurisprudência Mineira (editada pelo TJMG)
RJTAMG	Revista de Julgados do Tribunal de Alçada do Estado de Minas Gerais
RJTJERGS	Revista de Jurisprudência do Tribunal de Justiça do Estado do Rio Grande do Sul
RJTJESP	Revista de Jurisprudência do Tribunal de Justiça do Estado de São Paulo (v. tb. JTJ)
RMDAU	Revista Magister de Direito Ambiental e Urbanístico
RMDCPC	Revista Magister de Direito Civil e Processual Civil
RMDECC	Revista Magister de Direito Empresarial, Concorrencial e do Consumidor
RMS	Recurso em Mandado de Segurança
RNDFS	Revista Nacional de Direito de Família e Sucessões
ROHD	Recurso Ordinário em *Habeas Data*
RP	Revista de Processo
Rp	Representação
RSDA	Revista Síntese de Direito Administrativo
RSDCPC	Revista Síntese de Direito Civil e Processual Civil
RSDP	Revista Síntese de Direito Público
RSTJ	Revista do STJ
RT	Revista dos Tribunais
RTDC	Revista Trimestral de Direito Civil
RTFR	Revista do TFR
RTJ	Revista Trimestral de Jurisprudência (do STF)
s/	sobre
SE	Sentença Estrangeira
seç.	seção
segs.	seguintes
SL	Suspensão de Liminar
s/n	sem número
SS	Suspensão de Segurança
STA	Suspensão de Tutela Antecipada

STF	Supremo Tribunal Federal
STJ	Superior Tribunal de Justiça
subseç.	subseção
subtít.	subtítulo
supl.	suplemento
TA	Tribunal de Alçada
tb.	também
TCI	Lei dos Títulos de Crédito Industrial (Dec. lei 413, de 9.1.69)
TFR	Tribunal Federal de Recursos
tít.	título
TJ	Tribunal de Justiça
ún.	único
Un. da Jur.	Uniformização da Jurisprudência
v.	veja
vol. ou v.	volume
v.u.	votação unânime

Ementário

Código Civil

Dec. lei 4.657, de 4.9.42 — Lei de Introdução às normas do Direito Brasileiro (v. adiante, texto integral). Entrou em vigor a 24.10.42, de acordo com o Dec. lei 4.707, de 17.9.42. Sua ementa foi alterada pela Lei 12.376, de 30.12.10.

Lei 10.406, de 10.1.02 — Institui o Código Civil (v. adiante, ínt.). Entrada em vigor a 11.1.03 (v. art. 2.044, nota 1).

Lei 10.677, de 22.5.03 — Revoga o art. 374 do Código Civil.

Lei 10.825, de 22.12.03 — Dá nova redação aos arts. 44 e 2.031 da Lei n. 10.406, de 10 de janeiro de 2002, que institui o Código Civil (DOU 23.12.03).

Lei 10.838, de 30.1.04 — Dá nova redação ao art. 2.031 do Códi go Civil (DOU 2.2.04).

Lei 10.931, de 2.8.04 — Acrescenta o art. 1.368-A e altera os arts. 1.331 § 3º, 1.336-I, 1.351 e 1.485 do Código Civil (DOU 3.8.04).

Lei 11.127, de 28.6.05 — Altera os arts. 54, 57, 59, 60 e 2.031 do Código Civil (DOU 29.6.05).

Lei 11.280, de 16.2.06 — Revoga o art. 194 do Código Civil (DOU 17.2.06).

Lei 11.481, de 31.5.07 — Altera os arts. 1.225 e 1.473 do Código Civil (DOU 31.5.07 — ed. extra).

Lei 11.698, de 13.6.08 — Altera os arts. 1.583 e 1.584 do Código Civil (DOU 16.6.08).

LC 128, de 19.12.08 — Acrescenta § 3º ao art. 968 e § ún. ao art. 1.033 do Código Civil.

Lei 12.010, de 3.8.09 — Dispõe sobre adoção; revoga dispositivos do Código Civil e dá outras providências.

Lei 12.133, de 17.12.09 — Dá nova redação ao art. 1.526 do Código Civil, para determinar que a habilitação para o casamento seja feita pessoalmente perante o oficial do Registro Civil (DOU 18.12.09).

Lei 12.236, de 19.5.10 — Dá nova redação ao art. 723 do Código Civil.

Lei 12.344, de 9.12.10 — Altera a redação do inc. II do art. 1.641 do Código Civil, para aumentar para 70 anos a idade a partir da qual se torna obrigatório o regime da separação de bens no casamento.

Lei 12.375, de 30.12.10 — No Código Civil: dá nova redação ao art. 1.061.

Lei 12.376, de 30.12.10 — Altera a ementa do Dec. lei n. 4.657, de 4 de setembro de 1942.

Lei 12.398, de 28.3.11 — Acrescenta parágrafo único ao art. 1.589 do Código Civil, e dá nova redação ao inciso VII do art. 888 do Código de Processo Civil, para estender aos avós o direito de visita aos netos.

Lei 12.399, de 1.4.11 — Acrescenta § 3º ao art. 974 do Código Civil.

Lei 12.424, de 16.6.11 — No Código Civil: acrescenta o art. 1.240-A.

Lei 12.441, de 11.7.11 — Altera o Código Civil para permitir a constituição de empresa individual de responsabilidade limitada.

Lei 12.470, de 31.8.11 — No Código Civil: acrescenta §§ 4º e 5º ao art. 968.

Lei 12.607, de 4.4.12 — Altera o § 1º do art. 1.331 do Código Civil.

Lei 12.873, de 24.10.13 — No Código Civil: altera o *caput* do art. 1.439.

Lei 12.874, de 29.10.13 — Altera o art. 18 do Decreto-lei n. 4.657, de 4 de setembro de 1942, para possibilitar às autoridades consulares brasileiras celebrarem a separação e o divórcio consensuais de brasileiros no exterior.

LC 147, de 7.8.14 — Altera a Lei Complementar n. 123, de 14 de dezembro de 2006, e as Leis n. 5.889, de 8 de junho de 1973, 11.101, de 9 de fevereiro de 2005, 9.099, de 26 de setembro de 1995, 11.598, de 3 de dezembro de 2007, 8.934, de 18 de novembro de 1994, 10.406, de 10 de janeiro de 2002, e 8.666, de 21 de junho de 1993; e dá outras providências. No Código Civil: altera o art. 968-II.

Lei 13.043, de 13.11.14 — No Código Civil: altera o art. 1.367 e acrescenta o art. 1.368-B.

Lei 13.058, de 22.12.14 — Altera os arts. 1.583, 1.584, 1.585 e 1.634 da Lei n. 10.406, de 10 de janeiro de 2002 (Código Civil), para estabelecer o significado da expressão "guarda compartilhada" e dispor sobre sua aplicação.

Lei 13.105, de 16.3.15 — Código de Processo Civil. No Código Civil: altera os arts. 274 e 2.027-*caput* e dispõe sobre a revogação dos arts. 227-*caput*, 229, 230, 456, 1.482, 1.483 e 1.768 a 1.773.

Lei 13.146, de 6.7.15 — No Código Civil: altera os arts. 3º, 4º, 228, 1.518, 1.550, 1.557, 1.767 a 1.769, 1.771, 1.772 e 1.777. Acrescenta os arts. 1.775-A e 1.783-A. Revoga os arts. 1.548-I, 1.776 e 1.780.

Lei 13.151, de 28.7.15 — No Código Civil: altera os arts. 62, 66 e 67.

Lei 13.176, de 21.10.15 — Acrescenta o inciso IX ao art. 964 do Código Civil.

Lei 13.465, de 11.7.17 — Dispõe sobre a regularização fundiária rural e urbana, sobre a liquidação de créditos concedidos aos assentados da reforma agrária e sobre a regularização fundiária no âmbito da Amazônia Legal; institui mecanismos para aprimorar a eficiência dos procedimentos de alienação de imóveis da União. No CC: regulou o direito real de laje (arts. 1.225-XIII e 1.510-A a 1.510-E) e o condomínio de lotes (art. 1.358-A).

CC
Índice por Artigos

Parte Geral | (arts. 1º a 232)

Livro I | DAS PESSOAS (arts. 1º a 78)

Livro II | DOS BENS (arts. 79 a 103)

Livro III | DOS FATOS JURÍDICOS (arts. 104 a 232)

Parte Especial (arts. 233 a 2.046)

Livro I DO DIREITO DAS OBRIGAÇÕES (arts. 233 a 965)

Livro II | DO DIREITO DE EMPRESA (arts. 966 a 1.195)

Livro III | DO DIREITO DAS COISAS (arts. 1.196 a 1.510)

Livro IV | DO DIREITO DE FAMÍLIA (arts. 1.511 a 1.783)

Livro V | DO DIREITO DAS SUCESSÕES (arts. 1.784 a 2.027)

Código Civil[1-2]

Lei n. 10.406, de 10 de janeiro de 2002

Institui o Código Civil.

O Presidente da República,
Faço saber que o Congresso Nacional decreta e eu sanciono a seguinte lei:

✎ **CÓD. CIV.: 1.** "Reflexões sobre o novo Código Civil", por Ênio Santarelli Zuliani (Rev. AASP 68/31); "Inovações principais do novo Código Civil", por Dilvanir José da Costa (RT 796/39 e RF 364/45); "Algumas considerações sobre o novo Código Civil brasileiro", por Ricardo Rodrigues Gama (RF 364/267); "O novo Código Civil Brasileiro: tramitação; função social do contrato; boa-fé objetiva, teoria da imprevisão; e, em especial, onerosidade excessiva", por Álvaro Villaça Azevedo (RJ 308/7); "Interpretação e aplicabilidade da Constituição: em busca de um Direito Civil Constitucional", por Anderson Sant'Ana Pedra (RJ 308/40 e RDA 232/177); "Visão geral do novo Código Civil", por Miguel Reale (RT 808/11); "Considerações ao novo Código Civil", por Heraldo Garcia Vitta (RT 811/11); "O novo Código Civil Brasileiro em suas coordenadas axiológicas: do liberalismo à socialidade", por José Camacho Santos (Ajuris 88/195); "O novo Código Civil e o Direito Processual", por José Carlos Barbosa Moreira (RJ 304/3); "Apreciação crítica do Código Civil de 2002 na perspectiva constitucional do Direito Civil contemporâneo", por Luiz Edson Fachin (RJ 304/3); "Sistema e direito privado", por Luciano de Camargo Penteado (RDPr 16/161); "A constitucionalização do Direito Civil", por Almir José Finocchiaro Sarti (RJ 312/32); "Ensino jurídico, interdisciplinariedade e o espírito da nova lei civil", por Emerson Ike Coan (RDPr 14/7); "Os princípios informadores do novo Código Civil e os princípios constitucionais fundamentais: lineamentos de um conflito hermenêutico no ordenamento jurídico brasileiro", por Mário Lúcio Quintão Soares e Lucas Abreu Barroso (RDPr 14/49); "A jus-humanização das relações privadas: para além da constitucionalização do Direito Privado", por Plínio Melgaré (Ajuris 94/227); "Culturalismo e experiência no novo Código Civil", por Judith Martins-Costa (RT 819/23); "Apontamentos sobre o princípio da solidariedade no sistema do direito privado", por Rosa Maria de Andrade Nery (RDPr 17/65); "Novo Código Civil e os processos pendentes: ensaio acerca do impacto", por Guilherme Rizzo Amaral (RSDCPC 27/118 e RF 383/497); "A 'reconstitucionalização' do direito civil brasileiro: lei nova e velhos problemas à luz de dez desafios", por Luiz Edson Fachin (RJ 324/16); "O novo Código Civil e as regras heterotópicas de natureza processual", por Humberto Theodoro Júnior (RSDCPC 32/15); "A função social no Código Civil. Aspectos da publicização do direito privado", por Marco Aurélio Serau Junior (RF 375/103); "Externalidades e custos de transação: a redistribuição de direitos no novo Código Civil", por Rachel Sztajn (RDPr 22/250); "Repersonalização e constitucionalização: superação do paradigma patrimonialista", por Munira Hanna (Ajuris 98/221); "O bicentenário Código Napoleão e o Direito Civil brasileiro", por Ricardo Pereira Lira (RF 377/169); "O Código Civil brasileiro e o problema metodológico de sua realização. Do paradigma da aplicação ao paradigma judicativo-decisório", por Francisco Amaral (Ajuris 100/119 e RF 385/87); "A incorporação dos direitos fundamentais pelo ordenamento brasileiro: sua eficácia nas relações jurídicas privadas", por Gustavo Tepedino (Ajuris 100/153 e RJ 341/11); "A evolução do sistema do direito civil: do individualismo à sociedade", por Daniela Vasconcellos Gomes (RDPr 27/32); "Descodificação, constitucionalização e descentralização no direito privado: o Código Civil ainda é útil?", por Luciano Benetti Tim (RDPr 27/223); "Condições gerais dos contratos e o novo Código Civil brasileiro", por Paulo Luiz Netto Lôbo (RTDC 27/103); "Os 10 anos do Código Civil de 2002 e suas repercussões no direito processual civil", por Francisco Glauber Pessoa Alves (RP 221/185).

✎ **CÓD. CIV.: 2.** s/ direito comparado: "A influência dos direitos fundamentais sobre o direito privado na Alemanha", por Claus-Wilhelm Canaris (RJ 312/7); "Funções da parte geral de um Código Civil e limites da sua prestabilidade", por Claus-Wilhelm Canaris (Ajuris 95/271); "O Código Civil da Alemanha (BGB) e a Lei Fundamental", por Jörg Neuner (Ajuris 97/315 e RJ 326/7).

Parte Geral

Livro I | DAS PESSOAS[1]

Título I | DAS PESSOAS NATURAIS[1]

Capítulo I | DA PERSONALIDADE E DA CAPACIDADE[1]

✎ **LIV. I: 1.** "Estado civil além do casamento", por Ricardo Rodrigues Gama (RJ 334/61).

✎ **TÍT. I: 1.** "Das pessoas naturais", por Nagib Slaibi Filho (RJ 354/63).

✎ **CAP. I: 1.** "Personalidade e capacidade jurídicas no Código Civil de 2002", por Guilherme Calmon Nogueira da Gama e Bruno Paiva Bartholo (RBDF 37/27); "Integridade psíquica e capacidade de exercício", por Ana Carolina Brochado Teixeira (RTDC 33/3); "Deficiência psíquica e curatela: reflexões sob o viés da autonomia privada", por Ana Carolina Brochado Teixeira (RBDFS 7/64).

Art. 1º Toda pessoa é capaz de direitos e deveres na ordem civil.[1-2] [Dispositivo correspondente no CC/1916: art. 2º.]

Art. 1º: 1. s/ direitos da personalidade, v. arts. 11 a 21; s/ direitos e garantias fundamentais, v. CF 5º; s/ capacidade para estar em juízo, v., no nosso CPCLPV, CPC 70 e 75, bem como as respectivas notas.

✎ **Art. 1º: 2.** "A capacidade da pessoa física no direito civil", por Luciano Campos de Albuquerque (RDPr 18/84).

Art. 2º A personalidade ivil da pessoa começa do nascimento com vida; mas a lei põe a salvo, desde a concepção, os direitos do nascituro.[1 a 3] [Dispositivo correspondente no CC/1916: art. 4º.]

✎ **Art. 2º: 1.** "Os embriões como destinatários de direitos fundamentais", por Maria Claudia Chaves (RF 378/469); "Ponderações sobre o começo da vida face a concepção humanitária", por Luciano Dalvi Norbim (RDPr 24/112); "O direito do nascituro à vida", por José Carlos Barbosa Moreira (RJ 340/11, RMDCPC 10/30 e RBDF 34/143); "O direito do nascituro: vida e pessoa", por José Luiz Quadros de Magalhães e Tatiana Ribeiro de Souza (RBDF 34/153); "A personalidade civil do nascituro sob a regência da EC 45/2004", por Cristina Grobério Pazó e Vitor Faria Morelato (RT 847/25); "O direito à vida no Código Civil à luz da Constituição", por Ives Gandra da Silva Martins (RMDCPC 3/95); "Tutela jurídica do nascituro à luz da Constituição Federal", por Rodolfo Pamplona Filho e Ana Thereza Meirelles Araújo (RMDCPC 18/33, RDPr 30/251); "Tutela jurídica do embrião e do nascituro", por Rui Geraldo Camargo Viana (Rev. AASP 98/222); "Disciplina jurídica do embrião extracorpóreo", por Ana Thereza Meirelles Araújo (RTDC 35/3); "A tutela jurídica do embrião: Verdades ou acordos?", por José Dionízio da Rocha (RTDC 36/107); "Da utilização de células-tronco embrionárias em período de descarte: o conflito entre o direito à vida e o princípio da dignidade da pessoa humana", por Valkíria A. Lopes Ferraro, João Carlos Leal Jr. e Renata Mayumi Sanomya (RJ

392/75); "Células-tronco na perspectiva do Direito brasileiro", por Elimar Szaniawski (RT 916/155); "O domínio público do útero materno", por Sérgio da Silva Mendes (IP 71/95); "O bebê-medicamento e a autonomia da técnica: da reprodução assistida para doação à clonagem de seres humanos", por Patrick Troude-Chastenet (RDPr 50/61); "'Aqui, lá e em todo lugar': a dignidade humana no direito contemporâneo e no discurso transnacional", por Luís Roberto Barroso (RT 919/127).

Art. 2º: 1a. s/ direito do nascituro a receber indenização por danos morais, v. art. 186, nota 3; s/ doação feita a nascituro, v. art. 542; s/ curatela do nascituro, v. art. 1.779; s/ direito sucessório do nascituro, v. arts. 1.798 a 1.800. V. tb. ECA 7º a 10, 208-VI, 228 e 229.

Art. 2º: 2. **Enunciado 1 do CEJ:** "A proteção que o Código defere ao nascituro alcança o natimorto no que concerne aos direitos da personalidade, tais como nome, imagem e sepultura".

Enunciado 2 do CEJ: "Sem prejuízo dos direitos da personalidade, nele assegurados, o art. 2º do Código Civil não é sede adequada para questões emergentes da reprogenética humana, que deve ser objeto de um estatuto próprio".

Art. 2º: 3. "Reconhecimento do direito dos pais de receberem a indenização por danos pessoais, prevista na legislação regulamentadora do seguro DPVAT, em face da **morte do feto.** Proteção conferida pelo sistema jurídico à vida intrauterina, desde a concepção, com fundamento no princípio da dignidade da pessoa humana" (STJ-3ª T., REsp 1.120.676, Paulo Sanseverino, j. 7.12.10, um voto vencido, DJ 4.2.11).

Art. 3º São absolutamente incapazes de exercer pessoalmente os atos da vida civil os menores de 16 (dezesseis) anos.[1 a 3] [Dispositivo correspondente no CC/1916: art. 5º-I.]

I — (Revogado);

II — (Revogado);

III — (Revogado).

Art. 3º: 1. Redação do *caput* de acordo com a Lei 13.146, de 6.7.15, que também revogou os incs. do art. 3º. Em vigor 180 dias após a sua publicação (DOU 7.7.15).

Art. 3º: 2. v. arts. 76 (domicílio), 166-I (nulidade do negócio jurídico), 198-I (suspensão de prazo prescricional), 228-I (impossibilidade de depor como testemunha), 543 (doação), 928 (responsabilidade civil), 974 a 976 (exercício de atividade empresarial), 1.634-V (representação nos atos da vida civil), 1.689 a 1.693 (administração dos bens de filhos menores), 1.728 e segs. (tutela), 1.860 (testamento).

V. tb. CPC 50 (competência), 71 (representação processual), 178-II (intervenção do MP), 447 (impossibilidade de depor como testemunha), 759 a 763 (disposições comuns à tutela e à curatela), 896 (leilão judicial de imóvel).

V. ainda CF 7º-XXXIII, CLT 402 a 410 e ECA 60 e segs. (restrição ao trabalho).
Por fim, v., no nosso CCLCV, tít. CRIANÇA, ADOLESCENTE E JOVEM.

Art. 3º: 3. **Enunciado 138 do CEJ:** "A vontade dos absolutamente incapazes, na hipótese do inc. I do art. 3º, é juridicamente relevante na concretização de situações existenciais a eles concernentes, desde que demonstrem discernimento bastante para tanto".

Art. 4º São incapazes, relativamente a certos atos ou à maneira de os exercer:[1-2] [Dispositivo correspondente no CC/1916: art. 6º-*caput*.]

I — os maiores de dezesseis e menores de dezoito anos;[3-4] [Dispositivo correspondente no CC/1916: art. 6º-I.]

II — os ébrios habituais e os viciados em tóxico;[5-5a] [Sem dispositivo correspondente no CC/1916.]

III — aqueles que, por causa transitória ou permanente, não puderem exprimir sua vontade;[6 a 6c] [Sem dispositivo correspondente no CC/1916.]

IV — os pródigos.[7-8] [Dispositivo correspondente no CC/1916: art. 6º-II.]

Parágrafo único. A capacidade dos indígenas será regulada por legislação especial.[9 a 10] [Dispositivo correspondente no CC/1916: art. 6º § ún.]

Art. 4º: 1. Redação do *caput* de acordo com a Lei 13.146, de 6.7.15, em vigor 180 dias após a sua publicação (DOU 7.7.15).

Art. 4º: 2. v. arts. 76 (domicílio), 105 (negócio jurídico), 171-I (anulabilidade do negócio jurídico), 178-III (prazo decadencial para anulação do negócio jurídico), 181 (pagamento atrelado a obrigação anulada), 928 (responsabilidade civil), 974 a 976 (exercício de atividade empresarial), 1.767 e segs. (curatela), 1.860 (testamento).

V. tb. CPC 50 (competência), 71 (representação processual), 178-II (intervenção do MP), 747 a 758 (interdição), 759 a 763 (disposições comuns à tutela e à curatela), 896 (leilão judicial de imóvel).

Art. 4º: 3. v. arts. 180 (ocultação de idade em negócio jurídico), 666 (mandato), 1.517 (casamento) 1.634-V e 1.747-I (assistência nos atos da vida civil), 1.689 a 1.693 (administração dos bens de filhos menores), 1.860 § ún. (testamento).

V. tb., no nosso CCLCV, tít. CRIANÇA, ADOLESCENTE E JOVEM.

Art. 4º: 4. Lei 4.375, de 17.8.64 — Lei do serviço militar: **"Art. 73.** Para efeito do serviço militar, cessará a incapacidade civil do menor, na data em que completar 17 (dezessete) anos".

Art. 4º: 5. Redação do inc. II de acordo com a Lei 13.146, de 6.7.15, em vigor 180 dias após a sua publicação (DOU 7.7.15).

Art. 4º: 5a. v. art. 1.767-III (curatela).

Art. 4º: 6. Redação do inc. III de acordo com a Lei 13.146, de 6.7.15, em vigor 180 dias após a sua publicação (DOU 7.7.15).

Art. 4º: 6a. "Intervalos de lucidez: subsídios para a teoria das incapacidades", por Edgard Audomar Marx Neto (RDPr 51/379); "Da (in)capacidade do ausente para a prática de atos da vida civil: uma breve análise do artigo 3º, III, do CC/2002", por Suzana Santi Cremasco (RMDCPC 27/64).

Art. 4º: 6b. v. arts. 228 § 2º (depoimento como testemunha), 1.550 § 2º (casamento), 1.767-I (curatela), 1.775-A (curatela compartilhada), 1.777 (direito à convivência) e 1.783-A (tomada de decisão apoiada).

V. tb. EPD 2º (pessoa com deficiência).

Art. 4º: 6c. A enfermidade ou **doença mental não se presume,** sequer **pela idade avançada** (Bol. AASP 2.543/4.478).

Art. 4º: 7. "A proteção do pródigo e de sua família no Direito Civil brasileiro", por Murilo Rezende dos Santos (RDPr 55/91).

Art. 4º: 8. v. arts. 1.767-V (curatela) e 1.782 (dimensões da curatela).

Art. 4º: 9. Redação do § ún. de acordo com a Lei 13.146, de 6.7.15, em vigor 180 dias após a sua publicação (DOU 7.7.15).

Art. 4º: 9a. v. CF 231 e 232; Lei 6.001, de 19.12.73 (Estatuto do Índio); Dec. 4.645, de 25.3.03 (Estatuto da FUNAI); Dec. 1.141, de 19.5.94 (ações de proteção ambiental, saúde e apoio às atividades produtivas para as comunidades indígenas); LRP 50 § 2º (registro de nascimento de índio).

Art. 4º: 10. "A Constituição Federal reconhece a **capacidade dos indígenas** para a prática dos atos da vida civil e defesa de seus interesses individuais em juízo. A responsabilidade civil da Funai restringe-se aos atos praticados por indígenas com a finalidade de defender interesses de sua comunidade ou direito assegurado em lei, vigorando o regime de proteção, instituído pela Constituição

Federal. Hipótese em que os indígenas devem responder individualmente pelos ilícitos cometidos durante evento patrocinado pela parte autora" (RT 884/366: TRF-4ª Reg., AP 2007.71.04.006853-4).

Art. 5º A menoridade cessa aos dezoito anos[1-2] completos, quando a pessoa fica habilitada à prática de todos os atos da vida civil. [Dispositivo correspondente no CC/1916: art. 9º-*caput*.]

Parágrafo único. Cessará, para os menores, a incapacidade:[3 a 3b] [Dispositivo correspondente no CC/1916: art. 9º § 1º.]

I — pela concessão dos pais,[3c-4] ou de um deles na falta[4a] do outro, mediante instrumento público, independentemente de homologação judicial, ou por sentença do juiz, ouvido o tutor, se o menor tiver dezesseis anos completos; [Dispositivo correspondente no CC/1916: art. 9º § 1º-I.]

II — pelo casamento;[4b-4c] [Dispositivo correspondente no CC/1916: art. 9º § 1º-II.]

III — pelo exercício de emprego público efetivo; [Dispositivo correspondente no CC/1916: art. 9º § 1º-III.]

IV — pela colação de grau em curso de ensino superior; [Dispositivo correspondente no CC/1916: art. 9º § 1º-IV.]

V — pelo estabelecimento civil ou comercial, ou pela existência de relação de emprego, desde que, em função deles, o menor com dezesseis anos completos tenha economia própria. [Dispositivo correspondente no CC/1916: art. 9º § 1º-V.]

✎ **Art. 5º: 1.** "A maioridade no novo Código Civil e seus efeitos frente ao Código Penal", por Renato Flávio Marcão (RJ 306/77); "Maioridade aos 18 anos e responsabilidade civil dos pais", por Rosaldo Elias Pacagnan e Francisco Smarczewski (RJ 314/35); "Mais capacidade, menos autonomia. O Estatuto da Menoridade no novo Código Civil", por Simone Eberle (RBDF 24/24); "A maioridade no novo Código Civil. A equidade e seus reflexos no ECA", por Alberto Bezerra de Souza (RF 377/441).

Art. 5º: 2. **Enunciado 3 do CEJ:** "A redução do limite etário para definição da capacidade civil aos 18 anos não altera o disposto no art. 16, inciso I, da Lei n. 8.213/91, que regula específica situação de dependência econômica para fins previdenciários e outras situações similares de proteção, previstas em legislação especial".

✎ **Art. 5º: 3.** "Da inconstitucionalidade do art. 5º, parágrafo único, c/c art. 1.635, inciso II, ambos do Código Civil à luz do art. 227, *caput*, da Constituição Federal e da doutrina da proteção integral à criança e ao adolescente", por Murillo José Digiácomo (RJ 314/3); "Uma releitura da emancipação no direito civil brasileiro", por Fernanda Moraes de São José (RBDFS 28/48).

Art. 5º: 3a. s/ registro da emancipação, v. art. 9º-II e LRP 89 e 90; s/ averbação da emancipação do incapaz empresário, v. art. 976; s/ extinção do poder familiar, v. art. 1.635-II e III; s/ cessação da tutela, v. art. 1.763-I. V. ainda ECA 148 § ún.-*e*; Lei 4.375, de 17.8.64, art. 73; Lei 8.112, de 11.12.90, art. 5º-V; Lei 8.213, de 24.7.91, art. 16-I.

Art. 5º: 3b. "Se à requerente, menor de idade, falta vivência e maturidade para administrar quantia de dinheiro significativa e se pretende continuar vivendo com sua tutora, que é sua avó e a quem chama de mãe, e, por outro lado, não sendo comprovada a incapacidade da tutora em continuar gerindo a vida de sua neta, o pedido de emancipação deve ser julgado improcedente, mormente se latente a possibilidade de a menor se desfazer do patrimônio que lhe propiciará condições futuras dignas de subsistência" (RJM 183/150: AP 1.0701.07.175502-2/001).

Art. 5º: 3c. A lei exige a concordância de ambos os pais, mesmo no caso de o menor estar sob a guarda de apenas um deles.

Art. 5º: 4. Em caso de divergência entre os pais, cabe o suprimento judicial, mediante aplicação do § ún. do art. 1.631.

Art. 5º: 4a. i. e., morte, incapacidade, ausência etc.

Art. 5º: 4b. "A emancipação decorrente da união estável: uma possibilidade jurídica", por Thiago Felipe Vargas Simões (RBDFS 29/38).

Art. 5º: 4c. A dissolução do casamento não causará o retorno do menor à incapacidade.

Art. 6º A existência da pessoa natural termina com a morte; presume-se esta, quanto aos ausentes, nos casos em que a lei autoriza a abertura de sucessão definitiva.[1 a 1b] [Dispositivo correspondente no CC/1916: art. 10.]

Art. 6º: 1. Súmula 331 do STF: "É legítima a incidência do imposto de transmissão *causa mortis* no inventário por morte presumida".

Art. 6º: 1a. s/ ausência, v. arts. 22 a 39; s/ bens dos ausentes, v. CPC 744 e 745; s/ registro da ausência, v. LRP 29-VI e 94; s/ registro da cessação da ausência, v. LRP 104. V. tb. Dec. lei 5.782, de 30.8.43, arts. 1º e 2º; Dec. lei 6.239, de 3.2.44; Lei 8.112, de 11.12.90, art. 221; Lei 8.213, de 24.7.91, art. 78; Lei 9.140, de 4.12.95, art. 1º.

Art. 6º: 1b. s/ sucessão definitiva, v. art. 37.

Art. 7º Pode ser declarada a morte presumida, sem decretação de ausência: [Sem dispositivo correspondente no CC/1916.]

I — se for extremamente provável a morte de quem estava em perigo de vida;[1-1a] [Sem dispositivo correspondente no CC/1916.]

II — se alguém, desaparecido em campanha[2] ou feito prisioneiro, não for encontrado até dois anos após o término da guerra. [Sem dispositivo correspondente no CC/1916.]

Parágrafo único. A declaração da morte presumida, nesses casos, somente poderá ser requerida depois de esgotadas as buscas e averiguações, devendo a sentença fixar a data provável do falecimento. [Sem dispositivo correspondente no CC/1916.]

Art. 7º: 1. v., no nosso CCLCV, LRP 88, especialmente nota 1.

Art. 7º: 1a. "Não parece correto cogitar de situações de perigo de vida em que a morte se afigura provável apenas em casos de grandes catástrofes naturais ou decorrentes de ação humana, como quedas de aviões ou terremotos com dezenas ou centenas de vítimas, amplamente noticiados na imprensa. Também em casos comuns de desaparecimento de pessoas, desde que circunstâncias especiais revelem estado de perigo e probabilidade razoável de morte, se amoldam ao tipo do art. 7º do Código Civil" (RT 922/951 e JTJ 376/534: AP 9947-95.2011.8.26.0292; a citação é do voto do relator).

Art. 7º: 2. v. LRP 85 e 86.

Art. 8º Se dois ou mais indivíduos falecerem na mesma ocasião,[1] não se podendo averiguar se algum dos comorientes precedeu aos outros, presumir-se-ão simultaneamente mortos.[2 a 4] [Dispositivo correspondente no CC/1916: art. 11.]

Art. 8º: 1. Para efeitos de comoriência, não interessa que as mortes tenham se dado em locais diversos.

Art. 8º: 2. Um comoriente não participa da sucessão do outro.

Art. 8º: 3. "Não se podendo afirmar com absoluta certeza, em face da prova dos autos, a premoriência de uma das vítimas de acidente em que veículo é abalroado e vem a explodir quase em seguida, deve ser mantida a presunção legal de comoriência" (RJM 179/159). No mesmo sentido: "A presunção legal de comoriência estabelecida quando houver dúvida sobre quem morreu primeiro só pode ser afastada ante a existência de prova inequívoca de premoriência" (RT 639/62).

Art. 8º: 4. "A morte de um dos beneficiários do seguro, na mesma ocasião em que morre o segurado, desafia a aplicação do instituto da comoriência e o valor do seguro é desde logo atribuído por inteiro a outra beneficiária, sem contemplação dos herdeiros da beneficiária falecida, que não chegou a vivenciar o direito ao pagamento do seguro" (RDPr 36/341: TJSP, AP 1185280-0/5).

Art. 9º Serão registrados em registro público:[1] [Dispositivo correspondente no CC/1916: art. 12-*caput*.]

I — os nascimentos,[1a] casamentos[2] e óbitos;[3] [Dispositivo correspondente no CC/1916: art. 12-I.]

II — a emancipação[4] por outorga dos pais ou por sentença do juiz;[5] [Dispositivo correspondente no CC/1916: art. 12-II.]

III — a interdição[6] por incapacidade absoluta ou relativa; [Dispositivo correspondente no CC/1916: art. 12-III.]

IV — a sentença declaratória de ausência[7] e de morte presumida.[8] [Dispositivo correspondente no CC/1916: art. 12-IV.]

Art. 9º: 1. v. Lei 6.001, de 19.12.73, arts. 9º a 13 (Estatuto do Índio); Lei 13.445, de 24.5.17, arts. 19 a 22 (Lei de Migração); CP 241 a 243; LINDB 18 e 19.

Art. 9º: 1a. s/ registro de nascimento, v. LRP 50 a 66. V. tb. art. 1.604.

Art. 9º: 2. v. LRP 67 a 76. V. tb. art. 1.512 § ún.

Art. 9º: 3. v. LRP 77 a 88.

Art. 9º: 4. Compete ao Juiz da Infância e da Juventude "conceder a emancipação, nos termos da lei civil, quando faltarem os pais" (ECA 148 § ún.-*e*).

Art. 9º: 5. v. LRP 89 a 91.

Art. 9º: 6. v. CPC 755 § 3º e LRP 92 e 93.

Art. 9º: 7. v. LRP 94.

Art. 9º: 8. v. LRP 88.

Art. 10. Far-se-á averbação em registro público: [Sem dispositivo correspondente no CC/1916.]

I — das sentenças que decretarem a nulidade ou anulação do casamento, o divórcio, a separação judicial e o restabelecimento da sociedade conjugal;[1] [Sem dispositivo correspondente no CC/1916.]

II — dos atos judiciais ou extrajudiciais que declararem ou reconhecerem a filiação;[2] [Sem dispositivo correspondente no CC/1916.]

III — ....[3]

Art. 10: 1. v. LRP 29 § 1º-*a*. S/ nulidade ou anulação do casamento, v. arts. 1.548 a 1.564; s/ dissolução da sociedade conjugal, v. arts. 1.571 a 1.582; s/ restabelecimento da sociedade conjugal, v. art. 1.577 e LDi 46.

V. art. 1.571, nota 2b **(Em. Const. 66, de 13.7.10).**

Art. 10: 2. v. LRP 29 § 1º-*b* e *d*. S/ reconhecimento de filiação, v. arts. 1.607 a 1.617; ECA 26 e 27; e Lei 8.560, de 2.12.92.

Art. 10: 3. O inc. III foi expressamente revogado pela Lei 12.010, de 3.8.09, em vigor 90 dias após a sua publicação (DOU 4.8.09).

Capítulo II[1 a 4] | DOS DIREITOS DA PERSONALIDADE

CAP. II: 1. "Cidadania e direitos da personalidade", por Gustavo Tepedino (RJ 305/24 e 309/7); "Caracterização jurídica da dignidade da pessoa humana", por Antonio Junqueira de Azevedo (RT 797/11); "Contornos atuais do direito à imagem", por Carlos Affonso Pereira de Souza (RF 367/45); "A integridade psíquica e sua disciplina dentre os direitos de personalidade no sistema legal brasileiro", por Carlos Eduardo de Abreu Boucault (RDPr 14/162); "Colisão entre liberdade de expressão e direitos da personalidade. Critérios de ponderação. Interpretação constitucionalmente adequada do Código Civil e da Lei de Imprensa", por Luís Roberto Barroso (RDPr 18/105 e RDA 235/1); "A dignidade da pessoa e os direitos econômicos, sociais e culturais: uma aproximação latino-americana", por Humberto Nogueira Alcalá (RDPr 20/156); "Dignidade da pessoa humana: referenciais metodológicos e regime jurídico", por Emerson Garcia (RDPr 21/85); "Direitos de personalidade no Código Civil português e no novo Código Civil brasileiro", por Paulo Mota Pinto (Ajuris 96/407, RJ 314/7); "Os direitos de personalidade e os direitos do consumidor", por Bruno Miragem (Ajuris 97/33); "Os direitos da personalidade e suas conexões intra, inter e extrassistemáticas", por Cristiane Avancini Alves (RJ 330/35); "(In)disponibilidade da vida?", por Luciana Batista Esteves (RDPr 24/89); "A dignidade da pessoa humana como condição de possibilidade de sentido", por Reinaldo Pereira e Silva (RDPr 24/235); "Estudo comparado do direito de personalidade no Brasil e na Alemanha", por Erasmo M. Ramos (RT 799/11); "Direito civil e dignidade da pessoa humana: um diálogo constitucional contemporâneo", por Luiz Edson Fachin (RF 385/113); "Considerações acerca da inserção dos direitos de personalidade no ordenamento privado brasileiro", por Lucas Lixinski (RDPr 27/201); "Questões da Lei da Imprensa e os direitos da personalidade", por Ênio Santarelli Zuliani (RIDCPC 48/34, RMDCPC 21/13); "Análise crítica, construtiva e de índole constitucional da disciplina dos direitos da personalidade no Código Civil brasileiro: fundamentos, limites e transmissibilidade", por Luiz Edson Fachin (RJ 362/43); "Autolimitação do direito à privacidade", por Paulo Luiz Netto Lôbo (RTDC 34/93); "Direitos de personalidade: conteúdo e sistematização", por Flávio Henrique Silva Ferreira (RDPr 39/137); "Direitos da personalidade e a divulgação da remuneração dos executivos", por Jorge Cavalcanti Boucinhas Filho (RMDECC 33/50); "Os direitos da personalidade na era da informática", por Cássio Augusto Barros Brant (RDPr 42/9); "Dignidade e solidariedade civil-constitucional", por Roberto Senise Lisboa (RDPr 42/30); "O direito à vida, o direito ao corpo e às partes do corpo, o direito ao nome, à imagem e outros relativos à identidade e à figura social, inclusive intimidade", por Luciano de Camargo Penteado (RDPr 49/73).

CAP. II: 2. v. CF 1º-III e 3º-IV.

CAP. II: 3. **Lei 13.445, de 24.5.17** — Institui a Lei de Migração.

CAP. II: 4. **Enunciado 274 do CEJ:** "Os direitos da personalidade, regulados de maneira não exaustiva pelo Código Civil, são expressões da cláusula geral de tutela da pessoa humana, contida no art. 1º, III, da Constituição (princípio da dignidade da pessoa humana). Em caso de colisão entre eles, como nenhum pode sobrelevar os demais, deve-se aplicar a técnica da ponderação".

Art. 11. Com exceção dos casos previstos em lei, os direitos da personalidade são intransmissíveis e irrenunciáveis, não podendo o seu exercício sofrer limitação voluntária.[1 a 4] [Sem dispositivo correspondente no CC/1916.]

Art. 11: 1. "**Art. 52.** Aplica-se às pessoas jurídicas, no que couber, a proteção dos direitos da personalidade".

Art. 11: 2. **Enunciado 4 do CEJ:** "O exercício dos direitos da personalidade pode sofrer limitação voluntária, desde que não seja permanente nem geral".

Art. 11: 3. **Enunciado 139 do CEJ:** "Os direitos da personalidade podem sofrer limitações, ainda que não especificamente previstas em lei, não podendo ser exercidos com abuso de direito de seu titular, contrariamente à boa-fé objetiva e aos bons costumes".

Art. 11: 4. "Alegação de formalização de instrumento particular de transação e outras avenças, no qual os agravados renunciaram expressamente a postular o reconhecimento de paternidade. Direito indisponível e irrenunciável. Art. 11 do Código Civil" (JTJ 331/141: AI 577.562-4/2-00).

Art. 12. Pode-se exigir que cesse a ameaça, ou a lesão, a direito da personalidade, e reclamar perdas e danos, sem prejuízo de outras sanções previstas em lei.[1 a 3] [Sem dispositivo correspondente no CC/1916.]

Parágrafo único. Em se tratando de morto, terá legitimação para requerer a medida prevista neste artigo o cônjuge sobrevivente, ou qualquer parente em linha reta, ou colateral[4] até o quarto grau.[5-5a] [Sem dispositivo correspondente no CC/1916.]

Art. 12: 1. s/ obras biográficas literárias ou audiovisuais, v. art. 20, nota 2b.

S/ ato ilícito e responsabilidade civil, v. arts. 186 (especialmente **danos morais**) e 927 a 954; s/ perdas e danos, v. arts. 402 a 405.

S/ conteúdo disponibilizado na Internet, v., no nosso CCLCV, MCI 18 a 21 e respectivas notas.

V. tb. CF 5º-X, XXXV, LXVIII, LXIX e LXXI; CPC 300 e segs. e 497 e segs.

Art. 12: 2. **Enunciado 5 do CEJ, primeira parte:** "As disposições do art. 12 têm caráter geral e aplicam-se inclusive às situações previstas no art. 20, excepcionados os casos expressos de legitimidade para requerer as medidas nele estabelecidas".

Enunciado 140 do CEJ: "A primeira parte do art. 12 do Código Civil refere-se às técnicas de tutela específica, aplicáveis de ofício, enunciadas no art. 461 do Código de Processo Civil, devendo ser interpretada com resultado extensivo".

Art. 12: 3. "Posto seja livre a manifestação do pensamento — mormente em épocas eleitorais, em que as críticas e os debates relativos a programas políticos e problemas sociais são de suma importância, até para a formação da convicção do eleitorado —, tal direito não é absoluto. Ao contrário, encontra rédeas tão robustas e profícuas para a consolidação do Estado Democrático de Direito quanto o direito à livre manifestação do pensamento: trata-se dos direitos à honra e à imagem, ambos condensados na máxima constitucional da dignidade da pessoa humana. Em realidade, a pretexto de responder às agressões anteriormente sofridas, utiliza-se do mesmo instrumento de que fez uso seu adversário político: ofensas diretas à honra do ora recorrente. Não se há confundir direito de resposta com direito de vingança, porquanto aquele não constitui crédito ao ofendido para que possa injuriar ou difamar o seu ofensor. Conclusão diversa conduziria à impunidade daqueles que, na ânsia de votos ou visibilidade, a pretexto de exercerem o direito de resposta, tentam manchar a reputação daqueles que os ladeiam. Seria compactuar com o debate de baixo nível que, amiúde, impregna os meios de comunicação" (STJ-RDPr 39/309: 4ª T., REsp 296.391).

"Obrigação de fazer. Liberdade de manifestação de pensamento. Ofensa à honra e à dignidade da pessoa humana. Ocorrência. Publicação de artigo científico na Internet, no qual nome de profissional da medicina foi citado mediante projeções pejorativas no meio médico. Liminar concedida determinando a exclusão de excerto contumelioso do corpo do texto, sob pena de multa. Admissibilidade. Inteligência dos arts. 5º, IV, V e X, e 220, § 1º, da CF e 12, 16 e 17 do CC/2002" (RT 844/384).

Todavia: "O deferimento da tutela inibitória, que procura impedir a violação do próprio direito material, exige cuidado redobrado, sendo imprescindível que se demonstre: (i) a presença de um risco concreto de ofensa do direito, evidenciando a existência de circunstâncias que apontem, com alto grau de segurança, para a provável prática futura, pelo réu, de ato antijurídico contra o autor; (ii) a certeza quanto à viabilidade de se exigir do réu o cumprimento específico da obrigação correlata ao direito, sob pena de se impor um dever impossível de ser alcançado; e (iii) que a concessão da tutela inibitória não irá causar na esfera jurídica do réu um dano excessivo. A concessão de tutela inibitória para o fim de impor ao réu a obrigação de não ofender a honra subjetiva e a imagem do autor se mostra impossível, dada a sua subjetividade, impossibilitando a definição de parâmetros objetivos aptos a determinar os limites da conduta a ser observada. Na prática, estará se embargando o direito do réu de manifestar livremente o seu pensamento, impingindo-lhe um conflito interno sobre o que pode e o que não pode ser dito sobre o autor, uma espécie de autocensura que certamente o inibirá nas críticas e comentários que for tecer. Assim como a honra e a imagem, as liberdades de pensamento, criação, expressão e informação também constituem direitos de personalidade, previstos no art. 220 da CF/88. A concessão de tutela inibitória em face de jornalista, para que cesse a postagem de matérias consideradas ofensivas, se mostra impossível, pois a crítica jornalística, pela sua relação de inerência com o interesse público, não pode ser aprioristicamente censurada. Sopesados o risco de lesão ao patrimônio subjetivo individual do autor e a ameaça de censura à imprensa, o fiel da balança deve pender para o lado do direito à informação e à opinião. Primeiro se deve assegurar o gozo do que o Pleno do STF, no julgamento da ADPF 130/DF, Rel. Min. Carlos Britto, DJe de 6.11.09, denominou *sobredireitos* de personalidade — assim entendidos como os direitos que dão conteúdo à liberdade de imprensa, em que se traduz a livre e plena manifestação do pensamento, da criação e da informação — para somente então se cobrar do titular dessas situações jurídicas ativas um eventual desrespeito a direitos constitucionais alheios, ainda que também formadores da personalidade humana. Mesmo que a repressão posterior não se mostre ideal para casos de ofensa moral, sendo incapaz de restabelecer por completo o *status quo ante* daquele que teve sua honra ou sua imagem achincalhada, na sistemática criada pela CF/88 prevalece a livre e plena circulação de ideias e notícias, assegurando-se, em contrapartida, o direito de resposta e todo um regime de responsabilidades civis e penais que, mesmo atuando após o fato consumado, têm condição de inibir abusos no exercício da liberdade de imprensa e de manifestação do pensamento. Mesmo para casos extremos como o dos autos — em que há notícia de seguidos excessos no uso da liberdade de imprensa — a mitigação da regra que veda a censura prévia não se justifica. Nessas situações, cumpre ao Poder Judiciário agir com austeridade, assegurando o amplo direito de resposta e intensificando as indenizações caso a conduta se reitere, conferindo ao julgado caráter didático, inclusive com vistas a desmotivar comportamentos futuros de igual jaez. A aplicação inflexível e rigorosa da lei também produz efeito preventivo — tal qual o buscado via tutela inibitória — desestimulando não apenas o próprio ofensor, mas também terceiros propensos a adotar igual conduta. Ademais, nada impede o juiz de compensar os danos morais mediante fixação de sanções alternativas que se mostrem coercitivamente mais eficazes do que a mera indenização pecuniária. Em outras palavras, a punição severa do abuso à liberdade de imprensa — e ainda mais severa da recalcitrância — serve também para inibir lesões futuras a direitos da personalidade como a honra e a imagem, cumprindo, ainda que de forma indireta, os ditames do art. 12 do CC/02. O fato de a violação à moral correr o risco de se materializar por intermédio da Internet não modifica as conclusões quanto à impossibilidade de prévia censura da imprensa. A rede mundial de computadores se encontra sujeita ao mesmo regime jurídico dos demais meios de comunicação. O maior potencial lesivo das ofensas via Internet não pode ser usado como subterfúgio para imprimir restrições à livre manifestação do pensamento, da criação, da expressão e da informação, cuja natureza não se altera pelo fato de serem veiculadas digitalmente. Cumpre ao Poder Judiciário se adequar frente à nova realidade social, dando solução para essas novas demandas, assegurando que no exercício do direito de resposta se utilize o mesmo veículo (Internet), bem como que na fixação da indenização pelos danos morais causados se leve em consideração esse maior potencial lesivo das ofensas lançadas no meio virtual. Para além disso, caso essas medidas se mostrem insuficientes, nada impede a imposição de sanções alternativas que, conforme as peculiaridades da espécie, tenham efeito coator e pedagógico mais eficientes do que a simples indenização" (STJ-3ª T., REsp 1.388.994, Min. Nancy Andrighi, j. 19.9.13, DJ 29.11.13).

"Obra literária que narra bastidores de investigação policial sobre crime de grande repercussão e que ganhou notoriedade na imprensa. Inexistência de exposição indevida ou de utilização de fatos difamantes ou injuriosos a denegrir a pessoa do autor ou seus familiares. Intimidade da família que restou exposta em razão da tragédia protagonizada e não por conta da obra literária, atenta aos elementos do inquérito. Narrativa lúdica que utiliza artifício para situar o leitor no tempo. Artifício usado com a clara intenção de reunir os elementos colhidos na reconstrução das cenas na mente do leitor. Circunstância que não descaracteriza a atividade intelectual como 'obra de reportagem', independente da catalogação voltada a público infanto-juvenil. Supressão de trechos determinada na sentença, e sequer delimitados, que implica em indevida censura sem motivos que a justifiquem. Não vislumbrada conduta clara de violação à honra, imagem e privacidade" (RT 916/930: TJSP, AP 9114615-40.2006.8.26.0000, maioria).

V. arts. 20, nota 3, e 927, notas 3a e 4.

Art. 12: 4. v. arts. 1.591 a 1.595.

✎ **Art. 12: 5.** "Tutela jurisdicional da personalidade 'post mortem'", por José Rogério Cruz e Tucci (RJ 336/9, RF 384/61 e RT 845/11).

Art. 12: 5a. **Enunciado 275 do CEJ:** "O rol dos legitimados de que tratam os arts. 12, parágrafo único, e 20, parágrafo único, do Código Civil também compreende o companheiro".

Art. 13. Salvo por exigência médica,[1-1a] é defeso o ato de disposição do próprio corpo,[1b a 3] quando importar diminuição permanente da integridade física, ou contrariar os bons costumes. [Sem dispositivo correspondente no CC/1916.]

Parágrafo único. O ato previsto neste artigo será admitido para fins de transplante, na forma estabelecida em lei especial. [Sem dispositivo correspondente no CC/1916.]

Art. 13: 1. **Enunciado 6 do CEJ:** "A expressão 'exigência médica', contida no art. 13, refere-se tanto ao bem-estar físico quanto ao bem-estar psíquico do disponente".

Art. 13: 1a. **Enunciado 276 do CEJ:** "O art. 13 do Código Civil, ao permitir a disposição do próprio corpo por exigência médica, autoriza as cirurgias de transgenitalização, em conformidade com os procedimentos estabelecidos pelo Conselho Federal de Medicina, e a consequente alteração do prenome e do sexo no Registro Civil".

✎ **Art. 13: 1b.** "Patrimônio genético: comércio e proteção de substâncias do corpo humano", por Gerson Amauri Calgaro (RDPr 16/97).

Art. 13: 2. v. Lei 9.434, de 4.2.97. V. tb. CF 199 § 4º.

Art. 13: 3. Afirmando o direito à **transgenitalização,** com apoio na sua "finalidade terapêutica" e no "dever constitucional do Estado de promover saúde a todos": Bol. AASP 2.359/3.005.

Contra: "O art. 13, *caput*, do CC/2002 veda o ato de disposição do próprio corpo, quando importar diminuição permanente da integridade física ou contrariar os bons costumes, salvo por exigência médica, entendida esta como a necessidade imperiosa de transformação ou de remoção de órgão do corpo, cientificamente provada, em decorrência de patologia grave e curável, exclusivamente, por meio daqueles procedimentos interventivos extremos. O sexo, como estado individual da pessoa, é informado pelo gênero biológico. O sexo, do qual derivam direitos e obrigações, procede do direito e não pode variar de sua origem natural sem legislação própria que a acautele e discipline, razão pela qual inviável autorização judicial para a realização de cirurgia de transgenitalização" (RJM 173/274).

S/ retificação de assento no registro civil nessas circunstâncias, v., no nosso CCLCV, LRP 109, nota 1b.

Art. 14. É válida, com objetivo científico, ou altruístico, a disposição gratuita do próprio corpo,[1] no todo ou em parte, para depois da morte.[2] [Sem dispositivo correspondente no CC/1916.]

Parágrafo único. O ato de disposição pode ser livremente revogado a qualquer tempo. [Sem dispositivo correspondente no CC/1916.]

Art. 14: 1. **CF 199: "§ 4º** A lei disporá sobre as condições e os requisitos que facilitem a remoção de órgãos, tecidos e substâncias humanas para fins de transplante, pesquisa e tratamento, bem como a coleta, processamento e transfusão de sangue e seus derivados, sendo vedado todo tipo de comercialização".

V. Lei 9.434, de 4.2.97.

Art. 14: 2. **Enunciado 277 do CEJ:** "O art. 14 do Código Civil, ao afirmar a validade da disposição gratuita do próprio corpo, com objetivo científico ou altruístico, para depois da morte, determinou que a manifestação expressa do doador de órgãos em vida prevalece sobre a vontade dos familiares, portanto, a aplicação do art. 4º da Lei n. 9.434/97 ficou restrita à hipótese de silêncio do potencial doador".

Art. 15. Ninguém pode ser constrangido a submeter-se, com risco de vida, a tratamento médico ou a intervenção cirúrgica.[1] [Sem dispositivo correspondente no CC/1916.]

Art. 15: 1. v. Dec. lei 1.001, de 21.10.69, art. 222 § 3º-I (Código Penal Militar).

Art. 16. Toda pessoa tem direito ao nome,[1] nele compreendidos o prenome e o sobrenome.[1a] [Sem dispositivo correspondente no CC/1916.]

✎ **Art. 16: 1.** "A tutela do nome da pessoa humana", por Maria Celina Bodin de Moraes (RF 364/217); "A tutela jurídica do nome", por Rodrigo Santos Neves (RT 931/91).

Art. 16: 1a. v. LRP 54 a 60.

S/ alteração do nome em razão do casamento, v. art. 1.565 § 1º; s/ manutenção do nome após a dissolução da sociedade conjugal, v. arts. 1.571 § 2º e 1.578; s/ direito do filho ao nome, v. art. 1.596, CF 227 § 6º e ECA 20; s/ proteção do nome das pessoas jurídicas, v. arts. 1.163 a 1.167, CF 5º-XXIX, Lei 8.934/94 (arts. 33 e 34) e Lei 9.279/96 (art. 124-V).

Art. 17. O nome da pessoa não pode ser empregado por outrem em publicações ou representações que a exponham ao desprezo público, ainda quando não haja intenção difamatória.[1 a 2] [Sem dispositivo correspondente no CC/1916.]

✎ **Art. 17: 1.** "Solucionando o conflito entre o direito à imagem e a liberdade de expressão: a contribuição da jurisprudência da Corte Interamericana de Direitos Humanos", por Edson Beas Rodrigues Jr. (RT 905/88).

Art. 17: 1a. v. arts. 20 e 953, bem como respectivas notas.

Art. 17: 2. **Súmula 221 do STJ:** "São civilmente responsáveis pelo ressarcimento de dano, decorrente de publicação pela imprensa, tanto o autor do escrito quanto o proprietário do veículo de divulgação".

Art. 18. Sem autorização, não se pode usar o nome alheio em propaganda comercial.[1] [Sem dispositivo correspondente no CC/1916.]

Art. 18: 1. **Enunciado 278 do CEJ:** "A publicidade que venha a divulgar, sem autorização, qualidades inerentes a determinada pessoa, ainda que sem mencionar seu nome, mas sendo capaz de identificá-la, constitui violação a direito da personalidade".

Art. 19. O pseudônimo adotado para atividades lícitas goza da proteção que se dá ao nome.[1] [Sem dispositivo correspondente no CC/1916.]

Art. 19: 1. v. LDA 5º-VIII-*c*, 12, 15, 24-II, 80-II e 108. V. tb. LRP 58-*caput* (apelidos públicos notórios).

Art. 20. Salvo se autorizadas, ou se necessárias à administração da justiça ou à manutenção da ordem pública, a divulgação de escritos, a transmissão da palavra, ou a publicação, a exposição ou a utilização da imagem[1 a 1c] de uma pessoa poderão ser proibidas, a seu requerimento e sem prejuízo da indenização que couber, se lhe atingirem a honra, a boa fama ou a respeitabilidade, ou se se destinarem a fins comerciais.[2 a 3a] [Sem dispositivo correspondente no CC/1916.]

Parágrafo único. Em se tratando de morto[3b-3c] ou de ausente,[3d] são partes legítimas para requerer essa proteção o cônjuge, os ascendentes ou os descendentes.[4] [Sem dispositivo correspondente no CC/1916.]

Art. 20: 1. v. CF 5º-X e LDA 7º-VII e 79.

Art. 20: 1a. **Lei 9.615, de 24.3.98** — Institui normas gerais sobre desporto e dá outras providências: **"Art. 42** (*redação da Lei 12.395, de 16.3.11*). Pertence às entidades de prática desportiva o direito de arena, consistente na prerrogativa exclusiva de negociar, autorizar ou proibir a captação, a fixação, a emissão, a transmissão, a retransmissão ou a reprodução de imagens, por qualquer meio ou processo, de espetáculo desportivo de que participem.

"§ 1º (*redação da Lei 12.395, de 16.3.11*) Salvo convenção coletiva de trabalho em contrário, 5% (cinco por cento) da receita proveniente da exploração de direitos desportivos audiovisuais serão repassados aos sindicatos de atletas profissionais, e estes distribuirão, em partes iguais, aos atletas profissionais participantes do espetáculo, como parcela de natureza civil.

"§ 1º-A. (VETADO)

"§ 2º (*alterado pela Lei 13.155, de 4.8.15*) O disposto neste artigo não se aplica à exibição de flagrantes de espetáculo ou evento desportivo para fins exclusivamente jornalísticos, desportivos ou educativos ou para a captação de apostas legalmente autorizadas, respeitadas as seguintes condições: I — a captação das imagens para a exibição de flagrante de espetáculo ou evento desportivo dar-se-á em locais reservados, nos estádios e ginásios, para não detentores de direitos ou, caso não disponíveis, mediante o fornecimento das imagens pelo detentor de direitos locais para a respectiva mídia; II — a duração de todas as imagens do flagrante do espetáculo ou evento desportivo exibidas não poderá exceder 3% (três por cento) do total do tempo de espetáculo ou evento; III — é proibida a associação das imagens exibidas com base neste artigo a qualquer forma de patrocínio, propaganda ou promoção comercial.

"§ 3º O espectador pagante, por qualquer meio, de espetáculo ou evento desportivo equipara-se, para todos os efeitos legais, ao consumidor, nos termos do art. 2º da Lei n. 8.078, de 11 de setembro de 1990".

"Art. 87-A (*incluído pela Lei 12.395, de 16.3.11*). O direito ao uso da imagem do atleta pode ser por ele cedido ou explorado, mediante ajuste contratual de natureza civil e com fixação de direitos, deveres e condições inconfundíveis com o contrato especial de trabalho desportivo".

"Parágrafo único (*incluído pela Lei 13.155, de 4.8.15*). Quando houver, por parte do atleta, a cessão de direitos ao uso de sua imagem para a entidade de prática desportiva detentora do contrato especial de trabalho desportivo, o valor correspondente ao uso da imagem não poderá ultrapassar 40% (quarenta por cento) da remuneração total paga ao atleta, composta pela soma do salário e dos valores pagos pelo direito ao uso da imagem".

"O direito de arena previsto no art. 42 da Lei 9.615/98 não é absoluto, na medida em que o próprio dispositivo legal limita o seu exercício, livrando de proteção autoral a exibição de flagrantes de espetáculo desportivo, desde que para fins exclusivamente jornalísticos ou educativos. A expressão 'flagrante' utilizada no § 2º do art. 42 da Lei 9.615/98 deve ser interpretada com o contexto jornalístico empregado pelo próprio dispositivo legal, associado não apenas à captação de instantes memoráveis para posterior consulta, mas sobretudo ao âmago do jornalismo, atividade de comunicação ligada essencialmente à coleta e transmissão de informações atuais. O conceito de atualidade, por sua vez, deve ser extraído da realidade que nos cerca, sujeitando-se à modificação ao longo do tempo, notadamente diante da evolução tecnológica e da forma como as informações são disponibilizadas ao público. Nos dias de hoje, a notícia jornalística perde sua atualidade em pouquíssimo tempo, pois se difunde rapidamente na sociedade, ávida por informações e interligada por diversos meios, com especial destaque para a Internet. A interpretação que mais se harmoniza com o espírito da regra contida no art. 42, § 2º, da Lei 9.615/98 é a de que, ausente espaço reservado, destinado à captação das imagens do evento desportivo para a exibição de flagrantes jornalísticos, cabe ao detentor dos direitos de arena disponibilizar para a imprensa, em tempo real, os arquivos respectivos" (STJ-3ª T., REsp 1.287.974, Min. Nancy Andrighi, j. 14.2.12, DJ 29.2.12).

V., ainda, **Dec. 7.984, de 8.4.13, arts. 45** (direito de imagem do atleta) e **46** (direito de arena).

Art. 20: 1b. **Enunciado 279 do CEJ:** "A proteção à imagem deve ser ponderada com outros interesses constitucionalmente tutelados, especialmente em face do direito de amplo acesso à informação e da liberdade de imprensa. Em caso de colisão, levar-se-á em conta a notoriedade do retratado e dos fatos abordados, bem como a veracidade destes e, ainda, as características de sua utilização (comercial, informativa, biográfica), privilegiando-se medidas que não restrinjam a divulgação de informações".

Art. 20: 1c. "Não se pode cometer o delírio de, em nome do direito de privacidade, estabelecer-se uma redoma protetora em torno de uma pessoa para torná-la imune de qualquer veiculação atinente a sua imagem. Se a demandante expõe sua imagem em cenário público, não é ilícita ou indevida sua reprodução pela imprensa, uma vez que a proteção à privacidade encontra limite na própria exposição realizada" (STJ-4ª T., REsp 595.600, Min. Cesar Rocha, j. 18.3.04, DJU 13.9.04).

✎ **Art. 20: 2.** "Biografias não autorizadas — liberdade de expressão e privacidade na história da vida privada", por Rebeca Garcia (RDPr 52/37); "Intimidade e pessoas notórias. Liberdades de expressão e de informação e biografias. Conflito entre direitos fundamentais. Ponderação, caso concreto e acesso à Justiça. Tutelas específica e indenizatória", por Ana Paula de Barcellos (RSDP 55/47).

Art. 20: 2a. **Enunciado 5 do CEJ, segunda parte:** "As disposições do art. 20 do novo Código Civil têm a finalidade específica de regrar a proteção dos bens personalíssimos nas situações nele enumeradas. Com exceção dos casos expressos de legitimação que se conformem com a tipificação preconizada nessa norma, a ela podem ser aplicadas subsidiariamente as regras instituídas no art. 12".

Art. 20: 2b. **"Autorização prévia para biografia** constitui censura prévia particular. O recolhimento de obras é censura judicial, a substituir a administrativa. Ação direta julgada procedente para dar **interpretação conforme à Constituição** aos arts. 20 e 21 do Código Civil, sem redução de texto, para, em consonância com os direitos fundamentais à liberdade de pensamento e de sua expressão, de criação artística, produção científica, declarar inexigível autorização de pessoa biografada relativamente a obras biográficas literárias ou audiovisuais, sendo também desnecessária autorização de pessoas retratadas como coadjuvantes (ou de seus familiares, em caso de pessoas falecidas ou ausentes)" (STF-Pleno, ADI 4.815, Min. Cármen Lúcia, j. 10.6.15, DJ 1.2.16).

Art. 20: 3. **Súmula 403 do STJ:** "Independe de prova do prejuízo a indenização pela publicação não autorizada de **imagem de pessoa** com fins econômicos ou comerciais".

"O direito à imagem reveste-se de duplo conteúdo: moral, porque direito de personalidade; patrimonial, porque assentado no princípio segundo o qual a ninguém é lícito locupletar-se à custa alheia. Em se tratando de direito à imagem, a obrigação da reparação decorre do próprio uso indevido do direito personalíssimo, não havendo de cogitar-se da prova da existência de prejuízo ou dano, nem a consequência do uso, se ofensivo ou não" (STJ-2ª Seção, ED no REsp 230.268, Min. Sálvio de Figueiredo, j. 11.12.02, três votos vencidos, DJU 4.8.03). No mesmo sentido: RMDCPC 20/125, RJM 180/135.

"A obrigação da reparação pelo uso não autorizado de imagem decorre do próprio uso indevido do direito personalíssimo e não é afastada pelo caráter não lucrativo do evento ao qual a imagem é associada. Para a configuração do dano moral pelo uso não autorizado de imagem não é necessária a demonstração de prejuízo, pois o dano se apresenta *in re ipsa*" (STJ-3ª T., REsp 299.832, Min. Ricardo Cueva, j. 21.2.13, DJ 27.2.13).

"Ação de reparação de danos materiais cumulada com compensação por danos morais. Utilização de imagem após extinto contrato de cessão de uso. Dano moral *in re ipsa*" (STJ-3ª T., REsp 1.337.961, Min. Nancy Andrighi, j. 3.4.14, maioria, DJ 3.6.14).

"Cuidando-se de uso não autorizado de fotografias do autor para fins comerciais ou publicitários, mesmo sendo o fotografado funcionário da primeira ré, o direito à imagem exsurge como direito autônomo em relação a outros do mesmo jaez, como honra e intimidade, sendo cabível a indenização independentemente de dano moral. Por outro lado, os 'fins comerciais' colimados com a publicação devem ser analisados de forma ampla, descabendo perquirir se o veículo publicitário em si era ou não lucrativo. Desde que a publicação integre, direta ou indiretamente, a estratégia comercial ou publicitária da empresa, é de se presumir a existência de vantagem comercial, ainda que indireta, sendo desimportante o fato de a revista ser distribuída de forma graciosa" (STJ-4ª T., REsp 711.644, Min. Luis Felipe, j. 15.12.09, DJ 3.8.10).

"A publicação, em jornal, de fotografia, sem a autorização exigida pelas circunstâncias, constitui ofensa ao direito de imagem, não se confundindo com o direito de informação" (STJ-3ª T., AI 334.134-AgRg, Min. Ari Pargendler, j. 11.12.01, DJU 18.3.02).

"Mesmo quando se trata de pessoa pública, caracterizado o abuso do uso da imagem, que foi utilizada com fim comercial, subsiste o dever de indenizar" (STJ-4ª T., AI 1.345.989-AgRg, Min. Isabel Gallotti, j. 13.3.12, DJ 23.3.12).

"Reportagem de jornal a respeito de bares frequentados por homossexuais, ilustrada por foto de duas pessoas em via pública. A homossexualidade, encarada como curiosidade, tem conotação discriminatória, e é ofensiva aos próprios homossexuais; nesse contexto, a matéria jornalística, que identifica como homossexual quem não é, agride a imagem deste, causando-lhe dano moral" (STJ-RT 880/167: 3ª T., REsp 1.063.304).

"Direito de imagem. Publicação de fotografia. Mulher de biquíni na praia. Exata individualização da pessoa. Autorização prévia ou posterior. Inexistência. Revista de conotação erótica. Proveito econômico. Uso indevido da imagem. Dano moral configurado. Não se pode deduzir que a mulher formosa, que se apresente espontaneamente de biquíni na praia, ambiente adequado, esteja a concordar tacitamente com a divulgação de sua imagem em revista masculina de conteúdo erótico, e tenha ainda de considerar tal exposição como um 'elogio'" (STJ-4ª T., REsp 1.243.699, Min. Raul Araújo, j. 21.6.16, DJ 22.8.16).

"A revista, ao publicar as imagens da atriz, com dorso frontal desnudo, em meio absolutamente diferenciado daquele inicialmente concebido para o trabalho artístico, causou dano à autora. Isso porque a veiculação de imagens desse jaez, em ambientes diversos dos recônditos em que normalmente transitam publicações de cunho sensual, possui a virtualidade de causar, na pessoa retratada, ofensa à sua honra subjetiva, em razão da circulação de sua imagem — até então destinada a certo trabalho artístico — em local diverso daquele contratado e autorizado. Ademais, as imagens publicadas em mídia televisiva são exibidas durante fração de segundos, em horário restrito e em um contexto peculiarmente criado para aquela obra, bem diverso do que ocorre com a captura de uma cena e sua publicação em meio de comunicação impresso, o qual, pela sua própria natureza, possui a potencialidade de perpetuar a exposição e, por consequência, o constrangimento experimentado" (STJ-4ª T., REsp 1.200.482, Min. Luis Felipe, j. 9.11.10, DJ 7.2.11).

"O direito de arena que a lei atribui às entidades esportivas limita-se a fixação, transmissão e retransmissão do espetáculo desportivo público, mas não compreende o uso da imagem dos jogadores fora da situação específica do espetáculo, como na reprodução de fotografias para compor 'álbum de figurinhas'" (RSTJ 68/358, STJ-RT 714/253, STJ-RF 331/226).

"Cumpre registrar que a proteção constitucional da imagem encerra dois aspectos: o primeiro, relativo à imagem física do cidadão (imagem-retrato), e o segundo, referente à condição social da pessoa (imagem-atributo). No caso dos autos, a veiculação da imagem do autor não foi desonrosa, razão por que não há falar em dano à imagem-atributo. Entretanto, violada está a imagem-retrato, pois restou divulgada a fotografia do autor, jogador de futebol, em álbum de figurinhas, sem que tenha havido a necessária autorização prévia" (RJTJERGS 268/145: AP 70021337100).

Também reconhecendo a utilização ilícita da imagem: STJ-4ª T., REsp 1.053.534, Min. Fernando Gonçalves, j. 23.9.08, DJ 6.10.08 ("publicação de fotografia, sem autorização, por coluna social veiculando notícia não verdadeira"); STJ-4ª T., REsp 1.005.278, Min. Luis Felipe, j. 4.11.10, DJ 11.11.10

("utilização indevida de fotografia da vítima, ainda ensanguentada e em meio às ferragens de acidente automobilístico"); RT 866/177 ("fotografia na capa de revista identificando criança como morador de favela"), 872/292 (TJDFT, AP 20060110587766; "publicação equivocada de fotografia do autor em matéria jornalística sobre operações ilegais, que resultaram em condenação criminal"), 874/317 (TJPR, AP 442.795-2; "utilização de foto de aluno na capa de apostila escolar"), JTJ 328/308 (AP 482.024-4/0-00; "divulgação de fotografias tiradas de paciente em procedimento médico-dermatológico, em revista de estética"), 332/456 (AP 464.994-4/4-00; "publicação de fotos de casamento em publicação semanal sem autorização"), 347/405 (AP 300.567-4/9-00; "imagem de adolescentes veiculadas por site contendo arquivos de fotos eróticas sem autorização"), Bol. AASP 2.653 (TJDFT, AP 20070111069079; "publicação de foto vexatória em revista de circulação nacional").

Todavia: "A divulgação de fotografia sem autorização não gera por si só o dever de indenizar. Para a caracterização do dever de indenizar é necessário analisar as peculiaridades de cada hipótese" (STJ-4ª T., REsp 803.129, Min. João Otávio, j. 29.9.09, DJ 13.10.09).

"Para imputar o dever de compensar danos morais pelo uso indevido da imagem com fins lucrativos é necessário analisar as circunstâncias particulares que envolveram a captação e exposição da imagem. O dano moral compensável deve ser qualificado por elemento psicológico que evidencie o sofrimento suportado pela vítima. Na hipótese sob julgamento, constatou-se que houve veiculação restrita da imagem que se deu apenas no âmbito profissional das vítimas, as quais foram fotografadas vestidas com trajes correspondentes à profissão que exercem e em local compatível à atividade laboral" (STJ-3ª T., REsp 622.872, Min. Nancy Andrighi, j. 14.6.05, DJU 1.8.05).

"Tratando-se de imagem de multidão, de pessoa famosa ou ocupante de cargo público, deve ser ponderado se, dadas as circunstâncias, a exposição da imagem é ofensiva à privacidade ou à intimidade do retratado, o que poderia ensejar algum dano patrimonial ou extrapatrimonial. Há, nessas hipóteses, em regra, presunção de consentimento do uso da imagem, desde que preservada a vida privada. Em se tratando de pessoa ocupante de cargo público, de notória importância social, como o é o de magistrado, fica mais restrito o âmbito de reconhecimento do dano à imagem e sua extensão, mormente quando utilizada a fotografia para ilustrar matéria jornalística pertinente, sem invasão da vida privada do retratado. Com base nessas considerações, conclui-se que a utilização de fotografia do magistrado adequadamente trajado, em seu ambiente de trabalho, dentro da Corte Estadual onde exerce a função judicante, serviu apenas para ilustrar a matéria jornalística, não constituindo, *per se*, violação ao direito de preservação de sua imagem ou de sua vida íntima e privada. Não há, portanto, causa para indenização por danos patrimoniais ou morais à imagem" (STJ-4ª T., REsp 801.109, Min. Raul Araújo, j. 12.6.12, DJ 12.3.13).

"Não viola o direito de imagem a veiculação de fotografia de pessoa participando de manifestação pública, inclusive empunhando cartazes, em local público, sendo dispensável a prévia autorização do fotografado, sob pena de inviabilizar o exercício da liberdade de imprensa" (STJ-3ª T., REsp 1.449.082, Min. Paulo Sanseverino, j. 21.3.17, DJ 27.3.17).

Negando a utilização ilícita da imagem e o pedido de indenização por danos morais, tendo em vista que "o autor da ação foi retratado de forma acidental, num contexto em que o objetivo não foi a exploração de sua imagem": STJ-RJ 268/74 (REsp 85.905, 3ª T.).

"Acidente de trânsito. Publicação de reportagem em revista de grande circulação. Inexistência de dano extrapatrimonial na espécie. Liberdade de informação. Fato público e notório. Utilização de epíteto (Animal). Polissêmico. Possibilidade. A imagem exposta já havia resultado, evidentemente, em positivas vantagens, inclusive patrimoniais, no decorrer da carreira do atleta, com a contrapartida, contudo, da abertura de caminho para a negativa exposição, dado o caráter polissêmico da expressão. Logo, no caso, não se tem acréscimo negativo à matéria, mas, sim, a simples transposição de qualificação já antes criada, consentida e usufruída, posta à receptividade e ao debate da opinião pública. Em verdade, a imagem estampada subsumiu-se no geral caráter visivelmente informativo e educativo da matéria a respeito de acidentes de veículos, ainda que desagradando ao autor e a quem mais negativamente lembrado. No caso concreto, declarada pela justiça penal a não caracterização dos crimes considerados contra a honra, inexistirá o ilícito civil correspondente, salvo se a absolvição decorrer de insuficiência de provas. Nos termos dos dispositivos legais invocados pelo autor, responde por danos morais e à imagem quem cause dano. No entanto, não houve, no caso, dano causado ao autor, mas, tecnicamente, simples incômodo ou desconforto pela exposição do lado negativo da figura pública. Portanto, não há o que indenizar ao autor" (STJ-3ª T., REsp 1.021.688, Min. Sidnei Beneti, j. 23.6.09, um voto vencido, DJ 1.7.09).

"Dano moral. Fotografia tirada de delinquente logo após sua prisão em flagrante, por porte de arma de fogo com numeração raspada, a que se seguiu fornecimento de falsa identidade. Alegação de que a foto, algemado, não poderia ter sido publicada sem a sua autorização. Descabimento. A imprensa tem direito e mesmo o dever de registrar ocorrências dessa ordem" (JTJ 346/482: AP 443.507-4/0-00).

Outros casos em que se negou a utilização ilícita da imagem: RT 874/212 (TJSP, AP 485.884-4/6-00; "veiculação de fotografia de menor em jornal impresso para notícia de falta de condições em bairro de população carente"), 881/198 (TJSP, AP 279.467-4/6-00, maioria; "matéria relacionada a ambientes frequentados pela comunidade homossexual paulistana", com "inclusão de fotografias de heterossexuais"), JTJ 309/204 (AP 396.014-4/3-00; "fotografia da autora na praia", "não tendo havido exploração comercial pela apelada, pois a intenção é a divulgação da cidade").

V. tb. arts. 12, nota 3, e 927, nota 3a. V. ainda, no nosso CCLCV, ECA 17, nota 1.

S/ conteúdo disponibilizado na Internet, v., no nosso CCLCV, MCI 18 a 21 e respectivas notas.

Art. 20: 3a. **Critérios para a indenização em caso de utilização indevida da imagem.** "O valor do dano sofrido pelo titular do direito cuja imagem foi indevidamente incluída em publicação não está limitado ao lucro que uma das infratoras possa ter auferido, pois o dano do lesado não se confunde com o lucro do infrator, que inclusive pode ter sofrido prejuízo com o negócio" (STJ-RT 753/192: 4ª T., REsp 100.764, maioria).

"Cuidando-se de pessoa anônima, a vinculação da indenização por uso da imagem ao percentual do preço de venda do veículo no qual a imagem foi publicada, de regra, não é consentânea com a essência de indenizações desse jaez. Indeniza-se o titular do direito de imagem pelo não recebimento do preço que lhe seria devido, caso a concessão fosse feita mediante autorização, e pelo respectivo valor econômico da imagem, que varia a depender do potencial publicitário da pessoa retratada. Com efeito, no caso concreto, tendo em vista que o autor é absolutamente desconhecido e certamente não poderia, mediante a vinculação de sua imagem ao produto, propiciar qualquer alavancagem nas vendas do periódico, não se mostra razoável atrelar o valor da indenização à vendagem do jornal" (STJ-4ª T., REsp 1.208.612, Min. Luis Felipe, j. 15.3.11, DJ 24.3.11).

Art. 20: 3b. "Os direitos da personalidade, de que o direito à imagem é um deles, guardam como principal característica a sua intransmissibilidade. Nem por isso, contudo, deixa de merecer proteção a imagem de quem falece, como se fosse coisa de ninguém, porque ela permanece perenemente lembrada nas memórias, como bem imortal que se prolonga para muito além da vida, estando até acima desta, como sentenciou Ariosto. Daí por que não se pode subtrair da mãe o direito de defender a imagem de sua falecida filha, pois são os pais aqueles que, em linha de normalidade, mais se desvanecem com a exaltação feita à memória e à imagem de falecida filha, como são os que mais se abatem e se deprimem por qualquer agressão que possa lhes trazer mácula. Ademais, a imagem de pessoa famosa projeta efeitos econômicos para além de sua morte, pelo que os seus sucessores passam a ter, por direito próprio, legitimidade para postularem indenização em juízo" (RSTJ 142/378: 4ª T., REsp 268.660).

Art. 20: 3c. "Ação de indenização. Sobrinha-neta de Alberto Santos Dumont pediu indenização pelo uso da imagem do tio que pretensamente lhe pertence". Ação improcedente (RT 902/246: TJSP, AP 994.04.020226-2).

Art. 20: 3d. v. arts. 22 a 25.

Art. 20: 4. **Enunciado 275 do CEJ:** "O rol dos legitimados de que tratam os arts. 12, parágrafo único, e 20, parágrafo único, do Código Civil também compreende o companheiro".

Art. 21. A vida privada[1-1a] da pessoa natural é inviolável,[2] e o juiz, a requerimento do interessado,[3] adotará as providências necessárias para impedir ou fazer cessar ato contrário a esta norma.[4] [Sem dispositivo correspondente no CC/1916.]

Art. 21: 1. "Da privacidade como direito fundamental da pessoa humana", por Cynthia Semíramis Machado Vianna (RDPr 17/102); "Privacidade e internet", por Carlos Roberto Fornes Mateucci (RDPr 19/46); "A distinção conceitual entre privacidade, intimidade, vida privada, honra e imagem", por Júlia Gomes Pereira Maurmo (RDPr 57/33).

Art. 21: 1a. **Loteamento e instalação de câmeras nas vias públicas por associação de moradores.** "Instalação de câmeras de vigilância nas vias públicas, realizada pela apelada que tem por fim preservar os interesses da coletividade local. Câmeras de vigilância voltadas para as vias públicas sem terem alcance às áreas internas da residência da apelante. A medida adotada não teve o condão de usurpar a função estatal e tampouco violar os direitos individuais da recorrente" (JTJ 345/491: AP 624.573-4/9-00, maioria).

Art. 21: 2. **CF 5º: "X** — são invioláveis a intimidade, a vida privada, a honra e a imagem das pessoas, assegurado o direito a indenização pelo dano material ou moral decorrente de sua violação;

...

"XIV — é assegurado a todos o acesso à informação e resguardado o sigilo da fonte, quando necessário ao exercício profissional".

Art. 21: 3. v. CF 5º-XXXV, LXVIII, LXIX e LXXI; CPC 300 e segs. e 497 e segs.

Art. 21: 4. v. art. 20, nota 2b.

Capítulo III | DA AUSÊNCIA[1-2]

Seção I | DA CURADORIA DOS BENS DO AUSENTE[1]

CAP. III: 1. "A ausência da pessoa natural no novo Código Civil", por Moacir Adiers (RJ 315/63 e RDPr 18/189); "Da ausência", por Guilherme Calmon Nogueira da Gama (RT 822/28).

CAP. III: 2. v. art. 6º (presunção de morte); art. 9º-IV (registro); art. 20 § ún. (utilização da imagem do ausente); art. 1.571 § 1º (dissolução da sociedade conjugal); art. 1.759 (prestação de contas do tutor ausente). V. tb. CPC 49 (foro competente), 242 § 1º (citação), 626 (intimação do MP no inventário).

SEÇ. I: 1. s/ bens dos ausentes, v. CPC 744 e 745.

Art. 22. Desaparecendo uma pessoa do seu domicílio sem dela haver notícia, se não houver deixado representante ou procurador a quem caiba administrar-lhe os bens, o juiz, a requerimento de qualquer interessado ou do Ministério Público, declarará a ausência,[1-1a] e nomear-lhe-á curador.[2] [Dispositivo correspondente no CC/1916: art. 463.]

Art. 22: 1. A sentença declaratória de ausência deve ser registrada no Registro Civil das Pessoas Naturais (LRP 29-VI e 94). Deve ser averbada a cessação da ausência pelo aparecimento do ausente (LRP 104).

Art. 22: 1a. "A comprovação da propriedade não é condição *sine qua non* para a declaração de ausência" (STJ-RT 876/178: 3ª T., REsp 1.016.023).

Art. 22: 2. s/ curatela, v. arts. 1.767 a 1.783; s/ curador especial no inventário, v. CPC 671-I.

Art. 23. Também se declarará a ausência, e se nomeará curador, quando o ausente deixar mandatário que não queira ou não possa exercer ou continuar o mandato,[1] ou se os seus poderes forem insuficientes. [Dispositivo correspondente no CC/1916: art. 464.]

Art. 23: 1. s/ mandato, v. arts. 653 a 691.

Art. 24. O juiz, que nomear o curador, fixar-lhe-á os poderes e obrigações, conforme as circunstâncias, observando, no que for aplicável, o disposto a respeito dos tutores e curadores.[1] [Dispositivo correspondente no CC/1916: art. 465.]

Art. 24: 1. s/ tutores, v. arts. 1.728 a 1.766; s/ curadores, v. arts. 1.767 a 1.783.

Art. 25. O cônjuge do ausente, sempre que não esteja separado judicialmente, ou de fato por mais de dois anos antes da declaração da ausência, será o seu legítimo curador. [Dispositivo correspondente no CC/1916: art. 466.]

§ 1º Em falta do cônjuge, a curadoria dos bens do ausente[1] incumbe aos pais ou aos descendentes, nesta ordem, não havendo impedimento que os iniba de exercer o cargo. [Dispositivo correspondente no CC/1916: art. 467-*caput*.]

§ 2º Entre os descendentes, os mais próximos precedem os mais remotos. [Dispositivo correspondente no CC/1916: art. 467 § ún.]

§ 3º Na falta das pessoas mencionadas, compete ao juiz a escolha do curador. [Sem dispositivo correspondente no CC/1916.]

Art. 25: 1. **Enunciado 97 do CEJ:** "No que tange à tutela especial à família, devem ser estendidas as regras do Código Civil que se referem apenas ao cônjuge à situação jurídica que envolve o companheirismo, como, por exemplo, na hipótese de nomeação de curador dos bens do ausente (art. 25 do Código Civil)".

Seção II | DA SUCESSÃO PROVISÓRIA[1]

SEÇ. II: 1. v. CPC 745 §§ 1º e 2º e LINDB 10.

Art. 26. Decorrido um ano da arrecadação dos bens do ausente,[1] ou, se ele deixou representante ou procurador, em se passando três anos, poderão os interessados requerer que se declare a ausência e se abra provisoriamente a sucessão. [Dispositivo correspondente no CC/1916: art. 469.]

Art. 26: 1. v. art. 1.819.

Art. 27. Para o efeito previsto no artigo anterior, somente se consideram interessados: [Dispositivo correspondente no CC/1916: art. 470-*caput*.]

I — o cônjuge não separado judicialmente; [Dispositivo correspondente no CC/1916: art. 470-I.]

II — os herdeiros presumidos, legítimos ou testamentários; [Dispositivo correspondente no CC/1916: art. 470-II.]

III — os que tiverem sobre os bens do ausente direito dependente de sua morte; [Dispositivo correspondente no CC/1916: art. 470-III.]

IV — os credores de obrigações vencidas e não pagas. [Dispositivo correspondente no CC/1916: art. 470-IV.]

Art. 28. A sentença[1] que determinar a abertura da sucessão provisória só produzirá efeito cento e oitenta dias depois de publicada pela imprensa; mas, logo que passe em julgado, proceder-se-á à abertura do testamento, se houver, e ao inventário e partilha dos bens, como se o ausente fosse falecido. [Dispositivo correspondente no CC/1916: art. 471-*caput*.]

§ 1º Findo o prazo a que se refere o art. 26, e não havendo interessados na sucessão provisória, cumpre ao Ministério Público requerê-la ao juízo competente. [Dispositivo correspondente no CC/1916: art. 471 § 1º.]

§ 2º Não comparecendo herdeiro ou interessado para requerer o inventário até trinta dias depois de passar em julgado a sentença que mandar abrir a sucessão provisória, proceder-se-á à arrecadação dos bens do ausente pela forma estabelecida nos arts. 1.819 a 1.823. [Dispositivo correspondente no CC/1916: art. 471 § 2º.]

Art. 28: 1. v. LRP 104 § ún.

Art. 29. Antes da partilha, o juiz, quando julgar conveniente, ordenará a conversão dos bens móveis, sujeitos a deterioração ou a extravio, em imóveis ou em títulos garantidos pela União.[1] [Dispositivo correspondente no CC/1916: art. 472.]

Art. 29: 1. v. art. 33 e CPC 730.

Art. 30. Os herdeiros, para se imitirem na posse dos bens do ausente, darão garantias da restituição deles, mediante penhores ou hipotecas[1] equivalentes aos quinhões respectivos. [Dispositivo correspondente no CC/1916: art. 473-*caput*.]

§ 1º Aquele que tiver direito à posse provisória, mas não puder prestar a garantia exigida neste artigo, será excluído,[2] mantendo-se os bens que lhe deviam caber sob a administração do curador, ou de outro herdeiro designado pelo juiz, e que preste essa garantia. [Dispositivo correspondente no CC/1916: art. 473 § ún.]

§ 2º Os ascendentes, os descendentes e o cônjuge, uma vez provada a sua qualidade de herdeiros, poderão, independentemente de garantia, entrar na posse dos bens do ausente. [Dispositivo correspondente no CC/1916: art. 474.]

Art. 30: 1. s/ penhor, v. arts. 1.431 a 1.472; s/ hipoteca, v. arts. 1.473 a 1.505.

Art. 30: 2. v. art. 34.

Art. 31. Os imóveis do ausente só se poderão alienar, não sendo por desapropriação, ou hipotecar, quando o ordene o juiz, para lhes evitar a ruína.[1] [Dispositivo correspondente no CC/1916: art. 475.]

Art. 31: 1. v. CPC 730.

Art. 32. Empossados nos bens, os sucessores provisórios ficarão representando ativa e passivamente o ausente, de modo que contra eles correrão as ações pendentes e as que de futuro àquele forem movidas.[1] [Dispositivo correspondente no CC/1916: art. 476.]

Art. 32: 1. s/ o foro competente para essas ações, v. CPC 49.

Art. 33. O descendente, ascendente ou cônjuge que for sucessor provisório do ausente, fará seus todos os frutos e rendimentos dos bens que a este couberem; os outros sucessores, porém, deverão capitalizar metade desses frutos e rendimentos, segundo o disposto no art. 29, de acordo com o representante do Ministério Público, e prestar anualmente contas ao juiz competente. [Dispositivo correspondente no CC/1916: art. 477.]

Parágrafo único. Se o ausente aparecer, e ficar provado que a ausência foi voluntária e injustificada, perderá ele, em favor do sucessor, sua parte nos frutos e rendimentos. [Sem dispositivo correspondente no CC/1916.]

Art. 34. O excluído, segundo o art. 30, da posse provisória poderá, justificando falta de meios, requerer lhe seja entregue metade dos rendimentos do quinhão que lhe tocaria. [Dispositivo correspondente no CC/1916: art. 478.]

Art. 35. Se durante a posse provisória se provar a época exata do falecimento do ausente, considerar-se-á, nessa data, aberta a sucessão[1] em favor dos herdeiros, que o eram àquele tempo. [Dispositivo correspondente no CC/1916: art. 479.]

Art. 35: 1. v. CPC 745 § 3º.

Art. 36. Se o ausente aparecer,[1] ou se lhe provar a existência, depois de estabelecida a posse provisória, cessarão para logo as vantagens dos sucessores nela imitidos, ficando, todavia, obrigados a tomar as medidas assecuratórias precisas, até a entrega dos bens a seu dono. [Dispositivo correspondente no CC/1916: art. 480.]

Art. 36: 1. v. CPC 745 § 4º.

Seção III | DA SUCESSÃO DEFINITIVA[1]

SEÇ. III: 1. v. CPC 745 §§ 3º e 4º.

Art. 37. Dez anos depois de passada em julgado a sentença que concede a abertura da sucessão provisória, poderão os interessados requerer a sucessão definitiva[1] e o levantamento das cauções prestadas. [Dispositivo correspondente no CC/1916: art. 481.]

Art. 37: 1. "**Seguro de vida.** Declaração de ausência da segurada. Abertura de sucessão provisória. Pagamento da indenização. Necessidade de se aguardar a abertura da sucessão definitiva, quando será presumida a morte da pessoa natural" (STJ-3ª T., REsp 1.298.963, Min. Paulo Sanseverino, j. 26.11.13, DJ 25.2.14).

Art. 38. Pode-se requerer a sucessão definitiva, também, provando-se que o ausente conta oitenta anos de idade, e que de cinco datam as últimas notícias dele. [Dispositivo correspondente no CC/1916: art. 482.]

Art. 39. Regressando o ausente nos dez anos seguintes à abertura da sucessão definitiva, ou algum de seus descendentes ou ascendentes, aquele ou estes haverão só os bens existentes no estado em que se acharem, os sub-rogados em seu lugar, ou o preço que os herdeiros e demais interessados houverem recebido pelos bens alienados depois daquele tempo. [Dispositivo correspondente no CC/1916: art. 483-*caput*.]

Parágrafo único. Se, nos dez anos a que se refere este artigo, o ausente não regressar, e nenhum interessado promover a sucessão definitiva, os bens arrecadados passarão ao domínio do Município ou do Distrito Federal, se localizados nas respectivas circunscrições, incorporando-se ao domínio da União, quando situados em território federal.[1] [Dispositivo correspondente no CC/1916: art. 483 § ún.]

Art. 39: 1. s/ herança jacente, v. arts. 1.819 a 1.823 e 1.844. V. tb. CPC 738 a 743.

Título II | DAS PESSOAS JURÍDICAS

Capítulo I | DISPOSIÇÕES GERAIS

Art. 40. As pessoas jurídicas[1] são de direito público, interno ou externo, e de direito privado. [Dispositivo correspondente no CC/1916: art. 13.]

Art. 40: 1. "Novo Código Civil. Pessoas jurídicas, empresário, sociedade, estabelecimento, nome comercial e/ou nome empresarial, perdas e danos e prescrição", por José Carlos Tinoco Soares (RT 798/11).

Art. 41. São pessoas jurídicas de direito público interno:[1] [Dispositivo correspondente no CC/1916: art. 14-*caput*.]

I — a União; [Dispositivo correspondente no CC/1916: art. 14-I.]

II — os Estados, o Distrito Federal e os Territórios; [Dispositivo correspondente no CC/1916: art. 14-II.]

III — os Municípios; [Dispositivo correspondente no CC/1916: art. 14-III.]

IV — as autarquias, inclusive as associações públicas;[2-2a] [Sem dispositivo correspondente no CC/1916.]

V — as demais entidades de caráter público criadas por lei. [Sem dispositivo correspondente no CC/1916.]

Parágrafo único. Salvo disposição em contrário, as pessoas jurídicas de direito público, a que se tenha dado estrutura de direito privado, regem-se, no que couber, quanto ao seu funcionamento, pelas normas deste Código.[3] [Sem dispositivo correspondente no CC/1916.]

Art. 41: 1. s/ representação em juízo da pessoa jurídica de direito público interno, v. CPC 75-I a IV.

Art. 41: 2. Redação de acordo com a Lei 11.107, de 6.4.05 (regulamentada pelo Dec. 6.017, de 17.1.07).

Art. 41: 2a. **Lei 11.107, de 6.4.05** — Dispõe sobre normas gerais de contratação de consórcios públicos e dá outras providências: **"Art. 1º § 1º** O consórcio público constituirá associação pública ou pessoa jurídica de direito privado".

Art. 41: 3. **Enunciado 141 do CEJ:** "A remissão do art. 41, § ún., do CC, às 'pessoas jurídicas de direito público, a que se tenha dado estrutura de direito privado', diz respeito às fundações públicas e aos entes de fiscalização do exercício profissional".

Art. 42. São pessoas jurídicas de direito público externo os Estados estrangeiros e todas as pessoas que forem regidas pelo direito internacional público.[1] [Sem dispositivo correspondente no CC/1916.]

Art. 42: 1. "Pessoas de direito público externo e o Código Civil", por Georgenor de Sousa Franco Filho (RJ-Lex 65/128, RSDA 104/82).

Art. 43. As pessoas jurídicas de direito público interno são civilmente responsáveis por atos dos seus agentes que nessa qualidade causem danos a terceiros, ressalvado direito regressivo contra os causadores do dano, se houver, por parte destes, culpa ou dolo.[1 a 4] [Dispositivo correspondente no CC/1916: art. 15.]

Art. 43: 1. "Responsabilidade civil das agências reguladoras", por Rodrigo Santos Neves (RT 803/731); "A responsabilidade civil do Estado pela prática de ato ilícito", por Luís Alberto Thompson

Flores Lenz (Just. 172/78); "Responsabilidade civil do Estado por atos legislativos (revivescimento de uma antiga questão)", por Edilson Pereira Nobre Júnior (RDA 231/331); "Responsabilidade civil do Estado por conduta omissiva", por João Agnaldo Donizeti Gandini e Diana Paola da Silva Salomão (RDA 232/199, RF 386/129 e Ajuris 94/137); "A responsabilidade civil do Estado e o dano moral", por Jair José Perin (RT 814/115); "As agências reguladoras e sua responsabilidade civil", por Rodrigo Santos Neves (RF 370/157); "Responsabilidade civil do Estado: alguns aspectos", por Honildo Amaral de Mello Castro (RF 372/109 e RDPr 17/123); "Os fundamentos da responsabilidade civil do Estado", por Alexandre Santos de Aragão (RF 376/11, RT 824/72 e RDA 236/263); "Responsabilidade civil do poder público", por Verusca Citrini Braga (IP 25/242); "Responsabilidade civil do Estado no direito brasileiro", por Ronaldo Brêtas de Carvalho Dias (RSDCPC 29/140); "Responsabilidade civil do Estado: as origens e a classificação da responsabilidade estatal", por Cildo Giolo Júnior (RSDCPC 31/139); "Responsabilidade extracontratual patrimonial do Estado por atos legislativos", por Luis Gustavo Pollini (RSDCPC 32/138); "Novas orientações doutrinárias sobre a responsabilidade patrimonial da administração pública", por Jaime Rodriguez-Arana (IP 29/145); "A responsabilidade subjetiva do Estado por comportamentos omissivos", por Rui Stoco (RJ 332/9); "Responsabilidade civil do Estado e a denunciação da lide ao funcionário público", por Rogério Zuel Gomes (RT 839/110); "A responsabilidade extracontratual do Estado e o princípio da proporcionalidade: vedação de excesso e de omissão", por Juarez Freitas (RDA 241/21); "Responsabilidade do Estado por danos ou furtos de veículos estacionados em vias públicas", por Marcelo Battirola (RDPr 24/146); "Organizações sociais: natureza jurídica da responsabilidade civil das organizações sociais em face dos danos causados a terceiros", por Cristiana Fortini (IP 38/113); "Responsabilidade civil do Estado na prestação do serviço de segurança pública", por Kiyoshi Harada (RIDA 7/7); "Nexo de causalidade (do dano, para efeito de responsabilidade do Estado): reexame do tema", por João Batista Gomes Moreira (IP 39/33); "A responsabilidade do Estado por danos ambientais", por Gina Copola (RIDA 9/103); "Responsabilidade civil da administração pública", por Luís Rodolfo Cruz e Creuz e Pedro Felício André Filho (RIDA 10/101); "A teoria subjetiva-ativa (*Rechtswidrig*) e o fundamento unitário da responsabilidade do Estado: uma alternativa teórica", por Marcelo Meireles Lobão (RT 859/59); "Responsabilidade civil e omissão de socorro público", por Jones Figueirêdo Alves (IP 43/75); "O direito de regresso do Estado decorrente do reconhecimento de responsabilidade civil extracontratual no exercício da função administrativa", por José Roberto Pimenta Oliveira (IP 65/35); "Particularidades do arbitramento do dano moral na responsabilidade civil do Estado", por Ênio Santarelli Zuliani (RJ-Lex 50/81); "A responsabilidade patrimonial do Estado em matéria de segurança", por Célia Rosenthal Zisman (RDPr 56/203).

✎ **Art. 43: 1a. s/ responsabilidade do Estado por atos do Judiciário:** "Responsabilidade do Estado por atos judiciais", por Augusto do Amaral Dergint (RT 710/225); "Responsabilidade do Estado por atos judiciais", por Carlos Eduardo Thompson Flores Lenz (RDA 210/147); "Responsabilidade do Estado por ato judicial inconstitucional", por Fabiano André de Souza Mendonça (RT 738/11, RTJE 164/115); "Responsabilidade pública por atividade judiciária no direito brasileiro", por Lair da Silva Loureiro Filho (RDA 231/5 e RF 373/127); "Responsabilidade civil do Estado: o dever de indenizar a vítima de prisão injusta", por Vinícius Luiz Albrecht (RSDCPC 30/152); "Da responsabilidade pública por atividade judiciária no direito estrangeiro", por Lair da Silva Loureiro Filho (RIDA 6/82); "A responsabilidade civil do Estado pelo exercício da função jurisdicional no Brasil", por Ruy Rosado de Aguiar Jr. (IP 44/67).

Art. 43: 2. CF 37: "§ 6º As pessoas jurídicas de direito público e as de direito privado prestadoras de serviços públicos responderão pelos danos que seus agentes, nessa qualidade, causarem a terceiros, assegurado o direito de regresso contra o responsável nos casos de dolo ou culpa".

Lei 4.619, de 28.4.65 — Dispõe sobre a ação regressiva da União contra seus agentes (Lex 1965/630, RF 211/406, RT 357/546, RDA 81/519).

V. CPC 125-II.

V. tb. arts. 186 e 927 a 954 (ato ilícito e responsabilidade civil).

V. ainda Dec. 2.681, de 7.12.1912 (responsabilidade das estradas de ferro); Lei 4.898, de 9.12.65, arts. 3º a 5º e 6º § 2º (responsabilidade por abuso de autoridade); Lei 6.453, de 17.10.77 (responsabilidade por danos nucleares); Dec. 83.540, de 4.6.79 (responsabilidade em danos causados por poluição de óleos); Lei 8.112, de 11.12.90, arts. 121 a 126-A (responsabilidade dos servidores públicos); Lei 10.309, de 22.11.01 (responsabilidade da União perante terceiros no caso de atentados terroristas ou atos de guerra contra aeronaves de empresas aéreas brasileiras).

Art. 43: 2a. Súmula Vinculante 11 do STF: "Só é lícito o uso de algemas em casos de resistência e de fundado receio de fuga ou de perigo à integridade física própria ou alheia, por parte do preso ou de terceiros, justificada a excepcionalidade por escrito, sob pena de responsabilidade disciplinar, civil e penal do agente ou da autoridade e de nulidade da prisão ou do ato processual a que se refere, sem prejuízo da responsabilidade civil do estado".

Art. 43: 2b. Responsabilidade objetiva do Estado. "A responsabilidade do Estado é objetiva, isto é, prescinde do elemento culpa" (STF-RT 805/173, ementa da redação).

As pessoas jurídicas de direito público são objetivamente responsáveis pelos atos ilícitos praticados por seus agentes (inclusive pelos atos causadores de dano moral), ficando ressalvado, todavia, o direito de regresso contra estes (CF, art. 37, § 6º) (STF-2ª T., RE 228.977-2, Min. Néri da Silveira, j. 5.3.02, DJU 12.4.02).

"A responsabilidade civil que se imputa ao Estado por ato danoso de seus prepostos é objetiva (art. 37, § 6º, CF), impondo-lhe o dever de indenizar se se verificar dano ao patrimônio de outrem e nexo causal entre o dano e o comportamento do preposto. Somente se afasta a responsabilidade se o evento danoso resultar de caso fortuito ou força maior ou decorrer de culpa da vítima" (STJ-2ª T., REsp 602.102, Min. Eliana Calmon, j. 6.4.04, um voto vencido, DJU 21.2.05).

Todavia, "embora a responsabilidade civil do Estado seja objetiva, isso não significa que ele responda sempre e por qualquer prejuízo. Ausente dolo, má-fé ou outro vício e sendo o equívoco formal plenamente escusável, seria injusto fazer o povo indenizar aquele que foi prejudicado com a inegável participação de seu próprio irmão, que levantou dinheiro indevido valendo-se de guia expedida pela serventia" (JTJ 312/148).

S/ denunciação da lide nessas hipóteses, v., no nosso CPCLPV, CPC 125, nota 5.

Art. 43: 2c. Responsabilidade subjetiva do Estado. Em geral, nas situações em que se imputa uma **omissão** ao Estado, a jurisprudência tem exigido a prova de dolo ou culpa para sua responsabilização. É o que se conhece por *faute de service*. Nesse sentido: STF-2ª T., RE 179.147-1, Min. Carlos Velloso, j. 12.12.97, DJU 27.2.98; STJ-2ª T., REsp 418.713, Min. Franciulli Netto, j. 20.5.03, DJU 8.9.03; STJ-RT 836/151 (2ª T.); RT 837/350, 866/186, RJM 174/132, 184/92 (AP 1.0439.06.057459-7/002), Bol. AASP 2.584.

"Em se tratando de ato omissivo, embora esteja a doutrina dividida entre as correntes dos adeptos da responsabilidade objetiva e aqueles que adotam a responsabilidade subjetiva, prevalece na jurisprudência a teoria subjetiva do ato omissivo, de modo a só ser possível indenização quando houver culpa do preposto" (STJ-2ª T., REsp 602.102, Min. Eliana Calmon, j. 6.4.04, um voto vencido, DJU 21.2.05).

"A responsabilidade civil do Estado por omissão é subjetiva, mesmo em se tratando de responsabilidade por dano ao meio ambiente" (STJ-RDPr 37/345: 2ª T., REsp 647.493).

Todavia: "Ordinariamente, a responsabilidade civil do Estado, por omissão, é subjetiva ou por culpa, regime comum ou geral esse que, assentado no art. 37 da Constituição Federal, enfrenta duas exceções principais. Primeiro, quando a responsabilização objetiva do ente público decorrer de expressa previsão legal, em microssistema especial, como na proteção do meio ambiente (Lei 6.938/1981, art. 3º, IV, c/c o art. 14, § 1º). Segundo, quando as circunstâncias indicarem a presença de um standard ou dever de ação estatal mais rigoroso do que aquele que jorra, consoante a construção doutrinária e jurisprudencial, do texto constitucional. A Administração é solidária, objetiva e ilimitadamente responsável, nos termos da Lei 6.938/1981, por danos urbanístico-ambientais decorrentes da omissão do seu dever de controlar e fiscalizar, na medida em que contribua, direta ou indiretamente, tanto para a degradação ambiental em si mesma, como para o seu agravamento, consolidação ou perpetuação, tudo sem prejuízo da adoção, contra o agente público relapso ou desidioso, de medidas disciplinares, penais, civis e no campo da improbidade administrativa" (STJ-2ª T., REsp 1.071.741, Min. Herman Benjamin, j. 24.3.09, DJ 16.12.10).

Art. 43: 2d. "No caso de **omissão de dever de controle e fiscalização, a responsabilidade ambiental solidária da Administração é de execução subsidiária** (ou com ordem de preferência). A responsabilidade solidária e de execução subsidiária significa que o Estado integra o título executivo sob a condição de, como devedor-reserva, só ser convocado a quitar a dívida se o degradador original, direto ou material (= devedor principal) não o fizer, seja por total ou parcial exaurimento patrimonial ou insolvência, seja por impossibilidade ou incapacidade, inclusive técnica, de cumprimento da prestação judicialmente imposta, assegurado, sempre, o direito de regresso (art. 934 do Código Civil)" (STJ-2ª T., REsp 1.071.741, Min. Herman Benjamin, j. 24.3.09, DJ 16.12.10).

Art. 43: 2e. "O particular que alega ofensa a seu direito individual por **ato praticado por agente público** pode acionar o Estado, ou o funcionário ou ambos" (STJ-4ª T., REsp 731.746, Min. Aldir Passarinho Jr., j. 5.8.08, um voto vencido, DJ 4.5.09; a citação é do voto do relator).

"A avaliação quanto ao ajuizamento da ação contra o servidor público ou contra o Estado deve ser decisão do suposto lesado. Se, por um lado, o particular abre mão do sistema de responsabilidade objetiva do Estado, por outro também não se sujeita ao regime de precatórios" (STJ-4ª T., REsp 1.325.862, Min. Luis Felipe, j. 5.9.13, DJ 10.12.13).

"A propositura de ação de responsabilidade civil aforada pelo particular contra o autor do fato causador do dano não afasta o direito à ação para demandar contra o ente público, que responde objetivamente pelos danos causados a terceiros. A responsabilidade civil do Estado objetiva nos termos do art. 37, § 6º, da Constituição Federal, não se confunde com a responsabilidade subjetiva dos seus agentes, perquirida em ação regressiva ou em ação autônoma" (STJ-1ª T., REsp 976.730, Min. Luiz Fux, j. 24.6.08, um voto vencido, DJ 4.9.08).

Todavia, no sentido de que quem responde pelos atos ilícitos praticados por agentes de pessoas jurídicas de direito público são estas e não o agente, contra o qual têm elas direito regressivo (CF 37 § 6º): STF-2ª T., RE 228.977, Min. Néri da Silveira, j. 5.3.02, DJU 12.4.02.

Art. 43: 3. Afirmando haver responsabilidade do Estado:

— por **ato judicial** (STF-2ª T., RE 228.977-2, Min. Néri da Silveira, j. 5.3.02, DJU 12.4.02). "Ato de magistrado. Ação de indenização contra o Estado em razão de dano irreversível causado à parte em virtude de omissão ilegal verificada em ato jurisdicional. Inteligência do art. 37, XXI, § 6º, da CF/88. Procedência da ação" (RJ 179/81, maioria).

Exigindo para a responsabilização do Estado nessas circunstâncias prova de **má-fé, dolo, culpa grave ou erro grosseiro:** "O erro judiciário, seja 'in procedendo' ou 'in judicando', no exercício da função jurisdicional, não rende indenização por responsabilidade civil do Estado, pois que é inerente ao próprio ato judicial típico. Toda pessoa que sofrer lesão de direito, decorrente de decisão judicial, pode repará-la pela via do recurso à instância superior, não, porém, pela via da ação contra o Estado, salvo provada a má-fé, o dolo, a culpa grave ou o erro grosseiro" (Ajuris 87/532). V. tb. RJTJERGS 255/224, RT 880/246 (TJMG, AP 1.0672.06.203104-8/001).

Afirmando a responsabilidade objetiva do Estado por erro judiciário, atrelado a indevida condenação penal, ulteriormente desconstituída em sede de revisão criminal: STF-RT 868/161 e RDDP 57/112 (1ª T., RE 505.393, um voto vencido).

"Requerendo as partes a suspensão da execução de alimentos, deveria o juiz, ao suspendê-la, determinar, outrossim, o recolhimento do mandado de prisão que expedira. Não o fez, vindo o autor a ser preso posteriormente. Ato jurisdicional que enseja responsabilidade do Estado, nos termos do art. 5º, LXXV, da CF" (RT 892/277: TJRJ, AP 2009.001.45077).

Há notícia de acórdão responsabilizando o Estado e o magistrado pelas consequências de ato praticado por este na condição de funcionário público, embora não estivesse no exercício de função judicante (STJ-RF 391/415: 2ª T., REsp 299.833, um voto vencido).

V. CF 5º-LXXV.

V. tb., no nosso CPCLPV, CPC 143 e notas.

— pela **persecução penal negligente,** tal como a desencadeada em face de quem teve seus documentos roubados e utilizados por criminoso na prática de outros delitos, comunicou o Estado daquele roubo e mesmo assim acabou sendo tratado como se criminoso fosse na apuração destes (STJ-1ª T., REsp 882.166, Min. Luiz Fux, j. 11.3.08, DJU 3.4.08). Em sentido semelhante: JTJ 322/2.647 (AP 293.922-5/0-00), 327/349 (AP 756.350-5/3-00), 348/445 (994.05.107740-0), RMDCPC 19/115 (TJMG, AP 1.0024.05.692581-1/006), RJM 180/227 (AP 1.0024.04.535603-7/001). Ainda: "O réu praticou ato ilícito ao apresentar o autor à imprensa como traficante, além de prendê-lo por cinco dias, sem motivo" (Bol. AASP 2.578: TJRJ, AP 2007.001.35445). "Responsabilidade civil do Estado (CF, art. 37, § 6º). Danos morais decorrentes de prisão indevida. Privação da liberdade fundada em homonímia, evitável mediante simples consulta administrativa" (RIDA 44/68: TJSP, AP 630.569-5/3; no caso a autora ficou presa por 70 dias). V. tb. nota seguinte para os casos em que a persecução penal é instaurada e se desenvolve com regularidade;

— "pelos danos causados por **leiloeiro oficial,** em razão de atos ilícitos praticados aos arrematantes. Leiloeiro oficial que se apropria de valor a título do lanço oferecido relativo ao bem praceado e que não o devolve, embora para tanto instado, por ter sido anulada a praça" (STJ-1ª T., REsp 1.010.688, Min. José Delgado, j. 20.5.08, DJU 23.6.08);

— por **ato legislativo,** desde que reconhecida sua inconstitucionalidade pelo Supremo Tribunal Federal (STJ-1ª Seção, REsp 124.864, Min. Demócrito Reinaldo, j. 24.6.98, três votos vencidos, DJU 28.9.98);

— "por danos causados à concessionária de serviço de transporte aéreo (Varig S/A). **Ruptura do equilíbrio econômico-financeiro do contrato** decorrente dos efeitos dos **Planos 'Funaro' e 'Cruzado'.** Dever de indenizar. Responsabilidade por atos lícitos quando deles decorrerem prejuízos para os particulares em condições de desigualdade com os demais. Observância do princípio da legalidade, do direito adquirido e do ato jurídico perfeito" (STF-Pleno, RE 571.969, Min. Cármen Lúcia, j. 12.3.14, maioria, DJ 18.9.14). Em sentido semelhante: STJ-1ª T., REsp 1.248.237, Min. Napoleão Maia Filho, j. 18.9.14, maioria, DJ 1.10.14;

— pela **indevida alienação** de terras devolutas da União, ficando obrigado a reparar não apenas àquele "a quem conferiu o título de domínio pleno do imóvel", mas também à pessoa que, "situada na última posição da cadeia dominial, foi desapossada do imóvel e teve o título de propriedade desconstituído" (STJ-1ª T., REsp 175.287, Min. José Delgado, j. 21.2.06, um voto vencido, DJU 13.3.06);

— pelos danos causados a **estabelecimento comercial,** em razão da construção de complexo viário que dificultou o acesso até ele e reduziu o seu **movimento** (RT 866/181);

— pela **queda de árvore** existente em área pública (RT 860/275; 879/239: TJSP, AP 401.694.5/8-00; 900/270: TJSP, AP 994.08.185150-8);

— pela **queda de pedestre** provocada por buraco existente na calçada (RT 863/346), ou por "falta de tampa de proteção no bueiro" (JTJ 336/448: AP 691.205-5/0-00);

— pelo **desabamento de imóvel** (RT 864/356; JTJ 333/657: EI 570.827-5/9-02);

— por "incêndio causado por **curto-circuito na rede elétrica** de imóvel" (RT 861/271);

— pelo **acidente de veículo** acontecido em razão da má conservação ou sinalização de estrada (RT 828/235; 877/212: TJSP, AP 955322-0/5; 912/737: TRF-1ª Reg., AP 200638120069508; 934/585: TRF-4ª Reg., AP 5000518-55.2012.404.7203), em razão de defeito no funcionamento de semáforo (STJ-RT 842/151: 2ª T., REsp 716.250) ou, ainda, em razão da indevida e inadvertida existência de animal na pista (RMDCPC 18/112). Também responde o Estado pelos danos causados pela "queda de veículo em buraco de razoáveis dimensões existente na via pública, sem sinalização de segurança" (RT 851/198). No mesmo sentido: Bol. AASP 2.600 (TJSP, AP 766.739-5/7-00). Igualmente responde o Estado pelos prejuízos provocados por "veículo do corpo de bombeiro que abalroou o automóvel do postulante que se encontrava estacionado em local apropriado e destinado a esse fim" (RT 864/264). Ainda, responde o Estado pelo acidente causado por "viatura oficial conduzida por agente público em desempenho de suas atribuições funcionais" (RT 858/409). "A conduta negligente e imprudente de policial militar condutor de veículo público gera a obrigação de indenização em danos ao Estado, quando caracterizada conduta irregular nos termos do Código Nacional de Trânsito, segundo o qual os veículos oficiais em estado de emergência possuem direito de preferência, situação que, entretanto, não exclui o dever de cautela e segurança em prol da coletividade" (RT 864/376). "A Administração, ao autorizar a posse de veículo oficial por agente seu, sabendo que o uso seria para fins particulares, responde pelos danos que decorram de acidente" (STJ-2ª T., REsp 866.450, Min. Herman Benjamin, j. 24.4.07, DJU 7.3.08);

— pelo **furto de veículo** acontecido em estacionamento por ele mantido (STF-1ª T., RE 255.731-5, Min. Sepúlveda Pertence, j. 9.11.99, DJU 26.11.99). Todavia, v. tb. nota seguinte;

— pelos "danos causados por **invasores em propriedade particular,** quando o Estado se omite no cumprimento de ordem judicial para envio de força policial ao imóvel invadido" (STF-RT 804/166);

— pela ação danosa de **policial, durante o seu expediente,** na detenção de suposto criminoso (RT 828/205, 866/186, RF 381/376).

"O Estado responde administrativa e civilmente por morte provocada por tiros disparados por policial no cumprimento de diligências, quando a ação foi considerada ilícita" (STJ-1ª T., REsp 1.018.636, Min. José Delgado, j. 8.4.08, DJU 24.4.08). Em sentido semelhante, condenando o Estado a indenizar vítima de "bala perdida" de tiroteio entre policiais e bandidos: RT 847/192: TJSP, AP 205.374-5/9-00; RJTJERGS 252/256: AP 70010301455. Ainda: "Responsabilidade civil do Estado. Teoria objetiva. Refém morto em ação policial" (RT 864/362: TJRN, AP 2006.004815-6). V. tb., na nota seguinte, casos em que o dano é causado por policial durante a sua folga;

— pela morte de detento nas **dependências da prisão** (STF-RT 837/129: 2ª T., RE 272.839; STJ-1ª T., REsp 847.687, Min. José Delgado, j. 17.10.06, DJU 25.6.07; STJ-2ª T., Ag em REsp 169.476, Min. Humberto Martins, j. 2.8.12, DJ 8.8.12; RT 842/168; JTJ 326/470: AP 732.429-5/9-00; RJM 169/134), mesmo em caso de suicídio (STJ-2ª T., REsp 1.305.259-AgRg, Min. Mauro Campbell, j. 2.4.13, DJ 9.4.13). Também responde o Estado pelos atos de atentado violento ao pudor sofridos pelo detento na prisão (RT 884/331: TJSC, AP 2007.063384-8; JTJ 291/175).

Afirmando ser **objetiva** a responsabilidade do Estado pelos eventos danosos acontecidos dentro de presídio: STJ-1ª T., REsp 944.884, Min. Luiz Fux, j. 18.10.07, um voto vencido, DJU 17.4.08; STJ-2ª T., REsp 1.140.067, Min. Castro Meira, j. 21.10.10, DJ 28.10.10.

Todavia, no sentido de que não deve haver condenação do Estado a indenizar danos morais "advindos de superpopulação carcerária, diante de sua impossibilidade orçamentária, em obediência ao 'princípio da reserva do possível'": RT 871/294 (TJMS, EI na AP 2006.011166-2/0001-00). "Em nada contribui para a melhoria do sistema prisional do Brasil a concessão, individualmente, de indenização por dano moral a detento submetido à superlotação e a outras agruras que permeiam (e envergonham) nossos estabelecimentos carcerários. A medida, quando muito, servirá tão só para drenar e canalizar escassos recursos públicos, aplicando-os na simples mitigação do problema de um ou só de alguns, em vez de resolvê-lo, de uma vez por todas, em favor da coletividade dos prisioneiros. A condenação do Estado à indenização por danos morais individuais, como remédio isolado, arrisca a instituir uma espécie de 'pedágio-masmorra', ou seja, deixa a impressão de que ao Poder Público, em vez de garantir direitos inalienáveis e imprescritíveis de que são titulares, por igual, todos os presos, bastará pagar, aos prisioneiros que disponham de advogado para postular em seu favor, uma 'bolsa-indignidade' pela ofensa diária, continuada e indesculpável aos mais fundamentais dos direitos, assegurados constitucionalmente. A questão não trata da incidência da cláusula da reserva do possível, nem de assegurar o mínimo existencial, mas sim da necessidade urgente de aprimoramento das condições do sistema prisional, que deverá ser feito por meio de melhor planejamento e estruturação física, e não mediante pagamento pecuniário e individual aos apenados" (STJ-RDDP 101/145: 2ª T., REsp 962.934. Esse acórdão foi mantido no julgamento dos subsequentes embargos de divergência (STJ-1ª Seção, ED no REsp 962.934, Min. Humberto Martins, j. 14.3.12, maioria, DJ 25.4.12);

— pelos danos sofridos por agente penitenciário em **rebelião de detentos** (RT 859/369). Ainda: "Servidor da FEBEM morto por menor infrator em rebelião. Inafastável responsabilidade do Estado. Poucos agentes, sem qualquer arma de fogo, somente com dois radiocomunicadores faziam a segurança de uma unidade com 300 internos. Nexo causal evidente. Negligência do Poder Público em adotar medidas que dessem segurança ao servidor no desempenho de suas funções" (JTJ 314/163: AP 407.765-5/6-00);

— pelos excessos cometidos em **revista de visitante** de detento (STJ-2ª T., REsp 856.360, Min. Eliana Calmon, j. 19.8.08, DJ 23.9.08);

— pelo **fornecimento de medicamentos** para o tratamento de doença grave (RSTJ 106/109: 1ª T., REsp 127.604; RT 826/204, RF 380/344; RIDA 54/54: TJMS, AP 2010.006156-6/0000-00; 54/62: TJRN, AP 2009.006199-5). **Contra,** "em caso no qual a autora pretende o fornecimento gratuito de medicamento importado da Alemanha, ainda não disponível no Brasil e sem registro na Anvisa, para tratamento de distrofia muscular progressiva": RIDA 54/46 (TRF-2ª Reg., AP 2000.51.01.032310-5);

— pela conduta lesiva de médico de **hospital da rede pública** (RT 846/381, 870/379; 896/217: TJSP, AP 994.09.371365-0; JTJ 315/160: AP 312.711-5/3-00). Também responde o Estado por outras falhas imputáveis ao hospital da rede pública. É o que acontece, p. ex., quando este noticia equivocadamente a morte de um paciente (RT 864/260);

"Considerando que o funcionamento do **SUS** é de **responsabilidade solidária** da União, dos Estados e dos Municípios, é de se concluir que qualquer um destes entes tem legitimidade *ad causam* para figurar no polo passivo de quaisquer demandas que envolvam tal sistema, inclusive as relacionadas à indenizatória por erro médico ocorrido em **hospitais privados conveniados"** (STJ-1ª T., REsp 1.388.822, Min. Benedito Gonçalves, j. 16.6.14, DJ 1.7.14). **Todavia: "A União não possui legitimidade passiva** nas ações de indenização por falha em atendimento médico ocorrida em hospital privado credenciado no SUS, tendo em vista que, de acordo com a descentralização das atribuições determinada pela Lei 8.080/1990, a responsabilidade pela fiscalização é da direção municipal do aludido sistema" (STJ-2ª T., REsp 1.162.669, Min. Herman Benjamin, j. 23.3.10, DJ 6.4.10). No mesmo sentido: STJ-1ª T., REsp 1.218.845-EDcl-AgRg, Min. Arnaldo Esteves, j. 3.5.12, DJ 20.9.12;

— pelo pagamento integral dos **vencimentos** a que faria jus funcionário público (no caso, policial militar) demitido do cargo e ulteriormente reintegrado, no período em que durou esse afastamento (RT 837/208). No mesmo sentido: "O servidor reintegrado deve ser ressarcido dos vencimentos a que faria jus desde o desligamento indevido, a fim de restabelecer a situação injustamente desconstituída" (STJ-1ª T., Ag em REsp 165.575-AgRg, Min. Benedito Gonçalves, j. 21.11.13, DJ 29.11.13);

— pelo injustificado **atraso** de "10 meses e 18 dias para deferir pedido de **aposentadoria** de servidor público. Inexistência de qualquer diligência determinada para firmação de convencimento. Péssimo funcionamento do serviço, atuando com atraso injustificável. Servidor público que, em face de inércia estatal, mesmo possuindo o direito à aposentadoria, é obrigado a trabalhar por 10 meses e 18 dias. Responsabilidade que se reconhece e indenização deferida" (STJ-1ª T., REsp 983.659, Min. José Delgado, j. 12.2.08, DJU 6.3.08). Ainda: "Legítimo o pagamento de indenização, em razão da injustificada demora na concessão da aposentadoria" (STJ-2ª T., REsp 1.031.533, Min. Castro Meira, j. 6.5.08, DJU 16.5.08). No mesmo sentido: RT 865/179;

Condenado o Estado nessas circunstâncias, é possível "compensação, em liquidação do julgado, da remuneração do cargo, emprego ou função (pública ou privada) exercida pelos embargados no período em que foram obstados de tomar posse, desde que à época fosse incompatível o exercício simultâneo" (STJ-2ª T., REsp 795.161-AgRg-EDcl, Min. Herman Benjamin, j. 16.6.11, DJ 8.9.11);

— pelos eventos danosos acontecidos nas dependências de **escola pública,** tais como a conduta constrangedora e humilhante do professor (RF 379/345), o furto de bem do aluno (RT 846/379), a agressão sofrida pelo aluno nas suas dependências (RF 391/515; JTJ 329/365: AP 298.435-5/3-00; 355/536: AP 994.07.131038-0; RT 913/799: TJSP, AP 0169604-52.2006.8.26.0000), a amputação de dedos da mão de aluno (RT 868/273). Todavia, v. tb. nota seguinte.

Art. 43: 4. Afirmando não haver responsabilidade do Estado:

— "em face de danos causados por atos de **"persecutio criminis"**, de imputação ou julgamento quando o perseguido vem a ser absolvido por falta de provas ou de sua participação na infração penal, pois tanto a decretação da prisão preventiva como a admissibilidade da denúncia repousam em juízo provisório da prática delituosa, de todo legítimo" (RT 830/187). No mesmo sentido: RT 890/262 (TJAC, AP 2009.001550-3), JTJ 309/162, RJTJERGS 252/265, RIDA 27/25, maioria. V. tb. nota anterior para caso em que a persecução penal é instaurada e se desenvolve com negligência.

"A **prisão preventiva,** devidamente fundamentada e nos limites legais, inclusive temporal, não gera o direito à indenização em face da posterior absolvição por ausência de provas" (STJ-2ª T., REsp 911.641, Min. Eliana Calmon, j. 7.5.09, DJ 25.5.09). No mesmo sentido: STJ-1ª T., Ag em REsp 182.241-AgRg, Min. Ari Pargendler, j. 20.2.14, DJ 28.2.14; RT 894/218 (TJSP, AP 977.873-5/1-00). **Todavia:** "O cerceamento oficial da liberdade fora dos parâmetros legais, posto o recorrente ter ficado custodiado 741 dias, lapso temporal amazonicamente superior àquele estabelecido em Lei — 81 dias —, revela a ilegalidade da prisão. A coerção pessoal que não enseja o dano moral pelo sofrimento causado ao cidadão é aquela que lastreia-se nos parâmetros legais. *A contrario sensu*, empreendida a prisão cautelar com excesso expressivo de prazo, ultrapassando o lapso legal em quase um décuplo, restando, após, impronunciado o réu, em manifestação de inexistência de autoria, revela-se inequívoco o direito à percepção do dano moral" (STJ-1ª T., REsp 872.630, Min. Luiz Fux, j. 13.11.07, um voto vencido, DJU 26.3.08). No mesmo sentido, condenando o Estado em razão de atos praticados pelo Poder Judiciário, que levaram à "manutenção do cidadão em cárcere por aproximadamente 13 anos à míngua de condenação em pena privativa da liberdade ou procedimento criminal": STJ-RF 391/398 (1ª T., REsp 802.435);

— pelo ato praticado com **arma** da corporação por **"policial militar em período de folga"**: STF-1ª T., RE 363.423, Min. Ayres Britto, j. 16.11.04, DJ 14.3.08. No mesmo sentido: "A responsabilização do ente público, nos termos do art. 37, § 6º, da CF, necessita, em princípio, de que o agente que causou o dano esteja em pleno exercício das funções públicas. Agindo com motivação de cunho pessoal e fora da função pública, o policial que pratica crime, ainda que com arma da SSP, é o único responsável pelo delito" (RIDA 7/17: TJSE, AP 2005207800).

Todavia: "O Estado responde objetivamente pelos danos causados ao particular em virtude de homicídio praticado por policial militar contra civil, com arma da corporação e no interior do quartel, mesmo estando o agente policial de folga, sendo devida a indenização pleiteada pelos familiares da vítima" (RJM 168/91: AP 1.0543.03.900038-4/001).

Indo além: "É objetiva a responsabilidade civil do Estado por ação de policial à paisana que se envolve em tiroteio em transporte público, resultando na morte de passageiro" (STJ-2ª T., REsp 976.073, Min. Castro Meira, j. 24.6.08, DJ 12.8.08). Ainda: "Responde o Estado pelos danos morais causados por ação ilícita de policial militar que, não obstante estado de folga, mas utilizando-se de arma da corporação, visando a um flagrante de roubo, realiza diligência, aborda, atira na perna do suspeito e prende-o na presença de populares em local público" (RT 861/328: TJRO, AP 100.001.2005.007068-0). Para casos em que o policial age durante o seu expediente, v. nota anterior;

— "Perseguição policial, após notícia de assalto a estabelecimento comercial. Filho da autora que não atendeu à voz de prisão e efetuou os primeiros disparos em direção aos policiais. **Troca de tiros,** que culminou com a morte do filho da autora. Atuação policial sem excessos, no estrito cumprimento do dever legal" (JTJ 371/190: AP 214-96.2002.8.26.0300). Todavia, para situações em que a atuação do policial acaba gerando responsabilidade do Estado, v. nota anterior;

— pela **morte** de **policial** no **exercício** das suas **funções:** "Morte de investigador de polícia por integrantes de quadrilha de traficantes. Policial que investigava ação dos delinquentes e prendera integrantes da quadrilha. Perigo inerente à atividade exercida pela vítima" (JTJ 303/209). No mesmo sentido: JTJ 309/166;

— pelo **crime** cometido com a participação de fugitivo do sistema prisional, pois tal não foi consequência direta e imediata da omissão estatal, "mas resultou de concausas, como a formação da quadrilha, e o assalto ocorrido cerca de vinte e um meses após a evasão" (STF-RT 825/172: 2ª T.). "Não há como afirmar que a deficiência do serviço do Estado (que propiciou a evasão de menor submetido a regime de semiliberdade) tenha sido a causa direta e imediata do tiroteio entre o foragido e um seu desafeto, ocorrido oito dias depois, durante o qual foi disparada a 'bala perdida' que atingiu a vítima, nem que esse tiroteio tenha sido efeito necessário da referida deficiência. Ausente o nexo causal, fica afastada a responsabilidade" (STJ-1ª T., REsp 858.511, Min. Teori Zavascki, j. 19.8.08, dois votos vencidos, DJ 15.9.08). No mesmo sentido: STJ-1ª T., REsp 719.738, Min. Teori Zavascki, j. 16.9.08, DJ 22.9.08 (caso de estupro acontecido 10 meses após a fuga do presídio); STJ-2ª T., REsp 669.258, Min. Humberto Martins, j. 27.2.07, DJ 25.3.09 (caso de acidente de trânsito provocado por pessoa que deveria estar reclusa); JTJ 288/178. **Contra:** "Impõe-se a responsabilização do Estado quando um condenado submetido a regime prisional aberto pratica, em sete ocasiões, falta grave de evasão, sem que as autoridades responsáveis pela execução da pena lhe apliquem a medida de regressão do regime prisional aplicável à espécie. Tal omissão do Estado constituiu, na espécie, o fator determinante que propiciou ao infrator a oportunidade para praticar o crime de estupro contra menor de 12 anos de idade, justamente no período em que deveria estar recolhido à prisão. Está configurado o nexo de causalidade, uma vez que se a lei de execução penal tivesse sido corretamente aplicada, o condenado dificilmente teria continuado a cumprir a pena nas mesmas condições (regime aberto), e, por conseguinte, não teria tido a oportunidade de evadir-se pela oitava vez e cometer o bárbaro crime de estupro" (STF-RTDC 33/145: 2ª T., RE 409.203, um voto vencido). No mesmo sentido: RJM 169/122;

— pelos ferimentos sofridos por aluna que participou de **briga em escola** pública (JTJ 335/514: AP 825.390-5/2-00). Todavia, v. tb. nota anterior;

— "a **impossibilidade momentânea de atendimento** de pessoas sem condições de arcar com as despesas em **hospitais públicos,** conveniados ou não, ou pertencentes ao Sistema Único de Saúde — SUS, não caracteriza omissão culposa, falta ou falha do serviço que possam impor ao Poder Público a responsabilidade por dano moral ou mesmo por dano material" (JTJ 348/427: AP 994.05.023935-0);

— "O Poder Público deve assumir a guarda e responsabilidade do veículo quando este ingressa em área de **estacionamento** pertencente a estabelecimento público, apenas, quando dotado de **vigilância especializada** para esse fim" (STJ-1ª T., REsp 1.081.532, Min. Luiz Fux, j. 10.3.09, DJ 30.3.09). Em sentido semelhante: JTJ 333/645 (EI 193.516-4/6-01). Todavia, v. tb. nota anterior;

— em razão do **furto de veículo** em área de **"estacionamento rotativo de carro em logradouro público"**, pois o pagamento nessas circunstâncias tem como contrapartida a simples racionalização do uso do espaço público, não fazendo surgir contrato de depósito (RT 841/333). No mesmo sentido: RT 866/326, JTJ 330/487 (AP 784.885-5/4-00), RSDA 90/152 (TJSP, AP 0015285-13.2010.8.26.0348);

— "a **perda do bem por ato administrativo** da autoridade policial, em razão de se tratar de **veículo furtado,** não pode ser imputada ao órgão de trânsito que registrou o bem. Ainda que a vistoria tenha sido realizada e considerada regular a situação do veículo, posterior apreensão por se tratar de veículo furtado, não revela nexo de causalidade para a configuração da responsabilidade objetiva do Estado. O Estado não pode ser responsabilizado por ato criminoso de terceiros ou pela culpa do adquirente de veículo de procedência duvidosa se a Administração não concorreu com ação ou omissão para a prática do ato ilícito, não respondendo pelos danos deste decorrentes" (STJ-RIDA 51/151: 2ª T., REsp 859.183);

— por **acidente** ocorrido em rodovia malconservada, quando sua causa determinante foi a própria imprudência do motorista (STJ-2ª T., REsp 649.394, Min. Eliana Calmon, j. 11.4.06, DJU 22.5.06);

— pelo **apedrejamento de ônibus** em rodovia (RT 866/186);

— por **afogamento em represa** de captação de água devidamente cercada: "A represa de captação de água é cercada, sendo irrelevante o mau estado da cerca em alguns pontos, e limita com propriedades rurais particulares. Há sinalização proibindo a pesca e a natação. Inexistência de obrigação de a Prefeitura manter cerca inexpugnável ou serviço ininterrupto de vigilância, o que afasta a culpa administrativa" (RT 890/237: TJSP, AP 761.706.5/0-00);

— em razão da **mora legislativa:** "comportamento omissivo do chefe do Poder Executivo não gera direito à indenização por perdas e danos" (STF-2ª T., RE 424.584, Min. Joaquim Barbosa, j. 17.11.09, maioria, DJ 7.5.10);

— "pelo tempo em que se aguardou solução judicial definitiva sobre **aprovação em concurso público"** (STF-2ª T., RE 593.373-AgRg, Min. Joaquim Barbosa, j. 5.4.11, DJ 18.4.11). "Considera-se que, se a nomeação foi decorrente de sentença judicial, o retardamento não configura preterição ou ato ilegítimo da Administração Pública a justificar uma contrapartida indenizatória" (STJ-Corte Especial, ED no REsp 1.117.974, Min. Teori Zavascki, j. 21.9.11, maioria, DJ 19.12.11). "O ato administrativo que impede a nomeação de candidato aprovado em concurso público, ainda que considerado ilegal e posteriormente revogado por decisão judicial, não gera direito à indenização por perdas e danos ou ao recebimento de vencimentos retroativos" (STJ-5ª T., REsp 654.275, Min. Arnaldo Esteves, j. 26.6.07, DJU 6.8.07).

Todavia: "Se a Administração cumpriu tardiamente a ordem judicial, não pode eximir-se do dever de indenizar a autora, consistindo o ressarcimento do dano na soma das parcelas referentes à remuneração que teria auferido se houvesse sido nomeada no momento próprio, e no reconhecimento do direito aos adicionais por tempo de serviço. Hipótese que não contempla pretensão de receber vencimentos atrasados de cargo não exercido, mas reconhecimento do direito de indenização pela prática ilícita de ato omissivo do agente público" (STF-2ª T., RE 188.093, Min. Maurício Corrêa, j. 31.8.99, DJU 8.10.99).

Reconhecendo o direito dos candidatos ao recebimento de todas as verbas e vantagens que eles deixaram de auferir entre a data em que deveriam ter tomado posse e a data em que foram efetivamente empossados: STJ-RT 870/185 (1ª T., REsp 825.037). Esse acórdão foi mantido no julgamento dos subsequentes embargos de divergência: STJ-Corte Especial, ED no REsp 825.037, Min. Eliana Calmon, j. 1.2.11, DJ 22.2.11.

"A reprovação indevida de candidato no certame público lhe dá direito ao recebimento de indenização ante a presença de ato ilícito, mas não à percepção dos vencimentos relativos ao cargo postulado, porquanto esse direito nasce somente com a efetiva nomeação e posse do candidato" (STJ-2ª T., REsp 763.835, Min. João Otávio, j. 6.2.07, DJU 26.2.07). "Nada impede que o valor da indenização seja fixado tendo em conta os vencimentos que a autora receberia se tivesse sido nomeada e empossada juntamente com os demais aprovados no concurso" (STJ-2ª T., REsp 642.008, Min. Castro Meira, j. 10.8.04, DJU 14.2.05).

S/ responsabilidade civil do Estado e: culpa concorrente da vítima, v. art. 945, nota 2; ato praticado por notário ou oficial de registro, v., no nosso CCLCV, LRP 28, nota 2a.

Art. 44. São pessoas jurídicas de direito privado:[1 a 2b] [Dispositivo correspondente no CC/1916: art. 16-*caput*.]

I — as associações;[3] [Dispositivo correspondente no CC/1916: art. 16-I.]

II — as sociedades;[4] [Dispositivo correspondente no CC/1916: art. 16-I e II.]

III — as fundações;[5] [Dispositivo correspondente no CC/1916: art. 16-I.]

IV — as organizações religiosas;[6] [Sem dispositivo correspondente no CC/1916.]

V — os partidos políticos;[7] [Sem dispositivo correspondente no CC/1916.]

VI — as empresas individuais de responsabilidade limitada.[7a-7b] [Sem dispositivo correspondente no CC/1916.]

§ 1º São livres a criação, a organização, a estruturação interna e o funcionamento das organizações religiosas, sendo vedado ao poder público negar-lhes reconhecimento ou registro dos atos constitutivos e necessários ao seu funcionamento.[8-8a] [Sem dispositivo correspondente no CC/1916.]

§ 2º As disposições concernentes às associações aplicam-se subsidiariamente às sociedades que são objeto do Livro II da Parte Especial deste Código.[9-9a] [Sem dispositivo correspondente no CC/1916.]

§ 3º Os partidos políticos serão organizados e funcionarão conforme o disposto em lei específica.[10-10a] [Sem dispositivo correspondente no CC/1916.]

Art. 44: 1. v. arts. 2.031 a 2.034, s/ normas de direito intertemporal acerca de constituição, transformação, incorporação, cisão, fusão, dissolução e liquidação de pessoas jurídicas de direito privado.

S/ consórcio público, constituído como pessoa jurídica de direito privado sem fins lucrativos, v. art. 41, nota 2a (Lei 11.107, de 6.4.05, art. 1º § 1º).

Art. 44: 2. **Dec. 2.427, de 17.12.97** — Promulga a Convenção Interamericana sobre Personalidade e Capacidade de Pessoas Jurídicas no Direito Internacional Privado, concluída em La Paz, em 24 de maio de 1984 (Lex 1997/4.659).

V. tb. LINDB 11; Dec. 752, de 16.2.93 (concessão do Certificado de Entidade de Fins Filantrópicos); Lei 8.909, de 6.7.94 (prestação de serviços por entidades de assistência social, entidades beneficentes de assistência social e entidades de fins filantrópicos).

Art. 44: 2a. **Enunciado 142 do CEJ:** "Os partidos políticos, sindicatos e associações religiosas possuem natureza associativa, aplicando-se-lhes o Código Civil".

Art. 44: 2b. **Enunciado 144 do CEJ:** "A relação das pessoas jurídicas de Direito Privado, constante do art. 44, incisos I a V, do Código Civil, não é exaustiva".

Art. 44: 3. v. arts. 53 a 61.

Art. 44: 4. v. arts. 981 a 1.141.

Art. 44: 5. v. arts. 62 a 69.

Art. 44: 6. Inc. IV acrescido pela Lei 10.825, de 22.12.03.

Art. 44: 7. Inc. V acrescido pela Lei 10.825, de 22.12.03.

Art. 44: 7a. Inc. VI acrescido pela Lei 12.441, de 11.7.11, em vigor 180 dias após a sua publicação (DOU 12.7.11).

Art. 44: 7b. v. art. 980-A.

Art. 44: 8. § 1º acrescido pela Lei 10.825, de 22.12.03.

Art. 44: 8a. **Enunciado 143 do CEJ:** "A liberdade de funcionamento das organizações religiosas não afasta o controle de legalidade e legitimidade constitucional de seu registro, nem a possibilidade de reexame pelo Judiciário da compatibilidade de seus atos com a lei e com seus estatutos".

Art. 44: 9. § 2º cf. redação do antigo § único, renumerado de acordo com a Lei 10.825, de 22.12.03.

Art. 44: 9a. **Enunciado 280 do CEJ:** "Por força do art. 44, § 2º, consideram-se aplicáveis às sociedades reguladas pelo Livro II da Parte Especial, exceto às limitadas, os arts. 57 e 60, nos seguintes termos: a) em havendo previsão contratual, é possível aos sócios deliberar a exclusão de sócio por justa causa, pela via extrajudicial, cabendo ao contrato disciplinar o procedimento de exclusão, assegurado o direito de defesa, por aplicação analógica do art. 1.085; b) as deliberações sociais poderão ser convocadas pela iniciativa de sócios que representem 1/5 (um quinto) do capital social, na omissão do contrato. A mesma regra aplica-se na hipótese de criação, pelo contrato, de outros órgãos de deliberação colegiada".

Art. 44: 10. § 3º acrescido pela Lei 10.825, de 22.12.03.

Art. 44: 10a. **CF 17:** "É livre a criação, fusão, incorporação e extinção de partidos políticos, resguardados a soberania nacional, o regime democrático, o pluripartidarismo, os direitos fundamentais da pessoa humana e observados os seguintes preceitos: I — caráter nacional; II — proibição de recebimento de recursos financeiros de entidade ou governo estrangeiros ou de subordinação a estes; III — prestação de contas à Justiça Eleitoral; IV — funcionamento parlamentar de acordo com a lei. § 1º É assegurada aos partidos políticos autonomia para definir sua estrutura interna, organização e funcionamento, devendo seus estatutos estabelecer normas de fidelidade e disciplina partidárias. § 2º Os partidos políticos, após adquirirem personalidade jurídica, na forma da lei civil, registrarão seus estatutos no Tribunal Superior Eleitoral. § 3º Os partidos políticos têm direito a recursos do fundo partidário e acesso gratuito ao rádio e à televisão, na forma da lei. § 4º É vedada a utilização pelos partidos políticos de organização paramilitar".

Lei 9.096, de 19.9.95 — Dispõe sobre partidos políticos, regulamenta os arts. 17 e 14, § 3º, inciso V, da Constituição Federal.

S/ registro de partidos políticos, v. LRP 114-III e 120.

Art. 45. Começa a existência legal das pessoas jurídicas de direito privado com a inscrição do ato constitutivo no respectivo registro,[1 a 2] precedida, quando necessário, de autorização ou aprovação do Poder Executivo, averbando-se no registro todas as alterações[2a] por que passar o ato constitutivo. [Dispositivo correspondente no CC/1916: art. 18-*caput* e § ún.]

Parágrafo único. Decai[3] em três anos o direito de anular a constituição das pessoas jurídicas de direito privado, por defeito do ato respectivo, contado o prazo da publicação de sua inscrição no registro. [Sem dispositivo correspondente no CC/1916.]

Art. 45: 1. cf. art. 985; s/ registro, v. arts. 1.150 a 1.154 e 985 (prazo para o registro) e LRP 114 a 126. S/ registro da sociedade simples, v. arts. 998 e 1.000; s/ registro da nomeação do administrador de sociedade simples, v. art. 1.012; s/ registro da sociedade estrangeira, v. arts. 1.134 a 1.136.

V. tb. Lei 4.503, de 30.11.64 (cadastro geral de pessoas jurídicas, do Ministério da Fazenda); Lei 8.906, de 4.7.94, arts. 1º § 2º e 15 § 1º (Estatuto da Advocacia); Lei 8.934, de 18.11.94 (Registro Público de Empresas Mercantis e atividades afins), regulamentada pelo Dec. 1.800, de 30.1.96; Lei 9.096, de 19.9.95, arts. 7º a 11 (registro dos partidos políticos); Lei 7.433, de 18.12.85 (requisitos para a lavratura de escrituras públicas), regulamentada pelo Dec. 93.240, de 9.9.86.

Art. 45: 1a. **EA 1º § 2º:** "Os atos e contratos constitutivos de pessoas jurídicas, sob pena de nulidade, só podem ser admitidos a registro, nos órgãos competentes, quando visados por advogados".

CPC 75 § 2º: "A sociedade ou associação sem personalidade jurídica não poderá opor a irregularidade de sua constituição quando demandada".

Art. 45: 2. "O sindicato adquire sua personalidade jurídica no momento de seu registro no Cartório de Registro de Títulos e Documentos e Registro Civil das Pessoas Jurídicas, sendo desnecessário o registro junto ao Ministério do Trabalho" (STJ-1ª T., REsp 383.858-AgRg, Min. Francisco Falcão, j. 18.3.04, DJU 17.5.04). No mesmo sentido: STJ-2ª T., REsp 381.213, Min. Eliana Calmon, j. 19.11.02, DJU 9.12.02.

Art. 45: 2a. s/ modificações do contrato social, v. art. 999.

Art. 45: 3. s/ decadência, v. arts. 207 a 211.

Art. 46. O registro[1] declarará: [Dispositivo correspondente no CC/1916: art. 19-*caput*.]

I — a denominação, os fins,[2] a sede, o tempo de duração e o fundo social, quando houver; [Dispositivo correspondente no CC/1916: art. 19-I.]

II — o nome e a individualização dos fundadores ou instituidores, e dos diretores; [Sem dispositivo correspondente no CC/1916.]

III — o modo por que se administra e representa,[3] ativa e passivamente, judicial e extrajudicialmente; [Dispositivo correspondente no CC/1916: art. 19-II.]

IV — se o ato constitutivo é reformável no tocante à administração, e de que modo; [Dispositivo correspondente no CC/1916: art. 19-III.]

V — se os membros respondem, ou não, subsidiariamente, pelas obrigações sociais; [Dispositivo correspondente no CC/1916: art. 19-IV.]

VI — as condições de extinção da pessoa jurídica e o destino do seu patrimônio, nesse caso. [Dispositivo correspondente no CC/1916: art. V.]

Art. 46: 1. v. tb. art. 51 §§ 1º e 3º e LRP 120 e 121.

Art. 46: 2. v. LRP 115.

✎ **Art. 46: 3.** "A identificação dos legítimos representantes das pessoas jurídicas: a fragilidade do sistema e os riscos dos responsáveis pela identificação", por Gilmar Antônio Seger (Ajuris 103/135).

Art. 47. Obrigam a pessoa jurídica os atos dos administradores, exercidos nos limites de seus poderes definidos no ato constitutivo.[1-2] [Sem dispositivo correspondente no CC/1916.]

Art. 47: 1. v. arts. 997-VI e 1.010 a 1.021.

Art. 47: 2. **Enunciado 145 do CEJ:** "O art. 47 não afasta a aplicação da teoria da aparência".

Art. 48. Se a pessoa jurídica tiver administração coletiva, as decisões se tomarão pela maioria de votos dos presentes, salvo se o ato constitutivo dispuser de modo diverso. [Sem dispositivo correspondente no CC/1916.]

Parágrafo único. Decai[1] em três anos o direito de anular as decisões a que se refere este artigo,[2] quando violarem a lei ou estatuto, ou forem eivadas de erro,[2a] dolo,[3] simulação[4] ou fraude.[5-6] [Sem dispositivo correspondente no CC/1916.]

Art. 48: 1. s/ decadência, v. arts. 207 a 211.

Art. 48: 2. "O prazo decadencial para exercício do direito à anulação da deliberação de **exclusão de sócio minoritário** de sociedade limitada é de 3 anos, nos termos do art. 48 do Código Civil" (STJ-4ª T., REsp 1.459.190, Min. Luis Felipe, j. 15.12.15, DJ 1.2.16).

Art. 48: 2a. v. arts. 138 a 144.

Art. 48: 3. v. arts. 145 a 150.

Art. 48: 4. v. art. 167.

Art. 48: 5. v. arts. 158 a 165.

Art. 48: 6. E no caso de coação (arts. 151 a 155)?

Art. 49. Se a administração da pessoa jurídica vier a faltar, o juiz, a requerimento de qualquer interessado, nomear-lhe-á administrador provisório. [Sem dispositivo correspondente no CC/1916.]

Art. 50. Em caso de abuso da personalidade jurídica, caracterizado pelo desvio de finalidade, ou pela confusão patrimonial, pode o juiz decidir, a requerimento da parte, ou do Ministério Público quando lhe couber intervir no processo, que os efeitos de certas e determinadas relações de obrigações sejam estendidos aos bens particulares dos administradores ou sócios da pessoa jurídica.[1 a 7] [Sem dispositivo correspondente no CC/1916.]

Art. 50: 1. "A desconsideração da personalidade jurídica: a teoria, o Código de Defesa do Consumidor e o novo Código Civil", por Marlon Tomazette (RT 794/76); "Abuso de direito e fraude através da personalidade jurídica", por Rubens Requião (RT 803/751); "A teoria da desconsideração da pessoa jurídica no novo Código Civil", por José Tadeu Neves Xavier (Ajuris 89/169 e RF 379/143); "Desconsideração da personalidade jurídica no novo Código Civil", por João Batista Lopes (RT 818/36); "Da desconsideração da pessoa jurídica (aspectos de direito material e processual)", por Ada Pellegrini Grinover (RF 371/3, RJ 320/7 e IP 48/13); "Desconsideração da personalidade jurídica no Código de Defesa do Consumidor e no Código Civil", por Gustavo Filipe Barbosa Garcia (RT 846/11 e RJ 344/67); "O interesse de recorrer da decisão que determina a desconsideração da personalidade jurídica", por Leonardo de Faria Beraldo (RIDCPC 42/77); "Responsabilização no direito societário de terceiro por obrigação da sociedade", por Vinícius José Marques Gontijo (RT 854/38); "Notas sobre a desconsideração da personalidade jurídica", por Gustavo Tepedino (RTDC 30/53).

Art. 50: 2. s/ desconsideração da pessoa jurídica, v., no nosso CCLCV, CDC 28 e, no nosso CPCLPV, CPC 133 e segs. e 795, bem como respectivas notas; s/ responsabilidade dos sócios de sociedade limitada por ato ilícito, v. art. 1.080 e notas; s/ desnecessidade da desconsideração da personalidade em matéria de condomínio, v. art. 1.315, nota 3.

Art. 50: 3. Lei 9.615, de 24.3.98: "Art. 27 (*redação da Lei 10.672, de 15.5.03*). As entidades de prática desportiva participantes de competições profissionais e as entidades de administração de desporto ou ligas em que se organizarem, independentemente da forma jurídica adotada, sujeitam os bens particulares de seus dirigentes ao disposto no art. 50 da Lei n. 10.406, de 10 de janeiro de 2002, além das sanções e responsabilidades previstas no *caput* do art. 1.017 da Lei n. 10.406, de 10 de janeiro de 2002, na hipótese de aplicarem créditos ou bens sociais da entidade desportiva em proveito próprio ou de terceiros.

(...)

"§ 11 (*redação da Lei 12.395, de 16.3.11*). Os administradores de entidades desportivas profissionais respondem solidária e ilimitadamente pelos atos ilícitos praticados, de gestão temerária ou contrários ao previsto no contrato social ou estatuto, nos termos da Lei n. 10.406, de 10 de janeiro de 2002 — Código Civil.

(...)

"§ 13 (*redação da Lei 12.395, de 16.3.11*). Para os fins de fiscalização e controle do disposto nesta Lei, as atividades profissionais das entidades de que trata o *caput* deste artigo, independentemente da forma jurídica sob a qual estejam constituídas, equiparam-se às das sociedades empresárias".

Dec. 3.708, de 10.1.19 — Regula a constituição de sociedades por quotas de responsabilidade limitada: **"Art. 10.** Os sócios-gerentes ou que derem o nome à firma não respondem pessoalmente pelas obrigações contraídas em nome da sociedade, mas respondem para com esta e para com terceiros solidária e ilimitadamente pelo excesso de mandato e pelos atos praticados com violação do contrato ou da lei".

Art. 50: 4. Enunciado 7 do CEJ: "Só se aplica a desconsideração da personalidade jurídica quando houver a prática de ato irregular, e limitadamente, aos administradores ou sócios que nela hajam incorrido".

Enunciado 51 do CEJ: "A teoria da desconsideração da personalidade jurídica — *disregard doctrine* — fica positivada no novo Código Civil, mantidos os parâmetros existentes nos microssistemas legais e na construção jurídica sobre o tema".

Enunciado 146 do CEJ: "Nas relações civis, interpretam-se restritivamente os parâmetros de desconsideração da personalidade jurídica previstos no art. 50 (desvio de finalidade social ou confusão patrimonial)".

Enunciado 281 do CEJ: "A aplicação da teoria da desconsideração, descrita no art. 50 do Código Civil, prescinde da demonstração de insolvência da pessoa jurídica".

Enunciado 282 do CEJ: "O encerramento irregular das atividades da pessoa jurídica, por si só, não basta para caracterizar abuso de personalidade jurídica".

Enunciado 283 do CEJ: "É cabível a desconsideração da personalidade jurídica denominada 'inversa' para alcançar bens de sócio que se valeu da pessoa jurídica para ocultar ou desviar bens pessoais, com prejuízo a terceiros".

Enunciado 284 do CEJ: "As pessoas jurídicas de direito privado sem fins lucrativos ou de fins não econômicos estão abrangidas no conceito de abuso da personalidade jurídica".

Enunciado 285 do CEJ: "A teoria da desconsideração, prevista no art. 50 do Código Civil, pode ser invocada pela pessoa jurídica em seu favor".

Art. 50: 5. Os bens particulares dos sócios, uma vez integralizado o capital da sociedade por cotas, não respondem pelas dívidas desta, nem comuns, nem fiscais, salvo se o sócio praticou ato com excesso de poderes ou infração da lei, do contrato social ou dos estatutos (RTJ 85/945; tb. RTJ 82/936, 83/893, 101/1.263, 112/812).

"A desconsideração da personalidade jurídica da sociedade não pode decorrer da simples constatação da insuficiência do patrimônio social, para responder pelas obrigações da falida. Indispensabilidade da prova do abuso da personalidade jurídica, caracterizado pelo desvio de finalidade ou confusão patrimonial" (JTJ 315/400: AI 454.265-4/0-00). Em sentido semelhante: RT 885/260 (TJSP, AP 7.242.186-6), JTJ 330/137 (AI 7.239.465-7).

"A excepcional penetração no âmago da pessoa jurídica, com o levantamento do manto que protege essa independência patrimonial, exige a presença do pressuposto específico do abuso da personalidade jurídica, com a finalidade de lesão a direito de terceiro, infração da lei ou descumprimento de contrato. O simples fato da recorrida ter encerrado suas atividades operacionais não é, por si só, indicativo de que tenha havido fraude ou má-fé na condução dos seus negócios. Os sócios de empresa constituída sob a forma de sociedade por quotas de responsabilidade limitada não respondem pelos prejuízos sociais, desde que não tenha havido administração irregular e haja integralização do capital social" (STJ-3ª T., REsp 876.974, Min. Nancy Andrighi, j. 9.8.07, DJU 27.8.07). No mesmo sentido: RT 913/877 (TJES, AI 24119006658).

No sentido de que a simples ausência de bens da sociedade controlada não autoriza a desconsideração da personalidade jurídica para alcançar os bens da sociedade controladora: STJ-4ª T., REsp 744.107, Min. Fernando Gonçalves, j. 20.5.08, DJ 12.8.08.

"A mudança de endereço da empresa executada associada à inexistência de bens capazes de satisfazer o crédito pleiteado pelo exequente não constituem motivos suficientes para a desconsideração da sua personalidade jurídica. A regra geral adotada no ordenamento jurídico brasileiro é aquela prevista no art. 50 do CC/02, que consagra a Teoria Maior da Desconsideração, tanto na sua vertente subjetiva quanto na objetiva. Salvo em situações excepcionais previstas em leis especiais, somente é possível a desconsideração da personalidade jurídica quando verificado o desvio de finalidade (Teoria Maior Subjetiva da Desconsideração), caracterizado pelo ato intencional dos sócios de fraudar terceiros com o uso abusivo da personalidade jurídica, ou quando evidenciada a confusão patrimonial (Teoria Maior Objetiva da Desconsideração), demonstrada pela inexistência, no campo dos fatos, de separação entre o patrimônio da pessoa jurídica e os de seus sócios" (STJ-RJ 386/163: 3ª T., REsp 970.635). No mesmo sentido: STJ-4ª T., Ag em REsp 159.889-AgRg, Min. Luis Felipe, j. 15.10.13, DJ 18.10.13; STJ-1ª T., REsp 1.315.166, Min. Gurgel de Faria, j. 16.3.17, DJ 26.4.17. **Todavia:** "A inexistência de indicação de novo endereço, mesmo na interposição do agravo de instrumento na origem, em que se declinou o mesmo endereço no qual desde 2009 não se encontra, conforme certidão de oficial de justiça, faz presumir o abuso da personalidade jurídica, apto a embasar o deferimento da desconsideração da personalidade jurídica da empresa, para se buscar o patrimônio individual de seu sócio" (STJ-3ª T., REsp 1.311.857, Min. Nancy Andrighi, j. 13.5.14, DJ 2.6.14).

"O encerramento das atividades ou dissolução, ainda que irregulares, da sociedade não são causas, por si sós, para a desconsideração da personalidade jurídica, nos termos do Código Civil" (STJ-2ª Seção, ED no REsp 1.306.553, Min. Isabel Gallotti, j. 10.12.14, DJ 12.12.14). "A dissolução irregular da sociedade não pode ser fundamento isolado para o pedido de desconsideração da personalidade jurídica, mas, aliada a fatos concretos que permitam deduzir ter sido o esvaziamento do patrimônio societário ardilosamente provocado de modo a impedir a satisfação dos credores em benefício de terceiros, é circunstância que autoriza induzir existente o abuso de direito, consubstanciado, a depender da situação fática delineada, no desvio de finalidade e/ou na confusão patrimonial. No particular, tendo a instância ordinária concluído pela inexistência de indícios do abuso da personalidade jurídica pelos sócios, incabível a adoção da medida extrema prevista no art. 50 do CC/02" (STJ-3ª T., REsp 1.395.288, Min. Nancy Andrighi, j. 11.2.14, RT 946/383 e RP 236/368). "O encerramento da empresa, com declaração de inexistência de passivo, porém na pendência de débito inadimplido, quando muito, pode configurar dissolução irregular, o que é insuficiente, por si só, para a aplicação da teoria da *disregard doctrine*" (STJ-3ª T., REsp 1.241.873, Min. João Otávio, j. 10.6.14, DJ 20.6.14). **Todavia:** "Do encerramento irregular da empresa presume-se o abuso da personalidade jurídica, seja pelo desvio de finalidade, seja pela confusão patrimonial, apto a embasar o deferimento da desconsideração da personalidade jurídica da empresa, para se buscar o patrimônio individual de seu sócio" (STJ-3ª T., REsp 1.259.066, Min. Nancy Andrighi, j. 19.6.12, DJ 28.6.12).

"O 'fechamento de fato' da sociedade empresária, com a cessação de suas atividades sem a correspondente baixa no registro do comércio, constitui atitude que pode permitir a aplicação da teoria da desconsideração" (JTJ 325/89 e Bol. AASP 2.589: TJSP, AI 1.161.017-0/8). No mesmo sentido: STJ-3ª T., REsp 1.346.464, Min. Nancy Andrighi, j. 1.10.13, DJ 28.10.13; RT 870/295. V. art. 1.080, nota 3.

"Desconsideração da personalidade jurídica. Extensão dos efeitos da quebra a empresa pertencente ao mesmo grupo econômico da falida. Possibilidade. Prática de atos com o fito de prejudicar credores da massa falida" (JTJ 316/365: AI 465.399-4/6-00).

"No presente caso, as duas empresas mencionadas têm uma unidade gerencial e laboral. Está perfeitamente configurada ainda a confusão patrimonial, suficiente para autorizar a desconsideração da personalidade jurídica" (RT 868/251; a citação é do voto do relator).

"Caracterização de fraude com abuso da personalidade jurídica da ré originária, particularmente por conta de irregular cisão parcial da referida sociedade, com a transferência de parte de seu patrimônio para a nova empresa constituída, ensejando para esta última, em prejuízo da primeira, cujo patrimônio restou esvaziado, sensível aumento de capital social, quando já pendente a demanda" (JTJ 318/402: AI 506.532-4/1-00).

"Está correta a desconsideração da personalidade jurídica da Sociedade Anônima falida quando utilizada por sócios controladores, diretores e ex-diretores para fraudar credores" (STJ-3ª T., REsp 370.068, Min. Nancy Andrighi, j. 16.12.03, dois votos vencidos, DJU 14.3.05).

"A despersonalização de sociedade por ações e de sociedade por quotas de responsabilidade limitada só atinge, respectivamente, os administradores e os sócios gerentes; não quem tem apenas o *status* de acionista ou sócio" (STJ-3ª T., REsp 786.345, Min. Ari Pargendler, j. 21.8.08, dois votos vencidos, DJ 26.11.08). No mesmo sentido, responsabilizando o sócio-gerente: STJ-2ª T., REsp 1.009.739-AgRg, Min. Eliana Calmon, j. 14.4.09, DJ 8.5.09. Ainda, responsabilizando os administradores, sejam eles sócios ou não: JTJ 364/109 (AI 28766-83.2011.8.26.0000). **Todavia**, em sentido mais amplo, admitindo a responsabilidade de todos os sócios: RT 711/117, 713/177, 847/344 (TJSE, AI 2005203379). Admitindo a responsabilidade de sócio sem poder de gerência ou administração, em situação especial de sociedade familiar, com apenas duas sócias (mãe e filha), cada uma com 50% das quotas sociais: STJ-3ª T., REsp 1.315.110, Min. Nancy Andrighi, j. 28.5.13, DJ 7.6.13.

Doutra parte, afirmando que não basta ser sócio majoritário ou controlador para ter decretada em seu desfavor a desconsideração da personalidade jurídica: "Os efeitos da desconsideração da personalidade jurídica somente alcançam os sócios participantes da conduta ilícita ou que dela se beneficiaram, ainda que se trate de sócio majoritário ou controlador" (STJ-3ª T., REsp 1.325.663, Min. Nancy Andrighi, j. 11.6.13, DJ 24.6.13).

Presentes os requisitos para a desconsideração da personalidade jurídica, os bens do ex-sócio respondem pela dívida se ele compunha os quadros sociais no momento da constituição do crédito cujo recebimento se persegue (RT 836/232, 840/278; JTJ 348/66: AI 990.09.330457-0). Mas, se o ex-sócio já não integrava os quadros da empresa por ocasião da constituição de tal crédito, seus bens não podem ser atingidos pela desconsideração (JTJ 327/53: AI 7.237.149-0).

"A partir da desconsideração da personalidade jurídica, a execução segue em direção aos bens dos sócios, tal qual previsto expressamente pela parte final do próprio art. 50, do Código Civil e não há, no referido dispositivo, qualquer restrição acerca da execução, contra os sócios, ser limitada às suas respectivas quotas sociais" (STJ-3ª T., REsp 1.169.175, Min. Massami Uyeda, j. 17.2.11, DJ 4.4.11). No mesmo sentido: STJ-4ª T., MC 20.472-AgRg, Min. Marco Buzzi, j. 3.9.13, DJ 20.9.13.

Ainda aplicando a teoria da desconsideração da personalidade jurídica: JTJ 159/72, 160/224, Lex-JTA 171/337, RJ 355/139.

Art. 50: 6. "A **desconsideração inversa da personalidade jurídica** caracteriza-se pelo afastamento da autonomia patrimonial da sociedade, para, contrariamente do que ocorre na desconsideração da personalidade propriamente dita, atingir o ente coletivo e seu patrimônio social, de modo a responsabilizar a pessoa jurídica por obrigações do sócio controlador. Considerando-se que a finalidade da *disregard doctrine* é combater a utilização indevida do ente societário por seus sócios, o que pode ocorrer também nos casos em que o sócio controlador esvazia o seu patrimônio pessoal e o integraliza na pessoa jurídica, conclui-se, de uma interpretação teleológica do art. 50 do CC/02, ser possível a desconsideração inversa da personalidade jurídica, de modo a atingir bens da sociedade em razão de dívidas contraídas pelo sócio controlador, conquanto preenchidos os requisitos previstos na norma" (STJ-RT 901/169 e RDDP 91/156: 3ª T., REsp 948.117). No mesmo sentido: RT 906/791 (TJSP, AI 990.10.197695-1), 917/495 (TJSP, AI 0173152-12.2011.8.26.0000, com comentário de Rodrigo Xavier Leonardo), JTJ 365/36 (AI 406611-55.2010.8.26.0000), RJ 442/157 (TRF-4ª Reg., AP 5004944-06.2013.404.7000).

Art. 50: 7. "Descabe, por ampliação ou analogia, sem qualquer previsão legal, trazer para a desconsideração da personalidade jurídica os **prazos** decadenciais para o ajuizamento das ações revocatória falencial e pauliana. Relativamente aos direitos potestativos para cujo exercício a lei não vislumbrou necessidade de prazo especial, prevalece a regra geral da inesgotabilidade ou da **perpetuidade,** segundo a qual os direitos não se extinguem pelo não uso. Assim, à míngua de previsão legal, o pedido de desconsideração da personalidade jurídica, quando preenchidos os requisitos da medida, poderá ser realizado a qualquer momento" (STJ-4ª T., REsp 1.180.714, Min. Luis Felipe, j. 5.4.11, DJ 6.5.11). No mesmo sentido: "Descabe, por ampliação ou analogia, sem qualquer previsão legal, trazer para a desconsideração da personalidade jurídica os prazos prescricionais previstos para os casos de retirada de sócio da sociedade (arts. 1.003, 1.032 e 1.057 do Código Civil), uma vez que institutos diversos" (STJ-4ª T., REsp 1.348.449, Min. Luis Felipe, j. 11.4.13, DJ 4.6.13).

Art. 51. Nos casos de dissolução da pessoa jurídica[1] ou cassada a autorização para seu funcionamento,[2] ela subsistirá para os fins de liquidação, até que esta se conclua.[2a] [Sem dispositivo correspondente no CC/1916.]

§ 1º Far-se-á, no registro onde a pessoa jurídica estiver inscrita, a averbação de sua dissolução. [Sem dispositivo correspondente no CC/1916.]

§ 2º As disposições para a liquidação das sociedades[3] aplicam-se, no que couber, às demais pessoas jurídicas de direito privado. [Sem dispositivo correspondente no CC/1916.]

§ 3º Encerrada a liquidação, promover-se-á o cancelamento da inscrição da pessoa jurídica. [Sem dispositivo correspondente no CC/1916.]

Art. 51: 1. s/ dissolução de associação, v. art. 61.

Art. 51: 2. v. art. 1.125.

Art. 51: 2a. "A dissolução da associação civil não acarreta, de pronto, a **extinção** de sua personalidade jurídica, que só ocorrerá com a **averbação da ata da assembleia geral** que aprovar as contas finais apresentadas pelo liquidante, após o pagamento do passivo e regular destinação do patrimônio líquido, momento no qual é cancelado o registro da pessoa jurídica" (STJ-4ª T., RMS 39.236, Min. Marco Buzzi, j. 26.4.16, DJ 3.5.16).

Art. 51: 3. v. arts. 1.102 e segs.

Art. 52. Aplica-se às pessoas jurídicas, no que couber, a proteção dos direitos da personalidade.[1 a 3] [Sem dispositivo correspondente no CC/1916.]

Art. 52: 1. "Direito das pessoas jurídicas à intimidade", por Rui Stoco (RT 910/83); "Dano moral contra a pessoa jurídica", por Luís Alberto Thompson Flores Lenz (Just. 178/79); "Pessoa jurídica: dano moral", por Fernando Vasconcelos (RT 781/111); "Pessoas jurídicas e direitos da personalidade: pessoa jurídica pode sofrer dano extrapatrimonial?", por Carla Wainer Chalréo Lgow (RDPr 51/115).

Art. 52: 1a. v. arts. 11 a 21 (especialmente art. 16, nota 1a — proteção do nome da pessoa jurídica).

Art. 52: 2. Súmula 227 do STJ: "A pessoa jurídica pode sofrer dano moral". "Todavia, diversamente do que se dá com a pessoa física, as hipóteses em que a pessoa jurídica pode sofrer dano moral são bem mais restritas, já que ela não possui 'sentimentos' passíveis de serem abalados" (JTJ 366/221: AP 57949-80.2003.8.26.0000).

"Para a pessoa jurídica, o dano moral é fenômeno distinto daquele relacionado à pessoa natural. Não se aceita, assim, o dano moral em si mesmo, isto é, como uma decorrência intrínseca à existência de ato ilícito. Necessidade de demonstração do prejuízo extrapatrimonial" (STJ-3ª T., REsp 1.497.313, Min. Nancy Andrighi, j. 7.2.17, DJ 10.2.17).

"Ação de indenização. Transferência de valores de conta corrente. Hacker. Pessoa jurídica. Danos morais subjetivos. Não cabimento. A pessoa jurídica somente poderá ser indenizada por dano moral quando violada sua honra objetiva" (STJ-4ª T., Ag em REsp 149.523-AgRg, Min. Isabel Gallotti, j. 6.2.14, DJ 14.2.14).

"Ação indenizatória por dano moral ajuizada por município contra o particular. Impossibilidade. Direitos fundamentais. Pessoa jurídica de direito público. Reconhecimento limitado" (STJ-4ª T., REsp 1.258.389, Min. Luis Felipe, j. 17.12.13, DJ 15.4.14).

Art. 52: 3. **Enunciado 286 do CEJ:** "Os direitos da personalidade são direitos inerentes e essenciais à pessoa humana, decorrentes de sua dignidade, não sendo as pessoas jurídicas titulares de tais direitos".

Capítulo II | DAS ASSOCIAÇÕES[1-2]

CAP. II: 1. **Disposições transitórias** s/ associações: arts. 2.031 a 2.034.

CAP. II: 2. "As associações no novo Código Civil e a liberdade de religião", por Paulo Sanches Campos (RT 819/77); "Associação e fundação no Código Civil de 2002: o novo perfil jurídico", por Homero Francisco Tavares Júnior (RSDCPC 27/100); "Associações e sociedades: semelhanças e distinções à luz da noção de contrato plurilateral", por Rachel Sztajn (RDPr 21/223).

Art. 53. Constituem-se as associações[1 a 3] pela união de pessoas que se organizem para fins não econômicos. [Sem dispositivo correspondente no CC/1916.]

Parágrafo único. Não há, entre os associados, direitos e obrigações recíprocos. [Sem dispositivo correspondente no CC/1916.]

Art. 53: 1. **CF 5º: "XVII** — é plena a liberdade de associação para fins lícitos, vedada a de caráter paramilitar;

"**XVIII** — a criação de associações e, na forma da lei, a de cooperativas independem de autorização, sendo vedada a interferência estatal em seu funcionamento;

"**XIX** — as associações só poderão ser compulsoriamente dissolvidas ou ter suas atividades suspensas por decisão judicial, exigindo-se, no primeiro caso, o trânsito em julgado;

"**XX** — ninguém poderá ser compelido a associar-se ou a permanecer associado;

"**XXI** — as entidades associativas, quando expressamente autorizadas, têm legitimidade para representar seus filiados judicial ou extrajudicialmente".

V. CF 8º e 17.

Art. 53: 1a. s/ associações sindicais, v. CLT 511; s/ associações com objetivos de interesse de defesa nacional, v. Dec. lei 4.684, de 12.9.42; s/ partidos políticos, v. Lei 9.096, de 19.9.95; s/ associações de poupança e empréstimo, v. Dec. lei 70, de 21.11.66; s/ prestação de serviços por entidades de assistência social, entidades beneficentes de assistência social e entidades de fins filantrópicos, v. Lei 8.909, de 6.7.94; s/ qualificação de entidades como organizações sociais, v. Lei 9.637, de 15.5.98; s/ qualificação de entidades como organizações da sociedade civil de interesse público (OSCIP), v. Lei 9.790, de 23.3.99, regulamentada pelo Dec. 3.100, de 30.6.99; s/ concessão do Certificado de Entidades de Fins Filantrópicos, v. Dec. 2.536, de 6.4.98.

Art. 53: 2. A associação é pessoa jurídica de direito privado (art. 44-I).

Art. 53: 2a. "Não se há de confundir a liberdade de associação, prevista de forma geral no inciso XVII do rol das garantias constitucionais, com a criação, em si, de sindicato. O critério da especificidade direciona à observação do disposto no inciso II do artigo 8º da Constituição Federal, no que agasalhada a unicidade sindical de forma mitigada, ou seja, considerada a área de atuação, nunca inferior à de um município" (STF-2ª T., RE 207.858, Min. Marco Aurélio, j. 27.10.98, DJU 14.5.99).

Art. 53: 3. s/ a legitimidade do sócio para o ajuizamento de demanda em prol do interesse geral dos associados, v., no nosso CPCLPV, CPC 17, nota 8.

Art. 54. Sob pena de nulidade, o estatuto[1] das associações conterá: [Sem dispositivo correspondente no CC/1916.]

I — a denominação, os fins e a sede da associação; [Sem dispositivo correspondente no CC/1916.]

II — os requisitos para a admissão, demissão e exclusão dos associados; [Sem dispositivo correspondente no CC/1916.]

III — os direitos e deveres dos associados; [Sem dispositivo correspondente no CC/1916.]

IV — as fontes de recursos para sua manutenção; [Sem dispositivo correspondente no CC/1916.]

V — o modo de constituição e de funcionamento dos órgãos deliberativos;[2] [Sem dispositivo correspondente no CC/1916.]

VI — as condições para a alteração das disposições estatutárias e para a dissolução; [Sem dispositivo correspondente no CC/1916.]

VII — a forma de gestão administrativa e de aprovação das respectivas contas.[3] [Sem dispositivo correspondente no CC/1916.]

Art. 54: 1. s/ registro das associações, v. LRP 114 e 121.

Art. 54: 2. Redação do inc. V de acordo com a Lei 11.127, de 28.6.05 (DOU 29.6.05).

Art. 54: 3. Inc. VII acrescido pela Lei 11.127, de 28.6.05 (DOU 29.6.05).

Art. 55. Os associados devem ter iguais direitos, mas o estatuto poderá instituir categorias com vantagens especiais. [Sem dispositivo correspondente no CC/1916.]

Art. 56. A qualidade de associado é intransmissível, se o estatuto não dispuser o contrário. [Sem dispositivo correspondente no CC/1916.]

Parágrafo único. Se o associado for titular de quota ou fração ideal do patrimônio da associação, a transferência daquela não importará, *de per si*, na atribuição da qualidade de associado ao adquirente ou ao herdeiro, salvo disposição diversa do estatuto. [Sem dispositivo correspondente no CC/1916.]

Art. 57. A exclusão do associado só é admissível havendo justa causa,[1-1a] assim reconhecida em procedimento que assegure direito de defesa e de recurso, nos termos previstos no estatuto.[2-3] [Sem dispositivo correspondente no CC/1916.]

Parágrafo único. ....

Art. 57: 1. v. art. 54-II.

Art. 57: 1a. "A justa causa para a exclusão de sócio se traduz em conduta grave, prejudicial à própria continuidade da atividade social, situação em que é possível até mesmo a dispensa da formação da maioria. A **discordância** acerca da **forma** como a sociedade é **administrada** e a prática de **atos de fiscalização,** como ocorre na hipótese, faz parte do direito dos sócios, não configurando justa causa para exclusão de sócio" (STJ-4ª T., REsp 1.280.051, Min. Raul Araújo, j. 1.3.16, maioria, DJ 5.4.16).

Art. 57: 2. O *caput* foi alterado e o § ún. revogado pela Lei 11.127, de 28.6.05 (DOU 29.6.05).

Art. 57: 3. v. art. 44, nota 9a (Enunciado 280 do CEJ).

Art. 58. Nenhum associado poderá ser impedido de exercer direito ou função que lhe tenha sido legitimamente conferido, a não ser nos casos e pela forma previstos na lei ou no estatuto. [Sem dispositivo correspondente no CC/1916.]

Art. 59. Compete privativamente à assembleia geral: [Sem dispositivo correspondente no CC/1916.]

I — destituir os administradores; [Sem dispositivo correspondente no CC/1916.]

II — alterar o estatuto. [Sem dispositivo correspondente no CC/1916.]

Parágrafo único. Para as deliberações a que se referem os incisos I e II deste artigo é exigido deliberação da assembleia especialmente convocada para esse fim, cujo *quorum* será o estabelecido no estatuto, bem como os critérios de eleição dos administradores.[1] [Sem dispositivo correspondente no CC/1916.]

Art. 59: 1. Os incs. I e II e o § ún. foram alterados pela Lei 11.127, de 28.6.05 (DOU 29.6.05).

Art. 60. A convocação dos órgãos deliberativos far-se-á na forma do estatuto, garantido a 1/5 (um quinto) dos associados o direito de promovê-la.[1-2] [Sem dispositivo correspondente no CC/1916.]

Art. 60: 1. Redação do *caput* de acordo com a Lei 11.127, de 28.6.05 (DOU 29.6.05).

Art. 60: 2. v. art. 44, nota 9a (Enunciado 280 do CEJ).

Art. 61. Dissolvida a associação,[1-2] o remanescente do seu patrimônio líquido, depois de deduzidas, se for o caso, as quotas ou frações ideais referidas no parágrafo único do art. 56, será destinado à entidade de fins não econômicos designada no estatuto, ou, omisso este, por deliberação dos associados, à instituição municipal, estadual ou federal, de fins idênticos ou semelhantes. [Dispositivo correspondente no CC/1916: art. 22-*caput*.]

§ 1º Por cláusula do estatuto ou, no seu silêncio, por deliberação dos associados, podem estes, antes da destinação do remanescente referida neste artigo, receber em restituição, atualizado o respectivo valor, as contribuições que tiverem prestado ao patrimônio da associação. [Sem dispositivo correspondente no CC/1916.]

§ 2º Não existindo no Município, no Estado, no Distrito Federal ou no Território, em que a associação tiver sede, instituição nas condições indicadas neste artigo, o que remanescer do seu patrimônio se devolverá à Fazenda do Estado, do Distrito Federal ou da União. [Dispositivo correspondente no CC/1916: art. 22 § ún.]

Art. 61: 1. v. art. 51, nota 2a.

Art. 61: 2. **CF 5º:** "**XIX** — as associações só poderão ser compulsoriamente dissolvidas ou ter suas atividades suspensas por decisão judicial, exigindo-se, no primeiro caso, o trânsito em julgado".

Dec. lei 41, de 18.11.66 — Dispõe sobre a dissolução de sociedades civis de fins assistenciais.

Capítulo III | DAS FUNDAÇÕES

Art. 62. Para criar uma fundação,[1-1a] o seu instituidor[1b] fará, por escritura pública ou testamento, dotação especial de bens livres, especificando o fim a que se destina, e declarando, se quiser, a maneira de administrá-la. [Dispositivo correspondente no CC/1916: art. 24-*caput*.]

Parágrafo único. A fundação somente poderá constituir-se para fins de:[2-3] [Sem dispositivo correspondente no CC/1916.]

I — assistência social; [Sem dispositivo correspondente no CC/1916.]

II — cultura, defesa e conservação do patrimônio histórico e artístico; [Sem dispositivo correspondente no CC/1916.]

III — educação; [Sem dispositivo correspondente no CC/1916.]

IV — saúde; [Sem dispositivo correspondente no CC/1916.]

V — segurança alimentar e nutricional; [Sem dispositivo correspondente no CC/1916.]

VI — defesa, preservação e conservação do meio ambiente e promoção do desenvolvimento sustentável; [Sem dispositivo correspondente no CC/1916.]

VII — pesquisa científica, desenvolvimento de tecnologias alternativas, modernização de sistemas de gestão, produção e divulgação de informações e conhecimentos técnicos e científicos; [Sem dispositivo correspondente no CC/1916.]

VIII — promoção da ética, da cidadania, da democracia e dos direitos humanos; [Sem dispositivo correspondente no CC/1916.]

IX — atividades religiosas; e [Sem dispositivo correspondente no CC/1916.]

X — (VETADO)

✎ **Art. 62: 1.** "As fundações públicas e o novo Código Civil", por Alexandre Santos de Aragão (RDA 231/313); "Associação e fundação no Código Civil de 2002: o novo perfil jurídico", por Homero Francisco Tavares Júnior (RSDCPC 27/100).

Art. 62: 1a. **Disposições transitórias** s/ fundação: arts. 2.031 a 2.034. V. tb. art. 44 e notas.

S/ equiparação da denominação das fundações ao nome empresarial, v. art. 1.155 § ún.; s/ legitimidade das fundações, na sucessão testamentária, v. art. 1.799-III; s/ prestação de serviços por entidades de assistência social, entidades beneficentes de assistência social e entidades de fins filantrópicos, v. Lei 8.909, de 6.7.94; s/ qualificação de entidades como organizações sociais, v. Lei 9.637, de 15.5.98; s/ qualificação de entidades como organizações da sociedade civil de interesse público (OSCIP), v.

Lei 9.790, de 23.3.99, regulamentada pelo Dec. 3.100, de 30.6.99; s/ concessão do Certificado de Entidades de Fins Filantrópicos, v. Dec. 2.536, de 6.4.98.

S/ registro da fundação, v. LRP 114-I, 119 § ún. e 120; s/ fundações de apoio científico, tecnológico e educacional, v. Lei 8.958, de 20.12.94.

Art. 62: 1b. "Nem toda fundação instituída pelo poder público é fundação de direito privado. As fundações, instituídas pelo poder público, que assumem a gestão de serviço estatal e se submetem a regime administrativo previsto, nos Estados-membros, por leis estaduais, são fundações de direito público, e, portanto, pessoas jurídicas de direito público. Tais fundações são espécie do gênero autarquia" (RTJ 113/314).

Art. 62: 2. Redação do § ún. e incs. de acordo com a Lei 13.151, de 28.7.15.

Art. 62: 3. **Enunciado 9 do CEJ:** "O art. 62, parágrafo único, deve ser interpretado de modo a excluir apenas as fundações de fins lucrativos".

Art. 63. Quando insuficientes para constituir a fundação, os bens a ela destinados serão, se de outro modo não dispuser o instituidor, incorporados em outra fundação que se proponha a fim igual ou semelhante. [Dispositivo correspondente no CC/1916: art. 25.]

Art. 64. Constituída a fundação por negócio jurídico entre vivos, o instituidor é obrigado a transferir-lhe a propriedade, ou outro direito real, sobre os bens dotados, e, se não o fizer, serão registrados, em nome dela, por mandado judicial. [Sem dispositivo correspondente no CC/1916.]

Art. 65. Aqueles a quem o instituidor cometer a aplicação do patrimônio, em tendo ciência do encargo, formularão logo, de acordo com as suas bases (art. 62), o estatuto da fundação projetada, submetendo-o, em seguida, à aprovação da autoridade competente, com recurso ao juiz.[1] [Dispositivo correspondente no CC/1916: art. 27-*caput*.]

Parágrafo único. Se o estatuto não for elaborado no prazo assinado pelo instituidor, ou, não havendo prazo, em cento e oitenta dias, a incumbência caberá ao Ministério Público. [Sem dispositivo correspondente no CC/1916.]

Art. 65: 1. v. CPC 764.

Art. 66. Velará[1-1a] pelas fundações o Ministério Público do Estado onde situadas. [Dispositivo correspondente no CC/1916: art. 26-*caput*.]

§ 1º Se funcionarem no Distrito Federal ou em Território, caberá o encargo ao Ministério Público do Distrito Federal e Territórios.[2-2a] [Sem dispositivo correspondente no CC/1916.]

§ 2º Se estenderem a atividade por mais de um Estado, caberá o encargo, em cada um deles, ao respectivo Ministério Público.[3] [Dispositivo correspondente no CC/1916: art. 26 § 1º.]

✎ **Art. 66: 1.** "Fiscalização das contas das fundações: Tribunal de Contas ou Ministério Público", por Cleber Demetrio Oliveira da Silva (IP 27/232).

Art. 66: 1a. s/ fiscalização das fundações, v. CPC 764 e 765. V. tb. Lei 8.625, de 12.2.93, art. 25-IV-*b*.

LC 109, de 29.5.01 — Dispõe sobre o regime de Previdência Complementar e dá outras providências: "**Art. 72.** Compete privativamente ao órgão regulador e fiscalizador das entidades fechadas zelar pelas sociedades civis e fundações, como definido no art. 31 desta Lei Complementar, não se aplicando a estas o disposto nos arts. 26 e 30 do Código Civil e 1.200 a 1.204 do Código de Processo Civil e demais disposições em contrário".

"**Art. 74.** Até que seja publicada a lei de que trata o art. 5º desta Lei Complementar, as funções do órgão regulador e do órgão fiscalizador serão exercidas pelo Ministério da Previdência e Assistência Social, por intermédio, respectivamente, do Conselho de Gestão da Previdência Complementar (CGPC) e da Secretaria de Previdência Complementar (SPC), relativamente às entidades fechadas, e pelo Ministério da Fazenda, por intermédio do Conselho Nacional de Seguros Privados (CNSP) e da Superintendência de Seguros Privados (SUSEP), em relação, respectivamente, à regulação e fiscalização das entidades abertas".

Art. 66: 2. Redação do § 1º de acordo com a Lei 13.151, de 28.7.15.

Art. 66: 2a. **Declaração de inconstitucionalidade.** O STF declarou inconstitucional este **§ 1º** (STF-Pleno, ADI 2.794, Min. Sepúlveda Pertence, j. 14.12.06, DJU 30.3.07). Em decorrência do entendimento firmado pelo Tribunal, cabe ao Ministério Público do Distrito Federal e Territórios velar pelas fundações que funcionam na sua área de atuação.

Art. 66: 3. **Enunciado 147 do CEJ:** "A expressão 'por mais de um Estado', contida no § 2º do art. 66, não exclui o Distrito Federal e os Territórios. A atribuição de velar pelas fundações, prevista no art. 66 e seus parágrafos, ao MP local — isto é, dos Estados, DF e Territórios onde situadas — não exclui a necessidade de fiscalização de tais pessoas jurídicas pelo MPF, quando se tratar de fundações instituídas ou mantidas pela União, autarquia ou empresa pública federal, ou que destas recebam verbas, nos termos da Constituição, da LC n. 75/93 e da Lei de Improbidade".

Art. 67. Para que se possa alterar o estatuto da fundação é mister que a reforma: [Dispositivo correspondente no CC/1916: art. 28-*caput*.]

I — seja deliberada por dois terços dos competentes para gerir e representar a fundação; [Dispositivo correspondente no CC/1916: art. 28-I.]

II — não contrarie ou desvirtue o fim desta; [Dispositivo correspondente no CC/1916: art. 28-II.]

III — seja aprovada pelo órgão do Ministério Público no prazo máximo de 45 (quarenta e cinco) dias, findo o qual ou no caso de o Ministério Público a denegar, poderá o juiz supri-la,[1] a requerimento do interessado.[2] [Dispositivo correspondente no CC/1916: 28-III.]

Art. 67: 1. v. CPC 764-I.

Art. 67: 2. Redação do inc. III de acordo com a Lei 13.151, de 28.7.15.

Art. 68. Quando a alteração não houver sido aprovada por votação unânime, os administradores da fundação, ao submeterem o estatuto ao órgão do Ministério Público, requererão que se dê ciência à minoria vencida para impugná-la, se quiser, em dez dias. [Sem dispositivo correspondente no CC/1916.]

Art. 69. Tornando-se ilícita, impossível ou inútil a finalidade a que visa a fundação, ou vencido o prazo de sua existência, o órgão do Ministério Público, ou qualquer interessado, lhe promoverá a extinção, incorporando-se o seu patrimônio, salvo disposição em contrário no ato constitutivo, ou no estatuto, em outra fundação, designada pelo juiz, que se proponha a fim igual ou semelhante.[1] [Dispositivo correspondente no CC/1916: art. 30.]

Art. 69: 1. v. CPC 765.

Título III | DO DOMICÍLIO

Art. 70. O domicílio[1-1a] da pessoa natural é o lugar onde ela estabelece a sua residência com ânimo definitivo.[2] [Dispositivo correspondente no CC/1916: art. 31.]

Art. 70: 1. v. LINDB 7º, 10 e 12; CPC 21-I, 46 a 53; CF 5º-XI.

✎ **Art. 70: 1a.** "O conceito de domicílio e sua repercussão nas relações jurídicas eletrônicas. A aplicação da lei no espaço e a internet sob a perspectiva do direito brasileiro", por Bruno Miragem (RDPr 19/10).

Art. 70: 2. Domicílio do casal: art. 1.569.

Art. 71. Se, porém, a pessoa natural tiver diversas residências, onde, alternadamente, viva, considerar-se-á domicílio seu qualquer delas. [Dispositivo correspondente no CC/1916: art. 32.]

Art. 72. É também domicílio da pessoa natural, quanto às relações concernentes à profissão, o lugar onde esta é exercida. [Sem dispositivo correspondente no CC/1916.]

Parágrafo único. Se a pessoa exercitar profissão em lugares diversos, cada um deles constituirá domicílio para as relações que lhe corresponderem. [Sem dispositivo correspondente no CC/1916.]

Art. 73. Ter-se-á por domicílio da pessoa natural, que não tenha residência habitual, o lugar onde for encontrada. [Dispositivo correspondente no CC/1916: art. 33.]

Art. 74. Muda-se o domicílio, transferindo a residência, com a intenção manifesta de o mudar. [Dispositivo correspondente no CC/1916: art. 34-*caput*.]

Parágrafo único. A prova da intenção resultará do que declarar a pessoa às municipalidades dos lugares, que deixa, e para onde vai, ou, se tais declarações não fizer, da própria mudança, com as circunstâncias que a acompanharem. [Dispositivo correspondente no CC/1916: art. 34 § ún.]

Art. 75. Quanto às pessoas jurídicas, o domicílio é: [Dispositivo correspondente no CC/1916: art. 35-*caput*.]

I — da União, o Distrito Federal; [Dispositivo correspondente no CC/1916: art. 35-I.]

II — dos Estados e Territórios, as respectivas capitais; [Dispositivo correspondente no CC/1916: art. 35-II.]

III — do Município, o lugar onde funcione a administração municipal; [Dispositivo correspondente no CC/1916: art. 35-III.]

IV — das demais pessoas jurídicas, o lugar onde funcionarem as respectivas diretorias e administrações, ou onde elegerem domicílio especial no seu estatuto ou atos constitutivos.[1] [Dispositivo correspondente no CC/1916: art. 35-IV.]

§ 1º Tendo a pessoa jurídica diversos estabelecimentos em lugares diferentes, cada um deles será considerado domicílio para os atos nele praticados.[2] [Dispositivo correspondente no CC/1916: art. 35 § 3º.]

§ 2º Se a administração, ou diretoria, tiver a sede no estrangeiro, haver-se-á por domicílio da pessoa jurídica, no tocante às obrigações contraídas por cada uma das suas agências, o lugar do estabelecimento, sito no Brasil, a que ela corresponder. [Dispositivo correspondente no CC/1916: art. 35 § 4º.]

Art. 75: 1. **Súmula 363 do STF:** "A pessoa jurídica de direito privado pode ser demandada no domicílio da agência, ou estabelecimento, em que se praticou o ato".

Art. 75: 2. v. CPC 53-III-*b*.

Art. 76. Têm domicílio necessário o incapaz, o servidor público, o militar, o marítimo e o preso. [Dispositivos correspondentes no CC/1916: arts. 36 a 40.]

Parágrafo único. O domicílio do incapaz é o do seu representante ou assistente; o do servidor público, o lugar em que exercer permanentemente suas funções; o do militar, onde servir, e, sendo da Marinha ou da Aeronáutica, a sede do comando a que se encontrar imediatamente subordinado; o do marítimo, onde o navio estiver matriculado; e o do preso, o lugar em que cumprir a sentença. [Dispositivos correspondentes no CC/1916: arts. 36 a 40.]

Art. 77. O agente diplomático do Brasil, que, citado no estrangeiro, alegar extraterritorialidade sem designar onde tem, no país, o seu domicílio, poderá ser demandado no Distrito Federal ou no último ponto do território brasileiro onde o teve. [Dispositivo correspondente no CC/1916: art. 41.]

Art. 78. Nos contratos escritos, poderão os contratantes especificar domicílio[1] onde se exercitem e cumpram os direitos e obrigações deles resultantes. [Dispositivo correspondente no CC/1916: art. 42.]

Art. 78: 1. observado o disposto no CPC 63.

Súmula 335 do STF: "É válida a cláusula de eleição do foro para os processos oriundos do contrato". **Porém:** "Em se tratando de relação de consumo e tendo em vista o princípio da facilitação da defesa do hipossuficiente, não prevalece o foro contratual de eleição quando estiver distante daquele em que reside o consumidor em razão da dificuldade que este terá para acompanhar o processo" (STJ-2ª Seção, CC 41.728, Min. Menezes Direito, j. 11.5.05, DJU 18.5.05).

S/ foro de eleição, v. CPC 47 e 63; CDC 6º-VIII e 54 § 4º; e LI 58-II.

Livro II | DOS BENS[1]

Título Único | DAS DIFERENTES CLASSES DE BENS

Capítulo I | DOS BENS CONSIDERADOS EM SI MESMOS

Seção I | DOS BENS IMÓVEIS

✎ **LIV. II: 1.** "Perfis dos conceitos de bens jurídicos", por Regina Vera Villas Boas (RDPr 37/209).

Art. 79. São bens imóveis o solo e tudo quanto se lhe incorporar natural ou artificialmente.[1-2] [Dispositivo correspondente no CC/1916: art. 43-I a III.]

Art. 79: 1. s/ propriedade de bens imóveis, v. arts. 1.229 e 1.230; s/ direito de superfície, v. arts. 1.369 a 1.377; s/ o foro competente para julgar ações fundadas em direito real sobre bens imóveis, v. CPC 47. V. tb., no nosso CCLCV, os títs. CONDOMÍNIO E INCORPORAÇÃO e CONTRATOS IMOBILIÁRIOS.

Art. 79: 2. Enunciado 11 do CEJ: "Não persiste no novo sistema legislativo a categoria dos bens imóveis por acessão intelectual, não obstante a expressão 'tudo quanto se lhe incorporar natural ou artificialmente', constante da parte final do art. 79 do Código Civil".

Art. 80. Consideram-se imóveis para os efeitos legais: [Dispositivo correspondente no CC/1916: art. 44-*caput*.]

I — os direitos reais[1] sobre imóveis e as ações que os asseguram; [Dispositivo correspondente no CC/1916: art. 44-I.]

II — o direito à sucessão aberta.[2] [Dispositivo correspondente no CC/1916: art. 44-III.]

Art. 80: 1. v. arts. 1.225 a 1.227.

Art. 80: 2. s/ exigência de escritura pública para a cessão de direitos hereditários, v. art. 108 c/c art. 1.793-*caput*; s/ exigência de escritura pública para a renúncia de direitos hereditários, v. art. 108 c/c art. 1.806.

Art. 81. Não perdem o caráter de imóveis: [Dispositivo correspondente no CC/1916: art. 46.]

I — as edificações que, separadas do solo, mas conservando a sua unidade, forem removidas para outro local; [Sem dispositivo correspondente no CC/1916.]

II — os materiais provisoriamente separados de um prédio, para nele se reempregarem.[1] [Dispositivo correspondente no CC/1916: art. 46.]

Art. 81: 1. v. art. 84.

Seção II | DOS BENS MÓVEIS

Art. 82. São móveis os bens suscetíveis de movimento próprio, ou de remoção por força alheia, sem alteração da substância ou da destinação econômico-social.[1] [Dispositivo correspondente no CC/1916: art. 47.]

Art. 82: 1. "A venda de frutos, de molde a manifestar o intuito de separação do objeto da venda em relação ao solo a que adere, impõe a consideração de que tais coisas tenham sido, pela manifestação de vontade das partes contratantes, antecipadamente mobilizadas" (STJ-RT 762/210: 3ª T., AI 174.406-AgRg).

Art. 83. Consideram-se móveis para os efeitos legais:[1] [Dispositivo correspondente no CC/1916: art. 48-*caput*.]

I — as energias que tenham valor econômico;[2] [Sem dispositivo correspondente no CC/1916.]

II — os direitos reais[3] sobre objetos móveis e as ações correspondentes; [Dispositivo correspondente no CC/1916: art. 48-I.]

III — os direitos pessoais de caráter patrimonial e respectivas ações. [Dispositivo correspondente no CC/1916: art. 48-II.]

Art. 83: 1. **LDA: "Art. 3º** Os direitos autorais reputam-se, para os efeitos legais, bens móveis".

Lei 9.279, de 14.5.96 — Regula direitos e obrigações relativos à propriedade industrial (Lex 1996/1.269, RT 727/661, RF 334/545): **"Art. 5º** Consideram-se bens móveis, para os efeitos legais, os direitos de propriedade industrial".

Lei 9.456, de 25.4.97 — Institui a Lei de Proteção de Cultivares e dá outras providências: **"Art. 2º** A proteção dos direitos relativos à propriedade intelectual referente a cultivar se efetua mediante a concessão de Certificado de Proteção de Cultivar, considerado bem móvel para todos os efeitos legais e única forma de proteção de cultivares e de direito que poderá obstar a livre utilização de plantas ou de suas partes de reprodução ou de multiplicação vegetativa, no País".

Art. 83: 2. v. CP 155 § 3º.

Art. 83: 3. v. arts. 1.225 a 1.227.

Art. 84. Os materiais destinados a alguma construção, enquanto não forem empregados, conservam sua qualidade de móveis;[1] readquirem essa qualidade os provenientes da demolição de algum prédio. [Dispositivo correspondente no CC/1916: art. 49.]

Art. 84: 1. v., porém, art. 81-II.

Seção III | DOS BENS FUNGÍVEIS E CONSUMÍVEIS

Art. 85. São fungíveis[1] os móveis que podem substituir-se por outros da mesma espécie, qualidade e quantidade. [Dispositivo correspondente no CC/1916: art. 50.]

Art. 85: 1. s/ pagamento com coisa fungível, v. art. 307 § ún.; s/ a fungibilidade da coisa como requisito para compensação, v. art. 369; s/ depósito de coisas fungíveis, v. art. 645; s/ legado de coisas fungíveis, v. art. 1.915.

Art. 86. São consumíveis os bens móveis cujo uso importa destruição imediata da própria substância, sendo também considerados tais os destinados à alienação.[1] [Dispositivo correspondente no CC/1916: art. 51.]

Art. 86: 1. s/ usufruto de bem consumível, v. art. 1.392 § 1º.

Seção IV | DOS BENS DIVISÍVEIS

Art. 87. Bens divisíveis[1] são os que se podem fracionar sem alteração na sua substância, diminuição considerável de valor, ou prejuízo do uso a que se destinam. [Dispositivo correspondente no CC/1916: art. 52.]

Art. 87: 1. s/ obrigações divisíveis e indivisíveis, v. arts. 257 a 263; s/ satisfação de obrigação que tenha por objeto prestação divisível, v. art. 314; s/ cláusula penal atrelada a obrigação divisível, v. art. 415.

Art. 88. Os bens naturalmente divisíveis podem tornar-se indivisíveis por determinação da lei ou por vontade das partes.[1] [Dispositivo correspondente no CC/1916: art. 53-II.]

Art. 88: 1. s/ indivisibilidade e: cláusula penal, v. art. 414; compra e venda, v. art. 504; transação, v. art. 844-*caput*; condomínio, v. arts. 1.320 § 1º e 1.322; servidão, v. art. 1.386; herança, v. art. 1.791 § ún.

Seção V | DOS BENS SINGULARES E COLETIVOS

Art. 89. São singulares os bens que, embora reunidos, se consideram *de per si*, independentemente dos demais. [Dispositivo correspondente no CC/1916: art. 54-I.]

Art. 90. Constitui universalidade de fato a pluralidade de bens singulares que, pertinentes à mesma pessoa, tenham destinação unitária.[1 a 1c] [Dispositivo correspondente no CC/1916: art. 54-II.]

Parágrafo único. Os bens que formam essa universalidade podem ser objeto de relações jurídicas próprias. [Sem dispositivo correspondente no CC/1916.]

Art. 90: 1. Exemplos de universalidades de fato: biblioteca, galeria de quadros, rebanho, estabelecimento empresarial.

Art. 90: 1a. v. art. 1.148.

Art. 90: 1b. **Lei 7.565, de 19.12.86** — Código Brasileiro de Aeronáutica: **"Art. 36 § 5º** Os aeródromos públicos, enquanto mantida a sua destinação específica pela União, constituem universalidades e patrimônios autônomos, independentes do titular do domínio dos imóveis onde estão situados (art. 38)".

"Art. 38. Os aeroportos constituem universalidades, equiparadas a bens públicos federais, enquanto mantida a sua destinação específica, embora não tenha a União a propriedade de todos os imóveis em que se situam".

Art. 90: 1c. **Enunciado 288 do CEJ:** "A pertinência subjetiva não constitui requisito imprescindível para a configuração das universalidades de fato e de direito".

Art. 91. Constitui universalidade de direito o complexo de relações jurídicas, de uma pessoa, dotadas de valor econômico.[1-1a] [Dispositivo correspondente no CC/1916: art. 57.]

Art. 91: 1. Exemplos de universalidades de direito: herança, patrimônio, massa falida.

Art. 91: 1a. v. art. 90, nota 1c (Enunciado 288 do CEJ).

Capítulo II DOS BENS RECIPROCAMENTE CONSIDERADOS[1]

CAP. II: 1. "A importância do princípio da acessoriedade no direito civil: das coisas aos contratos", por Alexandre Pimenta Batista Pereira (RF 410/399, RSDCPC 67/73); "As partes integrantes e a pertença no Código Civil", por Gustavo Haical (RT 934/49).

Art. 92. Principal é o bem que existe sobre si, abstrata ou concretamente; acessório,[1] aquele cuja existência supõe a do principal.[1a] [Dispositivo correspondente no CC/1916: art. 58.]

Art. 92: 1. s/ pintura em relação à tela, escultura e escritura, v. art. 1.270 § 2º (especificação).

Art. 92: 1a. s/ acessório e: obrigação de dar coisa certa, v. art. 233; cessão de crédito, v. art. 287; novação, v. art. 364; fiança, v. art. 822.

Art. 93. São pertenças os bens que, não constituindo partes integrantes, se destinam, de modo duradouro, ao uso, ao serviço ou ao aformoseamento de outro. [Sem dispositivo correspondente no CC/1916.]

Art. 94. Os negócios jurídicos que dizem respeito ao bem principal não abrangem as pertenças, salvo se o contrário resultar da lei, da manifestação de vontade, ou das circunstâncias do caso. [Sem dispositivo correspondente no CC/1916.]

Art. 95. Apesar de ainda não separados do bem principal, os frutos e produtos podem ser objeto de negócio jurídico. [Sem dispositivo correspondente no CC/1916.]

Art. 96. As benfeitorias podem ser voluptuárias, úteis ou necessárias.[1-2] [Dispositivo correspondente no CC/1916: art. 63-*caput*.]

§ 1º São voluptuárias as de mero deleite ou recreio, que não aumentam o uso habitual do bem, ainda que o tornem mais agradável ou sejam de elevado valor. [Dispositivo correspondente no CC/1916: art. 63 § 1º.]

§ 2º São úteis as que aumentam ou facilitam o uso do bem. [Dispositivo correspondente no CC/1916: art. 63 § 2º.]

§ 3º São necessárias as que têm por fim conservar o bem ou evitar que se deteriore. [Dispositivo correspondente no CC/1916: art. 63 § 3º.]

Art. 96: 1. s/ pagamento de benfeitorias úteis e necessárias em caso de evicção, v. arts. 453 e 454; s/ indenização e retenção de benfeitorias em matéria de locação, v. art. 578 e LI 35 e 36; s/ indenização de benfeitorias em matéria possessória, v. arts. 1.219 a 1.222; s/ benfeitorias em imóvel legado, v. art. 1.922 § ún.; s/ benfeitoria feita pelo arrendatário rural, v. ET 95-VIII.

Art. 96: 2. "As acessões físicas, definidas pelo art. 43, II, do CC/1916, são consideradas benfeitorias em relação ao solo. Sua qualificação como necessárias e, portanto, indenizáveis nos termos do art. 517 do CC/1916, é estritamente regulada pela lei, não havendo margem para interpretação extensiva por parte do juiz. O art. 63, § 3º, do CC/1916 (equivalente ao art. 96, § 3º, do atual CC) define as benfeitorias necessárias como aquelas 'que têm por fim conservar a coisa ou evitar que se deteriore'. As construções realizadas pelos possuidores (casa sede, casa do administrador, casa do tratorista, casa de máquinas etc.) e as plantações (pastagem, coqueiros, bananeiras, limoeiros e laranjeiras) referem-se à exploração econômica do terreno e ao aumento de sua capacidade produtiva ou funcional. Não representam benfeitorias necessárias para sua conservação. Trata-se de benfeitorias úteis ou voluptuárias, nos termos do art. 63, §§ 1º e 2º, do CC/1916. Não há, portanto, direito à indenização, conforme o art. 517 do mesmo Código" (STJ-2ª T., REsp 937.800, Min. Herman Benjamin, j. 20.8.09, DJ 11.5.11).

Art. 97. Não se consideram benfeitorias os melhoramentos ou acréscimos sobrevindos ao bem sem a intervenção do proprietário, possuidor ou detentor. [Dispositivo correspondente no CC/1916: art. 64.]

Capítulo III | DOS BENS PÚBLICOS

Art. 98. São públicos os bens do domínio nacional pertencentes às pessoas jurídicas de direito público interno;[1 a 4] **todos os outros são particulares, seja qual for a pessoa a que pertencerem.** [Dispositivo correspondente no CC/1916: art. 65.]

Art. 98: 1. s/ bens dos Estados, v. CF 26; s/ usucapião de imóvel não registrado, v. art. 102, nota 1b; s/ ocupação de área pública, v. art. 1.196, nota 2.

Art. 98: 2. CF 20: "São bens da União: **I** — os que atualmente lhe pertencem e os que lhe vierem a ser atribuídos;... **VIII** — os potenciais de energia hidráulica; **IX** — os recursos minerais, inclusive os do subsolo; **X** — as cavidades naturais subterrâneas e os sítios arqueológicos e pré-históricos; **XI** — as terras tradicionalmente ocupadas pelos índios".

V. tb. CF 176; Dec. lei 9.760, de 5.9.46 (bens imóveis da União); Lei 6.383, de 7.12.76 (terras devolutas da União); Dec. lei 1.985, de 29.1.40 (Código de Minas); Lei 8.901, de 30.6.94 (regime jurídico das jazidas); Dec. lei 227, de 28.2.67 (Código de Mineração); Dec. lei 3.263, de 12.5.41 (jazidas de petróleos e gases raros); Dec. lei 2.375, de 24.11.87 (Terras Públicas); Lei 6.634, de 2.5.79 (Faixa de Fronteira).

Art. 98: 2a. Súmula 650 do STF: "Os incisos I e XI do art. 20 da CF não alcançam terras de aldeamentos extintos, ainda que ocupadas por indígenas em passado remoto".

Art. 98: 3. Enunciado 287 do CEJ: "O critério da classificação de bens indicado no art. 98 do Código Civil não exaure a enumeração dos bens públicos, podendo ainda ser classificado como tal o bem pertencente a pessoa jurídica de direito privado que esteja afetado à prestação de serviços públicos".

Art. 98: 4. "O simples fato de se tratar de imóvel situado na faixa de fronteira não faz com que o mesmo se torne propriedade da União" (RIDA 5/158).

Art. 99. São bens públicos:[1] [Dispositivo correspondente no CC/1916: art. 66-*caput*.]

I — os de uso comum do povo,[2] tais como rios, mares,[2a] estradas, ruas e praças;[2b] [Dispositivo correspondente no CC/1916: art. 66-I.]

II — os de uso especial, tais como edifícios ou terrenos destinados a serviço ou estabelecimento da administração federal, estadual, territorial ou municipal, inclusive os de suas auztarquias;[3] [Dispositivo correspondente no CC/1916: art. 66-II.]

III — os dominicais,[3a] que constituem o patrimônio das pessoas jurídicas de direito público, como objeto de direito pessoal, ou real, de cada uma dessas entidades. [Dispositivo correspondente no CC/1916: art. 66-III.]

Parágrafo único. Não dispondo a lei em contrário, consideram-se dominicais os bens pertencentes às pessoas jurídicas de direito público a que se tenha dado estrutura de direito privado. [Sem dispositivo correspondente no CC/1916.]

Art. 99: 1. v. CF 20 (bens da União) e 26 (bens dos Estados).

✎ **Art. 99: 2.** "Da cobrança pela utilização de bens públicos de uso comum", por Rachel Pellizoni da Cruz (RDA 231/157); "Sobre o uso privativo de bens públicos de uso comum do povo", por Francisco Xavier Amaral e Bruno Monteiro de Castro Amaral (RIDA 5/75).

Art. 99: 2a. v. Dec. 24.643, de 10.7.34 (Código de Águas); Dec. 28.840, de 8.11.50 (plataforma submarina); Lei 8.617, de 4.1.93 (mar territorial).

Art. 99: 2b. s/ tutela possessória de bem público destinado ao uso comum: requerida pelo Estado, v. nota 2a ao art. 1.210; requerida por particular, v. nota 1c ao art. 1.210.

Art. 99: 3. **Dec. lei 7.315-A, de 10.2.45** — Dispõe sobre a requisição, ocupação e desapropriação de imóveis destinados à defesa nacional.

Art. 99: 3a. v. art. 101.

Art. 100. Os bens públicos de uso comum do povo e os de uso especial são inalienáveis, enquanto conservarem a sua qualificação,[1] na forma que a lei determinar. [Dispositivo correspondente no CC/1916: art. 67.]

Art. 100: 1. Quando esses bens forem desafetados e houver autorização legislativa, eles poderão ser alienados.

Art. 101. Os bens públicos dominicais podem ser alienados,[1-1a] observadas as exigências da lei.[2] [Dispositivo correspondente no CC/1916: art. 67.]

Art. 101: 1. s/ alienação judicial de fração ideal do bem imóvel indivisível, pertencente a pessoa jurídica de direito público, em condomínio com particulares, v. art. 1.322, nota 4.

Art. 101: 1a. **Súmula 340 do STF:** "Desde a vigência do Código Civil, os bens dominicais, como os demais bens públicos, não podem ser adquiridos por usucapião". Essa Súmula faz referência à vigência do CC/16.

Todavia: "Possibilidade do usucapião de bens públicos dominiais, desafetados para a alienação, cumprida sua função social pelo particular usucapiente" (RF 416/353: TJSP, EI 9172311-97.2007.8.26.0000/50000, maioria; a citação é do voto do relator).

Art. 101: 2. **Lei 9.636, de 15.5.98** — Dispõe sobre a regularização, administração, aforamento e alienação de bens imóveis de domínio da União, altera dispositivos dos Decretos-leis ns. 9.760, de 5 de setembro de 1946, e 2.398, de 21 de dezembro de 1987, regulamenta o § 2º do art. 49 do Ato das Disposições Constitucionais Transitórias, e dá outras providências (DOU 18.5.98). Essa lei foi regulamentada pelo Dec. 3.725, de 10.1.01 (DOU 11.1.01).

Lei 11.481, de 31.5.07 — Dá nova redação a dispositivos das Leis n. 9.636, de 15.5.98, 8.666, de 21.6.93, 11.124, de 16.6.05, 10.406, de 10.1.02, 9.514, de 20.11.97, e 6.015, de 31.12.73, e dos Decs. leis n. 9.760, de 5.9.46, 271, de 28.2.67, 1.876, de 15.7.81, e 2.398, de 21.12.87; prevê medidas voltadas à regularização fundiária de interesse social em imóveis da União; e dá outras providências (DOU 31.5.07).

Art. 102. Os bens públicos não estão sujeitos a usucapião.[1 a 3] [Sem dispositivo correspondente no CC/1916.]

Art. 102: 1. "Da possibilidade (constitucional) de usucapião sobre bens públicos. A revisão de um pensamento em face do Código Civil de 2002", por Wagner Inácio Freitas Dias (RF 377/223).

Art. 102: 1a. **CF 191: "Parágrafo único.** Os imóveis públicos não serão adquiridos por usucapião". Com a mesma redação, CF 183 § 3º. V. art. 101, nota 1a (Súmula 340 do STF).

Art. 102: 1b. "A inexistência de registro imobiliário do bem objeto de ação de usucapião não induz presunção de que o imóvel seja público (terras devolutas), cabendo ao Estado provar a titularidade do terreno como óbice ao reconhecimento da prescrição aquisitiva" (STJ-RT 916/729: 4ª T., REsp 964.223).

Art. 102: 2. Porém, é possível a usucapião **do domínio útil** de bem público sobre o qual haja enfiteuse em favor de particular, "pois, nesta circunstância, existe apenas a substituição do enfiteuta pelo usucapiente, não trazendo qualquer prejuízo ao Estado", o qual permanece com o domínio direto do bem (STJ-Bol. AASP 2.488/4.039: 3ª T., REsp 575.572, um voto vencido). Em sentido semelhante: RSTJ 195/363 (4ª T., REsp 507.798), RT 741/347, 741/450, RJ 268/90.

"Usucapião de domínio útil de bem público (terreno de marinha). Violação ao art. 183, § 3º, da Constituição. Inocorrência. O ajuizamento de ação contra o foreiro, na qual se pretende usucapião do domínio útil do bem, não viola a regra de que os bens públicos não se adquirem por usucapião. Precedente: RE 82.106, RTJ 87/505" (STF-RT 899/103: 2ª T., RE 218.324-AgRg).

Súmula 17 do TRF-5ª Reg.: "É possível a aquisição do domínio útil de bens públicos em regime de aforamento, via usucapião, desde que a ação seja movida contra particular, até então enfiteuta, contra quem operar-se-á a prescrição aquisitiva, sem atingir o domínio direto da União".

Art. 102: 3. "O bem pertencente a **sociedade de economia mista** pode ser objeto de usucapião" (STJ-4ª T., REsp 120.702, Min. Ruy Rosado de Aguiar, j. 28.6.01, DJU 20.8.01). No mesmo sentido: STJ-3ª T., REsp 647.357, Min. Castro Filho, j. 19.9.06, DJU 23.10.06; RT 879/256: TJSP, AP 582.045-4/5-00; RMDCPC 45/143: TJMG, AP 0687985-41.2008.8.13.0324.

Art. 103. O uso comum dos bens públicos pode ser gratuito ou retribuído, conforme for estabelecido legalmente pela entidade a cuja administração pertencerem.[1] [Dispositivo correspondente no CC/1916: art. 68.]

Art. 103: 1. O pedágio cobrado em estradas e a taxa de embarque cobrada em aeroportos são exemplos de remuneração pelo uso de bens públicos.

Livro III | DOS FATOS JURÍDICOS[1]

Título I | DO NEGÓCIO JURÍDICO[1]

Capítulo I | DISPOSIÇÕES GERAIS

LIV. III: 1. **"Art. 2.035.** A validade dos negócios e demais atos jurídicos, constituídos antes da entrada em vigor deste Código, obedece ao disposto nas leis anteriores, referidas no art. 2.045, mas os seus efeitos, produzidos após a vigência deste Código, aos preceitos dele se subordinam, salvo se houver sido prevista pelas partes determinada forma de execução.

"Parágrafo único. Nenhuma convenção prevalecerá se contrariar preceitos de ordem pública, tais como os estabelecidos por este Código para assegurar a função social da propriedade e dos contratos".

✎ **TÍT. I: 1.** "O novo Código Civil Brasileiro: principais inovações na disciplina do negócio jurídico e suas bases romanísticas", pelo Min. José Carlos Moreira Alves (RJ 305/7); "Negócios jurídicos entre pais e filhos", por Fernando Malheiros Filho (Ajuris 94/71).

Art. 104. A validade do negócio jurídico[1] requer: [Dispositivo correspondente no CC/1916: art. 82.]

I — agente capaz;[2-2a] [Dispositivo correspondente no CC/1916: art. 82.]

II — objeto lícito,[3] possível,[3a] determinado ou determinável; [Dispositivo correspondente no CC/1916: art. 82.]

III — forma prescrita ou não defesa em lei.[4] [Dispositivo correspondente no CC/1916: art. 82.]

Art. 104: 1. s/ invalidade do negócio jurídico, v. arts. 166 a 184.

Art. 104: 2. "A 'autonomia' no direito privado", por Érico de Pina Cabral (RDPr 19/83).

Art. 104: 2a. v. arts. 3º, 4º, 105 e 112, nota 2.

Art. 104: 3. v. art. 426.

Art. 104: 3a. v. art. 106.

Art. 104: 4. v. arts. 107 a 109.

Art. 105. A incapacidade relativa[1] de uma das partes não pode ser invocada pela outra em benefício próprio, nem aproveita aos cointeressados capazes, salvo se, neste caso, for indivisível[2] o objeto do direito ou da obrigação comum. [Dispositivo correspondente no CC/1916: art. 83.]

Art. 105: 1. v. art. 4º.

Art. 105: 2. v. arts. 87, 88 e 257 a 263.

Art. 106. A impossibilidade[1] inicial do objeto não invalida o negócio jurídico se for relativa, ou se cessar antes de realizada a condição a que ele estiver subordinado. [Sem dispositivo correspondente no CC/1916.]

Art. 106: 1. s/ condição impossível, v. arts. 123-I e 124.

Art. 107. A validade da declaração de vontade não dependerá de forma especial, senão quando a lei expressamente a exigir.[1] [Dispositivo correspondente no CC/1916: art. 129.]

Art. 107: 1. s/ exigências formais em matéria de: doação, v. art. 541; mandato, v. arts. 653 a 661; fiança, v. art. 819; transação, v. art. 842; convenção de condomínio, v. art. 1.334 § 1º; direito de superfície e direito de servidão, v., respectivamente, arts. 1.369 e 1.378; promessa de compra e venda, v. art. 1.417; penhor rural, penhor industrial e mercantil, penhor de direitos e penhor de veículos, v., respectivamente, arts. 1.438, 1.448, 1.452 e 1.462; procuração para casamento, v. art. 1.542; pacto antenupcial, v. art. 1.653; instituição de bem de família, v. art. 1.711; cessão de herança, v. art. 1.793-*caput*; renúncia de herança, v. art. 1.806; testamento, v. arts. 1.864 (público), 1.868 (cerrado) e 1.876 (particular).

Art. 108. Não dispondo a lei em contrário, a escritura pública[1] é essencial[2 a 2b] à validade dos negócios jurídicos que visem à constituição, transferência, modificação ou renúncia de direitos reais sobre imóveis[3-4] de valor superior a trinta vezes o maior salário mínimo vigente no País.[5] [Dispositivo correspondente no CC/1916: art. 134-*caput* e II.]

Art. 108: 1. s/ escritura pública, v. arts. 215 a 218.

Art. 108: 2. Podem, porém, ser celebrados por instrumento particular, qualquer que seja o seu valor, entre outros:

a) os contratos de que forem partes o Banco Nacional da Habitação ou entidades que integrem o Sistema Financeiro da Habitação (Lei 4.380, de 21.8.64, art. 61 § 5º); v. tb. Lei 8.025, de 12.4.90, art. 2º-V, em Lex 1990/531;

b) os compromissos de compra e venda, cessões de compromisso de compra e venda e promessas de cessão de direitos relativos a imóveis, loteados ou não, urbanos ou rurais (Dec. lei 58, de 10.12.37, art. 22 c/c art. 11-*caput*, e Lei 6.766, de 19.12.79, art. 26; Lei 4.380, de 21.8.64, art. 69);

c) o penhor de direito (art. 1.452), de veículos (art. 1.462), industrial (art. 1.448), mercantil (também art. 1.448) ou rural (art. 1.438) pode ser constituído mediante instrumento público ou particular;

d) todos os atos relacionados com a cédula hipotecária (Dec. lei 70, de 21.11.66, art. 26);

e) as alienações a que se refere a Lei 8.025, de 12.4.90 (Lex 1990/531), art. 2º-V;

f) os contratos de venda e compra de imóvel com alienação fiduciária (Lei 9.514, de 20.11.97, art. 38);

g) os contratos de aquisição de imóvel objeto de arrendamento residencial **(Lei 10.188, de 12.2.01)**;

h) as cessões de posse feitas, nos parcelamentos populares, pela União, Estados, Distrito Federal, Municípios e suas entidades delegadas (Lei 6.766/79, art. 26 § 3º, introduzido pela Lei 9.785, de 29.1.99);

i) as convenções de condomínio edilício podem ser feitas por escritura pública ou por instrumento particular (art. 1.334 § 1º);

j) a promessa de compra e venda pode ser feita por instrumento público ou particular (art. 1.417).

Atos lavrados nos livros do Serviço do Patrimônio da União ou em repartição arrecadadora da Fazenda Nacional têm força de escritura pública **(Dec. lei 9.760, de 5.9.46,** art. 74-*caput*, em RT 164/793, Lex 1946/712, RDA 6/361, RF 108/604).

S/ dação em pagamento, v. art. 357, nota 2.

Art. 108: 2a. "O contrato particular de alienação de bem imóvel, ainda que desprovido de registro, representa autêntica manifestação volitiva das partes, apta a gerar direitos e obrigações de natureza pessoal, ainda que restritas aos contratantes. O fato de o contrato de permuta de bem imóvel ainda não ter sido devidamente registrado em cartório, não confere a uma das partes a prerrogativa de desistir do negócio" (STJ-3ª T., REsp 1.195.636, Min. Nancy Andrighi, j. 14.4.11, DJ 27.4.11).

Art. 108: 2b. Nos negócios jurídicos para cuja validade a escritura pública é essencial, admite-se a representação das partes por procurador nomeado através de instrumento particular. Nesse sentido: STJ-3ª T., REsp 414.100, Min. Ari Pargendler, j. 3.4.03, DJU 9.6.03.

Art. 108: 3. **Lei 5.709, de 7.10.71** — Regula a aquisição de imóvel rural por estrangeiro residente no país ou pessoa jurídica estrangeira autorizada a funcionar no Brasil e dá outras providências (Lex 1971/1.301, RF 237/400, RT 432/447): **"Art. 8º** Na aquisição de imóvel rural por pessoa estrangeira, física ou jurídica, é da essência do ato a escritura pública".

Art. 108: 4. Os direitos hereditários consideram-se bens imóveis para fins legais (v. art. 80-II), razão por que se exige escritura pública para a respectiva cessão (art. 1.793-*caput*). V. tb. art. 1.806.

Art. 108: 5. **Enunciado 289 do CEJ:** "O valor de 30 salários mínimos constante no art. 108 do Código Civil brasileiro, em referência à forma pública ou particular dos negócios jurídicos que envolvam bens imóveis, é o atribuído pelas partes contratantes e não qualquer outro valor arbitrado pela Administração Pública com finalidade tributária".

Art. 109. No negócio jurídico celebrado com a cláusula de não valer sem instrumento público, este é da substância do ato.[1] [Dispositivo correspondente no CC/1916: art. 133.]

Art. 109: 1. **CPC 406:** "Quando a lei exigir instrumento público como da substância do ato, nenhuma outra prova, por mais especial que seja, pode suprir-lhe a falta".

Art. 110. A manifestação de vontade subsiste ainda que o seu autor haja feito a reserva mental de não querer o que manifestou, salvo se dela o destinatário tinha conhecimento. [Sem dispositivo correspondente no CC/1916.]

Art. 111. O silêncio[1] importa anuência, quando as circunstâncias ou os usos o autorizarem, e não for necessária a declaração de vontade expressa.[2] [Sem dispositivo correspondente no CC/1916.]

✎ Art. 111: 1. "O papel jurídico do silêncio no novo Direito Civil (por uma teoria do silêncio-vontade)", por Wendell Santiago Andrade (RJ 316/70).

Art. 111: 2. s/ silêncio em matéria de doação, v. art. 539.

Art. 112. Nas declarações de vontade se atenderá mais à intenção nelas consubstanciada do que ao sentido literal da linguagem.[1-2] [Dispositivo correspondente no CC/1916: art. 85.]

Art. 112: 1. "A principiologia adotada no art. 85 do CC/16 — no que foi reafirmada de modo mais eloquente pelo art. 112, do CC/02 — visa conciliar eventuais discrepâncias entre os dois elementos formativos da declaração de vontade, quais sejam, o objetivo — consubstanciado na literalidade externada —, e o subjetivo — consubstanciado na internalidade da vontade manifestada, ou seja, na intenção do agente. Assim, a despeito de figurar no contrato como 'avalista-interveniente', o sócio da sociedade devedora pode ser considerado coobrigado se assim evidenciar o teor da avença, conclusão que privilegia, a um só tempo, a boa-fé objetiva e a intenção externada pelas partes por ocasião da celebração" (STJ-4ª T., REsp 1.013.976, Min. Luis Felipe, j. 17.5.12, DJ 29.5.12).

Art. 112: 2. "Com o reconhecimento da ausência de capacidade do doador para os atos da vida civil, pois constantemente dopado pelo uso de medicamentos para o sistema nervoso, além de ser portador de Mal de Parkinson, nem sequer é possível perquirir acerca de sua intenção, pois a incapacidade lhe é precedente, impedindo-o de manifestar sua vontade" (STJ-4ª T., REsp 1.206.805, Min. Raul Araújo, j. 21.10.14, DJ 7.11.14).

Art. 113. Os negócios jurídicos devem ser interpretados[1-2] conforme a boa-fé[3-4] e os usos do lugar de sua celebração.[5] [Sem dispositivo correspondente no CC/1916.]

Art. 113: 1. s/ interpretação: do contrato de adesão, art. 423; da fiança, art. 819; da transação, art. 843; do testamento, art. 1.899; dos negócios jurídicos sobre direitos autorais, LDA 4º e 49-VI.

Art. 113: 2. **Código Comercial de 1850 (revogado, em parte), art. 131: "3.** O fato dos contraentes, posterior ao contrato, que tiver relação com o objeto principal, será a melhor explicação da vontade que as partes tiveram no ato da celebração do mesmo contrato".

CDC 47: "As cláusulas contratuais serão interpretadas de maneira mais favorável ao consumidor".

Art. 113: 3. "A função social do contrato e o princípio da boa-fé no novo Código Civil brasileiro", por Adriana Mandim Theodoro de Mello (RJ 294/32); "Teoria geral da boa-fé objetiva", por Cibele Pinheiro Marçal Cruz e Tucci (Rev. AASP 68/100); "O princípio da boa-fé objetiva no novo Código Civil", por Renata Domingues Barbosa Balbino (Rev. AASP 68/111); "O princípio da boa-fé e o novo Código Civil", por Edilson Pereira Nobre Jr. (RF 367/69); "A boa-fé objetiva como paradigma da conduta na sociedade contemporânea", por Rizzatto Nunes (RJ 327/9); "Implicações práticas da boa-fé objetiva", por Gustavo Rene Nicolau (RIDCPC 39/7); "O princípio da boa-fé objetiva no direito de família", por Flávio Tartuce (RBDF 35/5); "Os campos normativos da boa-fé objetiva: as três perspectivas do direito privado brasileiro", por Judith Martins-Costa (RF 382/119); "Contrato. Interpretação. Princípio da boa-fé. Teoria do ato próprio ou da vedação do comportamento contraditório", por Humberto Theodoro Jr. e Juliana Cordeiro de Faria (RIDCPC 54/33, RMDECC 22/5, RDPr 38/149).

Art. 113: 4. s/ ato ilícito por excesso dos limites da boa-fé, v. art. 187; s/ boa-fé nos contratos, v. art. 422; s/ boa-fé nas relações de consumo, v. CDC 4º-III e 51-IV.

Art. 113: 5. "Os negócios jurídicos devem ser interpretados conforme os usos e costumes (art. 113, CC/02), e se mostra comum a prática de os sócios assumirem a posição de garantes pessoais das obrigações da sociedade da qual fazem parte (por aval ou por fiança), de modo que a interpretação pleiteada pelo ora recorrente não se distancia — ao contrário, aproxima-se — do que normalmente ocorre no tráfego bancário" (STJ-4ª T., REsp 1.013.976, Min. Luis Felipe, j. 17.5.12, DJ 29.5.12).

Art. 114. Os negócios jurídicos benéficos[1] e a renúncia[2-2a] interpretam-se estritamente.[3] [Dispositivo correspondente no CC/1916: art. 1.090.]

Art. 114: 1. Negócios jurídicos benéficos ou gratuitos são aqueles que proporcionam vantagens a apenas uma das partes. Assim, nesses negócios, somente uma das partes fica onerada. É o que ocorre, p. ex., na remissão, na doação pura e simples, no depósito e mútuo gratuitos e na fiança.

S/ remissão, v. arts. 385 a 388; doação, v. arts. 538 a 564; depósito, v. arts. 627 a 652; mútuo, v. arts. 586 a 592; fiança, v. especialmente art. 819.

Art. 114: 2. s/ renúncia ao direito de usufruto e direito real de habitação, v. nota 2a ao art. 1.410.

Art. 114: 2a. "A interpretação estrita prevista no art. 114 do Código Civil pode identificar a renúncia, ainda que a comunicação de vontade não utilize esse vocábulo; a manifestação de vontade incompatível com o exercício do direito importa em renúncia. Requerendo que a permissão de transporte público, que lhe havia sido deferida, fosse assegurada 'tão somente' a outras permissionárias, a empresa autora renunciou de fato ao serviço que até então estava autorizada a prestar" (STJ-1ª T., REsp 1.264.112, Min. Ari Pargendler, j. 12.11.13, DJ 29.11.13).

Art. 114: 3. s/ interpretação da transação, v. art. 843.

Capítulo II | DA REPRESENTAÇÃO[1]

✎ **CAP. II: 1.** "A técnica da representação e os novos princípios contratuais", por Gustavo Tepedino (RF 386/117); "Mandato, procuração e representação no novo Código Civil brasileiro", por Pablo Stolze Gagliano e Rodolfo Pamplona Filho (RJ-Lex 59/92, RMDCPC 50/22).

Art. 115. Os poderes de representação[1] conferem-se por lei ou pelo interessado. [Sem dispositivo correspondente no CC/1916.]

Art. 115: 1. s/ representação, v. tb., no índice, Administrador, Gerente, Mandato. V. ainda arts. 974 e 975 (representação do incapaz empresário); arts. 1.634-V e 1.690 (representação dos filhos menores); art. 1.747-I (representação dos menores tutelados).

Art. 116. A manifestação de vontade pelo representante, nos limites de seus poderes, produz efeitos em relação ao representado.[1] [Sem dispositivo correspondente no CC/1916.]

Art. 116: 1. Dolo do representante: v. art. 149. Confissão feita por representante: v. art. 213 § ún.

Art. 117. Salvo se o permitir a lei ou o representado, é anulável[1-1a] o negócio jurídico que o representante, no seu interesse ou por conta de outrem,[2] celebrar consigo mesmo.[3] [Sem dispositivo correspondente no CC/1916.]

Parágrafo único. Para esse efeito, tem-se como celebrado pelo representante o negócio realizado por aquele em quem os poderes houverem sido subestabelecidos. [Sem dispositivo correspondente no CC/1916.]

Art. 117: 1. no prazo de 2 anos a partir da conclusão do negócio (art. 179).

Art. 117: 1a. s/ a sanabilidade desse vício, v. arts. 172 e 176.

Art. 117: 2. Súmula 60 do STJ: "É nula a obrigação cambial assumida por procurador do mutuário vinculado ao mutuante, no exclusivo interesse deste" (v. jurisprudência s/ esta Súmula em RSTJ 44/17 a 79).

✎ **Art. 117: 3.** "Considerações sobre a disciplina do negócio jurídico consigo mesmo no novo Código Civil brasileiro", por José Carlos Moreira Alves (Rev. AASP 98/7).

Art. 118. O representante é obrigado a provar às pessoas, com quem tratar em nome do representado, a sua qualidade e a extensão de seus poderes, sob pena de, não o fazendo, responder pelos atos que a estes excederem.[1] [Sem dispositivo correspondente no CC/1916.]

Art. 118: 1. s/ responsabilidade do comitente, v. art. 700.

Art. 119. É anulável o negócio concluído pelo representante em conflito de interesses com o representado, se tal fato era ou devia ser do conhecimento de quem com aquele tratou. [Sem dispositivo correspondente no CC/1916.]

Parágrafo único. É de cento e oitenta dias, a contar da conclusão do negócio ou da cessação da incapacidade, o prazo de decadência[1] para pleitear-se a anulação prevista neste artigo. [Sem dispositivo correspondente no CC/1916.]

Art. 119: 1. s/ decadência, v. arts. 207 a 211.

Art. 120. Os requisitos e os efeitos da representação legal são os estabelecidos nas normas respectivas; os da representação voluntária[1] são os da Parte Especial deste Código. [Sem dispositivo correspondente no CC/1916.]s

Art. 120: 1. s/ representação voluntária, v. arts. 653 a 692 (mandato) e 1.172 a 1.176 (gerente).

Capítulo III | DA CONDIÇÃO, DO TERMO E DO ENCARGO[1]

CAP. III: 1. "'Da condição do termo e do encargo' e 'dos defeitos do negócio jurídico' (vícios de consentimento): releitura à luz do direito obrigacional empresarial", por Luis Fernando Guerrero (RMDECC 20/74).

Art. 121. Considera-se condição a cláusula que, derivando exclusivamente da vontade das partes, subordina o efeito do negócio jurídico a evento futuro e incerto.[1] [Dispositivo correspondente no CC/1916: art. 114.]

Art. 121: 1. s/ condição em matéria de: promessa de recompensa, v. arts. 854 a 856; reconhecimento de filho, v. art. 1.613; aceitação ou renúncia de herança, v. art. 1.808-*caput*; nomeação de herdeiro ou legatário, v. arts. 1.897 e 1.900-I.

Art. 122. São lícitas, em geral, todas as condições não contrárias à lei, à ordem pública ou aos bons costumes; entre as condições defesas se incluem as que privarem de todo efeito o negócio jurídico, ou o sujeitarem ao puro arbítrio de uma das partes.[1 a 3] [Dispositivo correspondente no CC/1916: art. 115.]

Art. 122: 1. "Os contratos públicos da Administração têm características especialíssimas, exorbitantes das normas de Direito Comum, por estarem em jogo fins de interesse público, permitindo-se neles, portanto, a adoção de cláusulas ditas exorbitantes, decorrentes de normas especiais. Assim, à permissão de uso, instituto especial de Direito Administrativo, não se aplica o art. 115 do CC (art. 122 do CC/02), que veda condições contratuais que venham a privar de todo efeito o ato ou o sujeitem ao arbítrio de uma das partes. Legal, portanto, a cláusula de rescisão unilateral em proveito da Administração" (RT 651/60).

Art. 122: 1a. Cumpre distinguir as condições puramente potestativas, vedadas pelo direito, das meramente potestativas, que dependem de fator alheio à vontade da parte e, portanto, permitidas.

Art. 122: 2. Entendendo que não configura condição puramente potestativa o vencimento antecipado da dívida contraída pelo empregado junto à empresa na qual trabalha, em caso de aquele não mais pertencer ao quadro de funcionários desta, "porque o vínculo empregatício não é rompido por mero capricho do empregador, por livre arbítrio seu, podendo, ainda, ser desfeito por iniciativa do próprio empregado mutuário": RT 658/119.

Art. 122: 3. "Cláusula que proíbe o vendedor de explorar o mesmo ramo de atividade ou de revender a terceiros imóveis da empresa pelo prazo de dez anos; validade em face do que dispõe o art. 122 do CC" (STJ-3ª T., REsp 1.011.441, Min. Ari Pargendler, j. 12.8.08, DJ 19.12.08).

Art. 123. Invalidam os negócios jurídicos que lhes são subordinados: [Dispositivo correspondente no CC/1916: art. 116.]

I — as condições física ou juridicamente impossíveis,[1] quando suspensivas; [Dispositivo correspondente no CC/1916: art. 116.]

II — as condições ilícitas, ou de fazer coisa ilícita; [Sem dispositivo correspondente no CC/1916.]

III — as condições incompreensíveis ou contraditórias. [Sem dispositivo correspondente no CC/1916.]

Art. 123: 1. v. arts. 104-II, 106 e 124.

Art. 124. Têm-se por inexistentes as condições impossíveis, quando resolutivas, e as de não fazer coisa impossível. [Dispositivo correspondente no CC/1916: art. 116.]

Art. 125. Subordinando-se a eficácia do negócio jurídico à condição suspensiva, enquanto esta se não verificar, não se terá adquirido o direito, a que ele visa.[1] [Dispositivo correspondente no CC/1916: art. 118.]

Art. 125: 1. v. arts. 509 (venda feita a contento do comprador), 876 (recebimento antecipado de dívida condicional) e 1.923 (legado sob condição suspensiva).

Art. 126. Se alguém dispuser de uma coisa sob condição suspensiva, e, pendente esta, fizer quanto àquela novas disposições, estas não terão valor, realizada a condição, se com ela forem incompatíveis. [Dispositivo correspondente no CC/1916: art. 122.]

Art. 127. Se for resolutiva a condição, enquanto esta se não realizar, vigorará o negócio jurídico, podendo exercer-se desde a conclusão deste o direito por ele estabelecido.[1] [Dispositivo correspondente no CC/1916: art. 119-*caput*.]

Art. 127: 1. s/ cláusula resolutiva, v. art. 474; s/ propriedade resolúvel, v. arts. 1.359 e 1.360.

Art. 128. Sobrevindo a condição resolutiva, extingue-se, para todos os efeitos, o direito a que ela se opõe; mas, se aposta a um negócio de execução continuada ou periódica, a sua realização, salvo disposição em contrário, não tem eficácia quanto aos atos já praticados, desde que compatíveis com a natureza da condição pendente e conforme aos ditames de boa-fé. [Dispositivo correspondente no CC/1916: art. 119-*caput*.]

Art. 129. Reputa-se verificada, quanto aos efeitos jurídicos, a condição cujo implemento for maliciosamente obstado pela parte a quem desfavorecer, considerando-se, ao contrário, não verificada a condição maliciosamente levada a efeito por aquele a quem aproveita o seu implemento. [Dispositivo correspondente no CC/1916: art. 120.]

Art. 130. Ao titular do direito eventual, nos casos de condição suspensiva ou resolutiva, é permitido praticar os atos destinados a conservá-lo. [Dispositivo correspondente no CC/1916: art. 121.]

Art. 131. O termo inicial suspende o exercício, mas não a aquisição do direito.[1-2] [Dispositivo correspondente no CC/1916: art. 123.]

Art. 131: 1. O termo inicial apenas represa o exercício de direito já adquirido. Já a condição suspensiva posterga tanto a aquisição quanto o exercício do direito (art. 125).

Art. 131: 2. s/ termo em matéria de: direito de herdeiro, v. art. 1.898; legado, v. art. 1.924.

Art. 132. Salvo disposição legal ou convencional em contrário,[1] computam-se os prazos, excluído o dia do começo, e incluído o do vencimento. [Dispositivo correspondente no CC/1916: art. 125-*caput*.]

§ 1º Se o dia do vencimento cair em feriado,[2-3] considerar-se-á prorrogado o prazo até o seguinte dia útil. [Dispositivo correspondente no CC/1916: art. 125 § 1º.]

§ 2º Meado considera-se, em qualquer mês, o seu décimo quinto dia. [Dispositivo correspondente no CC/1916: art. 125 § 2º.]

§ 3º Os prazos de meses e anos expiram no dia de igual número do de início, ou no imediato, se faltar exata correspondência.[4] [Sem dispositivo correspondente no CC/1916.]

§ 4º Os prazos fixados por hora contar-se-ão de minuto a minuto. [Dispositivo correspondente no CC/1916: art. 125 § 4º.]

Art. 132: 1. Disposição especial em contrário: **LC 95, de 26.2.98, art. 8º: "§ 1º** (redação da LC 107, de 26.4.01) A contagem do prazo para entrada em vigor das leis que estabeleçam período de vacância far-se-á com a inclusão da data da publicação e do último dia do prazo, entrando em vigor no dia subsequente à sua consumação integral".

Art. 132: 2. São feriados nacionais os dias 1º de janeiro, 21 de abril, 1º de maio, 7 de setembro, 2 de novembro, 15 de novembro e 25 de dezembro (art. 1º da Lei 662, de 6.4.49, na redação da Lei 10.607, de 19.12.02); o dia 12 de outubro (Lei 6.802, de 30.6.80); e o dia em que se realizarem eleições de data fixada pela Constituição Federal (Lei 4.737, de 15.7.65, art. 380).

S/ feriados forenses, v. CPC 216.

Art. 132: 3. **Lei 9.093, de 12.9.95** (Lex 1995/1.653, RT 719/576, RDA 201/378): **"Art. 1º** São feriados civis:

"I — os declarados em lei federal;

"II — a data magna do Estado fixada em lei estadual;

"III (acrescentado pela Lei 9.335, de 10.12.96, em Lex 1996/2.928, RT 734/799) — os dias do início e do término do ano do centenário de fundação do Município, fixados em lei municipal.

"Art. 2º São feriados religiosos os dias de guarda, declarados em lei municipal e em número não superior a quatro, neste incluída a Sexta-Feira da Paixão".

Art. 132: 4. p. ex.: no ano de 2006, o prazo de 1 mês iniciado no dia 30 de janeiro expirou no dia 1º de março, e o prazo de 2 meses expirou no dia 30 de março.

Art. 133. Nos testamentos, presume-se o prazo em favor do herdeiro, e, nos contratos, em proveito do devedor, salvo, quanto a esses, se do teor do instrumento, ou das circunstâncias, resultar que se estabeleceu a benefício do credor, ou de ambos os contratantes. [Dispositivo correspondente no CC/1916: art. 126.]

Art. 134. Os negócios jurídicos entre vivos, sem prazo,[1] são exequíveis desde logo,[2] salvo se a execução tiver de ser feita em lugar diverso ou depender de tempo. [Dispositivo correspondente no CC/1916: art. 127.]

Art. 134: 1. s/ contrato de mútuo sem prazo, v. art. 592.

Art. 134: 2. v. art. 331.

Art. 135. Ao termo inicial e final aplicam-se, no que couber, as disposições relativas à condição suspensiva e resolutiva.[1] [Dispositivo correspondente no CC/1916: art. 124.]

Art. 135: 1. v. arts. 123 a 131.

Art. 136. O encargo[1] não suspende a aquisição nem o exercício do direito, salvo quando expressamente imposto no negócio jurídico, pelo disponente, como condição suspensiva. [Dispositivo correspondente no CC/1916: art. 128.]

Art. 136: 1. s/ encargo em matéria de: doação, v. arts. 539 (aceitação), 540 (extensão), 553 (cumprimento), 555 (inexecução), 562 (revogação), 564-II (revogabilidade), 1.748-II (aceitação pelo tutor); legado, v. art. 1.938.

Art. 137. Considera-se não escrito o encargo ilícito ou impossível, salvo se constituir o motivo determinante da liberalidade, caso em que se invalida o negócio jurídico.[1] [Sem dispositivo correspondente no CC/1916.]

Art. 137: 1. cf. o art. 166-III.

Capítulo IV | DOS DEFEITOS DO NEGÓCIO JURÍDICO[1-2]

Seção I | DO ERRO OU IGNORÂNCIA[1]

CAP. IV: 1. v. art. 171.

✎ **CAP. IV: 2.** "Dos defeitos do negócio jurídico no novo Código Civil: fraude, estado de perigo e lesão", por Humberto Theodoro Jr. (RF 364/163).

SEÇ. I: 1. s/ vícios redibitórios, v. arts. 441 a 446; s/ erro na transação, v. art. 849; s/ erro no pagamento indevido, v. art. 877; s/ erro no casamento, v. arts. 1.556, 1.557, 1.559 e 1.560; s/ erro no testamento, v. art. 1.909; s/ erro na partilha, v. art. 2.027. V. tb. CPC 393 (anulação da confissão viciada) e 446-II (prova de vícios do consentimento por testemunha).

Art. 138. São anuláveis[1] os negócios jurídicos, quando as declarações de vontade emanarem de erro substancial[2] que poderia ser percebido por pessoa de diligência normal, em face das circunstâncias do negócio.[3 a 5] [Dispositivo correspondente no CC/1916: art. 86.]

Art. 138: 1. Prazo para pleitear-se a anulação: art. 178-II (quatro anos).

Art. 138: 2. v. art. 139.

✎ **Art. 138: 3.** "Considerações em torno do art. 138 do Código Civil brasileiro", por Alberto Gosson Jorge Junior (RT 843/85 e RMDCPC 3/81).

Art. 138: 3a. No sentido de que o erro, além de essencial, deve ser escusável, "decorrente da falsa representação da realidade própria do homem mediano, perdoável, no mais das vezes, pelo desconhecimento natural das circunstâncias e particularidades do negócio jurídico. Vale dizer, para ser escusável o erro deve ser de tal monta que qualquer pessoa de inteligência mediana o cometeria. No caso, não é crível que o autor, instituição financeira de sólida posição no mercado, tenha descurado-se das cautelas ordinárias à celebração de negócio jurídico absolutamente corriqueiro, como a dação de imóvel rural em pagamento, substituindo dívidas contraídas e recebendo imóvel cuja área encontrava-se deslocada topograficamente daquela constante em sua matrícula. Em realidade, se houve vício de vontade, este constituiu erro grosseiro, incapaz de anular o negócio jurídico, porquanto revela culpa imperdoável do próprio autor, dadas as peculiaridades da atividade desenvolvida": STJ-4ª T., REsp 744.311, Min. Luis Felipe, j. 19.8.10, DJ 9.9.10.

Contra: "Na sistemática do art. 138, é irrelevante ser ou não escusável o erro, porque o dispositivo adota o princípio da confiança" **(Enunciado 12 do CEJ)**.

Art. 138: 4. "Invalidade de negócio jurídico. Alegação de erro substancial e simulação. Autores que não comprovam a ocorrência de erro substancial na celebração de negócio cuja anulação pleiteiam. Coautor empresário experiente, com conhecimento das condições que cercavam o negócio realizado" (RT 928/872: TJSP, AP 0006918-90.2009.8.26.0297).

Art. 138: 5. "Anulação de negócio jurídico. Compra e venda de imóvel. Existência de usucapião em favor do adquirente. Ocorrência de erro essencial. É essencial o erro que, dada sua magnitude, tem o condão de impedir a celebração da avença, se dele tivesse conhecimento um dos contratantes, desde que relacionado à natureza do negócio, ao objeto principal da declaração de vontade, a qualidades essenciais do objeto ou pessoa. A usucapião é modo originário de aquisição da propriedade em razão da posse prolongada da coisa, preenchidos os demais requisitos legais, sendo que aqui, como visto, não se discute mais sobre o preenchimento desses requisitos para fins de prescrição aquisitiva, sendo matéria preclusa. De fato, preenchidos os requisitos da usucapião, há, de forma automática, o direito à transferência do domínio, não sendo a sentença requisito formal à aquisição da propriedade. No caso dos autos, não parece crível que uma pessoa faria negócio jurídico para fins de adquirir a propriedade de coisa que já é de seu domínio, porquanto o comprador já preenchia os requisitos da usucapião quando, induzido por corretores da imobiliária, ora recorrente e também proprietária, assinou contrato de promessa de compra e venda do imóvel que estava em sua posse *ad usucapionem*. Portanto, incide o brocardo *nemo plus iuris*, isto é, ninguém pode dispor de mais direitos do que possui" (STJ-4ª T., REsp 1.163.118, Min. Luis Felipe, j. 20.5.14, DJ 5.8.14).

Art. 139. O erro é substancial[1] quando: [Dispositivo correspondente no CC/1916: art. 87.]

I — interessa à natureza do negócio, ao objeto principal da declaração, ou a alguma das qualidades a ele essenciais; [Dispositivo correspondente no CC/1916: art. 87.]

II — concerne à identidade ou à qualidade essencial da pessoa a quem se refira a declaração de vontade, desde que tenha influído nesta de modo relevante; [Dispositivo correspondente no CC/1916: art. 88.]

III — sendo de direito e não implicando recusa à aplicação da lei, for o motivo único ou principal do negócio jurídico. [Sem dispositivo correspondente no CC/1916.]

Art. 139: 1. v. art. 138; s/ erro essencial no casamento, v. arts. 1.556, 1.557 e 1.559.

Art. 140. O falso motivo só vicia[1] a declaração de vontade quando expresso como razão determinante.[2] [Dispositivo correspondente no CC/1916: art. 90.]

Art. 140: 1. v. art. 171-II.

✎ **Art. 140: 2.** "O falso motivo como vício do negócio jurídico no novo Código Civil", por Carlos Henrique Barroso (RT 804/72).

Art. 141. A transmissão errônea da vontade por meios interpostos é anulável nos mesmos casos em que o é a declaração direta. [Dispositivo correspondente no CC/1916: art. 89.]

Art. 142. O erro de indicação da pessoa ou da coisa, a que se referir a declaração de vontade, não viciará o negócio quando, por seu contexto e pelas circunstâncias, se puder identificar a coisa ou pessoa cogitada.[1] [Dispositivo correspondente no CC/1916: art. 91.]

Art. 142: 1. v. arts. 112 e 1.903.

Art. 143. O erro de cálculo apenas autoriza a retificação da declaração de vontade. [Sem dispositivo correspondente no CC/1916.]

Art. 144. O erro não prejudica a validade do negócio jurídico quando a pessoa, a quem a manifestação de vontade se dirige, se oferecer para executá-la na conformidade da vontade real do manifestante.[1] [Sem dispositivo correspondente no CC/1916.]

Art. 144: 1. cf. art. 167-*caput*.

Seção II | DO DOLO[1]

✎ **SEÇ. II: 1.** "Os regimes do dolo civil no Direito brasileiro: dolo antecedente, vício informativo por omissão e por comissão, dolo acidental e dever de indenizar", por Judith Martins-Costa (RT 923/115).

Art. 145. São os negócios jurídicos anuláveis[1] por dolo,[2-3] quando este for a sua causa. [Dispositivo correspondente no CC/1916: art. 92.]

Art. 145: 1. Prazo para pleitear-se a anulação: quatro anos (art. 178-II).

Art. 145: 2. s/ dolo em matéria de: ocultação da idade pelo obrigado maior de 16 e menor de 18 anos, v. art. 180; evicção, v. art. 451; seguro, v. art. 762; transação, v. art. 849-*caput*; testamento, v. art. 1.909; partilha, v. art. 2.027. V. tb. CPC 393 (anulação da confissão viciada), 446-II (prova de vícios do consentimento por testemunha) e 966-III (rescindibilidade da sentença resultante de dolo da parte vencedora).

Art. 145: 3. "Anulação de negócio jurídico. Compra e venda de imóvel. Existência de usucapião em favor do adquirente. Ocorrência de erro essencial. Induzimento malicioso. Dolo configurado. Verifica-se do cotejo dos autos uma linha tênue entre o dolo e o erro. Isso porque parece ter havido, também, um induzimento malicioso à prática de ato prejudicial ao autor com o propósito de obter uma declaração de vontade que não seria emitida se o declarante não tivesse sido ludibriado — dolo (CC/1916, art. 92). Portanto, ao que se depreende, seja pelo dolo comissivo de efetuar manobras para fins de obtenção de uma declaração de vontade, seja pelo dolo omissivo na ocultação de fato relevante — ocorrência da usucapião —, também por esse motivo, há de se anular o negócio jurídico em comento" (STJ-4ª T., REsp 1.163.118, Min. Luis Felipe, j. 20.5.14, DJ 5.8.14).

Art. 146. O dolo acidental só obriga à satisfação das perdas e danos,[1] e é acidental quando, a seu despeito, o negócio seria realizado, embora por outro modo. [Dispositivo correspondente no CC/1916: art. 93.]

Art. 146: 1. v. arts. 402 a 405.

Art. 147. Nos negócios jurídicos bilaterais, o silêncio intencional de uma das partes a respeito de fato ou qualidade que a outra parte haja ignorado, constitui omissão dolosa,[1] provando-se que sem ela o negócio não se teria celebrado. [Dispositivo correspondente no CC/1916: art. 94.]

Art. 147: 1. s/ omissão intencional em matéria de: vícios ou defeitos ocultos da coisa alienada, v. art. 443; seguro, v. arts. 766 (eventos influentes na aceitação da proposta ou na taxa do prêmio) e 773 (superação do risco objeto da cobertura).

Art. 148. Pode também ser anulado o negócio jurídico por dolo de terceiro,[1] se a parte a quem aproveite dele tivesse ou devesse ter conhecimento; em caso contrário, ainda que subsista o negócio jurídico, o terceiro responderá por todas as perdas e danos[2] da parte a quem ludibriou. [Dispositivo correspondente no CC/1916: art. 95.]

✎ **Art. 148: 1.** "A doutrina do terceiro cúmplice: autonomia da vontade, o princípio 'res inter alios acta', função social do contrato e a interferência alheia na execução dos negócios jurídicos", por Otavio Luiz Rodrigues Junior (RT 821/80).

Art. 148: 2. v. arts. 402 a 405.

Art. 149. O dolo do representante legal de uma das partes só obriga o representado a responder civilmente até a importância do proveito que teve; se, porém, o dolo for do representante convencional, o representado responderá solidariamente[1] com ele por perdas e danos. [Dispositivo correspondente no CC/1916: art. 96.]

Art. 149: 1. v. arts. 275 a 285.

Art. 150. Se ambas as partes procederem com dolo, nenhuma pode alegá-lo para anular o negócio, ou reclamar indenização.[1] [Dispositivo correspondente no CC/1916: art. 97.]

Art. 150: 1. Para que a parte se veja impedida de pedir a invalidação do negócio por dolo, basta que ela tenha agido com dolo acidental (art. 146), ainda que a conduta da outra parte tenha sido essencialmente dolosa.

Seção III | DA COAÇÃO

Art. 151. A coação,[1] para viciar a declaração da vontade,[2] há de ser tal que incuta ao paciente fundado temor de dano iminente e considerável à sua pessoa, à sua família, ou aos seus bens.[3] [Dispositivo correspondente no CC/1916: art. 98.]

Parágrafo único. Se disser respeito a pessoa não pertencente à família do paciente, o juiz, com base nas circunstâncias, decidirá se houve coação. [Sem dispositivo correspondente no CC/1916.]

Art. 151: 1. s/ coação em matéria de: transação, v. art. 849-*caput*; casamento, v. arts. 1.558 e 1.559; testamento, v. art. 1.909; partilha, v. art. 2.027. V. tb. CPC 393 (anulação da confissão viciada) e 446-II (prova de vícios do consentimento por testemunha).

Art. 151: 2. "A ameaça de exercício normal de um direito transmuda-se em coação quando a forma e as circunstâncias utilizadas pela parte para fazê-lo caracterizam excesso, abuso com o condão de influir no ânimo do contratante e dele retirar o livre arbítrio, a possibilidade de declarar a sua vontade com independência" (RT 760/392).

Art. 151: 3. Prazo para pleitear-se a anulação: quatro anos (art. 178-I).

Art. 152. No apreciar a coação, ter-se-ão em conta o sexo, a idade, a condição, a saúde, o temperamento do paciente e todas as demais circunstâncias que possam influir na gravidade dela. [Dispositivo correspondente no CC/1916: art. 99.]

Art. 153. Não se considera coação a ameaça do exercício normal de um direito, nem o simples temor reverencial. [Dispositivo correspondente no CC/1916: art. 100.]

Art. 154. Vicia o negócio jurídico a coação exercida por terceiro, se dela tivesse ou devesse ter conhecimento a parte a que aproveite, e esta responderá solidariamente[1] com aquele por perdas e danos.[2] [Dispositivo correspondente no CC/1916: art. 101-*caput* e § 1º.]

Art. 154: 1. v. arts. 275 a 285.

Art. 154: 2. v. arts. 402 a 405.

Art. 155. Subsistirá o negócio jurídico, se a coação decorrer de terceiro, sem que a parte a que aproveite dela tivesse ou devesse ter conhecimento; mas o autor da coação responderá por todas as perdas e danos[1] que houver causado ao coacto. [Dispositivo correspondente no CC/1916: art. 101 § 2º.]

Art. 155: 1. v. arts. 402 a 405.

Seção IV | DO ESTADO DE PERIGO

Art. 156. Configura-se o estado de perigo[1-1a] quando alguém, premido da necessidade de salvar-se, ou a pessoa de sua família, de grave dano conhecido pela outra parte, assume obrigação excessivamente onerosa.[2 a 5] [Sem dispositivo correspondente no CC/1916.]

Parágrafo único. Tratando-se de pessoa não pertencente à família do declarante, o juiz decidirá segundo as circunstâncias. [Sem dispositivo correspondente no CC/1916.]

Art. 156: 1. "O estado de perigo como defeito do negócio jurídico", por Teresa Ancona Lopez (Rev. AASP 68/49); "Estado de perigo", por Ricardo Loretti (RF 382/181); "Os negócios desequilibrados e sua invalidade. A lesão e o estado de perigo", por Gustavo Rene Nicolau (RIDCPC 42/7); "O estado de perigo no novo Código Civil", por Paulo José Leite Farias (RIDCPC 42/17); "Estado de perigo no Código Civil de 2002: notas críticas", por Rodrigo de Lima Vaz Sampaio (RT 918/117).

Art. 156: 1a. Enunciado 148 do CEJ: "Ao 'estado de perigo' (art. 156) aplica-se, por analogia, o disposto no § 2º do art. 157".

Art. 156: 2. Prazo para pleitear-se a anulação: quatro anos (art. 178-II).

Art. 156: 3. "Deve-se aceitar a aplicação do estado de perigo para contratos aleatórios, como o **seguro,** e até mesmo para negócios jurídicos unilaterais. O segurado e seus familiares que são levados a assinar aditivo contratual durante procedimento cirúrgico para que possam gozar de cobertura securitária ampliada precisam demonstrar a ocorrência de onerosidade excessiva para que possam anular o negócio jurídico. A onerosidade configura-se se o segurado foi levado a pagar valor excessivamente superior ao preço de mercado para apólice equivalente, se o prêmio é demasiado face às suas possibilidades econômicas, ou se sua apólice anterior já o assegurava contra o risco e a assinatura de novo contrato era desnecessária. É considerada abusiva, mesmo para contratos celebrados anteriormente à Lei 9.656/98, a recusa em conferir cobertura securitária, para indenizar o valor de próteses necessárias ao restabelecimento da saúde. Impõe-se condições negociais excessivamente onerosas quando o aderente é levado a pagar maior valor por cobertura securitária da qual já gozava, revelando-se desnecessária a assinatura de aditivo contratual" (STJ-RDPr 38/363: 3ª T., REsp 918.392).

Art. 156: 4. "Não procede a cobrança de **despesas hospitalares** e de internação em unidade de terapia intensiva se o contrato de prestação de serviços foi firmado por pessoa abalada emocionalmente, uma vez que a manifestação de vontade ofertada por quem se encontra em estado de perigo não pode ser vinculada ao negócio jurídico" (RJM 181/186, maioria).

"O desequilíbrio latente na relação constituída em momento de grave angústia e fragilidade da parte devedora, em que se busca pronto-atendimento de emergência, caracteriza o elemento subjetivo exigido pelo art. 156 do CC, devendo-se verificar a existência de excessiva onerosidade, a fim de configurar o estado de necessidade. Imprescindível se oportunizar a dilação probatória às partes, a fim de demonstrar ou afastar o equilíbrio entre os valores executados e os serviços efetivamente prestados e, por conseguinte, reconhecer ou afastar o vício de consentimento alegado" (STJ-3ª T., REsp 1.361.937, Min. Nancy Andrighi, j. 15.10.13, DJ 18.10.13).

Art. 156: 5. "Carece de validade jurídica o recibo de quitação extrajudicial firmado pela genitora do **alimentado** que, desassistida de advogado e premida pelo estado de miserabilidade, aceita valor muito abaixo do que tem direito o filho, praticando verdadeira renúncia de crédito indisponível" (RJTJERGS 274/347: AP 70027002310).

Seção V | DA LESÃO[1]

SEÇ. V: 1. "A lesão como forma de abuso de direito", por Camila Lemos Azi (RT 826/38); "Os negócios desequilibrados e sua invalidade. A lesão e o estado de perigo", por Gustavo Rene Nicolau (RIDCPC 42/7); "Justiça contratual e o instituto da lesão no direito brasileiro", por Tiago Bitencourt de David (RT 913/85); "A lesão no Código Civil de 2002", por João Ricardo Brandão Aguirre (RT 918/95); "Lesão e 'dolo de aproveitamento no Código Civil'", por Ricardo Padovini Pleti (RDPr 50/93); "Tudo que vem fácil, vai fácil: breve análise do instituto da lesão no Código Civil brasileiro", por Helen Cristina Leite de Lima Orleans (RDPr 52/91).

Art. 157. Ocorre a lesão quando uma pessoa, sob premente necessidade, ou por inexperiência, se obriga a prestação manifestamente desproporcional[1] ao valor da prestação oposta.[1a a 1d]
[Sem dispositivo correspondente no CC/1916.]

§ 1º Aprecia-se a desproporção das prestações segundo os valores vigentes ao tempo em que foi celebrado o negócio jurídico.[2] [Sem dispositivo correspondente no CC/1916.]

§ 2º Não se decretará a anulação[3-4] do negócio, se for oferecido suplemento suficiente, ou se a parte favorecida concordar com a redução do proveito. [Sem dispositivo correspondente no CC/1916.]

Art. 157: 1. v. tb. resolução por onerosidade excessiva (arts. 478 a 480). S/ a proteção do consumidor nessas circunstâncias, v. CDC 6º-V, 39-V e 51-IV.

Art. 157: 1a. Enunciado 150 do CEJ: "A lesão de que trata o art. 157 do Código Civil não exige dolo de aproveitamento".

Enunciado 290 do CEJ: "A lesão acarretará a anulação do negócio jurídico quando verificada, na formação deste, a desproporção manifesta entre as prestações assumidas pelas partes, não se presumindo a premente necessidade ou a inexperiência do lesado".

Art. 157: 1b. A lesão é caracterizada por elementos objetivos, na medida em que não se exige dolo de aproveitamento ou culpa do beneficiado para a sua ocorrência. Isso a diferencia do estado de perigo, no qual é imprescindível o conhecimento da grave situação pela outra parte (elemento subjetivo).

Art. 157: 1c. "O art. 157 do CC/02 contempla a lesão, que se caracteriza quando uma pessoa, sob premente necessidade ou por inexperiência, obriga-se à prestação manifestamente desproporcional ao valor da prestação oposta. O referido instituto não se aplica à hipótese dos autos, de celebração de contrato de prestação de serviços advocatícios por sociedade anônima de grande porte. Além de não ter ficado configurada a urgência da contratação, não há de se cogitar da inexperiência dos representantes da empresa. Ademais, a fixação dos honorários foi estipulada de maneira clara e precisa, exigindo tão somente a realização de cálculos aritméticos, atividade corriqueira para empresários" (STJ-3ª T., REsp 1.117.137, Min. Nancy Andrighi, j. 17.6.10, DJ 30.6.10).

Art. 157: 1d. "Consubstancia lesão a desproporção existente entre as prestações de um contrato no momento da realização do negócio, havendo para uma das partes um aproveitamento indevido decorrente da situação de inferioridade da outra parte. O instituto da lesão é passível de reconhecimento também em contratos aleatórios, na hipótese em que, ao se valorarem os riscos, estes forem inexpressivos para uma das partes, em contraposição àqueles suportados pela outra, havendo exploração da situação de inferioridade de um contratante. Ocorre lesão na hipótese em que um advogado, valendo-se de situação de desespero da parte, firma contrato *quota litis* no qual fixa sua remuneração *ad exitum* em 50% do benefício econômico gerado pela causa. Recurso especial conhecido e provido, revisando-se a cláusula contratual que fixou os honorários advocatícios para o fim de reduzi-los ao patamar de 30% da condenação obtida" (STJ-3ª T., REsp 1.155.200, Min. Nancy Andrighi, j. 22.2.11, maioria, DJ 2.3.11).

Art. 157: 2. "No particular, inexistindo circunstância geradora de onerosidade excessiva, o equilíbrio entre os encargos assumidos pelas partes deve ser analisado à luz da situação existente no momento da celebração do acordo e não *a posteriori*. É evidente que, depois de confirmada a improcedência dos pedidos formulados nas reclamações trabalhistas objeto da ação de cobrança ajuizada pela sociedade de advogados, pode considerar-se elevado o valor dos honorários, correspondente a um quarto da pretensão dos reclamantes. Todavia, deve-se ter em mente que, no ato da contratação, existia o risco de a recorrente ser condenada ao pagamento de todas as verbas pleiteadas, de sorte que a atuação da recorrida resultou, na realidade, numa economia para a recorrente de 75% do valor dessas verbas" (STJ-3ª T., REsp 1.117.137, Min. Nancy Andrighi, j. 17.6.10, DJ 30.6.10).

Art. 157: 3. Prazo para pleitear-se a anulação: quatro anos (art. 178-II).

Art. 157: 4. **Enunciado 149 do CEJ:** "Em atenção ao princípio da conservação dos contratos, a verificação da lesão deverá conduzir, sempre que possível, à revisão judicial do negócio jurídico e não à sua anulação, sendo dever do magistrado incitar os contratantes a seguir as regras do art. 157, § 2º, do Código Civil de 2002".

Enunciado 291 do CEJ: "Nas hipóteses de lesão previstas no art. 157 do Código Civil, pode o lesionado optar por não pleitear a anulação do negócio jurídico, deduzindo, desde logo, pretensão com vista à revisão judicial do negócio por meio da redução do proveito do lesionador ou do complemento do preço".

Seção VI | DA FRAUDE CONTRA CREDORES[1 a 4]

SEÇ. VI: 1. **Súmula 195 do STJ:** "Em embargos de terceiro não se anula ato jurídico, por fraude contra credores".

Na fraude contra credores há necessidade de ação para o seu reconhecimento (ação pauliana), ao contrário do que ocorre na fraude de execução (CPC 792), em que o ato é ineficaz e não produz efeito em relação ao credor.

SEÇ. VI: 2. **CTN 185:** "Presume-se fraudulenta a alienação ou oneração de bens ou rendas, ou seu começo, por sujeito passivo em débito para com a Fazenda Pública, por crédito tributário regularmente inscrito como dívida ativa".

SEÇ. VI: 3. v. art. 956.

✎ **SEÇ. VI: 4.** "Fraude contra credores: efeitos da sentença na ação pauliana", por José Eli Salamacha (RP 135/75).

Art. 158. **Os negócios de transmissão gratuita de bens ou remissão de dívida, se os praticar o devedor já insolvente, ou por**

eles reduzido à insolvência, ainda quando o ignore, poderão ser anulados[1-1a] pelos credores quirografários,[2] como lesivos dos seus direitos. [Dispositivo correspondente no CC/1916: art. 106-*caput*.]

§ 1º Igual direito assiste aos credores cuja garantia se tornar insuficiente.[3] [Sem dispositivo correspondente no CC/1916.]

§ 2º Só os credores que já o eram ao tempo daqueles atos podem pleitear a anulação deles.[4 a 5] [Dispositivo correspondente no CC/1916: art. 106 § ún.]

Art. 158: 1. s/ prazo para o pleito de anulação, v. art. 178-II; s/ anulação e terceiro de boa-fé, v. art. 182, nota 3.

Art. 158: 1a. "A fraude contra credores, proclamada em ação pauliana, não acarreta a anulação do ato de alienação, mas, sim, a invalidade com relação ao credor vencedor da ação pauliana, e nos limites do débito de devedor para com este" (STJ-3ª T., REsp 971.884, Min. Sidnei Beneti, j. 22.3.11, DJ 16.2.12).

Art. 158: 2. i. e., sem privilégio; s/ credor quirografário, v. arts. 162 e 163.

Art. 158: 3. Enunciado 151 do CEJ: "O ajuizamento da ação pauliana pelo credor com garantia real (art. 158, § 1º) prescinde de prévio reconhecimento judicial da insuficiência da garantia".

Art. 158: 4. Enunciado 292 do CEJ: "Para os efeitos do art. 158, § 2º, a anterioridade do crédito é determinada pela causa que lhe dá origem, independentemente de seu reconhecimento por decisão judicial".

Art. 158: 4a. "A afirmação da ocorrência de fraude contra credores depende, para além da prova de *consilium fraudis* e de *eventus damni*, da anterioridade do crédito em relação ao ato impugnado. É com o registro da promessa de compra e venda no Cartório de Registro de Imóveis que o direito do promissário comprador alcança terceiros estranhos à relação contratual originária. A promessa de compra e venda não registrada e desacompanhada de qualquer outro elemento que possa evidenciar a alienação do imóvel não afasta a anterioridade do crédito" (STJ-3ª T., REsp 1.217.593, Min. Nancy Andrighi, j. 12.3.13, DJ 18.3.13).

Art. 158: 5. "A interpretação literal do art. 106, parágrafo único, do CC/16, conservada pelo art. 158, § 2º, do CC/02, já não se mostra suficiente à frustração da fraude à execução. O intelecto ardiloso é criativo e, através dos tempos, encontra meios de contornar a caracterização da fraude no desfalque de patrimônio para livrá-lo dos credores. Um desses expedientes é o desfazimento antecipado de bens, já antevendo, num futuro próximo, o surgimento de dívidas, com vistas a afastar o requisito da anterioridade do crédito, como condição da ação pauliana. Nesse contexto, deve-se aplicar com temperamento a regra do art. 106, parágrafo único, do CC/16. Embora a anterioridade do crédito seja, via de regra, pressuposto de procedência da ação pauliana, ela pode ser excepcionada quando verificada a fraude predeterminada em detrimento de credores futuros" (STJ-RMDCPC 33/107: 3ª T., Med. Caut. 16.170). Esse entendimento foi reafirmado no julgamento do correlato recurso especial (STJ-RDDP 95/142: 3ª T., REsp 1.092.134).

Art. 159. Serão igualmente anuláveis[1-2] os contratos onerosos do devedor insolvente, quando a insolvência for notória, ou houver motivo para ser conhecida do outro contratante. [Dispositivo correspondente no CC/1916: art. 107.]

Art. 159: 1. Prazo para pleitear-se a anulação: quatro anos (art. 178-II).

Art. 159: 2. "O **termo inicial do prazo decadencial** de quatro anos para propositura da ação pauliana é o da data do registro do título aquisitivo no Cartório Imobiliário, ocasião em que o ato registrado passa a ter validade contra terceiros" (STJ-3ª T., REsp 743.890-AgRg, Min. Nancy Andrighi, j. 20.9.05, DJU 3.10.05).

Art. 160. Se o adquirente dos bens do devedor insolvente ainda não tiver pago o preço e este for, aproximadamente, o corrente, desobrigar-se-á depositando-o em juízo,[1] com a citação de todos os interessados. [Dispositivo correspondente no CC/1916: art. 108.]

Parágrafo único. Se inferior, o adquirente, para conservar os bens, poderá depositar o preço que lhes corresponda ao valor real. [Sem dispositivo correspondente no CC/1916.]

Art. 160: 1. ou em estabelecimento bancário (v. art. 334).

Consignação em pagamento: arts. 334 a 345, CPC 539 e segs.

Art. 161. A ação, nos casos dos arts. 158 e 159, poderá ser intentada contra o devedor insolvente, a pessoa que com ele celebrou a estipulação considerada fraudulenta, ou terceiros adquirentes que hajam procedido de má-fé. [Dispositivo correspondente no CC/1916: art. 109.]

Art. 162. O credor quirografário, que receber do devedor insolvente o pagamento da dívida ainda não vencida, ficará obrigado a repor, em proveito do acervo sobre que se tenha de efetuar o concurso de credores, aquilo que recebeu. [Dispositivo correspondente no CC/1916: art. 110.]

Art. 163. Presumem-se fraudatórias dos direitos dos outros credores as garantias de dívidas que o devedor insolvente tiver dado a algum credor.[1] [Dispositivo correspondente no CC/1916: art. 111.]

Art. 163: 1. v. arts. 165 § ún. e 1.419.

Art. 164. Presumem-se, porém, de boa-fé e valem os negócios ordinários indispensáveis à manutenção de estabelecimento mercantil, rural, ou industrial, ou à subsistência do devedor e de sua família. [Dispositivo correspondente no CC/1916: art. 112.]

Art. 165. Anulados os negócios fraudulentos,[1] a vantagem resultante reverterá em proveito do acervo sobre que se tenha de efetuar o concurso de credores. [Dispositivo correspondente no CC/1916: art. 113-*caput*.]

Parágrafo único. Se esses negócios tinham por único objeto atribuir direitos preferenciais, mediante hipoteca, penhor ou anticrese, sua invalidade importará somente na anulação da preferência ajustada.[2] [Dispositivo correspondente no CC/1916: art. 113 § ún.]

Art. 165: 1. s/ anulação e terceiro de boa-fé, v. art. 182, nota 3.

Art. 165: 2. v. art. 184.

Capítulo V DA INVALIDADE DO NEGÓCIO JURÍDICO[1-2]

✎ **CAP. V: 1.** "O novo Código Civil e os vícios de consentimento no negócio jurídico", por Leonardo Henrique Mundim Moraes Oliveira (RJ 298/59); "A invalidade dos atos administrativos, especialmente diante da Lei n. 9.784/99 e do novo Código Civil", por Cesar Santolim (Ajuris 92/163); "Invalidade e ineficiência do negócio jurídico", por José Carlos Barbosa Moreira (RJ 311/7 e RSDCPC 23/118).

CAP. V: 2. Disposição transitória s/ invalidade do negócio jurídico: art. 2.035.

Art. 166. É nulo o negócio jurídico quando:[1] [Dispositivo correspondente no CC/1916: art. 145-*caput*.]

I — celebrado por pessoa absolutamente incapaz;[2] [Dispositivo correspondente no CC/1916: art. 145-I.]

II — for ilícito,[2a a 3] impossível[3a] ou indeterminável o seu objeto; [Dispositivo correspondente no CC/1916: art. 145-II.]

III — o motivo determinante, comum a ambas as partes, for ilícito; [Sem dispositivo correspondente no CC/1916.]

IV — não revestir a forma prescrita em lei;[4] [Dispositivo correspondente no CC/1916: art. 145-III.]

V — for preterida alguma solenidade que a lei considere essencial para a sua validade; [Dispositivo correspondente no CC/1916: art. 145-IV.]

VI — tiver por objetivo fraudar lei imperativa; [Sem dispositivo correspondente no CC/1916.]

VII — a lei taxativamente o declarar nulo,[5-5a] ou proibir-lhe a prática, sem cominar sanção. [Dispositivo correspondente no CC/1916: art. 145-V.]

Art. 166: 1. s/ validade dos negócios jurídicos, v. arts. 104 a 110 e 123; s/ efeitos da invalidação do negócio jurídico, v. art. 182; s/ validade dos negócios jurídicos e direito intertemporal, v. art. 2.035. S/ nulidade em matéria de: decadência, v. art. 209; compra e venda, v. arts. 489 e 497; doação, v. arts. 548 e 549; seguro, v. arts. 762 e 795; constituição de renda, v. art. 808; transação, v. arts. 848 e 850; título ao portador, v. art. 907; transferência de propriedade móvel, v. art. 1.268 § 2º; s/ penhor, anticrese ou hipoteca, v. art. 1.428; casamento religioso, v. art. 1.516 § 3º; casamento, v. arts. 1.548 e 1.549; pacto antenupcial, v. art. 1.653; testamento, v. arts. 1.802, 1.860, 1.861 e 1.900.

Art. 166: 2. Absolutamente incapaz: art. 3º.

Art. 166: 2a. "É nulo de pleno direito o contrato verbal de empréstimo celebrado pelas partes, por afrontar preceito legal cogente, em que as mesmas estavam em conluio para a prática de um crime, qual seja, o ingresso clandestino e ilegal em país estrangeiro, tendo em vista a ilicitude e a impossibilidade do seu objeto. A ilicitude do objeto torna nulo de pleno direito o negócio celebrado pelas partes, atingindo-o desde o seu nascedouro e tornando-o inapto a gerar efeitos jurídicos entre os contraentes" (RJM 190/161: AP 1.0686.07.191085-1/001).

Art. 166: 2b. "Embora não haja qualquer vício no objeto propriamente dito do negócio jurídico em questão (cessão das cotas sociais da empresa Servport), a operação realizada para esse fim revela-se manifestamente ilícita **(falsificação da assinatura de um dos sócios),** tornando o negócio celebrado nulo de pleno direito, sendo, portanto, inapto a produzir qualquer efeito jurídico entre as partes. A teor do disposto nos arts. 168, parágrafo único, e 169, ambos do Código Civil, a nulidade absoluta do negócio jurídico gera, como consequência, a insuscetibilidade de convalidação, não sendo permitido nem mesmo ao juiz suprimir o vício, ainda que haja expresso requerimento das partes. Ademais, a manutenção do arquivamento de negócio jurídico perante a Junta Comercial, cuja assinatura de um dos declarantes é sabidamente falsa, ofende, ainda, o princípio da verdade real, o qual norteia o sistema dos registros públicos. Se as partes tinham interesse em manter a transferência das cotas da empresa Servport, deveriam renovar (repetir) o negócio jurídico, sem a falsificação da assinatura de quaisquer dos envolvidos, ocasião em que os efeitos seriam válidos a partir de então, isto é, a alteração do quadro societário somente se daria no momento do novo negócio jurídico, o que, contudo, não ocorreu na espécie" (STJ-3ª T., REsp 1.368.960, Min. Marco Bellizze, j. 7.6.16, DJ 10.6.16).

Art. 166: 3. "Constitui requisito de validade do negócio jurídico o objeto lícito. A **ocupação de bem público,** embora dela possam surgir interesses tuteláveis, é precária. É nulo de pleno direito o negócio jurídico representado por instrumento particular de cessão de direitos referentes a bem imóvel situado em loteamento irregular compreendido em área de domínio público" (STJ-4ª T., REsp 1.025.552, Min. Isabel Gallotti, j. 4.4.17, maioria, DJ 23.5.17).

Art. 166: 3a. condição impossível: arts. 123 e 124.

Art. 166: 4. s/ escritura pública, v. arts. 108 e 109.

Art. 166: 5. As obrigações nulas não são suscetíveis de novação (art. 367) nem de fiança (art. 824).

Art. 166: 5a. v. nota 1.

Art. 167. É nulo o negócio jurídico simulado, mas subsistirá o que se dissimulou, se válido for na substância e na forma.[1 a 3a] [Sem dispositivo correspondente no CC/1916.]

§ 1º Haverá simulação nos negócios jurídicos quando:[4] [Dispositivo correspondente no CC/1916: art. 102-*caput*.]

I — aparentarem conferir ou transmitir direitos a pessoas diversas daquelas às quais realmente se conferem, ou transmitem; [Dispositivo correspondente no CC/1916: art. 102-I.]

II — contiverem declaração, confissão, condição ou cláusula não verdadeira; [Dispositivo correspondente no CC/1916: art. 102-II.]

III — os instrumentos particulares forem antedatados, ou pós-datados. [Dispositivo correspondente no CC/1916: art. 102-III.]

§ 2º Ressalvam-se os direitos de terceiros de boa-fé em face dos contraentes do negócio jurídico simulado. [Sem dispositivo correspondente no CC/1916.]

✎ **Art. 167: 1.** "Simulação no novo Código Civil", por José Martinho Nunes Coelho (RT 805/741 e RJTAMG 88-89/33); "Teoria da simulação de atos e negócios jurídicos", por Heleno Taveira Tôrres (RT 849/11); "Negócio jurídico simulado (notas ao art. 167 do Código Civil)", por Leonardo Mattietto (RJ 349/93).

Art. 167: 2. Enunciado 152 do CEJ: "Toda simulação, inclusive a inocente, é invalidante".

Enunciado 153 do CEJ: "Na simulação relativa, o negócio simulado (aparente) é nulo, mas o dissimulado será válido se não ofender a lei nem causar prejuízos a terceiros".

Enunciado 293 do CEJ: "Na simulação relativa, o aproveitamento do negócio jurídico dissimulado não decorre tão somente do afastamento do negócio jurídico simulado, mas do necessário preenchimento de todos os requisitos substanciais e formais de validade daquele".

Enunciado 294 do CEJ: "Sendo a simulação uma causa de nulidade do negócio jurídico, pode ser alegada por uma das partes contra a outra".

Art. 167: 3. "O instituto da simulação, entendido em sentido largo, comporta **duas espécies: a absoluta e a relativa.** Na primeira, a própria essência do negócio jurídico é simulada, de modo que na ação deve-se anulá-lo (conforme o CC/16) ou declará-lo nulo (conforme o CC/02) de maneira integral, com o retorno das partes ao *status quo ante*. Na segunda, também chamada dissimulação, o que ocorre é que as partes declararam praticar um negócio jurídico, mas na verdade tinham a intenção de praticar outro. Nessas situações, não é necessário requerer que seja restabelecido o estado anterior, bastando que o autor da ação requeira a conversão do negócio jurídico, de modo que ele corresponda precisamente à intenção das partes" (STJ-3ª T., REsp 918.643, Min. Nancy Andrighi, j. 26.4.11, maioria, DJ 13.5.11).

Art. 167: 3a. "O novo Código Civil não mais contém a distinção entre a simulação inocente e a fraudulenta, nem a proibição de que **uma parte contratante alegue,** em sua defesa, **contra a outra,** a existência de simulação. É possível que um dos contratantes, com base na existência de simulação, requeira, em face do outro, a anulação judicial do contrato simulado de parceria pecuária, que encobre mútuo com juros usurários" (STJ-RDPr 29/353: 3ª T., REsp 441.903). Também afirmando a possibilidade de que um dos contratantes invoque a invalidade do negócio em face do outro: RSTJ 139/351 (4ª T., REsp 196.319).

Art. 167: 4. "Casal que simulou um contrato de compra e venda, tendo como vendedor o marido e como compradora a esposa. Regime de separação obrigatória de bens. Falecimento do cônjuge varão três meses após a venda. Ação de anulação proposta pelos herdeiros. Impõe-se a reforma da sentença de improcedência. Comprovado, nos autos, que não houve o pagamento do preço. 'Preço vil', equivalente a um quarto do valor venal do bem. Caracterizada a simulação, dissimulando uma doação, com o objetivo de burlar o regime matrimonial, em prejuízo dos herdeiros" (JTJ 323/301: AP 355.487.4/0-00).

"Há simulação quando, com intuito de ludibriar terceiros, o negócio jurídico é celebrado para garantir direitos a pessoas diversas daquelas às quais realmente se conferem ou transmitem. O patrimônio do casal beligerante foi transferido pelo varão a seus irmãos, por preço fictício, pouco antes da separação de corpos do ex-casal, tendo retornado ao então titular logo após a sentença de separação judicial e do julgamento do recurso de apelação pelo tribunal de origem" (STJ-3ª T., REsp 1.195.615, Min. Ricardo Cueva, j. 21.10.14, DJ 29.10.14).

Art. 168. As nulidades dos artigos antecedentes podem ser alegadas por qualquer interessado, ou pelo Ministério Público, quando lhe couber intervir.[1-1a] [Dispositivo correspondente no CC/1916: art. 146-*caput*.]

Parágrafo único. As nulidades devem ser pronunciadas[2-3] pelo juiz, quando conhecer do negócio jurídico ou dos seus efeitos e as encontrar provadas, não lhe sendo permitido supri-las, ainda que a requerimento das partes.[4] [Dispositivo correspondente no CC/1916: art. 146 § ún.]

Art. 168: 1. Em matéria de casamento, v. art. 1.549.

Art. 168: 1a. v. art. 167, nota 2 (Enunciado 294 do CEJ).

Art. 168: 2. de ofício.

Art. 168: 3. "As nulidades decorrentes de simulação podem ser suscitadas por qualquer interessado, assim entendido como aquele que mantenha frente ao responsável pelo ato nulo uma relação jurídica ou uma situação jurídica que venha a sofrer uma lesão ou ameaça de lesão em virtude do ato questionado" (STJ-3ª T., REsp 1.424.617, Min. Nancy Andrighi, j. 6.5.14, DJ 16.6.14).

Art. 168: 4. v. LRP 214.

Art. 169. O negócio jurídico nulo não é suscetível de confirmação, nem convalesce pelo decurso do tempo.[1 a 2] [Sem dispositivo correspondente no CC/1916.]

Art. 169: 1. v. art. 166, nota 2b.

Art. 169: 1a. "Os atos nulos não prescrevem, podendo a sua nulidade ser declarada a qualquer tempo" (STJ-3ª T., REsp 1.353.864, Min. Sidnei Beneti, j. 7.3.13, DJ 12.3.13). No mesmo sentido: STJ-4ª T., Ag em REsp 249.743-AgRg, Min. Luis Felipe, j. 3.6.14, DJ 13.6.14.

Art. 169: 2. "O negócio jurídico nulo não se convalesce com a passagem do tempo e nem é suscetível de confirmação pelas partes. Porém, isso não impede que, depois de removido o óbice que gerou a nulidade do negócio, as partes renovem o ato antes nulo, inclusive com efeitos retroativos, sem os vícios que antes inquinavam o contrato. Tal conclusão se extrai da mesma lógica de direito intertemporal segundo a principiologia do *tempus regit actum*. É dizer, se é verdade que o direito futuro não convalida ato jurídico nulo praticado no passado, também é certo que o direito pretérito e já superado não invalida ato praticado no futuro, muito menos tem a força de impedir a prática de ato disciplinado por um novo cenário normativo. Assim, não mais existindo o óbice legal que antes invalidava o ato, as partes contratantes podem renovar o negócio jurídico outrora nulo sem incorrer nos mesmos vícios e, em razão da autonomia da vontade, manifesta ou tácita, fazer retroagir os efeitos da renovação à origem da relação negocial" (STJ-4ª T., REsp 1.273.955, Min. Luis Felipe, j. 24.4.14, DJ 15.8.14).

Art. 170. Se, porém, o negócio jurídico nulo contiver os requisitos de outro,[1] subsistirá este quando o fim a que visavam as partes permitir supor que o teriam querido, se houvessem previsto a nulidade.[2-3] [Sem dispositivo correspondente no CC/1916.]

Art. 170: 1. **Enunciado 13 do CEJ:** "O aspecto objetivo da convenção requer a existência do suporte fático no negócio a converter-se".

✎ **Art. 170: 2.** "Conversão substancial do contrato", por Káren Rick Danilevicz Bertoncello (Ajuris 101/167); "Conversão substancial do negócio jurídico", por Eduardo Luiz Bussata (RDPr 26/146); "A conversão substancial do negócio jurídico anulável (análise da aplicação do instituto na seara do direito contratual brasileiro)", por Euzébio Henzel Antunes (RSDCPC 88/116).

Art. 170: 3. "O contrato de doação é, por essência, solene, exigindo a lei, sob pena de nulidade, que seja celebrado por escritura pública ou instrumento particular, salvo quando tiver por objeto bens móveis e de pequeno valor. A despeito da inexistência de formalidade essencial, o que, *a priori*, ensejaria a invalidação da suposta doação, certo é que houve a efetiva tradição de bem móvel fungível (dinheiro), da recorrente a sua filha, o que produziu, à época, efeitos na esfera patrimonial de ambas e agora está a produzir efeitos hereditários. Em situações como essa, o art. 170 do CC/02 autoriza a conversão do negócio jurídico, a fim de que sejam aproveitados os seus elementos prestantes, considerando que as partes, ao celebrá-lo, têm em vista os efeitos jurídicos do ato, independentemente da qualificação que o Direito lhe dá (princípio da conservação dos atos jurídicos). Na hipótese, sendo nulo o negócio jurídico de doação, o mais consentâneo é que se lhe converta em um contrato de mútuo gratuito, de fins não econômicos, porquanto é incontroverso o efetivo empréstimo do bem fungível, por prazo indeterminado, e, de algum modo, a intenção da beneficiária de restituí-lo. Em sendo o negócio jurídico convertido em contrato de mútuo, tem a recorrente, com o falecimento da filha, legitimidade ativa e interesse de agir para cobrar a dívida do espólio, a fim de ter restituída a coisa emprestada" (STJ-3ª T., REsp 1.225.861, Min. Nancy Andrighi, j. 22.4.14, maioria, DJ 26.5.14).

Art. 171. Além dos casos[1] expressamente declarados na lei, é anulável[1a] o negócio jurídico: [Dispositivo correspondente no CC/1916: art. 147-*caput*.]

I — por incapacidade relativa do agente;[2-3] [Dispositivo correspondente no CC/1916: art. 147-I.]

II — por vício[4-5] resultante de erro, dolo, coação, estado de perigo, lesão ou fraude contra credores. [Dispositivo correspondente no CC/1916: art. 147-II.]

Art. 171: 1. Prazo para pleitear a anulação quando não houver disposição legal a respeito: dois anos (art. 179).

Art. 171: 1a. s/ efeitos da anulação, v. art. 182. S/ anulabilidade em matéria de: representação, v. arts. 117 e 119; compra e venda, v. art. 496; troca, v. art. 533-II; transação, v. art. 849; casamento, v. art. 1.550; falta de autorização do cônjuge para a prática de ato, v. art. 1.649.

Art. 171: 2. Relativamente incapaz: art. 4º.

Art. 171: 3. Prazo para pleitear-se a anulação: quatro anos (art. 178-III).

✎ **Art. 171: 4.** "O falso motivo como vício do negócio jurídico no novo Código Civil", por Carlos Henrique Barroso (RF 366/17).

Art. 171: 5. Erro (arts. 138 a 144); dolo (arts. 145 a 150); coação (arts. 151 a 155); estado de perigo (art. 156); lesão (art. 157); fraude contra credores (arts. 158 a 165).

Art. 172. O negócio anulável pode ser confirmado pelas partes,[1] salvo direito de terceiro. [Dispositivo correspondente no CC/1916: art. 148.]

Art. 172: 1. Ao contrário do negócio nulo, cf. art. 169.

Art. 173. O ato de confirmação deve conter a substância do negócio celebrado e a vontade expressa de mantê-lo. [Dispositivo correspondente no CC/1916: art. 149.]

Art. 174. É escusada a confirmação expressa, quando o negócio já foi cumprido em parte pelo devedor, ciente do vício que o inquinava. [Dispositivo correspondente no CC/1916: art. 150.]

Art. 175. A confirmação expressa, ou a execução voluntária de negócio anulável, nos termos dos arts. 172 a 174, importa a extinção de todas as ações, ou exceções, de que contra ele dispusesse o devedor. [Dispositivo correspondente no CC/1916: art. 151.]

Art. 176. Quando a anulabilidade do ato resultar da falta de autorização[1] de terceiro, será validado se este a der posteriormente. [Sem dispositivo correspondente no CC/1916.]

Art. 176: 1. v. art. 220 (prova da autorização). Para casos em que se exige autorização, v. nota 1 ao art. 220.

Art. 177. A anulabilidade não tem efeito antes de julgada por sentença, nem se pronuncia de ofício;[1] só os interessados a podem alegar,[1a] e aproveita exclusivamente aos que a alegarem, salvo o caso de solidariedade[2] ou indivisibilidade.[3] [Dispositivo correspondente no CC/1916: art. 152-*caput*.]

Art. 177: 1. Ao contrário da nulidade, cf. art. 168 § ún.

Art. 177: 1a. Já a nulidade pode ser também alegada pelo Ministério Público, quando lhe couber intervir, cf. art. 168-*caput*.

Art. 177: 2. v. arts. 264 a 285.

Art. 177: 3. v. arts. 87, 88 e 257 a 263.

Art. 178. É de quatro anos o prazo de decadência para pleitear-se a anulação do negócio jurídico, contado:[1 a 1c] [Dispositivo correspondente no CC/1916: art. 178 § 9º-V.]

I — no caso de coação, do dia em que ela cessar; [Dispositivo correspondente no CC/1916: art. 178 § 9º-V-*a*.]

II — no de erro, dolo, fraude contra credores, estado de perigo ou lesão, do dia em que se realizou o negócio jurídico;[2 a 2b] [Dispositivo correspondente no CC/1916: art. 178 § 9º-V-*b*.]

III — no de atos de[3] incapazes, do dia em que cessar a incapacidade. [Dispositivo correspondente no CC/1916: art. 178 § 9º-V-*c*.]

Art. 178: 1. Decadência (arts. 207 a 211); coação (arts. 151 a 155); erro (arts. 138 a 144); dolo (arts. 145 a 150); fraude contra credores (arts. 158 a 165); estado de perigo (art. 156); lesão (art. 157); incapacidade relativa (art. 4º).

Art. 178: 1a. "A citação extemporânea de litisconsorte necessário unitário, após decorrido o prazo de quatro anos para a propositura da ação que visa à desconstituição de negócio jurídico realizado com fraude a credores, não enseja a decadência do direito do credor. O direito potestativo, por sua própria natureza, considera-se exercido no momento do ajuizamento da ação, quando então cessa o curso do prazo de decadência em relação a todos os partícipes do ato fraudulento" (STJ-3ª T., REsp 750.135, Min. Paulo Sanseverino, j. 12.4.11, DJ 28.4.11).

Art. 178: 1b. "É de quatro anos o prazo de decadência para anular **partilha de bens em dissolução de união estável,** por vício de consentimento (coação), nos termos do art. 178 do Código Civil. Não houve alterações de ordem jurídico-normativa, com o advento do Código Civil de 2002, a justificar alteração da consolidada jurisprudência dos tribunais superiores, com base no Código Civil de 1916, segundo a qual a anulação da partilha ou do acordo homologado judicialmente na separação consensual regulava-se pelo prazo prescricional previsto no art. 178, § 9º, inciso V, e não aquele de um ano preconizado pelo art. 178, § 6º, V, do mesmo diploma. É inadequada a exegese extensiva de uma exceção à regra geral — arts. 2.027 do CC e 1.029 do CPC/73, ambos inseridos, respectivamente, no Livro 'Do Direito das Sucessões' e no capítulo intitulado 'Do Inventário e Da Partilha' — por meio da analogia, quando o próprio ordenamento jurídico prevê normativo que se amolda à tipicidade do caso (CC, art. 178). Pela interpretação sistemática, verifica-se que a própria topografia dos dispositivos remonta ao entendimento de que o prazo decadencial ânuo deve se limitar à seara do sistema do direito das sucessões, submetida aos requisitos de validade e princípios específicos que o norteiam, tratando-se de opção do legislador a definição de escorreito prazo de caducidade para as relações de herança" (STJ-4ª T., REsp 1.621.610, Min. Luis Felipe, j. 7.2.17, DJ 20.3.17).

Art. 178: 1c. "Ajuizamento de ação pauliana, em 2004, mais de oito anos após a realização de negócios jurídicos alegadamente realizados em fraude contra credores nos anos de 1995 e 1996. Anterior ajuizamento de ação monitória, em 1995, para cobrança de crédito constante de confissão de dívida inadimplida. A citação para ação monitória não impede a consumação do prazo de decadência para o ajuizamento da ação pauliana, buscando a anulação de negócios jurídicos prejudiciais aos credores" (STJ-3ª T., REsp 1.354.639, Min. Paulo Sanseverino, j. 12.11.13, DJ 13.2.14).

Art. 178: 2. "Termo inicial do prazo para a propositura de ação anulatória. Dia da celebração do contrato ou da prática do ato, **e não a data da ciência do erro ou dolo** ou a data em que a parte experimentou o prejuízo" (STJ-3ª T., Ag em REsp 917.437-AgInt, Min. Paulo Sanseverino, j. 21.3.17, DJ 30.3.17).

Art. 178: 2a. "O termo inicial do prazo decadencial de quatro anos para a propositura da ação de anulação por vício de negócio jurídico de **bens imóveis** é a data do registro do ato ou contrato no cartório imobiliário, momento em que tal medida gera efeitos *erga omnes* e, consequentemente, validade contra terceiros" (STJ-3ª T., REsp 1.205.147-AgRg, Min. João Otávio, j. 7.8.14, DJ 20.8.14). No mesmo sentido: STJ-4ª T., REsp 710.810, Min. João Otávio, j. 19.2.08, DJ 10.3.08.

Mas: "Ação declaratória. Nulidade de doação. Imóvel. Vício de consentimento. Prazo decadencial. Termo inicial. Antes do registro imobiliário, que lhe dá publicidade *erga omnes*, o negócio jurídico envolvendo bens imóveis só tem eficácia entre as partes que o celebraram, não fluindo contra os terceiros, que dele não têm conhecimento inequívoco, o prazo decadencial para anulação. A decadência é causa extintiva de direito pelo seu não exercício no prazo estipulado pela lei, cujo termo inicial deve coincidir com o conhecimento do fato gerador do direito a ser pleiteado. Não é razoável invocar a ausência de 'conhecimento inequívoco do ato', pelo próprio donatário do bem, diante da ausência de registro do contrato e aferição pelo Tabelião da regularidade do empreendimento onde se encontrava o lote doado. O prazo decadencial para anulação da doação na hipótese, portanto, é de quatro anos, contados do dia em que se realizou o negócio jurídico, nos termos do que expressamente dispõe o art. 178, II, do Código Civil" (STJ-3ª T., REsp 1.418.435, Min. Nancy Andrighi, j. 18.3.14, DJ 26.3.14).

Art. 178: 2b. "O ajuizamento de ação anulatória de arrematação de imóvel em hasta pública submete-se ao prazo decadencial de 4 (quatro) anos — previsto no art. 178, § 9º, V, "b", do CC/16, com correspondência no art. 178, II, do CC/02 —, contado a partir da data de **expedição da carta de arrematação**" (STJ-3ª T., REsp 1.655.729, Min. Nancy Andrighi, j. 16.5.17, DJ 26.5.17).

Art. 178: 3. relativamente.

Art. 179. Quando a lei dispuser que determinado ato é anulável, sem estabelecer prazo[1-2] para pleitear-se a anulação, será este de dois anos, a contar da data da conclusão do ato. [Sem dispositivo correspondente no CC/1916.]

Art. 179: 1. O prazo para a anulação da partilha da herança é de um ano (art. 2.027 § ún.). Já o prazo para a anulação do negócio concluído pelo representante em conflito de interesses com o representado é de 180 dias, contados da conclusão do negócio ou da cessação da incapacidade (art. 119 § ún.).

Art. 179: 2. Em consequência, é de dois anos o prazo para pleitear-se a anulação de venda (art. 496-*caput*) ou troca (art. 533-II) entre ascendentes e descendentes. Outros casos: art. 117 (negócio jurídico celebrado por representante consigo mesmo); art. 1.550-V (casamento realizado por mandatário, sem ciência da revogação do mandato) e VI (casamento celebrado por autoridade incompetente).

Art. 180. O menor, entre dezesseis e dezoito anos, não pode, para eximir-se de uma obrigação, invocar a sua idade se dolosamente[1] a ocultou quando inquirido pela outra parte, ou se, no ato de obrigar-se, declarou-se maior.[2] [Dispositivo correspondente no CC/1916: art. 155.]

Art. 180: 1. s/ dolo, v. arts. 145 a 150.

Art. 180: 2. s/ mútuo feito a pessoa menor, v. arts. 588 e 589-V.

Art. 181. Ninguém pode reclamar o que, por uma obrigação anulada, pagou a um[1] incapaz,[2] se não provar que reverteu em proveito dele a importância paga. [Dispositivo correspondente no CC/1916: art. 157.]

Art. 181: 1. relativamente

Art. 181: 2. s/ mútuo feito a pessoa menor, v. arts. 588 e 589-IV.

Art. 182. Anulado o negócio jurídico, restituir-se-ão as partes ao estado em que antes dele se achavam, e, não sendo possível restituí-las, serão indenizadas com o equivalente.[1 a 4]
[Dispositivo correspondente no CC/1916: art. 158.]

Art. 182: 1. s/ efeitos da anulação do negócio fraudulento, v. art. 165.

✎ **Art. 182: 1a.** "Tutela constitutiva e volta ao estado anterior", por Carlos Alberto Alvaro de Oliveira (RP 224/65).

Art. 182: 2. "Constatado que o retorno à situação fática anterior é inviável, não resta ao julgador que declarou nulo negócio jurídico outro caminho que não a determinação da resolução mediante recompensa monetária, nos termos do art. 182, do Código Civil, que também se aplica à nulidade absoluta" (STJ-3ª T., REsp 1.353.864, Min. Sidnei Beneti, j. 7.3.13, DJ 12.3.13).

Art. 182: 3. "Ação pauliana. Sucessivas alienações de imóveis que pertenciam aos devedores. Anulação de compra de imóvel por terceiros de boa-fé. Impossibilidade. Limitação da procedência aos que agiram de má-fé, que deverão indenizar o credor pela quantia equivalente ao fraudulento desfalque do patrimônio do devedor" (STJ-4ª T., REsp 1.100.525, Min. Luis Felipe, j. 16.4.13, RP 222/350).

"Tendo havido sucessivos negócios fraudulentos, cabe resguardar os interesses dos terceiros de boa-fé e condenar tão somente os réus que agiram de má-fé, em prejuízo do autor, a indenizar-lhe pelo valor equivalente ao do bem transmitido em fraude contra o credor" (STJ-3ª T., REsp 1.145.542, Min. Sidnei Beneti, j. 11.3.14, DJ 19.3.14).

Art. 182: 4. "O art. 182 do CC preconiza que, sempre que possível, a anulação de negócio jurídico deverá implicar o retorno das partes ao *status quo ante*. Não obstante, o art. 1.214 do mesmo diploma legal consubstancia uma exceção à regra estabelecida pelo artigo anterior, de modo que, considerando-se que os embargados foram possuidores de boa-fé durante todo o período em que vigorou o contrato, é medida de justiça a percepção dos frutos dos imóveis, nestes incluídos os lucros cessantes e demais valores recebidos em decorrência do negócio jurídico ora invalidado" (STJ-4ª T., REsp 1.188.442-EDcl, Min. Luis Felipe, j. 15.8.13, DJ 27.8.13).

Art. 183. A invalidade do instrumento[1] não induz a do negócio jurídico sempre que este puder provar-se[2] por outro meio.
[Dispositivo correspondente no CC/1916: art. 152 § ún.]

Art. 183: 1. v. arts. 104-III e 166-IV. Em matéria de direitos reais imóveis, v. art. 108.

Art. 183: 2. v. arts. 212 e 221.

CPC 406: "Quando a lei exigir instrumento público como da substância do ato, nenhuma outra prova, por mais especial que seja, pode suprir-lhe a falta".

Art. 184. Respeitada a intenção das partes, a invalidade parcial de um negócio jurídico não o prejudicará na parte válida, se esta for separável;[1 a 1c] a invalidade da obrigação principal implica a das obrigações acessórias, mas a destas não induz a da obrigação principal.[2] [Dispositivo correspondente no CC/1916: art. 153.]

Art. 184: 1. *Utile per inutile non vitiatur.*

Art. 184: 1a. Em matéria de relação de consumo, v. CDC 51 § 2º.

Art. 184: 1b. Essas ideias não se aplicam em matéria de transação (art. 848-*caput*).

Art. 184: 1c. "Nos termos do art. 184 do CC/02, a nulidade parcial do contrato não alcança a parte válida, desde que essa possa subsistir autonomamente. Haverá nulidade parcial sempre que o vício invalidante não atingir o núcleo do negócio jurídico. Ficando demonstrado que o negócio tem caráter unitário, que as partes só teriam celebrado se válido fosse em seu conjunto, sem possibilidade de divisão ou fracionamento, não se pode cogitar de redução, e a invalidade é total. O princípio da conservação do negócio jurídico não deve afetar sua causa ensejadora, interferindo na vontade das partes quanto à própria existência da transação" (STJ-3ª T., REsp 981.750, Min. Nancy Andrighi, j. 13.4.10, DJ 23.4.10).

Art. 184: 2. v. art. 92. Em matéria de: negócios fraudulentos, v. art. 165 § ún.; testamento, v. art. 1.910.

Título II | DOS ATOS JURÍDICOS LÍCITOS

Art. 185. Aos atos jurídicos lícitos, que não sejam negócios jurídicos, aplicam-se, no que couber, as disposições do Título anterior.[1] [Sem dispositivo correspondente no CC/1916.]

Art. 185: 1. i. e., dos arts. 104 a 184.

Título III | DOS ATOS[1] ILÍCITOS[2]

✎ **TÍT. III: 1.** "Ato e atividade", por Rosa Maria de Andrade Nery (RDPr 22/9).

TÍT. III: 2. "**Art. 398.** Nas obrigações provenientes de ato ilícito, considera-se o devedor em mora, desde que o praticou".

Art. 186. Aquele que, por ação ou omissão voluntária, negligência ou imprudência, violar direito e causar dano a outrem, ainda que exclusivamente moral,[1 a 8] comete ato ilícito.[9] [Dispositivo correspondente no CC/1916: art. 159.]

✎ **Art. 186: 1.** "A fixação do dano moral e a pena", por Fernando M. H. Moreira e Atalá Correia (RF 365/367); "O princípio da reparabilidade dos danos morais: análise de direito comparado em um corte horizontal e vertical no estudo dos ordenamentos jurídicos", por Flávia de Almeida Viveiros de Castro (RDPr 15/189); "Reparar os danos morais pelos meios morais", por Ademir Buitoni (RDPr 16/37); "A evolução do conceito de dano moral", por André Gustavo C. de Andrade (Ajuris 92/111 e RF 375/3); "Dano moral contra a pessoa jurídica", por Luís Alberto Thompson Flores Lenz (Just. 178/79); "O dano moral e sua reparação", por Humberto Theodoro Jr. (RF 351/83); "Pessoa jurídica: dano moral", por Fernando Vasconcelos (RT 781/111); "Danos morais e direitos da personalidade", por Paulo Luiz Netto Lôbo (RJ 284/5); "Algumas considerações sobre o dano estético e seus efeitos como dano moral ou dano patrimonial", por Vanise Röhrig Monte (Ajuris 79/248); "Os danos à pessoa no direito brasileiro e a natureza da sua reparação", por Judith Martins-Costa (RT 789/21); "Dano estético", por Sérgio Rston (RIASP, ano 5, 9/95); "Paradoxo axiológico da indenização do dano moral e possíveis soluções da nova legislação", por Roberto José Ludwig (Ajuris 86/275); "Dano moral e direito de família. O perigo de monetizar as relações familiares", por Sérgio Gischkow Pereira (Ajuris 85/350); "A quantificação dos danos morais pelo Superior Tribunal de Justiça", por José Roberto Ferreira Gouvêa e Vanderlei Arcanjo da Silva (RJ 323/31 e RSDCPC 37/147); "Os danos à pessoa, corporais (biológicos) e anímicos (ou morais em sentido estrito), e suas relações com os danos patrimoniais e extrapatrimoniais", por Fernando Noronha (RDPr 22/83); "Dano moral em caso de descumprimento de obrigação contratual", por André Gustavo Corrêa de Andrade (RF 379/17); "Usos e abusos da função punitiva (*punitive damages* e o direito brasileiro)", por Judith Martins-Costa e Mariana Souza Pargendler (Ajuris 100/229); "A transmissibilidade do direito de indenização do dano moral", por André Gustavo Corrêa de Andrade (RF 381/25); "Dano moral: valoração do *quantum* e razoabilidade objetiva", por Caio Rogério da Costa Brandão (RDPr 25/73); "O acionamento de alarme antifurto como fato corriqueiro nas relações de consumo", por Rafael Caselli Pereira (RJ 348/67); "Responsabilidade civil por dano moral ambiental", por José Augusto Delgado (IP 36/13); "Teoria do risco desautorizando a indenização por danos morais nos casos de ruptura de noivado e das relações matrimoniais", por Luciano Chaves de Farias (RBDFS 1/5); "Nova proposta de classificação do dano no direito civil", por Bruno Oliveira Maggi (RDPr 32/32); "O imoral nas indenizações por dano moral", por J. J. Calmon de Passos (RMDCPC 26/47); "Cirurgia plástica estética: natureza da obrigação do cirurgião", por Joana Graeff-Martins (RDPr 37/105); "Assédio moral na empresa e responsabilidade civil do empregador", por Grasiele Augusta Ferreira Nascimento e Maria Aparecida Alkimin (RDPr 39/182); "Dano moral: conceito, função, valoração", por Maria Celina Bodin de Moraes (RF 413/361); "Pessoas jurídicas e direitos da personalidade: pessoa jurídica pode sofrer dano extrapatrimonial?", por Carla Wainer Chalréo Lgow (RDPr 51/115); "Violação de direitos da propriedade industrial e o dano moral", por Ênio Santarelli Zuliani (RMDECC 48/5); "A torre de Babel das novas adjetivações do dano", por Rodolfo Pamplona Filho e Luiz Carlos Vilas Boas Andrade Júnior (RMDCPC 59/15, RJ-Lex 67/11); "Dano existencial", por Teresa Ancona Lopez (RDPr 57/287).

Art. 186: 1a. s/ danos à honra ou à imagem, v. art. 20; s/ dano moral causado por má-fé do alienante da coisa com vícios ou efeitos ocultos, v. art. 443, nota 2; s/ indenização por dano moral e imposto de renda, v. art. 944, nota 3 (Súmula 498 do STJ); s/ correção monetária da indenização por dano moral, v., no nosso CCLCV, LCM 1º, nota 3 (Súmula 362 do STJ).

S/ prova do dano moral, v., no nosso CPCLPV, CPC 374, nota 4.

Art. 186: 2. Súmula 37 do STJ: "São cumuláveis as indenizações por dano material e dano moral oriundos do mesmo fato".

Súmula 227 do STJ: "A pessoa jurídica pode sofrer dano moral". "Todavia, diversamente do que se dá com a pessoa física, as hipóteses em que a pessoa jurídica pode sofrer dano moral são bem mais restritas, já que ela não possui 'sentimentos' passíveis de serem abalados" (JTJ 366/221: AP 57949-80.2003.8.26.0000).

"Para a pessoa jurídica, o dano moral é fenômeno distinto daquele relacionado à pessoa natural. Não se aceita, assim, o dano moral em si mesmo, isto é, como uma decorrência intrínseca à existência de ato ilícito. Necessidade de demonstração do prejuízo extrapatrimonial" (STJ-3ª T., REsp 1.497.313, Min. Nancy Andrighi, j. 7.2.17, DJ 10.2.17).

"Ação de indenização. Transferência de valores de conta corrente. Hacker. Pessoa jurídica. Danos morais subjetivos. Não cabimento. A pessoa jurídica somente poderá ser indenizada por dano moral quando violada sua honra objetiva" (STJ-4ª T., Ag em REsp 149.523-AgRg, Min. Isabel Gallotti, j. 6.2.14, DJ 14.2.14).

"Ação indenizatória por dano moral ajuizada por município contra o particular. Impossibilidade. Direitos fundamentais. Pessoa jurídica de direito público. Reconhecimento limitado" (STJ-4ª T., REsp 1.258.389, Min. Luis Felipe, j. 17.12.13, DJ 15.4.14).

V. art. 52 e notas.

Enunciado 189 do CEJ: "Na responsabilidade civil por dano moral causado à pessoa jurídica, o fato lesivo, como dano eventual, deve ser devidamente demonstrado".

Súmula 281 do STJ: "A indenização por dano moral não está sujeita à tarifação prevista na Lei de Imprensa". **Nota:** A Lei de Imprensa foi declarada inconstitucional (STF-RT 895/119: Pleno, ADPF 130, maioria).

Súmula 370 do STJ: "Caracteriza dano moral a apresentação antecipada de cheque pré-datado".

"A súmula 370/STJ goza de presunção relativa, ou seja, para caracterização do dano moral, imprescindível que, de fato, a apresentação antecipada de cheque pós-datado ocasione algum prejuízo ao emitente do título de crédito. Em que pese o entendimento de os danos morais prescindirem da prova, em razão do seu caráter *in re ipsa*, trata-se de presunção relativa, que não pode prevalecer ante à existência de elementos nos autos que evidenciem que o ato inquinado de ilícito não causou os prejuízos alegados" (STJ-4ª T., Ag em REsp 287.762-AgRg, Min. Marco Buzzi, j. 21.6.16, DJ 27.6.16).

Assim, apenas produz abalo moral indenizável a apresentação de cheque pré-datado que produz danos efetivos (STJ-3ª T., REsp 505.999, Min. Menezes Direito, j. 18.9.03, DJU 17.11.03; RJM 192/262: AP 1.0319.03.014765-0/001). É o que acontece, p. ex., no caso de devolução por insuficiência de fundos do cheque pré-datado apresentado antecipadamente (STJ-3ª T., REsp 557.505, Min. Menezes Direito, j. 4.5.04, DJU 21.6.04).

Ainda, ponderando que, "sem que haja consequência efetiva, o cheque descontado antecipadamente representa ruptura de acordo comercial", sem produzir danos morais: JTJ 330/291 (AP 1.053.828-0/7).

"O contrato confere validade à obrigação entre as partes da relação jurídica original, não vinculando ou criando obrigações para terceiros estranhos ao pacto. Por isso, a avença da pós-datação extracartular, embora não tenha eficácia, traz consequências jurídicas apenas para os contraentes. Com efeito, em não havendo ilicitude no ato do réu, e não constando na data de emissão do cheque a pactuação, tendo em vista o princípio da relatividade dos efeitos contratuais e os princípios inerentes aos títulos de crédito, não devem os danos ocasionados em decorrência da apresentação antecipada do cheque ser compensados pelo réu, que não tem legitimidade passiva por ser terceiro de boa-fé, mas sim pelo contraente que não observou a alegada data convencionada para apresentação da cártula" (STJ-4ª T., REsp 884.346, Min. Luis Felipe, j. 6.10.11, DJ 4.11.11).

"Ação de regresso. Cheque pós-datado. Endosso. Terceiro. Desconto antes da data combinada. A relação jurídica subjacente a emissão do cheque não pode ser oponível ao endossatário que se presume terceiro de boa-fé, ao tomar a cártula por meio do endosso, ressalvada a possibilidade de confirmação da má-fé por parte deste" (STJ-3ª T., REsp 1.169.414, Min. Sidnei Beneti, j. 4.10.11, DJ 13.10.11).

V. tb., no nosso CCLCV, LCh 32, nota 3.

Súmula 387 do STJ: "É lícita a cumulação das indenizações de dano estético e dano moral". V. nota 2b.

Súmula 388 do STJ: "A simples devolução indevida de cheque caracteriza dano moral".

Assim, se havia dinheiro em conta e o cheque é devolvido por suposta e equivocada falta de fundos, há dano moral (STJ-4ª T., REsp 296.929, Min. Ruy Rosado, j. 22.3.01, DJU 7.5.01; STJ-3ª T., REsp 434.518, Min. Castro Filho, j. 26.6.03, DJU 12.8.03; Bol. AASP 2.390/3.255). No mesmo sentido, em caso no qual o banco devolve indevidamente o cheque por ter deixado de creditar quantia anteriormente depositada na conta do correntista ou permitido saques ilícitos dessa conta: RF 395/455, JTJ 314/210 (AP 7.040.925-1).

"É devida pela instituição financeira indenização por danos morais em decorrência de devolução de cheque por insuficiência de fundos quando, na realidade, essa devolução deveria ter se dado por divergência de assinatura" (STJ-4ª T., AI 1.136.573-AgRg, Min. João Otávio, j. 6.4.10, DJ 19.4.10).

"Cheque. Prazo de apresentação. Devolução de cheque prescrito por falta de fundos. Motivo indevido. Inscrição em cadastro de inadimplentes. Dano moral configurado. A devolução por motivo indevido ganhou publicidade com a inclusão do nome do consumidor no Cadastro de Emitentes de Cheques sem Fundo — CCF, gerando direito à indenização por danos morais" (STJ-3ª T., REsp 1.297.353, Min. Sidnei Beneti, j. 16.10.12, DJ 19.10.12).

Art. 186: 2a. Para que se imponha o dever de indenizar o dano moral:

— não é necessário que também tenha havido dano material (RSTJ 106/227);

— não é necessária a prática de crime, bastando a verificação da ocorrência do dano pela atuação do réu (STJ-RF 358/237).

Ainda: "Mero receio ou dissabor não pode ser alçado ao patamar do dano moral, mas somente aquela agressão que exacerba a naturalidade dos fatos da vida, causando fundadas aflições ou angústias" (RSTJ 150/382).

Enunciado 159 do CEJ: "O dano moral, assim compreendido todo o dano extrapatrimonial, não se caracteriza quando há mero aborrecimento inerente a prejuízo material".

Art. 186: 2b. O **dano estético** consiste em aleijão ou deformidade do corpo humano. De acordo com a jurisprudência, "os danos estéticos devem ser indenizados independentemente do ressarcimento dos danos morais, sempre que tiverem causa autônoma" (STJ-3ª T., REsp 251.719, Min. Ari Pargendler, j. 25.10.05, DJU 2.5.06). No mesmo sentido: STJ-4ª T., REsp 457.312, Min. Ruy Rosado, j. 19.11.02, DJU 16.12.02.

"É cabível a cumulação dos danos morais com danos estéticos quando, ainda que decorrentes do mesmo fato, são passíveis de identificação em separado" (STJ-4ª T., REsp 816.568, Min. João Otávio, j. 12.2.08, DJU 25.2.08). No mesmo sentido: STJ-1ª T., REsp 910.794, Min. Denise Arruda, j. 21.10.08, DJ 4.12.08.

"Desde que a origem não seja a mesma, é possível a cumulação de pedidos de indenizações por danos morais e estéticos" (RT 873/331: TJSC, AP 2005.023085-9).

Admitindo a indenização, separadamente, dos danos morais e dos danos estéticos oriundos do mesmo fato: STJ-3ª T., REsp 899.869, Min. Gomes de Barros, j. 13.2.07, DJU 26.3.07.

"Entende-se configurado também o dano estético da vítima, além do já arbitrado dano moral, na medida em que, em virtude de queda de trem da companhia recorrida, que trafegava de portas abertas, ficou ela acometida de 'tetraparesia espástica', a qual consiste em lesão medular incompleta, com perda parcial dos movimentos e atrofia dos membros superiores e inferiores. Portanto, entende-se caracterizada deformidade física em seus membros, capaz de ensejar também prejuízo de ordem estética" (STJ-4ª T., REsp 812.506, Min. Raul Araújo, j. 19.4.12, DJ 27.4.12).

Admitindo a cumulação das indenizações por danos estéticos e morais: RT 889/257 (TJSP, AP 417.906.4/5-00).

V. **Súmula 387 do STJ,** na nota 2.

Contra: "O dano moral e o dano estético não se cumulam, porque ou o dano estético importa em dano material ou está compreendido no dano moral" (ETAB, 9ª conclusão, unânime).

S/ caracterização do dano estético, v. art. 949, nota 1a.

Art. 186: 2c. "É devida, no caso, aos genitores e irmãos da vítima, indenização por **dano moral por ricochete** ou *préjudice d'affection*, eis que, ligados à vítima por laços afetivos, próximos e comprovadamente atingidos pela repercussão dos efeitos do evento danoso na esfera pessoal" (STJ-3ª T., REsp 876.448, Min. Sidnei Beneti, j. 17.6.10, DJ 21.9.10).

"Resultando para os pais, de quem sofreu graves lesões, consideráveis padecimentos morais, têm direito a reparação. Isso não se exclui em razão de o ofendido também pleitear indenização a esse título" (STJ-3ª T., REsp 122.573, Min. Eduardo Ribeiro, j. 23.6.98, DJ 18.12.98).

"Não obstante a compensação por dano moral ser devida, em regra, apenas ao próprio ofendido, tanto a doutrina quanto a jurisprudência têm admitido a possibilidade dos parentes do ofendido e a esse ligados afetivamente, postularem, conjuntamente com a vítima, compensação pelo prejuízo experimentado, conquanto sejam atingidos de forma indireta pelo ato lesivo. Trata-se de hipótese de danos morais reflexos, ou seja, embora o ato tenha sido praticado diretamente contra determinada pessoa, seus efeitos acabam por atingir, indiretamente, a integridade moral de terceiros. É o chamado dano moral por ricochete, cuja reparação constitui direito personalíssimo e autônomo dos referidos autores. No caso em apreço, não pairam dúvidas de que a esposa e o filho foram moralmente abalados com o acidente que vitimou seu esposo e pai, atualmente sobrevivendo em estado vegetativo, preso em uma cama, devendo se alimentar por sonda, respirando por traqueostomia e em estado permanente de tetraplegia, sendo que a esposa jamais poderá dividir com o marido as vicissitudes da vida cotidiana de seu filho, ou a relação marital que se esvazia, ou ainda, o filho que não será levado pelo pai ao colégio, ao jogo de futebol, ou até mesmo a colar as figurinhas da Copa do Mundo" (STJ-1ª T., REsp 1.212.322-AgRg, Min. Napoleão Maia Filho, j. 3.6.14, DJ 10.6.14).

"São presumíveis a dor e os irreparáveis danos psicológicos causados à autora, decorrentes do fato de seu marido ter perdido a função da visão de um dos olhos, vez que se trata de lesão gravíssima, com sequela permanente (aleijão), sofrida por pessoa jovem e com a qual a autora guarda estreitos laços de convivência e afeição. Presumível, da mesma forma, o dano moral sofrido pela autora em face de seu pai ter perdido partes do tecido de constituição da face que, certamente, deixaram-lhe com inúmeras e visíveis cicatrizes na face. **Dano moral reflexo,** ou seja, aquele que surge quando a ofensa moral ultrapassa e transcende a pessoa do ofendido, atingindo reflexamente os membros da família, configurado. Indenizatória procedente" (JTJ 319/193: AP 7.115.474-2).

Art. 186: 2d. **Doente mental** tem direito à indenização por dano moral (RT 879/252: TJSP, AP 568.875-4/0-00).

Art. 186: 3. "O **nascituro** também tem direito aos danos morais pela morte do pai, mas a circunstância de não tê-lo conhecido em vida tem influência na fixação do *quantum*" (RSTJ 161/395 e STJ-RT 803/193: 4ª T., REsp 399.028). No sentido de que a indenização para o nascituro não deve ser fixada em patamar inferior ao dos demais filhos, já nascidos por ocasião da morte do pai: STJ-3ª T., REsp 931.556, Min. Nancy Andrighi, j. 17.6.08, DJ 5.8.08. **Todavia:** "Não são todas as situações jurídicas a que submetidas o concebido que ensejarão o dever de reparação, senão aquelas das quais decorram consequências funestas à saúde do nascituro ou suprimam-no do convívio de seus pais ante a morte destes. Na hipótese dos autos, o fato que teria ocasionado danos morais àquela que era nascituro à época dos fatos, seria o resultado equivocado do exame de ultrassonografia com translucência nucal, que indicou ser ela portadora de 'Síndrome de Down'. Contudo, segundo a moldura fática delineada pela Corte *a quo*, a genitora, no dia seguinte ao recebimento do resultado equivocado, submeteu-se, novamente, ao mesmo exame, cujo diagnóstico mostrou-se diverso, isto é, descartou a sobredita patologia. Não se ignora o abalo psíquico que os pais suportaram em virtude de tal equívoco, dano, contudo, que não se pode estender ao nascituro" (STJ-4ª T., REsp 1.170.239, Min. Marco Buzzi, j. 21.5.13, DJ 28.8.13).

Concedendo indenização por danos morais em favor de **recém-nascido**: STJ-1ª T., REsp 910.794, Min. Denise Arruda, j. 21.10.08, DJ 4.12.08; STJ-3ª T., REsp 1.291.247, Min. Paulo Sanseverino, j. 19.8.14, maioria, DJ 1.10.14.

Concedendo indenização por danos morais em favor de **criança** com 3 anos de idade: "As crianças, mesmo da mais tenra idade, fazem jus à proteção irrestrita dos direitos da personalidade, entre os quais se inclui o direito à integridade mental, assegurada a indenização pelo dano moral decorrente de sua violação, nos termos dos arts. 5º, X, *in fine*, da CF e 12, *caput*, do CC/02. Ainda que tenha uma percepção diferente do mundo e uma maneira peculiar de se expressar, a criança não permanece alheia à realidade que a cerca, estando igualmente sujeita a sentimentos como o medo, a aflição e a angústia. Na hipótese específica dos autos, não cabe dúvida de que a recorrente, então com apenas três anos de idade, foi submetida a elevada carga emocional. Mesmo sem noção exata do que se passava, é certo que percebeu e compartilhou da agonia de sua mãe tentando, por diversas vezes, sem êxito, conseguir que sua filha fosse atendida por clínica credenciada ao seu plano de saúde, que reiteradas vezes se recusou a realizar os exames que ofereceriam um diagnóstico preciso da doença que acometia a criança" (STJ-RT 897/179: 3ª T., REsp 1.037.759).

Art. 186: 3a. O dano moral e sua indenização são afetados pelo **tempo transcorrido entre o evento danoso e o ingresso em juízo** voltado à sua reparação?

Não: "Tal demora não é suficiente para que haja uma diminuição no *quantum* indenizatório" (STJ-1ª T., REsp 526.299, Min. Francisco Falcão, j. 18.11.04, DJU 17.12.04; nota: esse acórdão foi cassado nos subsequentes embargos de divergência). No mesmo sentido: "Impossível admitir-se a redução do valor fixado a título de compensação por danos morais por ter o ofendido demorado a propor a ação respectiva, porquanto o fundamento da compensação é a existência de um sofrimento impossível de ser quantificado com precisão, seja no dia do evento, seja anos depois" (STJ-3ª T., REsp 663.196, Min. Nancy Andrighi, j. 14.12.04, DJU 21.3.05). "A demora de menos de dois anos para o ajuizamento da ação não possui qualquer relevância para fixação da indenização por dano moral. Em realidade, é de todo recomendável que a ação não seja ajuizada tão logo o cidadão se sinta lesado, buscando primeiro as vias extrajudiciais de solução e prevenção de conflitos, como ocorreu no caso, em que a autora pretendeu, sem sucesso, a composição amigável junto à administração da empresa ré" (STJ-4ª T., REsp 970.322, Min. Luis Felipe, j. 9.3.10, DJ 19.3.10).

Sim, no sentido de que a **indenização deve ser reduzida** nessas circunstâncias: "A demora na busca da reparação do dano moral é fator influente na fixação do *quantum* indenizatório" (STJ-Corte Especial, ED no REsp 526.299, Min. Hamilton Carvalhido, j. 3.12.08, DJ 5.2.09).

Sim, no sentido de que **o próprio direito à indenização fica prejudicado** nesses casos: "Ainda que se pudesse admitir ter havido no passado uma afetação moral, tal não é indenizável quando a parte deixa transcorrer largo lapso temporal (mais de 15 anos) para o ajuizamento da demanda, a denotar não se ressentir com os efeitos das ações ilícitas" (RJTJERGS 249/328).

Art. 186: 3b. De acordo com a jurisprudência, **configura dano moral:**

— a **morte de filho** (RSTJ 133/327; STJ-2ª T., REsp 214.838, Min. Peçanha Martins, j. 27.11.01, DJU 11.3.02).

"O estreito vínculo existente entre genitora e filho, aos olhos do senso comum, faz presumir, independentemente da distância física então existente entre os domicílios de ambos (Japão e Brasil), que o falecimento do segundo tenha causado dor, angústia e sofrimento à mãe autora, suscetíveis de amparar a condenação dos réus, a título de dano moral, pela morte decorrente de atropelamento em rodovia. Possível, excepcionalmente, o desaparecimento dos laços afetivos, por desavenças familiares, inveja, ciúme, interesses materiais, falhas de caráter e de solidariedade, e outros mais, situações, porém, que exigem, elas sim, comprovação concreta e específica, não o oposto, como sufraga a tese divergente com base em mero afastamento físico da autora e o *de cujus*" (STJ-4ª T., REsp 297.888, Min. Aldir Passarinho Jr., j. 25.9.01, DJ 4.2.02).

"Ainda que o pai tenha abandonado o filho vitimado, quando este ainda estava em tenra idade, é certo que sofreu uma dor (psicológica e espiritual), sobretudo porque o lesante não provou a inexistência do dano moral" (RT 863/307);

— a **morte de cônjuge ou de pai,** sendo dispensável a prova da dor, "por corresponder ao que, em regra, acontece" (STJ-3ª T.: RSTJ 133/251). No mesmo sentido: RSTJ 109/239; STJ-4ª T., REsp 256.327, Min. Aldir Passarinho Jr., j. 21.6.01, DJU 4.3.02; JTJ 315/220 (AP 908.370-0/3). **Todavia,** afasta-se a presunção da dor "em relação ao cônjuge que era separado de fato do *de cujus*, habitava em endereço distinto, levando a acreditar que tanto um como outro buscavam a reconstituição de suas vidas individualmente, desfeitos os laços afetivos que antes os uniam" (STJ-4ª T., REsp 647.562, Min. Aldir Passarinho Jr., j. 7.12.06, DJU 12.2.07);

— a **morte de neto:** "Os **avós** são legitimados à propositura de ação de reparação por dano moral decorrente da morte da neta. A reparação nesses casos decorre de dano individual e particularmente sofrido por cada membro da família ligado imediatamente ao fato (art. 403 do Código Civil)" (STJ-2ª T., REsp 1.101.213, Min. Castro Meira, j. 2.4.09, DJ 27.4.09);

— **"morte de parente** próximo (ascendente, descendente e colateral em segundo grau), independentemente de prova de dependência econômica" (STJ-3ª T., REsp 331.333, Min. Gomes de Barros, j. 14.2.06, DJU 13.3.06). "Os irmãos têm direito à reparação do dano moral sofrido com a morte de outro irmão, haja vista que o falecimento da vítima provoca dores, sofrimentos e traumas aos familiares próximos, sendo irrelevante qualquer relação de dependência econômica entre eles" (STJ-4ª T., AI 678.435-EDcl-AgRg, Min. Jorge Scartezzini, j. 15.8.06, DJU 11.9.06). "Se ordinariamente o que se verifica nas relações entre irmãos é o sentimento mútuo de amor e afeto, pode-se presumir, de modo relativo, que a demonstração do vínculo familiar traz ínsita a existência do laço afetivo. Como corolário, será de igual forma presumível que a morte de um acarrete no irmão supérstite dor, sofrimento, angústia etc. Assim sendo, se a relação familiar que interliga irmãos é presumidamente estreita no tocante ao vínculo de afeto e amor e se, igualmente, desse laço se origina, com a morte de um, a dor, o sofrimento, a angústia etc. nos irmãos supérstites, não é razoável exigir destes prova cabal acerca do vínculo afetivo para efeito de comprovação do dano alegado. Na espécie, portanto, não é atribuível às irmãs postulantes o ônus de provar a existência de anterior laço afetivo com a vítima, porque esse vínculo é presumido. Basta a estas, no desiderato de serem compensadas pelo dano moral sofrido, comprovar a existência do laço familiar para, assim, considerar-se demonstrado o fato constitutivo do direito alegado (art. 333, inc. I, do CPC)" (STJ-3ª T., REsp 1.405.456, Min. Nancy Andrighi, j. 3.6.14, DJ 18.6.14). **Todavia,** exigindo, em matéria de falecimento de irmão, "demonstração de que vieram a sofrer intimamente com o trágico acontecimento", mas presumindo esse fato, no caso, por "se tratar de menores de tenra idade, que viviam sob o mesmo teto": STJ-4ª T., REsp 160.125, Min. Sálvio de Figueiredo, j. 23.3.99, DJU 24.5.99. "A indenização por danos morais em caso de morte de irmão depende da prova do vínculo afetivo entre aquele que pleiteia a indenização e a vítima, para presumir a dor gerada pela perda do convívio familiar" (STJ-3ª T., REsp 1.105.126-AgRg, Min. Sidnei Beneti, j. 28.4.09, DJ 14.5.09). "No âmbito de um círculo familiar mais amplo, como aquele em que se inserem os tios, os sobrinhos, os primos e, em certos casos, até mesmo os irmãos, é impossível presumir a ocorrência do dano moral em razão tão só da morte do parente" (RT 826/265).

"O sofrimento pela morte de parente é disseminado pelo núcleo familiar, como em força centrífuga, atingindo cada um dos membros, em gradações diversas, o que deve ser levado em conta pelo magistrado para fins de arbitramento do valor da reparação do dano moral. Ainda que a filha da vítima deduza pretensão em juízo, a mãe também é parte legítima. A reparação nesse caso decorre de dano individual e particularmente sofrido por cada membro da família" (STJ-2ª T., REsp 1.121.800, Min. Castro Meira, j. 18.11.10, DJ 1.12.10).

"Consoante a ordem de vocação hereditária, os ascendentes somente têm seus direitos sucessórios reconhecidos na hipótese de inexistência de descendentes (art. 1.829 do CC), o que poderia levar à ideia de sua ilegitimidade ativa *ad causam* para a demanda que visa à percepção de indenização por danos morais em razão do óbito de filho com família constituída. Não obstante a formação de um novo grupo familiar com o casamento e a concepção de filhos, o poderoso laço afetivo que une mãe e filho não se extingue, de modo que o que se observa é a coexistência de dois núcleos familiares, em que o filho é seu elemento interseccional, sendo correto afirmar que os ascendentes e sua prole integram um núcleo familiar inextinguível para fins de demanda indenizatória por morte. Assim, tem-se um núcleo familiar em sentido estrito, constituído pela família imediata formada com a contração do matrimônio, e um núcleo familiar em sentido amplo, de que fazem parte os ascendentes e seu filho, o qual desponta como elemento comum e agregador dessas células familiares. Nessa linha de intelecção, os ascendentes têm legitimidade para a demanda indenizatória por morte da sua prole ainda quando esta já tenha constituído o seu grupo familiar imediato, o que deve ser balizado apenas pelo valor global da indenização devida, ou seja, pela limitação quantitativa da indenização. No caso concreto, constata-se que o falecido era casado e deixou descendentes que receberam extrajudicialmente, a título de compensação por danos morais, o valor de R$ 100.000,00, o qual, diga-se de passagem, mostra-se deveras inferior ao que normalmente é concedido em Juízo, apontando para a existência de um valor residual apto a compensar a recorrente pelos danos morais sofridos com o falecimento de seu filho" (STJ-4ª T., REsp 1.095.762, Min. Luis Felipe, j. 21.2.13, DJ 11.3.13).

"Os irmãos podem pleitear indenização por danos morais em razão do falecimento de outro irmão, sendo irrelevante a existência de acordo celebrado com os genitores, viúva e filhos da vítima que os ressarciram pelo mesmo evento. A questão não é sucessória, mas obrigacional, pois a legitimidade ativa não está restrita ao cônjuge, ascendentes e descendentes, mas a todos aqueles atingidos pelo sofrimento da perda do ente querido, desde que afirmem fatos que possibilitem esse direito" (STJ-3ª T., REsp 1.291.702, Min. Nancy Andrighi, j. 22.11.11, DJ 30.11.11).

"Indenização. Dano extrapatrimonial. Ação ajuizada por tios da vítima, que moravam na mesma residência. Viabilidade. Tios inseridos intimamente no núcleo familiar. Profundo sofrimento com a morte trágica da sobrinha. Pertinência subjetiva para a ação" (RT 929/928: TJSP, AP 0136273-40.2010.8.26.0000).

V. tb. nota 8;

— "Ruptura de união estável em situação em que o companheiro contagia a companheira com **doenças sexualmente transmissíveis** (sífilis e clamídia), as quais contraiu em contato com prostituta. Dever de indenizar por caracterizar lesão a direito de personalidade (integridade física) com dano moral que existe *in re ipsa*" (RMDCPC 25/133: TJSP, AP 568.949-4/8-00);

— "O **desconhecimento** do fato de **não ser o pai biológico** dos filhos gerados durante o casamento atinge a honra subjetiva do cônjuge, justificando a reparação pelos danos morais suportados" (STJ-RBDFS 1/84: 3ª T., REsp 742.137);

— "O produto **defeituoso** é um **anticoncepcional,** cuja finalidade é proporcionar à mulher uma escolha quanto ao momento de ter filhos. Nesse contexto, a falha do remédio frustra tal opção, e nisso reside a necessidade de compensação pelos danos morais" (STJ-3ª T., REsp 918.257, Min. Nancy Andrighi, j. 3.5.07, maioria, DJU 23.11.07);

— o **"diagnóstico inexato** fornecido por laboratório radiológico levando a paciente a sofrimento que poderia ter sido evitado" (STJ-3ª T., REsp 594.962, Min. Pádua Ribeiro, j. 9.11.04, DJU 17.12.04). No mesmo sentido: STJ-4ª T., REsp 401.592, Min. Ruy Rosado, j. 16.5.02, DJU 2.9.02; RT 861/340, RF 377/345 (acórdão relatado pelo Des. Sergio Cavalieri), 396/436 (TJRS, AP 70020533717), JTJ 327/412 (AP 484.024.4/5-00), RJTJERGS 250-251/205. **Contra,** negando a ocorrência de danos morais em caso no qual "o menor já se encontrava medicado": JTJ 301/214;

— defeito na coleta de **células embrionárias** (v., no nosso CCLCV, CDC 14, nota 3a);

— o **erro médico,** tal como o esquecimento de agulha no abdômen (RIDCPC 43/153);

— "a **recusa indevida à cobertura** pleiteada pelo segurado contratante de **seguro-saúde,** pois agrava a sua situação de aflição psicológica e de angústia no espírito" (STJ-3ª T., REsp 657.717, Min. Nancy Andrighi, j. 23.11.05, DJU 12.12.05). No mesmo sentido: STJ-4ª T., REsp 714.947, Min. Cesar Rocha, j. 28.3.06, DJU 29.5.06; RT 845/242, 851/353, 862/218, 869/301, 880/276 (TJRS, AP 70022024418), JTJ 288/184. "Essa modalidade de dano moral subsiste mesmo nos casos em que a recusa envolve apenas a realização de exames de rotina, na medida em que procura por serviços médicos — aí compreendidos exames clínicos — ainda que desprovida de urgência, está sempre cercada de alguma apreensão. Mesmo consultas de rotina causam aflição, fragilizando o estado de espírito do paciente, ansioso por saber da sua saúde" (STJ-3ª T., REsp 1.201.736, Min. Nancy Andrighi, j. 2.8.12, DJ 10.8.12). **Todavia:** "É possível afastar a presunção de dano moral na hipótese em que a recusa de cobertura pelo plano de saúde decorre de dúvida razoável na interpretação de cláusula contratual" (STJ-3ª T., Ag em REsp 846.940-AgRg, Min. Ricardo Cueva, j. 23.6.16, DJ 1.8.16). "Embora a jurisprudência tenha posteriormente se consolidado no sentido da invalidade de cláusula que exclua a cobertura de *stent*, no caso em exame, a circunstância de o contrato não ter sido adaptado à Lei 9.656/98 emprestava, na época em que ocorridos os fatos, relevância à discussão travada pelo réu, tese acolhida pelo relator originário da apelação" (STJ-4ª T., REsp 1.457.475-AgRg, Min. Isabel Gallotti, j. 16.9.14, DJ 24.9.14). Também negando a ocorrência de dano moral: RT 863/236 (do voto do relator: "a conduta da requerida baseou-se em exclusão contratual e continha argumentos plausíveis em sua fundamentação"), JTJ 293/78, 304/133, RJM 172/180;

— a **negativa na aceitação** de um consumidor por ocasião da **contratação de seguro de vida** (v., no nosso CCLCV, CDC 39, nota 4a);

— a existência de **animal ou resquício seu em alimento** adquirido pelo consumidor (RT 861/228, 863/267, 870/218, JTJ 300/136). **Todavia:** "A simples aquisição de refrigerante contendo inseto em seu interior, sem que seu conteúdo tenha sido ingerido ou, ao menos, que a embalagem tenha sido aberta, não é fato capaz de, por si só, provocar dano moral" (STJ-4ª T., REsp 747.396, Min. Fernando Gonçalves, j. 9.3.10, DJ 22.3.10). No mesmo sentido: STJ-3ª T., REsp 1.395.647, Min. Ricardo Cueva, j. 18.11.14, 3 votos a 2, DJ 19.12.14.

"Quebra de restaurações nos dentes em decorrência de **corpo estranho** existente em biscoito *waffle*. Existência de danos morais. Quebra das restaurações nos dentes atingiu patamar de dano moral indenizável, a ser fixado com moderação" (JTJ 323/465: AP 482.531.4/4-00). "A aquisição de produto de gênero alimentício contendo em seu interior corpo estranho, expondo o consumidor a risco concreto de lesão à sua saúde e segurança, ainda que não ocorra a ingestão de seu conteúdo, dá direito à compensação por dano moral, dada a ofensa ao direito fundamental à alimentação adequada, corolário do princípio da dignidade da pessoa humana. Hipótese em que se caracteriza defeito do produto (art. 12, CDC), o qual expõe o consumidor a risco concreto de dano à sua saúde e segurança, em clara infringência ao dever legal dirigido ao fornecedor, previsto no art. 8º do CDC" (STJ-3ª T., REsp 1.424.304, Min. Nancy Andrighi, j. 11.3.14, 3 votos a 2, DJ 19.5.14). Em sentido semelhante: RT 899/216 (TJSP, AP 994.09.285.304-5, maioria; o voto vencido entendia não haver dano moral no caso: "impossibilidade de se indenizar danos hipotéticos ou eventuais, que apenas ocorreriam se o consumidor tivesse ingerido o corpo estranho ou se ferido"), RF 397/535 (TJRS, AP 70023003627, maioria; o voto vencido dava pela inexistência de dano moral, pois "o menor nada sofreu, não mastigou nem engoliu dito parafuso"), JTJ 343/546 (AP 658.788-4/3-00). **Todavia:** "A simples aquisição de bolachas do tipo 'água e sal', em pacote no qual uma delas se encontrava com objeto metálico que a tornava imprópria para o consumo, sem que houvesse ingestão do produto, não acarreta dano moral apto a ensejar reparação" (STJ-4ª T., REsp 1.131.139, Min. Luis Felipe, j. 16.11.10, DJ 1.12.10). "Não há dano moral na hipótese de aquisição de gênero alimentício com corpo estranho no interior da embalagem se não ocorre a ingestão do produto, considerado impróprio para consumo, visto que referida situação não configura desrespeito à dignidade da pessoa humana, desprezo à saúde pública ou mesmo descaso para com a segurança alimentar" (STJ-3ª T., REsp 1.537.730-AgRg, Min. João Otávio, j. 15.3.16, DJ 28.3.16).

"Ação indenizatória a danos morais. Ingestão de refrigerante contaminado com soda cáustica. Danos morais evidentes" [RT 916/1.008: TJMG, AP 1.0079.08.447043-8/001(1)].

"Responsabilidade civil. **Produto estragado.** Impróprio para o consumo. Dano moral configurado" (JTJ 329/443: AP 477.550-4/9-00). No mesmo sentido: JTJ 331/359 (AP 479.901.4/6-00);

— a **incapacidade para o trabalho** desencadeada por doença profissional, mais especificamente por lesões por esforço repetitivo (STJ-4ª T., REsp 329.094, Min. Aldir Passarinho Jr., j. 4.4.02, DJU 17.6.02). "A incapacidade temporária em razão de lesão por esforços repetitivos traz aflições e angústias que exacerbam os fatos da naturalidade da vida, a considerar o lapso de tempo em que a pessoa deixou de movimentar os seus membros, ou utilizá-los de forma irrestrita, sofrendo limitações no seu cotidiano" (STJ-3ª T., REsp 1.005.978, Min. Massami Uyeda, j. 12.4.11, DJ 27.4.11);

— "**déficit auditivo,** causado por ambiente de trabalho ruidoso, autoriza a condenação do empregador por danos morais, ainda que não haja perda ou redução da capacidade laborativa do empregado" (STJ-3ª T., REsp 972.791, Min. Gomes de Barros, j. 24.3.08, DJU 13.5.08);

— a **demissão** motivada, implicitamente, pelo fato de a empregada ser portadora do vírus HIV (STJ-3ª T., REsp 1.049.189, Min. Nancy Andrighi, j. 21.8.08, DJ 5.9.08);

— o **assédio moral no ambiente de trabalho** (RJTJERGS 269/251: AP 70021081609; 274/359: AP 70024192254). **Todavia:** "O assédio moral está vinculado ao abuso ou desvio de poder de autoridade superior ou de empregador para expor o empregado ou servidor em nítida e repetida exposição ao ridículo, objetivando humilhá-lo ou vexá-lo no exercício de suas atribuições funcionais. Não configuração. Remoção do servidor e imposição de novas metas de trabalho em ambiente cordial não legitima o vício do assédio moral" (JTJ 357/358: AI 990.10.363984-7);

— o "**atraso no embarque de viagem** internacional, sendo certo que o dano moral decorre da demora ou dos transtornos suportados pelo passageiro e da negligência da empresa" (RSTJ 137/352). "Inobstante a infraestrutura dos modernos aeroportos ou a disponibilização de hotéis e transporte adequados, tal não se revela suficiente para elidir o dano moral quando o atraso no voo se configura excessivo, a gerar pesado desconforto e aflição ao passageiro, extrapolando a situação de mera vicissitude, plenamente suportável" (STJ-4ª T., REsp 732.982, Min. Aldir Passarinho Jr., j. 20.6.06, DJU 19.3.07). "A postergação da viagem superior a quatro horas constitui falha no serviço de transporte aéreo contratado e gera o direito à devida assistência material e informacional ao consumidor lesado, independentemente da causa originária do atraso. O dano moral decorrente de atraso de voo prescinde de prova e a responsabilidade de seu causador opera-se *in re ipsa*" (STJ-3ª T., REsp 1.280.372, Min. Ricardo Cueva, j. 7.10.14, DJ 10.10.14). No mesmo sentido: RT 904/316 (TJGO, AP 146955-0/188), 937/846 (TJPB, AP 200.2009.046870-9/001). **Todavia:** "No caso, ocorreu dissabor que não rende ensejo à reparação por dano moral, decorrente de mero atraso de voo, sem maiores consequências, de menos de oito horas — que não é considerado significativo —, havendo a companhia aérea oferecido alternativas razoáveis para a resolução do impasse" (STJ-4ª T., REsp 1.269.246-AgRg, Min. Luis Felipe, j. 20.5.14, DJ 27.5.14).

"A ocorrência de problema técnico é fato previsível, não caracterizando hipótese de caso fortuito ou de força maior, de modo que cabe indenização a título de dano moral pelo atraso de voo e **extravio de bagagem**. O dano decorre da demora, desconforto, aflição e dos transtornos suportados pelo passageiro, não se exigindo prova de tais fatores" (STJ-RT 869/188: 4ª T., REsp 612.817). No mesmo sentido: STJ-3ª T., AI 442.487-AgRg, Min. Gomes de Barros, j. 25.9.06, DJU 9.10.06.

"O impedimento de voo em virtude de ***overbooking***, por si só, já é capaz de ensejar a reparação por danos morais" (STJ-4ª T., REsp 628.828, Min. Cesar Rocha, j. 20.4.04, DJU 4.10.04);

— o passageiro que sofre **acidente de trânsito** (v. art. 734, nota 3b);

— "Não tendo a **instituição de ensino** alertado os alunos, entre eles as recorrentes, acerca do risco (depois concretizado) de impossibilidade de registro do diploma quando da conclusão do curso, o dano moral daí decorrente pode — e deve — ser presumido. Não há como negar o sentimento de frustração e engodo daquele que, após anos de dedicação, entremeado de muito estudo, privações, despesas etc., descobre que não poderá aspirar a emprego na profissão para a qual se preparou, tampouco realizar cursos de especialização, pós-graduação, mestrado ou doutorado, nem prestar concursos públicos; tudo porque o curso oferecido pela universidade não foi chancelado pelo MEC. Some-se a isso a sensação de incerteza e temor quanto ao futuro, fruto da possibilidade de jamais ter seu diploma validado. Há de se considerar, ainda, o ambiente de desconforto e desconfiança gerados no seio social: pais, parentes, amigos, conhecidos, enfim, todos aqueles que convivem com o aluno e têm como certa a diplomação. A demora, na hipótese superior a dois anos, expõe ao ridículo o 'pseudoprofissional', que conclui o curso mas vê-se impedido de exercer qualquer atividade a ele correlata" (STJ-3ª T., REsp 631.204, Min. Nancy Andrighi, j. 25.11.08, maioria, DJ 16.6.09) "Danos materiais e morais. Contrato de prestação de serviços educacionais. Curso de Pós-graduação *stricto sensu* em Educação sem recomendação da CAPES e sem reconhecimento e registro pelo MEC" (JTJ 326/541: AP 7.144.705-7). No mesmo sentido: STJ-4ª T., REsp 1.101.664, Min. Marco Buzzi, j. 7.2.13, DJ 28.2.13; JTJ 328/408 (AP 7.125.520-2), 348/296 (AP 992.05.058048-4), 371/256 (AP 132619-21.2005.8.26.0000). **Todavia:** "Curso superior não reconhecido pelo MEC. Circunstância previamente informada aos alunos. Possibilidade de exercer a profissão com registro provisório do aluno no conselho profissional regional. Dano moral. Ausência" (STJ-3ª T., REsp 1.230.135, Min. Nancy Andrighi, j. 4.12.12, DJ 11.12.12). "Mestrado. Curso. Registro. Ausência. Consumidor. Mesmo que a entidade de ensino seja a única responsável pelo insucesso na obtenção do reconhecimento do curso, o aluno que o realiza consciente da falta de registro assume o risco de não obter a titulação, nada havendo a indenizar" (JTJ 325/654: EI 462.433-5/6-01, maioria);

— "Quem tem sua **casa afetada por ato ilícito** de terceiro sofre não mero incômodo, mas verdadeiro dano moral indenizável" (JTJ 334/599: AP 1.189.912-0/4; a citação é do voto do relator).

"Ação de compensação por danos morais. Acidente em obras do Rodoanel Mário Covas. Necessidade de desocupação temporária de residências. Dano moral *in re ipsa*" (STJ-3ª T., REsp 1.292.141, Min. Nancy Andrighi, j. 4.12.12, DJ 12.12.12). No mesmo sentido: STJ-4ª T., REsp 1.376.449, Min. Antonio Ferreira, j. 18.6.13, maioria, DJ 30.8.13.

"A autora, idosa de 81 anos, vendo o esforço de uma vida sendo destruído pela invasão de sua morada por dejetos de lama e água decorrentes do rompimento da barragem, tendo que deixar a sua morada às pressas, afetada pelo medo e sofrimento de não mais poder retornar (diante da iminência de novo evento similar), e pela angústia de nada poder fazer, teve ofendida sua dignidade, acarretando abalo em sua esfera moral" (STJ-4ª T., REsp 1.374.342, Min. Luis Felipe, j. 10.9.13, DJ 25.9.13);

— "Condena-se ao pagamento de indenização por dano moral o responsável por apartamento de que se origina infiltração não reparada por longo tempo por desídia, provocadora de constante e intenso sofrimento psicológico ao vizinho, configurando **mais do que mero transtorno ou aborrecimento"** (STJ-3ª T., REsp 1.313.641, Min. Sidnei Beneti, j. 26.6.12, DJ 29.6.12);

— "Quem durante três meses tenta corrigir um lançamento equivocado de débito em sua conta-corrente, e ao longo desse período é tratado com descaso pelos funcionários da instituição financeira, tem **mais do que um mero aborrecimento;** sofre um ataque a sua dignidade pessoal, e a consequente dor moral" (STJ-3ª T., REsp 291.978, Min. Ari Pargendler, j. 24.4.07, DJU 21.5.07);

— "A situação tratada nos autos **não pode ser classificada como mero aborrecimento** ou mera consequência de descumprimento contratual, dado o enorme espaço de tempo (6 meses) entre a comunicação do defeito ao supermercado recorrente e a troca do produto, bem como as condições pessoais da vítima e a imprescindibilidade do bem por ela adquirido (fogão), sendo devida, pois, a reparação por danos morais" (STJ-3ª T., REsp 1.002.801, Min. Massami Uyeda, j. 4.5.10, DJ 14.5.10);

— a demora no conserto de veículo, que trouxe como consequência o descumprimento e a rescisão de contrato de transporte, **extrapolando** a ideia de **mero aborrecimento** (STJ-3ª T., AI 667.131-AgRg, Min. Ari Pargendler, j. 17.5.07, DJU 18.6.07);

— "O defeito apresentado por veículo zero-quilômetro e sanado pelo fornecedor, via de regra, se qualifica como mero dissabor, incapaz de gerar dano moral ao consumidor. Todavia, a partir do momento em que o defeito extrapola o razoável, essa situação gera sentimentos que **superam o mero dissabor** decorrente de um transtorno ou inconveniente corriqueiro, causando frustração, constrangimento e angústia, superando a esfera do mero dissabor para invadir a seara do efetivo abalo psicológico. Hipótese em que o automóvel adquirido era zero-quilômetro e, em apenas 6 meses de uso, apresentou mais de 15 defeitos em componentes distintos, parte dos quais ligados à segurança do veículo, ultrapassando, em muito, a expectativa nutrida pelo recorrido ao adquirir o bem" (STJ-3ª T., REsp 1.395.285, Min. Nancy Andrighi, j. 3.12.13, DJ 12.12.13). Em sentido semelhante: STJ-4ª T., Ag em REsp 385.994-AgRg, Min. Isabel Gallotti, j. 25.11.14, DJ 10.12.14;

— "aquisição de veículo usado que, antes do fim do prazo de garantia, passou a apresentar falhas mecânicas. Diversas idas e vindas à oficina mecânica da concessionária apelante. Hipótese de dano moral *in re ipsa*, sendo certo que os fatos **ultrapassaram,** em muito, o simples inadimplemento contratual e os **meros aborrecimentos** da vida cotidiana" (RT 883/319: TJRJ, AP 2009.001.04185);

— “O ajuizamento da **demanda indevida** (ação de reintegração de posse) e a **perda da posse do veículo** constituem causas suficientes para desencadear abalo emocional sério a justificar a correspondente reparação” (RT 876/210: TJSP, AP 1.056.781-0/2; a citação é do voto do relator);

— a perda de bem por **evicção,** “haja vista que **desapossado** de seu **instrumento de trabalho (caminhão)** por vício jurídico no direito transmitido. É natural presumir que eventos dessa natureza sejam capazes de abalar a honra subjetiva e a objetiva do arrendatário, razão suficiente para reconhecer a ocorrência de dano moral indenizável” (STJ-4ª T., REsp 1.133.597, Min. Luis Felipe, j. 22.10.13, DJ 28.2.14);

— a não realização de viagem prometida em programa de televisão para o vencedor de um **sorteio** (RF 394/400);

— “graves defeitos na prestação do serviço de **pacote turístico**” (STJ-4ª T., REsp 888.751, Min. Raul Araújo, j. 25.10.11, DJ 27.10.11). Na mesma linha, em caso de não entrega pela agência de turismo dos **ingressos** para os jogos da **Copa do Mundo** de futebol, que faziam parte do pacote comprado pelo consumidor: JTJ 315/246 (AP 883.305-0/8);

— a **queda** do consumidor em estabelecimento comercial, causadora de fratura e ocasionada pelo **chão molhado** e pela falta de advertência a esse respeito (RT 869/395). V. tb., no nosso CCLCV, CDC 14, nota 3b;

— “Se não faz o pagamento da indenização correspondente ao sinistro sob o fundamento de que o furto teria sido **simulado** (o veículo estaria fora do país), sem provar esse fato no âmbito da ação de cobrança do seguro (julgada procedente), a seguradora responde pelo dano moral” (STJ-3ª T., REsp 996.012, Min. Ari Pargendler, j. 15.5.08, DJU 6.6.08);

— o constrangimento sofrido com o **travamento de porta giratória** de estabelecimento bancário, acompanhado por disparo de alarme sonoro (STJ-3ª T., REsp 504.144, Min. Nancy Andrighi, j. 6.6.03, DJU 30.6.03). “A porta giratória e o eventual detector de metais que guarnecem a entrada de estabelecimento bancário não constituem, por si só, elementos tendentes ao malferimento dos direitos personalíssimos. O atentado à personalidade ocorre se, como no caso, profissional responsável pela segurança bancária excede os limites da boa convivência, agindo com arrogância, de forma a violar o direito à dignidade que a Constituição de 1988 alça a direito fundamental” (JTJ 328/350: AP 566.083-4/0-00). “Travamento da porta giratória. Cliente que não consegue, mesmo se despojando dos objetos metálicos, acesso ao interior do banco, por conduta impositiva da preposta do banco. Conduta da preposta de vincular a liberação à condição de correntista da agência discriminatória. Autora que levantou sua blusa para demonstrar que não carregava metais e, diante da manutenção da recusa, chamou a polícia” (JTJ 336/251: AP 523.928.4/3-00). Considerando a ocorrência de sucessivos travamentos, por cerca de 30 minutos, para a caracterização do dano: RT 850/367. Levando em conta para a caracterização do dano o fato de o consumidor ter ficado retido na porta giratória, da qual somente pôde sair para ingressar na agência com a chegada da Polícia Militar, e ter sofrido crise de hipertensão: RT 870/353. Para situações em que o travamento da porta não extrapola a normalidade, v. nota seguinte;

— a **acusação desarrazoada e ofensiva de furto em loja** de roupas, havendo condução do acusado à delegacia de polícia (STJ-4ª T., AI 566.114-AgRg, Min. Barros Monteiro, j. 4.5.04, DJU 2.8.04). Entendendo que a acusação de furto também é lesiva quando a conduta dos funcionários na abordagem do cliente é “desnecessária, excessiva e altamente ofensiva”: JTJ 300/148. Para casos em que essa abordagem é feita com razoabilidade, v. nota seguinte. S/ disparo de alarme antifurto, v. tb. nota seguinte;

— o **“bloqueio de linha de celular decorrente da cobrança indevida** de fatura já quitada” (STJ-4ª T., REsp 590.753, Min. Cesar Rocha, j. 18.3.04, DJU 13.9.04). Em sentido semelhante, no caso de linha de telefone fixo indevidamente desligado: JTJ 319/233 (AP 920.413-0/6);

— o **corte indevido de energia elétrica** de consumidor (RJM 168/140; RMDECC 51/136: TJSP, AP 9265890-65.2008.8.26.0000). “A suspensão ilegal do fornecimento do serviço dispensa a comprovação de efetivo prejuízo, uma vez que o dano moral nesses casos opera-se *in re ipsa,* em decorrência da ilicitude do ato praticado” (STJ-1ª T., Ag em REsp 484.166-AgRg, Min. Napoleão Maia Filho, j. 24.4.14, DJ 8.5.14). Ainda: “A falta de aviso prévio do corte de energia por atraso de pagamento causa dano moral indenizável” (STJ-3ª T., REsp 905.213, Min. Gomes de Barros, j. 27.3.08, DJU 19.5.08). Todavia, v. nota seguinte;

— a **falha dos Correios** na entrega contratada (v., no nosso CCLCV, CDC 14, nota 7a);

— o indevido **envio de produto** ao consumidor (v., no nosso CCLCV, CDC 39, nota 2c);

— o **encerramento** unilateral e imotivado de **conta corrente** pelo banco (v., no nosso CCLCV, CDC 39, nota 4b);

— "a **impossibilidade de saque**, pelo autor da demanda, de economias de longos anos, **redirecionada pela instituição financeira** recorrente, sem autorização do cliente, de conta poupança, aplicação presumivelmente segura, para fundo de investimento no Banco Santos S/A, em liquidação extrajudicial e com ativos bloqueados" (STJ-4ª T., REsp 1.194.699-AgRg, Min. Isabel Gallotti, j. 22.5.12, DJ 29.5.12);

— a negligência do banco, que permite que terceiro de má-fé realize saques e obtenha crédito em nome de correntista: "O **esvaziamento da conta da correntista** é ato objetivamente capaz de gerar prejuízo moral, pelo sentimento de angústia que causa ao consumidor" (STJ-3ª T., REsp 835.531, Min. Sidnei Beneti, j. 7.2.08, DJU 27.2.08);

— "Não é lícito ao banco valer-se do salário do correntista, que lhe é confiado em depósito, pelo empregador, para cobrir saldo devedor de conta-corrente. Cabe-lhe obter o pagamento da dívida em ação judicial. Se nem mesmo ao Judiciário é lícito penhorar salários, não será a instituição privada autorizada a fazê-lo. Ainda que expressamente ajustada, a **retenção** integral do **salário** de correntista com o propósito de honrar débito deste com a instituição bancária enseja a reparação moral" (STJ-3ª T., REsp 1.021.578, Min. Nancy Andrighi, j. 16.12.08, DJ 18.6.09);

— a perda de **bens** de **valor sentimental**, subtraídos do cofre do banco (STJ-4ª T., REsp 1.080.679, Min. Luis Felipe, j. 13.12.11, DJ 1.2.12; JTJ 315/173: AP 1.029.632-0/5). **Todavia:** "Incabível a indenização por dano moral no caso, pois não demonstra apego sentimental quem oferece joias em **penhor,** mesmo sendo bem de família, pois assume a possibilidade de perdê-las em leilão, caso não resgatadas no prazo, ou mesmo num sinistro, tal como ocorreu no caso dos autos" (RT 900/370: TRF-4ª Reg., AP 0002558-98.2007.404.7000). V. tb. art. 927, nota 6e;

— os transtornos resultantes do **extravio do talonário de cheques** (v., no nosso CCLCV, CDC 14, nota 9);

— "A relação instituição bancária/cliente, para fins de obtenção de crédito, vantagens e tratamento privilegiado, tem como elemento essencial a confiança, que é conquistada pelo correntista ao longo do tempo, pela avaliação de dados como a pontualidade, capacidade econômica, idoneidade, e outros mais. Destarte, ocorrendo inadimplência por longo tempo, ainda que contornada, posteriormente, através de transação que abateu parte da dívida, natural que haja um abalo no *status* então já alcançado, o que justifica a atitude do banco em suprimir certos benefícios anteriores e negar a concessão de novos créditos internamente, no âmbito da própria instituição, sem com isso incidir em prática ilícita. Extrapola, no entanto, essa faculdade, o **bloqueio de talonário de cheques da correntista,** porquanto é direito do cliente a livre movimentação, de modo usual, seguro e cômodo, do saldo positivo que mantém junto ao banco, e sobre o qual não pesam quaisquer restrições legais ou de ordem judicial, de modo que a restrição injustamente imposta pelo réu causa constrangimento e fere direitos suscetíveis de reparação" (STJ-4ª T., REsp 732.189, Min. Aldir Passarinho Jr., j. 9.3.10, DJ 12.4.10);

— a **devolução indevida de cheque** (v. Súmula 388 do STJ, na nota 2);

— a **antecipada** e prejudicial apresentação do **cheque pré-datado** (v. **Súmula 370 do STJ** na nota 2);

— "Conquanto o cheque constitua ordem de pagamento à vista, essa regra cede nas hipóteses em que sua emissão se destine a garantir uma obrigação, tendo em vista que o credor só adquire a titularidade plena do título — e do crédito nele contido — se houver o inadimplemento da prestação caucionada pelo emitente. Enseja dano moral a conduta do hospital que exige do filho **cheque caução** para o custeio do tratamento emergencial da mãe — o que, hoje, configura crime punido com detenção e multa —, e realiza o **depósito** do título no dia seguinte, antes mesmo de a paciente receber alta, causando a indevida devolução por ausência de provisão de fundos" (STJ-3ª T., REsp 1.297.904, Min. Nancy Andrighi, j. 7.8.14, DJ 19.8.14);

— o **protesto de duplicata sem causa,** caso em que a indenização é devida pelo banco que recebeu o título por endosso e o enviou ao cartório, ressalvado seu direito de regresso contra o endossante (STJ-RT 789/188);

— o **protesto de título já quitado** (STJ-RT 797/222; STJ-4ª T., REsp 173.124, Min. Cesar Rocha, j. 11.9.01, DJU 19.11.01);

— "o **protesto** efetivado **sem** que haja **notificação** do devedor relativamente à **cessão de crédito**" (RT 851/304);

— a **irregular inscrição** ou **manutenção** de nome em **cadastro de inadimplentes** (v., no nosso CCLCV, CDC 43, notas 2 e segs.);

— "o **ajuizamento indevido de execução fiscal,** quando ficar provado ter ocorrido abalo moral" (STJ-RDPr 30/358: 2ª T., REsp 773.470; no caso, os valores objeto da execução já haviam sido pagos). No mesmo sentido: STJ-1ª T., REsp 904.330, Min. Luiz Fux, j. 16.10.08, DJ 3.11.08; Bol. AASP 2.566. **Contra:** JTJ 328/287 (AP 679.349-5/8-00, maioria);

— o ajuizamento de **execução** que caracteriza **exercício irregular de direito** (STJ-3ª T., REsp 1.245.712, Min. João Otávio, j. 11.3.14, DJ 17.3.14);

— "o **pedido abusivo de falência** gera dano moral, porque a violação, no caso, é *in re ipsa*. Ou seja, a configuração do dano está ínsita à própria eclosão do fato pernicioso, não exigindo, pois, comprovação" (STJ-RDDP 92/126: 3ª T., REsp 1.012.318);

— "Responsabilidade civil. Danos morais. **Ação judicial intentada contra homônimo.** Lesão configurada" (RT 876/350: TJRN, AP 2008.003840-5)";

— a **publicação indevida de fotografia de uma pessoa,** com intuito comercial ou não, pois isso, de regra, "causa desconforto, aborrecimento ou constrangimento, não importando o tamanho desse desconforto, aborrecimento ou constrangimento; desde que ele exista, há o dano moral, que deve ser reparado" (STF-RF 364/325). V. tb. notas ao art. 20;

— o **uso indevido da imagem da pessoa** (RSTJ 68/358, STJ-RT 714/253, STJ-RF 331/226), hipótese em que "o ressarcimento se impõe pela só constatação de ter havido a utilização sem a devida autorização. O dano está na utilização indevida para fins lucrativos, não cabendo a demonstração do prejuízo material ou moral" (RSTJ 116/215 e STJ-RT 760/212), ressalvada a retratação acidental (STJ-RJ 268/74). "Ação de reparação de danos materiais cumulada com compensação por danos morais. Utilização de imagem após extinto contrato de cessão de uso. Dano moral *in re ipsa*" (STJ-3ª T., REsp 1.337.961, Min. Nancy Andrighi, j. 3.4.14, maioria, DJ 3.6.14);

— o **"uso da imagem da autora em 'pegadinha'** de programa popular, sem a sua autorização" (JTJ 346/206: AP 687.034.4/0-00). No mesmo sentido: RT 928/909 (TJSP, AP 0177097-03.2008.8.26.0100);

— "compensam-se os danos morais do fabricante que teve seu **direito de identidade** lesado pela **contrafação** de seus produtos" (STJ-RDDP 77/156: 3ª T., REsp 1.032.014), "sendo prescindível que os produtos contrafeitos tenham sido expostos ao mercado. A importação de produtos identificados por marca contrafeita, ainda que não expostos ao mercado consumidor interno, encerra hipótese de dano *in re ipsa*" (STJ-3ª T., Ag em REsp 986.843-AgInt-EDcl, Min. Marco Bellizze, j. 16.5.17, DJ 26.5.17);

— **"Violação de correspondência.** Extrato de FGTS endereçado ao recorrente e enviado à sede da recorrida, sua ex-empregadora. Utilização da correspondência violada para instrução da defesa em reclamação trabalhista. Ofensa às garantias constitucionais do sigilo da correspondência e da proteção à intimidade. Dano moral configurado" (STJ-3ª T., REsp 1.025.104, Min. Nancy Andrighi, j. 27.4.10, DJ 13.5.10);

— "a prática de **ofensas verbais** caracteriza lesão à honra e à imagem subjetiva do ofendido, restando configurado o dano moral" (RT 871/425: TJMG, AP 1.0471.06.067611-4/001);

— os **insultos pessoais lançados por político:** "As palavras dos parlamentares que não tenham sido proferidas no exercício e nem em consequência do mandato, não estão abrangidas pela imunidade material. É que há de existir, entre a atividade de parlamentar e as declarações do congressista, nexo causal" (STF-RF 378/259: 2ª T., RE 226.643). No mesmo sentido: "Ação promovida por prefeita contra vereador. Palavras ofensivas em sessão solene. Prática não abrangida pela imunidade parlamentar. Indenização devida" (RT 867/185). Ainda: "A crítica entre políticos que desvia para ofensas pessoais, atribuindo a prática de mentir ao adversário, causa dano moral, porque mentir é conduta socialmente desabonadora. Não se deve confundir, por consequência, liberdade de expressão com irresponsabilidade de afirmação" (STJ-3ª T., REsp 801.249, Min. Nancy Andrighi, j. 9.8.07, DJU 17.9.07). Também, fazendo "distinção entre direito de crítica a fato objetivo e imputação difamatória, sem qualquer lastro em fato concreto": RT 884/111 (TJSP, AP 575.762-4). **Todavia:** "Responsabilidade civil de parlamentar por opiniões manifestadas em sua casa legislativa. Impossibilidade. Imunidade material. Art. 53 da Constituição. É absoluta a inviolabilidade dos parlamentares por quaisquer de suas opiniões, palavras e votos, quando emitidos no âmbito da casa legislativa" (STF-RT 904/177: 2ª T., Ag 681.629-AgRg). "A imunidade material, também denominada 'inviolabilidade parlamentar', é preceito de ordem pública, prevista no artigo 53, *caput*, da Constituição Federal, e exclui a possibilidade jurídica de responsabilização civil do membro do Poder Legislativo, por danos eventualmente resultantes de suas manifestações, orais ou escritas, desde que motivadas pelo desempenho do mandato (prática *in officio*) ou externadas em razão deste (prática *propter officium*)" (STJ-4ª T., REsp 734.218, Min. Luis Felipe, j. 28.6.11, DJ 5.9.11). "Dano moral. Vereador. Inviolabilidade material prevista no art. 29, VIII, da CF. Obrigação de indenizar. Inadmissibilidade. Inviolabilidade que não está restrita ao campo penal, ilidindo a responsabilidade civil. Pronunciamento do réu conexo ao exercício do mandato" (JTJ 322/2.701: AP 335.785.4/4-00);

— imputações que **extrapolam a natural exposição** a que está sujeita a **pessoa pública,** como a irresponsável atribuição a político de relacionamento extraconjugal e da consequente paternidade de uma criança fora do casamento (STJ-3ª T., REsp 1.025.047, Min. Nancy Andrighi, j. 26.6.08, DJ 5.8.08);

— a utilização de **linguagem excessiva e desnecessária por advogado** (v. art. 927, nota 5c);

— "A **apresentação de notícia-crime** perante a autoridade competente, com a respectiva indicação do acusado, constitui, em regra, exercício regular de direito e, portanto, não sujeita o denunciante à responsabilização por danos sofridos pelo acusado. Poderá o denunciante ser responsabilizado, entretanto, se o seu **comportamento doloso ou culposo** contribuiu de forma decisiva para a imputação de crime não praticado pelo acusado" (STJ-3ª T., REsp 470.365, Min. Nancy Andrighi, j. 2.10.03, DJU 1.12.03). No mesmo sentido: STJ-4ª T., REsp 1.040.096, Min. Aldir Passarinho Jr., j. 8.2.11, DJ 22.2.11. Todavia, para situações em que a notícia do delito não gera dano moral, v. nota seguinte;

— a **"matéria jornalística** fundada em inquérito policial", que leva à "quebra de sigilo judicial com a identificação dos autores" e é dotada de "conteúdo sensacionalista que lhes apontou como autores de delitos", produzindo **"ofensa à honra e à intimidade"** (JTJ 300/175, maioria). Ainda: "Matéria publicada abrangeu fato que não teve a participação do autor. Jornal deu destaque ao genitor do preso por ser este delegado de polícia. Réu rememorou episódio em que já tinha havido desfecho judicial sem nenhuma condenação ao autor. Direito de informação que não pode afetar aspectos íntimos da pessoa, inclusive abrangendo fatos fora do contexto" (JTJ 314/195: AP 309.812-4/3-00). Também condenando o órgão de imprensa em situações parecidas: RP 164/326 e RMDCPC 23/128 (TJSP, AP 498.727.4/0-00, com excelente voto vista do Des. Ênio Zuliani), RF 388/346. Todavia, para situações em que a matéria não extrapola o dever de informar e o direito à informação, v. nota seguinte. V. tb. art. 927, nota 3a. S/ matéria jornalística ofensiva e reparação do dano, v. ainda nota 4d;

— "a **notícia inverídica** veiculada pela imprensa acarreta dano moral" (STJ-3ª T., AI 721.492-AgRg, Min. Ari Pargendler, j. 24.4.07, DJU 21.5.07);

— a **ilícita escuta de conversas telefônicas** — "grampo" (RT 850/250).

Art. 186: 4. De acordo com a jurisprudência, **não configura dano moral:**

— "Para se **presumir** o dano moral pela simples comprovação do ato ilícito, esse ato deve ser objetivamente capaz de acarretar a dor, o sofrimento, a lesão aos sentimentos íntimos juridicamente protegidos. Hipótese em que, não obstante ser incontroversa a ocorrência do ato ilícito, não restou comprovado que de tal ato adveio qualquer consequência capaz de configurar o dano moral que se pretende ver reparado" (STJ-3ª T., REsp 968.762, Min. Sidnei Beneti, j. 3.6.08, DJU 20.6.08; caso de **uso fraudulento dos dados** de clientes pela instituição financeira);

— **a morte de amigo:** "Somente os parentes afetados ou abalados psicologicamente pelo evento ilícito podem postular a respectiva reparação. Ilegitimidade da autora para postular danos morais em face do falecimento dos amigos" (JTJ 319/193: AP 7.115.474-2);

— **a morte de noiva:** "Responsabilidade civil. Legitimidade para o ajuizamento de ação indenizatória de danos morais por morte. Noivo. Ilegitimidade ativa. Necessária limitação subjetiva dos autorizados a reclamar compensação. 'O noivo não possui legitimidade ativa para pleitear indenização por dano moral pela morte da noiva, sobretudo quando os pais da vítima já intentaram ação reparatória na qual lograram êxito, como no caso'" (STJ-4ª T., REsp 1.076.160, Min. Luis Felipe, j. 10.4.12, RT 924/767);

— o **abandono afetivo** do pai, por não caracterizar ato ilícito (STJ-RT 849/228: 4ª T., REsp 757.411, um voto vencido). No mesmo sentido: RT 905/249 (TJSP, AP 990.10.038606-9, maioria), RJTJERGS 283/261 (AP 70044341360).

"O mero não reconhecimento da paternidade sem que indique conduta ilícita ou mesmo intenção deliberada de prejudicar, não dá ensejo a indenização por dano moral" (JTJ 309/176). No mesmo sentido: RT 866/322, 887/241 (TJSP, AP 545.352.4/5, maioria), 925/875 (TJSP, AP 9094157-31.2008.8.26.0000). **Todavia**, entendendo possível em tese o dano moral por abandono afetivo, mas negando a indenização no caso concreto: STJ-3ª T., REsp 1.557.978, Min. Moura Ribeiro, j. 3.11.15, DJ 17.11.15; RBDFS 13/93 (TJSP, AP 410.524-4/0-00).

Negando a indenização por dano moral em razão do abandono afetivo, mas concedendo-a por conta do abandono material: RBDFS 25/99 (TJSC, AP 2011.043951-1; maioria, com comentário de Rodrigo da Cunha Pereira).

Contra: "O *non facere*, que atinge um bem juridicamente tutelado, leia-se, o necessário dever de criação, educação e companhia — de cuidado — importa em vulneração da imposição legal, exsurgindo, daí, a possibilidade de se pleitear compensação por danos morais por abandono psicológico. Apesar das inúmeras hipóteses que minimizam a possibilidade de pleno cuidado de um dos genitores em relação à sua prole, existe um núcleo mínimo de cuidados parentais que, para além do mero cumprimento da lei, garantam aos filhos, ao menos quanto à afetividade, condições para uma adequada formação psicológica e inserção social" (STJ-3ª T., REsp 1.159.242, Min. Nancy Andrighi, j. 24.4.12, um voto vencido, RT 922/511; com comentário de José Fernando Simão). No mesmo sentido: RT 934/755 (TJMG, AP 1.0144.11.001951-6/001).

"Autor abandonado pelo pai desde a gravidez da sua genitora e reconhecido como filho somente após propositura de ação judicial. Discriminação em face dos irmãos. Abandono moral e material caracterizados. Abalo psíquico" (JTJ 326/498, RBDFS 7/100 e Bol. AASP 2.575: TJSP, AP 511.903-4/7-00). Condenando, por abandono moral e material, o genitor que se esquivava de realizar o exame de DNA na ação de investigação de paternidade: "Ação ajuizada em 21.9.98, quando a autora contava com 22 anos. Genitor que se esquivou de realizar o exame de DNA, prolongando o julgamento da lide até 2007. Conduta que configura abandono moral e material. Dever de alimentar que, em tese, se estende até os 24 anos, momento em que, em geral, os jovens concluem curso superior. Interregno de dois anos que deve ser considerado para estabelecimento do valor da indenização" (RBDFS 35/91: TJSP, AP 0006041-21.2010.8.26.0361; com comentário do Des. Jones Figueiredo Alves).

Ainda contra, em caso de adoção: "Tendo os pais adotivos abandonado o menor, devolvendo-o ao abrigo, não tendo demonstrado sequer um mínimo de esforço para se reaproximarem da criança, patente o dever de indenizar, não só porque o filho foi privado do convívio de seus pais, mas, primordialmente, de sua irmã de sangue, de quem sente muita saudade. Negligenciando os requeridos na criação e educação do adotado, mormente por terem ciência de que a adoção somente foi concedida para possibilitar o convívio entre irmãos, ferindo, assim, o princípio constitucionalmente assegurado da dignidade da pessoa humana, cabe-lhes indenizar a criança pelos danos sofridos" (RBDFS 26/110: TJMG, AP 5686482-90.2009.8.13.0702).

S/ prescrição da pretensão indenizatória nessas circunstâncias, v. art. 189, nota 6.

"Responsabilidade civil por abandono afetivo: a valoração do elo perdido ou não consentido", por Lizete Peixoto Xavier Schuh (RBDF 35/53); "Família: do autoritarismo ao afeto. Como e a quem indenizar a omissão do afeto?", por Maria Isabel Pereira da Costa (RBDF 32/20 e RMDCPC 5/58); "Descumprimento do dever de convivência familiar e indenização por danos à personalidade do filho", por Cláudia Maria Silva (RBDF 25/122); "Abandono moral. Fundamentos da responsabilidade civil", por Nehemias Domingos de Melo (RSDCPC 34/31); "Da reparação do dano existencial ao filho decorrente do abandono paterno-filial", por Claudete Carvalho Canezin (RBDF 36/71); "Danos morais em família? Conjugalidade, parentalidade e responsabilidade civil", por Maria Celina Bodin de Moraes (RF 386/183); "Responsabilidade civil na relação paterno-filial", por Giselda Maria Fernandes Novaes Hironaka (RMDCPC 1/50); "Dano moral nas ações de filiação", por Lauane Gomes Braz Andrekowisk (RDPr 25/181); "Dano moral por abandono: monetarizando o afeto", por Ivone M. Candido Coelho de Souza (RBDFS 13/60); "Direito de família e responsabilidade civil", por Ênio Santarelli Zuliani (RJ-Lex 54/77, RMDCPC 45/68); "Responsabilidade civil por abandono afetivo", por Rodrigo da Cunha Pereira (RBDFS 29/5); "O princípio da solidariedade e algumas de suas aplicações ao direito de família — abandono afetivo e alimentos", por Flávio Tartuce (RBDFS 30/5, RJ-Lex 60/165);

— a mera **propositura de ação negatória de paternidade** (RJTJERGS 272/246: AP 70023551245);

— eventos atrelados a **noivado, casamento, separação ou divórcio:** "Na ruptura da relação conjugal, mesmo havendo denúncia de descumprimento dos deveres maritais, não há falar em reparação por dano moral" (RBDF 38/154).

"A traição e a geração de um filho fora do casamento, por si só, não acarretam o dever de indenização por dano moral" (RT 889/362: TJRS, AP 70026482075). No mesmo sentido: RJTJERGS 273/189 (AP 70021802244).

"O desfecho unilateral de relacionamento de sete anos, dois meses antes da data que seria a do casamento, por desamor, não constitui ato ilícito ou de ofensa ao princípio da dignidade humana, quando, como na hipótese, representou a formalização do fim de caso pelo descontentamento de uma das partes. Ocorrência usual na sociedade, criando expectativas, frustrações, alegrias e tristezas que são típicas da dinâmica da vida sentimental. Indenização impossível de ser concedida" (JTJ 329/384: AP 335.762.4/0-00). Em sentido semelhante: RT 846/252, 901/283 (TJMG, AP 1.0024.08.158.390-8/001), RBDF 36/121, RJM 185/140 (AP 1.0325.06.000495-0/001), JTJ 344/500 (AP 464.115-4/4-00), 352/496 (AP 994.05.069622-5). Ainda: "Rompimento de noivado não caracteriza, por si, ato ilícito. Indenização que somente se justifica quando o rompimento é seguido de ato ofensivo à honra do noivo abandonado" (JTJ 303/237). Também: "Frustração na expectativa de casamento não dá suporte ao dano moral. Autodeterminação deve sobressair. Vida sentimental caracteriza livre escolha. Término de relacionamanto amoroso, mesmo que cesse a alegria e origine tristeza, é insuficiente para dar amparo à verba reparatória pleiteada" (JTJ 336/345: AP 374.906-4/3-00).

Contra, em matéria de separação: "Responde pela indenização o cônjuge responsável exclusivo pela separação" (STJ-RF 363/240 e RJ 285/96: 3ª T., REsp 37.051, maioria).

✎ "Direito de família e responsabilidade civil", por Ênio Santarelli Zuliani (RJ-Lex 54/77, RMDCPC 45/68); "Esponsais: o rompimento do afeto e o dever de indenizar", por Thiago Rodovalho dos Santos (RJ-Lex 55/156);

— "o **inadimplemento do contrato,** por si só, pode acarretar danos materiais, mas, em regra, não dá margem ao dano moral, que pressupõe ofensa anormal à personalidade. Embora a inobservância das cláusulas contratuais por uma das partes possa trazer desconforto ao outro contratante — e normalmente o traz — trata-se, em princípio, do desconforto a que todos podem estar sujeitos, pela própria vida em sociedade. Com efeito, a dificuldade financeira, ou a quebra da expectativa de receber valores contratados, não tomam a dimensão de constranger a honra ou a intimidade, ressalvadas situações excepcionais" (STJ-4ª T., REsp 765.326, Min. Quaglia Barbosa, j. 28.8.07, DJU 17.9.07). No mesmo sentido: STJ-3ª T., REsp 723.729, Min. Nancy Andrighi, j. 25.9.06, DJU 30.10.06 (caso em que a seguradora não pagou o valor total previsto em lei); STJ-RT 899/131 (4ª T., REsp 795.027; "recusa da seguradora, entretanto, que se insere no âmbito da discussão do contrato, não chegando a caracterizar má-fé por parte da ré a ensejar indenização por danos morais"); STJ-3ª T., REsp 1.595.145, Min. Nancy Andrighi, j. 15.12.16, DJ 6.2.17 ("cancelamento de voo adquirido em pacote turístico"). Ainda, ponderando que a previsão de cláusula penal na avença denuncia que seu descumprimento era algo até previsto pelas partes: RT 839/346.

"O atraso na entrega de unidade imobiliária na data estipulada não causa, por si só, danos morais ao promitente-comprador" (STJ-3ª T., REsp 1.642.314, Min. Nancy Andrighi, j. 16.3.17, DJ 22.3.17). Em sentido semelhante: STJ-4ª T., Ag em REsp 677.950-AgInt, Min. Isabel Gallotti, j. 14.3.17, DJ 20.3.17.

"O simples descumprimento do dever legal ou contratual, por caracterizar mero aborrecimento, em princípio, não configura dano moral, salvo se da infração advém circunstância que atinja a dignidade da parte" **(Enunciado n. 25 do I Encontro JECSP,** Bol. AASP 2.554).

"A mera recusa ao pagamento de indenização decorrente de seguro obrigatório não configura dano moral" **(Enunciado n. 24 do I Encontro JECSP,** Bol. AASP 2.554).

Todavia: "Conquanto a jurisprudência do STJ seja no sentido de que o mero inadimplemento contratual não ocasiona danos morais, tal entendimento, todavia, deve ser excepcionado nas hipóteses em que da própria descrição das circunstâncias que perfazem o ilícito material é possível extrair consequências bastante sérias de cunho psicológico, que são resultado direto do inadimplemento culposo. No presente processo, o pedido de compensação por danos morais declinado pela recorrente não tem como causa o simples inadimplemento contratual, mas também o fato de a recorrida ter fechado suas instalações no local da contratação (Estado do Rio de Janeiro) sem lhe dar quaisquer explicações a respeito de seu novo endereço e/ou da não construção do imóvel. Essa particularidade é relevante, pois, após a recorrente ter frustrado o seu direito de moradia, pelo inadimplemento do contrato de compra e venda de casa pré-moldada, o descaso da recorrida agravou a situação de angústia da recorrente. A conduta da recorrida violou, portanto, o princípio da dignidade da pessoa humana, pois o direito de moradia, entre outros direitos sociais, visa à promoção de cada um dos componentes do Estado, com o insigne propósito instrumental de torná-los aptos de realizar os atributos de sua personalidade e afirmar a sua dignidade como pessoa humana. Diante dessas circunstâncias que evolveram o inadimplemento contratual, é de se reconhecer, excepcionalmente, a ocorrência de danos morais" (STJ-3ª T., REsp 1.025.665, Min. Nancy Andrighi, j. 23.3.10, DJ 9.4.10). Em sentido semelhante: STJ-4ª T., REsp 830.572, Min. Luis Felipe, j. 17.5.11, DJ 26.5.11.

"Quanto à entrega da unidade imobiliária em conformação distinta da contratada — já que as chaves entregues referiam-se à unidade sem vista para o mar e sem uma suíte — impossível não se reconhecer a existência de abalo moral compensável, pois ultrapassa o simples descumprimento contratual" (STJ-3ª T., REsp 1.634.751, Min. Nancy Andrighi, j. 14.2.17, DJ 16.2.17);

— "o mero **atraso** na conclusão da obra" atrelada a **compromisso de compra e venda** (JTJ 309/95);

— "**cobrança indevida** feita por intermédio de cartas, sem que houvesse a negativação do nome da autora nos cadastros restritivos, não tem o condão de gerar humilhação, vexame ou abalo exacerbado e que extrapole a normalidade do cotidiano, pelo que não há falar-se em dano moral" (RF 378/311). Em sentido semelhante: STJ-3ª T., Ag em REsp 720.484-AgRg, Min. Ricardo Cueva, j. 10.5.16, DJ 16.5.16; STJ-4ª T., Ag em REsp 736.251-AgInt, Min. Antonio Ferreira, j. 7.6.16, DJ 13.6.16; STJ-2ª T., REsp 1.660.588, Min. Herman Benjamin, j. 18.4.17, DJ 2.5.17; JTJ 314/202 (AP 930.904-0/0), 329/403 (AP 7.095.043-9);

— a **cobrança excessiva de emolumentos** (v., no nosso CCLCV, Lei 9.492, de 10.9.97, art. 37, nota 1);

— **mero dissabor,** tal qual involuntário equívoco que obstrui a efetivação de contrato de seguro de automóvel (RSTJ 150/382); "involuntária falha no sistema *on line*" que inviabiliza a compra por cartão de crédito (STJ-4ª T., REsp 403.919, Min. Cesar Rocha, j. 15.5.03, DJU 4.8.03); desfazimento do negócio de compra e venda, ante a ausência de aval, legitimamente exigido pelo vendedor (JTJ 315/203: AP 993.718-0/0); "atraso da oficina na entrega de automóvel que lhe foi confiado para conserto" (STJ-3ª T., REsp 401.636-EDcl-AgRg, Min. Gomes de Barros, j. 25.9.06, DJU 16.10.06); desconformidade entre as informações constantes do manual do proprietário e as efetivas características do veículo (RT 856/296); aquisição de veículo que apresenta sucessivos defeitos (STJ-3ª T., REsp 628.854, Min. Castro Filho, j. 3.5.07, DJU 18.6.07); "aquisição de veículo novo com defeito" (STJ-4ª T., REsp 1.232.661-EDcl, Min. Isabel Gallotti, j. 11.12.12, DJ 4.2.13); defeito no ar-condicionado de veículo (STJ-4ª T., REsp 750.735, Min. Aldir Passarinho Jr., j. 4.6.09, um voto vencido, DJ 17.8.09); "indevido acionamento de *air bag*" (STJ-3ª T., REsp 1.329.189, Min. Nancy Andrighi, j. 13.11.12, DJ 21.11.12); lançamento indevido na fatura do cartão de crédito (RT 886/288: TJRJ, AP 2009.001.12476-AgRg); "aplicação de vacina vencida" (STJ-3ª T., Ag em REsp 869.188-AgInt-AgInt, Min. Marco Bellizze, j. 9.3.17, DJ 21.3.17). Para situações em que um fato ordinário acaba tomando proporção que extrapola a noção de mero aborrecimento, v. nota anterior;

— "a **infiltração** ocorrida **no apartamento** dos ora recorrentes" (STJ-3ª T., REsp 1.234.549, Min. Massami Uyeda, j. 1.12.11, DJ 10.2.12). No mesmo sentido: STJ-4ª T., Ag 1.331.848-AgRg, Min. Isabel Gallotti, j. 6.9.11, DJ 13.9.11;

— "Não obstante o inegável incômodo, o **envio de mensagens eletrônicas em massa — SPAM** — por si só não consubstancia fundamento para justificar a ação de dano moral, notadamente em face da evolução tecnológica que permite o bloqueio, a deletação ou simplesmente a recusa de tais mensagens" (STJ-4ª T., REsp 844.736, Min. Honildo Castro, j. 27.10.09, maioria, DJ 3.9.10);

— o simples **apontamento do título para protesto:** "A fase preliminar em cartório de protesto, iniciada com a protocolização do título ou documento de dívida pelo credor, não gera, imediatamente, a lavratura do protesto, a qual será realizada em momento posterior, franqueada ao devedor a possibilidade de pagar a dívida ou pedir judicialmente a sustação. Nessas circunstâncias, em regra, não tendo sido efetivamente lavrado ou registrado o protesto do título, descabe indenização por dano moral" (STJ-4ª T., REsp 1.005.752, Min. Luis Felipe, j. 26.6.12, DJ 2.8.12). "Se a notificação do devedor, prevista no art. 14 da Lei n. 9.492/97, for feita por portador do Tabelionato ou por correspondência, não há publicidade do apontamento do título para protesto e, por isso, não causa danos morais" (STJ-3ª T., REsp 604.620, Min. Nancy Andrighi, j. 1.9.05, um voto vencido, DJU 13.3.06). "O apontamento de título a protesto, sem qualquer publicidade nem a efetivação da medida, não acarreta danos morais, mas mero dissabor, ainda que a sustação tenha ocorrido em decorrência de ação cautelar" (RT 863/284). No mesmo sentido: JTJ 321/1.570 (AP 962.795-0/8). **Contra:** "O apontamento de título para protesto, ainda que sustada a concretização do ato por força do ajuizamento de medida cautelar pelo autor, causa alguma repercussão externa e problemas administrativos e financeiros internos, tais como necessidade de constituir, de pronto, advogado para sustar o protesto, geradores, ainda que em pequena expressão, de dano moral, que se permite, na hipótese, presumir em face de tais circunstâncias, gerando direito a ressarcimento que deve, de outro lado, ser fixado moderadamente, como na espécie o foi, evitando-se enriquecimento sem causa da parte atingida pelo ato ilícito" (STJ-4ª T., REsp 1.044.003, Min. Aldir Passarinho Jr., j. 16.6.09, DJ 4.8.09);

— a falta de **cancelamento** do registro de **protesto** após o pagamento (STJ-3ª T., AI 878.773-AgRg, Min. Sidnei Beneti, j. 11.3.08, DJU 1.4.08), providência que fica a cargo do devedor (v. Lei 9.492, de 10.9.97, art. 26, nota 1, no nosso CCLCV, tít. PROTESTO DE TÍTULOS);

— **"bloqueio de cartão magnético clonado.** Cautela destinada a impedir a superveniência de danos ao autor e a terceiros. Incômodo que não enseja indenização. Não ocorrência de ofensa a direitos de personalidade" (JTJ 334/230: AP 1.263.926-4);

— **"transferência indevida de valor da conta corrente.** Estorno no primeiro dia útil seguinte à comunicação. Ausência de indício de ofensa a direitos da personalidade. Incômodo que não enseja indenização" (JTJ 330/449: AP 1.130.130-5);

— "a **denegação de** concessão de **financiamento** por instituição financeira não constitui, *de per si*, ato ilícito, destacadamente por configurar o mútuo um negócio jurídico cuja consolidação é antecedida de um procedimento *interna corporis* objetivo e subjetivo no âmbito do agente econômico, com inúmeras variantes a serem observadas, dentre as quais a liquidez, rentabilidade e segurança" (STJ-4ª T., REsp 1.329.927, Min. Marco Buzzi, j. 23.4.13, DJ 9.5.13);

— "Não comete ato ilícito o comerciante que, recebendo **cheque sem provisão de fundos,** encaminha o nome do emitente para cadastro de proteção ao crédito. Nada impõe ao comerciante o dever de exigir identificação do emitente de cheque, tampouco de fiscalizar se o portador do talonário é mesmo o titular da conta-corrente. Os danos causados à pessoa cujos documentos foram indevidamente utilizados por terceiro para, fraudulentamente, abrir conta-corrente em instituição financeira, não podem ser imputados ao comerciante que recebe pagamento em cheque sem provisão de fundos e encaminha o nome de quem consta no título a cadastro de inadimplentes. O comerciante, no caso, é tão vítima quanto quem perdeu os documentos" (STJ-3ª T., REsp 831.336, Min. Gomes de Barros, j. 6.3.08, DJU 1.4.08);

— simples **deficiência do serviço telefônico** (STJ-3ª T., REsp 731.967, Min. Gomes de Barros, j. 21.11.06, DJU 4.12.06); ou mera **interrupção** deste (STJ-RF 396/401: 3ª T., REsp 846.273-AgRg; STJ-4ª T., REsp 606.382, Min. Cesar Rocha, j. 4.3.04, DJU 17.5.04);

— "Conquanto o usuário tenha resguardado o seu direito ao **fornecimento de energia** por se tratar de débito pretérito, mesmo na hipótese de ter ele **fraudado** o aparelho medidor, não se pode, por outro lado, prestigiá-lo com o recebimento de indenização por um suposto dano moral sofrido em razão de **suspensão do serviço** que se operou em decorrência de sua má-fé. Ou seja, o simples fato de a jurisprudência desta Corte afastar a possibilidade do corte de energia em recuperação de consumo não faturado não tem o condão de outorgar ao usuário, que furtou energia elétrica, o direito a reclamar a responsabilização da companhia fornecedora pelos danos morais eventualmente suportados" (STJ-2ª T., REsp 1.070.060, Min. Mauro Campbell, j. 19.2.09, DJ 25.3.09).

Mais amplamente, no caso de pessoa jurídica: "O mero corte no fornecimento de energia elétrica não é, a princípio, motivo para condenação da empresa concessionária em danos morais, exigindo-se, para tanto, demonstração do comprometimento da reputação da empresa. No caso, a partir das premissas firmadas na origem, não há fato ou prova que demonstre ter a empresa autora sofrido qualquer dano em sua honra objetiva, vale dizer, na sua imagem, conceito e boa fama. O acórdão recorrido firmou a indenização por danos morais com base, exclusivamente, no fato de que houve interrupção no fornecimento do serviço prestado devido à suposta fraude no medidor, que não veio a se confirmar em juízo. Com base nesse arcabouço probatório, não é possível condenar a concessionária em danos morais, sob pena de presumi-lo a cada corte injustificado de energia elétrica, com ilegítima inversão do ônus probatório" (STJ-2ª T., REsp 1.298.689, Min. Castro Meira, j. 9.4.13, DJ 15.4.13).

Todavia, v. nota anterior;

— a **frustração do consumidor** atraído por propaganda inexata, que não o alertava sobre restrição ao número de produtos adquiríveis por cada pessoa (STJ-RF 384/266: 3ª T., REsp 595.734, um voto vencido);

— a **gravidez** após a realização de cirurgia de **laqueadura** (v. art. 951, nota 6);

— o **"convite de revista** feito por vigia de supermercado a suspeito de estar levando produtos de pequeno volume sob suas vestes. Conduta feita sem alarde, em local isolado ao público e com espontânea colaboração do suspeito" (RT 848/284); "divergência no interior de estabelecimento comercial quanto ao pagamento de mercadoria" (JTJ 298/156). No mesmo sentido: RT 903/362 (TRF-2ª Reg., AP 2006.51.01.005241-0), JTJ 300/155. Todavia, para situações em que os funcionários do estabelecimento comercial extrapolam os limites do razoável nessas circunstâncias, v. nota anterior;

— "Se soa o **alarme** e não há indicação de que houve tratamento abusivo de nenhum empregado da **loja,** no caso, o segurança, sequer objeto da queixa da autora, não se pode identificar a existência de constrangimento suficiente para deferir o dano moral. Para que a indenização por dano moral seja procedente é necessário que haja alguma atitude que exponha o consumidor a uma situação de humilhação, de constrangimento, que o acórdão, neste feito, descartou por inteiro" (STJ-RJ 353/141: 3ª T., REsp 658.975). No mesmo sentido: STJ-4ª T., REsp 470.694, Min. Aldir Passarinho Jr., j. 7.2.08, DJU 10.3.08. **Contra:** "O soar de alarme antifurto em estabelecimento comercial de grande porte, chamando a atenção de todos para o cliente que portava mercadorias adquiridas, uma das quais continha etiqueta equivocadamente não destacada no caixa, acarreta dano de ordem moral" (STJ-4ª T., REsp 552.381, Min. Aldir Passarinho Jr., j. 28.9.04, DJU 27.6.05);

— "A demora eventualmente enfrentada na transposição das **portas giratórias** pelos usuários e clientes da instituição financeira, isoladamente, não gera dano moral. A ausência de prova da arrogância ou de qualquer outra conduta excessiva por parte do vigilante da CEF inviabiliza a indenização por danos morais" (RF 397/517: TRF-2ª Reg., AP 2001.51.01.023555-5). No mesmo sentido: RT 860/425, 872/217 (TJSP, AP 541.586-4/3-00), 880/321 (TRF-4ª Reg., AP 2006.71.00.030394-5), JTJ 301/192;

"Autora teve os dedos do pé lesionados ao ter sua passagem impedida pela porta giratória. Comportamento normal e esperado do equipamento, que tinha a segurança que razoavelmente dele poderia esperar o consumidor. Mecanismo de travamento que se incorporou nos usos e costumes. Inexistência de alegação de mau funcionamento ou defeito no equipamento. Equipamento que não eleva de maneira inesperada o risco oferecido aos passantes. Autora que utilizou o equipamento de forma manifestamente inadequada. Responsabilidade das instituições financeiras fica restrita ao limite do uso ordinário do equipamento. Ação improcedente" (RT 887/255: TJSP, AP 640.323.4/6-00).

Para casos em que eventos parecidos com esse deram ensejo a indenização por danos morais, v. nota anterior;

— a **exclusão de um dos sócios** de sociedade comercial pela vontade da maioria (JTJ 297/177);

— **"Lista elaborada por empregador** contendo informações sobre empregados e ex-empregados. Caráter privado. Primado da licitude. Ausência de circulação. Inexistência de danos a serem indenizados. É lícita a confecção por sociedade empresária de lista contendo informações sobre empregados, clientes, fornecedores e outras pessoas com quem manteve ou mantém relacionamento empresarial, desde que para uso próprio da empresa, utilização interna. A divulgação da informação interna é que pode configurar ato ilícito, quando represente ofensa à reputação do atingido, causando-lhe dano moral, passível de reparação" (STJ-4ª T., REsp 1.260.638, Min. Raul Araújo, j. 26.4.16, maioria, DJ 1.6.16);

— a "**publicação de vencimentos** de promotor de justiça via internet em site oficial do Estado" (RSDA 80/36: TJCE, AP 49147882200080600011);

— a **notícia** publicada em jornal com cunho meramente informativo, na qual ocorreu **falha** na designação da data limite para a inscrição em concurso público, em razão de mero erro de digitação, a evidenciar a ausência de dolo ou culpa (RT 867/199);

— a "**notícia** em página policial" que está "de acordo com o registro no boletim de ocorrência policial. **Exercício regular do dever de informar** e do direito à informação" (JTJ 300/181). Ainda: "Não constitui abuso da liberdade de informar o referir que familiares da vítima consideraram ter ocorrido imprudência do motorista do carro que atingiu o pedestre, apesar de o inquérito ter sido arquivado por falta de provas. Exercício regular do direito previsto no art. 220 da CF, não caracterizando, em relação ao jornal, fato produtor de dano indenizável" (RMDECC 23/136: TJSP, AP 495.178-4/2).Também não causa dano o "exercício do direito de opinião sobre assunto de interesse social" (JTJ 307/209). Em sentido semelhante: RJTJERGS 257/250, RT 861/172, 869/227, 869/229, 898/253 (TJAP, AP 0018596-30.2007.8.03.00/01). Para hipótese em que a notícia extrapolou essas noções, v. nota anterior. V. tb. arts. 188, nota 3a, e 927, nota 3a;

— "Salvo casos de má-fé, a ***notitia criminis*** levada à autoridade policial para apuração de eventuais fatos que, em tese, constituam crime, em princípio não dão azo à reparação civil, por constituir regular exercício de direito, ainda que posteriormente venha a ser demonstrada a inexistência de fato ilícito" (RSTJ 172/460, 4ª T.). "Não comete ato ilícito quem, em boa-fé, leva ao conhecimento da autoridade policial fato que, em tese, constitui crime, ainda que posteriormente o inquérito seja arquivado" (STJ-3ª T., AI 846.167-AgRg, Min. Gomes de Barros, j. 18.10.07, DJU 31.10.07). No mesmo sentido: RT 843/320, 860/339, 874/217 (TJSP, AP 527.118.4/6-00), JTJ 300/210, 333/244 (AP 348.817.4/1-00), RJM 179/189. Ainda: "Se a queixa-crime foi recebida e processada, tendo o querelado sido condenado na instância ordinária, descaracterizado está o abuso de direito, nada importando que o acórdão tenha sido cassado no STJ; a aparência do direito, reconhecida pelo tribunal local, elide a responsabilidade civil" (STJ-3ª T., REsp 701.933, Min. Ari Pargendler, j. 3.8.06, DJU 25.6.07). V. tb. art. 188, nota 3. Todavia, para situações em que a apresentação de queixa-crime é lesiva, v. nota anterior;

— "Em princípio, a **ação penal** instaurada pelo MP para apurar a existência ou autoria de um delito se traduz em legítimo exercício de direito, ainda que a pessoa denunciada venha a ser inocentada. Desse modo, para que se viabilize pedido de reparação, é necessário que o dano moral seja comprovado, mediante demonstração cabal de que a instauração do procedimento se deu de forma injusta, despropositada e de má-fé" (RSTJ 186/364, 3ª T.). Em sentido semelhante: STJ-1ª T., Ag em REsp 182.241-AgRg, Min. Ari Pargendler, j. 20.2.14, DJ 28.2.14;

— "A **representação** perante a **OAB,** ausente o propósito inequívoco de ofender, não constitui dano, mas exercício regular do direito" (RT 861/267). No mesmo sentido: RT 870/219;

— "Ausente demonstração de abuso da diretora de escola pública — na apuração de suposto assédio sexual envolvendo duas professoras — não se configura o alegado dano moral decorrente da discriminação em face da opção sexual. Hipótese em que resta demonstrada a atuação da diretora no exercício regular de sua função, ao instaurar o competente **processo administrativo,** atitude que inclusive evita a tomada de decisão arbitrária e a violação ao devido processo legal" (RT 868/310);

— "O **ajuizamento de ação de execução** caracteriza exercício regular de direito, não ensejando, assim, o dever de indenizar por danos morais" (STJ-4ª T., AI 652.824-AgRg, Min. Isabel Gallotti, j. 3.5.12, DJ 9.5.12);

— o ajuizamento de **reclamação trabalhista,** ausente dolo ou abuso de direito (JTJ 316/160: AP 448.895-4/5-00);

— a **decisão judicial** que "desqualifica o testemunho do autor, não o próprio" (JTJ 315/180: AP 466.643-4/8-00).

Art. 186: 4a. "O método mais adequado para um **arbitramento** razoável da indenização por dano extrapatrimonial resulta da reunião dos dois últimos critérios analisados (valorização sucessiva tanto das **circunstâncias** como do **interesse jurídico lesado).** Na primeira fase, arbitra-se o valor básico ou inicial da indenização, considerando-se o interesse jurídico lesado, em conformidade com os precedentes jurisprudenciais acerca da matéria (grupo de casos). Assegura-se, com isso, uma exigência da justiça comutativa que é uma razoável igualdade de tratamento para casos semelhantes, assim como que situações distintas sejam tratadas desigualmente na medida em que se diferenciam. Na segunda fase, procede-se à fixação definitiva da indenização, ajustando-se o seu montante às peculiaridades do caso com base nas suas circunstâncias. Partindo-se, assim, da indenização básica, eleva-se ou reduz-se esse valor de acordo com as circunstâncias particulares do caso (gravidade do fato em si, culpabilidade do agente, culpa concorrente da vítima, condição econômica das partes) até se alcançar o montante definitivo. Procede-se, assim, a um arbitramento efetivamente equitativo, que respeita as peculiaridades do caso" (STJ-3ª T., REsp 959.780, Min. Paulo Sanseverino, j. 26.4.11, DJ 6.5.11; a citação é do voto do relator).

"Critérios de quantificação da indenização que devem atender a determinados balizamentos, que obedeçam ao padrão social e cultural do ofendido, à extensão da lesão do seu direito, ao grau de intensidade do sofrimento enfrentado, às condições pessoais do devedor, ao grau de suportabilidade do encargo pelo último, sem descurar do caráter reparatório, sempre com a preponderância do bom senso e da razoabilidade do encargo" (Ajuris 76/608).

"Na fixação da indenização por danos morais, recomendável que o arbitramento seja feito com moderação, proporcionalmente ao grau de culpa, ao nível socioeconômico dos autores, e, ainda, ao porte da empresa recorrida" (RSTJ 112/216 e STJ-RF 355/201).

"A indenização deve ter conteúdo didático, de modo a coibir reincidência do causador do dano sem enriquecer injustamente a vítima" (STJ-3ª T., REsp 831.584-AgRg-EDcl, Min. Gomes de Barros, j. 24.8.06, DJU 11.9.06).

"Na fixação da indenização por danos morais, recomendável que o arbitramento seja feito caso a caso e com moderação, proporcionalmente ao grau de culpa, ao nível socioeconômico do autor, e, ainda, ao porte da empresa, orientando-se o juiz pelos critérios sugeridos pela doutrina e jurisprudência, com razoabilidade, valendo-se de sua experiência e bom senso, atento à realidade da vida e às peculiaridades de cada caso, de modo que, de um lado, não haja enriquecimento sem causa de quem recebe a indenização e, de outro, haja efetiva compensação pelos danos morais experimentados por aquele que fora lesado" (STJ-2ª Seção, REsp 1.374.284, Min. Luis Felipe, j. 27.8.14, DJ 5.9.14).

"Se uma determinada lesão a bem jurídico atinge mais de uma pessoa e se cada pessoa pleiteou em processo autônomo a reparação de seus direitos, é importante que na fixação do montante da indenização os precedentes específicos já exarados sejam tomados em consideração, em nome do princípio da segurança jurídica, ainda que não provenientes do STJ. É critério razoável, nesse sentido, o do estabelecimento da média das indenizações já fixadas para se encontrar a justa reparação do dano moral causado" (STJ-3ª T., REsp 1.245.527, Min. Nancy Andrighi, j. 14.2.12, DJ 24.2.12).

À luz dessas premissas, **o STJ tem fixado os seguintes valores nas situações mais comuns de indenização por dano moral:**

a) Morte de filho: R$ 1.000.000,00 (aproximadamente 2.150 salários mínimos na época) para a mãe (STJ-3ª T., REsp 1.036.485-EDcl, Min. Nancy Andrighi, j. 12.5.09, DJ 25.5.09); 1.000 salários mínimos para a mãe (STJ-RT 866/152: 4ª T., REsp 737.918; caso especial: vítima estuprada antes da morte); 500 salários mínimos para cada um dos genitores (STJ-4ª T., REsp 745.710, Min. Jorge Scartezzini, j. 5.12.06, dois votos vencidos, DJU 9.4.07); R$ 200.000,00 (aproximadamente 667 salários mínimos na época) para os pais (STJ-3ª T., REsp 659.420, Min. Nancy Andrighi, j. 15.12.05, DJU 1.2.06); R$ 150.000,00 (500 salários mínimos na época) para os pais (STJ-4ª T., REsp 703.878, Min. Jorge Scartezzini, j. 16.8.05, DJU 12.9.05); 500 salários mínimos, sendo 250 para cada um dos genitores (STJ-4ª T., REsp 565.290, Min. Cesar Rocha, j. 10.2.04, DJU 21.6.04); 300 salários mínimos para a mãe (STJ-2ª Seção, ED no REsp 435.157, Min. Gomes de Barros, j. 9.6.04, DJU 28.6.04); R$ 72.000,00 (300 salários mínimos na época) para os pais (STJ-4ª T., REsp 493.453, Min. Ruy Rosado de Aguiar, j. 24.6.03, DJU

25.8.03); 200 salários mínimos para os pais (STJ-1ª T., REsp 419.206, Min. Garcia Vieira, j. 27.8.02, DJU 21.10.02);

— morte de pessoa casada ou em união estável ou de pessoa com filhos: R$ 1.000.000,00 (aproximadamente 2.150 salários mínimos na época) para cada filho (STJ-3ª T., REsp 1.036.485-EDcl, Min. Nancy Andrighi, j. 12.5.09, DJ 25.5.09; no caso, os filhos perderam o pai e a mãe no evento danoso); 700 salários mínimos, sendo 200 para o cônjuge e 125 para cada um dos quatro filhos (STJ-RT 866/154: 4ª T., REsp 753.634); 600 salários mínimos, a serem divididos igualmente pelos quatro autores, cônjuge e três filhos do falecido (STJ-4ª T., REsp 468.934, Min. Fernando Gonçalves, j. 20.5.04, DJU 7.6.04); R$ 180.000,00 (600 salários mínimos na época), sendo R$ 72.000,00 (240 salários mínimos na época) para o cônjuge e R$ 36.000,00 (120 salários mínimos na época) para cada um dos três filhos (STJ-4ª T., REsp 687.567, Min. Cesar Rocha, j. 28.6.05, um voto vencido, DJU 13.3.06); 500 salários mínimos a serem igualmente divididos pelos seis autores, cônjuge e cinco filhos do falecido (STJ-4ª T., AI 727.915-AgRg, Min. Aldir Passarinho Jr., j. 18.5.06, DJU 26.6.06); 300 salários mínimos, sendo 100 para a companheira e 200 para a filha (STJ-2ª T., REsp 515.037, Min. Franciulli Netto, j. 4.9.03, DJU 3.11.03); 150 salários mínimos para cada um dos dois filhos (STJ-2ª T., REsp 1.090.861, Min. Castro Meira, j. 21.5.09, DJ 1.6.09); 100 salários mínimos, para o cônjuge e seus três filhos (STJ-3ª T., REsp 435.719, Min. Nancy Andrighi, j. 19.9.02, DJU 11.11.02).

Ponderação de caráter geral: "Em se tratando de danos morais decorrentes da perda de um ente querido, a condição socioeconômica da vítima ou do beneficiário não é critério para a fixação do valor da compensação; porque, seja qual for a condição socioeconômica da vítima ou do beneficiário, a situação fática que causa dano moral é a mesma para qualquer ser humano, qual seja a perda de uma pessoa querida. Deve-se levar em conta essencialmente a extensão do dano consistente no sofrimento e no abalo psicológico causado pelo falecimento" (STJ-RDDP 53/128: 3ª T., REsp 660.267).

Mais uma: "O sofrimento pela morte de parente é disseminado pelo núcleo familiar, como em força centrífuga, atingindo cada um dos membros, em gradações diversas, o que deve ser levado em conta pelo magistrado para fins de arbitramento do valor da reparação do dano moral" (STJ-2ª T., REsp 1.101.213, Min. Castro Meira, j. 2.4.09, DJ 27.4.09). No caso, afirmou-se o seguinte: "a condenação ao pagamento de danos morais no valor de R$ 114.000,00 para cada um dos pais, correspondendo à época a 300 salários mínimos e de R$ 80.000,00 para cada um dos dois avós não é exorbitante nem desproporcional à ofensa sofrida pelos recorridos, que perderam filha e neta menor".

"Ação reparatória. Danos morais. Acidente de helicóptero que culminou na morte de parente próximo dos embargantes: pai e esposo/companheiro. Fixação da quantia indenizatória de forma global, por núcleo familiar, que trata de forma diferenciada parentes que se encontram substancialmente na mesma situação. Metodologia individual, para fins de estipulação dos danos morais reparatórios, que melhor se coaduna com o teor de uma justa indenização para os familiares embargantes. A fixação de valor reparatório global por núcleo familiar — nos termos do acórdão embargado — justificar-se-ia apenas se a todos os lesados (que se encontram em idêntica situação, diga-se de passagem) fosse conferido igual tratamento, já que inexistem elementos concretos, atrelados a laços familiares ou afetivos, que fundamentem a discriminação a que foram submetidos os familiares de ambas as vítimas. No caso em exame, não se mostra equânime a redução do valor indenizatório, fixado para os embargantes, tão somente pelo fato de o núcleo familiar de seu parente falecido ser mais numeroso" (STJ-Corte Especial, ED no REsp 1.127.913, Min. Napoleão Maia Filho, j. 4.6.14, maioria, RT 949/328).

Caso em que se levou em conta a condição econômica do causador da morte de um filho para fixar para a mãe indenização no valor de R$ 35.000,00 (aproximadamente 68 salários mínimos na época): STJ-3ª T., REsp 1.069.288, Min. Massami Uyeda, j. 14.12.10, DJ 4.2.11.

b) Lesões físicas graves, que, em regra, causam incapacidade total e permanente para o trabalho: R$ 1.140.000,00 (3.000 salários mínimos na época — STJ-RF 395/401: 3ª T., REsp 951.514; caso de vítima tetraplégica); R$ 800.000,00 (aproximadamente 1.927 salários mínimos na época — STJ-3ª T., REsp 1.011.437, Min. Nancy Andrighi, j. 24.6.08, DJ 5.8.08; caso de vítima de 19 anos que sofreu queimaduras de terceiro grau em 30% de seu corpo e amputação do braço direito e da genitália, que ainda recebeu mais R$ 400.000,00 a título de dano estético); R$ 360.000,00 (aproximadamente 947 salários mínimos na época — STJ-1ª T., AI 853.854-AgRg, Min. Denise Arruda, j. 5.6.07, DJU 29.6.07; caso de vítima tetraplégica e em estado vegetativo); 570 salários mínimos (STJ-3ª T., AI

469.137-AgRg, Min. Menezes Direito, j. 8.5.03, DJU 16.6.03; caso de queimadura, que resultou na amputação de parte das mãos e dos pés); 500 salários mínimos (STJ-2ª T., REsp 1.024.693, Min. Eliana Calmon, j. 6.8.09, DJ 21.8.09; caso de pais de filho portador de deficiência mental irreversível); R$ 100.000,00 (aproximadamente 385 salários mínimos na época — STJ-RTDC 25/175: 3ª T., REsp 473.085, dois votos vencidos; caso em que a vítima de acidente ficou tetraplégica);

Diferenciando a indenização para a vítima da lesão grave da indenização para os familiares da pessoa morta: "Quando se indeniza um familiar em decorrência do evento morte, o dano que se visa a reparar é o do sofrimento pela perda de um terceiro, e não a morte, propriamente dita. Já na tetraplegia, é a própria vítima que se busca indenizar" (STJ-RF 395/401: 3ª T., REsp 951.514). No mesmo sentido: STJ-4ª T., REsp 1.281.742, Min. Marco Buzzi, j. 13.11.12, DJ 5.12.12.

Em sentido semelhante: "Morte do filho no parto, por negligência médica, embora ocasione dor indescritível aos genitores, é evidentemente menor do que o sofrimento diário dos pais que terão de cuidar sempre do filho inválido, portador de deficiência mental irreversível" (STJ-2ª T., REsp 1.024.693, Min. Eliana Calmon, j. 6.8.09, DJ 21.8.09).

— lesões físicas razoáveis, causadoras de sequelas e de incapacidade parcial para o trabalho: R$ 360.000,00 (aproximadamente 497 salários mínimos na época — STJ-3ª T., REsp 1.345.471-AgRg-EDcl, Min. Nancy Andrighi, j. 11.2.14, DJ 24.2.14; caso de vítima de 8 anos que teve uma perna amputada); R$ 200.000,00 (aproximadamente 392 salários mínimos na época — STJ-3ª T., REsp 808.601, Min. Sidnei Beneti, j. 12.8.10, DJ 30.8.10; caso de "remoção de um dos olhos e perda de movimentos de um dos braços"); 300 salários mínimos (STJ-2ª T., REsp 343.904, Min. Eliana Calmon, j. 1.10.02, DJU 24.2.03; caso de cegueira de um olho da vítima); R$ 54.000,00 (aproximadamente 225 salários mínimos na época — STJ-3ª T., AI 480.836-AgRg, Min. Castro Filho, j. 9.9.03, DJU 29.9.03; hipótese em que ocorreu cegueira de um olho e deformidade no rosto); R$ 100.000,00 (aproximadamente 215 salários mínimos na época — STJ-4ª T., REsp 799.220, Min. Aldir Passarinho Jr., j. 19.5.09, DJ 8.6.09; no caso, foram amputados por esmagamento três dedos da mão direita da vítima); 200 salários mínimos (STJ-3ª T., AI 479.935-AgRg, Min. Menezes Direito, j. 22.5.03, DJU 30.6.03; hipótese em que houve amputação de dois terços da mão esquerda, ocasionando perda do movimento de pinça); R$ 50.000,00 (aproximadamente 167 salários mínimos na época — STJ-3ª T., REsp 173.927, Min. Pádua Ribeiro, j. 19.5.05, DJU 1.7.05; hipótese em que houve a perda do pé esquerdo de menor por esmagamento); 100 salários mínimos (STJ-2ª T., REsp 509.362, Min. Franciulli Netto, j. 26.6.03, DJU 22.9.03; caso de cegueira de um olho da vítima);

— lesões físicas de pequena monta, que não deixam sequelas e ocasionam incapacidade apenas temporária para o trabalho: R$ 6.000,00 (25 salários mínimos na época — STJ-3ª T., REsp 453.874, Min. Pádua Ribeiro, j. 4.11.03, DJU 1.12.03); 20 salários mínimos (STJ-3ª T., REsp 488.024, Min. Pádua Ribeiro, j. 22.5.03, um voto vencido, DJU 4.8.03).

c) Devolução indevida de **cheque** pelo banco e consequente encerramento da conta-corrente, sem a inscrição do nome do autor nos cadastros de restrição de crédito: R$ 5.000,00 (STJ-4ª T., REsp 577.898, Min. Cesar Rocha, j. 4.12.03, DJU 14.6.04);

— havendo devolução indevida de cheque e inscrição do nome do autor nos cadastros de proteção ao crédito: 50 salários mínimos (STJ-4ª T., REsp 527.414, Min. Barros Monteiro, j. 25.11.03, DJU 16.2.04); R$ 10.000,00 para cada autor (STJ-4ª T., REsp 409.451, Min. Ruy Rosado de Aguiar, j. 6.8.02, DJU 24.2.03); R$ 6.000,00 (STJ-4ª T., REsp 651.443, Min. Jorge Scartezzini, j. 9.11.04, DJU 6.12.04). Apresentação de cheque pré-datado pela empresa credora antes do prazo ajustado, acarretando a sua devolução: 50 salários mínimos (STJ-3ª T., REsp 213.940, Min. Eduardo Ribeiro, j. 29.6.00, DJU 21.8.00);

— fornecimento indevido de talão de cheques, "levando em consideração que se trata de senhora idosa, com problemas de saúde, que foi submetida à investigação policial": 100 salários mínimos (STJ-2ª T., REsp 474.786, Min. Eliana Calmon, j. 1.4.04, DJU 7.6.04). Extravio de folhas de cheque e posterior inscrição em cadastro de proteção ao crédito: 30 salários mínimos (STJ-4ª T., REsp 556.031, rel. Min. Barros Monteiro, j. 27.9.05, DJU 7.11.05).

d) Inscrição indevida do nome do autor em **cadastros restritivos de crédito:** 50 salários mínimos (STJ-3ª T., AI 562.568-AgRg, rel. Min. Pádua Ribeiro, j. 6.5.04, negaram provimento, v.u., DJU 7.6.04, p. 224; STJ-3ª T., REsp 648.486-EDcl-AgRg, rel. Min. Nancy Andrighi, j. 28.6.05, deram provimento, v.u., DJU 1.8.05, p. 449); R$ 20.000,00 (STJ-4ª T., REsp 623.776, Min. Luis Felipe, j. 25.5.10, DJ 8.6.10); R$ 12.000,00 (STJ-3ª T., AI 639.277-AgRg, rel. Min. Menezes Direito, j. 9.5.06, negaram provimento, v.u., DJU 28.8.06, p. 281); R$ 10.000,00 (STJ-4ª T., REsp 679.166, rel. Min. Jorge Scartezzini, j. 26.4.05, deram provimento parcial, v.u., DJU 23.5.05, p. 302); R$ 6.000,00 (STJ-4ª T., REsp 575.166, rel. Min. Fernando Gonçalves, j. 18.3.04, deram provimento parcial, v.u., DJU 5.4.04, p. 273); R$ 5.000,00 (STJ-3ª T., REsp 303.888, rel. Min. Castro Filho, j. 22.11.03, deram provimento, v.u., DJU 28.6.04, p. 300); R$ 3.000,00 (STJ-4ª T., REsp 588.572, rel. Min. Barros Monteiro, j. 20.10.05, deram provimento parcial, v.u., DJU 19.12.05, p. 418); R$ 1.000,00 (STJ-4ª T., REsp 760.841, rel. Min. Jorge Scartezzini, j. 28.3.06, deram provimento, v.u., DJU 8.5.06, p. 232);

— manutenção do nome do autor em cadastros de restrição do crédito, mesmo após a quitação da dívida: R$ 500,00 (STJ-4ª T., REsp 777.004, rel. Min. Jorge Scartezzini, j. 7.2.06, deram provimento, v.u., DJU 6.3.06, p. 412); R$ 2.000,00 (STJ-4ª T., REsp 581.814, rel. Min. Aldir Passarinho Jr., j. 2.12.04, deram provimento parcial, v.u., DJU 4.4.05, p. 316); R$ 3.000,00 (STJ-4ª T., REsp 299.456, rel. Min. Aldir Passarinho Jr., j. 19.12.02, não conheceram, v.u., DJU 2.6.03, p. 299) e R$ 6.000,00 (STJ-4ª T., REsp 511.921, rel. Min. Aldir Passarinho Jr., j. 9.3.04, deram provimento parcial, v.u., DJU 12.4.04, p. 213). Manutenção do nome do autor em cadastro de inadimplentes após a quitação do débito, havendo outros registros em seu nome: R$ 500,00 (STJ-3ª T., REsp 437.234, rel. Min. Nancy Andrighi, j. 19.8.03, deram provimento, v.u., DJU 29.9.03, p. 241) e R$ 3.000,00 (STJ-3ª T., REsp 718.618, rel. Min. Pádua Ribeiro, j. 24.5.05, deram provimento, v.u., DJU 20.6.05, p. 285);

— protesto indevido de título: R$ 20.000,00 (STJ-3ª T., REsp 792.051, Min. Sidnei Beneti, j. 27.5.08, DJU 20.6.08); 50 salários mínimos (STJ-4ª T., REsp 503.892, Min. Aldir Passarinho Jr., j. 5.2.04, DJU 15.3.04); 20 salários mínimos (STJ-4ª T., REsp 575.624, Min. Cesar Rocha, j. 10.2.04, DJU 2.8.04); R$ 1.000,00 (STJ-4ª T., REsp 873.922, Min. Jorge Scartezzini, j. 14.11.06, DJU 11.12.06).

Em todos esses casos, é pertinente a seguinte ponderação: "Critério indenizatório de multiplicação do valor dos títulos por determinado fator que se revela inadequado, por aleatório" (STJ-4ª T., REsp 586.615, Min. Aldir Passarinho Jr., j. 7.11.06, DJU 11.12.06).

Outra ponderação pertinente: "O curto lapso de permanência da inscrição indevida em cadastro restritivo, apesar de não afastar o reconhecimento dos danos morais suportados, deve ser levado em consideração na fixação do valor da reparação" (STJ-3ª T., REsp 994.253, Min. Nancy Andrighi, j. 15.5.08, DJ 24.11.08).

Diretriz firmada pelo STJ: "A existência de outros apontamentos de débito não afasta o dever de indenizar, mas deve refletir sobre a fixação do valor da indenização" (STJ-4ª T., REsp 540.944, Min. Jorge Scartezzini, j. 17.8.04, DJU 17.12.04). No mesmo sentido: STJ-3ª T., REsp 688.547, Min. Menezes Direito, j. 28.11.06, DJU 26.3.07.

e) Acusação indevida de furto em loja de roupas, havendo condução do acusado à delegacia de polícia: R$ 20.000,00 (STJ-4ª T., AI 566.114-AgRg, rel. Min. Barros Monteiro, j. 4.5.04, negaram provimento, v.u., DJU 2.8.04, p. 407).

Ponderação no sentido de que "a conduta cautelosa da empresa ré no caso" implica redução do valor da indenização: STJ-3ª T., REsp 1.073.502-AgRg, Min. Sidnei Beneti, j. 19.2.09, DJ 9.3.09 (no caso, a indenização caiu de R$ 10.000,00 para R$ 3.000,00).

— **falso disparo de alarme antifurto** em estabelecimento comercial: R$ 2.000,00 (STJ-4ª T., REsp 710.876, rel. Min. Fernando Gonçalves, j. 12.12.05, deram provimento, v.u., DJU 1.2.06, p. 566); 10 salários mínimos (STJ-4ª T., REsp 552.381, rel. Min. Aldir Passarinho Jr., j. 28.9.04, deram provimento parcial, v.u., DJU 27.6.05, p. 402);

— **constrangimento** a que foi exposto o autor ao ser barrado em porta giratória de estabelecimento bancário, além de disparo de alarme sonoro: R$ 10.000,00 (STJ-3ª T., REsp 504.144, rel. Min. Nancy Andrighi, j. 6.6.03, deram provimento, v.u., DJU 30.6.03, p. 249);

— prisão indevida do autor, "por **erro judiciário** ou permanência do preso por tempo superior ao determinado na sentença": R$ 30.000,00 (STJ-1ª T., REsp 434.970, rel. Min. Luiz Fux, j. 26.11.02, negaram provimento, v.u., DJU 16.12.02, p. 257).

"O tempo de duração da prisão indevida é fator influente ao cálculo da compensação por danos morais. Considerado que pelo tempo de cárcere, aproximadamente sete horas, a fixação do dano moral em 200 salários mínimos é exorbitante, devendo ser reduzida para a quantia de R$ 10.000,00" (STJ-2ª T., REsp 1.209.341, Min. Humberto Martins, j. 21.10.10, DJ 9.11.10). Ulteriormente, em situação bastante semelhante, a mesma 2ª Turma fixou a indenização em R$ 50.000,00 (STJ-2ª T., REsp 1.147.513, Min. Herman Benjamin, j. 17.8.10, maioria, DJ 28.4.11);

— **exercício irregular do direito de ação,** com busca e apreensão de veículo alienado fiduciariamente, sob o fundamento de suposta inadimplência do autor: redução de R$ 173.067,00 para R$ 13.000,00 (STJ-4ª T., REsp 565.427, rel. Min. Cesar Rocha, j. 15.6.04, deram provimento parcial, v.u., DJU 11.10.04, p. 341).

f) Divulgação, através da **imprensa,** de notícias e matérias caluniosas e ofensivas à **honra da vítima:** R$ 20.000,00 (STJ-3ª T., REsp 1.129.256, Min. Nancy Andrighi, j. 12.8.10, DJ 19.8.10; aproximadamente 39 salários mínimos na época); 200 salários mínimos (STJ-4ª T., REsp 448.604, rel. Min. Aldir Passarinho Jr., j. 6.11.03, DJU 25.2.04, p. 180; STJ-4ª T., REsp 243.093, rel. Min. Sálvio de Figueiredo, j. 14.3.00, DJU 18.9.00, p. 135); 300 salários mínimos (STJ-4ª T., REsp 448.604, rel. Min. Aldir Passarinho Jr., j. 6.11.03, DJU 25.2.04, p. 180; STJ-2ª T., REsp 575.023, rel. Min. Eliana Calmon, j. 27.4.04, DJU 21.6.04, p. 204); 400 salários mínimos (STJ-4ª T., REsp 72.343, rel. Min. Aldir Passarinho Jr., j. 16.8.01, um voto vencido, DJU 4.2.02, p. 363); 500 salários mínimos (STJ-4ª T., REsp 513.057, rel. Min. Sálvio de Figueiredo, j. 18.9.03, DJU 18.9.03, p. 484).

g) Utilização de **imagem** do autor sem sua autorização: R$ 50.000,00 (STJ-2ª Seção, ED no REsp 230.268, rel. Min. Sálvio de Figueiredo, j. 11.12.02, três votos vencidos, DJU 4.8.03, p. 216);

— falsificação e comercialização indevida de produtos do autor (titular da marca): R$ 25.000,00 para cada autor (STJ-3ª T., REsp 466.761, rel. Min. Nancy Andrighi, j. 3.4.03, DJU 4.8.03, p. 295).

h) Recusa indevida de **cobertura de seguro ou plano de saúde:** R$ 150.000,00 (STJ-RT 891/274: 3ª T., REsp 1.119.962; caso em que a demora da seguradora no fornecimento da cobertura resultou na morte do segurado); R$ 50.000,00 (STJ-4ª T., REsp 880.035, Min. Jorge Scartezzini, j. 21.11.06, DJU 18.12.06; STJ-RDPr 38/363: 3ª T., REsp 918.392); R$ 30.000,00 (STJ-3ª T., REsp 313.914, Min. Ari Pargendler, j. 13.2.07, DJU 21.5.07); R$ 20.000,00 (STJ-3ª T., REsp 657.717, Min. Nancy Andrighi, j. 23.11.05, DJU 12.12.05); R$ 12.000,00 (STJ-3ª T., REsp 1.235.714, Min. Nancy Andrighi, j. 22.5.12, DJ 29.5.12); R$ 10.000,00 (STJ-3ª T., REsp 1.035.641, Min. Nancy Andrighi, j. 22.6.10, DJ 3.8.10); R$ 3.000,00 (STJ-3ª T., REsp 1.096.560-EDcl-AgRg, Min. Sidnei Beneti, j. 6.8.09, DJ 23.10.09).

"O arbitramento da indenização em valor correspondente ao décuplo do valor dos materiais utilizados na cirurgia, entretanto, não guarda relação de razoabilidade ou proporcionalidade, devendo ser reduzido" (STJ-3ª T., REsp 1.289.998, Min. Nancy Andrighi, j. 23.4.13, DJ 2.5.13). No caso, reduziu-se o valor da indenização de R$ 46.000,00 para R$ 20.000,00.

i) Cobrança indevida em operação com cartão de crédito: redução para 50 salários mínimos (STJ-4ª T., REsp 467.213, rel. Min. Fernando Gonçalves, j. 3.2.04, DJU 16.2.04, p. 260).

"Contrato de cartão de crédito. Inexistência de contratação. Reiteração por 47 vezes de cobrança indevida. Responsabilização da empresa comercial. Possibilidade. Configurado o dano moral é possível a excepcional revisão do valor da condenação por meio do especial para adequação do 'quantum' excessivo" (STJ-3ª T., Ag em REsp 509.257-AgRg, Min. Moura Ribeiro, j. 23.9.14, DJ 26.9.14). Do voto do relator: "Consideradas as circunstâncias do caso, a ausência de negativação e as condições econômicas das partes, se justifica a excepcional intervenção por meio do especial para reformar o acórdão estadual e reduzir o valor indenizatório para R$ 8.000,00".

j) Extravio de bagagens e atraso de 10 horas de voo internacional: redução para R$ 3.000,00 (STJ-4ª T., REsp 602.014, rel. Min. Cesar Rocha, j. 18.12.03, DJU 14.6.04, p. 237);

— extravio de bagagens em viagem internacional: R$ 20.000,00 (STJ-3ª T., AI 574.867-AgRg, Min. Nancy Andrighi, j. 14.6.04, DJU 28.6.04); R$ 18.000,00 (STJ-3ª T., AI 538.459-AgRg, Min. Nancy Andrighi, j. 6.11.03, DJU 9.12.03). Em viagem nacional: 50 salários mínimos (STJ-4ª T., REsp 156.240, Min. Ruy Rosado de Aguiar, j. 23.11.00, DJU 12.2.01);

— atraso de 8 horas no voo nacional de ida, com pernoite no aeroporto, e 4 horas no voo de volta: R$ 10.000,00 (STJ-3ª T., REsp 1.280.372, Min. Ricardo Cueva, j. 7.10.14, DJ 10.10.14); atraso de 16 horas em voo internacional e pernoite no aeroporto: R$ 8.000,00 por autor (STJ-4ª T., REsp 740.968, Min. Aldir Passarinho Jr., j. 11.9.07, DJU 12.11.07); atraso de, pelo menos, 36 horas em voo internacional, com imprevista conexão em país para o qual os viajantes não possuíam visto de entrada: R$ 6.000,00 (STJ-4ª T., REsp 628.828, Min. Cesar Rocha, j. 20.4.04, DJU 4.10.04; no caso, considerou-se também a ocorrência de *overbooking*); R$ 5.000,00 (STJ-4ª T., REsp 575.486, Min. Cesar Rocha, j. 3.2.04, DJU 21.6.04); atraso de 25 horas em voo internacional, mas sem "ocorrência de maiores transtornos": R$ 2.500,00 por autor (STJ-4ª T., REsp 478.281-AgRg, Min. Cesar Rocha, j. 21.8.03, DJU 28.10.03); atraso de mais de vinte e quatro horas em voo internacional: 332 Depósitos Especiais de Saque, resultantes da conversão de 5.000 francos *poincaré* (STJ-4ª T., REsp 228.684, Min. Fernando Gonçalves, j. 3.8.04, DJU 16.8.04).

Ponderando que "o suporte oferecido pela empresa recorrente para minimizar os transtornos e constrangimentos sofridos pelos autores" implica redução do valor da indenização: STJ-3ª T., AI 1.070.474-AgRg, Min. Sidnei Beneti, j. 19.2.09, DJ 9.3.09 (no caso, a indenização foi reduzida de R$ 12.000,00 para R$ 3.000,00).

— prática de ***overbooking*:** R$ 13.000,00 (STJ-4ª T., AI 720.055-AgRg, Min. Luis Felipe, j. 27.10.09, DJ 16.11.09); R$ 6.000,00 (STJ-4ª T., AI 581.787-AgRg, rel. Min. Barros Monteiro, j. 6.10.05, negaram provimento, v.u., DJU 19.12.05, p. 416); R$ 5.000,00 (STJ-4ª T., REsp 773.486, rel. Min. Fernando Gonçalves, j. 27.9.05, DJU 17.10.05, p. 315);

Art. 186: 4b. Não se admite a fixação da indenização por dano moral em salários mínimos: "A indenização por dano moral não pode ser fixada em salários mínimos, pois a isso se opõe a CF 7º-IV" (STF-RJ 273/84: 1ª T., RE 225.488). "Não se pode utilizar o salário mínimo como fator de indexação do montante estabelecido a título de indenização por dano moral" (STJ-3ª T., REsp 1.245.527, Min. Nancy Andrighi, j. 14.2.12, DJ 24.2.12). No mesmo sentido: STJ-4ª T., REsp 567.844, Min. Jorge Scartezzini, j. 5.10.04, DJU 6.12.04; RJTJERGS 269/302 (AP 70023210651).

Contra: "Indenização por dano moral. Possível a fixação em salários mínimos, a prudente arbítrio do julgador" (STJ-RJTJERGS 218/33: 4ª T., AI 261.760-AgRg). No mesmo sentido: STJ-1ª T., REsp 474.986, Min. José Delgado, j. 10.12.02, DJU 24.2.03; STJ-2ª T., REsp 236.066, Min. Franciulli Netto, j. 4.9.03, DJU 3.11.03; STJ-3ª T., REsp 149.161, Min. Menezes Direito, j. 15.10.98, DJU 19.4.99; JTJ 332/503 (AP 568.182-4/7-00), 348/196 (AP 1.176.336-3; v. p. 199).

Mas, admite-se que o valor do salário mínimo oriente a fixação da indenização, servindo como parâmetro para esta: "Considerando que o salário mínimo tem servido de base para o cálculo de danos morais e estéticos, cumpre ao STJ, na condição de uniformizador da jurisprudência infraconstitucional pátria, manter-se atento à evolução da referida verba, em termos nominais e reais, para que a sua utilização como parâmetro indenizatório não implique distorções" (STJ-3ª T., REsp 1.345.471-AgRg-EDcl, Min. Nancy Andrighi, j. 11.2.14, DJ 24.2.14).

V. tb., no nosso CCLCV, LCM 1º, nota 4-Salário mínimo como parâmetro para a indenização.

Art. 186: 4c. "O fato de a Convenção de Varsóvia revelar, como regra, a indenização tarifada por danos materiais não exclui a relativa aos danos morais. Configurados esses pelo sentimento de desconforto, de constrangimento, aborrecimento e humilhação decorrentes do extravio de mala, cumpre observar a Carta Política da República — incs. V e X do art. 5º, no que se sobrepõe a tratados e convenções ratificados pelo Brasil" (STF-2ª T., RE 172.720, Min. Marco Aurélio, j. 6.2.96, DJU 21.2.97).

"As indenizações tarifadas, previstas na Convenção de Varsóvia e modificações posteriores (Haia e Montreal), não se aplicam ao pedido de reparação de danos morais decorrentes de defeito na prestação de serviço de transporte aéreo internacional" (STJ-3ª T., AI 442.487-AgRg-EDcl, Min. Gomes de Barros, j. 14.11.07, DJU 26.11.07). Ainda: "Não mais prevalece a limitação prevista na Convenção de Varsóvia para a determinação do valor a título de dano moral por atraso de voo, sendo possível a utilização do critério nela previsto como parâmetro indenizatório" (STJ-4ª T., REsp 228.684, Min. Fernando Gonçalves, j. 3.8.04, DJU 16.8.04).

Também afastando os limites da Convenção de Varsóvia em caso de dano moral: RT 809/328, RJM 173/187.

V. tb. Lei 8.078/90, nota 2 (no nosso CCLCV, tít. CONSUMIDOR).

Art. 186: 4d. "A Lei de Imprensa previa a possibilidade de se determinar a publicação das sentenças cíveis e criminais proferidas em causas nas quais se discutissem ofensas perpetradas pela imprensa, no mesmo veículo de comunicação em que a ofensa tivesse sido veiculada. Esse direito não se confunde com o direito de resposta, de modo que ele não encontra fundamento direto na

Constituição Federal. A sobrevivência do direito à publicação da sentença, portanto, deve ser apreciada com os olhos voltados à legislação civil. O princípio da reparação integral do dano não tem alcance suficiente para abranger o **direito à publicação da sentença cível ou criminal**" (STJ-3ª T., REsp 885.248, Min. Nancy Andrighi, j. 15.12.09, DJ 21.5.10).

Art. 186: 4e. "Limitação da reparação por danos morais pelo tribunal de origem à retratação junto à imprensa. A reparação natural do dano moral, mesmo se tratando de pessoa jurídica, não se mostra suficiente para a compensação dos prejuízos sofridos pelo lesado. Concreção do princípio da reparação integral, determinando a imposição de indenização pecuniária como compensação pelos danos morais sofridos pela empresa lesada" (STJ-3ª T., REsp 959.565, Min. Paulo Sanseverino, j. 24.5.11, DJ 27.6.11).

Art. 186: 5. Reconhecendo a ocorrência de **dano moral coletivo:** STJ-RT 919/515 (3ª T., REsp 1.221.756, com comentário de Leonardo Roscoe Bessa).

"Ainda que de forma reflexa, a degradação ao meio ambiente dá ensejo ao dano moral coletivo" (STJ-2ª T., REsp 1.367.923, Min. Humberto Martins, j. 27.8.13, RT 939/428).

"A prática de venda casada por parte de operadora de telefonia é capaz de romper com os limites da tolerância. No momento em que oferece ao consumidor produto com significativas vantagens — no caso, o comércio de linha telefônica com valores mais interessantes do que a de seus concorrentes — e de outro, impõe-lhe a obrigação de aquisição de um aparelho telefônico por ela comercializado, realiza prática comercial apta a causar sensação de repulsa coletiva a ato intolerável, tanto intolerável que encontra proibição expressa em lei. Afastar, da espécie, o dano moral difuso, é fazer tábula rasa da proibição elencada no art. 39, I, do CDC e, por via reflexa, legitimar práticas comerciais que afrontem os mais basilares direitos do consumidor" (STJ-2ª T., REsp 1.397.870, Min. Mauro Campbell, j. 2.12.14, DJ 10.12.14).

"Em razão da inexistência de uma mensagem clara, direta que pudesse conferir ao consumidor a sua identificação imediata (no momento da exposição) e fácil (sem esforço ou capacitação técnica), reputa-se que a publicidade ora em debate, de fato, malferiu a redação do art. 36, do CDC e, portanto, cabível e devida a reparação dos danos morais coletivos" (STJ-4ª T., REsp 1.101.949, Min. Marco Buzzi, j. 10.5.16, maioria, DJ 30.5.16).

"A infidelidade de bandeira constitui prática comercial intolerável, consubstanciando, além de infração administrativa, conduta tipificada como crime à luz do código consumerista (entre outros), motivo pelo qual a condenação do ofensor ao pagamento de indenização por dano extrapatrimonial coletivo é medida de rigor, a fim de evitar a banalização do ato reprovável e inibir a ocorrência de novas lesões à coletividade" (STJ-4ª T., REsp 1.487.046, Min. Luis Felipe, j. 28.3.17, DJ 16.5.17).

"O dano moral sofrido difusamente pela coletividade encontra-se demonstrado em razão do caráter altamente viciante dos jogos de azar, passíveis de afetar o equilíbrio doméstico e comprometer o bem-estar do jogador e de sua família pela compulsão de jogar" (RT 920/836: TRF-1ª Reg., AP 2007.33.11.004852-0).

Todavia, negando sua ocorrência no caso concreto: "Na hipótese em julgamento, não se vislumbram danos coletivos, difusos ou sociais. Da ilegalidade constatada nos contratos de consumo não decorreram consequências lesivas além daquelas experimentadas por quem, concretamente, teve o tratamento embaraçado ou por aquele que desembolsou os valores ilicitamente sonegados pelo plano. Tais prejuízos, todavia, dizem respeito a direitos individuais homogêneos" (STJ-4ª T., REsp 1.293.606, Min. Luis Felipe, j. 2.9.14, DJ 26.9.14).

"Não basta a mera infringência à lei ou ao contrato para a caracterização do dano moral coletivo. É essencial que o ato antijurídico praticado atinja alto grau de reprovabilidade e transborde os lindes do individualismo, afetando, por sua gravidade e repercussão, o círculo primordial de valores sociais. Com efeito, para não haver o seu desvirtuamento, a banalização deve ser evitada. Na hipótese dos autos, até o início de 2008 havia dúvida jurídica razoável quanto à abusividade da negativa de cobertura das próteses ligadas à facectomia nos contratos de assistência à saúde anteriores à edição da Lei 9.656/1998, somente superada com a revisão de entendimento da ANS sobre o tema, de forma que a operadora, ao ter optado pela restrição contratual, não incorreu em nenhuma prática socialmente execrável; tampouco foi atingida, de modo injustificável, a esfera moral da comunidade. Descaracterização, portanto, do dano moral coletivo: não houve intenção deliberada da demandada em violar o ordenamento jurídico com vistas a obter lucros predatórios em detrimento dos interesses transindividuais dos usuários de plano de saúde" (STJ-3ª T., REsp 1.473.846, Min. Ricardo Cueva, j. 21.2.17, DJ 24.2.17).

Contra: "Dano moral coletivo. Necessária vinculação do dano moral à noção de dor, de sofrimento psíquico, de caráter individual. Incompatibilidade com a noção de transindividualidade (indeterminabilidade do sujeito passivo e indivisibilidade da ofensa e da reparação)" (STJ-RDDP 41/134: 1ª T., REsp 598.281, dois votos vencidos).

✎ "Dano moral coletivo: uma análise econômica", por Leandro Martins Zanitelli e Gustavo Brum (Ajuris 114/169); "A indefinição jurisprudencial em face do dano moral coletivo", por Sérgio Augustin e Ângela Almeida (Ajuris 115/269).

Art. 186: 6. "A posição atual e dominante que vigora nesta Corte é no sentido de, embora a violação moral atinja apenas o plexo de direitos subjetivos da vítima, o direito à respectiva indenização **transmite-se com o falecimento do titular do direito,** possuindo o espólio ou os herdeiros legitimidade ativa *ad causam* para ajuizar ação indenizatória por danos morais, em virtude da ofensa moral suportada pelo *de cujus*" (STJ-Corte Especial, ED no REsp 978.651, Min. Felix Fischer, j. 15.12.10, DJ 10.2.11). No mesmo sentido: RSTJ 151/157 e STJ-RT 799/207 (1ª T., REsp 324.886), STJ-RF 366/223 (3ª T., REsp 343.654), RBDF 36/115, JTJ 366/593 (EI 9171896-17.2007.8.26.0000/50000, um voto vencido).

Contra: "Somente aqueles que sofreram, direta ou indiretamente, danos morais, podem pleitear a respectiva reparação, pelo que não se admite que a ação de indenização seja proposta *jure hereditatis.* Na ação de indenização de danos morais, os herdeiros da vítima carecem de legitimidade ativa *ad causam*" (STJ-RF 364/345: 3ª T., REsp 302.029, maioria). No mesmo sentido, mas reconhecendo a carência por falta de interesse de agir: RJM 168/73.

Art. 186: 7. Morte do autor da ação de indenização por danos morais no curso da ação. Se a vítima de danos morais morre no curso da ação, sua posição no processo é ocupada pelo seu espólio ou pelos seus sucessores. Assim: "Se a indenização se faz mediante pagamento em dinheiro, aquele que suportou os danos tinha direito de recebê-la e isso constituiu crédito que integrava seu patrimônio, transmitindo-se a seus sucessores. Possibilidade de os herdeiros prosseguirem com a ação já intentada por aquele que sofreu os danos" (RSTJ 130/299: 3ª T., REsp 219.619). No mesmo sentido: "O herdeiro pode habilitar-se em processo de dano moral ajuizado pelo falecido, uma vez que, ajuizada a ação de dano moral, o direito personalíssimo transforma-se em direito patrimonial" (RJM 199/93: AP 1.0056.08.184184-5/001). Ainda: RSTJ 172/451; STJ-1ª T., REsp 1.028.187, Min. José Delgado, j. 6.5.08, DJU 4.6.08; RT 893/256 (TJBA, AP 26381-1/2009), 896/217 (TJSP, AP 994.09.371365-0), RJ 336/118, JTJ 301/203, 315/160 (AP 312.711-5/3-00).

Contra, considerando intransmissível a ação, também em caso de morte do autor no curso do processo: JTJ 239/242.

Art. 186: 7a. "O **espólio não tem legitimidade** para ajuizar ação de compensação dos **danos morais sofridos pelos herdeiros,** em virtude do falecimento do pai. A legitimidade *ad causam* exsurge, em regra, da identidade subjetiva entre a relação de direito material e a de direito processual, e, por isso, sua ausência acarreta a extinção do processo sem resolução do mérito, por carência de ação, de sorte que não se trata de formalidade que pode ceder em função dos escopos do processo, em homenagem à instrumentalidade, mas de regra cujo descumprimento fulmina o próprio processo" (STJ-Corte Especial, ED no REsp 1.292.983, Min. Nancy Andrighi, j. 1.8.13, DJ 12.8.13).

"Controvérsia acerca da legitimidade ativa do espólio para pleitear reparação por dano moral resultante do sofrimento causado à família do *de cujus* em razão da cobrança e da negativação do nome do falecido decorrentes da utilização indevida de cartão de crédito por terceiro dois anos após o óbito. O espólio carece de legitimidade ativa para ajuizar ação em que se evidencia que o dano moral pleiteado pela família tem como titulares do direito os herdeiros, não por herança, mas por direito próprio deles" (STJ-RT 896/143: 4ª T., REsp 869.970).

Art. 186: 8. "O fator relevante para conferir a **legitimidade** na ação de indenização por danos morais é o sofrimento reportado pelo reclamante. A legitimidade para reclamar danos morais nada tem com a ordem de sucessão hereditária, tendo em vista a natureza extrapatrimonial dos danos morais" (STJ-3ª T., REsp 769.043-AgRg, Min. Gomes de Barros, j. 1.3.07, DJU 19.3.07).

V. tb. nota 3b (morte de parente próximo).

Art. 186: 9. ficando obrigado a reparar o dano (arts. 927 a 954).

Art. 187. Também comete ato ilícito o titular de um direito que, ao exercê-lo, excede manifestamente os limites impostos pelo seu fim econômico ou social, pela boa-fé ou pelos bons costumes.[1 a 8] [Sem dispositivo correspondente no CC/1916.]

Art. 187: 1. "Boa-fé, abuso de direito e o novo Código Civil brasileiro", por Ronnie Preuss Duarte (RT 817/50); "A lesão como forma de abuso de direito", por Camila Lemos Azi (RT 826/38); "A ilicitude derivada do exercício contraditório de um direito: o renascer do *venire contra factum proprium*, por Judith Martins-Costa (RF 376/109 e Ajuris 97/143); "Abuso do direito e o novo Código Civil", por Fábio Pallaretti Calcini (RT 830/27); "A ilicitude e as fontes obrigacionais: análise do art. 187 do novo Código Civil brasileiro", por Maria Cláudia Cachapuz (Ajuris 96/205 e RT 838/114); "Abuso do direito", por José Carlos Barbosa Moreira (RSDCPC 26/125); "Pautas para a interpretação do art. 187 do novo Código Civil", por Ricardo Seibel de Freitas Lima (RT 838/11); "Da cláusula de *estoppel* e sua dinâmica na esfera dos negócios jurídicos privados", por Leonardo Bianchi (RDPr 24/54); "Abuso do direito: ilicitude objetiva no direito privado brasileiro", por Bruno Miragem (RT 842/11); "Figuras parcelares da boa-fé objetiva e *venire contra factum proprium*", por Luciano de Camargo Penteado (RDPr 27/252); "A tutela da confiança em face dos comportamentos contraditórios", por Thiago Luís Santos Sombra (RDPr 33/307); "Exercício do direito e suas limitações: abuso do direito", por Teresa Ancona Lopez (RT 885/49); "Abuso do direito", por Tatiana Bonatti Peres (RDPr 43/9); "Assédio processual", por Gelson Amaro de Souza (RDDP 97/54).

Art. 187: 2. **Enunciado 37 do CEJ:** "A responsabilidade civil decorrente do abuso do direito independe de culpa, e fundamenta-se somente no critério objetivo-finalístico".

Enunciado 362 do CEJ: "A vedação do comportamento contraditório (*venire contra factum proprium*) funda-se na proteção da confiança, tal como se extrai dos arts. 187 e 422 do Código Civil".

Art. 187: 3. s/ boa-fé como critério para interpretação do negócio jurídico, v. art. 113; s/ boa-fé nos contratos, v. art. 422.

Art. 187: 4. "O que efetivamente caracteriza o abuso do direito é o 'anormal exercício', assim entendido aquele que se afasta da ética, da boa-fé, da finalidade social ou econômica do direito, enfim, o que é exercido sem 'motivo legítimo'. Também não basta para configurá-lo o fato de seu exercício causar dano a alguém, o que às vezes é inevitável" (RF 379/329).

Art. 187: 5. "Comete ato ilícito o titular de um direito que, ao exercê-lo, excede manifestamente os limites impostos pelo seu fim econômico ou social, pela boa-fé ou pelos costumes (art. 187 do Código Civil). A recorrente, ao suspender o fornecimento de energia elétrica em razão de um débito de R$ 0,85, não agiu no exercício regular de direito, e sim com flagrante abuso de direito. Aplicação dos princípios da razoabilidade e proporcionalidade" (STJ-1ª T., REsp 811.690, Min. Denise Arruda, j. 18.5.06, DJU 19.6.06).

Art. 187: 6. "Não há, em nosso sistema jurídico, norma que possa ser interpretada de modo apartado aos cânones da **boa-fé**. Ao alienar todos os seus bens, menos um, durante o curso de processo que poderia levá-lo à insolvência, o devedor não obrou apenas em fraude à execução: atuou também com **fraude** aos dispositivos da Lei 8.009/90, uma vez que procura utilizar a proteção conferida pela Lei com a clara intenção de prejudicar credores. Nessas hipóteses, é possível, com fundamento em abuso de direito, afastar a proteção conferida pela Lei 8.009/90" (STJ-3ª T., REsp 1.299.580, Min. Nancy Andrighi, j. 20.3.12, DJ 25.10.12).

Art. 187: 7. "Ação executiva. Desconsideração da personalidade jurídica. Não declaração. Execução proposta contra sócios não devedores. Indenização por danos materiais e morais. A *disregard doctrine* existe como meio de estender aos sócios da empresa a responsabilidade patrimonial por dívidas da sociedade. Todavia, sua aplicação depende da verificação de que a personalidade jurídica esteja servindo como cobertura para abuso de direito ou fraude nos negócios e atos jurídicos (art. 50 do Código Civil). Essa teoria não pode servir como justificativa para que o credor de título executivo judicial ajuíze, a seu alvedrio, ação executiva contra os sócios de empresa sem que eles sejam devedores. Credor de título executivo judicial que propõe ação executiva contra quem sabidamente não é devedor, buscando facilidades para recebimento dos créditos, age no exercício irregular de direito, atraindo a incidência das disposições do art. 574 do CPC" (STJ-3ª T., REsp 1.245.712, Min. João Otávio, j. 11.3.14, DJ 17.3.14).

Art. 187: 8. "Controvérsia: dizer se o manejo de *habeas corpus*, pelo recorrido, com o fito de impedir a interrupção da gestação da primeira recorrente, que tinha sido judicialmente deferida, caracteriza-se como **abuso do direito de ação** e/ou ação passível de gerar responsabilidade civil de sua parte, pelo manejo indevido de tutela de urgência. Diploma legal aplicável à espécie: Código Civil, arts. 186, 187, 188 e 927. Inconteste a existência de dano aos recorrentes, na espécie, porquanto a interrupção da gestação do feto com síndrome de *Body Stalk*, que era uma decisão pensada e avalizada por médicos e pelo Poder Judiciário, e ainda assim, de impactos emocionais incalculáveis, foi sustada pela atuação do recorrido. Necessidade de perquirir sobre a ilicitude do ato praticado pelo recorrido, buscando, na existência ou não — de amparo legal ao procedimento de interrupção de gestação, na hipótese de ocorrência da síndrome de *body stalk* e na possibilidade de responsabilização, do recorrido, pelo exercício do direito de ação — dizer da existência do ilícito compensável. Reproduzidas, salvo pela patologia em si, todos efeitos deletérios da anencefalia, hipótese para qual o STF, no julgamento da ADPF 54, afastou a possibilidade de criminalização da interrupção da gestação, também na síndrome de *body-stalk*, impõe-se dizer que a interrupção da gravidez, nas circunstâncias que experimentou a recorrente, era direito próprio, do qual poderia fazer uso, sem risco de persecução penal posterior e, principalmente, sem possibilidade de interferências de terceiros, porquanto, *ubi eadem ratio, ibi eadem legis dispositio* (onde existe a mesma razão, deve haver a mesma regra de Direito). Nessa linha, e sob a égide da laicidade do Estado, aquele que se arrosta contra o direito à liberdade, à intimidade e a disposição do próprio corpo por parte de gestante, que busca a interrupção da gravidez de feto sem viabilidade de vida extrauterina, brandindo a garantia constitucional ao próprio direito de ação e à defesa da vida humana, mesmo que ainda em estágio fetal e mesmo com um diagnóstico de síndrome incompatível com a vida extrauterina, exercita, abusivamente, seu direito de ação. A sôfrega e imprudente busca por um direito, em tese, legítimo, que, no entanto, faz perecer no caminho, direito de outrem, ou mesmo uma toldada percepção do próprio direito, que impele alguém a avançar sobre direito alheio, são considerados abuso de direito, porque o exercício regular do direito não pode se subverter, ele mesmo, em uma transgressão à lei, na modalidade abuso do direito, desvirtuando um interesse aparentemente legítimo, pelo excesso. A base axiológica de quem defende uma tese comportamental qualquer só tem terreno fértil, dentro de um Estado de Direito laico, no campo das próprias ideias ou nos Órgãos legislativos competentes, podendo neles defender todo e qualquer conceito que reproduza seus postulados de fé, ou do seu imo, havendo aí, não apenas liberdade, mas garantia estatal de que poderá propagar o que entende por correto, não possibilitando, contudo, essa faculdade, o ingresso no círculo íntimo de terceiro para lhe ditar, ou tentar ditar, seus conceitos ou preconceitos. Esse tipo de ação faz medrar, em seara imprópria, o corpo de valores que defende — e isso caracteriza o abuso de direito — pois a busca, mesmo que por via estatal, da imposição de particulares conceitos a terceiros, tem por escopo retirar de outrem, a mesma liberdade de ação que vigorosamente defende para si. Dessa forma, assentado que foi, anteriormente, que a interrupção da gestação da recorrente, no cenário apresentado, era lídimo, sendo opção do casal — notadamente da gestante — assumir ou descontinuar a gestação de feto sem viabilidade de vida extrauterina, há uma vinculada remissão à proteção constitucional aos valores da intimidade, da vida privada, da honra e da própria imagem dos recorrentes (art. 5º, X, da CF), fato que impõe, para aquele que invade esse círculo íntimo e inviolável, responsabilidade pelos danos daí decorrentes" (STJ-3ª T., REsp 1.467.888, Min. Nancy Andrighi, j. 20.10.16, DJ 25.10.16).

Art. 188. Não constituem atos ilícitos:[1] [Dispositivo correspondente no CC/1916: art. 160-*caput*.]

I — os praticados em legítima defesa ou no exercício regular de um direito reconhecido;[2 a 3a] [Dispositivo correspondente no CC/1916: art. 160-I.]

II — a deterioração ou destruição da coisa alheia, ou a lesão a pessoa, a fim de remover perigo iminente.[4-5] [Dispositivo correspondente no CC/1916: art. 160-II.]

Parágrafo único. No caso do inciso II, o ato será legítimo somente quando as circunstâncias o tornarem absolutamente

necessário, não excedendo os limites do indispensável para a remoção do perigo. [Dispositivo correspondente no CC/1916: art. 160 § ún.]

Art. 188: 1. Em matéria criminal, v. CP 23 a 25 e CPP 65.

Art. 188: 2. v. art. 930 § ún.

Art. 188: 2a. "Tendo o réu incorrido em equívoco na interpretação da realidade objetiva que o cercava, supondo existir uma situação de perigo que, aos olhos do homem-médio, se mostra totalmente descabida, sua conduta caracterizou legítima defesa putativa, a qual não exclui a responsabilidade civil decorrente do ato ilícito praticado" (STJ-3ª T., REsp 1.119.886, Min. Nancy Andrighi, j. 6.10.11, maioria, DJ 28.2.12).

V. tb. art. 927, nota 10b.

Art. 188: 3. "O simples fato de noticiar suspeita da prática de delito não obriga o informante a indenizar aquele que responde a inquérito policial ou processo penal e se vê inocentado, salvo nas hipóteses de comprovada má-fé, propósito prejudicial ou notório conhecimento de o fato ser infundado por parte de quem informa, caso contrário, não pode gerar dano o exercício regular de direito" (RT 838/373). V. tb. art. 186, notas 3b e 4.

Art. 188: 3a. "Editorial jornalístico criticando a figura da autora na condução de inquérito policial. Crítica dirigida exclusivamente à conduta funcional da autora, não transbordando para a esfera pessoal. Direito de crítica do réu à pessoa que exerce função pública reconhecido. Manifesto intuito de criticar a atuação funcional da autora, jamais de ofendê-la pessoalmente. Comportamento lícito do órgão de imprensa (art. 188, I, do Código Civil) que não se compraz com a reparação pretendida" (JTJ 355/627: AP 994.09.317760-8). V. tb. arts. 186, notas 3b e 4, e 927, nota 3a.

Art. 188: 4. v. arts. 929 e 930-*caput*.

Art. 188: 5. "Embora a lei declare que o ato praticado em estado de necessidade seja lícito, não libera quem o pratica de reparar o prejuízo que causou, podendo ajuizar ação regressiva posteriormente para se ressarcir das despesas efetuadas" (STJ-4ª T., AI 789.883-AgRg, Min. Quaglia Barbosa, j. 15.5.07, DJU 4.6.07).

Título IV | DA PRESCRIÇÃO E DA DECADÊNCIA[1 a 4]

Capítulo I | DA PRESCRIÇÃO[1]

TÍT. IV: 1. "Decadência e prescrição no novo Código Civil: breves considerações", por Ricardo Ribeiro Campos (Ajuris 93/215, RDPr 17/172 e RJ 320/65); "Da prescrição e da decadência. Seus prazos no Código Civil/02", por Segismundo Gontijo (RJM 165/53); "Prescrição e decadência no novo Código Civil: alguns aspectos relevantes", por Humberto Theodoro Jr. (RSDCPC 23/128); "Distinção científica entre prescrição e decadência. Um tributo à obra de Agnelo Amorim Filho", por Humberto Theodoro Júnior (RT 836/49); "Prescrição e decadência: traços distintivos e aspectos controvertidos no Código Civil", por Roberto Wagner Marquesi (RSDCPC 67/87); "Ensaio sobre decadência, prazo, termo final e extinção de eficácia do negócio jurídico", por Humberto Theodoro Júnior (RJ-Lex 66/18).

TÍT. IV: 2. v., no nosso CCLCV, tít. PRESCRIÇÃO E DECADÊNCIA.

TÍT. IV: 3. Em regra, a prescrição foi relacionada com a proteção de direitos violados e com a correlata ação condenatória (v. art. 189). Já a decadência foi ordinariamente vinculada a direitos potestativos e à respectiva ação constitutiva. Por fim, nem a prescrição nem a decadência têm vínculos muito estreitos com as ações declaratórias, que tendem a ser imprescritíveis.

TÍT. IV: 4. s/ prescrição e decadência no CPC, v. arts. 240 §§ 1º a 4º, 302-IV, 332 § 1º, 487-II e § ún., 525 § 1º-VII, 535-VI, 802. No nosso CPCLPV, v. CPC 224, nota 5.

CAP. I: 1. s/ pretensões **imprescritíveis,** v. art. 205, nota 3.

Seção I | DISPOSIÇÕES GERAIS

Art. 189. Violado o direito, nasce para o titular a pretensão, a qual se extingue, pela prescrição,[1 a 8] nos prazos a que aludem os arts. 205 e 206. [Sem dispositivo correspondente no CC/1916.]

Art. 189: 1. "Novo Código Civil. Pessoas jurídicas, empresário, sociedade, estabelecimento, nome comercial e/ou nome empresarial, perdas e danos e prescrição", por José Carlos Tinoco Soares (RT 798/11); "Notas sobre pretensão e prescrição no sistema do novo Código Civil", por José Carlos Barbosa Moreira (RF 366/199); "Prescrição: liberdade e dignidade da pessoa humana", por Humberto Theodoro Jr. (RDDP 40/64).

Art. 189: 2. Enunciado 14 do CEJ: "1. O início do prazo prescricional ocorre com o surgimento da pretensão, que decorre da exigibilidade do direito subjetivo. 2. O art. 189 diz respeito a casos em que a pretensão nasce imediatamente após a violação do direito absoluto ou de obrigação de não fazer".

"O termo inicial da prescrição surge com o nascimento da pretensão (*actio nata*), assim considerada a possibilidade do seu exercício em juízo. Conta-se, pois, o prazo prescricional a partir da **ocorrência da lesão, sendo irrelevante seu conhecimento pelo titular do direito**" (STJ-1ª Seção, REsp 1.003.955, Min. Eliana Calmon, j. 12.8.09, maioria, DJ 27.11.09).

"O art. 189 do CC/02 consagrou o princípio da *actio nata*, fixando como *dies a quo* para contagem do prazo prescricional a data em que nasce o direito subjetivo de ação por violação de direito, independentemente da efetiva ciência da vítima" (STJ-3ª T., REsp 1.168.336, Min. Nancy Andrighi, j. 22.3.11, DJ 16.9.11).

Beneficiário de seguro de vida e pretensão de recebimento do respectivo valor: "Lapso que começa a fluir do sinistro indenizável (morte do segurado) e não da data em que os beneficiários têm conhecimento do contrato de seguro" (RT 895/269: TJSP, AP 992.09.089368-8).

"Segundo o princípio da *actio nata*, no caso em debate, poderia a autora propor a ação ordinária de cobrança logo que efetuado o pagamento supostamente indevido. Com isso, não interfere na contagem do prazo prescricional a posterior decisão proferida pelo Tribunal de Contas estadual apontando irregularidades no pagamento" (STJ-2ª T., REsp 1.221.314, Min. Castro Meira, j. 27.11.12, DJ 6.12.12).

Todavia: "O termo inicial do prazo prescricional apresenta diferenças de acordo com o direito violado. Se é violada uma obrigação pessoal positiva em que é possível ao titular do direito conhecer da ofensa ao direito no momento em que é perpetrada, o surgimento da pretensão coincide com a violação. Se é descumprida obrigação geral negativa, esse momento é diferido, pois o titular do direito só conhece a violação quando é atingido pelo dano que advém do ato transgressor. Ignorando a parte a lesão a seu direito subjetivo, não há como a pretensão ser demandada em juízo. O termo *a quo* do prazo prescricional é a data em que o lesado tomou conhecimento da existência da violação ao seu direito de propriedade" (STJ-3ª T., REsp 1.400.778, Min. João Otávio, j. 20.2.14, DJ 30.5.14).

"O termo *a quo* do prazo prescricional inicia-se a partir do momento em que é possível ao titular do direito reclamar contra a situação injurídica" (STJ-2ª T., REsp 661.520, Min. João Otávio, j. 23.10.07, DJU 6.12.07).

"Ignorando a parte que em seu corpo foram deixados instrumentos utilizados em procedimento cirúrgico, a lesão ao direito subjetivo é desconhecida e não há como a pretensão ser demandada em juízo. O termo *a quo* do prazo prescricional é a data em que o lesado tomou conhecimento da existência do corpo estranho deixado no seu abdome" (STJ-4ª T., REsp 1.020.801, Min. João Otávio, j. 26.4.11, DJ 3.5.11).

"As instâncias ordinárias, soberanas no exame do contexto fático-probatório, concluíram que, embora o acidente tenha ocorrido em 12 de fevereiro de 1990, os danos na coluna cervical da vítima protraíram-se no tempo, de maneira que se foram agravando e somente em julho de 1994 pôde ser constatado que resultaram na incapacidade laboral parcial e definitiva do autor da ação. Nesse contexto, o marco inicial da prescrição é a data em que a vítima tomou conhecimento das sequelas decorrentes do acidente aéreo, em 15 de julho de 1994" (STJ-4ª T., REsp 687.071, Min. Raul Araújo, j. 11.9.12, DJ 11.4.13).

"É correto o entendimento de que o termo inicial do prazo prescricional para a propositura de ação indenizatória é a data em que o consumidor toma ciência do registro desabonador, pois, pelo princípio da *actio nata*, o direito de pleitear a indenização surge quando constatada a lesão e suas consequências" (STJ-4ª T., REsp 1.276.311, Min. Luis Felipe, j. 20.9.11, DJ 17.10.11).

"Contaminação do solo e do lençol freático ocasionada por produtos químicos utilizados no tratamento de madeira destinada à fabricação de postes de luz. Por não haver como se presumir da notificação pública ocorrida (2005) os efeitos nocivos à saúde da população local em decorrência do acidente ambiental, o termo inicial conta-se da ciência inequívoca dos efeitos decorrentes do ato lesivo" (STJ-3ª T., REsp 1.365.277-AgRg, Min. Paulo Sanseverino, j. 20.2.14, DJ 10.3.14). "Tendo o recorrido tomado ciência da contaminação do solo e do lençol freático de sua localidade — momento em que lhe foi possível dessumir a desvalorização imobiliária (dano material) — no ano de 2005, ressoa inequívoca a não ocorrência da prescrição, haja vista que a demanda foi ajuizada em 2009. Quanto aos danos morais, é certo que, da mera publicização do acidente ambiental, não ocorreu imediatamente o prejuízo à saúde, fazendo-se mister, para o nascimento da pretensão, fosse primeiro diagnosticada a doença e constatado que ela se desenvolvera em decorrência da poluição da área atingida. Assim, parece certa a não ocorrência da prescrição, porquanto não transcorrido o prazo de 5 anos nem mesmo da notícia do acidente ambiental, sendo óbvio que o diagnóstico da doença e sua causa somente se deram em momento posterior" (STJ-4ª T., REsp 1.354.348, Min. Luis Felipe, j. 26.8.14, DJ 16.9.14).

"O surgimento da pretensão ressarcitória não se dá necessariamente no momento em que ocorre a lesão ao direito, mas sim quando o titular do direito subjetivo violado obtém plena ciência da lesão e de toda a sua extensão, bem como do responsável pelo ilícito, inexistindo, ainda, qualquer condição que o impeça de exercer o correlato direito de ação (pretensão). Compreensão conferida à teoria da *actio nata* (nascimento da pretensão) que encontra respaldo em boa parte da doutrina nacional e já é admitida em julgados do Superior Tribunal de Justiça, justamente por conferir ao dispositivo legal sob comento (art. 189, CC) interpretação convergente à finalidade do instituto da prescrição. A citação efetuada na ação de rescisão contratual apenas conferiu ao ora demandante ciência quanto aos fatos a ele atribuídos na inicial por pessoa estranha ao seu conhecimento. Somente a partir do reconhecimento judicial de que a assinatura inserta na escritura de compra e venda, com firma reconhecida (e aberta) pelo Ofício de Notas, era realmente falsa, o então demandado obteve pleno conhecimento da lesão a ele causada em toda a sua extensão. Ressalta-se que o abalo psíquico, segundo alegado, decorreu do constrangimento e humilhação vivenciados durante toda a tramitação do processo (aproximadamente 4 anos), em que teve que provar, em seus dizeres, sua inocência. Apenas com o desfecho da ação, lastreado na prova pericial realizada (exame grafotécnico), em que se reconheceu a falsidade da assinatura inserta na escritura de compra e venda, afigurou-se possível ao demandado postular a responsabilidade do Tabelionato de Notas pelos danos morais alegadamente sofridos. Afigurar-se-ia sem qualquer sustentação a demanda destinada a reparar alegados danos morais decorrentes da tramitação da ação de rescisão de contrato de compra e venda, sem que houvesse, antes, o reconhecimento judicial definitivo de sua improcedência. Nesse contexto, é de se reconhecer que a pretensão somente afigurou-se 'exercitável' por ocasião do correspondente provimento judicial, com trânsito em julgado" (STJ-3ª T., REsp 1.347.715, Min. Marco Bellizze, j. 25.11.14, DJ 4.12.14).

V. tb. art. 206, nota 1b (especialmente Súmula 278 do STJ), e, no nosso CCLCV, Dec. 20.910/32, art. 1º, nota 4b.

Art. 189: 2a. "A prescrição tem início na data do nascimento da pretensão e da ação, que ocorre com a lesão ao direito. Relativamente aos **direitos potestativos** (ou formativos), em face dos quais não corresponde um dever de imediata prestação e sim de sujeição, a lesão não se configura antes do exercício do direito" (STJ-1ª T., REsp 1.100.761, Min. Teori Zavascki, j. 3.3.09, DJ 23.3.09). V. tb., no nosso CCLCV, Dec. 20.910/32, art. 1º, nota 3d.

Art. 189: 2b. "Diferentemente do que ocorre em direito penal, que considera o momento do crime a data em que é praticada a ação ou omissão que lhe deu causa, no direito civil a prescrição é contada da **data da 'violação do direito'**. Na hipótese em que se discute dano moral decorrente do falecimento de ente querido, é a data do óbito o prazo inicial da contagem da prescrição, ainda que o acidente tenha ocorrido dias antes. Não é possível considerar que a pretensão a indenização em decorrência da morte nasça antes do evento que lhe deu causa" (STJ-3ª T., REsp 1.318.825, Min. Nancy Andrighi, j. 13.11.12, DJ 21.11.12).

Art. 189: 2c. "A pretensão ao ressarcimento dos **danos originados pela execução de medida de natureza cautelar** nasce da sentença que julga improcedente o pedido deduzido no processo principal. Conquanto já causado o dano, o poder de exigir coercitivamente o cumprimento do dever jurídico de indenizar surge, por força de disposição legal expressa (art. 811, I, do CPC), tão somente com a prolação da sentença desfavorável na ação matriz. O marco inicial da prescrição dessa pretensão, portanto, é o trânsito em julgado da sentença proferida no processo principal, e não a data em que foi efetivada a medida causadora do prejuízo" (STJ-3ª T., REsp 1.236.874, Min. Nancy Andrighi, j. 11.12.12, DJ 19.12.12).

Art. 189: 2d. "O lapso prescricional da **ação regressiva** que objetiva o ressarcimento de pagamento de indenização a vítima de acidente automobilístico inicia-se no momento da efetiva lesão do direito material (princípio da *actio nata*), a saber, na data do trânsito em julgado da sentença em ação indenizatória, e não na data do efetivo pagamento do valor da condenação" (STJ-3ª T., Ag em REsp 707.342-AgRg, Min. João Otávio, j. 4.2.16, DJ 18.2.16).

Art. 189: 3. Súmula 150 do STF: "Prescreve a **execução** no mesmo prazo de prescrição da ação". Nesse sentido: RSTJ 47/186.

Conta-se o prazo do trânsito em julgado da sentença no processo de conhecimento (STJ-6ª T., REsp 1.125.597-AgRg, Min. Og Fernandes, j. 21.9.10, DJ 11.10.10; JTA 108/155).

"A execução provisória corre por 'conta e responsabilidade do exequente' (art. 588, I, do CPC); o credor não está obrigado a correr esse risco, de modo que o termo inicial da prescrição da execução de sentença só inicia após o respectivo trânsito em julgado" (STJ-RP 136/216: 3ª T., AI 617.869-AgRg; a citação é do voto do relator).

Se os honorários advocatícios são fixados em percentual de condenação ilíquida, é a partir do encerramento da liquidação de sentença que se conta o prazo prescricional para a sua execução (STJ-2ª T., REsp 1.090.602, Min. Eliana Calmon, j. 3.3.09, DJ 2.4.09).

"O ajuizamento de ação rescisória não suspende o prazo prescricional para a execução, consoante o disposto no art. 489 do CPC" (STJ-1ª T., Ag em REsp 227.772-AgRg, Min. Arnaldo Esteves, j. 11.12.12, DJ 4.2.13).

"Execução de sentença. Prescrição. A suspensão do processo, requerida por uma das partes, não interrompe nem susta o curso da prescrição" (STJ-1ª T., REsp 1.267.084, Min. Ari Pargendler, j. 5.6.14, DJ 4.8.14).

"O protesto interruptivo de prescrição foi proposto para resguardar direito de determinados substituídos em ação coletiva, em nada interferindo na execução dos honorários em apreço, de modo que o curso prescricional em relação a esta pretensão seguiu seu regular curso, esgotando-se em cinco anos a partir do trânsito em julgado da sentença coletiva" (STJ-1ª T., REsp 1.334.400, Min. Napoleão Maia Filho, j. 5.8.14, DJ 15.8.14).

"O prazo prescricional para a execução individual é contado do trânsito em julgado da sentença coletiva, sendo desnecessária a providência de que trata o art. 94 da Lei 8.078/90" (STJ-1ª Seção, REsp 1.388.000, Min. Og Fernandes, j. 26.8.15, maioria, DJ 12.4.16).

"A regra abstrata de direito que fixa o prazo de prescrição, adotada na fase de conhecimento, em desconformidade com a jurisprudência atual do STJ, não faz coisa julgada para reger o prazo da prescrição da execução" (STJ-4ª T., Ag em REsp 90.668-EDcl, Min. Isabel Gallotti, j. 13.3.12, DJ 23.3.12). No mesmo sentido: STJ-3ª T., Ag em REsp 105.997-AgRg, Min. Paulo Sanseverino, j. 27.11.12, DJ 4.12.12.

V. tb. art. 202, nota 4b.

Art. 189: 3a. "Para fins prescricionais, o termo *a quo*, envolvendo **violação continuada** ao direito de imagem, conta-se a partir do **último ato** praticado" (STJ-3ª T., REsp 1.014.624, Min. Vasco Della Giustina, j. 10.3.09, DJ 20.3.09).

"Quanto ao prazo prescricional de ação de indenização por danos morais, o termo inicial em caso de violação continuada conta-se a partir do último ato praticado" (STJ-2ª T., REsp 1.231.513-AgRg, Min. Humberto Martins, j. 14.4.11, DJ 26.4.11).

"Sendo os danos ao imóvel de natureza sucessiva e gradual, sua progressão dá azo a inúmeros sinistros sujeitos à cobertura securitária, renovando seguidamente a pretensão do beneficiário do seguro e, por conseguinte, o marco inicial do prazo prescricional" (STJ-3ª T., REsp 1.143.962, Min. Nancy Andrighi, j. 20.3.12, DJ 9.4.12).

Art. 189: 4. "O **vencimento antecipado** das obrigações contraídas não altera o termo inicial para a contagem do prazo prescricional da ação cambial, que se conta do vencimento do título, tal como inscrito na cártula" (STJ-3ª T., AI 1.381.775-AgRg, Min. João Otávio, j. 25.6.13, DJ 28.6.13).

"O vencimento antecipado da dívida, ao possibilitar ao credor a cobrança de seu crédito antes do vencimento normalmente contratado, objetiva protegê-lo de maiores prejuízos que poderão advir da mora do devedor, sendo um instrumento garantidor das boas relações creditórias, revestindo-se de uma finalidade social. É, portanto, uma faculdade do credor e não uma obrigatoriedade, de modo que pode se valer ou não de tal instrumento para cobrar seu crédito por inteiro antes do advento do termo ordinariamente avençado, sendo possível, inclusive, sua renúncia no caso do afastamento voluntário da impontualidade pelo devedor (arts. 401, I, e 1.425, III, do CC). O vencimento antecipado da dívida livremente pactuado entre as partes, por não ser uma imposição, mas apenas uma garantia renunciável, não modifica o início da fluência do prazo prescricional, prevalecendo, para tal fim, o termo ordinariamente indicado no contrato, que, no caso do mútuo imobiliário, é o dia do vencimento da última parcela (arts. 192 e 199, II, do CC)" (STJ-3ª T., REsp 1.489.784, Min. Ricardo Cueva, j. 15.12.15, DJ 3.2.16). No mesmo sentido: STJ-4ª T., Ag em REsp 652.023-AgRg, Min. Marco Buzzi, j. 23.2.16, DJ 1.3.16.

Art. 189: 5. "O prazo prescricional em relação à **correção monetária e** aos **juros moratórios** se inicia a partir do momento em que é efetuado o pagamento do débito em atraso sem a atualização, tendo em vista que é nesse momento que se caracteriza lesão do direito subjetivo à recomposição do valor monetário e aos juros da prestação" (STJ-6ª T., REsp 1.000.070-AgRg, Min. Maria Thereza, j. 26.5.08, DJU 16.6.08). No mesmo sentido: STJ-5ª T., AI 755.174-AgRg, Min. Arnaldo Esteves, j. 29.6.06, DJU 14.8.06.

Art. 189: 5a. "O termo inicial da prescrição da pretensão de **repetição de indébito** de contrato de cédula de crédito rural é a data da efetiva lesão, ou seja, do pagamento" (STJ-2ª Seção, REsp 1.361.730, Min. Raul Araújo, j. 10.8.16, maioria, DJ 28.10.16).

"O termo inicial da prescrição está vinculado ao princípio da *actio nata*, e via de regra a pretensão do sujeito passivo da obrigação tributária à repetição do indébito nasce com o pagamento indevido. A citação na ação declaratória de inexistência da relação jurídico-tributária torna, no entanto, litigiosa a matéria, de modo que, neste caso, o prazo de prescrição da ação de repetição de indébito só inicia quando transitar em julgado a sentença e/ou acórdão proferido naquela demanda" (STJ-1ª T., REsp 1.254.615, Min. Marga Tessler, j. 16.12.14, DJ 19.12.14).

Art. 189: 6. Pretensão de indenização por abandono afetivo. "O autor nasceu no ano de 1957 e, como afirma que desde a infância tinha conhecimento de que o réu era seu pai, à luz do disposto nos arts. 9º, 168, 177 e 392, III, do Código Civil de 1916, o prazo prescricional vintenário, previsto no Código anterior para as ações pessoais, fluiu a partir de quando o autor atingiu a maioridade e extinguiu-se assim o 'pátrio poder'. Todavia, tendo a ação sido ajuizada somente em outubro de 2008, impõe-se reconhecer operada a prescrição, o que inviabiliza a apreciação da pretensão quanto à compensação por danos morais" (STJ-4ª T., REsp 1.298.576, Min. Luis Felipe, j. 21.8.12, DJ 6.9.12).

Art. 189: 7. "A prescrição da ação para reparação por danos causados por **advogado,** em patrocínio judicial, flui do trânsito em julgado do provimento jurisdicional resultante do erro profissional apontado" (STJ-3ª T., REsp 645.662, Min. Gomes de Barros, j. 28.6.07, DJU 1.8.07).

Art. 189: 8. "O termo inicial do prazo prescricional para **seguradora sub-rogada** propor ação de regresso é a data do pagamento integral da indenização ao segurado" (STJ-3ª T., REsp 1.297.362, Min. Ricardo Cueva, j. 10.11.16, maioria, DJ 2.2.17).

Art. 190. A exceção prescreve no mesmo prazo em que a pretensão. [Sem dispositivo correspondente no CC/1916.]

Art. 191. A renúncia da prescrição pode ser expressa ou tácita, e só valerá, sendo feita, sem prejuízo de terceiro, depois que a prescrição se consumar; tácita é a renúncia quando se presume de fatos do interessado, incompatíveis com a prescrição.[1 a 3] [Dispositivo correspondente no CC/1916: art. 161.]

Art. 191: 1. **Enunciado 295 do CEJ:** "A revogação do art. 194 do Código Civil pela Lei n. 11.280/2006, que determina ao juiz o reconhecimento de ofício da prescrição, não retira do devedor a possibilidade de renúncia admitida no art. 191 do texto codificado".

Art. 191: 2. "O pagamento de obrigação prescrita não configura mera liberalidade, pois a prescrição não extingue a obrigação, apenas afastando a sua exigibilidade. **Pagamento** parcial que configura **renúncia tácita** à prescrição, nos termos do art. 191 do CC" (STJ-3ª T., REsp 1.398.718-AgRg, Min. Paulo Sanseverino, j. 15.9.16, DJ 26.9.16).

V. art. 882.

Art. 191: 2a. "A **renúncia tácita** da prescrição somente se perfaz com a prática de **ato inequívoco** de reconhecimento do direito pelo prescribente. Assim, não é qualquer postura do obrigado que enseja a renúncia tácita, mas aquela considerada manifesta, patente, explícita, irrefutável e facilmente perceptível. No caso concreto, a mera declaração feita pelo devedor, no sentido de que posteriormente apresentaria proposta de pagamento do débito decorrente das mensalidades escolares, não implicou renúncia à prescrição" (STJ-4ª T., REsp 1.250.583, Min. Luis Felipe, j. 3.5.16, DJ 27.5.16).

Art. 191: 2b. "A emissão de documento pelo prescribente admitindo a existência da obrigação previdenciária (direito do participante à aposentadoria complementar), **propondo** inclusive **'acordos amigáveis'**, é ato incompatível com a prescrição, a evidenciar a sua **renúncia tácita"** (STJ-3ª T., REsp 1.520.012, Min. Ricardo Cueva, j. 14.3.17, DJ 21.3.17).

Art. 191: 3. "A certidão que reconheceu a existência de parcelas inadimplidas foi expedida quando o prazo prescricional já havia se consumado integralmente. Assim, houve o reconhecimento administrativo do direito, e essa situação é incompatível com a fluência do prazo prescricional, configurando-se **renúncia tácita por parte da Administração,** conforme a regra contida no art. 191" (STJ-2ª T., REsp 1.314.964, Min. Mauro Campbell, j. 18.9.12, DJ 4.10.12). No mesmo sentido: STJ-1ª T., REsp 1.555.248-AgInt, Min. Regina Costa, j. 23.5.17, DJ 29.5.17.

V. tb. Dec. lei 4.597, de 19.8.42, art. 3º, nota 2 (no nosso CCLCV, tít. PRESCRIÇÃO E DECADÊNCIA).

Art. 192. Os prazos[1] de prescrição não podem ser alterados por acordo das partes. [Sem dispositivo correspondente no CC/1916.]

Art. 192: 1. v. arts. 205 e 206.

Art. 193. A prescrição pode ser alegada em qualquer grau de jurisdição, pela parte a quem aproveita.[1 a 3] [Dispositivo correspondente no CC/1916: art. 162.]

Art. 193: 1. V. tb. CPC 342-II e III. Na execução de sentença, porém, só pode ser alegada prescrição superveniente a esta (CPC 525 § 1º-VII e 535-VI).

S/ alegação inédita da prescrição em embargos de declaração, v., no nosso CPCLPV, CPC 1.022, nota 4.

✎ Art. 193: 2. "Prescrição. Invocação a qualquer tempo. Artigo 193 do Código Civil e a preclusão processual", por Luiz Manoel Gomes Júnior (RSDCPC 31/37 e RP 121/107).

Art. 193: 3. A prescrição pode ser pronunciada **de ofício** pelo juiz, cf. CPC 332 § 1º e 487 § ún.

Art. 194. .... [1-2]

Art. 194: 1. O art. 194 foi revogado pela Lei 11.280, de 16.2.06, em vigor 90 dias após a sua publicação (DOU 17.2.06).

Art. 194: 2. v. art. 191, nota 1 (Enunciado 295 do CEJ).

Art. 195. Os relativamente incapazes[1] e as pessoas jurídicas têm ação contra os seus assistentes ou representantes legais, que derem causa à prescrição, ou não a alegarem oportunamente.[2] [Dispositivo correspondente no CC/1916: art. 164.]

Art. 195: 1. v. arts. 4º e 197-III.

Art. 195: 2. Esse dispositivo também se aplica à decadência, cf. art. 208.

Art. 196. A prescrição iniciada contra uma pessoa continua a correr contra o seu sucessor.[1-2] [Dispositivo correspondente no CC/1916: art. 165.]

Art. 196: 1. exceto, naturalmente, se contra o sucessor não correr a prescrição (art. 198 e incs.).

Art. 196: 2. "Cuidando-se de sucessão de obrigações, o regime de prescrição aplicável é o do sucedido e não o do sucessor" (STJ-4ª T., REsp 1.077.222, Min. Luis Felipe, j. 16.2.12, RP 209/507). No mesmo sentido: STJ-2ª Seção, REsp 1.103.769, Min. Ricardo Cueva, j. 12.12.12, DJ 18.12.12.

Seção II | DAS CAUSAS QUE IMPEDEM OU SUSPENDEM[1] A PRESCRIÇÃO[1a a 2a]

SEÇ. II: 1. Extinta a causa da suspensão, o prazo prescricional volta a correr, computando-se o período já transcorrido antes do evento suspensivo.

SEÇ. II: 1a. s/ suspensão do prazo prescricional em matéria securitária, v. Súmula 229 do STJ, no art. 206, nota 1b.

SEÇ. II: 2. As causas que impedem ou suspendem a prescrição aplicam-se ao possuidor, no usucapião (v. art. 1.244).

SEÇ. II: 2a. Já a decadência não se suspende, salvo disposição legal em contrário, cf. art. 207.

Art. 197. Não corre a prescrição:[1] [Dispositivo correspondente no CC/1916: art. 168-*caput*.]

I — entre os cônjuges, na constância da sociedade conjugal;[2] [Dispositivo correspondente no CC/1916: art. 168-I.]

II — entre ascendentes e descendentes, durante o poder familiar;[3] [Dispositivo correspondente no CC/1916: art. 168-II.]

III — entre tutelados ou curatelados e seus tutores ou curadores, durante a tutela ou curatela. [Dispositivo correspondente no CC/1916: art. 168-III.]

Art. 197: 1. Outro caso de suspensão: Dec. 20.910, de 6.1.32, art. 4º. V. tb. LEF 40.

Art. 197: 2. **Enunciado 296 do CEJ:** "Não corre a prescrição entre os companheiros, na constância da união estável".

Art. 197: 3. "Não há prescrição entre ascendentes e descendentes durante o poder familiar, razão por que não estão prescritas as prestações alimentícias exigidas pelo exequente — menor incapaz e filho do devedor" (RBDFS 12/145: TJDFT, AI 2008.00.2.017026-8). No mesmo sentido: STJ-4ª T., REsp 1.446.912-AgRg, Min. Luis Felipe, j. 21.8.14, DJ 26.8.14.

Art. 198. Também não corre a prescrição:[1-1a] [Dispositivo correspondente no CC/1916: art. 169-*caput*.]

I — contra os incapazes de que trata o art. 3º;[2 a 3] [Dispositivo correspondente no CC/1916: art. 169-I.]

II — contra os ausentes do País em serviço público da União, dos Estados ou dos Municípios; [Dispositivo correspondente no CC/1916: art. 169-II.]

III — contra os que se acharem servindo nas Forças Armadas, em tempo de guerra. [Dispositivo correspondente no CC/1916: art. 169-III.]

Art. 198: 1. **Enunciado 156 do CEJ:** "Desde o termo inicial do desaparecimento, declarado em sentença, não corre a prescrição contra o ausente".

Art. 198: 1a. "O advento da **incapacidade por causa psíquica** e, consequentemente, dos efeitos jurídicos por ela gerados, inclusive o de não correr a prescrição, independe da interdição" (RIDA 12/133).

"Conquanto a sentença de interdição tenha sido proferida em data posterior ao decurso do prazo prescricional, a suspensão deste prazo ocorre no momento em que se manifestou a incapacidade mental do indivíduo. Inteligência do art. 198, inciso I, do Código Civil" (STJ-5ª T., REsp 652.837, Min. Laurita Vaz, j. 22.5.07, DJ 29.6.07). No mesmo sentido: STJ-1ª T., REsp 1.270.630-AgRg, Min. Benedito Gonçalves, j. 16.2.12, DJ 23.2.12; STJ-2ª T., REsp 1.241.486, Min. Eliana Calmon, j. 18.10.12, DJ 29.10.12.

Art. 198: 2. i. e., os absolutamente incapazes.

Art. 198: 2a. Esse inciso também é aplicável à decadência, cf. art. 208.

Art. 198: 2b. "Diferentemente do que ocorre com o incapaz acometido de patologia — física ou mental —, percebe-se, em relação aos menores impúberes, que, **independente de sua representação** — seja pelos pais, seja pelo tutor —, o prazo prescricional fica suspenso até que ultrapasse a idade dos 16 anos, pois somente a partir de então é que se terá o termo inicial do referido prazo" (STJ-4ª T., REsp 1.272.982, Min. Luis Felipe, j. 19.4.16, DJ 11.5.16).

Art. 198: 3. No caso de indenização devida a duas pessoas — uma, maior e capaz; a outra, absolutamente incapaz — o benefício conferido à incapaz, relativo ao prazo prescricional, não aproveita à outra parte, "se os direitos materiais de ambas forem distintos, não obrigando a presença do litisconsórcio necessário" (STJ-2ª T., REsp 203.631, Min. João Otávio, j. 3.2.05, DJU 9.5.05).

Art. 199. Não corre igualmente a prescrição: [Dispositivo correspondente no CC/1916: art. 170-*caput*.]

I — pendendo condição suspensiva;[1] [Dispositivo correspondente no CC/1916: art. 170-I.]

II — não estando vencido o prazo; [Dispositivo correspondente no CC/1916: art. 170-II.]

III — pendendo ação de evicção.[2] [Dispositivo correspondente no CC/1916: art. 170-III.]

Art. 199: 1. v. arts. 125 e 126.

Art. 199: 2. v. arts. 447 a 457.

Art. 200. Quando a ação se originar de fato que deva ser apurado no juízo criminal, não correrá a prescrição antes da respectiva sentença definitiva.[1 a 4] [Sem dispositivo correspondente no CC/1916.]

Art. 200: 1. s/ relação entre o juízo cível e o criminal, v. art. 935; CP 91-I; CPP 63 a 67 e 92 a 94; CPC 315.

Art. 200: 1a. "Ação indenizatória decorrente da prática de ilícito penal. Termo inicial da prescrição: data do trânsito em julgado da sentença no processo criminal" (RT 929/1.142: TJRS, AP 70046064416). No mesmo sentido: STJ-4ª T., Ag em REsp 377.147-AgRg, Min. Isabel Gallotti, j. 3.4.14, DJ 5.5.14.

"Processo criminal instaurado contra o réu que terminou com extinção da punibilidade, ante a prescrição da pretensão punitiva do Estado, após apresentação de proposta de transação penal realizada no JECRIM. Prazo prescricional que somente tem início após a decisão que reconheceu a prescrição da pretensão punitiva. No procedimento do Juizado Especial Criminal o réu poderia ter sido denunciado, caso não tivesse ocorrido a prescrição ou mesmo caso não tivesse aceitado a transação penal, de modo que, enquanto ainda não terminado o referido procedimento, deve ser considerado que está em curso a persecução penal que obsta a contagem do prazo de prescrição" (JTJ 374/432: AP 179135-51.2009.8.26.0100).

Art. 200: 2. "Responsabilidade civil. Acidente de trânsito. Prescrição da pretensão indenizatória. Suspensão prevista no art. 200 do Código Civil. **Necessidade de instauração de inquérito policial ou de ação penal.** Inaplicabilidade da regra ao caso" (STJ-3ª T., REsp 1.180.237, Min. Paulo Sanseverino, j. 19.6.12, RT 925/469, com comentário de Arnaldo Rizzardo). Do voto do relator: "Não há notícia de que tenha sido ajuizada ação penal para apuração desse fato ou da própria situação do inquérito policial, se é que fora instaurado. Assim, não se estabeleceu a relação de prejudicialidade entre a ação penal e a ação indenizatória em torno da existência de fato que deva ser apurado no juízo criminal, como exige o texto legal (art. 200 do CC/02)".

Em sentido ainda mais restritivo: "A simples lavratura de boletim de ocorrência ou a instauração de inquérito criminal não tem o condão de suspender o curso do prazo prescricional para a pretensão civil de reparação do dano *ex delicto*" (JTJ 332/135: AI 1.184.388-0/3; a citação é do voto do relator). **Contra:** "Se os fatos apurados no juízo criminal são relevantes e repercutem na pretensão indenizatória, por razões óbvias as esferas criminal e cível se comunicam. O prazo prescricional da reparação civil deve ficar suspenso até que, na esfera criminal, a questão seja solucionada. Inteligência do art. 200 do Código Civil" (STJ-3ª T., Ag em REsp 268.847-AgRg, Min. Nancy Andrighi, j. 18.6.13, DJ 24.6.13). Do voto da relatora: "Observa-se, de fato, que o caso em questão deve ser regido pelo disposto no art. 200 do CC. Dessa forma, segundo informações do Tribunal de origem, o marco de 4.12.09, em que os ora agravados se basearam, foi a última informação contida no inquérito policial lavrado para apurar as circunstâncias da morte de seu familiar, e a ação de reparação foi proposta em 1.7.11".

Art. 200: 2a. "A apuração da responsabilidade civil decorrente de acidente de trânsito independe da responsabilidade a ser apurada na esfera penal. No caso, não houve propositura da ação penal e a ação cível foi ajuizada contra terceiro, empregador do autor do fato e proprietário do veículo causador do dano sustentando sua **responsabilidade objetiva.** Inaplicabilidade do art. 200 do CC/2002" (STJ-4ª T., REsp 1.139.896-AgRg, Min. Antonio Ferreira, j. 11.6.13, DJ 18.6.13).

"A Corte de origem destacou que a responsabilidade civil da instituição financeira, por ser objetiva, independe da aferição do elemento culpa, de modo que não se trata de ação civil *ex delicto*, cuja análise tem caráter subjetivo. Em razão disso, não se aplica a causa impeditiva do transcurso do prazo prescricional, prevista no art. 200 do CC/02, por não ostentar a ação criminal o caráter de prejudicialidade em relação a ação indenizatória, devendo, portanto, o prazo prescricional ter seu termo a partir do conhecimento do suposto dano sofrido. Prescrição corretamente decretada" (STJ-3ª T., REsp 1.359.190-AgRg, Min. Moura Ribeiro, j. 14.6.16, DJ 21.6.16).

Todavia: "Em sendo necessário — para o reconhecimento da responsabilidade civil do patrão pelos atos do empregado — a demonstração da culpa anterior por parte do causador direto do dano, deverá, também, incidir a causa obstativa da prescrição (CC, art. 200) no tocante à referida ação civil *ex delicto*, caso essa conduta do preposto esteja também sendo apurada em processo criminal. Dessarte, tendo o acidente de trânsito — com óbito da vítima — ocorrido em 27.3.03, o trânsito em julgado da ação penal contra o preposto em 9.1.06 e a ação de indenização por danos materiais e morais proposta em 2.7.07, não há falar em prescrição" (STJ-4ª T., REsp 1.135.988, Min. Luis Felipe, j. 8.10.13, DJ 17.10.13).

Art. 200: 2b. "Acidente de trânsito. Morte. Indenização. Ação penal. Prescrição. Suspensão. O atropelamento fatal ocorreu em julho de 2004, enquanto a sentença penal transitou em julgado em agosto de 2009. Não se pode desconsiderar a existência, na hipótese, do processo penal para a aferição do lapso prescricional, como se este tivesse início na data do evento danoso e não sofresse suspensão nos termos do artigo 200 do Código Civil" (STJ-4ª T., Ag em REsp 377.147-AgRg, Min. Isabel Gallotti, j. 3.4.14, DJ 5.5.14).

Art. 200: 3. "A controvérsia dos autos consiste em definir-se qual o termo inicial do prazo prescricional para a propositura de ação de indenização por responsabilidade civil do Estado. O *dies a quo*, na hipótese de a questão também ter sido discutida na esfera criminal, é a data do trânsito em julgado da sentença, quer condenatória, quer absolutória. No caso dos autos, conta-se o prazo prescricional a partir da data da publicação da sentença onde consta o termo da transação penal firmado pelas denunciadas" (STJ-2ª T., REsp 921.829, Min. Humberto Martins, j. 3.3.09, DJ 31.3.09).

Mas: "Não há falar em interrupção do prazo prescricional, nos termos do art. 200 do Código Civil, pois a ação de reparação por descumprimento de cláusula contratual, a ser proposta no juízo cível, não dependia daquilo que seria apurado no juízo criminal. De fato, não se trata de ação civil *ex delicto* na qual, enquanto pende a incerteza quanto à condenação criminal, não se pode consignar a prescrição de ação a ser proposta no juízo cível. Vale dizer, a reparação do dano *ex delicto* é consequente, isto é, será proposta de acordo com aquilo que foi decidido na ação penal e, nestes casos, a prescrição é interrompida. O caso dos autos trata de ação de reparação civil proposta contra o Estado por descumprimento de cláusula contratual, sendo que a apuração do fato cível, qual seja, verificação do descumprimento do contrato, em nada depende da ação penal" (STJ-2ª T., REsp 1.371.444, Min. Humberto Martins, j. 2.5.13, DJ 16.5.13).

V. tb. Dec. 20.910/32, art. 1º, nota 4c (no nosso CCLCV, tít. PRESCRIÇÃO E DECADÊNCIA).

Art. 200: 3a. "O excesso ou o abuso no exercício da liberdade de informação ensejam dano moral a ser compensado, de forma independente do resultado das investigações e do processo penal noticiado, ou seja, ainda que o acusado venha a ser absolvido. Desse modo, a pretensão de compensação de danos morais decorrentes da publicação de matéria jornalística de conteúdo ofensivo pode ser proposta desde a publicação da matéria, não havendo que se falar em aplicação analógica da ação civil *ex delicto* ou em causa impeditiva de prescrição" (STJ-3ª T., REsp 1.307.439, Min. Nancy Andrighi, j. 17.12.13, DJ 4.2.14).

Art. 200: 4. "A responsabilização civil dos autores de notícia-crime depende da demonstração de atuação abusiva, seja em razão do exercício temerário ou de má-fé. Desse modo, a pretensão de compensação de danos morais tem estrita relação de dependência em relação ao fato apurado perante o juízo criminal, razão porque são aplicáveis analogicamente as regras relativas à ação civil *ex delicto*, inclusive quanto ao prazo prescricional (art. 200 do CC/02)" (STJ-3ª T., REsp 1.309.015, Min. Nancy Andrighi, j. 17.12.13, DJ 4.2.14).

Art. 201. Suspensa a prescrição em favor de um dos credores solidários,[1-1a] só aproveitam os outros se a obrigação for indivisível.[2] [Dispositivo correspondente no CC/1916: art. 171.]

Art. 201: 1. v. arts. 267 a 274.

Art. 201: 1a. Se o credor a favor de quem foi suspensa a prescrição transmitir o seu crédito, o prazo prescricional volta a fluir a partir da transmissão, pois as causas de suspensão possuem natureza pessoal.

Art. 201: 2. v. arts. 257 a 263.

Seção III DAS CAUSAS QUE INTERROMPEM A PRESCRIÇÃO[1-2]

SEÇ. III: 1. Cessada a causa interruptiva da prescrição, o prazo prescricional tem novo início e deve ser contado por inteiro a partir de tal cessação.

SEÇ. III: 2. Já a decadência não se interrompe, salvo disposição legal em contrário, cf. art. 207.

Art. 202. A interrupção[1 a 3] da prescrição, que somente poderá ocorrer uma vez, dar-se-á: [Dispositivo correspondente no CC/1916: art. 172-*caput*.]

I — por despacho do juiz, mesmo incompetente, que ordenar a citação, se o interessado a promover no prazo e na forma da lei processual;[3a a 8] [Dispositivo correspondente no CC/1916: art. 172-I.]

II — por protesto,[9] nas condições do inciso antecedente; [Dispositivo correspondente no CC/1916: art. 172-II.]

III — por protesto cambial;[9a] [Sem dispositivo correspondente no CC/1916.]

IV — pela apresentação do título de crédito em juízo de inventário[9b] ou em concurso de credores;[10] [Dispositivo correspondente no CC/1916: art. 172-III.]

V — por qualquer ato judicial que constitua em mora[10a] o devedor[11]; [Dispositivo correspondente no CC/1916: art. 172-IV.]

VI — por qualquer ato inequívoco, ainda que extrajudicial, que importe reconhecimento do direito pelo devedor.[11a a 12] [Dispositivo correspondente no CC/1916: art. 172-V.]

Parágrafo único. A prescrição interrompida recomeça a correr[12a] da data do ato que a interrompeu[13-13a], ou do último ato do processo para a interromper.[14] [Dispositivo correspondente no CC/1916: art. 173.]

Art. 202: 1. Súmula 154 do STF: "Simples vistoria não interrompe a prescrição".

Esta Súmula continua em vigor (STF-2ª T., Ag 65.594-AgRg, Min. Moreira Alves, j. 20.2.76, DJU 9.4.76), mas não comporta leitura ampliativa: "Se o processo cautelar de produção antecipada assume conotações de protesto e de indeclinável medida preparatória da ação, a citação nele feita interrompe a prescrição" (RTJ 114/1.228 e STF-RT 599/257, citando RTJ 89/961 e 108/1.302).

"Na sistemática do CPC de 1973, a cautelar de antecipação de prova interrompe a prescrição quando se tratar de medida preparatória de outra ação, tornando inaplicável, nesses casos, o verbete sumular n. 154-STF, editado sob a égide do CPC 1939" (RSTJ 152/392).

Súmula 383 do STF: "A prescrição em favor da Fazenda Pública recomeça a correr, por dois anos e meio, a partir do ato interruptivo, mas não fica reduzida aquém de cinco anos, embora o titular do direito a interrompa durante a primeira metade do prazo".

Súmula 106 do STJ (Demora na citação): "Proposta a ação no prazo fixado para o seu exercício, a demora na citação, por motivos inerentes ao mecanismo da Justiça, não justifica o acolhimento da arguição de prescrição ou decadência".

Art. 202: 1a. "Se o direito em discussão é indivisível, a interrupção da prescrição por um dos credores a todos aproveita" (RSTJ 43/298).

Art. 202: 2. Interrupção de prescrição da ação de cobrança de prêmio de loteria: art. 17 § ún. do Dec. lei 204, de 27.2.67 (Lex 1967/452, RDA 88/421, RF 219/427).

V. tb. CTN 174; Dec. 20.910, de 6.1.32; e Dec. lei 4.597, de 19.8.42.

Art. 202: 3. Outro caso de interrupção: CPC/73 art. 777 (processo de insolvência).

Art. 202: 3a. CPC 240 § 1º: "A interrupção da prescrição, operada pelo despacho que ordena a citação, ainda que proferido por juízo incompetente, retroagirá à data de propositura da ação".

Da conjugação dessa regra com as disposições do art. 202-I decorre que o despacho que ordena a citação interrompe a prescrição e que a efetivação do ato citatório faz com que os efeitos interruptivos retroajam até a data da propositura da demanda.

CPC 312: "Considera-se proposta a ação quando a petição inicial for protocolada, todavia, a propositura da ação só produz quanto ao réu os efeitos mencionados no art. 240 depois que for validamente citado".

"A data da propositura da ação é aquela em que a petição inicial foi apresentada em juízo e despachada, ainda que apenas para determinar a livre distribuição do feito, e não a data da efetiva distribuição" (STJ-2ª T., REsp 931.741, Min. Eliana Calmon, j. 8.4.08, DJU 18.4.08).

Art. 202: 4. "A **propositura de demanda judicial pelo devedor,** seja anulatória, seja de sustação de protesto, que importe em impugnação do débito contratual ou de cártula representativa do direito do credor, é causa interruptiva da prescrição. Quando a interrupção de prescrição se der em virtude de demanda judicial, o novo prazo só correrá da data do último ato do processo, que é aquele pelo qual o processo se finda" (STJ-3ª T., REsp 216.382, Min. Nancy Andrighi, j. 3.8.04, DJU 13.12.04). No mesmo sentido: STJ-4ª T., REsp 913.218-AgRg, Min. João Otávio, j. 16.3.10, DJ 6.4.10; JTJ 370/576 (AP 972-78.2011.8.26.0003).

"A manifestação do credor, de forma defensiva, nas ações impugnativas promovidas pelo devedor, afasta a sua inércia no recebimento do crédito, a qual implicaria a prescrição da pretensão executiva; além de evidenciar que o devedor tinha inequívoca ciência do interesse do credor em receber aquilo que lhe é devido. O art. 585, § 1º, do CPC deve ser interpretado em consonância com o art. 202, VI, do Código Civil. Logo, se admitida a interrupção da prescrição, em razão das ações promovidas pelo devedor, mesmo que se entenda que o credor não estava impedido de ajuizar a execução do título, ele não precisava fazê-lo antes do trânsito em julgado dessas ações, quando voltaria a correr o prazo prescricional" (STJ-3ª T., REsp 1.321.610, Min. Nancy Andrighi, j. 21.2.13, RP 220/472).

"Com o manejo de ação pelo mutuário, questionando os parâmetros ajustados para os encargos incidentes no contrato de empréstimo feneratício, interrompem-se e suspendem-se os prazos para ajuizamento de quaisquer demandas por iniciativa da instituição financeira, somente voltando a ter fluxo com o trânsito em julgado da sentença a ser proferida na revisional" (STJ-4ª T., AI 1.244.895-AgRg, Min. Marco Buzzi, j. 20.3.12, DJ 9.4.12; a citação é do voto do relator).

"O ajuizamento pelos devedores de embargos do devedor, para derruir precedente ação de execução, que veio a ser extinta, sem exame de mérito, importa em impugnação ao direito do credor, representado pela mesma causa remota de pedir, e é causa interruptiva da prescrição, sendo certo que o novo prazo terá início a partir da data do encerramento dos embargos do devedor" (RJM 203/200: AP 1.0702.08.472454-2/001).

Art. 202: 4a. Também se interrompe a prescrição pela citação no **processo cautelar** (RT 588/106).

"O despacho do juiz que determina a citação na ação cautelar preparatória tem o condão de interromper o prazo prescricional referente à pretensão principal a ser futuramente exercida (art. 202, I, do novo CC)" (STJ-3ª T., REsp 822.914, Min. Gomes de Barros, j. 1.6.06, DJU 19.6.06). No mesmo sentido: STJ-5ª T., REsp 949.204-EDcl, Min. Arnaldo Esteves, j. 17.3.09, DJ 6.4.09; JTJ 345/95 (AI 7.343.603-8).

"A sustação de protesto, deferida em medida proposta pelo devedor, por ocasionar a custódia judicial do título de crédito, impede que o credor promova a execução da dívida e, por conseguinte, interrompe a fluência do prazo prescricional" (STJ-4ª T., REsp 257.595, Min. Luis Felipe, j. 5.3.09, DJ 30.3.09).

"Considerando que os protestos dos títulos são imperativos para o ajuizamento da ação de falência, a sustação judicial dos protestos em decorrência de liminar em ação cautelar interrompe o prazo da prescrição" (STJ-3ª T., REsp 674.125, Min. Menezes Direito, j. 16.11.06, DJU 12.3.07). No mesmo sentido: STJ-RBDP 60/193 (4ª T., REsp 251.678).

S/ cautelar e interrupção da prescrição, v. tb. art. 206, nota 2d. S/ prescrição e duplicata, v. ainda, no nosso CCLCV, LDu 15, nota 3.

Art. 202: 4b. "O pedido de **cumprimento de sentença** interrompe a prescrição. Petição que, apesar de mencionar a expressão cumprimento de sentença, não traz em seu bojo definição do valor a ser executado, memória de cálculos discriminada e atualizada e pedido para que haja o referido cumprimento não tem o condão de interromper o prazo prescricional" (STJ-4ª T., AI 1.185.461-AgRg, Min. João Otávio, j. 27.4.10, DJ 11.5.10).

"A petição onde consta o pedido de desarquivamento dos autos não pode ser tida como causa interruptiva da prescrição, visto que não se amolda às hipóteses descriminadas nos incisos do artigo 202 do Código Civil. O pedido de cumprimento de sentença é que tem o condão de interromper a prescrição" (STJ-4ª T., REsp 1.155.060, Min. Marco Buzzi, j. 1.3.16, DJ 10.3.16).

Art. 202: 4c. "A citação válida em **ação declaratória** interrompe a prescrição na respectiva ação condenatória" (STJ-5ª T., REsp 606.138, Min. Gilson Dipp, j. 17.6.04, DJU 2.8.04). No mesmo sentido: STJ-1ª T., REsp 810.145, Min. Teori Zavascki, j. 6.3.07, DJU 29.3.07.

Assim: "A autora pretende ser indenizada pelos danos sofridos em decorrência da rescisão contratual declarada por sentença e que foi provocada pela prática de atos ilícitos pela ré, também reconhecidos na sentença declaratória. Na hipótese, o pedido da ação declaratória caracteriza a causa de pedir para a ação indenizatória, restando, portanto, clara a relação entre elas e, por isso, justifica-se a interrupção da prescrição" (STJ-3ª T., REsp 1.354.361, Min. Nancy Andrighi, j. 9.4.13, DJ 15.4.13).

Art. 202: 4d. "A **ação civil pública** ajuizada pelo Ministério Público objetivando a nulidade dos atos normativos expedidos no sentido de não admitir prova de tempo de serviço rural em nome de terceiros interrompeu a prescrição quinquenal das ações individuais propostas com a mesma finalidade (art. 219, *caput* e § 1º, do CPC e art. 203 do CCB)" (STJ-2ª T., REsp 1.449.964, Min. Herman Benjamin, j. 5.8.14, DJ 13.10.14).

Todavia, no caso de ação individual não suspensa em razão do ajuizamento da ação coletiva (CDC 104), a prescrição é orientada por aquela, e não por esta (STJ-2ª T., REsp 1.647.686, Min. Herman Benjamin, j. 25.4.17, DJ 5.5.17).

Art. 202: 5. "A impetração do **mandado de segurança** interrompe a fluência do prazo prescricional de modo que, tão somente após o trânsito em julgado da decisão nele proferida, é que voltará a fluir a prescrição da ação ordinária para cobrança das parcelas referentes ao quinquênio que antecedeu a propositura do *writ*" (STJ-6ª T., AI 726.029-AgRg, Min. Maria Thereza, j. 5.3.09, DJ 23.3.09). No mesmo sentido: STJ-5ª T., AI 1.248.177, Min. Jorge Mussi, j. 23.3.10, DJ 12.4.10; STJ-2ª T., REsp 1.292.612-AgRg, Min. Herman Benjamin, j. 19.4.12, DJ 22.5.12.

Art. 202: 5a. "Reconhecido o efeito interruptivo do prazo prescricional, decorrente de citação válida ocorrida em **reclamação trabalhista** anteriormente ajuizada entre as partes, e julgada improcedente, conforme o artigo 172, I, do Código Civil de 1916. Declarada a improcedência do pedido na justiça laboral — no sentido de que relação de trabalho havida entre as partes não era relação de emprego —, abriu-se ao autor o ensejo de buscar sua pretensão de remuneração perante o Juízo comum, com lastro em idêntica causa de pedir (o alegado período trabalhado sem remuneração), desta feita com apoio em instituto de Direito Civil (contrato de prestação de serviços). Descaracterizada, portanto, a inação que define o instituto da prescrição, uma vez que não houve inércia em relação àquela pretensão de ser remunerado pelo trabalho prestado" (STJ-4ª T., REsp 1.119.708, Min. Isabel Gallotti, j. 19.9.13, maioria, DJ 26.3.14).

Art. 202: 5b. "A citação interrompe a prescrição, dela não se podendo cogitar enquanto a ação pende de julgamento; esse efeito, todavia, só se produz em relação ao que foi objeto do pedido" (RSTJ 98/23).

Art. 202: 5c. "Para reputar-se interrompida a prescrição aquisitiva com a citação, é de rigor que a ação proposta, de modo direto ou virtual, vise à defesa do direito material sujeito à prescrição" (RSTJ 157/237).

Art. 202: 6. "A citação válida interrompe a prescrição, ainda que o processo seja extinto **sem julgamento de mérito**" (RSTJ 93/156, "salvante as hipóteses do art. 267, incisos II e III, do CPC").

No mesmo sentido: STJ-3ª T., REsp 947.264, Min. Nancy Andrighi, j. 25.5.10, DJ 22.6.10; STJ-4ª T., Ag em REsp 316.215-AgRg, Min. Luis Felipe, j. 11.6.13, DJ 18.6.13. V. nota seguinte.

"A citação válida ocorrida no processo movido pelo sindicato, com o mesmo objeto da ação individual, ainda que tenha sido julgado extinto sem resolução do mérito em face da ilegitimidade ativa *ad causam*, configurou causa interruptiva do prazo prescricional para propositura da ação individual" (STJ-1ª T., Ag em REsp 54.953-AgRg, Min. Arnaldo Esteves, j. 2.10.12, DJ 15.10.12).

"Quanto ao tema da interrupção da prescrição, a lei não faz distinção entre o pedido julgado procedente e o pedido julgado improcedente. Evidenciado o inequívoco exercício do direito e a boa-fé do autor, ainda que com a propositura de ação incabível, interrompe-se o prazo prescricional" (STJ-2ª Seção, ED no REsp 54.788, Min. Cesar Rocha, j. 28.2.07, um voto vencido, DJU 11.10.07). Esse acórdão retifica o acórdão anteriormente proferido, com igual entendimento (STJ-2ª Seção, ED no REsp 54.788, Min. Gomes de Barros, j. 27.9.06, DJU 6.11.06). No mesmo sentido: RTJ 98/213, RSTJ 51/140.

Contra: "Uma vez julgada improcedente a ação possessória, a citação não tem efeito interruptivo da prescrição aquisitiva. Notificação judicial ou protesto para interromper a prescrição aquisitiva deve ter fim específico e declarado" (STJ-4ª T., REsp 149.186, Min. Fernando Gonçalves, j. 4.11.03, maioria, DJU 19.12.03). Ainda contra: RTJ 108/1.105; STJ-3ª T., REsp 944.661-AgRg, Min. Ricardo Cueva, j. 13.8.13, DJ 20.8.13; RT 737/432.

Art. 202: 7. "A citação realizada em ação ajuizada anteriormente, extinta sem julgamento do mérito, por inércia do autor (art. 267, II e III, do CPC), não tem o condão de interromper a prescrição" (STJ-4ª T., REsp 523.264, Min. Jorge Scartezzini, j. 12.12.06, DJU 26.2.07). **Contra:** "A absolvição da instância por não promover o autor os atos e diligências a seu cargo (Cód. Proc. Civil de 1939, art. 201, V) não retira à citação precedente seus efeitos interruptivos da prescrição" (STF-Pleno: RTJ 142/898, maioria).

Se a citação é de quem não é parte legítima *ad causam*, não se interrompe a prescrição nem se impede a consumação da decadência (RT 649/131, RF 303/182). **Contra:** "Mesmo extinto o processo por ilegitimidade passiva, a citação válida possui o condão de interromper o curso do prazo prescricional ante a aparência de correta propositura da ação" (STJ-2ª T., REsp 1.618.257-AgInt, Min. Og Fernandes, j. 21.3.17, DJ 28.3.17).

Art. 202: 8. É indispensável, para a formação do **litisconsórcio passivo necessário,** a citação "de todos aqueles que participaram da ação onde foi proferida a decisão rescindenda. E tendo de há muito se exaurido o decurso do prazo decadencial para os litisconsortes não citados, inútil é a citação. Extinção do processo da ação rescisória" (STJ-2ª T., REsp 8.689-0, Min. José de Jesus Filho, j. 2.12.92, DJU 1.2.93).

Art. 202: 9. v. CPC 726 e segs.

Art. 202: 9a. Está **superada** a **Súmula 153 do STF,** no sentido de que "simples protesto cambiário não interrompe a prescrição".

Art. 202: 9b. v. art. 1.997 § 1º.

Art. 202: 10. v. arts. 955 a 965. V. tb. CPC 908 e 909.

Art. 202: 10a. s/ mora, v. arts. 394 a 401.

Art. 202: 11. "A interpelação judicial se insere no inciso V do art. 202 (inciso IV do art. 172 do CC-16), uma vez que é ato judicial passível de constituir o devedor em mora, por isso que é causa interruptiva do prazo de prescrição" (STJ-1ª T., REsp 1.188.908, Min. Benedito Gonçalves, j. 9.11.10, DJ 17.11.10).

Art. 202: 11a. Em matéria de seguro, v. art. 206, nota 1b.

Art. 202: 11b. "Para a interrupção da prescrição com base no art. 172, V, do CC/1916 (art. 202, VI, do CC/2002) é suficiente a prática de ato inequívoco de reconhecimento do direito pelo prescribente, sendo **desnecessário** que esse **ato** seja **dirigido ao credor"** (STJ-4ª T., REsp 1.002.074, Min. João Otávio, j. 4.8.11, DJ 12.9.11).

Art. 202: 11c. "A edição de decreto estadual declarando como de utilidade pública parte do imóvel objeto de desapropriação implica reconhecimento do direito à indenização pelo expropriado, o que interrompe o prazo para a ocorrência de prescrição aquisitiva, nos termos do art. 202, inciso VI, do Código Civil de 2002" (STJ-2ª T., REsp 1.052.783, Min. Castro Meira, j. 5.8.08, DJ 19.8.08).

Art. 202: 11d. "Importa em interrupção da prescrição a confissão realizada por meio de certidão individual emitida pelo Tribunal de Justiça do Estado de São Paulo, acerca da existência de dívida de valor consolidado em favor de servidor público integrante de seu respectivo quadro" (STJ-3ª Seção, REsp 1.112.114, Min. Arnaldo Esteves, j. 9.9.09, DJ 8.10.09).

"O inequívoco reconhecimento do débito pela Administração pela prática de atos extrajudiciais, como a publicação de comunicado, enseja a interrupção da prescrição — art. 202, VI, do CC" (STJ-2ª T., REsp 1.192.901, Min. Eliana Calmon, j. 17.6.10, DJ 1.7.10).

"O reconhecimento administrativo do débito interrompe o prazo prescricional" (STJ-6ª T., AI 805.509-AgRg, Min. Maria Thereza, j. 24.5.07, DJU 11.6.07).

Art. 202: 12. "A prática de qualquer ato inequívoco do direito pelo devedor é causa de interrupção da prescrição, à luz do disposto no inciso VI do art. 202 do Código Civil de 2002. Dessa sorte, a emissão de notas promissórias pelos réus, em substituição ao termo de confissão de dívida, constituiu ato inequívoco de reconhecimento da dívida, erigindo-se, pois, como marco interruptivo da prescrição" (STJ-4ª T., Ag em REsp 452.998-AgRg-EDcl, Min. Luis Felipe, j. 24.6.14, DJ 1.8.14).

Art. 202: 12a. por inteiro (salvo contra a Fazenda Pública — v. Dec. lei 4.597, de 19.8.42).

Art. 202: 13. Súmula 248 do TFR: "O prazo da prescrição interrompido pela confissão e parcelamento da dívida fiscal recomeça a fluir no dia que o devedor deixar de cumprir o acordo celebrado".

Art. 202: 13a. "O Código Civil de 1916 dispõe no art. 172, V, que o reconhecimento inequívoco do débito por parte do devedor interrompe o prazo prescricional. Diz, em seguida, no art. 173, que o prazo volta a curso a partir do ato que o interrompeu, ou do último ato que importasse nesse reconhecimento. Na espécie, a concordância do recorrente com as retenções efetuadas pela recorrida nas parcelas do acordo caracterizou ato inequívoco de reconhecimento do débito, acarretando, assim, a interrupção do prazo prescricional que só voltou a fluir em 15.10.98, com o recebimento da última parcela do acordo" (STJ-3ª T., REsp 1.280.206, Min. Massami Uyeda, j. 11.10.11, DJ 26.10.11).

Art. 202: 14. "O prazo prescricional, interrompido pela citação válida, somente reinicia o seu curso após o trânsito em julgado do processo extinto sem julgamento do mérito. Tanto que, se assim não o fosse, a segunda ação também seria extinta por força da litispendência" (STJ-1ª T., REsp 1.165.458, Min. Luiz Fux, j. 15.6.10, DJ 29.6.10).

Art. 203. A prescrição pode ser interrompida por qualquer interessado.[1] [Dispositivo correspondente no CC/1916: art. 174.]

Art. 203: 1. p. ex., por meio do protesto judicial (art. 202-II e CPC 726 e segs.).

Art. 204. A interrupção da prescrição por um credor não aproveita aos outros; semelhantemente, a interrupção operada contra o codevedor, ou seu herdeiro, não prejudica aos demais coobrigados. [Dispositivo correspondente no CC/1916: art. 176-*caput*.]

§ 1º A interrupção por um dos credores solidários[1] aproveita aos outros; assim como a interrupção efetuada contra o devedor solidário[2] envolve os demais e seus herdeiros. [Dispositivo correspondente no CC/1916: art. 176 § 1º.]

§ 2º A interrupção operada contra um dos herdeiros do devedor solidário não prejudica os outros herdeiros ou devedores, senão quando se trate de obrigações e direitos indivisíveis.[3] [Dispositivo correspondente no CC/1916: art. 176 § 2º.]

§ 3º A interrupção produzida contra o principal devedor prejudica o fiador.[4-5] [Dispositivo correspondente no CC/1916: art. 176 § 3º.]

Art. 204: 1. v. arts. 267 a 274.

Art. 204: 2. v. arts. 275 a 285.

Art. 204: 3. v. arts. 257 a 263.

Art. 204: 4. "Não se pode executar o fiador com base no título judicial oriundo da ação de despejo, da qual não participou. Se assim o é, também não se pode admitir que os efeitos desta ação de despejo, no caso, interrupção da prescrição, possam atingir-lhe o direito de suscitá-la. Em sede de **fiança locatícia,** a regra de que a interrupção produzida contra o principal devedor prejudica o fiador, inscrita no art. 176, § 3º, do CC/16, reclama interpretação mitigada, pois o caráter benéfico e desinteressado da fiança não admite interpretação extensiva ao instituto" (STJ-6ª T., REsp 869.357, Min. Og Fernandes, j. 24.8.09, DJ 28.9.09). No mesmo sentido: STJ-4ª T., REsp 1.211.351-AgRg, Min. Isabel Gallotti, j. 7.8.12, DJ 14.8.12).

Art. 204: 5. "A **interrupção operada contra o fiador não prejudica o devedor afiançado** (a recíproca não é verdadeira), haja vista que o principal não acompanha o destino do acessório e, por conseguinte, a prescrição continua correndo em favor deste. Como disposição excepcional, a referida norma deve ser interpretada restritivamente, e, como o legislador previu, de forma específica, apenas a interrupção em uma direção — a interrupção produzida contra o principal devedor prejudica o fiador —, não seria de boa hermenêutica estender a exceção em seu caminho inverso. No entanto, a interrupção em face do fiador poderá, sim, excepcionalmente, acabar prejudicando o devedor principal, nas hipóteses em que a referida relação for reconhecida como de devedores solidários, ou seja, caso renuncie ao benefício ou se obrigue como principal pagador ou devedor solidário, a sua obrigação, que era subsidiária, passará a ser solidária, e, a partir de então, deverá ser norteada por essa sistemática (CC, arts. 204, § 1º, e 275 a 285). Na hipótese, o credor, num primeiro momento, ajuizou execução tão somente em face dos fiadores e, em razão da limitação da responsabilidade destes, num segundo momento, intentou nova execução contra a devedora principal para a execução do saldo restante. Dessarte, a interrupção da prescrição efetivada em relação aos fiadores não pode vir a prejudicar a principal devedora" (STJ-4ª T., REsp 1.276.778, Min. Luis Felipe, j. 28.3.17, DJ 28.4.17).

Seção IV | DOS PRAZOS[1] DA PRESCRIÇÃO

SEÇ. IV: 1. s/ contagem de prazo, v. art. 132; s/ redução dos prazos e direito intertemporal, v. art. 2.028 e notas.

Art. 205. A prescrição ocorre em dez anos, quando a lei não lhe haja fixado prazo menor.[1 a 9] [Dispositivos correspondentes no CC/1916: arts. 177 e 179.]

Art. 205: 1. s/ prescrição decenal e pretensão de: terceiro beneficiário de seguro, v. art. 206, nota 1c; reparação civil fundada em responsabilidade contratual, v. art. 206, nota 3f; invalidação da doação inoficiosa, v. art. 549, nota 3a; imposição da pena de sonegados, v. arts. 1.994, nota 2a, e 1.996, nota 2a; prestação de contas, v., no nosso CCLCV, CDC 26, nota 1b; manutenção do plano de saúde do aposentado, v. Lei 9.656/98, art. 31, nota 2 (no nosso CCLCV, tít. SEGUROS).

Art. 205: 2. Súmula 443 do STF: "A prescrição das prestações anteriores ao período previsto em lei não ocorre, quando não tiver sido negado, antes daquele prazo, o próprio direito reclamado, ou a situação jurídica de que ele resulta".

Súmula 445 do STF: "A Lei 2.437, de 7.3.55, que reduz prazo prescricional, é aplicável às prescrições em curso na data de sua vigência (1.1.56), salvo quanto aos processos então pendentes".

Súmula 142 do STJ: "Prescreve em vinte anos a ação para exigir a abstenção do uso de marca comercial" (v. jurisprudência s/ esta Súmula em RSTJ 80/269). Esta súmula foi **cancelada** pela 2ª Seção do STJ no julgamento da AR 512, em sessão de 12.5.99 (DJU 10.6.99, p. 49).

Súmula 398 do STJ: "A prescrição da ação para pleitear os juros progressivos sobre os saldos de conta vinculada do FGTS não atinge o fundo de direito, limitando-se às parcelas vencidas".

Súmula 412 do STJ: "A ação de repetição de indébito de tarifas de água e esgoto sujeita-se ao prazo prescricional estabelecido no Código Civil".

"O prazo prescricional da execução fiscal em que se pretende a cobrança de tarifa por prestação de serviços de água e esgoto rege-se pelo disposto no Código Civil, revelando-se inaplicável o Dec. 20.910/32" (STJ-1ª Seção, REsp 1.117.903, Min. Luiz Fux, j. 9.12.09, DJ 1.2.10).

S/ repetição de indébito, v. tb. nota 9, art. 206, nota 3b, e, no nosso CCLCV, CDC 26, nota 1c, e 27, nota 2a; s/ execução fiscal, v. tb. Dec. 20.910/32, art. 1º, nota 3 (no nosso CCLCV, tít. PRESCRIÇÃO E DECADÊNCIA).

Art. 205: 3. **Súmula 149 do STF:** "É **imprescritível** a ação de investigação de paternidade, mas não o é a de petição de herança". No mesmo sentido, com relação à imprescritibilidade da pretensão voltada à investigação de paternidade: RT 891/314 (TJSP, AP 656.714-4/2-00).

"Por se cuidar de ação de estado, é imprescritível a demanda negatória de paternidade, consoante a extensão, por simetria, do princípio contido no art. 27 da Lei 8.069/1990, não mais prevalecendo o lapso previsto no art. 178, § 2º, do antigo Código Civil" (STJ-RBDFS 15/135: 4ª T., REsp 576.185).

"A imprescritibilidade típica da ação de investigação de paternidade movida pelo filho não se aplica à investigatória e anulatória de registro civil movida pelo pretenso genitor contra o suposto filho, estando a decadência desta, no regime do CC de 1916 (art. 178, § 9º)" (STJ-3ª T., REsp 903.613, Min. Sidnei Beneti, j. 24.6.08, DJ 5.8.08).

V. tb. arts. 1.601, 1.604, nota 2a, e 1.614, nota 2.

São imprescritíveis as pretensões relativas aos direitos de personalidade e ao estado da pessoa. Ainda, não se sujeitam a prescrição as ações declaratórias (como a de nulidade).

"A ação proposta com a finalidade de declarar-se a nulidade absoluta do casamento, por bigamia, é imprescritível" (RSTJ 132/398).

"Somente a ação declaratória pura é imprescritível; quando ela se revestir também de natureza constitutiva, ficará sujeita à prescrição" (STJ-3ª T., REsp 1.358.425, Min. Nancy Andrighi, j. 8.5.14, DJ 26.5.14).

S/ imprescritibilidade: de pretensão indenizatória em matéria de tortura, v. Dec. 20.910/32, art. 1º, nota 5 (no nosso CCLCV, tít. PRESCRIÇÃO E DECADÊNCIA); em matéria de adjudicação compulsória, v. Dec. lei 58/37, art. 16, nota 1b (no nosso CCLCV, tít. PROMESSA DE COMPRA E VENDA E LOTEAMENTO).

S/ casos em que a prescrição não corre, arts. 197 a 199.

Art. 205: 3a. "A **autarquia** estadual que desenvolve atividade econômica está sujeita ao mesmo regime de prescrição das pessoas jurídicas de direito privado" (STJ-4ª T., REsp 1.086.205-AgRg, Min. Luis Felipe, j. 18.3.10, DJ 29.3.10). Em sentido semelhante: STJ-3ª T., REsp 1.103.196-AgRg, Min. Nancy Andrighi, j. 6.4.10, DJ 14.4.10.

"O prazo prescricional relativo à ação de cumprimento contratual ajuizada contra **sociedade de economia mista** concessionária de serviço público é de dez anos (art. 205 do Código Civil)" (STJ-3ª T., Ag em REsp 138.704-AgRg, Min. João Otávio, j. 6.8.13, DJ 22.8.13).

Art. 205: 4. Regula-se pelo art. 205 o prazo para a prescrição da pretensão relativa a cobrança de **honorários advocatícios** no caso de extinção do mandato por **morte do advogado** (STJ-3ª T., REsp 665.790, Min. Nancy Andrighi, j. 25.9.06, DJU 30.10.06).

Art. 205: 5. No sentido de que a prescrição da pretensão de **reparação de danos** causados por **advogado** ao seu **cliente** no exercício da profissão é regulada pelo art. 205, em razão da inaplicabilidade do CDC aos contratos de serviços advocatícios: STJ-3ª T., REsp 645.662, Min. Gomes de Barros, j. 28.6.07, DJU 1.8.07.

"A ação para reparação de danos relativos à inexecução de contrato de prestação de serviços advocatícios se sujeita ao prazo prescricional previsto no art. 177 do CC/16 (art. 205 do CC/02), e não aquele previsto no art. 27 do CDC" (STJ-3ª T., REsp 633.174, Min. Nancy Andrighi, j. 2.12.04, DJU 21.3.05).

"A prescrição da pretensão autoral não é regida pelo art. 27 do CDC. Porém, também não se lhe aplica o art. 206, § 3º, inciso V, do Código Civil de 2002, haja vista que o mencionado dispositivo possui incidência apenas quando se tratar de responsabilidade civil extracontratual. No caso, cuida-se de ação de indenização do mandante em face do mandatário, em razão de suposto mau cumprimento do contrato de mandato, hipótese sem previsão legal específica, circunstância que faz incidir a prescrição geral de 10 (dez) anos do art. 205 do Código Civil de 2002" (STJ-4ª T., REsp 1.150.711, Min. Luis Felipe, j. 6.12.11, DJ 15.3.12; nota: dois votos foram pela aplicação do CDC no caso).

V. tb., no nosso CCLCV, CDC 27, nota 2d.

S/ o termo *a quo* da prescrição nesses casos, v. art. 189, nota 7.

Art. 205: 5a. "O prazo prescricional para pleitear indenização pelo **extravio de mercadoria transportada por via aérea** é decenal" (STJ-4ª T., AI 1.362.384-AgRg, Min. Aldir Passarinho Jr., j. 3.2.11, DJ 17.2.11). Em sentido semelhante: STJ-3ª T., REsp 224.554-EDcl-AgRg, Min. Nancy Andrighi, j. 6.12.01, DJU 25.2.02.

S/ prescrição e transporte aéreo, v. tb., no nosso CCLCV, CDC 27, notas 1b e 1c.

Art. 205: 5b. "As **ações revisionais de contrato bancário** são fundadas em direito pessoal, motivo pelo qual o prazo prescricional, sob a égide do Código Civil de 1916 era vintenário, e passou a ser decenal, a partir do Código Civil de 2002. A pretensão se refere às cláusulas contratuais, que podem ser discutidas desde a assinatura do contrato, motivo pelo qual o termo inicial do prazo prescricional é a data em que o contrato foi firmado" (STJ-3ª T., REsp 1.326.445, Min. Nancy Andrighi, j. 4.2.14, DJ 17.2.14).

Art. 205: 6. "O direito à **complementação de ações subscritas** decorrentes de contrato firmado com sociedade anônima é de natureza pessoal e, consequentemente, a respectiva pretensão prescreve no prazo previsto no artigo 177 do CC revogado (artigo 205 do Código vigente)" (STJ-2ª Seção, REsp 1.037.208, Min. Sidnei Beneti, j. 25.6.08, DJ 20.8.08).

Art. 205: 7. "Não se tratando de pedido fundado no princípio que veda o enriquecimento sem causa, mas de **restituição de quantias em razão de contrato** de *leasing*, cuja natureza contratual, como já decidiu esta Corte, basta para conferir caráter pessoal às obrigações dele decorrentes, a prescrição para essa ação é a geral" (STJ-RT 918/790: 3ª T., REsp 1.174.760).

"Ação declaratória de descaracterização de contrato de arrendamento mercantil, devolução de VRG e indenização por danos morais. Prescrição. Prazo das ações pessoais" (STJ-4ª T., Ag em REsp 493.863-EDcl, Min. Isabel Gallotti, j. 20.5.14, DJ 30.5.14).

"A restituição dos valores pagos, diante da rescisão de contrato de promessa de compra e venda de imóvel, constitui consectário natural do próprio desfazimento do negócio. A pretensão ao recebimento de valores pagos, que não foram restituídos diante de rescisão judicial, por sentença que não tenha decidido a respeito da restituição, submete-se ao prazo prescricional de 10 anos, previsto no art. 205 do Código Civil, e não ao prazo de 3 anos, constante do art. 206, § 3º, incisos IV e V, do mesmo diploma" (STJ-3ª T., REsp 1.297.607, Min. Sidnei Beneti, j. 12.3.13, RT 933/725). No mesmo sentido: STJ-4ª T., Ag em REsp 615.853-AgInt, Min. Raul Araújo, j. 21.6.16, DJ 3.8.16. **Contra:** "Aplica-se às ações de restituição de quantia, na rescisão de contrato de promessa de compra e venda de imóvel, o prazo trienal, pois fundadas no princípio da vedação do enriquecimento sem causa" (STJ-3ª T., REsp 1.377.090-AgRg, Min. Paulo Sanseverino, j. 22.10.13, DJ 28.10.13).

Art. 205: 8. "Aplica-se às ações de **apuração de haveres** o prazo prescricional decenal, por ausência de regra específica" (STJ-3ª T., REsp 1.139.593, Min. Nancy Andrighi, j. 22.4.14, DJ 2.5.14).

V. tb. art. 206, nota 2g.

Art. 205: 9. "Prescreve em dez anos (art. 205 do Código Civil) a pretensão de **repetição de indébito** relativa a valores indevidamente cobrados por **serviço de telefonia**" (STJ-Corte Especial, ED no REsp 1.515.546, Min. Laurita Vaz, j. 18.5.16, DJ 15.6.16).

"A tese adotada no âmbito do acórdão recorrido (reformado pela decisão monocrática, ora agravada) de que a pretensão de repetição de indébito por cobrança indevida de valores referentes a serviços não contratados, promovida por empresa de telefonia, configuraria enriquecimento sem causa e, portanto, estaria abrangida pelo prazo fixado no art. 206, § 3º, IV, do Código Civil não parece ser a melhor. A pretensão de enriquecimento sem causa (ação *in rem verso*) possui como requisitos: enriquecimento de alguém; empobrecimento correspondente de outrem; relação de causalidade entre ambos; ausência de causa jurídica; inexistência de ação específica. Trata-se, assim, de ação subsidiária que depende da inexistência de causa jurídica. A discussão acerca da cobrança indevida de valores constantes de relação contratual e eventual repetição de indébito não se enquadra na hipótese do art. 206, § 3º, IV, do Código Civil, seja porque a causa jurídica, em princípio, existe (relação contratual prévia em que se debate a legitimidade da cobrança), seja porque a ação de repetição de indébito é ação específica" (STJ-Corte Especial, ED no REsp 1.585.124-AgInt, Min. Og Fernandes, j. 15.3.17, DJ 21.3.17).

Contra: "Nas ações de repetição de indébito de valores cobrados indevidamente referentes a serviços não contratados, movidas contra empresa de telefonia, o prazo prescricional a ser aplicado é o trienal previsto no art. 206, § 3º, V, do CC" (STJ-3ª T., REsp 1.585.124-AgInt, Min. Moura Ribeiro, j. 13.9.16, DJ 20.9.16).

V. tb. art. 206, notas 3b e 3f.

Art. 206. Prescreve: [Dispositivo correspondente no CC/1916: art. 178-*caput*.]

§ 1º Em um ano:[1-1a] [Dispositivo correspondente no CC/1916: art. 178 § 6º.]

I — a pretensão dos hospedeiros ou fornecedores de víveres destinados a consumo no próprio estabelecimento, para o pagamento da hospedagem ou dos alimentos; [Dispositivo correspondente no CC/1916: art. 178 § 5º-V.]

II — a pretensão do segurado contra o segurador, ou a deste contra aquele,[1b a 2] contado o prazo: [Dispositivo correspondente no CC/1916: art. 178 § 6º-II e § 7º-V.]

a) para o segurado, no caso de seguro de responsabilidade civil, da data em que é citado para responder à ação de indenização proposta pelo terceiro prejudicado, ou da data que a este indeniza, com a anuência do segurador;[2a] [Sem dispositivo correspondente no CC/1916.]

b) quanto aos demais seguros, da ciência do fato gerador da pretensão;[2b a 2e] [Dispositivo correspondente no CC/1916: art. 178 § 6º-II.]

III — a pretensão dos tabeliães, auxiliares da justiça, serventuários judiciais, árbitros e peritos, pela percepção de emolumentos, custas e honorários;[2f] [Dispositivo correspondente no CC/1916: art. 178 § 6º-VIII.]

IV — a pretensão contra os peritos, pela avaliação dos bens que entraram para a formação do capital de sociedade anônima, contado da publicação da ata da assembleia que aprovar o laudo; [Sem dispositivo correspondente no CC/1916.]

V — a pretensão dos credores não pagos contra os sócios ou acionistas e os liquidantes, contado o prazo da publicação da ata de encerramento da liquidação da sociedade.[2g] [Sem dispositivo correspondente no CC/1916.]

§ 2º Em dois anos,[2h] a pretensão para haver prestações alimentares,[2i-2j] a partir da data em que se vencerem. [Dispositivo correspondente no CC/1916: art. 178 § 10-I.]

§ 3º Em três anos: [Dispositivo correspondente no CC/1916: art. 178 § 8º.]

I — a pretensão relativa a aluguéis de prédios urbanos ou rústicos; [Dispositivo correspondente no CC/1916: art. 178 § 10-IV.]

II — a pretensão para receber prestações vencidas de rendas temporárias ou vitalícias; [Dispositivo correspondente no CC/1916: art. 178 § 10-II.]

III — a pretensão para haver juros, dividendos ou quaisquer prestações acessórias, pagáveis, em períodos não maiores de um ano, com capitalização ou sem ela;[3] [Dispositivo correspondente no CC/1916: art. 178 § 10-III.]

IV — a pretensão de ressarcimento de enriquecimento sem causa;[3a a 3d] [Sem dispositivo correspondente no CC/1916.]

V — a pretensão de reparação civil;[3e a 3h] [Sem dispositivo correspondente no CC/1916.]

VI — a pretensão de restituição dos lucros ou dividendos recebidos de má-fé, correndo o prazo da data em que foi deliberada a distribuição; [Sem dispositivo correspondente no CC/1916.]

VII — a pretensão contra as pessoas em seguida indicadas por violação da lei ou do estatuto, contado o prazo: [Sem dispositivo correspondente no CC/1916.]

a) para os fundadores, da publicação dos atos constitutivos da sociedade anônima; [Sem dispositivo correspondente no CC/1916.]

b) para os administradores, ou fiscais, da apresentação, aos sócios, do balanço referente ao exercício em que a violação tenha sido praticada, ou da reunião ou assembleia geral que dela deva tomar conhecimento; [Sem dispositivo correspondente no CC/1916.]

c) para os liquidantes, da primeira assembleia semestral posterior à violação; [Sem dispositivo correspondente no CC/1916.]

VIII — a pretensão para haver o pagamento de título de crédito, a contar do vencimento, ressalvadas as disposições de lei especial; [Sem dispositivo correspondente no CC/1916.]

IX — a pretensão do beneficiário contra o segurador, e a do terceiro prejudicado, no caso de seguro de responsabilidade civil obrigatório.[4-4a] [Sem dispositivo correspondente no CC/1916.]

§ 4º Em quatro anos,[4b] a pretensão relativa à tutela,[4c] a contar da data da aprovação das contas. [Sem dispositivo correspondente no CC/1916.]

§ 5º Em cinco anos:[5] [Dispositivo correspondente no CC/1916: art. 178 § 10.]

I — a pretensão de cobrança de dívidas líquidas constantes de instrumento público ou particular;[5a a 8b] [Sem dispositivo correspondente no CC/1916.]

II — a pretensão dos profissionais liberais em geral, procuradores judiciais, curadores e professores pelos seus honorários, contado o prazo da conclusão dos serviços, da cessação dos respectivos contratos ou mandato;[9] [Dispositivo correspondente no CC/1916: art. 178 § 6º-VI, IX e X.]

III — a pretensão do vencedor para haver do vencido o que despendeu em juízo.[10] [Sem dispositivo correspondente no CC/1916.]

Art. 206: 1. v. outros prazos no nosso CCLCV, tít. PRESCRIÇÃO E DECADÊNCIA.

Art. 206: 1a. Prescrevem em **um ano:**

a) a ação cambial contra o endossador e o respectivo avalista (LCa 52); v., porém, CC 206 § 3º-VIII;

b) a ação para haver indenização por extravio ou avaria de mercadoria transportada por estrada de ferro; ou pelos danos sofridos por passageiro, em razão de atraso de trens (Dec. 2.681, de 7.12.1912, arts. 9º e 24);

c) a ação contra herdeiro de associado de sociedade cooperativa, por obrigação do morto para com a sociedade ou terceiro (Lei 5.764, de 16.12.71, art. 36 § ún.);

d) a pretensão à reparação pelos danos relativos ao transporte rodoviário de cargas por conta de terceiros e mediante remuneração (Lei 11.442, de 5.1.07, art. 18).

Art. 206: 1b. Súmulas sobre prescrição em matéria securitária:

Súmula 151 do STF: "Prescreve em um ano a ação do segurador sub-rogado para haver indenização por extravio ou perda de carga transportada por navio".

Súmula 101 do STJ: "A ação de indenização do segurado em grupo contra a seguradora prescreve em um ano".

✎ "Prescrição — Seguro — Ação de cobrança. A Súmula 101 do STJ à luz do CDC", por Cláudio Teixeira da Silva (RJ 239/14).

Súmula 229 do STJ: "O pedido de pagamento de indenização à seguradora suspende o prazo de prescrição até que o segurado tenha ciência da decisão".

"**Todavia,** a Súmula n. 229 do STJ não esgota todas as possibilidades envolvidas no comunicado de sinistro feito à seguradora, sendo possível vislumbrar situações em que haverá a interrupção — e não há suspensão — do prazo prescricional. Apesar do pedido de indenização ter efeito suspensivo, esse efeito é inerente apenas à apresentação do comunicado de sinistro pelo segurado. Há de se considerar, em contrapartida, que a resposta da seguradora pode, eventualmente, caracterizar causa interruptiva do prazo prescricional, notadamente aquela prevista no art. 172, V, do CC/16 (atual art. 202, VI, do CC/02), qual seja, a prática de ato inequívoco, ainda que extrajudicial, que importe reconhecimento do direito pelo devedor" (STJ-3ª T., REsp 875.637, Min. Nancy Andrighi, j. 19.3.09, DJ 26.3.09).

Súmula 278 do STJ: "O termo inicial do prazo prescricional, na ação de indenização, é a data em que o segurado teve ciência inequívoca da incapacidade laboral".

"O prazo prescricional para a ação de cobrança de indenização securitária por acidente, no caso de invalidez permanente, total ou parcial, somente passa a fluir após a consolidação da lesão e seu conhecimento pelo segurado, uma vez que não é o acidente que gera o direito à indenização securitária, mas sim a sequela incapacitante permanente que dele resultar para o segurado" (JTJ 320/559: AP 1.041.124-0/4).

"O simples reconhecimento, em tese, da gravidade da doença de que padece o segurado (*in casu*, a insuficiência renal crônica), bem como a submissão deste ao tratamento correlato (qual seja, a sessões de hemodiálise), não leva à conclusão de que o segurado já teria condições de ter conhecimento inequívoco sobre a incapacidade laborativa decorrente. Por conhecimento inequívoco da invalidez, compreende-se a ciência despida de qualquer dúvida acerca da capacidade laborativa. Nessa medida e em regra, é por meio da perícia médica, ante os conhecimentos técnicos a ela inerentes, que se revela possível atestar que determinada patologia torna o doente incapaz para o trabalho, dando-lhe, por conseguinte, ciência desta informação. Não se olvida, contudo, ser possível, excepcionalmente, que o segurado, por meio de outros elementos, obtenha conhecimento de sua invalidez. Estes elementos, contudo, deverão restar muito bem delineados e demonstrados nos autos (*ut* REsp 310.896, Relatora Ministra Nancy Andrighi, Dje 11.6.2001). *In casu*, ao contrário, restou claro, nos termos gizados pelo próprio Tribunal de origem, que tais elementos não vieram aos autos" (STJ-3ª T., REsp 1.179.416, Min. Massami Uyeda, j. 3.5.11, DJ 18.5.11). V. tb. nota 4a.

Entendendo que o termo inicial do prazo prescricional para pleitear indenização em seguro de vida e acidentes pessoais é a data da concessão da aposentadoria por invalidez pelo INSS: STJ-3ª T., REsp 1.084.883, Min. Massami Uyeda, j. 16.11.10, DJ 2.12.10; STJ-4ª T., AI 1.218.336-AgRg, Min. Isabel Gallotti, j. 3.5.12, DJ 9.5.12; STJ-2ª Seção, AR 3.057, Min. Antonio Ferreira, j. 4.2.13, DJ 13.3.13; RJM 178/328.

É computado para a aferição da prescrição "o período entre a data do deferimento de aposentadoria por invalidez e o pedido de pagamento à seguradora" (STJ-4ª T., REsp 810.115, Min. Aldir Passarinho Jr., j. 17.6.10, um voto vencido, DJ 10.11.10). Afinal, nos termos da Súmula 229 do STJ, o pedido de pagamento suspende, e não interrompe, o prazo prescricional.

"O prazo prescricional ânuo para cobrança de seguro se inicia na data em que o segurado tem ciência da sua incapacidade definitiva, suspende-se na data em que apresentado o requerimento administrativo e volta a fluir no dia em que ele é intimado da recusa da seguradora em conceder a indenização contratada" (STJ-3ª T., REsp 1.063.211, Min. Sidnei Beneti, j. 19.10.10, DJ 11.11.10). A retomada do prazo prescricional não é obstada por pedido de reconsideração apresentado pelo segurado à seguradora após essa recusa (STJ-4ª T., Ag 1.312.098-AgRg, Min. Luis Felipe, j. 21.6.11, DJ 18.8.11).

Art. 206: 1c. O prazo prescricional de um ano "somente incide em relação ao próprio segurado, não se aplicando em desfavor da **parte beneficiária**, quando distinta daquele" (STJ-4ª T., REsp 436.916, Min. Aldir Passarinho Jr., j. 15.8.02, DJU 24.3.03). No mesmo sentido: JTJ 317/253 (AP 427.213-4/0-00), RT 919/1.123 (TJPE, AP 0000269-49.2007.8.17.1520).

"O terceiro beneficiário de seguro de vida em grupo, o qual não se confunde com a figura do segurado, não se sujeita ao lapso prescricional ânuo previsto no art. 178, § 6º, II, do CC/16, mas, ao prazo vintenário, na forma do art. 177, correspondente às ações pessoais, ou decenal, em consonância com o art. 205 do CC/2002" (STJ-3ª T., REsp 715.512, Min. Sidnei Beneti, j. 11.11.08, DJ 28.11.08). "O prazo prescricional para a propositura da ação pelo beneficiário é de dez anos, na forma do art. 205 do Código Civil, e não o de três anos, previsto no art. 206, § 3º, IX, do mesmo diploma legal, que se aplica à pretensão ao recebimento de seguro de vida obrigatório, o que não é a hipótese dos autos" (STJ-3ª T., REsp 1.311.406-AgRg, Min. Sidnei Beneti, j. 15.5.12, DJ 28.5.12). Também afirmando o prazo decenal no caso do beneficiário: STJ-4ª T., Ag em REsp 372.417-EDcl, Min. Luis Felipe, j. 17.9.13, DJ 23.9.13; RJM 199/207 (AP 1.0105.10.005171-0/001). **Todavia:** "Em se cuidando de indenização reclamada por beneficiários do seguro, a prescrição observa o prazo de cinco anos (art. 206, § 5º, I, do Código Civil) e não de três anos e que diz respeito apenas ao 'seguro de responsabilidade civil obrigatório' (art. 206, § 3º, IX, do Código Civil)" (RT 895/269: TJSP, AP 992.09.089368-8).

V. tb. art. 189, nota 2.

Art. 206: 1d. "Na relação securitária advinda de contrato de seguro facultativo em grupo, a **empregadora-estipulante** qualifica-se como mera mandatária dos segurados e não como terceira. A ação de cobrança, da seguradora em face da empregadora-estipulante, relativa a prêmios não pagos de seguro de vida em grupo, sujeita-se ao prazo prescricional de um ano" (STJ-3ª T., REsp 947.078-AgRg, Min. Paulo Sanseverino, j. 2.6.11, DJ 10.6.11).

Art. 206: 1e. Pretensão do corretor que indenizou o segurado em face da seguradora. "Contrato de seguro de veículo. Ocorrência do sinistro. Recusa do segurador. Pagamento da indenização securitária pela corretora de seguro. Solidariedade. Prazo prescricional vintenário. O prazo prescricional aplicável para a pretensão de cobrança da quota do devedor solidário, decorrente da relação interna de solidariedade, é o vintenário, previsto no art. 177 do Código Civil de 1916" (STJ-4ª T., REsp 658.938, Min. Raul Araújo, j. 15.5.12, DJ 20.8.12).

Art. 206: 1f. "A qualificação jurídica do **resseguro** como um contrato de seguro decorre do fato de a resseguradora obrigar-se, mediante o pagamento de um prêmio, a proteger o patrimônio da seguradora/cedente do risco substanciado na responsabilidade desta perante seu segurado. Logo, presentes as características principais da relação securitária: interesse, risco, importância segurada e prêmio. Qualquer pretensão do segurado contra o segurador, ou deste contra aquele, prescreve em um ano (art. 178, § 6º, do Código Civil/1916 e art. 206, II, do Código Civil atual), regra que alcança o seguro do segurador, isto é, o resseguro" (STJ-3ª T., REsp 1.170.057, Min. Ricardo Cueva, j. 17.12.13, DJ 13.2.14).

Art. 206: 1g. "O art. 178, § 6º, II, do Código Civil (atual art. 206, § 1º, II, do CC/02) não faz qualquer distinção quanto às ações sujeitas à prescrição, importando apenas, na melhor exegese da norma, que a demanda tenha por fundamento o contrato de seguro. Contudo, o STJ já reconheceu que ações meramente declaratórias são imprescritíveis. Na hipótese, a tutela pleiteada pelo autor recorrido e concedida pela sentença, que foi confirmada pelo Tribunal de origem, tem **natureza meramente declaratória** e, consequentemente, não está sujeita à prescrição ânua do art. 206, § 1º, II, do CC/02" (STJ-3ª T., REsp 1.084.474, Min. Nancy Andrighi, j. 4.10.11, DJ 11.10.11).

Todavia: "O objeto da ação não se restringe à declaração de nulidade das cláusulas contratuais, pretendendo o recorrente, em verdade, a obtenção dos efeitos patrimoniais dela decorrentes, depois de extinto o contrato, de sorte que a pretensão deduzida não é declaratória, puramente, e, portanto, se sujeita a prazo prescricional. Prescreve em um ano a pretensão de restituição de prêmios pagos a maior pelo segurado participante de apólice de seguro de vida em grupo, cujo contrato não foi renovado por vontade da seguradora" (STJ-3ª T., REsp 1.369.787, Min. Nancy Andrighi, j. 20.6.13, DJ 1.8.13).

Art. 206: 1h. "Prescreve em um ano a ação que postula indenização por danos morais e restituição de prêmios pagos pelo segurado participante de apólice de seguro de vida em grupo cujo contrato não foi renovado, por vontade da seguradora, ao término do prazo" (STJ-4ª T., REsp 759.221, Min. Aldir Passarinho Jr., j. 12.4.11, dois votos vencidos, DJ 18.5.11). No mesmo sentido: STJ-3ª T., Ag em REsp 129.996-AgRg, Min. Sidnei Beneti, j. 20.9.12, DJ 4.10.12.

Contra: "Quando a lei (art. 206, § 1º, II, do CC/02) fixa os termos iniciais dos prazos de prescrição, deixa evidenciado que a pretensão do segurado — ou do segurador — deve estar relacionada ao próprio objeto do contrato de seguro. A causa de pedir da indenização, na hipótese, é a responsabilidade extracontratual da seguradora, decorrente da alegada abusividade e ilicitude da sua conduta de não renovar o contrato sem justificativa plausível, em prejuízo dos seus consumidores. Esta Corte já reconheceu ser abusiva a negativa de renovação do contrato de seguro de vida, mantido sem modificações ao longo dos anos, por ofensa aos princípios da boa-fé objetiva, da cooperação, da confiança e da lealdade, orientadores da interpretação dos contratos que regulam as relações de consumo. Tendo em vista a interpretação de caráter restritivo que deve ser feita acerca das normas que tratam de prescrição, dentre as quais está a do art. 206, § 1º, II, do Código Civil, não é possível ampliar sua abrangência, de modo a abarcar outras pretensões, ainda que relacionadas, indiretamente, ao contrato de seguro. Aplicação, na hipótese, do art. 206, § 3º, V, do CC/02" (STJ-3ª T., REsp 1.273.311, Min. Nancy Andrighi, j. 1.10.13, DJ 10.10.13).

Art. 206: 1i. "Aplica-se o prazo de prescrição anual às ações do segurado/mutuário contra a seguradora, buscando a cobertura de sinistro relacionado a contrato de mútuo habitacional celebrado no âmbito do Sistema Financeiro da Habitação" (STJ-2ª Seção, REsp 871.983, Min. Isabel Gallotti, j. 25.4.12, DJ 21.5.12).

Art. 206: 1j. "Caracterizada a **inexecução contratual**, é ânuo o prazo prescricional para ação de cobrança de valor complementar de indenização securitária" (STJ-2ª Seção, REsp 574.947, Min. Nancy Andrighi, j. 9.6.04, DJU 28.6.04). Nesse caso, é "inaplicável o lapso prescricional de cinco anos, por não se enquadrar a espécie no conceito de 'danos causados por fato do produto ou serviço' (acidente de consumo)" (STJ-4ª T., REsp 738.460, Min. Barros Monteiro, j. 11.10.05, DJU 5.6.06).

"Nas ações de complementação de seguro, onde o **pagamento** da indenização foi efetuado a **menor,** a prescrição é ânua, tendo como termo inicial a data da ciência, pelo segurado, do pagamento incompleto pela seguradora" (STJ-4ª T., AI 1.174.335-AgRg, Min. Isabel Gallotti, j. 24.4.14, DJ 5.5.14).

V. tb., no nosso CCLCV, CDC 27, nota 2.

Art. 206: 2. "A ação para discussão de validade de cláusula contratual reguladora do critério de reajuste dos prêmios mensais pagos ao seguro de saúde, por ser inerente à relação entre segurado e segurador e não relacionada a defeito do serviço, sujeita-se ao prazo ânuo previsto no Código Civil. No caso de seguro de saúde, em que o prêmio é pago mensalmente, constituindo relação de trato sucessivo, o lapso prescricional nasce a partir do pagamento de cada parcela indevida. Sendo assim, são passíveis de cobrança tão somente as quantias indevidamente desembolsadas nos doze meses que precederam à propositura da demanda" (STJ-3ª T., REsp 794.583, Min. Castro Filho, j. 26.9.06, DJU 23.10.06).

Art. 206: 2a. Se a indenização paga ao terceiro é dividida em **parcelas,** é do pagamento da última delas que se conta o prazo prescricional. Assim: "Na ocorrência de transação judicial em ação indenizatória por danos materiais e morais sofridos por terceiro (vítima de acidente de trânsito), o termo inicial do prazo prescricional para o segurado buscar da seguradora, em ação de regresso, o reembolso do que despendeu, haja vista a contratação de seguro de responsabilidade civil, é a data do pagamento da última parcela do acordo" (STJ-3ª T., REsp 1.413.595-EDcl-AgRg, Min. Ricardo Cueva, j. 10.5.16, DJ 20.5.16).

✎ **Art. 206: 2b.** "Contrato de seguro. Ação do segurado contra o segurador. Prescrição", por Humberto Theodoro Jr. (RT 924/79); "Prescrição nos contratos de seguro — reflexões", por Pablo Stolze Gagliano e Rodolfo Pamplona Filho (RJ-Lex 64/174 e RMDCPC 55/38).

Art. 206: 2c. "A jurisprudência exige que o segurado tenha **ciência inequívoca da recusa** do pagamento pela seguradora, para que volte a fluir o prazo prescricional da pretensão de cobrança da indenização. Por ciência inequívoca entende-se aquela que não dá margem para dúvidas a respeito da sua ocorrência, o que só se obtém, em princípio, mediante assinatura do segurado: (i) no mandado expedido no processo de notificação judicial; ou (ii) no recibo de notificação extrajudicial, feita por intermédio do cartório de títulos e documentos; ou (iii) no aviso de recebimento (A.R.) de correspondência enviada pela via postal; ou (iv) em qualquer outro documento que demonstre de forma cabal que o segurado soube da negativa da seguradora e a respectiva data desse conhecimento. Para efeito de fluência do prazo prescricional da pretensão à indenização do segurado contra a seguradora, a data da correspondência enviada pela seguradora com a recusa do pagamento é absolutamente irrelevante para se determinar a data da ciência inequívoca do segurado a respeito de tal recusa. Quem tem o ônus de provar a ciência inequívoca do segurado a respeito da recusa de pagamento da indenização pela seguradora é a própria seguradora" (STJ-3ª T., REsp 888.083, Min. Nancy Andrighi, j. 21.6.07, DJU 29.6.07).

"Não tendo havido inércia da segurada que, tão logo recebida a indenização a menor, formulou o pedido de revisão dos cálculos indenizatórios, o lapso prescricional, no tocante à diferença pretendida, só passa a fluir da data em que a segurada tomou conhecimento da recusa da seguradora em solver essa mesma diferença" (STJ-4ª T., REsp 591.587, Min. Barros Monteiro, j. 13.12.05, DJU 27.3.06).

"Negado crédito à documentação pretérita ao ajuizamento da ação, reputada insuficiente para a cobertura securitária, com a realização de perícia médica específica no curso da presente demanda, para fins de constatação da lesão, somente a partir daí é que se pode afirmar que o autor tem ciência de que preenche o requisito para o recebimento do seguro" (STJ-4ª T., REsp 773.369, Min. Aldir Passarinho Jr., j. 2.10.08, DJ 24.11.08).

Art. 206: 2d. Entendendo que o ajuizamento de ação cautelar de exibição de documentos em face da seguradora interrompe o prazo prescricional: STJ-3ª T., REsp 1.394.603-EDcl-EDcl, Min. Sidnei Beneti, j. 17.12.13, DJ 7.2.14; JTJ 311/456 (EI 721.771-1/4, dois votos vencidos).

V. art. 202, nota 4a.

Art. 206: 2e. "O prazo prescricional de um ano não deve ser contado a partir da concisa recusa da seguradora, mas sim da data em que a seguradora atendeu à solicitação formulada pelo segurado a fim de que lhe fosse remetida **cópia da apólice que celebrou por telefone,** necessária à exata compreensão das razões que levaram à negativa de indenização. Em face do disposto no art. 199, I, do CC/02, não há prescrição da ação de recebimento de indenização, pois, ao reter impropriamente a apólice solicitada pelo segurado, a própria seguradora deu causa à condição suspensiva. A procrastinação da seguradora no que diz respeito à entrega de cópia da apólice ao segurado não pode lhe trazer benefícios, levando o consumidor de boa-fé à perda de seu direito de ação. É preceito consuetudinário, com respaldo na doutrina e na jurisprudência, que a parte a quem aproveita não pode tirar proveito de um prejuízo que ela mesma tenha causado" (STJ-3ª T., REsp 1.176.628, Min. Nancy Andrighi, j. 16.9.10, DJ 4.10.10).

Art. 206: 2f. "O prazo prescricional para a propositura de ação de cobrança de **honorários periciais** é de 1 (um) ano, nos termos do art. 206, § 1º, III, do Código Civil/2002, contado a partir do trânsito em julgado da decisão que fixa a referida verba" (STJ-2ª T., REsp 1.245.597-AgRg, Min. Herman Benjamin, j. 16.6.11, DJ 31.8.11).

Todavia: "Quando a parte vencida for beneficiada pela **gratuidade de justiça** e o perito pretender o recebimento dos seus honorários, o prazo prescricional é o de 5 anos previsto no art. 12 da Lei 1.060/50. Não obstante, o prazo prescricional previsto no art. 206, § 1º, do Código Civil continua-se aplicando aos feitos em que não houve o deferimento do referido benefício" (STJ-1ª T., REsp 1.219.016, Min. Benedito Gonçalves, j. 15.3.12, DJ 21.3.12).

"O prazo prescricional para a cobrança de honorários periciais arbitrados em processo judicial, em que a parte é beneficiária da gratuidade da justiça, é de cinco anos, nos termos do art. 1º do Dec. 20.910/32, o qual deve prevalecer sobre os prazos prescricionais estipulados pelo Código Civil" (STJ-2ª T., REsp 1.314.196-AgRg, Min. Humberto Martins, j. 15.5.12, DJ 21.5.12).

V. CPC 98 § 3º.

Art. 206: 2g. **"Ação de apuração de haveres.** Sociedade de advogados. Morte de um dos advogados. Dissolução parcial. Sucessores. Legitimidade ativa. **Prescrição decenal.** O art. 206, § 1º, V, do Código Civil fixa o prazo prescricional da pretensão dos credores não pagos contra os sócios ou acionistas e os liquidantes da sociedade integralmente extinta, não se aplicando à extinção parcial do vínculo societário, sobretudo na hipótese de dissolução parcial de sociedade de advogados por morte de um dos sócios, que se dá pela simples averbação desse fato no órgão que representa a categoria. Afastada a incidência da norma especial e não estando a hipótese disciplinada em nenhum outro preceito contido no art. 206 do Código Civil, aplica-se a prescrição decenal prevista no art. 205 do mesmo diploma legal" (STJ-3ª T., REsp 1.505.428, Min. Ricardo Cueva, j. 21.6.16, DJ 27.6.16).

Art. 206: 2h. Prescrevem, ou se extinguem (conforme se trate de prescrição ou de decadência), em **dois anos:**

a) o direito de propor ação rescisória (CPC 975);

b) a ação de enriquecimento contra quem se locupletou injustamente com o não pagamento de cheque (LCh 61);

c) a ação para anular decisão administrativa que denega a restituição de tributo (CTN 169-*caput* e § ún.);

d) as ações fundadas no Cód. Brasileiro de Aeronáutica (Lei 7.565, de 19.12.86, em Lex 1986/1.285, RF 296/483) prescrevem, ordinariamente, em dois anos (art. 317) e, excepcionalmente, em três, se o interessado provar que não teve conhecimento do dano ou da identidade do responsável (art. 318). As providências administrativas previstas nesse Código prescrevem em dois anos (art. 319);

e) a ação de responsabilização dos sócios de responsabilidade limitada, dos controladores e dos administradores da sociedade falida, contados do trânsito em julgado da sentença de encerramento da falência (LRF 82 § 1º).

Art. 206: 2i. s/ pretensão de recebimento de verbas remuneratórias devidas pela Fazenda Pública, v. Dec. 20.910/32, art. 1º, nota 4 (no nosso CCLCV, tít. PRESCRIÇÃO E DECADÊNCIA).

Art. 206: 2j. No entanto, se o alimentando for absolutamente incapaz, essa pretensão é **imprescritível,** cf. art. 198-I. Além disso, não corre prescrição entre ascendentes e descentes durante o poder familiar (art. 197-II).

Art. 206: 3. A prescrição da "pretensão ao recebimento de juros remuneratórios não se interrompe pela propositura, por parte do devedor, de ação de repetição de indébito visando o recebimento de quantias pagas a mais. A ação ajuizada pelo devedor não impede o exercício da pretensão do credor, de cobrar eventual saldo remanescente" (STJ-3ª T., REsp 337.572, Min. Nancy Andrighi, j. 13.11.08, DJ 20.2.09).

Art. 206: 3a. s/ prescrição e pretensão de restituição de valor pago com fundamento em contrato, v. art. 205, nota 7.

Art. 206: 3b. "A discussão acerca da **cobrança de valores indevidos** por parte do fornecedor se insere no âmbito de aplicação do art. 206, § 3º, IV, que prevê a prescrição trienal para a pretensão de ressarcimento de enriquecimento sem causa. Havendo regra específica, não há que se falar na aplicação do prazo geral decenal previsto no art. 205" (STJ-RP 205/463: 3ª T., REsp 1.238.737).

"O prazo prescricional da ação ordinária por cobrança indevida de valores referentes a serviços não contratados, como no caso dos autos, é o previsto no art. 206, § 3º, IV, do Código Civil, ou seja, 3 anos" (STJ-3ª T., Ag em REsp 848.071-AgRg, Min. Marco Bellizze, j. 26.4.16, DJ 29.4.16).

"Contrato de **plano ou seguro de assistência à saúde. Pretensão de nulidade de cláusula de reajuste.** Alegado caráter abusivo. **Cumulação com pretensão de restituição dos valores pagos indevidamente.** Efeito financeiro do provimento judicial. Na vigência dos contratos de plano ou de seguro de assistência à saúde, a pretensão condenatória decorrente da declaração de nulidade de cláusula de reajuste nele prevista prescreve em 20 anos (art. 177 do CC/1916) ou em 3 anos (art. 206, § 3º, IV, do CC/2002), observada a regra de transição do art. 2.028 do CC/2002" (STJ-2ª Seção, REsp 1.361.182, Min. Marco Bellizze, j. 10.8.16, maioria, DJ 19.9.16).

V. tb. art. 205, notas 2 (Súmula 412 do STJ) e 9, e v., no nosso CCLCV, CDC 26, nota 1c, e 27, nota 2a.

Art. 206: 3c. "Considerando que o art. 48 do Decreto n. 2.044/1908 não prevê prazo específico para a **ação de locupletamento** amparada em **letra de câmbio ou nota promissória,** utiliza-se o prazo de 3 (três) anos previsto no art. 206, § 3º, IV, do Código Civil, contado do dia em que se consumar a prescrição da ação executiva" (STJ-3ª T., REsp 1.323.468, Min. João Otávio, j. 17.3.16, DJ 28.3.16).

Art. 206: 3d. "A pretensão de repetição de indébito de contrato de **cédula de crédito rural** prescreve no prazo de vinte anos, sob a égide do art. 177 do Código Civil de 1916, e de três anos, sob o amparo do art. 206, § 3º, IV, do Código Civil de 2002" (STJ-2ª Seção, REsp 1.361.730, Min. Raul Araújo, j. 10.8.16, maioria, DJ 28.10.16).

V. tb. art. 189, nota 5a.

Art. 206: 3e. s/ prescrição e: pretensão de reparação de dano em matéria de transporte rodoviário, v., no nosso CCLCV, CDC 27, nota 1d; pretensão de retrocessão, v., no nosso CCLCV, LD 35, nota 2; pretensão reparatória em face da Fazenda Pública, v. Dec. 20.910/32, art. 1º, nota 2c (no nosso CCLCV, tít. PRESCRIÇÃO E DECADÊNCIA); pretensão reparatória da Fazenda Pública, v. Dec. 20.910/32, art. 1º, nota 2d (no nosso CCLCV, tít. PRESCRIÇÃO E DECADÊNCIA); pretensão reparatória em face de notários e registradores, v. Lei 8.935/94, art. 22 § ún.

Art. 206: 3f. "O termo 'reparação civil', constante do art. 206, § 3º, V, do CC/2002, deve ser interpretado de maneira ampla, alcançando **tanto a responsabilidade contratual** (arts. 389 a 405) **como a extracontratual** (arts. 927 a 954), ainda que decorrente de dano exclusivamente moral (art. 186, parte final), e o abuso de direito (art. 187). Assim, a prescrição das pretensões dessa natureza originadas sob a égide do novo paradigma do Código Civil de 2002 deve observar o prazo comum de três anos. Ficam ressalvadas as pretensões cujos prazos prescricionais estão estabelecidos em disposições legais especiais" (STJ-3ª T., REsp 1.281.594, Min. Marco Bellizze, j. 22.11.16, DJ 28.11.16).

"Configura-se ação de reparação de dano por ato ilícito contratual aquela em que o locador visa cobrar do ex-locatário despesas referentes a danos causados no imóvel locado. Nas ações de reparação de dano por ilícito contratual, o prazo prescricional é de 3 anos, nos termos do art. 206, § 3º, V, do CC. Hipótese em que a ação foi ajuizada quando já ultrapassados mais de 3 anos da devolução do imóvel locado, o que importa na prescrição do próprio fundo de direito pleiteado na inicial" (STJ-5ª T., AI 1.085.156-AgRg, Min. Arnaldo Esteves, j. 3.3.09, DJ 30.3.09).

"É de 3 anos o prazo prescricional para discutir eventuais danos morais por negativação indevida de nome em cadastro de inadimplentes, nos termos do art. 206, § 3º, V, do CC" (STJ-4ª T., REsp 1.294.478-AgInt, Min. Luis Felipe, j. 20.4.17, DJ 3.5.17).

"A inscrição indevida de nome em órgão de restrição ao crédito, promovida por banco e atinente a negócio jurídico bancário, decorre de um vício de adequação do serviço realizado pela instituição financeira, sendo-lhe aplicável o disposto no art. 206, § 3º, V, do CC" (STJ-3ª T., Ag em REsp 51.404-AgRg, Min. Ricardo Cueva, j. 2.10.14, DJ 7.10.14).

Todavia: "Aplica-se o prazo de prescrição decenal (art. 205 do CC/02) quando o pedido de reparação civil tem por fundamento contrato celebrado entre as partes. O prazo prescricional previsto no art. 206, § 3º, V, do Código Civil de 2002 incide apenas nos casos de responsabilidade civil extracontratual" (STJ-4ª T., AI 1.401.863-AgRg, Min. Antonio Ferreira, j. 12.11.13, DJ 19.11.13).

"Ação de ressarcimento. Cirurgia cardíaca. Descumprimento de cláusula contratual. Prazo prescricional decenal" (STJ-3ª T., REsp 1.176.320, Min. Sidnei Beneti, j. 19.2.13, DJ 26.2.13). Do voto do relator: "O caso em análise versa sobre ação de ressarcimento por despesas que só foram realizadas em razão de suposto descumprimento do contrato de prestação de serviços de saúde, hipótese sem previsão legal específica, o que, na esteira dos precedentes colacionados, faz atrair a incidência do prazo de prescrição geral de 10 (dez) anos, previsto no art. 205 do Código Civil, e não o de 3 (três) anos, arrolado no art. 206, § 3º, V".

"Celebração de contrato de empréstimo extinguindo o débito anterior. Dívida devidamente quitada pelo consumidor. Inscrição posterior no SPC, dando conta do débito que fora extinto por novação. Responsabilidade civil contratual. Inaplicabilidade do prazo prescricional previsto no art. 206, § 3º, V, do Código Civil" (STJ-4ª T., REsp 1.276.311, Min. Luis Felipe, j. 20.9.11, DJ 17.10.11).

V. tb. art. 205, nota 9, e, no nosso CCLCV, CDC 27, nota 2b.

Art. 206: 3g. "O CC/02 não prevê um prazo prescricional específico para a violação de **direitos do autor,** de sorte que, com o seu advento, a matéria passou a ser regulada pelo art. 206, § 3º, V, que fixa um prazo prescricional de 3 anos para a pretensão de reparação civil, dispositivo de caráter amplo, em que se inclui a reparação de danos patrimoniais suportados pelo autor de obra intelectual" (STJ-3ª T., REsp 1.168.336, Min. Nancy Andrighi, j. 22.3.11, maioria, DJ 16.9.11).

"A cobrança em juízo dos direitos decorrentes da execução de obras musicais sem prévia e expressa autorização do autor envolve pretensão de reparação civil, a atrair a aplicação do prazo de prescrição de 3 anos de que trata o art. 206, § 3º, V, do Código Civil, observadas as regras de transição previstas no art. 2.028 do mesmo diploma legal, não importando se proveniente de relações contratuais ou extracontratuais" (STJ-3ª T., REsp 1.474.832, Min. Ricardo Cueva, j. 13.12.16, maioria, DJ 3.3.17).

Todavia: "O Código Civil de 2002 não trouxe previsão específica quanto ao prazo prescricional incidente em caso de violação de direitos do autor, sendo de se aplicar o prazo de 3 anos (artigo 206, § 3º, V) quando tiver havido ilícito extracontratual ou então o prazo de 10 anos (artigo 205), quando a ofensa ao direito autoral se assemelhar a um descumprimento contratual, como na hipótese" (STJ-3ª T., REsp 1.159.317, Min. Sidnei Beneti, j. 11.3.14, DJ 18.3.14).

Art. 206: 3h. "Incidência da prescrição trienal sobre a pretensão de restituição dos valores pagos a título de **comissão de corretagem ou de serviço de assistência técnico-imobiliária (SATI),** ou atividade congênere (art. 206, § 3º, IV, CC)" (STJ-2ª Seção, REsp 1.551.956, Min. Paulo Sanseverino, j. 24.8.16, DJ 6.9.16).

V. tb., no nosso CCLCV, CDC 51, notas 7b e 7c.

Art. 206: 4. v. art. 788.

Lei 6.194, de 19.12.74 — Dispõe sobre Seguro Obrigatório de Danos Pessoais causados por veículos automotores de via terrestre, ou por sua carga, a pessoas transportadas ou não.

Lei 8.374, de 30.12.91 — Dispõe sobre o Seguro Obrigatório de Danos Pessoais causados por embarcações ou por sua carga.

Art. 206: 4a. Súmula 405 do STJ: "A ação de cobrança do seguro obrigatório (DPVAT) prescreve em três anos".

Súmula 573 do STJ: "Nas ações de indenização decorrente de seguro DPVAT, a ciência inequívoca do caráter permanente da invalidez, para fins de contagem do prazo prescricional, depende de laudo médico, exceto nos casos de invalidez permanente notória ou naqueles em que o conhecimento anterior resulte comprovado na fase de instrução". V. tb. Súmula 278 do STJ em nota 1b.

"No Código Civil de 2002 a prescrição para as ações fundadas em seguro obrigatório passou a ter regra específica, consoante disposto no art. 206, § 3º, inciso IX (3 anos) proibindo-se a aplicação da regra geral (art. 205) ou qualquer outro prazo mais vantajoso para os interesses de qualquer uma das partes" (Bol. AASP 2.624: TJSP, AP 1.175.458-0/4).

"O termo inicial do prazo prescricional, na ação de indenização, é a data em que o segurado teve ciência inequívoca do caráter permanente da invalidez" (STJ-2ª Seção, REsp 1.388.030, Min. Paulo Sanseverino, j. 11.6.14, DJ 1.8.14).

"Em se tratando de cobrança de indenização do seguro obrigatório — DPVAT, em decorrência de invalidez permanente, a contagem do prazo prescricional não se dá na data do acidente ou na data do julgamento administrativo, tem início quando o lesado tem conhecimento inequívoco de sua incapacidade, o que, via de regra, ocorre com a elaboração do laudo pericial, obrigatoriamente elaborado pelo DML — Departamento Médico Legal" (STJ-3ª T., REsp 1.079.499, Min. Sidnei Beneti, j. 7.10.10, DJ 15.10.10).

"O prazo prescricional para cobrança do seguro obrigatório DPVAT é de três anos, fluindo, nos casos de pedido de complementação da indenização, da data do pagamento administrativo" (RT 878/293: TJRS, AP 70024577108). No mesmo sentido: STJ-2ª Seção, REsp 1.418.347, Min. Ricardo Cueva, j. 8.4.15, DJ 15.4.15.

Não se tratando de seguro obrigatório, o prazo prescricional para o beneficiário é decenal (v. art. 206, nota 1c).

Art. 206: 4b. Prescreve em **quatro anos** a ação para anular deliberações de assembleia geral de sociedade cooperativa viciadas de erro, dolo, fraude ou simulação, ou contrárias à lei ou ao seu estatuto; contado o prazo da data da realização da assembleia (Lei 5.764, de 16.12.71, art. 43).

Art. 206: 4c. v. art. 197-III.

Art. 206: 5. Prescrevem em **cinco anos:**

a) a execução cambial contra o sacador, o aceitante e respectivos avalistas (LCa 52); mas em doze meses prescreve a execução cambial contra o endossador e respectivos avalistas (ibidem); v., porém, CC 206 § 3º-VIII;

b) a ação de acidente do trabalho (LPB 104);

c) a ação popular (LAP 21);

d) a ação do consumidor, para reparação de danos causados por fato do produto ou do serviço (CDC 27);

e) a ação para reparação de dano causado ao direito de propriedade industrial (Lei 9.279, de 14.5.96, art. 225, em Lex 1996/1.269, RT 727/661, RF 334/545);

f) a ação para cobrança de custas ao beneficiário de assistência judiciária (CPC 98 § 3º);

g) a ação do representante comercial autônomo (Lei 4.886, de 9.12.65, art. 44 § ún., acrescido pela Lei 8.420, de 8.5.92, em Lex 1992/182);

h) a punibilidade de profissional liberal, por falta sujeita a processo disciplinar através de órgão em que esteja inscrito (Lei 6.838, de 29.10.80, em Lex 1980/582, Bol. AASP 1.143/3);

i) o direito de pesquisa, exploração, remoção ou demolição de coisas ou bens afundados, submersos, encalhados ou perdidos em águas sob jurisdição nacional, em terreno de marinha e seus acrescidos e em terrenos marginais (Lei 7.542, de 26.9.86, art. 6º, em Lex 1986/939, RF 295/526, RDA 165/396);

j) "as dívidas passivas da União, dos Estados e dos Municípios, bem assim todo e qualquer direito ou ação contra a Fazenda federal, estadual ou municipal" (Dec. 20.910, de 6.1.32, art. 1º), recomeçando o prazo a correr, por metade e uma única vez, quando interrompida a prescrição (Dec. lei 4.597, de 19.8.42, art. 3º);

k) o direito de pleitear a restituição de tributo pago indevidamente (CTN 168);

l) "o direito de propor ação que vise a indenização por restrições decorrentes de ato do poder público" (LD 10 § ún.);

m) "o direito de obter indenização dos danos causados por agentes de pessoas jurídicas de direito público e de pessoas jurídicas de direito privado prestadoras de serviços públicos" (Lei 9.494, de 10.9.97, art. 1º-C, acrescido pela Med. Prov. 2.180-35, de 24.8.01, em Lex 2001/3.546).

Súmula 143 do STJ: "Prescreve em cinco anos a ação de perdas e danos pelo uso de marca comercial" (v. jurisprudência s/ esta Súmula em RSTJ 80/273).

Súmula 291 do STJ: "A ação de cobrança de parcelas de complementação de aposentadoria pela previdência privada prescreve em cinco anos" (v. jurisprudência s/ esta Súmula em RSTJ 177/399).

"A prescrição quinquenal prevista na Súmula do STJ/291 incide não apenas na cobrança de parcelas de complementação de aposentadoria, mas, também, por aplicação analógica, na pretensão a diferenças de correção monetária incidentes sobre restituição da reserva de poupança, cujo termo inicial é a data em que houver a devolução a menor das contribuições pessoais recolhidas pelo associado ao plano previdenciário" (STJ-2ª Seção, REsp 1.111.973, Min. Sidnei Beneti, j. 9.9.09, DJ 6.11.09).

"Se, já não sendo segurado, o autor reclama a restituição do capital investido, a prescrição quinquenal apanha o próprio fundo do direito; se, ao revés, demanda na condição de segurado, postulando prestações ou diferenças, a prescrição alcança apenas as parcelas vencidas há mais de cinco anos" (STJ-2ª Seção, REsp 431.071, Min. Ari Pargendler, j. 13.6.07, DJU 2.8.07).

"Na hipótese em que a demanda é promovida por segurado que pleiteia alteração da forma de cálculo da renda mensal inicial, a prescrição atinge o fundo do direito e não apenas as parcelas anteriores ao último quinquênio precedente à propositura da ação" (STJ-4ª T., REsp 1.144.779, Min. Aldir Passarinho Jr., j. 23.3.10, DJ 23.8.10).

Mas: "A ação de prestação de contas constitui direito pessoal, e, como tal, não está sujeita ao prazo exíguo estabelecido na Súmula n. 291-STJ" (STJ-4ª T., REsp 708.073-AgRg, Min. Aldir Passarinho Jr., j. 23.2.10, DJ 15.3.10).

Súmula 427 do STJ: "A ação de cobrança de diferenças de valores de complementação de aposentadoria prescreve em cinco anos contados da data do pagamento".

✎ **Art. 206: 5a.** "A prescrição quinquenal para cobrança de dívidas no Código Civil de 2002", por Eduardo Tomasevicius Filho (RT 907/31).

Art. 206: 5b. "O art. 70 da Lei Uniforme de Genebra (LUG), referente às notas promissórias e letras de câmbio, não se aplica às **debêntures.** Aplica-se a estas o art. 206, § 5º, inciso I, do Código Civil, que estabelece prescrever em 5 anos a pretensão de cobrança de dívidas líquidas constantes de instrumento público ou particular" (STJ-4ª T., REsp 1.316.256, Min. Luis Felipe, j. 18.6.13, DJ 12.8.13).

Art. 206: 5c. "O prazo prescricional para a ação monitória baseada em **duplicata sem executividade,** é o de cinco anos previsto no art. 206, § 5º, I, do Código Civil/2002, a contar da data de vencimento estampada na cártula" (STJ-4ª T., REsp 1.088.046-AgRg, Min. Luis Felipe, j. 12.3.13, RP 221/488).

Art. 206: 5d. Súmula 504 do STJ: "O prazo para ajuizamento de ação monitória em face do emitente de **nota promissória sem força executiva** é quinquenal, a contar do dia seguinte ao vencimento do título". A respeito, v. tb. STJ-2ª Seção, REsp 1.262.056, Min. Luis Felipe, j. 11.12.13, DJ 3.2.14.

Art. 206: 6. Súmula 503 do STJ: "O prazo para ajuizamento de ação monitória em face do emitente de **cheque sem força executiva** é quinquenal, a contar do dia seguinte à data de emissão estampada na cártula". A respeito, v. tb. STJ-2ª Seção, REsp 1.101.412, Min. Luis Felipe, j. 11.12.13, DJ 3.2.14.

No mesmo sentido: RJM 192/236 (Ag 1.0474.09.041624-6/002), JTJ 361/473 (AP 1127-20.2009.8.26.0434), RMDECC 44/133 (TJMG, AI 0676332-39.2011.8.13.0000). **Contra,** no sentido de que o prazo prescricional no caso é de 10 anos (art. 205): JTJ 345/255 (AP 7.114.891-9).

V. tb., no nosso CCLCV, LCh 61, nota 1.

Art. 206: 6a. "Monitória. **Cheque pós-datado.** Prescrição. Fluência da prescrição a partir da data consignada no título, ainda que futura, sobre a data da emissão" (JTJ 361/473: AP 1127-20.2009.8.26.0434).

V. tb., no nosso CCLCV, LCh 59, nota 3.

Art. 206: 6b. "O prazo prescricional para exercício da pretensão de cobrança de débito constituído por **cédula de crédito** — deduzida mediante ação de conhecimento ou monitória — é de cinco anos (art. 206, § 5º, I, do CC/2002), começando a fluir do vencimento da obrigação inadimplida" (STJ-3ª T., REsp 1.403.289, Min. Nancy Andrighi, j. 5.11.13, DJ 14.11.13).

"A obrigação constante em nota de crédito industrial possui liquidez, certeza e exigibilidade, conforme estabelecido pelos arts. 10 e 18 do Decreto-Lei 413/1969. O prazo prescricional para exercício da pretensão de cobrança de débito constituído por nota de crédito — deduzida mediante ação de conhecimento ou monitória — é de cinco anos" (STJ-3ª T., REsp 1.405.500, Min. Nancy Andrighi, j. 10.6.14, DJ 17.6.14).

Art. 206: 6c. "A ação monitória fundada em **contrato de abertura de crédito em conta corrente** persegue, na prática, uma dívida líquida e se submete, por conseguinte, ao prazo prescricional de cinco anos previsto no art. 206, § 5º, I, do Código Civil" (STJ-3ª T., REsp 1.327.786, Min. Sidnei Beneti, j. 14.8.12, DJ 5.9.12). No mesmo sentido: STJ-4ª T., REsp 1.402.170-AgRg, Min. Raul Araújo, j. 11.2.14, DJ 14.3.14. **Contra:** "Contrato de conta corrente. Dívida ilíquida. Prazo prescricional. Art. 205 do CC" (STJ-3ª T., AI 1.327.066-AgRg, Min. Paulo Sanseverino, dec. mon., DJ 15.2.12).

Art. 206: 7. "O prazo prescricional da pretensão de cobrança de **mensalidades escolares** vencidas até 11.1.2003 — entrada em vigor do novo Código Civil — é o estabelecido no art. 178, § 6º, VII, do CC/16. Para as mensalidades vencidas após a referida data, aplica-se o prazo quinquenal, disposto no art. 206, § 5º, I, do CC/02" (STJ-4ª T., AI 1.271.678-AgRg, Min. João Otávio, j. 3.8.10, DJ 16.8.10).

"Estando em discussão, na hipótese dos autos, a cobrança de valores decorrentes de contrato de **mútuo educacional,** impera a regra de prescrição inserta no art. 206, § 5º, I, do CC/02, que prevê o prazo prescricional quinquenal para a pretensão de cobrança de dívidas líquidas constantes de instrumento público ou particular" (STJ-3ª T., REsp 1.188.933, Min. Nancy Andrighi, j. 13.8.13, DJ 26.8.13; a citação é do voto da relatora).

"O prazo prescricional aplicável à ação de cobrança de dívida líquida contratualmente assumida em instrumento de concessão de **bolsa de estudos** é de 5 (cinco) anos, conforme previsão contida no artigo 206, § 5º, I, do Código Civil, contados, no caso concreto, em conformidade com a regra de transição estabelecida em seu artigo 2.028, a partir do início de sua entrada em vigor. Esta Corte consagrou o entendimento de que a expressão 'dívida líquida' constante do aludido dispositivo legal deve ser compreendida como obrigação certa, com prestação determinada. Nesse contexto, definida a obrigação em instrumento contratual e fixado o valor da bolsa, o crédito mostra-se líquido, podendo ser apurado por meio de simples operação aritmética" (STJ-3ª T., REsp 1.123.411-AgRg, Min. Ricardo Cueva, j. 4.9.14, DJ 11.9.14).

Art. 206: 7a. "Enquanto vigorava o Código Civil de 1916, o prazo prescricional aplicável à **cobrança das anuidades da OAB** era o vintenário, diante da falta de norma específica a regular essa espécie de pretensão. Com a entrada em vigor do Código Civil de 2002, em 11.1.03, deve incidir a prescrição quinquenal na cobrança dessas anuidades, uma vez que esses créditos são exigidos após formação de título executivo extrajudicial. Este é espécie de instrumento particular, que veicula dívida líquida, segundo preceitua o art. 206, § 5º, I, do Código Civil" (STJ-2ª T., REsp 1.267.721-EDcl-AgRg, Min. Castro Meira, j. 11.12.12, DJ 4.2.13).

Art. 206: 7b. "A execução hipotecária proposta para cobrança de **crédito vinculado ao Sistema Financeiro da Habitação** sujeita-se ao prazo prescricional de 5 anos previsto no artigo 206, § 5º, I, do Código Civil" (STJ-3ª T., REsp 1.385.998, Min. Sidnei Beneti, j. 30.4.14, DJ 12.5.14).

Art. 206: 8. "Na vigência do Código Civil de 2002, é quinquenal o prazo prescricional para que o condomínio geral ou edilício (vertical ou horizontal) exercite a pretensão de cobrança de **taxa condominial** ordinária ou extraordinária, constante em instrumento público ou particular, a contar do dia seguinte ao vencimento da prestação" (STJ-2ª Seção, REsp 1.483.930, Min. Luis Felipe, j. 23.11.16, DJ 1.2.17).

Art. 206: 8a. Afirmando estar enquadrada neste inc. I do § 5º a "pretensão de cobrança de **despesas médico-hospitalares**": STJ-3ª T., REsp 1.312.646, Min. Nancy Andrighi, j. 11.6.13, DJ 18.6.13.

Art. 206: 8b. "Para as ações fundadas no não cumprimento das responsabilidades decorrentes do transporte multimodal, o prazo prescricional, apesar da revogação do Código Comercial, permanece sendo de 1 (um) ano, haja vista a existência de expressa previsão legal nesse sentido (art. 22 da Lei n. 9.611/1998). A diferença existente entre as atividades desempenhadas pelo transportador marítimo (unimodal) e aquelas legalmente exigidas do Operador de Transporte Multimodal revela a manifesta impossibilidade de se estender à pretensão de cobrança de despesas decorrentes da **sobre-estadia de contêineres** (pretensão do transportador unimodal contra o contratante do serviço) a regra prevista no art. 22 da Lei n. 9.611/1998 (que diz respeito ao prazo prescricional ânuo aplicável às pretensões dos contratantes do serviço contra o Operador de Transporte Multimodal). Além disso, as regras jurídicas sobre a prescrição devem ser interpretadas estritamente, repelindo-se a interpretação extensiva ou analógica. Daí por que afigura-se absolutamente incabível a fixação de prazo prescricional por analogia, medida que não se coaduna com os princípios gerais que regem o Direito Civil brasileiro, além de constituir verdadeiro atentado à segurança jurídica, cuja preservação se espera desta Corte Superior. Por isso, em se tratando de transporte unimodal de cargas, quando a taxa de sobre-estadia objeto da cobrança for oriunda de disposição contratual que estabeleça os dados e os critérios necessários ao cálculo dos valores devidos a título de ressarcimento pelos prejuízos causados em virtude do retorno tardio do contêiner, será quinquenal o prazo prescricional (art. 206, § 5º, inciso I, do Código Civil). Caso contrário, ou seja, nas hipóteses em que inexistente prévia estipulação contratual, aplica-se a regra geral do art. 205 do Código Civil, ocorrendo a prescrição em 10 (dez) anos (STJ-2ª Seção, REsp 1.340.041, Min. Ricardo Cueva, j. 24.6.15, maioria, DJ 4.9.15).

Art. 206: 9. "Embora, com base no princípio da especialidade, a regra específica do art. 25, II, da Lei 8.906/94 deva prevalecer sobre o comando geral do art. 206, § 5º, II, do CC/02, aquela norma legal se refere exclusivamente à prescrição da ação de cobrança de **honorários de advogado,** inexistindo qualquer alusão à ação de arbitramento. Portanto, ausente no Estatuto da OAB comando específico para a tutela da prescrição da ação de arbitramento de honorários advocatícios, aplica-se a regra geral contida no Código Civil, cuja redação é mais abrangente, comportando inclusive a pretensão de fixação da verba. Embora pormenorizadas, as hipóteses enumeradas no art. 25 da Lei 8.906/94 se subsumem na previsão do art. 206, § 5º, II, do CC/02, de sorte que, independentemente da norma aplicada, o prazo prescricional para exercício da pretensão de arbitramento e/ou cobrança dos honorários advocatícios judiciais verbalmente contratados será sempre de 5 anos, contado do encerramento da prestação do serviço (trânsito em julgado da decisão final ou último ato praticado no processo, conforme o caso)" (STJ-3ª T., REsp 1.358.425, Min. Nancy Andrighi, j. 8.5.14, DJ 26.5.14).

"O termo inicial do prazo prescricional para exercício da pretensão de cobrança dos honorários advocatícios é de 5 (cinco) anos, contado do encerramento da prestação do serviço ou último ato praticado no processo, conforme a jurisprudência desta Corte, o que, neste caso, foi a data do registro da carta de arrematação" (STJ-3ª T., REsp 1.410.387, Min. Ricardo Cueva, j. 21.6.16, DJ 27.6.16).

Art. 206: 10. No sentido de que, para a pretensão de receber o valor da **multa imposta a quem opõe embargos de declaração manifestamente protelatórios,** "é inaplicável ao caso o § 1º, III, do art. 206 do Código Civil, segundo o qual prescreve em um ano 'a pretensão dos tabeliães, auxiliares da justiça, serventuários judiciais, árbitros e peritos, pela percepção de emolumentos, custas e honorários'. Tendo em vista que a multa em questão também não se confunde com despesas despendidas pelo vencedor em juízo, é igualmente inaplicável o § 5º, III, do art. 206 do Código Civil, o qual estabelece que prescreve em cinco anos 'a pretensão do vencedor para haver do vencido o que despendeu em juízo'": STJ-2ª T., REsp 1.264.508, Min. Mauro Campbell, j. 18.12.12, DJ 8.2.13.

Capítulo II | DA DECADÊNCIA

Art. 207. Salvo disposição legal em contrário, não se aplicam à decadência[1] as normas que impedem, suspendem ou interrompem a prescrição.[2-2a] [Sem dispositivo correspondente no CC/1916.]

Art. 207: 1. v. art. 205, nota 1.

Art. 207: 2. v. arts. 197 a 204.

Art. 207: 2a. Além disso, o prazo decadencial é improrrogável. Assim, p. ex., se o último dia de um prazo decadencial for feriado, tal prazo não poderá ser estendido para o dia útil seguinte.

Art. 208. Aplica-se à decadência o disposto nos arts. 195 e 198, inciso I. [Sem dispositivo correspondente no CC/1916.]

Art. 209. É nula a renúncia à decadência fixada em lei.[1-2] [Sem dispositivo correspondente no CC/1916.]

Art. 209: 1. Já a prescrição é passível de renúncia, cf. art. 191.

Art. 209: 2. São exemplos de prazos decadenciais previstos em lei os instituídos para: anulação de constituição de pessoa jurídica (art. 45 § ún.); impugnação de alteração do estatuto de fundação (art. 68); anulação de negócio jurídico (art. 178); ação de preferência por condômino de coisa indivisível (art. 504); ação de cumprimento de cláusula de retrovenda (art. 505); anulação de casamento (art. 1.560); ação renovatória (LI 51 § 5º); ação rescisória (CPC 975).

Art. 210. Deve o juiz, de ofício, conhecer da decadência, quando estabelecida por lei.[1] [Sem dispositivo correspondente no CC/1916.]

Art. 210: 1. v. CPC 342-II e III.

S/ alegação inédita da decadência em embargos de declaração, v., no nosso CPCLPV, CPC 1.022, nota 4.

Art. 211. Se a decadência for convencional, a parte a quem aproveita pode alegá-la em qualquer grau de jurisdição,[1] mas o juiz não pode suprir a alegação. [Sem dispositivo correspondente no CC/1916.]

Art. 211: 1. v. CPC 342-III.

Título V | DA PROVA[1-2]

TÍT. V: 1. s/ prova: CPC 369 a 484. V. tb. CF 5º-XII e LVI e Lei 9.296, de 24.7.96.

✎ **TÍT. V: 2.** "Regras de prova no Código Civil", por E. D. Moniz de Aragão (RP 116/11 e RF 376/45); "Anotações sobre o título 'Da prova' do novo Código Civil", por José Carlos Barbosa Moreira (RSDCPC 36/5 e RJ 370/11); "A natureza jurídica das normas sobre provas", por Wendel de Brito Lemos Teixeira (RJ 430/9).

Art. 212. Salvo o negócio a que se impõe forma especial, o fato jurídico pode ser provado mediante: [Dispositivo correspondente no CC/1916: art. 136-*caput*.]

I — confissão;[1-1a] [Dispositivo correspondente no CC/1916: art. 136-I.]

II — documento;[2 a 3] [Dispositivo correspondente no CC/1916: art. 136-III.]

III — testemunha;[4] [Dispositivo correspondente no CC/1916: art. 136-IV.]

IV — presunção; [Dispositivo correspondente no CC/1916: art. 136-V.]

V — perícia.[5] [Dispositivo correspondente no CC/1916: art. 136-VI e VII.]

Art. 212: 1. s/ confissão: arts. 213 e 214; CPC 389 a 395.

Art. 212: 1a. Enunciado 157 do CEJ: "O termo 'confissão' deve abarcar o conceito lato de depoimento pessoal, tendo em vista que este consiste em meio de prova de maior abrangência, plenamente admissível no ordenamento jurídico brasileiro".

Art. 212: 2. "A validade jurídica dos documentos digitais", por João Agnaldo Donizeti Gandini (RT 805/83); "Eficácia probatória dos contratos celebrados pela Internet", por José Rogério Cruz e Tucci (RF 353/210); "Meios de prova nos contratos eletrônicos, realizados por meio da Internet", por Raphael Antonio Garrigoz Panichi (RDPr 16/260); "A segurança dos documentos digitais", por João Agnaldo Donizeti Gandini, Diana Paola da Silva Salomão e Cristiane Jacob (Ajuris 87/165); "O e-mail como meio de prova", por Liza Bastos Duarte (Ajuris 91/173); "Operações bancárias via internet (Internet *Banking*) no Brasil e suas repercussões jurídicas", por Alessandra Aparecida Calvoso Gomes (RT 816/94); "A eficácia probatória das mensagens eletrônicas", por Antonio do Passo Cabral (RP 135/97); "Observações sobre a eficácia probatória do *email* no processo civil brasileiro", por Fernando Mil Homens Moreira (RP 193/203); "Carta psicografada como fonte de prova no processo civil", por Fredie Didier Jr. e Paula Sarno Braga (RP 234/33).

Art. 212: 2a. s/ prova documental: arts. 215 a 226; CPC 405 e segs. V. tb. art. 758 (prova do contrato de seguro).

Art. 212: 2b. Enunciado 297 do CEJ: "O documento eletrônico tem valor probante, desde que seja apto a conservar a integridade de seu conteúdo e idôneo a apontar sua autoria, independentemente da tecnologia empregada".

V. art. 225, nota 1b (Enunciado 298 do CEJ).

Art. 212: 3. s/ prova documental de vida, residência, pobreza, dependência econômica, homonímia e bons antecedentes, v. Lei 7.115, de 29.8.83 (Lex 1983/332, RDA 154/272, RF 283/467, Ajuris 29/247, Bol. AASP 1.291/3).

Art. 212: 4. s/ prova testemunhal, v. CPC 442 e segs.

Art. 212: 5. s/ prova pericial, v. arts. 231 e 232 e CPC 464 e segs.

Art. 213. Não tem eficácia a confissão[1 a 1b] se provém de quem não é capaz de dispor do direito a que se referem os fatos confessados. [Sem dispositivo correspondente no CC/1916.]

Parágrafo único. Se feita a confissão por um representante, somente é eficaz nos limites em que este pode vincular o representado.[2] [Sem dispositivo correspondente no CC/1916.]

Art. 213: 1. v. CPC 389 a 395.

Art. 213: 1a. "A confissão no Código Civil de 2002 e suas repercussões no Código de Processo Civil de 1973", por Fredie Didier Jr. (RP 114/163).

Art. 213: 1b. "A confissão é mero meio de prova a ser analisado pelo juiz diante do contexto probatório colacionado nos autos, não implicando presunção absoluta de veracidade dos fatos" (STJ-4ª T., Min. Sálvio de Figueiredo, j. 8.5.96, DJU 10.6.96).

Art. 213: 2. v. art. 116.

Art. 214. A confissão é irrevogável, mas pode ser anulada[1-1a] se decorreu de erro[2] de fato ou de coação.[2a] [Sem dispositivo correspondente no CC/1916.]

Art. 214: 1. v. CPC 393.

Art. 214: 1a. A confissão não é um negócio jurídico, mas mera declaração de conhecimento, com a qual a parte reconhece fato que lhe é desfavorável. Por isso, não é correto dispor que ela possa ser anulada; o que pode ocorrer é uma retratação do confitente ou uma nova declaração, que indique ter sido a primeira prestada sem uma vontade livre e consciente. Caberá então ao juiz avaliar as declarações emitidas pela parte.

Art. 214: 2. v. arts. 138 a 144.
Art. 214: 2a. v. arts. 151 a 155.

Art. 215. A escritura pública,[1 a 4a] lavrada em notas de tabelião, é documento dotado de fé pública,[4b] fazendo prova plena.[5] [Dispositivo correspondente no CC/1916: art. 134 § 1º.]

§ 1º Salvo quando exigidos por lei outros requisitos, a escritura pública deve conter:[5a] [Dispositivo correspondente no CC/1916: art. 134 § 1º.]

I — data e local de sua realização; [Dispositivo correspondente no CC/1916: art. 134 § 1º-*a*.]

II — reconhecimento da identidade e capacidade das partes e de quantos hajam comparecido ao ato, por si, como representantes, intervenientes ou testemunhas; [Dispositivo correspondente no CC/1916: art. 134 § 1º-*b*.]

III — nome, nacionalidade, estado civil, profissão, domicílio e residência das partes e demais comparecentes, com a indicação, quando necessário, do regime de bens do casamento, nome do outro cônjuge e filiação; [Dispositivo correspondente no CC/1916: art. 134 § 1º-*c*.]

IV — manifestação clara da vontade das partes e dos intervenientes; [Dispositivo correspondente no CC/1916: art. 134 § 1º-*d*.]

V — referência ao cumprimento das exigências legais e fiscais inerentes à legitimidade do ato;[5b] [Sem dispositivo correspondente no CC/1916.]

VI — declaração de ter sido lida na presença das partes e demais comparecentes, ou de que todos a leram; [Dispositivo correspondente no CC/1916: art. 134 § 1º-*e*.]

VII — assinatura das partes e dos demais comparecentes, bem como a do tabelião ou seu substituto legal, encerrando o ato. [Dispositivo correspondente no CC/1916: art. 134 § 1º-*f*.]

§ 2º Se algum comparecente não puder ou não souber escrever, outra pessoa capaz assinará por ele, a seu rogo. [Dispositivo correspondente no CC/1916: art. 134 § 2º.]

§ 3º A escritura será redigida na língua nacional. [Dispositivo correspondente no CC/1916: art. 134 § 3º.]

§ 4º Se qualquer dos comparecentes não souber a língua nacional e o tabelião não entender o idioma em que se expressa, deverá comparecer tradutor público para servir de intérprete, ou, não o havendo na localidade, outra pessoa capaz que, a juízo do tabelião, tenha idoneidade e conhecimento bastantes. [Dispositivo correspondente no CC/1916: art. 134 § 4º.]

§ 5º Se algum dos comparecentes não for conhecido do tabelião, nem puder identificar-se por documento, deverão parti-

cipar do ato pelo menos duas testemunhas que o conheçam e atestem sua identidade. [Dispositivo correspondente no CC/1916: art. 134 § 5º.]

Art. 215: 1. **CPC 406:** "Quando a lei exigir instrumento público como da substância do ato, nenhuma outra prova, por mais especial que seja, pode suprir-lhe a falta".

Art. 215: 1a. v., no índice, Escritura pública.

Art. 215: 2. Alguns casos em que a lei exige escritura pública:

— constituição, transferência, modificação ou renúncia de direitos reais sobre imóveis de valor superior a trinta salários mínimos (art. 108);

— pacto antenupcial (art. 1.653);

— cessão de quinhão hereditário (art. 1.793-*caput*);

— concessão de emancipação pelos pais (art. 5º § ún.-I);

— criação de fundação, caso não seja feita por testamento (art. 62);

— contrato de constituição de renda (art. 807);

— transação sobre direitos discutidos em juízo, caso não seja feita por termo nos autos (art. 842);

— casamento celebrado mediante procuração (art. 1.542-*caput*);

— instituição de bem de família, caso não seja feita por testamento (art. 1.711 e LRP 260);

— renúncia da herança, caso não seja feita por termo judicial (art. 1.806);

— alienação do direito de uso sobre as águas das correntes (CA 79);

— "Na aquisição de imóvel rural por pessoa estrangeira, física ou jurídica, é da essência do ato a escritura pública" (Lei 5.709, de 7.10.71, art. 8º).

A adoção prescinde de escritura pública, mas exige sentença judicial, para que se constitua (ECA 47-*caput*).

Art. 215: 3. v. no art. 108, nota 2, diversos casos em que a lei dispensa a escritura pública.

Art. 215: 4. **CPC 407:** "O documento feito por oficial público incompetente ou sem a observância das formalidades legais, sendo subscrito pelas partes, tem a mesma eficácia probatória do documento particular".

Art. 215: 4a. **Retificação de escritura pública:** escritura pública ou particular somente se retifica por outra de idêntica natureza, entre as mesmas partes. Assim, sendo da substância do ato a escritura pública, somente por outra pode ser retificada (RJTJESP 105/209).

Art. 215: 4b. "A fé pública do tabelião goza de presunção *juris tantum*. Refere-se apenas ao fato de ter presenciado a declaração anotada em seus assentos, não à veracidade de seu conteúdo" (RDI 10/78).

O tabelião, no sistema brasileiro, só tem de observar a regularidade das formas exteriores do ato, não lhe cabendo verificar se as declarações são ou não verdadeiras (RJTJERGS 106/348).

Art. 215: 5. **Enunciado 158 do CEJ:** "A amplitude da noção de 'prova plena' (isto é, 'completa') importa **presunção relativa** acerca dos elementos indicados nos incisos do § 1º, devendo ser conjugada com o disposto no parágrafo único do art. 219".

"A presunção do art. 215 do CC/02 implica, de um lado, a desnecessidade de se provar os fatos contidos na escritura pública, à luz do que dispõe o art. 334, IV, do CPC, e, de outro, a inversão do ônus da prova, em desfavor de quem, eventualmente, suscite a sua invalidade. A quitação dada em escritura pública gera a presunção relativa do pagamento, admitindo a prova em contrário que evidencie, ao fim e ao cabo, a invalidade do instrumento em si, porque eivado de vício que o torna falso" (STJ-3ª T., REsp 1.438.432, Min. Nancy Andrighi, j. 22.4.14, DJ 19.5.14).

"Os documentos que gozam de fé pública ostentam presunção relativa de veracidade, que pode ser afastada mediante a produção de provas em sentido contrário" (STJ-4ª T., REsp 1.206.805, Min. Raul Araújo, j. 21.10.14, DJ 7.11.14).

Art. 215: 5a. v. Lei 7.433, de 18.12.85 (requisitos para a lavratura de escrituras públicas), regulamentada pelo Dec. 93.240, de 9.9.86.

S/ requisitos para a lavratura do testamento público, v. art. 1.864.

✎ **Art. 215: 5b.** "Da negativa fiscal e da validade dos atos jurídicos (com atualização do NCC/2002)", por Décio Antônio Erpen (Ajuris 95/89).

Art. 216. Farão a mesma prova que os originais as certidões textuais de qualquer peça judicial, do protocolo das audiências, ou de outro qualquer livro a cargo do escrivão, sendo extraídas por ele, ou sob a sua vigilância, e por ele subscritas, assim como os traslados de autos, quando por outro escrivão consertados.[1 a 3] [Dispositivo correspondente no CC/1916: art. 137.]

Art. 216: 1. cf. CPC 425-I e II.

Art. 216: 2. **LRP 161-*caput*:** "As certidões do registro integral de títulos terão o mesmo valor probante dos originais, ressalvado o incidente de falsidade destes, oportunamente levantado em juízo".

Art. 216: 3. *sic*; deve ser "concertados", tal como no CC rev. 137, e não "consertados". Pois os traslados dos autos devem ser conferidos (concertados) com os próprios autos originais.

Art. 217. Terão a mesma força probante os traslados[1] e as certidões, extraídos por tabelião ou oficial de registro, de instrumentos ou documentos lançados em suas notas.[2] [Dispositivo correspondente no CC/1916: art. 138.]

Art. 217: 1. Escritura pública é o escrito lançado nos livros do tabelionato; já o traslado é a cópia fiel da escritura.

Art. 217: 2. cf. CPC 425-II.

Art. 218. Os traslados e as certidões considerar-se-ão instrumentos públicos, se os originais se houverem produzido em juízo como prova de algum ato.[1] [Dispositivo correspondente no CC/1916: art. 139.]

Art. 218: 1. v. CPC 425-I.

Art. 219. As declarações constantes de documentos assinados presumem-se verdadeiras em relação aos signatários. [Dispositivo correspondente no CC/1916: art. 131-*caput*.]

Parágrafo único. Não tendo relação direta, porém, com as disposições principais ou com a legitimidade das partes, as declarações enunciativas não eximem os interessados em sua veracidade do ônus de prová-las.[1] [Dispositivo correspondente no CC/1916: art. 131 § ún.]

Art. 219: 1. **CPC 408 § ún.:** "Quando, todavia, contiver declaração de ciência de determinado fato, o documento particular prova a ciência, mas não o fato em si, incumbindo o ônus de prová-lo ao interessado em sua veracidade".

Art. 220. A anuência ou a autorização[1] de outrem, necessária à validade de um ato, provar-se-á do mesmo modo que este, e constará, sempre que se possa, do próprio instrumento.[2] [Dispositivo correspondente no CC/1916: art. 132.]

Art. 220: 1. s/ casos em que se faz necessária anuência ou autorização, v. arts. 18, 111, 496, 580, 588, 621, 787 § 2º, 801 § 2º, 974 § 1º, 976, 1.072 § 4º, 1.134, 1.147, 1.169, 1.170, 1.341 § 3º, 1.365 § ún., 1.399, 1.433-VI, 1.457, 1.488 § 3º, 1.517, 1.537, 1.553, 1.597-V, 1.647 e 1.663 § 2º.

Art. 220: 2. Autorização posterior ao documento: art. 176.

Art. 221. O instrumento particular, feito e assinado, ou somente assinado por quem esteja na livre disposição e administração de seus bens, prova as obrigações convencionais de qualquer valor; mas os seus efeitos, bem como os da cessão, não se operam, a respeito de terceiros, antes de registrado no registro público.[1-1a] [Dispositivo correspondente no CC/1916: art. 135-*caput*.]

Parágrafo único. A prova do instrumento particular pode suprir-se pelas outras de caráter legal. [Dispositivo correspondente no CC/1916: art. 135 § ún.]

Art. 221: 1. v. LRP 129-9º.

Art. 221: 1a. Em matéria de cessão de crédito, v. art. 288.

Art. 222. O telegrama,[1] quando lhe for contestada[2] a autenticidade, faz prova mediante conferência com o original assinado. [Sem dispositivo correspondente no CC/1916.]

Art. 222: 1. cf. CPC 413 e 414.

Art. 222: 2. v. CPC 430 a 433 (incidente de falsidade).

Art. 223. A cópia fotográfica[1] de documento, conferida por tabelião de notas, valerá como prova de declaração da vontade, mas, impugnada sua autenticidade, deverá ser exibido o original. [Sem dispositivo correspondente no CC/1916.]

Parágrafo único. A prova não supre a ausência do título de crédito,[1a] ou do original, nos casos em que a lei[2] ou as circunstâncias condicionarem o exercício do direito à sua exibição. [Sem dispositivo correspondente no CC/1916.]

Art. 223: 1. cf. CPC 422 e segs.

Art. 223: 1a. v. arts. 887 a 926, bem como no nosso CCLCV, os títs. CHEQUE e LETRA DE CÂMBIO.

Art. 223: 2. v. CPC 798-I-*a*.

Art. 224. Os documentos redigidos em língua estrangeira[1-2] serão traduzidos para o português para ter efeitos legais no País. [Dispositivo correspondente no CC/1916: art. 140.]

Art. 224: 1. cf. CPC 162-I e 192 § ún. V. tb. LRP 129 § 6º e 148.

Art. 224: 2. **Dec. 8.742, de 4.5.16: "Art. 4º** Ficam dispensados de legalização consular, para terem efeito no Brasil, os documentos expedidos por autoridades estrangeiras encaminhados por via diplomática ao Governo brasileiro.

"Art. 5º Ficam igualmente dispensados de legalização consular os documentos expedidos por países com os quais a República Federativa do Brasil tenha firmado acordos bilaterais ou multilaterais de simplificação ou dispensa do processo de legalização de documentos".

Art. 225. As reproduções fotográficas, cinematográficas, os registros fonográficos e, em geral, quaisquer outras reproduções mecânicas ou eletrônicas de fatos ou de coisas[1 a 1b] fazem prova plena destes, se a parte, contra quem forem exibidos, não lhes impugnar[2] a exatidão. [Sem dispositivo correspondente no CC/1916.]

Art. 225: 1. cf. CPC 422 e segs.

Art. 225: 1a. **Lei 12.682, de 9.7.12** — Dispõe sobre a elaboração e o arquivamento de documentos em meios eletromagnéticos.

Art. 225: 1b. **Enunciado 298 do CEJ:** "Os arquivos eletrônicos incluem-se no conceito de 'reproduções eletrônicas de fatos ou de coisas', do art. 225 do Código Civil, aos quais deve ser aplicado o regime jurídico da prova documental".

Art. 225: 2. v. CPC 430 a 433 (incidente de falsidade).

Art. 226. Os livros[1] e fichas dos empresários[1a] e sociedades provam contra as pessoas a que pertencem, e, em seu favor, quando, escriturados sem vício extrínseco ou intrínseco, forem confirmados por outros subsídios. [Sem dispositivo correspondente no CC/1916.]

Parágrafo único. A prova resultante dos livros e fichas não é bastante nos casos em que a lei exige escritura pública, ou escrito particular revestido de requisitos especiais, e pode ser ilidida pela comprovação da falsidade ou inexatidão dos lançamentos. [Sem dispositivo correspondente no CC/1916.]

Art. 226: 1. s/ livros comerciais, v. art. 1.191, nota 2a (Súmulas 260 e 390 do STF). V. tb. CPC 417 a 419.

Art. 226: 1a. v. arts. 1.177 a 1.182 e 1.190 a 1.194.

Art. 227. ....[1]

Parágrafo único. Qualquer que seja o valor do negócio jurídico, a prova testemunhal é admissível como subsidiária ou complementar da prova por escrito.[2] [Dispositivo correspondente no CC/1916: art. 141 § ún.]

Art. 227: 1. Revogado expressamente pela Lei 13.105, de 16.3.15, em vigor um ano após sua publicação (DOU 17.3.15).

Art. 227: 2. v., no nosso CPCLPV, CPC 444 e 445 e notas.

Art. 228. Não podem ser admitidos como testemunhas:[1] [Dispositivo correspondente no CC/1916: art. 142-*caput*.]

I — os menores de dezesseis anos; [Dispositivo correspondente no CC/1916: art. 142-III.]

II — (Revogado);[1a]

III — (Revogado);[1b]

IV — o interessado no litígio, o amigo íntimo ou o inimigo capital das partes; [Dispositivo correspondente no CC/1916: art. 142-IV.]

V — os cônjuges, os ascendentes, os descendentes e os colaterais, até o terceiro grau de alguma das partes, por consanguinidade, ou afinidade. [Dispositivo correspondente no CC/1916: art. 142-IV e V.]

§ 1º Para a prova de fatos que só elas conheçam, pode o juiz admitir o depoimento das pessoas a que se refere este artigo.[1c-2]

§ 2º A pessoa com deficiência poderá testemunhar em igualdade de condições com as demais pessoas, sendo-lhe assegurados todos os recursos de tecnologia assistiva.[3-4]

Art. 228: 1. v. CPC 447.

Art. 228: 1a. O inc. II foi revogado pela Lei 13.146, de 6.7.15, em vigor 180 dias após a sua publicação (DOU 7.7.15).

Art. 228: 1b. O inc. III foi revogado pela Lei 13.146, de 6.7.15, em vigor 180 dias após a sua publicação (DOU 7.7.15).

Art. 228: 1c. O primitivo § ún. foi renumerado pela Lei 13.146, de 6.7.15, em vigor 180 dias após a sua publicação (DOU 7.7.15).

Art. 228: 2. "independentemente de compromisso, e o juiz lhes atribuirá o valor que possam merecer" (CPC 447 § 5º).

Art. 228: 3. O § 2º foi acrescido pela Lei 13.146, de 6.7.15, em vigor 180 dias após a sua publicação (DOU 7.7.15).

Art. 228: 4. v. EPD 80.

Art. 229. ....[1]

Art. 229: 1. Revogado expressamente pela Lei 13.105, de 16.3.15, em vigor um ano após sua publicação (DOU 17.3.15).

Art. 230. ....[1]

Art. 230: 1. Revogado expressamente pela Lei 13.105, de 16.3.15, em vigor um ano após sua publicação (DOU 17.3.15).

Art. 231. Aquele que se nega a submeter-se a exame médico necessário não poderá aproveitar-se de sua recusa. [Sem dispositivo correspondente no CC/1916.]

Art. 232. A recusa à perícia médica ordenada pelo juiz poderá suprir a prova que se pretendia obter com o exame.[1 a 4] [Sem dispositivo correspondente no CC/1916.]

Art. 232: 1. "Paternidade socioafetiva e o retrocesso da Súmula 301 do STJ", por Paulo Luiz Netto Lôbo (RJ 339/45); "A recusa da parte a submeter-se a exame médico: o art. 232 do Código Civil e o enunciado 301 da súmula da jurisprudência predominante do Superior Tribunal de Justiça", por Fredie Didier Jr. (RDPr 25/177 e RDPr 26/367); "La negativa de la parte a someterse a una pericia médica (según el nuevo Código Civil brasileño)", por José Carlos Barbosa Moreira (RP 113/117); "A recusa à perícia médica ordenada pelo juiz e a presunção de paternidade: aspectos constitucionais do art. 232 e o novo Código Civil", por Adolfo Mamoru Nishiyama (RDPr 20/33); "A prova indiciária no novo Código Civil e a recusa ao exame de DNA", por Humberto Theodoro Jr. (RSDCPC 33/29); "O direito à incolumidade física em oposição ao direito ao reconhecimento da paternidade", por Fabiano Campos Zettel (RJM 169/15); "A presunção relativa na recusa à perícia em DNA", por Rolf Madaleno (RJ 336/29); "Recusa à prova pericial nas ações de investigação de paternidade e conhecimento de ascendência genética", por Ana Carolina Fernandes Mascarenhas (RF 386/3); "Algumas notas sobre o ('dispensável') art. 232 do Código Civil", por Rodrigo Mazzei (RF 406/313); "Lei 12.004/2009: a recusa à submissão ao exame de DNA e um novo modelo de presunção (a presunção jurídico-legal)", por Hugo Fidelis Batista (RDPr 43/134).

Art. 232: 1a. LIP 2º-A § ún.: "A recusa do réu em se submeter ao exame de código genético — DNA gerará a presunção da paternidade, a ser apreciada em conjunto com o contexto probatório".

Art. 232: 1b. Não atenta contra o direito à intimidade do réu, ainda que casado, o deferimento de exame hematológico em ação de investigação de paternidade (JTJ 260/369).

Art. 232: 2. "Discrepa, a mais não poder, de garantias constitucionais implícitas e explícitas — preservação da dignidade humana, da intimidade, da intangibilidade do corpo humano, do império da lei e da inexecução específica e direta de obrigação de fazer — provimento judicial que, em ação civil de investigação de paternidade, implique determinação no sentido de o réu ser conduzido ao laboratório, 'debaixo de vara', para coleta do material indispensável à feitura do exame de DNA. A recusa resolve-se no plano jurídico-instrumental, consideradas a dogmática, a doutrina e a jurisprudência, no que voltadas ao deslinde das questões ligadas à prova dos fatos" (STF-Pleno, HC 71.373, Min. Marco Aurélio, j. 10.11.94, 4 votos vencidos, DJU 22.11.96). No mesmo sentido: RJTJESP 112/368, Amagis 12/152. **Contra:** RJTJERGS 162/233.

Súmula 301 do STJ: "Em ação investigatória, a recusa do suposto pai a submeter-se ao exame de DNA induz presunção *juris tantum* de paternidade" (v. jurisprudência s/ esta Súmula em RSTJ 183/624). Essa Súmula também se aplica aos herdeiros do investigado, quando figurarem como parte na ação investigatória (STJ-4ª T., REsp 1.253.504, Min. Isabel Gallotti, j. 13.12.11, DJ 1.2.12). Ainda, ela tem aplicação no sentido inverso: a recusa do filho a realizar o exame de DNA gera presunção em favor da paternidade alegada pelo suposto pai (RT 839/219, JTJ 293/208). **Todavia:** "A presunção relativa decorrente da recusa do suposto pai em submeter-se ao exame de DNA, nas ações de investigação de paternidade, cristalizada na Súmula 301/STJ, não pode ser estendida aos seus descendentes, por se tratar de direito personalíssimo e indisponível" (STJ-RDPr 42/384: 4ª T., REsp 714.969). Ainda: "A presunção de paternidade que decorre da Súmula 301 do STJ não tem aplicação para o caso de presumir-se a não paternidade, quando a filha não comparece ao exame de DNA, em se tratando de uma menor impúbere, que dependia da genitora para a realização da perícia. Ação que deve ser instruída, para que o autor comprove o erro no registro de nascimento, e demonstre não ter havido paternidade socioafetiva entre ele e a filha. Sentença de procedência da negatória de paternidade desconstituída" (RBDFS 14/149: TJRS, AP 70033276502). Na mesma linha: "A interpretação do enunciado sumular *a contrario sensu*, na hipótese dos autos, afronta o princípio do melhor interesse do menor e seu direito à identidade e desenvolvimento da personalidade" (STJ-3ª T., REsp 1.272.691, Min. Nancy Andrighi, j. 5.11.13, DJ 8.11.13). Também: "A recusa da recorrida em se submeter ao exame de DNA foi plenamente justificável pelas circunstâncias constantes dos autos, não havendo qualquer presunção negativa diante de seu comportamento. Isto porque, no conflito entre o interesse patrimonial do recorrente para reconhecimento da verdade biológica e a dignidade da recorrida em preservar sua personalidade — sua intimidade, identidade, seu *status* jurídico de filha —, bem como em respeito a memória e existência do falecido pai, deverá se dar primazia aos últimos" (STJ-4ª T., REsp 1.115.428, Min. Luis Felipe, j. 27.8.13, RT 941/255).

✎ "A Súmula 301 do STJ e seus precedentes", por Helena de Toledo Coelho Gonçalves (RP 129/75).

A presunção em questão não é absoluta, de modo que a negativa do réu não pode levar o juízo a presumir como verdadeiros os fatos, "já que não há cega vinculação ao resultado do exame de DNA ou à sua recusa, que devem ser apreciados em conjunto com o contexto probatório global dos autos" (STJ-4ª T., REsp 409.285, Min. Aldir Passarinho Jr., j. 7.5.02, DJU 26.8.02).

"Apesar de a Súmula 301/STJ ter feito referência à presunção *juris tantum* de paternidade na hipótese de recusa do investigado em se submeter ao exame de DNA, os precedentes jurisprudenciais que sustentaram o entendimento sumulado definem que esta circunstância não desonera o autor de comprovar, minimamente, por meio de provas indiciárias, a existência de relacionamento íntimo entre a mãe e o suposto pai" (STJ-3ª T., REsp 692.242, Min. Nancy Andrighi, j. 28.6.05, DJU 12.9.05). No mesmo sentido: STJ-4ª T., REsp 1.068.836, Min. Honildo Castro, j. 18.3.10, DJ 19.4.10.

"A persistente recusa ao exame pericial perpetrada pela mãe da criança, conjugado à existência de um laudo nos autos atestando a ausência de vínculo de parentesco entre as partes, somado, ainda, à conduta do autor, se dispondo a realizar por diversas vezes novo teste genético em juízo e à ausência de prova testemunhal em sentido diverso, dá ensejo a que seja reconhecido o alegado maltrato ao art. 232 do CC" (STJ-RT 890/191: 4ª T., REsp 786.312, um voto vencido).

A recusa à realização de exame de DNA, conjugada com o reconhecimento da existência de relação sexual entre as partes, autoriza a procedência da ação de investigação de paternidade (RT 830/357). Todavia, negando a paternidade em caso no qual a recusa à realização do exame de DNA veio desacompanhada de outros elementos: RT 881/289 (TJMG, AP 1.0433.05.152448-9/004).

"A recusa do suposto pai em realizar segundo exame pericial, quando o primeiro exame concluiu pela negativa de paternidade, não pode ser acolhida como prova desfavorável ao réu, tendo em vista que tal presunção esbarraria no resultado do laudo apresentado pelos peritos no primeiro exame, não contestado em nenhum aspecto pelo recorrente" (STJ-3ª T., REsp 777.435, Min. Sidnei Beneti, j. 15.12.09, DJ 18.12.09).

Art. 232: 3. Na ação de investigação de paternidade, não é possível forçar o exame hematológico em pessoa que não é parte no processo (RT 715/140, maioria, RJTJESP 110/319, JTJ 195/110), como, por exemplo, a testemunha na ação (RT 715/241).

Todavia, não é ilegal a determinação de perícia complementar sanguínea na pessoa de parentes próximos do réu (RT 720/220, maioria), sem qualquer obrigatoriedade, porém, de comparecimento destes ao exame (JTJ 164/260).

Art. 232: 4. "A **exumação de cadáver**, em ação de investigação de paternidade, para realização de exame de DNA, é faculdade conferida ao magistrado pelo artigo 130 do Código de Processo Civil" (STJ-4ª T., AI 1.159.165-AgRg, Min. Luis Felipe, j. 24.11.09, DJ 4.12.09). No mesmo sentido: STJ-3ª T., Pet 8.321-AgRg, Min. Massami Uyeda, j. 5.4.11, DJ 25.4.11.

Parte Especial

Livro I | DO DIREITO DAS OBRIGAÇÕES[1-2]

Título I | DAS MODALIDADES DAS OBRIGAÇÕES

Capítulo I | DAS OBRIGAÇÕES DE DAR[1]

Seção I | DAS OBRIGAÇÕES DE DAR COISA CERTA[1]

✎ **LIV. I: 1.** "Breves comentários acerca do novo Direito das Obrigações", por Marco Paulo Denucci Di Spirito (RF 365/107); "A obrigação como totalidade e como processo", por Carlos Augusto Silva (Ajuris 95/55 e RDA 238/73); "Fontes das obrigações no novo Código Civil", por Moacir Adiers (RJ 324/20 e Ajuris 97/203); "Ideias do mundo antigo. A equação do justo e o direito de obrigações", por Rosa Maria de Andrade Nery (RDPr 20/11); "Os princípios jurídicos na relação obrigatória", por Francisco Amaral (RF 381/71 e Ajuris 99/133); "Notas elementares sobre a estrutura da relação obrigacional e os deveres anexos de conduta", por Camilo Augusto Amadio Guerrero (RDPr 26/30); "A teoria do inadimplemento e transformações no direito das obrigações", por Raphael Manhães Martins (RDPr 33/250).

LIV. I: 2. CC rev.: "Art. 1.533. Considera-se líquida a obrigação certa, quanto à sua existência, e determinada, quanto ao seu objeto".

✎ **CAP. I: 1.** "Aspectos polêmicos acerca das obrigações de dar coisa certa e incerta", por Marcos Jorge Catalan (RDPr 20/266).

SEÇ. I: 1. Execução para entrega de coisa certa: CPC 806 a 810.

Art. 233. A obrigação de dar coisa certa abrange os acessórios[1] dela embora não mencionados, salvo se o contrário resultar do título ou das circunstâncias do caso. [Dispositivo correspondente no CC/1916: art. 864.]

Art. 233: 1. v. art. 92.

Art. 234. Se, no caso do artigo antecedente, a coisa se perder, sem culpa do devedor,[1] antes da tradição,[1a] ou pendente a condição suspensiva,[2] fica resolvida a obrigação para ambas as partes; se a perda resultar de culpa do devedor, responderá este pelo equivalente e mais perdas e danos.[3] [Dispositivo correspondente no CC/1916: art. 865.]

Art. 234: 1. v. arts. 235, 238, 240, 248, 250, 255, 256, 458, 459.

Art. 234: 1a. v. arts. 492 a 495 e 1.267.

Art. 234: 2. v. arts. 125 e 126.

Art. 234: 3. v. arts. 389 e 402 a 405.

Art. 235. Deteriorada a coisa, não sendo o devedor culpado, poderá o credor[1] resolver a obrigação, ou aceitar a coisa, abatido de seu preço o valor que perdeu.[1a] [Dispositivo correspondente no CC/1916: art. 866.]

Art. 235: 1. sem direito a indenização (art. 236 *contrario sensu* e analogia com o art. 240).

Art. 235: 1a. v. art. 313.

Art. 236. Sendo culpado o devedor, poderá o credor exigir o equivalente, ou aceitar a coisa no estado em que se acha, com direito a reclamar, em um ou em outro caso, indenização das perdas e danos.[1 a 2] [Dispositivo correspondente no CC/1916: art. 867.]

Art. 236: 1. que devem compreender, na hipótese de aceitação da coisa, os reflexos da deterioração no seu preço.

Art. 236: 1a. v. arts. 402 a 405.

Art. 236: 2. v. art. 389. Em matéria de relação de consumo, v. CDC 18.

Art. 237. Até a tradição[1] pertence ao devedor a coisa, com os seus melhoramentos e acrescidos, pelos quais poderá exigir aumento no preço; se o credor não anuir, poderá o devedor resolver a obrigação. [Dispositivo correspondente no CC/1916: art. 868-*caput*.]

Parágrafo único. Os frutos[2] percebidos são do devedor, cabendo ao credor os pendentes. [Dispositivo correspondente no CC/1916: art. 868 § ún.]

Art. 237: 1. v. arts. 492 a 495 e 1.267.

Art. 237: 2. v. arts. 95 e 1.214 a 1.217.

Art. 238. Se a obrigação for de restituir coisa certa, e esta, sem culpa do devedor, se perder antes da tradição,[1] sofrerá o credor a perda,[1a] e a obrigação se resolverá, ressalvados os seus direitos até o dia da perda.[2] [Dispositivo correspondente no CC/1916: art. 869.]

Art. 238: 1. Aqui no sentido de restituição ou devolução.

Art. 238: 1a. Porém, no contrato estimatório, o consignatário deverá pagar o preço se a restituição da coisa se tornar impossível ainda que sem culpa sua (art. 535). Na locação de coisa, se o locatário, após notificado, não restituí-la, responderá por qualquer dano que ela venha a sofrer, ainda que decorrente de caso fortuito (art. 575). O comodatário negligente também pode vir a responder por dano decorrente de caso fortuito (art. 583).

Art. 238: 2. v. art. 241.

Art. 239. Se a coisa se perder por culpa do devedor,[1] responderá este pelo equivalente, mais perdas e danos.[2] [Dispositivo correspondente no CC/1916: art. 870.]

Art. 239: 1. v. arts. 248, 254, 263 §§ 1º e 2º, 279.

Art. 239: 2. v. arts. 389 e 402 a 405.

Art. 240. Se a coisa restituível se deteriorar sem culpa do devedor, recebê-la-á o credor, tal qual se ache, sem direito a indenização; se por culpa do devedor, observar-se-á o disposto no art. 239.[1] [Dispositivo correspondente no CC/1916: art. 871.]

Art. 240: 1. Enunciado 15 do CEJ: "As disposições do art. 236 do novo Código Civil também são aplicáveis à hipótese do art. 240, *in fine*".

Art. 241. Se, no caso do art. 238, sobrevier melhoramento ou acréscimo à coisa,[1] sem despesa ou trabalho do devedor, lucrará o credor, desobrigado de indenização. [Dispositivo correspondente no CC/1916: art. 872.]

Art. 241: 1. v. art. 242.

Art. 242. Se para o melhoramento, ou aumento, empregou o devedor trabalho ou dispêndio, o caso se regulará pelas normas deste Código atinentes às benfeitorias realizadas pelo possuidor de boa-fé ou de má-fé.[1] [Dispositivo correspondente no CC/1916: art. 873-*caput*.]

Parágrafo único. Quanto aos frutos[2] percebidos, observar-se-á, do mesmo modo, o disposto neste Código, acerca do possuidor de boa-fé ou de má-fé. [Dispositivo correspondente no CC/1916: art. 873 § ún.]

Art. 242: 1. v., no índice, Boa-fé, Má-fé, Posse de boa-fé, Posse de má-fé.

Art. 242: 2. v., no índice, Frutos.

Seção II | DAS OBRIGAÇÕES DE DAR COISA INCERTA[1]

SEÇ. II: 1. Execução para entrega de coisa incerta: CPC 811 a 813.

Art. 243. A coisa incerta será indicada, ao menos, pelo gênero e pela quantidade.[1-1a] [Dispositivo correspondente no CC/1916: art. 874.]

Art. 243: 1. Enunciado 160 do CEJ: "A obrigação de creditar dinheiro em conta vinculada de FGTS é obrigação de dar, obrigação pecuniária, não afetando a natureza da obrigação a circunstância de a disponibilidade do dinheiro depender da ocorrência de uma das hipóteses previstas no art. 20 da Lei n. 8.036/90".

Art. 243: 1a. v. arts. 85, 104-II e 166-II.

Art. 244. Nas coisas determinadas pelo gênero e pela quantidade, a escolha pertence ao devedor,[1] se o contrário não resultar do título da obrigação;[1a] mas não poderá dar a coisa pior, nem será obrigado a prestar a melhor.[2] [Dispositivo correspondente no CC/1916: art. 875.]

Art. 244: 1. No legado de coisa determinada pelo gênero, a escolha é do herdeiro (art. 1.929).

Art. 244: 1a. v. arts. 252 e 342.

Art. 244: 2. Ou seja, a coisa a ser entregue deve guardar "o meio-termo entre as congêneres da melhor e pior qualidade" (art. 1.929), o que é decorrência do princípio da boa-fé (arts. 113 e 422).

Art. 245. Cientificado da escolha o credor, vigorará o disposto na Seção antecedente.[1] [Dispositivo correspondente no CC/1916: art. 876.]

Art. 245: 1. v. arts. 233 a 242.

Art. 246. Antes da escolha, não poderá o devedor alegar perda ou deterioração da coisa, ainda que por força maior ou caso fortuito.[1] [Dispositivo correspondente no CC/1916: art. 877.]

Art. 246: 1. v. art. 492.

Capítulo II | DAS OBRIGAÇÕES DE FAZER[1]

CAP. II: 1. Execução de obrigação de fazer: CPC 814 a 821.

Art. 247. Incorre na obrigação de indenizar perdas e danos[1] o devedor que recusar a prestação a ele só imposta,[2] ou só por ele exequível.[2a] [Dispositivo correspondente no CC/1916: art. 880.]

Art. 247: 1. v. arts. 402 a 405.

Art. 247: 2. **CC rev.: "Art. 928.** A obrigação, não sendo personalíssima, opera, assim entre as partes, como entre os seus herdeiros".

Art. 247: 2a. Toda obrigação de fazer inadimplida dá direito às consequentes perdas e danos, quer seja ela infungível (art. 247), quer seja fungível (art. 249).

Art. 248. Se a prestação do fato tornar-se impossível sem culpa do devedor, resolver-se-á a obrigação; se por culpa dele, responderá por perdas e danos.[1] [Dispositivo correspondente no CC/1916: art. 879.]

Art. 248: 1. A exemplo do que ocorre nos casos de perda ou deterioração na obrigação de dar coisa certa (arts. 234, 235 e 236). Quanto às obrigações alternativas, v. art. 255.

Art. 249. Se o fato puder ser executado por terceiro, será livre ao credor mandá-lo executar à custa do devedor,[1] havendo recusa ou mora[2] deste, sem prejuízo da indenização[3] cabível.[3a] [Dispositivo correspondente no CC/1916: art. 881.]

Parágrafo único. Em caso de urgência, pode o credor, independentemente de autorização judicial, executar ou mandar executar o fato, sendo depois ressarcido.[4] [Sem dispositivo correspondente no CC/1916.]

Art. 249: 1. Em matéria de relação de consumo, v. CDC 20 § 1º.

Art. 249: 2. v. arts. 394 a 401.

Art. 249: 3. v. arts. 389 e 402 a 405.

Art. 249: 3a. v. art. 389.

✎ **Art. 249: 4.** "A inafastabilidade do controle jurisdicional e uma nova modalidade de autotutela (parágrafos únicos dos arts. 249 e 251 do Código Civil)", por Ada Pellegrini Grinover (RIDCPC 41/61 e RF 384/3).

Capítulo III | DAS OBRIGAÇÕES DE NÃO FAZER[1 a 3]

CAP. III: 1. Execução de obrigação de não fazer: CPC 814, 822 e 823.

✎ **CAP. III: 2.** "Obrigações negativas no Código Civil de 2002", por Helder Martinez Dal Col (RF 371/117).

CAP. III: 3. "Não é fungível a obrigação de abster-se na prática de determinado ato. Não se concebe que alguém se abstenha em lugar de outra pessoa" (STJ-3ª T., REsp 521.184, Min. Gomes de Barros, j. 24.8.04, DJU 6.12.04).

Art. 250. Extingue-se a obrigação de não fazer, desde que, sem culpa do devedor, se lhe torne impossível abster-se do ato, que se obrigou a não praticar. [Dispositivo correspondente no CC/1916: art. 882.]

Art. 251. Praticado pelo devedor o ato, a cuja abstenção se obrigara,[1] o credor pode exigir dele que o desfaça, sob pena de se desfazer à sua custa, ressarcindo o culpado perdas e danos.[2] [Dispositivo correspondente no CC/1916: art. 883.]

Parágrafo único. Em caso de urgência, poderá o credor desfazer ou mandar desfazer, independentemente de autorização judicial, sem prejuízo do ressarcimento devido.[3] [Sem dispositivo correspondente no CC/1916.]

Art. 251: 1. s/ inadimplemento de obrigação de não fazer, v. art. 390.

Art. 251: 2. v. arts. 389 e 402 a 405.

✎ **Art. 251: 3.** "A inafastabilidade do controle jurisdicional e uma nova modalidade de autotutela (parágrafos únicos dos arts. 249 e 251 do Código Civil)", por Ada Pellegrini Grinover (RIDCPC 41/61 e RF 383/3).

Capítulo IV | DAS OBRIGAÇÕES ALTERNATIVAS

Art. 252. Nas obrigações alternativas,[1] a escolha cabe ao devedor, se outra coisa não se estipulou.[1a] [Dispositivo correspondente no CC/1916: art. 884-*caput*.]

§ 1º Não pode o devedor obrigar o credor a receber parte em uma prestação e parte em outra.[2] [Dispositivo correspondente no CC/1916: art. 884 § 1º.]

§ 2º Quando a obrigação for de prestações periódicas, a faculdade de opção poderá ser exercida em cada período. [Dispositivo correspondente no CC/1916: art. 884 § 2º.]

§ 3º No caso de pluralidade de optantes, não havendo acordo unânime entre eles, decidirá o juiz, findo o prazo por este assinado para a deliberação. [Sem dispositivo correspondente no CC/1916.]

§ 4º Se o título deferir a opção a terceiro, e este não quiser, ou não puder exercê-la, caberá ao juiz a escolha se não houver acordo entre as partes. [Sem dispositivo correspondente no CC/1916.]

Art. 252: 1. s/ pedido alternativo, v. CPC 325; s/ legado alternativo, v. arts. 1.932, 1.933 e 1.940.

Art. 252: 1a. v. art. 342. V. tb. CPC 543 e 800.

Art. 252: 2. v. art. 314.

Art. 253. Se uma das duas prestações não puder ser objeto de obrigação ou se tornada inexequível, subsistirá o débito quanto à outra. [Dispositivo correspondente no CC/1916: art. 885.]

Art. 254. Se, por culpa do devedor, não se puder cumprir nenhuma das prestações, não competindo ao credor a escolha, ficará aquele obrigado a pagar o valor da que por último se impossibilitou, mais as perdas e danos[1] que o caso determinar. [Dispositivo correspondente no CC/1916: art. 886.]

Art. 254: 1. v. arts. 389 e 402 a 405.

Art. 255. Quando a escolha couber ao credor[1] e uma das prestações tornar-se impossível por culpa do devedor, o credor terá direito de exigir a prestação subsistente ou o valor da outra, com perdas e danos;[2-3] se, por culpa do devedor, ambas as prestações se tornarem inexequíveis, poderá o credor reclamar o valor de qualquer das duas, além da indenização por perdas e danos. [Dispositivo correspondente no CC/1916: art. 887.]

Art. 255: 1. v. art. 342; CPC 543 e 800.

Art. 255: 2. v. arts. 389 e 402 a 405.

Art. 255: 3. "Nas obrigações alternativas a escolha é a concentração da obrigação na prestação indicada, momento no qual torna-se simples, pelo que apenas a escolhida poderá ser reclamada. Segundo dispõe o art. 255 do CC, se a escolha couber ao credor e uma das prestações houver perecido, pode escolher a outra ou optar pelo valor da perdida mais perdas e danos. Devedor de obrigação alternativa que grava com ônus reais imóvel que era objeto de possível escolha pelo credor, sem adverti-lo de tal hipótese, torna viciosa a escolha, mormente quando não honrar a obrigação com credor hipotecário que, posteriormente, vem a executar a garantia. Assim, concentrada a obrigação em prestação inexigível por culpa do devedor, terá o credor o direito de exigir a prestação subsistente ou o valor da outra" (STJ-4ª T., REsp 1.074.323, Min. João Otávio, j. 22.6.10, um voto vencido, DJ 28.10.10).

Art. 256. Se todas as prestações se tornarem impossíveis sem culpa do devedor, extinguir-se-á a obrigação.[1] [Dispositivo correspondente no CC/1916: art. 888.]

Art. 256: 1. v. arts. 393 e 399.

Capítulo V DAS OBRIGAÇÕES DIVISÍVEIS E INDIVISÍVEIS[1 a 3]

CAP. V: 1. s/ divisibilidade e indivisibilidade, v. arts. 87 e 88.

CAP. V: 2. para situações envolvendo obrigações indivisíveis, v. arts. 105 (incapacidade relativa), 201 (suspensão da prescrição), 204 § 2º (interrupção da prescrição), 276 (falecimento de devedor solidário), 414 (cláusula penal), 844 (transação).

CAP. V: 3. para situação envolvendo obrigação divisível, v. art. 314 (prestação por partes).

Art. 257. Havendo mais de um devedor ou mais de um credor em obrigação divisível, esta presume-se dividida em tantas obrigações, iguais e distintas, quantos os credores ou devedores.[1] [Dispositivo correspondente no CC/1916: art. 890.]

Art. 257: 1. v. art. 265. S/ divisibilidade e: corretagem, v. art. 728; constituição de renda, v. art. 812.

Art. 258. A obrigação é indivisível quando a prestação tem por objeto uma coisa ou um fato não suscetíveis de divisão,[1] por sua natureza, por motivo de ordem econômica, ou dada a razão determinante do negócio jurídico.[2] [Sem dispositivo correspondente no CC/1916.]

Art. 258: 1. Já a solidariedade resulta da lei ou da vontade das partes (art. 265), e não do objeto da prestação.

Art. 258: 2. s/ indivisibilidade e: quota de sociedade limitada, v. art. 1.056; fundo de reserva de sociedade cooperativa, v. art. 1.094-VIII.

Art. 259. Se, havendo dois ou mais devedores, a prestação não for divisível, cada um será obrigado pela dívida toda.[1] [Dispositivo correspondente no CC/1916: art. 891-*caput*.]

Parágrafo único. O devedor, que paga a dívida, sub-roga-se[2] no direito do credor em relação aos outros coobrigados. [Dispositivo correspondente no CC/1916: art. 891 § ún.]

Art. 259: 1. Ou seja: a obrigação, além de indivisível, será solidária (arts. 264 e 275).

Art. 259: 2. v. arts. 346 a 351 (especialmente o art. 346-I). V. tb. art. 283.

Art. 260. Se a pluralidade for dos credores, poderá cada um destes exigir a dívida inteira; mas o devedor ou devedores se desobrigarão, pagando: [Dispositivo correspondente no CC/1916: art. 892-*caput*.]

I — a todos conjuntamente; [Dispositivo correspondente no CC/1916: art. 892-I.]

II — a um, dando este caução de ratificação dos outros credores. [Dispositivo correspondente no CC/1916: art. 892-II.]

Art. 261. Se um só dos credores receber a prestação por inteiro, a cada um dos outros assistirá o direito de exigir dele em dinheiro a parte que lhe caiba no total. [Dispositivo correspondente no CC/1916: art. 893.]

Art. 262. Se um dos credores remitir[1] a dívida, a obrigação não ficará extinta para com os outros; mas estes só a poderão exigir, descontada a quota do credor remitente. [Dispositivo correspondente no CC/1916: art. 894-*caput*.]

Parágrafo único. O mesmo critério se observará no caso de transação,[2] novação,[3] compensação[4] ou confusão.[5] [Dispositivo correspondente no CC/1916: art. 894 § ún.]

Art. 262: 1. v. arts. 385 a 388.

Art. 262: 2. v. arts. 840 a 850.

Art. 262: 3. v. arts. 360 a 367.

Art. 262: 4. v. arts. 368 a 380.

Art. 262: 5. v. arts. 381 a 384.

Art. 263. Perde a qualidade de indivisível a obrigação que se resolver em perdas e danos.[1-1a] [Dispositivo correspondente no CC/1916: art. 895-*caput*.]

§ 1º Se, para efeito do disposto neste artigo, houver culpa de todos os devedores, responderão todos por partes iguais. [Dispositivo correspondente no CC/1916: art. 895 § 1º.]

§ 2º Se for de um só a culpa, ficarão exonerados os outros, respondendo só esse pelas perdas e danos.[2-2a] [Dispositivo correspondente no CC/1916: art. 895 § 2º.]

Art. 263: 1. v. arts. 402 a 405.

Art. 263: 1a. porém, a qualidade da solidariedade persiste mesmo com a conversão em perdas e danos (art. 271).

Art. 263: 2. s/ aplicação de cláusula penal em obrigação indivisível, v. art. 414.

Art. 263: 2a. v. art. 279.

Capítulo VI | DAS OBRIGAÇÕES SOLIDÁRIAS

Seção I | DISPOSIÇÕES GERAIS

Art. 264. Há solidariedade, quando na mesma obrigação concorre mais de um credor,[1-1a] ou mais de um devedor,[2 a 7] cada um com direito, ou obrigado, à dívida toda. [Dispositivo correspondente no CC/1916: art. 896 § ún.]

Art. 264: 1. Nesse caso, há o que se chama de solidariedade ativa. É um exemplo de solidariedade ativa legal aquele que decorre da LI 2º. Mas a maioria de casos de solidariedade ativa é convencional, ou seja, resultante da vontade das partes da obrigação.

Art. 264: 1a. "A solidariedade ativa para a execução do valor da **pensão alimentícia** resulta de vontade das partes, sendo o recorrido legitimado para executar todo o valor da pensão alimentícia, devendo este, posteriormente, ser repartido entre o recorrido e seu irmão maior, na medida das necessidades de cada um" (STJ-3ª T., REsp 1.068.038, Min. Massami Uyeda, j. 14.4.11, DJ 28.4.11).

Art. 264: 2. Nesse caso, há o que se chama de solidariedade passiva.

Art. 264: 3. "A palavra **'avalista'**, constante do instrumento contratual, deve ser entendida, em consonância com o art. 85 do Código Civil, como coobrigado, codevedor ou garante solidário" (RSTJ 140/257: 3ª T., REsp 114.436). O art. 85 do CC rev. corresponde ao CC 112.

"O simples argumento de não se admitir aval nos contratos não exclui a responsabilidade solidária daqueles que de forma autônoma e voluntária se obrigaram a pagar a dívida integralmente" (STJ-3ª T., Ag em REsp 228.068-AgRg, Min. Sidnei Beneti, j. 23.10.12, DJ 6.11.12). No mesmo sentido: RT 936/626 (TJMT, AI 119956/2012).

"Aquele que presta aval em contrato, muito embora não possa ser tecnicamente considerado avalista, tendo em vista que este é um instituto próprio do direito cambiário, se obriga solidariamente pelo pagamento da dívida. Como a responsabilidade desse devedor solidário não advém do direito cambiário, mas do próprio direito civil, não se pode entender que esteja submetida ao mesmo prazo prescricional dos títulos cambiais" (STJ-3ª T., REsp 1.226.691-AgRg, Min. Sidnei Beneti, j. 19.2.13, DJ 28.2.13).

V. tb. art. 899, nota 1a.

Art. 264: 4. Súmula 585 do STJ: "A responsabilidade solidária do ex-proprietário, prevista no art. 134 do Código de Trânsito Brasileiro, não abrange o IPVA incidente sobre o **veículo automotor,** no que se refere ao período posterior à sua alienação".

"Embora o art. 134 do Código de Trânsito Brasileiro atribua ao antigo proprietário a responsabilidade de comunicar ao órgão executivo de trânsito a transferência do veículo, sob pena de ter que arcar solidariamente com as penalidades impostas, referida disposição legal somente se aplica às infrações de trânsito, não se estendendo a todos os débitos do veículo após a transferência da propriedade, tal como a cobrança de IPVA" (STJ-3ª T., REsp 938.553, Min. Massami Uyeda, j. 26.5.09, DJ 8.6.09).

"Na interpretação do problemático art. 134 do Código de Trânsito deve-se compreender que a solidariedade imposta ao antigo proprietário, antes de realizar no Detran a transferência, é mitigada. Alienado veículo automotor sem que se faça o registro, ou ao menos a comunicação da venda, estabelece-se, entre o novo e o antigo proprietário, vínculo de solidariedade pelas infrações cometidas, só afastadas quando é o Detran comunicado da alienação, com a indicação do nome e endereço do novo adquirente. Não havendo dúvidas, *in casu*, de que as infrações não foram cometidas no período em que tinha o recorrido a propriedade do veículo, não deve ele sofrer qualquer tipo de sanção" (STJ-2ª T., REsp 965.847, Min. Eliana Calmon, j. 4.3.08, DJ 14.3.08). No mesmo sentido: STJ-1ª T., REsp 961.969, Min. Teori Zavascki, j. 21.8.08, DJ 1.9.08.

Art. 264: 5. "**Não há solidariedade legal da entidade de previdência privada com o patrocinador do fundo,** a justificar o chamamento deste ao processo em que o beneficiário pleiteia a complementação de seu benefício" (STJ-3ª T., REsp 960.763, Min. Gomes de Barros, j. 18.10.07, DJU 31.10.07).

Art. 264: 5a. "**Não há solidariedade passiva entre banco cooperativo e cooperativa de crédito** quanto às operações bancárias por esta realizadas com seus cooperados, uma vez que o sistema de crédito cooperativo funciona de molde a preservar a autonomia e independência — e consequente responsabilidade — de cada uma das entidades que o compõem. A solidariedade não se presume; resulta da lei ou da vontade das partes. É parte ilegítima para figurar no polo passivo do procedimento monitório a instituição financeira (banco cooperativo) que não contrata diretamente com o cooperado, cabendo à cooperativa de crédito responder pelos prejuízos a que der causa" (STJ-4ª T., REsp 1.173.287, Min. João Otávio, j. 1.3.11, DJ 11.3.11).

Art. 264: 5b. "A oferta de seguro de vida por **companhia seguradora vinculada a instituição financeira,** dentro de agência bancária, implica responsabilidade solidária da empresa de seguros e do banco perante o consumidor" (STJ-3ª T., REsp 1.300.116, Min. Nancy Andrighi, j. 23.10.12, DJ 13.11.12).

Art. 264: 5c. "As **seguradoras integrantes do consórcio do Seguro DPVAT** são solidariamente responsáveis pelo pagamento das indenizações securitárias, podendo o beneficiário cobrar o que é devido de qualquer uma delas" (STJ-4ª T., REsp 1.108.715, Min. Luis Felipe, j. 15.5.12, DJ 28.5.12).

Art. 264: 6. "A seguradora é, perante o segurado, a única responsável pelo pagamento da indenização. **Não há** qualquer dispositivo legal ou contratual que determine a **solidariedade passiva da resseguradora com relação aos débitos da seguradora.** A responsabilidade da resseguradora limita-se ao repasse, para a seguradora, da importância prevista no contrato de resseguro. É dever da própria seguradora o pagamento total da condenação imposta por decisão judicial proferida em desfavor do segurado, nos limites da apólice" (STJ-3ª T., REsp 1.178.680, Min. Nancy Andrighi, j. 14.12.10, DJ 2.2.11).

Art. 264: 7. "O **contrato coligado** não constitui um único negócio jurídico com diversos instrumentos, mas sim uma pluralidade de negócios jurídicos, ainda que celebrados em um único documento, pois é a substância do negócio jurídico que lhe dá amparo, não a forma. Em razão da força da conexão contratual e dos preceitos consumeristas incidentes na espécie — tanto na relação jurídica firmada com o fornecedor das cozinhas quanto no vínculo mantido com a casa bancária —, o vício determinante do desfazimento da compra e venda atinge igualmente o **financiamento,** por se tratar de relações jurídicas trianguladas, cada uma estipulada com o fim precípuo de garantir a relação jurídica antecedente da qual é inteiramente dependente, motivo pelo qual possível a arguição da exceção de contrato não cumprido, uma vez que a posição jurídica ativa conferida ao consumidor de um produto financiado/parcelado relativamente à oponibilidade do inadimplemento do lojista perante o agente financiador constitui efeito não de um ou outro negócio isoladamente considerado, mas da vinculação jurídica entre a compra e venda e o mútuo/parcelamento. Entretanto, a ineficácia superveniente de um dos negócios não tem o condão de unificar os efeitos da responsabilização civil, porquanto, ainda que interdependentes entre si, parcial ou totalmente, os ajustes coligados constituem negócios jurídicos com características próprias, a ensejar interpretação e análise singular, sem, contudo, deixar à margem o vínculo unitário dos limites da coligação. Assim, a interpretação contratual constitui premissa necessária para o reconhecimento da existência e para a determinação da intensidade da coligação contratual, o que no caso concreto se dá mediante a verificação do *animus* da casa bancária na construção da coligação e o proveito econômico por ela obtido, pois não obstante o nexo funcional característico da coligação contratual, cada um dos negócios jurídicos entabulados produz efeitos que lhe são típicos nos estritos limites dos intentos dos participantes. Inviável responsabilizar solidariamente a financeira pelos valores despendidos pelos consumidores, uma vez que, ao manter o contrato coligado, não se comprometeu a fornecer garantia irrestrita para a transação, mas sim balizada pelos benefícios dela advindos, ou seja, no caso, nos termos da cessão de crédito operada, que não abarca os valores pagos a título de entrada diretamente ao lojista. A circunstância de o contrato de financiamento sucumbir diante do inadimplemento do lojista não transforma a casa bancária em garante universal de todos os valores despendidos pelos autores, principalmente porque a repetição do indébito limita-se àquilo que efetivamente foi desembolsado — seja dos consumidores para com a financeira, seja desta para com a lojista.

A responsabilidade do banco fica limitada, portanto, à devolução das quantias que percebeu, pois a solidariedade não se presume, decorre da lei ou da vontade das partes" (STJ-4ª T., REsp 1.127.403, Min. Marco Buzzi, j. 4.2.14, maioria, DJ 15.8.14).

Art. 265. A solidariedade não se presume; resulta da lei[1] ou da vontade das partes.[1a-2] [Dispositivo correspondente no CC/1916: art. 896-*caput*.]

Art. 265: 1. v. arts. 149 (dolo do representante legal), 154 (coação de terceiro), 518 (adquirente de má-fé), 585 (comodatários), 680 (mandantes), 698 (comissário e cláusula *del credere*), 733 § 2º (transportador substituto), 756 (transporte cumulativo), 829 (fiança conjunta), 867 § ún. (gestores), 914 (endossante responsável pelo pagamento), 942 (coautores de ato ilícito), 990 (sócios e obrigações sociais), 993 § ún. (sócio oculto e terceiros), 1.003 § ún. (cessão de quotas), 1.009 (administrador e distribuição irregular de lucros), 1.012 (administrador nomeado por instrumento separado), 1.016 (administrador e ato culposo), 1.036 (dissolução de sociedade e novas operações), 1.039 (sociedade em nome coletivo), 1.045 (sociedade em comandita simples), 1.052 (sociedade limitada), 1.055 § 1º (estimação de bens conferidos ao capital social), 1.056 § 2º (condôminos de quota indivisa), 1.091 § 1º (diretores de sociedade em comandita por ações), 1.146 (débito de estabelecimento), 1.157 § ún. (obrigações contraídas sob a firma social), 1.173 § ún. (gerentes), 1.177 § ún. (ato doloso de preposto), 1.460 (penhor de título de crédito), 1.644 (dívida contraída por cônjuge), 1.752 § 2º (danos sofridos pelo tutelado) e 1.986 (testamenteiros).

V. tb. art. 7º § 2º da Lei 8.929, de 22.8.94; CDC 7º § ún., 18, 25, 28 § 3º, 34, 87 § ún.; LDA 104; LCU (Anexo I) 47; LI 2º e 75; art. 20 do Dec. lei 58, de 10.12.37, e art. 47 da Lei 6.766, de 19.12.79; arts. 24-A § 6º e 26 da Lei 9.656, de 3.6.98; arts. 49 e 82 § 1º da Lei 5.764, de 16.12.71; TCI 28; arts. 2º § ún. e 17 do Dec. lei 167, de 14.2.67.

Art. 265: 1a. Já a indivisibilidade resulta do objeto da prestação, insuscetível de fracionamento (art. 258).

Art. 265: 2. "Inexiste incompatibilidade entre a divisibilidade e a solidariedade. Nada obsta a existência de obrigação solidária de coisa divisível, tal como ocorre com uma condenação em dinheiro, de modo que todos os devedores vão responder integralmente pela dívida. A solidariedade nas coisas divisíveis reforça o vínculo entre devedores, servindo de garantia para favorecer o credor, de modo a facilitar a cobrança" (STJ-3ª T., REsp 1.087.142, Min. Nancy Andrighi, j. 18.8.11, DJ 24.8.11).

Art. 266. A obrigação solidária pode ser pura e simples para um dos cocredores ou codevedores, e condicional,[1] ou a prazo, ou pagável em lugar[2] diferente, para o outro.[3] [Dispositivo correspondente no CC/1916: art. 897.]

Art. 266: 1. v. arts. 121 a 130. V. tb. art. 278.

Art. 266: 2. v. arts. 327 a 330.

Art. 266: 3. Enunciado 347 do CEJ: "A solidariedade admite outras disposições de conteúdo particular além do rol previsto no art. 266 do Código Civil".

Seção II | DA SOLIDARIEDADE ATIVA[1]

SEÇ. II: 1. s/ interrupção da prescrição por um dos credores solidários, v. art. 204 § 1º.

Art. 267. Cada um dos credores solidários tem direito a exigir do devedor o cumprimento da prestação por inteiro.[1] [Dispositivo correspondente no CC/1916: art. 898.]

Art. 267: 1. v. arts. 260 e 275.

Art. 268. Enquanto alguns dos credores solidários não demandarem o devedor comum, a qualquer daqueles poderá este pagar. [Dispositivo correspondente no CC/1916: art. 899.]

Art. 269. O pagamento feito a um dos credores solidários extingue a dívida[1] até o montante do que foi pago. [Dispositivo correspondente no CC/1916: art. 900-*caput*.]

Art. 269: 1. No caso de confusão, v. art. 383; no de remissão, v. arts. 272 e 388; no de transação, v. art. 844.

Art. 270. Se um dos credores solidários falecer deixando herdeiros, cada um destes só terá direito a exigir e receber a quota do crédito que corresponder ao seu quinhão hereditário, salvo se a obrigação for indivisível.[1-1a] [Dispositivo correspondente no CC/1916: art. 901.]

Art. 270: 1. v. arts. 257 a 263.

Art. 270: 1a. No caso de falecimento de um dos devedores solidários, v. art. 276.

Art. 271. Convertendo-se a prestação em perdas e danos,[1] subsiste, para todos os efeitos, a solidariedade.[2] [Dispositivo correspondente no CC/1916: art. 902.]

Art. 271: 1. v. arts. 389 e 402 a 405.

Art. 271: 2. porém, a indivisibilidade se perde com a conversão em perdas e danos (art. 263-*caput*).

Art. 272. O credor que tiver remitido[1-1a] a dívida ou recebido[2] o pagamento responderá aos outros pela parte que lhes caiba. [Dispositivo correspondente no CC/1916: art. 903.]

Art. 272: 1. v. arts. 385 a 388.

Art. 272: 1a. No caso de solidariedade passiva, v. art. 277.

Art. 272: 2. No caso de solidariedade passiva, v. art. 283.

Art. 273. A um dos credores solidários não pode o devedor opor as exceções pessoais oponíveis aos outros.[1-1a] [Sem dispositivo correspondente no CC/1916.]

✎ **Art. 273: 1.** "O problema do enriquecimento sem causa no direito civil brasileiro: inteligência dos artigos 273 e 274 do novo Código Civil", por Wagner Inácio Freitas Dias (RSDCPC 35/55).

Art. 273: 1a. s/ devedores solidários e exceções pessoais, v. art. 281.

Art. 274. O julgamento contrário a um dos credores solidários não atinge os demais, mas o julgamento favorável aproveita-lhes, sem prejuízo de exceção pessoal que o devedor tenha direito de invocar em relação a qualquer deles.[1-2]

Art. 274: 1. Redação da Lei 13.105, de 16.3.15, em vigor um ano após a sua publicação (DOU 17.3.15).

Art. 274: 2. v. art. 273.

Seção III | DA SOLIDARIEDADE PASSIVA[1 a 5]

SEÇ. III: 1. s/ interrupção da prescrição efetuada contra o devedor solidário, v. art. 204 § 1º; s/ interrupção da prescrição operada contra um dos herdeiros do devedor solidário, v. art. 204 § 2º; s/ solidariedade passiva e vencimento antecipado da dívida, v. art. 333 § ún.; s/ novação entre o credor e apenas um devedor solidário, v. art. 365; s/ solidariedade passiva e despesas condominiais, v. art. 1.336, nota 1d; s/ solidariedade entre os causadores de dano a consumidor, v. CDC 7º § ún.; s/ solidariedade entre locadores e locatários, v. LI 2º.

✎ **SEÇ. III: 2.** "Notas sobre a solidariedade passiva no novo Código Civil", por Eduardo M. G. de Lyra Junior (RDPr 13/29).

SEÇ. III: 3. EId 12: "A obrigação alimentar é solidária, podendo o idoso optar entre os prestadores".

SEÇ. III: 4. LRF 127: "O credor de coobrigados solidários cujas falências sejam decretadas tem o direito de concorrer, em cada uma delas, pela totalidade do seu crédito, até recebê-lo por inteiro, quando então comunicará ao juízo.

"§ 1º O disposto no *caput* deste artigo não se aplica ao falido cujas obrigações tenham sido extintas por sentença, na forma do art. 159 desta Lei.

"§ 2º Se o credor ficar integralmente pago por uma ou por diversas massas coobrigadas, as que pagaram terão direito regressivo contra as demais, em proporção à parte que pagaram e àquela que cada uma tinha a seu cargo.

"§ 3º Se a soma dos valores pagos ao credor em todas as massas coobrigadas exceder o total do crédito, o valor será devolvido às massas na proporção estabelecida no § 2º deste artigo.

"§ 4º Se os coobrigados eram garantes uns dos outros, o excesso de que trata o § 3º deste artigo pertencerá, conforme a ordem das obrigações, às massas dos coobrigados que tiverem o direito de ser garantidas".

LRF 128: "Os coobrigados solventes e os garantes do devedor ou dos sócios ilimitadamente responsáveis podem habilitar o crédito correspondente às quantias pagas ou devidas, se o credor não se habilitar no prazo legal".

SEÇ. III: 5. Lei 9.503, de 23.9.97 — Institui o Código de Trânsito Brasileiro: **"Art. 134.** No caso de transferência de propriedade, o proprietário antigo deverá encaminhar ao órgão executivo de trânsito do Estado dentro de um prazo de trinta dias, cópia autenticada do comprovante de transferência de propriedade, devidamente assinado e datado, sob pena de ter que se responsabilizar solidariamente pelas penalidades impostas e suas reincidências até a data da comunicação. **Parágrafo único** (*incluído pela Lei 13.154, de 30.7.15*). O comprovante de transferência de propriedade de que trata o *caput* poderá ser substituído por documento eletrônico, na forma regulamentada pelo Contran".

Art. 275. O credor tem direito a exigir e receber de um ou de alguns dos devedores, parcial ou totalmente, a dívida comum; se o pagamento tiver sido parcial, todos os demais devedores continuam obrigados solidariamente pelo resto.[1 a 1c] [Dispositivo correspondente no CC/1916: art. 904.]

Parágrafo único. Não importará renúncia da solidariedade a propositura de ação pelo credor contra um ou alguns dos devedores.[2] [Dispositivo correspondente no CC/1916: art. 910.]

Art. 275: 1. No caso de novação, v. art. 365; no caso de remissão, v. arts. 277 e 388.

Art. 275: 1a. s/ vencimento antecipado, v. art. 333 § ún.

Art. 275: 1b. **Enunciado 348 do CEJ:** "O pagamento parcial não implica, por si só, renúncia à solidariedade, a qual deve derivar dos termos expressos da quitação ou, inequivocadamente, das circunstâncias do recebimento da prestação pelo credor".

Art. 275: 1c. "A quitação dada a um dos responsáveis pelo fato, réu da ação indenizatória, no limite de sua responsabilidade, não inibe a ação contra o outro devedor solidário. Quando o credor dá quitação parcial da dívida — mesmo que seja por meio de transação — tal remissão por ele obtida não aproveita aos outros devedores, senão até a concorrência da quantia paga ou relevada" (STJ-4ª T., REsp 1.079.293, Min. Carlos Mathias, j. 7.10.08, DJ 28.10.08). No mesmo sentido: STJ-3ª T., REsp 1.084.413, Min. Nancy Andrighi, j. 18.12.08, DJ 3.2.09.

V. tb. art. 844, nota 4.

Art. 275: 2. O devedor solidário demandado pelo credor poderá integrar os demais codevedores ao feito por meio do chamamento ao processo (CPC 130-III).

S/ recurso interposto por devedor solidário, v. CPC 1.005 § ún.

Art. 276. Se um dos devedores solidários falecer deixando herdeiros, nenhum destes será obrigado a pagar senão a quota que corresponder ao seu quinhão hereditário, salvo se a obrigação for indivisível;[1] mas todos reunidos serão considerados como um devedor solidário em relação aos demais devedores.[2-2a] [Dispositivo correspondente no CC/1916: art. 905.]

Art. 276: 1. v. arts. 257 a 263.

Art. 276: 2. No caso de falecimento de um dos credores solidários, v. art. 270.

Art. 276: 2a. v. arts. 1.792 e 1.997.

Art. 277. O pagamento parcial feito por um dos devedores e a remissão[1] por ele obtida não aproveitam aos outros devedores, senão até à concorrência da quantia paga ou relevada. [Dispositivo correspondente no CC/1916: art. 906.]

Art. 277: 1. v. art. 388. No caso de solidariedade ativa, v. art. 272.

Art. 278. Qualquer cláusula, condição[1] ou obrigação adicional, estipulada entre um dos devedores solidários e o credor, não poderá agravar a posição dos outros sem consentimento destes. [Dispositivo correspondente no CC/1916: art. 907.]

Art. 278: 1. v. arts. 121 a 130 e 266.

Art. 279. Impossibilitando-se a prestação por culpa[1] de um dos devedores solidários, subsiste para todos o encargo de pagar o equivalente; mas pelas perdas e danos[2] só responde o culpado.[2a] [Dispositivo correspondente no CC/1916: art. 908.]

Art. 279: 1. s/ perda da coisa na obrigação de dar, v. art. 234-2ª parte e 239; s/ deterioração da coisa na obrigação de dar, v. art. 236 e 240-2ª parte; s/ impossibilidade da prestação na obrigação de fazer, v. art. 248-2ª parte.

Art. 279: 2. v. arts. 402 a 405.

Art. 279: 2a. v., no caso de obrigação indivisível, art. 263 § 2º.

Art. 280. Todos os devedores respondem pelos juros da mora,[1] ainda que a ação tenha sido proposta somente contra um; mas o culpado responde aos outros pela obrigação acrescida. [Dispositivo correspondente no CC/1916: art. 909.]

Art. 280: 1. s/ juros de mora, v. arts. 404 a 407. Para outras consequências da mora, v. art. 395.

Art. 281. O devedor demandado pode opor ao credor as exceções que lhe forem pessoais e as comuns a todos;[1] não lhe aproveitando as exceções pessoais a outro codevedor.[2-3] [Dispositivo correspondente no CC/1916: art. 911.]

Art. 281: 1. v. art. 177.

Art. 281: 2. s/ credores solidários e exceções pessoais, v. art. 273.

Art. 281: 3. "Como a exceção pessoal de um dos devedores solidários não pode aproveitar aos demais, a irregularidade na representação da sociedade quando da confissão da dívida não pode beneficiar o casal executado. Inteligência do art. 281 do CC/02" (STJ-3ª T., REsp 1.385.957, Min. Paulo Sanseverino, j. 13.8.13, DJ 21.8.13).

Art. 282. O credor pode renunciar[1 a 1b] à solidariedade em favor de um, de alguns ou de todos os devedores. [Dispositivo correspondente no CC/1916: art. 912-*caput*.]

Parágrafo único. Se o credor exonerar da solidariedade um ou mais devedores, subsistirá a dos demais.[2-2a] [Dispositivo correspondente no CC/1916: art. 912 § ún.]

Art. 282: 1. O ajuizamento de demanda em face de um ou alguns dos devedores solidários não implica renúncia da solidariedade (art. 275 § ún.).

Art. 282: 1a. v. art. 275, nota 1b (Enunciado 348 do CEJ).

Art. 282: 1b. **Enunciado 351 do CEJ:** "A renúncia à solidariedade em favor de determinado devedor afasta a hipótese de seu chamamento ao processo".

Art. 282: 2. **Enunciado 349 do CEJ:** "Com a renúncia da solidariedade quanto a apenas um dos devedores solidários, o credor só poderá cobrar do beneficiado a sua quota na dívida; permanecendo a solidariedade quanto aos demais devedores, abatida do débito a parte correspondente aos beneficiados pela renúncia".

Art. 282: 2a. v. arts. 277, 284 e 388.

Art. 283. O devedor que satisfez a dívida por inteiro tem direito a exigir de cada um dos codevedores a sua quota,[1-1a] dividindo-se igualmente por todos a do insolvente, se o houver, presumindo-se iguais, no débito, as partes de todos os codevedores.[2] [Dispositivo correspondente no CC/1916: art. 913.]

Art. 283: 1. v. art. 346-III.

Art. 283: 1a. No sentido de que, havendo a condenação conjunta dos réus a indenizar o autor, aquele que pagar a integralidade do valor devido pode, nos próprios autos, pedir que o corréu que ainda nada desembolsou o reembolse da parcela que lhe cabe suportar da dívida: RP 148/229.

Art. 283: 2. v. art. 284.

Art. 284. No caso de rateio entre os codevedores, contribuirão também os exonerados da solidariedade[1] pelo credor, pela parte que na obrigação incumbia ao insolvente.[2] [Dispositivo correspondente no CC/1916: art. 914.]

Art. 284: 1. v. art. 282.

Art. 284: 2. Enunciado 350 do CEJ: "A renúncia à solidariedade diferencia-se da remissão, em que o devedor fica inteiramente liberado do vínculo obrigacional, inclusive no que tange ao rateio da quota do eventual codevedor insolvente, nos termos do art. 284".

Art. 285. Se a dívida solidária interessar exclusivamente a um dos devedores, responderá este por toda ela para com aquele que pagar.[1] [Dispositivo correspondente no CC/1916: art. 915.]

Art. 285: 1. P. ex., se o fiador pagar a dívida do devedor principal, não se aplica o art. 283. Ou seja, o fiador poderá cobrar o valor integral da dívida, pois esta interessa exclusivamente ao devedor principal.

Título II | DA TRANSMISSÃO DAS OBRIGAÇÕES

Capítulo I | DA CESSÃO DE CRÉDITO[1-2]

✎ **CAP. I: 1.** "A cessão de créditos: reflexões sobre a causalidade na transmissão de bens no direito brasileiro", por Rodrigo Xavier Leonardo (RJ 408/9).

CAP. I: 2. "A ação de rescisão contratual é de quem participou do contrato — não do cessionário dos créditos decorrentes desse ajuste" (RSTJ 134/236: 3ª T., REsp 97.554).

V. nota 3 ao art. 425.

Art. 286. O credor pode ceder o seu crédito,[1] se a isso não se opuser a natureza da obrigação, a lei,[2-3] ou a convenção com o devedor; a cláusula proibitiva da cessão não poderá ser oposta ao cessionário de boa-fé, se não constar do instrumento da obrigação.[4-5] [Dispositivo correspondente no CC/1916: art. 1.065.]

Art. 286: 1. v. art. 507 (cessão do direito de retrato) e art. 1.149 (cessão de crédito de estabelecimento transferido).

Art. 286: 2. v. arts. 347 e 348 (sub-rogação convencional), 358 (dação, em pagamento, de título de crédito) e 377 (compensação).

S/ vedações a cessão de crédito, v. arts. 497 § ún. e 1.749-III.

Art. 286: 3. "Os créditos decorrentes da obrigação de devolução do empréstimo compulsório, incidente sobre o consumo de energia elétrica, podem ser cedidos a terceiros, uma vez inexistente impedimento legal expresso à transferência ou à cessão dos aludidos créditos, nada inibindo a incidência das normas de direito privado à espécie, notadamente o art. 286 do Código Civil. A liberdade da cessão de crédito constitui a regra, em nosso ordenamento jurídico, tal como resulta da primeira parte do art. 286 do vigente CC, cujo similar era o art. 1.065 do CC de 1916, o que, de resto, é corroborado, em sua compreensão, pelos arts. 100, § 13, da CF e 78 do ADCT, que preveem a cessão de créditos consubstanciados em precatórios. A natureza da obrigação, a vedação legal expressa e a cláusula contratual proibitiva constituem as exceções" (STJ-1ª Seção, REsp 1.119.558, Min. Arnaldo Esteves, j. 9.5.12, maioria, DJ 1.8.12).

Art. 286: 4. s/ novação subjetiva ativa, v. art. 360-III.

Art. 286: 5. "Nos casos de cessão de crédito relativo a contrato bilateral sinalagmático, como o de permuta, em que não há cessão da posição contratual, mas somente de crédito, tem o cedido direito potestativo de rescindir o contrato original na hipótese de inadimplemento pelo cedente. Como a rescisão do contrato de compromisso de permuta firmado entre autor e réu gera efeitos sobre a esfera jurídica dos cessionários recorrentes, esses podem integrar a lide na qualidade de assistentes" (STJ-4ª T., REsp 735.034, Min. Raul Araújo, j. 15.5.14, DJ 22.5.14).

Art. 287. Salvo disposição em contrário, na cessão de um crédito abrangem-se todos os seus acessórios.[1 a 3] [Dispositivo correspondente no CC/1916: art. 1.066.]

Art. 287: 1. Diversamente, a novação extingue os acessórios da dívida (art. 364). A assunção da dívida, por sua vez, extingue as suas garantias (art. 300).

S/ novação subjetiva ativa, v. art. 360-III.

Art. 287: 2. v. art. 92-2ª parte.

Art. 287: 2a. "Por direitos acessórios ao crédito devem ser entendidos aqueles conferidos pelas garantias pessoais ou reais, assim como os direitos aos juros, reparação de danos, penas convencionais ou, ainda, certos direitos potestativos ligados ao crédito, como ocorre no caso do direito de escolha em obrigações alternativas" (JTJ 337/133: AI 1.211.569-0/7; a citação é do voto do relator).

Art. 287: 3. "Quem transfere crédito a alguém não transfere automaticamente por relação de acessoriedade vínculo obrigacional assumido com terceiro. Sendo este terceiro credor condicional do cedente, é de se reputar ineficaz perante este último qualquer ato de disposição, *pendente conditione*, do objeto ou direito condicionado" (JTJ 337/133: AI 1.211.569-0/7).

Art. 288. É ineficaz, em relação a terceiros, a transmissão de um crédito, se não celebrar-se mediante instrumento público, ou instrumento particular revestido das solenidades do § 1º do art. 654.[1] [Dispositivo correspondente no CC/1916: art. 1.067-*caput*.]

Art. 288: 1. Também é essencial o registro no registro de títulos e documentos (LRP 129-9º; v. tb. LRP 127-I). V. ainda art. 221.

Art. 289. O cessionário de crédito hipotecário[1] tem o direito de fazer averbar a cessão no registro do imóvel.[2] [Dispositivo correspondente no CC/1916: art. 1.067 § ún.]

Art. 289: 1. v. art. 346-II. V. tb. art. 16 do Dec. lei 70, de 21.11.66.

Art. 289: 2. v. LRP 246.

Art. 290. A cessão do crédito não tem eficácia em relação ao devedor, senão quando a este notificada;[1-1a] mas por notificado se tem o devedor que, em escrito público ou particular, se declarou ciente da cessão feita.[2] [Dispositivo correspondente no CC/1916: art. 1.069.]

Art. 290: 1. v. art. 377; v. tb. art. 312.

Art. 290: 1a. "Apesar de o contrato de *factoring* ser autônomo, típico, não há no ordenamento jurídico uma lei que o discipline de maneira expressa, aplicando-lhe, assim, as disposições relativas ao contrato de cessão de direitos, tendo em vista a semelhança de tais institutos. Incide no *factoring*, pois, a norma insculpida no art. 1.069 do CC/1916 (*art. 290 do CC/2002*), segundo a qual compete ao cessionário notificar o devedor de que detém a posse do título" (RT 851/304).

Para notícia bibliográfica s/ contrato de *factoring*, v. nota 2 ao art. 425.

Art. 290: 2. "A cessão de crédito não vale em relação ao devedor, senão quando a ele notificada; contudo, a manifestação de conhecimento pelo devedor sobre a existência da cessão supre a necessidade de prévia notificação" (STJ-3ª T., REsp 588.321, Min. Nancy Andrighi, j. 4.8.05, DJU 5.9.05).

"A cessão de crédito não vale em relação ao devedor, senão quando a este notificada. Isso não significa, porém, que a dívida não possa ser exigida quando faltar a notificação. Não se pode admitir que o devedor, citado em ação de cobrança pelo cessionário da dívida, oponha resistência fundada na ausência de notificação. Afinal, com a citação, ele toma ciência da cessão de crédito e daquele a quem deve pagar. O objetivo da notificação é informar ao devedor quem é o seu novo credor, isto é, a quem deve ser dirigida a prestação. A ausência da notificação traz essencialmente duas consequências. Em primeiro lugar dispensa o devedor que tenha prestado a obrigação diretamente ao cedente de pagá-la novamente ao cessionário. Em segundo lugar permite que o devedor oponha ao cessionário as exceções de caráter pessoal que teria em relação ao cedente, anteriores à transferência do crédito e também posteriores, até o momento da cobrança (inteligência do artigo 294 do CC/02)" (STJ-3ª T., REsp 936.589, Min. Sidnei Beneti, j. 8.2.11, DJ 22.2.11). No mesmo sentido: STJ-4ª T., Ag em REsp 104.435-AgRg, Min. Raul Araújo, j. 20.11.14, DJ 18.12.14.

"A ausência de notificação quanto à cessão de crédito não tem o condão de liberar o devedor do adimplemento da obrigação ou de impedir o cessionário de praticar os atos necessários à conservação do seu crédito, como o registro do nome do inadimplente nos órgãos de proteção ao crédito" (STJ-3ª T., REsp 1.401.075, Min. Paulo Sanseverino, j. 8.5.14, DJ 27.5.14). No mesmo sentido: STJ-4ª T., Ag em REsp 720.309-AgRg, Min. Antonio Ferreira, j. 18.2.16, DJ 29.2.16.

"A citação inicial para a ação de cobrança equivale à notificação da cessão, produzindo os mesmos efeitos desta" (Bol. AASP 2.672: TJSP, AI 7.303.934-6, maioria).

Art. 291. Ocorrendo várias cessões do mesmo crédito, prevalece a que se completar com a tradição do título do crédito cedido.[1] [Dispositivo correspondente no CC/1916: art. 1.070.]

Art. 291: 1. v. arts. 904, 910 § 2º e 1.267.

Art. 292. Fica desobrigado o devedor que, antes de ter conhecimento da cessão, paga ao credor primitivo,[1] ou que, no caso de mais de uma cessão notificada, paga ao cessionário que lhe apresenta, com o título de cessão, o da obrigação cedida;[1a] quando o crédito constar de escritura pública,[2] prevalecerá a prioridade da notificação. [Dispositivo correspondente no CC/1916: art. 1.071.]

Art. 292: 1. Nesse caso, o cessionário pode ajuizar demanda em face do credor primitivo, a fim de receber os valores indevidamente recebidos por este (art. 884).

Art. 292: 1a. v. art. 291.

Art. 292: 2. v. art. 215.

Art. 293. Independentemente do conhecimento da cessão pelo devedor, pode o cessionário exercer os atos conservatórios do direito cedido. [Sem dispositivo correspondente no CC/1916.]

Art. 294. O devedor pode opor ao cessionário as exceções que lhe competirem, bem como as que, no momento em que veio a ter conhecimento da cessão, tinha contra o cedente.[1 a 3] [Dispositivo correspondente no CC/1916: art. 1.072.]

Art. 294: 1. No caso de assunção de dívida, v. art. 302.

Art. 294: 2. "No contrato de *factoring*, a transferência dos créditos não se opera por simples endosso, mas por cessão de crédito, subordinando-se, por consequência, à disciplina do art. 294 do Código Civil, contexto que autoriza ao devedor a **oponibilidade das exceções pessoais** em face da faturizadora" (STJ-4ª T., Ag em REsp 118.372-AgRg, Min. Raul Araújo, j. 23.2.16, DJ 7.3.16).

"É possível a oposição de exceções pessoais à faturizadora, visto que recebe o cheque por força de contrato de cessão de crédito, cuja origem é — ou pelo menos deveria ser — objeto de análise, o que faz com que não se equipare a terceiros a quem o título pudesse ser transferido por endosso e cuja boa-fé os princípios da autonomia e abstração visam proteger" (STJ-3ª T., REsp 1.283.369-AgRg, Min. João Otávio, j. 4.2.16, DJ 18.2.16).

"Na operação de *factoring* o endosso não é cambial, mas caracteriza cessão de crédito, assumindo o faturizador o risco sobre o recebimento. Não havendo transferência cambiária, inaplicáveis os princípios da autonomia e abstração, sendo oponíveis as exceções pessoais que caberiam frente ao endossante. Art. 294 do novo Código Civil. Demonstrado nos autos que a dívida originada do negócio subjacente (compra e venda de sacas de feijão) foi paga, está positivada a falta da *causa debendi* do título, de modo que tem-se como decorrência a inexigibilidade do crédito representado" (RT 914/859: TJGO, AP 1445-93.2008.8.09.0051).

"Ainda que a transferência dos títulos de crédito seja formalizada por endosso, a aquisição de crédito por faturizadora caracteriza a realização de cessão de crédito, de modo a se afastar o direito de regresso contra o cedente na hipótese de inadimplemento. De outro lado, o art. 294 do CC/02, ao dispor sobre a possibilidade de o devedor manifestar suas exceções pessoais no momento em que notificado da transferência do crédito estabelece uma faculdade ao devedor de se opor à cessão. Não oposta a exceção pelo devedor notificado da cessão de crédito, opera-se integralmente a despersonalização da relação originária, afastando-se, a princípio, a legitimidade do cedente. Todavia, tratando-se de discussão acerca da existência do crédito, é possível a responsabilização do cedente nos termos do art. 295 do CC/02, razão pela qual deverá o cedente compor o polo passivo da demanda, nos termos do art. 47 do CPC" (STJ-3ª T., REsp 1.167.120, Min. Nancy Andrighi, j. 5.11.13, DJ 18.11.13).

Art. 294: 3. "O art. 1.072 do CC/16 (art. 294 do CC/02), ao dispor sobre a possibilidade de o devedor manifestar suas exceções pessoais no momento em que notificado da transferência do crédito, não estabelece uma obrigação, mas uma faculdade ao devedor. A consequência da não manifestação de sua discordância com o ato de transferência somente tem efeito preclusivo quanto às exceções pessoais de que disporia contra o credor primitivo, como é o caso da compensação ou da *exceptio non adimpletis contractus*. Todas as defesas diretas de que dispunha o devedor, que se prendem à existência de seu débito, podem ser opostas judicialmente ao credor sucessor, não obstante o silêncio do devedor no ato de cessão do crédito" (STJ-3ª T., REsp 780.774, Min. Nancy Andrighi, j. 7.10.08, DJ 23.10.08).

Art. 295. Na cessão por título oneroso, o cedente, ainda que não se responsabilize, fica responsável ao cessionário pela existência do crédito ao tempo em que lhe cedeu;[1 a 2] a mesma responsabilidade lhe cabe nas cessões por título gratuito, se tiver procedido de má-fé. [Dispositivo correspondente no CC/1916: art. 1.073.]

Art. 295: 1. v. art. 294, nota 2, *in fine*.

Art. 295: 1a. Exceto se a cessão for legal, cf. estabelecia o art. 1.076 do CC rev.

Art. 295: 1b. "Conforme exegese do art. 295 do Código Civil, em contratos de fomento mercantil o faturizado deve responder perante o faturizador pela existência do crédito ao tempo em que lhe cedeu. Mostra-se legítima, portanto, a pactuação da emissão pelo cedente de nota promissória em garantia de vícios de origem nos títulos negociados" (RMDECC 53/143: TJPR, AP 1049972-0).

Art. 295: 2. "Fica o cedente responsável pela existência do crédito, mas não, necessariamente, pela possibilidade prática de que seja satisfeito" (STJ-3ª T., REsp 74.440, Min. Eduardo Ribeiro, j. 18.3.97, DJU 28.4.97).

"Em regra, a empresa de *factoring* não tem direito de regresso contra a faturizada — com base no *inadimplemento* dos títulos transferidos —, haja vista que esse risco é da essência do contrato de *factoring*. Essa impossibilidade de regresso decorre do fato de que a faturizada não garante a *solvência* do título, o qual, muito pelo contrário, é garantido exatamente pela empresa de *factoring*. Essa característica, todavia, não afasta a responsabilidade da cedente em relação à existência do crédito, pois tal garantia é própria da cessão de crédito comum — *pro soluto*. É por isso que a doutrina, de forma unissona, afirma que, no contrato de *factoring* e na cessão de crédito ordinária, a faturizada/cedente não garante a solvência do crédito, mas a sua existência sim. Nesse passo, o direito de regresso da *factoring* contra a faturizada deve ser reconhecido quando estiver em questão não um mero inadimplemento, mas a própria existência do crédito. No caso, da moldura fática incontroversa nos autos, fica claro que as duplicatas que ensejaram o processo executivo são desprovidas de causa — 'frias' —, e tal circunstância consubstancia vício de existência dos créditos cedidos — e não mero inadimplemento —, o que gera a responsabilidade regressiva da cedente perante a cessionária" (STJ-4ª T., REsp 1.289.995, Min. Luis Felipe, j. 20.2.14, maioria, RT 949/358).

Art. 296. Salvo estipulação em contrário,[1-1a] o cedente não responde pela solvência do devedor.[2] [Dispositivo correspondente no CC/1916: art. 1.074.]

Art. 296: 1. Na sociedade simples, o sócio que cede seu crédito a título de quota social responde pela solvência do devedor, cf. art. 1.005, *in fine*.

Art. 296: 1a. "A empresa faturizada não responde pelo simples inadimplemento dos títulos cedidos, salvo se der causa à inadimplência do devedor. Assim, deve ser declarada nula a cláusula de recompra, tendo em vista que a estipulação contratual nesse sentido retira da empresa de *factoring* o risco inerente aos contratos dessa natureza" (STJ-4ª T., REsp 1.361.311-AgRg, Min. Antonio Ferreira, j. 20.11.14, DJ 1.12.14).

Contra: "Pleito de invalidade da cláusula que exige a recompra dos títulos descontados junto à faturizadora em caso de não pagamento das cártulas cedidas. Inexistência de impedimento da celebração de *factoring pro solvendo*. Possibilidade expressamente prevista no CC 296" (JTJ 366/510: AP 9189853-60.2009.8.26.0000).

Art. 296: 2. "Não pode a sociedade de fomento mercantil executar em regresso o cedente do título, haja vista a transferência definitiva deste e ser o risco assumido pelo faturizador inerente à atividade por ele desenvolvida" (STJ-4ª T., REsp 1.038.054-AgRg, Min. Isabel Gallotti, j. 13.3.12, DJ 23.3.12). "A remuneração e a liquidação dos títulos negociados passam a ser risco do faturizador, nada podendo ser exigido do faturizado" (RT 774/263). No mesmo sentido: STJ-3ª T., REsp 1.305.454-AgRg, Min. Sidnei Beneti, j. 14.8.12, DJ 4.9.12; RT 776/240.

Art. 297. O cedente, responsável ao cessionário pela solvência do devedor, não responde por mais do que daquele recebeu, com os respectivos juros; mas tem de ressarcir-lhe as despesas da cessão e as que o cessionário houver feito com a cobrança. [Dispositivo correspondente no CC/1916: art. 1.075.]

Art. 298. O crédito, uma vez penhorado,[1] não pode mais ser transferido pelo credor que tiver conhecimento da penhora;[2] mas o devedor que o pagar, não tendo notificação dela, fica exonerado, subsistindo somente contra o credor os direitos de terceiro. [Dispositivo correspondente no CC/1916: art. 1.077.]

Art. 298: 1. v. CPC 855 a 860 e LRP 240.

Art. 298: 2. v. art. 312.

Capítulo II | DA ASSUNÇÃO DE DÍVIDA

Art. 299. É facultado a terceiro assumir a obrigação do devedor,[1] com o consentimento expresso do credor, ficando exonerado o devedor primitivo, salvo se aquele,[2] ao tempo da assunção, era insolvente e o credor o ignorava.[3] [Sem dispositivo correspondente no CC/1916.]

Parágrafo único. Qualquer das partes pode assinar prazo ao credor para que consinta na assunção da dívida, interpretando-se o seu silêncio como recusa. [Sem dispositivo correspondente no CC/1916.]

Art. 299: 1. **Enunciado 16 do CEJ:** "O art. 299 do Código Civil não exclui a possibilidade da assunção cumulativa da dívida, quando dois ou mais devedores se tornam responsáveis pelo débito com a concordância do credor".

Art. 299: 2. i. e., o terceiro.

Art. 299: 3. s/ novação subjetiva passiva, v. arts. 360-II e 362.

Art. 300. Salvo assentimento expresso do devedor primitivo,[1] consideram-se extintas, a partir da assunção da dívida, as garantias[2] especiais por ele originariamente dadas ao credor.[3] [Sem dispositivo correspondente no CC/1916.]

Art. 300: 1. **Enunciado 352 do CEJ:** "Salvo expressa concordância dos terceiros, as garantias por eles prestadas se extinguem com a assunção de dívida; já as garantias prestadas pelo devedor primitivo somente são mantidas no caso em que este concorde com a assunção".

Art. 300: 2. Diversamente do que ocorre com a cessão de crédito (art. 287), mas em simetria com a novação (art. 364).

Art. 300: 3. O mesmo vale para as garantias prestadas por terceiros.

Art. 301. Se a substituição do devedor vier a ser anulada,[1] restaura-se o débito, com todas as suas garantias, salvo as garantias prestadas por terceiros, exceto se este conhecia o vício que inquinava a obrigação. [Sem dispositivo correspondente no CC/1916.]

Art. 301: 1. v. arts. 166 e 171.

Art. 302. O novo devedor não pode opor ao credor as exceções pessoais que competiam ao devedor primitivo.[1] [Sem dispositivo correspondente no CC/1916.]

Art. 302: 1. No caso de cessão de crédito, v. art. 294.

Art. 303. O adquirente de imóvel hipotecado pode tomar a seu cargo o pagamento do crédito garantido;[1] se o credor, notificado,[1a] não impugnar em trinta dias a transferência do débito, entender-se-á dado o assentimento.[2] [Sem dispositivo correspondente no CC/1916.]

Art. 303: 1. v. tb. art. 1.481.

Art. 303: 1a. Dispensando a notificação em caso em que o credor passou a receber do adquirente as prestações faltantes, sem nada opor, por caracterizar consentimento tácito: STJ-1ª T., REsp 857.548, Min. Luiz Fux, j. 4.10.07, DJU 8.11.07.

Art. 303: 2. **Enunciado 353 do CEJ:** "A recusa do credor, quando notificado pelo adquirente de imóvel hipotecado, comunicando-lhe o interesse em assumir a obrigação, deve ser justificada".

Título III | DO ADIMPLEMENTO E EXTINÇÃO DAS OBRIGAÇÕES[1]

Capítulo I | DO PAGAMENTO[1 a 3]

Seção I | DE QUEM DEVE PAGAR

TÍT. III: 1. **CPC 525 § 1º:** "Na impugnação, o executado poderá alegar: ... **VII** — qualquer causa modificativa ou extintiva da obrigação, como pagamento, novação, compensação, transação ou prescrição, desde que supervenientes à sentença".

CAP. I: 1. s/ pagamento de título ou documento de dívida apresentado para protesto, v. **Lei 9.492, de 10.9.97,** art. 19; v. tb. no nosso CCLCV, títs. CORREÇÃO MONETÁRIA e PAGAMENTO EM MOEDA ESTRANGEIRA.

CAP. I: 2. A lei prevê expressamente a possibilidade de amortização parcial dos débitos: nos mútuos (Dec. 22.626, de 7.4.33, art. 7º e §§); nos contratos imobiliários (Lei 4.864, de 29.11.65, art. 1º-V); nos títulos de crédito, art. 902 §§ 1º e 2º; nos títulos de crédito rural (Dec. lei 167, de 14.2.67, art. 74).

CAP. I: 3. "Os contratos extintos pelo pagamento são passíveis de revisão" (STJ-3ª T., AI 683.681-AgRg, Min. Gomes de Barros, j. 1.3.07, DJU 19.3.07).

V. art. 360, nota 2.

Art. 304. Qualquer interessado[1-1a] na extinção da dívida pode pagá-la,[2] usando, se o credor se opuser, dos meios conducentes à exoneração do devedor.[3] [Dispositivo correspondente no CC/1916: art. 930-*caput*.]

Parágrafo único. Igual direito cabe ao terceiro não interessado, se o fizer em nome e à conta do devedor, salvo oposição deste.[4] [Dispositivo correspondente no CC/1916: art. 930 § ún.]

Art. 304: 1. Trata-se do interessado juridicamente no cumprimento da obrigação.

Art. 304: 1a. "Aquele que adquire o imóvel hipotecado é interessado, para os efeitos do artigo 930, *caput*, do Código Civil, no pagamento das prestações de resgate do mútuo, porque a respectiva falta implica a execução do gravame" (STJ-3ª T., REsp 154.457, Min. Ari Pargendler, j. 6.12.02, DJU 24.2.03). O art. 930 do CC rev. corresponde ao CC 304.

Art. 304: 2. s/ sub-rogação em favor do terceiro interessado, v. art. 346-III.

Art. 304: 3. s/ pagamento em consignação, v. art. 335.

Art. 304: 4. Terceiro não interessado é aquele que não está originariamente vinculado à obrigação, embora possa ter interesse de ordem moral no seu cumprimento; é um parente ou um amigo do devedor, p. ex. O adimplemento da obrigação em nome e à conta do devedor configura doação em favor deste, razão pela qual ele pode recusá-la justificadamente.

Art. 305. O terceiro não interessado, que paga a dívida em seu próprio nome, tem direito a reembolsar-se do que pagar; mas não se sub-roga[1-2] nos direitos do credor. [Dispositivo correspondente no CC/1916: art. 931-*caput*.]

Parágrafo único. Se pagar antes de vencida a dívida, só terá direito ao reembolso no vencimento. [Dispositivo correspondente no CC/1916: art. 931 § ún.]

Art. 305: 1. cf. art. 346.

Art. 305: 2. "Ação de **cobrança** movida por **sobrinho** contra seus **tios,** objetivando a condenação dos réus ao reembolso do quanto despendido no **tratamento médico de sua tia,** além das despesas com remédios, internação, sepultamento e produtos destinados aos animais de estimação da falecida. Nos termos do art. 1.697 do Código Civil, ao autor, sendo parente de terceiro grau na linha colateral, não cabia obrigação alimentar. Ao pagar as despesas em decorrência de obrigação moral e com intenção de fazer o bem, o recorrente tornou-se credor dos recorridos, nos termos do artigo 305 do Código Civil. Não tendo natureza alimentar o crédito do autor, limita-se a responsabilidade dos réus ao valor da herança — art. 1.997 do Código Civil" (STJ-3ª T., REsp 1.510.612, Min. Ricardo Cueva, j. 26.4.16, DJ 12.5.16).

V. tb. art. 346, nota 2.

Art. 306. O pagamento feito por terceiro, com desconhecimento ou oposição do devedor, não obriga a reembolsar aquele que pagou, se o devedor tinha meios para ilidir[1] a ação. [Dispositivo correspondente no CC/1916: art. 932.]

Art. 306: 1. Devia ser "elidir", i.e., afastar; "ilidir" é refutar.

Art. 307. Só terá eficácia o pagamento que importar transmissão da propriedade, quando feito por quem possa alienar o objeto em que ele consistiu.[1] [Dispositivo correspondente no CC/1916: art. 933-*caput*.]

Parágrafo único. Se se der em pagamento coisa fungível,[2] não se poderá mais reclamar do credor que, de boa-fé, a recebeu e consumiu, ainda que o solvente não tivesse o direito de aliená-la. [Dispositivo correspondente no CC/1916: art. 933 § ún.]

Art. 307: 1. v. arts. 356 a 359 e 1.268.

Art. 307: 2. v. art. 85.

Seção II | DAQUELES A QUEM SE DEVE PAGAR

Art. 308. O pagamento deve ser feito ao credor[1] ou a quem de direito o represente,[2] sob pena de só valer depois de por ele ratificado, ou tanto quanto reverter em seu proveito. [Dispositivo correspondente no CC/1916: art. 934.]

Art. 308: 1. v., porém, arts. 310 e 312.

Art. 308: 2. v. arts. 116, 311, 662 e 673.

Art. 309. O pagamento feito de boa-fé ao credor putativo[1] é válido, ainda provado depois que não era credor.[2] [Dispositivo correspondente no CC/1916: art. 935.]

Art. 309: 1. i. e., aquele que, mesmo não sendo credor, passa pelos olhos de todos como se fosse.

Art. 309: 2. "Pela aplicação da teoria da aparência, é válido o pagamento realizado de boa-fé a credor putativo. Para que o erro no pagamento seja escusável, é necessária a existência de elementos suficientes para induzir e convencer o devedor diligente de que o recebente é o verdadeiro credor" (STJ-4ª T., REsp 1.044.673, Min. João Otávio, j. 2.6.09, DJ 15.6.09).

"No caso em apreço, a recorrente foi condenada ao pagamento de seguro e entabulou acordo com a credora, cuja falência fora decretada anteriormente, sem que tivesse conhecimento do fato nem se consignando eventual má-fé no acórdão recorrido. Inexistindo, pois, prova da má-fé e elemento que pudesse cientificar o devedor de que o representante da credora não mais detinha poderes de administração, é de se reputar válido o pagamento feito a credor putativo. Inteligência do art. 309, do Código Civil" (STJ-4ª T., AI 1.225.463-AgRg, Min. Isabel Gallotti, j. 11.12.12, DJ 19.12.12).

"É válido o pagamento de indenização do DPVAT aos pais do *de cujus* quando se apresentam como únicos herdeiros mediante a entrega dos documentos exigidos pela lei que dispõe sobre seguro obrigatório de danos pessoais, hipótese em que o pagamento aos credores putativos ocorreu de boa-fé" (STJ-3ª T., REsp 1.601.533, Min. João Otávio, j. 14.6.16, DJ 16.6.16).

Art. 310. Não vale o pagamento cientemente feito ao credor incapaz de quitar,[1] se o devedor não provar que em benefício dele efetivamente reverteu. [Dispositivo correspondente no CC/1916: art. 936.]

Art. 310: 1. v. art. 181.

Art. 311. Considera-se autorizado a receber o pagamento o portador da quitação,[1] salvo se as circunstâncias contrariarem a presunção daí resultante. [Dispositivo correspondente no CC/1916: art. 937.]

Art. 311: 1. v. arts. 319 e 320.

Art. 312. Se o devedor pagar ao credor, apesar de intimado da penhora feita sobre o crédito, ou da impugnação a ele oposta por terceiros, o pagamento não valerá contra estes,[1] que poderão constranger o devedor a pagar de novo, ficando-lhe ressalvado o regresso contra o credor.[2] [Dispositivo correspondente no CC/1916: art. 938.]

Art. 312: 1. v. art. 298; v. tb. CPC 855-I c/c 856 §§ 2º e 3º.

Art. 312: 2. v. art. 876 (pagamento indevido).

Seção III | DO OBJETO DO PAGAMENTO E SUA PROVA

Art. 313. O credor não é obrigado a receber prestação diversa da que lhe é devida, ainda que mais valiosa.[1-2] [Dispositivo correspondente no CC/1916: art. 863.]

Art. 313: 1. s/ deterioração da coisa, v. arts. 235 e 240.

Art. 313: 2. mas ele pode aceitar prestação diversa (art. 356).

Art. 314. Ainda que a obrigação tenha por objeto prestação divisível,[1] não pode o credor ser obrigado a receber, nem o devedor a pagar, por partes, se assim não se ajustou.[2] [Dispositivo correspondente no CC/1916: art. 889.]

Art. 314: 1. v. arts. 87 e 258.

Art. 314: 2. **LCa 22 § 1º:** "O portador é obrigado a receber o pagamento parcial, ao tempo do vencimento".

Art. 315. As dívidas em dinheiro deverão ser pagas no vencimento, em moeda corrente[1] e pelo valor nominal, salvo o disposto nos artigos subsequentes.[1a] [Dispositivo correspondente no CC/1916: art. 947-*caput*.]

Art. 315: 1. V., no nosso CCLCV, tít. CORREÇÃO MONETÁRIA, "Correlação de valores entre as sucessivas moedas do País", onde são referidas as diversas moedas do País, através dos tempos.

Art. 315: 1a. v. arts. 318 e 486. V. tb. LINDB 9º; CDC 52-I; LCa 25; Lei 9.069, de 29.6.95 (Plano Real e sistema monetário nacional); Lei 10.192, de 14.2.01 (medidas complementares ao Plano Real).

Art. 316. É lícito convencionar o aumento progressivo de prestações sucessivas. [Sem dispositivo correspondente no CC/1916.]

Art. 317. Quando, por motivos imprevisíveis,[1] sobrevier desproporção manifesta entre o valor da prestação devida e o do momento de sua execução, poderá o juiz corrigi-lo, a pedido da parte, de modo que assegure, quanto possível, o valor real da prestação.[2-3] [Sem dispositivo correspondente no CC/1916.]

Art. 317: 1. **Enunciado 17 do CEJ:** "A interpretação da expressão 'motivos imprevisíveis', constante do art. 317 do novo Código Civil, deve abarcar tanto causas de desproporção não previsíveis, como também causas previsíveis mas de resultados imprevisíveis".

Art. 317: 2. s/ resolução do contrato por onerosidade excessiva, v. arts. 478 a 480. Em matéria de relação de consumo, v. CDC 6º-V.

Art. 317: 3. "Revisão do contrato. Quantificação dos prêmios de produtividade considerando a situação dos fatores de cálculo em época diversa da pactuada. Inadmissibilidade. Concreção do princípio da autonomia privada. Necessidade de respeito aos princípios da obrigatoriedade ('pacta sunt servanda') e da relatividade dos contratos ('inter alios acta'). Manutenção das cláusulas contratuais livremente pactuadas. Concreção do princípio da autonomia privada no plano do Direito Empresarial, com maior força do que em outros setores do Direito Privado, em face da necessidade de prevalência dos princípios da livre iniciativa, da livre concorrência e da função social da empresa. Reconhecimento da contrariedade aos princípios da obrigatoriedade do contrato (art. 1056 do CC/16) e da relatividade dos efeitos dos pactos, especialmente relevantes no plano do Direito Empresarial" (STJ-3ª T., REsp 1.158.815, Min. Paulo Sanseverino, j. 7.2.12, maioria, DJ 17.2.12).

Art. 318. São nulas as convenções de pagamento em ouro ou em moeda estrangeira,[1] bem como para compensar a diferença entre o valor desta e o da moeda nacional, excetuados os casos previstos na legislação especial. [Sem dispositivo correspondente no CC/1916.]

Art. 318: 1. v., no nosso CCLCV, tít. PAGAMENTO EM MOEDA ESTRANGEIRA.

Art. 319. O devedor que paga tem direito a quitação[1-1a] regular,[2] e pode reter o pagamento, enquanto não lhe seja dada.[3] [Dispositivo correspondente no CC/1916: art. 939.]

✎ **Art. 319: 1.** "Dar e receber quitação", por E. D. Moniz de Aragão (RF 367/86).

Art. 319: 1a. v. arts. 320 a 325.

Art. 319: 2. **Enunciado 18 do CEJ:** "A 'quitação regular' referida no art. 319 do novo Código Civil engloba a quitação dada por meios eletrônicos ou por quaisquer formas de 'comunicação a distância', assim entendida aquela que permite ajustar negócios jurídicos e praticar atos jurídicos sem a presença corpórea simultânea das partes ou de seus representantes".

Art. 319: 3. v. art. 335-I (pagamento em consignação em razão de falta de quitação); LI 44-I (crime de recusa do locador, nas habitações coletivas multifamiliares, a fornecer recibo).

Art. 320. A quitação,[1-1a] que sempre poderá ser dada por instrumento particular, designará o valor[1b] e a espécie da dívida quitada, o nome do devedor, ou quem por este pagou, o tempo e o lugar do pagamento, com a assinatura do credor, ou do seu representante.[2] [Dispositivo correspondente no CC/1916: art. 940.]

Parágrafo único. Ainda sem os requisitos estabelecidos neste artigo valerá a quitação, se de seus termos ou das circunstâncias resultar haver sido paga a dívida. [Sem dispositivo correspondente no CC/1916.]

Art. 320: 1. s/ recebimento do pagamento pelo portador da quitação, v. art. 311; s/ registro da quitação de compra de automóvel no Registro de Títulos e Documentos, v., no nosso CCLCV, LRP 129-7º e notas; s/ cancelamento de hipoteca diante de quitação, v. LRP 251-I.

Art. 320: 1a. "A quitação regular, prevista no art. 940 do Código Civil de 1916, pode se dar de **forma tácita** se, por outros meios, for possível aferir se houve comportamento do credor compatível com a satisfação do débito. Os depósitos bancários, isoladamente considerados, não servem de prova de quitação de dívida" (STJ-3ª T., REsp 764.486-AgRg, Min. Ricardo Cueva, j. 7.3.13, DJ 13.3.13).

Art. 320. 1b. Qual a eficácia da quitação "plena e geral" no contexto de uma transação? v. art. 843, nota 2.

Art. 320: 2. s/ atos praticados sem poderes de representação, v. art. 662.

Art. 321. Nos débitos, cuja quitação consista na devolução do título,[1] perdido este, poderá o devedor exigir, retendo o pagamento, declaração do credor que inutilize o título desaparecido. [Dispositivo correspondente no CC/1916: art. 942.]

Art. 321: 1. v. art. 324.

Art. 322. Quando o pagamento for em quotas periódicas, a quitação da última estabelece, até prova em contrário, a presunção de estarem solvidas as anteriores.[1-2] [Dispositivo correspondente no CC/1916: art. 943.]

Art. 322: 1. s/ prova de pagamento de cota condominial, v. art. 1.336, nota 2a.

Art. 322: 2. "Para a incidência do art. 322 do Código Civil (art. 943 do Código de 1916), as prestações periódicas devem ter origem em fato gerador uno. Se estiverem vinculadas a fatos geradores independentes e autônomos, a questão deve ser apreciada sob a perspectiva da imputação do pagamento, na forma prescrita nos arts. 352 a 355, do mesmo diploma legal" (STJ-3ª T., REsp 1.211.407, Min. João Otávio, j. 20.2.14, DJ 7.3.14).

Art. 323. Sendo a quitação do capital sem reserva dos juros, estes presumem-se pagos.[1 a 2] [Dispositivo correspondente no CC/1916: art. 944.]

Art. 323: 1. "O art. 323 do Código Civil é expresso quanto à presunção de adimplemento dos juros quando a quitação do débito é dada sem qualquer ressalva. Contudo, diverso é o entendimento no que tange à correção monetária, porquanto delimitada a abrangência da norma pelo legislador, não sendo possível estender a previsão do art. 323 do Código Civil, restrita aos juros moratórios"

(STJ-2ª T., REsp 1.206.267, Min. Og Fernandes, j. 7.10.14, DJ 15.10.14). **Contra,** estendendo a presunção de pagamento para a correção monetária: STJ-2ª T., REsp 284.507, Min. Franciulli Netto, j. 6.11.01, um voto vencido, DJU 4.8.03.

Art. 323: 1a. v. art. 354.

Art. 323: 2. "O art. 323 do CC/02 aplica-se apenas aos pagamentos efetivados pelo devedor em cota única ou à última prestação dos pagamentos parcelados, situação em que a quitação do capital pelo credor, sem reserva dos juros, faz presumir terem estes sido pagos. Nos pagamentos parciais efetuados pelo devedor, vale a regra do art. 354 do CC/02, de modo que a quitação outorgada pelo credor, salvo estipulação em contrário, abrange apenas o valor recebido, o qual se imputará primeiro no abatimento dos juros e, havendo saldo, servirá para redução do principal" (STJ-3ª T., REsp 1.079.690-AgRg, Min. Nancy Andrighi, j. 3.8.10, dois votos vencidos, DJ 16.6.11).

Art. 324. A entrega do título ao devedor firma a presunção do pagamento.[1-2] [Dispositivo correspondente no CC/1916: art. 945-*caput*.]

Parágrafo único. Ficará sem efeito a quitação assim operada se o credor provar, em sessenta dias, a falta do pagamento. [Dispositivo correspondente no CC/1916: art. 945 § 1º.]

Art. 324: 1. v. arts. 901, 902 §§ 1º e 2º e 1.421.

Art. 324: 2. Trata-se de presunção *juris tantum*, em que se presume o pagamento sem quitação expressa. Mesmo que o título esteja com o devedor, é lícito ao credor provar que não houve o pagamento; estando o título com o credor, pode o devedor provar já ter pago o valor correspondente ou parte dele (STJ-4ª T., REsp 204.626, Min. Sálvio de Figueiredo, j. 20.2.03, DJU 24.3.03).

Art. 325. Presumem-se a cargo do devedor as despesas com o pagamento e a quitação; se ocorrer aumento por fato do credor, suportará este a despesa acrescida. [Dispositivo correspondente no CC/1916: art. 946.]

Art. 326. Se o pagamento se houver de fazer por medida, ou peso, entender-se-á, no silêncio das partes, que aceitaram os do lugar da execução.[1] [Dispositivo correspondente no CC/1916: art. 949.]

Art. 326: 1. s/ execução dos negócios jurídicos, v. art. 134.

Seção IV | DO LUGAR DO PAGAMENTO

Art. 327. Efetuar-se-á o pagamento no domicílio[1] do devedor,[2-2a] salvo se as partes convencionarem diversamente, ou se o contrário resultar da lei, da natureza da obrigação ou das circunstâncias.[3 a 3b] [Dispositivo correspondente no CC/1916: art. 950-*caput*.]

Parágrafo único. Designados dois ou mais lugares, cabe ao credor escolher entre eles. [Dispositivo correspondente no CC/1916: art. 950 § ún.]

Art. 327: 1. v. arts. 70 a 78.

Art. 327: 2. v. art. 335-II.

Art. 327: 2a. "Inércia do credor que afasta a mora do devedor, ainda que a dívida estivesse vencida no termo, porque imprescindível prévia diligência do credor para constituição do devedor em mora. Na dívida quesível não é necessária a oferta do devedor, pois deve ele aguardar a presença de cobrança do credor, só lhe sendo exigido que esteja pronto para pagar quando provocado pelo credor" (STJ-3ª T., REsp 363.614, Min. Nancy Andrighi, j. 26.2.02, DJU 22.4.02).

Art. 327: 3. s/ lugar do pagamento em matéria de: venda sobre documentos, v. art. 530; depósito, v. art. 631; título de crédito, v. art. 889 § 2º.

Art. 327: 3a. CTN 159: "Quando a legislação tributária não dispuser a respeito, o pagamento é efetuado na repartição competente do domicílio do sujeito passivo".

Art. 327: 3b. Destarte, o pagamento é em regra quesível (a ser feito no domicílio do devedor), podendo excepcionalmente ser portável (a ser feito no domicílio do credor).

Art. 328. Se o pagamento consistir na tradição de um imóvel, ou em prestações relativas a imóvel, far-se-á no lugar onde situado o bem.[1] [Dispositivo correspondente no CC/1916: art. 951.]

Art. 328: 1. v. art. 341.

Art. 329. Ocorrendo motivo grave para que se não efetue o pagamento no lugar determinado, poderá o devedor fazê-lo em outro, sem prejuízo para o credor. [Sem dispositivo correspondente no CC/1916.]

Art. 330. O pagamento reiteradamente feito em outro local faz presumir renúncia do credor relativamente ao previsto no contrato. [Sem dispositivo correspondente no CC/1916.]

Seção V | DO TEMPO DO PAGAMENTO[1]

SEÇ. V: 1. s/ pagamento antecipado, v. CDC 52 § 2º e Dec. 22.626, de 7.4.33, art. 7º; s/ pagamento na venda sobre documento, v. art. 530.

Art. 331. Salvo disposição legal em contrário, não tendo sido ajustada época para o pagamento, pode o credor exigi-lo imediatamente.[1 a 3] [Dispositivo correspondente no CC/1916: art. 952.]

Art. 331: 1. v. art. 134. A disposição se completa com a 2ª parte do art. 397 § ún.

Em matéria de venda sobre documentos, v. art. 530; mútuo, v. arts. 592-II e 889 § 1º.

Art. 331: 1a. CTN 160: "Quando a legislação tributária não fixar o tempo do pagamento, o vencimento do crédito ocorre trinta dias depois da data em que se considera o sujeito passivo notificado do lançamento".

Art. 331: 2. "A estipulação do tempo de pagamento como sendo a colheita de um produto agrícola caracteriza obrigação a termo incerto, na medida em que a ocorrência do evento, apesar de cabal, não tem data exata para acontecer. Nessa circunstância, incide a regra dos arts. 127 e 952 do CC/16 (cuja essência foi mantida nos arts. 134 e 331 do CC/02), os quais autorizam que seja a dívida cobrada de imediato, mas que hão de ser interpretados com temperamento, concedendo-se ao devedor prazo compatível com a espécie de obrigação exigida" (STJ-3ª T., REsp 1.115.754, Min. Nancy Andrighi, j. 12.4.11, DJ 9.8.11).

Art. 331: 3. "O estabelecimento, em confissão de dívida, de cláusula que determina que o vencimento da obrigação se dará por acordo entre as partes deve ser reputada sem efeito, porquanto consubstancia condição puramente potestativa. Reputada inexistente a disposição que regula o vencimento, a dívida deve ser considerada, nos termos do art. 331 do CC/02, passível de ser exigida à vista. Para cobrança de dívidas à vista, basta ao credor que notifique o devedor para constituí-lo em mora, nos expressos termos do art. 397, § ún., do CC/02" (STJ-3ª T., REsp 1.284.179, Min. Nancy Andrighi, j. 4.10.11, DJ 17.10.11).

Art. 332. As obrigações condicionais[1] cumprem-se na data do implemento da condição,[2] cabendo ao credor a prova de que deste teve ciência o devedor. [Dispositivo correspondente no CC/1916: art. 953.]

Art. 332: 1. s/ obrigação condicional solidária, v. art. 266. V. tb. arts. 121 e segs.

Art. 332: 2. suspensiva. Quanto às condições resolutivas, com o seu implemento cessa a obrigação.

Art. 333. Ao credor assistirá o direito de cobrar a dívida antes de vencido o prazo estipulado no contrato ou marcado neste Código:[1 a 2a] [Dispositivo correspondente no CC/1916: art. 954-*caput*.]

I — no caso de falência do devedor, ou de concurso de credores;[3] [Dispositivo correspondente no CC/1916: art. 954-I.]

II — se os bens, hipotecados ou empenhados,[3a] forem penhorados em execução por outro credor; [Dispositivo correspondente no CC/1916: art. 954-II.]

III — se cessarem, ou se se tornarem insuficientes, as garantias do débito, fidejussórias, ou reais, e o devedor, intimado, se negar a reforçá-las. [Dispositivo correspondente no CC/1916: art. 954-III.]

Parágrafo único. Nos casos deste artigo, se houver, no débito, solidariedade passiva,[4] não se reputará vencido quanto aos outros devedores solventes. [Dispositivo correspondente no CC/1916: art. 954 § ún.]

Art. 333: 1. v. tb. art. 1.425.

A insolvência (CPC/73 art. 751-I) e a liquidação extrajudicial de entidade financeira (Lei 6.024, de 13.3.74, art. 18-*b*, em Lex 1974/648, RDA 117/460, RF 246/464) produzem o vencimento antecipado dos débitos do falido, do concordatário, do insolvente ou da liquidanda.

Art. 333: 2. v. art. 939, para o caso de ser demandado o devedor, antes de vencida a dívida.

Art. 333: 2a. s/ exceção de contrato não cumprido, v. arts. 476 e 477; s/ garantia de restituição pelo mutuário, v. art. 590.

Art. 333: 3. s/ concurso de credores, v. CPC 908 e 909.

Art. 333: 3a. s/ vencimento antecipado do crédito pignoratício, v. art. 1.465.

Art. 333: 4. v. arts. 275 a 285.

Capítulo II | DO PAGAMENTO EM CONSIGNAÇÃO[1-2]

CAP. II: 1. v., no nosso CPCLPV, CPC 539 a 549, bem como suas respectivas notas.

CAP. II: 2. s/ consignação em pagamento de aluguéis e acessórios da locação, v. LI 24 e 67.

Art. 334. Considera-se pagamento, e extingue a obrigação, o depósito judicial ou em estabelecimento bancário da coisa devida, nos casos e forma legais. [Dispositivo correspondente no CC/1916: art. 972.]

Art. 335. A consignação tem lugar: [Dispositivo correspondente no CC/1916: art. 973-*caput*.]

I — se o credor não puder, ou, sem justa causa, recusar receber o pagamento, ou dar quitação[1] na devida forma; [Dispositivo correspondente no CC/1916: art. 973-I.]

II — se o credor não for, nem mandar receber a coisa[2] no lugar,[3] tempo[3a] e condição devidos; [Dispositivo correspondente no CC/1916: art. 973-II.]

III — se o credor for incapaz de receber, for desconhecido, declarado ausente,[4] ou residir em lugar incerto ou de acesso perigoso ou difícil; [Dispositivo correspondente no CC/1916: art. 973-III e VI.]

IV — se ocorrer dúvida sobre quem deva legitimamente receber o objeto do pagamento;[5] [Dispositivo correspondente no CC/1916: art. 973-IV.]

V — se pender litígio sobre o objeto do pagamento.[6] [Dispositivo correspondente no CC/1916: art. 973-V.]

Art. 335: 1. v. arts. 320 a 325.

Art. 335: 2. v. art. 635.

Art. 335: 3. v. arts. 327 a 330.

Art. 335: 3a. v. arts. 331 a 333.

Art. 335: 4. Na verdade, se apenas estiver ausente; porque, se já houver declaração judicial de ausência, o curador receberá por ele. S/ ausência, v. arts. 22 a 39.

Art. 335: 5. v. CPC 548.

Art. 335: 6. v. arts. 344 e 345.

Art. 336. Para que a consignação tenha força de pagamento, será mister concorram, em relação às pessoas,[1] ao objeto,[2-2a] modo[3] e tempo,[4] todos os requisitos sem os quais não é válido o pagamento. [Dispositivo correspondente no CC/1916: art. 974.]

Art. 336: 1. v. arts. 304 a 312.

Art. 336: 2. v. arts. 313 a 318.

Art. 336: 2a. "A consignação exige que o depósito judicial compreenda o mesmo objeto que seria preciso prestar, para que o pagamento possa extinguir a obrigação, pois 'o credor não é obrigado a receber a prestação diversa da que lhe é devida, ainda que mais valiosa' (art. 313 do NCC)" (STJ-4ª T., REsp 1.194.264, Min. Luis Felipe, j. 1.3.11, DJ 4.3.11).

Art. 336: 3. v. arts. 327 a 330.

Art. 336: 4. v. arts. 331 a 333.

Art. 337. O depósito requerer-se-á no lugar do pagamento,[1] cessando, tanto que se efetue, para o depositante, os juros da dívida e os riscos, salvo se for julgado improcedente. [Dispositivo correspondente no CC/1916: art. 976.]

Art. 337: 1. v. arts. 327 a 330, CPC 540.

Art. 338. Enquanto o credor não declarar que aceita o depósito, ou não o impugnar, poderá o devedor requerer o levantamento, pagando as respectivas despesas, e subsistindo a obrigação para todas as consequências de direito. [Dispositivo correspondente no CC/1916: art. 977.]

Art. 339. Julgado procedente o depósito, o devedor já não poderá levantá-lo, embora o credor consinta, senão de acordo com os outros devedores e fiadores. [Dispositivo correspondente no CC/1916: art. 978.]

Art. 340. O credor que, depois de contestar a lide ou aceitar o depósito, aquiescer no levantamento, perderá a preferência e a garantia que lhe competiam com respeito à coisa consignada, ficando para logo desobrigados os codevedores e fiadores que não tenham anuído. [Dispositivo correspondente no CC/1916: art. 979.]

Art. 341. Se a coisa devida for imóvel ou corpo certo que deva ser entregue no mesmo lugar onde está,[1] poderá o devedor citar o credor para vir ou mandar recebê-la,[2] sob pena de ser depositada. [Dispositivo correspondente no CC/1916: art. 980.]

Art. 341: 1. v. art. 328.

Art. 341: 2. v. art. 335-II.

Art. 342. Se a escolha da coisa indeterminada competir ao credor,[1] será ele citado para esse fim, sob cominação de perder o direito e de ser depositada a coisa que o devedor escolher;[2] feita a escolha pelo devedor, proceder-se-á como no artigo antecedente. [Dispositivo correspondente no CC/1916: art. 981.]

Art. 342: 1. v. arts. 244 e 255.

Art. 342: 2. v. CPC 543.

Art. 343. As despesas com o depósito, quando julgado procedente, correrão à conta do credor, e, no caso contrário, à conta do devedor.[1] [Dispositivo correspondente no CC/1916: art. 982.]

Art. 343: 1. v. CPC 546.

Art. 344. O devedor de obrigação litigiosa exonerar-se-á mediante consignação,[1] mas, se pagar a qualquer dos pretendidos credores, tendo conhecimento do litígio, assumirá o risco do pagamento. [Dispositivo correspondente no CC/1916: art. 983.]

Art. 344: 1. v. art. 335-V.

Art. 345. Se a dívida se vencer, pendendo litígio entre credores que se pretendem mutuamente excluir, poderá qualquer deles requerer a consignação. [Dispositivo correspondente no CC/1916: art. 984.]

Capítulo III | DO PAGAMENTO COM SUB-ROGAÇÃO

Art. 346. A sub-rogação opera-se, de pleno direito, em favor:[1-2] [Dispositivo correspondente no CC/1916: art. 985-*caput*.]

I — do credor que paga a dívida do devedor comum;[2a] [Dispositivo correspondente no CC/1916: art. 985-I.]

II — do adquirente do imóvel hipotecado, que paga a credor hipotecário,[3] bem como do terceiro que efetiva o pagamento para não ser privado de direito sobre imóvel; [Dispositivo correspondente no CC/1916: art. 985-II.]

III — do terceiro interessado,[4-4a] que paga a dívida pela qual era ou podia ser obrigado, no todo ou em parte. [Dispositivo correspondente no CC/1916: art. 985-III.]

Art. 346: 1. s/ sub-rogação em matéria de: obrigação indivisível, v. art. 259 § ún.; obrigação solidária, v. art. 283; seguro, v. arts. 786 (seguro de dano) e 800 (seguro de pessoa); fiança, v. art. 831; relação de consumo, v. CDC 13 § ún.; relação cambial, v. LCa 40 § ún.

Art. 346: 2. "Alimentos. Inadimplemento. Alimentos devidos pelo pai. Suprimento pela genitora. Sub-rogação inexistente. Gestão de negócios. Se o pai se esquivou do dever de prestar alimentos constituídos por título judicial, onerando a genitora no sustento dos filhos, não é a execução de alimentos devidos o meio apropriado para que ela busque o reembolso das despesas efetuadas, devendo fazê-lo por meio de ação própria fundada no direito comum" (STJ-3ª T., REsp 1.197.778, Min. João Otávio, j. 25.3.14, DJ 1.4.14).

V. tb. arts. 305, nota 2, e 871, nota 3.

Art. 346: 2a. v. art. 304.

Art. 346: 3. v. art. 1.481.

Art. 346: 4. No caso de alienação fiduciária, o terceiro não precisa ser interessado (v. art. 1.368).

Art. 346: 4a. s/ o pagamento por terceiro não interessado, v. art. 305.

Art. 347. A sub-rogação é convencional:[1] [Dispositivo correspondente no CC/1916: art. 986-*caput*.]

I — quando o credor recebe o pagamento de terceiro e expressamente lhe transfere todos os seus direitos;[2] [Dispositivo correspondente no CC/1916: art. 986-I.]

II — quando terceira pessoa empresta ao devedor a quantia precisa para solver a dívida, sob a condição expressa de ficar o mutuante sub-rogado nos direitos do credor satisfeito. [Dispositivo correspondente no CC/1916: art. 986-II.]

Art. 347: 1. v. LRP 129-*caput* e item 9º.

Art. 347: 2. v. art. 348.

Art. 348. Na hipótese do inciso I do artigo antecedente, vigorará o disposto quanto à cessão do crédito.[1] [Dispositivo correspondente no CC/1916: art. 987.]

Art. 348: 1. v. arts. 286 a 298.

Art. 349. A sub-rogação transfere ao novo credor todos os direitos, ações, privilégios e garantias do primitivo, em relação à dívida, contra o devedor principal e os fiadores.[1-2] [Dispositivo correspondente no CC/1916: art. 988.]

Art. 349: 1. Súmula 188 do STF: "O segurador tem ação regressiva contra o causador do dano, pelo que efetivamente pagou, até ao limite previsto no contrato de seguro".

Assim, tendo a seguradora pago ao segurado o valor do veículo roubado nas dependências da oficina encarregada de repará-lo, pode ela pleitear em face desta aquele valor, apoiada na falta de cuidado com a guarda da coisa, que gerou o dano em questão (RT 869/358). No mesmo sentido, em caso de veículo roubado nas dependências de estacionamento: STJ-3ª T., REsp 976.531, Min. Nancy Andrighi, j. 23.2.10, DJ 8.3.10.

Súmula 257 do STF: "São cabíveis honorários de advogado na ação regressiva do segurador contra o causador do dano".

Art. 349: 2. O avalista que paga a dívida se sub-roga nos direitos e ações do primitivo credor. Daí por que, em matéria de fraude, a data a ser considerada para verificar a lisura da alienação de bem do devedor é a do vencimento da nota promissória, e não a do pagamento do débito pelo avalista (STJ-3ª T., REsp 139.093, Min. Ari Pargendler, j. 10.4.01, DJU 28.5.01).

Art. 350. Na sub-rogação legal[1] o sub-rogado não poderá exercer os direitos e as ações do credor, senão até à soma que tiver desembolsado para desobrigar o devedor.[2] [Dispositivo correspondente no CC/1916: art. 989.]

Art. 350: 1. v. art. 346.

Art. 350: 2. O valor desembolsado nem sempre corresponde ao valor do crédito do credor original.

Art. 351. O credor originário, só em parte reembolsado, terá preferência ao sub-rogado, na cobrança da dívida restante, se os bens do devedor não chegarem para saldar inteiramente o que a um e outro dever. [Dispositivo correspondente no CC/1916: art. 990.]

Capítulo IV | DA IMPUTAÇÃO DO PAGAMENTO

Art. 352. A pessoa obrigada, por dois ou mais débitos da mesma natureza,[1] a um só credor, tem o direito de indicar[2] a qual deles oferece pagamento, se todos forem líquidos e vencidos.[3-4] [Dispositivo correspondente no CC/1916: art. 991.]

Art. 352: 1. v. art. 379 (compensação).

Art. 352: 2. v. arts. 322 e notas e 355.

Art. 352: 3. **CTN 163:** "Existindo simultaneamente dois ou mais débitos vencidos do mesmo sujeito passivo para com a mesma pessoa jurídica de direito público, relativos ao mesmo ou a diferentes tributos ou provenientes de penalidade pecuniária ou juros de mora, a autoridade administrativa competente para receber o pagamento determinará a respectiva imputação, obedecidas as seguintes regras, na ordem em que enumeradas: I — em primeiro lugar, aos débitos por obrigação própria, e em segundo lugar aos decorrentes de responsabilidade tributária; II — primeiramente, às contribuições de melhoria, depois às taxas e por fim aos impostos; III — na ordem crescente dos prazos de prescrição; IV — na ordem decrescente dos montantes".

Art. 352: 4. "Pode o credor recusar a última prestação periódica, estando em débito parcelas anteriores, uma vez que, ao aceitar, estaria assumindo o ônus de desfazer a presunção *juris tantum* prevista no art. 943 do Código Civil, atraindo para si o ônus da prova. Em outras palavras, a imputação do pagamento, pelo devedor, na última parcela, antes de oferecidas as anteriores, devidas e vencidas, prejudica o interesse do credor, tornando-se legítima a recusa no recebimento da prestação" (RSTJ 136/377: 4ª T., REsp 225.435, um voto vencido). O art. 943 do CC rev. corresponde ao CC 322.

Art. 353. Não tendo o devedor declarado em qual das dívidas líquidas e vencidas quer imputar o pagamento, se aceitar a quitação de uma delas, não terá direito a reclamar contra a imputação feita pelo credor, salvo provando haver ele cometido violência ou dolo.[1] [Dispositivo correspondente no CC/1916: art. 992.]

Art. 353: 1. s/ dolo, v. arts. 145 a 150.

Art. 354. Havendo capital e juros,[1] o pagamento imputar-se-á primeiro nos juros vencidos, e depois no capital, salvo estipulação em contrário, ou se o credor passar a quitação por conta do capital.[1a a 4] [Dispositivo correspondente no CC/1916: art. 993.]

Art. 354: 1. v. arts. 406 e 407.

Art. 354: 1a. v. art. 323, nota 2.

Art. 354: 2. **Súmula 464 do STJ:** "A regra de imputação de pagamentos estabelecida no art. 354 do Código Civil não se aplica às hipóteses de compensação tributária".

Art. 354: 3. "Salvo disposição contratual em sentido diferente, aplica-se aos contratos celebrados no âmbito do Sistema Financeiro da Habitação a regra de imputação prevista no art. 354 do Código Civil de 2002, que reproduz o art. 993 do Código Civil de 1916 e foi adotada pela RD BNH 81/1969" (STJ-Corte Especial, REsp 1.194.402, Min. Teori Zavascki, j. 21.9.11, DJ 14.10.11).

Art. 354: 4. "Esta Corte tem entendimento de que a regra de imputação de pagamento prevista no art. 354 do CC não deve incidir nas dívidas da Fazenda Pública, salvo nos casos de conta destinada à expedição de precatório complementar para pagamento de valor que, devido à existência de erro material na primeira conta, não foi paga em sua integralidade, o que não é o caso dos autos" (STJ-1ª T., Ag em REsp 244.174-AgRg, Min. Benedito Gonçalves, j. 7.3.13, DJ 13.3.13). "A regra da imputação do pagamento prevista no art. 354 do Código Civil, conforme entendimento desta Corte, tem incidência apenas nos casos de conta destinada à expedição de precatório complementar para adimplemento de valor pago a menor, devido a ocorrência de erro material na primeira conta. Quanto aos precatórios complementares destinados ao pagamento de diferenças apuradas no período em que o valor do crédito permanecia sem qualquer atualização monetária (período anterior à EC 30/00), não há incidência do dispositivo em questão" (STJ-2ª T., Ag em REsp 219.148-AgRg, Min. Humberto Martins, j. 16.10.12, DJ 24.10.12). No mesmo sentido: STJ-6ª T., REsp 1.147.996-AgRg, Min. Marilza Maynard, j. 27.3.14, DJ 14.4.14; STJ-5ª T., REsp 1.162.747-AgRg, Min. Jorge Mussi, j. 8.4.14, DJ 25.4.14.

Art. 355. Se o devedor não fizer a indicação do art. 352, e a quitação for omissa quanto à imputação, esta se fará nas dívidas líquidas e vencidas em primeiro lugar. Se as dívidas forem todas líquidas e vencidas ao mesmo tempo, a imputação far-se-á na mais onerosa. [Dispositivo correspondente no CC/1916: art. 994.]

Capítulo V | DA DAÇÃO EM PAGAMENTO[1-1a]

✎ **CAP. V: 1.** "Dação em cumprimento", por Moacir Adiers (RDPr 31/214).

CAP. V: 1a. v. LRP 129-*caput* e item 9º. V. tb. LRF 50-IX.

Art. 356. O credor pode[1] consentir em receber prestação diversa da que lhe é devida.[2-3] [Dispositivo correspondente no CC/1916: art. 995.]

Art. 356: 1. mas não está obrigado a tanto (art. 313).

Art. 356: 2. v. art. 838-III.

Art. 356: 3. "Para configuração da dação em pagamento, exige-se uma obrigação previamente criada; um acordo posterior, em que o credor concorda em aceitar coisa diversa daquela anteriormente contratada e, por fim, a entrega da coisa distinta com a finalidade de extinguir a obrigação. A exigência de anuência expressa do credor, para fins de dação em pagamento, traduz, *ultima ratio*, garantia de segurança jurídica para os envolvidos no negócio jurídico, porque, de um lado, dá ao credor a possibilidade de avaliar, a conveniência ou não, de receber bem diverso do que originalmente contratado. E, por outro lado, assegura ao devedor, mediante recibo, nos termos do que dispõe o art. 320 do Código Civil, a quitação da dívida" (STJ-3ª T., REsp 1.138.993, Min. Massami Uyeda, j. 3.3.11, DJ 16.3.11).

Art. 357. Determinado o preço da coisa dada em pagamento, as relações entre as partes regular-se-ão pelas normas do contrato de compra e venda.[1-2] [Dispositivo correspondente no CC/1916: art. 996.]

Art. 357: 1. v. arts. 481 a 532.

Art. 357: 2. "**Não demanda instrumento público** a avença pela qual as partes se compõem no sentido de extinguir a dívida existente mediante a dação em pagamento de bem imóvel. A efetiva transmissão da propriedade demandará a forma pública" (STJ-3ª T., REsp 1.529.742, Min. Moura Ribeiro, j. 15.3.16, DJ 28.3.16).

Art. 358. Se for título de crédito[1] a coisa dada em pagamento, a transferência importará em cessão.[2] [Dispositivo correspondente no CC/1916: art. 997.]

Art. 358: 1. v. arts. 887 a 926.

Art. 358: 2. v. arts. 286 a 298.

Art. 359. Se o credor for evicto[1] da coisa recebida em pagamento, restabelecer-se-á a obrigação primitiva,[2] ficando sem efeito a quitação dada, ressalvados os direitos de terceiros. [Dispositivo correspondente no CC/1916: art. 998.]

Art. 359: 1. v. arts. 447 a 457.

Art. 359: 2. não, porém, a fiança (v. art. 838-III).

Capítulo VI | DA NOVAÇÃO[1-2]

✎ **CAP. VI: 1.** "A novação e o Código Civil de 2002", por Maurício Giannico e Alexandre Paulichi Chiovitti (RIDCPC 54/7).

CAP. VI: 2. LRF 50: "Constituem meios de recuperação judicial, observada a legislação pertinente a cada caso, dentre outros: ... **IX** — dação em pagamento ou novação de dívidas do passivo, com ou sem constituição de garantia própria ou de terceiro".

LRF 59: "O plano de recuperação judicial implica novação dos créditos anteriores ao pedido, e obriga o devedor e todos os credores a ele sujeitos, sem prejuízo das garantias, observado o disposto no § 1º do art. 50 desta Lei".

Art. 360. Dá-se a novação:[1-1a] [Dispositivo correspondente no CC/1916: art. 999-*caput*.]

I — quando o devedor contrai com o credor nova dívida para extinguir e substituir a anterior;[2] [Dispositivo correspondente no CC/1916: art. 999-I.]

II — quando novo devedor sucede ao antigo, ficando este quite com o credor; [Dispositivo correspondente no CC/1916: art. 999-II.]

III — quando, em virtude de obrigação nova, outro credor é substituído ao antigo, ficando o devedor quite com este. [Dispositivo correspondente no CC/1916: art. 999-III.]

Art. 360: 1. É objetiva a novação quando as partes permanecem as mesmas, mas o objeto da obrigação é alterado, ensejando a constituição de nova dívida e a extinção da obrigação primitiva (inc. I). É subjetiva quando há alteração no sujeito passivo (inc. II) ou ativo (inc. III) da obrigação.

A novação subjetiva passiva pode-se dar por duas maneiras: por delegação ou por expromissão. Esta se diferencia daquela basicamente por não exigir o consentimento do primitivo devedor (v. art. 362).

A novação pode também ser *mista*, caso tanto os sujeitos como o objeto da obrigação sejam alterados.

Art. 360: 1a. v. art. 361.

Art. 360: 2. Súmula 286 do STJ: "A renegociação de contrato bancário ou a confissão da dívida não impede a possibilidade de discussão sobre eventuais ilegalidades dos contratos anteriores".

"É possível a revisão judicial dos contratos extintos pela novação ou pela quitação" (STJ-3ª T., REsp 455.855, Min. Nancy Andrighi, j. 14.2.06, um voto vencido, DJU 19.6.06). No mesmo sentido: STJ-1ª T., REsp 947.587, Min. Teori Zavascki, j. 18.12.08, DJ 4.2.09.

"A revisão de contratos extintos pela novação é cabível até mesmo em sede de embargos à execução" (STJ-4ª T., REsp 908.879, Min. João Otávio, j. 6.4.10, DJ 19.4.10).

Todavia: "O contrato renegociado que traz, em seu bojo, inovações substanciais no campo da livre vontade das partes, não permite a revisão de cláusulas contratuais do contrato anterior, por representar, efetivamente, um novo pacto, refugindo da hipótese da Súmula n. 286 do STJ" (STJ-4ª T., AI 590.377-AgRg, Min. Aldir Passarinho Jr., j. 7.12.04, DJU 28.3.05).

V. tb. nota 3 ao Cap. I que antecede o art. 304.

Art. 361. Não havendo ânimo de novar, expresso ou tácito mas inequívoco, a segunda obrigação confirma simplesmente a primeira.[1] [Dispositivo correspondente no CC/1916: art. 1.000.]

Art. 361: 1. "O acordo extrajudicial firmado entre credor e devedor principal para mera prorrogação do pagamento da dívida não implica novação, de sorte que a obrigação do avalista do título permanece hígida" (STJ-RT 844/188: 4ª T., REsp 302.134). Em sentido semelhante: RMDECC 51/126 (TJDFT, AP 2012.01.1.187389-8).

"Existência de acordo para pagamento parcelado de dívida executada. Fato que não caracteriza a novação visto que o devedor não contraiu com o credor nova dívida, para extinguir e substituir a anterior. Inexistência, ademais, de comprovação inequívoca sobre a efetiva intenção do credor de novar a dívida cobrada" (JTA 157/126). No mesmo sentido: RT 748/220 e JTA 162/39.

Realizado acordo no qual se concedia desconto para o pagamento da dívida em determinadas condições e descumpridos os termos da transação pelo devedor, o débito subsiste nas suas bases originais, inclusive por haver disposição contratual expressa nesse sentido, de modo que não se cogita de novação nessas condições, dada a falta de *animus novandi* (RT 866/261).

S/ novação e extinção de fiança em matéria de locação, v., no nosso CCLCV, LI 37, nota 3.

Art. 362. A novação por substituição do devedor pode ser efetuada independentemente de consentimento deste.[1] [Dispositivo correspondente no CC/1916: art. 1.001.]

Art. 362: 1. Este é o caso de novação subjetiva passiva por *expromissão liberatória*, pois há a liberação do primitivo devedor e, portanto, novação. Isso justifica a necessidade de haver a concordância do credor para que ela ocorra, diferentemente da situação em que tanto o devedor primitivo como o expromissor permanecem obrigados (expromissão cumulativa).

Art. 363. Se o novo devedor for insolvente,[1] não tem o credor, que o aceitou, ação regressiva contra o primeiro, salvo se este obteve por má-fé[2] a substituição. [Dispositivo correspondente no CC/1916: art. 1.002.]

Art. 363: 1. v. art. 955 e CPC/73 art. 748.

Art. 363: 2. O conhecimento pelo devedor original do estado de insolvência do substituto e a omissão desse estado ao credor configuram má-fé.

Art. 364. A novação extingue os acessórios[1] e garantias da dívida,[2] sempre que não houver estipulação em contrário. Não aproveitará, contudo, ao credor ressalvar o penhor, a hipoteca ou a anticrese, se os bens dados em garantia pertencerem a terceiro que não foi parte na novação. [Dispositivos correspondentes no CC/1916: arts. 1.003 e 1.004.]

Art. 364: 1. v. art. 92.

Art. 364: 2. ao contrário do que ocorre com a cessão de crédito (cf. art. 287).

Art. 365. Operada a novação entre o credor e um dos devedores solidários,[1] somente sobre os bens do que contrair a nova obrigação subsistem as preferências e garantias do crédito novado. Os outros devedores solidários ficam por esse fato exonerados. [Dispositivo correspondente no CC/1916: art. 1.005-*caput* e § ún.]

Art. 365: 1. v. arts. 275 a 285.

Art. 366. Importa exoneração do fiador[1] a novação feita sem seu consenso com o devedor principal. [Dispositivo correspondente no CC/1916: art. 1.006.]

Art. 366: 1. v. art. 838. V. tb., no nosso CCLCV, LI 37, notas 2a (Súmula 214 do STJ), 3 e 3a.

Art. 367. Salvo as obrigações simplesmente anuláveis,[1] não podem ser objeto de novação obrigações nulas[2] ou extintas. [Dispositivos correspondentes no CC/1916: arts. 1.007 e 1.008.]

Art. 367: 1. v. art. 171.

Art. 367: 2. v. art. 166.

Capítulo VII | DA COMPENSAÇÃO[1 a 3]

✎ **CAP. VII: 1.** "A compensação em perspectiva histórico-comparativa", por Flávio Henrique Silva Ferreira (RDPr 20/103).

CAP. VII: 2. s/ compensação em: impugnação ao cumprimento de sentença, v. CPC 525 § 1º-VII; embargos à execução contra a fazenda pública, v. CPC 535-VI.

CAP. VII: 3. **CTN 170:** "A lei pode, nas condições e sob as garantias que estipular, ou cuja estipulação em cada caso atribuir à autoridade administrativa, autorizar a compensação de créditos tributários com créditos líquidos e certos, vencidos ou vincendos, do sujeito passivo contra a Fazenda pública. **Parágrafo único.** Sendo vincendo o crédito do sujeito passivo, a lei determinará, para os efeitos deste artigo, a apuração do seu montante, não podendo, porém, cominar redução maior que a correspondente ao juro de 1% (um por cento) ao mês pelo tempo a decorrer entre a data da compensação e a do vencimento".

CTN 170-A: "É vedada a compensação mediante o aproveitamento de tributo, objeto de contestação judicial pelo sujeito passivo, antes do trânsito em julgado da respectiva decisão judicial".

Art. 368. Se duas pessoas forem ao mesmo tempo credor e devedor uma da outra, as duas obrigações extinguem-se, até onde se compensarem.[1] [Dispositivo correspondente no CC/1916: art. 1.009.]

Art. 368: 1. s/ compensação, v. tb. arts. 262 § ún. (pluralidade de credores), 606-*caput* (prestação de serviço qualitativamente diferente), 638 (restituição do depósito), 669 (prejuízos causados pelo mandatário), 698 (comissário e cláusula *del credere*), 1.221 (posse, benfeitoria e dano), 1.396 § ún. (frutos naturais e cessação do usufruto), 1.435-I (credor pignoratício e prejuízos à coisa), 1.506-*caput* (anticrese), 1.707 (alimentos) e 1.919 (legado ao credor).

Art. 369. A compensação efetua-se entre dívidas líquidas, vencidas[1-1a] e de coisas fungíveis.[2] [Dispositivo correspondente no CC/1916: art. 1.010.]

Art. 369: 1. v. art. 372 (prazos de favor).

Art. 369: 1a. s/ compensação de crédito tributário com crédito vincendo, v. CTN 170.

Art. 369: 2. v. art. 85.

Art. 370. Embora sejam do mesmo gênero as coisas fungíveis, objeto das duas prestações, não se compensarão, verificando-se que diferem na qualidade, quando especificada no contrato. [Dispositivo correspondente no CC/1916: art. 1.011.]

Art. 371. O devedor somente pode compensar com o credor o que este lhe dever; mas o fiador pode compensar sua dívida com a de seu credor ao afiançado.[1] [Dispositivo correspondente no CC/1916: art. 1.013.]

Art. 371: 1. salvo o disposto no art. 828-II.

Art. 372. Os prazos de favor, embora consagrados pelo uso geral, não obstam a compensação.[1] [Dispositivo correspondente no CC/1916: art. 1.014.]

Art. 372: 1. A extensão graciosa do prazo não atrapalha a caracterização do vencimento da dívida (art. 369) para fins de compensação.

Art. 373. A diferença de causa nas dívidas não impede a compensação, exceto: [Dispositivo correspondente no CC/1916: art. 1.015-*caput*.]

I — se provier de esbulho,[1] furto[1a] ou roubo;[1b] [Dispositivo correspondente no CC/1916: art. 1.015-I.]

II — se uma se originar de comodato,[2] depósito[3] ou alimentos;[4-4a] [Dispositivo correspondente no CC/1916: art. 1.015-II.]

III — se uma for de coisa não suscetível de penhora.[5-6] [Dispositivo correspondente no CC/1916: art. 1.015-III.]

Art. 373: 1. v. art. 1.210.

Art. 373: 1a. v. CP 155.

Art. 373: 1b. v. CP 157.

Art. 373: 2. v. arts. 579 a 585.

Art. 373: 3. v. arts. 627 a 652 (especialmente art. 638).

Art. 373: 4. v. arts. 1.694 a 1.710 (especialmente o art. 1.707) e, no nosso CCLCV, tít. ALIMENTOS.

Art. 373: 4a. "Execução de alimentos. Decisão que deferiu compensação de dívida de alimentos com outra proveniente de ação de prestação de contas relativa à locação e administração de imóveis. Inadmissibilidade da compensação da dívida de alimentos com dívida de natureza diversa. Literalidade do art. 373, inciso II, c.c. art. 1.707, 2ª parte. Admitida exceção apenas quando da compensação entre dívidas alimentares" (RT 876/207: TJSP, AI 577.591-4/4-00).

Art. 373: 5. v. CPC 833 (bens impenhoráveis).

Art. 373: 6. "O crédito que o apelante pretende compensar é oriundo de verbas rescisórias de contrato de trabalho, com natureza salarial, e o art. 373, III, do CC/2002, veda expressamente a compensação de dívidas se uma delas não for suscetível de penhora" (RT 876/207: TJPE, AP 0040134-3).

Art. 374. .... [1]

Art. 374: 1. A Med. Prov. 75, de 24.10.02, revogou o art. 374 do CC, mas foi **rejeitada,** em 18.12.02, pela Câmara dos Deputados. Em seguida, a **Med. Prov. 104, de 9.1.03** (DOU 10.1.03), **revogou** novamente o art. 374 do CC e foi convertida na **Lei 10.677, de 22.5.03.** Eis a redação do art. 374: "A matéria da compensação, no que concerne às dívidas fiscais e parafiscais, é regida pelo disposto neste capítulo".

Art. 375. Não haverá compensação quando as partes, por mútuo acordo, a excluírem, ou no caso de renúncia[1-1a] prévia de uma delas. [Dispositivo correspondente no CC/1916: art. 1.018.]

Art. 375: 1. v. arts. 385 a 388.

Art. 375: 1a. v. art. 114.

Art. 376. Obrigando-se por terceiro uma pessoa, não pode compensar essa dívida com a que o credor dele lhe dever.[1] [Dispositivo correspondente no CC/1916: art. 1.019.]

Art. 376: 1. Assim, a dívida contraída pelo mandatário em nome do mandante não pode ser compensada com outra que o credor da primeira tenha para com aquele.

Art. 377. O devedor que, notificado, nada opõe à cessão que o credor faz a terceiros dos seus direitos, não pode opor ao cessionário a compensação, que antes da cessão teria podido opor ao cedente. Se, porém, a cessão lhe não tiver sido notificada, poderá opor ao cessionário compensação do crédito que antes tinha contra o cedente.[1] [Dispositivo correspondente no CC/1916: art. 1.021.]

Art. 377: 1. v. arts. 290 e 294.

Art. 378. Quando as duas dívidas não são pagáveis no mesmo lugar,[1] não se podem compensar sem dedução das despesas[2] necessárias à operação. [Dispositivo correspondente no CC/1916: art. 1.022.]

Art. 378: 1. v. arts. 327 a 330.

Art. 378: 2. v. art. 325.

Art. 379. Sendo a mesma pessoa obrigada por várias dívidas compensáveis, serão observadas, no compensá-las, as regras estabelecidas quanto à imputação do pagamento.[1] [Dispositivo correspondente no CC/1916: art. 1.023.]

Art. 379: 1. v. arts. 352 a 355.

Art. 380. Não se admite a compensação em prejuízo de direito de terceiro. O devedor que se torne credor do seu credor, depois de penhorado o crédito[1] deste, não pode opor ao exequente a compensação, de que contra o próprio credor disporia.[2-3] [Dispositivo correspondente no CC/1916: art. 1.024.]

Art. 380: 1. s/ penhora de crédito, v. CPC 855 a 860.

Art. 380: 2. i. e., o devedor, que só se torne credor de seu credor depois que terceiro já penhorou o crédito deste contra ele, não pode opor compensação ao terceiro exequente.

Art. 380: 3. "O art. 380 do CC/02 tem por escopo coibir a utilização da compensação como forma de esvaziar penhora preexistente. A penhora de crédito pleiteado em juízo, anotada no rosto dos autos e da qual foram as partes intimadas, impede a realização de compensação entre credor e devedor, a fim de evitar lesão a direito do terceiro diretamente interessado na constrição. A impossibilidade de compensação, nessas circunstâncias, decorre também do princípio da boa-fé objetiva, valor comportamental que impõe às partes o dever de cooperação e leal participação no seio da relação jurídica processual" (STJ-3ª T., REsp 1.208.858, Min. Nancy Andrighi, j. 3.9.13, DJ 12.9.13).

Capítulo VIII | DA CONFUSÃO[1]

CAP. VIII: 1. v. arts. 1.436-IV e § 2º (extinção do penhor); 1.272 a 1.274 (aquisição da propriedade móvel).

Art. 381. Extingue-se a obrigação, desde que na mesma pessoa se confundam as qualidades de credor e devedor.[1 a 2a] [Dispositivo correspondente no CC/1916: art. 1.049.]

Art. 381: 1. ex.: devedor que é herdeiro do credor.

Art. 381: 2. "A Defensoria Pública é órgão do Estado, por isso que não pode recolher honorários sucumbenciais decorrentes de condenação contra a fazenda em causa patrocinada por Defensor Público. Confusão. Aplicação do art. 381 do CC de 2002, correspondente ao art. 1.049 do CC de 1916" (STJ-1ª Seção, ED no REsp 480.598, Min. Luiz Fux, j. 13.4.05, DJU 16.5.05).

Art. 381: 2a. Se o credor de indenização das benfeitorias realizadas no imóvel vem a adquiri-lo no curso do processo, aquelas passam *ipso facto* a lhe pertencer também, operando-se o instituto da confusão (RT 660/165, acórdão relatado pelo Des. Galeno Lacerda).

Art. 382. A confusão pode verificar-se a respeito de toda a dívida, ou só de parte dela.[1] [Dispositivo correspondente no CC/1916: art. 1.050.]

Art. 382: 1. Em matéria de penhor, v. art. 1.436 § 2º.

Art. 383. A confusão operada na pessoa do credor ou devedor solidário[1] só extingue a obrigação até a concorrência da respectiva parte no crédito, ou na dívida, subsistindo quanto ao mais a solidariedade. [Dispositivo correspondente no CC/1916: art. 1.051.]

Art. 383: 1. v. arts. 264 a 285.

Art. 384. Cessando a confusão, para logo se restabelece, com todos os seus acessórios,[1] a obrigação anterior.[2] [Dispositivo correspondente no CC/1916: art. 1.052.]

Art. 384: 1. v. art. 92.

Art. 384: 2. Isso acontece quando a situação de coincidência subjetiva entre credor e devedor não era definitiva (p. ex., o herdeiro repudia a herança logo após a abertura da sucessão) ou decorria de negócio jurídico que se tornou ineficaz (p. ex., o testamento que beneficiava o herdeiro que era devedor do *de cujus* é anulado).

Capítulo IX | DA REMISSÃO DAS DÍVIDAS

Art. 385. A remissão da dívida, aceita pelo devedor, extingue a obrigação, mas sem prejuízo de terceiro.[1] [Sem dispositivo correspondente no CC/1916.]

Art. 385: 1. s/ remissão, v. tb. arts. 158 (fraude contra credores), 277 (solidariedade passiva).

Art. 386. A devolução voluntária do título da obrigação, quando por escrito particular, prova[1] desoneração do devedor e seus coobrigados, se o credor for capaz de alienar, e o devedor capaz de adquirir.[1a] [Dispositivo correspondente no CC/1916: art. 1.053.]

Art. 386: 1. Trata-se de presunção relativa, que pode ser afastada por prova da ausência do *animus* de perdoar (RSTJ 83/258 e RJ 223/53: REsp 76.153).

Art. 386: 1a. v. art. 324.

Art. 387. A restituição voluntária do objeto empenhado prova a renúncia do credor à garantia real,[1] não a extinção da dívida. [Dispositivo correspondente no CC/1916: art. 1.054.]

Art. 387: 1. cf. art. 1.436-III e § 1º.

Art. 388. A remissão concedida a um dos codevedores extingue a dívida na parte a ele correspondente; de modo que, ainda reservando o credor a solidariedade contra os outros, já lhes não pode cobrar o débito sem dedução da parte remitida.[1] [Dispositivo correspondente no CC/1916: art. 1.055.]

Art. 388: 1. v. arts. 277 e 282 (renúncia à solidariedade).

Título IV | DO INADIMPLEMENTO[1] DAS OBRIGAÇÕES

Capítulo I | DISPOSIÇÕES GERAIS

TÍT. IV: 1. "Teoria do adimplemento e modalidades de inadimplemento, atualizado pelo novo Código Civil", por Rafael Peteffi da Silva (Rev. AASP 68/135).

Art. 389. Não cumprida a obrigação, responde o devedor por perdas e danos,[1-1a] mais juros[2-2a] e atualização monetária segundo índices oficiais regularmente estabelecidos,[3] e honorários de advogado.[4 a 6] [Dispositivo correspondente no CC/1916: art. 1.056.]

Art. 389: 1. v. arts. 402 a 405; no caso de mora, v. art. 395. V. tb. art. 475.

Art. 389: 1a. "Nos termos do art. 389 do CC/02 (que manteve a essência do art. 1.056 do CC/16), na responsabilidade contratual, para obter reparação por perdas e danos, o contratante não precisa demonstrar a culpa do inadimplente, bastando a prova de descumprimento do contrato. Dessa forma, nos acidentes de trabalho, cabe ao empregador provar que cumpriu seu dever contratual de preservação da integridade física do empregado, respeitando as normas de segurança e medicina do trabalho" (STJ-3ª T., REsp 1.248.760, Min. Nancy Andrighi, j. 13.9.11, DJ 23.9.11).

Art. 389: 2. s/ juros de mora, v. arts. 397, 398 e 405.

Art. 389: 2a. **LRF 124:** "Contra a massa falida não são exigíveis juros vencidos após a decretação da falência, previstos em lei ou em contrato, se o ativo apurado não bastar para o pagamento dos credores subordinados. Parágrafo único. Excetuam-se desta disposição os juros das debêntures e dos créditos com garantia real, mas por eles responde, exclusivamente, o produto dos bens que constituem a garantia".

Art. 389: 3. "O princípio do valor nominal no Novo Código Civil brasileiro", por Letácio Jansen (RF 364/211).

Art. 389: 4. "Honorários advocatícios extrajudiciais: breve análise (e harmonização) dos artigos 389, 395 e 404 do novo Código Civil e do artigo 20 do Código de Processo Civil", por Antonio de Pádua Soubhie Nogueira (RF 402/597, RIDCPC 58/115).

Art. 389: 4a. s/ honorários advocatícios, v. CPC 85 e segs. e EA 22 e segs. Em matéria de relação de consumo, v., no nosso CCLCV, CDC 51, nota 11a.

Art. 389: 5. **Enunciado 161 do CEJ:** "Os honorários advocatícios previstos nos arts. 389 e 404 do Código Civil apenas têm cabimento quando ocorre a efetiva atuação profissional do advogado".

Art. 389: 6. "Cabe ao perdedor da ação arcar com os honorários de advogado fixados pelo Juízo em decorrência da sucumbência (Código de Processo Civil de 1973, art. 20, e Novo Código de Processo Civil, art. 85), e **não os honorários decorrentes de contratos** firmados pela parte contrária e seu procurador, em circunstâncias particulares totalmente alheias à vontade do condenado" (STJ-Corte Especial, ED no REsp 1.507.864, Min. Laurita Vaz, j. 20.4.16, DJ 11.5.16). No mesmo sentido: STJ-2ª Seção, ED no REsp 1.155.527, Min. Sidnei Beneti, j. 13.6.12, RP 212/451. Do voto-vista da Min. Nancy Andrighi: "A expressão 'honorários de advogado', utilizada nos arts. 389, 395 e 404 do CC/02, deve ser interpretada de forma a excluir os honorários contratuais relativos à atuação em juízo, já que a esfera judicial possui mecanismo próprio de responsabilização daquele que, não obstante esteja no exercício legal de um direito (de ação ou de defesa), resulta vencido, obrigando-o ao pagamento dos honorários sucumbenciais. Vale dizer, o termo 'honorários de advogado' contido nos mencionados dispositivos legais compreende apenas os honorários contratuais eventualmente pagos a advogado para a adoção de providências extrajudiciais decorrentes do descumprimento da obrigação, objetivando o recebimento amigável da dívida. Sendo necessário o ingresso em juízo, fica o credor autorizado a pleitear do devedor, já na petição inicial, indenização por esses honorários contratuais — pagos ao advogado para negociação e cobrança extrajudicial do débito —, mas, pelos motivos acima expostos, não terá direito ao reembolso da verba honorária paga para a adoção das medidas judiciais".

"Os honorários advocatícios contratuais, porque decorrentes de avença estritamente particular, não podem ser ressarcidos pela parte sucumbente, já que esta não participou do ajuste" (RDDP 53/146: TJDFT, EI 2001.01.1.037334-7).

Contra: "Os honorários convencionais integram o valor devido a título de perdas e danos, nos termos do CC 389, 395 e 404. O pagamento dos honorários extrajudiciais como parcela integrante das perdas e danos também é devido pelo inadimplemento de obrigações trabalhistas, diante da incidência dos princípios do acesso à justiça e da restituição integral dos danos" (STJ-3ª T., REsp 1.027.797, Min. Nancy Andrighi, j. 17.2.11, DJ 23.2.11).

Art. 390. Nas obrigações negativas[1] o devedor é havido por inadimplente desde o dia em que executou o ato de que se devia abster. [Dispositivo correspondente no CC/1916: art. 961.]

Art. 390: 1. v. arts. 250 e 251.

Art. 391. Pelo inadimplemento das obrigações respondem todos[1] os bens do devedor.[2] [Sem dispositivo correspondente no CC/1916.]

Art. 391: 1. exceção feita aos bens impenhoráveis ou inalienáveis. V., a propósito, arts. 1.707 (alimentos), 1.711 a 1.722 (bem de família — especialmente o art. 1.715), 1.848 (exigência de justa causa em testamento) e 1.911 (impenhorabilidade como decorrência da impenhorabilidade em testamento). V. tb. CF 5º-XXVI (impenhorabilidade da pequena propriedade rural), CPC 832, 833 (bens impenhoráveis) e 834 (penhorabilidade dos frutos de bens inalienáveis), assim como o tít. BEM DE FAMÍLIA, no nosso CCLCV.

Art. 391: 2. v. CPC 789.

S/ renúncia de herança por devedor inadimplente, v. art. 1.813.

Art. 392. Nos contratos benéficos, responde por simples culpa o contratante, a quem o contrato aproveite, e por dolo aquele a quem não favoreça.[1] Nos contratos onerosos, responde cada uma das partes por culpa, salvo as exceções previstas em lei.[2] [Dispositivo correspondente no CC/1916: art. 1.057.]

Art. 392: 1. **Súmula 145 do STJ:** "No transporte desinteressado, de simples cortesia, o transportador só será civilmente responsável por danos causados ao transportado quando incorrer em dolo ou culpa grave" (v. jurisprudência s/ esta Súmula em RSTJ 80/335 a 352).

Art. 392: 2. s/ negócios jurídicos benéficos, v. art. 114; s/ transporte gratuito, v. art. 736.

Art. 393. O devedor não responde pelos prejuízos resultantes de caso fortuito ou força maior,[1-2] se expressamente não se houver por eles responsabilizado.[3] [Dispositivo correspondente no CC/1916: art. 1.058-*caput*.]

Parágrafo único. O caso fortuito ou de força maior verifica-se no fato necessário, cujos efeitos não era possível evitar ou impedir.[4-5] [Dispositivo correspondente no CC/1916: art. 1.058 § ún.]

Art. 393: 1. s/ caso fortuito e força maior, v. tb. arts. 246 (perda ou deterioração da coisa incerta), 399 (devedor em mora), 492 § 1º (riscos da coisa já posta à disposição do credor), 575-*caput* (coisa locada não devolvida após notificação), 583 (bem do comodante exposto a risco), 607 (prestação de serviços e impossibilidade), 625-I (empreitada e suspensão da obra), 636 (perda da coisa depositada), 642 (responsabilidade do depositário), 650 (responsabilidade do hospedeiro), 667 § 1º (substabelecimento contra a vontade do mandante), 696 § ún. (responsabilidade do comissário), 702 (comissão e não conclusão do negócio), 719 (impossibilidade de sequência do trabalho do agente), 734 (responsabilidade do transportador), 737 (transporte e sujeição a horários e itinerários previstos), 753-*caput* (impossibilidade ou interrupção do transporte de coisa), 862 (gestão contra vontade do interessado), 868-*caput* (gestor e operação arriscada) e 936 (responsabilidade do dono ou detentor do animal).

✎ **Art. 393: 2.** "Caso fortuito e força maior", por Ricardo Rodrigues Gama (RF 381/511); "O 'fato do príncipe' — reflexos materiais e processuais", por Humberto Theodoro Júnior (RMDCPC 41/8).

Art. 393: 3. Nem sempre é assim. São indiferentes ao caso fortuito ou à força maior: a perda ou deterioração da coisa incerta (art. 246); a responsabilidade do devedor em mora, embora, nesse caso, o dever de indenizar não resista à prova da ausência de culpa ou da inevitabilidade do dano (art. 399); os danos causados à coisa locada e não restituída após notificação (art. 575-*caput*); os danos sofridos pela coisa dada em comodato em razão de especial negligência do comodatário (art. 583); os prejuízos ocorridos na execução do mandato por substituto do mandatário, designado contra a vontade do mandante, embora, também nesse caso, a prova de que o evento danoso teria ocorrido, ainda que não tivesse havido substabelecimento, libere o mandatário do dever de indenizar (art. 667 § 1º); os danos decorrentes da gestão contra a vontade do interessado, embora, mais uma vez, o dever de indenizar não resista à prova de que o evento danoso teria ocorrido ainda que o gestor nada tivesse feito (art. 862); os prejuízos atrelados a operações arriscadas do gestor (art. 868-*caput*).

Art. 393: 4. "Os fatos danosos causados por agentes da natureza, resultante de forte chuva, ventos que se movem com ímpeto, trovões e raios, caracteriza-se caso fortuito, o que retira a responsabilidade de indenizar pelos danos dela decorrentes" (RT 871/281; no caso, os eventos naturais causaram a queda de um luminoso sobre uma rede elétrica).

Art. 393: 5. "O inadimplemento de outros compradores não constitui força maior para justificar atraso na entrega de imóvel a comprador em dia com a amortização do preço" (STJ-RDDP 58/114: 3ª T., REsp 819.519).

"O atraso na entrega das unidades ao promitente comprador, para ser considerado caso fortuito ou força maior, deve decorrer de fato inevitável e imprevisível, o que não ocorreu na hipótese em tela. Incorporadora e construtora que não tomaram todas as cautelas necessárias e possíveis para o regular licenciamento ambiental de empreendimento de grande porte em local de notório interesse ambiental. A culpa de terceiro não exime o autor direto do dano do dever jurídico de indenizar, mas tão somente lhe assegura o direito de ação regressiva contra o terceiro que criou a situação determinante do evento lesivo" (STJ-3ª T., REsp 1.328.901, Min. Nancy Andrighi, j. 6.5.14, DJ 19.5.14).

Capítulo II | DA MORA

Art. 394. Considera-se em mora[1 a 2a] o devedor que não efetuar o pagamento e o credor que não quiser recebê-lo[3] no tempo,[4] lugar[5] e forma que a lei ou a convenção estabelecer.[6-7]
[Dispositivo correspondente no CC/1916: art. 955.]

Art. 394: 1. s/ juros de mora, v. arts. 404 a 407 e 552.

Art. 394: 1a. **Súmula 369 do STJ:** "No contrato de arrendamento mercantil (*leasing*), ainda que haja cláusula resolutiva expressa, é necessária a notificação prévia do arrendatário para constituí-lo em mora".

Súmula 380 do STJ: "A simples propositura da ação de revisão de contrato não inibe a caracterização da mora do autor".

Art. 394: 2. **Enunciado 354 do CEJ:** "A cobrança de encargos e parcelas indevidas ou abusivas impede a caracterização da mora do devedor".

"O reconhecimento da abusividade nos encargos exigidos no período da normalidade contratual (juros remuneratórios e capitalização) descaracteriza a mora. Não descaracteriza a mora o ajuizamento isolado de ação revisional, nem mesmo quando o reconhecimento de abusividade incidir sobre os encargos inerentes ao período de inadimplência contratual" (STJ-2ª Seção, REsp 1.061.530, Min. Nancy Andrighi, j. 22.10.08, DJ 10.3.09).

"Caracterizada a cobrança, pela instituição financeira, de parcela abusiva, somente restam autorizados os efeitos da mora depois de apurado o valor exato do débito, afastada, no caso, a multa moratória" (STJ-2ª Seção, REsp 713.329, Min. Menezes Direito, j. 23.8.06, três votos vencidos, DJU 7.12.06).

Todavia: "Apenas a cobrança de encargos remuneratórios ilegais, pelo credor, descaracteriza a mora do devedor. Em outras palavras: mesmo que haja cobrança de encargos moratórios ilegais, a mora do devedor não pode ser descaracterizada" (STJ-3ª T., REsp 899.662, Min. Gomes de Barros, j. 14.8.07, DJU 29.10.07). Assim, se os valores devidos até o vencimento da dívida são legais e regulares, a mora não pode ser afastada, ainda que o credor tenha ulteriormente cobrado de forma abusiva verbas devidas após tal vencimento, como é o caso da comissão de permanência (STJ-3ª T., REsp 869.717-AgRg-EDcl, Min. Gomes de Barros, j. 28.8.07, DJU 9.4.08; nota: a ementa não corresponde ao conteúdo do acórdão). No mesmo sentido: STJ-2ª Seção, REsp 1.061.530, Min. Nancy Andrighi, j. 22.10.08, DJ 10.3.09.

"A parte embargante, entendendo serem excessivos os cálculos apresentados pelo exequente, deveria ter realizado o pagamento dos valores que acreditava serem devidos — parte incontroversa —, desvencilhando-se, de tal modo, da incidência de correção monetária e de juros de mora sobre referido montante" (STJ-5ª T., REsp 767.498, Min. Arnaldo Esteves, j. 9.3.06, DJU 26.2.07).

Art. 394: 2a. "Sujeita-se ao pagamento de juros moratórios o contribuinte que, protegido por liminar suspendendo a exigibilidade do crédito tributário, vem a perder a demanda, com a cassação da liminar. Tem o Fisco direito à cobrança integral do seu crédito, inclusive os encargos decorrentes da mora, uma vez que, com a cassação da liminar, há retorno ao *status quo ante*" (STJ-2ª T., REsp 1.086.319, Min. Eliana Calmon, j. 16.12.08, DJ 18.2.09).

Art. 394: 3. "A inadimplência do credor que se recusa a receber prestação nos termos de acordo firmado não cessa com a consignação em pagamento, pelo devedor, do valor recusado. A consignação não purga a *mora accipiendi*" (STJ-3ª T., REsp 796.714, Min. Gomes de Barros, j. 3.4.07, DJU 14.5.07).

Art. 394: 4. v. arts. 331 a 333.

Art. 394: 5. v. arts. 327 a 330.

Art. 394: 6. s/ mora e negativa de quitação, v. art. 319.

Art. 394: 7. "Se a mora for do credor (e será dele quando cobrar mais do que o devido), findo o prazo contratual, e até o trânsito em julgado, o devedor responderá pelos juros remuneratórios à taxa média de mercado, nunca superiores àquela contratada para o empréstimo, e pela respectiva capitalização. Após o trânsito em julgado, a instituição financeira está autorizada a cobrar do mutuário juros remuneratórios de mercado, nunca superiores aos contratados, e — se ajustados — juros de mora e multa" (STJ-3ª T., REsp 967.204-AgRg, Min. Ari Pargendler, j. 20.5.08, DJ 5.8.08).

V. tb. art. 400, nota 2.

Art. 395. Responde o devedor pelos prejuízos a que sua mora der causa, mais juros, atualização dos valores monetários segundo índices oficiais regularmente estabelecidos, e honorários de advogado.[1] [Dispositivo correspondente no CC/1916: art. 956-*caput*.]

Parágrafo único. Se a prestação, devido à mora, se tornar inútil ao credor,[2] este poderá enjeitá-la, e exigir a satisfação das perdas e danos.[3] [Dispositivo correspondente no CC/1916: art. 956 § ún.]

Art. 395: 1. No mesmo sentido: art. 389.

Art. 395: 2. Enunciado 162 do CEJ: "A inutilidade da prestação que autoriza a recusa da prestação por parte do credor deverá ser aferida objetivamente, consoante o princípio da boa-fé e a manutenção do sinalagma, e não de acordo com o mero interesse subjetivo do credor".

Art. 395: 3. v. arts. 402 a 405.

Art. 396. Não havendo fato ou omissão imputável ao devedor, não incorre este em mora.[1] [Dispositivo correspondente no CC/1916: art. 963.]

Art. 396: 1. s/ mora e negativa de quitação, v. art. 319; s/ mora e devedores solidários, v. art. 280.

Art. 397. O inadimplemento da obrigação, positiva[1] e líquida, no seu termo,[2] constitui de pleno direito em mora o devedor.[3 a 4a] [Dispositivo correspondente no CC/1916: art. 960.]

Parágrafo único. Não havendo termo, a mora se constitui mediante interpelação judicial[5-6] ou extrajudicial. [Dispositivo correspondente no CC/1916: art. 960.]

Art. 397: 1. Nas obrigações negativas, v. art. 390.

Art. 397: 2. v. arts. 131 a 135.

Art. 397: 3. "'A designação de um prazo demonstra a intenção do credor de receber o que se lhe deve no dia do vencimento do prazo, portanto, seria descabido exigir-se uma nova interpelação para a constituição do devedor em mora' (TEPEDINO, Gustavo. *Código Civil interpretado conforme a Constituição da República*. Rio de Janeiro: Renovar. 2. ed. 2007. p. 721-722)" (STJ-2ª T., REsp 1.211.214, Min. Castro Meira, j. 7.12.10, DJ 14.2.11).

Art. 397: 4. "Com a quitação do preço, a obrigação assumida de outorga da escritura definitiva se tornou líquida e vencida, o que constitui em mora o devedor em seu vencimento, independentemente de interpelação, conforme prevê a primeira parte do artigo 960 do Código Civil de 1916 (*caput* do art. 397 do atual Código Civil)" (STJ-3ª T., REsp 813.736, Min. Sidnei Beneti, j. 18.5.10, DJ 7.6.10).

V. tb. nota 8a ao art. 22 do Dec. lei 58, de 10.12.37, no nosso CCLCV, tít. PROMESSA DE COMPRA E VENDA E LOTEAMENTO.

Art. 397: 4a. "Compromisso de compra e venda de imóvel. Inadimplemento. Mora *ex re*. Desnecessidade de interpelação. Rescisão contratual. A prévia interpelação judicial para constituição em mora é necessária quando se trata de mora 'ex persona', isto é, quando não há termo previamente acordado para cumprimento da obrigação. Em contrapartida, nos casos em que há obrigação positiva, líquida e com termo certo estipulado na avença, tem-se a mora 'ex re', que independe de prévia interpelação" (STJ-4ª T., Ag em REsp 172.693-AgRg, Min. Marco Buzzi, j. 6.11.14, DJ 17.11.14).

V. tb. Dec. lei 745, de 7.8.69, em nota 8 ao art. 22 do Dec. lei 58, de 10.12.37, no nosso CCLCV, tít. PROMESSA DE COMPRA E VENDA E LOTEAMENTO.

Art. 397: 5. v. CPC 726 a 729. Em matéria de: venda com reserva de domínio, v. art. 525, inclusive nota 4; doação, v. art. 562, *in fine*.

Art. 397: 6. "Obrigação sem prazo determinado. Constituição do devedor em mora. Art. 960, CC. Citação. Validade como interpelação nos casos em que a lei não exija a interpelação premonitória como condição especial da ação" (STJ-4ª T., REsp 130.012, Min. Sálvio de Figueiredo, j. 23.9.98, DJ 1.2.99).

"Nos termos do artigo 397, parágrafo único, do Código Civil, em se tratando de dívida não sujeita a termo, tal como ocorre na espécie, o devedor é constituído em mora por meio de interpelação judicial ou extrajudicial. Assim, encontrar-se-á em mora (inadimplente, portanto) o devedor que, embora instado, judicial ou extrajudicialmente, para a pagar, não providenciar, a tempo, o correlato adimplemento. No ponto, é de suma importância deixar assente que a citação operada no bojo da ação de execução não se destina a instar o devedor a se defender, mas sim a cumprir a obrigação contida no título executivo judicial, especialmente porque a relação jurídica material estabelecida entre as partes encontra-se, por força de lei, devidamente definida. E, justamente por se efetivar perante o Poder Judiciário, dúvidas não pairam sobre a idoneidade desta 'interpelação', e, principalmente, sobre o atendimento de sua finalidade, que é, ressalta-se, de instar o devedor a pagar. Desse modo, a citação operada no bojo da ação de execução tem o condão de constituir o devedor em mora e, verificada a inércia do devedor, confirmar em juízo o alegado inadimplemento" (STJ-3ª T., REsp 1.489.913, Min. Marco Bellizze, j. 11.11.14, DJ 20.11.14).

Todavia: "A citação inicial somente se presta a constituir mora nos casos em que a ação não se funda na mora do réu, hipótese em que esta deve preceder ao ajuizamento" (RSTJ 132/413: 4ª T,. REsp 159/661).

Art. 398. Nas obrigações provenientes de ato ilícito, considera-se o devedor em mora, desde que o praticou.[1] [Dispositivo correspondente no CC/1916: art. 962.]

Art. 398: 1. s/ juros de mora em caso de responsabilidade extracontratual, v. art. 405, nota 2; s/ termo inicial de incidência de juros e ato ilícito do mandatário, v. art. 670.

Art. 399. O devedor em mora responde pela impossibilidade da prestação, embora essa impossibilidade resulte de caso fortuito ou de força maior,[1] se estes ocorrerem durante o atraso; salvo se provar isenção de culpa, ou que o dano sobreviria ainda quando a obrigação fosse oportunamente desempenhada.[2] [Dispositivo correspondente no CC/1916: art. 957.]

Art. 399: 1. v. art. 393 § ún.

Art. 399: 2. No mesmo sentido: para o substabelecimento contra ordem do mandante, v. art. 667 § 1º; para a gestão de negócios contra a vontade do interessado, v. art. 862.

Art. 400. A mora do credor subtrai o devedor isento de dolo à responsabilidade pela conservação da coisa, obriga o credor a ressarcir as despesas empregadas em conservá-la, e sujeita-o a recebê-la pela estimação mais favorável ao devedor, se o seu valor oscilar entre o dia estabelecido para o pagamento e o da sua efetivação.[1 a 3] [Dispositivo correspondente no CC/1916: art. 958.]

Art. 400: 1. s/ mora em matéria de: compra e venda, v. art. 492 § 2º; empreitada, v. art. 611.

S/ mora do credor como fundamento para a consignação em pagamento, v. art. 335-II.

Art. 400: 2. "Caracterizada a mora da sociedade italiana credora (mora 'creditoris'), estava desobrigada a devedora, enquanto não houvesse a regularização, de consignar a quantia e de pagar juros de mora" (STJ-3ª T., REsp 857.299, Min. Paulo Sanseverino, j. 3.5.11, DJ 13.6.11).

V. tb. art. 394, nota 7.

Art. 400: 3. "A parte final do art. 958 do CC/16 *(art. 400 do CC/02)*, que disciplina os efeitos da mora do credor, não autoriza a exclusão da correção monetária, cuja função é evitar a depreciação do valor do crédito" (STJ-3ª T., REsp 857.299, Min. Paulo Sanseverino, j. 3.5.11, DJ 13.6.11).

Art. 401. Purga-se a mora: [Dispositivo correspondente no CC/1916: art. 959-*caput*.]

I — por parte do devedor,[1] oferecendo este a prestação mais a importância dos prejuízos[2] decorrentes do dia da oferta; [Dispositivo correspondente no CC/1916: art. 959-I.]

II — por parte do credor, oferecendo-se este a receber o pagamento e sujeitando-se aos efeitos[3] da mora até a mesma data. [Dispositivo correspondente no CC/1916: art. 959-II.]

Art. 401: 1. Purgação da mora:

— na locação: LI 62-II a V e § ún.;

— nas promessas de compra e venda e de cessão de direitos de imóveis não loteados: Dec. lei 745, de 7.8.69, art. 1º (em nota 8 ao art. 22 do Dec. lei 58, de 10.12.37, no nosso CCLCV, tít. PROMESSA DE COMPRA E VENDA E LOTEAMENTO);

— nos contratos relativos a loteamento urbano: Lei 6.766, de 19.12.79, arts. 32 e 33;

— nos contratos relativos a unidades condominiais: Lei 4.591, de 16.12.64, art. 63-*caput*;

— nos contratos imobiliários com cláusula de correção monetária: Lei 4.864, de 29.11.65, art. 1º-VI;

— no despejo de parceiro ou arrendatário rural: Dec. 59.566, de 14.11.66, art. 32 § ún. (Lex 1966/1.587);

— nos débitos garantidos por cédula hipotecária: Dec. lei 70, de 21.11.66, arts. 31 § 1º, 34 e 37 § 3º;

— na alienação fiduciária: Dec. lei 911, de 1.10.69, art. 3º §§ 1º e 3º;

— na hipoteca de imóvel vinculado ao Sistema Financeiro da Habitação: Lei 5.741, de 1.12.71, art. 8º.

Art. 401: 2. v. arts. 402 a 405.

Art. 401: 3. v. art. 400.

Capítulo III | DAS PERDAS E DANOS[1]

CAP. III: 1. s/ liquidação das obrigações por ato ilícito, v. arts. 944 a 954; s/ cláusula penal, v. arts. 408 a 416; s/ despesas judiciais, inclusive honorários de advogado, v. CPC 82 a 90; s/ juros de mora, v. arts. 404 a 407.
V. art. 389.

S/ perdas e danos no CPC, v. tb. arts. 79 (pleito de má-fé), 302 (responsabilidade do requerente da tutela de urgência), 499 e 500 (perdas e danos como solução secundária e sem prejuízo da multa coercitiva), 520 (responsabilidade do exequente na execução provisória), 555-I (cumulação com pedido possessório), 776 (responsabilidade do exequente na execução em geral).

Art. 402. Salvo as exceções expressamente previstas em lei, as perdas e danos devidas ao credor abrangem, além do que ele efetivamente perdeu, o que razoavelmente deixou de lucrar.[1 a 7] [Dispositivo correspondente no CC/1916: art. 1.059-*caput*.]

Art. 402: 1. "Novo Código Civil. Pessoas jurídicas, empresário, sociedade, estabelecimento, nome comercial e/ou nome empresarial, perdas e danos e prescrição", por José Carlos Tinoco Soares (RT 798/11).

Art. 402: 1a. Ou seja, danos emergentes e lucros cessantes, respectivamente.

Art. 402: 2. Em caso de vício redibitório, as perdas e danos só serão devidas pelo alienante se ele conhecia o vício ou defeito da coisa, cf. art. 443.

Art. 402: 3. "O pagamento de cláusula penal compensatória exclui a possibilidade de exigir-se ainda a solução de perdas e danos" (STJ-4ª T., REsp 556.620-MT, Min. Cesar Rocha, j. 20.11.03, DJU 10.5.04).

Art. 402: 3a. "O aprisionamento ilegal do recorrente já faz prova suficiente do dano material sofrido, uma vez que este ficou impossibilitado de exercer qualquer espécie de trabalho o que, por consequência lógica, implica redução, ou não crescimento, de seu patrimônio. Assim, o dano sofrido, consubstanciado em lucros cessantes, é presumido" (STJ-2ª T., REsp 1.030.890, Min. Castro Meira, j. 14.4.11, DJ 27.4.11; a citação é do voto do relator). No caso, ante a falta de outros elementos nos autos, foi concedida indenização equivalente a um salário mínimo por mês de prisão ilegal.

Art. 402: 3b. "A apuração dos lucros cessantes deve ser feita com a dedução de todas as despesas operacionais da empresa, inclusive tributos" (STJ-RDDP 100/121: 4ª T., REsp 1.110.417).
"O faturamento corresponde à receita da empresa, não podendo ser confundido com o lucro, que só é apurado depois de deduzidas as despesas (salários, aluguéis etc.) e os tributos" (STJ-3ª T., REsp 613.648, Min. Ari Pargendler, j. 6.2.07, dois votos vencidos, DJU 16.4.07).

Art. 402: 4. "Rescindido o contrato celebrado visando à construção de *shopping center*, a indenização devida a título de danos emergentes deverá corresponder ao valor atualizado do lote e não àquele constante da escritura pública lavrada à época do negócio jurídico, sob pena de não se atender à necessidade de recomposição efetiva da perda patrimonial experimentada" (STJ-3ª T., REsp 1.003.429, Min. Sidnei Beneti, j. 28.4.09, DJ 25.5.09).

Art. 402: 4a. "O proprietário de imóvel tem direito aos lucros cessantes correspondentes aos frutos civis que deixou de auferir com o bem pelo período em que, por força de ação de vistoria e arbitramento proposta por antigo inquilino, estava impedido de o explorar economicamente. A prescrição da pretensão indenizatória, nesse caso, começa a fluir a partir do momento em que encerrada a prova pericial que impedia a utilização do bem" (STJ-3ª T., REsp 1.432.901, Min. Sidnei Beneti, j. 10.6.14, DJ 27.6.14).

Art. 402: 5. "Responsabilidade civil. Valores desviados pela instituição financeira da conta-corrente. Os danos a serem indenizados pela instituição financeira são aqueles decorrentes da transferência não justificada de fundos do correntista (a respectiva quantia nominal e os juros remuneratórios de um por cento ao mês) e as despesas (juros e tarifas) que em função do correspondente saldo negativo o depositante teve de suportar, mais a correção monetária e os juros de mora" (STJ-2ª Seção, REsp 447.431, Min. Ari Pargendler, j. 28.3.07, um voto vencido, DJU 16.8.07). Ou seja, a restituição dos valores devidos ao cliente não se opera com base nos mesmos índices e taxas cobrados pelo banco nas suas atividades.

"Uma vez declarada a abusividade dos encargos incidentes nos contratos de arrendamento celebrados entre as partes, com a determinação da correlata devolução dos valores indevidamente pagos, com juros legais e correção monetária — conforme reconhecido na primeira ação e já quitado —, absolutamente descabido agregar a essa 'reparação' (ou seja, ao valor já devolvido) os encargos/juros previstos nos contratos, considerados abusivos (e já repetidos, reitera-se), pois estes, além de não representarem, na acepção técnico-jurídica, lucros cessantes, ensejariam, reflexamente, enriquecimento sem causa em favor da parte demandante. Como bem pontuado pela Segunda Seção do STJ, somente as instituições financeiras estão autorizadas a cobrar juros excedentes de 1% ao mês. Por outro lado, as taxas cobradas, de igual modo, não representam o lucro líquido da operação à instituição financeira, como fora indevidamente conferido ao arrendatário no aresto rescindendo. Além disso, a reparação, na vertente dos lucros cessantes, deve ter por propósito a recomposição do *status quo ante*, a permitir que o lesado possa obter os ganhos que concretamente ganharia, não fosse o evento danoso, e não impor uma sanção pecuniária ao causador do ato ilícito" (STJ-3ª T., REsp 1.439.789, Min. Marco Bellizze, j. 14.6.16, DJ 22.6.16).

"Lucros cessantes são devidos ao correntista que teve dinheiro retirado de sua conta mediante o pagamento de cheques emitidos defectivamente, com uma assinatura apenas, quando os atos constitutivos da empresa exigiam duas" (STJ-3ª T., REsp 1.349.894, Min. Sidnei Beneti, j. 4.4.13, DJ 11.4.13).

Art. 402: 5a. "São devidos lucros cessantes pela seguradora em razão da demora no pagamento da indenização, que impede a empresa segurada de exercer suas atividades. Indevidos os danos emergentes decorrentes do retardo no pagamento da indenização por que não demonstrados. No presente caso, com a destruição do imóvel, os lucros cessantes são devidos a partir do momento em que a empresa estaria apta a reiniciar suas atividades se não houvesse o descumprimento contratual por parte da seguradora" (STJ-3ª T., REsp 839.123, Min. Sidnei Beneti, j. 15.9.09, DJ 15.12.09).

Art. 402: 5b. "Lucros cessantes consistem naquilo que o lesado deixou razoavelmente de lucrar como consequência direta do evento danoso (Código Civil, art. 402). No caso de incêndio de estabelecimento comercial (posto de gasolina), são devidos pelo período de tempo necessário para as obras de reconstrução. A circunstância de a empresa ter optado por vender o imóvel onde funcionava o empreendimento, deixando de dedicar-se àquela atividade econômica, não justifica a extensão do período de cálculo dos lucros cessantes até a data da perícia" (STJ-RDDP 100/121: 4ª T., REsp 1.110.417).

Art. 402: 5c. "Lucros cessantes são aqueles que o credor 'razoavelmente deixou de lucrar'. Eles devem ser previsíveis quando da celebração do negócio jurídico. Comprovada a culpa da distribuidora de combustíveis em não honrar obrigação contratual com sociedade comercial que iria operar em um dos pontos de distribuição no varejo sob a bandeira da distribuidora, cabe a apuração de lucros cessantes com base no que terceiro vem auferindo de lucro naquele mesmo ponto de venda" (STJ-4ª T., REsp 1.121.611, Min. João Otávio, j. 23.2.10, DJ 16.3.10).

Art. 402: 6. "Configurados o dano e os lucros cessantes pela paralisação de veículo de autoescola necessário ao desenvolvimento das atividades da autora, cabível a condenação, cujo montante, todavia, deve ser apurado em liquidação de sentença, considerando-se, notadamente, o volume médio de aulas ministradas pela empresa e o valor das mesmas, porém com a dedução obrigatória das despesas operacionais" (STJ-4ª T., REsp 489.195, Min. Aldir Passarinho Jr., j. 23.10.07, DJU 19.11.07).

"No caso dos profissionais autônomos, uma vez comprovada a realização contínua da atividade e a incapacidade absoluta pelo período da convalescença, os lucros cessantes devem ser reconhecidos com base nos valores que a vítima, em média, costumava receber, a serem fixados por arbitramento, em liquidação de sentença" (STJ-4ª T., REsp 971.721, Min. Luis Felipe, j. 17.3.11, DJ 22.3.11).

Art. 402: 6a. "A parcela de perda remuneratória que a Corte Estadual reconheceu como comprobatória de lucros cessantes, diárias auferidas pelo servidor quando de seu deslocamento em viagens a serviço, não constitui forma de obtenção de ganho equivalente a lucro. As diárias têm natureza meramente indenizatória, destinadas a compensar ou cobrir despesas extraordinárias que o servidor se vê obrigado a realizar pelo fato de encontrar-se fora de seu sítio de trabalho" (STJ-4ª T., REsp 912.500, Min. Raul Araújo, j. 7.8.12, DJ 29.8.12).

Art. 402: 6b. "A fixação da indenização em montante correspondente ao integral cumprimento do contrato, sem qualquer contrapartida, provoca enriquecimento sem causa. Redução do ressarcimento a valor proporcionalizado, com aplicação do direito à espécie" (STJ-4ª T., REsp 555.284, Min. Aldir Passarinho Jr., j. 3.2.11, DJ 14.2.11).

Art. 402: 6c. "O lucro cessante consiste na frustração do crescimento patrimonial alheio, ou seja, o ganho patrimonial que a vítima poderia auferir, mas não o fez graças à lesão sofrida. A mera impossibilidade de efetuar gastos e contrair dívidas, com a aquisição de apartamento, carro e utilização de limites de crédito bancário, não equivale àquilo que a vítima 'razoavelmente deixou de lucrar', segundo o conceito consagrado de lucros cessantes" (STJ-3ª T., REsp 979.118, Min. Nancy Andrighi, j. 23.9.08, DJ 3.10.08).

"A negativa de concessão de crédito impede o acréscimo de valores no patrimônio do mutuante e, de forma simultânea, a aquisição de dívida pela quantia equivalente, circunstância que obsta o ressarcimento por danos emergentes por ausência de redução patrimonial do suposto lesado" (STJ-3ª T., REsp 1.369.039, Min. Ricardo Cueva, j. 4.4.17, DJ 10.4.17).

Art. 402: 7. "Todavia, isso não autoriza que tais lucros sejam hipotéticos. Ao contrário, devem ser previsíveis já na celebração do contrato, ou seja, são indenizáveis os lucros que o contratante obteria com a execução direta do contrato, e não os que seriam obtidos em decorrência de fatores diversos ou indiretos aos efeitos do contrato" (STJ-2ª T., REsp 440.500-EDcl, Min. João Otávio, j. 23.10.07, DJU 13.11.07).

"Correspondem os lucros cessantes a tudo aquilo que o lesado razoavelmente deixou de lucrar, ficando condicionado, portanto, a uma probabilidade objetiva resultante do desenvolvimento normal dos acontecimentos. A condenação a esse título pressupõe a existência de previsão objetiva de ganhos na data do inadimplemento da obrigação pelo devedor. No caso, os lucros alegados decorrem de previsões baseadas em suposta rentabilidade de uma atividade empresarial que nem mesmo se iniciou. Assim sendo, não se pode deferir reparação por lucros cessantes se estes, em casos como o dos autos, configuram-se como dano hipotético, sem suporte na realidade em exame, da qual não se pode ter a previsão razoável e objetiva de lucro, aferível a partir de parâmetro anterior e concreto capaz de configurar a potencialidade de lucro" (STJ-3ª T., REsp 846.455, Min. Sidnei Beneti, j. 10.3.09, maioria, DJ 22.4.09). No mesmo sentido: STJ-2ª T., REsp 1.255.395, Min. Mauro Campbell, j. 8.11.11, DJ 5.12.11; STJ-4ª T., Ag em REsp 964.233-AgInt, Min. Isabel Gallotti, j. 4.4.17, maioria, DJ 23.5.17.

"O pedido de progressão da carreira, baseado em possíveis promoções a que o recorrido teria direito, depende de uma carga grande de eventualidade, de onde os lucros cessantes não estão enquadrados. Isso porque as possíveis promoções que o recorrido teria na carreira não são eventos certos, possíveis de serem desde já comprovados, por dependerem claramente de um juízo de probabilidade. Diferentemente seria se o recorrido pertencesse a um quadro funcional definido, com regulamentação própria e previsão certa, mediante critérios objetivos, de acesso aos cargos mais elevados dentro da estrutura do órgão. Assim, embora a promoção seja algo possível e razoável de se esperar para o futuro, não é ela um fato comprovado, determinado e inevitável, passível de ser reparável, sendo, portanto, mera expectativa de direito" (STJ-RT 884/165: 1ª T., REsp 650.778).

"No caso concreto, não há como aferir, com certeza, o que a parte recorrida deixou de lucrar em face da demora na finalização do curso, mesmo que o atraso de dois anos tenha se dado por culpa da instituição de ensino. Ou seja, não há como chegar à conclusão de que, caso tivesse terminado o curso no período inicialmente previsto, teria auferido ganhos imediatos com a atividade de professor, pois a só conclusão do curso não é garantia bastante, por si só, para se comprovar objetivamente a prática profissional e consequentemente o ganho" (STJ-4ª T., REsp 615.203, Min. João Otávio, j. 25.8.09, DJ 8.9.09; a citação é do voto do relator). No mesmo sentido: STJ-3ª T., REsp 1.232.773, Min. João Otávio, j. 18.3.14, DJ 3.4.14.

"A jurisprudência desta Corte admite a responsabilidade civil e o consequente dever de reparação de possíveis prejuízos com fundamento na denominada teoria da perda de uma chance, desde que séria e real a possibilidade de êxito, o que afasta qualquer reparação no caso de uma simples esperança subjetiva ou mera expectativa aleatória. A simples inscrição do autor em concurso público ou o fato de estar, no momento do acidente, bem posicionado em lista classificatória parcial do certame, não indicam existir situação de real possibilidade de êxito capaz de autorizar a aplicação, no caso, da teoria da perda uma chance, não havendo falar, portanto, na existência de lucros cessantes a serem indenizados" (STJ-3ª T., REsp 1.591.178, Min. Ricardo Cueva, j. 25.4.17, DJ 2.5.17). S/ perda de uma chance, v. arts. 927, notas 3a, 3c e 5c, e 951, notas 1c e 7a, e v., no nosso CCLCV, CDC 14, notas 2, *in fine*, 3a, e 7a.

"O dano deve, por isso, ser certo, atual e subsistente. Incerto é dano hipotético, eventual, que pode vir a ocorrer, ou não. A atualidade exige que o dano já tenha se verificado. Subsistente é o dano que ainda não foi ressarcido. Se o dano pode revelar-se inexistente, ele também não é certo e, portanto, não há indenização possível" (STJ-3ª T., REsp 965.758, Min. Nancy Andrighi, j. 19.8.08, DJ 3.9.08).

"Constatando-se que a vítima do dano não lucrou nada e que a ausência de lucro decorreu de elementos alheios ao dano, de forma que, mesmo que o dano não tivesse ocorrido, ainda assim, o resultado negativo verificar-se-ia, não se pode forjar elementos na busca de lucro hipotético. Na hipótese de sentença condenatória ao pagamento de lucros cessantes, em que se posterga a apuração para a liquidação de sentença, não há nenhuma ilegalidade em que os cálculos sejam negativos, mormente quando se trata de sociedade que apresentou, no período dos cálculos, resultado negativo, e não lucro. O que se veda na hipótese de lucros cessantes é a liquidação da sentença baseada em estimativas não condizentes com a realidade vivenciada pela empresa ou a apuração com base em elementos outros que não decorram do dano sofrido" (STJ-3ª T., REsp 1.383.187-EDcl, Min. João Otávio, j. 7.10.14, DJ 4.11.14)

Art. 403. Ainda que a inexecução resulte de dolo do devedor, as perdas e danos só incluem os prejuízos efetivos e os lucros cessantes por efeito dela direto e imediato, sem prejuízo do disposto na lei processual.[1 a 4] [Dispositivo correspondente no CC/1916: art. 1.060.]

Art. 403: 1. "O nexo de causalidade e sua interpretação pelos tribunais", por Luis Cláudio Furtado Faria (RJ 341/59).

Art. 403: 1a. v. CPC 499, 500, 809, 816, 821 § ún., 823.

Art. 403: 2. "A responsabilidade civil decorre do concreto e efetivo nexo causal entre o ato e o evento danoso, não colhendo procedência o entendimento sufragado pelo Tribunal estadual, com apoio em discutível teoria da equivalência das causas antecedentes, no sentido de que o banco é culpado pela morte do esposo e pai dos autores, assassinado por credor que, obtendo de gerente de agência do réu informação sigilosa sobre existência de saldo em conta corrente pessoal suficiente ao pagamento de dívida, terminou por assassinar o devedor, ante a sua recusa em pagar o valor do cheque por ele emitido contra conta empresarial, sem fundos. Condenação do banco réu que se limita ao ato ilícito de quebra de sigilo por seu preposto, traduzida em dano moral proporcionalmente fixado, afastados os danos materiais, inclusive o pensionamento" (STJ-4ª T., REsp 620.777, Min. Aldir Passarinho Jr., j. 3.11.09, DJ 18.12.09).

Art. 403: 2a. "Relativamente ao elemento normativo do nexo causal em matéria de responsabilidade civil, vigora, no direito brasileiro, o princípio de causalidade adequada (ou do dano direto e imediato), cujo enunciado pode ser decomposto em duas partes: a primeira (que decorre, *a contrario sensu*, do art. 159 do CC/16 e do art. 927 do CC/2002, que fixa a indispensabilidade do nexo causal), segundo a qual ninguém pode ser responsabilizado por aquilo a que não tiver dado causa; e a outra (que decorre do art. 1.060 do CC/16 e do art. 403 do CC/2002, que fixa o conteúdo e os limites do nexo causal) segundo a qual somente se considera causa o evento que produziu direta e concretamente o resultado danoso. No caso, o evento danoso não decorreu direta e imediatamente do registro de imóvel inexistente, e, sim, do comportamento da contratante, que não cumpriu o que foi acordado com a demandante" (STJ-1ª T., REsp 1.198.829, Min. Teori Zavascki, j. 5.10.10, um voto vencido, DJ 25.11.10).

Art. 403: 3. "Responsabilidade civil. Danos morais. Discussão com preposto da requerida. Abalo psíquico experimentado pela vítima, que teria desencadeado crise hipertensiva e aneurisma cerebral. Problema de saúde preexistente. Perícia, no entanto, que não afastou a concausalidade com a forte tensão emocional causada pelo evento. Agente que ao discutir com senhora idosa e obesa adotou conduta de risco, agindo com culpa ou dolo eventual. Nexo de causalidade evidenciado. Responsabilidade objetiva da empresa. Indenização devida em favor do autor, filho da vítima" (JTJ 342/404: AP 459.636-4/0-00, maioria).

Art. 403: 4. "A conduta perpetrada pela criança, ao atear fogo em seu irmão, bem assim os danos daí decorrentes, não pode ser considerada desdobramento possível/previsível ou necessário da exibição de número de mágica em programa televisivo. A atração circense emitida pela emissora ré, durante um programa ao vivo, muito embora não possa ser considerada indiferente, não se constitui em sua causa. A partir dos elementos fáticos delineados pelas instâncias ordinárias, infere-se que duas outras circunstâncias, absolutamente preponderantes e suficientemente autônomas, ensejaram concretamente a produção do resultado lesivo: (i) a ausência de vigilância dos pais, pois as crianças encontravam-se sozinhas em casa; (ii) a manutenção dos produtos inflamáveis ao alcance dos menores. Ausente o liame de causalidade jurídica entre a transmissão do número de mágica e os danos alegados pelos autores, não há falar em responsabilidade civil da emissora ré" (STJ-4ª T., REsp 1.067.332, Min. Marco Buzzi, j. 5.11.13, DJ 5.5.14).

Art. 404. As perdas e danos, nas obrigações de pagamento em dinheiro, serão pagas com atualização monetária[1-1a] segundo índices oficiais regularmente estabelecidos, abrangendo[2] juros, custas e honorários de advogado[3], sem prejuízo da pena convencional. [Dispositivo correspondente no CC/1916: art. 1.061.]

Parágrafo único. Provado que os juros da mora não cobrem o prejuízo, e não havendo pena convencional, pode o juiz conceder ao credor indenização suplementar. [Sem dispositivo correspondente no CC/1916.]

Art. 404: 1. v. arts. 406 e 407; v. tb. art. 389, nota 3.

Art. 404: 1a. v., no nosso CCLCV, tít. CORREÇÃO MONETÁRIA (especialmente a LCM).

Art. 404: 2. cf. art. 389.

Art. 404: 3. v. art. 389, notas 4 a 6.

Art. 405. Contam-se os juros de mora desde a citação inicial.[1 a 10] [Sem dispositivo correspondente no CC/1916.]

Art. 405: 1. v. CPC 240. Em matéria de: despesas condominiais, v. art. 1.336, nota 3h; tutela, v. art. 1.762; cheque, v., no nosso CCLCV, LCh 52, nota 1.

Art. 405: 1a. **Lei 7.089, de 23.3.83** (Lex 1983/58, RDA 152/257, RF 281/531, Bol. AASP 1.268/3): **"Art. 1º** Fica proibida a cobrança de juros de mora, por estabelecimentos bancários e instituições financeiras, sobre o título de qualquer natureza, cujo vencimento se dê em sábado, domingo ou feriado, desde que seja quitado no primeiro dia útil subsequente".

Lei 9.492, de 10.9.97 — Define competência, regulamenta os serviços concernentes ao protesto de títulos e outros documentos de dívida e dá outras providências: **"Art. 40.** Não havendo prazo assinado, a data do registro do protesto é o termo inicial da incidência de juros, taxas e atualizações monetárias sobre o valor da obrigação contida no título ou documento de dívida".

Art. 405: 1b. Nem sempre é assim. O evento que faz iniciar a contagem dos juros moratórios, naturalmente, é a mora. Ocorre que a mora pode não coincidir com a citação inicial. Exemplo disso está no **art. 397-*caput*:** "o inadimplemento da obrigação positiva e líquida, no seu termo, constitui de pleno direito em mora o devedor". Outro exemplo está no **art. 398:** "nas obrigações provenientes de ato ilícito, considera-se o devedor em mora desde que o praticou". Em sentido semelhante, v. ainda **art. 390.** E sempre que a mora se caracterizar em momento distinto da citação inicial, é a partir desse momento (e não da citação) que se contarão os juros moratórios. Nesse sentido: STJ-2ª T., REsp 1.211.214, Min. Castro Meira, j. 7.12.10, DJ 14.2.11; STJ-3ª T., Ag em REsp 1.358-AgRg, Min. Sidnei Beneti, j. 28.6.11, DJ 1.7.11.

Art. 405: 2. Súmula 163 do STF: "Salvo contra a Fazenda Pública, sendo a **obrigação ilíquida,** contam-se os juros moratórios desde a citação inicial para a ação".

A restrição "salvo contra a Fazenda Pública", constante da Súmula 163, não mais subsiste (nesse sentido: RTJ 125/1.290, STF-RT 622/230, STF-Bol. AASP 1.571/21, TJPR-RAMPR 42/116), em face da **Lei 4.414, de 24.9.64, art. 1º:** "A União, os Estados, o Distrito Federal, os Municípios e as autarquias, quando condenados a pagar juros de mora, por estes responderão na forma do direito civil".

A Lei 4.414 tornou **superada,** também, a **Súmula 255 do STF.**

"A definição do termo inicial dos juros de mora decorre da liquidez da obrigação. Sendo líquida, os juros moratórios incidem a partir do vencimento da obrigação, nos termos do art. 397, *caput*, do Código de Civil de 2002; se for ilíquida, o termo inicial será a data da citação quando a interpelação for judicial, a teor do art. 397, parágrafo único, do Código Civil de 2002 c/c o art. 219, *caput*, do Código de Processo Civil" (STJ-3ª Seção, EmbExe no MS 12.707-AgRg, Min. Laurita Vaz, j. 8.6.11, DJ 27.6.11).

Súmula 54 do STJ: "Os juros moratórios fluem a partir do evento danoso, em caso de **responsabilidade extracontratual".** No mesmo sentido: RP 151/227.

"No campo da responsabilidade extracontratual, mesmo sendo objetiva a responsabilidade, os juros moratórios fluem a partir do evento danoso" (STJ-RDPr 16/287: Corte Especial, ED no REsp 63.068, um voto vencido).

"A demora de dez anos para ingressar com a ação de indenização não afasta a Súmula n. 54 do STJ, em relação ao termo inicial dos juros moratórios, sendo o presente caso de responsabilidade extracontratual" (STJ-4ª T., REsp 991.371, Min. Aldir Passarinho Jr., j. 4.3.10, DJ 29.3.10).

"Na responsabilidade extracontratual, abrangente do dano moral puro, a mora se dá no momento da prática do ato ilícito e a demora na reparação do prejuízo corre desde então, isto é, desde a data do fato, com a incidência dos juros moratórios previstos na lei. O fato de, no caso de dano moral puro, a quantificação do valor da indenização, objeto da condenação judicial, só se dar após o pronunciamento judicial, em nada altera a existência da mora do devedor, configurada desde o evento danoso. A adoção de orientação diversa, ademais, ou seja, de que o início da fluência dos juros moratórios se iniciasse a partir do trânsito em julgado, incentivaria o recorrismo por parte do devedor e tornaria o lesado, cujo dano sofrido já tinha o devedor obrigação de reparar desde a data do ato ilícito, obrigado a suportar delongas decorrentes do andamento do processo e, mesmo de eventuais manobras processuais protelatórias, no sentido de adiar a incidência de juros moratórios" (STJ-2ª Seção, REsp 1.132.866, Min. Sidnei Beneti, j. 23.11.11, maioria, DJ 3.9.12). No mesmo sentido: STJ-Corte Especial, ED no REsp 494.183, Min. Arnaldo Esteves, j. 16.10.13, DJ 12.12.13.

"Mesmo naquelas obrigações não quantificadas em dinheiro inicialmente ou ilíquidas, os juros moratórios fluem normalmente da data em que o devedor é constituído em mora, a qual, em se tratando de ato ilícito extracontratual, ocorre com o evento danoso, mercê do que dispõe o art. 398 do Código Civil de 2002. Assim, nas indenizações por danos morais decorrentes de responsabilidade extracontratual, os juros moratórios incidem desde o evento danoso (Súmula n. 54/STJ; REsp 1.132.866/SP, Segunda Seção). É de se ressaltar que os juros moratórios devem ser um elemento de calibragem da indenização, a depender de quando é ela satisfeita e não de quando é arbitrada. Prestigiam-se os devedores que de forma mais expedita pagam suas dívidas ou acertam extrajudicialmente seus litígios, ao passo que impõe reprimenda mais penosa aos recalcitrantes. Ademais, o tempo transcorrido entre o ato ilícito e o efetivo pagamento não pode militar contra a vítima do dano, mas deve constituir ônus a ser suportado exclusivamente pelo devedor da indenização, o causador do dano injusto" (STJ-4ª T., REsp 949.540, Min. Luis Felipe, j. 27.3.12, DJ 10.4.12).

"Na execução comercial desautorizada de obra musical, a relação entre o titular da obra (representado pelo ECAD) e o executor será extracontratual, ante a inexistência de vínculo entre as partes, de sorte que eventual condenação judicial fica sujeita a juros de mora contados desde o ato ilícito, nos termos do art. 398 do CC/02 e do enunciado 54 da Súmula/STJ. Na execução comercial de composições musicais mediante prévia autorização do titular, ainda que por intermédio do ECAD, há autêntico acordo de vontades para a cessão parcial, temporária e não exclusiva de direitos autorais, caracterizando relação contratual, de maneira que sobre eventual condenação judicial incidem juros de mora contados desde a citação, nos termos do art. 405 do CC/02" (STJ-3ª T., REsp 1.424.004, Min. Nancy Andrighi, j. 25.3.14, DJ 28.3.14).

"Não obstante a relação originária entre a vítima do acidente e o transportador ser contratual, o liame entre os parentes da vítima, que ora pleiteiam o ressarcimento de danos morais, e o prestador do serviço de transporte causador do dano possui natureza extracontratual, com base no art. 927 do Código Civil. Nessa linha de compreensão, deve ser aplicado o entendimento consagrado na Súmula 54/STJ" (STJ-Corte Especial, REsp 1.301.595, Min. Herman Benjamin, j. 29.5.14, maioria, DJ 7.4.15).

"No tocante ao pensionamento fixado pelo tribunal de origem, por ser uma prestação de trato sucessivo, os juros moratórios não devem iniciar a partir do ato ilícito — por não ser uma quantia singular —, tampouco da citação — por não ser ilíquida —, mas devem ser contabilizados a partir do vencimento de cada prestação, que ocorre mensalmente. Quanto às parcelas vincendas, não há razões para mantê-las na relação estabelecida com os juros de mora. Sem o perfazimento da dívida, não há como imputar ao devedor o estigma de inadimplente, tampouco o indébito da mora, notadamente se este for pontual no seu pagamento" (STJ-4ª T., REsp 1.270.983, Min. Luis Felipe, j. 8.3.16, DJ 5.4.16).

"Improbidade administrativa. Multa civil. Ofensa aos princípios administrativos. Termo inicial da correção monetária e dos juros de mora. Sanção. Ressarcimento ao erário. Responsabilidade civil extracontratual. *Dies a quo* da data do evento danoso" (STJ-2ª T., REsp 1.645.642, Min. Herman Benjamin, j. 7.3.17, DJ 19.4.17).

Súmula 188 do STJ: "Os juros moratórios, na **repetição do indébito tributário,** são devidos a partir do trânsito em julgado da sentença".

"Os juros moratórios, observado que na hipótese dos autos não se cogita a aplicação da taxa SELIC, são devidos, nas restituições ou compensações tributárias, a partir do trânsito em julgado da sentença" (STJ-1ª Seção, ED no REsp 364.081, Min. Francisco Falcão, j. 8.10.08, um voto vencido, DJ 20.10.08).

Súmula 204 do STJ: "Os juros de mora nas ações relativas a **benefícios previdenciários** incidem a partir da citação válida" (v. jurisprudência s/ esta Súmula em RSTJ 108/127).

Súmula 426 do STJ: "Os juros de mora na **indenização do seguro DPVAT** fluem a partir da citação".

"Em ação de cobrança objetivando indenização decorrente de seguro obrigatório de danos pessoais causados por veículos automotores de via terrestre — DPVAT, os juros de mora são devidos a partir da citação, por se tratar de responsabilidade contratual e obrigação ilíquida" (STJ-2ª Seção, REsp 1.098.365, Min. Luis Felipe, j. 28.10.09, DJ 26.11.09).

Art. 405: 2a. Tratando-se de **responsabilidade fundada em contrato,** os juros são computados a partir da citação, e não do evento (STJ-3ª T., REsp 234.279, Min. Ari Pargendler, j. 29.11.02, DJU 31.3.03; STJ-4ª T., REsp 404.629, Min. Aldir Passarinho Jr., j. 21.3.02, DJU 29.4.02; RSTJ 10/414, 11/422, 17/324, maioria, 17/394, maioria, 63/212; STJ-RT 664/165, maioria, 669/200).

"Em caso de responsabilidade contratual, quando não se tratar de dívida líquida e com vencimento em termo certo, os juros de mora incidem, em princípio, a partir da citação verificada no processo principal, e não naquela verificada na ação cautelar preparatória que o antecedeu" (STJ-3ª T., REsp 1.432.859, Min. Sidnei Beneti, j. 15.5.14, DJ 25.6.14). **Contra,** no sentido de que, se houver processo cautelar preparatório, contam-se os juros da data da citação nele efetivada, e não da citação no processo principal: RTJE 114/147.

"Em sede de responsabilidade contratual os juros de mora referentes à reparação por dano moral incidem a partir da citação" (STJ-3ª T., REsp 1.395.285, Min. Nancy Andrighi, j. 3.12.13, DJ 12.12.13).

"Contam-se os juros de mora a partir da citação, no caso de descumprimento contratual na liberação de cheques com defeito de assinatura, não se cogitando de obrigação originada de ato ilícito propriamente dita, mas, sim, de ilícito contratual, constituído pelo inadimplemento" (STJ-3ª T., REsp 1.349.894, Min. Sidnei Beneti, j. 4.4.13, DJ 11.4.13).

"O termo inicial dos juros de mora incidentes na indenização fixada a título de danos morais, decorrentes da recusa injustificada do plano de saúde em efetuar a cobertura do tratamento clínico de seu filiado, é a data da sua citação, uma vez que se trata de responsabilidade contratual" (STJ-4ª T., AI 1.301.570-AgRg, Min. Raul Araújo, j. 16.5.13, DJ 24.6.13). No mesmo sentido: STJ-3ª T., Ag em REsp 202.448-AgRg, Min. João Otávio, j. 25.11.14, DJ 12.12.14.

"Em se tratando de protesto indevido de títulos decorrentes de celebração de contrato entre as partes, mostra-se prevalente o caráter contratual do ilícito causador do dano. Agravo regimental a que se dá parcial provimento, determinando-se a incidência de juros moratórios a partir da citação" (STJ-4ª T., REsp 1.022.665-AgRg, Min. Raul Araújo, j. 11.10.11, um voto vencido, DJ 1.7.13).

"O termo inicial dos juros moratórios deve ser determinado a partir da natureza da relação jurídica mantida entre as partes. No caso, tratando-se de mandato, a relação jurídica tem natureza contratual, sendo o termo inicial dos juros moratórios a data da citação (art. 405 do CC). Não havendo prova de má-fé e sendo a mora declarada pelo Poder Judiciário, a citação deve prevalecer como marco inicial da contagem dos juros" (STJ-3ª T., REsp 1.403.005, Min. Paulo Sanseverino, j. 6.4.17, DJ 11.4.17).

"É cabível o pagamento de juros de mora pela seguradora nas ações em que foi denunciada à lide" (STJ-3ª T., REsp 1.219.910-EDcl-AgRg, Min. João Otávio, j. 15.8.13, DJ 26.8.13). Do voto do relator: "No caso, a incidência dos juros é contada a partir da citação da litisdenunciada. Apesar da inexistência do vínculo contratual entre a seguradora e a parte agravada, a responsabilidade pelo pagamento decorre do contrato de seguro firmado com a empresa causadora do dano".

Todavia: "Atrasado o pagamento, em desrespeito a norma contratual, os juros de mora incidem a partir do momento em que, segundo previsto no contrato, o pagamento deveria ter ocorrido. Vale, no caso, a regra *dies interpellat pro homine*, sediada no art. 960 do CC (*atual art. 397 do CC*)" (STJ-1ª T., REsp 419.266, Min. Gomes de Barros, j. 19.8.03, dois votos vencidos, DJ 8.9.03). No mesmo sentido: STJ-3ª T., Ag em REsp 49.828-AgRg, Min. Sidnei Beneti, j. 14.8.12, DJ 4.9.12.

"Embora juros contratuais em regra corram a partir da data da citação, no caso, contudo, de obrigação contratada como positiva e líquida, com vencimento certo, os juros moratórios correm a partir da data do vencimento da dívida. Emissão de nota promissória em garantia do débito contratado não altera a disposição contratual de fluência dos juros a partir da data certa do vencimento da dívida. O fato de a dívida líquida e com vencimento certo haver sido cobrada por meio de ação monitória não interfere na data de início da fluência dos juros de mora, a qual recai no dia do vencimento, conforme estabelecido pela relação de direito material" (STJ-Corte Especial, ED no REsp 1.250.382, Min. Sidnei Beneti, j. 2.4.14, RP 237/515).

"Se o contrato de locação especifica o valor do aluguel e a data de pagamento, os juros de mora fluem a partir do vencimento das prestações, a teor do art. 397 do Código Civil" (STJ-4ª T., REsp 1.264.820, Min. Luis Felipe, j. 13.11.12, DJ 30.11.12).

"A mora *ex re* independe de qualquer ato do credor, como interpelação ou citação, porquanto decorre do próprio inadimplemento de obrigação positiva, líquida e com termo implementado, cuja matriz normativa é o art. 960, primeira parte, do Código Civil de 1916, reproduzido no Código Civil atual no *caput* do art. 397. Dessarte, se o contrato de prestação de serviço educacional especifica o valor da mensalidade e a data de pagamento, os juros de mora fluem a partir do vencimento das prestações, a teor do artigo 397 do Código Civil" (STJ-4ª T., REsp 1.192.326, Min. Luis Felipe, j. 8.4.14, DJ 8.5.14).

"O art. 405 do Código Civil, segundo o qual os juros moratórios correm a partir da citação, deve ser lido no contexto do que dispõe o art. 397, parágrafo único, segundo o qual, não havendo termo certo, a mora pode se constituir mediante interpelação inclusive extrajudicial. Inexistindo prazo contratualmente estabelecido para o cumprimento da prestação, o pedido administrativo deve ser considerado marco de constituição do devedor em mora, em se tratando de obrigação contratual de pagar indenização prevista em apólice de seguro de vida. Mostra-se inoperante a citação para tal propósito, haja vista que a ciência acerca da iniciativa do credor, quanto à exigência de cumprimento da obrigação, ocorrera anteriormente. A se adotar entendimento contrário, bastaria à seguradora procrastinar a resposta do pedido administrativo para que os juros moratórios não incidissem na dívida" (STJ-4ªT., REsp 1.170.372-AgRg, Min. Luis Felipe, j. 3.6.14, DJ 12.6.14).

Art. 405: 2b. **"Responsabilidade civil pré-contratual.** Negociações preliminares. Expectativa legítima de contratação. Ruptura de tratativas. Violação ao princípio da boa-fé objetiva. Juros de mora. Termo 'a quo'. Data da citação" (STJ-3ª T., REsp 1.367.955, Min. Paulo Sanseverino, j. 18.3.14, DJ 24.3.14).

Art. 405: 2c. "O **acidente de trabalho** decorrente de ato ilícito do empregador é de natureza extracontratual, de sorte que os juros moratórios incidem na forma preconizada na Súmula 54 do STJ" (STJ-4ª T., REsp 579.888, Min. Aldir Passarinho Jr., j. 6.8.09, DJ 21.9.09). **Todavia:** "Tratando-se de acidente de trabalho, a responsabilidade é contratual, incidindo os juros de mora sobre os danos morais, estéticos e patrimoniais a partir da citação" (STJ-4ª T., REsp 934.969, Min. Antonio Ferreira, j. 24.4.14, maioria, DJ 10.11.14; nota: no ponto, o relator ficou vencido, tendo prevalecido o voto do Min. Marco Buzzi).

Art. 405: 2d. "Tendo em vista que o ato ilícito ora em análise se deu mediante a publicação indevida de diversas charges no lapso temporal de janeiro de 1993 a maio de 1996, os juros moratórios devem ser calculados a partir de setembro de 1994, **data intermediária** entre a primeira e a última lesão" (STJ-RT 892/142: 4ª T., REsp 735.019).

Art. 405: 3. "Em se tratando de **execução de prestação alimentícia,** os juros de mora não são devidos apenas a partir da citação, mas sim desde a **data do inadimplemento** da obrigação" (JTJ 303/338).

Art. 405: 3a. "Na ação de **apuração de haveres** resultante de dissolução parcial da sociedade, os juros incidentes sobre o montante da condenação fluem a partir da citação inicial" (STJ-2ª Seção, ED no REsp 564.711, Min. Ari Pargendler, j. 27.6.07, DJU 27.8.07).

Art. 405: 3b. "Os juros de mora incidem a partir da citação do devedor na fase de conhecimento da **ação civil pública,** quando esta se fundar em responsabilidade contratual" (STJ-Corte Especial, REsp 1.361.800, Min. Sidnei Beneti, j. 21.5.14, maioria, DJ 14.10.14).

"Embora a condenação imposta nas ações para tutela de direitos individuais homogêneos deva ser genérica, não podendo entrar no mérito dos prejuízos sofridos por cada interessado, ela irá necessariamente versar sobre o ressarcimento dos danos causados, reconhecendo o ato ilícito praticado pelo réu, o que, por conseguinte, já o constitui em mora desde a citação para responder aos termos da ação civil pública, nos termos do art. 219 do CPC" (STJ-3ª T., REsp 1.304.953, Min. Nancy Andrighi, j. 26.8.14, DJ 8.9.14).

Contra: "Ação civil pública. Indenização por lesão a direitos individuais homogêneos. Execução individual. Juros moratórios. Mora *ex persona*. Termo inicial. Citação na fase de liquidação de sentença. Nos termos do art. 219 do Código de Processo Civil e 397 do Código Civil, na hipótese, a mora verifica-se com a citação do devedor, realizada na fase de liquidação de sentença, e não a partir de sua citação na ação civil pública" (STJ-4ª T., REsp 1.348.512-AgRg, Min. Luis Felipe, j. 18.12.12, DJ 4.2.13).

Art. 405: 4. "Na hipótese de resolução contratual do **compromisso de compra e venda** por simples desistência dos adquirentes, em que postulada, pelos autores, a restituição das parcelas pagas de forma diversa da cláusula penal convencionada, os juros moratórios sobre as mesmas serão computados a partir do trânsito em julgado da decisão. Inexistência de mora anterior da ré" (STJ-2ª Seção, REsp 1.008.610, Min. Aldir Passarinho Jr., j. 26.3.08, dois votos vencidos, DJ 3.9.08).

"Como a promitente vendedora/agravada foi a autora da ação de rescisão contratual, a sua obrigação de devolver as parcelas até então quitadas só se tornará exigível a partir do trânsito em julgado da ação em comento. Ademais, a condenação em juros de mora é devida independentemente da existência de pedido da parte ou de determinação expressa no julgado. No caso, considerando que não há falar em constituição em mora da vendedora/agravada, o termo inicial dos juros deve ser a data do trânsito em julgado da sentença" (STJ-3ª T., REsp 1.151.282-AgRg, Min. João Otávio, j. 20.8.13, DJ 29.8.13; a citação é do voto do relator).

Art. 405: 4a. **Restituição de valores ao consorciado desistente.** "Os juros de mora, na espécie, incidem, tão somente, a partir de quando se esgota o prazo para a administradora proceder ao reembolso e, por qualquer motivo, não o faz, momento em que sua mora resta caracterizada" (STJ-3ª T., REsp 1.087.601, Min. Massami Uyeda, j. 17.2.09, DJ 1.4.09). "O transcurso do aludido lapso temporal, sem a ocorrência da restituição efetivamente devida, implica a incidência de juros moratórios a partir do trigésimo primeiro dia do encerramento do grupo consorcial" (STJ-2ª Seção, REsp 1.111.270, Min. Marco Buzzi, j. 25.11.15, maioria, DJ 16.2.16).

Art. 405: 5. "O termo inicial dos juros moratórios referentes aos **honorários advocatícios** é a data da citação do executado no processo de execução" (STJ-2ª T., REsp 1.143.313-AgRg, Min. Cesar Rocha, j. 3.5.12, DJ 18.5.12).

"O termo inicial dos juros moratórios em honorários advocatícios fixados com base no valor da causa é a data da citação do executado no processo de execução, e não a data da sentença" (STJ-3ª T., REsp 1.060.155, Min. Massami Uyeda, j. 4.9.08, DJ 23.9.08). No mesmo sentido: STJ-4ª T., AI 1.382.161-AgRg, Min. Luis Felipe, j. 6.12.12, DJ 14.12.12.

"O termo inicial da incidência dos juros moratórios na cobrança de honorários advocatícios sucumbenciais é a data da citação do devedor no processo de execução, e não a data do ajuizamento da ação em que foi fixada a verba honorária" (STJ-3ª T., REsp 1.208.670-AgRg, Min. Sidnei Beneti, j. 6.8.13, DJ 30.8.13).

Todavia: "Julgado improcedente o pedido, com a respectiva inversão dos ônus de sucumbência, o termo *a quo* para a incidência dos juros moratórios conta-se da data da prolação da sentença, se líquida, ou da data em que esta for liquidada, se ilíquida" (STJ-3ª T., REsp 327.708, Min. Nancy Andrighi, j. 19.11.02, DJU 24.2.03). No mesmo sentido: JTJ 342/410 (AP 460.886-4/2-00; v. p. 418).

"Tendo os honorários advocatícios sido fixados em valor certo (e não em percentual sobre o valor da causa), a correção monetária e os juros devem incidir a partir do seu arbitramento" (STJ-3ª T., REsp 1.235.714-EDcl, Min. Nancy Andrighi, j. 4.9.12, DJ 11.9.12).

Ainda, em outro sentido: "Os juros moratórios incidem no cálculo dos honorários advocatícios a partir do trânsito em julgado do aresto ou da sentença em que foram fixados" (STJ-2ª T., REsp 771.029, Min. Mauro Campbell, j. 27.10.09, DJ 9.11.09). Também: STJ-2ª Seção, REsp 1.119.300-EDcl, Min. Luis Felipe, j. 13.10.10, DJ 20.10.10.

Contra, no sentido de que, "sendo a verba honorária calculada a partir de percentual incidente sobre o montante total da condenação e sendo este devidamente atualizado — incluindo todos os consectários legais —, **não há espaço para** a alegação de **nova incidência de juros moratórios** sobre o valor dos honorários advocatícios, sob pena de *bis in idem* ocasionador de enriquecimento sem causa": STJ-2ª T., REsp 1.571.884-AgRg, Min. Herman Benjamin, j. 7.4.16, DJ 24.5.16.

Art. 405: 6. "Tendo a Administração admitido a existência de dívida de valor consolidado, **sem,** contudo, **estipular prazo para seu pagamento,** torna-se inaplicável a regra prevista no *caput* do art. 397 do CC, devendo os juros moratórios incidir a partir da citação, nos termos do art. 397, parágrafo único, c/c 405 do CC e 219, *caput,* do CPC, calculados sobre o montante nominalmente confessado" (STJ-3ª Seção, REsp 1.112.114, Min. Arnaldo Esteves, j. 9.9.09, um voto vencido, DJ 8.10.09). No mesmo sentido: STJ-1ª T., REsp 1.190.710, Min. Teori Zavascki, j. 4.11.10, DJ 16.11.10.

"A inexistência de estipulação quanto ao vencimento da obrigação enseja a possibilidade de o credor exigi-la incontinenti ou noutro momento, observado o prazo prescricional. Inteligência do art. 331 do CC/2002. Contudo, tratando-se de mora *ex persona,* a cobrança do débito subordina-se à interpelação judicial ou extrajudicial, a fim de que o devedor seja constituído em mora, nos termos do art. 397, § ún., do CC/2002. Na hipótese, considerando que a credora deixou de promover a diligência *supra,* devem-se reputar incidentes os desdobramentos da mora a partir da instauração do procedimento de cumprimento de sentença, sendo o termo *a quo* dos juros e da correção monetária, a data da intimação e a do início da fase expropriatória, respectivamente" (STJ-4ª T., REsp 1.358.408, Min. Marco Buzzi, j. 21.3.13, DJ 8.4.13).

Art. 405: 7. "A jurisprudência desta Corte considera indevidos novos juros moratórios e atualização, tendo em vista o **depósito judicial** já contar com remuneração específica" (STJ-4ª T., REsp 1.120.846-AgRg, Min. Aldir Passarinho Jr., j. 10.8.10, DJ 3.9.10).

"Na fase de execução, o depósito judicial do montante (integral ou parcial) da condenação extingue a obrigação do devedor, nos limites da quantia depositada" (STJ-Corte Especial, REsp 1.348.640, Min. Paulo Sanseverino, j. 7.5.14, DJ 21.5.14).

"O depósito integral para garantia do juízo, com vista à interposição de embargos à execução, afasta a incidência de juros moratórios a partir da efetivação do depósito" (STJ-2ª T., REsp 1.161.334-AgRg, Min. Castro Meira, j. 21.10.10, DJ 28.10.10).

"Havendo penhora de dinheiro, o banco no qual foi depositada a respectiva quantia assume o encargo de depositário judicial, nos termos dos arts. 666, inc. I, e 1.219, ambos do CPC. Além da correção monetária, os juros moratórios sobre o valor depositado judicialmente pelo devedor, para garantia do juízo no processo de execução, devem ser pagos pelo banco depositário, nos termos do art. 629 do CC atual (equivalente ao art. 1.266 do CC/1916)" (STJ-3ª T., REsp 783.596, Min. Nancy Andrighi, j. 29.11.06, DJ 18.12.06). No mesmo sentido: STJ-1ª T., REsp 1.065.613, Min. Teori Zavascki, j. 10.5.11, DJ 17.5.11.

"A responsabilidade pela correção monetária e pelos juros, após feito o depósito judicial, é da instituição financeira onde o numerário foi depositado (Súmulas 179 e 271 do STJ). Esse posicionamento se aplica ainda que se trate de penhora de dinheiro para a garantia da execução. Assim, procedido o depósito judicial no valor da execução, cessa a responsabilidade do devedor por tais encargos" (STJ-3ª T., Ag 1.370.586-EDcl-AgRg, Min. Nancy Andrighi, j. 5.4.11, DJ 8.4.11).

"Realizado o depósito judicial com a finalidade de, garantido o juízo, ser oferecida impugnação ao cumprimento da sentença ou embargos à execução, a remuneração da quantia depositada passa a ser de responsabilidade de instituição financeira depositária" (STJ-4ª T., Ag 1.302.029-AgRg, Min. Isabel Gallotti, j. 18.4.13, DJ 25.4.13).

Todavia: "O devedor constitui-se em mora a partir da citação válida, situação que se mantém **até o efetivo cumprimento da obrigação,** não cessando mediante o oferecimento de embargos à execução. Observância dos arts. 219 do CPC e 401 e 405 do CC. A parte embargante, entendendo serem excessivos os cálculos apresentados pelo exequente, deveria ter realizado o pagamento dos valores que acreditava serem devidos — parte incontroversa —, desvencilhando-se, de tal modo, da incidência de correção monetária e de juros de mora sobre referido montante. Inteligência dos arts. 394 e 395 do CC" (STJ-5ª T., REsp 767.498, Min. Arnaldo Esteves, j. 9.3.06, DJ 26.2.07). No mesmo sentido: STJ-1ª T., REsp 1.177.881-AgRg, Min. Hamilton Carvalhido, j. 18.11.10, DJ 16.12.10.

"Em se tratando o executado de banco, que ocupa, também, a condição de depositário, é devida a incidência da atualização monetária e dos juros, não fazendo sentido, no caso concreto em que o banco depositário é o próprio executado, isentá-lo de responsabilidade pela correção monetária e juros, na forma legal, sob invocação de seu privilégio de depositário judicial — distinção essa que significaria verdadeiro privilegiamento ao devedor, com tratamento desigual diante de outros bancos devedores não incumbidos de depósitos judiciais" (STJ-3ª T., REsp 1.436.075, Min. Sidnei Beneti, j. 10.6.14, DJ 20.8.14).

Art. 405: 8. "A relação jurídica instituída pelo **depósito judicial** é de 'um ato administrativo de nomeação para o exercício eventual de uma função pública' (COSTA E SILVA, Antonio Carlos. *Tratado do Processo de Execução*, 2ª ed., vol. II, Aide Editora, RJ, 1986, p. 875). Não há relação contratual de caráter privado. O banco depositário, ao manter em seu poder o capital pertencente aos recorridos, obteve lucro em detrimento da perda sofrida por esses, o que configura prática de ilícito extracontratual, razão pela qual, nos termos da Súmula 54/STJ, os juros moratórios incidem a partir do evento danoso, ou seja, a data da injusta **recusa em restituir** integralmente o valor depositado" (STJ-3ª T., REsp 1.134.450, Min. Nancy Andrighi, j. 16.5.13, DJ 27.5.13).

Art. 405: 9. "Não incidem juros de mora sobre a **multa imposta pelo descumprimento de obrigação de fazer,** sob pena de configurar *bis in idem*" (STJ-3ª T., REsp 1.327.199, Min. Nancy Andrighi, j. 22.4.14, DJ 2.5.14).

Art. 405: 10. "Previdência privada. **Devolução de valores recebidos por meio de tutela antecipada** posteriormente revogada. É incabível a incidência de juros moratórios sobre valores a serem devolvidos em virtude de revogação de decisão que antecipou os efeitos da tutela, por não haver, no caso, fato ou omissão imputável ao autor da ação de revisão de benefício" (STJ-4ª T., REsp 1.600.942-AgInt-AgInt-EDcl, Min. Raul Araújo, j. 7.3.17, DJ 20.3.17).

Capítulo IV | DOS JUROS LEGAIS[1]

✎ **CAP. IV: 1.** "Considerações sobre os juros legais no novo Código Civil", por Leonidas Cabral Albuquerque (Ajuris 91/165); "Anotações sobre juros legais, sua incidência na mora em negócios anteriores ao novo Código Civil, a regência e a taxa mensal", por Celso José Pimentel (RJ 319/61); "Taxa de juros e a nova Lei Civil", por Ana Paula dos Santos (RJ 324/66); "Os juros legais no novo Código Civil e a inaplicabilidade da taxa selic", por Pio Giovani Dresch (Ajuris 87/213); "Os juros no novo Código Civil e a ilegalidade da taxa selic", por Sérgio Niemeyer (RF 375/171); "Algumas breves reflexões sobre juros à luz do Código Civil de 2002", por José Roberto de Albuquerque Sampaio (RF 381/489); "A usura e a limitação dos juros reais compensatórios em 1% ao mês após a publicação da Emenda Constitucional n. 40", por Gabriel Wedy (RJ 341/43); "A taxa Selic e o art. 406 do Código Civil", por Marcos Cavalcante de Oliveira (RT 857/76); "O regime dos juros no novo direito privado brasileiro", por Judith Martins-Costa (Ajuris 105/237).

Art. 406. Quando os juros moratórios[1-1a] não forem convencionados, ou o forem sem taxa[1b a 3] estipulada, ou quando provierem de determinação da lei, serão fixados segundo a taxa que estiver em vigor para a mora do pagamento de impostos devidos à Fazenda Nacional.[4 a 5] [Dispositivos correspondentes no CC/1916: arts. 1.062 e 1.063.]

Art. 406: 1. s/ mora, v. arts. 394 a 401; s/ termo inicial dos juros moratórios, v. art. 405 e notas.

S/ juros moratórios em matéria de: doação, v. art. 552; comissão, v. art. 706; legado em dinheiro, v. art. 1.925; relação de consumo, v. CDC 52-II.

V. tb. CPC 322 (juros legais embutidos no pedido).

Art. 406: 1a. "Regra geral: incide o IRPF sobre os juros de mora, a teor do art. 16, *caput* e parágrafo único, da Lei 4.506/64, inclusive quando reconhecidos em reclamatórias trabalhistas, apesar de sua natureza indenizatória reconhecida pelo mesmo dispositivo legal. Primeira exceção: são isentos de IRPF os juros de mora quando pagos no contexto de despedida ou rescisão do contrato de trabalho, em reclamatórias trabalhistas ou não. Isto é, quando o trabalhador perde o emprego, os juros de mora incidentes sobre as verbas remuneratórias ou indenizatórias que lhe são pagas são isentos de imposto de renda. A isenção é circunstancial para proteger o trabalhador em uma situação socioeconômica desfavorável (perda do emprego), daí a incidência do art. 6º, V, da Lei 7.713/88. Nesse sentido, quando reconhecidos em reclamatória trabalhista, não basta haver a ação trabalhista, é preciso que a reclamatória se refira também às verbas decorrentes da perda do emprego, sejam indenizatórias, sejam remuneratórias. Nem todas as reclamatórias trabalhistas discutem verbas de despedida ou rescisão de contrato de trabalho, ali podem ser discutidas outras verbas ou haver o contexto de continuidade do vínculo empregatício. A discussão exclusiva de verbas dissociadas do fim do vínculo empregatício exclui a incidência do art. 6º, inciso V, da Lei 7.713/88. O fator determinante para ocorrer a isenção do art. 6º, inciso V, da Lei 7.713/88 é haver a perda do emprego e a fixação das verbas respectivas, em juízo ou fora dele. Ocorrendo isso, a isenção abarca tanto os juros incidentes sobre as verbas indenizatórias e remuneratórias quanto os juros incidentes sobre as verbas não isentas. Segunda exceção: são isentos do imposto de renda os juros de mora incidentes sobre verba principal isenta ou fora do campo de incidência do IR, mesmo quando pagos fora do contexto de despedida ou rescisão do contrato de trabalho (circunstância em que não há perda do emprego), consoante a regra do *accessorium sequitur suum principale*. Em que pese haver nos autos verbas reconhecidas em reclamatória trabalhista, não restou demonstrado que o foram no contexto de despedida ou rescisão do contrato de trabalho (circunstância de perda do emprego)" (STJ-1ª Seção, REsp 1.089.720, Min. Mauro Campbell, j. 10.10.12 maioria, DJ 28.11.12).

Todavia: "Os juros de mora correspondem à remuneração do capital e se enquadram na hipótese prevista no art. 43, I, do CTN ('produto de capital'), passível de incidência de Imposto de Renda, independentemente da natureza jurídica da prestação pecuniária principal à qual estejam vinculados" (STJ-2ª T., REsp 718.408, Min. Herman Benjamin, j. 23.10.07, DJ 23.10.08).

Art. 406: 1b. s/ taxa para juros remuneratórios, v. art. 591 e notas e Dec. 22.626, de 7.4.33, especialmente art. 1º e notas (no nosso CCLCV, tít. MÚTUO).

Art. 406: 1c. Cobrar juros acima da taxa legal constitui crime contra a economia popular (Lei 1.521, de 26.12.51, art. 4º-*a*, em RT 197/530, Lex 1951/521, RF 139/563).

Art. 406: 2. **Lei 4.414, de 24.9.64** — Regula o pagamento de juros moratórios pela União, pelos Estados, Distrito Federal, Municípios e autarquias (RT 350/671, Lex 1964/812, RDA 79/547): **"Art. 1º** A União, os Estados, o Distrito Federal, os Municípios e as autarquias, quando condenados a pagar juros de mora, por este responderão na forma do direito civil".

O texto diz "este", e não "estes".

A Lei 4.414 revogou expressamente o Dec. 22.785, de 31.5.33, art. 3º, e implicitamente a Súmula 255 do STF.

Lei 9.494, de 10.9.97 — Disciplina a aplicação da tutela antecipada contra a Fazenda Pública e dá outras providências:

"Art. 1º-F. Nas condenações impostas à Fazenda Pública, independentemente de sua natureza e para fins de atualização monetária, remuneração do capital e compensação da mora, haverá a incidência uma única vez, até o efetivo pagamento, dos índices oficiais de remuneração básica e juros aplicados à caderneta de poupança".

Art. 406: 3. **Súmula 176 do STJ:** "É nula a cláusula contratual que sujeita o devedor à taxa de juros divulgada pela ANBID-CETIP".

Súmula 379 do STJ: "Nos contratos bancários não regidos por legislação específica, os juros moratórios poderão ser convencionados até o limite de 1% ao mês".

Enunciado 164 do CEJ: "Tendo início a mora do devedor ainda na vigência do Código Civil de 1916, são devidos juros de mora de 6% ao ano, até 10 de janeiro de 2003; a partir de 11 de janeiro de 2003 (data de entrada em vigor do novo Código Civil), passa a incidir o art. 406 do Código Civil de 2002".

Art. 406: 4. "Segundo dispõe o art. 406 do Código Civil, 'Quando os juros moratórios não forem convencionados, ou o forem sem taxa estipulada, ou quando provierem de determinação da lei, serão fixados segundo a taxa que estiver em vigor para a mora do pagamento de impostos devidos à Fazenda Nacional'. Assim, atualmente, a taxa dos juros moratórios a que se refere o referido dispositivo é a taxa referencial do Sistema Especial de Liquidação e Custódia — **SELIC**, por ser ela a que incide como juros moratórios dos tributos federais (arts. 13 da Lei 9.065/95, 84 da Lei 8.981/95, 39, § 4º, da Lei 9.250/95, 61, § 3º, da Lei 9.430/96 e 30 da Lei 10.522/02)" (STJ-Corte Especial, ED no REsp 727.842, Min. Teori Zavascki, j. 8.9.08, DJ 20.11.08).

"A taxa de juros moratórios a que se refere o art. 406 do Código Civil de 2002, segundo precedente da Corte Especial (EREsp 727842/SP, rel. Min. Teori Zavascki), é a SELIC, **não sendo possível cumulá-la com correção monetária,** porquanto já embutida em sua formação" (STJ-2ª Seção, REsp 1.025.298-EDcl, Min. Luis Felipe, maioria, j. 28.11.12, DJ 1.2.13). "No período anterior a constituição em mora (antes da citação), a atualização monetária dos valores devidos deve ser feita pelo índice indicado na sentença. Após a constituição em mora, incidência apenas da taxa Selic, sem cumulação com correção monetária" (STJ-3ª T., REsp 1.403.005, Min. Paulo Sanseverino, j. 6.4.17, DJ 11.4.17).

"Considerando que a taxa SELIC, em sua essência, já compreende juros de mora e atualização monetária, a partir de sua incidência **não há cumulação desse índice com juros de mora"** (STJ-2ª T., REsp 976.974-EDcl, Min. Castro Meira, j. 7.2.13, DJ 15.2.13).

Contra: "Até a data da entrada em vigor do novo Código Civil, os juros moratórios são regulados pelo artigo 1.062 do Código Beviláqua. Depois daquela data, aplica-se a taxa prevista no artigo 406 do atual Código Civil, na razão de **1% ao mês**. A taxa SELIC tem aplicação específica a casos previstos em Lei, tais como restituição ou compensação de tributos federais. Não é a ela que se refere o art. 406 do novo Código Civil, mas ao percentual previsto no art. 161, § 1º, do CTN" (STJ-RF 396/397: 3ª T., REsp 727.842-AgRg). No mesmo sentido: STJ-2ª T., REsp 970.586, Min. Humberto Martins, j. 21.8.07, DJU 3.9.07; RT 863/339.

"A taxa SELIC é composta de juros e correção monetária, não podendo ser acumulada com juros moratórios. Sua incidência, assim, configura evidente *bis in idem*, porquanto faz as vezes de juros moratórios, compensatórios e remuneratórios, a par de neutralizar os efeitos da inflação, constituindo-se em correção monetária por vias oblíquas. Daí por que impossível sua acumulação com os juros moratórios. A adoção da SELIC conduz ao desequilíbrio social e à insegurança jurídica, porquanto é alterada unilateralmente pela Administração Federal conforme os 'ânimos' do mercado financeiro e indicadores de inflação. Nesse contexto, por refletir atualização monetária e remuneração, a taxa SELIC não se perfaz em instrumento adequado para corrigir débitos decorrentes de benefícios previdenciários em atraso, que possuem natureza alimentar e visam atender fins sociais" (STJ-5ª T., REsp 823.228, Min. Gilson Dipp, j. 6.6.06, DJU 1.8.06). No mesmo sentido: STJ-6ª T., REsp 823.216, Min. Paulo Gallotti, dec. mon., DJU 7.3.07.

"Em face da responsabilidade extracontratual, os juros de mora devem ser aplicados à taxa de 0,5% ao mês, na forma do artigo 1.062 do antigo Código Civil até a entrada em vigor do novo, quando deverá ser calculado à taxa de 1% ao mês" (STJ-2ª T., REsp 804.628, Min. Castro Meira, j. 18.4.06, DJU 28.4.06). No mesmo sentido, em caso de responsabilidade contratual: STJ-3ª T., AI 766.853-AgRg, Min. Gomes de Barros, j. 19.9.06, DJU 16.10.06; STJ-4ª T., AI 791.802-AgRg, Min. Aldir Passarinho Jr., j. 11.12.07, DJU 18.2.08.

"Sobre a condenação em honorários advocatícios determinada no julgamento do recurso especial, devem incidir correção monetária pelo INPC e juros de mora de 1% (um por cento) ao mês, desde a data da publicação do acórdão até o efetivo pagamento. A taxa SELIC não incide na atualização dos honorários por sucumbência" (STJ-3ª T., REsp 337.094-EDcl, Min. Gomes de Barros, j. 9.5.06, DJU 29.5.06). No mesmo sentido: STJ-1ª T., REsp 396.003, Min. Luiz Fux, j. 1.10.02, DJU 28.10.02.

Enunciado 20 do CEJ: "A taxa de juros moratórios a que se refere o art. 406 é a do art. 161, § 1º, do Código Tributário Nacional, ou seja, 1% (um por cento) ao mês. A utilização da taxa SELIC como índice de apuração dos juros legais não é juridicamente segura, porque impede o prévio conhecimento dos juros; não é operacional, porque seu uso será inviável sempre que se calcularem somente juros ou somente correção monetária; é incompatível com a regra do art. 591 do novo Código Civil, que permite apenas a capitalização anual dos juros, e pode ser incompatível com o art. 192, § 3º, da Constituição Federal, se resultarem juros reais superiores a 12% (doze por cento) ao ano". Mas "a norma do § 3º do artigo 192 da Constituição, revogada pela Emenda Constitucional n. 40/2003, que limitava a taxa de juros reais a 12% ao ano, tinha sua aplicação condicionada à edição de lei complementar" **(Súmula Vinculante 7 do STF).**

Súmula 75 do TRF-4ª Reg.: "Os juros moratórios, nas ações previdenciárias, devem ser fixados em 12% ao ano, a contar da citação".

"Os juros de que trata o art. 406 do Código Civil/2002 incidem desde sua vigência e são aqueles estabelecidos pelo art. 161, § 1º, do Código Tributário Nacional" **(Enunciado 28 do I Encontro JECSP,** Bol. AASP 2.554).

S/ atualização monetária e juros nas condenações impostas à **Fazenda Pública,** v., na nota 2 acima, **Lei 9.494, de 10.9.97, art. 1º-F.**

Art. 406: 4a. "Não há violação à coisa julgada e à norma do art. 406 do novo Código Civil, quando o título judicial exequendo, exarado em momento anterior ao CC/02, fixa os juros de mora em 0,5% ao mês e, na execução do julgado, determina-se a incidência de juros de 1% ao mês a partir da lei nova. Segundo a jurisprudência das duas Turmas de Direito Público desta Corte, devem ser examinadas quatro situações, levando-se em conta a data da prolação da sentença exequenda: (a) se esta foi proferida antes do CC/02 e determinou juros legais, deve ser observado que, até a entrada em vigor do novo CC, os juros eram de 6% ao ano (art. 1.062 do CC/16), elevando-se, a partir de então, para 12% ao ano; (b) se a sentença exequenda foi proferida antes da vigência do CC/02 e fixava juros de 6% ao ano, também se deve adequar os juros após a entrada em vigor dessa legislação, tendo em vista que a determinação de 6% ao ano apenas obedecia aos parâmetros legais da época da prolação; (c) se a sentença é posterior à entrada em vigor do novo CC e determinar juros legais, também se considera de 6% ao ano até 11 de janeiro de 2003 e, após, de 12% ao ano; e (d) se a sentença é posterior ao novo CC e determina juros de 6% ao ano e não houver recurso, deve ser aplicado esse percentual, eis que a modificação depende de iniciativa da parte" [STJ-1ª Seção, REsp 1.112.746, Min. Castro Meira, j. 12.8.09, DJ 31.8.09; nota: apesar de o trecho da ementa mencionado anteriormente dar a entender que os juros de mora a partir do CC/02 seriam de 12% ao ano, outro trecho da ementa esclarece que "a taxa dos juros moratórios a que se refere o referido dispositivo (art. 406 do CC/02) é a taxa referencial do Sistema Especial de Liquidação e Custódia — SELIC"]. No mesmo sentido: STJ-Corte Especial, REsp 1.111.117, Min. Mauro Campbell, j. 2.6.10, maioria, DJ 2.9.10.

Art. 406: 5. **Súmula 472 do STJ:** "A cobrança de **comissão de permanência** — cujo valor não pode ultrapassar a soma dos encargos remuneratórios e moratórios previstos no contrato — exclui a exigibilidade dos juros remuneratórios, moratórios e da multa contratual".

"É admitida a incidência da comissão de permanência após o vencimento da dívida, desde que não cumulada com juros remuneratórios, juros moratórios, correção monetária e/ou multa contratual" (STJ-2ª Seção, REsp 706.368-AgRg, Min. Nancy Andrighi, j. 27.4.05, DJU 8.8.05).

"Se a mora for do credor (e será dele quando cobrar mais do que o devido), findo o prazo contratual, e até o trânsito em julgado, o devedor responderá pelos juros remuneratórios à taxa média de mercado, nunca superiores àquela contratada para o empréstimo, e pela respectiva capitalização. Após o trânsito em julgado, a instituição financeira está autorizada a cobrar do mutuário juros remuneratórios de mercado, nunca superiores aos contratados, e — se ajustados — juros de mora e multa" (STJ-3ª T., REsp 999.717-AgRg, Min. Ari Pargendler, j. 6.3.08, DJU 16.5.08).

"Os juros já englobados no retorno financeiro de um fundo de investimento, chamados juros compensatórios ou remuneratórios, não se confundem com os juros moratórios, cujo fundamento de incidência é diverso, qual seja, penalizar aquele que demorou em cumprir a obrigação" (STJ-3ª T., REsp 1.164.235, Min. Nancy Andrighi, j. 15.12.11, DJ 29.2.12).

V. tb. nota 1 ao art. 591 (Súmula 296 do STJ); nota 1 ao art. 2º do Dec. 22.626, de 7.4.33 (no nosso CCLCV, tít. MÚTUO).

Art. 407. Ainda que se não alegue prejuízo, é obrigado o devedor aos juros da mora que se contarão assim às dívidas em dinheiro, como às prestações de outra natureza,[1] uma vez que lhes esteja fixado o valor pecuniário por sentença judicial, arbitramento, ou acordo entre as partes. [Dispositivo correspondente no CC/1916: art. 1.064.]

Art. 407: 1. "Incidência de juros de mora na **obrigação para entrega de coisa.** Exegese do art. 407 do Código Civil" (STJ-3ª T., REsp 1.198.880, Min. Paulo Sanseverino, j. 20.9.12, maioria, DJ 11.12.12). Do voto do relator, reproduzindo lição de Judith Martins-Costa: "Se a dívida não for a dinheiro, os juros moratórios se contam sobre o valor pecuniário que se der ao objeto da prestação, por sentença, ou por acordo entre as partes".

Capítulo V | DA CLÁUSULA PENAL[1]

✎ **CAP. V: 1.** "Miradas sobre a cláusula penal no direito contemporâneo (à luz do direito civil-constitucional, do novo Código Civil e do Código de Defesa do Consumidor)", por Cristiano Chaves de Farias (RT 797/43, RF 364/31).

Art. 408. Incorre de pleno direito o devedor na cláusula penal,[1 a 2] desde que, culposamente, deixe de cumprir a obrigação ou se constitua em mora.[3] [Dispositivo correspondente no CC/1916: art. 921.]

Art. 408: 1. **Súmula 616 do STF (Cumulação de multa com honorários de advogado):** "É permitida a cumulação da multa contratual com os honorários de advogado, após o advento do Código de Processo Civil vigente".

Súmula 119 do TFR: "A partir da vigência do Cód. de Proc. Civil de 1973, é cabível a cumulação da multa contratual com honorários advocatícios, na execução hipotecária, regida pela Lei n. 5.741, de 1971".

Art. 408: 1a. Súmula 16 do TJSC: "A multa cominatória a que se referiam os artigos 916 e seguintes do Código Civil revogado (objeto dos artigos 408 e seguintes do Novo Código Civil) incide sobre o valor da obrigação principal, corrigido, acrescido dos juros impostos na sentença, quando o litígio versar sobre seguro habitacional".

Art. 408: 1b. s/ cláusula penal em matéria de: transporte de pessoas, v. art. 740 § 3º; transação, v. art. 847.

Art. 408: 1c. "A inércia do **credor** justifica a cobrança da multa por inadimplemento, prevista no contrato" (STJ-3ª T., REsp 796.714, Min. Gomes de Barros, j. 3.4.07, DJU 14.5.07).

Art. 408: 1d. "A cláusula penal inserta em contratos bilaterais, onerosos e comutativos deve voltar-se aos contratantes indistintamente, ainda que redigida apenas em favor de uma das partes" (STJ-RT 914/547: 3ª T., REsp 1.119.740).

Art. 408: 2. "Validade da previsão de arras confirmatórias e cláusula penal compensatória num mesmo contrato, prevalecendo esta no caso de resolução por inadimplemento" (STJ-3ª T., REsp 1.381.652, Min. Paulo Sanseverino, j. 12.8.14, DJ 5.9.14).

Art. 408: 3. s/ mora v. arts. 394 a 401.

Art. 409. A cláusula penal estipulada conjuntamente com a obrigação, ou em ato posterior, pode referir-se à inexecução completa da obrigação, à de alguma cláusula especial ou simplesmente à mora.[1-2] [Dispositivos correspondentes no CC/1916: arts. 916 e 917.]

Art. 409: 1. A que se refere à inexecução da obrigação ou de alguma cláusula especial é chamada de "cláusula penal compensatória" e a que se refere à mora é chamada de "cláusula penal moratória".

"Na falta de critérios mais precisos para se definir quando é compensatória ou moratória a cláusula penal, recomenda a doutrina 'que se confronte o seu valor com o da obrigação principal, e, se ressaltar sua patente inferioridade, é moratória' (Caio Mário da Silva Pereira); *in casu*, a cláusula penal foi fixada em 10% do valor do contrato, o que, à luz do critério acima traçado, exterioriza e denota sua natureza moratória" (STJ-4ª T., REsp 734.520, Min. Quaglia Barbosa, j. 21.6.07, DJU 15.10.07).

Art. 409: 2. "Apresentando-se a estipulação de abono de pontualidade com nítido caráter de cláusula penal, inadmissível a cobrança de multa moratória sobre o valor integral do aluguel, por se constituir em verdadeiro *bis in idem*" (RT 795/257).

Art. 410. Quando se estipular a cláusula penal para o caso de total inadimplemento da obrigação, esta converter-se-á em alternativa[1] a benefício do credor.[2] [Dispositivo correspondente no CC/1916: art. 918.]

Art. 410: 1. i.e., o credor pode exigir ou o cumprimento da obrigação, ou a satisfação da cláusula penal. Optando por esta, não pode, em regra, pedir nenhuma outra indenização, na medida em que as perdas e danos já estão prefixadas na cláusula penal. O recebimento de indenização suplementar, ou seja, de valor que supere o previsto na cláusula penal, somente pode ter lugar se as partes dispuseram expressamente a respeito e houver prova do prejuízo excedente (art. 416 § ún.).

Art. 410: 2. "Na dicção do art. 410 do Código Civil brasileiro, é vedado ao credor cumular a execução da obrigação principal com a multa penal compensatória, sob risco de enriquecimento indevido do mesmo" (RMDCPC 58/131: TJMG, AP 1.0498.11.002686-7/001).

Art. 411. Quando se estipular a cláusula penal para o caso de mora,[1] ou em segurança especial de outra cláusula determinada, terá o credor o arbítrio de exigir a satisfação da pena cominada, juntamente com o desempenho da obrigação principal.[2-3] [Dispositivo correspondente no CC/1916: art. 919.]

Art. 411: 1. s/ mora, v. arts. 394 a 401; s/ cláusula penal moratória, v. notas 1 e 2 ao art. 409.

Art. 411: 2. "A instituição de cláusula penal moratória não compensa o inadimplemento, pois se traduz em punição ao devedor que, a despeito de sua incidência, se vê obrigado ao pagamento de indenização relativa aos prejuízos dele decorrentes" (STJ-4ª T., REsp 968.091, Min. Fernando Gonçalves, j. 19.3.09, DJ 30.3.09).

"Se a cláusula penal compensatória funciona como prefixação das perdas e danos, o mesmo não ocorre com a cláusula penal moratória, que não compensa nem substitui o inadimplemento, apenas pune a mora. Assim, a cominação contratual de uma multa para o caso de mora não interfere na responsabilidade civil decorrente do retardo no cumprimento da obrigação que já deflui naturalmente do próprio sistema. O promitente comprador, em caso de atraso na entrega do imóvel adquirido, pode pleitear, por isso, além da multa moratória expressamente estabelecida no contrato, também o cumprimento mesmo que tardio da obrigação e ainda a indenização correspondente aos lucros cessantes pela não fruição do imóvel durante o período da mora da promitente vendedora" (STJ-3ª T., REsp 1.355.554, Min. Sidnei Beneti, j. 6.12.12, DJ 4.2.13).

Art. 411: 3. "É possível a **cumulação da multa moratória** em razão da falta de pagamento de aluguéis **com a multa compensatória** estipulada no contrato de locação em virtude da devolução do imóvel antes do prazo estipulado para o término da locação. Tais **fatos geradores,** por serem **diversos,** não configuram, *bis in idem*" (STJ-3ª T., Ag em REsp 388.570-AgRg, Min. Ricardo Cueva, j. 16.6.16, DJ 27.6.16).

Art. 412. O valor da cominação imposta na cláusula penal não pode exceder o da obrigação principal.[1 a 3] [Dispositivo correspondente no CC/1916: art. 920.]

Art. 412: 1. Pelo **CDC 52 § 1º** (redação dada pela Lei 9.298, de 1.8.96, em Lex 1996/1.860, RT 730/713, RDA 205/387, Bol. AASP 1.964/2): "As multas de mora decorrentes do inadimplemento de obrigações no seu termo não poderão ser superiores a 2% (dois por cento) do valor da prestação".

Nos casos seguintes, não podem ser superiores a 10% do montante do débito:

— nos mútuos (Dec. 22.626, de 7.4.33, art. 9º;

— nas promessas de compra e venda de imóvel loteado e, se for urbano, também nas cessões de compromisso e nas promessas de cessão (Dec. lei 58, de 10.12.37, art. 11-*f*; Lei 6.766, de 19.12.79, art. 26-V;

— nas cédulas hipotecárias (Dec. lei 70, de 21.11.66, art. 34-I;

— nos títulos de crédito rural (Dec. lei 167, de 14.2.67, art. 71;

— nos títulos de crédito industrial (Dec. lei 413, de 9.1.69, art. 58, em RT 400/482, Lex 1969/21, RF 226/439);

— nos títulos de crédito à exportação (v. art. 3º da Lei 6.313, de 16.12.75, c/c art. 58 do Dec. lei 413, de 9.1.69).

Quanto a multas nos condomínios edilícios, v. CC 1.336 §§ 1º e 2º e 1.337.

Art. 412: 2. "A cláusula penal, ainda que nominada multa diária por descumprimento do contrato, não pode exceder ao máximo da obrigação principal" (STJ-3ª T., REsp 796.714, Min. Gomes de Barros, j. 3.4.07, DJU 14.5.07).

Art. 412: 3. "As ***demurrages*** têm natureza jurídica de indenização, e não de cláusula penal, o que afasta a incidência do art. 412 do Código Civil. Se o valor das *demurrages* atingir patamar excessivo apenas em função da desídia da parte obrigada a restituir os *containers*, deve ser privilegiado o princípio *pacta sunt servanda*, sob pena de o Poder Judiciário premiar a conduta faltosa da parte devedora" (STJ-3ª T., REsp 1.286.209, Min. João Otávio, j. 8.3.16, DJ 14.3.16). No mesmo sentido: STJ-4ª T., Ag em REsp 842.151-AgInt, Min. Raul Araújo, j. 21.3.17, DJ 7.4.17.

Art. 413. A penalidade deve ser reduzida equitativamente pelo juiz se a obrigação principal tiver sido cumprida em parte, ou se o montante da penalidade for manifestamente excessivo, tendo-se em vista a natureza e a finalidade do negócio.[1 a 6]
[Dispositivo correspondente no CC/1916: art. 924.]

Art. 413: 1. "A redução da cláusula penal no novo Código Civil", por Antonio Borges de Figueiredo (RSDCPC 23/152).

Art. 413: 2. **Enunciado 165 do CEJ:** "Em caso de penalidade, aplica-se a regra do art. 413 ao sinal, sejam as arras confirmatórias ou penitenciais".

Enunciado 355 do CEJ: "Não podem as partes renunciar à possibilidade de redução da cláusula penal se ocorrer qualquer das hipóteses previstas no art. 413 do Código Civil, por se tratar de preceito de ordem pública".

Enunciado 356 do CEJ: "Nas hipóteses previstas no art. 413 do Código Civil, o juiz deverá reduzir a cláusula penal de ofício".

Enunciado 358 do CEJ: "O caráter manifestamente excessivo do valor da cláusula penal não se confunde com a alteração de circunstâncias, a excessiva onerosidade e a frustração do fim do negócio jurídico, que podem incidir autonomamente e possibilitar sua revisão para mais ou para menos".

Enunciado 359 do CEJ: "A redação do art. 413 do Código Civil não impõe que a redução da penalidade seja proporcionalmente idêntica ao percentual adimplido".

Art. 413: 3. Para essa redução, o juiz deve considerar sobretudo a boa-fé e a função social do contrato (arts. 113, 421 e 422).

S/ penalidade em matéria de: locação, v. arts. 572, 575 § ún. e LI 4º-*caput*; relação de consumo, v. CDC 51-IV.

Art. 413: 4. "No atual Código Civil, o abrandamento do valor da cláusula penal em caso de adimplemento parcial é **norma cogente e de ordem pública,** consistindo em dever do juiz e direito do devedor a aplicação dos princípios da função social do contrato, da boa-fé objetiva e do equilíbrio econômico entre as prestações, os quais convivem harmonicamente com a autonomia da vontade e o princípio *pacta sunt servanda* (STJ-3ª T., REsp 1.641.131, Min. Nancy Andrighi, j. 16.2.17, DJ 23.2.17).

"A norma do art. 924 do Código Civil é disposição destinada a proteger a pessoa do devedor; de interesse público e não pode ser invalidada pela convenção das partes. Os apelantes satisfizeram grande parte do preço, justificando, assim, a redução da cláusula penal" (STJ-4ª T., AI 115.023-AgRg, Min. Barros Monteiro, j. 3.9.02, DJU 25.11.02). O art. 924 do CC rev. corresponde ao CC 413.

Art. 413: 5. "A redução da cláusula penal é, no adimplemento parcial, realizada por avaliação equitativa do juiz, a qual relaciona-se à averiguação proporcional da utilidade ou vantagem que o pagamento, ainda que imperfeito, tenha oferecido ao credor, ao grau de culpa do devedor, a sua situação econômica e ao montante adimplido, além de outros parâmetros, que não implicam, todavia, necessariamente, uma correspondência exata e matemática entre o grau de inexecução e o de abrandamento da multa. Considerando, assim, que **não há necessidade de correspondência exata entre a redução e o quantitativo da mora,** que a avença foi firmada entre pessoas jurídicas — não tendo, por esse motivo, ficado evidenciado qualquer desequilíbrio de forças entre as contratantes —, que houve pequeno atraso no pagamento de duas prestações e que o adimplemento foi realizado de boa-fé pela recorrente, considera-se, diante das peculiaridades da hipótese concreta, equitativo e proporcional que o valor da multa penal seja reduzido para 0,5% do valor de cada parcela em atraso" (STJ-3ª T., REsp 1.641.131, Min. Nancy Andrighi, j. 16.2.17, DJ 23.2.17).

"A redução equitativa da cláusula penal a ser feita pelo juiz quando a obrigação principal tiver sido cumprida em parte não é sinônimo de redução proporcional. A equidade é cláusula geral que visa a um modelo ideal de justiça, com aplicação excepcional nos casos legalmente previstos. Tal instituto tem diversas funções, dentre elas a equidade corretiva, que visa ao equilíbrio das prestações, exatamente o caso dos autos. Correta a redução da cláusula penal em 50%, visto que o critério adotado pelo Código Civil de 2002 é o da equidade, não havendo falar em percentual de dias cumpridos do contrato. No caso, as rés informaram à autora sobre a rescisão contratual quando os compromissos profissionais assumidos com outra emissora de televisão já estavam integralmente consolidados" (STJ-4ª T., REsp 1.186.789, Min. Luis Felipe, j. 20.3.14, DJ 13.5.14).

Art. 413: 6. "Descabimento da redução da penalidade com base no cumprimento parcial da obrigação na hipótese em que a **prestação** é **incindível** ou, sendo cindível, não tenha o credor concordado, expressa ou tacitamente, com a cisão do negócio jurídico" (STJ-3ª T., REsp 1.381.652, Min. Paulo Sanseverino, j. 12.8.14, DJ 5.9.14).

Art. 414. Sendo indivisível a obrigação,[1] todos os devedores, caindo em falta um deles, incorrerão na pena; mas esta só se poderá demandar integralmente do culpado, respondendo cada um dos outros somente pela sua quota. [Dispositivo correspondente no CC/1916: art. 925-*caput*.]

Parágrafo único. Aos não culpados fica reservada a ação regressiva[2] contra aquele que deu causa à aplicação da pena. [Dispositivo correspondente no CC/1916: art. 925 § ún.]

Art. 414: 1. v. arts. 87, 88 (bens divisíveis) e 258 a 263 (obrigações indivisíveis).

Art. 414: 2. v. CPC 125-II (denunciação da lide).

Art. 415. Quando a obrigação for divisível,[1] só incorre na pena o devedor ou o herdeiro do devedor que a infringir, e proporcionalmente à sua parte na obrigação. [Dispositivo correspondente no CC/1916: art. 926.]

Art. 415: 1. s/ bens divisíveis, v. arts. 87 e 88; s/ obrigações divisíveis, v. arts. 257 e 314; s/ obrigação que perde a qualidade de indivisível por resolução em perdas e danos, v. art. 263 e notas.

Art. 416. Para exigir a pena convencional, não é necessário que o credor alegue prejuízo.[1] [Dispositivo correspondente no CC/1916: art. 927-*caput*.]

Parágrafo único. Ainda que o prejuízo exceda ao previsto na cláusula penal, não pode o credor exigir indenização suplementar se assim não foi convencionado.[2-3] Se o tiver sido, a pena vale como mínimo da indenização, competindo ao credor provar o prejuízo excedente. [Sem dispositivo correspondente no CC/1916.]

Art. 416: 1. a exemplo dos juros moratórios, cf. art. 407.

Art. 416: 2. diversamente das arras confirmatórias, cf. art. 419.

Art. 416: 3. "Cláusula penal. Estipulação que constitui fixação antecipada de perdas e danos. Não cabimento da cumulação da cláusula penal e das perdas e danos" (RT 871/238).

Capítulo VI | DAS ARRAS OU SINAL[1-2]

✎ **CAP. VI: 1.** "As arras e a cláusula penal no Código Civil de 2002", por Thiago Luís Santos Sombra (RT 917/75).

CAP. VI: 2. As arras se dividem em: a) confirmatórias (arts. 418 e 419), que buscam solidificar o acordo e sua obrigatoriedade; e b) penitenciais (art. 420), que buscam garantir o direito de arrependimento às partes.

Art. 417. Se, por ocasião da conclusão do contrato, uma parte der à outra, a título de arras, dinheiro ou outro bem móvel, deverão as arras, em caso de execução, ser restituídas ou computadas na prestação devida, se do mesmo gênero da principal.[1-2] [Sem dispositivo correspondente no CC/1916.]

Art. 417: 1. v. art. 413, nota 2 (Enunciado 165 do CEJ). S/ cumulação entre arras e cláusula penal, v. art. 408, nota 2.

Art. 417: 2. "O pagamento inicial do valor do negócio descaracteriza-se como arras confirmatórias quando representa o adimplemento de parte substancial da dívida" (STJ-4ª T., REsp 761.944, Min. João Otávio, j. 5.11.09, DJ 16.11.09).

Art. 418. Se a parte que deu as arras não executar o contrato, poderá a outra tê-lo por desfeito, retendo-as; se a inexecução for de quem recebeu as arras, poderá quem as deu haver o contrato por desfeito, e exigir sua devolução mais o equivalente,[1] com atualização monetária segundo índices oficiais regularmente estabelecidos,[1a] juros[2] e honorários de advogado.[3] [Sem dispositivo correspondente no CC/1916.]

Art. 418: 1. "Devidamente comprovado nos autos que o insucesso do negócio se deu porque sobre o imóvel em questão fora instituído usufruto vitalício em favor de terceiro e que a inexecução do contrato não se deveu à mera desistência imotivada da compradora, mas à existência de impedimento da qual ela não tinha conhecimento, é forçoso reconhecer a culpa do apelado na frustração do negócio jurídico, em razão de informações inverídicas sobre a real situação do imóvel, cabendo a devolução em dobro das arras, na forma do artigo 418 do CC" (RT 876/343: TJRJ, AP 25.590/2008).

Art. 418: 1a. v. art. 389, nota 3.

Art. 418: 2. v. art. 406.

Art. 418: 3. Aplica-se aqui o Enunciado 161 do CEJ (v. art. 389, nota 5): somente são devidos honorários se houve efetiva atuação do advogado.

Art. 419. A parte inocente pode pedir indenização suplementar,[1] se provar maior prejuízo, valendo as arras como taxa mínima.[1a] Pode, também, a parte inocente exigir a execução do contrato, com as perdas e danos, valendo as arras como o mínimo da indenização.[2] [Sem dispositivo correspondente no CC/1916.]

Art. 419: 1. s/ cumulação de indenização suplementar com cláusula penal, v. art. 416 § ún.

Art. 419: 1a. Todavia, a indenização suplementar é vedada se o contrato garante o direito de arrependimento às partes. Nesse caso, tem-se a figura das arras penitenciais (art. 420, *in fine*).

Art. 419: 2. Este dispositivo trata apenas das arras confirmatórias, que são aquelas previstas em contratos que não estipulam o direito de arrependimento às partes. Sendo assim, é natural que a parte inocente possa exigir, além das arras, o cumprimento da obrigação principal.

Art. 420. Se no contrato for estipulado o direito de arrependimento para qualquer das partes,[1] as arras ou sinal terão função unicamente indenizatória. Neste caso, quem as deu perdê-las-á em benefício da outra parte; e quem as recebeu devolvê-las-á mais o equivalente. Em ambos os casos não haverá direito a indenização suplementar. [Dispositivo correspondente no CC/1916: art. 1.095.]

Art. 420: 1. Súmula 412 do STF (Arrependimento na promessa de venda): "No compromisso de compra e venda com cláusula de arrependimento, a devolução do sinal, por quem o deu, ou a sua restituição em dobro, por quem o recebeu, exclui indenização maior, a título de perdas e danos, salvo os juros moratórios e os encargos do processo".

Título V | DOS CONTRATOS EM GERAL[1-2]

Capítulo I | DISPOSIÇÕES GERAIS[1]

Seção I | PRELIMINARES

✎ **TÍT. V: 1.** "Contratos: perfil jurisprudencial no direito brasileiro vigente", por Carlos Alberto Bittar Filho (RT 801/115); "Análise jurídica dos contratos na área de direito de propriedade intelectual: fundamentação civil, comercial ou consumerista a respeito da responsabilidade", por Adriana Carvalho Pinto Vieira e Carla Fátima da Silva Lana (RDPr 15/145); "Contrato no novo Código Civil", por Geraldo Gonçalves da Costa (RJ 316/37); "Responsabilidade civil pós-contratual", por Marco Antonio Trevisan (RDPr 16/199); "Causa concreta, qualificação contratual, modelo jurídico e regime normativo: notas sobre uma relação de homologia a partir de julgados brasileiros", por Luciano de Camargo Penteado (RDPr 20/235); "Princípios dos contratos e mudanças sociais", por Paulo Luiz Netto Lôbo (RJ 329/9); "Funcionalização do contrato: o direito privado e a organização econômico-social contemporânea", por Lucas Abreu Barroso e Andreza Soares da Cruz (RDPr 24/79); "A evolução da responsabilidade civil e dos contratos no direito francês e brasileiro", por Arnoldo Wald (RT 845/81 e RF 382/15); "A interpretação das cláusulas gerais: a subsunção e a concreção dos conceitos", por Fabiano Menke (Ajuris 103/69); "O contrato no Código Civil de 2002", por Arnoldo Wald (RMDCPC 2/5); "Princípios norteadores da intervenção judicial no contrato normas abertas *versus* segurança jurídica", por Luciano Felix do Amaral e Silva (RDPr 37/130); "A redação de contratos", por Flávia Lubieska N. Kischelewski (RJ 382/51); "A causa dos contratos: estudo sintético acerca da teoria da causa no sistema brasileiro", por Alexandre Gaetano Nicola Liquidato (RIDCPC 63/93); "Qualificação e coligação contratual", por Carlos Nelson Konder (RF 406/55).

TÍT. V: 2. Interpretação: do negócio jurídico, arts. 112 a 114; do contrato de adesão, art. 423; da fiança, art. 819; da transação, art. 843.

S/ contrato coligado e responsabilidade solidária, v. art. 264, nota 7.

CAP. I: 1. Disposição transitória: "Art. 2.035 § ún. Nenhuma convenção prevalecerá se contrariar preceitos de ordem pública, tais como os estabelecidos por este Código para assegurar a função social da propriedade e dos contratos".

Art. 421. A liberdade de contratar será exercida em razão e nos limites da função social do contrato.[1 a 5] [Sem dispositivo correspondente no CC/1916.]

Art. 421: 1. "O relativismo da autonomia da vontade e a intervenção estatal nos contratos", por Cassio M. C. Penteado Jr. (RDPr 14/148 e RF 382/15); "Autonomia da vontade no direito contratual", por Maria Angélica Benetti Araújo (RDPr 27/279); "A função social e ética do contrato como fundamento jurídico de parceria e o novo Código Civil de 2002", por Arnoldo Wald (RF 364/23); "O novo Código Civil e as cláusulas gerais: exame da função social do contrato", por Eduardo Sens dos Santos (RF 364/83); "A função social do contrato e o princípio da boa-fé no novo Código Civil Brasileiro", por Adriana Mandim Theodoro de Mello (RT 801/11 e RF 364/3); "A função social do contrato. Elementos para uma conceituação", por Eduardo Sens dos Santos (RDPr 13/99); "O princípio da função social do contrato no Código Civil", por João Hora Neto (RDPr 14/38); "A função social dos contratos no novo Código Civil", por Arruda Alvim (RT 815/11 e RF 371/51); "O contrato no Código Civil e a sua função social", pelo Min. José Delgado (RJ 322/7); "Função social do contrato: primeiras anotações", por Calixto Salomão Filho (RT 823/67); "Uma reflexão sobre as 'cláusulas gerais' do Código Civil de 2002. A função social do contrato", por Teresa Arruda Alvim Wambier (RT 831/59); "A teoria das redes contratuais e a função social dos contratos: reflexões a partir de uma recente decisão do Superior Tribunal de Justiça", por Rodrigo Xavier Leonardo (RT 832/100); "A função social do contrato (causa ou motivo)", por Daisy Gogliano (RJ 334/9); "O interesse social no direito privado", por Arnoldo Wald (Ajuris 101/9, RMDCPC 10/39 e RJ 338/9); "As origens do contrato no novo Código Civil: uma introdução à função social, ao welfarismo e ao solidarismo contratual", por Luciano Benetti Timm (RT 844/85); "Função social e relatividade do contrato", por Leonardo Mattietto (RJ 342/29); "Direito, mercado e função social", por Luciano Benetti Timm e Rafael Bicca Machado (Ajuris 103/197); "A função social do direito privado", por Eugênio Facchini Neto (Ajuris 105/153); "Limites da atuação judicial na aplicação da função social dos contratos", por Gerson Branco (Ajuris 105/219); "Ensaio sobre o princípio do equilíbrio contratual", por Leonardo Mattietto (RIDCPC 48/128); "A interferência ilícita do terceiro na relação contratual: a tutela externa do crédito e a oponibilidade dos contratos", por Gustavo Fernandes de Andrade (RF 391/89); "Apontamentos sobre a cláusula '... ou devia saber'", por João Baptista Villela (RTDC 32/161); "Função social do direito contratual no Código Civil brasileiro: justiça distributiva *vs.* eficiência econômica", por Luciano Benetti Timm (RT 876/11); "A eficácia externa dos contratos e a responsabilidade civil de terceiros", por Hugo Evo Magro Corrêa Urbano (RDPr 43/180); "A responsabilidade de terceiros nas relações contratuais", por Renata Regina Bueno Fernandes (RDPr 50/227); "Análise econômica da função social dos contratos — art. 421 do Código Civil", por Sílvia Mechelany Veloso (RDPr 54/99); "Dos efeitos dos contratos perante terceiros", por Arthur Rabay (RJ 431/47).

Art. 421: 1a. Enunciado 21 do CEJ: "A função social do contrato prevista no art. 421 do novo Código Civil constitui cláusula geral, que impõe a revisão do princípio da relatividade dos efeitos do contrato em relação a terceiros, implicando a tutela externa do crédito".

Enunciado 22 do CEJ: "A função social do contrato prevista no art. 421 do novo Código Civil constitui cláusula geral, que reforça o princípio de conservação do contrato, assegurando trocas úteis e justas".

Enunciado 23 do CEJ: "A função social do contrato prevista no art. 421 do novo Código Civil não elimina o princípio da autonomia contratual, mas atenua ou reduz o alcance desse princípio, quando presentes interesses metaindividuais ou interesse individual relativo à dignidade da pessoa humana".

Enunciado 166 do CEJ: "A frustração do fim do contrato, como hipótese que não se confunde com a impossibilidade da prestação ou com a excessiva onerosidade, tem guarida no Direito brasileiro pela aplicação do art. 421 do Código Civil".

Enunciado 167 do CEJ: "Com o advento do Código Civil de 2002, houve forte aproximação principiológica entre esse Código e o Código de Defesa do Consumidor, no que respeita à regulação contratual, uma vez que ambos são incorporadores de uma nova teoria geral dos contratos".

Enunciado 360 do CEJ: "O princípio da função social dos contratos também pode ter eficácia interna entre as partes contratantes".

Art. 421: 2. v., a propósito, art. 2.035 § ún. V. tb. CDC 6º.

Art. 421: 3. "A função social infligida ao contrato não pode desconsiderar seu papel primário e natural, que é o econômico. Ao assegurar a venda de sua colheita futura, é de se esperar que o produtor inclua nos seus cálculos todos os custos em que poderá incorrer, tanto os decorrentes dos próprios termos do contrato, como aqueles derivados das condições da lavoura" (STJ-3ª T., REsp 803.481, Min. Nancy Andrighi, j. 28.6.07, DJU 1.8.07).

V. tb. arts. 422, nota 4, e 478, nota 1b.

Art. 421: 3a. "Inexiste abusividade na assinatura de promessa de compra e venda envolvendo safra agrícola, com fixação futura de preço. A determinação do preço em data futura não representa condição potestativa na hipótese em que é dado ao agricultor optar pela data na qual a operação será fechada. Referida modalidade de contratação representa importante instrumento à disposição do produtor rural, para planejamento de sua safra, disponibilizando-lhe mecanismos para se precaver contra oscilações excessivas de preço" (STJ-3ª T., REsp 910.537, Min. Nancy Andrighi, j. 25.5.10, DJ 7.6.10).

Art. 421: 4. "O exame da função social do contrato é um convite ao Poder Judiciário, para que ele construa soluções justas, rente à realidade da vida, prestigiando prestações jurisdicionais intermediárias, razoáveis, harmonizadoras e que, sendo encontradas caso a caso, não cheguem a aniquilar nenhum dos outros valores que orientam o ordenamento jurídico, como a autonomia da vontade. Não se deve admitir que a função social do contrato, princípio aberto que é, seja utilizada como pretexto para manter duas sociedades empresárias ligadas por vínculo contratual durante um longo e indefinido período" (STJ-3ª T., REsp 972.436, Min. Nancy Andrighi, j. 17.3.09, DJ 12.6.09). Em síntese: "É princípio do direito contratual de relações continuativas que nenhum vínculo é eterno. Se uma das partes manifestou sua vontade de rescindir o contrato, não pode o Poder Judiciário impor a sua continuidade" (STJ-4ª T., AI 988.736-AgRg, Min. Aldir Passarinho Jr., j. 23.9.08, DJ 3.11.08).

"Eventualmente caracterizado o abuso da rescisão, por isso responderá quem o tiver praticado, mas tudo será resolvido no plano indenizatório" (STJ-4ª T., REsp 534.105, Min. Cesar Rocha, j. 16.9.03, DJ 19.12.03). No mesmo sentido: STJ-3ª T., REsp 200.856, Min. Ari Pargendler, j. 15.2.01, um voto vencido, DJU 4.6.01.

V. tb. arts. 422, nota 3e, e 473, nota 2.

Art. 421: 5. "A cláusula contratual que estipula o pagamento de multa caso o contratante empregue um dos ex-funcionários ou representantes da contratada durante a vigência do acordo ou após decorridos 120 (cento e vinte) dias de sua extinção, não implica violação ao princípio da função social do contrato, pois não estabelece desequilíbrio social e, tampouco, impede o acesso dos indivíduos a ele vinculados, seja diretamente, seja indiretamente, ao trabalho ou ao desenvolvimento pessoal" (STJ-4ª T., REsp 1.127.247, Min. Luis Felipe, j. 4.3.10, DJ 19.3.10).

Art. 422. Os contratantes são obrigados a guardar, assim na conclusão do contrato, como em sua execução, os princípios de probidade e boa-fé.[1 a 5] [Sem dispositivo correspondente no CC/1916.]

✎ **Art. 422: 1.** "A função social do contrato e o princípio da boa-fé no novo Código Civil Brasileiro", por Adriana Mandim Theodoro de Mello (RT 801/11 e RF 364/3); "Anotações sobre a boa-fé no Direito Comercial", por Lívio Goellner Goron (RDPr 13/143); "Boa-fé objetiva e responsabilidade civil contratual. Principais inovações", por Eduardo de Oliveira Gouvêa (RF 369/73); "A boa-fé como paradigma contratual: uma limitação aos princípios clássicos", por Rodrigo Mizunski Peres (RJ 330/55); "Novos temas na teoria dos contratos: confiança e o conjunto contratual", por Claudia Lima Marques (Ajuris 100/73); "Os princípios da boa-fé e da função social do contrato e a teoria contratual contemporânea", por Daniela Vasconcellos Gomes (RDPr 26/77); "O princípio da confiança", por Arnoldo Wald (RF 386/15); "Do contrato: interpretação e boa-fé", por Fernando de Paula Gomes (RDPr 27/96); "Lineamentos acerca da interpretação do negócio jurídico: perspectivas para a utilização da boa-fé objetiva como método hermenêutico", por Cristiano Chaves de Farias e Nelson Rosenvald (RDPr 31/7); "Um aspecto da obrigação de indenizar: notas para uma sistematização dos deveres pré-negociais de proteção no direito civil brasileiro", por Judith Martins-Costa (RT 867/11); "A responsabilidade pré-contratual por ruptura injustificada das negociações", por Karina Nunes Fritz (RT 883/9); "O acordo de não divulgação (NDA) e a questão do rompimento das negociações", por Marcos Alberto Sant'Anna Bitelli (RDPr 51/333).

Art. 422: 1a. s/ boa-fé como critério para interpretação do negócio jurídico, v. art. 113; s/ ato ilícito por excesso dos limites da boa-fé, v. art. 187; s/ boa-fé em: contrato de seguro, v. art. 765; relação de consumo, v. CDC 51-IV.

Art. 422: 2. Enunciado 24 do CEJ: "Em virtude do princípio da boa-fé, positivado no art. 422 do novo Código Civil, a violação dos deveres anexos constitui espécie de inadimplemento, independentemente de culpa".

Enunciado 25 do CEJ: "O art. 422 do Código Civil não inviabiliza a aplicação, pelo julgador, do princípio da boa-fé nas fases pré e pós-contratual".

Enunciado 26 do CEJ: "A cláusula geral contida no art. 422 do novo Código Civil impõe ao juiz interpretar e, quando necessário, suprir e corrigir o contrato segundo a boa-fé objetiva, entendida como a exigência de comportamento leal dos contratantes".

Enunciado 27 do CEJ: "Na interpretação da cláusula geral da boa-fé, deve-se levar em conta o sistema do Código Civil e as conexões sistemáticas com outros estatutos normativos e fatores metajurídicos".

Enunciado 169 do CEJ: "O princípio da boa-fé objetiva deve levar o credor a evitar o agravamento do próprio prejuízo".

Enunciado 363 do CEJ: "Os princípios da probidade e da confiança são de ordem pública, estando a parte lesada somente obrigada a demonstrar a existência da violação".

Art. 422: 3. "A boa-fé objetiva se apresenta como uma exigência de lealdade, modelo objetivo de conduta, arquétipo social pelo qual impõe o poder-dever de que cada pessoa ajuste a própria conduta a esse modelo, agindo como agiria uma pessoa honesta, escorreita e leal. Não tendo o comprador agido de forma contrária a tais princípios, não há como inquinar seu comportamento de violador da boa-fé objetiva" (STJ-3ª T., REsp 981.750, Min. Nancy Andrighi, j. 13.4.10, DJ 23.4.10).

Art. 422: 3a. "A boa-fé objetiva, verdadeira regra de conduta, estabelecida no art. 422 do CC/02, reveste-se da função criadora de **deveres laterais ou acessórios,** como o de **informar** e o de **cooperar,** para que a relação não seja fonte de prejuízo ou decepção para uma das partes, e, por conseguinte, integra o contrato naquilo em que for omisso, em decorrência de um imperativo de eticidade, no sentido de evitar o uso de subterfúgios ou intenções diversas daquelas expressas no instrumento formalizado. A pretensão do **advogado** que postula **honorários** contratuais em valores superiores ao proveito econômico imediato auferido pela parte que representou em Juízo, encontra limitação no princípio da boa-fé objetiva, mostrando-se patente o rompimento da atuação ponderada e preocupada com a outra parte, marcada pela postura respeitosa e povoada de lealdade que deve nortear os contratantes" (STJ-3ª T., REsp 830.526, Min. Nancy Andrighi, j. 3.9.09, DJ 29.10.09).

"Execução fundada em contrato de honorários advocatícios, em que a cliente se comprometeu a pagar ao advogado, por seus serviços profissionais, quantia equivalente à metade do seu direito, ou seu equivalente em dinheiro, do proveito que obtivesse na ação voltada à recuperação de imóvel em demanda proposta contra o ex-companheiro. No curso da ação, as partes fizeram acordo para estabelecer o partilhamento do referido imóvel, na proporção de 50% para cada um, gerando desentendimento acerca do pagamento dos honorários advocatícios contratados. Em prevalecendo os termos do contrato executado, nada restará à parte contratante, pois o proveito econômico obtido no acordo ficará inteiramente com o advogado contratado. Não é razoável que o benefício econômico obtido pela cliente com a causa demandada caiba, por inteiro, ao advogado que contratara. Tal situação ofende a boa-fé objetiva (artigo 422 do Código Civil). A jurisprudência desta Corte se posiciona firme no sentido de que o princípio *pacta sunt servanda* pode ser relativizado, visto que sua aplicação prática está condicionada a outros fatores, como, por exemplo, a função social, a onerosidade excessiva e o princípio da boa-fé objetiva, devendo ser mitigada a força obrigatória dos contratos diante de situações como a dos autos" (STJ-4ª T., REsp 1.208.844-AgInt, Min. Raul Araújo, j. 15.12.16, DJ 7.2.17).

Art. 422: 3b. "O princípio da boa-fé objetiva exerce três funções: (i) a de regra de interpretação; (ii) a de fonte de direitos e de deveres jurídicos; e (iii) a de limite ao exercício de direitos subjetivos. Pertencem a este terceiro grupo a teoria do adimplemento substancial das obrigações e a teoria dos atos próprios (*tu quoque*; vedação ao comportamento contraditório; *surrectio*; *suppressio*). O instituto da ***supressio*** indica a possibilidade de se considerar suprimida uma obrigação contratual, na hipótese em que o não exercício do direito correspondente, pelo credor, gere no devedor a justa expectativa de que esse não exercício se prorrogará no tempo" (STJ-3ª T., REsp 953.389, Min. Nancy Andrighi, j. 23.2.10, DJ 11.5.10).

Art. 422: 3c. "Preceito decorrente da boa-fé objetiva. *Duty to mitigate the loss*: o **dever de mitigar o próprio prejuízo.** Os contratantes devem tomar as medidas necessárias e possíveis para que o dano não seja agravado. A parte a que a perda aproveita não pode permanecer deliberadamente inerte diante do dano. Agravamento do prejuízo, em razão da inércia do credor. Infringência aos deveres de cooperação e lealdade. Lição da doutrinadora Véra Maria Jacob de Fradera. Descuido com o dever de mitigar o prejuízo sofrido. O fato de ter deixado o devedor na posse do imóvel por quase 7 anos, sem que este cumprisse com o seu dever contratual (pagamento das prestações relativas ao contrato de compra e venda), evidencia a ausência de zelo com o patrimônio do credor, com o consequente agravamento significativo das perdas, uma vez que a realização mais célere dos atos de defesa possessória diminuiriam a extensão do dano. Violação ao princípio da boa-fé objetiva. Caracterização de inadimplemento contratual a justificar a penalidade imposta pela Corte originária (exclusão de um ano de ressarcimento)" (STJ-RDDP 90/164: 3ª T., REsp 758.518).

"O *duty to mitigate the loss* no direito civil brasileiro e o encargo de evitar o próprio dano", por Daniel Pires Novais Dias (RF 413/71, RDPr 45/89).

V., na nota 2, **Enunciado 169 do CEJ.**

Art. 422: 3d. "A ninguém é dado criar e valer-se de situação enganosa, quando lhe for conveniente e vantajoso, e posteriormente voltar-se contra ela quando não mais lhe convier, objetivando que seu direito prevaleça sobre o de quem confiou na expectativa gerada, ante o princípio do ***nemo potest venire contra factum proprium***" (STJ-4ª T., REsp 1.154.737, Min. Luis Felipe, j. 21.10.10, DJ 7.2.11).

"O comportamento processual contraditório do réu que de um lado negou a contratação dos autores para prestação dos serviços advocatícios até o final do procedimento administrativo fiscal; e, de outro lado, ofereceu quantia para compor a ação e remunerou o advogado que participava da sociedade de advogados pelo serviço prestado até então no feito administrativo, afronta, o princípio do *venire contra factum proprium*, que se relaciona diretamente com o da boa-fé objetiva e que impõe ao indivíduo um comportamento no mínimo coerente" (STJ-3ª T., REsp 1.641.575, Min. Moura Ribeiro, j. 23.5.17, DJ 1.6.17).

Art. 422: 3e. "Muito embora o comportamento exigido dos contratantes deva pautar-se pela boa-fé contratual, tal diretriz não obriga as partes a manterem-se vinculadas contratualmente *ad aeternum*, mas indica que as controvérsias nas quais o direito ao rompimento contratual tenha sido exercido de forma desmotivada, imoderada ou anormal, resolvem-se, se for o caso, em perdas e danos" (STJ-RT 905/235: 4ª T., REsp 966.163). No mesmo sentido: STJ-RT 916/743 (3ª T., REsp 1.250.596).

"Contrato. Validade de cláusula. Cessação de atividade de distribuição de bebidas. Não renovação após o término do prazo pactuado, mediante prévia notificação. Indenização indevida" (STJ-4ª T., REsp 1.112.796, Min. Honildo Castro, j. 10.8.10, maioria, DJ 19.11.10). No mesmo sentido: STJ-3ª T., REsp 1.494.332, Min. Ricardo Cueva, j. 4.8.16, maioria, DJ 13.9.16; RT 927/936 (TJMS, AP 2012.017904-1/0000-00, maioria).

"A rescisão imotivada do contrato, em especial quando efetivada por meio de conduta desleal e abusiva — violadora dos princípios da boa-fé objetiva, da função social do contrato e da responsabilidade pós-contratual — confere à parte prejudicada o direito à indenização por danos materiais e morais" (STJ-3ª T., REsp 1.255.315, Min. Nancy Andrighi, j. 13.9.11, DJ 27.9.11).

V. tb. arts. 421, nota 4 e 473, nota 2.

Art. 422: 3f. "Reprovabilidade do comportamento dos réus **após o rompimento do vínculo contratual,** passando a atuar na promoção do produto vendido pela principal concorrente da autora, com grave violação à ética contratual a ser observada em razão do princípio da boa-fé objetiva (art. 422 do CC/02)" (STJ-3ª T., REsp 1.203.153, Min. Paulo Sanseverino, j. 3.6.14, maioria, DJ 25.8.14).

Art. 422: 3g. "A **responsabilidade pré-contratual** não decorre do fato de a tratativa ter sido rompida e o contrato não ter sido concluído, mas do fato de uma das partes ter gerado à outra, além da expectativa legítima de que o contrato seria concluído, efetivo prejuízo material" (STJ-3ª T., REsp 1.051.065, Min. Ricardo Cueva, j. 21.2.13, RT 934/491).

Art. 422: 3h. "Por mais que inexista contrato formal, o direito deve proteger o vínculo que se forma pela repetição de atos que tenham teor jurídico, pelo simples e aqui tantas vezes repetido motivo: protege-se a **confiança** depositada por uma das partes na conduta de seu parceiro negocial. Mostrou-se, de fato, incontroverso que os investimentos realizados pela recorrente, para a produção das peças que serviriam ao computador de bordo de titularidade da recorrida, foram realizados nos termos das relações que se verificaram no início das tratativas entre essas empresas, fatos a respeito dos quais concordam os julgadores de origem. Ademais, ressalta claramente dos autos que a própria recorrida estipulou quais os modelos de conectores deveriam ser produzidos pela recorrente e em que quantidade, vindo, após certo tempo, repentina e de maneira surpreendente, a alterar as especificações técnicas daquelas peças, tornando inúteis as já produzidas" (STJ-4ª T., REsp 1.309.972, Min. Luis Felipe, j. 27.4.17, DJ 8.6.17).

Art. 422: 4. "O fato de o comprador obter maior margem de lucro na revenda, decorrente da majoração do preço do produto no mercado após a celebração do negócio, não indica a existência de má-fé, improbidade ou tentativa de desvio da função social do contrato" (STJ-3ª T., REsp 803.481, Min. Nancy Andrighi, j. 28.6.07, DJU 1.8.07).

V. tb. arts. 421, nota 3, e 478, nota 1b.

Art. 422: 5. "Aquisição de imóvel invadido, cerca de um ano depois, por águas de uma tempestade que desabou sobre toda a cidade, causando inúmeros danos e prejuízos. Alegação da compradora de ausência de boa-fé objetiva do vendedor. Responsabilidade não caracterizada. Casa cercada por soleiras de concreto, que deveriam ter despertado a atenção da adquirente. Fato comum nas residências situadas nesta rua, quando as chuvas são muito fortes" (RT 876/345: TJRJ, AP 2008.001.13786).

Art. 423. Quando houver no contrato de adesão cláusulas ambíguas ou contraditórias, dever-se-á adotar a interpretação mais favorável ao aderente.[1] [Sem dispositivo correspondente no CC/1916.]

Art. 423: 1. s/ interpretação mais favorável ao aderente em relação de consumo, v. CDC 47 e 54.

Art. 424. Nos contratos de adesão,[1] são nulas as cláusulas que estipulem a renúncia antecipada do aderente a direito resultante da natureza do negócio.[2-2a] [Sem dispositivo correspondente no CC/1916.]

Art. 424: 1. s/ contratos de adesão, v. CDC 54 e 18 § 2º-2ª parte.

Art. 424: 2. v. art. 828, nota 1 (Enunciado 364 do CEJ).

Art. 424: 2a. s/ renúncia a direitos em matéria de relação de consumo, v. CDC 25 e 51-I.

Art. 425. É lícito às partes estipular contratos atípicos,[1 a 3] observadas as normas gerais fixadas neste Código. [Sem dispositivo correspondente no CC/1916.]

Art. 425: 1. s/ contrato de *factoring*, v. nota 1a ao art. 290.

✎ **Art. 425: 2.** "O *factoring* como instrumento de auxílio às pequenas e médias empresas", por Consuelo Taques Ferreira Salamacha (RT 822/79); "A intolerável deturpação do contrato de *factoring*", por Mariana Ribeiro Santiago (RDPr 33/236); "Reflexões sobre os contratos cativos de longa duração", por José Tadeu Neves Xavier (Ajuris 95/137); "Contratos cativos de longa duração: tempo e equilíbrio nas relações contratuais", por Marco Antonio Karam-Silveira (Ajuris 103/211); "Cessão de contrato", por Luís Borrelli Neto (RDPr 34/137); "O contrato que envolve o sistema de integração para a produção de aves e suínos", por Arnaldo Rizzardo (RJ-Lex 50/29); "*Factoring*: a atividade de *factoring* e a responsabilidade do faturizado na transferência dos títulos por endosso", por Marcelo Moraes Tavares (RJ-Lex 59/68).

Art. 425: 3. "A **cessão de posição contratual** é figura admitida pelo ordenamento jurídico, mormente ante o disposto nos arts. 421 e 425 do CC, consubstanciada na transmissão de obrigações em que uma das partes de um contrato (cedente) vê-se substituída por terceiro (cessionário), o qual assume integralmente o conjunto de direitos e deveres, faculdades, poderes, ônus e sujeições originariamente pertencentes àquele contratante original; sendo certa, portanto, a existência de dois negócios jurídicos distintos: (i) o contrato-base, em que se insere a posição a ser transferida; e (ii) o contrato-instrumento, o qual veicula a transferência propriamente dita. A anuência do cedido é elemento necessário à validade do negócio jurídico, residindo sua finalidade na possibilidade de análise, pelo cedido, da capacidade econômico-financeira do cessionário, de molde a não correr o risco de eventual inadimplemento; nesse ponto, assemelhando-se à figura do assentimento na assunção de dívida. Malgrado, portanto, a obrigatoriedade da anuência, esta assume capital relevância tão somente no que tange aos efeitos da cessão em relação ao cedente, haja vista que, vislumbrando o cedido a possibilidade de inadimplemento do contrato principal pelo cessionário, pode impor como condição a responsabilidade subsidiária do cedente, não lhe permitindo a completa exoneração, o que, de regra, deflui da transmissão da posição contratual. No caso concreto, uma vez quitadas as obrigações relativas ao contrato-base, a manifestação positiva de vontade do cedido em relação à cessão contratual torna-se irrelevante, perdendo sua razão de ser, haja vista que a necessidade de anuência ostenta forte viés de garantia na hipótese de inadimplemento pelo cessionário. Dessa forma, carece ao cedido o direito de recusa da entrega da declaração de quitação e dos documentos hábeis à transferência da propriedade, ante a sua absoluta falta de interesse" (STJ-4ª T., REsp 1.036.530, Min. Luis Felipe, j. 25.3.14, maioria, DJ 15.8.14).

"A cessão de direitos e obrigações oriundos de contrato, bem como os referentes a fundo de resgate de valor residual, e seus respectivos aditamentos, implica a transferência de um complexo de direitos, de deveres, débitos e créditos, motivo pelo qual se confere legitimidade ao cessionário de contrato (cessão de posição contratual) para discutir a validade de cláusulas contratuais com reflexo, inclusive, em prestações pretéritas já extintas" (RSTJ 156/291: 3ª T., REsp 356.383).

V. nota 2 ao Cap. I que antecede o art. 286.

Art. 426. Não pode ser objeto de contrato a herança de pessoa viva.[1-2] [Dispositivo correspondente no CC/1916: art. 1.089.]

Art. 426: 1. Não obstante, v. arts. 2.014 e 2.018.

Art. 426: 2. "Revela-se nula a partilha de bens realizada em processo de separação amigável que atribui ao cônjuge varão promessa de transferência de direitos sucessórios ou doação sobre imóvel pertencente a terceiros, seja por impossível o objeto, seja por vedado contrato sobre herança de pessoas vivas" (STJ-4ª T., REsp 300.143, Min. Aldir Passarinho Jr., j. 21.11.06, DJU 12.2.07).

Seção II | DA FORMAÇÃO DOS CONTRATOS

Art. 427. A proposta de contrato obriga[1] o proponente,[1a] se o contrário não resultar dos termos dela, da natureza do negócio,[2] ou das circunstâncias[2a] do caso.[3] [Dispositivo correspondente no CC/1916: art. 1.080.]

Art. 427: 1. "O alienante de unidade de edifício em condomínio que anuncia a venda de prédio totalmente reformado, e que apenas se limita a realizar reformas isoladamente em cada apartamento, é responsável por inteiro daquilo a que se dispusera e oferecera publicamente" (RT 801/183).

Art. 427: 1a. v. art. 107 (validade da declaração de vontade).

Art. 427: 2. s/ proposta em matéria de seguro, v. art. 759.

Art. 427: 2a. v. arts. 138 a 144 (erro); 145 a 150 (dolo); 151 a 155 (coação); 156 (estado de perigo); 157 (lesão).

Art. 427: 3. Entendendo que a proposta inicialmente aceita "ficou sem efeito em razão da falta da prática dos atos posteriores necessários para a formalização do contrato": STJ-4ª T., REsp 116.882, Min. Barros Monteiro, j. 19.4.01, maioria, DJU 25.6.01; a citação é do voto do Min. Ruy Rosado.

Art. 428. Deixa de ser obrigatória a proposta: [Dispositivo correspondente no CC/1916: art. 1.081-*caput*.]

I — se, feita sem prazo a pessoa presente, não foi imediatamente aceita. Considera-se também presente a pessoa que contrata por telefone[1] ou por meio de comunicação semelhante; [Dispositivo correspondente no CC/1916: art. 1.081-I.]

II — se, feita sem prazo a pessoa ausente, tiver decorrido tempo suficiente para chegar a resposta ao conhecimento do proponente; [Dispositivo correspondente no CC/1916: art. 1.081-II.]

III — se, feita a pessoa ausente, não tiver sido expedida a resposta dentro do prazo dado; [Dispositivo correspondente no CC/1916: art. 1.081-III.]

IV — se, antes dela, ou simultaneamente, chegar ao conhecimento da outra parte a retratação do proponente. [Dispositivo correspondente no CC/1916: art. 1.081-IV.]

Art. 428: 1. s/ arrependimento nos contratos que envolvam relação de consumo celebrados por telefone, v. CDC 49.

Art. 429. A oferta[1] ao público equivale a proposta quando encerra os requisitos essenciais ao contrato, salvo se o contrário resultar das circunstâncias ou dos usos. [Sem dispositivo correspondente no CC/1916.]

Parágrafo único. Pode revogar-se a oferta pela mesma via de sua divulgação, desde que ressalvada esta faculdade na oferta realizada. [Sem dispositivo correspondente no CC/1916.]

Art. 429: 1. Em matéria de relação de consumo, v. CDC 30 a 35.

Art. 430. Se a aceitação, por circunstância imprevista, chegar tarde ao conhecimento do proponente, este comunicá-lo-á imediatamente ao aceitante, sob pena de responder por perdas e danos.[1] [Dispositivo correspondente no CC/1916: art. 1.082.]

Art. 430: 1. v. arts. 402 a 405.

Art. 431. A aceitação fora do prazo, com adições, restrições, ou modificações, importará nova proposta.[1] [Dispositivo correspondente no CC/1916: art. 1.083.]

Art. 431: 1. Ou seja, trata-se de uma contraproposta.

Art. 432. Se o negócio for daqueles em que não seja costume a aceitação expressa,[1] ou o proponente a tiver dispensado, reputar-se-á concluído o contrato, não chegando a tempo a recusa. [Dispositivo correspondente no CC/1916: art. 1.084.]

Art. 432: 1. v., p. ex., art. 659 (mandato).

Art. 433. Considera-se inexistente a aceitação, se antes dela ou com ela chegar ao proponente a retratação do aceitante. [Dispositivo correspondente no CC/1916: art. 1.085.]

Art. 434. Os contratos entre ausentes tornam-se perfeitos desde que a aceitação é expedida,[1] exceto: [Dispositivo correspondente no CC/1916: art. 1.086-*caput*.]

I — no caso do artigo antecedente; [Dispositivo correspondente no CC/1916: art. 1.086-I.]

II — se o proponente se houver comprometido a esperar resposta; [Dispositivo correspondente no CC/1916: art. 1.086-II.]

III — se ela não chegar no prazo convencionado. [Dispositivo correspondente no CC/1916: art. 1.086-III.]

Art. 434: 1. **Enunciado 173 do CEJ:** "A formação dos contratos realizados entre pessoas ausentes, por meio eletrônico, completa-se com a recepção da aceitação pelo proponente".

Art. 435. Reputar-se-á celebrado o contrato no lugar em que foi proposto.[1-2] [Dispositivo correspondente no CC/1916: art. 1.087.]

Art. 435: 1. v. LINDB 9º § 2º.

Art. 435: 2. O lugar da celebração do contrato não determina **necessariamente** o lugar do pagamento (v. art. 327) nem o lugar em que se deve cumpri-lo ou discutir seu conteúdo (v. art. 78 e nota 1).

Seção III | DA ESTIPULAÇÃO EM FAVOR DE TERCEIRO[1]

✎ **SEÇ. III: 1.** "Contrato a favor de terceiro", por Araken de Assis (RJ 363/11).

Art. 436. O que estipula em favor de terceiro[1] pode exigir o cumprimento da obrigação. [Dispositivo correspondente no CC/1916: art. 1.098-*caput*.]

Parágrafo único. Ao terceiro, em favor de quem se estipulou a obrigação, também é permitido exigi-la,[2] ficando, todavia, sujeito às condições e normas do contrato, se a ele anuir, e o estipulante não o inovar nos termos do art. 438. [Dispositivo correspondente no CC/1916: art. 1.098 § ún.]

Art. 436: 1. s/ doação com encargo em favor de terceiro, v. art. 553; s/ seguro em favor de terceiro, v. art. 767.

Art. 436: 2. "Nas estipulações em favor de terceiro, este pode ser pessoa futura e indeterminada, bastando que seja determinável, como no caso do seguro, em que se identifica o beneficiário no momento do sinistro. O terceiro beneficiário, ainda que não tenha feito parte do contrato, tem legitimidade para ajuizar ação direta contra a seguradora, para cobrar a indenização contratual prevista em seu favor" (RSTJ 168/377: 4ª T., REsp 257.880, maioria).

"Na estipulação em favor de terceiro, tanto o estipulante quanto o beneficiário podem exigir do devedor o cumprimento da obrigação" (STJ-3ª T., REsp 1.086.989, Min. Nancy Andrighi, j. 23.2.10, DJ 5.3.10).

"Ainda que o plano de saúde seja contratado por intermédio de terceiro, que é o estipulante, o beneficiário é o destinatário final do serviço, sendo, portanto, parte legítima para figurar no polo ativo de ação que busque discutir a validade das cláusulas do contrato. Desse modo, considerando que na estipulação em favor de terceiro, tanto o estipulante quanto o beneficiário podem exigir do devedor o cumprimento da obrigação (CC, art. 436, parágrafo único), não há que se falar, no caso, na necessidade de suspensão do presente feito até o julgamento final da ação proposta pela estipulante em nome de todos os contratados" (STJ-3ª T., REsp 1.336.758-AgRg, Min. Sidnei Beneti, j. 20.11.12, DJ 4.12.12).

Art. 437. Se ao terceiro, em favor de quem se fez o contrato, se deixar[1] o direito de reclamar-lhe a execução, não poderá o estipulante exonerar o devedor. [Dispositivo correspondente no CC/1916: art. 1.099.]

Art. 437: 1. de forma expressa no contrato.

Art. 438. O estipulante pode reservar-se[1] o direito de substituir o terceiro[2] designado no contrato, independentemente da sua anuência e da do outro contratante. [Dispositivo correspondente no CC/1916: art. 1.100-*caput*.]

Parágrafo único. A substituição pode ser feita por ato entre vivos ou por disposição de última vontade. [Dispositivo correspondente no CC/1916: art. 1.100 § ún.]

Art. 438: 1. de forma expressa no contrato; caso não haja essa reserva, a substituição fica inviabilizada.

Art. 438: 2. s/ possibilidade de substituição do beneficiário do contrato de seguro, v. art. 791.

Seção IV | DA PROMESSA DE FATO DE TERCEIRO

Art. 439. Aquele que tiver prometido fato de terceiro[1] responderá por perdas e danos,[2] quando este o não executar. [Dispositivo correspondente no CC/1916: art. 929.]

Parágrafo único. Tal responsabilidade não existirá se o terceiro for o cônjuge do promitente, dependendo da sua anuência o ato a ser praticado, e desde que, pelo regime do casamento, a indenização, de algum modo, venha a recair sobre os seus bens. [Sem dispositivo correspondente no CC/1916.]

Art. 439: 1. Responde por perdas e danos aquele que promete fato de terceiro, se este não confirma a promessa e, por isso, não a executa (art. 439-*caput*). Mas, se o terceiro confirma a promessa e não a executa, o promitente já não responde por perdas e danos (art. 440).

V. tb. art. 662 (falta de mandato ou insuficiência de poderes do mandatário).

No caso de comunhão parcial ou universal de bens, o cônjuge que se compromete a obter a anuência do outro cônjuge para determinado ato e não a consegue, quando necessária, não responde por perdas e danos. Se, porém, forem casados pelo regime da separação universal, ficará sujeito a indenizar (art. 439 § ún.).

Art. 439: 2. v. arts. 402 a 405.

Art. 440. Nenhuma obrigação haverá para quem se comprometer por outrem, se este, depois de se ter obrigado, faltar à prestação.[1] [Sem dispositivo correspondente no CC/1916.]

Art. 440: 1. v. art. 439, nota 1.

Seção V | DOS VÍCIOS REDIBITÓRIOS[1]

SEÇ. V: 1. "Dos vícios do produto no novo Código Civil e no Código de Defesa do Consumidor e suas repercussões no âmbito da responsabilidade civil", por Clarissa Costa de Lima (Ajuris 101/79).

Art. 441. A coisa recebida em virtude de contrato comutativo pode ser enjeitada por vícios ou defeitos ocultos,[1-1a] que a tornem imprópria ao uso a que é destinada, ou lhe diminuam o valor.[2] [Dispositivo correspondente no CC/1916: art. 1.101-*caput*.]

Parágrafo único. É aplicável a disposição deste artigo às doações onerosas.[3] [Dispositivo correspondente no CC/1916: art. 1.101 § ún.]

Art. 441: 1. v. arts. 503 (compra e venda) e 568 (locação); CDC 18 e § 1º, 20-II, 35-III, 41, 51-I e II.

Art. 441: 1a. "O equívoco inerente ao vício redibitório não se confunde com o erro substancial, vício de consentimento previsto na Parte Geral do Código Civil, tido como defeito dos atos negociais. O legislador tratou o vício redibitório de forma especial, projetando inclusive efeitos diferentes daqueles previstos para o erro substancial. O vício redibitório, da forma como sistematizado pelo CC/16, cujas regras foram mantidas pelo CC/02, atinge a própria coisa, objetivamente considerada, e não a psique do agente. O erro substancial, por sua vez, alcança a vontade do contratante, operando subjetivamente em sua esfera mental" (STJ-RMDCPC 34/108: 3ª T., REsp 991.317).

Art. 441: 2. Prazo para a propositura da ação: art. 445.

Art. 441: 3. i. e., aquelas em que o donatário deve realizar algum encargo determinado pelo doador. S/ encargo em matéria de doação, v. arts. 539, 553 e 562.

Art. 442. Em vez de rejeitar a coisa, redibindo o contrato (art. 441), pode o adquirente reclamar[1] abatimento no preço.[2 a 3a] [Dispositivo correspondente no CC/1916: art. 1.105.]

Art. 442: 1. através da **ação estimatória** ou ***quanti minoris.***

Art. 442: 2. Prazo para a propositura da ação: art. 445.

Art. 442: 3. v. art. 616 (empreitada); cf. CDC 18 § 1º-III.

Art. 442: 3a. s/ abatimento do preço em caso de evicção, v. art. 455.

Art. 443. Se o alienante conhecia o vício ou defeito da coisa, restituirá o que recebeu com perdas e danos;[1-2] se o não conhecia, tão somente restituirá o valor recebido, mais as despesas do contrato. [Dispositivo correspondente no CC/1916: art. 1.103.]

Art. 443: 1. v. arts. 402 a 405.

Art. 443: 2. O alienante que conhece os vícios ou defeitos ocultos da coisa, além de se sujeitar à redibição do contrato ou ao abatimento do preço, obriga-se a reparar o dano moral eventualmente causado (RJ 310/104).

Art. 444. A responsabilidade do alienante subsiste ainda que a coisa pereça em poder do alienatário, se perecer por vício oculto, já existente ao tempo da tradição.[1] [Dispositivo correspondente no CC/1916: art. 1.104.]

Art. 444: 1. s/ tradição, v. arts. 1.267 e 1.268.

Art. 445. O adquirente decai do direito de obter a redibição ou abatimento no preço[1] no prazo de trinta dias se a coisa for móvel, e de um ano se for imóvel, contado da entrega efetiva; se já estava na posse, o prazo conta-se da alienação, reduzido à metade.[1a a 2] [Dispositivo correspondente no CC/1916: art. 178 §§ 2º e 5º-IV.]

§ 1º Quando o vício, por sua natureza, só puder ser conhecido mais tarde, o prazo contar-se-á do momento em que dele tiver ciência, até o prazo máximo de cento e oitenta dias, em se tratando de bens móveis; e de um ano, para os imóveis.[3-4] [Dispositivo correspondente no CC/1916: art. 178 §§ 2º e 5º-IV.]

§ 2º Tratando-se de venda de animais, os prazos de garantia por vícios ocultos serão os estabelecidos em lei especial, ou, na falta desta, pelos usos locais, aplicando-se o disposto no parágrafo antecedente se não houver regras disciplinando a matéria. [Sem dispositivo correspondente no CC/1916.]

Art. 445: 1. v. arts. 441 e 442. As ações redibitória (art. 441) e estimatória (art. 442) são também chamadas de **ações edilícias.**

✎ **Art. 445: 1a.** "Considerações acerca do prazo decadencial nas ações edilícias", por Carlos Eduardo Thompson Flores Lenz (RF 365/3).

Art. 445: 1b. Em matéria de relação de consumo, v. CDC 26.

Art. 445: 1c. Enunciado 174 do CEJ: "Em se tratando de vício oculto, o adquirente tem os prazos do *caput* do art. 445 para obter redibição ou abatimento de preço, desde que os vícios se revelem nos prazos estabelecidos no parágrafo primeiro, fluindo, entretanto, a partir do conhecimento do defeito".

Art. 445: 2. "O vício redibitório, por sua própria natureza, muitas vezes não pode ser percebido no ato da tradição da coisa, somente surgindo com a utilização ou experimentação pelo adquirente, em momento posterior ao exíguo tempo de garantia legal fixado na lei civil. Não pode o fabricante ficar sem saber até quando perdurará sua responsabilidade, aguardando que surjam defeitos ocultos capazes de ser reclamados pelo adquirente. Para a contagem do prazo de garantia e ante a necessidade de experimentação da coisa, deve ser considerado **o tempo da garantia legal e o da garantia contratual"** (STJ-3ª T., REsp 1.337.430, Min. João Otávio, j. 3.5.16, DJ 12.5.16).

Art. 445: 3. **Enunciado 28 do CEJ:** "O disposto no art. 445, §§ 1º e 2º, do Código Civil reflete a consagração da doutrina e da jurisprudência quanto à natureza decadencial das ações edilícias".

Art. 445: 4. Nessas circunstâncias, o prazo continua sendo de 30 dias para bens móveis e um ano para bens imóveis; apenas o ***termo a quo*** desse prazo é que é postergado por até 180 dias (JTJ 320/659: AP 1.103.985-0/0).

Art. 446. Não correrão os prazos do artigo antecedente na constância de cláusula de garantia;[1] mas o adquirente deve denunciar[2] o defeito ao alienante nos trinta dias seguintes ao seu descobrimento, sob pena de decadência.[3] [Sem dispositivo correspondente no CC/1916.]

Art. 446: 1. Em matéria de relação de consumo, v. CDC 50.

Art. 446: 2. Em matéria de relação de consumo, v. CDC 26 § 2º.

Art. 446: 3. s/ decadência, v. arts. 207 a 211.

Seção VI | DA EVICÇÃO[1]

SEÇ. VI: 1. v. arts. 199-III (suspensão da prescrição), 359 (dação em pagamento), 552 (doação), 845 (transação), 1.005 (quota social), 1.939-III (caducidade de legado), 2.026 (evicção após partilha), CPC 572 e 594 (evicção após divisão ou demarcação).

Art. 447. Nos contratos onerosos, o alienante responde pela evicção.[1 a 5] Subsiste esta garantia ainda que a aquisição se tenha realizado em hasta pública. [Dispositivo correspondente no CC/1916: art. 1.107-*caput*.]

Art. 447: 1. s/ evicção em matéria de: locação, v. art. 568; fiança, v. art. 838-III; transação, v. art. 845.

Art. 447: 2. "A caracterização da evicção se dá pela perda definitiva da propriedade; essa perda se pode dar também em decorrência de **apreensão por autoridade policial, e não apenas por sentença judicial"** (STJ-4ª T., REsp 51.875, Min. Sálvio de Figueiredo, j. 12.5.97, DJU 23.6.97).

"O direito de demandar pela evicção não supõe, necessariamente, a perda da coisa por sentença judicial. Hipótese em que, tratando-se de veículo roubado, o adquirente de boa-fé não estava obrigado a resistir à autoridade policial; diante da evidência do ato criminoso, tinha o dever legal de colaborar com as autoridades, devolvendo o produto do crime" (RSTJ 130/233: 3ª T., REsp 69.496).

"Para exercício do direito que da evicção resulta ao adquirente, não é exigível prévia sentença judicial, bastando que fique ele privado do bem por ato de **autoridade administrativa"** (STJ-4ª T., REsp 259.726, Min. Jorge Scartezzini, j. 3.8.04, DJU 27.9.04).

"A aquisição onerosa de veículo furtado, havendo posterior apreensão pelas autoridades administrativas, atribui ao comprador de boa-fé o direito de haver dos vendedores (diretos e intermediários) a repetição integral do preço, sendo tal responsabilidade solidária e independente da virtual insciência dos alienantes sobre a origem do bem, pois a evicção opera *pleno iure*" (RT 881/345: TJSC, AP 2006.030048-9). No mesmo sentido: Bol. AASP 2.700 (TJMG, AP 1.0012.04.000465-2/001).

Art. 447: 2a. No sentido de que o evicto **não precisa aguardar o trânsito em julgado** da decisão que afeta a propriedade para demandar o alienante pela evicção: STJ-4ª T., REsp 1.332.112, Min. Luis Felipe, j. 21.3.13, DJ 17.4.13.

Art. 447: 3. "A responsabilidade pela evicção ocorre apenas quando a **causa** da constrição operada sobre a coisa é **anterior** à relação jurídica entabulada entre o alienante e o evicto. O que importa não é o momento da constrição, esta será, necessariamente, posterior à alienação, o que importa saber é o momento em que nasceu o direito (de terceiro) que deu origem à constrição" (STJ-3ª T., REsp 873.165, Min. Sidnei Beneti, j. 18.5.10, DJ 7.6.10).

Art. 447: 4. "As restrições decorrentes do **tombamento** não ensejam a evicção, já que não acarretam a perda do domínio, da posse ou do uso da coisa alienada e não há a atribuição do bem, seja por ato judicial ou administrativo, a outrem que tenha direito anterior ao contrato aquisitivo" (STJ-3ª T., REsp 407.179, Min. Pádua Ribeiro, j. 21.5.02, DJU 23.9.02).

Art. 447: 5. "Aquisição por terceiro de automóvel importado (Porsche Carrera, modelo 911), financiado por instituição financeira mediante contrato de alienação fiduciária em garantia. Posterior apreensão do veículo pela Receita Federal por irregularidades no procedimento de importação. Caracterização da ocorrência de evicção por se tratar de apreensão operada por autoridade administrativa com poderes para a prática do ato administrativo. O dever de garantir os riscos da evicção é restrito ao alienante do veículo, **não se estendendo à instituição financeira que apenas concedeu o financiamento** sem estar vinculada ao importador (vendedor). Reconhecimento da ilegitimidade passiva da instituição financeira, com sua exclusão do processo" (STJ-3ª T., REsp 1.342.145, Min. Paulo Sanseverino, j. 4.12.14, DJ 17.12.14).

Art. 448. Podem[1] as partes, por cláusula expressa,[2] reforçar, diminuir ou excluir a responsabilidade pela evicção. [Dispositivo correspondente no CC/1916: art. 1.107 § ún.]

Art. 448: 1. exceto em matéria de relação de consumo (CDC 51-I).

Art. 448: 2. Logicamente, quando não houver ressalvas, a responsabilidade pela evicção é integral.

Art. 449. Não obstante a cláusula que exclui a garantia contra a evicção, se esta se der, tem direito o evicto a receber o preço que pagou pela coisa evicta, se não soube do risco da evicção, ou, dele informado, não o assumiu. [Dispositivo correspondente no CC/1916: art. 1.108.]

Art. 450. Salvo estipulação em contrário, tem direito o evicto, além da restituição integral do preço ou das quantias que pagou:[1] [Dispositivo correspondente no CC/1916: art. 1.109-*caput*.]

I — à indenização dos frutos que tiver sido obrigado a restituir; [Dispositivo correspondente no CC/1916: art. 1.109-I.]

II — à indenização pelas despesas dos contratos e pelos prejuízos que diretamente resultarem da evicção; [Dispositivo correspondente no CC/1916: art. 1.109-II.]

III — às custas judiciais e aos honorários do advogado por ele constituído. [Dispositivo correspondente no CC/1916: art. 1.109-III.]

Parágrafo único. O preço, seja a evicção total ou parcial, será o do valor da coisa, na época em que se evenceu,[2] e proporcional ao desfalque sofrido, no caso de evicção parcial. [Dispositivo correspondente no CC/1916: art. 1.115.]

Art. 450: 1. "Evicção. **Arrendamento mercantil.** Indenização. Interpretação do art. 450 do Código Civil de acordo com a natureza complexa do contrato de *leasing*. Não há falar em restituição integral do preço equivalente ao valor da coisa, uma vez que não houve a opção de compra do caminhão arrendado nem quitação do débito devido. No tocante às prestações quitadas, apesar da preponderância da relação obrigacional de locação, aqui, de forma diferente, além do uso e gozo da coisa em contraprestação, pode ter havido o pagamento do VRG de forma antecipada, o que atrai uma peculiaridade especial na indenização. Realmente, não caberá a restituição dos valores referentes aos aluguéis, haja vista o uso cedido e a utilização da coisa até o momento em que se evenceu, mas serão devidas as parcelas correspondentes ao adiantamento do VRG, bem como de eventuais aluguéis recebidos de forma antecipada. Além disso, caberá indenização pelos frutos que eventualmente o arrendatário tiver sido obrigado a restituir ao terceiro-evictor, bem como pelas despesas do contrato e pelas custas judiciais e honorários do advogado constituído pelo adquirente-evicto. Será devida, ainda, indenização pelos prejuízos que diretamente tenham sido resultados da evicção. No caso, tenho que os fatos descritos no processo foram suficientes para, em si, causar abalo moral ao ora recorrente" (STJ-4ª T., REsp 1.133.597, Min. Luis Felipe, j. 22.10.13, DJ 28.2.14).

Art. 450: 2. Para fins de restituição do preço, considera-se o "preço do imóvel do tempo da evicção, devidamente corrigido" (STJ-3ª T., REsp 748.477, Min. Sidnei Beneti, j. 3.11.09, DJ 25.11.09).

Art. 451. Subsiste para o alienante esta obrigação, ainda que a coisa alienada esteja deteriorada, exceto havendo dolo[1] do adquirente.[1a] [Dispositivo correspondente no CC/1916: art. 1.110.]

Art. 451: 1. v. arts. 145 a 150.

Art. 451: 1a. Ou seja, intenção do adquirente de deteriorar a coisa para deliberadamente prejudicar o alienante ou o seu verdadeiro dono.

Art. 452. Se o adquirente tiver auferido vantagens das deteriorações, e não tiver sido condenado a indenizá-las, o valor das vantagens será deduzido da quantia que lhe houver de dar o alienante. [Dispositivo correspondente no CC/1916: art. 1.111.]

Art. 453. As benfeitorias necessárias ou úteis,[1] não abonadas ao que sofreu a evicção, serão pagas pelo alienante.[2] [Dispositivo correspondente no CC/1916: art. 1.112.]

Art. 453: 1. v. art. 96 §§ 3º e 2º, respectivamente.

Art. 453: 2. "O evicto há de ser indenizado amplamente, inclusive por construções que tenha erigido no imóvel. A expressão 'benfeitorias', contida no artigo 1.112 do Código Civil, há de ser entendida como compreendendo acessões" (RSTJ 116/225: 3ª T., REsp 139.178). O art. 1.112 do CC rev. corresponde ao CC 453.

Art. 454. Se as benfeitorias abonadas ao que sofreu a evicção tiverem sido feitas pelo alienante, o valor delas será levado em conta[1] na restituição devida. [Dispositivo correspondente no CC/1916: art. 1.113.]

Art. 454: 1. i. e., o valor das benfeitorias feitas pelo alienante será deduzido da quantia que ele restituirá ao adquirente.

Art. 455. Se parcial, mas considerável, for a evicção, poderá o evicto optar entre a rescisão do contrato e a restituição da parte do preço correspondente ao desfalque sofrido.[1] Se não for considerável, caberá somente direito a indenização.[2] [Dispositivo correspondente no CC/1916: art. 1.114.]

Art. 455: 1. s/ abatimento de preço em matéria de vício redibitório, v. art. 442 e CDC 18 § 1º-III.

Art. 455: 2. A indenização deverá ser proporcional à evicção e aos consequentes prejuízos.

Art. 456. ....[1]

Art. 456: 1. Revogado expressamente pela Lei 13.105, de 16.3.15, em vigor um ano após sua publicação (DOU 17.3.15).

Art. 457. Não pode o adquirente demandar pela evicção, se sabia que a coisa era alheia ou litigiosa. [Dispositivo correspondente no CC/1916: art. 1.117-II.]

Seção VII | DOS CONTRATOS ALEATÓRIOS

Art. 458. Se o contrato for aleatório,[1] por dizer respeito a coisas ou fatos futuros, cujo risco de não virem a existir um dos contratantes assuma, terá o outro direito de receber integralmente o que lhe foi prometido, desde que de sua parte não tenha havido dolo[2] ou culpa, ainda que nada do avençado venha a existir. [Dispositivo correspondente no CC/1916: art. 1.118.]

Art. 458: 1. caso do contrato de seguro (arts. 757 e segs.).

Art. 458: 2. v. arts. 145 a 150.

Art. 459. Se for aleatório, por serem objeto dele coisas futuras, tomando o adquirente a si o risco de virem a existir em qualquer quantidade, terá também direito o alienante a todo o preço, desde que de sua parte não tiver concorrido culpa, ainda que a coisa venha a existir em quantidade inferior à esperada. [Dispositivo correspondente no CC/1916: art. 1.119-*caput*.]

Parágrafo único. Mas, se da coisa nada vier a existir, alienação não haverá, e o alienante restituirá o preço recebido. [Dispositivo correspondente no CC/1916: art. 1.119 § ún.]

Art. 460. Se for aleatório o contrato, por se referir a coisas existentes, mas expostas a risco, assumido pelo adquirente, terá igualmente direito o alienante a todo o preço[1], posto que a coisa já não existisse, em parte, ou de todo, no dia do contrato. [Dispositivo correspondente no CC/1916: art. 1.120.]

Art. 460: 1. Exceto se a coisa se deteriorou ou desapareceu por dolo ou culpa do alienante.

Art. 461. A alienação aleatória a que se refere o artigo antecedente poderá ser anulada[1] como dolosa pelo prejudicado, se provar que o outro contratante não ignorava a consumação do risco,[2] a que no contrato se considerava exposta a coisa. [Dispositivo correspondente no CC/1916: art. 1.121.]

Art. 461: 1. Prazo para a propositura da ação: dois anos (art. 179).

Art. 461: 2. i. e., se o adquirente provar que o alienante sabia que a coisa não mais existia ou já se encontrava deteriorada por ocasião da celebração do contrato.

Seção VIII | DO CONTRATO PRELIMINAR[1]

✎ **SEÇ. VIII: 1.** "O contrato preliminar e sua inserção no Código Civil brasileiro", por Éder Augusto Contadin (RDPr 56/227).

Art. 462. O contrato preliminar, exceto quanto à forma, deve conter todos os requisitos[1] essenciais ao contrato a ser celebrado.[2] [Sem dispositivo correspondente no CC/1916.]

Art. 462: 1. cf. requisitos da escritura pública (art. 215).

Art. 462: 2. s/ requisitos dos compromissos de compra e venda, das cessões ou promessas de cessão, v. art. 26 da Lei 6.766, de 19.12.79, e art. 11 do Dec. lei 58, de 10.12.37.

Art. 463. Concluído o contrato preliminar, com observância do disposto no artigo antecedente, e desde que dele não conste cláusula de arrependimento,[1-1a] qualquer das partes terá o direito de exigir a celebração do definitivo, assinando prazo à outra para que o efetive.[1b] [Sem dispositivo correspondente no CC/1916.]

Parágrafo único. O contrato preliminar deverá ser levado ao registro competente.[2-3] [Sem dispositivo correspondente no CC/1916.]

Art. 463: 1. v. promessa de compra e venda (art. 1.417).

Art. 463: 1a. p. ex., arras penitenciais (art. 420).

Art. 463: 1b. v. art. 15 do Dec. lei 58, de 10.12.37; art. 25 da Lei 6.766, de 19.12.79; art. 69 da Lei 4.380, de 21.8.64.

Art. 463: 2. A promessa de compra e venda de imóvel deve ser registrada no registro de imóveis (art. 1.417; LRP 167-I, itens 9, 18 e 20). A falta de registro, segundo a Súmula 239 do STJ, não exclui o direito à adjudicação compulsória (v. art. 1.417, nota 3).

Contratos preliminares sobre móveis devem ser registrados no registro de títulos e documentos (LRP 129).

Art. 463: 3. Enunciado 30 do CEJ: "A disposição do parágrafo único do art. 463 do novo Código Civil deve ser interpretada como fator de eficácia perante terceiros".

Art. 464. Esgotado o prazo, poderá o juiz, a pedido do interessado, suprir a vontade da parte inadimplente, conferindo caráter definitivo ao contrato preliminar,[1-1a] salvo se a isto se opuser a natureza da obrigação. [Sem dispositivo correspondente no CC/1916.]

Art. 464: 1. s/ suprimento judicial de declaração não emitida, v. CPC 501.

Art. 464: 1a. Em matéria de compromisso de compra e venda, v. art. 1.418 e arts. 16 e 22 do Dec. lei 58, de 10.12.37. V. ainda **Súmula 413 do STF:** "O compromisso de compra e venda de imóveis, ainda que não loteados, dá direito à execução compulsória, quando reunidos os requisitos legais".

Art. 465. Se o estipulante não der execução ao contrato preliminar, poderá a outra parte considerá-lo desfeito, e pedir perdas e danos.[1] [Sem dispositivo correspondente no CC/1916.]

Art. 465: 1. v. arts. 389 e 402 a 405.

Art. 466. Se a promessa de contrato for unilateral, o credor, sob pena de ficar a mesma sem efeito, deverá manifestar-se no prazo nela previsto, ou, inexistindo este, no que lhe for razoavelmente assinado pelo devedor. [Sem dispositivo correspondente no CC/1916.]

Seção IX | DO CONTRATO COM PESSOA A DECLARAR

Art. 467. No momento da conclusão do contrato, pode uma das partes reservar-se a faculdade de indicar a pessoa que deve adquirir os direitos e assumir as obrigações dele decorrentes. [Sem dispositivo correspondente no CC/1916.]

Art. 468. Essa indicação deve ser comunicada à outra parte no prazo de cinco dias da conclusão do contrato, se outro não tiver sido estipulado. [Sem dispositivo correspondente no CC/1916.]

Parágrafo único. A aceitação da pessoa nomeada não será eficaz se não se revestir da mesma forma que as partes usaram para o contrato.[1] [Sem dispositivo correspondente no CC/1916.]

Art. 468: 1. p. ex.: se o contrato foi feito por instrumento público, a aceitação também deverá sê-lo.

Art. 469. A pessoa, nomeada de conformidade com os artigos antecedentes, adquire os direitos e assume as obrigações decorrentes do contrato, a partir do momento em que este foi celebrado. [Sem dispositivo correspondente no CC/1916.]

Art. 470. O contrato será eficaz somente entre os contratantes originários: [Sem dispositivo correspondente no CC/1916.]

I — se não houver indicação de pessoa, ou se o nomeado se recusar a aceitá-la; [Sem dispositivo correspondente no CC/1916.]

II — se a pessoa nomeada era insolvente,[1] e a outra pessoa o desconhecia no momento da indicação. [Sem dispositivo correspondente no CC/1916.]

Art. 470: 1. v. art. 955 e CPC/73 art. 748.

Art. 471. Se a pessoa a nomear era incapaz[1] ou insolvente[2] no momento da nomeação, o contrato produzirá seus efeitos entre os contratantes originários. [Sem dispositivo correspondente no CC/1916.]

Art. 471: 1. v. arts. 3º a 5º.

Art. 471: 2. v. art. 955 e CPC/73 art. 748.

Capítulo II | DA EXTINÇÃO DO CONTRATO[1-2]

Seção I | DO DISTRATO

CAP. II: 1. "A resolução do contrato no novo Código Civil", por Daniel Ustárroz (RJ 304/32 e RMDCPC 4/49); "Resolução, rescisão, resilição e denúncia do contrato: questões envolvendo terminologia, conceito e efeitos", por Alberto Gosson Jorge Jr. (RT 882/87).

CAP. II: 2. s/ extinção do contrato em matéria de: prestação de serviços, v. arts. 599 e 607; transporte, v. art. 740; seguro, v. arts. 769 §§ 1º e 2º e 770; relação de consumo, v. CDC 35, 49 e 53.

Art. 472. O distrato faz-se pela mesma forma exigida para o contrato.[1] [Dispositivo correspondente no CC/1916: art. 1.093.]

Art. 472: 1. Mas a quitação "sempre poderá ser dada por instrumento particular" (art. 320).

Art. 473. A resilição unilateral, nos casos em que a lei expressa ou implicitamente o permita, opera mediante denúncia notificada à outra parte.[1] [Sem dispositivo correspondente no CC/1916.]

Parágrafo único. Se, porém, dada a natureza do contrato, uma das partes houver feito investimentos consideráveis para a sua execução, a denúncia unilateral só produzirá efeito depois de transcorrido prazo compatível com a natureza e o vulto dos investimentos.[1a-2] [Sem dispositivo correspondente no CC/1916.]

Art. 473: 1. s/ resilição unilateral em matéria de: mandato, v. art. 688; agência e distribuição, v. art. 720; transporte de pessoas, v. art. 740.

S/ resilição unilateral em matéria de locação, v. LI 6º (locação por prazo indeterminado), 7º (extinção de usufruto ou de fideicomisso), 8º (alienação do imóvel), 46 § 2º (locação residencial), 50 § ún. (locação para temporada) e 57 (locação não residencial).

Art. 473: 1a. "A limitação da eficácia da resilição unilateral dos contratos como manifestação positiva do princípio da confiança: o parágrafo único do artigo 473 do Código Civil", por Felipe

Fernandes Ribeiro Maia (RIDCPC 66/118); "A tutela da confiança e os limites éticos para a denúncia do contrato", por Hugo Evo Magro Corrêa Urbano (RSDCPC 69/109).

Art. 473: 2. "É das mais importantes tendências da responsabilidade civil o deslocamento do fato ilícito, como ponto central, para cada vez mais se aproximar da reparação do **dano injusto.** Ainda que determinado ato tenha sido praticado no exercício de um direito reconhecido, haverá ilicitude se o fora em manifesto abuso, contrário à boa-fé, à finalidade social ou econômica do direito, ou, ainda, se praticado com ofensa aos bons costumes. Tendo uma das partes agido em flagrante comportamento contraditório, ao exigir, por um lado, investimentos necessários à prestação dos serviços, condizentes com a envergadura da empresa que a outra parte representaria, e, por outro, após apenas 11 meses, sem qualquer justificativa juridicamente relevante, a rescisão unilateral do contrato, configura-se abalada a boa-fé objetiva, a reclamar a proteção do dano causado injustamente. Se, na análise do caso concreto, percebe-se a inexistência de qualquer conduta desabonadora de uma das partes, seja na conclusão ou na execução do contrato, somada à legítima impressão de que a avença perduraria por tempo razoável, a resilição unilateral imotivada deve ser considerada comportamento contraditório e antijurídico, que se agrava pela recusa na concessão de prazo razoável para a reestruturação econômica da contratada. A existência de cláusula contratual que prevê a possibilidade de rescisão desmotivada por qualquer dos contratantes não é capaz, por si só, de afastar e justificar o ilícito de se rescindir unilateralmente e imotivadamente um contrato que esteja sendo cumprindo a contento" (STJ-4ª T., REsp 1.555.202, Min. Luis Felipe, j. 13.12.2016, DJ 16.3.17).

"Parceria rural. Criação e engorda de aves. Ação declaratória cumulada com indenização. Tutela antecipada. Contrato com previsão de vigência superior a 12 anos. Iniciativa de resilição por parte da parceira proprietária, muito tempo antes do esgotamento do prazo. Incidência do art. 473 § ún. do CC/02, a justificar a suspensão dos efeitos da notificação" (RT 928/904: TJSP, AI 0174717-74.2012.8.26.0000).

V. tb. arts. 421, nota 4, e 422, nota 3e.

Seção II | DA CLÁUSULA RESOLUTIVA

Art. 474. A cláusula resolutiva expressa[1-1a] opera de pleno direito;[2] a tácita[3] depende de interpelação judicial. [Sem dispositivo correspondente no CC/1916.]

Art. 474: 1. "Cláusula resolutória expressa nos contratos", por José Geraldo de Jacobina Rabello (RSDCPC 38/5, RMDCPC 8/63 e RF 380/487).

Art. 474: 1a. s/ condição resolutiva, v. arts. 127, 128 e 130; s/ propriedade resolúvel, v. art. 1.359. Em matéria de compromisso de compra e venda, v. art. 12 do Dec. lei 58, de 10.12.37.

Art. 474: 2. i. e., leva à automática extinção do contrato.

Art. 474: 3. "A cláusula resolutiva tácita presume-se presente nos contratos bilaterais, independentemente de estar expressa, podendo qualquer das partes requerer a resolução do contrato diante do inadimplemento da outra" (STJ-3ª T., Ag em REsp 842.014-AgInt, Min. Ricardo Cueva, j. 4.8.16, DJ 12.8.16).

"Ainda que inexistisse, no contrato, cláusula resolutiva expressa em favor do promitente-comprador, isso não obsta o ajuizamento direto da ação rescisória, porque ínsita a todo pacto bilateral a cláusula resolutiva tácita. E a cláusula contratual de irrevogabilidade, como natural, diz respeito a arrependimento ou desistência, não à faculdade de requerimento de rescisão por falta contratual da parte contrária" (RT 752/287).

Art. 475. A parte lesada pelo inadimplemento pode pedir a resolução do contrato, se não preferir exigir-lhe o cumprimento, cabendo, em qualquer dos casos, indenização por perdas e danos.[1 a 5] [Dispositivo correspondente no CC/1916: art. 1.092 § ún.]

Art. 475: 1. v. arts. 389 e 402 a 405.

✎ **Art. 475: 1a.** "Indenizações no sistema de franquia empresarial", por Luís Rodolfo Cruz e Creuz e Bruno Batista da Costa Oliveira (RT 852/54).

Art. 475: 2. **Enunciado 31 do CEJ:** "As perdas e danos mencionadas no art. 475 do novo Código Civil dependem da imputabilidade da causa da possível resolução".

Enunciado 361 do CEJ: "O adimplemento substancial decorre dos princípios gerais contratuais, de modo a fazer preponderar a função social do contrato e o princípio da boa-fé objetiva, balizando a aplicação do art. 475".

Art. 475: 3. "É pela lente das cláusulas gerais previstas no Código Civil de 2002, sobretudo a da boa-fé objetiva e da função social, que deve ser lido o art. 475, segundo o qual '[a] parte lesada pelo inadimplemento pode pedir a resolução do contrato, se não preferir exigir-lhe o cumprimento, cabendo, em qualquer dos casos, indenização por perdas e danos'. Nessa linha de entendimento, a **teoria do substancial adimplemento** visa a impedir o uso desequilibrado do direito de resolução por parte do credor, preterindo desfazimentos desnecessários em prol da preservação da avença, com vistas à realização dos princípios da boa-fé e da função social do contrato. No caso em apreço, é de se aplicar a da teoria do adimplemento substancial dos contratos, porquanto o réu pagou '31 das 36 prestações contratadas, 86% da obrigação total (contraprestação e VRG parcelado), e mais R$ 10.500,44 de valor residual garantido'. O mencionado descumprimento contratual é inapto a ensejar a reintegração de posse pretendida e, consequentemente, a resolução do contrato de arrendamento mercantil, medidas desproporcionais diante do substancial adimplemento da avença. Não se está a afirmar que a dívida não paga desaparece, o que seria um convite a toda sorte de fraudes. Apenas se afirma que o meio de realização do crédito por que optou a instituição financeira não se mostra consentâneo com a extensão do inadimplemento e, de resto, com os ventos do Código Civil de 2002. Pode, certamente, o credor valer-se de meios menos gravosos e proporcionalmente mais adequados à persecução do crédito remanescente, como, por exemplo, a execução do título" (STJ-4ª T., REsp 1.051.270, Min. Luis Felipe, j. 4.8.11, um voto vencido, DJ 5.9.11). Em sentido semelhante: STJ-3ª T., REsp 1.215.289, Min. Sidnei Beneti, j. 5.2.13, DJ 21.2.13.

Art. 475: 4. "O uso do instituto da *substancial performance* não pode ser estimulado a ponto de inverter a ordem lógico-jurídica que assenta o integral e regular cumprimento do contrato como meio esperado de extinção das obrigações" (STJ-4ª T., REsp 1.581.505, Min. Antonio Ferreira, j. 18.8.16, DJ 28.9.16). Do voto do relator: "Não estão presentes os requisitos para a aplicação da teoria do adimplemento substancial, conclusão a que se chega tão só pelo exame do critério quantitativo, cujo relevo dispensa perquirir os demais elementos do negócio jurídico e de sua execução. Neste caso, o que se pode adjetivar de **substancial é a inadimplência** da recorrente, e não a parcela que cumpriu da avença". No caso, o inadimplemento girava em torno de 30% do valor do contrato.

Art. 475: 5. "A aplicação da teoria do adimplemento substancial, para obstar a utilização da ação de busca e apreensão, nesse contexto, é um incentivo ao inadimplemento das últimas parcelas contratuais, com o nítido propósito de desestimular o credor — numa avaliação de custo-benefício — de satisfazer seu crédito por outras vias judiciais, menos eficazes, o que, a toda evidência, aparta-se da boa-fé contratual propugnada. A propriedade fiduciária, concebida pelo legislador justamente para conferir segurança jurídica às concessões de crédito, essencial ao desenvolvimento da economia nacional, resta comprometida pela aplicação deturpada da teoria do adimplemento substancial" (STJ-2ª Seção, REsp 1.622.555, Min. Marco Bellizze, j. 22.2.17, maioria, DJ 16.3.17).

Seção III | DA EXCEÇÃO DE CONTRATO NÃO CUMPRIDO[1]

✎ **SEÇ. III: 1.** "A exceção do contrato não cumprido e a sua relação com a garantia das obrigações no Direito Brasileiro", por Paulo R. Roque A. Khouri (Ajuris 94/293); "A recepção do incumprimento antecipado no direito brasileiro: configurações e limites", por Judith Martins-Costa (RT 885/30); "O exercício da exceção de contrato não cumprido e a prescrição", por Rafael Oliveira (RP 191/43).

Art. 476. Nos contratos bilaterais, nenhum dos contratantes, antes de cumprida a sua obrigação, pode exigir o implemento da do outro.[1 a 5] [Dispositivo correspondente no CC/1916: art. 1.092-*caput*.]

Art. 476: 1. v. art. 491 (venda a crédito).

Art. 476: 1a. "A exceção de contrato não cumprido somente pode ser oposta quando a lei ou o próprio contrato não determinar a quem cabe primeiro cumprir a obrigação. Estabelecida a sucessividade do adimplemento, o contraente que deve satisfazer a prestação antes do outro não pode recusar-se a cumpri-la sob a conjectura de que este não satisfará a que lhe corre. Já aquele que detém o direito de realizar por último a prestação pode postergá-la enquanto o outro contratante não satisfizer sua própria obrigação" (STJ-3ª T., REsp 981.750, Min. Nancy Andrighi, j. 13.4.10, DJ 23.4.10).

Art. 476: 2. A exceção de contrato não cumprido pode vir apoiada tanto no inadimplemento absoluto (*exceptio non adimpleti contractus*) quanto no cumprimento parcial ou defeituoso da obrigação a cargo da parte contrária (*exceptio non rite adimpleti contractus*).

O descumprimento de parte mínima ou irrelevante do contrato não serve de apoio à *exceptio non rite adimpleti contractus* (STJ-4ª T., REsp 883.990, Min. Fernando Gonçalves, j. 1.4.08, DJ 12.8.08).

Art. 476: 2a. "A exceção do contrato não cumprido tem incidência temporária e efeito primordial de indução do contratante renitente ao cumprimento das obrigações contratual e voluntariamente assumidas. Na hipótese dos autos, em que à época da sentença, a obrigação já se encontrava plenamente satisfeita por uma das partes, não há espaço para incidência da exceção do contrato não cumprido, por ausência de pressupostos legais" (STJ-3ª T., REsp 1.331.115, Min. Nancy Andrighi, j. 19.11.13, maioria, DJ 22.4.14).

Art. 476: 3. "A teor do art. 476 do CC, não pode o aluno inadimplente exigir o cumprimento da obrigação da instituição de ensino, sem a prévia satisfação da sua prestação. Como não houve a contraprestação por parte da agravante, referente ao pagamento das mensalidades pela frequência ao semestre anterior, não pode a mesma exigir que a agravada efetue a rematrícula postulada" (RJTJERGS 267/135: AgRg 70020959136). S/ mensalidade escolar e cláusulas abusivas, v., no nosso CCLCV, CDC 51, nota 7b.

Art. 476: 4. "Ação de cobrança. Associação de moradores constituída para regularizar a situação de terreno ocupado por diversas famílias. Requerido que aderiu à associação, mas encontra-se inadimplente. Exceção do contrato não cumprido. Não pode a autora exigir que o requerido cumpra sua parte na obrigação quando ela própria não cumpriu a sua. Inteligência do art. 476 do Código Civil/2002" (RT 896/211: TJSP, AP 994.09.280771-1).

Art. 476: 5. "A cláusula contratual em que a construtora se obriga a exonerar do gravame hipotecário após a 'concessão do habite-se' e 'plena quitação do preço', é condição conjuntiva. Sendo assim, *(o adquirente)* não pode invocar a exceção substancial do não adimplemento do contrato, para suspender o pagamento das prestações, pois a obrigação da construtora somente surge após a quitação do preço. O adquirente tem o dever de quitar as prestações restantes de seu imóvel, sub-rogando-se, o agente financeiro, por meio de cessão fiduciária, no direito de receber os créditos devidos à construtora-mutuária" (STJ-3ª T., REsp 867.772, Min. Sidnei Beneti, j. 19.8.10, DJ 10.9.10).

Art. 477. Se, depois de concluído o contrato, sobrevier a uma das partes contratantes diminuição em seu patrimônio capaz de comprometer ou tornar duvidosa a prestação pela qual se obrigou, pode a outra recusar-se à prestação que lhe incum-

be, até que aquela satisfaça a que lhe compete ou dê garantia bastante de satisfazê-la.[1] [Dispositivo correspondente no CC/1916: art. 1.092-*caput*.]

Art. 477: 1. v. arts. 333, especialmente inciso III (cobrança antecipada da dívida), 495 (compra e venda), 590 (mútuo) e 810 (constituição de renda).

Seção IV | DA RESOLUÇÃO POR ONEROSIDADE EXCESSIVA[1]

SEÇ. IV: 1. "A resolução por onerosidade excessiva no novo Código Civil: uma quimera jurídica?", por João Hora Neto (RDPr 16/148); "A teoria da imprevisão no novo Código Civil brasileiro", por Julio Alberto Díaz (RDPr 20/197); "Teoria da imprevisão e o novo Código Civil", por Antonio Celso Fonseca Pugliese (RT 830/11); "Duas sugestões interpretativas para um preceito do novo Código Civil", por Edilson Pereira Nobre Júnior (RDPr 22/53); "Aspectos positivos e negativos da revisão contratual no novo Código Civil", por Nelson Borges (RT 849/80); "Revisão de contrato — Revisão de taxas convencionais de juros", por Humberto Theodoro Jr. (RMDECC 34/5); "Resolução do contrato por onerosidade excessiva", por Ênio Santarelli Zuliani (RMDCPC 40/27, RSDCPC 70/85, RMDECC 36/81).

Art. 478. Nos contratos de execução continuada ou diferida, se a prestação de uma das partes se tornar excessivamente onerosa, com extrema vantagem[1] para a outra, em virtude de acontecimentos extraordinários e imprevisíveis,[1a-1b] poderá o devedor pedir a resolução do contrato.[2 a 3b] Os efeitos da sentença que a decretar retroagirão à data da citação. [Sem dispositivo correspondente no CC/1916.]

Art. 478: 1. Enunciado 365 do CEJ: "A extrema vantagem do art. 478 deve ser interpretada como elemento acidental da alteração de circunstâncias, que comporta a incidência da resolução ou revisão do negócio por onerosidade excessiva, independentemente de sua demonstração plena".

Art. 478: 1a. Enunciado 175 do CEJ: "A menção à imprevisibilidade e à extraordinariedade, insertas no art. 478 do Código Civil, deve ser interpretada não somente em relação ao fato que gere o desequilíbrio, mas também em relação às consequências que ele produz".

Enunciado 366 do CEJ: "O fato extraordinário e imprevisível causador de onerosidade excessiva é aquele que não está coberto objetivamente pelos riscos próprios da contratação".

Art. 478: 1b. Casos em que se afirmou não haver onerosidade excessiva:

— "A Teoria da Imprevisão como justificativa para a revisão judicial de contratos somente será aplicada quando ficar demonstrada a ocorrência, após o início da vigência do contrato, de evento imprevisível e extraordinário que diga respeito à contratação considerada e que onere excessivamente uma das partes contratantes. A ocorrência de problemas mecânicos no veículo, dois anos após adquirido pelo consorciado, não se insere no conceito de acontecimento extraordinário e imprevisível, capaz de tornar a prestação relativa ao contrato de consórcio excessivamente onerosa para uma das partes e acarretar vantagem extrema à outra. Tal evento prende-se a riscos da atividade econômica da promovente que não podem ser transferidos à sociedade empresária administradora de consórcio, que atua apenas na gestão dos negócios do grupo formado" (STJ-4ª T., REsp 1.045.951, Min. Raul Araújo, j. 9.3.17, DJ 22.3.17);

— "Chuvas e pragas são circunstâncias previsíveis na agricultura, que o produtor deve levar em consideração quando contrata a venda para entrega futura com preço certo" (STJ-3ª T., REsp 783.404, Min. Nancy Andrighi, j. 28.6.07, DJU 13.8.07). No mesmo sentido, com relação às pragas: RJM 174/230. "A alta do dólar em virtude das eleições presidenciais e da iminência de guerra no Oriente Médio são circunstâncias previsíveis, que podem ser levadas em consideração quando se contrata a venda para entrega futura com preço certo" (STJ-3ª T., REsp 803.481, Min. Nancy Andrighi, j. 28.6.07, DJU 1.8.07). Mais amplamente: "Nos contratos agrícolas de venda para entrega futura, o risco é inerente ao negócio. Nele não se cogita em imprevisão" (STJ-3ª T., REsp 884.066-AgRg, Min. Gomes de Barros, j. 6.12.07, DJU 18.12.07). No mesmo sentido: STJ-4ª T., REsp 679.086, Min. Fernando Gonçalves, j. 10.6.08, DJU 23.6.08; RT 901/213 (TJSP, AP 992.06.038937-0);

— "Ação de revisão e rescisão de contrato de *swap*. Contrato bilateral de natureza aleatória. Inexistência de relação de consumo entre as partes, nem resquício de vulnerabilidade da autora. Autora que não era mutuária, mas sim investidora em mercado de risco. Operações de *swap* que podem ter duas funções distintas: de proteção (*hedge*), ou especulativa. Cunho eminentemente especulativo, no caso concreto. Inexistência de elementos que permitam nesse complexo jogo econômico de probabilidades de ganhos de acordo com a expectativa então reinante, *versus* limitação das partes para uma das partes a R$ 100.000,00, a ocorrência de desequilíbrio grave que viole princípios cogentes e exija a integração do negócio. Inaplicabilidade também da teoria da imprevisão, ou onerosidade excessiva. Álea própria do negócio" (RT 916/593: TJSP, AP 0105673-27.2010.8.26.0100, maioria; com comentário de Arnoldo Wald);

— "Contrato de câmbio. Modalidade de contrato aleatório *emptio rei speratae*. Risco de oscilação da moeda estrangeira inerente à natureza do negócio jurídico. Conhecimento antecipado da álea que impede a incidência da teoria da imprevisão e a aplicação da resolução do contrato por onerosidade excessiva. Arts. 317 e 478 do Código Civil. O contrato de câmbio é aleatório, uma vez que as prestações a que ambas as partes se obrigam não são conhecidas integralmente no momento da celebração do contrato. O objeto da obrigação está inexoravelmente atrelado à cotação da moeda estrangeira na data da liquidação do preço, fator ampla e antecipadamente conhecido por todas as partes envolvidas no negócio" (RT 917/534: TJSC, AP 2010.055170-4);

— "Não se mostra razoável o entendimento de que a inflação possa ser tomada, no Brasil, como álea extraordinária, de modo a possibilitar algum desequilíbrio na equação econômica do contrato, como há muito afirma a jurisprudência do STJ. Não há como imputar as aludidas perdas a fatores imprevisíveis, já que decorrentes de má previsão das autoras, o que constitui álea ordinária não suportável pela Administração e não autorizadora da Teoria da Imprevisão. Caso se permitisse a revisão pretendida, estar-se-ia beneficiando as apeladas em detrimento dos demais licitantes que, agindo com cautela, apresentaram proposta coerente com os ditames do mercado e, talvez por terem incluído essa margem de segurança em suas propostas, não apresentaram valor mais atraente" (STJ-2ª T., REsp 744.446, Min. Humberto Martins, j. 17.4.08, DJU 5.5.08).

V. tb. art. 421, nota 3, e art. 422, nota 4.

Art. 478: 2. s/ onerosidade excessiva em matéria de: empreitada, v. arts. 621 e 625; relação de consumo, v. CDC 6º-V e 51-IV e § 1º-III.

Art. 478: 3. **Enunciado 176 do CEJ:** "Em atenção ao princípio da conservação dos negócios jurídicos, o art. 478 do Código Civil de 2002 deverá conduzir, sempre que possível, à revisão judicial dos contratos e não à resolução contratual".

Art. 478: 3a. A possibilidade de resolução do contrato nessas circunstâncias é um mecanismo para evitar o enriquecimento sem causa (arts. 884 a 886).

Art. 478: 3b. Para evitar a resolução do contrato, é possível lançar mão da revisão judicial do contrato (art. 317). V. tb. arts. 479 e 480.

Art. 479. A resolução poderá ser evitada, oferecendo-se o réu a modificar equitativamente as condições do contrato.[1 a 3] [Sem dispositivo correspondente no CC/1916.]

Art. 479: 1. v. art. 478, nota 3 (Enunciado 176 do CEJ) e nota 3b. Em matéria de relação de consumo, v. CDC 6º-V.

Art. 479: 2. **Enunciado 367 do CEJ:** "Em observância ao princípio da conservação do contrato, nas ações que tenham por objeto a resolução do pacto por excessiva onerosidade, pode o juiz modificá-lo equitativamente, desde que ouvida a parte autora, respeitada a sua vontade e observado o contraditório".

Art. 479: 3. Entendemos que a iniciativa do réu no sentido de que se modifiquem as condições do contrato consiste em reconvenção, na medida em que insere uma nova pretensão no processo instaurado originalmente com o escopo único de rescisão da avença. Na falta de qualquer iniciativa das partes para a modificação do contrato, não pode o juiz fazê-lo de ofício.

Art. 480. Se no contrato as obrigações couberem a apenas uma das partes, poderá ela pleitear que a sua prestação seja reduzida, ou alterado o modo de executá-la, a fim de evitar a onerosidade excessiva. [Sem dispositivo correspondente no CC/1916.]

Título VI | DAS VÁRIAS ESPÉCIES DE CONTRATO[1]

Capítulo I | DA COMPRA E VENDA[1]

Seção I | DISPOSIÇÕES GERAIS

TÍT. VI: 1. Lei 8.955, de 15.12.94 — Dispõe sobre o contrato de franquia empresarial (*franchising*) e dá outras providências.

✎ **CAP. I: 1.** "A venda e compra no comércio internacional", por Hilário de Oliveira (RDPr 14/268); "Características atuais do contrato de compra e venda", por Paulo Luiz Netto Lôbo (RJ 335/9); "O contrato de compra e venda internacional de bens", por Bernardo Prado da Camara (RDPr 27/7); "Tradição e contrato de mútuo, de conta-corrente e de compra e venda", por Álvaro Villaça Azevedo (RF 392/3); "O regime obrigacional unificado do Código Civil brasileiro e seus efeitos sobre a liberdade contratual. A compra e venda como modelo jurídico multifuncional", por Gerson Luiz Carlos Branco (RT 872/11).

Art. 481. Pelo contrato de compra e venda,[1 a 3] um dos contratantes se obriga a transferir o domínio de certa coisa, e o outro, a pagar-lhe certo preço em dinheiro. [Dispositivo correspondente no CC/1916: art. 1.122.]

Art. 481: 1. v., no nosso CCLCV, títs. ALIENAÇÃO FIDUCIÁRIA, CONDOMÍNIO E INCORPORAÇÃO, CONTRATOS IMOBILIÁRIOS, PROPRIEDADE RURAL ADQUIRIDA POR ESTRANGEIRO; v. tb., no nosso CCLCV, PROMESSA DE COMPRA E VENDA E LOTEAMENTO.

Alienações judiciais: CPC 730 e 879 e segs.

Art. 481: 2. Súmula 489 do STF (Compra de automóvel): "A compra e venda de automóvel não prevalece contra terceiros, de boa-fé, se o contrato não foi transcrito no Registro de Títulos e Documentos".

Mas: "A averbação de contrato de financiamento do carro com alienação fiduciária no registro público supre a (falta) do recibo, para os efeitos da Súmula 489" (RTJ 69/496).

S/ responsabilidade civil, v. art. 927, nota 1 (especialmente **Súmula 132 do STJ**).

Art. 481: 2a. Súmula 413 do STF: "O compromisso de compra e venda de imóveis, ainda que não loteados, dá direito à execução compulsória, quando reunidos os requisitos legais".

Art. 481: 3. Súmula 263 do STJ (Arrendamento mercantil): "A cobrança antecipada do valor residual (VRG) descaracteriza o contrato de arrendamento mercantil, transformando-o em compra e venda a prestação". Esta Súmula foi **cancelada** pela 2ª Seção do STJ na sessão de 27.8.03.

✎ "O contrato de *leasing* e a Súmula 263 do STJ", por Luiz Fernando do Vale de Almeida Guilherme (RDPr 26/217).

Art. 482. A compra e venda, quando pura,[1] considerar-se-á obrigatória e perfeita, desde que as partes acordarem no objeto e no preço.[2] [Dispositivo correspondente no CC/1916: art. 1.126.]

Art. 482: 1. i. e., sem termo ou condição.

Art. 482: 2. Quanto ao preço, v. arts. 485 a 489.

Art. 483. A compra e venda pode ter por objeto coisa atual ou futura.[1] Neste caso, ficará sem efeito o contrato se esta não vier a existir, salvo se a intenção das partes era de concluir contrato aleatório.[2] [Sem dispositivo correspondente no CC/1916.]

Art. 483: 1. s/ nulidade de contrato que tem por objeto herança de pessoa viva, v. art. 426.

Art. 483: 2. s/ contrato aleatório, v. arts. 458 a 461.

Art. 484. Se a venda se realizar à vista de amostras, protótipos ou modelos, entender-se-á que o vendedor assegura ter a coisa as qualidades que a elas correspondem.[1] [Dispositivo correspondente no CC/1916: art. 1.135.]

Parágrafo único. Prevalece a amostra, o protótipo ou o modelo, se houver contradição ou diferença com a maneira pela qual se descreveu a coisa no contrato.[2] [Sem dispositivo correspondente no CC/1916.]

Art. 484: 1. s/ vícios redibitórios, v. arts. 441 a 446.

Art. 484: 2. s/ direito do consumidor à informação, v. CDC 6º-III; s/ oferta ao consumidor, v. CDC 30 a 35; s/ publicidade em matéria de consumo, v. CDC 36 a 38; s/ amostra grátis, v. CDC 39-III e § ún.

Art. 485. A fixação do preço pode ser deixada ao arbítrio de terceiro,[1-2] que os contratantes logo designarem ou prometerem designar. Se o terceiro não aceitar a incumbência, ficará sem efeito o contrato, salvo quando acordarem os contratantes designar outra pessoa. [Dispositivo correspondente no CC/1916: art. 1.123.]

Art. 485: 1. mas nunca ao arbítrio de uma das partes (art. 489).

Art. 485: 2. "Na parceria agrícola, convencionando as partes que o valor do contrato seria regido de acordo com o mínimo estabelecido pelo Governo Federal pela tonelada de determinado produto agrícola, é defeso a um dos contratantes alterar, unilateralmente, a convenção em seu favor, ainda que tenha sido declarado inconstitucional o controle de preços governamental adotado" (RT 786/324; ementa da redação).

Art. 486. Também se poderá deixar a fixação do preço à taxa de mercado ou de bolsa, em certo e determinado dia e lugar.[1] [Dispositivo correspondente no CC/1916: art. 1.124.]

Art. 486: 1. s/ pagamento em dinheiro, v. art. 315; nulidade das convenções de pagamento em ouro ou moeda estrangeira, v. art. 318. V. tb., no nosso CCLCV, tít. PAGAMENTO EM MOEDA ESTRANGEIRA.

Art. 487. É lícito às partes fixar o preço em função de índices ou parâmetros, desde que suscetíveis de objetiva determinação. [Sem dispositivo correspondente no CC/1916.]

Art. 488. Convencionada a venda sem fixação de preço ou de critérios para a sua determinação, se não houver tabelamento[1] oficial, entende-se que as partes se sujeitaram ao preço corrente nas vendas habituais do vendedor. [Sem dispositivo correspondente no CC/1916.]

Parágrafo único. Na falta de acordo, por ter havido diversidade de preço, prevalecerá o termo médio. [Sem dispositivo correspondente no CC/1916.]

Art. 488: 1. Em matéria de relação de consumo, v. CDC 41.

Art. 489. Nulo é o contrato de compra e venda, quando se deixa ao arbítrio exclusivo de uma das partes a fixação do preço.[1-2] [Dispositivo correspondente no CC/1916: art. 1.125.]

Art. 489: 1. v. art. 122, *in fine*. Em matéria de relação de consumo, v. CDC 39-X e 51-X.

Art. 489: 2. Todavia, é possível deixar a fixação do preço ao arbítrio de terceiro (art. 485).

Art. 490. Salvo cláusula em contrário, ficarão as despesas de escritura e registro[1] a cargo do comprador, e a cargo do vendedor as da tradição.[2] [Dispositivo correspondente no CC/1916: art. 1.129.]

Art. 490: 1. s/ registro de contratos de compra e venda no Registro de Títulos e Documentos, v. LRP 129-5º e 7º; registro da compra e venda no Registro de Imóveis, v. LRP 167-I-29.

Art. 490: 2. s/ despesas em matéria de troca, v. art. 533-I.

Art. 491. Não sendo a venda a crédito, o vendedor não é obrigado a entregar a coisa antes de receber o preço.[1-2] [Dispositivo correspondente no CC/1916: art. 1.130.]

Art. 491: 1. s/ exceção de contrato não cumprido, v. art. 476.

Art. 491: 2. "O contrato de compra e venda produz efeitos meramente obrigacionais, não conferindo poderes de proprietário àquele que não obteve a entrega do bem adquirido. *In casu*, não tendo havido a tradição, conforme relatado pelas instâncias ordinárias, e não tendo havido o pagamento do preço, não se concluiu a primeira compra e venda" (STJ-4ª T., REsp 704.170, Min. Jorge Scartezzini, j. 20.9.05, DJU 7.11.05).

Art. 492. Até o momento da tradição,[1] os riscos da coisa correm por conta do vendedor, e os do preço por conta do comprador.[1a] [Dispositivo correspondente no CC/1916: art. 1.127-*caput*.]

§ 1º Todavia, os casos fortuitos,[2] ocorrentes no ato de contar, marcar ou assinalar coisas, que comumente se recebem, contando, pesando, medindo ou assinalando, e que já tiverem sido postas à disposição do comprador, correrão por conta deste. [Dispositivo correspondente no CC/1916: art. 1.127 § 1º.]

§ 2º Correrão também por conta do comprador os riscos das referidas coisas, se estiver em mora de as receber, quando postas à sua disposição no tempo, lugar e pelo modo ajustados.[3] [Dispositivo correspondente no CC/1916: art. 1.127 § 2º.]

Art. 492: 1. v. arts. 1.267 e 1.268.

Art. 492: 1a. Em matéria de: contratos aleatórios, v. arts. 458 e segs.; coisa expedida para local diverso, v. art. 494; venda com reserva de domínio, v. art. 524.

Art. 492: 2. v. art. 393 § ún.

Art. 492: 3. v. art. 400.

Art. 493. A tradição da coisa vendida, na falta de estipulação expressa, dar-se-á no lugar onde ela se encontrava, ao tempo da venda. [Sem dispositivo correspondente no CC/1916.]

Art. 494. Se a coisa for expedida para lugar diverso, por ordem do comprador, por sua conta correrão os riscos, uma vez entregue a quem haja de transportá-la,[1] salvo se das instruções dele[2] se afastar o vendedor. [Dispositivo correspondente no CC/1916: art. 1.128.]

Art. 494: 1. v. arts. 750 e 754.

Art. 494: 2. i. e., do comprador.

Art. 495. Não obstante o prazo ajustado para o pagamento, se antes da tradição o comprador cair em insolvência,[1] poderá o vendedor sobrestar na entrega da coisa, até que o comprador lhe dê caução de pagar no tempo ajustado.[2] [Dispositivo correspondente no CC/1916: art. 1.131.]

Art. 495: 1. v. art. 955 e CPC/73 art. 748.

Art. 495: 2. v. art. 477.

Art. 496. É anulável a venda de ascendente a descendente,[1 a 2a] salvo se os outros descendentes e o cônjuge do alienante expressamente houverem consentido. [Dispositivo correspondente no CC/1916: art. 1.132.]

Parágrafo único. Em ambos os casos,[3] dispensa-se o consentimento do cônjuge se o regime de bens for o da separação obrigatória.[4] [Sem dispositivo correspondente no CC/1916.]

Art. 496: 1. "Os contratos de compra e venda, de doação e de permuta entre ascendentes e descendentes", por Jesualdo Eduardo de Almeida Júnior (Ajuris 89/129); "Venda de ascendente a descendente, o Código Civil de 2002 e o reconhecimento da paternidade", por Carlos Roberto Faleiros Diniz (RMDCPC 11/33); "Venda de ascendente a descendente e prazo para aforamento da ação anulatória", por Pedro Roberto Decomain (RDDP 114/81).

Art. 496: 1a. tb. a troca entre ascendente e descendente (art. 533-II).

O disposto neste artigo, "cuja finalidade é evitar sejam desigualadas as legítimas, conquanto diga respeito à compra e venda aplica-se a situações jurídicas assemelhadas a esse contrato, tal como a transferência de cotas" (RSTJ 83/151, três votos a dois). No mesmo sentido: STJ-RBDFS 8/144 (4ª T., REsp 886.133).

Art. 496: 1b. A anulabilidade independe "do grau de parentesco existente entre vendedor e comprador" (STJ-RJTJERGS 263/33: 4ª T., REsp 725.032).

Art. 496: 1c. "A venda de ascendente a descendente, sem a anuência dos demais, segundo melhor doutrina, é anulável e depende da demonstração de prejuízo pela parte interessada" (STJ-2ª Seção, ED no REsp 661.858, Min. Fernando Gonçalves, j. 26.11.08, DJ 19.12.08).

"A anulação de venda direta de ascendente a descendente sem o consentimento dos demais descendentes necessita da comprovação de que houve, no ato, simulação com o objetivo de dissimular doação ou pagamento de preço abaixo do preço de mercado" (STJ-3ª T., REsp 476.557, Min. Nancy Andrighi, j. 18.12.03, DJU 22.3.04). No mesmo sentido: STJ-RT 789/180 (4ª T., REsp 74.135).

Contra, no sentido de que "a anulabilidade da venda independe de prova de simulação ou fraude contra os demais descendentes": STJ-RJTJERGS 263/33 (4ª T., REsp 725.032).

Art. 496: 2. **Enunciado 368 do CEJ:** "O **prazo para anular** venda de ascendente para descendente é decadencial de dois anos (art. 179 do Código Civil)".

Está **superada** a **Súmula 494 do STF,** no sentido de que "a ação para anular venda de ascendente a descendente, sem consentimento dos demais, prescreve em vinte anos, contados da data do ato, revogada a Súmula 152".

Art. 496: 2a. s/ doação de ascendente a descendente, v. art. 544.

Art. 496: 3. **Enunciado 177 do CEJ:** "Por erro de tramitação, que retirou a segunda hipótese de anulação de venda entre parentes (venda de descendente para ascendente), deve ser desconsiderada a expressão 'em ambos os casos', no parágrafo único do art. 496".

Art. 496: 4. v. art. 1.641 (separação legal de bens).

Art. 497. Sob pena de nulidade, não podem ser comprados, ainda que em hasta pública:[1] [Dispositivo correspondente no CC/1916: art. 1.133-*caput*.]

I — pelos tutores,[2] curadores,[3] testamenteiros e administradores,[4-4a] os bens confiados à sua guarda ou administração; [Dispositivo correspondente no CC/1916: art. 1.133-I.]

II — pelos servidores públicos, em geral, os bens ou direitos da pessoa jurídica a que servirem, ou que estejam sob sua administração direta ou indireta;[5] [Dispositivo correspondente no CC/1916: art. 1.133-III.]

III — pelos juízes, secretários de tribunais, arbitradores, peritos e outros serventuários ou auxiliares da justiça, os bens ou direitos sobre que se litigar em tribunal, juízo ou conselho, no lugar onde servirem, ou a que se estender a sua autoridade;[6-6a] [Dispositivo correspondente no CC/1916: art. 1.133-IV.]

IV — pelos leiloeiros e seus prepostos, os bens de cuja venda estejam encarregados.[7-7a] [Dispositivo correspondente no CC/1916: art. 1.133-II.]

Parágrafo único. As proibições deste artigo estendem-se à cessão de crédito.[8] [Dispositivo correspondente no CC/1916: art. 1.134.]

Art. 497: 1. cf. CPC 890.

Art. 497: 2. v. art. 1.749-I.

Art. 497: 3. v. art. 1.749-I c/c 1.781.

Art. 497: 4. **Súmula 165 do STF:** "A venda realizada diretamente pelo mandante ao mandatário não é atingida pela nulidade do art. 1.135, II, do Código Civil". Há engano da Súmula; a referência devia ser ao art. 1.133-II do CC antigo (atual 497-I).

Art. 497: 4a. "É nula a venda realizada pelo mandatário, a seu favor, quando utilizados os poderes que lhes são conferidos pelo mandante" (STJ-4ª T., REsp 1.060.183, Min. Aldir Passarinho Jr., j. 29.9.09, DJ 16.11.09).

Art. 497: 5. **Dec. lei 411, de 8.1.69** — Dispõe sobre a administração dos Territórios Federais, a organização dos seus Municípios e dá outras providências: **"Art. 24.** Os Governadores dos Territórios e seus Secretários não poderão, desde a nomeação: **I** — firmar ou manter contrato com pessoas jurídicas de direito público, autarquia, empresa pública, sociedade de economia mista, ou empresa concessionária de serviço público, salvo quando o contrato obedecer a cláusulas uniformes; ... **VI** — adquirir bens imóveis no Território e bens de qualquer natureza pertencentes às entidades enumeradas ao item I".

Art. 497: 6. v. art. 498.

Art. 497: 6a. Em matéria de falência ou recuperação judicial, v. LRF 177.

Art. 497: 7. **Lei 4.021, de 20.12.61** — Cria a profissão de leiloeiro rural, e dá outras providências: **"Art. 7º** É proibido ao leiloeiro, sob pena de destituição: ... **II** — adquirir para si, para sócio ou para pessoas de sua família bens de cuja venda tenha sido incumbido".

Art. 497: 7a. Em matéria de falência ou recuperação judicial, v. LRF 177.

Art. 497: 8. v. arts. 286 a 298.

Art. 498. A proibição contida no inciso III do artigo antecedente, não compreende os casos de compra e venda ou cessão[1] entre coerdeiros, ou em pagamento de dívida, ou para garantia de bens já pertencentes a pessoas designadas no referido inciso. [Dispositivo correspondente no CC/1916: art. 1.134.]

Art. 498: 1. v. arts. 286 a 298.

Art. 499. É lícita a compra e venda entre cônjuges, com relação a bens excluídos da comunhão. [Sem dispositivo correspondente no CC/1916.]

Art. 500. Se, na venda de um imóvel, se estipular o preço por medida de extensão, ou se determinar a respectiva área, e esta não corresponder, em qualquer dos casos, às dimensões dadas, o comprador terá o direito de exigir o complemento da área, e, não sendo isso possível, o de reclamar a resolução do contrato ou abatimento proporcional ao preço.[1] [Dispositivo correspondente no CC/1916: art. 1.136-*caput*.]

§ 1º Presume-se[2] que a referência às dimensões foi simplesmente enunciativa, quando a diferença encontrada não exceder de um vigésimo da área total enunciada, ressalvado ao comprador o direito de provar que, em tais circunstâncias, não teria realizado o negócio.[2a] [Dispositivo correspondente no CC/1916: art. 1.136 § ún.]

§ 2º Se em vez de falta houver excesso, e o vendedor provar que tinha motivos para ignorar a medida exata da área vendida, caberá ao comprador, à sua escolha, completar o valor correspondente ao preço ou devolver o excesso. [Sem dispositivo correspondente no CC/1916.]

§ 3º Não haverá complemento de área, nem devolução de excesso, se o imóvel for vendido como coisa certa e discriminada, tendo sido apenas enunciativa a referência às suas dimensões, ainda que não conste, de modo expresso, ter sido a venda *ad corpus*.[3 a 5] [Dispositivo correspondente no CC/1916: art. 1.136-*caput*.]

Art. 500: 1. Em matéria de relação de consumo, v., no nosso CCLCV, CDC 6º, nota 3d.

Art. 500: 2. Essa presunção "atende somente às hipóteses em que há incerteza quanto à modalidade da venda realizada — se *ad mensuram* ou *ad corpus*" (STJ-3ª T., REsp 445.174, Min. Nancy Andrighi, j. 8.5.03, DJU 22.9.03).

Art. 500: 2a. s/ a aplicabilidade dessa regra em relação de consumo, v., no nosso CCLCV, CDC 51, nota 1c.

Art. 500: 3. "Não é possível realizar-se venda *ad corpus* e *ad mensuram* ao mesmo tempo, pois uma se opõe à outra. Na primeira não se estabelecem com exatidão as medidas do imóvel, enquanto na segunda, sim. Realizada a venda *ad mensuram*, se mais tarde se verifica que o imóvel não possuía as medidas expressas na escritura, a questão não se situa em erro constante do registro, na forma prevista no art. 213 da Lei 6.015/73, não cabendo pedido de retificação de área" (RT 651/64). Nessa situação, cabe à parte se valer da ação de usucapião, para que seja reconhecida como sua a área excedente.

Art. 500: 4. "Se na escritura consta que a venda da propriedade rural foi realizada indicando-se o preço não pela sua extensão, então a alienação, *in casu*, efetivou-se pela modalidade *ad corpus*. Admitida a venda da propriedade por tal critério, não cabe indenização à parte que alega prejuízo, eis que a enunciação da alqueiragem teve por escopo tão somente definir os limites da área integrante da avença" (RSTJ 14/290: 3ª T., REsp 1.805).

Art. 500: 5. Prazo para a propositura das ações: art. 501.

Art. 501. Decai[1] do direito de propor as ações previstas no artigo antecedente o vendedor ou o comprador que não o fizer no prazo de um ano, a contar do registro do título. [Sem dispositivo correspondente no CC/1916.]

Parágrafo único. Se houver atraso na imissão de posse no imóvel, atribuível ao alienante, a partir dela fluirá o prazo de decadência. [Sem dispositivo correspondente no CC/1916.]

Art. 501: 1. s/ decadência, v. arts. 207 a 211.

Art. 502. O vendedor, salvo convenção em contrário, responde por todos os débitos que gravem a coisa[1] até o momento da tradição.[2] [Sem dispositivo correspondente no CC/1916.]

Art. 502: 1. Refere-se o artigo às obrigações *propter rem*, ou seja, àquelas de conteúdo positivo que recaem sobre o titular de uma situação jurídica real.

Art. 502: 2. s/ despesas de condomínio, v. art. 1.315; despesas de condomínio edilício, v. art. 1.336, nota 1c.

Art. 503. Nas coisas vendidas conjuntamente, o defeito oculto[1] de uma não autoriza a rejeição de todas.[2] [Dispositivo correspondente no CC/1916: art. 1.138.]

Art. 503: 1. v. arts. 441 a 446. Em matéria de relação de consumo, v. CDC 18 e 26 § 3º.

Art. 503: 2. "O art. 1.138 do CC/16, cuja redação foi integralmente mantida pelo art. 503 do CC/02, deve ser interpretado com temperamento, sempre tendo em vista a necessidade de se verificar o reflexo que o defeito verificado em uma ou mais coisas singulares tem no negócio envolvendo a venda de coisas compostas, coletivas ou de universalidades de fato" (STJ-RMDCPC 34/108: 3ª T., REsp 991.317).

Art. 504. Não pode um condômino em coisa indivisível[1] vender[1a] a sua parte a estranhos, se outro consorte a quiser, tanto por tanto. O condômino, a quem não se der conhecimento da venda, poderá, depositando o preço, haver para si a parte vendida a estranhos, se o requerer no prazo de cento e oitenta dias, sob pena de decadência.[2 a 3] [Dispositivo correspondente no CC/1916: art. 1.139-*caput*.]

Parágrafo único. Sendo muitos os condôminos, preferirá[4] o que tiver benfeitorias de maior valor e, na falta de benfeitorias, o de quinhão maior. Se as partes forem iguais, haverão a parte vendida os comproprietários, que a quiserem, depositando previamente o preço. [Dispositivo correspondente no CC/1916: art. 1.139 § ún.]

Art. 504: 1. "Na hipótese de o bem se encontrar em estado de indivisão, seja ele **divisível ou indivisível,** o condômino que desejar alienar sua fração ideal do condomínio deve obrigatoriamente notificar os demais condôminos para que possam exercer o direito de preferência na aquisição" (STJ-RDPr 28/333: 2ª Seção, REsp 489.860). No mesmo sentido: RSTJ 56/152, STJ-RT 698/203, 764/170, STJ-RF 329/223. **Contra,** entendendo que a notificação do condômino que pretende alienar parte ideal da coisa aos outros, a fim de que possam exercer o direito de preferência na aquisição, só há de ocorrer quando o bem for indivisível; na hipótese de o bem ser divisível, a alienação ocorrerá independentemente do exercício do direito de prelação: RSTJ 89/220, STJ-RT 737/192, RDR 7/222.

Caso especial: "Não há que se falar em indivisibilidade do imóvel, se a parte vendida é superior ao módulo rural da localidade, podendo ser separada da área total sem que se altere sua destinação. Não se aplica o direito de preferência do condômino na aquisição de imóvel quando o mesmo é divisível" (RJM 184/71: AP 1.0657.07.001684-2/001).

Art. 504: 1a. O direito de prelação aplica-se à cessão de direitos hereditários (RTJ 123/290, STJ-RT 726/188, JTJ 259/44).

"Os coerdeiros, antes de ultimada a partilha, exercem a compropriedade sobre os bens que integram o acervo hereditário *pro indiviso*, sendo exigível, daquele que pretenda ceder ou alhear seu(s) quinhão(ões), conferir aos demais oportunidade para o exercício de preferência na aquisição" (STJ-4ª T., REsp 550.940, Min. João Otávio, j. 20.8.09, DJ 8.9.09). No mesmo sentido: "Encontrando-se o bem em estado de indivisão, o condômino que desejar alienar sua fração ideal do condomínio deve obrigatoriamente notificar os demais condôminos para que possam exercer o direito de preferência na aquisição, nos termos do CC 504. O condômino que não teve a oportunidade de exercer o direito de preferência poderá fazê-lo após a alienação do imóvel, depositando o preço e havendo para si a parte vendida sem seu conhecimento. O alienante deve responder pela evicção, nos termos do CC 447" (RMDAU 41/133: TJMG, AP 0144730-77.2009.8.13.0511).

V. tb. arts. 1.794 e 1.795.

Art. 504: 2. v. art. 1.322.

Art. 504: 2a. s/ decadência, v. arts. 207 a 211.

Art. 504: 2b. "A lei não exige que o depósito do preço seja feito dentro do prazo decadencial de 180 dias para o exercício do direito de preferência, mas apenas que o requerimento seja tempestivo, não podendo o intérprete criar requisitos não exigidos pela lei" (RJM 192/270: AP 1.0686.06.170201-1/001).

Art. 504: 3. "O direito legal de preferência atribuído aos condôminos de bem indivisível (ou não dividido), nos termos do artigo 504 do Código Civil, tem por escopo precípuo o de impedir o ingresso de terceiros estranhos à comunhão, ante o potencial conflituoso inerente a essa forma anômala de propriedade. A **alienação/cessão de frações ideais entre condôminos** refoge à finalidade intrínseca ao direito de preferência, uma vez que não se trata de hipótese de ingresso de terceiro/estranho à comunhão, mas de manutenção dos consortes (à exceção daquele que alienou integralmente a sua parcela), apenas com alterações no percentual da parte ideal daquele que adquiriu a parte de outrem" (STJ-4ª T., REsp 1.137.176, Min. Marco Buzzi, j. 16.2.16, DJ 24.2.16).

Contra, entendendo que o conhecimento da venda e o correlato direito de preferência devem ter lugar mesmo nas situações de alienação entre condôminos: "Tratando-se de propriedade condominial, deve o condômino que desejar alienar a sua cota-parte comunicar aos demais comunheiros de sua intenção, formalmente, possibilitando-se que aqueles exerçam, no prazo legal, o direito de preferência, evitando-se, com isso, inclusive, os inconvenientes que possam surgir com a preterição de algum consorte que possua, comparado com os demais, benfeitoria mais valiosa ou quinhão maior (art. 504, par. ún., CC/2002)" (RT 870/337 e Bol. AASP 2.596: TJPR, AP 419.059-0, o mesmo acórdão, que foi reformado no julgamento do REsp 1.137.176).

Art. 504: 4. Outros casos de preferência para a aquisição: LI 27 e 30, ET 92 § 3º; v. tb. retrovenda (arts. 505 a 508) e preempção ou preferência (arts. 513 a 520).

Seção II | DAS CLÁUSULAS ESPECIAIS À COMPRA E VENDA

Subseção I | DA RETROVENDA

Art. 505. O vendedor de coisa imóvel pode reservar-se o direito de recobrá-la[1] no prazo máximo de decadência[2] de três anos, restituindo o preço recebido e reembolsando as despesas do comprador, inclusive as que, durante o período de resgate, se efetuaram com a sua autorização escrita, ou para a realização de benfeitorias necessárias.[3-4] [Dispositivos correspondentes no CC/1916: arts. 1.140 e 1.141.]

Art. 505: 1. "Não há incompatibilidade entre a cláusula de retrovenda e o contrato de compra e venda de bens móveis, funcionando aquele puramente como garantia, sem força suficiente, portanto, para anular o negócio jurídico em sua integralidade" (STJ-4ª T., REsp 260.923, Min. Fernando Gonçalves, j. 7.10.03, DJU 20.10.03).

Art. 505: 2. s/ decadência, v. arts. 207 a 211.

Art. 505: 3. s/ benfeitorias necessárias, v. art. 96, § 3º.

Art. 505: 4. s/ propriedade resolúvel, v. arts. 1.359 e 1.360.

Art. 506. Se o comprador se recusar a receber as quantias a que faz jus, o vendedor, para exercer o direito de resgate, as depositará judicialmente.[1] [Sem dispositivo correspondente no CC/1916.]

Parágrafo único. Verificada a insuficiência do depósito judicial, não será o vendedor restituído no domínio da coisa, até e enquanto não for integralmente pago o comprador. [Sem dispositivo correspondente no CC/1916.]

Art. 506: 1. s/ pagamento em consignação, v. art. 335-I e CPC 539 e segs.

Art. 507. O direito de retrato,[1] que é cessível[1a] e transmissível a herdeiros[2] e legatários, poderá ser exercido contra o terceiro adquirente.[3] [Dispositivo correspondente no CC/1916: art. 1.142.]

Art. 507: 1. i. e., o direito de exercício da retrovenda.

Art. 507: 1a. v. arts. 286 a 298.

Art. 507: 2. Diversamente do direito de preferência (art. 520).

Art. 507: 3. s/ registro da compra e venda condicional, v. LRP 167-I-29.

Art. 508. Se a duas ou mais pessoas couber o direito de retrato sobre o mesmo imóvel, e só uma o exercer, poderá o comprador intimar as outras para nele acordarem, prevalecendo o pacto em favor de quem haja efetuado o depósito, contanto que seja integral. [Dispositivo correspondente no CC/1916: art. 1.143-*caput*.]

Subseção II | DA VENDA A CONTENTO E DA SUJEITA A PROVA

Art. 509. A venda feita a contento do comprador entende-se realizada sob condição suspensiva,[1] ainda que a coisa lhe tenha sido entregue; e não se reputará perfeita, enquanto o adquirente não manifestar seu agrado.[2] [Dispositivo correspondente no CC/1916: art. 1.144-*caput*.]

Art. 509: 1. v. arts. 125 e 126.

Art. 509: 2. É do comprador a responsabilidade pelos danos à coisa que já foi posta à sua disposição, ainda que decorrentes de caso fortuito (cf. art. 492 § 1º).

Art. 510. Também a venda sujeita a prova presume-se feita sob a condição suspensiva[1] de que a coisa tenha as qualidades asseguradas pelo vendedor e seja idônea para o fim a que se destina.[2-2a] [Sem dispositivo correspondente no CC/1916.]

Art. 510: 1. v. arts. 125 e 126.

Art. 510: 2. É do comprador a responsabilidade pelos danos à coisa que já foi posta à sua disposição, ainda que decorrentes de caso fortuito (cf. art. 492 § 1º).

Art. 510: 2a. Uma vez comprovados os atributos da coisa, não poderá o comprador recusá-la.

Art. 511. Em ambos os casos, as obrigações do comprador, que recebeu, sob condição suspensiva, a coisa comprada, são as de mero comodatário,[1] enquanto não manifeste aceitá-la. [Dispositivo correspondente no CC/1916: art. 1.145.]

Art. 511: 1. v. arts. 582 a 584.

Art. 512. Não havendo prazo estipulado para a declaração do comprador, o vendedor terá direito de intimá-lo, judicial ou extrajudicialmente, para que o faça em prazo improrrogável. [Dispositivo correspondente no CC/1916: art. 1.147.]

Subseção III | DA PREEMPÇÃO OU PREFERÊNCIA

Art. 513. A preempção,[1-1a] ou preferência, impõe ao comprador a obrigação de oferecer ao vendedor a coisa que aquele vai vender, ou dar em pagamento, para que este use de seu direito de prelação na compra, tanto por tanto.[1b] [Dispositivo correspondente no CC/1916: art. 1.149.]

Parágrafo único. O prazo para exercer o direito de preferência não poderá exceder a cento e oitenta dias, se a coisa for móvel, ou a dois anos, se imóvel.[2] [Sem dispositivo correspondente no CC/1916.]

Art. 513: 1. s/ preempção do Poder Público municipal para aquisição de imóvel urbano objeto de alienação onerosa entre particulares, v. Lei 10.257, de 10.7.01 (Estatuto da Cidade), arts. 25 a 27.

Art. 513: 1a. s/ preempção e arrendamento rural, v., no nosso CCLCV, ET 92 §§ 3º e 4º, bem como sua nota 3a.

Art. 513: 1b. A preempção pode ser legal ou convencional; enquanto aquela decorre da lei, esta resulta de pacto adjeto à compra e venda. Em ambos os casos, ela assegura ao vendedor direito de preferência para readquirir o bem, em igualdade de condições com terceiros, se o comprador quiser futuramente vendê-lo ou dá-lo em pagamento.

Art. 513: 2. Não havendo prazo estipulado, v. art. 516.

Art. 514. O vendedor pode também exercer o seu direito de prelação, intimando o comprador, quando lhe constar que este vai vender a coisa. [Dispositivo correspondente no CC/1916: art. 1.151.]

Art. 515. Aquele que exerce a preferência está, sob pena de a perder, obrigado a pagar, em condições iguais, o preço encontrado, ou o ajustado. [Dispositivo correspondente no CC/1916: art. 1.155.]

Art. 516. Inexistindo prazo estipulado, o direito de preempção caducará, se a coisa for móvel, não se exercendo nos três dias, e, se for imóvel, não se exercendo nos sessenta dias subsequentes à data em que o comprador tiver notificado o vendedor. [Dispositivo correspondente no CC/1916: art. 1.153.]

Art. 517. Quando o direito de preempção for estipulado a favor de dois ou mais indivíduos em comum, só pode ser exercido em relação à coisa no seu todo.[1] Se alguma das pessoas, a quem ele toque, perder ou não exercer o seu direito, poderão as demais utilizá-lo na forma sobredita. [Dispositivo correspondente no CC/1916: art. 1.154.]

Art. 517: 1. Para efeito de preferência, não há distinção entre "terreno" e "unidade imobiliária". *In casu*, o terreno formava uma unidade jurídica. Pouco interessa estivesse ele dividido fisicamente ao meio e dado em aluguel a duas locatárias diferentes. O proprietário não era obrigado a vender, ainda que pelo preço por ele estipulado, parte do imóvel para cada locatária. A notificação se fez para a compra *in globo* e não *in partem* (RSTJ 51/211: 6ª T., REsp 30.272, maioria).

Art. 518. Responderá por perdas e danos[1] o comprador, se alienar a coisa sem ter dado ao vendedor ciência do preço e das vantagens que por ela lhe oferecem. Responderá solidariamente[2] o adquirente, se tiver procedido de má-fé. [Dispositivo correspondente no CC/1916: art. 1.156.]

Art. 518: 1. v. arts. 402 a 405.

Art. 518: 2. s/ solidariedade passiva, v. arts. 275 a 285.

Art. 519. Se a coisa expropriada para fins de necessidade ou utilidade pública, ou por interesse social,[1-1a] não tiver o destino para que se desapropriou, ou não for utilizada em obras ou serviços públicos,[2] caberá ao expropriado direito de preferência, pelo preço atual da coisa.[3] [Dispositivo correspondente no CC/1916: art. 1.150.]

Art. 519: 1. cf. art. 1.228 § 3º.

Art. 519: 1a. v., no nosso CCLCV, tít. DESAPROPRIAÇÃO. V. tb. CF 5º-XXIV.

Art. 519: 2. Esse desvio de finalidade é chamado de **tredestinação.**

Art. 519: 3. v., no nosso CCLCV, LD 35, notas 1 a 5 (retrocessão). Com o advento do art. 519, ficou mitigada a ideia de que o bem expropriado não pode ser objeto de reivindicação.

Art. 520. O direito de preferência não se pode ceder nem passa aos herdeiros.[1] [Dispositivo correspondente no CC/1916: art. 1.157.]

Art. 520: 1. Diversamente do direito de exercício da retrovenda (art. 507).

Subseção IV | DA VENDA COM RESERVA DE DOMÍNIO[1]

✎ **SUBSEÇ. IV: 1.** "Das vendas a crédito com reserva de domínio", por Márcia Regina Lusa Cadore Weber (RJ 328/39).

Art. 521. Na venda de coisa móvel, pode o vendedor reservar para si a propriedade,[1-1a] até que o preço esteja integralmente pago. [Sem dispositivo correspondente no CC/1916.]

Art. 521: 1. **LRF 119:** "Nas relações contratuais a seguir mencionadas prevalecerão as seguintes regras: ... **IV** — o administrador judicial, ouvido o Comitê, restituirá a coisa móvel comprada pelo devedor com reserva de domínio do vendedor se resolver não continuar a execução do contrato, exigindo a devolução, nos termos do contrato, dos valores pagos;".

Ainda em matéria de recuperação judicial, v. LRF 49 § 3º.

Art. 521: 1a. e, portanto, a posse indireta.

Art. 522. A cláusula de reserva de domínio será estipulada por escrito e depende de registro[1] no domicílio do comprador para valer contra terceiros. [Sem dispositivo correspondente no CC/1916.]

Art. 522: 1. v. LRP 129, item 5º.

Art. 523. Não pode ser objeto de venda com reserva de domínio a coisa insuscetível de caracterização perfeita,[1] para estremá-la de outras congêneres. Na dúvida, decide-se a favor do terceiro adquirente de boa-fé. [Sem dispositivo correspondente no CC/1916.]

Art. 523: 1. i. e., a coisa móvel fungível. V. art. 85.

Art. 524. A transferência de propriedade ao comprador dá-se no momento em que o preço esteja integralmente pago. Todavia, pelos riscos da coisa responde o comprador, a partir de quando lhe foi entregue.[1] [Sem dispositivo correspondente no CC/1916.]

Art. 524: 1. Trata-se, portanto, de uma exceção à regra *res perit domino*.

Art. 525. O vendedor somente poderá executar a cláusula de reserva de domínio após constituir o comprador em mora,[1] mediante protesto do título[2] ou interpelação judicial.[3-4] [Sem dispositivo correspondente no CC/1916.]

Art. 525: 1. s/ mora, v. arts. 394 a 401.

Art. 525: 2. v., no nosso CCLCV, tít. PROTESTO DE TÍTULOS.

Art. 525: 3. v. CPC 726 a 729.

Art. 525: 4. "A mora do comprador, na ação ajuizada pelo vendedor com o intuito de recuperação da coisa vendida com cláusula de reserva de domínio, pode ser comprovada por meio de **notificação extrajudicial** enviada pelo Cartório de Títulos e Documentos" (STJ-3ª T., REsp 1.629.000, Min. Nancy Andrighi, j. 28.3.17, DJ 4.4.17).

Art. 526. Verificada a mora[1] do comprador, poderá o vendedor mover contra ele a competente ação de cobrança das prestações vencidas e vincendas e o mais que lhe for devido; ou poderá recuperar a posse da coisa vendida. [Sem dispositivo correspondente no CC/1916.]

Art. 526: 1. s/ mora, v. arts. 394 a 401.

Art. 527. Na segunda hipótese do artigo antecedente, é facultado ao vendedor reter as prestações pagas até o necessário para cobrir a depreciação da coisa, as despesas feitas e o mais que de direito lhe for devido. O excedente será devolvido ao comprador; e o que faltar lhe será cobrado, tudo na forma da lei processual. [Sem dispositivo correspondente no CC/1916.]

Art. 528. Se o vendedor receber o pagamento à vista, ou, posteriormente, mediante financiamento de instituição do mercado de capitais, a esta caberá exercer os direitos e ações decorrentes do contrato, a benefício[1] de qualquer outro. A operação financeira e a respectiva ciência do comprador constarão do registro do contrato. [Sem dispositivo correspondente no CC/1916.]

Art. 528: 1. Enunciado 178 do CEJ: "Na interpretação do art. 528, devem ser levadas em conta, após a expressão 'a benefício de', as palavras 'seu crédito, excluída a concorrência de', que foram omitidas por manifesto erro material".

Subseção V | DA VENDA SOBRE DOCUMENTOS

Art. 529. Na venda sobre documentos, a tradição[1] da coisa é substituída pela entrega do seu título representativo e dos outros documentos exigidos pelo contrato ou, no silêncio deste, pelos usos. [Sem dispositivo correspondente no CC/1916.]

Parágrafo único. Achando-se a documentação em ordem, não pode o comprador recusar o pagamento, a pretexto de defeito de qualidade ou do estado da coisa vendida, salvo se o defeito já houver sido comprovado. [Sem dispositivo correspondente no CC/1916.]

Art. 529: 1. v. arts. 1.267 e 1.268.

Art. 530. Não havendo estipulação em contrário, o pagamento deve ser efetuado na data[1] e no lugar[1a] da entrega dos documentos. [Sem dispositivo correspondente no CC/1916.]

Art. 530: 1. s/ tempo do pagamento, v. arts. 331 a 333.

Art. 530: 1a. s/ lugar do pagamento, v. arts. 327 a 330.

Art. 531. Se entre os documentos entregues ao comprador figurar apólice de seguro[1] que cubra os riscos do transporte, correm estes à conta do comprador, salvo se, ao ser concluído o contrato, tivesse o vendedor ciência da perda ou avaria da coisa.[2] [Sem dispositivo correspondente no CC/1916.]

Art. 531: 1. v. arts. 757 a 788.

Art. 531: 2. v. art. 754 § ún.

Art. 532. Estipulado o pagamento por intermédio de estabelecimento bancário, caberá a este efetuá-lo contra a entrega dos documentos, sem obrigação de verificar a coisa vendida, pela qual não responde. [Sem dispositivo correspondente no CC/1916.]

Parágrafo único. Nesse caso, somente após a recusa do estabelecimento bancário a efetuar o pagamento, poderá o vendedor pretendê-lo, diretamente do comprador. [Sem dispositivo correspondente no CC/1916.]

Capítulo II | DA TROCA OU PERMUTA

Art. 533. Aplicam-se à troca as disposições referentes à compra e venda,[1] com as seguintes modificações: [Dispositivo correspondente no CC/1916: art. 1.164-*caput*.]

I — salvo disposição em contrário, cada um dos contratantes pagará por metade as despesas com o instrumento da troca; [Dispositivo correspondente no CC/1916: art. 1.164-I.]

II — é anulável a troca de valores desiguais entre ascendentes e descendentes,[2-3] sem consentimento dos outros descendentes e do cônjuge do alienante.[3a-3b] [Dispositivo correspondente no CC/1916: art. 1.164-II.]

Art. 533: 1. v. arts. 481 a 504.

Art. 533: 2. Prazo para a anulação: dois anos (art. 179).

Art. 533: 3. cf. art. 496.

Art. 533: 3a. para que as legítimas não sejam desigualadas, o que prejudicaria os direitos sucessórios dos demais descendentes e do cônjuge do alienante.

Art. 533: 3b. No caso de doação de ascendente a descendente, v. art. 544.

Capítulo III | DO CONTRATO ESTIMATÓRIO[1]

CAP. III: 1. "Contrato estimatório", por Luís Vicente Dondelli (RDPr 31/147).

Art. 534. Pelo contrato estimatório,[1-2] o consignante entrega bens móveis ao consignatário, que fica autorizado a vendê-los, pagando àquele o preço ajustado, salvo se preferir, no prazo estabelecido, restituir-lhe a coisa consignada. [Sem dispositivo correspondente no CC/1916.]

Art. 534: 1. **Enunciado 32 do CEJ:** "No contrato estimatório (art. 534), o consignante transfere ao consignatário, temporariamente, o poder de alienação da coisa consignada, com opção de pagamento do preço de estima ou sua restituição ao final do prazo ajustado".

Art. 534: 2. "O contrato de consignação ou estimatório é aquele em que alguém recebe um bem para vendê-lo por preço pré-estipulado, obrigando-se a devolvê-lo caso não consiga o seu objetivo. Considerando que se trata de espécie de comissão mercantil, a responsabilidade pela lisura da venda é do consignatário ou comissário, já que contrata em nome próprio. Portanto, o adquirente do bem somente tem ação em face de quem diretamente lhe vendeu o bem, o comissário ou consignatário — já que o comitente ou consignante não responde perante terceiro, podendo o comissário buscar em ação de regresso a restituição do valor desembolsado" (RP 154/189).

Art. 535. O consignatário não se exonera da obrigação de pagar o preço, se a restituição da coisa, em sua integridade, se tornar impossível, ainda que por fato a ele não imputável.[1] [Sem dispositivo correspondente no CC/1916.]

Art. 535: 1. Tem-se, aqui, uma exceção às regras de que, na obrigação de restituir coisa certa, o credor sofrerá sua perda se ela ocorrer sem culpa do devedor (art. 238) e de que o devedor não responde por prejuízos advindos de caso fortuito ou força maior (art. 393).

Art. 536. A coisa consignada não pode ser objeto de penhora ou sequestro pelos credores do consignatário, enquanto não pago integralmente o preço.[1] [Sem dispositivo correspondente no CC/1916.]

Art. 536: 1. Afinal, enquanto não pago o preço, a coisa continua de propriedade do consignante, que nada tem que ver com as dívidas do consignatário. V. art. 391.

Art. 537. O consignante não pode dispor da coisa antes de lhe ser restituída ou de lhe ser comunicada a restituição. [Sem dispositivo correspondente no CC/1916.]

Capítulo IV | DA DOAÇÃO[1-2]

Seção I | DISPOSIÇÕES GERAIS

CAP. IV: 1. "Doação pura, preliminar de doação e contratos de gestão", por Nelson Nery Junior e Luciano de Camargo Penteado (RDPr 25/7).

CAP. IV: 2. s/ doação, v. arts. 441 § ún. (vício redibitório e doação onerosa), 879 § ún. (recebimento indevido e reivindicação), 979 (registro de doação feita por empresário), 1.320 § 2º (indivisão do objeto), 1.400 § ún. (usufruto e caução), 1.642-IV e V (rescisão e reivindicação pelo cônjuge), 1.647-IV e § ún. (autorização do cônjuge), 1.659-I e 1.660-III (regime de comunhão parcial de bens), 1.668-I e IV (regime de comunhão universal de bens), 1.675 (regime de participação final nos aquestos), 1.693-III (usufruto e administração de bens de filho menor), 1.711 § ún. (instituição de bem de família), 1.748-II (aceitação pelo tutor), 1.754-III (bens do tutelado), 2.002 a 2.012 (colação).

Art. 538. Considera-se doação[1 a 4] o contrato em que uma pessoa, por liberalidade, transfere do seu patrimônio bens ou vantagens para o de outra. [Dispositivo correspondente no CC/1916: art. 1.165.]

Art. 538: 1. Doação no regime de comunhão parcial ou universal: art. 1.647-IV e § ún.

S/ doação e cláusula de inalienabilidade, v. art. 1.911, nota 1d.

Art. 538: 2. **Doação por procuração.** "Reconhece-se a existência da vontade de doar, por parte do mandante, apenas quando do instrumento de mandato constar, expressamente, a individualização do bem e o beneficiário da liberalidade, sendo insuficiente a cláusula que confere poderes genéricos para a prática do ato jurídico" (STJ-3ª T., REsp 503.675, Min. Nancy Andrighi, j. 3.5.05, DJU 27.6.05). No mesmo sentido: STJ-4ª T., REsp 1.575.048, Min. Marco Buzzi, j. 23.2.16, DJ 26.2.16.

Art. 538: 3. É válida a **promessa de doação** de bens do casal aos filhos, feita na partilha homologada por sentença em processo de separação (STJ-2ª Seção, ED no REsp 125.859, Min. Ruy Rosado, j. 26.6.02, um voto vencido, DJU 24.3.03). Esse acórdão, tomado em embargos de divergência, tornou superado o entendimento contrário da 4ª Turma do STJ (RSTJ 119/377).

Todavia, mais recentemente, a 4ª Turma voltou a decidir ser "inviável juridicamente a promessa de doação ante a impossibilidade de se harmonizar a exigibilidade contratual e a espontaneidade, característica do *animus donandi*. Admitir a promessa de doação equivale a concluir pela possibilidade de uma doação coativa, incompatível, por definição, com um ato de liberalidade" (STJ-RF 390/429: 4ª T., REsp 730.626, maioria). No mesmo sentido: JTJ 314/115 (AP 209.510-4/6-00), RJM 165/179.

Meio-termo: "A promessa de doação, como obrigação de cumprir liberalidade que se não quer mais praticar, inexiste no direito brasileiro; se, todavia, é feita como condição de negócio jurídico, e não como mera liberalidade, vale e é eficaz" (STJ-3ª T., REsp 853.133, Min. Nancy Andrighi, j. 6.5.08, DJ 20.11.08).

Restabelecendo a tese inicial no âmbito da 4ª Turma do STJ: "Não se caracteriza como ato de mera liberalidade ou simples promessa de doação, passível de revogação posterior, a doação feita pelos genitores aos seus filhos estabelecida como condição para a obtenção de acordo em separação judicial" (STJ-4ª T., REsp 883.232-AgRg, Min. Raul Araújo, j. 19.2.13, DJ 26.2.13).

"Reflexões acerca da eficácia da promessa de doação no direito brasileiro", por Marcos Catalan (RJ 402/51).

Art. 538: 4. "A contribuição do **dízimo** como ato de voluntariedade, dever de consciência religiosa e demonstração de gratidão e fé **não se enquadra** na definição do contrato típico de doação, na forma em que caracterizado no art. 538 do Código Civil, não sendo, portanto, suscetível de revogação. Ademais, a doação *lato sensu* a instituições religiosas ocorre em favor da pessoa jurídica da associação e não da pessoa física do pastor, padre ou religioso que a representa. Desse modo, a rigor, a doação não pode ser revogada por ingratidão, tendo em vista que o ato de um membro — pessoa física — não tem o condão de macular o pagamento do dízimo realizado em benefício da entidade, pessoa jurídica" (STJ-3ª T., REsp 1.371.842, Min. Sidnei Beneti, j. 19.11.13, RP 228/449).

Art. 539. O doador pode fixar prazo ao donatário, para declarar se aceita ou não a liberalidade. Desde que o donatário, ciente do prazo, não faça, dentro dele, a declaração, entender-se-á que aceitou, se a doação não for sujeita a encargo.[1] [Dispositivo correspondente no CC/1916: art. 1.166.]

Art. 539: 1. s/ encargo, v. arts. 136 e 137; s/ doação com encargo, v. arts. 441 (vício redibitório), 540 (extensão), 553 (cumprimento pelo donatário), 555 (inexecução do encargo), 564-II (revogação), 1.748-II (aceitação pelo tutor) e 1.938 (legado com encargo). V. tb. LRP 218.

Art. 540. A doação feita em contemplação do merecimento do donatário não perde o caráter de liberalidade, como não o perde a doação remuneratória, ou a gravada, no excedente ao valor dos serviços remunerados ou ao encargo imposto.[1] [Dispositivo correspondente no CC/1916: art. 1.167.]

Art. 540: 1. Doação **pura e simples** é aquela feita sem qualquer ônus, condição ou exigência para o donatário, sendo a **meritória** (em contemplação do merecimento do donatário) uma espécie dela. Doação **condicional** é aquela que depende de evento futuro e incerto (ex.: art. 546). Doação **remuneratória** é a que se faz para pagar um serviço prestado gratuitamente pelo donatário (exemplo clássico é a doação feita a médico que tratou do doador sem nada cobrar). Doação **modal, gravada, onerosa ou com encargo** é aquela na qual o doador impõe uma prestação ao donatário, em favor dele ou de terceiros.

Art. 541. A doação far-se-á por escritura pública[1-1a] ou instrumento particular.[2-3] [Dispositivo correspondente no CC/1916: art. 1.168-*caput*.]

Parágrafo único. A doação verbal será válida, se, versando sobre bens móveis e de pequeno valor,[4] se lhe seguir incontinênti a tradição. [Dispositivo correspondente no CC/1916: art. 1.168 § ún.]

Art. 541: 1. v. art. 108.

Art. 541: 1a. "O ato de disposição patrimonial representado pela cessão gratuita da meação em favor dos herdeiros configura uma verdadeira doação, a qual, nos termos do art. 541 do Código Civil, far-se-á por escritura pública ou instrumento particular, sendo que, na hipótese, deve ser adotado o instrumento público, por conta do disposto no art. 108 do Código Civil" (STJ-3ª T., REsp 1.196.992, Min. Nancy Andrighi, j. 6.8.13, RP 226/409).

V. tb. art. 1.806, nota 6.

Art. 541: 2. s/ conversão da doação não revestida das formalidades legais, v. art. 170, nota 3; s/ quem pode promover o registro, v. LRP 217.

Art. 541: 3. Admite-se doação dos pais aos filhos, no acordo de separação judicial, servindo as cópias extraídas dos autos como título para o registro de imóveis (RT 613/261, JTJ 259/374).

"A existência de sentença homologatória de acordo, em separação judicial, pela qual o antigo casal doa imóvel aos filhos, tem idêntica eficácia da escritura pública" (STJ-3ª T., REsp 1.198.168, Min. Nancy Andrighi, j. 6.8.13, DJ 22.8.13).

Art. 541: 4. "O pequeno valor há de ser considerado em relação à fortuna do doador; se se trata de pessoa abastada, mesmo as coisas de valor elevado podem ser doadas mediante simples doação manual (Washington de Barros Monteiro)" (RSTJ 141/319: 3ª T., REsp 155.240).

Art. 542. A doação feita ao nascituro[1] valerá, sendo aceita pelo seu representante legal. [Dispositivo correspondente no CC/1916: art. 1.169.]

Art. 542: 1. s/ direitos do nascituro, v. art. 2º e notas; curatela do nascituro, v. art. 1.779.

Art. 543. Se o donatário for absolutamente incapaz,[1] dispensa-se a aceitação, desde que se trate de doação pura.[2-3] [Dispositivo correspondente no CC/1916: art. 1.170.]

Art. 543: 1. v. art. 3º.

Art. 543: 2. "Pura", i. e., sem ônus ou encargo.

Art. 543: 3. s/ aceitação de doações, ainda que com encargos, pelo tutor ou curador, v. art. 1.748-II c/c art. 1.774.

Art. 544. A doação de ascendentes a descendentes, ou de um cônjuge a outro, importa adiantamento do que lhes cabe por herança.[1 a 4] [Dispositivo correspondente no CC/1916: art. 1.171.]

✎ **Art. 544: 1.** "Os contratos de compra e venda, de doação e de permuta entre ascendentes e descendentes", por Jesualdo Eduardo de Almeida Júnior (Ajuris 89/129).

Art. 544: 2. Nos casos de compra e venda e de troca entre ascendente e descendente, v., respectivamente, arts. 496 e 533-II.

Art. 544: 3. mas o doador pode determinar que a doação saia de sua parte disponível (arts. 2.005 e 2.006). Todavia, "a dispensa do herdeiro necessário de colacionar o bem recebido em doação, por ascendente, não pode ser presumida, devendo constar expressamente no testamento ou no título de liberalidade. Além disso, o bem doado deve corresponder à parte disponível do patrimônio do doador, pena de nulidade da doação (art. 549 do CC/2002)" (Bol. AASP 2.627: TJDFT, AI 2007.00.2.012295-2).

S/ parte disponível, v. arts. 1.789 e 1.846; s/ colação, v. arts. 2.002 a 2.012.

Art. 544: 4. "Não configura a existência de fraude, e muito menos de simulação, a doação feita em adiantamento da legítima, com reserva de usufruto, de ascendentes a descendente, regularmente inscrita no registro imobiliário, dispensando-se o assentimento dos demais descendentes, inclusive futuros, uma vez que o donatário terá de levar à colação o bem doado, por ocasião do inventário do ascendente, consoante determina o art. 2.002 do novo CC" (RT 870/306).

"A melhor interpretação do art. 1.171 do CC/16 é a de que a doação feita de ascendente para descendente, por si só, não é considerada inválida ou ineficaz pelo ordenamento jurídico, mas impõe ao donatário obrigação protraída no tempo, de, à época do óbito do doador, trazer o patrimônio recebido à colação, para igualar as legítimas, caso não seja aquele o único herdeiro necessário" (STJ-3ª T., REsp 1.361.983, Min. Nancy Andrighi, j. 18.3.14, DJ 26.3.14).

Art. 545. A doação em forma de subvenção periódica ao beneficiado extingue-se morrendo o doador, salvo se este outra coisa dispuser, mas não poderá ultrapassar a vida do donatário. [Dispositivo correspondente no CC/1916: art. 1.172.]

Art. 546. A doação feita em contemplação de casamento futuro[1] com certa e determinada pessoa, quer pelos nubentes entre si, quer por terceiro a um deles, a ambos, ou aos filhos que, de futuro, houverem um do outro, não pode ser impugnada por falta de aceitação, e só ficará sem efeito se o casamento não se realizar.[2] [Dispositivo correspondente no CC/1916: art. 1.173.]

Art. 546: 1. v. arts. 564-IV e 1.647 § ún. V. tb. art. 552, *in fine.*

Art. 546: 2. Anulando a doação: "Caso em que a autora doou metade do veículo objeto da lide em razão de contemplação de casamento futuro, que não se efetivou. Art. 138 do CC/02" (RJTJERGS 264/333: AP 70019995828).

Art. 547. O doador pode estipular que os bens doados voltem ao seu patrimônio, se sobreviver ao donatário.[1] [Dispositivo correspondente no CC/1916: art. 1.174.]

Parágrafo único. Não prevalece cláusula de reversão em favor de terceiro. [Sem dispositivo correspondente no CC/1916.]

Art. 547: 1. s/ propriedade resolúvel, v. art. 1.359.

Art. 548. É nula a doação de todos os bens sem reserva de parte, ou renda suficiente para a subsistência do doador.[1 a 3] [Dispositivo correspondente no CC/1916: art. 1.175.]

Art. 548: 1. "A doação universal, como apregoa o art. 1.175 do CC/16, é caracterizada quando, doados todos os bens, o doador não faz a reserva de parte ou renda suficiente para a própria subsistência, razão pela qual o reconhecimento da nulidade absoluta não prescinde da demonstração de ter ele se reduzido à miséria, em decorrência do negócio jurídico realizado" (STJ-3ª T., REsp 1.361.983, Min. Nancy Andrighi, j. 18.3.14, DJ 26.3.14). Do voto da relatora: "Em seguida ao ato de liberalidade, os imóveis foram gravados com a cláusula de **usufruto,** em benefício dos doadores. Logo, conquanto não se possa afirmar a ocorrência de julgamento *extra petita*, de doação universal também não há falar".

Art. 548: 1a. "É possível a doação da totalidade do patrimônio pelo doador, desde que remanesça uma fonte de renda ou reserva de usufruto, ou mesmo bens a seu favor, que preserve um patrimônio mínimo à sua subsistência (CC, art. 548). Não se pode olvidar, ainda, que a aferição da situação econômica do doador deve ser considerada no momento da liberalidade, não sendo relevante, para esse efeito, o empobrecimento posterior do doador. Assim, na situação em concreto é que se poderá aferir se a doação universal (*omnium bonorum*) deixou realmente o doador sem a mínima disponibilidade patrimonial para sua sobrevivência. Na hipótese, a pretensão não merece prosperar, tomando-se em conta os limites do recurso especial e o somatório das seguintes circunstâncias do caso em concreto: i) reconhecimento da suficiência de fonte de renda à época apta a manter condições mínimas de sobrevivência digna; ii) não ter sido comprovado que a recorrente voltou a residir no imóvel objeto do litígio em razão de sua miserabilidade; iii) o lapso temporal do pedido de nulidade da doação — quase 20 anos após —, o que enfraquece o argumento de estar vivendo por tanto tempo em situação indigna; e iv) o fato de que a separação foi homologada em juízo, sob a fiscalização do representante do Ministério Público" (STJ-4ª T., REsp 1.183.133, Min. Luis Felipe, j. 17.11.15, maioria, DJ 1.2.16).

Art. 548: 2. "Considerando que a doação de todo o patrimônio (universal), sem reserva de bens suficientes para a subsistência (art. 1.175 do CC/1916, correspondente ao art. 548 do CC/2002), é nula de pleno direito, deve ser acolhida, em parte, a ação de mulher que doou todo o seu patrimônio por fanatismo religioso e que, agora, amarga completa miséria" (RDPr 34/374: TJSP, AP 273.753-4/8, maioria; acórdão relatado pelo Des. Ênio Zuliani).

Art. 548: 3. "A vedação à doação universal realiza a mediação concretizadora do princípio constitucional da dignidade da pessoa humana (art. 1º, III, da Constituição Federal). Incide o preceito ético do art. 1.175 do Código de 1916 (art. 548 do Código Civil em vigor) em acordo realizado em virtude de separação judicial" (STJ-3ª T., REsp 285.421, Min. Vasco Della Giustina, j. 4.5.10, DJ 12.5.10).

Art. 549. Nula é também a doação quanto à parte que exceder à de que o doador, no momento da liberalidade, poderia dispor em testamento.[1 a 7] [Dispositivo correspondente no CC/1916: art. 1.176.]

Art. 549: 1. v. art. 2.007. S/ parte legítima da herança, v. arts. 1.789 e 1.846.

Art. 549: 2. Trata-se da chamada doação inoficiosa.

Art. 549: 2a. "A cessão de direitos hereditários não retira da cedente a qualidade de herdeira, que é personalíssima, e, portanto, não afasta a sua legitimidade para ajuizar a presente ação *(declaratória de nulidade da doação)*, porque apenas transferiu ao cessionário a titularidade de sua situação, de modo a permitir que ele exija a partilha judicial dos bens que compõem a herança" (STJ-3ª T., REsp 1.361.983, Min. Nancy Andrighi, j. 18.3.14, DJ 26.3.14).

Art. 549: 3. A demanda voltada à invalidação da doação pode ser **ajuizada imediatamente**, mesmo antes do falecimento do doador (JTJ 347/407: AP 321.710-4/6-00).

Art. 549: 3a. "No caso de ação de nulidade de doação inoficiosa, o **prazo prescricional** é vintenário e conta-se a partir do registro do ato jurídico que se pretende anular. Tendo sido proposta a ação mais de vinte anos do registro das doações, é de ser reconhecida a prescrição da pretensão autoral" (STJ-3ª T., REsp 1.049.078, Min. Ricardo Cueva, j. 18.12.12, DJ 1.3.13). No mesmo sentido: STJ-4ª T., Ag em REsp 332.566-AgRg, Min. Isabel Gallotti, j. 16.9.14, DJ 24.9.14.

"A transferência da totalidade de bens do pai da recorrida para a ex-cônjuge em partilha e para a filha do casal, sem observância da reserva da legítima e em detrimento dos direitos da recorrida caracterizam doação inoficiosa. Aplica-se às pretensões declaratórias de nulidade de doações inoficiosas o prazo prescricional decenal do CC/02, ante a inexistência de previsão legal específica" (STJ-3ª T., REsp 1.321.998, Min. Nancy Andrighi, j. 7.8.14, DJ 20.8.14).

Art. 549: 3b. Considerando para a aferição da validade da doação o **patrimônio existente no momento do próprio ato de liberalidade:** STJ-2ª Seção, AR 3.493, Min. Luis Felipe, j. 12.12.12, maioria, DJ 6.6.13.

Art. 549: 3c. "Doação anterior, feita a herdeiros legítimos, deve ser computada como efetivo patrimônio do doador para efeitos de aferição de possível invasão da legítima, em **nova doação,** sob pena de se beneficiarem, os primeiros donatários, para além da primazia que já tiveram" (STJ-3ª T., REsp 1.642.059, Min. Nancy Andrighi, j. 15.12.16, DJ 10.2.17).

Art. 549: 4. "Para que se reconheça a invasão das legítimas em decorrência de eventual doação promovida pelo *de cujus*, seria necessária a prova do patrimônio total do doador, em comparação com o bem doado. Entretanto, numa hipótese em que o pai dos recorrentes falece sem deixar patrimônio algum, naturalmente essa prova pode ser dispensada. Não há duvida da ocorrência de doações inoficiosas. Se a viúva jamais acumulara capital para adquirir bens imóveis até o momento em que se uniu ao *de cujus*, não é razoável supor que ela tivesse passado a ter condições de acumular vultoso patrimônio, por esforço próprio, após a união. Do mesmo modo, se o *de cujus* sempre adquiriu bens, conforme sugere o fato de ele ter atravessado duas separações com partilhas disputadas, também não é razoável pensar que ele deixou de ter possibilidade de comprar qualquer coisa depois de se unir à ré. Deve-se, portanto, reconhecer que os bens controvertidos foram adquiridos pelo *de cujus* e concomitantemente doados à viúva. Há, portanto, doação inoficiosa de 50% do patrimônio total" (STJ-3ª T., REsp 918.643, Min. Nancy Andrighi, j. 26.4.11, maioria, DJ 13.5.11).

Art. 549: 5. "Anulação de doação. Doação do único bem imóvel aos filhos do segundo casamento. Preterição dos demais herdeiros necessários. Sentença de parcial procedência para tornar nula a doação quanto à parte que excedeu ao que o doador podia dispor no momento da liberalidade, nos termos dos arts. 1.176 e 1.576 do Código Civil de 1916. Recurso dos réus. Alegação de que não agiram de má-fé ao aceitarem a doação do imóvel. Irrelevância. Elemento subjetivo que não interfere na validade ou invalidade do ato, sendo suficiente a prova do excesso no momento da liberalidade" (JTJ 348/435: AP 994.05.057110-4).

Art. 549: 6. "A caracterização de doação inoficiosa é vício que, se não invalida o negócio jurídico originário — doação —, impõe ao **donatário-herdeiro** obrigação protraída no tempo: de, à época do óbito do doador, trazer o patrimônio à colação, para igualar as legítimas, caso não seja herdeiro necessário único, no grau em que figura. A busca da invalidade da doação, ante o preterimento dos herdeiros nascidos do segundo relacionamento do *de cujus*, somente é cabível se, e na medida em que, seja constatado um indevido avanço da munificência sobre a legítima, fato aferido no momento do negócio jurídico. O sobejo patrimonial do *de cujus* é o objeto da herança, apenas devendo a fração correspondente ao adiantamento da legítima, *in casu*, já embutido na doação aos dois primeiros descendentes, ser equalizado com o direito à legítima dos herdeiros não contemplados na doação, para assegurar a esses outros, a respectiva quota da legítima, e ainda, às respectivas participações em eventuais sobras patrimoniais" (STJ-3ª T., REsp 1.198.168, Min. Nancy Andrighi, j. 6.8.13, DJ 22.8.13).

"O ato de liberalidade do falecido de doar todos os seus bens aos filhos que possuía com a esposa, preterindo a filha, fruto de outro relacionamento, torna inoficiosa (nula) a doação no tocante ao que excede a parte disponível do patrimônio mais as respectivas frações da legítima, porque caracterizado o indevido avanço da munificência sobre a legítima da herdeira preterida" (STJ-3ª T., REsp 1.361.983, Min. Nancy Andrighi, j. 18.3.14, DJ 26.3.14).

Art. 549: 7. "O ato de disposição patrimonial representado pela renúncia/cessão gratuita da meação em favor da sua ex-mulher equipara-se à doação, considerando-se inoficiosa a parte que exceder a quota disponível. O fato de a renúncia/cessão ter por contrapartida o usufruto vitalício sobre a totalidade dos bens partilháveis não prejudica essa equiparação. Não se pode analisar o ato sob a ótica dos efeitos produzidos na esfera jurídica do renunciante/cedente, mas à luz dos resultados gerados na esfera jurídica dos herdeiros necessários, que são as pessoas efetivamente tuteladas pelos arts. 1.176, 1.576 e 1.721 do CC/16 (arts. 549, 1.789 e 1.846 do CC/02). Nesse aspecto, o fato de o renunciante/cedente permanecer com o usufruto vitalício sobre a totalidade dos bens partilhados em nada altera o prejuízo causado aos herdeiros necessários que, de qualquer forma, se verão privados dos bens que deveriam compor a parte indisponível da herança" (STJ-3ª T., REsp 1.217.154, Min. Nancy Andrighi, j. 15.5.14, DJ 22.5.14).

Art. 550. A doação do cônjuge adúltero ao seu cúmplice[1] pode ser anulada pelo outro cônjuge, ou por seus herdeiros necessários, até dois anos depois de dissolvida a sociedade conjugal.[2] [Dispositivo correspondente no CC/1916: art. 1.177.]

Art. 550: 1. "As doações feitas por homem casado à sua companheira, após a separação de fato de sua esposa, são válidas, porque, nesse momento, o concubinato anterior dá lugar à união estável; *a contrario sensu*, as doações feitas antes disso são nulas" (STJ-RDDP 78/148: 3ª T., REsp 408.296).

Art. 550: 2. v. art. 1.642-V.

Art. 551. Salvo declaração em contrário, a doação em comum a mais de uma pessoa entende-se distribuída entre elas por igual.[1] [Dispositivo correspondente no CC/1916: art. 1.178-*caput*.]

Parágrafo único. Se os donatários, em tal caso, forem marido e mulher, subsistirá na totalidade a doação para o cônjuge sobrevivo.[1a a 3] [Dispositivo correspondente no CC/1916: art. 1.178 § ún.]

Art. 551: 1. s/ obrigação divisível, v. art. 257.

✎ **Art. 551: 1a.** "Doação conjuntiva a cônjuges", por Leonardo Brandelli (RF 399/501).

Art. 551: 2. Com isso, a parte da doação destinada ao cônjuge falecido não entrará no acervo hereditário.

Art. 551: 3. "A aplicação do art. 1.178, § ún., do CC (*art. 551, § ún., do CC em vigor*), no sentido de subsistir a doação em relação ao cônjuge supérstite, condiciona-se ao fato de terem figurado como donatários marido e mulher. No contrato de doação, se apenas o marido figura como donatário, ocorrendo a morte deste, eventual benefício à mulher somente se configurará se o regime de bens, estabelecido no matrimônio, permitir" (STJ-3ª T., REsp 324.593, Min. Nancy Andrighi, j. 16.9.03, DJ 1.12.03).

Art. 552. O doador não é obrigado a pagar juros moratórios,[1] nem é sujeito às consequências da evicção[2] ou do vício redibitório.[3] Nas doações para casamento com certa e determinada pessoa,[4] o doador ficará sujeito à evicção, salvo convenção em contrário. [Dispositivo correspondente no CC/1916: art. 1.179.]

Art. 552: 1. v. arts. 406 e 407.

Art. 552: 2. v. arts. 447 a 457.

Art. 552: 3. v. arts. 441 a 446. Na doação com encargo, a existência de vício ou defeito oculto autoriza a redibição do contrato (art. 441 § ún.).

Art. 552: 4. v. arts. 546 e 564-IV.

Art. 553. O donatário é obrigado a cumprir os encargos da doação,[1-2] caso forem a benefício do doador, de terceiro,[3] ou do interesse geral. [Dispositivo correspondente no CC/1916: art. 1.180-*caput*.]

Parágrafo único. Se desta última espécie for o encargo, o Ministério Público poderá exigir sua execução, depois da morte do doador, se este não tiver feito. [Dispositivo correspondente no CC/1916: art. 1.180 § ún.]

Art. 553: 1. v. arts. 136 (encargo), 137 (encargo ilícito ou impossível).

Art. 553: 2. s/ revogação da doação, v. arts. 555 a 564.

Art. 553: 3. s/ estipulação em favor de terceiro, v. arts. 436 a 438.

Art. 554. A doação a entidade futura caducará se, em dois anos, esta não estiver constituída regularmente.[1] [Sem dispositivo correspondente no CC/1916.]

Art. 554: 1. s/ início da existência legal das pessoas jurídicas de direito privado, v. art. 45.

Seção II | DA REVOGAÇÃO DA DOAÇÃO

Art. 555. A doação pode ser revogada por ingratidão[1] do donatário, ou por inexecução do encargo.[2] [Dispositivo correspondente no CC/1916: art. 1.181-*caput* e § ún.]

Art. 555: 1. v. art. 557. V. tb. art. 538, nota 4.

Art. 555: 2. v. arts. 553 e 562.

Art. 556. Não se pode renunciar antecipadamente o direito de revogar a liberalidade por ingratidão do donatário. [Dispositivo correspondente no CC/1916: art. 1.182.]

Art. 557. Podem ser revogadas por ingratidão as doações:[1 a 2a] [Dispositivo correspondente no CC/1916: art. 1.183-*caput*.]

I — se o donatário atentou contra a vida do doador ou cometeu crime de homicídio doloso contra ele;[3] [Dispositivo correspondente no CC/1916: art. 1.183-I.]

II — se cometeu contra ele ofensa física; [Dispositivo correspondente no CC/1916: art. 1.183-II.]

III — se o injuriou gravemente[3a] ou o caluniou; [Dispositivo correspondente no CC/1916: art. 1.183-III.]

IV — se, podendo ministrá-los, recusou ao doador os alimentos de que este necessitava.[4] [Dispositivo correspondente no CC/1916: art. 1.183-IV.]

Art. 557: 1. cf. arts. 1.814 a 1.818 (excluídos da sucessão) e 1.961 a 1.965 (deserdação).

Art. 557: 1a. **Enunciado 33 do CEJ:** "O novo Código Civil estabeleceu um novo sistema para revogação da doação por ingratidão, pois o rol legal previsto no art. 557 deixou de ser taxativo, admitindo, excepcionalmente, outras hipóteses".

"Art. 557 do CC/2002. **Rol meramente exemplificativo.** Enunciado 33 do Conselho da Justiça Federal. O conceito jurídico de ingratidão constante do artigo 557 do Código Civil de 2002 é aberto, não se encerrando em molduras tipificadas previamente em lei" (STJ-3ª T., REsp 1.593.857, Min. Ricardo Cueva, j. 14.6.16, DJ 28.6.16).

Art. 557: 2. "Para a revogação da doação por ingratidão, exige-se que os atos praticados, além de graves, revistam-se objetivamente dessa característica. Atos tidos, no sentido pessoal comum da parte, como caracterizadores de ingratidão não se revelam aptos a qualificar-se juridicamente como tais, seja por não serem unilaterais ante a funda dissensão recíproca, seja por não serem dotados da característica de especial gravidade injuriosa" (STJ-3ª T., REsp 1.350.464, Min. Sidnei Beneti, j. 26.2.13, DJ 11.3.13). No mesmo sentido: STJ-4ª T., Ag em REsp 285.058-AgRg, Min. Luis Felipe, j. 4.6.13, DJ 18.6.13.

Art. 557: 2a. "Não estando presentes as hipóteses de fato do art. 557 do CC, descabe a revogação das doações efetuadas pela autora, porquanto descaracterizada a alegada ingratidão. Tampouco o alegado erro quanto à pessoa dá ensejo à invalidação das doações. Isso porque, nos termos do art. 138 do diploma legal já mencionado, somente o erro escusável configura defeito do negócio jurídico. Na hipótese dos autos, o erro apontado poderia ser facilmente percebido pela autora, a qual, de considerável condição cultural e econômica, decidiu, voluntariamente, presentear o réu, com quem teve relacionamento amoroso de comprometimento mútuo duvidoso, mormente porque iniciado por meios virtuais, circunstância que, sabidamente, exige maiores cuidados nas relações pessoais" (RJTJERGS 268/138: AP 70021055660).

S/ anulação de doação em contemplação de casamento futuro, v. art. 546, nota 2.

Art. 557: 3. v. art. 561.

Art. 557: 3a. "A **injúria** a que se refere o dispositivo envolve o campo da moral, revelada por meio de tratamento inadequado, tais como o descaso, a indiferença e a omissão de socorro às necessidades elementares do doador, situações suficientemente aptas a provocar a revogação do ato unilateral em virtude da ingratidão dos donatários" (STJ-3ª T., REsp 1.593.857, Min. Ricardo Cueva, j. 14.6.16, DJ 28.6.16).

Art. 557: 4. "A ingratidão do donatário nem sempre é caracterizada pelo simples descaso com a situação de penúria daquele que lhe doou bem imóvel, mas, sim, pelo completo desinteresse com as adversidades da crise econômica que abate o ex-benfeitor e que culmina com a negativa de prestar-lhe alimentos para uma sobrevida digna, embora pudesse fazê-lo sem sacrifício pessoal. Revogação necessária" (RMDCPC 37/135: TJSP, AP 994.09.317.539-0).

Art. 558. Pode ocorrer também a revogação quando o ofendido, nos casos do artigo anterior, for o cônjuge, ascendente, descendente, ainda que adotivo, ou irmão do doador. [Sem dispositivo correspondente no CC/1916.]

Art. 559. A revogação por qualquer desses motivos deverá ser pleiteada dentro de um ano, a contar de quando chegue ao conhecimento do doador o fato que a autorizar, e de ter sido o donatário o seu autor.[1] [Dispositivo correspondente no CC/1916: art. 1.184.]

Art. 559: 1. Esse prazo "apenas se refere à hipótese em que houver ingratidão do donatário, não abrangendo os casos em que a revogação é lastreada na inexecução do encargo" (RJM 176-177/277).

Art. 560. O direito de revogar a doação não se transmite aos herdeiros do doador, nem prejudica os do donatário. Mas aqueles podem prosseguir na ação iniciada pelo doador, continuando-a contra os herdeiros do donatário, se este falecer depois de ajuizada a lide. [Dispositivo correspondente no CC/1916: art. 1.185.]

Art. 561. No caso de homicídio doloso do doador, a ação caberá aos seus herdeiros, exceto se aquele houver perdoado. [Sem dispositivo correspondente no CC/1916.]

Art. 562. A doação onerosa pode ser revogada por inexecução do encargo, se o donatário incorrer em mora. Não havendo prazo para o cumprimento, o doador poderá notificar judicialmente[1] o donatário, assinando-lhe prazo razoável para que cumpra a obrigação assumida.[2-3] [Dispositivo correspondente no CC/1916: art. 1.181 § ún.]

Art. 562: 1. v. CPC 726 a 729.

Art. 562: 2. v. arts. 553 e 555.

Art. 562: 3. s/ obrigações negativas, v. art. 390; s/ obrigações positivas, v. art. 397.

Art. 563. A revogação por ingratidão não prejudica os direitos adquiridos por terceiros, nem obriga o donatário a restituir os frutos percebidos antes da citação válida; mas sujeita-o a pagar os posteriores, e, quando não possa restituir em espécie as coisas doadas, a indenizá-la[1] pelo meio-termo do seu valor. [Dispositivo correspondente no CC/1916: art. 1.186.]

Art. 563: 1. *sic*; deve ser "indenizá-las".

Art. 564. Não se revogam por ingratidão: [Dispositivo correspondente no CC/1916: art. 1.187-*caput*.]

I — as doações puramente remuneratórias;[1] [Dispositivo correspondente no CC/1916: art. 1.187-I.]

II — as oneradas com encargo[2] já cumprido; [Dispositivo correspondente no CC/1916: art. 1.187-II.]

III — as que se fizerem em cumprimento de obrigação natural;[3] [Dispositivo correspondente no CC/1916: art. 1.187-III.]

IV — as feitas para determinado casamento.[4-4a] [Dispositivo correspondente no CC/1916: art. 1.187-IV.]

Art. 564: 1. v. art. 540.

Art. 564: 2. v. art. 540, nota 1.

Art. 564: 3. v. arts. 814-*caput* e 882.

Art. 564: 4. v. arts. 546 e 1.647 § ún.

Art. 564: 4a. A fim de que sejam preservados os direitos do cônjuge inocente e dos seus futuros filhos.

Capítulo V | DA LOCAÇÃO DE COISAS[1-2]

CAP. V: 1. v. Lei 8.245, de 18.10.91.

CAP. V: 2. **Disposição transitória: "Art. 2.036.** A locação do prédio urbano, que esteja sujeita à lei especial, por esta continua a ser regida".

Art. 565. Na locação de coisas, uma das partes se obriga a ceder à outra, por tempo determinado ou não, o uso e gozo de coisa não fungível,[1] mediante certa retribuição.[2] [Dispositivo correspondente no CC/1916: art. 1.188.]

Art. 565: 1. v. art. 85.

Art. 565: 2. Em matéria de falência, v. LRF 119-VII, 192 § 5º e 199 §§ 1º e 3º.

V. tb. Dec. lei 9.760, de 5.9.46, arts. 64 § 1º e 86 a 98 (locação de bens imóveis da União); Lei 8.494, de 23.11.92 (reajuste dos contratos de locação residencial); Lei 9.514, de 20.11.97, art. 27 § 7º (alienação fiduciária e locação).

Art. 566. O locador é obrigado:[1] [Dispositivo correspondente no CC/1916: art. 1.189-*caput*.]

I — a entregar ao locatário a coisa alugada, com suas pertenças, em estado de servir ao uso a que se destina,[2] e a mantê-la nesse estado, pelo tempo do contrato, salvo cláusula expressa em contrário; [Dispositivo correspondente no CC/1916: art. 1.189-I.]

II — a garantir-lhe, durante o tempo do contrato, o uso pacífico da coisa.[3] [Dispositivo correspondente no CC/1916: art. 1.189-II.]

Art. 566: 1. Súmula 492 do STF (Locadora de veículos): "A empresa locadora de veículos responde, civil e solidariamente com o locatário, pelos danos por este causados a terceiro, no uso do carro locado".

Art. 566: 2. v. LI 22-I.

Art. 566: 3. v. art. 568 e LI 22-II.

Art. 567. Se, durante a locação, se deteriorar a coisa alugada, sem culpa do locatário, a este caberá pedir redução proporcional do aluguel, ou resolver o contrato, caso já não sirva a coisa para o fim a que se destinava.[1] [Dispositivo correspondente no CC/1916: art. 1.190.]

Art. 567: 1. v. LI 26.

Art. 568. O locador resguardará o locatário dos embaraços e turbações de terceiros, que tenham ou pretendam ter direitos sobre a coisa alugada,[1] e responderá pelos seus vícios, ou defeitos, anteriores à locação.[2] [Dispositivo correspondente no CC/1916: art. 1.191.]

Art. 568: 1. v. arts. 447 a 457, 566-II e 569-III.

Art. 568: 2. v. arts. 441 a 446 e LI 22-IV.

Art. 569. O locatário é obrigado: [Dispositivo correspondente no CC/1916: art. 1.192-*caput*.]

I — a servir-se da coisa alugada para os usos convencionados ou presumidos, conforme a natureza dela e as circunstâncias, bem como tratá-la com o mesmo cuidado como se sua fosse;[1] [Dispositivo correspondente no CC/1916: art. 1.192-I.]

II — a pagar pontualmente o aluguel nos prazos ajustados, e, em falta de ajuste, segundo o costume do lugar;[2] [Dispositivo correspondente no CC/1916: art. 1.192-II.]

III — a levar ao conhecimento do locador as turbações de terceiros, que se pretendam fundadas em direito;[3] [Dispositivo correspondente no CC/1916: art. 1.192-III.]

IV — a restituir a coisa, finda a locação, no estado em que a recebeu, salvas as deteriorações naturais ao uso regular.[4] [Dispositivo correspondente no CC/1916: art. 1.192-IV.]

Art. 569: 1. v. art. 570 e LI 23-II.

Art. 569: 2. v. LI 23-I. V. tb. art. 206 § 3º-I (prescrição da pretensão relativa a aluguéis de prédios urbanos ou rústicos).

Art. 569: 3. v. LI 23-IV.

Art. 569: 4. v. LI 23-III. V. tb. arts. 575 e 578.

Art. 570. Se o locatário empregar a coisa em uso diverso do ajustado,[1] ou do a que se destina, ou se ela se danificar por abuso do locatário, poderá o locador, além de rescindir o contrato, exigir perdas e danos.[2] [Dispositivo correspondente no CC/1916: art. 1.193-*caput*.]

Art. 570: 1. v. art. 569-I e IV.

Art. 570: 2. v. arts. 402 a 405.

Art. 571. Havendo prazo estipulado à duração do contrato, antes do vencimento não poderá o locador reaver a coisa alugada,[1] senão ressarcindo ao locatário as perdas e danos[2] resultantes, nem o locatário devolvê-la ao locador, senão pagando, proporcionalmente, a multa[3] prevista no contrato. [Dispositivo correspondente no CC/1916: art. 1.193 § ún.]

Parágrafo único. O locatário gozará do direito de retenção,[4] enquanto não for ressarcido. [Sem dispositivo correspondente no CC/1916.]

Art. 571: 1. v. LI 4º.

Art. 571: 2. v. arts. 402 a 405.

Art. 571: 3. v. art. 572 e LI 4º. V. tb. art. 413.

Art. 571: 4. Também no caso do art. 578.

Art. 572. Se a obrigação de pagar o aluguel pelo tempo que faltar[1] constituir indenização excessiva, será facultado ao juiz fixá-la em bases razoáveis.[2] [Sem dispositivo correspondente no CC/1916.]

Art. 572: 1. v. art. 571.

Art. 572: 2. v. arts. 413 e 884. V. tb. LI 4º.

Art. 573. A locação por tempo determinado cessa de pleno direito findo o prazo estipulado, independentemente de notificação ou aviso.[1] [Dispositivo correspondente no CC/1916: art. 1.194.]

Art. 573: 1. v. LI 46-*caput*.

Art. 574. Se, findo o prazo, o locatário continuar na posse da coisa alugada, sem oposição do locador, presumir-se-á prorrogada a locação pelo mesmo aluguel, mas sem prazo determinado.[1] [Dispositivo correspondente no CC/1916: art. 1.195.]

Art. 574: 1. v. LI 46 § 1º e 50.

Art. 575. Se, notificado o locatário,[1] não restituir a coisa, pagará, enquanto a tiver em seu poder, o aluguel que o locador arbitrar, e responderá pelo dano que ela venha a sofrer, embora proveniente de caso fortuito.[1a] [Dispositivo correspondente no CC/1916: art. 1.196.]

Parágrafo único. Se o aluguel arbitrado for manifestamente excessivo, poderá o juiz reduzi-lo, mas tendo sempre em conta o seu caráter de penalidade.[2-2a] [Sem dispositivo correspondente no CC/1916.]

Art. 575: 1. "A notificação a que se refere o art. 1.196 do CC/16 (art. 575 do CC/02) não tem a função de constituir o locatário em mora, tendo em vista o que dispõe o art. 1.194 do CC/16 (art. 573 do CC/2). Ela objetiva, em vez disso, a: (i) que não há a intenção do locador de permitir a prorrogação tácita do contrato por prazo indeterminado (art. 1.195 do CC/16 — art. 574 do CC/2); (ii) fixar a sanção patrimonial decorrente da retenção do bem locado. Na hipótese em que o próprio locatário notifica o locador de que não será renovado o contrato, a primeira função já se encontra preenchida: não é necessário ao locador repetir sua intenção de não prorrogar o contrato se o próprio locatário já o fez. A segunda função, por sua vez, pode se considerar também preenchida pelo fato de que é presumível a ciência, por parte do locatário, do valor das diárias dos automóveis pela tarifa de balcão" (STJ-3ª T., REsp 953.389, Min. Nancy Andrighi, j. 23.2.10, DJ 11.5.10).

Art. 575: 1a. v. art. 393 § ún.

Art. 575: 2. **Enunciado 180 do CEJ:** "A regra do parágrafo único do art. 575 do novo CC, que autoriza a limitação pelo juiz do aluguel-pena arbitrado pelo locador, aplica-se também ao aluguel arbitrado pelo comodante, autorizado pelo art. 582, 2ª parte, do novo CC".

Art. 575: 2a. v. arts. 413 e 884 a 886.

Art. 576. Se a coisa for alienada durante a locação,[1 a 3] o adquirente não ficará obrigado a respeitar o contrato, se nele não for consignada a cláusula da sua vigência no caso de alienação, e não constar de registro. [Dispositivo correspondente no CC/1916: art. 1.197-*caput*.]

§ 1º O registro a que se refere este artigo será o de Títulos e Documentos do domicílio do locador, quando a coisa for móvel; e será o Registro de Imóveis[4] da respectiva circunscrição, quando imóvel.[4a] [Sem dispositivo correspondente no CC/1916.]

§ 2º Em se tratando de imóvel, e ainda no caso em que o locador não esteja obrigado a respeitar o contrato, não poderá ele despedir o locatário, senão observado o prazo de noventa dias após a notificação. [Dispositivo correspondente no CC/1916: art. 1.197 § ún.]

Art. 576: 1. O locatário e o sublocatário têm preferência para a aquisição (LI 27 e 30).

Art. 576: 2. v. LI 8º.

Art. 576: 3. Súmula 158 do STF (Benfeitorias feitas pelo locatário): "Salvo estipulação contratual averbada no registro imobiliário, não responde o adquirente pelas benfeitorias do locatário".

Art. 576: 4. v. LRP 167-I-3.

Art. 576: 4a. Súmula 442 do STF (Vigência, contra terceiros, da locação): "A inscrição do contrato de locação no Registro de Imóveis, para a validade da cláusula de vigência contra o adquirente do imóvel, ou perante terceiros, dispensa a transcrição no Registro de Títulos e Documentos".

Art. 577. Morrendo o locador ou o locatário, transfere-se aos seus herdeiros a locação por tempo determinado.[1] [Dispositivo correspondente no CC/1916: art. 1.198.]

Art. 577: 1. v. LI 10.

Art. 578. Salvo disposição em contrário, o locatário goza do direito de retenção,[1] no caso de benfeitorias necessárias, ou no de benfeitorias úteis,[1a] se estas houverem sido feitas com expresso consentimento do locador.[2] [Dispositivo correspondente no CC/1916: art. 1.199.]

Art. 578: 1. Também no caso do art. 571 § ún.

Art. 578: 1a. v. arts. 96 e 1.219.

Art. 578: 2. v. LI 35 e 36.

Capítulo VI | DO EMPRÉSTIMO

Seção I | DO COMODATO

Art. 579. O comodato é o empréstimo[1] gratuito de coisas não fungíveis.[2] Perfaz-se com a tradição[3] do objeto.[4-5] [Dispositivo correspondente no CC/1916: art. 1.248.]

Art. 579: 1. tanto por quem tenha a propriedade quanto por quem tenha apenas a posse da coisa.

Art. 579: 2. v. art. 85.

Art. 579: 3. v. arts. 1.267 e 1.268.

Art. 579: 4. "Não existe obrigação do comodante de reparar defeitos no imóvel ou de entregá-lo ao comodatário a ponto de lhe servir, como acontece na locação, na qual o locador tem o dever de entrega, manutenção e garantia do bem"; salvo má-fé, caracterizada, por exemplo, na ocultação de vício da coisa emprestada (RJM 174/193).

Art. 579: 5. "A atribuição de encargo ao comodatário, consistente na construção de casa de alvenaria, a fim de evitar a 'favelização' do local, não desnatura o contrato de comodato modal" (STJ-3ª T., REsp 1.316.895, Min. Ricardo Cueva, j. 11.6.13, maioria, DJ 1.7.13).

Art. 580. Os tutores, curadores e em geral todos os administradores de bens alheios não poderão dar em comodato, sem autorização especial, os bens confiados à sua guarda.[1] [Dispositivo correspondente no CC/1916: art. 1.249.]

Art. 580: 1. s/ vedação aos curadores e tutores de comprar bens confiados à sua guarda ou administração, v. art. 497-I; s/ proibição de dispor gratuitamente dos bens do menor, v. art. 1.749-II; s/ aplicação à curatela das regras a respeito do exercício da tutela, v. art. 1.781.

Art. 581. Se o comodato não tiver prazo convencional, presumir-se-lhe-á o necessário para o uso concedido; não podendo o comodante, salvo necessidade imprevista e urgente, reconhecida pelo juiz, suspender o uso e gozo da coisa emprestada, antes de findo o prazo convencional, ou o que se determine pelo uso outorgado.[1] [Dispositivo correspondente no CC/1916: art. 1.250.]

Art. 581: 1. "Dado em comodato o imóvel, mediante contrato verbal, onde, evidentemente, não há prazo assinalado, bastante à desocupação a notificação ao comodatário da pretensão do comodante, não se lhe exigindo prova de necessidade imprevista e urgente do bem" (STJ-4ª T., REsp 605.137, Min. Aldir Passarinho Jr., j. 18.5.04, DJU 23.8.04). No mesmo sentido: STJ-3ª T., REsp 1.136.200-AgRg, Min. Sidnei Beneti, j. 28.6.11, DJ 1.7.11; RT 879/236 (TJSP, AP 182.275-4/8-00).

Art. 582. O comodatário é obrigado a conservar, como se sua própria fora, a coisa emprestada, não podendo usá-la senão de acordo com o contrato ou a natureza dela, sob pena de responder por perdas e danos.[1] O comodatário constituído em mora, além de por ela responder,[1a] pagará, até restituí-la, o aluguel da coisa que for arbitrado pelo comodante.[2-3] [Dispositivos correspondentes no CC/1916: arts. 1.251 e 1.252.]

Art. 582: 1. v. arts. 402 a 405.

Art. 582: 1a. v. art. 395.

Art. 582: 2. Enunciado 180 do CEJ: "A regra do parágrafo único do art. 575 do novo CC, que autoriza a limitação pelo juiz do aluguel-pena arbitrado pelo locador, aplica-se também ao aluguel arbitrado pelo comodante, autorizado pelo art. 582, 2ª parte, do novo CC".

Art. 582: 3. "Nos contratos de comodato com prazo determinado, a mora se constitui de pleno direito no dia do vencimento da obrigação de restituição da coisa. O aluguel decorrente da mora, em casos tais, é exigível independentemente de ter sido objeto de prévia estipulação contratual, sendo perfeitamente possível seu arbitramento posterior, pelo comodante, na via judicial ou até mesmo por notificação extrajudicial do comodatário. O arbitramento do aluguel, em todo caso, deve ser feito com razoabilidade e observância ao princípio da boa-fé objetiva, de modo a se evitar eventual abuso de direito ou indevido enriquecimento sem causa do comodante" (STJ-3ª T., REsp 1.188.315, Min. Ricardo Cueva, j. 5.8.14, DJ 18.8.14).

"Constituído em mora o comodatário para a restituição do imóvel emprestado, fica ele obrigado ao pagamento de aluguel arbitrado unilateralmente pelo comodante. O arbitramento, embora não deva respeito à média do mercado locativo, deve ser feito com razoabilidade, respeitando o princípio da boa-fé objetiva, para evitar a ocorrência de abuso de direito e do enriquecimento sem causa do comodante. Razoável o arbitramento do aluguel pelo comodante em valor inferior ao dobro da média do mercado locativo" (STJ-3ª T., REsp 1.175.848, Min. Paulo Sanseverino, j. 18.9.12, DJ 26.9.12). Do voto do relator, com apoio em lição doutrinária sua: "O montante arbitrado poderá ser superior ao valor de mercado do aluguel locatício, pois a sua finalidade não é transmudar o comodato em locação, mas coagir o comodatário a restituir o mais rapidamente possível a coisa emprestada. Entretanto, se esse arbitramento ocorrer em valor exagerado, poderá ser objeto de controle judicial".

Art. 583. Se, correndo risco o objeto do comodato juntamente com outros do comodatário, antepuser este a salvação dos seus abandonando o do comodante, responderá pelo dano ocorrido, ainda que se possa atribuir a caso fortuito, ou força maior.[1] [Dispositivo correspondente no CC/1916: art. 1.253.]

Art. 583: 1. v. art. 393 § ún. (conceito de caso fortuito).

Art. 584. O comodatário não poderá jamais recobrar do comodante as despesas feitas com o uso e gozo da coisa emprestada.[1] [Dispositivo correspondente no CC/1916: art. 1.254.]

Art. 584: 1. i. e., com as despesas ordinárias. Já as despesas extraordinárias e urgentes devem ser ressarcidas e geram, inclusive, direito de retenção.

Art. 585. Se duas ou mais pessoas forem simultaneamente comodatárias de uma coisa, ficarão solidariamente[1] responsáveis para com o comodante. [Dispositivo correspondente no CC/1916: art. 1.255.]

Art. 585: 1. v. arts. 275 a 285.

Seção II | DO MÚTUO[1]

✎ **SEÇ. II: 1.** "Tradição e contrato de mútuo, de conta-corrente e de compra e venda", por Álvaro Villaça Azevedo (RF 392/3).

Art. 586. O mútuo[1 a 3] é o empréstimo de coisas fungíveis.[4] O mutuário é obrigado a restituir ao mutuante o que dele recebeu em coisa do mesmo gênero, qualidade e quantidade. [Dispositivo correspondente no CC/1916: art. 1.256.]

Art. 586: 1. v. Dec. 22.626, de 7.4.33 ("Lei da Usura").

Art. 586: 2. s/ depósito de coisas fungíveis, v. art. 645.

Art. 586: 3. **Súmula 26 do STJ (Responsabilidade do avalista):** "O avalista do título de crédito vinculado a contrato de mútuo também responde pelas obrigações pactuadas, quando no contrato figurar como devedor solidário" (v. jurisprudência s/ esta Súmula em RSTJ 33/109 a 142).

Súmula 60 do STJ (Procurador do mutuário vinculado ao mutuante): "É nula a obrigação cambial assumida por procurador do mutuário vinculado ao mutuante, no exclusivo interesse deste" (v. jurisprudência s/ esta Súmula em RSTJ 44/17 a 79).

Súmula 176 do STJ (Taxa ANBID-CETIP): "É nula a cláusula contratual que sujeita o devedor à taxa de juros divulgada pela ANBID-CETIP" (v. jurisprudência s/ esta Súmula em RSTJ 91/235).

Art. 586: 4. v. art. 85.

Art. 587. Este empréstimo transfere o domínio da coisa emprestada ao mutuário, por cuja conta correm todos os riscos dela desde a tradição.[1-2] [Dispositivo correspondente no CC/1916: art. 1.257.]

Art. 587: 1. O mútuo é o chamado empréstimo de consumo, em que se presume a destruição do bem emprestado. Por isso há a transferência do domínio do bem mutuado desde a tradição, momento a partir do qual passa a ser do mutuário a responsabilidade pelos riscos de deterioração ou perda do objeto do contrato (aplicação da regra *res perit domino*).

Situação diversa ocorre no comodato, contrato por meio do qual se transfere somente a posse do bem. V. arts. 582 e 583.

Art. 587: 2. s/ riscos da coisa e do preço na compra e venda, v. arts. 492 e 524.

Art. 588. O mútuo feito a pessoa menor,[1] sem prévia autorização daquele sob cuja guarda estiver, não pode ser reavido nem do mutuário, nem de seus fiadores. [Dispositivo correspondente no CC/1916: art. 1.259.]

Art. 588: 1. v. arts. 180, 824 § ún. e 837.

Art. 589. Cessa a disposição do artigo antecedente: [Dispositivo correspondente no CC/1916: art. 1.260-*caput*.]

I — se a pessoa, de cuja autorização necessitava o mutuário para contrair o empréstimo, o ratificar[1] posteriormente; [Dispositivo correspondente no CC/1916: art. 1.260-I.]

II — se o menor, estando ausente essa pessoa, se viu obrigado a contrair o empréstimo para os seus alimentos habituais; [Dispositivo correspondente no CC/1916: art. 1.260-II.]

III — se o menor tiver bens ganhos com o seu trabalho. Mas, em tal caso, a execução do credor não lhes poderá ultrapassar as forças;[2] [Dispositivo correspondente no CC/1916: art. 1.260-III.]

IV — se o empréstimo reverteu em benefício do menor; [Sem dispositivo correspondente no CC/1916.]

V — se o menor obteve o empréstimo maliciosamente.[3] [Sem dispositivo correspondente no CC/1916.]

Art. 589: 1. v. arts. 172 a 175.

Art. 589: 2. v. art. 1.693-II.

Art. 589: 3. v. art. 180.

Art. 590. O mutuante pode exigir garantia da restituição, se antes do vencimento o mutuário sofrer notória mudança em sua situação econômica.[1] [Dispositivo correspondente no CC/1916: art. 1.261.]

Art. 590: 1. s/ direito de cobrança da dívida antes do vencimento do prazo, v. art. 333; exceção de contrato não cumprido, v. art. 476; exceção de inseguridade, v. art. 477.

Art. 591. Destinando-se o mútuo a fins econômicos, presumem-se devidos juros,[1 a 1b] os quais, sob pena de redução, não poderão exceder a taxa a que se refere o art. 406,[2] permitida a capitalização anual.[2a a 3] [Dispositivo correspondente no CC/1916: art. 1.262.]

Art. 591: 1. Súmula 283 do STJ: "As empresas administradoras de cartão de crédito são instituições financeiras e, por isso, os juros remuneratórios por elas cobrados não sofrem as limitações da Lei de Usura" (v. jurisprudência s/ esta Súmula em RSTJ 177/87).

"Autoriza-se a incidência de capitalização anual dos juros nos contratos de cartão de crédito, na linha da jurisprudência da Corte" (STJ-2ª Seção, ED no REsp 917.570, Min. Nancy Andrighi, j. 28.5.08, um voto vencido, DJU 4.8.08).

Súmula 296 do STJ: "Os juros remuneratórios, não cumuláveis com a comissão de permanência, são devidos no período de inadimplência, à taxa média de mercado estipulada pelo Banco Central do Brasil, limitada ao percentual contratado".

Súmula 382 do STJ: "A estipulação de juros remuneratórios superiores a 12% ao ano, por si só, não indica abusividade".

Enunciado 34 do CEJ: "No novo Código Civil, quaisquer contratos de mútuo destinados a fins econômicos presumem-se onerosos (art. 591), ficando a taxa de juros compensatórios limitada ao disposto no art. 406, com capitalização anual".

Art. 591: 1a. "São **inaplicáveis** aos juros remuneratórios dos contratos de **mútuo bancário** as disposições do art. 591 c/c o art. 406 do CC/02" (STJ-2ª Seção, REsp 1.061.530, Min. Nancy Andrighi, j. 22.10.08, DJ 10.3.09). V. tb. Dec. 22.626, de 7.4.33, art. 1º e notas (no nosso CCLCV, tít. MÚTUO), especialmente **Súmula 596 do STF**.

Os juros remuneratórios dos contratos de mútuo bancário somente podem sofrer limitação quando comprovadamente abusivos. V., no nosso CCLCV, CDC 51, nota 7a.

Art. 591: 1b. "As empresas de *factoring* não se enquadram no conceito de instituições financeiras, e por isso os juros remuneratórios estão limitados em 12% ao ano, nos termos da Lei de Usura" (STJ-4ª T., REsp 1.048.341, Min. Aldir Passarinho Jr., j. 10.2.09, DJ 9.3.09).

Art. 591: 2. O art. 406 diz que os juros "serão fixados segundo a taxa que estiver em vigor para a mora do pagamento de impostos devidos à Fazenda Nacional".

A cobrança de juros acima da taxa legal constitui crime contra a economia popular (Lei 1.521, de 26.12.51, art. 4º-*a*, em RT 197/530, Lex 1951/521, RF 139/563, DLF 773).

O art. 1º-I da Med. Prov. 2.172-32, de 23.8.01 (no nosso CCLCV, tít. MÚTUO) determina que o juiz, sob requerimento da parte, ajuste os juros à taxa legal ou, se já tiverem sido pagos, ordene a restituição em dobro do excesso, "com juros legais a contar da data do pagamento indevido".

Art. 591: 2a. s/ capitalização e Sistema Financeiro da Habitação, v. Lei 4.380/64, arts. 15-A e 15-B.

Art. 591: 2b. "A cobrança de juros capitalizados nos contratos de mútuo é permitida quando houver **expressa pactuação**" (STJ-2ª Seção, REsp 1.388.972, Min. Marco Buzzi, j. 8.2.17, DJ 13.3.17).

Art. 591: 3. Med. Prov. 2.170-36, de 23.8.01: "Art. 5º-*caput*. Nas operações realizadas pelas instituições integrantes do Sistema Financeiro Nacional, é admissível a capitalização de juros com periodicidade inferior a um ano".

Súmula 539 do STJ: "É permitida a **capitalização de juros com periodicidade inferior à anual** em contratos celebrados com instituições integrantes do Sistema Financeiro Nacional a partir de 31/3/2000 (MP n. 1.963-17/2000, reeditada como MP n. 2.170-36/2001), desde que expressamente pactuada".

Súmula 541 do STJ: "A previsão no contrato bancário de **taxa de juros anual superior ao duodécuplo da mensal** é suficiente para permitir a cobrança da taxa efetiva anual contratada".

"Não é aplicável aos contratos de mútuo bancário a periodicidade da capitalização prevista no art. 591 do CC, prevalecente a regra especial do art. 5º, *caput*, da Med. Prov. 1.963-17/2000 (2.170-36/2001), que admite a incidência mensal" (STJ-RMDECC 19/97: 4ª T., REsp 890.460).

Todavia: "Cédula de crédito bancário. **Capitalização diária. Taxa não informada. Descabimento"** (STJ-3ª T., REsp 1.568.290, Min. Paulo Sanseverino, j. 15.12.15, DJ 2.2.16). Do voto do relator: "Consumidor tem o direito de realizar um controle *a priori* do contrato, o que só é possível com informações adequadas e precisas sobre os produtos e serviços, no caso, informação precisa sobre a taxa de juros cobrada (taxa diária) e seus equivalentes, mensal e anual. Na hipótese dos autos, como não houve informação da taxa diária de juros, apenas das taxas mensal e anual, descabida a incidência da capitalização diária, sendo admitida apenas a mensal".

Contra, no sentido da inconstitucionalidade da capitalização mensal dos juros: "O art. 5º, *caput*, da Med. Prov. 2.170-36, de 23.8.01, admite a capitalização de juros com periodicidade inferior a um ano nas operações realizadas pelas instituições integrantes do Sistema Financeiro Nacional, porém, tal artigo foi declarado inconstitucional, *incidenter tantum*, nos autos da Arguição de Inconstitucionalidade 2006.00.2.001774-7, nesta Corte de Justiça" (RT 863/270, maioria). Também reconhecendo incidentalmente essa inconstitucionalidade, mas sem notícia de pronunciamento nesse sentido do órgão especial do próprio tribunal: JTJ 315/491 (EI 7.020.647-6/02, maioria).

Também no sentido da capitalização anual, v. **Enunciado 34 do CEJ** (na nota 1).

Art. 592. Não se tendo convencionado expressamente, o prazo do mútuo será: [Dispositivo correspondente no CC/1916: art. 1.264-*caput*.]

I — até a próxima colheita, se o mútuo for de produtos agrícolas, assim para o consumo, como para semeadura; [Dispositivo correspondente no CC/1916: art. 1.264-I.]

II — de trinta dias, pelo menos, se for de dinheiro;[1] [Dispositivo correspondente no CC/1916: art. 1.264-II.]

III — do espaço de tempo que declarar o mutuante, se for de qualquer outra coisa fungível. [Dispositivo correspondente no CC/1916: art. 1.264-III.]

Art. 592: 1. Este inciso faz exceção ao disposto no art. 331.

Capítulo VII | DA PRESTAÇÃO DE SERVIÇO[1 a 3]

CAP. VII: 1. Se houver relação de emprego, a prestação de serviço vem a ser contrato de trabalho e é regida inteiramente pela CLT, com as ressalvas do art. 7º desta.

CAP. VII: 2. s/ registro do contrato, no Registro de Títulos e Documentos, para surtir efeito em relação a terceiros, v. LRP 129-4º; s/ serviços defeituosos, v. CDC 14 §§ 1º e 2º, 20-*caput*-I e § 2º, 32 e 70; s/ orçamento prévio, v. CDC 39-VI e 40.

CAP. VII: 3. Lei 10.741, de 1.10.03 — Dispõe sobre o Estatuto do Idoso e dá outras providências: **"Art. 50.** Constituem obrigações das entidades de atendimento: **I** — celebrar contrato escrito de prestação de serviço com o idoso, especificando o tipo de atendimento, as obrigações da entidade e prestações decorrentes do contrato, com os respectivos preços, se for o caso".

Art. 593. A prestação de serviço, que não estiver sujeita às leis trabalhistas ou a lei especial, reger-se-á pelas disposições deste Capítulo.[1] [Sem dispositivo correspondente no CC/1916.]

Art. 593: 1. v. CLT, especialmente arts. 2º e 3º.

Art. 594. Toda a espécie de serviço ou trabalho lícito, material ou imaterial, pode ser contratada mediante retribuição.[1] [Dispositivo correspondente no CC/1916: art. 1.216.]

Art. 594: 1. **Lei 9.608, de 18.2.98** — Dispõe sobre o serviço voluntário: **"Art. 1º** (*redação da Lei 13.297, de 16.6.16*) Considera-se serviço voluntário, para os fins desta Lei, a atividade não remunerada prestada por pessoa física a entidade pública de qualquer natureza ou a instituição privada de fins não lucrativos que tenha objetivos cívicos, culturais, educacionais, científicos, recreativos ou de assistência à pessoa. **Parágrafo único.** O serviço voluntário não gera vínculo empregatício, nem obrigação de natureza trabalhista previdenciária ou afim.

"Art. 2º O serviço voluntário será exercido mediante a celebração de termo de adesão entre a entidade, pública ou privada, e o prestador do serviço voluntário, dele devendo constar o objeto e as condições de seu exercício.

"Art. 3º O prestador do serviço voluntário poderá ser ressarcido pelas despesas que comprovadamente realizar no desempenho das atividades voluntárias. Parágrafo único. As despesas a serem ressarcidas deverão estar expressamente autorizadas pela entidade a que for prestado o serviço voluntário".

Art. 595. No contrato de prestação de serviço, quando qualquer das partes não souber ler, nem escrever, o instrumento poderá ser assinado a rogo e subscrito por duas testemunhas. [Dispositivo correspondente no CC/1916: art. 1.217.]

Art. 596. Não se tendo estipulado, nem chegado a acordo as partes, fixar-se-á por arbitramento a retribuição, segundo o costume do lugar, o tempo de serviço e sua qualidade.[1-2] [Dispositivo correspondente no CC/1916: art. 1.218.]

Art. 596: 1. v. tb. art. 606.

Art. 596: 2. Para disposições similares em outros contratos, v. arts. 628 § ún. (depósito), 658 § ún. (mandato), 701 (comissão) e 724 (corretagem).

Art. 597. A retribuição pagar-se-á depois de prestado o serviço, se, por convenção, ou costume, não houver de ser adiantada, ou paga em prestações. [Dispositivo correspondente no CC/1916: art. 1.219.]

Art. 598. A prestação de serviço não se poderá convencionar por mais de quatro anos, embora o contrato tenha por causa o pagamento de dívida de quem o presta, ou se destine à execução de certa e determinada obra. Neste caso, decorridos quatro anos, dar-se-á por findo o contrato, ainda que não concluída a obra.[1] [Dispositivo correspondente no CC/1916: art. 1.220.]

Art. 598: 1. Todavia, o contrato admite renovação.

Art. 599. Não havendo prazo estipulado, nem se podendo inferir da natureza do contrato, ou do costume do lugar, qualquer das partes, a seu arbítrio, mediante prévio aviso,[1] pode resolver o contrato. [Dispositivo correspondente no CC/1916: art. 1.221-*caput*.]

Parágrafo único. Dar-se-á o aviso: [Dispositivo correspondente no CC/1916: art. 1.221 § ún.]

I — com antecedência de oito dias, se o salário se houver fixado por tempo de um mês, ou mais; [Dispositivo correspondente no CC/1916: art. 1.221 § ún.-I.]

II — com antecipação de quatro dias, se o salário se tiver ajustado por semana, ou quinzena; [Dispositivo correspondente no CC/1916: art. 1.221 § ún.-II.]

III — de véspera, quando se tenha contratado por menos de sete dias. [Dispositivo correspondente no CC/1916: art. 1.221 § ún.-III.]

Art. 599: 1. por meio de notificação judicial ou extrajudicial. S/ notificação judicial, v. CPC 726 a 729.

Art. 600. Não se conta no prazo do contrato o tempo em que o prestador de serviço, por culpa sua, deixou de servir.[1] [Dispositivo correspondente no CC/1916: art. 1.223.]

Art. 600: 1. s/ exceção de contrato não cumprido, v. arts. 476 e 477.

Art. 601. Não sendo o prestador de serviço contratado para certo e determinado trabalho, entender-se-á que se obrigou a todo e qualquer serviço compatível com as suas forças e condições. [Dispositivo correspondente no CC/1916: art. 1.224.]

Art. 602. O prestador de serviço contratado por tempo certo, ou por obra determinada, não se pode ausentar, ou despedir, sem justa causa, antes de preenchido o tempo, ou concluída a obra. [Dispositivo correspondente no CC/1916: art. 1.225-*caput*.]

Parágrafo único. Se se despedir sem justa causa, terá direito à retribuição vencida, mas responderá por perdas e danos.[1-1a] O mesmo dar-se-á, se despedido por justa causa.[2] [Dispositivo correspondente no CC/1916: art. 1.225 § ún.]

✎ **Art. 602: 1.** "Rescisão imotivada e indenização de efeito inibitório em contratos de prestação de serviço por tempo determinado no Código Civil de 2002", por Tercio Sampaio Ferraz Jr. (RDPr 44/9).

Art. 602: 1a. v. arts. 402 a 405.

Art. 602: 2. v. art. 603.

Art. 603. Se o prestador de serviço for despedido sem justa causa, a outra parte será obrigada a pagar-lhe por inteiro a retribuição vencida, e por metade a que lhe tocaria de então ao termo legal do contrato.[1-2] [Dispositivo correspondente no CC/1916: art. 1.228.]

✎ **Art. 603: 1.** "Rescisão imotivada e indenização de efeito inibitório em contratos de prestação de serviço por tempo determinado no Código Civil de 2002", por Tercio Sampaio Ferraz Jr. (RDPr 44/9).

Art. 603: 2. Já se o prestador de serviço decide imotivadamente não mais levar o contrato adiante, ele responde integralmente pelos danos emergentes e lucros cessantes daí decorrentes.

Art. 604. Findo o contrato, o prestador de serviço tem direito a exigir da outra parte a declaração[1] de que o contrato está findo. Igual direito lhe cabe, se for despedido sem justa causa, ou se tiver havido motivo justo para deixar o serviço. [Dispositivo correspondente no CC/1916: art. 1.230.]

Art. 604: 1. a qual lhe serve de quitação.

Art. 605. Nem aquele a quem os serviços são prestados, poderá transferir a outrem o direito aos serviços ajustados, nem o prestador de serviços, sem aprazimento da outra parte, dar substituto que os preste.[1] [Dispositivo correspondente no CC/1916: art. 1.232.]

Art. 605: 1. afinal, o contrato de prestação de serviços é de caráter pessoal (*intuitu personae*).

Art. 606. Se o serviço for prestado por quem não possua título de habilitação, ou não satisfaça requisitos outros estabelecidos em lei, não poderá quem os prestou cobrar a retribuição normalmente correspondente ao trabalho executado. Mas se deste resultar benefício para a outra parte, o juiz atribuirá a quem o prestou uma compensação razoável,[1] desde que tenha agido com boa-fé.[2] [Sem dispositivo correspondente no CC/1916.]

Parágrafo único. Não se aplica a segunda parte deste artigo, quando a proibição da prestação de serviço resultar de lei de ordem pública. [Sem dispositivo correspondente no CC/1916.]

Art. 606: 1. em atenção à vedação ao enriquecimento sem causa (arts. 884 a 886).

Art. 606: 2. v. arts. 113, 421 e 422.

Art. 607. O contrato de prestação de serviço acaba[1] com a morte de qualquer das partes. Termina, ainda, pelo escoamento do prazo, pela conclusão da obra, pela rescisão do contrato mediante aviso prévio,[2] por inadimplemento de qualquer das partes[2a] ou pela impossibilidade da continuação do contrato, motivada por força maior.[3] [Dispositivo correspondente no CC/1916: art. 1.233.]

Art. 607: 1. s/ extinção do contrato, v. arts. 472 a 480.

Art. 607: 2. v. art. 599.

Art. 607: 2a. "O art. 607 do CC não impõe a rescisão do contrato de prestação de serviço a partir do inadimplemento de qualquer das partes, mas possibilita ao contratante adimplente sua rescisão unilateral, o que não foi efetuado no presente caso. Se o contrato se manteve hígido, com a agravante usufruindo dos serviços prestados, deve arcar com o seu pagamento" (STJ-4ª T., Ag em REsp 967.440-AgInt, Min. Isabel Gallotti, j. 25.10.16, DJ 4.11.16).

Art. 607: 3. v. art. 393 § ún.

Art. 608. Aquele que aliciar[1-1a] pessoas obrigadas em contrato escrito a prestar serviço a outrem pagará a este a importância que ao prestador de serviço, pelo ajuste desfeito, houvesse de caber durante dois anos.[2] [Dispositivo correspondente no CC/1916: art. 1.235.]

✎ **Art. 608: 1.** "Aliciamento no contrato de prestação de serviços: responsabilidade de terceiro por interferência ilícita em direito pessoal", por Davi Monteiro Diniz (RSDCPC 27/82 e RF 375/27).

Art. 608: 1a. s/ crime de aliciamento, v. CP 206 e 207.

Art. 608: 2. As relações contratuais produzem direitos e obrigações *inter partes* (princípio da relatividade contratual); mas são oponíveis *erga omnes*, de modo que todos devem respeitar as relações jurídicas em curso.

Art. 609. A alienação do prédio agrícola, onde a prestação dos serviços se opera, não importa a rescisão do contrato,[1] salvo ao prestador opção entre continuá-lo com o adquirente da propriedade ou com o primitivo contratante. [Dispositivo correspondente no CC/1916: art. 1.236.]

Art. 609: 1. v. art. 605.

Capítulo VIII | DA EMPREITADA[1]

✎ **Cap. VIII: 1.** "Da empreitada", por Hamid Charaf Bdine Júnior (RT 858/82); "A aplicação da teoria da imprevisão na empreitada", por Arnoldo Wald (Rev. AASP 98/59); "O contrato de empreitada por preço global e a teoria da imprevisão", por Humberto Theodoro Jr. (RF 416/125, RMDCPC 47/5, RMDECC 43/5).

Art. 610. O empreiteiro de uma obra pode contribuir para ela só com seu trabalho[1] ou com ele e os materiais.[2] [Dispositivo correspondente no CC/1916: art. 1.237.]

§ 1º A obrigação de fornecer os materiais não se presume; resulta da lei ou da vontade das partes. [Sem dispositivo correspondente no CC/1916.]

§ 2º O contrato para elaboração de um projeto não implica a obrigação de executá-lo, ou de fiscalizar-lhe a execução. [Sem dispositivo correspondente no CC/1916.]

Art. 610: 1. v. art. 613.

Art. 610: 2. s/ responsabilidade do proprietário da obra e do empreiteiro por dano causado a terceiro, v. art. 927, nota 10.

Art. 611. Quando o empreiteiro fornece os materiais, correm por sua conta os riscos até o momento da entrega da obra, a contento[1] de quem a encomendou, se este não estiver em mora de receber. Mas se estiver, por sua conta correrão os riscos.[2] [Dispositivo correspondente no CC/1916: art. 1.238.]

Art. 611: 1. v. art. 615-2ª parte.

Art. 611: 2. v. arts. 394 e 400.

Art. 612. Se o empreiteiro só forneceu mão de obra, todos os riscos em que não tiver culpa correrão por conta do dono.[1 a 2] [Dispositivo correspondente no CC/1916: art. 1.239.]

Art. 612: 1. v. art. 613.

Art. 612: 1a. Assim, se o empreiteiro apenas forneceu mão de obra para a construção de uma piscina, ele não responde pelas ulteriores rachaduras, fissuras e deformações decorrentes da inadequação do solo onde ela foi construída, devendo estas ser suportadas pelo dono da obra, que negligentemente deixou de providenciar prévio projeto ou estudo geológico (RT 874/361: TJSC, AP 2008.013332-7).

Art. 612: 2. "Embora somente concorrendo com o serviço, e recebendo do dono da obra os materiais a serem empregados, o engenheiro contratado para elaborar o projeto e fiscalizar a construção é civilmente responsável pelo evento danoso, pois era de seu dever examinar os materiais empregados, tais como os tijolos, e recusá-los se frágeis ou defeituosos. A ocorrência de chuvas excessivas, máxime na região da Serra do Mar, não constitui fato da natureza imprevisível aos construtores de edifícios" (STJ-RT 676/195: 4ª T., REsp 8.410).

Art. 613. Sendo a empreitada unicamente de lavor (art. 610), se a coisa perecer antes de entregue, sem mora[1] do dono nem culpa do empreiteiro, este perderá a retribuição, se não provar que a perda resultou de defeito dos materiais e que em tempo reclamara contra a sua quantidade ou qualidade. [Dispositivo correspondente no CC/1916: art. 1.240.]

Art. 613: 1. s/ mora, v. arts. 394 a 401.

Art. 614. Se a obra constar de partes distintas, ou for de natureza das que se determinam por medida, o empreiteiro terá direito a que também se verifique por medida, ou segundo as partes em que se dividir, podendo exigir o pagamento na proporção da obra executada. [Dispositivo correspondente no CC/1916: art. 1.241-*caput*.]

§ 1º Tudo o que se pagou presume-se verificado.[1] [Dispositivo correspondente no CC/1916: art. 1.241 § ún.]

§ 2º O que se mediu presume-se verificado se, em trinta dias, a contar da medição, não forem denunciados os vícios ou defeitos pelo dono da obra ou por quem estiver incumbido da sua fiscalização. [Sem dispositivo correspondente no CC/1916.]

Art. 614: 1. "Demonstrado que o contrato de empreitada foi realizado com etapas, ou seja, por preço unitário, o termo de recebimento e entrega definitivo da obra é desnecessário para comprovar a execução dos serviços, devendo haver o pagamento dos valores ajustados no contrato sob pena de enriquecimento ilícito do Estado" (STJ-1ª T., REsp 687.774, Min. Francisco Falcão, j. 16.6.05, DJU 27.6.05).

Art. 615. Concluída a obra de acordo com o ajuste, ou o costume do lugar, o dono é obrigado a recebê-la. Poderá, porém, rejeitá-la, se o empreiteiro se afastou das instruções recebidas e dos planos dados, ou das regras técnicas em trabalhos de tal natureza.[1] [Dispositivo correspondente no CC/1916: art. 1.242.]

Art. 615: 1. s/ vícios redibitórios, v. art. 441; exceção de contrato não cumprido, v. art. 476.

Art. 616. No caso da segunda parte do artigo antecedente, pode quem encomendou a obra, em vez de enjeitá-la, recebê-la com abatimento no preço.[1] [Dispositivo correspondente no CC/1916: art. 1.243.]

Art. 616: 1. s/ abatimento no preço por vício redibitório, v. art. 442.

Art. 617. O empreiteiro é obrigado a pagar os materiais que recebeu, se por imperícia ou negligência os inutilizar.[1] [Dispositivo correspondente no CC/1916: art. 1.244.]

Art. 617: 1. s/ ato ilícito, v. art. 186; s/ responsabilidade civil subjetiva, v. art. 927.

Art. 618. Nos contratos de empreitada de edifícios ou outras construções consideráveis, o empreiteiro de materiais e execução responderá, durante o prazo irredutível de cinco anos, pela solidez e segurança do trabalho, assim em razão dos materiais, como do solo.[1 a 2c] [Dispositivo correspondente no CC/1916: art. 1.245.]

Parágrafo único. Decairá do direito assegurado neste artigo o dono da obra que não propuser a ação contra o empreiteiro, nos cento e oitenta dias seguintes ao aparecimento do vício ou defeito.[3-4] [Sem dispositivo correspondente no CC/1916.]

✎ **Art. 618: 1.** "Responsabilidade civil do empreiteiro: natureza normativa do artigo 618 do Código Civil; prazo de garantia", por Álvaro Villaça Azevedo (RMDCPC 4/33).

Art. 618: 2. v. tb. arts. 622, 937 e 1.280.

Art. 618: 2a. Esse **prazo de 5 anos é de garantia** e não propriamente de prescrição ou decadência (STJ-4ª T., REsp 215.832, Min. Sálvio de Figueiredo, j. 6.3.03, DJU 7.4.03; JTJ 345/43: AI 670.464-4/3-00; JTJ 348/173: AI 994.09.326459-6). Todavia, há prazo decadencial para a preservação da garantia: 180 dias (§ ún.).

Isso não interfere na pretensão indenizatória deduzida em face do empreiteiro com fundamento diverso da garantia, que se sujeita, em regra, ao prazo prescricional decenal (art. 205).

Súmula 194 do STJ: "Prescreve em vinte anos a ação para obter, do construtor, indenização por defeitos da obra" (v. jurisprudência s/ essa Súmula em RSTJ 101/305).

"Enquanto a responsabilização do construtor pelo art. 1.245 do CC/16 é objetiva, visando, conforme relembra Sergio Cavalieri Filho (Programa de responsabilidade civil. 7. ed. São Paulo: Atlas, 2007, p. 341), a resguardar os interesses de toda a coletividade, o regime de responsabilidade do art. 1.056 do CC/16, que não visa a resguardar mais do que os interesses do dono da obra, exige a demonstração do inadimplemento contratual do construtor. Ainda, e relativamente ao que mais interessa ao presente caso, enquanto a utilização do art. 1.245 do CC/16 pressupõe que a fragilidade da obra tenha transparecido nos primeiros cinco anos da sua entrega, no caso do art. 1.056 do CC/16 não há esta exigência, podendo os problemas relativos à sua solidez e segurança surgir até mesmo depois daquele prazo" (STJ-3ª T., REsp 903.771, Min. Paulo Sanseverino, j. 12.4.11, DJ 27.4.11; a citação é do voto do relator).

Art. 618: 2b. "Cabe a responsabilização do empreiteiro quando a obra se revelar imprópria para os fins a que se destina, sendo considerados graves os defeitos que afetem a salubridade da moradia, como infiltrações e vazamentos, e não apenas aqueles que apresentam o risco de ruína do imóvel" (STJ-3ª T., AI 1.208.663-AgRg, Min. Sidnei Beneti, j. 18.11.10, DJ 30.11.10).

Art. 618: 2c. "Mesmo quando o incorporador não é o executor direto da construção do empreendimento imobiliário, mas contrata construtor, fica, juntamente com este, responsável pela solidez e segurança da edificação (CC/2002, art. 618). Trata-se de obrigação de garantia assumida solidariamente com o construtor" (STJ-4ª T., REsp 884.367, Min. Raul Araújo, j. 6.3.12, DJ 15.3.12).

Art. 618: 3. Enunciado 181 do CEJ: "O prazo referido no art. 618, parágrafo único, do CC refere-se unicamente à garantia prevista no *caput*, sem prejuízo de poder o dono da obra, com base no mau cumprimento do contrato de empreitada, demandar perdas e danos".

Art. 618: 4. "O **termo inicial do prazo decadencial** previsto no parágrafo único do art. 618 do Código Civil conta-se do momento em que o dono da obra toma ciência da existência do vício construtivo coberto pela garantia legal. Hipótese em que, em razão da inexistência de prova da ciência do autor, fixado o termo a partir da expedição da notificação extrajudicial da ré" (STJ-4ª T., REsp 1.296.849, Min. Isabel Gallotti, j. 14.2.17, DJ 20.2.17).

Art. 619. Salvo estipulação em contrário, o empreiteiro que se incumbir de executar uma obra, segundo plano aceito por quem a encomendou, não terá direito a exigir acréscimo no preço, ainda que sejam introduzidas modificações no projeto, a não ser que estas resultem de instruções escritas do dono da obra. [Dispositivo correspondente no CC/1916: art. 1.246.]

Parágrafo único. Ainda que não tenha havido autorização escrita, o dono da obra é obrigado a pagar ao empreiteiro os aumentos e acréscimos, segundo o que for arbitrado, se, sempre presente à obra, por continuadas visitas, não podia ignorar o que se estava passando, e nunca protestou.[1] [Sem dispositivo correspondente no CC/1916.]

Art. 619: 1. "Se o serviço extraordinário foi executado às claras, inclusive sob a supervisão de prepostos da subempreiteira, tem-se como pertinente a cobrança dos seus valores, independentemente de autorização por escrito" (STJ-4ª T., REsp 103.715, Min. Sálvio de Figueiredo, j. 5.10.99, DJU 28.2.00).

Art. 620. Se ocorrer diminuição no preço do material ou da mão de obra superior a um décimo do preço global convencionado, poderá este ser revisto, a pedido do dono da obra, para que se lhe assegure a diferença apurada.[1] [Sem dispositivo correspondente no CC/1916.]

Art. 620: 1. s/ onerosidade excessiva, v. arts. 317 e 478 a 480; enriquecimento sem causa, v. arts. 884 a 886.

Art. 621. Sem anuência de seu autor, não pode o proprietário da obra introduzir modificações no projeto por ele aprovado,[1] ainda que a execução seja confiada a terceiros, a não ser que,[2] por motivos supervenientes ou razões de ordem técnica, fique comprovada a inconveniência ou a excessiva onerosidade[3] de execução do projeto em sua forma originária. [Sem dispositivo correspondente no CC/1916.]

Parágrafo único. A proibição deste artigo não abrange alterações de pouca monta, ressalvada sempre a unidade estética da obra projetada. [Sem dispositivo correspondente no CC/1916.]

Art. 621: 1. s/ proteção dos direitos do autor do projeto, v., no nosso CCLCV, LDA 7º-X (inclusive nota 7a), 24-IV e V e 26.

Art. 621: 2. O CC não revogou as disposições da LDA, mas apenas admitiu duas exceções à vedação de alterar o projeto do autor, a despeito de autorização deste.

Art. 621: 3. s/ onerosidade excessiva, v. arts. 317 e 478 a 480.

Art. 622. Se a execução da obra for confiada a terceiros, a responsabilidade do autor do projeto respectivo, desde que não assuma a direção ou fiscalização daquela, ficará limitada aos danos resultantes de defeitos previstos no art. 618 e seu parágrafo único. [Sem dispositivo correspondente no CC/1916.]

Art. 623. Mesmo após iniciada a construção, pode o dono da obra suspendê-la, desde que pague ao empreiteiro as despesas e lucros relativos aos serviços já feitos, mais indenização razoável, calculada em função do que ele teria ganho, se concluída a obra. [Sem dispositivo correspondente no CC/1916.]

Art. 624. Suspensa a execução da empreitada sem justa causa, responde o empreiteiro por perdas e danos.[1] [Sem dispositivo correspondente no CC/1916.]

Art. 624: 1. v. arts. 402 a 405.

Art. 625. Poderá o empreiteiro suspender a obra: [Sem dispositivo correspondente no CC/1916.]

I — por culpa do dono, ou por motivo de força maior;[1] [Sem dispositivo correspondente no CC/1916.]

II — quando, no decorrer dos serviços, se manifestarem dificuldades imprevisíveis de execução, resultantes de causas geológicas ou hídricas, ou outras semelhantes, de modo que torne a empreitada excessivamente onerosa, e o dono da obra se opuser ao reajuste do preço inerente ao projeto por ele elaborado, observados os preços;[2] [Sem dispositivo correspondente no CC/1916.]

III — se as modificações exigidas pelo dono da obra, por seu vulto e natureza, forem desproporcionais ao projeto aprovado, ainda que o dono se disponha a arcar com o acréscimo de preço. [Sem dispositivo correspondente no CC/1916.]

Art. 625: 1. v. art. 393 § ún.

Art. 625: 2. s/ onerosidade excessiva, v. arts. 317 e 478 a 480.

Art. 626. Não se extingue o contrato de empreitada pela morte de qualquer das partes, salvo se ajustado em consideração às qualidades pessoais do empreiteiro.[1-2] [Sem dispositivo correspondente no CC/1916.]

Art. 626: 1. Já na prestação de serviços a morte é causa extintiva do contrato, cf. art. 607.

Art. 626: 2. "Quando o que mais importa para a obra é que seja feita exclusivamente por determinado empreiteiro ou construtor, a obrigação desse é personalíssima e não se transmite aos seus herdeiros e sucessores, conforme dispunha o art. 878 do CC/1916 e agora dispõe a segunda parte do art. 626 do CC/2002. Quando na contratação de uma obra o fator pessoal das habilidades técnicas do empreiteiro ou construtor não é decisivo para a contratação, a obrigação desse não é personalíssima e, por isso, transmite-se aos seus herdeiros e sucessores, nos termos do art. 928 do CC/1916 e da primeira parte do art. 626 do CC/ 2002. Em regra, a obrigação do empreiteiro ou construtor não é personalíssima, porquanto a obra pode ser executada por várias pessoas, como ocorre em geral, a exemplo das obras feitas mediante concorrência pública com a participação de várias construtoras e das pequenas construções feitas mediante a escolha do empreiteiro que oferecer o menor preço. Na presente hipótese, com a morte do construtor, a sua obrigação transmitiu-se aos seus herdeiros, pois a obra não demandava habilidades técnicas exclusivas do falecido" (STJ-3ª T., REsp 703.244, Min. Nancy Andrighi, j. 15.4.08, DJU 29.4.08).

Capítulo IX | DO DEPÓSITO[1]

Seção I | DO DEPÓSITO VOLUNTÁRIO[1 a 4]

CAP. IX: 1. v. arts. 343, 751, 1.363, 1.435-I, 1.445 § ún. e 1.652-III.

SEÇ. I: 1. v. Lei 8.866, de 11.4.94, que dispõe sobre o depositário infiel de valor pertencente à Fazenda Pública.

SEÇ. I: 2. v. art. 652, importante disposição que também se refere ao depósito voluntário.

SEÇ. I: 2a. **Dec. 1.102, de 21.11.1903** — Institui regras para o estabelecimento de empresas de armazéns gerais, determinando os direitos e obrigações dessas empresas.

SEÇ. I: 3. **Lei 2.313, de 3.9.54** — Dispõe sobre os prazos dos contratos de depósito regular e voluntário de bens de qualquer espécie, e dá outras providências (RT 230/574, Lex 1954/494, RF 156/509). Regulamentada pelo **Dec. 40.395, de 21.11.56** (RT 256/722, Lex 1956/605, RF 169/541). A Lei 2.313, em seu art. 2º, dispõe s/ contas bancárias sem movimentação por mais de 25 anos.

A **Lei 370, de 4.1.37** (RT 106/832, Lex 1937/1, RF 69/440), regulamentada pelo **Dec. 1.508, de 17.3.37** (Lex 1937/29, RF 70/192), considera abandonados os objetos de valor, depositados sem reclamação, por mais de 30 anos, nos estabelecimentos bancários e comerciais.

Lei 9.526, de 8.12.97 — Dispõe sobre recursos não reclamados correspondentes às contas de depósitos não recadastrados, e dá outras providências (Lex 1997/4.439, RT 746/737, RDA 210/384).

Lei 9.973, de 29.5.00 — Dispõe sobre o sistema de armazenagem dos produtos agropecuários. O art. 3º estabelece regras sobre contratos de depósito de produtos agropecuários; os arts. 6º a 10 dispõem acerca dos bens depositados e da responsabilidade do depositário.

SEÇ. I: 4. s/ depósitos judiciais: em geral, v. CPC 840; na Justiça Federal, v. tb. **Dec. lei 1.737, de 20.12.79** (Lex 1979/1.038), art. 1º-I e art. 3º.

Art. 627. Pelo contrato de depósito recebe o depositário um objeto móvel, para guardar, até que o depositante o reclame.[1] [Dispositivo correspondente no CC/1916: art. 1.265-*caput*.]

Art. 627: 1. "A entrega de veículo em confiança a manobrista de restaurante caracteriza contrato de depósito e, como tal, atrai a responsabilidade do estabelecimento comercial pelo furto, ainda que na via pública, impondo-lhe o dever de indenizar o proprietário pelos prejuízos daí decorrentes" (STJ-4ª T., REsp 419.465, Min. Aldir Passarinho Jr., j. 25.2.03, DJU 5.5.03).

S/ furto de veículo em estacionamento de empresa, v. Súmula 130 do STJ, em nota 1 ao art. 927.

Art. 628. O contrato de depósito é gratuito,[1] exceto se houver convenção em contrário, se resultante de atividade negocial ou se o depositário o praticar por profissão. [Dispositivo correspondente no CC/1916: art. 1.265 § ún.]

Parágrafo único. Se o depósito for oneroso e a retribuição do depositário não constar de lei, nem resultar de ajuste, será determinada pelos usos do lugar, e, na falta destes, por arbitramento.[2] [Sem dispositivo correspondente no CC/1916.]

Art. 628: 1. O depósito necessário, por sua vez, não se presume gratuito (cf. art. 651).

Art. 628: 2. Para disposições similares em outros contratos, v. arts. 596 (prestação de serviços), 658 § ún. (mandato), 701 (comissão) e 724 (corretagem).

Art. 629. O depositário é obrigado a ter na guarda e conservação da coisa depositada o cuidado e diligência que costuma com o que lhe pertence, bem como a restituí-la,[1] com todos os frutos e acrescidos, quando o exija o depositante.[2 a 3a] [Dispositivo correspondente no CC/1916: art. 1.266.]

Art. 629: 1. v. art. 638. V. tb. arts. 238 a 240.

Art. 629: 2. s/ responsabilidade dos bancos, v. art. 927, nota 6e; de condomínios edilícios, v. art. 1.334, nota 1a.

Art. 629: 3. Em matéria de propriedade fiduciária, v. art. 1.363.

Art. 629: 3a. **Súmula 179 do STJ:** "O estabelecimento de crédito que recebe dinheiro, em depósito judicial, responde pelo pagamento da correção monetária relativa aos valores recolhidos".

Art. 630. Se o depósito se entregou fechado, colado, selado, ou lacrado, nesse mesmo estado se manterá. [Dispositivo correspondente no CC/1916: art. 1.267.]

Art. 631. Salvo disposição em contrário, a restituição da coisa deve dar-se no lugar em que tiver de ser guardada. As despesas de restituição correm por conta do depositante. [Sem dispositivo correspondente no CC/1916.]

Art. 632. Se a coisa houver sido depositada no interesse de terceiro, e o depositário tiver sido cientificado deste fato pelo depositante, não poderá ele exonerar-se restituindo a coisa a este, sem consentimento daquele. [Sem dispositivo correspondente no CC/1916.]

Art. 633. Ainda que o contrato fixe prazo à restituição, o depositário entregará o depósito logo que se lhe exija, salvo se tiver o direito de retenção a que se refere o art. 644, se o objeto for judicialmente embargado, se sobre ele pender execução, notificada ao depositário, ou se houver motivo razoável de suspeitar que a coisa foi dolosamente obtida.[1-2] [Dispositivo correspondente no CC/1916: art. 1.268.]

Art. 633: 1. p. ex., através de roubo ou furto.

Art. 633: 2. v. arts. 634 e 638.

Art. 634. No caso do artigo antecedente, última parte, o depositário, expondo o fundamento da suspeita, requererá que se recolha o objeto ao Depósito Público.[1] [Dispositivo correspondente no CC/1916: art. 1.269.]

Art. 634: 1. v. art. 638.

Art. 635. Ao depositário será facultado, outrossim, requerer depósito judicial da coisa, quando, por motivo plausível, não a possa guardar, e o depositante não queira recebê-la.[1] [Dispositivo correspondente no CC/1916: art. 1.270.]

Art. 635: 1. v. arts. 334, 335-I e 641. V. tb. CPC 539 e segs.

Art. 636. O depositário, que por força maior[1] houver perdido a coisa depositada e recebido outra em seu lugar, é obrigado a entregar a segunda ao depositante, e ceder-lhe as ações que no caso tiver contra o terceiro responsável pela restituição da primeira. [Dispositivo correspondente no CC/1916: art. 1.271.]

Art. 636: 1. v. art. 393 § ún. V. tb. art. 642.

Art. 637. O herdeiro do depositário, que de boa-fé vendeu a coisa depositada, é obrigado a assistir[1] o depositante na reivindicação, e a restituir ao comprador o preço recebido.[2 a 3] [Dispositivo correspondente no CC/1916: art. 1.272.]

Art. 637: 1. v. CPC 119 e segs.

Art. 637: 2. v. arts. 447 a 457 (evicção), 1.792 e 1.821 (responsabilidade nos limites da herança).

Art. 637: 2a. Mas se for provada a má-fé do herdeiro do depositário, este responderá pelos eventuais danos causados ao depositante e ao adquirente de boa-fé.

Art. 637: 3. Se a transferência do bem depositado se deu a título gratuito, o adquirente não poderá demandar por evicção (cf. art. 447).

Art. 638. Salvo os casos previstos nos arts. 633 e 634, não poderá o depositário furtar-se à restituição do depósito, alegando não pertencer a coisa ao depositante, ou opondo compensação,[1] exceto se noutro depósito se fundar. [Dispositivo correspondente no CC/1916: art. 1.273.]

Art. 638: 1. v. art. 373-II.

Art. 639. Sendo dois ou mais depositantes, e divisível[1] a coisa, a cada um só entregará o depositário a respectiva parte, salvo se houver entre eles solidariedade.[2] [Dispositivo correspondente no CC/1916: art. 1.274.]

Art. 639: 1. v. art. 87.

Art. 639: 2. s/ solidariedade ativa, v. arts. 267 a 274.

Art. 640. Sob pena de responder por perdas e danos,[1] não poderá o depositário, sem licença expressa do depositante, servir-se da coisa depositada, nem a dar em depósito a outrem. [Dispositivo correspondente no CC/1916: art. 1.275.]

Parágrafo único. Se o depositário, devidamente autorizado, confiar a coisa em depósito a terceiro, será responsável se agiu com culpa na escolha deste.[2] [Sem dispositivo correspondente no CC/1916.]

Art. 640: 1. v. arts. 402 a 405.

Art. 640: 2. i. e., ele responderá se agir com culpa *in eligendo*.

Art. 641. Se o depositário se tornar incapaz,[1] a pessoa que lhe assumir a administração dos bens diligenciará imediatamente restituir a coisa depositada e, não querendo ou não podendo o depositante recebê-la, recolhê-la-á ao Depósito Público ou promoverá nomeação de outro depositário.[2-3] [Dispositivo correspondente no CC/1916: art. 1.276.]

Art. 641: 1. v. arts. 3º e 4º.

Art. 641: 2. s/ consignação em pagamento, v. arts. 334 e 335-I e CPC 539 e segs.

Art. 641: 3. Neste caso, o curador não precisa de autorização do depositante para nomear outro depositário, mas responderá por culpa *in eligendo* (cf. art. 640 § ún.).

Art. 642. O depositário não responde pelos casos de força maior;[1-1a] mas, para que lhe valha a escusa, terá de prová-los.[2] [Dispositivo correspondente no CC/1916: art. 1.277.]

Art. 642: 1. v. art. 393 § ún.

Art. 642: 1a. Exceto se estiver em mora (art. 399).

Art. 642: 2. v. arts. 238, 240 e 636.

Art. 643. O depositante é obrigado a pagar ao depositário as despesas feitas com a coisa, e os prejuízos que do depósito provierem.[1-2] [Dispositivo correspondente no CC/1916: art. 1.278.]

Art. 643: 1. "**Art. 1.219.** O possuidor de boa-fé tem direito à indenização das benfeitorias necessárias e úteis, bem como, quanto às voluptuárias, se não lhe forem pagas, a levantá-las, quando o puder sem detrimento da coisa, e poderá exercer o direito de retenção pelo valor das benfeitorias necessárias e úteis".

Art. 643: 2. O inadimplemento do depositante gera direito de retenção (art. 644).

Art. 644. O depositário poderá reter[1] o depósito até que se lhe pague a retribuição[1a] devida, o líquido valor das despesas, ou dos prejuízos a que se refere o artigo anterior, provando imediatamente esses prejuízos ou essas despesas.[1b-2] [Dispositivo correspondente no CC/1916: art. 1.279-*caput*.]

Parágrafo único. Se essas dívidas, despesas ou prejuízos não forem provados suficientemente, ou forem ilíquidos, o depositário poderá exigir caução idônea do depositante ou, na falta desta, a remoção da coisa para o Depósito Público, até que se liquidem. [Dispositivo correspondente no CC/1916: art. 1.279 § ún.]

Art. 644: 1. v. art. 633.

Art. 644: 1a. v. art. 628.

Art. 644: 1b. Para disposições similares em outros contratos, v. arts. 664 (mandato), 708 (comissão) e 742 (transporte).

Art. 644: 2. O art. 644 não se aplica às alienações fiduciárias (v., no nosso CCLCV, tít. ALIENAÇÃO FIDUCIÁRIA, art. 66-B § 6º da Lei 4.728, na redação da Lei 10.931, de 2.8.04).

Art. 645. O depósito de coisas fungíveis,[1] em que o depositário se obrigue a restituir objetos do mesmo gênero, qualidade e quantidade, regular-se-á pelo disposto acerca do mútuo.[2 a 3]

[Dispositivo correspondente no CC/1916: art. 1.280.]

Art. 645: 1. v. art. 85.

Art. 645: 2. v. arts. 586 a 593 (mútuo).

Art. 645: 2a. O art. 645 não se aplica ao depósito de valor pertencente à Fazenda Pública (v., no nosso CCLCV, tít. DEPOSITÁRIO INFIEL, art. 9º da Lei 8.866, de 11.4.94).

Art. 645: 3. "No contrato de depósito bancário, o depositante transfere à instituição financeira depositária a propriedade do dinheiro, passando esta a ter sobre ele total disponibilidade. Este contrato, por construção doutrinária e jurisprudencial, é equiparado ao contrato de mútuo. É chamado de depósito irregular (depósito de coisas fungíveis). Ocorrendo a liquidação extrajudicial da Instituição Financeira os depósitos denominados irregulares passam a integrar a massa falida gerando direito de crédito e não à restituição dos valores depositados, concorrendo o correntista com os demais credores quirografários" (STJ-1ª T., REsp 492.956, Min. José Delgado, j. 6.3.03, DJU 26.5.03).

Art. 646. O depósito voluntário provar-se-á por escrito.[1] [Dispositivo correspondente no CC/1916: art. 1.281.]

Art. 646: 1. mas só vale contra terceiros se registrado (LRP 129-2º).

Seção II | DO DEPÓSITO NECESSÁRIO

Art. 647. É depósito necessário: [Dispositivo correspondente no CC/1916: art. 1.282-*caput*.]

I — o que se faz em desempenho de obrigação legal;[1-1a] [Dispositivo correspondente no CC/1916: art. 1.282-I.]

II — o que se efetua por ocasião de alguma calamidade, como o incêndio, a inundação, o naufrágio ou o saque.[2] [Dispositivo correspondente no CC/1916: art. 1.282-II.]

Art. 647: 1. v. art. 648-*caput*.

Art. 647: 1a. v. art. 1º da Lei 8.866, de 11.4.94.

Art. 647: 2. v. art. 648 § ún.

Art. 648. O depósito a que se refere o inciso I do artigo antecedente, reger-se-á pela disposição da respectiva lei, e, no silêncio ou deficiência dela, pelas concernentes ao depósito voluntário.[1] [Dispositivo correspondente no CC/1916: art. 1.283-*caput*.]

Parágrafo único. As disposições deste artigo aplicam-se aos depósitos previstos no inciso II do artigo antecedente, podendo estes certificarem-se por qualquer meio de prova. [Dispositivo correspondente no CC/1916: art. 1.283 § ún.]

Art. 648: 1. v. arts. 627 a 646.

Art. 649. Aos depósitos previstos no artigo antecedente é equiparado o das bagagens dos viajantes ou hóspedes nas hospedarias onde estiverem. [Dispositivo correspondente no CC/1916: art. 1.284-*caput*.]

Parágrafo único. Os hospedeiros[1] responderão como depositários, assim como pelos furtos e roubos que perpetrarem as pessoas empregadas ou admitidas nos seus estabelecimentos.[2] [Dispositivo correspondente no CC/1916: art. 1.284 § ún.]

Art. 649: 1. v. arts. 650, 651, 932-IV, 933 e 1.467-I.

Art. 649: 2. "Tratando-se de contrato de hospedagem remunerado, o proprietário do estabelecimento é responsável pelas bagagens e pertences dos hóspedes. Há um dever legal de proteção ao patrimônio dos clientes, segurança, integridade física e bem-estar, devendo indenizar eventuais danos em caso de furto nas dependências, independentemente de culpa" (JTJ 353/449: AP 992.08.034326-0).

V. art. 650, nota 2.

Art. 650. Cessa, nos casos do artigo antecedente, a responsabilidade dos hospedeiros, se provarem que os fatos prejudiciais aos viajantes ou hóspedes não podiam ter sido evitados.[1-2] [Dispositivo correspondente no CC/1916: art. 1.285-*caput* e I.]

Art. 650: 1. v. art. 393. No caso de depósito voluntário, v. art. 642.

Art. 650: 2. "Roubo com emprego de arma de fogo contra hóspedes de pousada. Ausência de qualquer equipamento de segurança para impedir ou dificultar ação de criminosos. Não configuração de caso fortuito. Caracterização de negligência do estabelecimento comercial. Dever de reparar" (JTJ 372/443: AP 165095-64.2009.8.26.0100; ementa da redação).

V. art. 649, nota 2.

Art. 651. O depósito necessário não se presume gratuito.[1] Na hipótese do art. 649, a remuneração pelo depósito está incluída no preço da hospedagem. [Dispositivo correspondente no CC/1916: art. 1.286.]

Art. 651: 1. Ao contrário do depósito voluntário (art. 628).

Art. 652. Seja o depósito voluntário ou necessário,[1] o depositário que não o restituir quando exigido será compelido a fazê-lo mediante prisão[2-2a] não excedente a um ano, e ressarcir os prejuízos. [Dispositivo correspondente no CC/1916: art. 1.287.]

Art. 652: 1. Esta disposição está mal situada. Refere-se a ambos os tipos de depósito, mas foi posta na seção relativa unicamente ao depósito necessário.

Art. 652: 2. **CF 5º: "LXVII** — não haverá prisão civil por dívida, salvo a do responsável pelo inadimplemento voluntário e inescusável de obrigação alimentícia e a do depositário infiel".

Art. 652: 2a. **Súmula Vinculante 25 do STF:** "É ilícita a **prisão civil de depositário infiel,** qualquer que seja a modalidade do depósito".

Súmula 619 do STF: "A prisão do depositário judicial pode ser decretada no próprio processo em que se constituiu o encargo, independentemente da propositura de ação de depósito". O STF **revogou** a Súmula 619 (STF-Pleno, HC 92.566, Min. Marco Aurélio, j. 3.12.08, um voto vencido, DJ 5.6.09).

Assim, não estão sujeitos a prisão o depositário judicial infiel (STF-Pleno, HC 94.307-QO, Min. Cezar Peluso, j. 14.4.08, DJU 23.5.08; STJ-4ª T., RHC 23.625, Min. Aldir Passarinho Jr., j. 11.11.08, DJ 1.12.08; STJ-3ª T., HC 110.344, Min. Nancy Andrighi, j. 9.12.08, DJ 3.2.09; STJ-2ª T., HC 110.770, Min. Castro Meira, j. 19.2.09, DJ 27.3.09; STJ-1ª T., HC 92.531, Min. Teori Zavascki, j. 5.2.09, DJ 18.2.09) nem o devedor alienante que não entrega o bem alienado fiduciariamente (STF-Pleno, RE 466.343, Min. Cezar Peluso, j. 3.12.08, DJ 5.6.09; STJ-Corte Especial, ED no REsp 489.278-AgRg, Min. Hamilton Carvalhido, j. 27.11.03, DJU 22.3.04).

Capítulo X | DO MANDATO[1-2]

Seção I | DISPOSIÇÕES GERAIS

CAP. X: 1. "Mandato, procuração e representação no novo Código Civil brasileiro", por Pablo Stolze Gagliano e Rodolfo Pamplona Filho (RJ-Lex 59/92, RMDCPC 50/22).

CAP. X: 2. s/ mandato e: ausência, v. art. 23; casamento, v. art. 1.542.

V. tb. arts. 115 a 120 (representação).

Art. 653. Opera-se o mandato[1-2] quando alguém[3] recebe de outrem poderes para, em seu nome, praticar atos ou administrar interesses. A procuração é o instrumento do mandato. [Dispositivo correspondente no CC/1916: art. 1.288.]

Art. 653: 1. Dec. leg. 4, de 7.2.94 — Aprova o texto da Convenção Interamericana sobre Regime Legal das Procurações para serem utilizadas no Exterior, concluída em 30 de janeiro de 1975, na Cidade do Panamá (Lex 1994/436).

Art. 653: 2. LDA: "Art. 98. Com o ato de filiação, as associações tornam-se mandatárias de seus associados para a prática de todos os atos necessários à defesa judicial ou extrajudicial de seus direitos autorais, bem como para sua cobrança". Refere-se às associações de titulares de direitos de autor.

Art. 653: 3. Súmula 60 do STJ (Procurador do mutuário vinculado ao mutuante): "É nula a obrigação cambial assumida por procurador do mutuário vinculado ao mutuante, no exclusivo interesse deste" (v. jurisprudência s/ esta Súmula em RSTJ 44/17 a 79).

Art. 654. Todas as pessoas capazes[1] são aptas para dar procuração mediante instrumento particular, que valerá desde que tenha a assinatura do outorgante. [Dispositivo correspondente no CC/1916: art. 1.289-*caput*.]

§ 1º O instrumento particular deve conter a indicação do lugar onde foi passado, a qualificação do outorgante e do outorgado, a data e o objetivo da outorga com a designação e a extensão dos poderes conferidos.[2] [Dispositivo correspondente no CC/1916: art. 1.289 § 1º.]

§ 2º O terceiro com quem o mandatário tratar poderá exigir que a procuração traga a firma reconhecida.[3] [Sem dispositivo correspondente no CC/1916.]

Art. 654: 1. No caso de mandatário maior de dezesseis e menor de dezoito anos não emancipado, v. art. 666.

Art. 654: 2. s/ a possibilidade de o administrador de sociedade simples constituir mandatários da sociedade, v. art. 1.018.

Art. 654: 3. s/ a dispensa do reconhecimento de firma nas procurações empregadas nos autos do processo, v., no nosso CPCLPV, CPC 105, nota 2a.

Art. 655. Ainda quando se outorgue mandato por instrumento público,[1-1a] pode substabelecer-se[2] mediante instrumento particular.[3] [Dispositivo correspondente no CC/1916: art. 1.289 § 2º.]

Art. 655: 1. v. arts. 108, 109, 215 e 1.806, nota 5.

Art. 655: 1a. "Não é requisito essencial da procuração por instrumento público para a venda de imóvel o valor pelo qual pretende o outorgante seja alienado o bem" (STJ-4ª T., REsp 891.027, Min. Isabel Gallotti, j. 6.12.12, DJ 1.2.13).

V. tb. art. 661, nota 1.

Art. 655: 2. v. art. 667.

Art. 655: 3. Enunciado 182 do CEJ: "O mandato outorgado por instrumento público previsto no art. 655 do CC somente admite substabelecimento por instrumento particular quando a forma pública for facultativa e não integrar a substância do ato".

Art. 656. O mandato pode ser expresso ou tácito,[1] verbal[2] ou escrito. [Dispositivo correspondente no CC/1916: art. 1.290-*caput*.]

Art. 656: 1. Aceitação tácita do mandato: v. art. 659. Em matéria de condomínio, v. art. 1.324.

Art. 656: 2. v. art. 657-2ª parte.

Art. 657. A outorga do mandato está sujeita à forma exigida por lei para o ato a ser praticado.[1] Não se admite mandato verbal quando o ato deva ser celebrado por escrito. [Dispositivo correspondente no CC/1916: art. 1.291.]

Art. 657: 1. v. arts. 108, 109, 215 e 654.

Art. 658. O mandato presume-se gratuito quando não houver sido estipulada retribuição,[1] exceto se o seu objeto corresponder ao daqueles que o mandatário trata por ofício ou profissão lucrativa. [Dispositivo correspondente no CC/1916: art. 1.290 § ún.]

Parágrafo único. Se o mandato for oneroso, caberá ao mandatário a retribuição prevista em lei ou no contrato. Sendo estes omissos, será ela determinada pelos usos do lugar, ou, na falta destes, por arbitramento.[2] [Sem dispositivo correspondente no CC/1916.]

Art. 658: 1. v. § ún. e art. 676.

Art. 658: 2. Para disposições similares em outros contratos, v. arts. 596 (prestação de serviços), 628 § ún. (depósito), 701 (comissão) e 724 (corretagem).

Art. 659. A aceitação do mandato pode ser tácita,[1-2] e resulta do começo de execução. [Dispositivo correspondente no CC/1916: art. 1.292.]

Art. 659: 1. assim como o próprio mandato pode sê-lo (art. 656).

Art. 659: 2. v. art. 432.

Art. 660. O mandato pode ser especial a um ou mais negócios determinadamente, ou geral[1] a todos os do mandante. [Dispositivo correspondente no CC/1916: art. 1.294.]

Art. 660: 1. v. art. 661.

Art. 661. O mandato em termos gerais só confere poderes de administração. [Dispositivo correspondente no CC/1916: art. 1.295-*caput*.]

§ 1º Para alienar,[1] hipotecar,[1a-1b] transigir,[2] ou praticar outros quaisquer atos que exorbitem da administração ordinária,[3-4] depende a procuração de poderes especiais e expressos.[5] [Dispositivo correspondente no CC/1916: art. 1.295 § 1º.]

§ 2º O poder de transigir não importa o de firmar compromisso.[6] [Dispositivo correspondente no CC/1916: art. 1.295 § 2º.]

Art. 661: 1. "Para realização de negócio jurídico que transcende a administração ordinária, tal qual a alienação de bens imóveis, exige-se a outorga de poderes especiais e expressos, com a respectiva descrição do objeto a ser negociado" (STJ-4ª T., REsp 262.777, Min. Luis Felipe, j. 5.2.09, DJ 26.2.09).

V. tb. art. 655, nota 1a.

Art. 661: 1a. v. arts. 1.473 a 1.505.

Art. 661: 1b. "Somente surte efeito prático o mandato que autoriza a oneração de bens por intermédio de hipoteca se particularizados no instrumento, não sendo suficiente a alusão genérica" (STJ-4ª T., REsp 404.707, Min. Aldir Passarinho Jr., j. 5.6.07, DJU 6.8.07). No mesmo sentido: STJ-3ª T., REsp 98.143, Min. Menezes Direito, j. 19.2.98, um voto vencido, DJU 18.5.98.

Art. 661: 2. v. arts. 840 a 850; CPC 105.

Art. 661: 3. p. ex., casar (v. art. 1.542).

Art. 661: 4. "Para que procurador constituído movimente e saque valores depositados em conta-corrente, é indispensável que constem do instrumento de mandato poderes especiais e expressos para tal fim" (STJ-4ª T., REsp 731.580, Min. João Otávio, j. 23.2.10, DJ 8.3.10).

Art. 661: 5. **Enunciado 183 do CEJ:** "Para os casos em que o parágrafo primeiro do art. 661 exige poderes especiais, a procuração deve conter a identificação do objeto".

Art. 661: 6. v. arts. 851 a 853.

Art. 662. Os atos praticados por quem não tenha mandato, ou o tenha sem poderes suficientes, são ineficazes em relação àquele em cujo nome foram praticados, salvo se este os ratificar.[1 a 3] [Dispositivo correspondente no CC/1916: art. 1.296-*caput*.]

Parágrafo único. A ratificação há de ser expressa, ou resultar de ato inequívoco,[4] e retroagirá à data do ato. [Dispositivo correspondente no CC/1916: art. 1.296 § ún.]

Art. 662: 1. v. arts. 176, 665, 672, 673, 679, 873 e 1.205-II; CPC 104 § 2º.

✎ **Art. 662: 2.** "A inaplicabilidade da teoria da aparência de representação no direito brasileiro", por Paulo Roberto de Figueiredo Dantas (RIDCPC 40/75).

Art. 662: 2a. "Os negócios realizados por terceiro de boa-fé com pessoa que aparenta ser o representante de outrem reputam-se válidos, com vinculação do pretenso mandante" (RT 715/174; acórdão relatado pelo Des. Roberto Bedaque).

Art. 662: 3. No caso de vedação ao substabelecimento e ato praticado por substabelecido, v. art. 667 § 3º.

Art. 662: 4. "Se o fiador, em ação de execução contra ele ajuizada com base em instrumento de fiança firmado por procurador sem poderes específicos, não impugna tal ato, pratica ato inequívoco de ratificação da fiança. O fato de referida execução ter sido extinta por motivos meramente processuais não modifica tal interpretação e não possibilita que, em nova ação de execução, o fiador venha a invocar a invalidade da referida fiança" (STJ-3ª T., REsp 960.075, Min. Nancy Andrighi, j. 6.5.08, DJ 3.9.08).

Art. 663. Sempre que o mandatário estipular negócios expressamente em nome do mandante, será este o único responsável; ficará, porém, o mandatário pessoalmente obrigado, se agir no seu próprio nome, ainda que o negócio seja de conta do mandante.[1-2] [Dispositivo correspondente no CC/1916: art. 1.307.]

Art. 663: 1. s/ obrigações do mandatário, v. arts. 667 e 668; ação contra mandatário que compra, em nome próprio, algo que deveria ter comprado para o mandante, v. art. 671.

Art. 663: 2. "O mandatário que obrar em seu próprio nome, como se fora seu o negócio, com infringência dos limites que lhe foram concedidos, responderá pelos danos a que der causa, eximindo, por consequência, o mandante de qualquer responsabilidade" (RT 758/192).

Art. 664. O mandatário tem o direito de reter,[1-1a] do objeto da operação que lhe foi cometida, quanto baste para pagamento de tudo que lhe for devido em consequência do mandato.[2] [Dispositivo correspondente no CC/1916: art. 1.315.]

Art. 664: 1. v. art. 681.

Art. 664: 1a. Enunciado 184 do CEJ: "Da interpretação conjunta desses dispositivos, extrai-se que o mandatário tem o direito de reter, do objeto da operação que lhe foi cometida, tudo o que lhe for devido em virtude do mandato, incluindo-se a remuneração ajustada e o reembolso de despesas" (o enunciado refere-se aos arts. 664 e 681 do CC).

Art. 664: 2. Para disposições similares em outros contratos, v. arts. 644 (depósito), 708 (comissão) e 742 (transporte).

Art. 665. O mandatário que exceder os poderes do mandato,[1] ou proceder contra eles, será considerado mero gestor de negócios,[2] enquanto o mandante lhe não ratificar os atos.[3] [Dispositivo correspondente no CC/1916: art. 1.297.]

Art. 665: 1. "**Art. 892.** Aquele que, sem ter poderes, ou excedendo os que tem, lança a sua assinatura em título de crédito, como mandatário ou representante de outrem, fica pessoalmente obrigado, e, pagando o título, tem ele os mesmos direitos que teria o suposto mandante ou representado".

Art. 665: 2. v. arts. 861 a 875.

Art. 665: 3. v. art. 662.

Art. 666. O maior de dezesseis e menor de dezoito anos não emancipado pode ser mandatário, mas o mandante não tem ação contra ele senão de conformidade com as regras gerais, aplicáveis às obrigações contraídas por menores.[1] [Dispositivo correspondente no CC/1916: art. 1.298.]

Art. 666: 1. v. arts. 4º-I, 171-I, 180, 181 e 654-*caput*.

Seção II | DAS OBRIGAÇÕES DO MANDATÁRIO

Art. 667. O mandatário é obrigado a aplicar toda sua diligência habitual na execução do mandato, e a indenizar qualquer prejuízo causado por culpa sua ou daquele a quem substabelecer, sem autorização, poderes que devia exercer pessoalmente.[1 a 1b] [Dispositivo correspondente no CC/1916: art. 1.300-*caput*.]

§ 1º Se, não obstante proibição do mandante, o mandatário se fizer substituir na execução do mandato, responderá ao seu constituinte pelos prejuízos ocorridos sob a gerência do substituto,[1c] embora provenientes de caso fortuito,[2] salvo provando que o caso teria sobrevindo, ainda que não tivesse havido substabelecimento. [Dispositivo correspondente no CC/1916: art. 1.300 § 1º.]

§ 2º Havendo poderes de substabelecer, só serão imputáveis ao mandatário os danos[3] causados pelo substabelecido, se tiver agido com culpa na escolha deste[3a] ou nas instruções dadas a ele. [Dispositivo correspondente no CC/1916: art. 1.300 § 2º.]

§ 3º Se a proibição de substabelecer constar da procuração, os atos praticados pelo substabelecido não obrigam o mandante, salvo ratificação expressa, que retroagirá à data do ato.[4] [Sem dispositivo correspondente no CC/1916.]

§ 4º Sendo omissa a procuração quanto ao substabelecimento, o procurador será responsável se o substabelecido proceder culposamente. [Sem dispositivo correspondente no CC/1916.]

Art. 667: 1. Súmula 60 do STJ (Procurador do mutuário vinculado ao mutuante): "É nula a obrigação cambial assumida por procurador do mutuário vinculado ao mutuante, no exclusivo interesse deste" (v. jurisprudência s/ esta Súmula em RSTJ 44/17 a 79).

Art. 667: 1a. O gestor de negócio também tem semelhantes deveres (arts. 866 e 867).

Art. 667: 1b. "A administradora de imóveis figura como mandatária do proprietário do bem para, em nome deste, realizar e administrar a locação, nos termos do art. 653, do Código Civil, obrigando-

-se a indenizar o mandante por quaisquer prejuízos advindos de sua conduta culposa (art. 667 do mesmo diploma legal). Por outro lado, não cabe à imobiliária que agiu diligentemente a responsabilidade pelo pagamento de aluguéis, cotas condominiais ou tributos inadimplidos pelo locatário — ressalvadas as hipóteses de previsão contratual nesse sentido —, porquanto ausente sua culpa, elemento imprescindível em sede de responsabilidade civil subjetiva. Ao revés, configura-se a responsabilidade da administradora de imóveis pelos prejuízos sofridos pelo locador quando ela não cumpre com os deveres oriundos da relação contratual. A recorrente é parte legítima para figurar no polo passivo da presente demanda, uma vez que a pretensão veiculada na petição inicial não diz respeito à mera cobrança de alugueres atrasados, mas à responsabilização civil da imobiliária pelo descumprimento do contrato. No caso concreto, o Tribunal *a quo* consignou a efetiva existência de falha na aprovação do cadastro do locatário e do fiador, uma vez que a renda auferida por eles não alcançava o patamar mínimo exigido contratualmente, resultando na frustração da execução que visava à cobrança dos alugueres e débitos relativos às cotas condominiais e tributos inadimplidos" (STJ-4ª T., REsp 1.103.658, Min. Luis Felipe, j. 4.4.13, DJ 23.4.13).

Art. 667: 1c. Assim: "A vedação ao substabelecimento não invalida a transmissão de poderes, mas apenas torna o substabelecente responsável pelos atos praticados pelo substabelecido" (STJ-3ª T., AI 624.704-AgRg-EDcl, Min. Castro Filho, j. 28.6.07, DJ 5.8.08).

Art. 667: 2. v. art. 393 § ún.

Art. 667: 3. v. arts. 402 a 405.

Art. 667: 3a. i. e., ele responderá se agir com culpa *in eligendo*.

Art. 667: 4. v. art. 662.

Art. 668. O mandatário é obrigado a dar contas[1 a 2] de sua gerência ao mandante, transferindo-lhe as vantagens[3] provenientes do mandato, por qualquer título que seja. [Dispositivo correspondente no CC/1916: art. 1.301.]

Art. 668: 1. v. art. 685; s/ juros recíprocos, v. arts. 670 e 677.

Art. 668: 1a. "O mandante, ainda que tenha noção do saldo das contas, possui interesse de agir para ajuizar ação de prestação de contas contra o mandatário, em razão de sua gerência e administração de bem" (STJ-4ª T., REsp 703.390, Min. Aldir Passarinho Jr., j. 3.12.09, DJ 18.12.09).

Art. 668: 2. "O mandato é contrato personalíssimo por excelência, tendo como uma das causas extintivas, nos termos do art. 682, II, do CC de 2002, a morte do mandatário. Sendo o dever de prestar contas uma das obrigações do mandatário perante o mandante e tendo em vista a natureza personalíssima do contrato de mandato, por consectário lógico, a obrigação de prestar contas também tem natureza personalíssima. Desse modo, somente é legitimada passiva na ação de prestação de contas a pessoa a quem incumbia tal encargo, por lei ou contrato, sendo tal obrigação intransmissível ao espólio do mandatário, que constitui, na verdade, uma ficção jurídica. Considerando-se, ainda, o fato de já ter sido homologada a partilha no inventário em favor dos herdeiros, impõe-se a manutenção da sentença que julgou extinto o feito sem resolução do mérito, por ilegitimidade passiva, ressalvada à recorrente a pretensão de direito material perante as vias ordinárias" (STJ-3ª T., REsp 1.055.819, Min. Massami Uyeda, j. 16.3.10, DJ 7.4.10).

Todavia: "Essa orientação, porém, não pode ser estendida à hipótese de morte do mandante, porque as circunstâncias que impedem a transmissibilidade do dever de prestar contas aos herdeiros do mandatário não se verificam na hipótese inversa, relativa ao direito de os herdeiros do mandante exigirem a prestação de contas do mandatário. Legitimidade dos herdeiros do mandante para ajuizarem ação de prestação de contas em desfavor do mantatário do 'de cujus'" (STJ-3ª T., REsp 1.122.589, Min. Paulo Sanseverino, j. 10.4.12, RT 922/783).

Art. 668: 3. v. art. 669.

Art. 669. O mandatário não pode compensar os prejuízos a que deu causa com os proveitos que, por outro lado, tenha granjeado ao seu constituinte. [Dispositivo correspondente no CC/1916: art. 1.302.]

Art. 670. Pelas somas que devia entregar ao mandante ou recebeu para despesa, mas empregou em proveito seu, pagará o mandatário juros, desde o momento em que abusou.[1] [Dispositivo correspondente no CC/1916: art. 1.303.]

Art. 670: 1. "Os juros devidos pelo mandatário que desvia o numerário devido ao mandante fluem desde a data do abuso, e não da interpelação ou da citação" (RSTJ 139/385: 4ª T., REsp 249.382).

Art. 671. Se o mandatário, tendo fundos ou crédito do mandante, comprar, em nome próprio, algo que devera comprar para o mandante, por ter sido expressamente designado no mandato, terá este ação para obrigá-lo à entrega da coisa comprada.[1] [Sem dispositivo correspondente no CC/1916.]

Art. 671: 1. v. CPC 498, 538 e 806 a 813.

Art. 672. Sendo dois ou mais os mandatários nomeados no mesmo instrumento, qualquer deles poderá exercer os poderes outorgados, se não forem expressamente declarados conjuntos, nem especificamente designados para atos diferentes, ou subordinados a atos sucessivos. Se os mandatários forem declarados conjuntos, não terá eficácia o ato praticado sem interferência de todos, salvo havendo ratificação, que retroagirá à data do ato.[1] [Dispositivo correspondente no CC/1916: art. 1.304.]

Art. 672: 1. v. art. 662.

Art. 673. O terceiro que, depois de conhecer os poderes do mandatário, com ele celebrar negócio jurídico exorbitante do mandato, não tem ação contra o mandatário, salvo se este lhe prometeu ratificação[1] do mandante ou se responsabilizou pessoalmente. [Dispositivo correspondente no CC/1916: art. 1.306.]

Art. 673: 1. v. art. 662.

Art. 674. Embora ciente da morte,[1] interdição[2] ou mudança de estado[3] do mandante, deve o mandatário concluir o negócio já começado, se houver perigo na demora. [Dispositivo correspondente no CC/1916: art. 1.308.]

Art. 674: 1. v. arts. 689 e 682-II. No caso de gestão de negócios, v. art. 865.

Art. 674: 2. v. art. 682-II.

Art. 674: 3. v. art. 682-III.

Seção III | DAS OBRIGAÇÕES DO MANDANTE

Art. 675. O mandante é obrigado a satisfazer todas as obrigações contraídas pelo mandatário, na conformidade do mandato conferido,[1] e adiantar a importância das despesas necessárias à execução dele, quando o mandatário lho pedir. [Dispositivo correspondente no CC/1916: art. 1.309.]

Art. 675: 1. v. art. 679. No caso de gestão de negócios, v. art. 869.

Art. 676. É obrigado o mandante a pagar ao mandatário a remuneração[1] ajustada e as despesas da execução do mandato,[2] ainda que o negócio não surta o esperado efeito, salvo tendo o mandatário culpa. [Dispositivo correspondente no CC/1916: art. 1.310.]

Art. 676: 1. v. art. 658.

Art. 676: 2. v. arts. 677 e 678.

Art. 677. As somas adiantadas pelo mandatário, para a execução do mandato, vencem juros desde a data do desembolso.[1] [Dispositivo correspondente no CC/1916: art. 1.311.]

Art. 677: 1. cf. art. 670. V. tb. arts. 406 e 407.

Art. 678. É igualmente obrigado o mandante a ressarcir ao mandatário as perdas[1] que este sofrer com a execução do mandato, sempre que não resultem de culpa sua ou de excesso[2] de poderes. [Dispositivo correspondente no CC/1916: art. 1.312.]

Art. 678: 1. v. arts. 402 a 405.

Art. 678: 2. v. arts. 665 e 673.

Art. 679. Ainda que o mandatário contrarie as instruções do mandante, se não exceder os limites do mandato,[1] ficará o mandante obrigado para com aqueles com quem o seu procurador contratou; mas terá contra este ação pelas perdas e danos[2] resultantes da inobservância das instruções. [Dispositivo correspondente no CC/1916: art. 1.313.]

Art. 679: 1. v. arts. 665 e 673.

Art. 679: 2. v. arts. 402 a 405.

Art. 680. Se o mandato for outorgado por duas ou mais pessoas, e para negócio comum, cada uma ficará solidariamente[1-2] responsável ao mandatário por todos os compromissos e efeitos do mandato, salvo direito regressivo, pelas quantias que pagar, contra os outros mandantes. [Dispositivo correspondente no CC/1916: art. 1.314.]

Art. 680: 1. v. arts. 275 a 285.

Art. 680: 2. "Diante da solidariedade de interesses existente entre os mandantes, ausente previsão contratual a respeito, é razoável que o mandatário, advogado que recebe valores em juízo, possa, quando do repasse, escolher um dos mandantes como destinatário de referidos valores" (STJ-3ª T., REsp 1.415.752, Min. João Otávio, j. 23.9.14, DJ 30.9.14).

Art. 681. O mandatário tem sobre a coisa de que tenha a posse em virtude do mandato, direito de retenção,[1-1a] até se reembolsar do que no desempenho do encargo despendeu. [Dispositivo correspondente no CC/1916: art. 1.315.]

Art. 681: 1. v. art. 664.

Art. 681: 1a. **Enunciado 184 do CEJ:** "Da interpretação conjunta desses dispositivos, extrai-se que o mandatário tem o direito de reter, do objeto da operação que lhe foi cometida, tudo o que lhe for devido em virtude do mandato, incluindo-se a remuneração ajustada e o reembolso de despesas" (o enunciado refere-se aos arts. 664 e 681 do CC).

Seção IV | DA EXTINÇÃO DO MANDATO

Art. 682. Cessa o mandato:[1 a 1b] [Dispositivo correspondente no CC/1916: art. 1.316-*caput*.]

I — pela revogação[2-2a] ou pela renúncia;[3] [Dispositivo correspondente no CC/1916: art. 1.316-I.]

II — pela morte[3a] ou interdição[3b-4] de uma das partes; [Dispositivo correspondente no CC/1916: art. 1.316-II.]

III — pela mudança de estado[4a] que inabilite o mandante a conferir os poderes, ou o mandatário para os exercer; [Dispositivo correspondente no CC/1916: art. 1.316-III.]

IV — pelo término do prazo[4b] ou pela conclusão do negócio.[5] [Dispositivo correspondente no CC/1916: art. 1.316-IV.]

Art. 682: 1. **LRF 120:** "O mandato conferido pelo devedor, antes da falência, para a realização de negócios, cessará seus efeitos com a decretação da falência, cabendo ao mandatário prestar contas de sua gestão. § 1º O mandato conferido para representação judicial do devedor continua em vigor até que seja expressamente revogado pelo administrador judicial. § 2º Para o falido, cessa o mandato ou comissão que houver recebido antes da falência, salvo os que versem sobre matéria estranha à atividade empresarial".

Art. 682: 1a. "A decretação de intervenção ou liquidação extrajudicial não acarreta a automática cessação dos mandatos judiciais outorgados aos advogados da instituição financeira. Buscando a intervenção e a liquidação extrajudicial a preservação do patrimônio da instituição financeira no interesse dos credores, da economia popular e do próprio sistema financeiro, não faria sentido que a lei erguesse formalismos inúteis, que certamente apenas trariam transtornos e prejuízos para os objetivos a serem alcançados. Assim como sucede na falência de sociedade empresária (Lei 11.101/2005, art. 120, § 1º; antes DL 7.661/45, art. 49), com a liquidação extrajudicial de instituição financeira, o mandato para representação judicial continua em vigor até que seja expressamente revogado pelo liquidante, por razões a serem motivadas, quanto às vantagens da medida" (STJ-4ª T., REsp 757.760-EDcl-EDcl-EDcl, Min. Raul Araújo, j. 16.10.12, DJ 13.6.13).

Art. 682: 1b. A extinção do mandato *ad negotia* com prazo certo não prejudica o mandato *ad judicia* ulteriormente outorgado por mandatário naquele, dentro de tal prazo; este subsiste e permanece eficaz (STJ-3ª T., REsp 798.901, Min. Sidnei Beneti, j. 1.12.09, DJ 10.12.09).

Art. 682: 2. v. arts. 683 a 687. S/ revogação de mandato outorgado a advogado, v. CPC 111.

Art. 682: 2a. s/ atribuição do MP para promover a revogação de instrumento procuratório do idoso, v. Lei 10.741, de 1.10.03, art. 74-IV.

Art. 682: 3. v. art. 688. S/ renúncia de mandato por advogado, v. CPC 112, EA 5º § 3º.

Art. 682: 3a. v. arts. 674, 689 (morte do mandante), 685 (mandato em causa própria) e 690 (morte do mandatário). S/ morte de uma das partes e obrigação de dar contas, v. art. 668, nota 2; s/ suspensão do processo por morte, v. CPC 313-I e 1.004.

Art. 682: 3b. v. art. 674.

Art. 682: 4. "Interdição do mandante que acarreta automaticamente a extinção do mandato, inclusive o judicial, nos termos do art. 682, II, do CC. Inaplicabilidade do referido dispositivo legal ao mandato outorgado pelo interditando para atuação de seus advogados na ação de interdição, sob pena de cerceamento de seu direito de defesa no processo de interdição" (STJ-3ª T., REsp 1.251.728, Min. Paulo Sanseverino, j. 14.5.13, DJ 23.5.13).

Art. 682: 4a. v. art. 674.

Art. 682: 4b. Em matéria de mandato outorgado a advogado, v. no nosso CPCLPV CPC 104, nota 2a.

Art. 682: 5. "Não há de se cogitar de revogação de mandato quando já inteiramente cumprido e concluído o negócio" (JTJ 201/347, ementa da redação).

Art. 683. Quando o mandato contiver a cláusula de irrevogabilidade e o mandante o revogar, pagará perdas e danos.[1-2] [Sem dispositivo correspondente no CC/1916.]

Art. 683: 1. s/ perdas e danos, v. arts. 402 a 405.

Art. 683: 2. "O mandato é um negócio baseado na confiança, portanto, este só deverá perdurar enquanto esta existir. Entretanto, mesmo que a irrevogabilidade tenha sido convencionada nada obsta que o mandante revogue o instrumento. Ressalte-se apenas que, ao fazê-lo, o mandante se sujeitará às perdas e danos que seu ato acarretar" (RT 805/301).

Art. 684. Quando a cláusula de irrevogabilidade for condição de um negócio bilateral, ou tiver sido estipulada no exclusivo interesse do mandatário,[1] a revogação do mandato será ineficaz.[2] [Sem dispositivo correspondente no CC/1916.]

Art. 684: 1. v. art. 685.

Art. 684: 2. Trata-se de irrevogabilidade absoluta.

Art. 685. Conferido o mandato com a cláusula "em causa própria",[1] a sua revogação não terá eficácia, nem se extinguirá pela morte de qualquer das partes,[2] ficando o mandatário dispensado de prestar contas, e podendo transferir para si os bens móveis ou imóveis objeto do mandato, obedecidas as formalidades legais.[3-4] [Sem dispositivo correspondente no CC/1916.]

Art. 685: 1. v. art. 684.

Art. 685: 2. "A procuração em causa própria é irrevogável, não porque constitua exceção à revogabilidade do mandato, mas porque implica transferência de direitos. E por ser negócio de alienação, concretizada esta, com os requisitos da *res*, *pretium* e *consensus*, não se desfaz com a morte do mandante e o negócio feito não perde a eficácia" (RT 692/82).

Art. 685: 3. "É justa a posse exercida por quem recebeu substabelecimento de procuração em causa própria outorgada pela proprietária do imóvel, tendo por objeto este mesmo imóvel, e apresenta recibo de quitação do preço" (STJ-4ª T., REsp 238.750, Min. Ruy Rosado, j. 16.12.99, DJU 8.3.00).

Art. 685: 4. "O beneficiário de mandato com cláusula 'em causa própria' tem garantido, ante quem lhe outorgou esse mandato, o direito subjetivo de transferir para si os bens móveis ou imóveis objeto do contrato, desde que obedecidas as formalidades legais. Em face de terceiros, porém, a estipulação só é válida mediante o competente registro em cartório. Assim, o mandatário não pode pretender a invalidação da alienação posteriormente efetuada pelo mandante, que figurava como regular proprietário do bem, a terceiro de boa-fé. Resolve-se, pois, a obrigação em perdas e danos" (STJ-3ª T., REsp 1.269.572, Min. Sidnei Beneti, j. 17.4.12, DJ 9.5.12).

Art. 686. A revogação do mandato, notificada somente ao mandatário, não se pode opor aos terceiros que, ignorando-a, de boa-fé com ele trataram;[1] mas ficam salvas ao constituinte as ações que no caso lhe possam caber contra o procurador. [Dispositivo correspondente no CC/1916: art. 1.318.]

Parágrafo único. É irrevogável o mandato que contenha poderes de cumprimento ou confirmação de negócios encetados, aos quais se ache vinculado.[2] [Sem dispositivo correspondente no CC/1916.]

Art. 686: 1. v. art. 689.

Art. 686: 2. Ou seja, qualquer tentativa de revogação do mandato será ineficaz (irrevogabilidade absoluta).

Art. 687. Tanto que for comunicada ao mandatário a nomeação de outro, para o mesmo negócio, considerar-se-á revogado[1] o mandato anterior. [Dispositivo correspondente no CC/1916: art. 1.319.]

Art. 687: 1. tacitamente.

Art. 688. A renúncia[1] do mandato será comunicada ao mandante, que, se for prejudicado pela sua inoportunidade, ou pela falta de tempo, a fim de prover à substituição do procurador, será indenizado[2] pelo mandatário, salvo se este provar que não podia continuar no mandato sem prejuízo considerável, e que não lhe era dado substabelecer. [Dispositivo correspondente no CC/1916: art. 1.320.]

Art. 688: 1. v. art. 682-I. S/ renúncia de mandato por advogado, v. CPC 112, EA 5º § 3º.

Art. 688: 2. s/ perdas e danos, v. arts. 402 a 405; s/ obrigação de indenizar, v. art. 927 e segs.

Art. 689. São válidos, a respeito dos contratantes de boa-fé, os atos com estes ajustados em nome do mandante pelo mandatário, enquanto este ignorar a morte daquele ou a extinção do mandato, por qualquer outra causa.[1] [Dispositivo correspondente no CC/1916: art. 1.321.]

Art. 689: 1. v. art. 686-*caput*.

Art. 690. Se falecer o mandatário, pendente o negócio a ele cometido, os herdeiros,[1] tendo ciência do mandato, avisarão o mandante, e providenciarão a bem dele,[2] como as circunstâncias exigirem. [Dispositivo correspondente no CC/1916: art. 1.322.]

Art. 690: 1. v. art. 691.

Art. 690: 2. i. e., defenderão seus direitos e interesses.

Art. 691. Os herdeiros, no caso do artigo antecedente, devem limitar-se às medidas conservatórias, ou continuar os negócios pendentes que se não possam demorar sem perigo, regulando-se os seus serviços dentro desse limite, pelas mesmas normas a que os do mandatário estão sujeitos. [Dispositivo correspondente no CC/1916: art. 1.323.]

Seção V | DO MANDATO JUDICIAL

Art. 692. O mandato judicial fica subordinado às normas que lhe dizem respeito, constantes da legislação processual,[1-2] e, supletivamente, às estabelecidas neste Código. [Sem dispositivo correspondente no CC/1916.]

Art. 692: 1. v. CPC 103 a 107, EA 4º e 5º. V. ainda CPC 287 (distribuição da petição), LAJ 16 (assistência judiciária) e LJE 9º § 3º e 41 § 2º (Juizados Especiais).

Art. 692: 2. Não pode procurar em juízo a pessoa:

— não inscrita na OAB (EA 4º-*caput*);

— que tenha incompatibilidade para o exercício da advocacia (EA 27 e 28);

— suspensa do exercício da advocacia (EA 4º § ún.).

Não pode patrocinar determinadas causas o advogado que tenha impedimento para defendê-las (EA 29 e 30).

Capítulo XI | DA COMISSÃO[1]

✎ **CAP. XI: 1.** "Do contrato de comissão no novo Código Civil", por Humberto Theodoro Jr. (RT 814/26 e RF 372/119).

Art. 693. O contrato de comissão[1] tem por objeto a aquisição ou a venda de bens pelo comissário, em seu próprio nome,[2] à conta do comitente. [Sem dispositivo correspondente no CC/1916.]

Art. 693: 1. **LRF 120 § 2º:** "Para o falido, cessa o mandato ou comissão que houver recebido antes da falência, salvo os que versem sobre matéria estranha à atividade empresarial".

Art. 693: 2. Já no mandato, o mandatário age em nome do mandante.

Art. 694. O comissário fica diretamente obrigado para com as pessoas com quem contratar, sem que estas tenham ação contra o comitente,[1] nem este contra elas, salvo se o comissário ceder seus direitos[2] a qualquer das partes. [Sem dispositivo correspondente no CC/1916.]

Art. 694: 1. diferentemente do que acontece no mandato, no qual o mandatário age em nome do mandante e vincula este às pessoas com as quais contratar (arts. 675 e 679).

Art. 694: 2. s/ cessão de crédito, v. arts. 286 a 298.

Art. 695. O comissário é obrigado a agir de conformidade com as ordens e instruções do comitente, devendo, na falta destas, não podendo pedi-las a tempo, proceder segundo os usos em casos semelhantes. [Sem dispositivo correspondente no CC/1916.]

Parágrafo único. Ter-se-ão por justificados os atos do comissário, se deles houver resultado vantagem para o comitente, e ainda no caso em que, não admitindo demora a realização do negócio, o comissário agiu de acordo com os usos. [Sem dispositivo correspondente no CC/1916.]

Art. 696. No desempenho das suas incumbências o comissário é obrigado a agir com cuidado e diligência, não só para evitar qualquer prejuízo ao comitente, mas ainda para lhe proporcionar o lucro que razoavelmente se podia esperar do negócio. [Sem dispositivo correspondente no CC/1916.]

Parágrafo único. Responderá o comissário, salvo motivo de força maior,[1] por qualquer prejuízo que, por ação ou omissão, ocasionar ao comitente. [Sem dispositivo correspondente no CC/1916.]

Art. 696: 1. v. art. 393 § ún.

Art. 697. O comissário não responde pela insolvência[1] das pessoas com quem tratar, exceto em caso de culpa e no do artigo seguinte. [Sem dispositivo correspondente no CC/1916.]

Art. 697: 1. v. art. 955 e CPC/73 art. 748.

Art. 698. Se do contrato de comissão constar a cláusula *del credere*, responderá o comissário solidariamente[1] com as pessoas com que houver tratado em nome do comitente, caso em que, salvo estipulação em contrário, o comissário tem direito a remuneração mais elevada, para compensar o ônus assumido.[2] [Sem dispositivo correspondente no CC/1916.]

Art. 698: 1. v. arts. 275 a 285.

Art. 698: 2. v. art. 697.

Art. 699. Presume-se o comissário autorizado a conceder dilação do prazo para pagamento, na conformidade dos usos do lugar onde se realizar o negócio, se não houver instruções diversas do comitente. [Sem dispositivo correspondente no CC/1916.]

Art. 700. Se houver instruções do comitente proibindo prorrogação de prazos para pagamento, ou se esta não for conforme os usos locais, poderá o comitente exigir que o comissário pague incontinênti ou responda pelas consequências da dilação concedida, procedendo-se de igual modo se o comissário não der ciência ao comitente dos prazos concedidos e de quem é seu beneficiário. [Sem dispositivo correspondente no CC/1916.]

Art. 701. Não estipulada a remuneração[1] devida ao comissário, será ela arbitrada segundo os usos correntes no lugar.[2] [Sem dispositivo correspondente no CC/1916.]

Art. 701: 1. "No contrato de comissão mercantil por tempo indeterminado, o comitente pode modificar unilateralmente o valor a ser pago ao comissário" (STJ-3ª T., REsp 762.773, Min. Gomes de Barros, j. 17.4.07, DJU 7.5.07). No mesmo sentido, "acerca da possibilidade de a empresa aérea comitente reduzir unilateralmente o valor das comissões na venda de passagens aéreas feitas pelas agências de viagens comissárias": STJ-4ª T., REsp 787.052, Min. Quaglia Barbosa, j. 21.9.06, DJU 13.11.06; RJM 186/67 (AP 1.0024.07.432228-0/002).

Art. 701: 2. Para disposições similares em outros contratos, v. arts. 596 (prestação de serviços), 628 § ún. (depósito), 658 § ún. (mandato) e 724 (corretagem).

Art. 702. No caso de morte do comissário, ou, quando, por motivo de força maior,[1] não puder concluir o negócio, será devida pelo comitente uma remuneração proporcional aos trabalhos realizados.[2] [Sem dispositivo correspondente no CC/1916.]

Art. 702: 1. v. art. 393 § ún.

Art. 702: 2. sob pena de enriquecimento sem causa do comitente (arts. 884 a 886).

Art. 703. Ainda que tenha dado motivo à dispensa, terá o comissário direito a ser remunerado pelos serviços úteis prestados ao comitente,[1-1a] ressalvado a este o direito de exigir daquele os prejuízos sofridos.[2] [Sem dispositivo correspondente no CC/1916.]

Art. 703: 1. No caso de despedida sem justa causa, v. art. 705.

Art. 703: 1a. sob pena de enriquecimento sem causa do comitente (arts. 884 a 886).

Art. 703: 2. inclusive, lançando mão de compensação (arts. 368 e segs.).

Art. 704. Salvo disposição em contrário, pode o comitente, a qualquer tempo, alterar as instruções dadas ao comissário, entendendo-se por elas regidos também os negócios pendentes. [Sem dispositivo correspondente no CC/1916.]

Art. 705. Se o comissário for despedido sem justa causa,[1] terá direito a ser remunerado pelos trabalhos prestados, bem como a ser ressarcido pelas perdas e danos[2] resultantes de sua dispensa. [Sem dispositivo correspondente no CC/1916.]

Art. 705: 1. No caso de justa causa, v. art. 703.

Art. 705: 2. v. arts. 402 a 405.

Art. 706. O comitente e o comissário são obrigados a pagar juros[1] um ao outro; o primeiro pelo que o comissário houver adiantado para cumprimento de suas ordens; e o segundo pela mora[2] na entrega dos fundos que pertencerem ao comitente. [Sem dispositivo correspondente no CC/1916.]

Art. 706: 1. v. arts. 406 e 407.

Art. 706: 2. v. arts. 394 a 401.

Art. 707. O crédito do comissário, relativo a comissões e despesas feitas, goza de privilégio geral,[1] no caso de falência ou insolvência do comitente.[2] [Sem dispositivo correspondente no CC/1916.]

Art. 707: 1. v. arts. 955 a 965.

Art. 707: 2. v. art. 333-I.

Art. 708. Para reembolso das despesas feitas, bem como para recebimento das comissões devidas, tem o comissário direito de retenção sobre os bens e valores em seu poder em virtude da comissão.[1] [Sem dispositivo correspondente no CC/1916.]

Art. 708: 1. Para disposições similares em outros contratos, v. arts. 644 (depósito), 664 (mandato) e 742 (transporte).

Art. 709. São aplicáveis à comissão, no que couber, as regras sobre mandato.[1] [Sem dispositivo correspondente no CC/1916.]

Art. 709: 1. v. arts. 653 a 691.

Capítulo XII | DA AGÊNCIA E DISTRIBUIÇÃO[1-2]

✎ **CAP. XII: 1.** "Do contrato de agência e distribuição no novo Código Civil", por Humberto Theodoro Jr. (RT 812/22 e RF 374/111); "O regime do contrato (típico) de agência e distribuição (representação comercial) no novo Código Civil em cotejo com a situação jurídica do contrato (atípico) de concessão comercial. Indenizações cabíveis na extinção da relação contratual", por Humberto Theodoro Jr. e Adriana Mandim Theodoro de Mello (RT 825/35 e RSDCPC 28/119); "Aspectos do contrato de agência no Código Civil de 2002", por Jean Carlos Fernandes (RDPr 23/91); "O contrato de distribuição no novo Código Civil (à luz da jurisprudência do TJRS)", por Luciano Benetti Timm e Lausiane Luz de Saboya (RTDC 35/75); "O contrato de agência e seus elementos caracterizadores", por Gustavo Luís da Cruz Haical (RT 877/41).

CAP. XII: 2. **Lei 4.886, de 9.12.65** — Regula as atividades dos representantes comerciais autônomos.

Lei 4.680, de 18.6.65 — Dispõe sobre o exercício da profissão de Publicitário e de Agenciador de Propaganda e dá outras providências.

Lei 6.729, de 28.11.79 — Dispõe sobre a concessão comercial entre produtores e distribuidores de veículos automotores de via terrestre.

Art. 710. Pelo contrato de agência,[1] uma pessoa assume, em caráter não eventual e sem vínculos de dependência, a obrigação de promover, à conta de outra,[1a] mediante retribuição, a realização de certos negócios, em zona determinada, caracterizando-se a distribuição quando o agente tiver à sua disposição a coisa a ser negociada.[2 a 4] [Sem dispositivo correspondente no CC/1916.]

Parágrafo único. O proponente pode conferir poderes ao agente para que este o represente na conclusão dos contratos. [Sem dispositivo correspondente no CC/1916.]

Art. 710: 1. ou representação comercial.

Art. 710: 1a. "O representante comercial age por conta e risco do representando, não figurando, pessoalmente, como vendedor nos negócios que intermedeia. Tendo isso em vista, não se pode imputar a ele a responsabilidade pela não conclusão da venda decorrente da falência da sociedade estrangeira a quem ele representa. Não tendo sido possível concluir a entrega da mercadoria, contudo, por força de evento externo pelo qual nenhuma das partes responde, é lícito que seja resolvida a avença, com a devolução, pelo representante, de todos os valores por ele recebidos diretamente, salvo os que tiverem sido repassados à sociedade estrangeira, por regulares operações contabilmente demonstradas" (STJ-3ª T., REsp 1.173.060, Min. Nancy Andrighi, j. 16.10.12, DJ 25.10.12).

Art. 710: 2. v. art. 721. Em matéria de seguro, v. art. 775.

Art. 710: 3. "A complexidade da relação de distribuição torna, via de regra, impraticável a sua **contratação verbal.** Todavia, sendo possível, a partir das provas carreadas aos autos, extrair todos os elementos necessários à análise da relação comercial estabelecida entre as partes, nada impede que se reconheça a existência do contrato verbal de distribuição" (STJ-3ª T., REsp 1.255.315, Min. Nancy Andrighi, j. 13.9.11, DJ 27.9.11).

Art. 710: 4. "Nos termos da doutrina, o contrato de distribuição é bilateral, sinalagmático, atípico e misto, de longa duração, pelo qual um agente econômico (fornecedor) obriga-se ao fornecimento de certos bens ou serviços a outro agente econômico (distribuidor), para que este os revenda, tendo como proveito econômico a diferença entre o preço de aquisição e o de revenda e assumindo obrigações voltadas à satisfação das exigências do sistema de distribuição do qual participa (FORGIONI, Paula. Contrato de distribuição. 2ª ed. São Paulo: Editora RT, 2008, p. 116). Não se concebe a fixação imutável de **preço do produto a ser distribuído,** na medida em que este se sujeita a inúmeras variantes, como o preço dos insumos, o custo industrial (impostos, encargos trabalhistas, dentre outras) e a situação de mercado. A prática dos descontos é parte de uma trama estratégica de mercados e significa sempre uma liberalidade de quem os concede, resultando dessa assertiva a não obrigatoriedade de sua continuidade e a possibilidade de serem suprimidos quando assim julgar conveniente o fornecedor, tomando como base seu plano de desenvolvimento. O contrato de distribuição é avençado entre profissionais, pessoas que, no discernimento, e quanto à capacidade de decisão, devem ser tratadas como iguais, em perfeitas condições de analisar a conveniência de cada uma das cláusulas, de negociá-las na medida do possível, de recusá-las ou de vir mesmo a não contratar. A cessação dos descontos oferecidos no momento da contratação não pressupõe a má-fé do fornecedor, tampouco significa intenção de rescisão do contrato de distribuição, não exigindo, para tanto, aviso prévio por parte do fornecedor" (STJ-4ª T., REsp 1.412.658, Min. Luis Felipe, j. 1.12.15, DJ 1.2.16).

Art. 711. Salvo ajuste, o proponente não pode constituir, ao mesmo tempo, mais de um agente, na mesma zona, com idêntica incumbência; nem pode o agente assumir o encargo de nela tratar de negócios do mesmo gênero, à conta de outros proponentes.[1] [Sem dispositivo correspondente no CC/1916.]

Art. 711: 1. v. art. 31 da Lei 4.886, de 9.12.65 (com redação dada pela Lei 8.420, de 8.5.92).

Art. 712. O agente, no desempenho que lhe foi cometido, deve agir com toda diligência, atendo-se às instruções recebidas do proponente.[1] [Sem dispositivo correspondente no CC/1916.]

Art. 712: 1. v. art. 29 da Lei 4.886, de 9.12.65.

Art. 713. Salvo estipulação diversa, todas as despesas com a agência ou distribuição correm a cargo do agente ou distribuidor. [Sem dispositivo correspondente no CC/1916.]

Art. 714. Salvo ajuste, o agente ou distribuidor terá direito à remuneração correspondente aos negócios concluídos dentro de sua zona, ainda que sem a sua interferência. [Sem dispositivo correspondente no CC/1916.]

Art. 715. O agente ou distribuidor tem direito à indenização se o proponente, sem justa causa, cessar o atendimento das propostas ou reduzi-lo tanto que se torna antieconômica a continuação do contrato. [Sem dispositivo correspondente no CC/1916.]

Art. 716. A remuneração será devida ao agente também quando o negócio deixar de ser realizado por fato imputável ao proponente. [Sem dispositivo correspondente no CC/1916.]

Art. 717. Ainda que dispensado por justa causa,[1] terá o agente direito[2] a ser remunerado pelos serviços úteis prestados ao proponente, sem embargo de haver[3] este perdas e danos[4] pelos prejuízos sofridos. [Sem dispositivo correspondente no CC/1916.]

Art. 717: 1. v. art. 35 da Lei 4.886, de 9.12.65.

Art. 717: 2. sob pena de enriquecimento sem causa do proponente (arts. 884 a 886).

Art. 717: 3. inclusive, lançando mão de compensação (arts. 368 e segs.).

Art. 717: 4. v. arts. 402 a 405.

Art. 718. Se a dispensa se der sem culpa do agente, terá ele direito à remuneração até então devida, inclusive sobre os negócios pendentes, além das indenizações previstas em lei especial.[1 a 3] [Sem dispositivo correspondente no CC/1916.]

Art. 718: 1. Lei 4.886, de 9.12.65: "Art. 27. Do contrato de representação comercial, além dos elementos comuns e outros a juízo dos interessados, constarão obrigatoriamente: (...) **j)** indenização devida ao representante pela rescisão do contrato fora dos casos previstos no art. 35, cujo montante não poderá ser inferior a 1/12 (um doze avos) do total da retribuição auferida durante o tempo em que exerceu a representação. **§ 1º** Na hipótese de contrato a prazo certo, a indenização corresponderá à importância equivalente à média mensal da retribuição auferida até a data da rescisão, multiplicada pela metade dos meses resultantes do prazo contratual".

Art. 718: 2. "Não tem validade ou eficácia disposição contratual que libere o representado de pagar indenização ao representante em casos de rescisão unilateral do ajuste, ainda que com concordância expressa das partes, pois contraria o disposto no art. 27 da Lei 4.886/65" (RT 800/289). No mesmo sentido: RT 743/303.

Art. 718: 3. "Tendo o próprio representante comercial admitido que a rescisão contratual deu-se exclusivamente por sua iniciativa, não há como falar em incidência do disposto no art. 35 e muito menos da alínea *j* do art. 27, ambos da Lei n. 4.886/65, que tratam da rescisão pela representada. Não demonstradas quaisquer das hipóteses que constituiriam motivos justos para rescisão do contrato de representação comercial pelo representante, previstas no art. 36 da Lei n. 4.886/65, indevida será a indenização" (RMDCPC 46/143: TJMG, AP 4986234-27.2008.8.13.0145).

Art. 719. Se o agente não puder continuar o trabalho por motivo de força maior,[1] terá direito à remuneração correspondente aos serviços realizados, cabendo esse direito aos herdeiros no caso de morte. [Sem dispositivo correspondente no CC/1916.]

Art. 719: 1. v. art. 393 § ún.

Art. 720. Se o contrato for por tempo indeterminado, qualquer das partes poderá resolvê-lo, mediante aviso prévio de noventa dias, desde que transcorrido prazo compatível com a natureza e o vulto do investimento exigido do agente. [Sem dispositivo correspondente no CC/1916.]

Parágrafo único. No caso de divergência entre as partes, o juiz decidirá da razoabilidade do prazo e do valor devido.[1] [Sem dispositivo correspondente no CC/1916.]

Art. 720: 1. cf. art. 473 § ún. V. tb. art. 422, nota 3e.

Art. 721. Aplicam-se ao contrato de agência e distribuição, no que couber, as regras concernentes ao mandato[1] e à comissão[2] e as constantes de lei especial.[3] [Sem dispositivo correspondente no CC/1916.]

Art. 721: 1. v. arts. 653 a 691.

Art. 721: 2. v. arts. 693 a 709.

Art. 721: 3. v. nota 2 ao Cap. XII, que antecede o art. 710.

Capítulo XIII | DA CORRETAGEM[1]

CAP. XIII: 1. Lei 2.146, de 29.12.53 — Manda aplicar aos corretores, câmaras sindicais, juntas, bolsas de mercadorias e caixas de liquidação de todo o país, a legislação anteriormente decretada para o Distrito Federal.

Lei 4.594, de 29.12.64 — Regula a profissão de corretor de seguros.

Dec. 56.900, de 23.9.65 — Dispõe sobre o regime de corretagem de seguros na forma da Lei 4.594, de 29.12.64.

Dec. 56.903, de 24.9.65 — Regulamenta a profissão de corretor de seguros de vida e de capitalização, de conformidade com o art. 32 da Lei 4.594, de 29.12.64.

Lei 6.385, de 7.12.76 — Dispõe sobre o mercado de valores mobiliários e cria a Comissão de Valores Mobiliários: **"Art. 16.** Depende de prévia autorização da Comissão de Valores Mobiliários o exercício das seguintes atividades:

...

III — mediação ou corretagem de operações com valores mobiliários (*redação dada pela* Lei 10.411, *de* 26.2.02);

...

"Parágrafo único. Só os agentes autônomos e as sociedades com registro na Comissão poderão exercer a atividade de mediação ou corretagem de valores mobiliários fora da bolsa".

Dec. 81.402, de 23.2.78 — Regulamenta a Lei n. 6.435, de 15.7.77, que dispõe sobre as entidades de previdência privada, na parte relativa às entidades abertas. Os **arts. 43 a 56** desse Decreto dispõem sobre os corretores de tais entidades.

Lei 6.530, de 12.5.78 — Dá nova regulamentação à profissão de corretor de imóveis, disciplina o funcionamento de seus órgãos de fiscalização.

Art. 722. Pelo contrato de corretagem, uma pessoa, não ligada a outra em virtude de mandato, de prestação de serviços ou por qualquer relação de dependência, obriga-se a obter para a segunda um ou mais negócios, conforme as instruções recebidas.[1-2] [Sem dispositivo correspondente no CC/1916.]

Art. 722: 1. Diferentemente do comissário e do agente, o corretor não realiza o negócio, mas apenas aproxima as partes contratantes, a fim de que elas o concluam em seu próprio nome.

Art. 722: 2. "É certo que a prestação do serviço de corretagem é de risco, de resultado, guarda peculiaridades, porém, como toda atividade profissional, ela há de ter, como princípio básico, o estabelecimento de uma relação jurídica entre partes. Sem isso, não há contrato, nem escrito e nem verbal. Exatamente essa ausência de contrato é que não dá ensejo a uma ulterior comissão, pois não se pode impingir pagamento por serviço que sequer foi avençado, sob pena de se instituir verdadeiro contrato unilateral entre duas partes" (STJ-4ª T., REsp 214.410, Min. Aldir Passarinho Jr., j. 6.11.07, um voto vencido, DJU 14.4.08; a citação é do voto do relator). Do voto do Min. Cesar Rocha: "É certo que o contrato de corretagem, mesmo informal, exige que tenha havido um mínimo de contato entre o contratante e o contratado e que este tenha recebido instruções para intermediar a transação, já que, como se sabe, a atividade de corretagem se faz em nome do contratante".

Art. 723. O corretor é obrigado a executar a mediação com diligência e prudência, e a prestar ao cliente, espontaneamente, todas as informações sobre o andamento do negócio.[1]

Parágrafo único. Sob pena de responder por perdas e danos,[1a] o corretor prestará ao cliente todos os esclarecimentos acerca da segurança ou do risco do negócio, das alterações de valores e de outros fatores que possam influir nos resultados da incumbência.[1b a 3]

Art. 723: 1. Redação do *caput* de acordo com a Lei 12.236, de 19.5.10.

Art. 723: 1a. v. arts. 402 a 405.

Art. 723: 1b. Redação do § ún. de acordo com a Lei 12.236, de 19.5.10.

Art. 723: 2. Isentando o corretor de responsabilidade por eventuais prejuízos que o vendedor possa ter sofrido em razão de ter aquele redigido contrato sem a previsão de cláusula penal, por entender que "sua obrigação não se estende a tanto": RT 804/270.

Art. 723: 3. "Corretora que intermedeia a celebração de contrato de promessa de compra e venda que, desde a origem, mostrava-se nulo, visto que a vendedora tivera a falência decretada cerca de um ano antes e o bem imóvel encontrava-se penhorado. Indenização por perdas e danos. Possibilidade" (STJ-4ª T., REsp 1.266.937, Min. Luis Felipe, j. 6.12.11, DJ 1.2.12).

Art. 724. A remuneração do corretor,[1-1a] se não estiver fixada em lei, nem ajustada entre as partes, será arbitrada segundo a natureza do negócio e os usos locais.[2-3] [Sem dispositivo correspondente no CC/1916.]

Art. 724: 1. Entendendo ser desnecessária a inscrição profissional para a cobrança da remuneração pelo corretor: STF-Pleno, RE 70.563, Min. Thompson Flores, j. 18.3.71, DJU 26.4.71.

"A despeito de não inscrito no Conselho Regional de Corretores de Imóveis, o intermediador faz jus ao recebimento da comissão de corretagem" (STJ-4ª T., REsp 87.918, Min. Barros Monteiro, j. 20.2.01, DJ 9.4.01). No mesmo sentido: STJ-3ª T., AI 747.023-AgRg, Min. Gomes de Barros, j. 14.11.07, DJU 26.11.07.

"A falta de inscrição do corretor no CRECI não obsta, por si, ao direito à remuneração de corretagem e com muito maior razão, pela intermediação de venda de bem móvel, estabelecimento comercial" (JTJ 317/92: AP 1.068.576-0/5).

Art. 724: 1a. "Compra e venda de imóvel. Contrato verbal de corretagem. Comissão. Cabimento. Obrigação do comitente. Contratação do corretor pelo comprador. Contrato de corretagem é aquele por meio do qual alguém se obriga a obter para outro um ou mais negócios de acordo com as instruções recebidas. **A obrigação de pagar a comissão de corretagem é daquele que efetivamente contrata o corretor.** É o comitente que busca o auxílio do corretor, visando à aproximação com outrem cuja pretensão, naquele momento, esteja em conformidade com seus interesses, seja como comprador ou como vendedor" (STJ-3ª T., REsp 1.288.450, Min. João Otávio, j. 24.2.15, DJ 27.2.15).

"Tratando-se de mediação em compra e venda de imóvel, está obrigado a pagar a corretagem aquele que contratou a prestação deste serviço. De fato, a regra geral é que a comissão deve ser paga pelo vendedor, sendo devida pelo comprador apenas diante de prova inequívoca" (RT 814/252; ementa da redação).

S/ comissão de corretagem nos contratos de promessa de compra e venda de unidade autônoma em regime de incorporação imobiliária, v., no nosso CCLCV, CDC 51, nota 7c.

Art. 724: 2. Para disposições similares em outros contratos, v. arts. 596 (prestação de serviços), 628 § ún. (depósito), 658 § ún. (mandato) e 701 (comissão).

Art. 724: 3. "Na **aferição dos usos e costumes locais,** é válida a consulta aos sítios virtuais dos Conselhos Federal e Estaduais de Corretores de Imóveis" (STJ-3ª T., REsp 1.537.306, Min. Ricardo Cueva, j. 21.6.16, DJ 1.7.16).

Art. 725. A remuneração é devida ao corretor uma vez que tenha conseguido o resultado previsto no contrato de mediação, ou ainda que este não se efetive em virtude de arrependimento das partes.[1-2] [Sem dispositivo correspondente no CC/1916.]

Art. 725: 1. "Para fazer jus à comissão de corretagem, é necessária a conclusão efetiva do negócio, sendo insuficiente a simples aproximação entre as partes interessadas" (STJ-4ª T., AI 543.601-AgRg, Min. Aldir Passarinho Jr., j. 9.3.04, DJU 12.4.04). No mesmo sentido: "É indevida a comissão de corretagem se, mesmo após a aceitação da proposta, o comprador se arrepende e desiste da compra" (STJ-Bol. AASP 2.545/4.495: 3ª T., REsp 753.566). "A comissão de corretagem apenas é devida quando se tem como aperfeiçoado o negócio imobiliário, o que se dá com a efetiva venda do imóvel" (STJ-4ª T., AI 719.434-AgRg, Min. Luis Felipe, j. 2.4.09, DJ 20.4.09). Ainda: JTJ 327/242 (AP 1.032.362-0/5). Combinado por ocasião do compromisso de compra e venda de imóvel que o pagamento da comissão ficaria condicionado à lavratura da respectiva escritura, nada é devido ao corretor se as partes desistem do negócio, malgrado seu caráter irrevogável e irretratável (RT 872/235: TJSP, AP 916847-0/7).

"A mera aproximação das partes, para que se inicie o processo de negociação no sentido da compra de determinado bem, não justifica o pagamento de comissão. A desistência, portanto, antes de concretizado o negócio, permanece possível. Num contrato de compra e venda de imóveis é natural que, após o pagamento de pequeno sinal, as partes requisitem certidões umas das outras a fim de verificar a conveniência de efetivamente levarem a efeito o negócio jurídico, tendo em vista os riscos de inadimplemento, de inadequação do imóvel ou mesmo de evicção. Essas providências se encontram no campo das tratativas, e a não realização do negócio por força do conteúdo de uma dessas certidões implica mera desistência, não arrependimento, sendo, assim, inexigível a comissão por corretagem" (STJ-3ª T., REsp 1.183.324, Min. Nancy Andrighi, j. 18.10.11, DJ 10.11.11).

Todavia: "No regime anterior ao do CC/02, a jurisprudência do STJ se consolidou em reputar de resultado a obrigação assumida pelos corretores, de modo que a não concretização do negócio jurídico iniciado com sua participação não lhe dá direito a remuneração. Após o CC/02, a disposição contida em seu art. 725, segunda parte, dá novos contornos à discussão, visto que, nas hipóteses de arrependimento das partes, a comissão por corretagem permanece devida. Pelo novo regime, deve-se refletir sobre o que pode ser considerado resultado útil, a partir do trabalho de mediação do corretor. A assinatura da promessa de compra e venda e o pagamento do sinal demonstram que o resultado útil foi alcançado e, por conseguinte, apesar de ter o comprador desistido do negócio posteriormente, é devida a comissão por corretagem" (STJ-3ª T., REsp 1.339.642, Min. Nancy Andrighi, j. 12.3.13, DJ 18.3.13). "Ação monitória. Corretagem. Êxito na venda de imóvel. Aproximação entre vendedor e comprador a merecer, também, remuneração, apesar de a venda ter sido finalizada mediante outro profissional. Comissão de corretagem devida" (STJ-3ª T., REsp 1.504.306-AgInt, Min. Paulo Sanseverino, j. 16.3.17, DJ 28.3.17).

"Para que seja devida a comissão, basta a aproximação das partes e a conclusão bem sucedida de negócio jurídico. A participação efetiva do corretor na negociação do contrato é circunstância que não desempenha, via de regra, papel essencial no adimplemento de sua prestação. Portanto, esse auxílio, posterior à aproximação e até a celebração do contrato, não pode ser colocado como condição para o pagamento da comissão devida pelo comitente" (STJ-3ª T., REsp 1.072.397, Min. Nancy Andrighi, j. 15.9.09, DJ 9.10.09).

"Embora o serviço de corretagem somente se aperfeiçoe quando o negócio é concretizado, dado o risco inerente à atividade, não se pode perder de vista que, nos negócios imobiliários — os quais dependem de registro do ato negocial no Cartório de Registro de Imóveis para fins de transferência e aquisição da propriedade e de outros direitos reais (CC/2002, arts. 1.227, 1.245-1.246) —, a intermediação da corretora pode encerrar-se antes da conclusão da fase de registro imobiliário. Por certo, quando as partes firmam, de algum modo, atos, com mediação da corretora, que geram obrigatoriedade legal de proceder-se ao registro imobiliário, tal como ocorre no caso de celebração de promessa de compra e venda ou de pagamento de sinal, torna-se devida a percepção de comissão de corretagem, mormente quando eventual desfazimento do negócio não decorrer de ato praticado pela corretora" (STJ-4ª T., REsp 1.228.180, Min. Raul Araújo, j. 17.3.11, DJ 28.3.11).

Art. 725: 2. "Sendo alienado o imóvel em período de exclusividade da imobiliária, somente não será devida a comissão quando o corretor for desidioso com a obrigação assumida. Verificado o propósito desleal dos réus/proprietários, inválida é a rescisão do contrato de corretagem, mantendo-se vigentes as obrigações nele assumidas" (RT 878/304: TJSC, AP 2006.046794-7).

Art. 726. Iniciado e concluído o negócio diretamente entre as partes, nenhuma remuneração será devida ao corretor; mas se, por escrito, for ajustada a corretagem com exclusividade, terá o corretor direito à remuneração integral, ainda que realizado o negócio sem a sua mediação, salvo se comprovada sua inércia ou ociosidade.[1] [Sem dispositivo correspondente no CC/1916.]

Art. 726: 1. "Havendo contrato de corretagem com exclusividade em vigor, mesmo que o negócio se perfaça por terceira pessoa, o corretor possui direito à comissão integral" (RT 872/327: TJMS, AP 2007.023255-0/0000-00).

Art. 727. Se, por não haver prazo determinado, o dono do negócio dispensar o corretor, e o negócio se realizar posteriormente, como fruto da sua mediação, a corretagem lhe será devida; igual solução se adotará se o negócio se realizar após a decorrência do prazo contratual, mas por efeito dos trabalhos do corretor. [Sem dispositivo correspondente no CC/1916.]

Art. 728. Se o negócio se concluir com a intermediação de mais de um corretor, a remuneração será paga a todos em partes iguais, salvo ajuste em contrário.[1] [Sem dispositivo correspondente no CC/1916.]

Art. 728: 1. cf. art. 257.

Art. 729. Os preceitos sobre corretagem constantes deste Código não excluem a aplicação de outras normas da legislação especial.[1] [Sem dispositivo correspondente no CC/1916.]

Art. 729: 1. v. nota 1 ao Cap. XIII, que antecede o art. 722.

Capítulo XIV | DO TRANSPORTE[1-2]

Seção I | DISPOSIÇÕES GERAIS

CAP. XIV: 1. v. Dec. 2.681, de 7.12.1912 s/ responsabilidade civil das estradas de ferro.

CAP. XIV: 2. **Lei 7.565, de 19.12.86** — Código Brasileiro de Aeronáutica.

Lei 7.029, de 13.9.82 — Dispõe sobre o transporte dutoviário de álcool.

Dec. 1.832, de 4.3.96 — Aprova o Regulamento dos Transportes Ferroviários.

Lei 9.432, de 8.1.97 — Dispõe sobre a ordenação do transporte aquaviário.

Dec. 2.256, de 17.6.97 — Regulamenta o Registro Especial Brasileiro (REB) para embarcações de que trata a Lei 9.432, de 8.1.97.

Lei 9.611, de 19.2.98 — Dispõe sobre o Transporte Multimodal de Cargas (regulamentada pelo Dec. 3.411, de 12.4.00).

Lei 9.966, de 28.4.00 — Dispõe sobre a prevenção, o controle e a fiscalização da poluição causada por lançamento de óleo e outras substâncias nocivas ou perigosas em águas sob jurisdição nacional e dá outras providências. Os **arts. 10 a 14** dessa Lei dispõem sobre o transporte de óleo e substâncias nocivas ou perigosas.

Lei 10.209, de 23.3.01 — Institui o Vale-Pedágio obrigatório sobre o transporte rodoviário de carga.

Lei 10.233, de 5.6.01 — Dispõe sobre a reestruturação dos transportes aquaviário e terrestre, cria o Conselho Nacional de Integração de Políticas de Transporte, a Agência Nacional de Transportes Terrestres, a Agência Nacional de Transportes Aquaviários e o Departamento Nacional de Infraestrutura de Transportes.

Dec. 5.910, de 27.9.06 — Promulga a Convenção para a unificação de certas regras relativas ao transporte aéreo internacional, celebrada em Montreal, em 28 de maio de 1999.

Lei 11.442, de 5.1.07 — Dispõe sobre o transporte rodoviário de cargas por conta de terceiros e mediante remuneração e revoga a Lei 6.813, de 10.7.80.

Lei 12.379, de 6.1.11 — Dispõe sobre o Sistema Nacional de Viação.

Lei 12.587, de 3.1.12 — Institui as diretrizes da Política Nacional de Mobilidade Urbana.

Art. 730. Pelo contrato de transporte alguém se obriga, mediante retribuição, a transportar, de um lugar para outro, pessoas ou coisas. [Sem dispositivo correspondente no CC/1916.]

Art. 731. O transporte exercido em virtude de autorização, permissão ou concessão,[1-1a] rege-se pelas normas regulamentares e pelo que for estabelecido naqueles atos, sem prejuízo do disposto neste Código.[2 a 4] [Sem dispositivo correspondente no CC/1916.]

Art. 731: 1. **Lei 9.074, de 7.7.95** — Estabelece normas para outorga e prorrogações das concessões e permissões de serviços públicos.

Dec. 2.521, de 20.3.98 — Dispõe sobre a exploração, mediante permissão e autorização, de serviços de transporte rodoviário interestadual e internacional de passageiros.

Art. 731: 1a. v. CF 21-XI-*d* e *e*, 30-V, 37 § 6º, 175.

Art. 731: 2. "A permissão para operacionalizar o transporte alternativo é ato discricionário e facultativo da Administração e de seus entes delegados, sendo defeso ao Judiciário, no exercício do controle jurisdicional, enveredar-se na apreciação do mérito do ato administrativo em espécie, ficando restrito apenas à verificação de sua legalidade" (RT 807/351: TJGO, AP 63.704-0/189).

Art. 731: 3. "O transporte coletivo e remunerado de pessoas só pode ser exercido mediante permissão ou concessão do Poder Público. Deste modo, não há qualquer ilegalidade no ato da municipalidade que determina a apreensão de ônibus clandestino, por estar agindo no interesse da coletividade" (RT 812/310: TJMG, AP 000.223.938-2/00).

Art. 731: 4. "Lícitas são a apreensão de veículo utilizado no transporte público sem a devida concessão ou permissão pelo Município, bem como a aplicação de multa pela transgressão às normas legais preexistentes" (RT 798/363: TJMG, AP 000.213.016-9/00).

Art. 732. Aos contratos de transporte, em geral, são aplicáveis, quando couber, desde que não contrariem as disposições deste Código, os preceitos constantes da legislação especial[1] e de tratados e convenções internacionais.[2-3] [Sem dispositivo correspondente no CC/1916.]

Art. 732: 1. v. nota 2 ao Cap. XIV, que antecede o art. 730.

Art. 732: 2. Dec. 20.704, de 24.11.31 — Promulga a Convenção de Varsovia, para a unificação de certas regras relativas ao transporte aéreo internacional.

Art. 732: 3. Enunciado 369 do CEJ: "Diante do preceito constante no art. 732 do Código Civil, teleologicamente e em uma visão constitucional de unidade do sistema, quando o contrato de transporte constituir uma relação de consumo, aplicam-se as normas do Código de Defesa do Consumidor que forem mais benéficas a este".

Art. 733. Nos contratos de transporte cumulativo,[1] cada transportador se obriga a cumprir o contrato relativamente ao respectivo percurso, respondendo pelos danos nele causados a pessoas e coisas. [Sem dispositivo correspondente no CC/1916.]

§ 1º O dano, resultante do atraso ou da interrupção da viagem, será determinado em razão da totalidade do percurso.[1a] [Sem dispositivo correspondente no CC/1916.]

§ 2º Se houver substituição de algum dos transportadores no decorrer do percurso, a responsabilidade solidária[2] estender-se-á ao substituto. [Sem dispositivo correspondente no CC/1916.]

Art. 733: 1. v. tb. art. 756.

Art. 733: 1a. v. art. 737 (atraso no transporte de pessoas).

Art. 733: 2. v. arts. 275 a 285.

Seção II | DO TRANSPORTE DE PESSOAS[1-2]

✎ **SEÇ. II: 1.** "Os contratos de transporte de pessoas à luz da responsabilidade civil e do novo Código Civil brasileiro", por Helder Martinez Dal Col (RT 804/11, RF 364/125); "Do transporte de pessoas no novo Código Civil", por Humberto Theodoro Jr. (RT 807/11, RF 367/91 e RSDCPC 21/16); "Responsabilidade civil nos transportes alternativos", por Patrícia Ribeiro Serra Vieira e Tatiana Zuma Pereira (RSDCPC 27/134).

SEÇ. II: 2. s/ autorização para viagem de criança ou adolescente, v. ECA 83 a 85.

Art. 734. O transportador responde pelos danos[1-1a] causados às pessoas transportadas e suas bagagens,[1b] salvo motivo de força maior,[2] sendo nula qualquer cláusula excludente da responsabilidade.[2a a 3b] [Sem dispositivo correspondente no CC/1916.]

Parágrafo único. É lícito ao transportador exigir a declaração do valor da bagagem a fim de fixar o limite da indenização.[4] [Sem dispositivo correspondente no CC/1916.]

Art. 734: 1. s/ obrigação de indenizar, v. art. 927; s/ valor da indenização, v. arts. 944 a 950.

Art. 734: 1a. **Súmula 35 do STF (Companheira):** "Em caso de acidente do trabalho ou de transporte, a concubina tem direito de ser indenizada pela morte do amásio, se entre eles não havia impedimento para o matrimônio".

Súmula 314 do STF (Base da indenização): "Na composição do dano por acidente do trabalho, ou de transporte, não é contrário à lei tomar para base da indenização o salário do tempo da perícia ou da sentença".

Art. 734: 1b. v. nota 3b ao art. 186 (configura dano moral o extravio de bagagem).

S/ valor da indenização em caso de extravio de bagagem, v. nota 4a ao art. 186.

Art. 734: 2. v. arts. 393 § ún. e 737, nota 3.

Art. 734: 2a. s/ responsabilidade civil no transporte ferroviário, v. Dec. 2.681, de 7.12.1912, no nosso CCLCV, tít. TRANSPORTE FERROVIÁRIO (em especial art. 17 e notas).

Art. 734: 2b. s/ cláusula abusiva, v. CDC 51-I.

Art. 734: 3. "O transportador só responde pelos danos resultantes de fatos conexos com o serviço que presta" (STJ-2ª Seção, ED no REsp 232.649, Min. Ari Pargendler, j. 26.10.05, DJU 5.12.05).

"Constitui causa excludente da responsabilidade da empresa transportadora o fato inteiramente estranho ao transporte em si, como é o assalto ocorrido no interior do coletivo" (STJ-2ª Seção, REsp 435.865, Min. Barros Monteiro, j. 9.10.02, um voto vencido, DJU 12.5.03). No mesmo sentido: RJM 175/145. Ainda, em caso de homicídio: STJ-4ª T., REsp 142.186, Min. Quaglia Barbosa, j. 27.2.07, DJU 19.3.07; JTJ 321/1.629 (AP 1.262.950-6); em caso de "vítima atingida por disparos de arma de fogo efetuados por motorista de outro veículo": STJ-4ª T., REsp 589.629, Min. Fernando Gonçalves, j. 2.10.08, DJ 17.11.08; em caso de "terceiro que arremessa pedra no ônibus e fere passageiro": STJ-RF 400/405 (4ª T., REsp 247.349); STJ-3ª T., AI 940.875-AgRg, Min. Vasco Della Giustina, j. 19.5.09, DJ 8.6.09; STJ-2ª T., REsp 1.655.353, Min. Herman Benjamin, j. 6.4.17, DJ 25.4.17.

"O transportador não pode ser responsabilizado pelos danos decorrentes de fatos de terceiros que possam ser caracterizados como fortuito externo, no caso, a colocação de artefato explosivo em composição ferroviária, por se tratar de evento que não está relacionado com os riscos inerentes à atividade explorada" (STJ-2ª Seção, ED no REsp 1.200.369-EDcl-AgRg, Min. Sidnei Beneti, j. 11.12.13, DJ 16.12.13).

Afirmando não responder o transportador pelo "furto de valise no interior de ônibus", na medida em que sua responsabilidade se restringe à bagagem que lhe é confiada: JTJ 302/206.

Todavia, se o assalto no ônibus aconteceu em razão da "parada do veículo em ponto irregular", a empresa transportadora responde pelos correlatos danos (STJ-3ª T., REsp 200.808, Min. Ari Pargendler, j. 16.11.00, DJU 12.2.01).

V. tb. art. 932, nota 5c.

Art. 734: 3a. "Acidentes ocorridos em autoestradas, mesmo por culpa exclusiva de terceiros, são considerados fortuitos internos, incapazes, por isso, de afastar a responsabilidade civil do transportador" (STJ-3ª T., REsp 1.318.095-EDcl-AgRg, Min. Sidnei Beneti, j. 19.6.12, DJ 27.6.12; no caso, o acidente se deu em razão do "desprendimento de uma bobina de aço de 12 toneladas que era transportada em caminhão que seguia à frente do ônibus de passageiros no qual se encontrava a vítima").

"O passageiro que sofre ferimentos graves ao ser transportado em ônibus coletivo, em razão do estouro de pneu traseiro que ocasionou o rompimento do assoalho do veículo, tem o direito a receber indenização por dano moral em face do evento, pois a responsabilidade da empresa de transporte coletivo é objetiva, não havendo lugar para discussão acerca da culpa, eis que é inerente ao contrato de transporte a cláusula de incolumidade, cabendo ao transportador levar o passageiro são e salvo ao lugar de destino" (RT 792/272: 1º TASP, AP 819.019-4; ementa da redação).

"As empresas permissionárias de transporte público são obrigadas a conduzir, com segurança, os passageiros aos locais de destino da linha que explora, o que resulta na sua responsabilidade pela ocorrência de incêndio ocorrido no interior do coletivo derivado da combustão de material explosivo carregado por passageira que adentrou o ônibus conduzindo pacote de volume expressivo, cujo ingresso se deu, excepcionalmente, pela porta da frente, mediante prévia autorização do motorista. Fato previsível e inerente à atividade empresarial, que deve ser avaliado caso a caso, não se limitando a responsabilidade do transportador exclusivamente àqueles eventos comumente verificados, mas a todos aqueles que se possa esperar como possíveis ou previsíveis de acontecer, dentro do amplo leque de variáveis inerentes ao meio, interno ou externo, em que trafega o coletivo, resultando no afastamento da hipótese de caso fortuito" (STJ-4ª T., REsp 168.985, Min. Aldir Passarinho Jr., j. 23.5.00, DJU 21.8.00).

Todavia: "Atropelamento de animal na pista de rolamento. Coletivo da empresa ré, que trafegava em velocidade compatível com o local e com o horário. Fato imprevisível e inevitável, que configura o fortuito externo" (Bol. AASP 2.631: TJRJ, AP 2008.001.25895).

Art. 734: 3b. "Em acidente de trânsito de graves proporções, inclusive com vítimas fatais, mesmo o passageiro que sofre apenas lesões leves faz jus à indenização por danos morais, a ser paga pela empresa de transporte público coletivo, tendo em vista sua exposição a cenas de horror e tragédia, repletas de imagens traumatizantes, violadoras do direito de personalidade. Ao aceitar a condução de pessoas — firmando, ainda que de forma tácita e não escrita, legítimo contrato de transporte —, surge para o transportador a obrigação de levar o passageiro com segurança (inclusive psicológica) até o seu destino. Essa obrigação assume relevância ainda maior quando se tratar de empresa dedicada ao transporte público coletivo" (STJ-3ª T., REsp 1.231.240, Min. Nancy Andrighi, j. 10.4.12, um voto vencido, RT 929/585).

Art. 734: 4. s/ responsabilidade pelo transporte de coisas, v. arts. 749 e 750; valor da indenização, v. arts. 944 a 950.

Art. 735. A responsabilidade contratual do transportador por acidente com o passageiro não é elidida por culpa de terceiro, contra o qual tem ação regressiva.[1-2] [Sem dispositivo correspondente no CC/1916.]

Art. 735: 1. No mesmo sentido, **Súmula 187 do STF:** "A responsabilidade contratual do transportador, pelo acidente com o passageiro, não é elidida por culpa de terceiro, contra o qual tem ação regressiva".

Art. 735: 2. v. arts. 927, 932-III, 933 e 934. V. tb. CPC 125-II (denunciação da lide).

Art. 736. Não se subordina às normas do contrato de transporte o feito gratuitamente, por amizade ou cortesia.[1-1a] [Sem dispositivo correspondente no CC/1916.]

Parágrafo único. Não se considera gratuito o transporte quando, embora feito sem remuneração, o transportador auferir vantagens indiretas.[2] [Sem dispositivo correspondente no CC/1916.]

Art. 736: 1. Súmula 145 do STJ (Transporte de favor): "No transporte desinteressado, de simples cortesia, o transportador só será civilmente responsável por danos causados ao transportado quando incorrer em dolo ou culpa grave" (v. jurisprudência s/ esta Súmula em RSTJ 80/335 a 352).

"Resta configurada a culpa grave do condutor de veículo que transporta gratuitamente passageiro, de forma irregular, ou seja, em carroceira aberta, uma vez que previsível a ocorrência de graves danos, ainda que haja a crença de que eles não irão acontecer" (STJ-3ª T., REsp 685.791, Min. Vasco Della Giustina, j. 18.2.10, DJ 10.3.10).

Art. 736: 1a. v. art. 392.

Art. 736: 2. É o caso do dono de hotel que transporta gratuitamente seus hóspedes ao aeroporto.

"O transporte aparentemente gratuito de passageiro — condução de eleitores para assistir a comício — não afasta o dever de indenizar os danos ocorridos, porque nele estão embutidos outros interesses, contrários à cortesia" (RJM 175/331).

Art. 737. O transportador está sujeito aos horários[1] e itinerários previstos, sob pena de responder por perdas e danos,[1a] salvo motivo de força maior.[2-3] [Sem dispositivo correspondente no CC/1916.]

Art. 737: 1. v. nota 3b ao art. 186 (configura dano moral o atraso no embarque de viagem).

S/ valor da indenização em caso de atraso no embarque de viagem, v. nota 4a ao art. 186.

Art. 737: 1a. v. arts. 402 a 405.

Art. 737: 2. v. art. 393 § ún. Em matéria de transporte ferroviário, v. art. 24 do Dec. 2.681, de 7.12.1912.

Art. 737: 3. **Atraso em voo.** "A ocorrência de problemas técnicos não é considerada hipótese de caso fortuito ou de força maior, mas sim fato inerente aos próprios riscos da atividade empresarial de transporte aéreo (fortuito interno), não sendo possível, pois, afastar a responsabilidade da empresa de aviação e, consequentemente, o dever de indenizar" (STJ-4ª T., Ag 1.310.356-AgRg, Min. João Otávio, j. 14.4.11, DJ 4.5.11).

Art. 738. A pessoa transportada deve sujeitar-se às normas estabelecidas pelo transportador, constantes no bilhete ou afixadas à vista dos usuários, abstendo-se de quaisquer atos que causem incômodo ou prejuízo aos passageiros, danifiquem o veículo, ou dificultem ou impeçam a execução normal do serviço. [Sem dispositivo correspondente no CC/1916.]

Parágrafo único. Se o prejuízo sofrido pela pessoa transportada for atribuível à transgressão de normas e instruções regulamentares, o juiz reduzirá equitativamente a indenização, na medida em que a vítima houver concorrido para a ocorrência do dano.[1] [Sem dispositivo correspondente no CC/1916.]

Art. 738: 1. v. arts. 734 e 945.

Art. 739. O transportador não pode recusar passageiros, salvo os casos previstos nos regulamentos, ou se as condições de higiene ou de saúde do interessado o justificarem.[1] [Sem dispositivo correspondente no CC/1916.]

Art. 739: 1. v. CDC 39-II.

Art. 740. O passageiro tem direito a rescindir o contrato de transporte antes de iniciada a viagem, sendo-lhe devida a restituição do valor da passagem, desde que feita a comunicação ao transportador em tempo de ser renegociada.[1] [Sem dispositivo correspondente no CC/1916.]

§ 1º Ao passageiro é facultado desistir do transporte, mesmo depois de iniciada a viagem, sendo-lhe devida a restituição do valor correspondente ao trecho não utilizado, desde que provado que outra pessoa haja sido transportada em seu lugar. [Sem dispositivo correspondente no CC/1916.]

§ 2º Não terá direito ao reembolso do valor da passagem o usuário que deixar de embarcar, salvo se provado que outra pessoa foi transportada em seu lugar, caso em que lhe será restituído o valor do bilhete não utilizado. [Sem dispositivo correspondente no CC/1916.]

§ 3º Nas hipóteses previstas neste artigo, o transportador terá direito de reter até cinco por cento da importância a ser restituída ao passageiro, a título de multa compensatória. [Sem dispositivo correspondente no CC/1916.]

Art. 740: 1. v. art. 473.

Art. 741. Interrompendo-se a viagem por qualquer motivo alheio à vontade do transportador, ainda que em consequência de evento imprevisível, fica ele obrigado a concluir o transporte contratado em outro veículo da mesma categoria, ou, com a anuência do passageiro, por modalidade diferente, à sua custa, correndo também por sua conta as despesas de estada e alimentação do usuário, durante a espera de novo transporte. [Sem dispositivo correspondente no CC/1916.]

Art. 742. O transportador, uma vez executado o transporte, tem direito de retenção sobre a bagagem de passageiro e outros objetos pessoais deste, para garantir-se do pagamento do valor da passagem que não tiver sido feito no início ou durante o percurso.[1] [Sem dispositivo correspondente no CC/1916.]

Art. 742: 1. Para disposições similares em outros contratos, v. arts. 644 (depósito), 664 (mandato) e 708 (comissão).

Seção III | DO TRANSPORTE DE COISAS[1]

SEÇ. III: 1. s/ fretamentos no comércio marítimo, v. CCo 566 a 628.

Art. 743. A coisa, entregue ao transportador, deve estar caracterizada pela sua natureza, valor, peso e quantidade, e o mais que for necessário para que não se confunda com outras, devendo o destinatário ser indicado ao menos pelo nome e endereço. [Sem dispositivo correspondente no CC/1916.]

Art. 744. Ao receber a coisa, o transportador emitirá conhecimento[1] com a menção dos dados que a identifiquem, obedecido o disposto em lei especial. [Sem dispositivo correspondente no CC/1916.]

Parágrafo único. O transportador poderá exigir que o remetente lhe entregue, devidamente assinada, a relação discriminada das coisas a serem transportadas, em duas vias, uma das quais, por ele devidamente autenticada, ficará fazendo parte integrante do conhecimento.[2] [Sem dispositivo correspondente no CC/1916.]

Art. 744: 1. v. arts. 745, 750, 752 e 754. S/ conhecimento no comércio marítimo, v. CCo 575 a 589.

Art. 744: 2. s/ a importância do conhecimento para o dimensionamento da responsabilidade do transportador, v. art. 750.

Art. 745. Em caso de informação inexata ou falsa descrição no documento a que se refere o artigo antecedente, será o transportador indenizado pelo prejuízo que sofrer, devendo a ação respectiva ser ajuizada no prazo de cento e vinte dias, a contar daquele ato, sob pena de decadência. [Sem dispositivo correspondente no CC/1916.]

Art. 746. Poderá o transportador recusar a coisa cuja embalagem seja inadequada,[1] bem como a que possa pôr em risco a saúde das pessoas, ou danificar o veículo e outros bens. [Sem dispositivo correspondente no CC/1916.]

Art. 746: 1. **Lei 9.611, de 19.2.98** — Dispõe sobre o Transporte Multimodal de Cargas: **"Art. 16.** O Operador de Transporte Multimodal e seus subcontratados somente serão liberados de sua responsabilidade em razão de: ... **II** — inadequação da embalagem, quando imputável ao expedidor da carga".

Art. 747. O transportador deverá obrigatoriamente recusar a coisa cujo transporte ou comercialização não sejam permitidos, ou que venha desacompanhada dos documentos exigidos por lei ou regulamento.[1] [Sem dispositivo correspondente no CC/1916.]

Art. 747: 1. v. CP 180.

Art. 748. Até a entrega da coisa, pode o remetente desistir do transporte e pedi-la de volta, ou ordenar seja entregue a outro destinatário, pagando, em ambos os casos, os acréscimos de despesa decorrentes da contraordem, mais as perdas e danos[1] que houver.[2] [Sem dispositivo correspondente no CC/1916.]

Art. 748: 1. v. arts. 402 a 405.

Art. 748: 2. v. art. 473.

Art. 749. O transportador conduzirá a coisa ao seu destino, tomando todas as cautelas necessárias para mantê-la em

bom estado e entregá-la no prazo ajustado ou previsto.[1 a 4]
[Sem dispositivo correspondente no CC/1916.]

Art. 749: 1. O transportador responde pela deterioração ou perda da coisa transportada, bem como pelo atraso na entrega, salvo motivo de força maior (art. 393 § ún.).

Art. 749: 2. "O **roubo da mercadoria em trânsito,** uma vez evidenciado que o transportador tomou as precauções e cautelas a que se acha obrigado, configura força maior, suscetível de excluir a sua responsabilidade" (STJ-4ª T., REsp 329.931, Min. Barros Monteiro, j. 22.10.02, DJU 17.2.03). No mesmo sentido: STJ-3ª T., REsp 772.620-EDcl-AgRg, Min. Nancy Andrighi, j. 6.12.05, DJU 19.12.05; RJTJERGS 266/301 (AP 70011676376), RIDCPC 64/184 (TRF-5ª Reg., AP 2002.81.00.020955-0).

"Transporte de carga. Roubo. Força maior. Situação previsível, porém inevitável. Ausência de comprovação do descuido por parte do transportador. Causa de exclusão da responsabilidade" (STJ-Corte Especial, ED no REsp 1.172.027, Min. Maria Thereza, j. 18.12.13, maioria, DJ 19.3.14).

"A Corte local apurou que os roubos normalmente eram efetuados por bandos fortemente armados e com mais de seis componentes, de modo que não se constata, objetivamente, negligência da transportadora, a ponto de caracterizar a sua culpa pelos eventos. Não é cabível o reconhecimento da culpa da transportadora apenas por não ter alterado unilateralmente a rota habitual, sendo certo que, na relação jurídica mercantil existente entre a segurada e a transportadora, aquela poderia ter proposto, se necessário, a sua alteração, porquanto, apesar dos roubos, foram pactuados sucessivos novos contratos de transporte de mercadorias" (STJ-4ª T., REsp 927.148, Min. Luis Felipe, j. 4.10.11, DJ 4.11.11).

Todavia: "O transporte de malotes sob guarda de empresa contratada pela instituição financeira é de sua inteira responsabilidade, de sorte que não constitui, em tal caso, força maior o roubo de malote contendo numerário em espécie" (STJ-4ª T., REsp 965.520, Min. Aldir Passarinho Jr., j. 8.6.10, DJ 1.7.10). "Tratando-se de roubo de carga, não se pode afastar a culpa da transportadora por caso fortuito ou força maior, quando já era previsível tal evento naquela região. Dessa forma, não pode a transportadora se eximir de tal responsabilidade por estar caracterizada a culpa, na modalidade negligência" (RT 814/227: 1º TASP, AP 834.874-1, maioria; ementa da redação). "Caminhão que deveria acompanhar outros dois, com escolta. Providência (comboio) para evitar eventual ação de criminosos. Não observada a orientação, culminando com o roubo da carga, responde a transportadora pelo risco assumido" (JTJ 339/277: AP 1.202.074-3).

Afirmando a responsabilidade do transportador em caso de **furto,** "quando comprovada a falta de diligência do preposto da transportadora na vigilância do veículo e carga suprimidos": STJ-4ª T., REsp 899.429, Min. Aldir Passarinho Jr., j. 14.12.10, DJ 17.12.10.

"A **apropriação indébita** da carga objeto do contrato de transporte, quando praticada por preposto da empresa transportadora (*in casu*, o motorista do veículo) não exonera esta de sua responsabilidade, por não configurar hipótese de força maior e evidenciar, ainda, sua culpa *in eligendo*" (STJ-3ª T., REsp 1.229.361, Min. Vasco Della Giustina, j. 12.4.11, DJ 25.4.11).

V. tb. art. 757, nota 3c.

Art. 749: 2a. "Os **Correios** são, a um só tempo, empresa pública prestadora de serviço público em sentido estrito e agente inserido no mercado, desempenhando, neste caso, típica atividade econômica e se sujeitando ao regime de direito privado. Destarte, o caso dos autos revela o exercício de atividade econômica típica, consubstanciada na prestação de serviço de 'recebimento/coleta, transporte e entrega domiciliar aos destinatários em âmbito nacional' de 'fitas de vídeo e/ou material promocional relativo a elas', por isso que os Correios se sujeitam à responsabilidade civil própria das transportadoras de carga, as quais estão isentas de indenizar o dano causado na hipótese de força maior, cuja extensão conceitual abarca a ocorrência de roubo das mercadorias transportadas. A força maior deve ser entendida, atualmente, como espécie do gênero fortuito externo, do qual faz parte também a culpa exclusiva de terceiros, os quais se contrapõem ao chamado fortuito interno. O roubo, mediante uso de arma de fogo, em regra é fato de terceiro equiparável a força maior, que deve excluir o dever de indenizar, mesmo no sistema de responsabilidade civil objetiva" (STJ-4ª T., REsp 976.564, Min. Luis Felipe, j. 20.9.12, DJ 23.10.12).

Art. 749: 3. **"Transporte aéreo de carga. Extravio das mercadorias.** Código de Defesa do Consumidor. Não incidência. Contrato de transporte aéreo de mercadorias. Relação de consumo não caracterizada. Transporte de mercadorias e bens de produção. Código Brasileiro de Aeronáutica. Responsabilidade tarifada. Não incidência. Extravio. Falha da prestação de serviço. Responsabilidade regulada pelo direito comum. Reparação integral do dano, independentemente de pagamento de taxa *ad valorem*. Não caracterização de caso fortuito ou força maior. Presunção de dolo ou culpa grave da apelante" (JTJ 345/242: AP 7.002.019-4).

Todavia: "Contrato de transporte aéreo de carga. Ação regressiva de seguradora. Segurada que não era destinatária final do serviço prestado pela empresa aérea, tratando-se de outra transportadora, despachando mercadorias de um cliente seu. Ausência de relação de consumo entre segurada e requerida. Aplicação do Código Brasileiro de Aeronáutica. Valor não declarado. Incidência da restrição de seu art. 262" (JTJ 347/245: AI 7.392.574-3).

Art. 749: 3a. "Se o transporte da carga é efetivamente feito por um único transportador, como no caso dos autos, esse transportador **(transportador de fato)** e a empresa contratada para promover o transporte internacional da mercadoria, que subcontratou a empresa aérea **(transportador contratual)** são **solidariamente responsáveis** pelo **extravio da mercadoria** ocorrido durante o transporte" (STJ-3ª T., REsp 900.250, Min. Sidnei Beneti, j. 2.9.10, DJ 2.12.10).

Art. 749: 3b. "**Não se aplica** o prazo decadencial previsto no **art. 26 da Convenção de Varsóvia** na hipótese de **extravio de carga,** uma vez que o referido dispositivo trata da necessidade de protesto e do respectivo prazo, apenas nos casos de avaria ou atraso no recebimento da mercadoria" (STJ-3ª T., REsp 900.250, Min. Sidnei Beneti, j. 2.9.10, DJ 2.12.10).

Art. 749: 4. "Transporte de produtos químicos. Armazenamento em local não refrigerado. Violação do dever jurídico do transportador. Não caracterização. Ação improcedente. No conhecimento de transporte não há qualquer menção a temperaturas específicas, mínima e máxima, em que a carga deveria ser mantida quando de seu armazenamento. Assim, não há como se pretender que tais informações — não passadas especificamente à transportadora-ré — decorram meramente do termo 'refrigerado' constante do conhecimento de transporte" (JTJ 347/277: AP 991.04.014644-4).

Art. 750. A responsabilidade do transportador, limitada ao valor constante do conhecimento, começa no momento em que ele, ou seus prepostos, recebem a coisa; termina quando é entregue ao destinatário,[1] ou depositada em juízo,[1a] se aquele não for encontrado.[2] [Sem dispositivo correspondente no CC/1916.]

Art. 750: 1. v. art. 494.

Art. 750: 1a. v. arts. 334 a 345 e CPC 539 e segs.

Art. 750: 2. v. arts. 734 § ún., 780, 927 e 944 a 950. V. tb. arts. 11 a 23 da Lei 9.611, de 19.2.98.

Art. 751. A coisa, depositada ou guardada nos armazéns do transportador, em virtude de contrato de transporte, rege-se, no que couber, pelas disposições relativas a depósito.[1] [Sem dispositivo correspondente no CC/1916.]

Art. 751: 1. v. arts. 627 a 652, em especial art. 644 (direito de retenção).

Art. 752. Desembarcadas as mercadorias, o transportador não é obrigado a dar aviso ao destinatário, se assim não foi convencionado, dependendo também de ajuste a entrega a domicílio, e devem constar do conhecimento de embarque as cláusulas de aviso ou de entrega a domicílio. [Sem dispositivo correspondente no CC/1916.]

Art. 753. Se o transporte não puder ser feito ou sofrer longa interrupção, o transportador solicitará, incontinênti, instruções ao remetente, e zelará pela coisa, por cujo perecimento ou deterioração responderá, salvo força maior.[1] [Sem dispositivo correspondente no CC/1916.]

§ 1º Perdurando o impedimento, sem motivo imputável ao transportador e sem manifestação do remetente, poderá aquele depositar a coisa em juízo,[2] ou vendê-la, obedecidos os preceitos legais e regulamentares, ou os usos locais, depositando o valor. [Sem dispositivo correspondente no CC/1916.]

§ 2º Se o impedimento for responsabilidade do transportador, este poderá depositar a coisa, por sua conta e risco, mas só poderá vendê-la se perecível. [Sem dispositivo correspondente no CC/1916.]

§ 3º Em ambos os casos, o transportador deve informar o remetente da efetivação do depósito ou da venda. [Sem dispositivo correspondente no CC/1916.]

§ 4º Se o transportador mantiver a coisa depositada[3] em seus próprios armazéns, continuará a responder pela sua guarda e conservação, sendo-lhe devida, porém, uma remuneração pela custódia, a qual poderá ser contratualmente ajustada ou se conformará aos usos adotados em cada sistema de transporte. [Sem dispositivo correspondente no CC/1916.]

Art. 753: 1. v. art. 393 § ún.

Art. 753: 2. v. arts. 334 a 345 e CPC 539 e segs.

Art. 753: 3. v. arts. 627 a 652.

Art. 754. As mercadorias devem ser entregues ao destinatário,[1] ou a quem apresentar o conhecimento[2] endossado, devendo aquele que as receber conferi-las e apresentar as reclamações que tiver, sob pena de decadência[3-3a] dos direitos. [Sem dispositivo correspondente no CC/1916.]

Parágrafo único. No caso de perda parcial ou de avaria não perceptível à primeira vista, o destinatário conserva a sua ação contra o transportador, desde que denuncie o dano em dez dias a contar da entrega.[4] [Sem dispositivo correspondente no CC/1916.]

Art. 754: 1. v. art. 494.

Art. 754: 2. v. art. 744.

Art. 754: 3. v. arts. 207 a 211.

Art. 754: 3a. "Seguro de transporte de carga. Diferença de peso entre a carga embarcada e a carga desembarcada. Ausência de avarias. Extravio de peso equivalente a 1% do total da carga. Ausência de vistoria aduaneira e de protesto. Carga recebida sem qualquer ressalva. Decadência do direito de reclamar por extravio de parte da carga. Exegese do art. 754 do Código Civil. Cobrança indevida" (JTJ 347/320: AP 991.09.028795-0).

Art. 754: 4. Súmula 109 do STJ: "O reconhecimento do direito a indenização, por falta de mercadoria transportada via marítima, independe de vistoria" (v. jurisprudência s/ esta Súmula em RT 709/170 e RSTJ 70/209).

Art. 755. Havendo dúvida acerca de quem seja o destinatário, o transportador deve depositar a mercadoria em juízo,[1] se não lhe for possível obter instruções do remetente; se a demora puder ocasionar a deterioração da coisa, o transportador deverá vendê-la, depositando o saldo[2] em juízo.[3] [Sem dispositivo correspondente no CC/1916.]

Art. 755: 1. v. arts. 334 a 345 e CPC 539 e segs.

Art. 755: 2. descontadas as despesas que teve.

Art. 755: 3. v. arts. 334 a 345 e CPC 539 e segs.

Art. 756. No caso de transporte cumulativo,[1] todos os transportadores respondem solidariamente[2] pelo dano causado perante o remetente, ressalvada a apuração final da responsabilidade entre eles, de modo que o ressarcimento recaia, por inteiro, ou proporcionalmente, naquele ou naqueles em cujo percurso houver ocorrido o dano. [Sem dispositivo correspondente no CC/1916.]

Art. 756: 1. v. tb. art. 733.

Art. 756: 2. v. arts. 275 a 285.

Capítulo XV | DO SEGURO[1 a 2]

Seção I | DISPOSIÇÕES GERAIS[1]

CAP. XV: 1. v., no nosso CCLCV, tít. SEGUROS.

CAP. XV: 1a. v. art. 777. S/ seguros marítimos, v. CCo 666 a 730.

✎ **CAP. XV: 2.** "Os contratos de seguro e sua função social. A revisão securitária no novo Código Civil", por Nelson Borges (RT 826/25); "O seguro de pessoa no novo Código Civil", por Guilherme Calmon Nogueira da Gama (RT 826/11); "Contrato de seguro e a regulação do sinistro", por Humberto Theodoro Jr. (RSDCPC 30/5 e RT 832/67); "Do contrato de seguro no Código Civil: noções fundamentais", por Munir Karam (RT 834/74); "O contrato de seguro e o direito das relações de consumo", por Lucas Abreu Barroso (RDPr 22/184); "O contrato de seguro à luz do Código de Defesa do Consumidor e do novo Código Civil", por Luiz Felipe Silveira Difini (Ajuris 98/195); "O dever de cooperação no contrato de seguro", por Juliana Carolina Frutuoso Bizarria (RDPr 50/143).

SEÇ. I: 1. Prescrição: art. 206 §§ 1º-II e 3º-IX. V. tb. Súmula 229 do STJ.

Art. 757. Pelo contrato de seguro, o segurador[1] se obriga, mediante o pagamento do prêmio, a garantir interesse legítimo do segurado, relativo a pessoa ou a coisa, contra riscos predeterminados.[1a a 4a] [Dispositivo correspondente no CC/1916: art. 1.432.]

Parágrafo único. Somente pode ser parte, no contrato de seguro, como segurador, entidade para tal fim legalmente autorizada.[5] [Sem dispositivo correspondente no CC/1916.]

Art. 757: 1. As companhias de seguros não podem funcionar sem prévia autorização (Dec. lei 73, de 21.11.66, arts. 74 a 77).

Art. 757: 1a. s/ contratos aleatórios (caso do contrato de seguro), v. arts. 458 a 461; s/ responsabilidade do corretor de seguros pela cobertura, v. art. 775, nota 3; s/ ação de responsabilidade civil ajuizada diretamente contra o segurador do causador do dano, v. art. 927, nota 5d.

S/ cobertura de riscos e: contrato de seguro em geral, v., no nosso CCLCV, CDC 54, nota 2a; contrato de seguro-saúde, v., no nosso CCLCV, CDC 51, nota 7, e 54, nota 3.

Art. 757: 1b. **Súmula 31 do STJ:** "A aquisição, pelo segurado, de mais de um imóvel financiado pelo Sistema Financeiro da Habitação, situados na mesma localidade, não exime a seguradora da obrigação de pagamento dos seguros" (v. jurisprudência s/ esta Súmula em RT 672/195 e RSTJ 33/285).

Súmula 402 do STJ: "O contrato de seguro por **danos pessoais compreende os danos morais,** salvo cláusula expressa de exclusão".

"Entende-se incluída nos chamados danos corporais contratualmente cobertos, a lesão moral decorrente do sofrimento e angústia da vítima de acidente de trânsito, para fins de indenização securitária" (STJ-4ª T., AI 935.821-AgRg, Min. Aldir Passarinho Jr., j. 6.12.07, DJU 17.3.08).

"Se o contrato consignou em cláusulas distintas e autônomas os danos material, corpóreo e moral, não pode ser exigido da seguradora o pagamento por este último, se o segurado optou por não contratá-lo" (STJ-3ª T., AI 912.855-AgRg, Min. Vasco Della Giustina, j. 19.3.09, DJ 30.3.09).

"Se o contrato de seguro prevê, em cláusula distinta, a cobertura para danos morais, deve a indenização correspondente ficar limitada ao valor contratado a esse título. Somente nos casos em que a cláusula é inespecífica, referindo-se genericamente a danos corporais ou a danos pessoais, é que se pode compreender nela inclusos os danos morais" (STJ-3ª T., Ag em REsp 708.653-EDcl-AgInt-AgInt, Min. João Otávio, j. 18.8.16, DJ 25.8.16). No mesmo sentido: STJ-4ª T., Ag em REsp 979.723-AgInt, Min. Isabel Gallotti, j. 4.5.17, DJ 10.5.17.

"A apólice de seguro contra danos corporais pode excluir da cobertura tanto o dano moral quanto o dano estético, desde que o faça de maneira expressa e individualizada para cada uma dessas modalidades de dano extrapatrimonial, sendo descabida a pretensão da seguradora de estender tacitamente a exclusão de cobertura manifestada em relação ao dano moral para o dano estético, ou vice-versa, ante a nítida distinção existente entre as rubricas. Hipótese sob julgamento em que a apólice continha cobertura para danos corporais a terceiros, com exclusão expressa apenas de danos morais, circunstância que obriga a seguradora a indenizar os danos estéticos" (STJ-3ª T., REsp 1.408.908, Min. Nancy Andrighi, j. 26.11.13, DJ 19.12.13).

Art. 757: 1c. **Enunciado 370 do CEJ:** "Nos contratos de seguro por adesão, os riscos predeterminados indicados no art. 757, parte final, devem ser interpretados de acordo com os arts. 421, 422, 424, 759 e 799 do Código Civil e 1º, inc. III, da Constituição Federal".

Art. 757: 1d. "Conhecida e comprovada situação de invalidez anterior à celebração da avença, é nula a estipulação de cobertura securitária quando **impossível o advento do risco** ao qual se pretendia acobertar. **Nulidade** absoluta que produz efeitos *ex tunc*" (STJ-4ª T., REsp 1.005.495, Min. João Otávio, j. 4.8.11, DJ 12.9.11).

Art. 757: 1e. "O sinistro, na garantia de invalidez permanente por acidente, nem sempre ocorrerá de modo instantâneo, visto que entre a data do infortúnio e a consolidação da invalidez dele decorrente poderá transcorrer período considerável de tempo, às vezes até ultrapassando o lapso de vigência da apólice. Todavia, esse interregno não eximirá a responsabilização da seguradora cujo contrato vigia quando da ocorrência do acidente, ou seja, do sinistro. A seguradora que tinha apólice vigente na data da ocorrência do acidente pessoal é a legítima para figurar no polo passivo de demanda que busca a indenização securitária fundada na cobertura IPA. Logo, não possui legitimidade passiva *ad causam* a seguradora detentora da apólice válida apenas no dia da constatação da incapacidade laboral (realização da perícia médica ou concessão da aposentadoria por invalidez), quando já ocorrido o sinistro" (STJ-3ª T., REsp 1.191.204, Min. Ricardo Cueva, j. 2.9.14, DJ 11.9.14).

Art. 757: 2. "Se a morte resultou do esforço físico do segurado para se defender de uma agressão, ainda que na certidão de óbito conste 'enfarto agudo do miocárdio', não há como se qualificar tal sinistro como **'morte natural'**. É **acidental** a morte resultante de entrevero que acirrou deficiência orgânica apresentada pela vítima" (STJ-3ª T., REsp 782.684, Min. Gomes de Barros, j. 14.2.08, DJU 13.3.08).

"A lesão acidental no baço da paciente durante cirurgia bariátrica (cirurgia de redução de estômago), causadora da infecção generalizada que resultou no óbito da segurada, constitui morte acidental, para fins securitários, e não morte natural" (STJ-4ª T., REsp 1.184.189, Min. Isabel Gallotti, j. 15.3.12, DJ 23.3.12).

"Os microtraumas sofridos pelo operário, quando exposto a esforços repetitivos no ambiente de trabalho, incluem-se no conceito de acidente pessoal definido no contrato de seguro" (STJ-4ª T., REsp 324.197, Min. Barros Monteiro, j. 23.11.04, DJU 14.3.05). No mesmo sentido: RT 872/275 (TJBA, AP 8306-3/2007).

Todavia: "O seguro de vida difere do seguro de acidentes pessoais. No primeiro, a cobertura de morte abarca causas naturais e também causas acidentais; já no segundo, apenas os infortúnios causados por acidente pessoal, a exemplo da morte acidental, são garantidos. Para fins securitários, a morte acidental evidencia-se quando o falecimento da pessoa decorre de acidente pessoal, sendo este definido como um evento súbito, exclusivo e diretamente externo, involuntário e violento. Já a morte natural configura-se por exclusão, ou seja, por qualquer outra causa, como as doenças em geral, que são de natureza interna, feita exceção às infecções, aos estados septicêmicos e às embolias resultantes de ferimento visível causado em decorrência de acidente coberto (Resolução CNSP 117/2004). Apesar da denominação 'acidente vascular cerebral', o AVC é uma patologia, ou seja, não decorre de causa externa, mas de fatores internos e de risco da saúde da própria pessoa que levam à sua ocorrência. Contratado o seguro de acidentes pessoais (garantia por morte acidental), não há falar em obrigação da seguradora em indenizar o beneficiário quando a morte do segurado é decorrente de causa natural, a exemplo da doença conhecida como acidente vascular cerebral (AVC), desencadeada apenas por fatores internos à pessoa" (STJ-3ª T., REsp 1.443.115, Min. Ricardo Cueva, j. 21.10.14, DJ 28.10.14).

Art. 757: 3. "Não é nula a cláusula de exclusão de riscos constante em contrato de seguro de vida, diante do equilíbrio da mutualidade que deve reger os contratos dessa natureza. Se do contrato de seguro consta, expressamente, que estão excluídos da cobertura os eventos ocorridos em consequência de acidentes decorrentes da prática profissional ou amadora de esportes nos quais o segurado se exponha a algum tipo de risco, como o voo livre, ultraleve, paraquedismo, *body jumping*, competições em veículos motorizados, etc., evidentemente que a morte ocorrida em consequência de acidente em voo de *paraglider* não pode merecer recebimento de indenização securitária" (RT 904/273: TJSP, AP 992.02.052903-0).

Art. 757: 3a. "Se a administradora de cartões de crédito oferece cobertura securitária para os sinistros em que se envolva o consumidor no percurso de viagem feita mediante aquisição de passagem com o cartão, não se pode obrigar a seguradora a indenizar sinistro ocorrido após concluído esse percurso. Ou seja, tendo, na hipótese dos autos, o consumidor adquirido passagem de trem para se deslocar dentro da Europa, não há como condenar-se a administradora a indenizar acidente acontecido depois, durante viagem de automóvel que ele fazia nesse mesmo continente europeu. A alegação de que a administradora do cartão de crédito não prestou as informações adequadas sobre o produto que comercializava é desmentida pelos próprios termos da petição inicial, na qual o consumidor transcreve literalmente uma comunicação que recebeu, dando conta de que o seguro oferecido se referia apenas ao percurso de viagem" (STJ-3ª T., REsp 947.968, Min. Nancy Andrighi, j. 6.3.08, DJ 5.8.08).

Art. 757: 3b. "O contrato de seguro tem por objeto a cobertura de riscos predeterminados, os quais, tratando-se de seguro de automóvel, são aqueles decorrentes de acidentes, furtos, roubos e quejandos; o risco resultante da falta de devolução ao segurado de veículo que emprestou a um amigo não é inerente ao seguro de automóvel, e a seguradora só estaria obrigada a indenizar esse sinistro se estivesse coberto por outro seguro, o de fidelidade" (STJ-3ª T., REsp 917.356, Min. Ari Pargendler, j. 17.6.08, dois votos vencidos, DJ 22.8.08).

"Conduta de ex-empregado que não devolve ao empregador veículo utilizado no trabalho não se assemelha a furto ou roubo. Legítima a negativa de cobertura pela seguradora" (STJ-4ª T., REsp 1.177.479, Min. Antonio Ferreira, j. 15.5.12, maioria, DJ 19.6.12).

Todavia: "Violação ao art. 757 do CC. Cobertura securitária. Predeterminação de riscos. Cláusula contratual remissiva a conceitos de direito penal (furto e roubo). Segurado vítima de extorsão. Tênue distinção entre o delito do art. 157 do CP e o tipo do art. 158 do mesmo Codex. Critério do entendimento do homem médio. Relação contratual submetida às normas do Código de Defesa do Consumidor. Dever de cobertura caracterizado" (STJ-4ª T., REsp 1.106.827, Min. Marco Buzzi, j. 16.10.12, DJ 23.10.12).

Art. 757: 3c. No sentido de que, uma vez condicionada a cobertura securitária à utilização de escolta especializada por ocasião do transporte de certas mercadorias, fica a seguradora isenta de cobrir eventos danosos suportados pela transportadora que se omitiu na contratação dessa escolta: STJ-3ª T., REsp 763.648, Min. Castro Filho, j. 14.6.07, um voto vencido, DJU 1.10.07. No mesmo sentido: JTJ 339/274 (AP 1.199.939-2).

Art. 757: 4. "O cumprimento de obrigação civil legal resultante de contrato de seguro não fica afastado pela aplicação de cláusulas de exceção que de sobremaneira favorecem a empresa seguradora, isentando-a da responsabilidade sobre o risco assumido quando, ao vistoriar as dependências do banco, não fez restrições às condições de segurança nem, ulteriormente, durante a vigência da cobertura, tampouco preocupou-se em fiscalizar a manutenção adequada do sistema de segurança, apontando eventuais vícios que poderiam autorizar a rescisão da avença ou eximi-la de cobrir o sinistro, caracterizado pelo furto de valores dentro das instalações da instituição" (STJ-4ª T., REsp 442.751, Min. Aldir Passarinho Jr., j. 11.12.07, DJU 25.2.08).

Art. 757: 4a. "O seguro de RC D&O (*Directors and Officers Insurance*) tem por objetivo garantir o risco de eventuais prejuízos causados por **atos de gestão de diretores, administradores e conselheiros** que, na atividade profissional, agiram com culpa (Circular/SUSEP 541/2016). Preservação não só do patrimônio individual dos que atuam em cargos de direção (segurados), o que incentiva práticas corporativas inovadoras, mas também do patrimônio social da empresa tomadora do seguro e de seus acionistas, já que serão ressarcidos de eventuais danos. A apólice do seguro de RC D&O não pode cobrir atos dolosos, principalmente se cometidos para favorecer a própria pessoa do administrador, o que evita forte redução do grau de diligência do gestor ou a assunção de riscos excessivos, a comprometer tanto a atividade de *compliance* da empresa quanto as boas práticas de governança corporativa. Aplicação dos arts. 757 e 762 do CC. Considera-se *insider trading* qualquer operação realizada por um *insider* (diretor, administrador, conselheiro e pessoas equiparadas) com valores mobiliários de emissão da companhia, em proveito próprio ou de terceiro, com base em informação relevante ainda não revelada ao público. É uma prática danosa ao mercado de capitais, aos investidores e à própria sociedade anônima, devendo haver repressão efetiva contra o uso indevido de tais informações privilegiadas (arts. 155, § 1º, e 157, § 4º, da Lei 6.404/1976 e 27-D da Lei 6.385/1976). O seguro de RC D&O somente possui cobertura para (i) atos culposos de diretores, administradores e conselheiros (ii) praticados no exercício de suas funções (atos de gestão). Em outras palavras, atos fraudulentos e desonestos de favorecimento pessoal e **práticas dolosas** lesivas à companhia e ao mercado de capitais, a exemplo do *insider trading*, não estão abrangidos na garantia securitária" (STJ-3ª T., REsp 1.601.555, Min. Ricardo Cueva, j. 14.2.17, DJ 20.2.17).

Art. 757: 5. Enunciado 185 do CEJ: "A disciplina dos seguros do Código Civil e as normas da previdência privada que impõem a contratação exclusivamente por meio de entidades legalmente autorizadas não impedem a formação de grupos restritos de ajuda mútua, caracterizados pela autogestão".

Art. 758. O contrato de seguro prova-se com a exibição da apólice ou do bilhete do seguro, e, na falta deles, por documento comprobatório do pagamento do respectivo prêmio.[1-2]

[Sem dispositivo correspondente no CC/1916.]

Art. 758: 1. "O art. 758 do Código Civil não confere à emissão da apólice a condição de requisito de existência do contrato de seguro, tampouco eleva tal documento ao degrau de prova tarifada ou única capaz de atestar a celebração da avença. É fato notório que o contrato de seguro é celebrado, na prática, entre a corretora e o segurado, de modo que a seguradora não manifesta expressamente sua aceitação quanto à proposta, apenas a recusa ou emite, diretamente, a apólice do seguro, enviando-a ao contratante, juntamente com as chamadas condições gerais do seguro. Bem a propósito dessa praxe, a própria Susep disciplinou que a ausência de manifestação por parte da seguradora, no prazo de 15 (quinze) dias, configura aceitação tácita da cobertura do risco, conforme dispõe o art. 2º, *caput* e § 6º, da Circular Susep 251/2004. Com efeito, havendo essa prática no mercado de seguro, a qual, inclusive, recebeu disciplina normativa pelo órgão regulador do setor, há de ser aplicado o art. 432 do Código Civil, segundo o qual 'se o negócio for daqueles em que não seja costume a aceitação expressa, ou o proponente a tiver dispensado, reputar-se-á concluído o contrato, não chegando a tempo a recusa'. Na mesma linha, o art. 111 do Estatuto Civil preceitua que 'o silêncio importa anuência, quando as circunstâncias ou os usos o autorizarem, e não for necessária a declaração de vontade expressa'. No caso, não havendo nenhuma indicação de fraude e tendo o sinistro ocorrido efetivamente após a contratação junto à corretora de seguros, ocasião em que o consumidor firmou autorização de pagamento do prêmio mediante débito em conta, se em um prazo razoável não houve recusa da seguradora, só tendo havido muito tempo depois e exclusivamente em razão do sinistro noticiado, há de considerar-se aceita a proposta e plenamente aperfeiçoado o contrato. Deveras, vulnera os deveres de boa-fé contratual a inércia da seguradora em aceitar expressamente a contratação, vindo a recusá-la somente depois da notícia de ocorrência do sinistro e exclusivamente em razão disso" (STJ-4ª T., REsp 1.306.367, Min. Luis Felipe, j. 20.3.14, DJ 5.5.14).

Todavia: "O contrato de seguro, para ser concluído, necessita passar, comumente, por duas fases: i) a da proposta, em que o segurado fornece as informações necessárias para o exame e a mensuração do risco, indispensável para a garantia do interesse segurável, e ii) a da recusa ou aceitação do negócio pela seguradora, ocasião em que emitirá, nessa última hipótese, a apólice. A proposta é a manifestação da vontade de apenas uma das partes e, no caso do seguro, deverá ser escrita e conter a declaração dos elementos essenciais do interesse a ser garantido e do risco. Todavia, apesar de obrigar o proponente, não gera por si só o contrato, que depende de consentimento recíproco de ambos os contratantes. A seguradora, recebendo a proposta, terá o prazo de até 15 (quinze) dias para recusá-la, caso contrário, o silêncio importará em aceitação tácita (cf. Circular Susep 251/2004). No contrato de seguro de automóvel, o início da vigência será a partir da realização da vistoria, exceto para os veículos zero quilômetro ou quando se tratar de renovação do seguro na mesma sociedade seguradora, pois, nessas situações, a vigência será a partir da data da recepção da proposta pelo ente segurador (art. 8º, *caput* e § 1º, da Circular Susep 251/2004). Para que o contrato de seguro se aperfeiçoe, são imprescindíveis o envio da proposta pelo interessado ou pelo corretor e o consentimento, expresso ou tácito, da seguradora, mesmo sendo dispensáveis a apólice ou o pagamento de prêmio. Não há contrato de seguro se o particular envia a proposta após ocorrido o sinistro (a exemplo de furto de veículo), visto que não há a manifestação da vontade em firmar a avença em tempo hábil, tampouco existe a concordância, ainda que tácita, da seguradora. Além disso, nessa hipótese, quando o proponente decidiu ultimar a avença, já não havia mais o objeto do contrato (interesse segurável ou risco futuro)" (STJ-3ª T., REsp 1.273.204, Min. Ricardo Cueva, j. 7.10.14, DJ 28.10.14).

Art. 758: 2. "Embora o art. 758 do Código Civil faça alusão à apólice, bilhete ou pagamento do prêmio como meios de prova do contrato de seguro, é certo também que não exclui outras formas aptas à comprovação da relação securitária. Vale dizer que a citada norma indica que se considera provado o contrato de seguro mediante a exibição da apólice, bilhete ou pagamento do prêmio, não se excluindo, aprioristicamente, outros tipos de prova. No caso concreto, é incontroversa a juntada de documentação robusta a comprovar as alegações da seguradora autora: recibo de pagamento da indenização feito ao beneficiário do seguro, certificado de registro do veículo já em nome da seguradora com autorização de transferência do 'salvado' à compradora, autorização assinada pela segurada para que a seguradora transportasse o veículo, reconhecendo tratar-se de objeto de indenização, laudos, aviso de sinistro (no qual consta o número da apólice e demais dados relativos ao veículo e ao acidente), entre outros. Com efeito, há farta documentação — toda ela reconhecida pelas instâncias ordinárias — que comprova a participação efetiva da segurada nos trâmites para o acionamento do seguro, atestam o pagamento da indenização e liberação do salvado, mostrando-se infundada a dúvida acerca da sub-rogação em benefício da autora" (STJ-4ª T., REsp 1.130.704, Min. Luis Felipe, j. 19.3.13, DJ 17.4.13).

Art. 759. A emissão da apólice deverá ser precedida de proposta[1] escrita com a declaração dos elementos essenciais do interesse a ser garantido e do risco.[2] [Sem dispositivo correspondente no CC/1916.]

Art. 759: 1. v. arts. 427 a 435.

Art. 759: 2. **Lei 7.565, de 19.12.86** — Dispõe sobre o Código Brasileiro de Aeronáutica (Lex 1986/1.285, RF 296/483):

"**Art. 285.** Sob pena de nulidade da cláusula, nas apólices de seguro de vida ou de seguro de acidente, não poderá haver exclusão de riscos resultantes do transporte aéreo.

"Parágrafo único. Em se tratando de transporte aéreo, as apólices de seguro de vida ou de seguro de acidentes não poderão conter cláusulas que apresentem taxas ou sobretaxas maiores que as cobradas para os transportes terrestres".

Art. 760. A apólice ou o bilhete de seguro serão nominativos,[1] à ordem ou ao portador,[1a] e mencionarão os riscos assumidos, o início e o fim de sua validade,[1b] o limite da garantia e o prêmio devido, e, quando for o caso, o nome do segurado e o do beneficiário.[2] [Dispositivos correspondentes no CC/1916: arts. 1.447-*caput* e § ún e 1.448-*caput*.]

Parágrafo único. No seguro de pessoas, a apólice ou o bilhete não podem ser ao portador. [Dispositivo correspondente no CC/1916: art. 1.447-*caput*.]

Art. 760: 1. i. e., que indicam o nome do segurado e do beneficiário.

Art. 760: 1a. s/ transferência do contrato de seguro, v. art. 785.

Art. 760: 1b. v. art. 774.

Art. 760: 2. v. arts. 791 a 793.

Art. 761. Quando o risco for assumido em cosseguro,[1-2] a apólice indicará o segurador que administrará o contrato e representará os demais, para todos os seus efeitos. [Sem dispositivo correspondente no CC/1916.]

Art. 761: 1. i. e., quando diversas seguradoras forem contratadas pelo segurado para a assunção do risco.

Art. 761: 2. "Se a cobertura securitária era limitada a determinado percentual do todo garantido, a existência de outro seguro cobrindo o restante, embora não seja tipicamente um cosseguro por refugir às formalidades da espécie (alinhamento de seguradoras e escolha de seguradora líder), distancia-se, por outro lado, da hipótese de duplicidade de seguro que obstaria o pagamento da indenização, que se postula, aqui, apenas em proporção à cobertura convencionada" (STJ-4ª T., REsp 442.751, Min. Aldir Passarinho Jr., j. 11.12.07, DJU 25.2.08).

Art. 762. Nulo[1] será o contrato para garantia de risco proveniente de ato doloso[2] do segurado,[3] do beneficiário, ou de representante de um ou de outro. [Dispositivo correspondente no CC/1916: art. 1.436.]

Art. 762: 1. s/ nulidade dos seguros marítimos, v. CCo 677 a 680.

Art. 762: 2. s/ dolo, v. arts. 145 a 150.

Art. 762: 3. s/ ato doloso do segurado, v. art. 757, nota 4a; s/ suicídio do segurado, v. art. 798 § ún.

Art. 763. Não terá direito a indenização o segurado que estiver em mora no pagamento do prêmio, se ocorrer o sinistro antes de sua purgação.[1 a 4] [Dispositivo correspondente no CC/1916: art. 1.451.]

Art. 763: 1. "O inadimplemento no pagamento do prêmio no contrato de seguro em face do novo Código Civil", por Virginia Duarte Deda de Abreu (RT 824/24).

Art. 763: 2. s/ mora e sua purgação, v. arts. 394 a 401, especialmente este último; s/ seguro-saúde, v., no nosso CCLCV, CDC 51, nota 7.

Art. 763: 2a. **Enunciado 371 do CEJ:** "A mora do segurado, sendo de escassa importância, não autoriza a resolução do contrato, por atentar ao princípio da boa-fé objetiva".

Enunciado 376 do CEJ: "Para efeito de aplicação do art. 763 do Código Civil, a resolução do contrato depende de prévia interpelação".

Art. 763: 3. "Conforme a teoria da aparência, o fato de ser o corretor de seguros profissional autônomo não retira a responsabilidade da seguradora, porquanto aquele é mero representante desta, por ela autorizado a celebrar contratos em seu nome. Em sendo assim, válido é o pagamento realizado pelo apelado diretamente à corretora de seguros vinculada à apelante" (RJM 176-177/123).

"O segurado, agindo com boa-fé, não pode ser penalizado quando o corretor não repassar as parcelas do prêmio à seguradora" (STJ-4ª T., Ag 1.369.356-AgRg, Min. João Otávio, j. 4.8.11, DJ 16.8.11).

Art. 763: 3a. "O contrato de seguro não se rescinde de pleno direito tão só pelo atraso no pagamento de uma das prestações; todavia, enquanto o pagamento não for regularizado, eventual sinistro estará fora de cobertura" (STJ-3ª T., REsp 252.705, Min. Ari Pargendler, j. 4.11.03, dois votos vencidos, DJU 19.4.04).

"A indenização era indevida, no caso concreto, não porque o contrato havia de ser reputado cancelado, mas sim porque a cobertura ficou suspensa a partir da data em que o segurado deixou de pagar a parcela do prêmio. Note-se que esse efeito independia de formal notificação do segurado, bastando o fato objetivo de o prêmio não ter sido pago" (JTJ 324/635: AP 1.083.710-0/0; a citação é do voto do relator)

"Normalmente, para que se caracterize mora no pagamento de prestações relativas ao prêmio é necessária a interpelação do segurado. Mero atraso não basta para desconstituir a relação contratual. A cláusula de cancelamento do seguro sem prévia notificação deixa de ser abusiva, se o segurado permanece em mora há mais de 15 (quinze) meses. Em homenagem à boa-fé e à lógica do razoável, atraso superior a um ano não pode ser qualificado como '*mero atraso* no pagamento de prestação do prêmio do seguro' (REsp 316.552). A ausência de interpelação por parte da seguradora não assegura, no caso, o direito à indenização securitária" (STJ-3ª T., REsp 842.408, Min. Gomes de Barros, j. 16.11.06, DJU 4.12.06).

"'O mero atraso no pagamento de prestação do prêmio de seguro não importa em desfazimento automático do contrato, para o que se exige, ao menos, a prévia constituição em mora do contratante pela seguradora, mediante interpelação' (REsp 316.552, Min. Aldir Passarinho Jr., DJU 12.4.04). Caso em que o requisito foi cumprido pela seguradora ante o atraso de três meses por parte do segurado, que não efetuou a purgação da mora antes do sinistro que o vitimou fatalmente, levando ao cancelamento do contrato que, por outro lado, não pode ser revigorado após o óbito, com a quitação das parcelas em atraso pelos herdeiros beneficiários" (STJ-4ª T., REsp 650.938, Min. Aldir Passarinho Jr., j. 28.4.09, DJ 1.6.09).

Mais liberal: "O simples atraso no pagamento do prêmio não implica suspensão ou cancelamento automático da cobertura securitária, fazendo-se necessária a constituição em mora do segurado, por intermédio de interpelação específica" (STJ-4ª T., REsp 943.289-AgRg, Min. Massami Uyeda, j.

1.4.08, DJU 14.4.08). No mesmo sentido: STJ-3ª T., AI 1.100.993-AgRg, Min. Sidnei Beneti, j. 16.4.09, DJ 6.5.09.

"As cláusulas contratuais devem ser interpretadas de maneira mais favorável ao consumidor, de modo que é necessária a prévia notificação do segurado, que se encontra inadimplente, a fim de constituição em mora, para, aí sim, ser aplicado o disposto no art. 763 do CC" (RT 870/365; a citação é do voto do relator).

"Para que possa ocorrer a rescisão ou suspensão da cobertura securitária em razão do inadimplemento do segurado, imprescindível é a notificação do consumidor, para que este possa purgar a mora ou, se assim preferir, tomar as providências para o fim da cobertura" (RJM 176-177/123).

Art. 763: 4. "O contrato de previdência privada com plano de pecúlio por morte se assemelha ao seguro de vida, podendo também as normas aplicáveis às sociedades seguradoras estender-se, no que couber, às entidades abertas de previdência privada (art. 73, LC n. 109/2001). Portanto, à pretensão de recebimento de pecúlio devido por morte, aplica-se a jurisprudência da Segunda Seção relativa a contratos de seguro, segundo a qual 'o mero atraso no pagamento de prestação do prêmio do seguro não importa em desfazimento automático do contrato, para o que se exige, ao menos, a prévia constituição em mora do contratante pela seguradora, mediante interpelação'" (STJ-4ª T., REsp 877.965, Min. Luis Felipe, j. 22.11.11, DJ 1.2.12).

Art. 764. Salvo disposição especial,[1] o fato de se não ter verificado o risco, em previsão do qual se faz o seguro, não exime o segurado de pagar o prêmio.[2] [Dispositivo correspondente no CC/1916: art. 1.452.]

Art. 764: 1. v. CCo 642 e 684.

Art. 764: 2. v. art. 773.

Art. 765. O segurado e o segurador são obrigados a guardar na conclusão e na execução do contrato, a mais estrita boa-fé[1-2] e veracidade, tanto a respeito do objeto como das circunstâncias e declarações a ele concernentes. [Dispositivo correspondente no CC/1916: art. 1.443.]

Art. 765: 1. v. arts. 762, 766, 768, 769-*caput*, 773.

Art. 765: 2. "Em virtude dos deveres anexos (notadamente os da informação, cooperação e proteção) deflagrados pelos princípios da função social do contrato e da boa-fé objetiva, cumpre à seguradora demonstrar, de forma cabal, que deixou lúcido para o segurado o que vem a ser doença preexistente, bem como as implicações jurídicas dela decorrentes. Impera no ordenamento jurídico pátrio a presunção da boa-fé, não sendo admissível cogitar-se de má-fé ou de dolo se inexistirem nos autos provas robustas nesse sentido" (RJM 186/187: AP 1.0313.04.148487-1/001).

Art. 766. Se o segurado, por si ou por seu representante, fizer declarações inexatas ou omitir circunstâncias que possam influir na aceitação da proposta ou na taxa do prêmio, perderá o direito à garantia, além de ficar obrigado ao prêmio vencido.[1 a 7] [Dispositivo correspondente no CC/1916: art. 1.444.]

Parágrafo único. Se a inexatidão ou omissão nas declarações não resultar de má-fé do segurado, o segurador terá direito a resolver o contrato, ou a cobrar, mesmo após o sinistro, a diferença do prêmio. [Sem dispositivo correspondente no CC/1916.]

Art. 766: 1. v. arts. 147 (omissão intencional) e 765, nota 2 (boa-fé e doença preexistente).

Art. 766: 2. Em matéria de **seguro de vida,** "a doença preexistente pode ser oposta pela seguradora ao segurado apenas se houver prévio exame médico ou prova inequívoca da má-fé do segurado" (STJ-3ª T., AI 818.443-AgRg, Min. Nancy Andrighi, j. 1.3.07, DJU 19.3.07; no caso, o direito ao seguro foi reconhecido). No mesmo sentido: JTJ 320/630 (AP 1.058.486-0/7).

"Se a seguradora, em contrato típico de adesão, aceita a proposta e firma com o proponente contrato de seguro sem lhe exigir atestado de saúde ou submetê-lo a exames, a fim de verificar sua real condição física, deve suportar o risco do negócio, notadamente quando fica comprovado que este não agiu de má-fé" (STJ-4ª T., Ag em REsp 309.469-AgRg, Min. Raul Araújo, j. 7.8.14, DJ 26.8.14).

"Cabe ao segurador provar, para exonerar-se do pagamento da indenização, não só que o segurado já sofria da moléstia que deu causa à invalidez total e permanente, como também a omissão intencional e maliciosa do fato, que não admite presunção" (JTJ 327/466: AP 1.096.581-0/0).

"Excepcionalmente, a omissão do segurado não é relevante quando contrata seguro e mantém vida regular por vários anos, demonstrando que possuía, ainda, razoável estado de saúde quando da contratação da apólice. Aufere vantagem manifestamente exagerada, de forma abusiva e em contrariedade à boa-fé objetiva, o segurador que, após mais de duas décadas recebendo os prêmios devidos pelo segurado, nega cobertura, sob a alegação de que se trata de doença preexistente" (STJ-3ª T., REsp 913.120-AgRg, Min. Sidnei Beneti, j. 5.8.10, DJ 17.8.10).

"As causas diretas do óbito foram embolia pulmonar, insuficiência respiratória e infecção respiratória, decorrentes de tratamento de fratura no fêmur. A circunstância de haver doença preexistente que fragilizava a saúde do segurado (hepatopatia crônica), doença esta não informada quando da contratação da apólice, mesmo que tenha contribuído indiretamente para a morte, não exime a seguradora de honrar sua obrigação em caso de óbito cuja causa direta não foi a doença omitida" (STJ-4ª T., REsp 765.471, Min. Isabel Gallotti, j. 6.12.12, DJ 7.3.13).

"Inobstante a omissão do segurado sobre padecer de alcoolismo quando da contratação, não se configura má-fé se o contratante demonstrou que possuía, ainda, razoável estado de saúde quando da realização da avença original, renovada sucessivas vezes, somente vindo a se aposentar por invalidez muitos anos após" (STJ-4ª T., REsp 708.209, Min. Aldir Passarinho Jr., j. 12.9.06, DJU 16.10.06).

"Em que pese ser o alcoolismo considerado doença, tal circunstância ainda não restou assimilada no senso comum, principalmente aos consumidores crônicos de bebida alcoólica, não podendo presumir-se ter agido o segurado de má-fé ao não referir sua condição de alcoólatra quando da celebração da apólice" (RJTJERGS 269/158: EI 70024318982, maioria).

"Seguro de vida e acidentes pessoais. Cobrança. A hipertensão arterial é situação fisiopatológica tida como controlada, não exatamente caracterizada como doença, o que desconfigura a suposta má-fé da viúva-autora. Não demonstrada a alegada má-fé da segurada principal, sendo o ônus da prova da seguradora, correto o pagamento da indenização securitária" (RT 869/244).

"A exigência da realização de prévio exame médico para que a seguradora se oponha ao pagamento da indenização prevista na apólice de seguro, sob a alegação de doença preexistente, não se aplica nas hipóteses em que ficar comprovado que o contrato foi celebrado de má-fé pelo segurado" (STJ-4ª T., REsp 1.215.413-AgRg, Min. Isabel Gallotti, j. 7.8.14, DJ 20.8.14).

"É indevido o pagamento da indenização se o estipulante, esposo da segurada e beneficiário do seguro de vida, não obstante ciente das cláusulas gerais do seguro (uma das quais excluía os riscos resultantes da doença preexistente), sonegou a informação de que ela estava doente" (STJ-3ª T., REsp 964.648, Min. Ari Pargendler, j. 13.11.07, DJU 5.3.08).

"Não há falar em pagamento de indenização decorrente de contrato de seguro de vida se, consoante o acervo fático soberanamente analisado pelo Tribunal local, restar sobejamente comprovado nos autos que o segurado silenciou sobre a doença preexistente que o levou à morte" (STJ-3ª T., REsp 1.289.628, Min. Ricardo Cueva, j. 14.5.13, DJ 2.8.13).

"É indevido o pagamento da indenização decorrente de contrato de seguro de vida se constatado que a parte segurada, ao firmar o ajuste, sonegou, deliberadamente, informações relevantes acerca de seu estado de saúde" (STJ-4ª T., REsp 823.090-AgRg, Min. João Otávio, j. 7.5.09, DJ 18.5.09).

"Patenteada a deliberada omissão do segurado quanto à grande precariedade de seu estado de saúde quando da contratação, ocorrendo o óbito poucos dias após, torna-se indevida a pretendida cobertura indenizatória, pelo reconhecimento da má-fé" (STJ-4ª T., REsp 617.287, Min. Aldir Passarinho Jr., j. 18.10.05, DJU 14.11.05).

"Seguro de vida. Indenização. Doença preexistente. Estado de saúde precário. Omissão no preenchimento do questionário. Má-fé do segurado. O entendimento jurisprudencial de que a má-fé do segurado que omitiu a doença preexistente estaria descaracterizada quando teve razoável sobrevida após a assinatura do contrato de seguro não se aplica na hipótese em que não detinha razoável estado de saúde antes, durante e após a conclusão da avença, a exemplo das diversas ocorrências hospitalares existentes no período, devidamente especificadas em histórico médico. A má-fé na conduta é reflexo da falta deliberada em informar a seguradora acerca da precariedade do estado de saúde, que, como cediço, é capaz de influir nos riscos e termos da contratação" (STJ-3ª T., REsp 1.432.532, Min. Ricardo Cueva, j. 22.4.14, maioria, DJ 25.6.14).

"Seguro de vida em grupo. Segurado que omitiu a circunstância de ser portador de HIV (AIDS) quando da elevação do capital. Fato que sendo do seu conhecimento e com influência na aceitação e no valor do prêmio devia ser informado à seguradora. Justa recusa no pagamento da indenização maior" (JTJ 323/636: AP 962.279-0/6).

Enunciado 372 do CEJ: "Em caso de negativa de cobertura securitária por doença preexistente, cabe à seguradora comprovar que o segurado tinha conhecimento inequívoco daquela".

Em matéria de seguro-saúde, v., no nosso CCLCV, CDC 51, nota 7.

Art. 766: 2a. "As declarações inexatas ou omissões no questionário de risco em contrato de **seguro de veículo** automotor não autorizam, automaticamente, a perda da indenização securitária. É preciso que tais inexatidões ou omissões tenham acarretado concretamente o agravamento do risco contratado e decorram de ato intencional do segurado. Interpretação sistemática dos arts. 766, 768 e 769 do CC/02. No caso concreto, a circunstância de a segurada não possuir carteira de habilitação ou de ter idade avançada — ao contrário do seu neto, o verdadeiro condutor — não poderia mesmo, por si, justificar a negativa da seguradora. É sabido, por exemplo, que o valor do prêmio de seguro de veículo automotor é mais elevado na primeira faixa etária (18 a 24 anos), mas volta a crescer para contratantes de idade avançada. Por outro lado, o roubo do veículo segurado — que, no caso, ocorreu com o neto da segurada no interior do automóvel — não guarda relação lógica com o fato de o condutor ter ou não carteira de habilitação. Ou seja, não ter carteira de habilitação ordinariamente não agrava o risco de roubo de veículo. Ademais, no caso de roubo, a experiência demonstra que, ao invés de reduzi-lo, a idade avançada do condutor pode até agravar o risco de sinistro — o que ocorreria se a condutora fosse a segurada, de mais de 70 anos de idade —, porque haveria, em tese, uma vítima mais frágil a investidas criminosas" (STJ-4ª T., REsp 1.210.205, Min. Luis Felipe, j. 1.9.11, DJ 15.9.11).

Art. 766: 3. "Nos contratos de seguro de veículos denominados 'seguro perfil', ocorrendo o sinistro, o fato de o motorista ser pessoa não relacionada como condutor do veículo, eventualmente tendo se utilizado do bem, não elide o dever de indenizar da seguradora, se não comprovada a má-fé do segurado" (RJM 173/209). No mesmo sentido: "Seguro de automóvel. Contratação pelo regime de perfil. Bem subtraído. Irrelevância do fato de o bem estar na posse de quem não era o condutor habitual, no caso de isso não ter concorrido para o sinistro" (JTJ 305/308) Ainda: "A omissão do contratante em relatar que o veículo segurado poderia ser conduzido por seu filho não afasta a responsabilidade da seguradora ao pagamento da indenização, sobretudo porque não demonstrada a má-fé do segurado, bem como que tal omissão teria acarretado o agravamento de risco. Inaplicável ao caso o art. 768 do Código Civil" (RMDECC 32/122: TJPR, AP 636.345-9). Também mantendo o direito ao seguro nessas circunstâncias: RT 870/239, 871/318, JTJ 343/375 (AP 992.05.061006-5).

Contra: "Fere a boa-fé objetiva a pretensão do segurado ao recebimento de indenização securitária em caso de sinistro causado por condutor com menos de 25 anos de idade, se, no contrato de seguro, há cláusula expressa de exclusão da cobertura para essa situação. O fato de o condutor com menos de 25 anos ter adquirido habilitação para dirigir após a contratação do seguro não exime o segurado de informar a seguradora sobre a nova condição, caso seja de seu interesse incluí-lo na cobertura" (STJ-3ª T., REsp 1.284.475, Min. João Otávio, j. 6.5.14, maioria, DJ 29.5.14).

"Na hipótese dos autos, a apólice securitária consigna expressamente que o veículo segurado não pode ser dirigido por pessoa(s) menor(es) de 26 anos na época de vigência do contrato. Assim, como à época do acidente, o terceiro responsável pela prática do 'racha' possuía 21 anos de idade, houve a inobservância dos termos da apólice, razão pela qual não há falar em pagamento de indenização securitária" (STJ-4ª T., REsp 1.368.766, Min. Luis Felipe, j. 1.3.16, DJ 6.4.16).

Art. 766: 4. "Se o segurado faz declaração inverídica com relação à destinação do veículo, e desta forma agrava os riscos, procedendo de maneira contrária ao estipulado no contrato, perderá o direito à indenização securitária" (JTJ 314/332: AP 938.830-0/4; no caso, declarou-se que o veículo era exclusivamente para passeio, mas o segurado fazia uso do automóvel para o transporte de passageiros). Em sentido semelhante: STJ-3ª T., REsp 1.340.100, Min. Ricardo Cueva, j. 21.8.14, DJ 8.9.14.

Todavia, em caso no qual a omissão do segurado não interferiu na ocorrência do sinistro (ele não disse à seguradora que o veículo objeto do seguro era usado também para fins de locação, mas o evento danoso aconteceu na garagem da sua casa), foi mantido o direito ao seguro (RT 858/323).

Art. 766: 4a. "É válida cláusula contratual que isenta a responsabilidade da seguradora, quando o veículo circula, habitualmente, em região distinta da declarada no contrato de seguro, pois é com base nas informações prestadas pelo segurado que a seguradora avalia a aceitação dos riscos e arbitra o valor da prestação a ser paga. De acordo com o princípio da boa-fé objetiva, deve-se esperar do segurado a prestação de informações que possam influenciar na aceitação do contrato e na fixação do prêmio. Na presente hipótese, o segurado, ao firmar contrato em localidade diversa da circulação habitual do veículo e ali indicar endereço residencial, certamente, omitiu informação relevante" (STJ-3ª T., REsp 988.044, Min. Nancy Andrighi, j. 17.12.09, DJ 2.2.10). No mesmo sentido: RJM 192/300 (AP 1.0145.07.413789-7/001).

Todavia: "A ausência de comunicação do segurado à seguradora sobre eventual mudança de endereço somente gerará o agravamento de risco e permitirá a negativa de pagamento da cobertura quando ficar expressamente comprovado o *animus* de lesionar" (RJ-Lex 51/351: TJSC, AP 2011.019956-9).

V. art. 768.

Art. 766: 5. "Embora o segurado haja afirmado que seu veículo era guardado em estacionamento fechado, o fato de ele ser furtado, quando estacionado em via pública, não afasta o dever indenizatório da seguradora, sob pena de o seguro se tornar inócuo" (RT 859/265).

"Cláusula de perfil. Resposta afirmativa da segurada à indagação acerca da guarda do veículo em garagem no trabalho e na residência. Furto do veículo estacionado em via pública defronte o local em que a segurada trabalhava por período de um mês e meio por ano. Não ocorrência de declaração inverídica. Indenização devida" (JTJ 320/622: AP 958.243-0/1, maioria).

"Veículo furtado. Estacionamento. Alteração da situação no decorrer do contrato. Declaração correta por ocasião da assinatura. Vaga de garagem alugada. Vencimento do contrato e negociação quando do furto. Prova testemunhal. Veículo que não era habitualmente estacionado na via pública. Agravamento de risco não verificado" (RT 892/195: TJSP, AP 992.05.035007-1, maioria).

"Indiferente o fato do autor estacionar ou não seu veículo em garagem fechada quando no trabalho, haja vista o veículo ter sido roubado quando o autor saía de um restaurante" (JTJ 328/561: AP 987.800-0/0; a citação é do voto do relator).

Contra: "O sinistro (furto) ocorreu por um comportamento habitual do real condutor do veículo, que o estacionava na rua, e as informações falseadas eram relevantes para o enquadramento do risco e do grupo de exposição e para a fixação do prêmio" (STJ-3ª T., REsp 1.419.731, Min. Ricardo Cueva, j. 7.8.14, DJ 9.9.14; a citação é do voto do relator).

Art. 766: 6. Em caso no qual o segurado fez declarações incorretas para obter ilegitimamente bonificações redutoras da taxa do prêmio, a indenização que lhe foi entregue sofreu proporcional redução (RT 879/262: TJSP, AP 941001-0/3).

Art. 766: 7. "**Seguro de responsabilidade civil de diretores e administradores de pessoa jurídica** (seguro de RC D&O). Renovação da apólice. Questionário de avaliação de risco. Informações inverídicas do segurado e do tomador do seguro. Má-fé. Configuração. Perda do direito à garantia. Na hipótese dos autos, as informações prestadas pela tomadora do seguro e pelo segurado no questionário de risco não correspondiam à realidade enfrentada pela empresa no momento da renovação da apólice, o que acabou por induzir a seguradora em erro na avaliação do risco contratual. A omissão dolosa quanto aos eventos sob investigação da CVM dá respaldo à sanção de perda do direito à indenização securitária" (STJ-3ª T., REsp 1.601.555, Min. Ricardo Cueva, j. 14.2.17, DJ 20.2.17).

Art. 767. No seguro à conta de outrem,[1] o segurador pode opor ao segurado quaisquer defesas que tenha contra o estipulante, por descumprimento das normas de conclusão do contrato, ou de pagamento do prêmio.[2] [Dispositivo correspondente no CC/1916: art. 1.464.]

Art. 767: 1. i. e., no seguro em que o estipulante realiza com o segurador um contrato em favor de terceiro (segurado).

Art. 767: 2. s/ estipulação em favor de terceiro, v. arts. 436 a 438.

Art. 768. O segurado perderá o direito à garantia se agravar intencionalmente o risco objeto do contrato.[1 a 4] [Dispositivo correspondente no CC/1916: art. 1.454.]

Art. 768: 1. v. art. 769. V. tb. arts. 422 e 765.

Art. 768: 1a. Súmula 465 do STJ: "Ressalvada a hipótese de efetivo agravamento do risco, a seguradora não se exime do dever de indenizar em razão da **transferência do veículo sem a sua prévia comunicação".**

Em outras palavras: "A transferência de titularidade do veículo segurado sem comunicação à seguradora, por si só, não constitui agravamento do risco" (STJ-3ª T., REsp 600.788, Min. Gomes de Barros, j. 25.9.06, DJU 30.10.06).

V. tb. art. 766, nota 4a (circulação habitual do veículo em local distinto do informado).

Art. 768: 2. Embriaguez, acidente de trânsito e direito ao seguro. "A cláusula do contrato de seguro de vida que exclui da cobertura do sinistro o condutor de veículo automotor em estado de embriaguez não é abusiva; que o risco, nesse caso, é agravado resulta do senso comum, retratado no dito 'se beber não dirija, se dirigir não beba'" (STJ-RDDP 68/143: 3ª T., REsp 973.725).

"A embriaguez do segurado, verificada em insuspeito exame toxicológico, em taxa muito superior ao parâmetro do Código de Trânsito Brasileiro e em grau tal que sequer permite considerar suscetibilidade maior ou menor de indivíduo para indivíduo, caracteriza evidente agravamento do risco. Daí a perda do direito ao seguro" (JTJ 293/248). No mesmo sentido: RT 862/378.

"A embriaguez ao volante é causa de agravamento de risco de acidente automobilístico, cabendo a beneficiário de vítima fatal que dirigia embriagada a prova de que o sinistro se deu por causa estranha à ebriedade" (RJM 172/136). No mesmo sentido: JTJ 348/330 (AP 992.07.062507-6).

"Seguro de vida. Atropelamento. Morte. Negativa de pagamento da indenização. Embriaguez da vítima comprovada. Causa determinante para a ocorrência do sinistro. Diante da prova de que o cônjuge da segurada se encontrava embriagado e ingressou na via de rolamento de inopino, sendo colhido por veículo que trafegava em velocidade compatível com o local, a improcedência da demanda é medida que se impõe" (RT 844/371).

"Sob o prisma da boa-fé, é possível concluir que o segurado, quando ingere bebida alcoólica e assume a direção do veículo ou empresta-o a alguém desidioso, que irá, por exemplo, embriagar-se (*culpa in eligendo* ou *in vigilando*), frustra a justa expectativa das partes contratantes na execução do seguro, pois rompe-se com os deveres anexos do contrato, como os de fidelidade e de cooperação. Constatado que o condutor do veículo estava sob influência do álcool (causa direta ou indireta) quando se envolveu em acidente de trânsito — fato esse que compete à seguradora comprovar —, há presunção relativa de que o risco da sinistralidade foi agravado, a ensejar a aplicação da pena do art. 768 do CC" (STJ-3ª T., REsp 1.485.717, Min. Ricardo Cueva, j. 22.11.16, DJ 14.12.16). Em sentido semelhante: "Configura-se a hipótese de exclusão da cobertura securitária se o segurado, de forma negligente, contribui decisivamente para o aumento do risco, ao autorizar a condução de veículo a pessoa que faz uso de bebida alcoólica e dirige embriagada, fato decisivo para a consumação do evento danoso" (RJM 174/186).

Todavia: "A circunstância de o segurado, no momento em que aconteceu o sinistro, apresentar dosagem etílica superior àquela admitida na legislação de trânsito não basta para excluir a responsabilidade da seguradora, pela indenização prevista no contrato. Para livrar-se da obrigação securitária, a seguradora deve provar que a embriaguez causou, efetivamente, o sinistro" (STJ-RT 853/188: 3ª T., REsp 685.413, dois votos vencidos). No mesmo sentido: STJ-4ª T., REsp 595.551, Min. Aldir Passarinho Jr., j. 13.9.05, DJU 10.10.05; RT 896/283 (TJPR, AP 0627153-2), 902/257 (TJAL, AP 2010.003010-7), JTJ 294/303, 327/470 (AP 825.766-0/0).

Mantendo o direito à indenização em caso no qual o veículo era conduzido por pessoa outra que o segurado e que estava embriagada: RT 870/239, 871/318. No mesmo sentido, ponderando o seguinte: "O comportamento que gera o aumento dos riscos assumidos na apólice e que, portanto, exime a seguradora do pagamento da indenização, a teor do disposto no art. 1.454 do CC de 1916 (art. 768 do CC de 2002), deve ser do próprio segurado, e não de preposto ou terceiro a quem entregou a direção do veículo" (JTJ 329/590: AP 934.054-0/9). Ainda: "A presunção de que o contratante-segurado tem por obrigação não permitir que o veículo segurado seja conduzido por pessoa em estado de embriaguez é válida e esgota-se, efetivamente, até a entrega do veículo a terceiro. Inexiste nos autos qualquer menção de que, na oportunidade em que o segurado entregou o veículo ao seu filho, este já se encontraria em estado de embriaguez, caso em que se poderia, com razão, cogitar em agravamento direto do risco por parte do segurado" (STJ-3ª T., REsp 1.097.758, Min. Massami Uyeda, j. 10.2.09, DJ 27.2.09). No mesmo sentido: STJ-4ª T., REsp 1.050.317-EDcl-AgRg, Min. Marco Buzzi, j. 1.10.13, DJ 8.10.13.

Art. 768: 2a. Mantendo o direito à indenização em caso no qual o condutor do veículo, filho da segurada, estava sob os efeitos de droga ilícita ("crack"): JTJ 357/458 (AP 992.07.036848-0).

Art. 768: 2b. "A **inabilitação do condutor** responsável pelo acidente automobilístico exclui o dever da seguradora pela indenização securitária" (RJM 184/239: AP 1.0105.04.127155-9/001). No mesmo sentido: JTJ 318/320 (AP 1.013.558-0/5), RJM 176-177/87.

"À vista dos princípios da eticidade, da boa-fé e da proteção da confiança, o agravamento do risco decorrente da culpa *in vigilando* da empresa, ao não evitar que empregado não habilitado se apossasse do veículo, tem como consequência a exclusão da cobertura, haja vista que o apossamento proveio de culpa grave do segurado" (STJ-3ª T., REsp 1.412.816, Min. Nancy Andrighi, j. 15.5.14, DJ 30.5.14).

Contra: "A falta de habilitação para dirigir motocicleta constitui mera infração administrativa que não configura, por si só, o agravamento intencional do risco por parte do segurado apto a afastar a obrigação de indenização da seguradora" (STJ-4ª T., REsp 1.230.754, Min. Isabel Gallotti, j. 18.12.12, DJ 4.2.13).

"Seguro de vida. Ausência de brevê para pilotar aeronave. Agravamento de risco não configurado. Excludente da cobertura do seguro não caracterizada" (STJ-4ª T., Ag em REsp 218.061-AgRg, Min. Isabel Gallotti, j. 17.12.13, DJ 4.2.14).

Art. 768: 3. "Seguro de pessoa. Morte acidental. Cobertura indevida. Circunstância de agravamento de risco. *Causa mortis*, traumatismo crânio-encefálico. **Segurado, conduzindo motocicleta, sem o uso de capacete,** equipamento de segurança obrigatório. Inteligência do art. 54, I, do Código de Trânsito Brasileiro e art. 1.454 do Código Civil de 1916" (JTJ 347/377: AP 992.06.031401-9).

Art. 768: 3a. "**Veículo furtado,** durante a madrugada, em posto de gasolina, tendo o segurado deixado as portas abertas e a chave na ignição. Caracterização do agravamento intencional do risco pelo segurado. Interpretação do art. 768 do Código Civil à luz do princípio da boa-fé objetiva (art. 765 do CC)" (STJ-3ª T., REsp 1.411.431, Min. Paulo Sanseverino, j. 4.11.14, DJ 10.11.14).

Art. 768: 3b. "**Contratos de seguro e de transporte.** Agravamento do risco. Culpa grave. No caso dos autos, a conduta culposa apontada pela seguradora, em relação ao primeiro sinistro, não configura a gravidade imprescindível à caraterização do agravamento do risco, porque respaldado em estudo técnico preparatório e atendida a diligência esperada na realização da carga e descarga envolvida no contrato de transporte. No segundo sinistro, a utilização de peça não original, substituída sem prévio estudo técnico quanto à sua resistência e sua viabilidade para a realização do transporte contratado, não atende à prudência esperada de empresas que se dedicam habitualmente ao transporte de supercargas, caracterizando, nesse caso, o agravamento do risco e afastando o dever da seguradora de indenizar" (STJ-3ª T., REsp 1.584.477, Min. Marco Bellizze, j. 30.3.17, maioria, DJ 5.5.17).

Art. 768: 4. "Em matéria de **seguro de vida,** vocacionado a permitir ao segurado maior tranquilidade, o contrato não lhe inflige o dever de exercer vigília permanente sobre si mesmo, de sorte a evitar, em tempo, a ocorrência de todo e qualquer sinistro envolto em sua esfera de atuação. A indenização, em linha de princípio, pago o prêmio se afigura devida. A negativa, medida excepcional, requer se configure o dolo do segurado em relação ao agravamento do risco, visando deliberada e voluntariamente ao pagamento do prêmio em prol dos terceiros beneficiários. Não é o que ocorre quando o segurado, em momento habitual de lazer, vem a falecer em decorrência da prática do esporte da **caça subaquática** (art. 799 do CC/2002), ainda que o exame toxicológico decline o encontro do princípio ativo da maconha (THC)" (RT 859/375).

"A simples relação entre o estado de **embriaguez e a queda fatal,** como única forma razoável de explicar o evento, não se mostra, por si só, suficiente para elidir a responsabilidade da seguradora, com a consequente exoneração de pagamento da indenização prevista no contrato. A legitimidade de recusa ao pagamento do seguro requer a comprovação de que houve voluntário e consciente agravamento do risco por parte do segurado, revestindo-se seu ato condição determinante na configuração do sinistro, para efeito de dar ensejo à perda da cobertura securitária, porquanto não basta a presença de ajuste contratual prevendo que a embriaguez exclui a cobertura do seguro. Destinando-se o seguro a cobrir os danos advindos de possíveis acidentes, geralmente oriundos de atos dos próprios segurados, nos seus normais e corriqueiros afazeres do dia a dia, a prova do teor alcoólico na concentração de sangue não se mostra suficiente para se situar como nexo de causalidade com o dano sofrido, notadamente por não exercer influência o álcool com idêntico grau de intensidade nos indivíduos. A culpa do segurado, para efeito de caracterizar desrespeito ao contrato, com prevalecimento da cláusula liberatória da obrigação de indenizar prevista na apólice, exige a plena demonstração de intencional conduta do segurado para agravar o risco objeto do contrato" (STJ-RDPr 43/396: 4ª T., REsp 780.757).

"Seguro de vida. **Acidente de trânsito.** Causa do sinistro. **Embriaguez** do segurado. Morte acidental. Agravamento do risco. Descaracterização. Dever de indenizar da seguradora. No seguro de vida, é vedada a exclusão de cobertura na hipótese de sinistros ou acidentes decorrentes de atos praticados pelo segurado em estado de insanidade mental, de alcoolismo ou sob efeito de substâncias tóxicas (Carta Circular SUSEP/DETEC/GAB n. 08/2007). As cláusulas restritivas do dever de indenizar no contrato de seguro de vida são mais raras, visto que não podem esvaziar a finalidade do contrato, sendo da essência do seguro de vida um permanente e contínuo agravamento do risco segurado" (STJ-3ª T., REsp 1.665.701, Min. Ricardo Cueva, j. 9.5.17, DJ 31.5.17).

"Não consubstancia situação de agravamento de risco o ato do segurado que sobe em torre metálica elevada, mas de fácil acesso, para descortinar vista panorâmica, porquanto constitui **comportamento aventureiro razoável** e previsível na vida das pessoas, como também acontece com escalada de árvores, pedras, trilhas íngremes, e coisas semelhantes. Devida, portanto, a cobertura securitária ante a paraplegia decorrente da queda" (STJ-RT 899/131: 4ª T., REsp 795.027).

Todavia: "Tendo o segurado agravado o risco, praticando **atividades ilícitas** que resultaram em seu falecimento, praticou ele infração contratual", sendo de rigor a aplicação da pena do CC 768 (JTJ 333/548: AP 1.063.004-0/7, maioria). Do voto do relator: "No presente feito restou demonstrado que o segurado faleceu em decorrência de traumatismo craniano encefálico e hemorragia interna por ferimentos de projéteis de arma de fogo, em razão de seu envolvimento em atividades ilícitas, havendo nos autos informes comprovando ter sido ele denunciado e condenado por infração do art. 168 do Código Penal, havendo, também, farto material corroborando seus péssimos antecedentes criminais, com participação em outros delitos, anteriores e posteriores à contratação".

Art. 769. O segurado é obrigado a comunicar ao segurador, logo que saiba, todo incidente suscetível de agravar consideravelmente o risco[1-1a] coberto, sob pena de perder o direito à garantia, se provar que silenciou de má-fé.[2-3] [Dispositivo correspondente no CC/1916: art. 1.455.]

§ 1º O segurador, desde que o faça nos quinze dias seguintes ao recebimento do aviso da agravação do risco sem culpa do segurado, poderá dar-lhe ciência, por escrito, de sua decisão de resolver o contrato. [Sem dispositivo correspondente no CC/1916.]

§ 2º A resolução só será eficaz trinta dias após a notificação, devendo ser restituída pelo segurador a diferença do prêmio. [Sem dispositivo correspondente no CC/1916.]

Art. 769: 1. v. arts. 770 e 773.

Art. 769: 1a. **Enunciado 374 do CEJ:** "No contrato de seguro, o juiz deve proceder com equidade, atentando às circunstâncias reais, e não a probabilidades infundadas, quanto à agravação dos riscos".

Art. 769: 2. v. arts. 422 e 765.

Art. 769: 3. Entendendo ser devida a indenização de sinistro em caso no qual o segurado já havia transferido o veículo para terceiro, sem comunicar a seguradora, porque não restou provado o agravamento considerável do risco, nem a má-fé do silêncio: RDPr 32/380.

Art. 770. Salvo disposição em contrário, a diminuição do risco no curso do contrato não acarreta a redução do prêmio estipulado; mas, se a redução do risco for considerável, o segurado poderá exigir a revisão do prêmio, ou a resolução do contrato. [Sem dispositivo correspondente no CC/1916.]

Art. 771. Sob pena de perder o direito à indenização, o segurado participará o sinistro ao segurador, logo que o saiba,[1-2] e tomará as providências imediatas para minorar-lhe as consequências. [Dispositivo correspondente no CC/1916: art. 1.457-*caput*.]

Parágrafo único. Correm à conta do segurador, até o limite fixado no contrato, as despesas de salvamento consequente ao sinistro.[3] [Sem dispositivo correspondente no CC/1916.]

Art. 771: 1. "O comando do art. 1.457 do CC/16, cuja essência foi mantida pelo art. 771 do CC/02, não autoriza a seguradora a recusar o pagamento da indenização pelo simples fato de o segurado não ter comunicado o sinistro. A obrigação de informar a seguradora do sinistro 'logo que o saiba' desaparece desde que se torne supérfluo qualquer aviso, pela notoriedade do fato ou quando, pela espécie de seguro, não tenha a seguradora interesse algum em ser avisada imediatamente da ocorrência" (STJ-3ª T., REsp 1.137.113, Min. Nancy Andrighi, j. 13.3.12, DJ 22.3.12).

Art. 771: 2. "A **pena de perda do direito à indenização** securitária inscrita no art. 771 do CC, ao fundamento de que o segurado não participou o sinistro ao segurador logo que teve ciência, deve ser interpretada de forma sistemática com as cláusulas gerais da função social do contrato e de probidade, lealdade e boa-fé previstas nos arts. 113, 421, 422 e 765 do CC, devendo a punição recair primordialmente em posturas de **má-fé ou culpa grave,** que lesionem legítimos interesses da seguradora. A sanção de perda da indenização securitária **não incide de forma automática** na hipótese de inexistir pronta notificação do sinistro, visto que deve ser imputada ao segurado uma omissão dolosa, injustificada, que beire a má-fé, ou culpa grave, que prejudique, de forma desproporcional, a atuação da seguradora, que não poderá se beneficiar, concretamente, da redução dos prejuízos indenizáveis com possíveis medidas de salvamento, de preservação e de minimização das consequências. Na hipótese dos autos, fatos relevantes impediram o segurado de promover a imediata comunicação de sinistro: temor real de represálias em razão de ameaças de morte feitas pelo criminoso quando da subtração do bem à mão armada no interior da residência da própria vítima. Assim, não poderia ser exigido comportamento diverso, que poderia lhe causar efeitos lesivos ou a outrem, o que afasta a aplicação da drástica pena de perda do direito à indenização, especialmente considerando a presença da boa-fé objetiva, princípio-chave que permeia todas as relações contratuais, incluídas as de natureza securitária. É imperioso o pagamento da indenização securitária, haja vista a dinâmica dos fatos ocorridos durante e após o sinistro e a interpretação sistemática que deve ser dada ao art. 771 do CC, ressaltando-se que não houve nenhum conluio entre os agentes ativo e passivo do episódio criminoso, tampouco vontade deliberada de fraudar o contrato de seguro ou de piorar os efeitos decorrentes do sinistro, em detrimento dos interesses da seguradora. Longe disso, visto que o salvado foi recuperado, inexistindo consequências negativas à seguradora com o ato omissivo de entrega tardia do aviso de sinistro" (STJ-3ª T., REsp 1.546.178, rel. Min. Ricardo Cueva, j. 13.9.16, DJ 19.9.16).

Art. 771: 3. v. arts. 779 e 787.

Art. 772. A mora do segurador em pagar o sinistro obriga à atualização monetária[1-1a] da indenização devida segundo índices oficiais regularmente estabelecidos, sem prejuízo dos juros moratórios.[2] [Sem dispositivo correspondente no CC/1916.]

Art. 772: 1. v., no nosso CCLCV, tít. CORREÇÃO MONETÁRIA.

Art. 772: 1a. **Lei 5.488, de 27.8.68** — Institui a correção monetária nos casos de liquidação de sinistros cobertos por contratos de seguro.

Art. 772: 2. v. arts. 394 a 401, 406 e 407.

Art. 773. O segurador que, ao tempo do contrato, sabe estar passado o risco de que o segurado se pretende cobrir, e, não obstante, expede a apólice, pagará em dobro o prêmio estipulado.[1] [Dispositivo correspondente no CC/1916: art. 1.446.]

Art. 773: 1. v. arts. 147, 764 e 765.

Art. 774. A recondução tácita do contrato pelo mesmo prazo, mediante expressa cláusula contratual, não poderá operar mais de uma vez.[1-2] [Sem dispositivo correspondente no CC/1916.]

Art. 774: 1. de modo a permitir uma reavaliação das condições e riscos do negócio.

Art. 774: 2. "Em se tratando de contrato por prazo determinado, a obrigação da seguradora, consistente na assunção dos riscos predeterminados, restringe-se ao período contratado, tão somente. Na hipótese de concretização do risco, durante o período contratado, a seguradora, por consectário lógico, é responsável, ainda, pelo pagamento da respectiva cobertura. Em contrapartida, a não implementação do risco (ou seja, a não concretização do perigo — evento futuro, incerto e alheio à vontade das partes) não denota, por parte da seguradora, qualquer inadimplemento contratual, tampouco confere ao segurado o direito de reaver os valores pagos ou percentual destes, ou mesmo de manter o vínculo contratual. Sobressai, assim, do contrato em tela, dois aspectos relevantes, quais sejam, o do mutualismo das obrigações (diluição do risco individual no risco coletivo) e o da temporariedade contratual. A temporariedade dos contratos de seguro de vida decorre justamente da necessidade de, periodicamente, aferir-se, por meio dos correlatos cálculos atuariais, a higidez e a idoneidade do fundo a ser formado pelas arrecadações dos segurados, nas bases contratadas, para o efeito de resguardar, no período subsequente, os interesses da coletividade segurada. Tal regramento provém, assim, da constatação de que esta espécie contratual, de cunho coletivo, para atingir sua finalidade, deve ser continuamente revisada (adequação atuarial), porquanto os riscos predeterminados a que os interesses segurados estão submetidos são, por natureza, dinâmicos.

Efetivamente, a partir de tal aferição, será possível à seguradora sopesar se a contratação do seguro de vida deverá seguir nas mesmas bases pactuadas, se deverá ser reajustada, ou mesmo se, pela absoluta inviabilidade de se resguardar os interesses da coletividade, não deverá ser renovada. Tal proceder, em si, não encerra qualquer abusividade ou indevida potestatividade por parte da seguradora" (STJ-2ª Seção, REsp 880.605, Massami Uyeda, j. 13.6.12, maioria, DJ 17.9.12).

"O contrato de seguro de vida celebrado entre as partes só foi renovado automaticamente por 5 (cinco) vezes, não podendo ser aplicados os precedentes desta Corte, os quais tratam de relações muito mais duradouras — 20, 30 anos — em que se estabeleceu um vínculo de dependência e confiança do segurado em relação a seguradora, ficando aquele em situação de desvantagem excessiva em relação a essa, além de se encontrar totalmente desamparado após longos anos de mútua colaboração. Salvo situações excepcionais, em que os contratos de seguros foram renovados sucessivamente, por longos períodos de tempo, evidenciando seu caráter relacional, e gerando no consumidor a legítima expectativa de continuidade da relação, além da dependência em relação à seguradora, não se pode obrigar essa última a ficar eternamente vinculada à prestação de cobertura aos riscos contratados" (STJ-3ª T., REsp 1.294.093, Min. Nancy Andrighi, j. 8.4.14, DJ 24.4.14).

Todavia: "No moderno direito contratual reconhece-se, para além da existência dos contratos descontínuos, a existência de contratos relacionais, nos quais as cláusulas estabelecidas no instrumento não esgotam a gama de direitos e deveres das partes. Se o consumidor contratou, ainda jovem, o seguro de vida oferecido pela recorrida e se esse vínculo vem se renovando desde então, ano a ano, por mais de trinta anos, a pretensão da seguradora de modificar abruptamente as condições do seguro, não renovando o ajuste anterior, ofende os princípios da boa fé objetiva, da cooperação, da confiança e da lealdade que deve orientar a interpretação dos contratos que regulam relações de consumo. Constatados prejuízos pela seguradora e identificada a necessidade de modificação da carteira de seguros em decorrência de novo cálculo atuarial, compete a ela ver o consumidor como um colaborador, um parceiro que a tem acompanhado ao longo dos anos. Assim, os aumentos necessários para o reequilíbrio da carteira têm de ser estabelecidos de maneira suave e gradual, mediante um cronograma extenso, do qual o segurado tem de ser cientificado previamente. Com isso, a seguradora colabora com o particular, dando-lhe a oportunidade de se preparar para os novos custos que onerarão, ao longo do tempo, o seu seguro de vida, e o particular também colabora com a seguradora, aumentando sua participação e mitigando os prejuízos constatados. A intenção de modificar abruptamente a relação jurídica continuada, com simples notificação entregue com alguns meses de antecedência, ofende o sistema de proteção ao consumidor e não pode prevalecer" (STJ-2ª Seção, REsp 1.073.595, Min. Nancy Andrighi, j. 23.3.11, maioria, DJ 29.4.11).

"Ainda que inexista norma legal que proíba a resolução unilateral do contrato de seguro de vida, é lícito ao julgador, sobretudo em situações excepcionais que possam colocar o consumidor em posições deveras desvantajosas, valer-se da analogia a fim de assegurar o equilíbrio das partes e de dar prestígio à boa-fé objetiva, à dignidade humana e à função social do negócio jurídico entabulado. Aparenta-se possível que a análise judicial da questão absorva a *mens legis* posta nos arts. 14 e 15 da Lei n. 9.656/98, no sentido de garantir ao segurado, como alternativa ao contrato anterior, a disponibilização de propostas viáveis e razoáveis, mesmo que estas não venham a desprezar a sua idade avançada" (RMDECC 16/127).

Art. 775. Os agentes autorizados do segurador presumem-se seus representantes para todos os atos relativos aos contratos que agenciarem.[1 a 3] [Sem dispositivo correspondente no CC/1916.]

Art. 775: 1. v. arts. 710 a 721. S/ pagamento do prêmio ao corretor de seguros, v. art. 763, nota 3.

Art. 775: 2. **Lei 4.594, de 29.12.64** — Regula a profissão de corretor de seguros.

Dec. 56.900, de 23.9.65 — Dispõe sobre o regime de corretagem de seguros na forma da Lei 4.594, de 29.12.64.

Dec. 56.903, de 24.9.65 — Regulamenta a profissão de corretor de Seguros de Vida e de Capitalização, de conformidade com o art. 32 da Lei 4.594, de 29.12.64.

Art. 775: 3. "Muito embora a **corretora de seguros** responda pelos danos causados ao segurado em razão de eventual conduta culposa, isso não a torna solidariamente responsável pelo pagamento da própria indenização securitária" (STJ-4ª T., REsp 1.190.772, Min. Luis Felipe, j. 19.10.10, DJ 26.10.10).

Todavia: "O agente que intermedeia a contratação de seguro é parte legítima para figurar na ação de cobrança da indenização securitária se, com seu comportamento, faz crer ao contratante que é responsável pela cobertura" (STJ-4ª T., REsp 1.041.037, Min. Aldir Passarinho Jr., j. 2.9.10, DJ 17.9.10).

Art. 776. O segurador é obrigado a pagar em dinheiro o prejuízo[1 a 1b] resultante do risco assumido, salvo se convencionada a reposição da coisa. [Dispositivo correspondente no CC/1916: art. 1.458.]

Art. 776: 1. v. art. 781.

Art. 776: 1a. "o prejuízo"; não a importância pela qual a coisa foi segurada. Assim, na sistemática do CC, segurado veículo por R$ 100.000,00 e valendo ele no momento do sinistro R$ 80.000,00, em razão da sua desvalorização, é este valor e não aquele que baliza o pagamento ao segurado, ainda que o prêmio tenha sido pago com base no valor maior.

Art. 776: 1b. "As seguradoras disponibilizam mais de uma espécie de contrato de seguro de **automóvel** ao consumidor, cada qual com diferentes preços. Há contratos que estabelecem que a indenização do sinistro deve ser feita pelo valor do veículo determinado na apólice e há contratos que determinam que essa indenização securitária seja realizada pelo valor de mercado referenciado. Cabe ao consumidor optar pela modalidade que lhe pareça mais favorável. Não é abusiva, por si só, a cláusula dos contratos de seguro que preveja que a seguradora de veículos, nos casos de perda total ou de furto do bem, indenize o segurado pelo **valor de mercado na data do sinistro**" (STJ-4ª T., REsp 1.189.213, Min. Raul Araújo, j. 22.2.11, um voto vencido, DJ 27.6.11).

Mas: "É abusiva a cláusula contratual do seguro de automóvel que impõe o cálculo da indenização securitária com base no valor médio de mercado do bem vigente na data de liquidação do sinistro, pois onera desproporcionalmente o segurado, colocando-o em situação de desvantagem exagerada, indo de encontro ao princípio indenitário. Como cediço, os veículos automotores sofrem, com o passar do tempo, depreciação econômica, e quanto maior o lapso entre o sinistro e o dia do efetivo pagamento, menor será a recomposição do patrimônio garantido. A cláusula do contrato de seguro de automóvel a qual adota, na ocorrência de perda total, o valor médio de mercado do veículo como parâmetro para a apuração da indenização securitária deve observar a tabela vigente na data do sinistro e **não a data do efetivo pagamento (liquidação do sinistro)**" (STJ-3ª T., REsp 1.546.163, Min. Ricardo Cueva, j. 5.5.16, DJ 16.5.16).

Art. 777. O disposto no presente Capítulo aplica-se, no que couber, aos seguros regidos por leis próprias.[1] [Sem dispositivo correspondente no CC/1916.]

Art. 777: 1. s/ seguro marítimo, v. CCo 666 a 730.

Seção II | DO SEGURO DE DANO

Art. 778. Nos seguros de dano, a garantia prometida não pode ultrapassar o valor do interesse segurado no momento da conclusão do contrato,[1-2] sob pena do disposto no art. 766, e sem prejuízo da ação penal que no caso couber. [Sem dispositivo correspondente no CC/1916.]

Art. 778: 1. No caso de novo seguro, v. art. 782.

Art. 778: 2. o que é uma exigência da vedação ao enriquecimento sem causa (arts. 884 a 886).

Art. 779. O risco do seguro compreenderá todos os prejuízos resultantes ou consequentes, como sejam os estragos ocasionados para evitar o sinistro, minorar o dano, ou salvar a coisa.[1] [Dispositivo correspondente no CC/1916: art. 1.461.]

Art. 779: 1. v. art. 771.

Art. 780. A vigência da garantia, no seguro de coisas transportadas, começa no momento em que são pelo transportador recebidas, e cessa com a sua entrega ao destinatário.[1] [Sem dispositivo correspondente no CC/1916.]

Art. 780: 1. v. art. 750.

Art. 781. A indenização não pode ultrapassar o valor do interesse segurado no momento do sinistro,[1] e, em hipótese alguma, o limite máximo da garantia fixado na apólice,[1a] salvo em caso de mora[2] do segurador. [Sem dispositivo correspondente no CC/1916.]

Art. 781: 1. v. art. 776.
Art. 781: 1a. v. arts. 778 e 783.
Art. 781: 2. v. arts. 394 a 401.

Art. 782. O segurado que, na vigência do contrato, pretender obter novo seguro[1] sobre o mesmo interesse, e contra o mesmo risco junto a outro segurador, deve previamente comunicar sua intenção por escrito ao primeiro, indicando a soma por que pretende segurar-se, a fim de se comprovar a obediência ao disposto no art. 778. [Sem dispositivo correspondente no CC/1916.]

Art. 782: 1. cf. art. 789.

Art. 783. Salvo disposição em contrário, o seguro de um interesse por menos do que valha acarreta a redução proporcional da indenização, no caso de sinistro parcial.[1] [Sem dispositivo correspondente no CC/1916.]

Art. 783: 1. p. ex., segurado por 500 reais bem de valor equivalente a 1.000 reais, sua perda pela metade ensejará o pagamento de indenização equivalente a 250 reais.

Art. 784. Não se inclui na garantia o sinistro provocado por vício intrínseco da coisa segurada,[1] não declarado pelo segurado. [Dispositivo correspondente no CC/1916: art. 1.459.]

Parágrafo único. Entende-se por vício intrínseco o defeito próprio da coisa, que se não encontra normalmente em outras da mesma espécie. [Sem dispositivo correspondente no CC/1916.]

Art. 784: 1. v. arts. 441 a 446.

Art. 785. Salvo disposição em contrário, admite-se a transferência do contrato a terceiro com a alienação ou cessão[1] do interesse segurado.[2] [Dispositivo correspondente no CC/1916: art. 1.463-*caput*.]

§ 1º Se o instrumento contratual é nominativo,[3] a transferência só produz efeitos em relação ao segurador mediante aviso escrito assinado pelo cedente e pelo cessionário. [Sem dispositivo correspondente no CC/1916.]

§ 2º A apólice ou o bilhete à ordem só se transfere por endosso em preto, datado e assinado pelo endossante e pelo endossatário. [Sem dispositivo correspondente no CC/1916.]

Art. 785: 1. v. arts. 286 a 298.

Art. 785: 2. v. art. 959-I.

Art. 785: 3. i. e., que indicam o nome do segurado e do beneficiário.

Art. 786. Paga a indenização,[1] o segurador sub-roga-se,[1a] nos limites do valor respectivo, nos direitos e ações que competirem ao segurado contra o autor do dano.[1b a 2c] [Sem dispositivo correspondente no CC/1916.]

§ 1º Salvo dolo,[3] a sub-rogação não tem lugar se o dano foi causado pelo cônjuge do segurado, seus descendentes ou ascendentes, consanguíneos ou afins. [Sem dispositivo correspondente no CC/1916.]

§ 2º É ineficaz qualquer ato do segurado que diminua ou extinga, em prejuízo do segurador, os direitos a que se refere este artigo. [Sem dispositivo correspondente no CC/1916.]

Art. 786: 1. "Após o pagamento da indenização, é dever do segurado proceder à entrega da documentação do veículo, possibilitando a transferência do salvado à seguradora, desembaraçado de quaisquer ônus, o que evita enriquecimento ilícito" (STJ-3ª T., Ag em REsp 49.595-AgRg-EDcl, Min. Ricardo Cueva, j. 11.11.14, DJ 19.11.14).

Art. 786: 1a. v. arts. 346 a 351.

Art. 786: 1b. v. CPC 125-II (denunciação da lide).

Art. 786: 2. No mesmo sentido, **Súmula 188 do STF (Ação regressiva do segurador):** "O segurador tem ação regressiva contra o causador do dano, pelo que efetivamente pagou, até ao limite previsto no contrato de seguro".

Assim, tendo a seguradora pago ao segurado o valor do veículo roubado nas dependências da oficina encarregada de repará-lo, pode ela pleitear em face desta aquele valor, apoiada na falta de cuidado com a guarda da coisa, que gerou o dano em questão (RT 869/358).

Súmula 257 do STF: "São cabíveis honorários de advogado na ação regressiva do segurador contra o causador do dano".

Art. 786: 2a. "Na ação regressiva não cabe ao segurador provar a culpa do causador do dano, sendo da responsabilidade do transportador provar que os danos decorrem de vício próprio da mercadoria, força maior ou caso fortuito" (STJ-4ª T., REsp 663.356, Min. Luis Felipe, j. 19.8.10, DJ 14.10.10).

Art. 786: 2b. "Ação regressiva da seguradora contra o causador do dano. **Transporte** marítimo. A relação entre a segurada e a transportadora é de consumo. Assim, incide o **Código de Defesa do Consumidor** na relação entre a seguradora — que se sub-rogou nos direitos da segurada — e a transportadora, aplicando-se o **prazo prescricional** do artigo 27 do Código de Defesa do Consumidor" (STJ-3ª T., REsp 1.202.756-AgRg, Min. Sidnei Beneti, j. 14.12.10, DJ 17.2.11). V. tb., no nosso CCLCV, CDC 27, nota 1a.

"Não se aplica a prescrição ânua disciplinada nos arts. 178, § 6º, II, do CC/1916 e 449, II, do Código Comercial à ação proposta pela seguradora, como sub-rogada, contra a empresa de transporte aéreo causadora do dano ao segurado" (STJ-4ª T., REsp 1.162.649, Min. Antonio Ferreira, j. 13.5.14, maioria, DJ 18.8.14).

Todavia: "O prazo prescricional para o ajuizamento de ação de regresso da seguradora contra o causador do dano é de vinte anos" (STJ-4ª T., Ag 1.215.279-AgRg, Min. João Otávio, j. 7.6.11, DJ 14.6.11).

"A seguradora, arcando com a indenização securitária, está sub-rogada nos direitos de sua segurada, podendo, dentro do prazo prescricional aplicável à relação jurídica entabulada por esta, buscar o ressarcimento do que despendeu, nos mesmos termos e limites que assistiam à segurada. No entanto, a relação jurídica existente entre a segurada e a transportadora ostenta nítido caráter mercantil, não podendo, em regra, ser aplicadas as normas inerentes às relações de consumo" (STJ-4ª T., REsp 982.492, Min. Luis Felipe, j. 27.9.11, DJ 17.10.11).

"No caso de não se averiguar a relação de consumo no contrato de transporte firmado, já decidiu esta Corte Superior que é de 1 (um) ano o prazo prescricional para propositura de ação de segurador sub-rogado requerer da transportadora o ressarcimento pela perda da carga" (STJ-3ª T., REsp 1.169.418-AgRg, Min. Ricardo Cueva, j. 6.2.14, DJ 14.2.14).

Em matéria de fiança, v. art. 831, nota 1a.

S/ termo inicial do prazo prescricional, v. art. 189, nota 8.

Art. 786: 2c. Diversamente, no seguro de pessoas não ocorre essa sub-rogação (art. 800).

Art. 786: 3. v. arts. 145 a 150.

Art. 787. No seguro de responsabilidade civil,[1-1a] o segurador garante o pagamento de perdas e danos[1b] devidos pelo segurado a terceiro. [Sem dispositivo correspondente no CC/1916.]

§ 1º Tão logo saiba o segurado das consequências de ato seu, suscetível de lhe acarretar a responsabilidade incluída na garantia, comunicará o fato ao segurador.[1c] [Sem dispositivo correspondente no CC/1916.]

§ 2º É defeso ao segurado reconhecer sua responsabilidade ou confessar a ação, bem como transigir com o terceiro prejudicado, ou indenizá-lo diretamente, sem anuência expressa do segurador.[2 a 2b] [Sem dispositivo correspondente no CC/1916.]

§ 3º Intentada a ação contra o segurado, dará este ciência da lide ao segurador.[3] [Sem dispositivo correspondente no CC/1916.]

§ 4º Subsistirá a responsabilidade do segurado perante o terceiro, se o segurador for insolvente.[4] [Sem dispositivo correspondente no CC/1916.]

✎ **Art. 787: 1.** "O seguro de responsabilidade civil e seus efeitos jurídicos no novo Código Civil", por Voltaire Giavarina Marensi (RMDCPC 1/107); "Anotações sobre três novas (e discutíveis) hipóteses de intervenção de terceiros previstas no Código Civil de 2002", por Fernando da Fonseca Gajardoni (RIDCPC 53/66); "Novidades no campo da intervenção de terceiros no processo civil: a denunciação da lide *per saltum* (ação direta) e o chamamento ao processo da seguradora na ação de responsabilidade civil", por Humberto Theodoro Jr. (RMDCPC 27/16); "Aspectos relevantes do seguro de responsabilidade civil", por Voltaire Giavarina Marensi (RMDECC 33/9).

Art. 787: 1a. s/ ação de responsabilidade civil ajuizada diretamente contra o segurador do causador do dano, v. art. 927, nota 5d.

Em matéria de consumidor, v. CDC 101-II.

Art. 787: 1b. v. arts. 402 a 405.

Art. 787: 1c. v. art. 771.

Art. 787: 2. cf. art. 795.

Art. 787: 2a. **Enunciado 373 do CEJ:** "Embora sejam defesos pelo § 2º do art. 787 do Código Civil, o reconhecimento da responsabilidade, a confissão da ação ou a transação não retiram ao segurado o direito à garantia, sendo apenas ineficazes perante a seguradora".

Art. 787: 2b. "As normas jurídicas não são estanques, ao revés, sofrem influências mútuas, pelo que a melhor interpretação do parágrafo 2º do art. 787 do Código Civil é de que, embora sejam defesos, o reconhecimento da responsabilidade, a confissão da ação ou a transação não retiram do segurado, que estiver de boa-fé e tiver agido com probidade, o direito à indenização e ao reembolso, sendo os atos apenas ineficazes perante a seguradora (enunciados 373 e 546 das Jornadas de Direito Civil). Desse modo, a perda da garantia securitária apenas se dará em caso de prejuízo efetivo ao ente segurador, a exemplo de fraude (conluio entre segurado e terceiro) ou de ressarcimento de valor exagerado (superfaturamento) ou indevido, resultantes de má-fé do próprio segurado. Se não há demonstração de que a transação feita pelo segurado e pela vítima do acidente de trânsito foi abusiva, infundada ou desnecessária, mas, ao contrário, sendo evidente que o sinistro de fato aconteceu e o acordo realizado foi em termos favoráveis tanto ao segurado quanto à seguradora, não há razão para erigir a regra do art. 787, § 2º, do CC em direito absoluto a afastar o ressarcimento do segurado" (STJ-3ª T., REsp 1.133.459, Min. Ricardo Cueva, j. 21.8.14, DJ 3.9.14).

"O acordo celebrado entre a segurada com a proprietária da carga roubada, sem comunicação à seguradora, por si só, não afasta o dever da seguradora ao pagamento da indenização. A previsão legal no sentido de impedir o segurado de transigir em processo judicial promovido pelo terceiro prejudicado somente é aplicável enquanto não houver posição de recusa da indenização por parte da seguradora" (RJTJERGS 272/194: AP 70018905927).

Art. 787: 3. v. CPC 130-III.

Art. 787: 4. v. art. 955 e CPC/73 art. 748.

Art. 788. Nos seguros de responsabilidade legalmente obrigatórios,[1] a indenização por sinistro será paga pelo segurador diretamente ao terceiro prejudicado. [Sem dispositivo correspondente no CC/1916.]

Parágrafo único. Demandado em ação direta pela vítima do dano, o segurador não poderá opor a exceção de contrato não cumprido[2] pelo segurado, sem promover a citação deste para integrar o contraditório. [Sem dispositivo correspondente no CC/1916.]

Art. 788: 1. v. art. 20 do Dec. lei 73, de 21.11.66, em nota 2 ao art. 1º do Dec. 61.867, de 7.12.67 (no nosso CCLCV, tít. SEGUROS).

Lei 6.194, de 19.12.74 — Dispõe sobre Seguro Obrigatório de Danos Pessoais causados por veículos automotores de via terrestre, ou por sua carga, a pessoas transportadas ou não.

Lei 8.374, de 30.12.91 — Dispõe sobre o Seguro Obrigatório de Danos Pessoais causados por embarcações ou por sua carga.

Art. 788: 2. v. arts. 476 e 477.

Seção III | DO SEGURO DE PESSOA[1]

SEÇ. III: 1. v. CPC 784-VI (contrato de seguro de vida como título executivo extrajudicial) e 833-VI (impenhorabilidade do seguro de vida).

S/ seguro de vida e declaração de ausência do segurado, v. art. 37, nota 1.

Art. 789. Nos seguros de pessoas, o capital segurado é livremente estipulado pelo proponente, que pode contratar mais de um seguro[1] sobre o mesmo interesse, com o mesmo ou diversos seguradores. [Dispositivo correspondente no CC/1916: art. 1.441.]

Art. 789: 1. cf. art. 782.

Art. 790. No seguro sobre a vida de outros, o proponente é obrigado a declarar, sob pena de falsidade, o seu interesse pela preservação da vida do segurado.[1] [Dispositivo correspondente no CC/1916: art. 1.472-*caput*.]

Parágrafo único. Até prova em contrário, presume-se o interesse, quando o segurado é cônjuge, ascendente ou descendente do proponente.[2] [Dispositivo correspondente no CC/1916: art. 1.472 § ún.]

Art. 790: 1. v. arts. 760 e 766.

Art. 790: 2. Enunciado 186 do CEJ: "O companheiro deve ser considerado implicitamente incluído no rol das pessoas tratadas no art. 790, parágrafo único, por possuir interesse legítimo no seguro da pessoa do outro companheiro".

Art. 791. Se o segurado não renunciar à faculdade, ou se o seguro não tiver como causa declarada a garantia de alguma obrigação, é lícita a substituição do beneficiário, por ato entre vivos ou de última vontade.[1-2] [Dispositivo correspondente no CC/1916: art. 1.473.]

Parágrafo único. O segurador, que não for cientificado oportunamente da substituição, desobrigar-se-á pagando o capital segurado ao antigo beneficiário. [Sem dispositivo correspondente no CC/1916.]

Art. 791: 1. s/ possibilidade de substituição do beneficiário, v. art. 438.

Art. 791: 2. "No contrato de seguro de vida há uma espécie de estipulação em favor de terceiro, visto que a nomeação do beneficiário é, a princípio, livre, podendo o segurado promover a substituição a qualquer tempo, mesmo em ato de última vontade, até a ocorrência do sinistro, a menos que a indicação esteja atrelada à garantia de alguma obrigação (art. 1.473 do CC/16, correspondente ao art. 791 do CC/2002). Se a indicação do beneficiário não for a título gratuito, deverá ele permanecer o mesmo durante toda a vigência do contrato de seguro de vida, pois não é detentor de mera expectativa de direito, mas, sim, possuidor do direito condicional de receber o capital contratado, que se concretizará sobrevindo a morte do segurado. Todavia, se a obrigação garantida for satisfeita antes de ocorrido o sinistro, esse direito desaparecerá, tornando insubsistente a indicação. É nula a alteração de beneficiário em contrato de seguro de vida feita por segurado que se obrigou, em acordo de separação homologado judicialmente, a indicar a prole do primeiro casamento, não tendo desaparecido a causa da garantia" (STJ-3ª T., REsp 1.197.476, Min. Ricardo Cueva, j. 7.10.14, DJ 10.10.14).

Art. 792. Na falta de indicação da pessoa ou beneficiário, ou se por qualquer motivo não prevalecer a que for feita,[1] o capital segurado será pago por metade ao cônjuge não separado judicialmente,[1a-1b] e o restante aos herdeiros do segurado, obedecida a ordem da vocação hereditária.[2 a 3] [Dispositivo correspondente no CC/1916: art. 1.473.]

Parágrafo único. Na falta das pessoas indicadas neste artigo, serão beneficiários os que provarem que a morte do segurado os privou dos meios necessários à subsistência. [Sem dispositivo correspondente no CC/1916.]

Art. 792: 1. "Em vista do disposto no art. 794 do CC/2002, em interpretação sistemática do diploma civilista, o art. 792 — correspondente ao art. 1.473 do CC/16 — incide apenas caso não persista designação eficaz. No caso, por ocasião do falecimento da segurada, permanecia eficaz a designação de três dos quatro beneficiários. Portanto, aqueles devem receber por inteiro a quota à que fazem jus, dividindo entre eles o percentual que seria do beneficiário pré-morto" (STJ-4ª T., REsp 803.299, Min. Luis Felipe, j. 5.11.13, maioria, DJ 3.4.14).

Art. 792: 1a. v. arts. 1.571-III e 1.572 a 1.578.

Art. 792: 1b. "O art. 792 do Código Civil não pode ser interpretado de forma literal, devendo ser igualado o cônjuge não separado judicialmente à companheira, desde que comprovada a união estável" (RT 907/1.015: TJPR, AP 661.009-7).

Art. 792: 2. v. art. 1.829.

Art. 792: 2a. "A disposição legal do art. 792 do Código Civil somente é aplicável se o contrato de seguro for totalmente omisso quanto à previsão de beneficiários. Se não houver indicação expressa de nome de beneficiário, prevalece a cláusula contratual que elenca a ordem vocacional dos beneficiários" (RT 907/1.015: TJPR, AP 661.009-7).

Art. 792: 3. "Nada obstante omissão quanto à indicação de beneficiário, o conjunto probatório prestigia convicção de que o segurado instituiu a autora como beneficiária do seguro de vida. É bem verdade que a autora não é parenta do segurado, mas não deixou ele sucessores, sendo inequívoco que viveu com ele por muitos anos, primeiro na condição de filha, de sua companheira e, depois, com a morte da mãe, como aquela que dele cuidou até a morte" (JTJ 348/342: AP 992.08.009778-1).

Art. 793. É válida a instituição do companheiro[1] como beneficiário, se ao tempo do contrato o segurado era separado judicialmente,[2] ou já se encontrava separado de fato. [Sem dispositivo correspondente no CC/1916.]

Art. 793: 1. v. arts. 1.723 a 1.727.

Art. 793: 2. v. arts. 1.571-III e 1.572 a 1.578.

Art. 794. No seguro de vida ou de acidentes pessoais para o caso de morte, o capital estipulado não está sujeito às dívidas do segurado,[1] nem se considera herança para todos os efeitos de direito.[2] [Dispositivo correspondente no CC/1916: art. 1.475.]

Art. 794: 1. v. CPC 833-VI.

Art. 794: 2. "Inventário. Seguro de vida contratado pelo *de cujus*. Capital do seguro. Levantamento pelo beneficiário. Possibilidade. Valor que não integra o patrimônio do espólio" (JTJ 339/35: AI 612.096-4/9-00).

Art. 795. É nula, no seguro de pessoa, qualquer transação[1-1a] para pagamento reduzido do capital segurado. [Sem dispositivo correspondente no CC/1916.]

Art. 795: 1. cf. art. 787 § 2º.

Art. 795: 1a. v. arts. 840 a 850.

Art. 796. O prêmio,[1] no seguro de vida, será conveniado por prazo limitado, ou por toda a vida do segurado. [Dispositivo correspondente no CC/1916: art. 1.471 § ún.]

Parágrafo único. Em qualquer hipótese, no seguro individual, o segurador não terá ação para cobrar o prêmio vencido, cuja falta de pagamento, nos prazos previstos, acarretará, conforme se estipular, a resolução do contrato, com a restituição da reserva já formada, ou a redução do capital garantido proporcionalmente ao prêmio pago. [Sem dispositivo correspondente no CC/1916.]

Art. 796: 1. "Os valores pagos a título de prêmio pelo seguro por invalidez ou morte não são passíveis de restituição, uma vez que a entidade suportou o risco, como é próprio dos contratos aleatórios" (STJ-RF 396/399: 3ª T., AI 800.429-AgRg).

Art. 797. No seguro de vida para o caso de morte, é lícito estipular-se um prazo de carência, durante o qual o segurador não responde pela ocorrência do sinistro. [Sem dispositivo correspondente no CC/1916.]

Parágrafo único. No caso deste artigo o segurador é obrigado a devolver ao beneficiário o montante da reserva técnica já formada.[1] [Sem dispositivo correspondente no CC/1916.]

Art. 797: 1. "O art. 797 do CC impõe à seguradora, na hipótese de morte do segurado dentro do prazo de carência, a obrigação de restituir a reserva técnica ao beneficiário, sem apontar, contudo, qualquer ressalva quanto à espécie de seguro, se em grupo ou individual, não se conferindo ao intérprete proceder a uma interpretação restritiva" (STJ-RMDECC 21/99: 3ª T., REsp 1.038.136, Min. Massami Uyeda).

Art. 798. O beneficiário não tem direito ao capital estipulado quando o segurado se suicida nos primeiros dois anos de vigência inicial do contrato,[1] ou da sua recondução depois de suspenso, observado o disposto no parágrafo único do artigo antecedente. [Sem dispositivo correspondente no CC/1916.]

Parágrafo único. Ressalvada a hipótese prevista neste artigo, é nula a cláusula contratual que exclui o pagamento do capital por suicídio do segurado.[2] [Sem dispositivo correspondente no CC/1916.]

Art. 798: 1. **Súmula 105 do STF (Suicídio do segurado):** "Salvo se tiver havido premeditação, o suicídio do segurado no período contratual de carência não exime o segurador do pagamento do seguro".

Súmula 61 do STJ (Suicídio do segurado): "O seguro de vida cobre o suicídio não premeditado" (v. jurisprudência s/ esta Súmula em RSTJ 44/83 a 97).

Enunciado 187 do CEJ: "No contrato de seguro de vida, presume-se, de forma relativa, ser premeditado o suicídio cometido nos dois primeiros anos de vigência da cobertura, ressalvado ao beneficiário o ônus de demonstrar a ocorrência do chamado 'suicídio involuntário'".

"De acordo com a redação do art. 798 do Código Civil de 2002, **a seguradora não está obrigada a indenizar o suicídio ocorrido dentro dos dois primeiros anos do contrato.** O legislador estabeleceu critério objetivo para regular a matéria, tornando irrelevante a discussão a respeito da premeditação da morte, de modo a conferir maior segurança jurídica à relação havida entre os contratantes" (STJ-2ª Seção, ED no REsp 1.076.942-EDcl-AgRg, Min. João Otávio, j. 27.5.15, maioria, DJ 15.6.15). No mesmo sentido, consignando a "inaplicabilidade das Súmulas 105/STF e 61/STJ, editadas com base no Código Civil de 1916": STJ-3ª T., AREsp 935.434-AgInt, Min. Ricardo Cueva, j. 17.11.16, DJ 25.11.16.

"É irrelevante a discussão a respeito de ter sido premeditado ou não o suicídio, diante da regra expressa do art. 798 do CC/2002, que determina que o beneficiário perde o direito ao capital estipulado se o suicídio ocorrer nos dois primeiros anos de vigência do contrato de seguro" (RT 902/301: TJMG, EI 1.0024.07.525307-0/003; a citação é do voto do relator).

Contra: "A interpretação do art. 798, do Código Civil de 2002, deve ser feita de modo a compatibilizar o seu ditame ao disposto nos arts. 113 e 422 do mesmo diploma legal, que evidenciam a boa-fé como um dos princípios norteadores da redação da nova codificação civil. Nessa linha, o fato de o suicídio ter ocorrido no período inicial de dois anos de vigência do contrato de seguro, por si só, não autoriza a companhia seguradora a eximir-se do dever de indenizar, sendo necessária a comprovação inequívoca da premeditação por parte do segurado, ônus que cabe à seguradora, conforme as Súmulas 105/STF e 61/STJ expressam em relação ao suicídio ocorrido durante o período de carência. O art. 798 do Código Civil de 2002 não alterou o entendimento de que a prova da premeditação do suicídio é necessária para afastar o direito à indenização securitária" (STJ-2ª Seção, Ag 1.244.022-AgRg, Min. Luis Felipe, j. 13.4.11, maioria, DJ 25.10.11). No mesmo sentido: RJM 191/66 (AP 1.0439.09.099346-0/001), RT 911/905 (TJPR, AP 648.269-5).

"A premeditação antecede a celebração do contrato e não surge depois da contratação do seguro, portanto, é evidente que o suicídio cujo contexto no qual foi praticado revela perturbação da inteligência do segurado, em grave estado depressivo, que se manifestou posteriormente à contratação, não autoriza se falar em premeditação" (JTJ 308/348).

"É irrelevante a discussão a respeito de ter sido premeditado ou não o suicídio, diante da regra expressa do art. 798 do CC/2002, que determina que o beneficiário perde o direito ao capital estipulado se o suicídio ocorrer nos dois primeiros anos de vigência do contrato de seguro" (RT 902/301: TJMG, EI 1.0024.07.525307-0/003; a citação é do voto do relator).

Art. 798: 2. Entendendo que o suicídio não premeditado equipara-se a acidente e que dá direito ao recebimento de indenização correspondente à morte acidental: STJ-4ª T., AI 647.568-AgRg, Min. Aldir Passarinho Jr., j. 23.5.06, DJU 26.6.06. No mesmo sentido: STJ-3ª T., REsp 164.254, Min. Ari Pargendler, j. 2.5.02, DJU 5.8.02.

Art. 799. O segurador não pode eximir-se ao pagamento do seguro, ainda que da apólice conste a restrição, se a morte ou a incapacidade do segurado provier da utilização de meio de transporte mais arriscado, da prestação de serviço militar, da prática de esporte, ou de atos de humanidade em auxílio de outrem.[1] [Sem dispositivo correspondente no CC/1916.]

Art. 799: 1. s/ agravamento de risco em seguro de vida, v. art. 768, nota 4.

Art. 800. Nos seguros de pessoas, o segurador não pode sub-rogar-se[1] nos direitos e ações do segurado, ou do beneficiário, contra o causador do sinistro.[2] [Sem dispositivo correspondente no CC/1916.]

Art. 800: 1. v. arts. 346 a 351.

Art. 800: 2. Diversamente, no seguro de dano ocorre essa sub-rogação (art. 786).

Art. 801. O seguro de pessoas pode ser estipulado por pessoa natural ou jurídica em proveito de grupo que a ela, de qualquer modo, se vincule.[1] [Dispositivo correspondente no CC/1916: art. 1.466.]

§ 1º O estipulante não representa o segurador perante o grupo segurado, e é o único responsável, para com o segurador, pelo cumprimento de todas as obrigações contratuais. [Sem dispositivo correspondente no CC/1916.]

§ 2º A modificação da apólice em vigor dependerá da anuência expressa de segurados que representem três quartos do grupo.[2] [Sem dispositivo correspondente no CC/1916.]

✎ **Art. 801: 1.** "Seguros coletivos de pessoas", por Voltaire Giavarina Marensi (RMDCPC 11/70); "Seguro de vida em grupo. Renovação negada pela seguradora. Análise do problema no prisma do Código Civil e do Código do Consumidor", por Humberto Theodoro Jr. (RMDECC 23/90).

Art. 801: 2. Enunciado 375 do CEJ: "No seguro em grupo de pessoas, exige-se o quórum qualificado de 3/4 do grupo, previsto no § 2º do art. 801 do Código Civil, apenas quando as modificações impuserem novos ônus aos participantes ou restringirem seus direitos na apólice em vigor".

Art. 802. Não se compreende nas disposições desta Seção a garantia do reembolso de despesas hospitalares ou de tratamento médico, nem o custeio das despesas de luto e de funeral do segurado. [Sem dispositivo correspondente no CC/1916.]

Capítulo XVI | DA CONSTITUIÇÃO DE RENDA

Art. 803. Pode uma pessoa, pelo contrato de constituição de renda, obrigar-se para com outra a uma prestação periódica, a título gratuito. [Dispositivo correspondente no CC/1916: art. 1.424.]

Art. 804. O contrato pode ser também a título oneroso, entregando-se bens[1] móveis ou imóveis à pessoa que se obriga a satisfazer as prestações a favor do credor ou de terceiros. [Dispositivo correspondente no CC/1916: art. 1.424.]

Art. 804: 1. v. art. 809.

Art. 805. Sendo o contrato a título oneroso, pode o credor, ao contratar, exigir que o rendeiro lhe preste garantia real,[1] ou fidejussória.[2] [Sem dispositivo correspondente no CC/1916.]

Art. 805: 1. v. arts. 1.419 a 1.430.

Art. 805: 2. v. arts. 818 a 839.

Art. 806. O contrato de constituição de renda será feito a prazo certo, ou por vida, podendo ultrapassar a vida do devedor[1] mas não a do credor, seja ele o contratante, seja terceiro. [Sem dispositivo correspondente no CC/1916.]

Art. 806: 1. Todavia, "o herdeiro não responde por encargos superiores às forças da herança" (art. 1.792).

Art. 807. O contrato de constituição de renda requer escritura pública.[1-2] [Sem dispositivo correspondente no CC/1916.]

Art. 807: 1. v. arts. 215 a 218.

Art. 807: 2. a ser feita no Registro de Títulos e Documentos, salvo na hipótese da LRP 167-I-8, caso em que será lavrada no Registro de Imóveis.

Art. 808. É nula a constituição de renda em favor de pessoa já falecida, ou que, nos trinta dias seguintes, vier a falecer de moléstia que já sofria, quando foi celebrado o contrato. [Dispositivo correspondente no CC/1916: art. 1.425.]

Art. 809. Os bens dados em compensação da renda[1] caem, desde a tradição,[1a] no domínio da pessoa que por aquela[2] se obrigou. [Dispositivo correspondente no CC/1916: art. 1.426.]

Art. 809: 1. v. art. 804 (contrato oneroso de constituição de renda).

Art. 809: 1a. O vocábulo "tradição" é usado aqui em sentido amplo, abrangendo a tradição do bem móvel e o registro do título translativo do bem imóvel no Cartório de Registro de Imóveis.

Art. 809: 2. i. e., no domínio de quem se obrigou à prestação periódica.

Art. 810. Se o rendeiro, ou censuário, deixar de cumprir a obrigação estipulada, poderá o credor da renda acioná-lo, tanto para que lhe pague as prestações atrasadas como para que lhe dê garantias das futuras,[1] sob pena de rescisão do contrato. [Dispositivo correspondente no CC/1916: art. 1.427.]

Art. 810: 1. v. art. 477 (exceção de contrato não cumprido).

Art. 811. O credor adquire o direito à renda dia a dia, se a prestação não houver de ser paga adiantada, no começo de cada um dos períodos prefixos. [Dispositivo correspondente no CC/1916: art. 1.428.]

Art. 812. Quando a renda for constituída em benefício de duas ou mais pessoas, sem determinação da parte de cada uma, entende-se que os seus direitos são iguais;[1] e, salvo estipulação diversa, não adquirirão os sobrevivos direito à parte dos que morrerem. [Dispositivo correspondente no CC/1916: art. 1.429.]

Art. 812: 1. cf. art. 257.

Art. 813. A renda constituída por título gratuito pode, por ato do instituidor, ficar isenta de todas as execuções pendentes e futuras.[1] [Dispositivo correspondente no CC/1916: art. 1.430.]

Parágrafo único. A isenção prevista neste artigo prevalece de pleno direito[1a] em favor dos montepios e pensões alimentícias.[2] [Dispositivo correspondente no CC/1916: art. 1.430.]

Art. 813: 1. cf. CPC 833-I.

Art. 813: 1a. i. e., independentemente de estipulação do instituidor.

Art. 813: 2. cf. CPC 833-IV.

Capítulo XVII | DO JOGO E DA APOSTA[1 a 2]

CAP. XVII: 1. **Dec. lei 9.215, de 30.4.46** — Proíbe a prática ou exploração de jogos de azar em todo o território nacional.

CAP. XVII: 1a. s/ jogo e contravenção penal, v. LCP 50 a 58.

✎ **CAP. XVII: 2.** "Disciplina jurídica do jogo e aposta no sistema brasileiro", por Pablo Stolze Gagliano e Rodolfo Pamplona Filho (RIDCPC 51/71); "Aspectos de direito internacional privado relativos às dívidas de jogo contraídas no estrangeiro: lei aplicável às obrigações e contornos da ordem pública", por Fabrício Bertini Pasquot Polido (RT 876/52).

Art. 814. As dívidas de jogo[1 a 1b] ou de aposta não obrigam a pagamento; mas não se pode recobrar a quantia, que voluntariamente se pagou,[1c] salvo se foi ganha por dolo,[1d] ou se o perdente é menor ou interdito.[2] [Dispositivo correspondente no CC/1916: art. 1.477-*caput*.]

§ 1º Estende-se esta disposição a qualquer contrato que encubra ou envolva reconhecimento, novação[2a] ou fiança[3] de dívida de jogo; mas a nulidade resultante não pode ser oposta ao terceiro de boa-fé. [Dispositivo correspondente no CC/1916: art. 1.477 § ún.]

§ 2º O preceito contido neste artigo tem aplicação, ainda que se trate de jogo não proibido, só se excetuando os jogos e apostas legalmente permitidos.[4] [Sem dispositivo correspondente no CC/1916.]

§ 3º Excetuam-se, igualmente, os prêmios oferecidos ou prometidos para o vencedor em competição de natureza esportiva, intelectual ou artística, desde que os interessados se submetam às prescrições legais e regulamentares. [Sem dispositivo correspondente no CC/1916.]

Art. 814: 1. "Dívidas de jogo ou de aposta constituem obrigações naturais. Embora sejam incabíveis, é lícito ao devedor pagá-las. Se o pagamento é realizado por meio de cheques sem provisão de fundos, admite-se o manejo de ação de locupletamento para cobrá-los, sem que se esbarre na proibição de cobrança de dívida de jogo" (STJ-3ª T., REsp 822.922, Min. Gomes de Barros, j. 6.3.08, DJ 1.8.08). **Contra:** RT 794/381 (TJRJ, AP 18.836/00).

Art. 814: 1a. "O cheque emitido para pagamento de dívida de jogo é inexigível, nos termos do art. 1.477 do CC, ainda que a obrigação tenha sido contraída em país em que a jogatina é lícita, eis que o princípio do *locus regit actum*, consagrado no art. 9º da LICC, sofre restrições em face da regra insculpida no art. 17 do mesmo diploma legal" (RT 794/381: TJRJ, AP 18.836/00; ementa da redação). O art. 1.477 do CC rev. corresponde ao CC 814. **Contra:** "Considerando a antinomia na interpenetração de dois sistemas jurídicos, caracterizada pela pretensão de cobrança de dívida de jogo, contraída no exterior, onde as atividades oriundas de jogos e apostas são consideradas lícitas, inexigível no ordenamento jurídico brasileiro, aplica-se a regra *locus regit actum*, prevista no art. 9º da LICC, como forma de evitar o enriquecimento sem causa por parte do devedor que abusou da boa-fé do credor, emitindo cheque de conta encerrada, sob pena de atentar-se à ordem pública, no sentido que lhe dá o Direito Internacional Privado" (RT 763/105: TJDFT, EI 44.921/97, maioria; ementa da redação).

Art. 814: 1b. "A **aposta em corrida de cavalos** é atividade expressamente regulamentada pela Lei n. 7.291/84 e pelo Decreto n. 96.993/88, não incidindo, pois, as vedações contidas no Código Civil a esse tipo de jogo. Embora os referidos diplomas legais prevejam a realização de apostas em dinheiro e nas dependências do hipódromo, em nenhum momento eles proíbem a realização delas por telefone e mediante o empréstimo de dinheiro da banca exploradora ao apostador. Entender pela abusividade de tal prática levaria ao enriquecimento ilícito do apostador e feriria o princípio da autonomia da vontade, que permeia as relações de Direito Privado, onde, ao contrário do Direito Público, é possível fazer tudo aquilo que a lei não proíbe" (STJ-RDPr 46/407: 3ª T., REsp 1.070.316, maioria).

Art. 814: 1c. v. art. 882.

S/ revogação por ingratidão de doação que se fizer em cumprimento de obrigação natural, v. art. 564-III.

Art. 814: 1d. v. arts. 145 a 150.

Art. 814: 2. v. art. 816.

Art. 814: 2a. v. arts. 360 a 367.

Art. 814: 3. v. arts. 818 a 839.

Art. 814: 4. Excetuam-se, portanto, as diversas loterias patrocinadas pelo Governo Federal, por meio da Caixa Econômica Federal.

Art. 815. Não se pode exigir reembolso do que se emprestou para jogo ou aposta, no ato de apostar ou jogar.[1-2] [Dispositivo correspondente no CC/1916: art. 1.478.]

Art. 815: 1. em razão das condições psicológicas do jogador ou apostador naquele momento.

Art. 815: 2. v. art. 816.

Art. 816. As disposições dos arts. 814 e 815 não se aplicam aos contratos sobre títulos de bolsa, mercadorias ou valores,[1] em que se estipulem[2] a liquidação exclusivamente pela diferença entre o preço ajustado e a cotação que eles tiverem no vencimento do ajuste.[3] [Dispositivo correspondente no CC/1916: art. 1.479.]

Art. 816: 1. Lei 6.385, de 7.12.76 — Dispõe sobre o mercado de valores mobiliários e cria a Comissão de Valores Mobiliários.

Art. 816: 2. *sic*; deve ser "estipule".

✎ **Art. 816: 3.** "Disciplina jurídica dos contratos derivativos", por Fábio Cardoso Machado (RT 896/61).

Art. 817. O sorteio para dirimir questões ou dividir coisas comuns considera-se sistema de partilha[1] ou processo de transação,[2] conforme o caso. [Dispositivo correspondente no CC/1916: art. 1.480.]

Art. 817: 1. s/ partilha de herança, v. arts. 2.013 a 2.022; divisão de coisa comum, v. art. 1.321.

Art. 817: 2. v. arts. 840 a 850.

Capítulo XVIII | DA FIANÇA[1-2]

Seção I | DISPOSITIVOS GERAIS

CAP. XVIII: 1. s/ fiança locatícia, v. LI 37-II e 39; s/ registro da fiança, v. LRP 129-3º.

✎ **CAP. XVIII: 2.** "Os requisitos de validade do negócio jurídico de fiança", por Gerci Giareta (Ajuris 87-I/99).

Art. 818. Pelo contrato de fiança,[1 a 1b] uma pessoa[1c-2] garante satisfazer ao credor uma obrigação assumida pelo devedor,[3] caso este não a cumpra. [Dispositivo correspondente no CC/1916: art. 1.481.]

Art. 818: 1. s/ rescisão da fiança pelo cônjuge, v. arts. 1.642-IV e 1.645; fiança sem autorização do outro cônjuge: arts. 1.647-III a 1.650; reforço de fiança: art. 333-III; LI 40, 22-VII, *in fine*, 23-XI e 71-V.

Art. 818: 1a. Dec. 21.981, de 19.10.32 — Regula a profissão de Leiloeiro ao território da República: **"Art. 30.** São nulas as fianças, bem como os endossos e avais dados pelos leiloeiros".

Dec. 91.271, de 29.5.85 — Veda a concessão, por entidades estatais, de aval, fiança ou outras garantias.

Art. 818: 1b. "A esposa do fiador que se limita a dar outorga uxória à fiança prestada por seu marido, em atendimento à exigência legal, não adquire a condição de fiadora. O acordo realizado apenas entre locadora e locatário, com o qual não consentiu a esposa do fiador, não pode ser executado em relação a esta" (RT 778/319).

Art. 818: 1c. A fiança é uma garantia pessoal (fidejussória). S/ garantias reais, v. art. 1.419.

Art. 818: 2. "É nula a fiança prestada por analfabeto, ou por quem não saiba escrever. Para ter validade só pode ser por instrumento público" (JTJ 292/233).

Art. 818: 3. "Se o contrato de fiança foi prestado em benefício de uma pessoa jurídica, o fato de ter havido alteração em seu quadro social gera como efeito reflexo e imediato a exoneração dos fiadores da garantia prestada, tendo em vista o caráter *intuitu personae* do contrato" (RJM 184/160: AP 1.0287.06.026326-9/001).

Art. 819. A fiança dar-se-á por escrito, e não admite interpretação extensiva.[1 a 3] [Dispositivo correspondente no CC/1916: art. 1.483.]

Art. 819: 1. v. arts. 114, 823 e 830.

Art. 819: 2. Não se admite contrato de fiança verbal (JTJ 316/219: AP 874.874-0/2).

Art. 819: 3. "Contrato bancário. Caracteriza-se por ser, em regra, cativo e de longa duração, prorrogando-se sucessivamente. Fiança prevendo claramente sua **prorrogação,** caso ocorra a da **avença principal.** Interpretação extensiva. Inexistência. A interpretação extensiva da fiança constitui em utilizar analogia para ampliar as obrigações do fiador ou a duração do contrato acessório, não o sendo a observância àquilo que foi expressamente pactuado, sendo certo que as causas específicas legais de extinção da fiança são taxativas. Com efeito, não há falar em nulidade da disposição contratual que prevê prorrogação da fiança, pois não admitir interpretação extensiva significa tão somente que o fiador responde, precisamente, por aquilo que declarou no instrumento da fiança" (STJ-2ª Seção, REsp 1.253.411, Min. Luis Felipe, j. 24.6.15, DJ 4.8.15).

Contra: "Tem-se como correto o acórdão estadual que, afastando a cláusula que previa a prorrogação automática da fiança para além do prazo original de vigência do contrato de crédito em conta-corrente, exonerou o autor da garantia por valores tomados pela mutuária após findado o lapso original, sem que tivesse havido anuência expressa do garante nesse sentido" (STJ-RIDCPC 60/32: 4ª T., REsp 594.502). No mesmo sentido: STJ-3ª T., REsp 1.194.836-AgRg, Min. Nancy Andrighi, j. 18.10.12, DJ 31.10.12.

Art. 820. Pode-se estipular a fiança, ainda que sem consentimento do devedor ou contra a sua vontade. [Dispositivo correspondente no CC/1916: art. 1.484.]

Art. 821. As dívidas futuras podem ser objeto de fiança; mas o fiador, neste caso, não será demandado senão depois que se fizer certa e líquida a obrigação do principal devedor.[1] [Dispositivo correspondente no CC/1916: art. 1.485.]

Art. 821: 1. "Quando o credor não dispõe de pretensão executória contra o devedor afiançado (triplicatas não aceitas e não protestadas e cheque prescrito), o fiador, à evidência, não pode ser executado" (STJ-RT 659/195: 3ª T., REsp 2.375).

Art. 822. Não sendo limitada, a fiança compreenderá todos os acessórios[1] da dívida principal, inclusive as despesas judiciais,[2] desde a citação do fiador. [Dispositivo correspondente no CC/1916: art. 1.486.]

Art. 822: 1. v. art. 92.

Art. 822: 2. No sentido de que, sendo a fiança limitada a determinado valor, tudo o que excedê-lo, inclusive **honorários sucumbenciais,** deverá ser cobrado do afiançado, e não do fiador: STJ-3ª T., REsp 1.482.565, Min. Marco Bellizze, j. 6.12.16, DJ 15.12.16.

Art. 823. A fiança pode ser de valor inferior ao da obrigação principal e contraída em condições menos onerosas, e, quando exceder o valor da dívida, ou for mais onerosa que ela, não valerá senão até ao limite da obrigação afiançada.[1] [Dispositivo correspondente no CC/1916: art. 1.487.]

Art. 823: 1. cf. art. 114.

Art. 824. As obrigações nulas não são suscetíveis de fiança, exceto se a nulidade resultar apenas de incapacidade pessoal do devedor. [Dispositivo correspondente no CC/1916: art. 1.488-*caput*.]

Parágrafo único. A exceção estabelecida neste artigo não abrange o caso de mútuo feito a menor.[1] [Dispositivo correspondente no CC/1916: art. 1.488 § ún.]

Art. 824: 1. v. art. 837. V. tb. arts. 588 e 589.

Art. 825. Quando alguém houver de oferecer fiador, o credor não pode ser obrigado a aceitá-lo se não for pessoa idônea, domiciliada no município onde tenha de prestar a fiança, e não possua bens suficientes para cumprir a obrigação. [Dispositivo correspondente no CC/1916: art. 1.489.]

Art. 826. Se o fiador se tornar insolvente[1] ou incapaz,[1a] poderá o credor exigir que seja substituído.[2] [Dispositivo correspondente no CC/1916: art. 1.490.]

Art. 826: 1. v. art. 955 e CPC/73 art. 748.

Art. 826: 1a. v. arts. 3º a 5º.

Art. 826: 2. cf. art. 477.

Seção II | DOS EFEITOS DA FIANÇA

Art. 827. O fiador demandado pelo pagamento da dívida tem direito a exigir, até a contestação da lide,[1] que sejam primeiro executados os bens do devedor.[1a-1b] [Dispositivo correspondente no CC/1916: art. 1.491-*caput*.]

Parágrafo único. O fiador que alegar o benefício de ordem,[2] a que se refere este artigo, deve nomear bens do devedor, sitos no mesmo município, livres e desembargados, quantos bastem para solver o débito.[3] [Dispositivo correspondente no CC/1916: art. 1.491 § ún.]

Art. 827: 1. v. CPC 335.

Art. 827: 1a. Esse direito é chamado de benefício de ordem ou benefício da **excussão.**

Art. 827: 1b. s/ benefício de ordem e avalista, v. art. 897, nota 2.

Art. 827: 2. v. art. 839.

Art. 827: 3. v. arts. 828 e 839, CPC 794.

Art. 828. Não aproveita este benefício ao fiador: [Dispositivo correspondente no CC/1916: art. 1.492-*caput.*]

I — se ele o renunciou expressamente;[1] [Dispositivo correspondente no CC/1916: art. 1.492-I.]

II — se se obrigou como principal pagador, ou devedor solidário;[2-3] [Dispositivo correspondente no CC/1916: art. 1.492-II.]

III — se o devedor for insolvente, ou falido.[4] [Dispositivo correspondente no CC/1916: art. 1.492-III.]

Art. 828: 1. Enunciado 364 do CEJ: "No contrato de fiança é nula a cláusula de renúncia antecipada ao benefício de ordem quando inserida em contrato de adesão".

Art. 828: 2. s/ solidariedade passiva, v. arts. 275 a 285.

Art. 828: 3. s/ fiador que paga a dívida do devedor principal em obrigação solidária, v. art. 285, nota 1; s/ extinção da fiança em obrigação solidária, v. art. 838.

Art. 828: 4. s/ insolvência, v. arts. 839 e 955, bem como CPC/73 art. 748.

Art. 829. A fiança conjuntamente prestada a um só débito por mais de uma pessoa importa o compromisso de solidariedade[1-1a] entre elas, se declaradamente não se reservarem o benefício de divisão. [Dispositivo correspondente no CC/1916: art. 1.493-*caput.*]

Parágrafo único. Estipulado este benefício, cada fiador responde unicamente pela parte que, em proporção, lhe couber no pagamento.[2] [Dispositivo correspondente no CC/1916: art. 1.493 § ún.]

Art. 829: 1. v. arts. 275 a 285.

Art. 829: 1a. "A fiança, cuja validade depende da outorga uxória, quando prestada por pessoa casada, não implica, por si só, a solidariedade do art. 829 do Código Civil, em relação à esposa desse mesmo prestador" (STJ-5ª T., REsp 1.038.774, Min. Napoleão Maia Filho, j. 15.12.09, DJ 1.2.10).

Art. 829: 2. v. art. 830.

Art. 830. Cada fiador pode fixar no contrato a parte da dívida que toma sob sua responsabilidade, caso em que não será por mais obrigado.[1] [Dispositivo correspondente no CC/1916: art. 1.494.]

Art. 830: 1. v. arts. 114 e 829.

Art. 831. O fiador que pagar integralmente a dívida fica sub-rogado nos direitos do credor;[1-1a] mas só poderá demandar a cada um dos outros fiadores pela respectiva quota.[2-2a] [Dispositivo correspondente no CC/1916: art. 1.495-*caput.*]

Parágrafo único. A parte do fiador insolvente distribuir-se-á pelos outros.[3] [Dispositivo correspondente no CC/1916: art. 1.495 § ún.]

Art. 831: 1. v. arts. 838-II e 346-III.

S/ execução do devedor-afiançado pelo fiador que pagou a dívida no mesmo processo, v., no nosso CPCLPV, CPC 794 § 2º e notas.

Art. 831: 1a. "Contrato de locação. Pagamento do débito pelo fiador. Sub-rogação. Demanda regressiva ajuizada contra os locatários inadimplentes. Manutenção dos mesmos elementos da obrigação originária, inclusive o prazo prescricional. Arts. 349 e 831 do Código Civil. Prescrição trienal (CC, art. 206, § 3º, I). Ocorrência" (STJ-3ª T., REsp 1.432.999, Min. Marco Bellizze, j. 16.5.17, DJ 25.5.17).

Em matéria de seguro, v. art. 786, nota 2b.

Art. 831: 2. v. art. 283.

Art. 831: 2a. "Se pode o fiador, sub-rogado nos direitos do credor primitivo, exigir o que despendeu do devedor principal, por certo que poderá fazê-lo em relação ao avalista, o qual, segundo a melhor doutrina, ocupa, no contexto cambiário, a mesma posição jurídica objetiva da pessoa que avaliza, à qual se equipara" (STJ-4ª T., REsp 303.634, Min. Fernando Gonçalves, j. 10.11.09, DJ 23.11.09).

O fiador que paga a dívida pode obter do avalista do afiançado o valor total do título quitado e não apenas parte dele (RSTJ 109/132: 3ª T., REsp 76.705).

Art. 831: 3. v. art. 284.

Art. 832. O devedor responde também perante o fiador por todas as perdas e danos[1] que este pagar, e pelos que sofrer em razão da fiança. [Dispositivo correspondente no CC/1916: art. 1.496.]

Art. 832: 1. v. arts. 402 a 405.

Art. 833. O fiador tem direito aos juros do desembolso pela taxa estipulada na obrigação principal, e, não havendo taxa convencionada, aos juros legais da mora.[1] [Dispositivo correspondente no CC/1916: art. 1.497.]

Art. 833: 1. v. art. 406.

Art. 834. Quando o credor, sem justa causa, demorar a execução iniciada contra o devedor, poderá o fiador promover-lhe o andamento.[1] [Dispositivo correspondente no CC/1916: art. 1.498.]

Art. 834: 1. cf. CPC 778 § 1º-IV.

Art. 835. O fiador poderá exonerar-se da fiança que tiver assinado sem limitação de tempo,[1] sempre que lhe convier, ficando obrigado por todos os efeitos da fiança, durante sessenta dias após a notificação do credor.[1a a 2] [Dispositivo correspondente no CC/1916: art. 1.500.]

Art. 835: 1. "Contrato de financiamento estudantil. Fiança. Desoneração. Possibilidade. Prazo indeterminado. Evento futuro e incerto. A hipótese *sub judice*, que trata de um contrato de financiamento estudantil, onde temos a expressão de que a fiança perdurará até que o afiançado esteja cursando a faculdade, define um fato futuro e incerto. Não se pode afirmar, juridicamente, tratar-se de fato certo porque não se pode definir qual o dia do calendário em que ocorrerá e se realmente irá acontecer" (STJ-2ª T., REsp 1.450.033, Min. Herman Benjamin, j. 4.11.14, DJ 27.11.14).

Art. 835: 1a. s/ fiança locatícia, v. LI 37-II e 39.

Art. 835: 1b. "Não se pode conceber a exoneração do fiador com o simples envio de notificação, pois **só com a ciência pessoal** do credor é que se inicia o prazo de 60 dias previsto no art. 835 do CC/02, razão pela qual caberá ao fiador, em situação de eventual litígio, o ônus de provar não só o envio, mas o recebimento da notificação pelo credor. Na hipótese, não há como se afirmar, nem mesmo presumir, que a locadora teve ciência da notificação enviada pelos recorrentes, que foi recebida por procurador e representante legal de imobiliária, sendo, portanto, impossível considerar que os fiadores exoneraram-se da fiança prestada" (STJ-3ª T., REsp 1.428.271, Min. Nancy Andrighi, j. 28.3.17, DJ 30.3.17).

Art. 835: 2. "Não basta a simples retirada do sócio-fiador da sociedade, ou mesmo a alteração societária, para que o garante se desonere da fiança prestada; é necessário, nos termos do art. 1.500 do Código Civil de 1916, ou o distrato — que no caso se consubstancia em comunicação ao credor — ou sentença judicial que assim determine" (STJ-3ª T., Ag em REsp 246.402-EDcl-AgRg, Min. Ricardo Cueva, j. 2.5.13, DJ 8.5.13; a citação é do voto do relator). No mesmo sentido: STJ-4ª T., REsp 1.336.452-AgRg, Min. Isabel Gallotti, j. 25.3.14, DJ 7.4.14.

V. tb., no nosso CCLCV, LI 37, nota 5a.

Art. 836. A obrigação do fiador passa aos herdeiros; mas a responsabilidade da fiança se limita ao tempo decorrido até a morte do fiador, e não pode ultrapassar as forças da herança.[1] [Dispositivo correspondente no CC/1916: art. 1.501.]

Art. 836: 1. cf. arts. 1.792 e 1.997-*caput*. V. tb. art. 1.821.

Seção III | DA EXTINÇÃO DA FIANÇA

Art. 837. O fiador pode opor ao credor as exceções[1] que lhe forem pessoais, e as extintivas da obrigação que competem ao devedor principal, se não provierem simplesmente de incapacidade pessoal, salvo o caso do mútuo feito a pessoa menor.[2] [Dispositivo correspondente no CC/1916: art. 1.502.]

Art. 837: 1. s/ interrupção da prescrição e fiança, v. art. 204 § 3º.

Art. 837: 2. v. art. 824 § ún.

Art. 838. O fiador, ainda que solidário,[1] ficará desobrigado:[1a] [Dispositivo correspondente no CC/1916: art. 1.503-*caput*.]

I — se, sem consentimento seu, o credor conceder moratória ao devedor; [Dispositivo correspondente no CC/1916: art. 1.503-I.]

II — se, por fato do credor, for impossível a sub-rogação nos seus direitos e preferências;[2] [Dispositivo correspondente no CC/1916: art. 1.503-II.]

III — se o credor, em pagamento da dívida, aceitar amigavelmente do devedor objeto diverso[3] do que este era obrigado a lhe dar, ainda que depois venha a perdê-lo por evicção.[3a] [Dispositivo correspondente no CC/1916: art. 1.503-III.]

Art. 838: 1. v. arts. 828 e 829.

Art. 838: 1a. s/ novação e fiança, v. art. 366; s/ transação e fiança, v. art. 844 § 1º.

Art. 838: 2. v. arts. 346-III e 831.

Art. 838: 3. v. arts. 356 a 359.

Art. 838: 3a. v. arts. 447 a 457.

Art. 839. Se for invocado o benefício da excussão[1] e o devedor, retardando-se a execução, cair em insolvência,[2] ficará exonerado o fiador que o invocou, se provar que os bens por ele indicados eram, ao tempo da penhora, suficientes para a solução da dívida afiançada. [Dispositivo correspondente no CC/1916: art. 1.504.]

Art. 839: 1. v. art. 827 § ún.

Art. 839: 2. v. art. 955 e CPC/73 art. 748.

Capítulo XIX | DA TRANSAÇÃO[1-2]

CAP. XIX: 1. v. arts. 262 § ún. (obrigação indivisível), 661 §§ 1º e 2º (mandato), 787 § 2º e 795 (seguro), 817 (jogo e aposta), 1.105-*caput* (liquidação), 1.748-III (tutela), 1.782 (curatela).

V. tb. CPC 487-III-*b*; LJE 22 a 24 e 41-*caput*.

Em matéria de falência e recuperação judicial, v. LRF 22 § 3º.

CAP. XIX: 2. LJE: "Art. 57. O acordo extrajudicial, de qualquer natureza ou valor, poderá ser homologado, no juízo competente, independentemente de termo, valendo a sentença como título executivo judicial".

Art. 840. É lícito aos interessados prevenirem ou terminarem o litígio[1] mediante concessões mútuas. [Dispositivo correspondente no CC/1916: art. 1.025.]

Art. 840: 1. "São indispensáveis a autorização judicial e a intervenção do Ministério Público em acordo extrajudicial firmado pelos pais dos **menores**, em nome deles, para fins de receber indenização por ato ilícito. A transação firmada sem observância desses requisitos não impedirá o ajuizamento da ação correspondente, ressalvando-se, no entanto, a dedução, a final, do valor pago no acordo, para evitar o enriquecimento sem causa" (STJ-2ª Seção, ED no REsp 292.974, Min. Sálvio de Figueiredo, j. 12.2.03, um voto vencido, DJU 15.9.03). No mesmo sentido: "Em caso de acidente de trânsito que produziu a morte de marido e pai de família, a transação havida entre a empresa de transporte e a viúva não é válida em relação aos filhos menores impúberes absolutamente incapazes à época do fato se a viúva não detinha capacidade para agir em nome deles, por não possuir autorização judicial para tanto" (RT 804/243: 1º TASP, AP 1.019.030-8; ementa da redação).

Art. 841. Só quanto a direitos patrimoniais de caráter privado se permite a transação.[1-2] [Dispositivo correspondente no CC/1916: art. 1.035.]

Art. 841: 1. s/ transação concernente a obrigações resultantes de delito, v. art. 846; s/ compromisso arbitral e questões que não tenham caráter estritamente patrimonial, v. art. 852.

Art. 841: 2. v. nota 1 ao art. 840.

Art. 842. A transação far-se-á por escritura pública,[1-2] nas obrigações em que a lei o exige, ou por instrumento particular, nas em que ela o admite; se recair sobre direitos contestados em juízo,[2a] será feita por escritura pública, ou por termo nos autos, assinado pelos transigentes e homologado pelo juiz.[3-4] [Dispositivo correspondente no CC/1916: art. 1.028-I e II.]

Art. 842: 1. v. arts. 215 a 218.

Art. 842: 2. "A não adoção de escritura pública no tocante aos **bens imóveis** não acarreta defeito insanável, porquanto a transação não tem o condão de constituir, modificar, transferir ou transmitir direitos reais sobre imóveis. Ela apenas declara ou reconhece direitos, nos termos do art. 1.027 do CC/16 (correspondência: art. 843 do CC/02). A nulidade poderia ser decretada tão só se ausente escritura pública em contrato constitutivo ou translativo de direitos reais sobre imóveis, a teor do art. 134, II do CC/16 (correspondência: art. 108 do CC/02), o que não se coaduna com o caso em julgamento. A transação efetuada e concluída entre as partes, sem qualquer mácula, seja vício de consentimento, seja defeito ou nulidade, é perfeitamente válida, o que torna inevitável sua homologação" (STJ-3ª T., REsp 650.795, Min. Nancy Andrighi, j. 7.6.05, DJU 15.8.05).

Art. 842: 2a. "Apenas tem lugar a intervenção da autoridade judiciária quando a transação recai sobre direitos contestados em juízo, sendo dispensável a homologação judicial ou a intervenção de membro do *Parquet* para a validade da transação preventiva, que visa evitar litígio" (RT 792/245: TJSP, AP 097.531-5/6-00; ementa da redação).

Art. 842: 3. v. CPC 487-III-*b*.

Art. 842: 4. "A transação firmada entre as partes, ainda que não homologada judicialmente, por desídia da justiça, produz efeito de coisa julgada, somente rescindível por dolo, violência ou erro essencial quanto à pessoa ou coisa controversa" (RT 790/356: TJGO, AI 20.413-6/180).

Art. 843. A transação interpreta-se restritivamente,[1-2] e por ela não se transmitem, apenas se declaram ou reconhecem direitos. [Dispositivo correspondente no CC/1916: art. 1.027.]

Art. 843: 1. s/ interpretação dos negócios jurídicos benéficos e da renúncia, v. art. 114.

Art. 843: 2. "A declaração de plena e geral quitação deve ser interpretada *modus in rebus*, limitando-se ao valor nela registrado. Em outras palavras, o recibo fornecido pelo lesado deve ser interpretado restritivamente, significando apenas a quitação dos valores a que refere, sem obstar a propositura de ação para alcançar a integral reparação dos danos sofridos com o acidente" (STJ-2ª Seção, ED no REsp 292.974, Min. Sálvio de Figueiredo, j. 12.2.03, um voto vencido, DJU 15.9.03). No mesmo sentido: RT 743/299 (1º TASP, AP 700.890-8).

Todavia: "Quem, transigindo, passa quitação total à seguradora, não pode, mais tarde, deduzir novo pedido de indenização pelo agravamento da lesão em torno da qual se efetivou a transigência" (STJ-3ª T., REsp 796.727, Min. Gomes de Barros, j. 24.4.07, DJU 14.5.07).

"A quitação plena e geral, para nada mais reclamar a qualquer título, constante do acordo extrajudicial, é válida e eficaz, desautorizando investida judicial para ampliar a verba indenizatória aceita e recebida. Ainda que, nos termos do art. 1.027 do CC/16, a transação deva ser interpretada restritivamente, não há como negar eficácia a um acordo que contenha outorga expressa de quitação ampla e irrestrita, se o negócio foi celebrado sem qualquer vício capaz de macular a manifestação volitiva das partes. Sustentar o contrário implicaria ofensa ao princípio da segurança jurídica, que possui, entre seus elementos de efetividade, o respeito ao ato jurídico perfeito, indispensável à estabilidade das relações negociais" (STJ-3ª T., REsp 809.565, Min. Nancy Andrighi, j. 22.3.11, maioria, DJ 29.6.11).

Art. 844. A transação não aproveita, nem prejudica senão aos que nela intervierem,[1] ainda que diga respeito a coisa indivisível.[1a] [Dispositivo correspondente no CC/1916: art. 1.031-*caput*.]

§ 1º Se for concluída entre o credor e o devedor, desobrigará o fiador.[1b-1c] [Dispositivo correspondente no CC/1916: art. 1.031 § 1º.]

§ 2º Se entre um dos credores solidários[2] e o devedor, extingue a obrigação deste para com os outros credores. [Dispositivo correspondente no CC/1916: art. 1.031 § 2º.]

§ 3º Se entre um dos devedores solidários[3] e seu credor, extingue a dívida em relação aos codevedores.[4] [Dispositivo correspondente no CC/1916: art. 1.031 § 3º.]

Art. 844: 1. "Muito embora não seja desinfluente o pagamento realizado pelo segurador diretamente à vítima, sem participação do segurado, não é esse fato apto a afastar por completo a responsabilidade civil do causador do dano, tampouco obsta a instauração do processo em face deste. Tendo em vista que a indenização por dano moral deve ser ampla, eventual sub-rogação operada com o pagamento pela seguradora, diretamente aos familiares das vítimas do acidente, não abarca necessariamente todo o crédito decorrente do infortúnio, porquanto não se equipara o instituto da sub-rogação à cessão de crédito. Com efeito, não se deve ter por extinta toda e qualquer responsabilização do segurado pelos danos advindos do acidente automobilístico, uma vez que não poderia mesmo a seguradora transacionar valores além da apólice, uma vez que sua responsabilidade está limitada à quantia segurada" (STJ-RT 896/131: 4ª T., REsp 506.917).

Art. 844: 1a. s/ bens divisíveis, v. art. 87; s/ obrigações divisíveis e indivisíveis, v. arts. 257 a 263.

Art. 844: 1b. v. art. 838.

Art. 844: 1c. "Transação entre credor e devedor sem anuência dos fiadores. Parcelamento da dívida. Extinção do contrato de fiança. Exoneração dos fiadores" (STJ-4ª T., REsp 1.013.436, Min. Luis Felipe, j. 11.9.12, DJ 28.9.12).

Art. 844: 2. v. arts. 267 a 274.

Art. 844: 3. v. arts. 275 a 285.

Art. 844: 4. "A quitação parcial da dívida dada pelo credor a um dos devedores solidários por meio de transação, tal como ocorre na remissão não aproveita aos outros devedores, senão até a concorrência da quantia paga. Se, na transação, libera-se o devedor que dela participou com relação à quota-parte pela qual era responsável, ficam os devedores remanescentes responsáveis somente pelo saldo que, *pro rata*, lhes cabe" (STJ-4ª T., REsp 1.002.491-AgRg, Min. João Otávio, j. 28.6.11, DJ 1.7.11).

"A transação efetivada entre um dos devedores solidários e seu credor só irá extinguir a dívida em relação aos demais codevedores (CC, art. 844, § 3º) quando o credor der a quitação por toda a dívida, e não de forma parcial. A remissão ou exclusão de determinado devedor solidário pelo credor, em razão do pagamento parcial do débito, deverá, para fins de redução do valor total devido, corresponder à dedução de, no mínimo, sua quota-parte, partilhando-se a responsabilidade *pro rata*, sob pena de prejudicar o exercício do direito de regresso contra os codevedores, pois o credor iria receber por inteiro uma obrigação já parcialmente extinta; e o devedor que pagasse o total da dívida não poderia reembolsar-se da parte viril dos coobrigados, pois um deles já teria perdido, anteriormente e por causa distinta, a sua condição de devedor. Na hipótese, em uma execução contra cinco devedores solidários, em razão do pagamento parcial e irrisório com remissão obtida por um deles (CC, art. 277), entendeu o Tribunal que os outros codevedores continuariam responsáveis pelo total do débito cobrado (montante aproximado de R$ 3.500.000,00), abatida tão somente a quantia paga de R$ 20.013,69; sendo que, em verdade, deverá ser abatida a quota-parte correspondente ao remitido, isto é, 1/5 do valor total executado" (STJ-4ª T., REsp 1.478.262, Min. Luis Felipe, j. 21.10.14, DJ 7.11.14).

V. tb. art. 275, nota 1c.

Art. 845. Dada a evicção[1] da coisa renunciada por um dos transigentes, ou por ele transferida à outra parte, não revive a obrigação extinta pela transação; mas ao evicto cabe o direito de reclamar perdas e danos.[2] [Dispositivo correspondente no CC/1916: art. 1.032-*caput*.]

Parágrafo único. Se um dos transigentes adquirir, depois da transação, novo direito sobre a coisa renunciada ou transferida, a transação feita não o inibirá de exercê-lo. [Dispositivo correspondente no CC/1916: art. 1.032 § ún.]

Art. 845: 1. v. arts. 447 a 457.

Art. 845: 2. v. arts. 402 a 405.

Art. 846. A transação concernente a obrigações resultantes de delito não extingue a ação penal pública.[1] [Dispositivo correspondente no CC/1916: art. 1.033.]

Art. 846: 1. v. LJE 74.

Art. 847. É admissível, na transação, a pena convencional.[1] [Dispositivo correspondente no CC/1916: art. 1.034.]

Art. 847: 1. v. arts. 408 a 416.

Art. 848. Sendo nula[1] qualquer das cláusulas da transação, nula será esta.[2] [Dispositivo correspondente no CC/1916: art. 1.026-*caput*.]

Parágrafo único. Quando a transação versar sobre diversos direitos contestados, independentes entre si, o fato de não prevalecer em relação a um não prejudicará os demais. [Dispositivo correspondente no CC/1916: art. 1.026 § ún.]

Art. 848: 1. v. arts. 166 e segs.

Art. 848: 2. "Havendo na transação cláusula nula ou ineficaz, ligada aos demais pontos da transigência, não há como homologá-la, porque a eiva parcial contamina o acordo por inteiro" (RT 771/290: 2º TASP, AI 591.762-00/6).

Art. 849. A transação só se anula[1-1a] por dolo,[1b] coação,[2] ou erro essencial[3] quanto à pessoa ou coisa controversa.[4] [Sem dispositivo correspondente no CC/1916.]

Parágrafo único. A transação não se anula por erro de direito a respeito das questões que foram objeto de controvérsia entre as partes. [Sem dispositivo correspondente no CC/1916.]

Art. 849: 1. "Efetuada e concluída a transação, é vedada a um dos transatores a rescisão unilateral, como também é obrigado o juiz a homologar o negócio jurídico, desde que não esteja contaminado por defeito insanável (objeto ilícito, incapacidade das partes ou irregularidade do ato)" (STJ-3ª T., REsp 650.795, Min. Nancy Andrighi, j. 7.6.05, DJU 15.8.05).

"É impossível o arrependimento e rescisão unilateral da transação, ainda que não homologada de imediato pelo Juízo. Uma vez concluída a transação, as suas cláusulas ou condições obrigam definitivamente os contraentes, e sua rescisão só se torna possível 'por dolo, coação, ou erro essencial quanto à pessoa ou coisa controversa' (CC de 2002, art. 849; CC de 1916, art. 1.030)" (STJ-3ª T., REsp 825.425, Min. Sidnei Beneti, j. 18.5.10, DJ 8.6.10).

Art. 849: 1a. v. art. 171.

Art. 849: 1b. v. arts. 145 a 150.

Art. 849: 2. v. arts. 151 a 155.

Art. 849: 3. v. arts. 138 a 144.

Art. 849: 4. Logo, após a transação, descabem discussões em torno do contrato que até então unia as partes (RT 825/276).

"Eventual deficiência na informação prestada pela instituição financeira na contratação do serviço não gera, obrigatoriamente, o vício na transação havida, ato jurídico posterior e autônomo" (STJ-3ª T., AI 967.259-AgRg, Min. Nancy Andrighi, j. 16.9.08, DJ 26.9.08).

Art. 850. É nula a transação a respeito do litígio decidido por sentença passada em julgado, se dela não tinha ciência algum dos transatores,[1] ou quando, por título ulteriormente descoberto, se verificar que nenhum deles tinha direito sobre o objeto da transação. [Dispositivo correspondente no CC/1916: art. 1.036.]

Art. 850: 1. "Admissível a transação entre os litigantes, mesmo havendo sentença de julgamento de mérito que favorece integralmente uma das partes, desde que o acordo apresente os requisitos de validade, entre os quais a assinatura dos patronos de cada qual" (RT 773/285: 2º TASP, AI 594.690-00/6).

Capítulo XX | DO COMPROMISSO

Art. 851. É admitido compromisso,[1] judicial ou extrajudicial, para resolver litígios entre pessoas que podem contratar. [Sem dispositivo correspondente no CC/1916.]

Art. 851: 1. v. art. 661 § 2º (poder do mandatário para firmar compromisso).

Art. 852. É vedado compromisso para solução de questões de estado, de direito pessoal de família e de outras que não tenham caráter estritamente patrimonial.[1] [Sem dispositivo correspondente no CC/1916.]

Art. 852: 1. cf. art. 841. Em matéria de arbitragem, v. art. 1º da Lei 9.307, de 23.9.96.

Art. 853. Admite-se nos contratos a cláusula compromissória, para resolver divergências mediante juízo arbitral, na forma estabelecida em lei especial.[1-2] [Sem dispositivo correspondente no CC/1916.]

Art. 853: 1. v. Lei 9.307, de 23.9.96. V. tb. CPC 337-X e §§ 5º e 6º, 485-VII, 1.012-IV; LJE 24 a 26.

✎ **Art. 853: 2.** "Arbitragem internacional, cláusula compromissória e o novo Código Civil brasileiro", por Luiz Edson Fachin (RTDC 27/221).

Título VII | DOS ATOS UNILATERAIS

Capítulo I | DA PROMESSA DE RECOMPENSA[1]

CAP. I: 1. Lei 5.768, de 20.12.71 — Altera a legislação sobre distribuição gratuita de prêmios, mediante sorteio, vale-brinde ou concurso, a título de propaganda, estabelece normas de proteção à poupança popular, e dá outras providências (Lex 1971/1.665, RDA 108/512, RF 237/409). O art. 4º foi alterado pela **Lei 5.864, de 12.12.72** (Lex 1972/1.608, RF 241/440).

Art. 854. Aquele que, por anúncios públicos, se comprometer a recompensar, ou gratificar, a quem preencha certa condição, ou desempenhe certo serviço, contrai obrigação de cumprir o prometido.[1] [Dispositivo correspondente no CC/1916: art. 1.512.]

Art. 854: 1. Em matéria de direito do consumidor, v., no nosso CCLCV, CDC 37, nota 2.

Art. 855. Quem quer que, nos termos do artigo antecedente, fizer o serviço, ou satisfizer a condição, ainda que não pelo interesse da promessa, poderá exigir a recompensa estipulada. [Dispositivo correspondente no CC/1916: art. 1.513.]

Art. 856. Antes de prestado o serviço ou preenchida a condição, pode o promitente revogar a promessa, contanto que o faça com a mesma publicidade; se houver assinado prazo[1] à execução da tarefa, entender-se-á que renuncia o arbítrio de retirar, durante ele, a oferta.[2] [Dispositivo correspondente no CC/1916: art. 1.514.]

Parágrafo único. O candidato de boa-fé, que houver feito despesas, terá direito a reembolso. [Sem dispositivo correspondente no CC/1916.]

Art. 856: 1. v. art. 859.

Art. 856: 2. i. e., enquanto não houver decorrido o prazo fixado, o promitente não poderá revogar a promessa.

Art. 857. Se o ato contemplado na promessa for praticado por mais de um indivíduo, terá direito à recompensa o que primeiro o executou. [Dispositivo correspondente no CC/1916: art.

1.515-*caput*.]

Art. 858. Sendo simultânea a execução, a cada um tocará quinhão igual na recompensa; se esta não for divisível,[1] conferir-se-á por sorteio,[2] e o que obtiver a coisa dará ao outro o valor de seu quinhão. [Dispositivo correspondente no CC/1916: art. 1.515 §§ 1º e 2º.]

Art. 858: 1. v. art. 87.

Art. 858: 2. v. art. 817.

Art. 859. Nos concursos que se abrirem com promessa pública de recompensa, é condição essencial, para valerem, a fixação de um prazo,[1] observadas também as disposições dos parágrafos seguintes. [Dispositivo correspondente no CC/1916: art. 1.516-*caput*.]

§ 1º A decisão da pessoa nomeada, nos anúncios, como juiz, obriga os interessados. [Dispositivo correspondente no CC/1916: art. 1.516 § 1º.]

§ 2º Em falta de pessoa designada para julgar o mérito dos trabalhos que se apresentarem, entender-se-á que o promitente se reservou essa função. [Dispositivo correspondente no CC/1916: art. 1.516 § 2º.]

§ 3º Se os trabalhos tiverem mérito igual, proceder-se-á de acordo com os arts. 857 e 858. [Dispositivo correspondente no CC/1916: art. 1.516 § 3º.]

Art. 859: 1. v. art. 856.

Art. 860. As obras premiadas, nos concursos de que trata o artigo antecedente, só ficarão pertencendo ao promitente, se assim for estipulado na publicação da promessa. [Dispositivo correspondente no CC/1916: art. 1.517.]

Capítulo II | DA GESTÃO DE NEGÓCIOS[1-1a]

CAP. II: 1. "Reflexões sobre a gestão de negócios", por Thiago Antônio Sumeira (RDPr 21/274); "Doação pura, preliminar de doação e contratos de gestão", por Nelson Nery Junior e Luciano de Camargo Penteado (RDPr 25/7).

CAP. II: 1a. v. arts. 662, 665, 673 e 679 (inexistência de mandato ou excesso de poderes pelo mandatário). V. tb. CPC 53-IV-*b* (foro competente para a ação em que for réu o gestor de negócios).

Art. 861. Aquele que, sem autorização do interessado, intervém na gestão de negócio alheio, dirigi-lo-á segundo o interesse e a vontade presumível de seu dono,[1] ficando responsável a este e às pessoas com que tratar.[2] [Dispositivo correspondente no CC/1916: art. 1.331.]

Art. 861: 1. v. arts. 873 e 874 (aprovação ou desaprovação pelo dono do negócio).

Art. 861: 2. Aquele que adquire a posse de uma coisa para outro sem ter mandato (art. 1.205-II) também pode ser considerado gestor de negócio.

Art. 862. Se a gestão foi iniciada contra a vontade manifesta ou presumível do interessado, responderá o gestor até pelos casos fortuitos,[1] não provando que teriam sobrevindo, ainda quando se houvesse abatido.[2 a 3] [Dispositivo correspondente no CC/1916: art. 1.332.]

Art. 862: 1. v. art. 393 § ún.

Art. 862: 2. *sic*; deve ser "abstido", e não "abatido" (cf. CC rev. 1.332).

Art. 862: 2a. v. arts. 863, 868-*caput* e 874.

Art. 862: 3. "Para que a instituição financeira proceda à alteração de uma aplicação de rendimento certo para outra de risco, é necessária a devida autorização por escrito do cliente, sob pena de, em não agindo assim, responder na qualidade de gestora de negócios, pelos prejuízos causados ao correntista, nos termos do art. 1.332 do CC" (RT 793/268: 1º TACSP, AP 961.683-9; ementa da redação). O art. 1.332 do CC rev. corresponde ao CC 862.

Art. 863. No caso do artigo antecedente, se os prejuízos da gestão excederem o seu proveito, poderá o dono do negócio exigir que o gestor restitua as coisas ao estado anterior, ou o indenize da diferença.[1] [Dispositivo correspondente no CC/1916: art. 1.333.]

Art. 863: 1. v. art. 874.

Art. 864. Tanto que se possa, comunicará o gestor ao dono do negócio a gestão que assumiu, aguardando-lhe a resposta, se da espera não resultar perigo. [Dispositivo correspondente no CC/1916: art. 1.334.]

Art. 865. Enquanto o dono não providenciar, velará o gestor pelo negócio, até o levar a cabo, esperando, se aquele falecer[1] durante a gestão, as instruções dos herdeiros, sem se descuidar, entretanto, das medidas que o caso reclame. [Dispositivo correspondente no CC/1916: art. 1.335.]

Art. 865: 1. cf. art. 674 (mandato).

Art. 866. O gestor envidará toda[1] sua diligência habitual na administração do negócio,[2] ressarcindo ao dono o prejuízo resultante de qualquer culpa na gestão.[3] [Dispositivo correspondente no CC/1916: art. 1.336.]

Art. 866: 1. *sic*; deve ser "toda a sua" (cf. CC rev. 1.336).

Art. 866: 2. cf. art. 667-*caput*.

Art. 866: 3. v. arts. 402 a 405, 862, 868 e 874.

Art. 867. Se o gestor se fizer substituir por outrem,[1] responderá pelas faltas do substituto, ainda que seja pessoa idônea, sem prejuízo da ação que a ele, ou ao dono do negócio, contra ela possa caber. [Dispositivo correspondente no CC/1916: art. 1.337-*caput*.]

Parágrafo único. Havendo mais de um gestor, solidária[2] será a sua responsabilidade. [Dispositivo correspondente no CC/1916: art. 1.337 § ún.]

Art. 867: 1. cf. art. 667 §§ 1º a 4º.

Art. 867: 2. v. arts. 275 a 285.

Art. 868. O gestor responde pelo caso fortuito[1] quando fizer operações arriscadas, ainda que o dono costumasse fazê-las, ou quando preterir interesse deste em proveito de interesses seus. [Dispositivo correspondente no CC/1916: art. 1.338-*caput*.]

Parágrafo único. Querendo o dono aproveitar-se da gestão, será obrigado a indenizar o gestor das despesas necessárias,[2] que tiver feito, e dos prejuízos, que por motivo da gestão, houver sofrido. [Dispositivo correspondente no CC/1916: art. 1.338 § ún.]

Art. 868: 1. v. art. 393 § ún.

Art. 868: 2. v. art. 869-*caput* e § 1º.

Art. 869. Se o negócio for utilmente administrado, cumprirá ao[1] dono as obrigações contraídas em seu nome, reembolsando ao gestor as despesas necessárias ou úteis[2] que houver feito, com os juros legais,[3] desde o desembolso, respondendo ainda pelos prejuízos que este houver sofrido por causa da gestão.[4] [Dispositivo correspondente no CC/1916: art. 1.339-*caput*.]

§ 1º A utilidade, ou necessidade, da despesa, apreciar-se-á não pelo resultado obtido, mas segundo as circunstâncias da ocasião em que se fizerem. [Dispositivo correspondente no CC/1916: art. 1.339 § 1º.]

§ 2º Vigora o disposto neste artigo, ainda quando o gestor, em erro quanto ao dono do negócio, der a outra pessoa as contas da gestão. [Dispositivo correspondente no CC/1916: art. 1.339 § 2º.]

Art. 869: 1. *sic*; deve ser "cumprirá o dono" (cf. CC rev. 1.339).

Art. 869: 2. v. art. 868 § ún.

Art. 869: 3. v. arts. 406 e 407.

Art. 869: 4. v. arts. 870 e 874.

Art. 870. Aplica-se a disposição do artigo antecedente, quando a gestão se proponha a acudir a prejuízos iminentes, ou redunde em proveito do dono do negócio ou da coisa; mas a indenização ao gestor não excederá, em importância, as vantagens obtidas com a gestão.[1] [Dispositivo correspondente no CC/1916: art. 1.340.]

Art. 870: 1. v. art. 874.

Art. 871. Quando alguém, na ausência do indivíduo obrigado a alimentos,[1] por ele os prestar a quem se devem, poder-lhes-á reaver do devedor a importância, ainda que este não ratifique o ato.[2-3] [Dispositivo correspondente no CC/1916: art. 1.341.]

Art. 871: 1. v. arts. 1.694 a 1.710.

Art. 871: 2. e salvo o disposto no art. 872 § ún.

Art. 871: 3. "Equipara-se à gestão de negócios a prestação de alimentos feita por outrem na ausência do alimentante. Assim, a pretensão creditícia ao reembolso exercitada por terceiro é de direito comum, e não de direito de família" (STJ-3ª T., REsp 1.197.778, Min. João Otávio, j. 25.3.14, DJ 1.4.14).

V. tb. art. 346, nota 2.

Art. 872. Nas[1] despesas do enterro, proporcionadas[2] aos usos locais e à condição do falecido, feitas por terceiro, podem ser cobradas da pessoa que teria a obrigação de alimentar[3] a que veio a falecer, ainda mesmo que esta não tenha deixado bens. [Dispositivo correspondente no CC/1916: art. 1.342-*caput*.]

Parágrafo único. Cessa o disposto neste artigo e no antecedente, em se provando que o gestor fez essas despesas com o simples intento de bem-fazer. [Dispositivo correspondente no CC/1916: art. 1.342 § ún.]

Art. 872: 1. *sic*; deve ser "As".

Art. 872: 2. *sic*; deve ser "proporcionais".

Art. 872: 3. v. arts. 1.694 a 1.710.

Art. 873. A ratificação[1] pura e simples do dono do negócio retroage ao dia do começo da gestão, e produz todos os efeitos do mandato.[2] [Dispositivo correspondente no CC/1916: art. 1.343.]

Art. 873: 1. cf. art. 662 § ún. Em matéria de posse, v. art. 1.205-II.

Art. 873: 2. v. arts. 653 a 692.

Art. 874. Se o dono do negócio, ou da coisa, desaprovar a gestão, considerando-a contrária aos seus interesses, vigorará o disposto nos arts. 862 e 863, salvo o estabelecido nos arts. 869 e 870. [Dispositivo correspondente no CC/1916: art. 1.344.]

Art. 875. Se os negócios alheios forem conexos ao do gestor, de tal arte que se não possam gerir separadamente, haver-se-á o gestor por sócio daquele cujos interesses agenciar de envolta com os seus. [Dispositivo correspondente no CC/1916: art. 1.345-*caput*.]

Parágrafo único. No caso deste artigo, aquele em cujo benefício interveio o gestor só é obrigado na razão das vantagens que lograr. [Dispositivo correspondente no CC/1916: art. 1.345 § ún.]

Capítulo III | DO PAGAMENTO INDEVIDO[1-1a]

CAP. III: 1. s/ pagamento indevido na relação tributária, v. CTN 165 a 169.

CAP. III: 1a. **Súmula 71 do STF:** "Embora pago indevidamente, não cabe restituição de tributo indireto".

Súmula 546 do STF: "Cabe a restituição do tributo pago indevidamente, quando reconhecido por decisão que o contribuinte *de jure* não recuperou do contribuinte *de facto* o *quantum* respectivo".

Súmula 162 do STJ: "Na repetição de indébito tributário, a correção monetária incide a partir do pagamento indevido".

Súmula 188 do STJ: "Os juros moratórios, na repetição do indébito tributário, são devidos a partir do trânsito em julgado da sentença".

Art. 876. Todo aquele que recebeu o que lhe não era devido fica obrigado a restituir;[1] obrigação que incumbe àquele que recebe dívida condicional[2] antes de cumprida a condição. [Dispositivo correspondente no CC/1916: art. 964.]

Art. 876: 1. s/ pagamento após intimação da penhora feita sobre o crédito ou da impugnação a ele oposta, v. art. 312.

Art. 876: 2. s/ condição, v. art. 121.

Art. 877. Àquele que voluntariamente pagou o indevido incumbe a prova de tê-lo feito por erro.[1 a 3] [Dispositivo correspondente no CC/1916: art. 965.]

Art. 877: 1. s/ erro, v. arts. 138 a 144.

Art. 877: 1a. **Súmula 322 do STJ:** "Para a repetição de indébito, nos contratos de abertura de crédito em conta-corrente, não se exige a prova do erro" (v. jurisprudência s/ esta Súmula em RSTJ 198/631).

Art. 877: 2. "É possível a repetição do indébito quanto a valores pagos por força de cláusulas contratuais ulteriormente reconhecidas como ilegais, sob pena de se prestigiar o enriquecimento indevido do credor. Nesses casos, faz-se desnecessária a prova do erro, uma vez que o art. 965 do CC anterior (*art. 877 do CC atual*) só tem aplicação nas hipóteses de pagamento voluntário, situação diversa da dos autos, em que os valores das prestações são fixados unilateralmente pelo credor" (STJ-3ª T., REsp 345.750, Min. Castro Filho, j. 13.9.05, DJU 13.3.06). No mesmo sentido: STJ-2ª Seção, REsp 680.237, Min. Aldir Passarinho Jr., j. 14.12.05, DJU 15.3.06.

"A exigência da prova do erro, estabelecida no art. 877 do CC, só tem cabimento nas hipóteses de pagamento voluntário, situação que, por certo, não guarda identidade com a imposição relativa ao pagamento de multa de trânsito, penalidade aplicada pelo Estado em consequência do exercício do poder de polícia" (STJ-2ª T., REsp 1.009.616, Min. Eliana Calmon, j. 1.4.08, DJU 11.4.08).

Art. 877: 3. "Pagamento dos alugueres feito ao antigo curador da locadora, após a morte desta, que antes do falecimento tinha legitimidade para receber. Nomeação de outro inventariante com o ajuizamento pelo espólio de ação de despejo por falta de pagamento cumulada com cobrança contra o locatário, determinando novo pagamento dos alugueres ao verdadeiro credor. Procedência do pedido de repetição do indébito devida, pois o antigo curador sabia que estava recebendo os alugueres sem ter legitimidade para tanto" (STJ-3ª T., REsp 1.252.875, Min. Paulo Sanseverino, j. 18.12.12, DJ 4.2.13).

Art. 878. Aos frutos, acessões, benfeitorias[1] e deteriorações sobrevindas à coisa dada em pagamento indevido, aplica-se o disposto neste Código sobre o possuidor de boa-fé ou de má-fé,[2] conforme o caso. [Dispositivo correspondente no CC/1916: art. 966.]

Art. 878: 1. v. arts. 92 a 97.

Art. 878: 2. v. arts. 1.214 a 1.222.

Art. 879. Se aquele que indevidamente recebeu um imóvel o tiver alienado em boa-fé, por título oneroso, responde somente pela quantia recebida; mas, se agiu de má-fé, além do valor do imóvel, responde por perdas e danos.[1] [Dispositivo correspondente no CC/1916: art. 968-*caput*.]

Parágrafo único. Se o imóvel foi alienado por título gratuito,[2] ou se, alienado por título oneroso, o terceiro adquirente agiu de má-fé, cabe ao que pagou por erro o direito de reivindicação. [Dispositivo correspondente no CC/1916: art. 968 § ún.]

Art. 879: 1. v. arts. 402 a 405.

Art. 879: 2. s/ doação, v. arts. 538 a 564.

Art. 880. Fica isento de restituir pagamento indevido aquele que, recebendo-o como parte de dívida verdadeira, inutilizou o título, deixou prescrever a pretensão ou abriu mão das garantias que asseguravam seu direito; mas aquele que pagou dispõe de ação regressiva[1] contra o verdadeiro devedor e seu fiador. [Dispositivo correspondente no CC/1916: art. 969.]

Art. 880: 1. s/ denunciação da lide, v. CPC 125-II.

Art. 881. Se o pagamento indevido tiver consistido no desempenho de obrigação de fazer ou para eximir-se da obrigação de não fazer,[1] aquele que recebeu a prestação fica na obrigação de indenizar o que a cumpriu, na medida do lucro obtido. [Sem dispositivo correspondente no CC/1916.]

Art. 881: 1. v. arts. 247 a 251. V. tb. ECA 213, CDC 84 e LJE 52-V e VI.

Art. 882. Não se pode repetir[1] o que se pagou para solver dívida prescrita,[2] ou cumprir obrigação judicialmente inexigível. [Dispositivo correspondente no CC/1916: art. 970.]

Art. 882: 1. v. arts. 564-III e 814. "Repetir", aqui, tem o sentido de "reaver".

Art. 882: 2. v. art. 191, nota 2.

Art. 883. Não terá direito à repetição aquele que deu alguma coisa para obter fim ilícito, imoral, ou proibido por lei. [Dispositivo correspondente no CC/1916: art. 971.]

Parágrafo único. No caso deste artigo, o que se deu reverterá em favor de estabelecimento local de beneficência, a critério do juiz. [Sem dispositivo correspondente no CC/1916.]

Capítulo IV | DO ENRIQUECIMENTO SEM CAUSA[1]

✎ **CAP. IV: 1.** "Considerações sobre o enriquecimento sem causa no novo Código Civil", por Fábio Jun Capucho (RDPr 16/9); "O enriquecimento sem causa como fonte de obrigações", por José Roberto de Castro Neves (RT 843/97).

Art. 884. Aquele que, sem justa causa, se enriquecer à custa de outrem,[1] será obrigado a restituir o indevidamente auferido, feita a atualização dos valores monetários.[2 a 5] [Sem dispositivo correspondente no CC/1916.]

Parágrafo único. Se o enriquecimento tiver por objeto coisa determinada, quem a recebeu é obrigado a restituí-la, e, se a coisa não mais subsistir, a restituição se fará pelo valor do bem na época em que foi exigido. [Sem dispositivo correspondente no CC/1916.]

Art. 884: 1. Enunciado 35 do CEJ: "A expressão 'se enriquecer à custa de outrem' do art. 884 do novo Código Civil não significa, necessariamente, que deverá haver empobrecimento".

Enunciado 188 do CEJ: "A existência de negócio jurídico válido e eficaz é, em regra, uma justa causa para o enriquecimento".

Art. 884: 2. s/ enriquecimento sem causa e cobrança por associação de moradores de despesas de manutenção de loteamento de morador não associado, v. Dec. lei 271, de 28.2.67, art. 3º, nota 3a (no nosso CCLCV, tít. PROMESSA DE COMPRA E VENDA E LOTEAMENTO); s/ resolução contratual por onerosidade excessiva, v. arts. 478 a 480; s/ repetição do indébito, v. art. 877 e notas.

Art. 884: 2a. A pretensão de ressarcimento do enriquecimento sem causa prescreve em 3 anos (art. 206 § 3º-IV).

Art. 884: 3. "Ao reconhecer a nulidade da contratação de servidores públicos, não se deve exigir que as partes retornem a sua situação patrimonial anterior, com a devolução da remuneração auferida, desde que o servidor, agindo de boa-fé, tenha efetivamente prestado serviços à Administração Pública. Se a Administração Pública recebe de volta a remuneração que pagou a seus servidores e ainda aufere os benefícios dos serviços que lhe foram prestados, experimenta claro enriquecimento sem causa" (STJ-Corte Especial, ED no REsp 575.551, Min. Nancy Andrighi, j. 1.4.09, DJ 30.4.09).

"Ainda que a Administração Pública não tenha observado os princípios que regem os contratos administrativos para a contratação, não pode o contratante ser penalizado pela falta do administrador, uma vez que não lhe compete a observância de tais princípios. Assim, a causa do pagamento não é o contrato nulo ou inexistente, mas sim a vantagem auferida pelo Município com o serviço prestado pelo particular de boa-fé, sob pena de locupletamento sem causa pela Administração" (Bol. AASP 2.597: TJRS, AP 70022243737).

V., no nosso CPCLPV, LIA 12, nota 3.

Art. 884: 4. "Celebrado contrato de prestação de serviços entre a universidade e os recorrentes, e não tendo sido ministrado o número de créditos avençados, deve esta restituir o que recebeu a maior, indevidamente, sob pena de enriquecimento ilícito. Não pode ser imputada aos recorrentes a anuência com o ilícito, pelo simples fato de ter ocorrido a colação de grau, pois buscaram, tanto na via administrativa quanto judicial, o reconhecimento do seu direito à repetição" (STJ-4ª T., REsp 895.480, Min. Luis Felipe, j. 16.11.10, DJ 22.11.10).

Art. 884: 5. "Acidente de trânsito. Perda total do veículo. Reparação por danos materiais. Dedução do valor correspondente à sucata. A finalidade da reparação por danos materiais é a recomposição do patrimônio do lesado, de modo que se retornem as coisas ao seu *status quo ante*. A reparação foi calculada com base no valor de mercado do bem, do qual deveria ter sido descontado aquele correspondente ao que restou do veículo sinistrado, ou seja, o valor da sucata, que, na hipótese, permanece de propriedade do recorrido. Impedir esse desconto é permitir o enriquecimento sem causa do recorrido" (STJ-3ª T., REsp 1.058.967, Min. Nancy Andrighi, j. 20.9.11, DJ 29.9.11).

Art. 885. A restituição é devida, não só quando não tenha havido causa que justifique o enriquecimento, mas também se esta deixou de existir. [Sem dispositivo correspondente no CC/1916.]

Art. 886. Não caberá a restituição por enriquecimento, se a lei conferir ao lesado outros meios para se ressarcir do prejuízo sofrido.[1 a 3] [Sem dispositivo correspondente no CC/1916.]

Art. 886: 1. s/ prescrição, v. arts. 189 e segs.

Art. 886: 2. Enunciado 36 do CEJ: "O art. 886 do novo Código Civil não exclui o direito à restituição do que foi objeto de enriquecimento sem causa, nos casos em que os meios alternativos conferidos ao lesado encontram obstáculos de fato".

Art. 886: 3. "Nos casos em que ocorrida a **prescrição de ação específica,** não pode o prejudicado valer-se da ação de enriquecimento, sob pena de violação da finalidade da lei". (STJ-4ª T., REsp 1.497.769, Min. Luis Felipe, j. 5.5.16, DJ 7.6.16).

Título VIII | DOS TÍTULOS DE CRÉDITO[1-2]

Capítulo I | DISPOSITIVOS GERAIS

TÍT. VIII: 1. v. tb., no nosso CCLCV, os títs. CÉDULA HIPOTECÁRIA, CHEQUE, DUPLICATA, LETRA DE CÂMBIO, PROTESTO DE TÍTULOS, TÍTULOS DE CRÉDITO À EXPORTAÇÃO, TÍTULOS DE CRÉDITO COMERCIAL, TÍTULOS DE CRÉDITO INDUSTRIAL e TÍTULOS DE CRÉDITO RURAL.

TÍT. VIII: 2. **Lei 4.728, de 14.7.65** — Dispõe sobre o mercado de valores mobiliários e cria a Comissão de Valores Mobiliários (v. em especial os **arts. 30 e 31,** que dispõem sobre os **certificados de depósito bancário).**

Art. 887. O título de crédito,[1 a 1c] documento necessário ao exercício do direito literal e autônomo nele contido, somente produz efeito quando preencha os requisitos da lei.[2] [Sem dispositivo correspondente no CC/1916.]

Art. 887: 1. "Dos títulos de crédito. Exame crítico do Tít. VIII do Livro I da Parte Especial do novo Código Civil", por Manoel Justino Bezerra Filho (RT 798/103); "Os títulos de crédito no comércio internacional", por Hilário de Oliveira (RDPr 13/127); "Os títulos de crédito no novo Código Civil", por Paulo Roberto Colombo Arnoldi e Marcos Paulo Félix da Silva (RT 824/11); "Os títulos de crédito e as novas regras do Código Civil", por Itamar Dutra (RJ 326/41); "As principais dúvidas na aplicação dos princípios dos títulos de crédito", por Rodrigo Almeida Magalhães (RMDECC 21/8); "Os títulos causais no comércio internacional", por Hilário de Oliveira (RMDECC 22/28); "Notas sobre os títulos causais e sua função social", por Hilário de Oliveira e Andréa Luísa de Oliveira (RMDECC 35/77); "Contornos dogmáticos da teoria geral dos títulos de crédito e a tecnologia da informação", por Cássio Cavali (RT 919/199).

Art. 887: 1a. s/ cópia fotográfica do título de crédito, v. art. 223 § ún.; s/ penhor de títulos de crédito, v. arts. 1.458 a 1.460.

Art. 887: 1b. **CPC 784:** "São títulos executivos extrajudiciais: **I** — a letra de câmbio, a nota promissória, a duplicata, a debênture e o cheque".

Art. 887: 1c. **Súmula 258 do STJ:** "A nota promissória vinculada a contrato de abertura de crédito não goza de autonomia em razão da iliquidez do título que a originou" (v. jurisprudência s/ esta Súmula em RT 794/212 e RSTJ 155/125).

Art. 887: 2. A pretensão para haver o pagamento de título de crédito prescreve em 3 anos (art. 206 § 3º-VII).

Art. 888. A omissão de qualquer requisito legal,[1] que tire ao escrito a sua validade como título de crédito, não implica a invalidade do negócio jurídico que lhe deu origem.[2] [Sem dispositivo correspondente no CC/1916.]

Art. 888: 1. v. art. 889.

Art. 888: 2. v. LCh 2º, LCa 2º e LCU 2º e 76.

Art. 889. Deve o título de crédito conter a data da emissão, a indicação precisa dos direitos que confere, e a assinatura do emitente.[1] [Sem dispositivo correspondente no CC/1916.]

§ 1º É à vista o título de crédito que não contenha indicação de vencimento.[2] [Sem dispositivo correspondente no CC/1916.]

§ 2º Considera-se lugar de emissão e de pagamento, quando não indicado no título, o domicílio do emitente.[3] [Sem dispositivo correspondente no CC/1916.]

§ 3º O título poderá ser emitido a partir dos caracteres criados em computador ou meio técnico equivalente e que constem da escrituração do emitente, observados os requisitos mínimos previstos neste artigo. [Sem dispositivo correspondente no CC/1916.]

Art. 889: 1. s/ requisitos do cheque, v. LCh 1º e 2º; s/ requisitos da letra de câmbio, v. LCa 1º e LCU 1º e 2º; s/ requisitos da nota promissória, v. LCa 54 e LCU 75 e 76; s/ requisitos da duplicata, v. LDu 2º.

Art. 889: 2. cf. art. 331.

Art. 889: 3. v. arts. 327 a 330.

Art. 890. Consideram-se não escritas no título a cláusula de juros,[1] a proibitiva de endosso, a excludente de responsabilidade pelo pagamento ou por despesas, a que dispense a observância de termos e formalidade prescritas, e a que, além dos limites fixados em lei, exclua ou restrinja direitos e obrigações. [Sem dispositivo correspondente no CC/1916.]

Art. 890: 1. v., no nosso CCLCV, tít. LETRA DE CÂMBIO, LCU 5º (Anexo I) e LCa 44.

Art. 891. O título de crédito, incompleto ao tempo da emissão, deve ser preenchido de conformidade com os ajustes realizados. [Sem dispositivo correspondente no CC/1916.]

Parágrafo único. O descumprimento dos ajustes previstos neste artigo pelos que deles participaram, não constitui motivo de oposição ao terceiro portador, salvo se este, ao adquirir o título, tiver agido de má-fé.[1-2] [Sem dispositivo correspondente no CC/1916.]

Art. 891: 1. v. LCU 10 e, no nosso CCLCV, LCa 54, nota 1f.

Art. 891: 2. **Súmula 387 do STF:** "A cambial emitida ou aceita com omissões, ou em branco, pode ser completada pelo credor de boa-fé antes da cobrança ou do protesto".

Art. 892. Aquele que, sem ter poderes, ou excedendo os que tem,[1] lança a sua assinatura em título de crédito, como mandatário ou representante de outrem, fica pessoalmente obrigado, e, pagando o título, tem ele os mesmos direitos que teria o suposto mandante ou representado. [Sem dispositivo correspondente no CC/1916.]

Art. 892: 1. cf. art. 662. V. ainda arts. 663 e 665 e LCU 18.

Art. 893. A transferência do título de crédito implica a de todos os direitos que lhe são inerentes.[1 a 3] [Sem dispositivo correspondente no CC/1916.]

Art. 893: 1. v. LCh 20 e LCU 14.

Art. 893: 2. Em caso de título à ordem, a transferência ocorre mediante endosso, com a assinatura no título. O endosso pode ser em branco (sem indicação do endossatário) ou em preto (com indicação do endossatário). Já em matéria de título ao portador, a transferência se dá com a simples tradição (art. 904).

Art. 893: 3. Daí ser nulo o endosso parcial. V. art. 912 § ún.

Art. 894. O portador de título representativo de mercadoria tem o direito de transferi-lo, de conformidade com as normas que regulam a sua circulação, ou de receber aquela independentemente de quaisquer formalidades, além da entrega do título devidamente quitado.[1] [Sem dispositivo correspondente no CC/1916.]

Art. 894: 1. v. arts. 319 a 324.

Art. 895. Enquanto o título de crédito estiver em circulação, só ele poderá ser dado em garantia, ou ser objeto de medidas judiciais,[1] e não, separadamente, os direitos ou mercadorias que representa. [Sem dispositivo correspondente no CC/1916.]

Art. 895: 1. v. CPC 798-I-*a*.

Art. 896. O título de crédito não pode ser reivindicado do portador que o adquiriu de boa-fé e na conformidade das normas que disciplinam a sua circulação.[1] [Sem dispositivo correspondente no CC/1916.]

Art. 896: 1. v. LCh 24.

Art. 897. O pagamento de título de crédito, que contenha obrigação de pagar soma determinada, pode ser garantido por aval.[1 a 4] [Sem dispositivo correspondente no CC/1916.]

Parágrafo único. É vedado o aval parcial.[5] [Sem dispositivo correspondente no CC/1916.]

Art. 897: 1. v. tb. LCh 29 a 31, LDu 12 e LCU 30 a 32.

S/ aval em contrato, v. art. 264, nota 3; s/ responsabilidade do avalista perante fiador que paga a dívida, v. art. 831, nota 2a; s/ necessidade de autorização do cônjuge para a prestação do aval, v. art. 1.647-III.

Art. 897: 1a. "O aval é dotado de **autonomia** substancial, de sorte que a sua existência, validade e eficácia não estão jungidas à da obrigação avalizada. Diante disso, o fato do sacador de nota promissória vir a ter sua falência decretada, em nada afeta a obrigação do avalista do título, que, inclusive, não pode opor em seu favor qualquer dos efeitos decorrentes da quebra do avalizado" (STJ-3ª T., REsp 883.859, Min. Nancy Andrighi, j. 10.3.09, DJ 23.3.09).

"Sendo o embargado avalista das notas promissórias executadas, é-lhe vedado sustentar a inexistência da causa que pautou a emissão das notas promissórias executadas, dada a autonomia que emana do aval e a natureza de exceção pessoal dessa defesa" (STJ-3ª T., REsp 1.305.637, Min. Nancy Andrighi, j. 24.9.13, DJ 2.10.13).

"A autonomia do aval não se confunde com a abstração do título de crédito e, portanto, independe de sua circulação" (STJ-4ª T., REsp 885.261-AgRg, Min. Antonio Ferreira, j. 2.10.12, DJ 10.10.12).

Art. 897: 2. Por ser um obrigado autônomo, não se equiparando ao fiador, "o avalista não pode exercer benefício de ordem" (STJ-3ª T., AI 747.148-AgRg, Min. Gomes de Barros, j. 28.6.06, DJU 1.8.06).

Art. 897: 3. "O aval, espécie de obrigação cambial, é autônomo em relação à obrigação do devedor principal e se constitui no momento da aposição da assinatura do avalista no título de crédito. Existente a obrigação desde a emissão do título, o avalista era devedor solidário no momento do óbito, constituindo o transcurso da data do vencimento apenas requisito para a exigibilidade do montante devido. A morte do responsável cambiário é modalidade de transferência anômala da obrigação que, por não possuir caráter personalíssimo, é repassada aos herdeiros, mesmo que o óbito tenha ocorrido antes do vencimento do título" (STJ-RT 859/191: 3ª T., REsp 260.004). No mesmo sentido: JTJ 338/221 (AP 1.150.656-0).

Art. 897: 4. "Se o avalista não honra o aval prestado e, ademais, reside no polo passivo da execução do título, a sua inadimplência é flagrante, de sorte que a sua inclusão no cadastro Serasa não constitui ilícito, mas exercício regular de direito do credor" (RJM 166/128).

Art. 897: 5. Essa vedação não se aplica aos títulos de créditos cujas leis específicas preveem o aval parcial (art. 903). Esse é o caso, p. ex., do cheque (LCh 29), da letra de câmbio e da nota promissória (LCU 30).

Art. 898. O aval deve ser dado no verso ou no anverso do próprio título.[1] [Sem dispositivo correspondente no CC/1916.]

§ 1º Para a validade do aval, dado no anverso do título, é suficiente a simples assinatura do avalista. [Sem dispositivo correspondente no CC/1916.]

§ 2º Considera-se não escrito o aval cancelado. [Sem dispositivo correspondente no CC/1916.]

Art. 898: 1. v. LCh 30 e LCU 31.

Art. 899. O avalista equipara-se àquele cujo nome indicar; na falta de indicação, ao emitente ou devedor final.[1-1a] [Sem dispositivo correspondente no CC/1916.]

§ 1º Pagando o título, tem o avalista ação de regresso contra o seu avalizado e demais coobrigados anteriores.[2] [Sem dispositivo correspondente no CC/1916.]

§ 2º Subsiste a responsabilidade do avalista, ainda que nula a obrigação daquele a quem se equipara, a menos que a nulidade decorra de vício de forma.[3-4] [Sem dispositivo correspondente no CC/1916.]

Art. 899: 1. v. LCh 30 § ún., LDu 12-*caput* e LCU 31 e 77, *in fine*. S/ aval em branco, v., no nosso CCLCV, Súmula 189 do STF, em LCa 15, nota 1.

Art. 899: 1a. Súmula 26 do STJ: "O avalista do título de crédito vinculado a contrato de mútuo também responde pelas obrigações pactuadas, quando no contrato figurar como devedor solidário" (v. jurisprudência s/ esta Súmula em RSTJ 33/109 a 142).

"O comparecimento do avalista da cártula no instrumento de contrato por ela garantido pode indicar que houve a intenção de assumir solidariamente as obrigações contraídas, além daquelas decorrentes do aval na promissória vinculada. Para reconhecer que houve a intenção de assumir solidariamente as obrigações do contrato, é necessária a presença de elementos objetivos aptos a amparar tal conclusão. Havendo as instâncias de origem delineado que o contrato faz clara separação das figuras do avalista da nota promissória vinculada e do garantidor da obrigação principal, não se reconhece intenção das partes em fixar a solidariedade no contrato" (STJ-3ª T., REsp 1.218.410, Min. João Otávio, j. 5.11.13, DJ 11.11.13).

V. tb. art. 264, nota 3.

Art. 899: 2. v. CPC 125-II (denunciação da lide).

Art. 899: 3. v. LCh 31-*caput*.

Art. 899: 4. "O aval é obrigação autônoma e independente, descabendo assim a discussão sobre a origem da dívida" (RSTJ 188/425: 4ª T., REsp 190.753).

Art. 900. O aval posterior ao vencimento produz os mesmos efeitos do anteriormente dado.[1] [Sem dispositivo correspondente no CC/1916.]

Art. 900: 1. v. LDu 12 § ún.

Art. 901. Fica validamente desonerado o devedor que paga título de crédito ao legítimo portador, no vencimento, sem oposição, salvo se agiu de má-fé.[1] [Sem dispositivo correspondente no CC/1916.]

Parágrafo único. Pagando, pode o devedor exigir do credor, além da entrega do título,[2] quitação regular. [Sem dispositivo correspondente no CC/1916.]

Art. 901: 1. v. arts. 308 a 311. V. tb. LCa 23 e LCU 40.

Art. 901: 2. v. arts. 321 e 324.

Art. 902. Não é o credor obrigado a receber o pagamento antes do vencimento do título, e aquele que o paga, antes do vencimento, fica responsável pela validade do pagamento.[1] [Sem dispositivo correspondente no CC/1916.]

§ 1º No vencimento, não pode o credor recusar pagamento, ainda que parcial.[2] [Sem dispositivo correspondente no CC/1916.]

§ 2º No caso de pagamento parcial, em que se não opera a tradição do título, além da quitação em separado, outra deverá ser firmada no próprio título.[3] [Sem dispositivo correspondente no CC/1916.]

Art. 902: 1. v. art. 315. V. tb. LCa 22-*caput* e LCU 40.

Art. 902: 2. cf. LCa 22 § 1º.

Art. 902: 3. v. LCa 22 § 2º.

Art. 903. Salvo disposição diversa em lei especial, regem-se os títulos de crédito pelo disposto neste Código.[1-2] [Sem dispositivo correspondente no CC/1916.]

Art. 903: 1. v. nota 1 ao Tít. VIII, que antecede o art. 887.

Art. 903: 2. **Enunciado 464 do CEJ:** "As disposições relativas aos títulos de crédito do Código Civil aplicam-se àqueles regulados por leis especiais, no caso de omissão ou lacuna".

Capítulo II | DO TÍTULO AO PORTADOR[1]

CAP. II: 1. **Dec. lei 1.392, de 29.6.39** — Dispõe sobre emissão de obrigações ao portador.

Dec. lei 8.274, de 4.12.45 — Restabelece o regime de compra e venda em bolsa para os títulos ao portador.

Dec. 83.974, de 13.9.79 — Dispõe sobre o resgate dos títulos da dívida pública federal ao portador, nos casos de destruição, perda ou extravio.

Art. 904. A transferência de título ao portador se faz por simples tradição.[1-2] [Sem dispositivo correspondente no CC/1916.]

Art. 904: 1. v. art. 1.267. Em matéria de cessão de crédito, v. art. 291.

Art. 904: 2. **Dec. lei 6.259, de 10.2.44** — Dispõe sobre o serviço de loterias e dá outras providências: "**Art. 23.** O bilhete de loteria, documento pelo qual alguém se habilita ao sorteio, é considerado, para todos os efeitos, título ao portador".

Dec. lei 204, de 27.2.67 — Dispõe sobre a exploração de loterias e dá outras providências: "**Art. 6º** O bilhete de loteria, ou sua fração, será considerado nominativo e intransferível quando contiver o nome e endereço do possuidor. A falta desses elementos será tido como ao portador, para todos os efeitos".

Lei 8.021, de 12.4.90 — Dispõe sobre a identificação dos contribuintes para fins fiscais, e dá outras providências: "**Art. 2º** A partir da data de publicação desta lei fica vedada: **I** — a emissão de quotas ao portador ou nominativas-endossáveis, pelos fundos em condomínio; **II** — a emissão de títulos e a captação de depósitos ou aplicações ao portador ou nominativos-endossáveis".

Art. 905. O possuidor de título ao portador tem direito à prestação nele indicada, mediante a sua simples apresentação ao devedor.[1-2] [Dispositivo correspondente no CC/1916: art. 1.505.]

Parágrafo único. A prestação é devida ainda que o título tenha entrado em circulação contra a vontade do emitente. [Dispositivo correspondente no CC/1916: art. 1.506.]

Art. 905: 1. v. LCa 39 e LCU 16.

Art. 905: 2. "Os concursos lotéricos constituem-se em modalidade de jogo de azar, sendo seus prêmios pagos apenas aos portadores dos respectivos bilhetes. Dessa forma, os bilhetes de apostas são considerados como títulos ao portador e como tal a obrigação deve ser cumprida a quem apresente o título, liberando-se, assim, o devedor do compromisso assumido. Entretanto, aquele que possui o bilhete de loteria — a despeito do caráter de título ao portador — não é, necessariamente, o titular do direito ao prêmio. Dessa forma, é possível a discussão quanto à propriedade do direito representado pelo título ao portador, no caso, o bilhete de loteria. Logo, o caráter não nominativo e de literalidade do bilhete de loteria importa, apenas, ao sacado, no caso, a Caixa Econômica Federal para finalidade específica de resgate do prêmio sorteado" (STJ-3ª T., REsp 1.202.238, Min. Massami Uyeda, j. 14.8.12, DJ 18.9.12).

Art. 906. O devedor só poderá opor ao portador exceção fundada em direito pessoal,[1] ou em nulidade de sua obrigação. [Dispositivo correspondente no CC/1916: art. 1.507.]

Art. 906: 1. **LCh 25:** "Quem for demandado por obrigação resultante de cheque não pode opor ao portador exceções fundadas em relações pessoais com o emitente, ou com os portadores anteriores, salvo se o portador o adquiriu conscientemente em detrimento do devedor".

LCU 17: "As pessoas acionadas em virtude de uma letra não podem opor ao portador as exceções fundadas sobre as relações pessoais delas com o sacador ou com os portadores anteriores, a menos que o portador ao adquirir a letra tenha procedido conscientemente em detrimento do devedor".

LCa 51: "Na ação cambial, somente é admissível defesa fundada no direito pessoal do réu contra o autor, em defeito de forma do título e na falta de requisito necessário ao exercício da ação".

Art. 907. É nulo o título ao portador emitido sem autorização de lei especial.[1] [Dispositivo correspondente no CC/1916: art. 1.511.]

Art. 907: 1. v. CP 292.

Art. 908. O possuidor de título dilacerado, porém identificável, tem direito a obter do emitente a substituição do anterior, mediante a restituição do primeiro e o pagamento das despesas. [Sem dispositivo correspondente no CC/1916.]

Art. 909. O proprietário, que perder ou extraviar título, ou for injustamente desapossado dele, poderá obter novo título em juízo, bem como impedir sejam pagos a outrem capital e rendimentos.[1-2] [Dispositivo correspondente no CC/1916: art. 1.509-*caput*.]

Parágrafo único. O pagamento, feito antes de ter ciência da ação referida neste artigo, exonera o devedor, salvo se se provar que ele tinha conhecimento do fato. [Sem dispositivo correspondente no CC/1916.]

Art. 909: 1. v. art. 321. V. tb. LCa 36.

Art. 909: 2. **Lei 4.728, de 14.7.65** — Disciplina o mercado de capitais e estabelece medidas para o seu desenvolvimento: **"Art. 71.** Não se aplicam aos títulos da Dívida Pública Federal, Estadual ou Municipal, as disposições do art. 1.509 e seu parágrafo único, do Código Civil ficando, consequentemente, a Fazenda Pública da União, dos Estados e dos Municípios, excluídas da formalidade de intimação prevista neste ou em quaisquer outros dispositivos legais reguladores do processo de recuperação de títulos ao portador, extraviados.

"§ 1º Os juros e as amortizações ou resgates dos títulos a que se refere este artigo serão pagos, nas épocas próprias, pelas repartições competentes, à vista dos cupões respectivos, verificada a autenticidade destes e independentemente de outras formalidades.

"§ 2º Fica dispensada, para a caução de títulos ao portador, a certidão a que se refere a primeira parte da alínea *a* do § 1º do art. 860 do Regulamento Geral de Contabilidade Pública, ou outros documentos semelhantes".

Dec. 59.560, de 14.11.66 — Revoga o Dec. 57.821, de 15.2.66 e dá nova regulamentação aos artigos 56 e 71, da Lei 4.728, de 14.7.65, no que se refere a obrigações do tesouro nacional — Lei 4.357-64: **"Art. 6º** Nos casos de extravio do certificado endossável, caberá ao respectivo titular, ou aos seus sucessores, ação de recuperação prevista nos artigos 336 a 341 do Código de Processo Civil, para obter a expedição de segunda via do certificado em substituição do extraviado.

"§ 1º A emissão da segunda via do certificado nominativo intransferível, no caso de perda ou extravio do original, poderá ser obtida, junto ao Tesouro Nacional ou a seus agentes, mediante declaração de perda ou de extravio pelo respectivo titular.

"§ 2º Os juros só serão devidos respectivamente a partir do último vencimento anterior à decisão judicial, no caso de Obrigações endossáveis, ou a apresentação da declaração de que trata o parágrafo primeiro, no caso de Obrigações intransferíveis".

Dec. 83.974, de 13.9.79 — Dispõe sobre o resgate dos títulos da dívida pública federal ao portador, nos casos de destruição, perda ou extravio.

Capítulo III | DO TÍTULO À ORDEM

Art. 910. O endosso deve ser lançado pelo endossante no verso ou anverso do próprio título.[1] [Sem dispositivo correspondente no CC/1916.]

§ 1º Pode o endossante designar o endossatário, e para validade do endosso, dado no verso do título, é suficiente a simples assinatura do endossante.[2] [Sem dispositivo correspondente no CC/1916.]

§ 2º A transferência por endosso completa-se com a tradição do título.[3] [Sem dispositivo correspondente no CC/1916.]

§ 3º Considera-se não escrito o endosso cancelado, total ou parcialmente. [Sem dispositivo correspondente no CC/1916.]

Art. 910: 1. v. LCh 17 a 28, LCa 8º e LCU 11 a 20.

Art. 910: 2. v. LCh 19.

Art. 910: 3. v. art. 324.

Art. 911. Considera-se legítimo possuidor o portador do título à ordem com série regular e ininterrupta de endossos, ainda que o último seja em branco.[1] [Sem dispositivo correspondente no CC/1916.]

Parágrafo único. Aquele que paga o título está obrigado a verificar a regularidade da série de endossos, mas não a autenticidade das assinaturas. [Sem dispositivo correspondente no CC/1916.]

Art. 911: 1. v. LCh 22 e LCU 16.

Art. 912. Considera-se não escrita no endosso qualquer condição a que o subordine o endossante. [Sem dispositivo correspondente no CC/1916.]

Parágrafo único. É nulo o endosso parcial.[1-1a] [Sem dispositivo correspondente no CC/1916.]

Art. 912: 1. v. LCh 18, LCa 8º § 3º e LCU 12.

Art. 912: 1a. A exemplo do que ocorre com o aval (art. 897 § ún.).

Art. 913. O endossatário de endosso em branco pode mudá-lo para endosso em preto, completando-o com o seu nome ou de terceiro; pode endossar novamente o título, em branco ou em preto; ou pode transferi-lo sem novo endosso.[1] [Sem dispositivo correspondente no CC/1916.]

Art. 913: 1. v. LCh 20 e LCU 14.

Art. 914. Ressalvada cláusula expressa em contrário, constante do endosso, não responde o endossante pelo cumprimento da prestação constante do título.[1] [Sem dispositivo correspondente no CC/1916.]

§ 1º Assumindo responsabilidade pelo pagamento, o endossante se torna devedor solidário.[2] [Sem dispositivo correspondente no CC/1916.]

§ 2º Pagando o título, tem o endossante ação de regresso contra os coobrigados anteriores.[3] [Sem dispositivo correspondente no CC/1916.]

Art. 914: 1. v. LCh 21 e LCU 14.

Art. 914: 2. v. arts. 275 a 285.

Art. 914: 3. v. CPC 125-II (denunciação da lide).

Art. 915. O devedor, além das exceções fundadas nas relações pessoais que tiver com o portador, só poderá opor a este as exceções relativas à forma do título e ao seu conteúdo literal, à falsidade da própria assinatura, a defeito de capacidade ou de representação no momento da subscrição, e à falta de requisito necessário ao exercício da ação.[1] [Sem dispositivo correspondente no CC/1916.]

Art. 915: 1. v. arts. 906, 916, 917 § 3º e 918 § 2º. V. tb. LCh 25 e LCU 17.

Art. 916. As exceções, fundadas em relação do devedor com os portadores precedentes, somente poderão ser por ele opostas ao portador, se este, ao adquirir o título, tiver agido de má-fé. [Sem dispositivo correspondente no CC/1916.]

Art. 917. A cláusula constitutiva de mandato, lançada no endosso, confere ao endossatário o exercício dos direitos inerentes ao título, salvo restrição expressamente estatuída.[1 a 2] [Sem dispositivo correspondente no CC/1916.]

§ 1º O endossatário de endosso-mandato só pode endossar novamente o título na qualidade de procurador, com os mesmos poderes que recebeu. [Sem dispositivo correspondente no CC/1916.]

§ 2º Com a morte ou a superveniente incapacidade do endossante, não perde eficácia o endosso-mandato. [Sem dispositivo correspondente no CC/1916.]

§ 3º Pode o devedor opor ao endossatário de endosso-mandato somente as exceções que tiver contra o endossante. [Sem dispositivo correspondente no CC/1916.]

✎ **Art. 917: 1.** "Alcance judicial dos poderes resultantes do endosso-mandato", por Gladston Mamede (RMDCPC 1/92); "A irrevogabilidade do endosso-mandato e os contratos bancários de cobrança de títulos", por Almir Garcia Fernandes (RMDECC 47/27).

Art. 917: 1a. v. LCh 26 e LCU 18.

Art. 917: 2. "A doutrina e a jurisprudência consolidaram o entendimento de que o endosso-mandato, não transferindo a propriedade do título, desqualifica o endossatário-mandatário como parte passiva em ação cautelar para sustação do protesto de título de crédito" (RSTJ 94/177).

"O endosso-mandato não transfere a propriedade do título ao endossatário, tornando este parte ilegítima na ação de anulação de título de crédito fundada na ausência de negócio jurídico subjacente" (STJ-3ª T., AI 667.542-AgRg, Min. Sidnei Beneti, j. 21.8.08, DJ 11.9.08).

Art. 918. A cláusula constitutiva de penhor,[1] lançada no endosso, confere ao endossatário o exercício dos direitos inerentes ao título.[2] [Sem dispositivo correspondente no CC/1916.]

§ 1º O endossatário de endosso-penhor só pode endossar novamente o título na qualidade de procurador. [Sem dispositivo correspondente no CC/1916.]

§ 2º Não pode o devedor opor ao endossatário de endosso-penhor as exceções que tinha contra o endossante, salvo se aquele tiver agido de má-fé.[3] [Sem dispositivo correspondente no CC/1916.]

Art. 918: 1. v. arts. 1.458 a 1.460.

Art. 918: 2. v. LCU 19-1ª parte.

Art. 918: 3. v. LCU 19-2ª parte.

Art. 919. A aquisição de título à ordem, por meio diverso do endosso, tem efeito de cessão civil.[1] [Sem dispositivo correspondente no CC/1916.]

Art. 919: 1. v. arts. 286 a 298.

Art. 920. O endosso posterior ao vencimento produz os mesmos efeitos do anterior.[1-2] [Sem dispositivo correspondente no CC/1916.]

Art. 920: 1. A exemplo do que ocorre com o aval (art. 900).

Art. 920: 2. v. LCh 27 e LCU 20.

Capítulo IV | DO TÍTULO NOMINATIVO

Art. 921. É título nominativo o emitido em favor de pessoa cujo nome conste no registro do emitente. [Sem dispositivo correspondente no CC/1916.]

Art. 922. Transfere-se o título nominativo mediante termo, em registro do emitente, assinado pelo proprietário e pelo adquirente. [Sem dispositivo correspondente no CC/1916.]

Art. 923. O título nominativo também pode ser transferido por endosso[1] que contenha o nome do endossatário.[2] [Sem dispositivo correspondente no CC/1916.]

§ 1º A transferência mediante endosso só tem eficácia perante o emitente, uma vez feita a competente averbação em seu registro, podendo o emitente exigir do endossatário que comprove a autenticidade da assinatura do endossante. [Sem dispositivo correspondente no CC/1916.]

§ 2º O endossatário, legitimado por série regular e ininterrupta de endossos, tem o direito de obter a averbação no registro do emitente, comprovada a autenticidade das assinaturas de todos os endossantes. [Sem dispositivo correspondente no CC/1916.]

§ 3º Caso o título original contenha o nome do primitivo proprietário, tem direito o adquirente a obter do emitente novo título, em seu nome, devendo a emissão do novo título constar no registro do emitente. [Sem dispositivo correspondente no CC/1916.]

Art. 923: 1. v. art. 910.

Art. 923: 2. i. e., pode ser transferido por endosso em preto.

Art. 924. Ressalvada proibição legal, pode o título nominativo ser transformado em à ordem[1] ou ao portador,[2] a pedido do proprietário e à sua custa. [Sem dispositivo correspondente no CC/1916.]

Art. 924: 1. v. arts. 910 a 920.

Art. 924: 2. v. arts. 904 a 909.

Art. 925. Fica desonerado de responsabilidade o emitente que de boa-fé fizer a transferência pelos modos indicados nos artigos antecedentes. [Sem dispositivo correspondente no CC/1916.]

Art. 926. Qualquer negócio ou medida judicial, que tenha por objeto o título, só produz efeito perante o emitente ou terceiros, uma vez feita a competente averbação no registro do emitente. [Sem dispositivo correspondente no CC/1916.]

Título IX | DA RESPONSABILIDADE CIVIL[1-2]

Capítulo I | DA OBRIGAÇÃO DE INDENIZAR

TÍT. IX: 1. "Responsabilidade civil no novo Código Civil Brasileiro", por Misael Montenegro Filho (RDA 229/115); "Responsabilidade civil objetiva por dano ambiental com base no risco criado", por Toshio Mukai (RDA 229/253); "Apêndice da jurisprudência argentina sobre responsabilidade civil ambiental. Pequenos comentários", por Carlos Alberto Ghersi (RDPr 13/63); "Funções e modelos da responsabilidade aquiliana no novo Código", por Eugênio Facchini Neto (RJ 309/23); "A responsabilidade civil no novo Código Civil: algumas considerações", por Alexandre Miguel (RT 809/11); "O sistema da responsabilidade civil e o novo Código", por Dilvanir José da Costa (RF 366/57); "Responsabilidade civil do advogado", por Ênio Santarelli Zuliani (RF 374/79 e RSDCPC 21/127); "Natureza da resposta à responsabilidade civil: reparação, indenização, satisfação, expiação", por José Paulo Baltazar Junior (RJ 322/41); "Responsabilidade civil contratual e extracontratual: primeiras anotações em face do novo Código Civil brasileiro", por Rodrigo Xavier Leonardo (RDPr 19/260); "Responsabilidade civil do advogado", por Fábio Siebeneichler de Andrade (RT 697/22); "Responsabilidade civil no Código Civil francês e no Código Civil brasileiro (estudos em homenagem ao bicentenário do Código Civil francês)", por Rui Stoco (RT 831/11); "La responsabilidad civil", por Ricardo Luis Lorenzetti (Ajuris 97/337); "Dignidade da pessoa humana e responsabilidade civil", por Othon de Azevedo Lopes (RDA 238/207); "Os acidentes de trânsito e o novo Código Civil", por Ênio Santarelli Zuliani (RSDCPC 34/40); "Responsabilidade por perda de chances", por Fernando Noronha (RDPr 23/28); "Responsabilidade civil: teoria da perda de uma chance", por Glenda Gonçalves Gondim (RT 840/11); "Pressupostos da responsabilidade civil", por Roberto de Abreu e Silva (RF 377/175); "Responsabilidade civil e ofensa à dignidade humana", por Ana Carolina Brochado Teixeira (RBDF 32/138); "Aspectos da responsabilidade civil do advogado", por Justino Magno Araújo (RJ 337/37); "Dano existencial a tutela da dignidade da pessoa humana", por Amaro Alves de Almeida Neto (RDPr 24/21); "A atividade interpretativa e a imputação do dever de indenizar no direito civil brasileiro contemporâneo", por Roberto Altheim (RT 841/127); "A evolução da responsabilidade civil e dos contratos no direito francês e brasileiro", por Arnoldo Wald (RT 845/81 e RF 382/15); "Responsabilidade civil e reparação de danos. Raízes históricas. Função e objetivo", por Ênio Santarelli Zuliani (RIDCPC 40/54 e RMDCPC 9/12); "As ações indenizatórias movidas por fumantes contra empresas que produzem cigarros no direito comparado e brasileiro", por Luiz Guilherme Migliora, Felipe Bastos e Thomas Belitz França (RT 846/30); "Responsabilidade civil e o novo Código: contributo para uma revisitação conceitual", por Ronnie Duarte (RT 850/57); "Responsabilidade civil", por Álvaro Villaça Azevedo (RJ 353/11); "Da responsabilidade civil no novo Código", por Eugênio Facchini Neto (RJ 356/31); "Aguiar Dias e a evolução da responsabilidade civil no direito brasileiro", por Ênio Santarelli Zuliani (RIDCPC 51/39); "Responsabilidade pressuposta — evolução de fundamentos e de paradigmas da responsabilidade civil na contemporaneidade", por Giselda Maria Fernandes Novaes Hironaka (RJ 364/35); "Da responsabilidade civil do transportador marítimo", por Mariana Mazziero Mourão (RDPr 33/215); "Novos paradigmas da responsabilidade civil", por Sílvio de Salvo Venosa (RMDCPC 27/38); "Da responsabilidade civil por danos ambientais durante o transporte marítimo de petróleo", por Mírian Barreta Palla (RDPr 44/168); "A responsabilidade civil pela perda de uma chance: a técnica na jurisprudência francesa", por Daniel Amaral Carnaúba (RT 922/139).

TÍT. IX: 2. s/ responsabilidade civil e: danos à honra ou à imagem, v. art. 20; Estado, v. art. 43 (especialmente notas 2a e segs.) e CF 37 § 6º; dano moral, v. art. 186 e notas; ato lícito, v. art. 188, nota 5; nexo de causalidade, v. art. 403; mandatário, v. art. 667 e notas; transportador, v. art. 734; incapaz, v. art. 928; médico, v. art. 951; condomínio, v. art. 1.334, nota 1a; prestadores de serviço, v. CDC 14; fato do produto ou serviço, v. CDC 12 a 17; vício do produto ou serviço, v. CDC 18 a 25; direito eleitoral, v. Lei 4.737, de 15.7.65, art. 243-IX e § 1º.

V. tb. CP 91-I e CPP 64 (indenização do dano causado pelo crime).

Art. 927. Aquele que, por ato ilícito (arts. 186 e 187), causar dano a outrem, fica obrigado a repará-lo.[1 a 10f] [Dispositivo correspondente no CC/1916: art. 159.]

Parágrafo único. Haverá obrigação de reparar o dano, independentemente de culpa, nos casos especificados em lei, ou quando a atividade normalmente desenvolvida pelo autor do dano implicar, por sua natureza, risco para os direitos de outrem.[11 a 15] [Sem dispositivo correspondente no CC/1916.]

Art. 927: 1. **Súmula 28 do STF (Cheque falso):** "O estabelecimento bancário é responsável pelo pagamento de cheque falso, ressalvadas as hipóteses de culpa exclusiva ou concorrente do correntista".

Súmula 35 do STF (Companheira): "Em caso de acidente do trabalho ou de transporte, a concubina tem direito de ser indenizada pela morte do amásio, se entre eles não havia impedimento para o matrimônio".

Súmula 229 do STF (Responsabilidade civil em acidente do trabalho): "A indenização acidentária não exclui a do direito comum, em caso de dolo ou culpa grave do empregador". Atualmente, a culpa, ainda que leve, também dá lugar à indenização de direito comum (RSTJ 26/514, 30/483, 53/117, 53/135).

V. tb. nota 10c.

Súmula 492 do STF (Locadora de veículos): "A empresa locadora de veículos responde, civil e solidariamente com o locatário, pelos danos por este causados a terceiro, no uso do carro locado".

Súmula 37 do STJ (Dano material e dano moral): "São cumuláveis as indenizações por dano material e dano moral oriundos do mesmo fato" (cf. retificação no DJU 18.3.92, p. 3.201).

Súmula 130 do STJ (Furto de veículo em estacionamento de empresa): "A empresa responde, perante o cliente, pela reparação de dano ou furto de veículo ocorridos em seu estacionamento". De acordo com precedentes que deram origem à súmula (p. ex., REsps 4.582 e 25.302), tal responsabilidade existe ainda que o estacionamento seja gratuito. Também afirmando a responsabilidade da empresa em caso de estacionamento gratuito: STJ-RT 911/557 (3ª T., REsp 1.249.104-AgRg), JTJ 347/421 (AP 341.658-4/4-00). S/ responsabilidade civil e estacionamento, v. tb. nota 6c.

Em caso de veículo entregue a manobrista de estabelecimento, v. art. 627, nota 1.

Súmula 132 do STJ (Acidente de automóvel): "A ausência de registro de transferência não implica a responsabilidade do antigo proprietário por dano resultante de acidente que envolva o veículo alienado". "Não constitui fundamento suficiente, a acarretar, para o alienante, a responsabilidade por danos resultantes de acidente de trânsito, a simples omissão do registro da venda do veículo, junto à repartição de trânsito e ao cartório de títulos, quando comprovado que a alienação efetivamente ocorreu antes do acidente e que o motorista do automóvel não era preposto do alienante" (RT 126/1.170). No mesmo sentido, a **Súmula 2 do TJSC:** "Responsabilidade civil. Acidente de trânsito. Ilegitimidade de causa. Inocorrência. Comprovada induvidosamente a compra e venda do veículo, ainda que não efetuada a transferência do certificado de registro na repartição competente, responde o novo proprietário pelos danos causados a terceiro".

Súmula 221 do STJ (Dano por publicação pela imprensa): "São civilmente responsáveis pelo ressarcimento de dano, decorrente de publicação pela imprensa, tanto o autor do escrito quanto o proprietário do veículo de divulgação".

Súmula 227 do STJ (Dano moral): "A pessoa jurídica pode sofrer dano moral".

Enunciado 189 do CEJ: "Na responsabilidade civil por dano moral causado à pessoa jurídica, o fato lesivo, como dano eventual, deve ser devidamente demonstrado".

Súmula 479 do STJ: "As **instituições financeiras** respondem objetivamente pelos danos gerados por fortuito interno relativo a fraudes e delitos praticados por terceiros no âmbito de operações bancárias".

V. tb. nota 7.

Art. 927: 2. **CF 5º: "V** — é assegurado o direito de resposta, proporcional ao agravo, além da indenização por dano material, moral ou à imagem".

"X — são invioláveis a intimidade, a vida privada, a honra e a imagem das pessoas, assegurado o direito a indenização pelo dano material ou moral decorrente de sua violação".

"LXXV — o Estado indenizará o condenado por erro judiciário, assim como o que ficar preso além do tempo fixado na sentença".

Art. 927: 2a. **Lei 9.096, de 19.9.95** — Dispõe sobre partidos políticos: **"Art. 15-A-*caput*** (*redação da Lei 12.034, de 29.9.09*). A responsabilidade, inclusive civil e trabalhista, cabe exclusivamente ao órgão partidário municipal, estadual ou nacional que tiver dado causa ao não cumprimento da obrigação, à violação de direito, a dano a outrem ou a qualquer ato ilícito, excluída a solidariedade de outros órgãos de direção partidária".

Todavia: "Nas relações civis com terceiros, responde o partido político enquanto pessoa jurídica, independentemente de sua organização interna; o estatuto de uma pessoa jurídica, e assim o de um partido político, não pode dispor sobre as relações de seus órgãos com terceiros — indiferente, portanto, que a lesão tenha resultado de ato do diretório nacional ou de diretório municipal" (STJ-3ª T., REsp 872.019, Min. Ari Pargendler, j. 18.12.07, DJU 26.3.08).

Art. 927: 3. No regime da comunhão parcial, não se comunicam as obrigações provenientes de ato ilícito, salvo reversão em proveito do casal (art. 1.659-IV).

Dec. 24.216, de 9.5.34 — Provê sobre a responsabilidade civil da Fazenda Pública: **"Art. 2º** A obrigação de indenizar por motivo de atos ilícitos não é excluída da comunhão, quando os mesmos tiverem proporcionado qualquer proveito ao casal". O Dec. s/n de 25.4.91 considerou revogado o Dec. 24.216. Não poderia fazê-lo, porque se trata de decreto com força de lei, editado pelo Governo Provisório.

Art. 927: 3a. "A responsabilidade civil decorrente de abusos perpetrados por meio da **imprensa** abrange a colisão de dois direitos fundamentais: a liberdade de informação e a tutela dos direitos da personalidade (honra, imagem e vida privada). A atividade jornalística deve ser livre para informar a sociedade acerca de fatos cotidianos de interesse público, em observância ao princípio constitucional do Estado Democrático de Direito; contudo, o direito de informação não é absoluto, vedando-se a divulgação de notícias falaciosas, que exponham indevidamente a intimidade ou acarretem danos à honra e à imagem dos indivíduos, em ofensa ao fundamento constitucional da dignidade da pessoa humana" (STJ-4ª T., REsp 818.764, Min. Jorge Scartezzini, j. 15.2.07, DJU 12.3.07). No mesmo sentido: JTJ 305/186.

"A liberdade de informação deve estar atenta ao dever de veracidade, pois a falsidade dos dados divulgados manipula em vez de formar a opinião pública, bem como ao interesse público, pois nem toda informação verdadeira é relevante para o convívio em sociedade. A vítima de crime contra o costume tem o direito de não perpetuar seu sofrimento. Não há qualquer interesse público no conhecimento da identidade da vítima do crime de estupro, havendo aí abuso da liberdade de informação" (STJ-3ª T., REsp 896.635, Min. Nancy Andrighi, j. 26.2.08, DJU 10.3.08).

"Em se tratando de questões políticas, e de pessoa pública, como o é um Senador da República, é natural que haja exposição à opinião e crítica dos cidadãos, da imprensa. Contudo, não há como se tolerar que essa crítica desvie para ofensas pessoais. O exercício da crítica, bem como o direito à liberdade de expressão, não pode ser usado como pretexto para atos irresponsáveis, como os xingamentos, porque isso pode implicar mácula de difícil reparação à imagem de outras pessoas — o que é agravado para aquelas que têm pretensões políticas, que, para terem sucesso nas urnas, dependem da boa imagem pública perante seus eleitores" (STJ-3ª T., REsp 1.328.914, Min. Nancy Andrighi, j. 11.3.14, DJ 24.3.14).

"As pessoas públicas, malgrado mais suscetíveis a críticas, não perdem o direito à honra. Alguns aspectos da vida particular de pessoas notórias podem ser noticiados. No entanto, o limite para a informação é o da honra da pessoa. Com efeito, as notícias que têm como objeto pessoas de notoriedade não podem refletir críticas indiscriminadas e levianas, pois existe uma esfera íntima do indivíduo, como pessoa humana, que não pode ser ultrapassada. Por outro lado, não prospera o argumento de que inexistia o *animus* de ofender a vítima. O exame das declarações difundidas nos programas de rádio revela evidente a vontade consciente de atingir a honra da ora recorrida, mediante imputação de atos tipificados como crime, como corrupção passiva, ou de atos que simplesmente a desmoralizam perante a sociedade. Com efeito, estando evidente o abuso do direito de informar, a indenização por danos morais é medida que se impõe" (STJ-4ª T., REsp 706.769, Min. Luis Felipe, j. 14.4.09, DJ 27.4.09). Em sentido semelhante: STF-RDDP 104/144 (Pleno, AO 1.390).

"Ante o desbordamento de seu dever de tão somente informar, revela-se ilícita a conduta do jornal, de propriedade da recorrente, ao replicar trechos da entrevista concedida pela ex-companheira do recorrido a outro órgão de imprensa, onde são proferidas declarações ofensivas à honra deste, caracterizando-se, desta forma, o dano moral e impondo-se, por conseguinte, sua reparação. Nesta seara de revelação pela imprensa de fatos da vida íntima das pessoas, o digladiar entre o direito de livre informar e os direitos de personalidade deve ser balizado pelo interesse público na informação veiculada, para que se possa inferir qual daqueles direitos deve ter uma maior prevalência sobre o outro no caso concreto. A mera curiosidade movida pelo diletantismo de alguns, tanto na divulgação de notícias, quanto na busca de fatos que expõem indevidamente a vida íntima, notadamente, daquelas pessoas com alguma notoriedade no corpo social, não pode ser encarada como de interesse social, a justificar a atenção dos organismos de imprensa. Na hipótese sob exame, ainda que se trate de pessoa notória, revela-se claro não haver um efetivo interesse social na divulgação de fatos que dizem respeito unicamente à esfera íntima de sua vida privada, o que denota tão somente uma manobra para aumentar as vendas do jornal. Ainda que as declarações veiculadas nas matérias jornalísticas tenham sido, nestas, atribuídas exclusivamente à entrevistada da revista, as imputações em questão se beneficiaram da credibilidade de que goza o jornal, na qualidade de órgão de informação e de divulgação, na comunidade em que circula, ampliando e perpetuando indevidamente o âmbito de incidência da violação à honorabilidade da pessoa ofendida" (STJ-4ª T., REsp 713.202, Min. Luis Felipe, j. 1.10.09, DJ 3.8.10).

"O reconhecimento do **direito ao esquecimento** dos condenados que cumpriram integralmente a pena e, sobretudo, dos que foram absolvidos em processo criminal, além de sinalizar uma evolução cultural da sociedade, confere concretude a um ordenamento jurídico que, entre a memória — que é a conexão do presente com o passado — e a esperança — que é o vínculo do futuro com o presente —, fez clara opção pela segunda. E é por essa ótica que o direito ao esquecimento revela sua maior nobreza, pois afirma-se, na verdade, como um direito à esperança, em absoluta sintonia com a presunção legal e constitucional de regenerabilidade da pessoa humana. Ressalvam-se do direito ao esquecimento os fatos genuinamente históricos — historicidade essa que deve ser analisada em concreto —, cujo interesse público e social deve sobreviver à passagem do tempo, desde que a narrativa desvinculada dos envolvidos se fizer impraticável. No caso concreto, a despeito de a Chacina da Candelária ter se tornado — com muita razão — um fato histórico, que expôs as chagas do País ao mundo, tornando-se símbolo da precária proteção estatal conferida aos direitos humanos da criança e do adolescente em situação de risco, o certo é que a fatídica história seria bem contada e de forma fidedigna sem que para isso a imagem e o nome do autor precisassem ser expostos em rede nacional. Nem a liberdade de imprensa seria tolhida, nem a honra do autor seria maculada, caso se ocultassem o nome e a fisionomia do recorrido, ponderação de valores que, no caso, seria a melhor solução ao conflito. Muito embora tenham as instâncias ordinárias reconhecido que a reportagem se mostrou fidedigna com a realidade, a receptividade do homem médio brasileiro a noticiários desse jaez é apta a reacender a desconfiança geral acerca da índole do autor, o qual, certamente, não teve reforçada sua imagem de inocentado, mas sim a de indiciado. No caso, permitir nova veiculação do fato, com a indicação precisa do nome e imagem do autor, significaria a permissão de uma segunda ofensa à sua dignidade, só porque a primeira já ocorrera no passado, uma vez que, como bem reconheceu o acórdão recorrido, além do crime em si, o inquérito policial consubstanciou uma reconhecida 'vergonha' nacional à parte" (STJ-4ª T., REsp 1.334.097, Min. Luis Felipe, j. 28.5.13, RT 939/292). V. tb., no nosso CCLCV, MCI 19, nota 3.

"Aplica-se a teoria da **perda de uma chance** ao caso de candidato a vereador que deixa de ser eleito por reduzida diferença de oito votos após atingido por notícia falsa publicada por jornal, resultando, por isso, a obrigação de indenizar" (STJ-3ª T., REsp 821.004, Min. Sidnei Beneti, j. 19.8.10, DJ 24.9.10). S/ perda de uma chance, v. tb. notas 3c e 5c, arts. 402, nota 7, e 951, notas 1c e 7a, e, no nosso CCLCV, CDC 14, notas 2, *in fine*, 3a, e 7a.

Também condenando o órgão de imprensa por ofensa aos direitos da personalidade: RT 887/278 (TJDFT, AP 20070110802450), JTJ 320/450 (AP 223.939-4/6-00); RP 164/326 e RMDCPC 23/128 (TJSP: AP 498.727.4/0-00, com excelente voto vista do Des. Ênio Zuliani).

Todavia: "A **liberdade de imprensa**, enquanto projeção das liberdades de comunicação e de manifestação do pensamento, reveste-se de conteúdo abrangente, por compreender, dentre outras prerrogativas relevantes que lhe são inerentes, (a) o direito de informar, (b) o direito de buscar a informação, (c) o direito de opinar e (d) o direito de criticar. A crítica jornalística, desse modo, traduz direito impregnado de qualificação constitucional, plenamente oponível aos que exercem qualquer atividade de interesse da coletividade em geral, pois o interesse social, que legitima o direito de criticar, sobrepõe-se a eventuais suscetibilidades que possam revelar as pessoas públicas ou as figuras notórias, exercentes, ou não, de cargos oficiais. A crítica que os meios de comunicação social dirigem às pessoas públicas, por mais dura e veemente que possa ser, deixa de sofrer, quanto ao seu concreto exercício, as limitações externas que ordinariamente resultam dos direitos de personalidade. Não induz responsabilidade civil a publicação de matéria jornalística cujo conteúdo divulgue observações em caráter mordaz ou irônico ou, então, veicule opiniões em tom de crítica severa, dura ou, até, impiedosa, ainda mais se a pessoa a quem tais observações forem dirigidas ostentar a condição de figura pública, investida, ou não, de autoridade governamental, pois, em tal contexto, a liberdade de crítica qualifica-se como verdadeira excludente anímica, apta a afastar o intuito doloso de ofender. O Supremo Tribunal Federal tem destacado, de modo singular, em seu magistério jurisprudencial, a necessidade de preservar-se a prática da liberdade de informação, resguardando-se, inclusive, o exercício do direito de crítica que dela emana, por tratar-se de prerrogativa essencial que se qualifica como um dos suportes axiológicos que conferem legitimação material à própria concepção do regime democrático. Mostra-se incompatível com o pluralismo de ideias, que legitima a divergência de opiniões, a visão daqueles que pretendem negar, aos meios de comunicação social (e aos seus profissionais), o direito de buscar e de interpretar as informações, bem assim a prerrogativa de expender as críticas pertinentes. Arbitrária, desse modo, e inconciliável com a proteção constitucional da informação, a repressão à crítica jornalística, pois o Estado — inclusive seus Juízes e Tribunais — não dispõe de poder algum sobre a palavra, sobre as ideias e sobre as convicções manifestadas pelos profissionais da Imprensa" (STF-RT 909/435: 2ª T., AI 705.630-AgRg).

"A publicidade, pela imprensa, de apreensão de produtos farmacêuticos não gera responsabilidade da empresa jornalística, ainda que posteriormente se revele que o fato decorreu de erro da autoridade administrativa; a imprensa não tem a obrigação de, previamente à notícia, se certificar da legalidade do ato da autoridade administrativa" (STJ-3ª T., AI 898.175-AgRg, Min. Ari Pargendler, j. 11.3.08, DJ 3.9.08).

"A honra e imagem dos cidadãos não são violados quando se divulgam informações verdadeiras e fidedignas a seu respeito e que, além disso, são do interesse público. O veículo de comunicação exime-se de culpa quando busca fontes fidedignas, quando exerce atividade investigativa, ouve as diversas partes interessadas e afasta quaisquer dúvidas sérias quanto à veracidade do que divulgará. O jornalista tem um dever de investigar os fatos que deseja publicar. Isso não significa que sua cognição deva ser plena e exauriente à semelhança daquilo que ocorre em juízo. A elaboração de reportagens pode durar horas ou meses, dependendo de sua complexidade, mas não se pode exigir que a mídia só divulgue fatos após ter certeza plena de sua veracidade. Isso se dá, em primeiro lugar, porque os meios de comunicação, como qualquer outro particular, não detêm poderes estatais para empreender tal cognição. Ademais, impor tal exigência à imprensa significaria engessá-la e condená-la a morte. O processo de divulgação de informações satisfaz verdadeiro interesse público, devendo ser célere e eficaz, razão pela qual não se coaduna com rigorismos próprios de um procedimento judicial. A reportagem da recorrente indicou o recorrido como suspeito de integrar organização criminosa. Para sustentar tal afirmação, trouxe ao ar elementos importantes, como o depoimento de fontes fidedignas, a saber: (i) a prova testemunhal de quem foi à autoridade policial formalizar notícia crime; (ii) a opinião de um Procurador da República. O repórter fez-se passar por agente interessado nos benefícios da atividade ilícita, obtendo gravações que efetivamente demonstravam a existência de engenho fraudatório. Houve busca e apreensão em empresa do recorrido e daí infere-se que, aos olhos da autoridade judicial que determinou tal medida, havia fumaça do bom direito a justificá-la. Ademais, a reportagem procurou ouvir o recorrido, levando ao ar a palavra de seu advogado. Não se tratava, portanto, de um mexerico, fofoca ou boato que, negligentemente, se divulgava em cadeia nacional. A suspeita que recaía sobre o recorrido, por mais dolorosa que lhe seja, de fato, existia e era, à época, fidedigna. Se hoje já não pesam sobre o recorrido essas suspeitas, isso não faz com que o passado se altere. Pensar de modo contrário seria impor indenização a todo veículo de imprensa que divulgue investigação ou ação penal que, ao final, se mostre improcedente" (STJ-RT 889/223: 3ª T., REsp 984.803).

"Dentre os direitos inerentes à personalidade, encontra-se a proteção ao patrimônio imaterial do indivíduo, o que gera para o transgressor, dentre outras cominações, o dever de indenizar a vítima, a fim de compensá-la pelo sofrimento desnecessariamente causado. Todavia, esse direito não possui caráter absoluto, devendo ser compatibilizado com outros valores igualmente tutelados pelo ordenamento jurídico, a exemplo do direito à informação. Tratando-se de suposto ato de corrupção praticado por autoridade pública, essa intangibilidade da esfera individual ainda sofre temperamentos em face do interesse coletivo existente e da repercussão da conduta praticada sobre o patrimônio público. A mera concessão de entrevista por membro do Ministério Público relatando a existência de acusações contra magistrado supostamente envolvido em esquema de venda de sentenças e informando a população acerca das providências a serem tomadas pelo *Parquet*, ainda que a manifestação contenha preliminar juízo de valor acerca dos fatos, não configura ato ilícito capaz de ensejar indenização por danos morais, quando ausente manifesto excesso ou inequívoco *animus* de desmoralizar a pessoa investigada, mormente nos casos em que a suposta vítima já está sendo alvo de denúncias sérias de natureza congênere" (STJ-2ª T., REsp 1.314.163, Min. Castro Meira, j. 11.12.12, DJ 4.2.13).

"A liberdade de expressão, compreendendo a informação, opinião e crítica jornalística, por não ser absoluta, encontra algumas limitações ao seu exercício, compatíveis com o regime democrático, quais sejam: (I) o compromisso ético com a informação verossímil; (II) a preservação dos chamados direitos da personalidade, entre os quais incluem-se os direitos à honra, à imagem, à privacidade e à intimidade; e (III) a vedação de veiculação de crítica jornalística com intuito de difamar, injuriar ou caluniar a pessoa (*animus injuriandi vel diffamandi*). Assim, em princípio, não caracteriza hipótese de responsabilidade civil a publicação de matéria jornalística que narre fatos verídicos ou verossímeis, embora eivados de opiniões severas, irônicas ou impiedosas, sobretudo quando se trate de figuras públicas que exerçam atividades tipicamente estatais, gerindo interesses da coletividade, e a notícia e crítica referirem-se a fatos de interesse geral relacionados à atividade pública desenvolvida pela pessoa noticiada. Nessas hipóteses, principalmente, a liberdade de expressão é prevalente, atraindo verdadeira excludente anímica, a afastar o intuito doloso de ofender a honra da pessoa a que se refere a reportagem" (STJ-4ª T., REsp 801.109, Min. Raul Araújo, j. 12.6.12, DJ 12.3.13).

"A assunção de cargos corporativos ou públicos, como a presidência de uma seccional da OAB, torna o sujeito uma pessoa pública, com atuação de interesse de todos advogados, estando seus atos sujeitos a maior exposição e mais suscetíveis à mitigação dos direitos de personalidade, principalmente por estar incurso em um cenário político, com intenso debate corporativo. Dentro desta perspectiva, o entrevistado não extrapolou os limites da liberdade de pensamento nem se verificou o intuito de atingir a honra da antiga presidente da OAB/DF, já que as informações relacionaram-se a questões de interesse do órgão de classe, limitando-se a criticar, com cunho político, a gestão anterior, sem nenhuma menção específica à pessoa da antiga presidente ou imputando alguma conduta desonrosa capaz de ensejar o dever de indenizar" (STJ-3ª T., REsp 1.624.388, Min. Marco Bellizze, j. 7.3.17, DJ 21.3.17).

"Publicação de série de escritos jornalísticos originados de informações do Ministério Público e da Polícia Federal não configura ilícito apto a desencadear indenização por dano moral, ainda que lançada em linguagem incisiva e dura. Imprecisões técnicas de linguagem, atinente a matéria jurídica, como significado de folha de antecedentes, cancelamento de registro de inquéritos e outras, bem como do sentido de arquivamento e absolvições, não implicam dano moral, quando não visualizado dolo implícito no uso inadequado dos termos" (STJ-3ª T., REsp 1.305.897, Min. Sidnei Beneti, j. 21.8.12, DJ 18.9.12).

"O direito ao esquecimento que ora se reconhece para todos, ofensor e ofendidos, não alcança o caso dos autos, em que se reviveu, décadas depois do crime, acontecimento que entrou para o domínio público, de modo que se tornaria impraticável a atividade da imprensa para o desiderato de retratar o caso Aida Curi, sem Aida Curi. É evidente ser possível, caso a caso, a ponderação acerca de como o crime tornou-se histórico, podendo o julgador reconhecer que, desde sempre, o que houve foi uma exacerbada exploração midiática, e permitir novamente essa exploração significaria conformar-se com um segundo abuso só porque o primeiro já ocorrera. Porém, no caso em exame, não ficou reconhecida essa artificiosidade ou o abuso antecedente na cobertura do crime, inserindo-se, portanto, nas exceções decorrentes da ampla publicidade a que podem se sujeitar alguns delitos" (STJ-4ª T., REsp 1.335.153, Min. Luis Felipe, j. 28.5.13, maioria, RT 939/298).

Também liberando o órgão de imprensa de acusação de ofensa aos direitos da personalidade: RT 888/212 (TJSP, AP 416.077.4/3-00), 938/800 (TJDFT, AP 20080110885022), JTJ 324/662 (EI 342.077-4/1-01), 328/418 (AP 522.036.4/5-00), 341/222 (AP 446.031-4/9).

V. tb. arts. 12 (especialmente nota 3), 20 (especialmente nota 3), 186 (notas 3b e 4) e 188 (nota 3a) e, no nosso CCLCV, ECA 143 (nota 2a). S/ reparação do dano moral nessas circunstâncias, v. art. 186, nota 4d.

Art. 927: 3b. "As empresas de comunicação não respondem por **publicidade** de propostas abusivas ou **enganosas.** Tal responsabilidade toca aos fornecedores-anunciantes, que a patrocinaram (CDC, arts. 3º e 38)" (STJ-Bol. AASP 2.537/4.425: 3ª T., REsp 604.172).

"O dano sofrido pelo consumidor deu-se em razão do pagamento por um veículo que não foi entregue pelo anunciante, e não pela compra de um exemplar do jornal. Ou seja: o produto oferecido no anúncio (veículo) não tem relação com o produto oferecido pela recorrente (publicação de anúncios). Assim, a empresa jornalística não pode ser responsabilizada pelos produtos ou serviços oferecidos pelos seus anunciantes, sobretudo quando dos anúncios publicados não se infere qualquer ilicitude" (STJ-3ª T., REsp 1.046.241, Min. Nancy Andrighi, j. 12.8.10, DJ 19.8.10).

"A responsabilidade pela qualidade do produto ou serviço anunciado ao consumidor é do fornecedor respectivo, assim conceituado nos termos do art. 3º da Lei n. 8.078/1990, não se estendendo à empresa de comunicação que veicula a propaganda por meio de apresentador durante programa de televisão, denominada 'publicidade de palco'. Destarte, é de se excluir da lide, por ilegitimidade passiva *ad causam*, a emissora de televisão, por não se lhe poder atribuir corresponsabilidade por apresentar publicidade de empresa financeira, também ré na ação, que teria deixado de fornecer o empréstimo ao telespectador nas condições prometidas no anúncio" (STJ-4ª T., REsp 1.157.228, Min. Aldir Passarinho Jr., j. 3.2.11, DJ 27.4.11).

V. tb., no nosso CCLCV, CDC 14, nota 6a.

Art. 927: 3c. "A recorrente recebeu bilhete para participar de **sorteio** em razão de compras efetuadas em hipermercado. Neste constava 'você concorre a 900 vales-compras de R$ 100,00 e a 30 casas'. Foi sorteada e, ao comparecer para receber o prêmio, obteve apenas um vale-compras, tomando, então, conhecimento de que, segundo o regulamento, as casas seriam sorteadas àqueles que tivessem sido premiados com os vale-compras. Este segundo sorteio, todavia, já tinha ocorrido, sem a sua participação. As trinta casas já haviam sido sorteadas entre os demais participantes. Violação do dever contratual, previsto no regulamento, de comunicação à autora de que fora uma das contempladas no primeiro sorteio e de que receberia um segundo bilhete, com novo número, para concorrer às casas em novo sorteio. Fato incontroverso, reconhecido pelo acórdão recorrido, de que a falta de comunicação a cargo dos recorridos a impediu de participar do segundo sorteio e, portanto, de concorrer, efetivamente, a uma das trinta casas. A circunstância de a participação no sorteio não ter sido diretamente remunerada pelos consumidores, sendo contrapartida à aquisição de produtos no hipermercado, não exime os promotores do evento do dever de cumprir o regulamento da promoção, ao qual se vincularam. Dano material que, na espécie, não corresponde ao valor de uma das trinta casas sorteadas, mas à **perda da chance**, no caso, de 30 chances, em 900, de obter o bem da vida almejado" (STJ-4ª T., AI 1.196.957-AgRg-EDcl, Min. Isabel Gallotti, j. 10.4.12, RT 922/611; com comentário de Glenda Gonçalves Gondim).

"O questionamento, em **programa de perguntas e respostas, pela televisão,** sem viabilidade lógica, uma vez que a Constituição Federal não indica percentual relativo às terras reservadas aos índios, acarreta, como decidido pelas instâncias ordinárias, a impossibilidade da prestação por culpa do devedor, impondo o dever de ressarcir o participante pelo que razoavelmente haja deixado de lucrar, pela perda da oportunidade" (STJ-4ª T., REsp 788.459, Min. Fernando Gonçalves, j. 8.11.05, DJ 13.3.06). Do voto do relator: "A quantia sugerida pela recorrente (R$ 125.000,00) — equivalente a um quarto do valor em comento, por ser uma 'probabilidade matemática' de acerto de uma questão de múltipla escolha com quatro itens, reflete as reais possibilidades de êxito da recorrida. Ante o exposto, conheço do recurso especial e lhe dou parcial provimento para reduzir a indenização a R$ 125.000,00".

S/ perda de uma chance, v. tb. notas 3a e 5c, arts. 402, nota 7, e 951, notas 1c e 7a, e, no nosso CCLCV, CDC 14, notas 2, *in fine*, 3a, e 7a.

Art. 927: 4. Internet. "A atividade desenvolvida em um blog pode assumir duas naturezas distintas: (i) provedoria de informação, no que tange às matérias e artigos disponibilizados no blog por aquele que o mantém e o edita; e (ii) provedoria de conteúdo, em relação aos posts dos seguidores do blog. Nos termos do enunciado 221 da Súmula/STJ, são civilmente responsáveis pela reparação de dano derivado de publicação pela imprensa tanto o autor da matéria quanto o proprietário do respectivo veículo de divulgação. O enunciado 221 da Súmula/STJ incide sobre todas as formas de imprensa, alcançando, assim, também os serviços de provedoria de informação, cabendo àquele que mantém blog exercer o seu controle editorial, de modo a evitar a inserção no site de matérias ou artigos potencialmente danosos" (STJ-3ª T., REsp 1.381.610, Min. Nancy Andrighi, j. 3.9.13, DJ 12.9.13). "Ação indenizatória por danos morais sofridos em razão de blog do réu/apelante ter imputado ao autor/apelado ser racista e de ter escrito livro racista. Palavras claramente ofensivas. Dano moral configurado" (RT 910/1.030: TJRJ, AP 0309228-06.2009.8.19.0001). Do voto do relator: "A Internet divulga rapidamente a mensagem ofensiva no país e no mundo, haja vista se tratar de um blog de famoso jornalista, que tem diversos acessos diários, e inclusive com comentários de blogueiros, tornando os fatos ainda mais gravosos à pessoa do escritor".

Condenando o usuário a compensar danos morais "por frase ofensiva postada no Twitter": JTJ 375/566 (AP 131637-85.2011.8.26.0100).

V. tb. art. 12 (especialmente, nota 3) e, no nosso CCLCV, MCI 18 a 21 e respectivas notas.

Art. 927: 4a. "Em matéria de **acidente automobilístico,** o **proprietário do veículo** responde objetiva e solidariamente pelos atos culposos de terceiro que o conduz e que provoca o acidente, pouco importando que o motorista não seja seu empregado ou preposto, ou que o transporte seja gratuito ou oneroso, uma vez que sendo o automóvel um veículo perigoso, o seu mau uso cria a responsabilidade pelos danos causados a terceiros. Provada a responsabilidade do condutor, o proprietário do veículo fica solidariamente responsável pela reparação do dano, como criador do risco para os seus semelhantes" (STJ-3ª T., REsp 577.902, Min. Nancy Andrighi, j. 13.6.06, maioria, DJU 28.8.06). Em síntese: "Quem permite que terceiro conduza seu veículo é responsável solidário pelos danos causados culposamente pelo permissionário" (STJ-3ª T., REsp 343.649, Min. Gomes de Barros, j. 5.2.04, DJU 25.2.04). No mesmo sentido: STJ-4ª T., REsp 895.419, Min. Aldir Passarinho Jr., j. 3.8.10, DJ 27.8.10; STJ-1ª T., Ag em REsp 234.868-AgRg, Min. Ari Pargendler, j. 2.5.13, DJ 8.5.13; RT 864/287, 876/299 (TJMS, AP 2006.003458-0/0000-00), 888/286 (TJMG, AP 1.0680.03.000208-2/001), JTJ 315/220 (AP 908.370-0/3).

"O proprietário do veículo responde solidariamente com o condutor do veículo. Em outras palavras, a responsabilidade do dono da coisa é presumida, invertendo-se, em razão disso, o ônus da prova. Não demonstrado pelo proprietário do veículo que seu filho inabilitado o utilizou ao arrepio das suas proibições, recomendações e cautelas, responde o pai solidariamente pelos danos causados pelo ato culposo do filho, ainda que maior" (STJ-4ª T., REsp 145.358, Min. Sálvio de Figueiredo, j. 29.10.98, DJU 1.3.99).

Todavia: "O proprietário do veículo se exonera da responsabilidade pelo dano se provar que tudo fez para impedir a ocorrência do fato" (STJ-4ª T., REsp 261.310, Min. Ruy Rosado de Aguiar, j. 3.10.00, DJU 27.11.00).

Afastando a responsabilidade "do cônjuge do proprietário do veículo, visto que não se pode a ele atribuir o dever de guarda do automóvel": STJ-3ª T., REsp 1.591.178, Min. Ricardo Cueva, j. 25.4.17, DJ 2.5.17.

V. tb. nota 1 (Súmula 492 do STF).

Art. 927: 4b. "Não é possível reconhecer a existência de culpa concorrente da vítima pelo simples fato de que esta dirigia com a **carteira de habilitação** vencida. Muito embora tal fato seja, por si, um ilícito, não há como presumir a participação culposa da vítima no evento apenas com base em tal assertiva" (STJ-RDPr 30/334: 3ª T., REsp 604.758, maioria). Em sentido semelhante, para caso de ausência de habilitação: STJ-4ª T., REsp 896.176, Min. Isabel Gallotti, j. 13.12.11, DJ 1.2.12; RJM 188/112 (AP 1.0431.07.035125-6/001).

Art. 927: 4c. "Não tem direito à indenização por danos sofridos em acidente de trânsito o passageiro maior, capaz e habilitado que se expõe conscientemente ao risco de trafegar em **veículo conduzido por menor,** obviamente não habilitado" (STJ-3ª T., REsp 753.906, Min. Gomes de Barros, j. 14.8.07, DJU 27.8.07).

Art. 927: 4d. "Em se tratando de cruzamento com rotatória (ou 'balão'), a preferência é do veículo que por ela estiver circulando (art. 29, III, *b*, do Código de Trânsito Brasileiro). **Age com culpa o motorista** que, sem tomar as devidas cautelas, ingressa em rotatória sem atentar para o direito de preferência, vindo a interceptar a trajetória de veículo que por ela trafegava, ofertando-se à colisão em sua lateral esquerda" (RT 869/276).

"Num cruzamento não sinalizado, em princípio, a preferência é do veículo que vem da direita, consoante determina o art. 29, III, *c*, do CTB. Contudo, se as vias têm fluxos de trânsito muito distintos, como ocorre entre ruas e avenidas, a regra de experiência determina que o veículo que trafega pela rua dê preferência ao veículo que trafega pela avenida, independentemente da sinalização. Se o condutor de um ônibus, cruzando uma avenida a partir de uma rua, para seu veículo a fim de observar o fluxo na avenida, duas consequências podem ser extraídas: primeiro, a de que ele reconheceu uma regra costumeira no sentido de dar a preferência, independentemente da sinalização; segundo, que transmitiu, à motocicleta que trafegava pela avenida, a justa expectativa de que permaneceria parado, agravando, com isso, por sua conduta, o risco de acidente. A regra geral do art. 29, § 2º, do CTB é expressa em determinar a responsabilidade dos veículos maiores pela segurança dos veículos menores no trânsito, o que incrementa o dever de cuidado dos motoristas de veículos pesados" (STJ-3ª T., REsp 1.069.446, Min. Nancy Andrighi, j. 20.10.11, DJ 3.11.11).

"Culpado, em linha de princípio, é o motorista que colide por trás, invertendo-se, em razão disso, o *onus probandi*, cabendo a ele a prova de desoneração de sua culpa" (STJ-4ª T., REsp 198.196, Min. Sálvio de Figueiredo, j. 18.2.99, DJU 12.4.99). No mesmo sentido: STJ-3ª T., REsp 535.627-AgRg, Min. Ari Pargendler, j. 27.5.08, DJ 5.8.08; JTJ 320/395 (AP 1.116.110-0/3).

"Acidente de veículo. Mudança de faixa. Obrigação do motorista em observar o fluxo a fim de não interceptar a correta trajetória dos demais veículos que transitam na mesma via e sentido. Culpa do requerido comprovada nos autos" (JTJ 331/409: AP 955.240-0/1). Do voto da relatora: "Para a mudança de faixa não basta a sinalização. O motorista deve aguardar o momento oportuno, a fim de não interceptar a trajetória daquele que está atrás e transitando em sua correta mão de direção e preferência de tráfego. Assim dispõe o art. 38 do Código de Trânsito brasileiro".

"É iniludível que a conversão à esquerda é manobra que deve ser precedida de toda atenção e cautela. Para que a intente, deve o motorista ter certeza de que a pista, que cruzará, está livre de trânsito ou pelo menos, com circulação livre para o seu cruzamento. Qualquer risco assumido, ante a aproximação de outro veículo, demonstra imprudência, caracterizadora da culpa. Além disso, a livre circulação, concedida aos carros de incêndio, de polícia e ambulâncias, quando em serviço de urgência, não quer significar liberdade de transformar as ruas em pistas de corrida, sem nenhum respeito à sua própria finalidade" (JTJ 334/582: AP 986.126-0/7).

"O motorista do veículo simplesmente arremessado contra outro não tem sua conduta inserida na relação causal e por isso não responde pelos danos causados, devendo a ação indenizatória ser dirigida diretamente contra quem, culposamente, causou o primeiro abalroamento. Diferente é a situação do motorista que, em estado de necessidade, para se salvar de perigo posto por outrem, vem a causar o choque com terceiro. Nesse caso, ele responde, com direito de regresso contra o culpado" (STJ-4ª T., REsp 81.631, Min. Ruy Rosado, j. 5.3.96, DJU 17.6.96). "O proprietário do carro arremessado contra outro por culpa de terceiro não responde pelo dano causado no veículo atingido" (STJ-3ª T., REsp 50.385, Min. Ari Pargendler, j. 7.6.99, DJU 1.7.99). V. tb. art. 930, nota 1a.

"O motorista que permite a derrapagem e por causa disso perde o controle do carro está dirigindo sem o cuidado que era exigido nas circunstâncias, pouco importando as condições da pista, o traçado da estrada etc." (STJ-4ª T., REsp 236.458, Min. Ruy Rosado, j. 7.12.99, DJU 28.2.00; a citação é do voto do relator). No mesmo sentido: RJM 183/211 (AP 1.0024.05.705658-2/001).

"Age com culpa o condutor que, por verificado as condições climáticas desfavoráveis, não reduz a velocidade em leito asfáltico molhado, vindo a aquaplanar e a invadir a pista contrária e abalroar o veículo que trafega em sentido contrário, dada a previsibilidade do evento" (RT 876/299: TJMS, AP 2006.003458-0/0000-00).

"Age com culpa a condutora que avança sinal semafórico, provocando colisão de veículos" (JTJ 315/220: AP 908.370-0/3).

"Indenização. Acidente de trânsito. Atropelamento. Rodovia. Marcha à ré pelo acostamento. Manobra de risco por conta exclusiva do condutor. Vítima em ponto de ônibus. Ausência de calçada. Responsabilidade do condutor do veículo. Ação procedente" (JTJ 323/472: AP 1.143.405-0/6).

"O poste de iluminação, corretamente instalado na via pública, constitui obstáculo imóvel, impossível, por si só, de causar acidente, de sorte que no caso de colisão contra o mesmo, causando-lhe danos, cabe àquele que o atingiu demonstrar o fato excludente de sua responsabilidade, o que, na espécie, não ocorreu" (STJ-4ª T., REsp 895.419, Min. Aldir Passarinho Jr., j. 3.8.10, DJ 27.8.10).

Todavia: "O indivíduo que **estaciona** seu veículo em **local proibido** não pode ser civilmente responsável por acidente causado por condutor que o abalroe, justamente porque sua conduta, punível embora na esfera administrativa, não terá sido imprudente, nem conota falta de perícia ou inobservância de regra técnica na condução de veículo automotor" (JTJ 305/164).

Art. 927: 4e. "A responsabilidade por danos causados a terceiros é exclusiva do proprietário e condutor do 'cavalo-mecânico' que traciona **'semirreboque'**, porquanto este último não possui autonomia, salvo quando identificado defeito nele a influenciar o conjunto, situação não verificada nos autos. Ação improcedente em relação à proprietária do 'semirreboque'" (STJ-4ª T., REsp 494.372, Min. Aldir Passarinho Jr., j. 4.3.10, DJ 29.3.10).

Art. 927: 4f. "Tratando-se o **arrendamento mercantil** de contrato peculiar, de natureza mista, em que se mesclam a locação com a compra e venda do bem financiado, pertence à arrendatária, que detém a posse direta do bem, a legitimidade passiva para a ação regressiva movida pela seguradora, objetivando o ressarcimento do valor que pagou aos beneficiários do DPVAT por acidente causado pelo veículo objeto de arrendamento" (STJ-4ª T., REsp 436.201, Min. Aldir Passarinho Jr., j. 13.11.07, DJU 5.5.08). Ainda: "A empresa de arrendamento mercantil é, objetivamente, parte ilegitima para figurar no polo passivo da demanda causada pelo uso indevido do bem pelo arrendatário, porquanto o mesmo é o possuidor direto da coisa, descabendo à empresa arrendatária a fiscalização pela utilização irregular do bem" (STJ-1ª T., REsp 1.066.087, Min. Teori Zavascki, j. 21.8.08, DJ 10.9.08).

Art. 927: 4g. **Responsabilidade civil e cigarro.** "Imputação de ato ilícito desacolhida por haver, de parte da demandada, apenas o exercício regular de um direito reconhecido, seja na produção e comercialização de cigarros, seja na publicidade de suas marcas, à luz do art. 160, I, do CC/16 e 188, I, do novo CC. Circunstâncias que, diante do teor do art. 159 do CC anterior e dos arts. 186 e 927 do atual, descartam a possibilidade de culpa da demandada e o nexo de causalidade entre a conduta da mesma e o uso de cigarros pela autora" (RJTJERGS 255/168). No mesmo sentido: STJ-4ª T., REsp 1.113.804, Min. Luis Felipe, j. 27.4.10, DJ 24.6.10; RT 863/355, JTJ 299/215, 303/224; RJTJERGS 277/323 (AP 70027823426). **Contra:** RF 389/370, JTJ 334/350 (AP 379.261-4/5-00, maioria).

Art. 927: 4h. "Aquele que, por livre e espontânea vontade, inicia-se no consumo de **bebidas alcoólicas**, propagando tal hábito durante certo período de tempo, não pode, doravante, pretender atribuir responsabilidade de sua conduta ao fabricante do produto, que exerce atividade lícita e regulamentada pelo Poder Público" (STJ-3ª T., REsp 1.261.943, Min. Massami Uyeda, j. 22.11.11, DJ 27.2.12).

Art. 927: 5. "Indenização por danos morais. **Perito judicial** que concluiu erroneamente pela paternidade do apelado. Preliminar de ilegitimidade passiva rejeitada. Imperícia configurada. Dano moral demonstrado" (RT 886/188: TJSP, AP 280.614-4/0-00).

Art. 927: 5a. O **cartório extrajudicial** de notas ou de registros tem legitimidade passiva para a ação de indenização movida por atos ilícitos causados em seus serviços (RSTJ 188/459: 4ª T.). No mesmo sentido: JTJ 176/121. Ponderando que a opção pelo ajuizamento da demanda diretamente contra o tabelião implica para o autor o ônus de "provar-lhe a culpa (*lato sensu*)": RP 124/261.

Todavia: "Os tabelionatos são serventias judiciais e estão imbricados na máquina estatal, mesmo quando os servidores têm remuneração pelos rendimentos do próprio cartório e não dos cofres públicos. Embora seja o preposto estatal também legitimado para responder pelo dano, sendo diferentes as suas responsabilidades, a do Estado objetiva e a do preposto subjetiva, caminhou a jurisprudência por resolver em 1º lugar a relação jurídica mais facilmente comprovável, ressalvando-se a ação de regresso para apurar-se a responsabilidade subjetiva do preposto estatal" (STJ-RDPr 22/318: 2ª T.).

Falta de legitimidade do **sucessor do tabelião ou registrador** que causou o dano: "A responsabilidade civil por dano causado a particular por ato de oficial do Registro de Imóveis é pessoal, não podendo o seu sucessor, atual titular da serventia, responder pelo ato ilícito praticado pelo sucedido, antigo titular" (STJ-3ª T., REsp 443.467, Min. Castro Filho, j. 5.5.05, DJU 1.7.05). No mesmo sentido: "No caso de dano decorrente de má prestação de serviços notariais, somente o tabelião à época dos fatos e o Estado possuem legitimidade passiva" (STJ-4ª T., REsp 545.613, Min. Cesar Rocha, j. 8.5.07, maioria, DJ 29.6.07). Ainda no mesmo sentido: JTJ 336/290 (AP 7.203.925-5).

Art. 927: 5b. "Os **membros do Ministério Público** podem, em tese, responder civilmente por seus atos que extrapolem as atribuições legais do cargo. A responsabilidade, nestes casos, deve ser examinada após a instrução processual, em que se apurará a existência de má-fé ou abuso de direito na conduta do réu" (STJ-3ª T., REsp 759.272, Min. Gomes de Barros, j. 18.8.05, DJ 19.6.06).

"O representante do *parquet* que extrapola os limites de sua atuação profissional, promovendo a divulgação televisiva dos fatos e circunstâncias que envolveram as pessoas em processo que tramita em segredo de justiça, possui legitimidade para estar no polo passivo da respectiva ação de responsabilidade por danos morais (art. 26, § 2º, da Lei n. 8.625, de 12.2.1993; e art. 201, § 4º, da Lei n. 8.069/90)" (STJ-4ª T., REsp 1.162.598, Min. João Otávio, j. 2.8.11, DJ 8.8.11).

"Ofensas de membro do Ministério Público (promotor de justiça) dirigidas a membro do Poder Judiciário (desembargador). Ato doloso. Responsabilidade pessoal do órgão do Ministério Público. Legitimidade passiva. Ocorrência de ato ilícito. Dano moral. As ofensas dissociadas do contexto do debate da causa — a exemplo de excessos cometidos contra a honra de quaisquer das pessoas envolvidas no processo — são passíveis de punição na esfera cível. Mesmo eventuais críticas devem observar que o direito à liberdade de expressão não permite a prática de atos irresponsáveis, que podem implicar em mácula de difícil reparação à imagem daquele a quem são dirigidas" (STJ-3ª T., REsp 1.435.582, Min. Nancy Andrighi, j. 10.6.14, DJ 11.9.14).

V. tb., no nosso CPCLPV, CPC 181 e notas.

S/ responsabilidade do **juiz**, v. CPC 143. S/ responsabilidade do Estado por atos do juiz, v. art. 43, nota 3.

Art. 927: 5c. Responsabilidade civil do advogado. "Malgrado o debate em torno da doutrina da **'perda de uma chance'**, de forte influência francesa, é devida a indenização em valor exatamente proporcional ao proveito econômico baldado, em ação anterior, pela incúria do advogado. Mormente no caso dos autos em que o direito vindicado, desde a época do ajuizamento da pretensão, já encontrava manifesta procedência jurisprudencial" (RDDP 43/141: TJDFT, AP 2004.01.1.090484-7). "Responsabilidade civil do advogado, diante de conduta omissiva e culposa, pela impetração de mandado de segurança fora do prazo e sem instruí-lo com os documentos necessários, frustrando a possibilidade da cliente, aprovada em concurso público, de ser nomeada ao cargo pretendido. Aplicação da teoria da 'perda de uma chance'. Valor da indenização por danos morais decorrentes da perda de uma chance que atende aos princípios da razoabilidade e da proporcionalidade, tendo em vista os objetivos da reparação civil" (STJ-4ª T., REsp 1.321.606-EDcl, Min. Antonio Ferreira, j. 23.4.13, RSDCPC 85/52). S/ perda de uma chance, v. tb. notas 3a e 3c, arts. 402, nota 7, e 951, notas 1c e 7a, e, no nosso CCLCV, CDC 14, notas 2, *in fine*, 3a, e 7a.

O advogado está obrigado a **interpor os recursos ordinários** cabíveis contra a decisão prejudicial ao seu cliente. "Assim, estando convencido da falta de direito do constituinte, pode aconselhá-lo a desistir da demanda e a deixar de interpor o recurso cabível. Todavia não pode, por si só, desistir ou permanecer inerte sem seu devido consentimento, sob pena de sacrificar o direito da parte. Obviamente, caso não acatada pelo cliente a orientação, a quem cumpre decisão final sobre eventual desistência, resta ao advogado renunciar ao mandato ou proceder conforme determinado pelo mandante. Ou seja, é imprescindível a anuência prévia da parte, ciente das respectivas consequências, quanto aos atos ordinários que importem perda de seu direito. O mesmo não ocorre com o recurso extraordinário, ou especial, que tem caráter eminentemente técnico e de cabimento restrito, devendo o advogado, ao manifestá-lo, justificar a sua idoneidade" (RSTJ 181/330: 4ª T., REsp 596.613; a citação é do voto do relator). No mesmo sentido: Bol. AASP 2.574. Também afirmando o dever de recorrer da sentença desfavorável: RDDP 51/139, JTJ 374/309 (AP 9159703-67.2007.8.26.0000). **Contra:** "Nada obstante considere-se culposa a omissão perpetrada pelos apelados, porquanto cientes da chance de sucesso do recurso cabível contra a decisão desfavorável à sua cliente, não há como aferir — sob pena de incorrer em temeroso e reprovável exercício de adivinhação — a ocorrência de danos materiais efetivos, verba à qual se restringiu o pedido indenizatório" (RT 860/374). Em sentido semelhante: "Contratação para ajuizamento de reclamação trabalhista. Falta de comunicação sobre a redesignação de audiência de instrução e julgamento. Aplicação da pena de confissão ficta quanto à matéria fática. Julgamento desfavorável. Ausência de demonstração de nexo causal entre o comportamento negligente das advogadas e o fracasso da demanda trabalhista. Incidência da teoria da causalidade adequada. Indenização indevida. Falta de interposição de recurso contra a sentença desfavorável. Necessidade de demonstração de que o recurso não interposto teria razoável probabilidade de êxito" (RJ-Lex 61/272 e RMDCPC 52/151: TJSP, AP 9081989-60.2009.8.26.0000).

O advogado que deixa de se pronunciar sobre **laudo** de liquidação confeccionado com **erro grosseiro** pelo perito responde sozinho pelos danos daí decorrentes ao seu cliente, sem dividir tal responsabilidade com o perito nem com o juiz (STJ-3ª T., REsp 402.182, Min. Gomes de Barros, j. 18.5.06, DJU 12.6.06). No caso, determinou-se que o advogado pagasse ao cliente tudo o que ele deixou de ganhar no anterior processo, em razão daquele erro grosseiro não impugnado.

O advogado que, após determinação do juiz, **não emenda a inicial** e posterga o ajuizamento de outra demanda, deixando advir a **prescrição** da pretensão de seu cliente, deve indenizá-lo (RMDCPC 17/129). No mesmo sentido: RT 891/354 (TJMS, AP 2009.024081-4/0000-00).

"O advogado contratado para aforar ação judicial que se mostra negligente ou quebra o dever de prudência ao quedar-se **inerte** por longo período, mesmo de posse de mandato e documentos necessários ao **ajuizamento da *actio***, causa aos clientes dano moral indenizável, sobretudo na hipótese em que ele, em flagrante contradição, informa aos clientes já haver ajuizado a ação, quando sequer protocolara a petição inicial" (RDDP 53/131).

"O advogado que utiliza **linguagem excessiva e desnecessária**, fora de limites razoáveis da discussão da causa e da defesa de direitos, continua responsável penalmente. Seria odiosa qualquer interpretação da legislação vigente conducente à conclusão absurda de que o novo Estatuto da OAB teria instituído, em favor da nobre classe dos advogados, imunidade penal ampla e absoluta, nos crimes contra a honra e até no desacato, imunidade essa não conferida ao cidadão brasileiro, às partes litigantes, nem mesmo aos juízes e promotores. O nobre exercício da advocacia não se confunde com um ato de guerra em que todas as armas, por mais desleais que sejam, possam ser utilizadas" (RSTJ 69/129).

Assim: "A imunidade conferida ao advogado no exercício da sua bela e árdua profissão não constitui um *bill of indemnity*" (STJ-RF 358/237).

"A imunidade profissional, garantida ao advogado pelo Estatuto da Advocacia, não é de caráter absoluto, não tolerando os excessos cometidos pelo profissional em afronta à honra de quaisquer das pessoas envolvidas no processo, seja o Juiz, a parte, o membro do Ministério Público, o serventuário ou o advogado da parte contrária" (STJ-3ª T., REsp 1.022.103, Min. Nancy Andrighi, j. 17.4.08, DJU 16.5.08; no caso, o advogado foi condenado a indenizar danos morais causados ao juiz por alegações desonrosas feitas em juízo). No mesmo sentido: STJ-4ª T., REsp 988.380, Min. Luis Felipe, j. 20.11.08, DJ 15.12.08.

"O advogado que, atuando de forma livre e independente, lesa terceiros no exercício de sua profissão responde diretamente pelos danos causados, não havendo que se falar em solidariedade de seus clientes, salvo prova expressa da *culpa in eligendo* ou do assentimento a suas manifestações escritas, o que não ocorreu na hipótese" (STJ-3ª T., REsp 932.334, Min. Nancy Andrighi, j. 18.11.08, DJ 4.8.09). "Incumbe ao advogado, e não à parte que lhe outorgou mandato, responder por supostos danos morais acarretados à parte contrária por eventuais excessos de linguagem" (RDDP 57/119). No mesmo sentido: STJ-4ª T., REsp 983.430, Min. Fernando Gonçalves, j. 1.12.09, dois votos vencidos, DJ 8.3.10; RT 902/240 (TJSP, AP 992.05.140761-1).

"O advogado, assim como qualquer outro profissional, é responsável pelos danos que causar no exercício de sua profissão. Caso contrário, jamais seria ele punido por seus excessos, ficando a responsabilidade sempre para a parte que representa, o que não tem respaldo em nosso ordenamento jurídico, inclusive no próprio Estatuto da Ordem" (STJ-4ª T., REsp 163.221, Min. Sálvio de Figueiredo, j. 28.6.01, DJU 5.8.02).

Todavia: "Não constituem ato ilícito as expressões ofensivas utilizadas em juízo pela parte ou por seu procurador, desde que sejam compatíveis com os fatos discutidos no processo e não tenham sido escritas ou pronunciadas com a intenção de ofender" (RT 781/355: TJPR, AP 84.551-2). No mesmo sentido: JTJ 315/180 (AP 466.643-4/8-00).

"Se as alegações imputadas de caluniosas estiverem no contexto da defesa dos interesses e direitos do constituinte em juízo, havendo boa-fé, evidencia-se a ausência de dolo, razão pela qual não há crime, tampouco responsabilidade civil por danos morais. Na espécie, constata-se que inexistiu imputação direta de crime ao juiz. As afirmações surgiram no encadeamento de ideias da peça recursal, com o claro intuito de reforçar a alegação de que o juiz vinha desrespeitando decisão do tribunal, fato esse que, se confirmado, implicaria inclusive no provimento do recurso. Tratou-se, se tanto, de forma impolida de expressão, mas que constitui excesso admissível no cotidiano forense" (STJ-3ª T., REsp 854.452, Min. Gomes de Barros, j. 26.6.08, um voto vencido, DJ 22.8.08).

"Críticas à atividade desenvolvida pelo homem público, *in casu*, o magistrado, são decorrência natural da atividade por ele desenvolvida e não ensejam indenização por danos morais quando baseadas em fatos reais, aferíveis concretamente. Respaldado nas disposições do § 2º do art. 7º da Lei n. 8.906/94, pode o advogado manifestar-se, quando no exercício profissional, sobre decisões judiciais, mesmo que seja para criticá-las. O que não se permite, até porque nenhum proveito advém para as partes representadas pelo advogado, é crítica pessoal ao Juiz" (STJ-3ª T., REsp 531.335, Min. João Otávio, j. 2.9.08, dois votos vencidos, DJ 19.12.08).

"Quando o advogado não excede os limites do mandato, o cliente (mandante) pode responder pelos atos do mandatário, figurando no polo passivo da ação de reparação de danos morais, sendo-lhe, todavia, resguardado o direito de regresso" (RT 781/355: TJPR, AP 84.551-2).

Art. 927: 5d. "Descabe ação do terceiro prejudicado ajuizada direta e exclusivamente em face da **seguradora** do apontado causador do dano. No seguro de responsabilidade civil facultativo a obrigação da seguradora de ressarcir danos sofridos por terceiros pressupõe a responsabilidade civil do segurado, a qual, de regra, não poderá ser reconhecida em demanda na qual este não interveio, sob pena de vulneração do devido processo legal e da ampla defesa" (STJ-2ª Seção, REsp 962.230, Min. Luis Felipe, j. 8.2.12, DJ 20.4.12).

"Impõe-se demandar quem se apresenta como responsável direto para suportar possível condenação, cabendo a este, se for o caso, denunciar da lide aquele que, por contrato, se obrigou a indenizar os prejuízos advindos de eventual sucumbência (art. 70, III, CPC)" (STJ-RT 693/264: 4ª T.).

Contra: "Pode a vítima em acidente de veículos propor ação de indenização diretamente, também, contra a seguradora, sendo irrelevante que o contrato envolva, apenas, o segurado, causador do acidente, que se nega a usar a cobertura do seguro" (STJ-RJTAMG 81/402: 3ª T.). No mesmo sentido: RSTJ 168/377 e RDPr 16/340 (4ª T.), JTJ 318/156 (AP 1.009.622-0/6).

"A interpretação do contrato de seguro dentro de uma perspectiva social autoriza e recomenda que a indenização prevista para reparar os danos causados pelo segurado a terceiro seja por este diretamente reclamada da seguradora. Não obstante o contrato de seguro ter sido celebrado apenas entre o segurado e a seguradora, dele não fazendo parte o recorrido, ele contém uma estipulação em favor de terceiro. E é em favor desse terceiro — na hipótese, o recorrido — que a importância segurada será paga. Daí a possibilidade de ele requerer diretamente da seguradora o referido pagamento. O fato de o segurado não integrar o polo passivo da ação não retira da seguradora a possibilidade de demonstrar a inexistência do dever de indenizar" (STJ-3ª T., REsp 1.245.618, Min. Nancy Andrighi, j. 22.11.11, DJ 30.11.11).

Art. 927: 6. A **seguradora** que se limita a resistir à pretensão do segurado, no caso, com apoio na inadimplência deste, não pode ser responsabilizada pela consequente demora no pagamento do valor do seguro, atrelada ao legítimo **exercício do direito de demandar,** que, assim, não pode ser apontada como causa da falência do segurado (STJ-4ª T., REsp 660.904, Min. Fernando Gonçalves, j. 4.3.08, DJ 15.9.08).

Todavia: "O atraso indevido no pagamento da indenização securitária consiste em ato ilícito, que impõe reparação própria e de natureza extracontratual, ou seja, com amparo nas normas relativas à responsabilidade civil" (STJ-RMDECC 23/113: 4ª T., REsp 631.198).

Art. 927: 6a. "Inexistindo expressa previsão estatutária, não é a **entidade sociorrecreativa**, assim como por igual acontece nos condomínios, responsável pelo furto de veículos ocorrido em suas dependências, dada a natureza comunitária entre os filiados, sem caráter lucrativo" (STJ-3ª T., REsp 310.953, Min. Aldir Passarinho Jr., j. 10.4.07, DJU 7.5.07). V. tb. art. 1.334, nota 1a.

Todavia: "Responsabilidade civil. Associação de classe. Clube recretativo. Piscina aparentemente semiolímpica. Diferentes níveis de profundidade. Ausência de informações e pessoal para garantir a segurança dos usuários. Acidente. Tetraplegia. Negligência" (STJ-3ª T., REsp 1.226.974, Min. João Otávio, j. 12.8.14, DJ 30.9.14). No caso, afirmou-se a culpa concorrente da vítima (v. art. 945, nota 2).

"Ação de indenização por danos materiais e morais. Falecimento de menor impúbere vítima de afogamento em piscina de clube associativo. Culpa *in vigilando*. A partir do momento em que a associação recreativa permitiu que os pais deixassem os filhos menores impúberes na portaria do clube para frequentar as aulas na escolinha de futebol — o que inclusive se tornou corriqueiro —, aceitou a incumbência de guarda sobre eles, surgindo, em contrapartida, para ela o dever de zelar por sua incolumidade física ou demonstrar que, se não o fez, foi por algum motivo que escapou ao seu controle, a fim de tornar evidente que não incorreu em falta de vigilância ou não agiu com culpa" (STJ-3ª T., REsp 1.346.320, Min. Marco Bellizze, j. 16.8.16, DJ 5.9.16). No caso, afastou-se a culpa concorrente da vítima (v. art. 945, nota 3).

Art. 927: 6b. "Só se pode responsabilizar ***shopping center*** e estabelecimentos assemelhados por **furto** de bolsas, carteiras e outros objetos de guarda pessoal, se comprovada culpa do estabelecimento" (STJ-3ª T., REsp 772.818, Min. Castro Filho, j. 23.8.07, um voto vencido, DJU 1.10.07).

Isentando o *shopping center* de qualquer responsabilidade por **homicídio** ocorrido em sala de cinema nas suas dependências: STJ-4ª T., REsp 1.164.889, Min. Honildo Castro, j. 4.5.10, DJ 19.11.10; RT 906/820 (TJSP, AP 994.06.123661-0). "A culpa de terceiro, que realiza disparos de arma de fogo contra o público no interior de sala de cinema, rompe o nexo causal entre o dano e a conduta do *shopping center* no interior do qual ocorrido o crime, haja vista configurar hipótese de caso fortuito, imprevisível, inevitável e autônomo, sem origem ou relação com o comportamento deste último. Não se revela razoável exigir das equipes de segurança de um cinema ou de uma administradora de *shopping centers* que previssem, evitassem ou estivessem antecipadamente preparadas para conter os danos resultantes de uma investida homicida promovida por terceiro usuário, mesmo porque tais medidas não estão compreendidas entre os deveres e cuidados ordinariamente exigidos de estabelecimentos comerciais de tais espécies" (STJ-3ª T., REsp 1.384.630, Min. Ricardo Cueva, j. 20.2.14, maioria, RT 948/389).

"Tratando-se de **postos de combustíveis**, a ocorrência de **delito (roubo)** a clientes de tal estabelecimento não traduz, em regra, evento inserido no âmbito da prestação específica do comerciante, cuidando-se de caso fortuito externo, ensejando-se, por conseguinte, a exclusão de sua responsabilidade pelo lamentável incidente" (STJ-3ª T., REsp 1.243.970, Min. Massami Uyeda, j. 24.4.12, RT 923/779).

Todavia: "Quando a atividade da empresa exige segurança, e este é o caso daquela que explora o **bingo,** o roubo de pertences do cliente não constitui força maior para o efeito de excluir a responsabilidade civil; a natureza do negócio exige medidas preventivas" (STJ-3ª T., AI 1.027.203-AgRg, Min. Ari Pargendler, j. 12.8.08, DJ 26.9.08).

Afirmando a responsabilidade de **supermercado** pela morte de consumidora acontecida durante assalto nas suas dependências: "Ao contrário de outros contratos, como o de transporte, o roubo ocorrido no interior das dependências de grande loja de eletrodomésticos constitui o que a melhor doutrina denomina de fortuito interno. Na lição clássica de Agostinho Alvim, é o fortuito interno ligado à própria atividade geradora do dano, ou à pessoa do devedor e, por isso, leva à responsabilidade do causador do evento. Somente o fortuito externo, ou força maior, é que exoneraria o devedor, mas exigiria fato externo, que não se liga à pessoa ou empresa por nenhum laço de conexidade (Da Inexecução das Obrigações e suas Consequências, Saraiva, 1949, p. 291)" (JTJ 333/375: AP 424.258-4/3; a citação é do voto do relator, Des. Francisco Loureiro).

Art. 927: 6c. "A empresa que explora o serviço de **estacionamento** de veículos é responsável pela eficiente guarda e conservação dos mesmos, devendo, por isso, empreender todos os esforços necessários a tanto, dotando o local de sistema de vigilância adequado ao mister que se propõe realizar, desservindo como excludente, a título de força maior, haver sofrido roubo, fato absolutamente previsível em atividade dessa natureza, mormente dado o elevado valor dos bens que lhe são confiados, altamente visados por marginais, por servirem, inclusive, como instrumento à prática de outros crimes" (STJ-4ª T., REsp 131.662, Min. Aldir Passarinho Jr., j. 17.8.00, DJU 16.10.00).

"Tanto a instituição bancária locadora da área como a empresa administradora do estacionamento são responsáveis pela segurança das pessoas e veículos que dele fazem uso. A exploração comercial de estacionamento, que tem por escopo oferecer espaço e segurança aos usuários, afasta a alegação de força maior em caso de roubo havido dentro de suas instalações" (STJ-4ª T., REsp 503.208, Min. Aldir Passarinho Jr., j. 26.5.08, DJU 23.6.08). No mesmo sentido: JTJ 315/168 (AP 469.576.4/3), 330/567 (AP 573.661-4/5), 343/306 (AP 7.062.548-8), 347/298 (AP 991.07.024761-4).

"A instituição bancária responde objetivamente pelos furtos, roubos e latrocínios ocorridos nas dependências de estacionamento que oferecera aos veículos de seus clientes. Não há falar em caso fortuito nessas hipóteses como excludente da responsabilidade civil, porquanto o proveito financeiro indireto obtido pela instituição atrai-lhe o ônus de proteger o consumidor" (STJ-3ª T., REsp 1.045.775, Min. Massami Uyeda, j. 23.4.09, DJ 4.8.09).

"É responsável a instituição bancária pelo serviço prestado de maneira defeituosa, eis que não se incumbiu de zelar e tomar as providências necessárias à segurança do serviço colocado no mercado de consumo, deixando que o usuário fosse assaltado por agente que aguardava na saída de seu estacionamento, roubando-lhe quantia considerável de dinheiro" (RT 869/332, maioria).

"Indenização. Roubo em estacionamento de supermercado. Obrigação de vigilância. Responsabilidade pela guarda. Dever de indenizar configurado" (RT 868/229). No mesmo sentido: STJ-3ª T., REsp 582.047, Min. Massami Uyeda, j. 17.2.09, DJ 4.8.09.

O estabelecimento comercial responde pelo sequestro relâmpago acontecido nas dependências do estacionamento disponibilizado a seus clientes (RT 834/327, maioria; 911/727: TJSP, AP 9131941-76.2007.8.26.0000; RJM 178/142). Assim: "'Sequestro-relâmpago' ocorrido no interior de estacionamento de supermercado. Consumidor que tem a legítima expectativa, fomentada pelo fornecedor, de segurança enquanto frui dos serviços do estabelecimento. Estacionamento integrado ao edifício do supermercado e, em última análise, nada mais é do que uma extensão do estabelecimento, pouco importando se é gratuito ou pago. Comodidade posta à disposição dos clientes como atrativo e fator determinante para consumidores frequentarem o supermercado. Dever de segurança. Fato previsível e evitável. Ocorrência de fortuito interno, decorrente do próprio risco do negócio" (RT 905/262: TJSP, AP 990.10.111310-4).

Todavia: "Restando inequívoco o fato de que o autor se utilizou do estacionamento público externo ao centro comercial, não há que se falar em responsabilidade deste pelo furto de veículo, sob pena de se responsabilizar todo aquele que possua estabelecimento próximo a estacionamento público, ainda que sem qualquer ingerência em sua administração ou responsabilidade legal por sua segurança" (STJ-4ª T., REsp 883.452, Min. Aldir Passarinho Jr., j. 1.12.09, DJ 18.12.09).

"Caso do estacionamento de veículo particular e autônomo — absolutamente independente e desvinculado do banco — a quem não se pode imputar a responsabilidade pela segurança individual do cliente, tampouco pela proteção de numerário anteriormente sacado na agência e dos pertences que carregava consigo, elementos não compreendidos no contrato firmado entre as partes, que abrange exclusivamente o depósito do automóvel. Não se trata, aqui, de resguardar os interesses da parte hipossuficiente da relação de consumo, mas de assegurar ao consumidor apenas aquilo que ele legitimamente poderia esperar do serviço contratado, no caso, a guarda do veículo. O roubo à mão armada exclui a responsabilidade de quem explora o serviço de estacionamento de veículos" (STJ-3ª T., REsp 1.232.795, Min. Nancy Andrighi, j. 2.4.13, DJ 10.4.13).

V. tb. nota 1 (Súmula 130 do STJ) e, no nosso CCLCV, CDC 14, notas 8 e 9b.

Art. 927: 6d. "A segurança é prestação essencial à atividade bancária. Não configura caso fortuito ou força maior, para efeito de isenção de responsabilidade civil, a ação de terceiro que **furta,** do interior do próprio **banco,** talonário de cheques e cartão de garantia emitidos em favor de cliente do estabelecimento" (STJ-4ª T., REsp 126.819, Min. Aldir Passarinho Jr., j. 15.6.00, DJU 21.8.00). No mesmo sentido: JTJ 315/193 (AP 7.113.272-0).

V. tb., no nosso CCLCV, CDC 14, nota 9.

"Esta Corte tem entendimento firme no sentido da responsabilidade do banco por **roubo** ocorrido no interior de agência bancária, por ser a instituição financeira obrigada por lei (Lei n. 7.102/83) a tomar todas as cautelas necessárias a assegurar a incolumidade dos cidadãos, não podendo alegar força maior, por ser o roubo fato previsível na atividade bancária" (STJ-4ª T., REsp 227.364, Min. Sálvio de Figueiredo, j. 24.4.01, DJU 11.6.01).

"Ação movida por cliente que foi alvo de roubo ao sair da agência bancária, onde possuía conta corrente, buscando o ressarcimento de quantia sacada no interior da agência. Aos consumidores que saquem quaisquer valores nos caixas de bancos, deve ser destinado um mínimo espaço reservado para que tenham absoluta certeza de que outrem não esteja visualizando os procedimentos de recebimento dos valores e sua conferência. Responsabilidade do banco que deve zelar pela segurança dos destinatários de seus serviços, principalmente quando efetuem operações que envolvam a retirada de valores elevados. Manutenção da sentença de procedência" (RT 878/284 e RMDCPC 26/123: TJRJ, AP 2008.001.08511).

"Ação de indenização por danos materiais, morais e estéticos promovida por transeunte em face de instituição financeira e de empresa de segurança, atingido por projétil disparado com arma de fogo, no momento em que ocorreu tentativa de roubo de malotes de dinheiro retirados em frente à agência bancária, na consecução de operação típica. Caso a atividade bancária venha a ser desenvolvida fora dos limites físicos da agência, também com a movimentação de expressivos valores monetários, a conduta ilícita, ainda que ocorrida na via pública, compreende-se igualmente no risco do empreendimento, devendo a instituição financeira, por isso, responsabilizar-se objetivamente ante danos daí advindos, suportados por clientes ou terceiros" (STJ-4ª T., REsp 1.098.236, Min. Marco Buzzi, j. 24.6.14, DJ 5.8.14).

Todavia: "Não houve qualquer demonstração de falha na segurança interna da agência bancária que propiciasse a atuação dos criminosos fora das suas dependências. Ausência, portanto, de vício na prestação de serviços. O ilícito ocorreu na via pública, sendo do Estado, e não da instituição financeira, o dever de garantir a segurança dos cidadãos e de evitar a atuação dos criminosos. O risco inerente à atividade exercida pela instituição financeira não a torna responsável pelo assalto sofrido pela autora, fora das suas dependências" (STJ-3ª T., REsp 1.284.962, Min. Nancy Andrighi, j. 11.12.12, DJ 4.2.13).

Art. 927: 6e. "Os **bancos** depositários são, em tese, responsáveis pelo ressarcimento dos danos materiais e morais causados em decorrência do furto ou roubo dos bens colocados sob sua custódia em **cofres** de segurança alugados aos seus clientes, independentemente da prévia discriminação dos objetos ali guardados" (STJ-4ª T., REsp 767.923, Min. Cesar Rocha, j. 5.6.07, DJU 6.8.07). No mesmo sentido: RT 887/259 (TJSP, AP 1206506-0/3), JTJ 329/432 (AP 7.173.531-2), Bol. AASP 2.678 (TJSP, AP 7.290.641-9).

"No caso de assalto de cofres bancários, o banco tem responsabilidade objetiva, decorrente do risco empresarial, devendo indenizar o valor correspondente aos bens reclamados. Em se tratando de instituição financeira, os roubos são eventos totalmente previsíveis e até esperados, não se podendo admitir as excludentes de responsabilidade pretendidas pelo recorrente — caso fortuito ou força maior e culpa de terceiros" (STJ-3ª T., REsp 1.286.180, Min. Nancy Andrighi, j. 3.11.11, DJ 17.11.11).

"A despeito da maior ou menor engenhosidade dos delinquentes, descabe a alegação de força maior (ou de caso fortuito), pois a segurança é elemento essencial do contrato de locação de cofres junto a instituições financeiras, estando a responsabilidade fincada na falha do serviço oferecido" (STJ-4ª T., REsp 994.040, Min. Raul Araújo, j. 7.4.11, DJ 18.4.11).

"Ainda que os bens comprovadamente depositados no cofre roubado sejam de propriedade de terceiros, alheios à relação contratual, permanece hígido o dever de indenizar do banco, haja vista sua responsabilidade objetiva frente a todas as vítimas do fato do serviço, sejam elas consideradas consumidores *stricto sensu* ou consumidores por equiparação" (STJ-3ª T., REsp 1.045.897, Min. Nancy Andrighi, j. 24.5.11, DJ 1.6.11).

Todavia: "O contrato, ao limitar o uso do receptáculo posto à disposição do cliente, preceitua que a instituição financeira tem por obrigação zelar pela segurança e incolumidade do receptáculo posto à disposição do cliente, devendo ressarci-lo, na hipótese de roubo ou de furto, os prejuízos referentes aos bens subtraídos que, por contrato, poderiam encontrar-se no interior do compartimento. Sobre os **bens, indevidamente armazenados,** segundo o contrato, não há dever de proteção, já que refoge, inclusive, do risco profissional assumido. O Banco não tem acesso (nem ciência) sobre o que é efetivamente armazenado, não podendo impedir, por conseguinte, que o cliente infrinja os termos contratados e insira, no interior do cofre, objeto sobre o qual, por cláusula contratual (limitativa de uso), o banco não se comprometeu a, indiretamente, proteger. É de se ponderar, contudo, que, se o cliente assim proceder, deve arcar com as consequências de eventuais perdas decorrentes de roubo ou furto dos objetos não protegidos, não havendo falar, nesse caso, em inadimplemento contratual por parte da instituição financeira. Aliás, o inadimplemento contratual é do cliente que inseriu objeto sobre o qual recaía expressa vedação de guarda" (STJ-RT 907/558: 3ª T., REsp 1.163.137).

V. tb. art. 186, nota 3b.

Em matéria de penhor, v. art. 1.435, nota 1a.

Art. 927: 7. "As instituições bancárias respondem objetivamente pelos danos causados por fraudes ou delitos praticados por terceiros — como, por exemplo, abertura de conta corrente ou recebimento de empréstimos mediante fraude ou utilização de documentos falsos —, porquanto tal responsabilidade decorre do risco do empreendimento, caracterizando-se como fortuito interno" (STJ-RT 915/614: 2ª Seção, REsp 1.197.929).

V. tb. nota 1 (Súmula 479 do STJ).

Art. 927: 7a. "O cliente que dá a terceiro acesso à senha do cartão que movimenta sua **conta bancária** não pode atribuir à instituição financeira a responsabilidade pelos **saques** subsequentes" (STJ-3ª T., AI 962.927-AgRg, Min. Ari Pargendler, j. 27.5.08, DJ 22.8.08). No mesmo sentido: STJ-4ª T., REsp 601.805, Min. Jorge Scartezzini, j. 20.10.05, DJU 14.11.05; JTJ 314/215 (AP 7.059.080-6), 341/320 (AP 7.280.811-8).

"Não é possível reconhecer a responsabilidade civil do banco na hipótese em que o dano foi causado em razão da culpa exclusiva da vítima, pois os **valores** somente foram **desviados** da empresa em razão da fraude perpetrada por seus próprios funcionários" (STJ-3ª T., REsp 1.414.391, rel. Min. Paulo Sanseverino, j. 10.5.16, DJ 17.5.16).

"Autora efetuara transação em terminal de autoatendimento bancário. Alegação de que terceiro teria auxiliado na operação e trocado de cartão. Culpa exclusiva da titular da conta corrente. Ausência de responsabilidade do réu. Portadora do cartão deve observar os cuidados necessários durante sua utilização. Apelante vítima de estelionatário. Restituição de valores sacados não pode sobressair" (RMDECC 47/143: TJSP, AP 0008278-52.2011.8.26.0568).

Todavia, condenando o banco a indenizar parte dos prejuízos sofridos pelo correntista, em circunstâncias semelhantes, por entender maior o grau de culpa da instituição financeira no caso concreto: RT 879/278 (TJSP, AP 1.249.014-7).

"Não se pode presumir a negligência do correntista quanto ao sigilo da senha e à vigilância sobre seu cartão, havendo de ser afastada a alegação de culpa da vítima, porquanto a instituição bancária não demonstrou que o autor permitira ou facilitara a utilização indevida do seu cartão" (RMDCPC 9/117).

"Indenização. Banco. Saque indevido em conta-corrente. Cartão bancário. Responsabilidade objetiva do fornecedor do serviço. Inversão do ônus da prova" (JTJ 318/174: AP 7.085.339-7). No mesmo sentido: JTJ 321/1.591 (AP 1.250.651-7).

"Saque de valores de contas poupanças e contas correntes por falsário, com o uso de procuração pública falsa em nome da correntista. A tese de ausência de culpa por ser a procuração um documento aparentemente autêntico, não se aceita, pois o risco às contas passaria a ser da correntista-poupadora, que em nada contribuiu para o ilícito, enquanto o depositário dos valores, o que obtém lucro com a atividade, ficaria liberto de qualquer responsabilidade. Os pagamentos e movimentações de valores em decorrência de documento falso, sem a concorrência de culpa da correntista-poupadora, constituem ofensa ao direito desta se tais pagamentos são lançados à sua conta e a culpa consiste exatamente na efetivação do pagamento ao falsário" (JTJ 358/220: AP 7.340.301-7).

"Responsabilidade civil. Instituição financeira. Resgate de aplicações financeiras e saque imediato da quantia resgatada (R$ 5.000,00). Extravio efetuado por assaltantes que o tomaram por refém e sacaram a quantia em postos de gasolina. Afirmação da casa bancária de que o uso de cartão magnético e senha eram de uso pessoal e que não poderia se responsabilizar por fato típico ocorrido longe de suas agências. Relação de consumo em que o banco tem o dever de guardar e bem administrar os valores do correntista. Sistema de débito automático falho que causou todo o ocorrido. Dever de impedir uso por estranhos, de modo evidentemente atípico. Responsabilidade civil objetiva do fornecedor de serviços bancários" (JTJ 323/479: AP 1.286.643-8).

V. tb. art. 945, nota 2.

Art. 927: 7b. "**Cheque** com adulteração sofisticada. Falso hábil. Caso fortuito interno. Caracterização da responsabilidade objetiva da instituição financeira. Danos materiais e morais indenizáveis" (STJ-4ª T., REsp 1.093.440, Min. Luis Felipe, j. 2.4.13, DJ 17.4.13).

Todavia: "Pagamento de cheques pelo banco, emitidos por preposto(s) da correntista mediante a falsificação de assinaturas por imitação. Culpa *in vigilando* e *in eligendo* da correntista na guarda de talonários e controle de cheques. Circunstâncias que eximem o banco, à míngua de provas da falta de acuidade deste na confrontação das assinaturas. Falso grosseiro repelido. Prejuízo material a ser suportado exclusivamente pela correntista" (JTJ 320/411: AP 7.022.003-2).

V. tb. art. 945, nota 2, e, no nosso CCLCV, LCh 39 § ún., especialmente nota 3.

Art. 927: 7c. "Ação declaratória de inexistência de relação jurídica e ação indenizatória. Danos moral e material. Prestação de serviços. TV a cabo. Demanda interposta contra a instituição financeira em que foram efetuados **débitos automáticos não autorizados** para pagamento de mensalidades do serviço não contratado. Admissibilidade. Estabelecimento bancário que tinha a obrigação de investigar, junto ao cliente, a viabilidade e exatidão da dívida cobrada por terceiro" (RT 899/194: TJSP, AP 990.10.001309-2; ementa da redação).

Art. 927: 8. "O STJ, em casos análogos, assentou posicionamento no sentido da inexistência de nexo de causalidade entre a eventual falta ou deficiência de fiscalização por parte do Banco Central do Brasil e o dano causado a investidores em decorrência da **quebra de instituição financeira**" (STJ-1ª T., REsp 647.552, Min. Teori Zavascki, j. 15.5.08, DJU 2.6.08). No mesmo sentido: STJ-2ª T., REsp 522.856, Min. João Otávio, j. 3.5.07, DJU 25.5.07.

Art. 927: 8a. "No **investimento em fundos** derivativos, principalmente os vinculados ao dólar-americano, é ínsito o alto grau de risco, tanto para grandes ganhos como para perdas consideráveis. Aqueles que se encorajam a investir em fundos arrojados estão cientes dos riscos do negócio" (STJ-3ª T., REsp 1.003.893, Min. Massami Uyeda, j. 10.8.10, DJ 8.9.10).

"Em regra, descabe indenização por danos materiais ou morais a aplicador em fundos derivativos, pois o alto risco é condição inerente aos investimentos nessas aplicações. Tanto é assim que são classificados no mercado financeiro como voltados para investidores experientes, de perfil agressivo, podendo o consumidor ganhar ou perder, sem nenhuma garantia de retorno do capital. Como é da lógica do mercado financeiro, quanto maior a possibilidade de lucro e rentabilidade de produto oferecido, maiores também os riscos envolvidos no investimento. No caso em exame, o consumidor buscou aplicar recursos em fundo agressivo, objetivando ganhos muito maiores do que os de investimentos conservadores, sendo razoável entender-se que conhecia plenamente os altos riscos envolvidos em tais negócios especulativos, mormente quando se sabe que o perfil médio do consumidor brasileiro é o de aplicação em caderneta de poupança, de menor rentabilidade e maior segurança. Não fica caracterizado defeito na prestação do serviço por parte do gestor de negócios, o qual, não obstante remunerado pelo investidor para providenciar as aplicações mais rentáveis, não assumiu obrigação de resultado, vinculando-se a lucro certo, mas obrigação de meio, de bem gerir o investimento, visando à tentativa de máxima obtenção de lucro. Não pode ser considerado defeituoso serviço que não garante resultado (ganho) financeiro ao consumidor" (STJ-4ª T., REsp 799.241, Min. Raul Araújo, j. 14.8.12, DJ 26.2.13).

"No caso de aplicação em fundo de investimentos de alto risco, por investidores qualificados, experientes em aplicações financeiras, não há que se reconhecer direito a serem imunes a rendimentos significativamente menores em período de perdas gerais no setor, à invocação do dever de informar e de inversão do ônus da prova (expressamente afastada, no caso dos autos), sob a alegação de contradição entre os prospectos, que não deixam expresso o direito sustentado, e os regulamentos do fundo de investimentos, que claramente estabelecem a possibilidade até mesmo de perda total — não ocorrida, no caso, em que, a despeito da significativa queda de rendimento no período, obtiveram, os investidores, rendimentos elevados no período total de aplicação. Afastamento, pelo Tribunal de origem, de violação do princípio da boa-fé objetiva, consignando-se, na origem, o conhecimento do risco de perdas pelos investidores" (STJ-3ª T., REsp 1.214.318, Min. Sidnei Beneti, j. 12.6.12, DJ 18.9.12).

Todavia: "O princípio da boa-fé e seus deveres anexos devem ser aplicados na proteção do investidor-consumidor que utiliza os serviços de fornecedores de serviços bancários, o que implica a exigência, por parte desses, de informações adequadas, suficientes e específicas sobre o serviço que está sendo prestado com o patrimônio daquele que o escolheu como parceiro. O redirecionamento das aplicações do recorrente ao fundo gerido pelo Banco Santos S/A. configura-se operação realizada pela instituição bancária fora de seu compromisso contratual e legal, que extrapola, por essa razão, a *alea* natural do contrato. Essa situação não pode ser equiparada, a título exemplificativo, ao risco de que o real se desvalorize frente ao dólar ou de que determinada ação sofra uma queda abrupta na bolsa de valores, pois não se pode chamar de risco, a desonerar a instituição bancária de sua responsabilidade, o que foi sua própria escolha, elemento volitivo, com o qual o conceito de risco é incompatível. Não estando inserida na *alea* natural do contrato a aplicação junto ao Banco Santos S/A do capital investido pelo recorrente enquanto correntista da instituição financeira recorrida, a mera presunção de conhecimento ou anuência acerca desses riscos não é fundamento para desonerar a instituição bancária da obrigação de ressarcir ao consumidor-investidor os valores aplicados. Deve restar demonstrada a autorização expressa quanto à finalidade pretendida, ônus que cabe ao banco e do qual, na espécie, não se desincumbiu" (STJ-3ª T., REsp 1.131.073, Min. Nancy Andrighi, j. 5.4.11, dois votos vencidos, DJ 13.6.11). No mesmo sentido: STJ-4ª T., REsp 1.194.699-AgRg, Min. Isabel Gallotti, j. 22.5.12, DJ 29.5.12.

✎ "Os contratos de derivativos e a teoria da imprevisão", por Paula Greco Bandeira (RT 904/97).

Art. 927: 9. "O lojista que aceita pagamento com **cartões de crédito** clonados, descumprindo com seu dever de identificar o portador do cartão ao não requerer a apresentação de identidade e de colher a respectiva assinatura, não pode exigir da administradora de cartões que arque com os prejuízos decorrentes dos estornos dos créditos efetuados em seu desfavor. Aquele que age culposamente em virtude de negligência no cumprimento de suas obrigações deve arcar única e exclusivamente com os danos que a si mesmo ocasionou" (STJ-4ª T., REsp 945.154, Min. João Otávio, j. 8.4.08, DJU 28.4.08).

Art. 927: 9a. "Participação em processo licitatório. Impossibilidade. Envio da proposta pelo **correio** a Estado diverso da federação. Possibilidade concreta de êxito. Prejuízo real. O êxito em licitação, possibilidade frustrada em virtude da conduta ilícita da empresa responsável pela entrega, em tempo hábil, da documentação devidamente enviada, enseja dano concreto, aferível à luz do art. 159 do Código Civil de 1916" (STJ-3ª T., REsp 614.266, Min. Ricardo Cueva, j. 18.12.12, DJ 2.8.13).

Art. 927: 10. "O **proprietário** da **obra** responde solidariamente com o empreiteiro, pelos danos causados a terceiro" (STJ-3ª T., REsp 473.107-AgRg, Min. Gomes de Barros, j. 26.10.06, DJU 18.12.06).

Art. 927: 10a. A conclusão da obra e a outorga das chaves, mas sem o "habite-se", não libera a construtora da obrigação de **entregar o imóvel** em condições de habitação. Por isso, até a concessão do "habite-se", a construtora responde pelos danos sofridos pelo comprador em razão da privação do uso do imóvel (RT 867/165).

Art. 927: 10b. "A **legítima defesa putativa** supõe negligência na apreciação dos fatos, e por isso não exclui a responsabilidade civil pelos danos que dela decorram" (STJ-3ª T., REsp 513.891, Min. Ari Pargendler, j. 20.3.07, DJU 16.4.07).

V. tb. art. 188, nota 2a.

Art. 927: 10c. "Nos acidentes de trabalho, cabe ao **empregador** provar que cumpriu seu dever contratual de preservação da integridade física do empregado, respeitando as normas de segurança e medicina do trabalho. Em outras palavras, fica estabelecida a presunção relativa de culpa do empregador" (STJ-3ª T., REsp 1.067.738, Min. Nancy Andrighi, j. 26.5.09, DJ 25.6.09).

"Uma vez comprovado o nexo de causalidade entre o sinistro e o exercício da atividade laboral, torna-se presumida a culpa do empregador pelo acidente de trabalho, ficando para este o encargo de demonstrar alguma causa excludente de sua responsabilidade ou de redução do valor da indenização" (STJ-4ª T., REsp 876.144, Min. Raul Araújo, j. 3.5.12, DJ 20.8.12).

Todavia: "A responsabilidade civil do empregador não decorre automaticamente dos riscos pertinentes à atividade empresarial, mas de eventual violação, por ação ou omissão voluntária, negligência ou imprudência em relação ao cumprimento das normas de higiene e segurança do trabalho inerentes à relação jurídica estabelecida com seus empregados, ônus que incumbe ao autor provar por força do disposto no art. 333, I, do CPC" (RT 870/237).

Art. 927: 10d. "Restando incontroverso que a autora foi gravemente vitimada pela quebra de cadeira onde desempenhava sua função de confeiteira, torna-se a **empregadora** civilmente responsável pelo acidente pela má qualidade do móvel usado no ambiente de trabalho, desservindo como excludente a alegação de que a peça fora adquirida de fabricante idôneo ou que não apresentava defeito visível" (STJ-4ª T., REsp 555.801, Min. Aldir Passarinho Jr., j. 22.9.09, DJ 19.10.09).

Art. 927: 10e. Responde o sindicato pelos danos causados à coletividade em razão de **greve** abusiva (JTJ 309/211).

Art. 927: 10f. "O **cúmplice de cônjuge infiel** não tem o dever de indenizar o traído, uma vez que o conceito de ilicitude está imbricado na violação de um dever legal ou contratual, do qual resulta dano para outrem, e não há no ordenamento jurídico pátrio norma de direito público ou privado que obrigue terceiros a velar pela fidelidade conjugal em casamento do qual não faz parte. Não há como o Judiciário impor um 'não fazer' ao cúmplice, decorrendo disso a impossibilidade de se indenizar o ato por inexistência de norma posta — legal e não moral — que assim determine. O réu é estranho à relação jurídica existente entre o autor e sua ex-esposa, relação da qual se origina o dever de fidelidade mencionado no art. 1.566, I, do CC/02. De outra parte, não se reconhece solidariedade do réu por suposto ilícito praticado pela ex-esposa do autor, tendo em vista que o art. 942, *caput* e § único, do CC/02 (art. 1.518 do CC/16), somente tem aplicação quando o ato do coautor ou partícipe for, em si, ilícito, o que não se verifica na hipótese dos autos" (STJ-4ª T., REsp 1.122.547, Min. Luis Felipe, j. 10.11.09, DJ 27.11.09). No mesmo sentido: STJ-3ª T., REsp 922.462, Min. Ricardo Cueva, j. 4.4.13, RT 937/538, com comentário de Rolf Madaleno.

✎ "Ensaio sobre possíveis opções dogmáticas para viabilidade de pretensão indenizatória do cônjuge ou convivente traído em face de *amante*: breves comentários ao REsp 1.122.547/MG", por Felipe Raminelli Leonardi (RBDFS 17/100).

✎ **Art. 927: 11.** "A responsabilidade civil no parágrafo único do artigo 927 do Código Civil e alguns apontamentos do direito comparado", por Leonardo de Faria Beraldo (RSDCPC 31/56, RF 376/131, RDPr 20/217 e RJM 168/21); "Risco, solidariedade e responsabilidade objetiva", por Maria Celina Bodin de Moraes (RT 854/11).

Art. 927: 12. v. art. 932 c/c art. 933 (outros casos de responsabilidade objetiva).

V. ainda Lei 6.453, de 17.10.77 (responsabilidade por danos nucleares); Dec. 83.540, de 4.6.79 (poluição de óleos); CDC 6º-I e 8º a 17.

Art. 927: 13. **CF 21-XXIII-*d*:** "a responsabilidade civil por danos nucleares independe da existência de culpa" (alínea acrescida pela Em. Const. 49, de 8.2.06).

Art. 927: 14. **Enunciado 38 do CEJ:** "A responsabilidade fundada no risco da atividade, como prevista na 2ª parte do parágrafo único do art. 927 do novo Código Civil, configura-se quando a atividade normalmente desenvolvida pelo autor do dano causar a pessoa determinada um ônus maior do que aos demais membros da coletividade".

Enunciado 377 do CEJ: "O art. 7º, inc. XXVIII, da Constituição Federal não é impedimento para a aplicação do disposto no art. 927, parágrafo único, do Código Civil quando se tratar de atividade de risco".

Art. 927: 14a. A responsabilidade objetiva libera a vítima apenas da prova da culpa. Ela não dispensa a prova do dano e do nexo de causalidade. Sem a prova desses dois elementos, não se cogita da obrigação de reparação.

Art. 927: 14b. "Mesmo antes da entrada em vigor do Código Civil de 2002, já se reconhecia a responsabilidade objetiva da empresa concessionária de energia elétrica, em virtude do risco da atividade, com fundamento no art. 37, § 6º, da CF/88. O risco da atividade de **fornecimento de energia elétrica** é altíssimo, sendo necessária a manutenção e fiscalização rotineira das instalações. Reconhecida, portanto, a responsabilidade objetiva e o dever de indenizar" (STJ-3ª T., REsp 1.095.575, Min. Nancy Andrighi, j. 18.12.12, maioria, DJ 26.3.13).

Art. 927: 14c. "A **responsabilidade por dano ambiental** é objetiva, informada pela teoria do risco integral, sendo o nexo de causalidade o fator aglutinante que permite que o risco se integre na unidade do ato, sendo descabida a invocação, pela empresa responsável pelo dano ambiental, de excludentes de responsabilidade civil para afastar sua obrigação de indenizar" (STJ-2ª Seção, REsp 1.374.284, Min. Luis Felipe, j. 27.8.14, DJ 5.9.14).

"A alegação de culpa exclusiva de terceiro pelo acidente em causa, como excludente de responsabilidade, deve ser afastada, ante a incidência da teoria do risco integral e da responsabilidade objetiva ínsita ao dano ambiental (art. 225, § 3º, da CF e art. 14, § 1º, da Lei 6.938/81), responsabilizando o degradador em decorrência do princípio do poluidor-pagador" (STJ-2ª Seção, REsp 1.114.398, Min. Sidnei Beneti, j. 8.2.12, DJ 16.2.12).

"A responsabilidade civil por danos ambientais, seja por lesão ao meio ambiente propriamente dito (dano ambiental público), seja por ofensa a direitos individuais (dano ambiental privado), é objetiva, fundada na teoria do risco integral, em face do disposto no art. 14, § 10, da Lei n. 6.938/81. A colocação de placas no local indicando a presença de material orgânico não é suficiente para excluir a responsabilidade civil. Irrelevância da eventual culpa exclusiva ou concorrente da vítima" (STJ-3ª T., REsp 1.373.788, Min. Paulo Sanseverino, j. 6.5.14, DJ 20.5.14). Do voto do relator: "Tratando-se de responsabilidade objetiva pelo risco integral, somente uma conduta dolosa da própria vítima (v.g. atentado terrorista suicida contra uma usina nuclear) teria o condão de interferir no nexo causal, o que evidentemente não ocorreu na espécie".

Art. 927: 15. "É objetiva a responsabilidade do construtor pelos danos que, a vizinhos ou terceiros, causar a **construção**. Entre tais danos se inclui aquele sofrido por transeunte que despenca em vala da obra" (JTJ 292/182).

Art. 928. O incapaz[1] responde[1a] pelos prejuízos que causar, se as pessoas por ele responsáveis não tiverem obrigação de fazê-lo ou não dispuserem de meios suficientes.[1b] [Sem dispositivo correspondente no CC/1916.]

Parágrafo único. A indenização prevista neste artigo, que deverá ser equitativa, não terá lugar se privar do necessário o incapaz ou as pessoas que dele dependem.[2] [Sem dispositivo correspondente no CC/1916.]

Art. 928: 1. v. arts. 3º e 4º.

✎ **Art. 928: 1a.** "Responsabilidade civil do incapaz no novo Código Civil", por Alexandre Nader e Ana Rita Nery Nader (RSDCPC 32/35); "Enfoque processual do art. 928 do Código Civil (responsabilidade civil do incapaz)", por Rodrigo Mazzei (RBDP 61/45); "Responsabilidade civil do incapaz. Busca pela harmonização do sistema", por José Fernando Simão (RBDFS 10/85).

Art. 928: 1b. v. arts. 932-I e II, 933 e 934. V. tb. ECA 116.

Art. 928: 2. **Enunciado 39 do CEJ:** "A impossibilidade de privação do necessário à pessoa, prevista no art. 928, traduz um dever de indenização equitativa, informado pelo princípio constitucional da proteção à dignidade da pessoa humana. Como consequência, também os pais, tutores e curadores serão beneficiados pelo limite humanitário do dever de indenizar, de modo que a passagem ao patrimônio do incapaz se dará não quando esgotados todos os recursos do responsável, mas quando reduzidos estes ao montante necessário à manutenção de sua dignidade".

Enunciado 40 do CEJ: "O incapaz responde pelos prejuízos que causar de maneira subsidiária ou excepcionalmente, como devedor principal, na hipótese do ressarcimento devido pelos adolescentes que praticarem atos infracionais, nos termos do art. 116 do Estatuto da Criança e do Adolescente, no âmbito das medidas socioeducativas ali previstas".

Enunciado 41 do CEJ: "A única hipótese em que poderá haver responsabilidade solidária do menor de 18 anos com seus pais é ter sido emancipado nos termos do art. 5º, parágrafo único, inciso I, do novo Código Civil".

Art. 929. Se a pessoa lesada, ou o dono da coisa, no caso do inciso II do art. 188, não forem culpados do perigo, assistir-lhes-á direito à indenização do prejuízo que sofreram.[1] [Dispositivo correspondente no CC/1916: art. 1.519.]

Art. 929: 1. Nesse caso, o lesado deve sempre buscar a reparação do dano junto àquele que por ação ou omissão sua causou o prejuízo (princípio da causalidade). Cabe a este, quando imputáveis a um terceiro as consequências daquela ação ou omissão, lançar mão do direito de regresso (art. 930).

Art. 930. No caso do inciso II do art. 188, se o perigo ocorrer por culpa de terceiro, contra este terá o autor do dano ação regressiva para haver a importância que tiver ressarcido ao lesado.[1-1a] [Dispositivo correspondente no CC/1916: art. 1.520-*caput*.]

Parágrafo único. A mesma ação competirá contra aquele em defesa de quem se causou o dano (art. 188, inciso I).[2] [Dispositivo correspondente no CC/1916: art. 1.520 § ún.]

Art. 930: 1. v. art. 929 e CPC 125-II.

Art. 930: 1a. "O motorista que, ao desviar de 'fechada' provocada por terceiro, vem a colidir com automóvel que se encontra regularmente estacionado responde perante o proprietário deste pelos danos causados, não sendo elisiva da obrigação indenizatória a circunstância de ter agido em estado de necessidade. Em casos tais, ao agente causador do dano assiste tão somente direito de regresso contra o terceiro que deu causa a situação de perigo" (STJ-4ª T., REsp 12.840, Min. Sálvio de Figueiredo, j. 22.2.94, DJU 28.3.94). "Acidente de trânsito ocorrido em estrada federal consistente na colisão de um automóvel com uma motocicleta, que trafegava em sua mão de direção. Alegação do motorista do automóvel de ter agido em estado de necessidade, pois teve a sua frente cortada por outro veículo, obrigando-o a invadir a outra pista da estrada. Irrelevância da alegação, mostrando-se correto o julgamento antecipado da lide por se tratar de hipótese de responsabilidade civil por ato lícito prevista nos arts. 929 e 930 do Código Civil. O estado de necessidade não afasta a responsabilidade civil do agente, quando o dono da coisa atingida ou a pessoa lesada pelo evento danoso não for culpado pela situação de perigo. A prova pleiteada pelo recorrente somente seria relevante para efeito de ação de regresso contra o terceiro causador da situação de perigo (art. 930 do CC/02). Ausência de cerceamento de defesa" (STJ-3ª T., REsp 1.278.627, Min. Paulo Sanseverino, j. 18.12.12, DJ 4.2.13). V. tb. art. 927, nota 4d.

Art. 930: 2. i.e., quem, em legítima defesa de outro, causar dano a um terceiro terá ação regressiva contra aquele outro, caso esse terceiro lhe mova ação de indenização. Nesse caso, aquele outro em defesa de quem se causou o dano também terá ação regressiva contra uma quarta pessoa: o causador do perigo que motivou o ato de legítima defesa.

Art. 931. Ressalvados outros casos previstos em lei especial, os empresários individuais e as empresas respondem independentemente de culpa pelos danos causados pelos produtos postos em circulação.[1 a 2] [Sem dispositivo correspondente no CC/1916.]

Art. 931: 1. **Enunciado 42 do CEJ:** "O art. 931 amplia o conceito de fato do produto, existente no art. 12 do Código de Defesa do Consumidor, imputando responsabilidade civil à empresa e aos empresários individuais vinculados à circulação dos produtos".

Enunciado 43 do CEJ: "A responsabilidade civil pelo fato do produto, prevista no art. 931 do novo Código Civil, também inclui os riscos do desenvolvimento".

Enunciado 190 do CEJ: "A regra do art. 931 do novo CC não afasta as normas acerca da responsabilidade pelo fato do produto previstas no art. 12 do CDC, que continuam mais favoráveis ao consumidor lesado".

Enunciado 378 do CEJ: "Aplica-se o art. 931 do Código Civil, haja ou não relação de consumo".

✎ **Art. 931: 1a.** "A responsabilidade empresarial no Código Civil. O art. 931, seu conteúdo e alcance", por Humberto Manoel Alves Afonso (RJ 321/73).

Art. 931: 2. v. CDC 6º-VI e VII, 8º a 10 e 12.

Art. 932. São também responsáveis pela reparação civil:[1] [Dispositivo correspondente no CC/1916: art. 1.521-*caput*.]

I — os pais, pelos filhos menores que estiverem sob sua autoridade e em sua companhia;[2 a 3b] [Dispositivo correspondente no CC/1916: art. 1.521-I.]

II — o tutor e o curador, pelos pupilos e curatelados, que se acharem nas mesmas condições; [Dispositivo correspondente no CC/1916: art. 1.521-II.]

III — o empregador ou comitente, por seus empregados, serviçais e prepostos, no exercício do trabalho que lhes competir, ou em razão dele;[3c a 5c] [Dispositivo correspondente no CC/1916: art. 1.521-III.]

IV — os donos de hotéis, hospedarias, casas ou estabelecimentos onde se albergue por dinheiro, mesmo para fins de educação, pelos seus hóspedes, moradores e educandos;[6] [Dispositivo correspondente no CC/1916: art. 1.521-IV.]

V — os que gratuitamente houverem participado nos produtos do crime, até a concorrente quantia. [Dispositivo correspondente no CC/1916: art. 1.521-V.]

Art. 932: 1. s/ responsável pela reparação civil e: responsabilidade objetiva, v. art. 933; ressarcimento pelo causador do dano, v. art. 934; responsabilidade solidária, v. art. 942 § ún.

V. tb. arts. 43 (responsabilidade da pessoa jurídica de direito público interno pelo ato de seu agente), 149 (responsabilidade do representado pelo dolo do representante), 927, nota 4a (responsabilidade do proprietário do veículo pelo ato do condutor), 928 (responsabilidade do incapaz pelos prejuízos que causar).

Art. 932: 2. "Maioridade aos 18 anos e responsabilidade civil dos pais. Algumas reflexões", por Rosaldo Elias Pacagnan e Francisco Smarczewski (RJ 320/57); "Responsabilidade civil dos pais pelos atos dos filhos no antigo e no novo Código Civil", por Clarissa Costa de Lima (Ajuris 96/55); "*Bullying* e responsabilidade civil: uma nova visão do Direito de Família à luz do Direito Civil Constitucional", por Silvano Andrade do Bomfim (RBDFS 22/60).

Art. 932: 2a. s/ obrigação do adolescente de reparar dano decorrente de ato infracional, v. ECA 116.

Art. 932: 3. "Os pais, ou responsável, que **não exercem autoridade de fato sobre o filho,** embora ainda detenham o poder familiar, não respondem por ele, nos termos do inciso I do art. 932 do Código Civil" (STJ-3ª T., REsp 1.232.011, rel. Min. João Otávio, j. 17.12.15, DJ 4.2.16).

"No presente caso, sem adentrar-se no exame das provas, pela simples leitura da decisão recorrida, tem-se claramente que a genitora assumiu o risco da ocorrência de uma tragédia, ao comprar, três ou quatro dias antes do fato, o revólver que o filho utilizou para o crime, arma essa adquirida de modo irregular e guardada sem qualquer cautela. Essa realidade, narrada no voto vencido do v. acórdão recorrido, é situação excepcional que isenta o **genitor, que não detém a guarda e não habita no mesmo domicílio,** de responder solidariamente pelo ato ilícito cometido pelo menor" (STJ-RJ 387/119: 3ª T., REsp 777.327).

Todavia: "A mera separação dos pais não isenta o cônjuge, com o qual os filhos não residem, da responsabilidade em relação aos atos praticados pelos menores, pois permanece o dever de criação e orientação, especialmente se o poder familiar é exercido conjuntamente" (STJ-4ª T., REsp 1.074.937, Min. Luis Felipe, j. 1.10.09, DJ 19.10.09).

Art. 932: 3a. "A emancipação voluntária, diversamente da operada por força de lei, não exclui a responsabilidade civil dos pais pelos atos praticados por seus filhos menores" (STJ-4ª T., AI 1.239.557-AgRg, Min. Isabel Gallotti, j. 9.10.12, DJ 17.10.12). No mesmo sentido: STJ-3ª T., REsp 122.573, Min. Eduardo Ribeiro, j. 23.6.98, DJ 18.12.98.

Art. 932: 3b. "O art. 932, I do CC ao se referir a autoridade e companhia dos pais em relação aos filhos, quis explicitar o poder familiar (a autoridade parental não se esgota na guarda), compreendendo um plexo de deveres como, proteção, cuidado, educação, informação, afeto, dentre outros, independentemente da vigilância investigativa e diária, sendo **irrelevante a proximidade física no momento** em que os menores venham a causar danos" (STJ-4ª T., REsp 1.436.401, Min. Luis Felipe, j. 2.2.17, DJ 16.3.17).

✎ **Art. 932: 3c.** "Responsabilidade civil patronal por atos dos empregados ou prepostos", por Sebastião Geraldo de Oliveira (RJ 423/45).

Art. 932: 4. S/ responsabilidade do preponente pelo ato do gerente, contabilista ou outros auxiliares, v. arts. 1.175, 1.177 § ún. e 1.178.

S/ ressarcimento do empregador ou comitente que pagou pelo dano causado pelo empregado ou preposto, v. art. 934, especialmente nota 1 (Enunciado 44 do CEJ).

Art. 932: 4a. **Lei 7.565, de 19.12.86** — Código Brasileiro de Aeronáutica: **"Art. 297.** A pessoa jurídica empregadora responderá solidariamente com seus prepostos, agentes, empregados ou intermediários, pelas infrações por eles cometidas no exercício das respectivas funções".

Art. 932: 4b. **Súmula 341 do STF:** "É presumida a culpa do patrão ou comitente pelo ato culposo do empregado ou preposto". Essa Súmula, editada à luz do CC rev., comporta uma releitura, à luz do disposto no CC 933: atualmente, há mais do que presunção de culpa do patrão ou comitente pelo ato culposo do empregado ou preposto; a responsabilidade daqueles pelo ato culposo destes agora é objetiva.

Súmula 221 do STJ: "São civilmente responsáveis pelo ressarcimento de dano, decorrente de publicação pela imprensa, tanto o autor do escrito quanto o proprietário do veículo de divulgação".

Art. 932: 4c. **Enunciado 191 do CEJ:** "A instituição hospitalar privada responde, na forma do art. 932-III do CC, pelos atos culposos praticados por médicos integrantes de seu corpo clínico".

V., no nosso CCLCV, CDC 14, nota 2.

Art. 932: 4d. "Tanto em casos regidos pelo Código Civil de 1916 quanto nos regidos pelo Código Civil de 2002, responde o empregador pelo ato ilícito do preposto se este, embora não estando efetivamente no exercício do labor que lhe foi confiado ou mesmo fora do horário de trabalho, vale-se das circunstâncias propiciadas pelo trabalho para agir, se de tais circunstâncias resultou facilitação ou auxílio, ainda que de forma incidental, local ou cronológica, à ação do empregado. No caso, o preposto teve acesso à máquina retroescavadeira — que foi má utilizada para transportar a vítima em sua 'concha' — em razão da função de **caseiro** que desempenhava no sítio de propriedade dos empregadores, no qual a mencionada máquina estava depositada, ficando por isso evidenciado o liame funcional entre o ilícito e o trabalho prestado" (STJ-4ª T., REsp 1.072.577, Min. Luis Felipe, j. 12.4.12, DJ 26.4.12). Todavia, com a devida vênia, entendemos que a responsabilidade do empregador por ato praticado pelo empregado "em razão" do seu trabalho foi, nesse caso, excessivamente ampliada.

"Segundo o art. 932, II, do CC/02, não se exige que o preposto esteja efetivamente em pleno exercício do trabalho, bastando que o fato ocorra 'em razão dele', mesmo que esse nexo causal seja meramente incidental, mas propiciado pelos encargos derivados da relação de subordinação. Na espécie, em virtude de desavenças relativas ao usufruto das águas que provinham das terras que pertencem aos requeridos, o recorrente foi ferido por tiro desferido pelo caseiro de referida propriedade. O dano, portanto, foi resultado de ato praticado no exercício das atribuições funcionais de mencionado empregado — de zelar pela manutenção da propriedade pertencente aos recorridos — e relaciona-se a desentendimento propiciado pelo trabalho a ele confiado — relativo à administração da fonte de água controvertida" (STJ-3ª T., REsp 1.433.566, Min. Nancy Andrighi, j. 23.5.17, DJ 31.5.17).

Art. 932: 4e. "Responde o preponente, se o preposto, ao executar serviços de dedetização, penetra residência aproveitando-se para conhecer os locais de acesso e fuga, para — no dia seguinte — furtar vários bens. Se o ilícito foi facilitado pelo acesso do preposto à residência, em função de serviços executados, há relação causal entre a função exercida e os danos. Deve o empregador, portanto, responder pelos atos do empregado" (STJ-3ª T., REsp 623.040, Min. Gomes de Barros, j. 16.11.06, DJ 4.12.06).

Art. 932: 4f. "Ação indenizatória. Responsabilidade civil do empregador por ato de preposto (art. 932, III, CC). Teoria da aparência. Responsabilidade objetiva. O autor do evento danoso atuou na qualidade de vigia do local e, ainda que em gozo de licença médica e desobedecendo os procedimentos da ré, praticou o ato negligente na proteção do estabelecimento" (STJ-4ª T., REsp 1.365.339, Min. Isabel Gallotti, j. 2.4.13, DJ 16.4.13).

Art. 932: 4g. "Ofende o art. 1.521, III, do Código Civil de 1916, correspondente ao art. 932, III, do Código de 2002, o acórdão recorrido quando entende que a responsabilidade da empresa por ato de seu preposto (um dos assassinos) é subjetiva. É subjetiva a responsabilidade do empregado da empresa, autor do homicídio. Esta já foi reconhecida por sentença penal condenatória. Reconhecida a prática de ato doloso do empregado partícipe, o qual teve conhecimento prévio da data e das circunstâncias relacionadas ao transporte dos valores exatamente em razão de suas atividades na empresa, a responsabilidade da empregadora pelos danos causados por seu empregado é objetiva" (STJ-4ª T., REsp 1.385.943, Min. Isabel Gallotti, j. 20.2.14, DJ 11.4.14).

Art. 932: 4h. "O empregador responde objetivamente pelos atos ilícitos de seus empregados e prepostos praticados no exercício do trabalho que lhes competir, ou em razão dele (arts. 932, III, e 933 do Código Civil). Tendo o Tribunal de origem admitido que o preposto da instituição de ensino entregou obra literária de terceiro para disponibilização no sítio eletrônico daquela, sem autorização e indicação clara de seu verdadeiro autor, o reconhecimento da responsabilidade da instituição empregadora pelos danos causados é de rigor, ainda que não haja culpa de sua parte" (STJ-4ª T., REsp 1.201.340, Min. Isabel Gallotti, j. 3.11.11, DJ 2.8.12).

Art. 932: 4i. "Relação de preposição entre a **Diocese e o padre** a ela vinculado. Subordinação configurada. Responsabilidade solidária e objetiva da instituição. Evidencia-se, no particular, a subordinação caracterizadora da relação de preposição, porque demonstrada a relação voluntária de dependência entre o padre e a Diocese à qual era vinculado, de sorte que o primeiro recebia ordens, diretrizes e toda uma gama de funções do segundo, e, portanto, estava sob seu poder de direção e vigilância, mesmo que a ele submetido por mero ato gracioso (voto religioso). A gravidade dos fatos reconhecidos em juízo, sobre crimes sexuais praticados por religiosos contra menores, acarreta responsabilidade civil da entidade religiosa, dado o agir aproveitando-se da condição religiosa, traindo a confiança que nela depositam os fiéis. Notadamente em circunstâncias como a dos autos, em que o preposto, como sacerdote, é, em geral, pessoa de poucas posses, às vezes por causa do voto de pobreza, e, portanto, sem possuir os meios necessários para garantir a justa indenização, assume o preponente nítida posição de garantidor da reparação devida à vítima do evento danoso, porque, em regra, possui melhores condições de fazê-lo" (STJ-3ª T., REsp 1.393.699, Min. Nancy Andrighi, j. 19.11.13, DJ 24.2.14).

Art. 932: 5. "O fato de o suposto causador do ato ilícito ser funcionário **terceirizado** não exime a tomadora do serviço de sua eventual responsabilidade. A jurisprudência do STJ entende como preposto aquele que possui relação de dependência ou presta serviço sob o interesse de outrem" (STJ-3ª T., REsp 904.127, Min. Nancy Andrighi, j. 18.9.08, DJ 3.10.08). Ainda: "Responsabilidade civil. Usina. Transporte de trabalhadores rurais. Motorista. Prestador de serviço terceirizado. Vínculo de preposição. Reconhecimento. Para o reconhecimento do vínculo de preposição, não é preciso que exista um contrato típico de trabalho; é suficiente a relação de dependência ou que alguém preste serviço sob o interesse e o comando de outrem" (STJ-4ª T., REsp 304.673, Min. Barros Monteiro, j. 25.9.01, DJ 11.3.02). "Caracteriza-se a responsabilidade solidária da empresa contratante de serviço de transporte por acidente causado por motorista da empresa transportadora terceirizada" (STJ-3ª T., Ag em REsp 438.006-AgRg, Min. Ricardo Cueva, j. 7.10.14, DJ 10.10.14). No mesmo sentido: STJ-4ª T., REsp 1.282.069, Min. Luis Felipe, j. 17.5.16, DJ 7.6.16.

Todavia, afirmando que, se não restar caracterizada relação de subordinação entre a empresa tomadora e a empresa prestadora de serviço ou entre aquela e os funcionários desta, não é possível a responsabilização da primeira com fundamento neste inciso III: STJ-RJ 398/143 (3ª T., REsp 1.171.939).

Art. 932: 5a. "**Condomínio.** Porteiro que recusa receber carta enviada pela Prefeitura Municipal à moradora do prédio contendo convocação para exercício de investidura em cargo público, o que se revelou inexplicável diante da identificação correta da destinatária. Dever de indenizar que se impõe em virtude de a autora ter perdido o direito do concurso para a qual foi aprovada, embora devesse a interessada diligenciar *sponte sua* o andamento do concurso e a sua posição para escolha da vaga. Perda de chance de modificar projeto de vida e que causa grave perturbação, produzindo dano moral indenizável (art. 5º, V e X, da CF e art. 932, III, do CC). Inadmissibilidade de condenar o condomínio e sua administradora a pagar os vencimentos do cargo público, em razão da incerteza da nomeação" (RMDCPC 34/131: TJSP, AP 994.08.051305-4; acórdão relatado pelo Des. Ênio Zuliani).

Art. 932: 5b. Afastando a incidência do inc. III na relação mantida entre a **fabricante e a distribuidora de bebidas:** "Não se tratando de relação de consumo, a empresa concedente não é parte legítima para responder solidariamente por danos contra terceiros, causados pela empresa concessionária no exercício da atividade de distribuição" (STJ-3ª T., REsp 1.157.859, Min. Ricardo Cueva, j. 19.6.12, maioria, DJ 14.11.12).

Art. 932: 5c. "Responde civilmente o empregador pelo ato de seu preposto que matou pessoa por tentar pegar o **ônibus** sem pagamento de passagem (art. 1.521 do Código Civil). Culpa *in eligendo* e culpa *in vigilando* do empregador por permitir que seu funcionário dirigisse armado" (STJ-3ª T., REsp 1.279.346, Min. Ricardo Cueva, j. 26.11.13, DJ 29.11.13).

Art. 932: 6. v. art. 649 § ún. (responsabilidade do hospedeiro por danos às bagagens dos hóspedes).

Art. 933. As pessoas indicadas nos incisos I a V do artigo antecedente, ainda que não haja culpa de sua parte, responderão pelos atos praticados pelos terceiros ali referidos.[1] [Sem dispositivo correspondente no CC/1916.]

Art. 933: 1. "O novo Código Civil (art. 933), seguindo evolução doutrinária, considera a responsabilidade civil por ato de terceiro como sendo objetiva, aumentando sobejamente a garantia da vítima. Malgrado a responsabilização objetiva do empregador, esta só exsurgirá se, antes, for demonstrada a culpa do empregado ou preposto, à exceção, por evidência, da relação de consumo" (STJ-4ª T., REsp 1.135.988, Min. Luis Felipe, j. 8.10.13, DJ 17.10.13).

Art. 934. Aquele que ressarcir o dano causado por outrem pode reaver o que houver pago daquele por quem pagou,[1] salvo se o causador do dano for descendente seu, absoluta ou relativamente incapaz.[2-3] [Dispositivo correspondente no CC/1916: art. 1.524.]

Art. 934: 1. Enunciado 44 do CEJ: "Na hipótese do art. 934, o empregador e o comitente somente poderão agir regressivamente contra o empregado ou preposto se estes tiverem causado dano com dolo ou culpa".

Art. 934: 2. v. arts. 304 a 307. S/ incapacidade, v. arts. 3º e 4º.

Art. 934: 3. v. art. 349, nota 1 (Súmula 188 do STF), e art. 735, nota 1 (Súmula 187 do STF).

Art. 935. A responsabilidade civil é independente da criminal,[1-1a] não se podendo questionar mais sobre a existência do fato, ou sobre quem seja o seu autor, quando estas questões se acharem decididas no juízo criminal.[2-3] [Dispositivo correspondente no CC/1916: art. 1.525.]

Art. 935: 1. v. CPP 63 a 67 e 92 a 94, CP 91-I, CPC 313-V-*a*, 315 e 515-VI.

Art. 935: 1a. "Jurisdição penal e civil: integração e conflitos", por Ênio Santarelli Zuliani (RSDCPC 38/130).

Art. 935: 2. CPP: "Art. 65. Faz coisa julgada no cível a sentença penal que reconhecer ter sido o ato praticado em estado de necessidade, em legítima defesa, em estrito cumprimento de dever legal ou no exercício regular de direito.

"**Art. 66.** Não obstante a sentença absolutória no juízo criminal, a ação civil poderá ser proposta quando não tiver sido, categoricamente, reconhecida a inexistência material do fato.

"**Art. 67.** Não impedirão igualmente a propositura da ação civil:

"I — o despacho de arquivamento do inquérito ou das peças de informação;

"II — a decisão que julgar extinta a punibilidade;

"III — a sentença absolutória que decidir que o fato imputado não constitui crime".

Art. 935: 3. Enunciado 45 do CEJ: "No caso do art. 935, não mais se poderá questionar sobre a existência do fato ou sobre quem seja o seu autor se estas questões se acharem categoricamente decididas no juízo criminal".

"Para fins de indenização por danos morais, em razão de ofensas dirigidas em programa jornalístico, o fato de a queixa-crime ter sido julgada procedente, implica a impossibilidade de indagação sobre a ofensa injuriosa ou sobre sua autoria, nos termos do art. 935 do CC/02" (RT 846/289; ementa da redação).

"O juízo cível somente está vinculado à decisão proferida no juízo criminal em relação ao fato e à autoria, nos termos do art. 935 do CC. A decisão fundamentada na ausência de justa causa para o exercício da ação penal, como no presente caso, não restringe o exame da questão na esfera cível" (STJ-4ª T., Ag em REsp 412.858-AgRg, Min. Isabel Gallotti, j. 5.6.14, DJ 20.6.14).

"A decisão fundamentada na falta de provas aptas a ensejar a condenação criminal, como no particular, não restringe o exame da questão na esfera cível. A sentença criminal ainda não transitada em julgado revela-se inapta a irradiar o efeito vinculante pretendido pelo recorrente" (STJ-3ª T., REsp 1.164.236, Min. Nancy Andrighi, j. 21.2.13, DJ 28.2.13).

"A sentença criminal que, em decorrência da insuficiência de provas, absolve o condutor do veículo acidentado com base no art. 386, VI, do CPP, sem negar a autoria ou a materialidade do fato, não gera a preclusão da discussão da culpa da pessoa jurídica de que possa decorrer eventual responsabilidade civil" (STJ-4ª T., REsp 594.392, Min. Cesar Rocha, j. 6.4.04, DJ 13.9.04). No mesmo sentido: STJ-3ª T., REsp 228.414, Min. Ari Pargendler, j. 6.12.01, DJ 25.3.02.

"A sentença criminal absolutória por ausência de culpa do réu não se amolda a quaisquer das ressalvas previstas no art. 1.525 do CC/16 (*art. 935 do CC/02*), segundo o qual a responsabilidade criminal repercutirá na civil apenas quando se acharem decididas no juízo criminal a existência do fato ou quem seja o seu autor, caso em que tais questões não mais poderão ser discutidas" (STJ-RT 856/170: 4ª T., REsp 789.072).

"A decisão na esfera criminal somente gera influência na jurisdição cível, impedindo a rediscussão do tema, quando tratar de aspectos comuns às duas jurisdições, ou seja, quando tratar da materialidade do fato ou da autoria, segundo previsto no art. 935 do CC/02 (que repetiu o disposto no art. 1.525 do CC/16). O reconhecimento da legítima defesa do vigilante no juízo criminal não implica, automaticamente, a impossibilidade de a parte autora requerer indenização pelos danos ocorridos, especialmente quando, como no caso ora em análise, pugna pelo reconhecimento da responsabilidade civil objetiva do Banco e da Empresa de Vigilância, obrigados em face do risco da atividade" (STJ-4ª T., REsp 686.486, Min. Luis Felipe, j. 14.4.09, DJ 27.4.09).

"A responsabilidade civil é independente da criminal, não interferindo, pois, no andamento da ação de reparação de danos que tramita no juízo cível eventual absolvição por sentença criminal que, a despeito de reconhecer a culpa exclusiva da vítima pelo acidente, não ilide a autoria ou a existência do fato" (STJ-RJTJERGS 265/40: 3ª T., REsp 759.120). No mesmo sentido: STJ-2ª T., REsp 1.140.387, Min. Herman Benjamin, j. 13.4.10, DJ 23.4.10; STJ-4ª T., REsp 964.851-AgRg-EDcl, Min. João Otávio, j. 5.8.10, DJ 19.8.10.

"Tendo em vista a independência das esferas cível e criminal, a absolvição nesse juízo apenas vincula a esfera cível quando restar reconhecida a inexistência do fato ou atestar não ter sido o demandado seu autor, o que não ocorreu no caso, posto que o juízo reconheceu apenas não constituir o fato infração penal e não a inexistência do fato em si" (STJ-2ª T., Ag em REsp 519.456-AgRg, Min. Mauro Campbell, j. 21.8.14, DJ 26.8.14).

"O reconhecimento da prescrição retroativa, por se referir à forma de prescrição da pretensão punitiva, extingue a punibilidade, afastando todos os efeitos principais (aqueles concernentes à imposição das penas ou medidas de segurança) e secundários da sentença penal condenatória (custas, reincidência, confisco etc.), incluindo-se nestes últimos o efeito civil de que trata o art. 91, I, do Código Penal. Afastado o obrigatório aproveitamento da sentença penal condenatória que não transitou em julgado, deve o juízo cível, no âmbito de sua livre convicção, pautar-se nos elementos de prova apresentados no âmbito de todo o processo, inclusive em eventual prova emprestada do processo criminal do qual tenha participado o réu (garantia do contraditório), a fim de aferir a responsabilidade da parte ré pela reparação do dano. Recurso especial parcialmente provido, com retorno dos autos ao colendo Tribunal *a quo*, para novo julgamento da apelação cível" (STJ-4ª T., REsp 678.143, Min. Raul Araújo, j. 22.5.12, DJ 30.4.13).

"O que é defeso por força do disposto no art. 935 do Código Civil é tão somente que o juízo cível contrarie a existência do fato e a autoria afirmadas pela Justiça criminal. Fora isso, conclusões outras acerca do dever dos agravantes de indenizar a agravada devem derivar do entendimento do julgador sobre a responsabilidade civil daqueles — a partir das provas a serem produzidas no processo —, sem nenhum vínculo de dependência com a compreensão alcançada pela Justiça penal, até mesmo porque, consoante já exaustivamente frisado, a ação penal em questão não absolveu os agravantes da prática do crime, afinal, estes não foram denunciados" (STJ-3ª T., Ag em REsp 504.470-EDcl-AgRg, Min. Marco Bellizze, j. 23.10.14, DJ 4.11.14).

Art. 936. O dono, ou detentor,[1] do animal ressarcirá o dano por este causado,[1a] se não provar culpa da vítima[2] ou força maior.[3 a 6] [Dispositivo correspondente no CC/1916: art. 1.527-III e IV.]

Art. 936: 1. "Presume-se guardião da coisa o proprietário, de sorte que, ocorrendo fato danoso, sobre ele recai o dever de indenizar. Porém, demonstrado que a guarda foi, de fato, transferida a terceiro (como ocorre, v. g., nos contratos de locação, comodato, depósito e penhor), não é possível responsabilizar aquele que não mais ostentava poder fático sobre o bem" (RT 919/1.169: TJSC, AP 2009.066890-2).

Art. 936: 1a. v. LCP 31.

Art. 936: 2. v. art. 945.

Art. 936: 3. v. art. 393.

Art. 936: 4. "O tratamento legal acerca da responsabilidade civil por fato de animal, atualmente, não mais apenas prega a presunção de culpa em desfavor do dono ou detentor do animal. Na verdade o Código Civil de 2002 trouxe em seu bojo o entendimento de que se trata de **responsabilidade objetiva,** que independe de culpa, restando afastada apenas quando comprovada culpa da vítima ou força maior" (RJTJERGS 272/280: AP 70022138721).

Art. 936: 5. "Incumbe ao dono a obrigação de cuidar do animal e, portanto, da cerca do pasto em que o gado se encontra, respondendo pelo prejuízo causado por invasão de imóvel vizinho" (JTJ 312/205).

Art. 936: 6. "Contexto probatório evidencia que o bovino que ingressou no leito da rodovia integrava o rebanho de propriedade do demandado. Responsabilidade objetiva do proprietário pelos danos causados pelo animal nos termos do CC 936. Ausente a comprovação de mácula na conduta do demandante" (RF 411/381: TJRS, AP 70035596972).

Art. 937. O dono de edifício ou construção responde pelos danos que resultarem de sua ruína, se esta provier de falta de reparos, cuja necessidade fosse manifesta.[1] [Dispositivo correspondente no CC/1916: art. 1.528.]

Art. 937: 1. v. art. 1.280; cf. art. 618.

Art. 938. Aquele que habitar prédio, ou parte dele, responde pelo dano proveniente das coisas que dele caírem ou forem lançadas em lugar indevido.[1-2] [Dispositivo correspondente no CC/1916: art. 1.529.]

Art. 938: 1. "Na impossibilidade de identificar o causador, o condomínio responde pelos danos resultantes de objetos lançados sobre prédio vizinho" (STJ-3ª T., REsp 246.830, Min. Gomes de Barros, j. 22.2.05, DJU 14.3.05). No mesmo sentido: RT 848/323, JTJ 324/459 (AP 160.237-4/4-00).

Art. 938: 2. s/ condomínio, v. arts. 1.331 a 1.358 e LCE (no nosso CCLCV, tít. CONDOMÍNIO E INCORPORAÇÃO).

Art. 939. O credor que demandar o devedor antes de vencida a dívida,[1] fora dos casos em que a lei o permita,[2] ficará obrigado a esperar o tempo que faltava para o vencimento, a descontar os juros correspondentes, embora estipulados, e a pagar as custas em dobro. [Dispositivo correspondente no CC/1916: art. 1.530.]

Art. 939: 1. v. art. 941; cf. art. 162. S/ cobrança indevida, contra o consumidor, v. CDC 42 § ún. V. tb. CPC 79 a 81 (dano processual) e EA 32 § ún. (responsabilidade solidária do advogado).

Art. 939: 2. v. arts. 333, 1.425, 1.426, 1.465.

Art. 940. Aquele que demandar por dívida já paga, no todo ou em parte, sem ressalvar as quantias recebidas ou pedir mais do que for devido, ficará obrigado a pagar ao devedor, no primeiro caso, o dobro do que houver cobrado e, no segundo, o equivalente do que dele exigir, salvo se houver prescrição.[1 a 4] [Dispositivo correspondente no CC/1916: art. 1.531.]

Art. 940: 1. v. art. 941. S/ cobrança indevida, contra o consumidor, v. CDC 42 § ún. V. tb. CPC 79 a 81 (dano processual) e 776 (responsabilidade do exequente) e EA 32 § ún. (responsabilidade solidária do advogado).

Art. 940: 2. Súmula 159 do STF: "Cobrança excessiva, mas de boa-fé, não dá lugar às sanções do art. 1.531 do Código Civil". O art. 1.531 do CC antigo corresponde ao atual art. 940.

"Não incide a sanção do art. 1.531 do CC/16 contra aquele que não é credor, pois o dispositivo pressupõe uma vinculação de confiança anterior entre as partes, ou seja, uma dívida existente já paga, no todo ou em parte, sem ressalva das quantias já recebidas" (STJ-4ª T., REsp 788.700, Min. Luis Felipe, j. 10.11.09, DJ 30.11.09).

"É entendimento desta Corte que a aplicação da sanção prevista no art. 1.531 do CC de 1916 (mantida pelo art. 940 do CC/02) — pagamento em dobro por dívida já paga ou pagamento equivalente a valor superior do que é devido — depende da demonstração de má-fé, dolo ou malícia, por parte do credor" (STJ-1ª T., REsp 697.133, Min. Teori Zavascki, j. 18.10.05, DJU 7.11.05). No mesmo sentido: STJ-2ª T., REsp 595.706, Min. Castro Meira, j. 12.8.08, DJ 2.9.08; STJ-2ª Seção, REsp 1.111.270, Min. Marco Buzzi, j. 25.11.15, DJ 16.2.16; RT 871/240, JTJ 314/46 (AP 1.024.076-0/3), RJM 195/187 (AP 1.0313.09.278295-9/001).

"Por terem fundamentos diferentes, o reconhecimento da litigância de má-fé não importa aplicação automática da penalidade do artigo 1.531 do estatuto revogado" (STJ-3ª T., REsp 730.861, Min. Castro Filho, j. 10.10.06, DJU 13.11.06). Mas: "Sendo uma só a conduta supostamente caracterizadora tanto da litigância de má-fé quanto do dolo na cobrança de dívida já paga — qual seja, a recusa de submeter parte dos livros contábeis à análise pericial — e não tendo o Tribunal Estadual enquadrado esse comportamento nas hipóteses do art. 17 do CPC, deve-se, por coerência, afastar também a incidência da sanção do art. 1.531 do CC/16" (STJ-3ª T., REsp 1.286.704, Min. Nancy Andrighi, j. 22.10.13, DJ 28.10.13).

"Aplicação simultânea dos institutos de direito material e processual. Possibilidade. As penalidades decorrentes da violação das normas contidas nos arts. 17, 18 do Estatuto Processual Civil e 940 do Código Civil são distintas, pois destinam-se à proteção e à eficácia de objetos jurídicos diversos. A primeira tutela a prestação jurisdicional, o processo e as suas finalidades. Já a segunda visa a defesa das relações jurídicas materiais, com o escopo de conformá-las com os vetores morais vigentes" (STJ-4ª T., REsp 1.339.625, Min. Marco Buzzi, j. 17.12.13, DJ 14.2.14).

"A simples circunstância de o credor haver deixado de deduzir do montante cobrado o valor da caução contratual não dá ensejo, por si só, à sanção cominada no art. 1.531 do CC de 1916" (STJ-2ª T., REsp 595.706, Min. Castro Meira, j. 12.8.08, DJ 2.9.08).

"A incidência da norma do art. 1.531 do CC *(atual art. 940 do CC)* pressupõe a cobrança judicial de dívida já paga, não se lhe assimilando a cobrança de dívida forjada" (STJ-3ª T., REsp 892.839, Min. Ari Pargendler, j. 21.8.08, DJ 26.3.09).

"A discussão judicial de cláusulas contratuais, com controvérsia acerca de seu alcance e da extensão exata das obrigações pactuadas, não se identifica com a hipótese 'cobrança indevida', núcleo do suporte fático do art. 1.531 (*atual art. 940 do CC*) a condicionar a sanção do pagamento em dobro do que cobrado. A ação de execução e a ação cautelar que lhe correspondia foram extintas não por se considerar inexistente a dívida e indevida a cobrança — fatos ainda controvertidos — mas por se considerar inexistente o título executivo, por ausência de liquidez e exigibilidade. Assim, foi a exequente considerada carecedora da ação executiva, sem que se possa impor a ela o pagamento em dobro do que pretendia haver do executado. Sentindo-se prejudicado pela constrição decorrente da concessão de medida cautelar de arresto pedida pela recorrida, pode a recorrente ajuizar ação autônoma a fim de provar os danos materiais e morais alegados, mas não exigir, em embargos do devedor, a aplicação do preceito do art. 1531 do Código Civil (1916) — pagamento em dobro da dívida exigida na ação de execução" (STJ-3ª T., REsp 759.690, Min. Sidnei Beneti, j. 6.10.09, DJ 3.11.09).

"A repetição do indébito de valores cobrados por instituição financeira, quando concernente a taxas e índices objeto de controvérsia mesmo no âmbito do Poder Judiciário há ser feita na forma simples" (STJ-4ª T., REsp 1.226.286-AgRg, Min. Aldir Passarinho Jr., j. 22.3.11, DJ 28.3.11).

"A iniciativa da empresa recorrida de reajustar as prestações do plano de saúde, com base na mudança da faixa etária, encontra-se amparada em cláusula contratual e presumidamente aceita pelas partes. Desse modo, não há razão para concluir que a conduta da administradora do plano de saúde foi motivada por má-fé, de forma a possibilitar a repetição em dobro de valores" (STJ-4ª T., Ag em REsp 268.154-AgRg, Min. Luis Felipe, j. 11.2.14, DJ 14.2.14).

"Quando a cobrança estiver calcada em cláusula de contrato que as partes livremente pactuaram, ainda que seja ela declarada nula, não se vislumbra, *a priori*, má-fé ou dolo" (RT 862/261).

"Este Tribunal admite a aplicação da penalidade estabelecida no art. 1.531 do CC/16 (*art. 940 do CC/02*) somente quando demonstrada conduta maliciosa do credor. Pratica conduta maliciosa o credor que, após demonstrado cabalmente o pagamento pelo devedor, insiste na cobrança de dívida já paga e continua praticando atos processuais, levando o processo até o final" (STJ-3ª T., REsp 608.887, Min. Nancy Andrighi, j. 18.8.05, dois votos vencidos, DJU 13.3.06).

"O ajuizamento de execução, quando o credor já recebeu, pela seguradora, parte da importância cobrada, e o restante, no curso da própria ação, constitui-se em vulneração do art. 940 do CC-02, e desobediência à regra de conduta de boa-fé entre os contratantes" (STJ-3ª T., REsp 1.068.271, Min. Nancy Andrighi, j. 24.4.12, DJ 15.6.12).

Art. 940: 3. "A aplicação da sanção civil do pagamento em dobro por cobrança judicial de dívida já adimplida (cominação encartada no artigo 1.531 do Código Civil de 1916, reproduzida no artigo

940 do Código Civil de 2002) pode ser postulada pelo réu na própria defesa, **independendo** da propositura **de ação autônoma ou** do manejo de **reconvenção,** sendo imprescindível a demonstração de má-fé do credor" (STJ-2ª Seção, REsp 1.111.270, Min. Marco Buzzi, j. 25.11.15, DJ 16.2.16). Em sentido semelhante: STJ-2ª T., REsp 759.929, Min. Eliana Calmon, j. 21.6.07, DJU 29.6.07.

"Nos termos do art. 745, V, do CPC/73 (reproduzido no art. 917 do NCPC), todas as matérias defensivas podem ser suscitadas nos **embargos do devedor,** devendo ser considerada como tal a incidência da penalidade prevista no art. 940 do CC na medida em que implica abuso do direito de ação que deve ser sancionado de forma análoga à do art. 18 do CPC/73, correspondente ao art. 81 do NCPC" (STJ-3ª T., REsp 1.638.535, Min. Moura Ribeiro, j. 7.2.17, DJ 4.4.17).

Contra, no sentido de que "a aplicação do artigo 1.531 do Código Civil está sujeita à reconvenção": STJ-3ª T., AI 326.119-AgRg, Min. Ari Pargendler, j. 17.4.01, DJU 4.6.01.

Art. 940: 4. "Conquanto represente pena e imponha indenização tarifada, cuja base de cálculo equivale ao dobro do valor cobrado por dívida já paga, por dizer respeito a espécie de responsabilidade civil, a aplicação do art. 940 do CC não pode resultar em condenação exorbitante, sem nenhuma correlação com a dívida quitada e com os danos sofridos. O valor indenizado, ainda que presumido por lei, conforme a regra geral do art. 944 do CC, deve sempre estar relacionado com a extensão do dano" (STJ-3ª T., REsp 1.119.803, Min. Ricardo Cueva, j. 3.5.12, DJ 13.9.12).

Art. 941. As penas previstas nos arts. 939 e 940 não se aplicarão quando o autor desistir da ação[1] antes de contestada a lide, salvo ao réu o direito de haver indenização por algum prejuízo[2] que prove ter sofrido. [Dispositivo correspondente no CC/1916: art. 1.532.]

Art. 941: 1. v. CPC 200 § ún. e 485-VIII.

Art. 941: 2. v. arts. 402 a 405 e CPC 79 a 81.

Art. 942. Os bens do responsável pela ofensa ou violação do direito de outrem ficam sujeitos à reparação do dano causado;[1] e, se a ofensa tiver mais de um autor,[2] todos responderão solidariamente[3] pela reparação.[3a-3b] [Dispositivo correspondente no CC/1916: art. 1.518-*caput*.]

Parágrafo único. São solidariamente responsáveis com os autores os coautores e as pessoas designadas no art. 932.[4-5] [Dispositivo correspondente no CC/1916: art. 1.518 § ún.]

Art. 942: 1. v. arts. 391 e 1.659-IV. V. tb. CPC 789.

Art. 942: 2. "Há coparticipação quando as condutas de duas ou mais pessoas concorrem efetivamente para o evento, gerando responsabilidade solidária. Cada um dos coagentes que concorre adequadamente para o evento é considerado pessoalmente causador do dano e obrigado a indenizar" (RF 378/314).

Art. 942: 3. v. arts. 275 a 285.

Art. 942: 3a. "Havendo mais de um causador de um mesmo dano ambiental, todos respondem solidariamente pela reparação, na forma do art. 942 do Código Civil. De outro lado, se diversos forem os causadores da degradação ocorrida em diferentes locais, ainda que contíguos, não há como atribuir-se a responsabilidade solidária adotando-se apenas o critério geográfico, por falta de nexo causal entre o dano ocorrido em um determinado lugar por atividade poluidora realizada em outro local" (STJ-RDPr 37/345: 2ª T., REsp 647.493).

Art. 942: 3b. "A solidariedade prevista no art. 1.518 do Código Civil de 1916 (art. 942 do Código Civil de 2002) tem suas bases na ilicitude do ato praticado, e não na impossibilidade de individualização das condutas" (STJ-4ª T., REsp 739.289, Min. Aldir Passarinho Jr., j. 4.5.10, DJ 24.5.10).

Art. 942: 4. Todavia, quanto às pessoas dos incs. I e II do art. 932, v. art. 928-*caput*, de acordo com o qual "o filho menor não é responsável solidário com seus genitores, pelos danos causados, mas subsidiário" (STJ-3ª T., REsp 1.319.626, Min. Nancy Andrighi, j. 26.2.13, DJ 5.3.13; a citação é do voto da relatora).

Art. 942: 5. "A diretoria de instituição de ensino é órgão da pessoa jurídica, por meio do qual esta pratica os atos inerentes à atividade de administração e direção da escola. Portanto, os ditos atos de direção, ainda que praticados por intermédio da pessoa física do diretor, são próprios da pessoa jurídica, e não de terceiro. Uma vez configurado o dano, surge a responsabilidade direta da pessoa jurídica ou por fato próprio. Ao ofendido é possível escolher entre ajuizar a ação reparatória do dano contra a pessoa jurídica em conjunto com a pessoa física que atuou como órgão daquela, causando o dano, ou separadamente, preferindo acionar um ou outro. Há um laço de solidariedade entre a pessoa jurídica e a física, a qual age como órgão daquela, causando dano a terceiro (CC/16, art. 1.518; CC/02, art. 942)" (STJ-4ª T., REsp 705.870, Min. Raul Araújo, j. 21.8.12, DJ 23.4.13).

Art. 943. O direito de exigir reparação e a obrigação de prestá-la transmitem-se com a herança.[1] [Dispositivo correspondente no CC/1916: art. 1.526.]

Art. 943: 1. dentro das forças desta (v. arts. 1.792, 1.821 e 1.997-*caput*); v. tb. art. 1.700. V. ainda arts. 12 § ún. (legitimidade para a tutela de direito da personalidade), 20 § ún. (legitimidade para a tutela da honra). No CPC, v. art. 75-VII (representação do espólio em juízo).

Capítulo II | DA INDENIZAÇÃO

Art. 944. A indenização mede-se pela extensão do dano.[1 a 5b] [Sem dispositivo correspondente no CC/1916.]

Parágrafo único. Se houver excessiva desproporção entre a gravidade da culpa e o dano, poderá o juiz reduzir, equitativamente, a indenização.[6-7] [Sem dispositivo correspondente no CC/1916.]

✎ **Art. 944: 1.** "Os artigos 944 e 945 do novo Código Civil brasileiro: grau de culpa e redução equitativa da indenização", por Miguel Kfouri Neto (RJ 318/60); "Por uma nova teoria da reparação por danos morais", por Nehemias Domingos de Melo (RSDCPC 33/66).

Art. 944: 2. s/ indenização por danos morais, v. tb. art. 186 e notas; s/ extensão do dano, v. tb. art. 402 e notas; s/ indenização em caso de homicídio, v. art. 948 e notas.

Art. 944: 3. **Súmula 491 do STF (Morte de filho menor):** "É indenizável o acidente que cause a morte de filho menor, ainda que não exerça trabalho remunerado".

✎ "Súmula 491 do STF *versus* Súmula 37 do STJ", por Yussef Said Cahali (RF 379/173).

Súmula 562 do STF (Correção monetária): "Na indenização de danos materiais decorrentes de ato ilícito cabe a atualização de seu valor, utilizando-se, para esse fim, dentre outros critérios, dos índices de correção monetária".

Súmula 37 do STJ: "São cumuláveis as indenizações por dano material e dano moral oriundos do mesmo fato".

Súmula 43 do STJ (Correção monetária): "Incide a correção monetária sobre dívida por ato ilícito a partir da data do efetivo prejuízo".

Súmula 54 do STJ (Juros de mora): "Os juros moratórios fluem a partir do evento danoso, em caso de responsabilidade extracontratual". V. art. 398.

Súmula 246 do STJ: "O valor do seguro obrigatório deve ser deduzido da indenização judicialmente fixada" (v. jurisprudência s/ esta Súmula em RT 787/183 e RSTJ 144/239).

"A dedução do valor do seguro obrigatório da indenização judicialmente fixada dispensa a comprovação de seu recebimento ou mesmo de seu requerimento" (STJ-2ª Seção, ED no REsp 1.191.598, Min. Marco Bellizze, j. 26.4.17, DJ 3.5.17).

Todavia, negando a dedução em caso de dano moral acontecido no contexto de acidente de veículo, por entender que o prejuízo identificado no caso não estava coberto pelo seguro DPVAT: STJ-2ª Seção, REsp 1.365.540, Min. Nancy Andrighi, j. 23.4.14, DJ 5.5.14.

V. tb. Lei 6.194, de 19.12.74, art. 3º, nota 6 (no nosso CCLCV, tít. SEGUROS).

Súmula 498 do STJ: "Não incide imposto de renda sobre a indenização por danos morais".

"A indenização por dano estritamente moral não é fato gerador do imposto de renda, pois limita-se a recompor o patrimônio imaterial da vítima, atingido pelo ato ilícito praticado. *In casu*, a negativa de incidência do imposto de renda não se faz por força de isenção, mas em decorrência da ausência de riqueza nova — oriunda dos frutos do capital, do trabalho ou da combinação de ambos — capaz de caracterizar acréscimo patrimonial. A indenização por dano moral não aumenta o patrimônio do lesado, apenas o repõe, pela via da substituição monetária, *in statu quo ante*. A vedação de incidência do imposto de renda sobre indenização por danos morais é também decorrência do princípio da reparação integral, um dos pilares do Direito brasileiro. A tributação, nessas circunstâncias e, especialmente, na hipótese de ofensa a direitos da personalidade, reduziria a plena eficácia material do princípio, transformando o erário simultaneamente em sócio do infrator e beneficiário do sofrimento do contribuinte" (STJ-RDPr 39/334: 1ª Seção, REsp 963.387).

Com isso, tende a ficar superado o entendimento no sentido da incidência do imposto de renda nessas circunstâncias (p/ esse entendimento, v. STJ-1ª T., REsp 748.868).

Art. 944: 3a. Enunciado 379 do CEJ: "O art. 944, *caput*, do Código Civil não afasta a possibilidade de se reconhecer a função punitiva ou pedagógica da responsabilidade civil".

Art. 944: 4. "Os valores recebidos a título de indenização não sofrem a incidência do imposto sobre a renda, pois representam compensação pela perda da capacidade laboral, e não acréscimo patrimonial. Ainda que a indenização seja paga sob a forma de pensionamento mensal, os pagamentos não perdem a natureza indenizatória, não subsistindo razão para a retenção de imposto de renda na fonte" (STJ-4ª T., REsp 1.106.854, Min. Raul Araújo, j. 4.10.11, DJ 17.10.11). Da mesma forma, "não pode haver a dedução de quaisquer parcelas pagas à vítima a título de benefício previdenciário" (STJ-4ª T., REsp 248.412, Min. Aldir Passarinho Jr., j. 9.4.02, DJU 19.8.02).

Art. 944: 4a. "As duas únicas variações que abrem a possibilidade de alteração do valor da **prestação de alimentos decorrentes de indenização por ato ilícito** são: (i) o decréscimo das condições econômicas da vítima, dentre elas inserida a eventual defasagem da indenização fixada; (ii) a capacidade de pagamento do devedor: se houver acréscimo, possibilitará o pedido de revisão para mais, por parte da vítima, até atingir a integralidade do dano material futuro; se sofrer decréscimo, possibilitará pedido de revisão para menos, por parte do próprio devedor, em atenção a princípios outros, como a dignidade da pessoa humana e a própria faculdade então outorgada pelo art. 602, § 3º, do CPC (atual art. 475-Q, § 3º, do CPC). Entendimento em sentido contrário puniria a vítima do ilícito, por ter, mediante esforço sabidamente incomum, revertido situação desfavorável pelas limitações físicas sofridas" (STJ-RMDCPC 27/107: 3ª T., REsp 913.431).

V. tb. art. 950, nota 1c.

Art. 944: 5. No sentido de que a pessoa afetada pela perda de capacidade laborativa que já recebe o respectivo **benefício previdenciário** pode receber, ainda, indenização por danos materiais com base no mesmo evento danoso: STJ-4ª T., REsp 476.409, Min. Aldir Passarinho Jr., j. 26.2.08, DJU 14.4.08. Em sentido semelhante: STJ-3ª T., REsp 1.295.001-AgRg, Min. Paulo Sanseverino, j. 25.6.13, DJ 1.7.13.

V. tb. art. 948, nota 3.

Art. 944: 5a. "A extensão do dano, enquanto medida da indenização, deve ser apurada por critério que aponte o real desfalque no patrimônio da vítima. Tratando-se o dano material da perda dos bens entregues em garantia (joias empenhadas), e não de indenização por posição contratual, deve-se apurar o valor de mercado, real e atual, do bem perdido" (STJ-3ª T., REsp 1.320.973, Min. Nancy Andrighi, j. 18.3.14, DJ 26.3.14).

S/ impossibilidade de restituição do bem empenhado e valor a ser pago, v. tb., no nosso CCLCV, CDC 51, nota 1d.

Art. 944: 5b. "Na hipótese em que se divulga ao mercado informação desabonadora a respeito de empresa-concorrente, gerando-se desconfiança geral da cadeia de fornecimento e dos consumidores, agrava-se a culpa do causador do dano, que resta beneficiado pela lesão que ele próprio provocou. Isso justifica o aumento da indenização fixada, de modo a incrementar o seu caráter pedagógico, prevenindo-se a repetição da conduta" (STJ-3ª T., REsp 1.353.896, Min. Nancy Andrighi, j. 20.5.14, DJ 15.8.14).

✎ **Art. 944: 6.** "Graus da culpa e redução equitativa da indenização", por Miguel Kfouri Neto (RT 839/47); "Redução da indenização na responsabilidade objetiva", por Kleber Luiz Zanchim (RDPr 33/201); "Indenização por equidade: desproporção entre a culpa e o dano", por Diogo Naves Mendonça (RMDCPC 28/80).

Art. 944: 7. Enunciado 46 do CEJ: "A possibilidade de redução do montante da indenização em face do grau de culpa do agente, estabelecida no parágrafo único do art. 944 do novo Código Civil, deve ser interpretada restritivamente, por representar uma exceção ao princípio da reparação integral do dano" (redação de acordo com o Enunciado 380 do CEJ).

Art. 945. Se a vítima tiver concorrido culposamente para o evento danoso,[1 a 3] a sua indenização será fixada tendo-se em conta a gravidade de sua culpa em confronto com a do autor do dano. [Sem dispositivo correspondente no CC/1916.]

Art. 945: 1. v. arts. 738 § ún. (transporte de pessoas), 936 (dono ou detentor de animal), no nosso CCLCV, LCh 39, nota 2 (endosso fraudulento).

Art. 945: 1a. Enunciado 47 do CEJ: "O art. 945 do Código Civil, que não encontra correspondente no Código Civil de 1916, não exclui a aplicação da **teoria da causalidade adequada".**

"A partir da teoria da causalidade adequada, a concorrência de culpas, que na verdade consubstancia concorrência de causas para o evento danoso, só deve ser admitida em casos excepcionais, quando não se cogita de preponderância causal manifesta e provada da conduta do agente. Sempre que seja possível estabelecer a inocuidade de um ato, ainda que imprudente, se não tivesse intervindo outro ato imprudente, não se deve falar de concorrência de culpa, ou seja, a culpa grave necessária e suficiente para o dano exclui a concorrência de culpas" (STJ-3ª T., REsp 1.007.692, Min. Nancy Andrighi, j. 17.8.10, DJ 14.10.10).

Art. 945: 2. Casos em que se afirmou haver culpa concorrente:

— "Mal conservado o muro que cerca a **via férrea,** viabilizando a passagem de pedestre, o **atropelamento** deste resulta de concorrência de culpas: do pedestre, por imprudência; da empresa que explora a ferrovia, por negligência" (STJ-Bol. AASP 2.516/4.261: 3ª T., REsp 778.466). No mesmo sentido: STJ-2ª T., REsp 1.155.559, Min. Herman Benjamin, j. 25.5.10, DJ 30.6.10; RSTJ 202/381 (4ª T., REsp 705.859). "A vítima teve acesso aos trilhos por intermédio de passagem clandestina, ocasião em que foi colhida por composição férrea pertencente à recorrida. Em situações como a relatada nos autos, a jurisprudência desta Corte Superior é tranquila em reconhecer a concorrência de culpa da vítima e da empresa prestadora de serviço público" (STJ-4ª T., REsp 503.046, Min. Luis Felipe, j. 28.4.09, DJ 25.5.09).

"Em casos de atropelamentos por composição férrea, com vítima fatal, a jurisprudência desta Corte entende que a aferição quanto ao cenário do local do acidente é ponto nodal para se determinar a quem deve ser imputada a culpa, porquanto cabe à empresa prestadora do serviço impedir que pedestres invadam a área destinada ao trânsito férreo. Isso se dá, por exemplo, com a vigilância e cercamento de áreas propícias a tais infortúnios, notadamente as de grande concentração urbana, como é o caso" (STJ-4ª T., REsp 979.129, Min. Luis Felipe, j. 2.4.09, DJ 13.4.09).

"Não obstante constitua ônus da empresa concessionária de transporte ferroviário a fiscalização de suas linhas em meios urbanos, a fim de evitar a irregular transposição da via por transeuntes, é de se reconhecer a concorrência de culpas quando a vítima, tendo a sua disposição passarela construída nas proximidades para oferecer percurso seguro, age com descaso e imprudência, optando por trilhar caminho perigoso, levando-o ao acidente fatal" (STJ-4ª T., REsp 1.046.535, Min. Aldir Passarinho Jr., j. 18.6.09, DJ 10.8.09). No mesmo sentido: STJ-2ª Seção, REsp 1.172.421, Min. Luis Felipe, j. 8.8.12, RT 928/759.

Para situação similar em que se entendeu não haver culpa concorrente, v. nota seguinte; haver culpa exclusiva da vítima, v. nota 2a ao art. 17 do Dec. 2.681/1912, no nosso CCLCV, tít. TRANSPORTE FERROVIÁRIO;

— "Admissível a concorrência de culpa em **transporte ferroviário,** quando verificado comportamento aventureiro da vítima, a dificultar, consideravelmente, a eficiência do serviço de fiscalização da empresa transportadora" (STJ-4ª T., REsp 746.894, Min. Aldir Passarinho Jr., j. 15.8.06, DJU 18.9.06; no caso, o passageiro viajava na escada do trem). Em sentido semelhante: STJ-3ª T., REsp 1.034.302, Min. Nancy Andrighi, j. 12.4.11, DJ 27.4.11. Para situação similar em que se entendeu: não haver culpa concorrente, v. nota seguinte; haver culpa exclusiva da vítima, v. nota 4 ao art. 17 do Dec. 2.681/1912, no nosso CCLCV, tít. TRANSPORTE FERROVIÁRIO;

— **Acidente de trânsito.** "Há concorrência de culpas: a do motorista por atravessar o cruzamento simplesmente ignorando a **ausência da sinalização** que ali deveria existir, a da Municipalidade em decorrência de omissão que permitiu e contribuiu para um tal proceder" (RSTJ 197/222: 2ª T., REsp 716.250). No mesmo sentido: RSTJ 43/329 (1ª T., REsp 13.369);

— "Responde civilmente o órgão público competente pela conservação das **estradas** de rodagem por não tomar providências quanto à proteção de bueiro de captação de águas pluviais e **sinalização** indicativa de perigo, capaz de provocar acidentes com danos em transeuntes" (RIDA 7/395);

— "Ao mesmo tempo em que se exige da vítima, em tais circunstâncias, prudência e discernimento — já que pelo senso comum não se deve mergulhar em local desconhecido —, imperioso reconhecer, também, que, ao franquear a entrada de visitantes em **balneário público,** sejam eles menores ou não, deve o Estado proporcionar satisfatórias condições de segurança, mormente nos finais de semana" (STJ-2ª T., REsp 418.713, Min. Franciulli Netto, j. 20.5.03, DJU 8.9.03).

"Acidente. Tetraplegia. Negligência. Vítima em idade suficiente para antever o perigo. Falta de cautela. Concorrência de culpas. Subsistência da obrigação de indenizar. Redução do *quantum*. Caracterizada a culpa da **associação** e constatado que o comportamento do usuário também correu para o acidente, justifica-se aferir a existência de culpa concorrente e reduzir o valor da indenização" (STJ-3ª T., REsp 1.226.974, Min. João Otávio, j. 12.8.14, DJ 30.9.14). V. tb. nota seguinte;

— "A responsabilidade dos pais é dever decorrente do exercício do poder familiar, prerrogativa a que não podem renunciar. O Estatuto da Criança e do Adolescente (ECA) considera a vulnerabilidade da criança e do adolescente, impondo aos pais, em razão do poder familiar, obrigações materiais, afetivas, morais e psíquicas, entre as quais o dever de educar os filhos e sobre eles manter vigilância, preservando sua segurança. Ocorrido **acidente** que leve **menor** a óbito e constatado que, além da responsabilidade objetiva da empresa por ato de seu preposto, houve falha quanto ao **dever de vigilância dos pais** sobre o menor acidentado, caracterizada está a culpa concorrente, de forma que a indenização deve ser fixada na proporção da culpa de cada parte" (STJ-3ª T., REsp 1.415.474, Min. João Otávio, j. 14.6.16, DJ 16.6.16). V. tb. nota seguinte;

— "Situação em que se identifica, com base no voto médio, a concorrência de culpas da autora e do **banco,** a primeira por entregar o **cartão** e informar senha a pessoa amiga, que permitiu o acesso a terceiro sobre os dados sigilosos, e do réu por atuar negligentemente quando da solicitação, pelo fraudador, via telefônica, da transferência de valores da conta de poupança para a corrente, o que viabilizou a retirada subsequentemente" (RSTJ 193/401: 4ª T., REsp 235.385, maioria). V. tb. art. 927, nota 7a;

— "Pode o **banco** responder pelos danos sofridos por comerciante, quando recebe cheque como forma de pagamento, posteriormente devolvido por ser de **talonário furtado** ainda sob a guarda da instituição financeira. Resta caracterizada, no entanto, a culpa concorrente se o comerciante não toma cautelas mínimas quando do recebimento do cheque" (STJ-4ª T., REsp 435.230, Min. Sálvio de Figueiredo, j. 22.10.02, DJU 14.4.03).

"A guarda do talonário de cheques é de responsabilidade de seu titular; agindo este com negligência, não tendo a diligência necessária para evitar o furto do talão, assume o risco de restar caracterizada a culpa concorrente" (RJM 178/194). V. tb. art. 927, nota 7b;

— "Age com culpa o banco que não apresenta as informações necessárias para o **encerramento de conta bancária,** permitindo a evolução de saldo devedor e, posteriormente, a inscrição em órgão de proteção ao crédito, o que configura a responsabilidade contratual prevista no art. 14 do CDC. Mas, todavia, age também com culpa o consumidor que não verifica se o seu pedido de encerramento de conta bancária foi atendido, permanecendo inerte e não tomando as medidas necessárias para a verificação do atendimento de seu pleito de encerramento de conta ou de eventual saldo devedor, tomando o conhecimento de tal situação após passados quatro anos da solicitação de encerramento de conta bancária. Caracterização de culpa concorrente" (JTJ 322/2.654: AP 7.119.456-0);

— "De um lado, a prestadora do **serviço de telefonia** tem o dever de zelar, até porque maior interessada na relação, pela entrega da **fatura** no endereço indicado pelo cliente. Sem ela, não pode o consumidor conferir a prestação do serviço para fins de efetuar o pagamento. De outro, o assinante deve entrar em contato com a prestadora de serviços, informando-a do não recebimento da fatura na data aprazada" (STJ-RJ 293/99: 4ª T., REsp 327.420);

— "Fuga de paciente menor de **estabelecimento hospitalar.** Agravamento da doença. Morte subsequente. Nexo de causalidade. Concorrência de culpas. Reconhecimento. Redução da condenação. As circunstâncias invocadas pelas instâncias ordinárias levaram a que concluíssem que a causa direta e determinante do falecimento do menor fora a omissão do hospital em impedir a evasão do paciente menor, enquanto se encontrava sob sua guarda para tratamento de doença que poderia levar à morte. Contudo, não se pode perder de vista sobretudo a atitude negligente dos pais após a fuga do menor, contribuindo como causa direta e também determinante para o trágico evento danoso. Está-se, assim, diante da concorrência de causas, atualmente prevista expressamente no art. 945 do Código Civil de 2002, mas, há muito, levada em conta pela doutrina e jurisprudência pátrias. A culpa concorrente é fator determinante para a redução do valor da indenização, mediante a análise do grau de culpa de cada um dos litigantes, e, sobretudo, das colaborações individuais para confirmação do resultado danoso, considerando a relevância da conduta de cada qual. O evento danoso resulta da conduta culposa das partes nele envolvidas, devendo a indenização medir-se conforme a extensão do dano e o grau de cooperação de cada uma das partes à sua eclosão" (STJ-4ª T., REsp 1.307.032, Min. Raul Araújo, j. 18.6.13, maioria, DJ 1.8.13). V. tb., no nosso CCLCV, CDC 14, nota 2;

— "A mera disponibilização ao empregado de **equipamentos de segurança** não isenta o **empregador** de responsabilidade em caso de acidentes. É necessário também que ele promova a fiscalização de sua utilização. Culpa concorrente do empregador reconhecida na morte do empregado, eletrocutado ao promover a manutenção de equipamentos em poste de alta tensão" (STJ-3ª T., REsp 555.468, Min. Nancy Andrighi, j. 4.10.05, DJU 14.11.05).

Art. 945: 3. Casos em que se afirmou não haver culpa concorrente:

— **Atropelamento por trem em via férrea.** "Se a prova dos autos revela a intenção da vítima, não de se utilizar do trecho para chegar à plataforma, mas de ocultar-se do público, na companhia de uma mulher, com outras finalidades, é de ser afastada a responsabilidade da empresa ré, uma vez que, na hipótese, o dever de guarda não se mostra apto a evitar a concretização da vontade das vítimas de permanecer, às escuras, em local inadequado. Ao assim proceder, assumiram a exclusividade da culpa pelo acidente" (STJ-3ª T., REsp 530.610, Min. Castro Filho, j. 22.3.07, DJU 16.4.07).

Para situação similar em que se entendeu: haver culpa concorrente, v. nota anterior; haver culpa exclusiva da vítima, v. nota 2a ao art. 17 do Dec. 2.681/1912, no nosso CCLCV, tít. TRANSPORTE FERROVIÁRIO;

— "Risco assumido inteiramente pelo **'surfista ferroviário',** sendo inexigível e até mesmo impraticável nessa hipótese a fiscalização por parte da empresa" (STJ-4ª T., REsp 261.027, Min. Barros Monteiro, j. 19.4.01, maioria, DJU 13.8.01). No mesmo sentido: RSTJ 73/405 (3ª T., REsp 60.929). Para situação similar em que se entendeu: haver culpa concorrente, v. nota anterior; haver culpa exclusiva da vítima, v. nota 4 ao art. 17 do Dec. 2.681/1912, no nosso CCLCV, tít. TRANSPORTE FERROVIÁRIO;

— "Acidente de transporte. **Passageiro** que trafegava com **braço para fora** do coletivo. Colisão entre dois coletivos. Distensão muscular e cicatriz no braço. Culpa exclusiva da vítima reconhecida" (RT 874/332: TJRJ, AP 10425/08);

— Acidente de trânsito envolvendo pessoa não habilitada ou que dirigia com a **carteira de habilitação vencida** (v. art. 927, nota 4b);

— a falta de uso de **capacete** pelo motoqueiro em acidente causado por culpa exclusiva do motorista de veículo que obstruiu a passagem da moto (RT 868/322);

— "O **excesso de velocidade** não implica o reconhecimento da culpa concorrente se nem foi a causa determinante do acidente nem do agravamento dos danos sofridos" (STJ-3ª T., REsp 438.925, Min. Ari Pargendler, j. 7.4.03, DJU 2.6.03);

— "É exclusivamente do **pedestre** que, **desatento** ao tráfego, atravessa correndo a rua para alcançar parada de ônibus, a culpa pelo próprio atropelamento, em não havendo qualquer indício autuado de procedimento inadequado do condutor do veículo atropelante" (RMDCPC 17/133);

— "Ação de indenização por danos materiais e morais. Falecimento de menor impúbere vítima de **afogamento em piscina de clube associativo.** Não deve ser acolhida a alegação de culpa concorrente dos pais, o que importaria em redução do valor da indenização, haja vista que, tendo havido a aceitação tácita por parte da associação do dever de guarda dos filhos dos autores, reside nesse fato o elemento ontológico da responsabilidade, o qual se sobrepõe à eventual ausência dos pais no momento do trágico incidente, como causa direta e imediata do dano" (STJ-3ª T., REsp 1.346.320, Min. Marco Bellizze, j. 16.8.16, DJ 5.9.16). V. tb. nota anterior;

— "A simples **ausência da genitora** no local e momento do incidente que vitimou sua filha, a despeito de lhe imposto dever de vigilância pelo Estatuto da Criança e do Adolescente, não configura a culpa concorrente da mesma pelo afogamento da menina em razão de ter ela seus cabelos sugados por sistema hidráulico de drenagem e filtragem superdimensionado para o local e instalado de forma indevida pelo Condomínio-réu" (STJ-RDPr 41/342: 4ª T., REsp 1.081.432). V. tb. nota anterior.

Art. 946. Se a obrigação for indeterminada, e não houver na lei ou no contrato disposição fixando a indenização devida pelo inadimplente, apurar-se-á o valor das perdas e danos[1] na forma que a lei processual[2] determinar. [Sem dispositivo correspondente no CC/1916.]

Art. 946: 1. v. arts. 402 a 405.

Art. 946: 2. A lei processual não determina propriamente uma forma para a apuração do valor das perdas e danos. Em se tratando de obrigação sem um valor predeterminado, o que se pode dizer é que se faz necessária a instauração de um processo de conhecimento para a investigação das suas exatas dimensões.

A liquidação de sentença (CPC 509 e segs.), nas suas distintas modalidades, não é mecanismo adequado para a determinação do valor de obrigação indeterminada que não esteja expressa em sentença. Ela somente tem lugar nos casos em que uma sentença ilíquida tenha sido anteriormente proferida.

Daí a reafirmação de que a lei processual praticamente nada determina em matéria de obrigação indeterminada e apuração de perdas e danos.

Art. 947. Se o devedor não puder cumprir a prestação na espécie ajustada, substituir-se-á pelo seu valor, em moeda corrente. [Dispositivo correspondente no CC/1916: art. 1.534.]

Art. 948. No caso de homicídio, a indenização consiste, sem excluir outras reparações:[1] [Dispositivo correspondente no CC/1916: art. 1.537-*caput*.]

I — no pagamento das despesas com o tratamento da vítima, seu funeral e o luto da família;[1a] [Dispositivo correspondente no CC/1916: art. 1.537-I.]

II — na prestação de alimentos às pessoas a quem o morto os devia, levando-se em conta a duração provável da vida da vítima.[2 a 10] [Dispositivo correspondente no CC/1916: art. 1.537-II.]

Art. 948: 1. v. art. 951.

Art. 948: 1a. "Desnecessidade de comprovação das despesas de funeral para a obtenção do ressarcimento dos causadores do sinistro, em face da certeza do fato, da modicidade da verba quando dentro dos parâmetros previstos pela Previdência Social e da imperiosidade de se dar proteção e respeito à dignidade humana" (STJ-4ª T., REsp 625.161, Min. Aldir Passarinho Jr., j. 27.11.07, DJU 17.12.07). No mesmo sentido: STJ-3ª T., REsp 1.095.575, Min. Nancy Andrighi, j. 18.12.12, maioria, DJ 26.3.13.

"Cabível a indenização por luto, que dispensa comprovação das despesas, quando fixada em parâmetro compatível" (STJ-4ª T., REsp 853.921, Min. João Otávio, j. 16.3.10, DJ 24.5.10).

Art. 948: 2. v. art. 944, nota 3 (Súmulas 491 e 562 do STF e 37 do STJ).

V. tb., no nosso CPCLPV, CPC 533 e notas.

Art. 948: 2a. **Súmula 490 do STF:** "A pensão correspondente à indenização oriunda de responsabilidade civil deve ser calculada com base no salário mínimo vigente ao tempo da sentença e ajustar-se-á às variações ulteriores".

Fixada a pensão com base em salário mínimo, não se cogita da "incidência de correção monetária, na medida em que o valor do salário mínimo sofre natural e periódico reajuste, que já engloba a perda inflacionária ocorrida. Disso decorre que, calculado o número de salários mínimos devidos, basta multiplicá-lo pelo valor do salário mínimo vigente na data do pagamento para obter o montante, em moeda corrente e já atualizado, a ser pago. Esse critério é válido tanto para determinação do valor das prestações vencidas como das vincendas" (RSTJ 63/212: 4ª T., REsp 11.599; a citação é do voto do relator, Min. Sálvio de Figueiredo).

Contra: "A pensão fixada a título de indenização por ato ilícito em número de salários mínimos também deve ser corrigida monetariamente, não sendo lícito afirmar que ela apenas será reajustada com a alteração do valor do próprio salário mínimo" (STJ-3ª T., AI 816.398-AgRg, Min. Sidnei Beneti, j. 7.8.08, DJ 28.8.08; nota: o precedente mencionado nesse acórdão não autorizava essa conclusão, pois fez incidir a correção monetária em caso no qual se considerava o valor do salário mínimo vigente à época dos fatos, e não o atual).

Art. 948: 2b. "As prestações devidas a título de pensão indenizatória devem, para garantir o princípio da *restitutio in integrum*, acompanhar a variação salarial da categoria funcional a que pertencia a vítima" (STJ-3ª T., REsp 39.625-5, Min. Cláudio Santos, j. 17.4.95, DJU 15.5.95).

Art. 948: 2c. "Os filhos da vítima fatal recebiam pensão alimentícia do pai no valor de 15 salários mínimos, devendo esse valor nortear a pensão devida pelo ato ilícito (art. 1.537, II, do Código Civil de 1916), e não um valor presumido de 2/3 de um salário mínimo, o que, na medida do possível, recoloca as partes em situação equivalente ao momento anterior ao evento danoso" (STJ-2ª T., REsp 1.090.861, Min. Castro Meira, j. 21.5.09, DJ 1.6.09).

Art. 948: 3. **Abatimento do benefício previdenciário.** "O acórdão recorrido determinou o pagamento à viúva, por parte da causadora do evento danoso, de pensão mensal vitalícia em face dos danos materiais sofridos; contudo, o falecido era magistrado estadual e, em face de seu cargo, a viúva tem assegurada pensão mensal vitalícia, a ser paga pelo Estado, no valor integral dos vencimentos do *de cujus*. A indenização por dano material, porém, só pode dizer respeito ao ressarcimento daquilo que, em cada situação, representou uma diminuição indevida do patrimônio do ofendido. Colocada tal premissa, o que se verifica é a existência de uma previsão legal de assunção dos riscos previdenciários relativos à carreira da magistratura pelo Estado, em razão da importância e seriedade do exercício desse mister. Se assim é, e se o acórdão afirma existir o direito da viúva à percepção integral, a título de pensão por morte, dos vencimentos do magistrado falecido, qualquer quantia recebida a mais sobre a mesma base representaria a fruição de uma vantagem pecuniária indevida, ultrapassando os limites do ressarcimento ao dano causado" (STJ-RDPr 30/334: 3ª T., REsp 604.758, maioria). No mesmo sentido: "Impossível a cumulação de auxílio-reclusão, convertido em pensão após o óbito do beneficiário, com a indenização por danos materiais aplicada a título de pensionamento à família do *de cujus*. A indenização por dano material só pode dizer respeito ao ressarcimento do que representou a diminuição indevida do patrimônio do ofendido" (STJ-2ª T., REsp 1.125.195, Min. Herman Benjamin, j. 20.4.10, DJ 1.7.10). Ainda: "Incabível o recebimento de pensão mensal, em razão da concessão da aposentadoria por invalidez" (JTJ 348/449: AP 994.05.108625-5). Também: JTJ 314/163 (AP 407.765-5/6-00).

Contra: "O benefício previdenciário não pode ser abatido do pensionamento decorrente de ato ilícito, ante a diversidade da sua origem, constituição do direito e fins" (STJ-4ª T., REsp 373.843, Min. Aldir Passarinho Jr., j. 7.11.06, DJU 11.12.06).

V. tb. art. 944, nota 5.

Art. 948: 4. "No caso de **culpa concorrente,** a indenização, que tem característica típica de alimentos, deve ser fixada na metade do valor da prestação pretendida" (STJ-3ª T., REsp 35.446-3, Min. Waldemar Zveiter, j. 19.10.93, DJU 14.3.94).

Art. 948: 4a. **"Vítima dona de casa.** Indenização por dano material. O fato de a vítima não exercer atividade remunerada não nos autoriza concluir que, por isso, não contribuía ela com a manutenção do lar, haja vista que os trabalhos domésticos prestados no dia a dia podem ser mensurados economicamente, gerando reflexos patrimoniais imediatos" (STJ-RT 827/200, um voto vencido).

Art. 948: 5. **Alimentos devidos aos pais por morte de filho:**

"A morte de **filho que já colabora para as despesas da casa** pode ser indenizada, cumulativamente, tanto pelo dano moral como pelo **dano patrimonial"** (RSTJ 105/341 — voto do relator bastante esclarecedor, sobre todas as hipóteses do assunto). No mesmo sentido: RT 783/432. "A concessão de pensão por morte de filho que já atingiu a idade adulta exige a demonstração da efetiva dependência econômica dos pais em relação à vítima na época do óbito. Na hipótese dos autos, a pensão mensal é devida à genitora da vítima, haja vista a existência de prova testemunhal atestando que o filho, antes do óbito, prestava assistência financeira à mãe" (STJ-3ª T., REsp 1.616.128, Min. Nancy Andrighi, j. 14.3.17, DJ 21.3.17).

Considerando devida, a nosso ver sem razão, a indenização por danos materiais aos pais de **vítima que ainda não trabalhava:**

— por se tratar de **família de baixa renda,** "no pressuposto de que, em se tratando de família humilde, o filho falecido iria colaborar com a manutenção do lar onde residia com sua família" (STJ-4ª T., REsp 740.059, Min. Aldir Passarinho Jr., j. 12.6.07, DJU 6.8.07). "Em família de poucos recursos, o dano patrimonial resultante da morte de um de seus membros é de ser presumido" (RSTJ 76/257: 1ª T., REsp 58.519). No mesmo sentido: STJ-Corte Especial, ED no REsp 147.412, Min. Laurita Vaz, j. 15.2.06, DJU 27.3.06. Estimando que a indenização por danos materiais deve corresponder ao auxílio que, no futuro, o filho poderia prestar aos pais: STJ-3ª T., REsp 437.681, Min. Ari Pargendler, j. 8.10.02, DJU 2.12.02. Concedendo indenização, no caso de morte de **filho recém-nascido:** STJ-2ª T., REsp 738.413, Min. João Otávio, j. 18.10.05, DJU 21.11.05. Ainda, no caso de **filho com deficiência mental:** STJ-3ª T., REsp 1.069.288, Min. Massami Uyeda, j. 14.12.10, DJ 4.2.11;

— independentemente da situação econômica da família: "Assentou a Corte que sendo a vítima menor, sem participar, comprovadamente, das despesas do lar, não configurando nem a sentença nem o acórdão a família como de baixa renda, o cálculo da pensão deve considerar o limite de 25 anos de idade" (STJ-3ª T., REsp 208.363, Min. Menezes Direito, j. 10.12.99, DJU 8.3.00).

Entendendo que, mesmo no caso de vítima que não trabalhava, "cabe ao causador do ilícito desconstituir a presunção de que o acidentado não auxiliaria materialmente a sua família": STJ-3ª T., REsp 1.069.288, Min. Massami Uyeda, j. 14.12.10, DJ 4.2.11.

Afirmando, a nosso ver com razão, que, **se o filho não trabalhava, sua morte somente pode ser indenizada a título de dano moral:** "Em se tratando de menor que ainda não estava trabalhando, seus pais não fazem jus ao pensionamento decorrente de danos materiais, mas tão somente aos morais" (STJ-4ª T., REsp 74.532, Min. Sálvio de Figueiredo, j. 11.3.97, DJU 12.5.97). "A concessão de pensão por morte de filho que já atingira a idade adulta exige a demonstração da efetiva dependência econômica dos pais em relação à vítima na época do óbito (art. 948, II, do CC)" (STJ-3ª T.,

REsp 1.320.715, Min. Paulo Sanseverino, j. 7.11.13, DJ 27.2.14). "O *de cujus* não contribuía com nenhum tipo de ajuda financeira para com a autora, e a mera expectativa de que ele viesse a ajudar os pais nos trabalhos da casa ou no exercício de profissão não são razoáveis para a atribuição de pensão" (RT 884/358: TRF-2ª Reg., AP 2006.71.03.002270-3). "Renda mensal não ocorre na espécie, pois filho origina gastos e não rendimentos" (JTJ 341/226: AP 467.471.4/0-00).

Considerando que nas **famílias mais ricas** a morte do filho menor não gera danos materiais por perda de renda nem dá direito à consequente pensão, pois presume-se que nessas situações aquele se dedicaria aos estudos e não à atividade remunerada: STJ-RT 807/219. "Impossibilidade de se determinar o pagamento de pensão, se a vítima é filho menor de pais de classe média e profissão definida" (JTJ 331/621: AP 425.386.4/4-00).

"É cabível a fixação de salário mensal em favor dos pais de menores vítimas fatais de acidente de trânsito e oriundos de famílias de baixa renda. Contudo, não comprovado o último requisito, não cabe o pensionamento até a idade em que a vítima completaria 65 anos" (STJ-3ª T., REsp 1.302.599, Min. João Otávio, j. 26.4.16, DJ 6.5.16).

Art. 948: 5a. Termo inicial da pensão devida aos pais pela morte de filho:

"A indenização por danos materiais, nos casos de falecimento de menor, é devida a partir da data em que este teria idade para o trabalho (14 anos), sendo fixada à base de 2/3 do salário mínimo até que a vítima completasse 25 anos, e reduzida para 1/3 até os 65 anos, tratando-se de família de baixa renda" (STJ-3ª T., REsp 422.911, Min. Ari Pargendler, j. 7.4.03, DJU 29.9.03). No mesmo sentido, quanto ao termo inicial: STJ-Corte Especial, ED no REsp 107.617, Min. Ari Pargendler, j. 4.5.05, DJU 1.8.05; RSTJ 165/391 (4ª T., REsp 302.298).

Todavia: "Essa presunção relativa, criada pela jurisprudência do STJ, cede ante à constatação de que, na hipótese específica dos autos, a realidade era outra e que, ao falecer, a vítima tinha 16 anos de idade e não exercia atividade remunerada. Afastada a presunção de que a vítima trabalhava desde os 14 anos de idade, estabelece-se outra, no sentido de que, por ser de família de baixa renda, completados 18 anos, integraria o mercado de trabalho. Por maior que seja o empenho dos pais para retardar o ingresso dos filhos no mercado de trabalho, é de se supor que, com idade suficiente para terem encerrado o ensino médio, já adultos e em condições de se sustentar, sejam estes compelidos a trabalhar, até mesmo para fazer frente às suas crescentes necessidades financeiras, bem como para aliviar ao menos parte do fardo imposto até então aos seus pais" (STJ-3ª T., REsp 1.045.389, Min. Nancy Andrighi, j. 19.11.09, DJ 26.11.09).

Termo final da pensão devida aos pais pela morte de filho:

No sentido de que os alimentos devem ser pagos até a data em que a vítima completaria 65 anos: RSTJ 50/305, 83/101, 111/263, 133/327, 147/324; STJ-RT 698/237, 712/286, dois votos vencidos, 713/230, 721/292; STJ-RJM 122/262; STJ-RTJE 118/207; STJ-Bol. AASP 1.813/393; STJ-1ª T.: RSTJ 57/286; STJ-3ª T., REsp 297.544, Min. Pádua Ribeiro, j. 22.5.03, DJU 30.6.03; STJ-4ª T., REsp 138.373, Min. Sálvio de Figueiredo, j. 21.5.98, DJU 29.6.98. No mesmo sentido, porém determinando, na data em que a vítima completaria 25 anos de idade:

— a redução de 50% do valor da pensão: "Assim como é dado presumir-se que o filho, vítima de acidente fatal, teria, não fosse o infausto evento, uma sobrevida até os sessenta e cinco anos, e até lá auxiliaria a seus pais, prestando alimentos, também pode-se supor, pela ordem natural dos fatos da vida, que ele se casaria aos vinte e cinco anos, momento a partir do qual já não mais teria a mesma disponibilidade para ajudar materialmente a seus pais, pois que, a partir do casamento, passaria a suportar novos encargos, que da constituição de uma nova família são decorrentes. A pensão fixada, com base nas peculiaridades da espécie pelo Tribunal de origem, deve, a partir de quando a vítima viesse a completar vinte e cinco anos, ser reduzida pela metade, assim ficando, caso haja a sobrevida dos pais, até os presumíveis sessenta e cinco anos da vítima" (STJ-2ª Seção, ED no REsp 106.327, Min. Cesar Rocha, j. 23.2.00, quatro votos vencidos, DJU 1.10.01). No mesmo sentido: STJ-2ª T., REsp 653.597, Min. Castro Meira, j. 24.8.04, DJU 4.10.04. Reduzindo a pensão de 2/3 do salário mínimo recebida até os 25 anos para 1/3 daí em diante: STJ-RT 828/178 (4ª T., REsp 514.384), STJ-RT 842/143 (2ª T., REsp 586.443);

— a redução de 2/3 (dois terços) da pensão integral recebida até então: STJ-2ª T., REsp 507.120, Min. Eliana Calmon, j. 2.10.03, DJU 10.11.03.

No sentido de que os alimentos devem ser pagos até a data em que a vítima completaria 70 anos, com valor de 2/3 do salário mínimo entre os 14 e os 25 anos e de 1/3 do salário mínimo entre os 25 e os 70 anos: STJ-3ª T., REsp 646.482, Min. Menezes Direito, j. 15.12.05, DJU 8.5.06.

Adotando os mesmos valores e idade como parâmetro, mas fixando como termo final "a longevidade provável prevista em tabela expedida pela Previdência Social": STJ-4ª T., REsp 740.059, Min. Aldir Passarinho Jr., j. 12.6.07, DJU 6.8.07.

Em qualquer caso, **a pensão cessa se o beneficiário falecer antes do termo final** previsto para o pagamento dos alimentos (RSTJ 70/159).

No sentido de que a pensão é **vitalícia:** "Pensão devida aos pais da vítima. Não há limite para a duração dessa pensão, que, por natureza, é vitalícia" (STJ-3ª T., REsp 437.681-EDcl, Min. Ari Pargendler, j. 10.2.04, DJU 29.3.04).

Art. 948: 6. Alimentos devidos aos filhos, pela morte do pai:

Entendendo que o pensionamento aos filhos da vítima é devido "até a data de aniversário dos 25 anos": STJ-2ª T., REsp 592.671, Min. Eliana Calmon, j. 6.4.04, DJU 17.5.04. No mesmo sentido: STJ-3ª T., REsp 650.853, Min. Menezes Direito, j. 26.4.05, DJU 13.6.05; STJ-4ª T., AI 718.562-AgRg, Min. Carlos Mathias, j. 5.8.08, DJ 25.8.08.

"A obrigação de dar pensão, pela morte do pai, ao filho menor, cessa quando este completar 25 anos. Tal regra incide apenas quando o pensionário é física e mentalmente são" (STJ-1ª T.: RSTJ 134/88).

"Os filhos menores de vítima de ato ilícito fazem jus à pensão no equivalente à renda mensal da falecida, desde a data do ilícito até a data de suas colações de grau em curso superior ou, se não concluído, até os 25 anos de idade, excetuando-se o primogênito, emancipado por outorga paterna logo após o fato, para o qual a data da cessação do benefício corresponde à data do registro da emancipação" (RT 870/328).

Art. 948: 6a. "O direito a pensão mensal surge exatamente da necessidade de reparação de dano material decorrente da perda de ente familiar que contribuía com o sustento de parte que era economicamente dependente até o momento do óbito. O fato de a **vítima já ter ultrapassado a idade correspondente à expectativa de vida** média do brasileiro, por si só, não é óbice ao deferimento do benefício, pois muitos são os casos em que referida faixa etária é ultrapassada. É cabível a utilização da tabela de sobrevida, de acordo com os cálculos elaborados pelo IBGE, para melhor valorar a expectativa de vida da vítima quando do momento do acidente automobilístico e, consequentemente, fixar o termo final da pensão" (STJ-3ª T., REsp 1.311.402, Min. João Otávio, j. 18.2.16, DJ 7.3.16).

Art. 948: 6b. Direito de acrescer. "Ao cessar, para um dos beneficiários, o direito a receber pensão relativa à indenização dos danos materiais por morte, sua cota-parte acresce, proporcionalmente, aos demais" (STJ-3ª T., REsp 408.802, Min. Nancy Andrighi, j. 27.6.02, DJU 16.9.02). "Responsabilidade civil. A responsabilidade do réu quanto à integralidade da pensão permanece a mesma, em face do direito de acrescer" (STJ-4ª T., REsp 333.462, Min. Barros Monteiro, j. 5.11.02, DJU 24.2.03). No mesmo sentido: STJ-2ª T., REsp 1.155.559-EDcl, Min. Herman Benjamin, j. 16.11.10, DJ 4.2.11; RSTJ 26/514, RT 865/233.

Súmula 57 do TFR: "É cabível a reversão da pensão previdenciária e daquela decorrente de ato ilícito aos demais beneficiários, em caso de morte do respectivo titular ou a sua perda por força de impedimento legal".

"O direito de acrescer decorre logicamente do pedido formulado na petição inicial das ações de natureza indenizatória, cujo escopo é recompor o estado das coisas existente antes do evento danoso. Assim, o direito de acrescer encontra fundamento no fato de que a renda da vítima sempre seria revertida em benefício dos demais familiares quando qualquer deles não mais necessitasse dela. Não se afigura razoável que, cessado o direito de um dos familiares ao recebimento da pensão, o valor correspondente simplesmente deixe de ser pago pelo réu. Para manter a coerência da premissa que justifica a própria imposição da pensão mensal — de que o pai de família participaria do orçamento doméstico até a sua morte natural — esta deve continuar a ser paga integralmente. A saída de um dos filhos do núcleo familiar não permite inferir que a contribuição do pai diminuiria; apenas significa que esse valor seria distribuído de forma diferente" (STJ-3ª T., REsp 1.155.739, Min. Nancy Andrighi, j. 2.12.10, DJ 10.10.11).

"Cabimento do direito de acrescer, independentemente de previsão no título executivo, no caso de pensão *intuitu familiae*, como na espécie" (STJ-3ª T., AI 1.209.255-EDcl-AgRg, Min. Paulo Sanseverino, j. 7.8.12, DJ 13.8.12).

S/ direito de acrescer e julgamento *extra petita*, v., no nosso CPCLPV, CPC 492, nota 16c.

Art. 948: 7. Segundo **tabela elaborada pelo IBGE,** a expectativa de vida do brasileiro, nas diversas faixas etárias, é a seguinte (idade atual/número de anos que a pessoa ainda viverá):

0	75,5
1	75,5
5	71,7
10	66,8
15	61,9
20	57,2
21	56,3
25	52,6
30	48,1
35	43,5
40	38,9
45	34,5
50	30,2
55	26,0
60	22,1
65	18,4
70	15,0
75	12,0
80	9,4

Essa tabela pode ser consultada, na íntegra, em <ftp://ftp.ibge.gov.br/Tabuas_Completas_de_Mortalidade/Tabuas_Completas_de_Mortalidade_2015/tabua_de_mortalidade_analise.pdf>

Em decisão do Min. Sálvio de Figueiredo (ED no REsp 119.649, DJU 12.6.01, p. 97, *in fine*), verifica-se que essa tabela tem sido aceita em julgados do STJ. No mesmo sentido: STJ-4ª T., REsp 503.046, Min. Luis Felipe, j. 28.4.09, DJ 25.5.09; STJ-2ª T., REsp 1.027.318, Min. Herman Benjamin, j. 7.5.09, DJ 31.8.09; STJ-1ª T., REsp 1.124.471, Min. Luiz Fux, j. 17.6.10, DJ 1.7.10.

Art. 948: 7a. Negando o pagamento da pensão de uma só vez: RTJ 114/427. V. art. 950, nota 6a. Mas: "A satisfação do dano moral deve ser paga de uma só vez, de imediato" (RSTJ 76/257).

Art. 948: 8. A pensão devida a título de indenização por morte não pode ser igual aos rendimentos que eram percebidos pela vítima, porque "desse montante deve ser **descontado** o que lhe era necessário para o **sustento próprio**" (STJ-3ª T., REsp 191.379, Min. Ari Pargendler, j. 27.8.01, DJU 1.10.01). Entendendo que essa redução deve corresponder à terça parte dos rendimentos da vítima: STJ-2ª T., REsp 26.810-6, Min. Pádua Ribeiro, j. 15.9.93, DJU 4.10.93; STJ-4ª T., REsp 100.927, Min. Cesar Rocha, j. 26.10.01, DJU 15.10.01.

Art. 948: 9. "A ausência de prova de que a vítima possuía, ao tempo do acidente, vínculo empregatício constitui óbice à inclusão do **décimo terceiro salário** e da gratificação de **férias** no montante da indenização" (STJ-4ª T., REsp 1.075.663-AgRg, Min. João Otávio, j. 3.2.09, DJ 16.2.09). No mesmo sentido, quanto ao 13º salário: STJ-3ª T., REsp 1.279.173, Min. Paulo Sanseverino, j. 4.4.13, DJ 9.4.13.

"Consignado que a vítima era empregada assalariada, a pensão fixada em favor de seus familiares deve contemplar os valores relativos a férias" (STJ-3ª T., REsp 1.137.708, Min. Nancy Andrighi, j. 13.10.09, DJ 6.11.09). No mesmo sentido: JTJ 330/162 (AI 568.058-4/1-00).

Art. 948: 9a. **Novo casamento do cônjuge beneficiário da pensão.** "A pensão prestada à viúva pelos danos materiais decorrentes da morte de seu marido não termina em face da remaridação, tanto porque o casamento não constitui nenhuma garantia da cessação das necessidades da viúva alimentanda, quanto porque o prevalecimento da tese oposta importa na criação de obstáculo para que a viúva venha a contrair novas núpcias, contrariando o interesse social que estimula que as relações entre homem e mulher sejam estabilizadas com o vínculo matrimonial" (STJ-4ª T., REsp 100.927, Min. Cesar Rocha, j. 26.10.01, DJU 15.10.01).

Art. 948: 10. **Súmula 493 do STF:** "O valor da indenização, se consistente em prestações periódicas e sucessivas, compreenderá, para que se mantenha inalterável na sua fixação, parcelas compensatórias do imposto de renda, incidente sobre os juros do capital gravado ou caucionado, nos termos dos arts. 911 e 912 do CPC". Os arts. 911 e 912 do CPC/39 correspondem ao atual art. 533 do CPC.

Art. 949. No caso de lesão ou outra ofensa à saúde,[1-1a] o ofensor indenizará o ofendido das despesas do tratamento e dos lucros cessantes até ao fim da convalescença,[2 a 5] além de algum outro prejuízo que o ofendido prove haver sofrido.[6] [Dispositivo correspondente no CC/1916: art. 1.538-*caput*.]

Art. 949: 1. v. arts. 950 e 951.

Art. 949: 1a. "As sequelas físicas decorrentes do ato ilícito, mesmo que não sejam visíveis de ordinário e, por isso, não causem repercussão negativa na aparência da vítima, certamente provocam intenso sofrimento. Desta forma, as lesões não precisam estar expostas a terceiros para que sejam indenizáveis, pois o que se considera para os danos estéticos é a degradação da integridade física da vítima, decorrente do ato ilícito" (STJ-3ª T., REsp 899.869, Min. Gomes de Barros, j. 13.2.07, DJU 26.3.07).

S/ cumulação de dano moral e dano estético, v. art. 186, nota 2b.

Art. 949: 2. **Enunciado 192 do CEJ:** "Os danos oriundos das situações previstas nos arts. 949 e 950 do Código Civil de 2002 devem ser analisados em conjunto, para o efeito de atribuir indenização por perdas e danos materiais, cumulada com dano moral e estético".

Art. 949: 3. "Não obstante a lei determine 'até o fim da convalescença', nada obsta que o juiz, dentro do poder de cautela que lhe é inerente e já se adiantando a tumultos processuais certamente ocorrentes se não delimitada a matéria, estabeleça, pelo menos, um ponto de partida para a obrigação de reparar o dano. O ponto de partida encontrado na sentença foi a fase de liquidação, onde se apurará o estado atual do autor, os tratamentos necessários e possíveis para abrandar o mal impingido, suas conveniências e possibilidades, sem o risco de que, na hipótese de ser deixado em aberto o período da convalescença, terminasse o réu suportando além do que se obrigou, seja pelo advento de outras mazelas, seja pelo decurso do tempo, seja pela própria acentuação da idade do demandante" (RJTJERGS 255/199).

Art. 949: 3a. "A condenação deve incluir todas as intervenções que se fizeram necessárias durante a tramitação do demorado processo e das que devam ser feitas no tratamento das sequelas deixadas pelo acidente, ainda que não possam ser desde logo definidas em número e em valor, o que ficará para a liquidação de sentença. Conforme a perícia, a natureza das lesões exige constantes e periódicas intervenções, até sua definitiva consolidação" (STJ-4ª T., REsp 297.007, Min. Ruy Rosado, j. 14.8.01, DJU 18.3.02).

"Tratando-se de sequelas duradouras, que exijam tratamento contínuo e prolongado, a indenização devida ao prejudicado também deve abranger essas despesas, sendo desnecessária a propositura de novas ações" (STJ-3ª T., REsp 651.225, Min. Castro Filho, j. 19.8.04, DJU 20.9.04).

V. tb. art. 950, nota 2.

Art. 949: 4. "Pedindo a autora a condenação da ré no pagamento de pensão mensal para custear futuros tratamentos médicos, remédios, exames e outros, não é lícito ao juiz julgar procedente o pedido para determinar que a ré pague plano de saúde para a autora" (STJ-3ª T., REsp 899.869, Min. Gomes de Barros, j. 13.2.07, DJU 26.3.07).

Art. 949: 5. v. arts. 402 e 403.

Art. 949: 6. v. art. 944, nota 3 (Súmula 37 do STJ).

Art. 950. Se da ofensa resultar defeito[1-1a] pelo qual o ofendido não possa exercer o seu ofício ou profissão, ou se lhe diminua a capacidade de trabalho,[1b a 1e] a indenização, além das despesas do tratamento e lucros cessantes até o fim da convalescença,[1f-2] incluirá pensão correspondente à importância do trabalho para que se inabilitou, ou da depreciação que ele sofreu.[2a a 5] [Dispositivo correspondente no CC/1916: art. 1.539.]

Parágrafo único. O prejudicado, se preferir, poderá exigir que a indenização seja arbitrada e paga de uma só vez.[6 a 7] [Sem dispositivo correspondente no CC/1916.]

Art. 950: 1. v. arts. 949 e 951.

Art. 950: 1a. v. art. 949, nota 2 (Enunciado 192 do CEJ).

Art. 950: 1b. "Presume-se a redução da capacidade laborativa da vítima de ato ilícito que sofre graves sequelas físicas permanentes, evidentemente limitadoras de uma vida plena. O só fato de se presumir que a vítima de ato ilícito portadora de limitações está capacitada para exercer algum trabalho não exclui o pensionamento, pois a experiência mostra que o deficiente mercado de trabalho brasileiro é restrito mesmo quando se trata de pessoa sem qualquer limitação física" (STJ-3ª T., REsp 899.869, Min. Gomes de Barros, j. 13.2.07, DJU 26.3.07).

"A vítima do evento danoso — que sofre redução parcial e permanente da capacidade laborativa — tem direito ao pensionamento previsto no art. 950 do CC, independentemente da existência de capacidade para o exercício de outras atividades, em face do maior sacrifício tanto na busca de um emprego quanto na maior dificuldade na realização do serviço" (STJ-2ª T., REsp 1.269.274, Min. Mauro Campbell, j. 4.12.12, DJ 10.12.12).

Art. 950: 1c. "Diversamente do benefício previdenciário, a indenização de cunho civil tem por objetivo não apenas o ressarcimento de ordem econômica, mas, igualmente, o de compensar a vítima pela lesão física causada pelo ato ilícito do empregador, que reduziu a sua capacidade laboral em caráter definitivo, inclusive pelo natural obstáculo de ensejar a busca por melhores condições e remuneração na mesma empresa ou no mercado de trabalho. Destarte, ainda que o empregado passe a exercer funções melhor remuneradas, o desempenho do trabalho com maior sacrifício em face das sequelas permanentes há de ser compensado pelo pagamento de uma pensão indenizatória total" (STJ-4ª T., REsp 579.888, Min. Aldir Passarinho Jr., j. 6.8.09, DJ 21.9.09).

"O art. 950 do Código Civil não exige que tenha havido também a perda do emprego ou a redução dos rendimentos da vítima para que fique configurado o direito ao recebimento da pensão. O dever de indenizar decorre unicamente da perda da capacidade laboral, que, na hipótese, foi expressamente reconhecida pelo acórdão recorrido. A indenização de cunho civil não se confunde com aquela de natureza previdenciária. Assim, é irrelevante o fato de que o recorrente, durante o período do seu afastamento do trabalho, continuou auferindo renda através do sistema previdenciário dos servidores públicos. A indenização civil, diferentemente da previdenciária, busca o ressarcimento da lesão física causada, não propriamente a mera compensação sob a ótica econômica" (STJ-3ª T., REsp 1.062.692, Min. Nancy Andrighi, j. 4.10.11, DJ 11.10.11).

V. tb. art. 944, nota 4a.

S/ dimensionamento da pensão, v. tb. notas 3 e segs.

Art. 950: 1d. "É devida a indenização ao adolescente que teve sua capacidade laborativa reduzida. O fato de não exercer atividade remunerada, no momento do acidente, não afasta a pretensão indenizatória, pois a redução da aptidão para o trabalho, por si só, gera prejuízo que refletirá em toda a sua vida" (STJ-3ª T., REsp 712.293, Min. Castro Filho, j. 21.11.06, DJU 4.12.06). No mesmo sentido: RT 868/273.

"O art. 950 do Código Civil admite ressarcir não apenas a quem, na ocasião da lesão, exerça atividade profissional, mas também aquele que, muito embora não a exercitando, veja restringida sua capacidade de futuro trabalho" (STJ-4ª T., REsp 1.281.742, Min. Marco Buzzi, j. 13.11.12, DJ 5.12.12). Do voto do relator: "A circunstância de estar o autor, ao tempo do acidente, já aposentado, não exclui o seu direito ao recebimento da pensão".

Art. 950: 1e. "Na hipótese como a dos autos, em que a acidentada desenvolvia atividade meramente intelectual, apurando-se que a perda do braço esquerdo em nada prejudicou suas atividades profissionais, indevido é o pensionamento pretendido" (STJ-4ª T., REsp 799.989, Min. João Otávio, j. 26.8.08, DJ 8.9.08).

Art. 950: 1f. v. arts. 402 e 403.

Art. 950: 2. "Não encontra respaldo legal a condenação ao pagamento de danos emergentes em forma de pensão mensal, com base em estimativa de custos com o tratamento. O ressarcimento deve corresponder ao exato montante desembolsado, sob pena de enriquecimento ilícito" (STJ-RF 397/476: 2ª T., REsp 718.632).

V. tb. art. 949, nota 3a.

Art. 950: 2a. v. arts. 944, nota 3, e 948, nota 2a (Súmulas 490 e 562 do STF).

Art. 950: 3. Para o dimensionamento da pensão, "o que vale para a fixação do percentual, em princípio, é a incapacidade para o trabalho que exercia no momento do ato lesivo, pouco relevando que haja incapacidade apenas parcial para outras atividades, salvo a comprovação de que o ofendido efetivamente exerce outro emprego remunerado. A mera possibilidade de fazê-lo está fora da presunção legal" (STJ-RT 837/160: 3ª T., REsp 569.351). No caso, tendo o laudo atestado incapacidade total para a atividade anteriormente exercida e estando a pessoa desempregada, foi fixada a pensão em valor equivalente a cem por cento do que ela recebia em seu trabalho, pouco importando a constatação pelo perito de incapacidade simplesmente parcial para o desenvolvimento de atividades laborativas em geral.

"Em razão de acidente de trabalho, o desempenho do labor, embora com maior sacrifício, em face das sequelas permanentes, há de ser compensado pelo pagamento de uma pensão indenizatória total, ainda que o trabalhador exerça outra função melhor remunerada" (STJ-4ª T., REsp 796.037-AgRg, Min. Luis Felipe, j. 15.12.09, dois votos vencidos, DJ 10.8.10).

"Quanto ao valor da pensão, deverá ser equivalente ao percentual de perda da capacidade aplicado sobre o valor da renda que o recorrente auferia à época do acidente, devidamente corrigida" (STJ-3ª T., REsp 1.062.692, Min. Nancy Andrighi, j. 4.10.11, DJ 11.10.11; a citação é do voto da relatora).

"A pensão mensal vitalícia fixada em razão da incapacidade laborativa total ou parcial resultante de moléstia profissional, mercê do caráter indenizatório, deve ser corrigida monetariamente a partir do evento danoso. Nesse contexto, a remuneração mensal da autora declarada na petição inicial deve ser corrigida monetariamente desde a data do evento danoso, para fins de determinação do valor inicial da pensão mensal vitalícia, incidindo correção monetária sobre o valor devido a contar de cada vencimento" (STJ-4ª T., REsp 813.209-EDcl, Min. Antonio Ferreira, j. 27.11.12, DJ 6.12.12).

"O termo inicial para o pensionamento vitalício, em caso de responsabilidade civil decorrente de ato ilícito, é a data do fato ensejador da reparação, qual seja, o evento danoso. No cálculo da pensão vitalícia deve-se tomar por base os valores dos salários mínimos correspondentes a cada período transcorrido desde o acidente" (STJ-4ª T., REsp 1.281.742-EDcl, Min. Marco Buzzi, j. 2.9.14, DJ 11.9.14).

"A pensão por incapacidade permanente decorrente de lesão corporal é vitalícia, não havendo o limitador da expectativa de vida" (STJ-3ª T., REsp 1.278.627, Min. Paulo Sanseverino, j. 18.12.12, DJ 4.2.13). No mesmo sentido, ponderando que no caso "o tempo de pensionamento é pautado pela longevidade real": STJ-4ª T., REsp 775.332, Min. Aldir Passarinho Jr., j. 5.3.09, DJ 23.3.09.

S/ direito à pensão, v. tb. notas 1b e segs.

Art. 950: 3a. "Sem provas do exercício de atividade remunerada, tampouco de eventual remuneração recebida antes do ato ilícito, a vítima tem direito a pensão mensal de 1 (um) salário mínimo, desde o evento danoso até o fim de sua vida. A indicação de termo final do pensionamento só é cabível quando se pretende pensão por morte, pois deve-se presumir que a vítima, não fosse o ato ilícito, viveria tempo equivalente à expectativa média de vida do brasileiro. É lícito ao juiz determinar que o réu constitua capital para garantir o adimplemento da pensão a que foi condenado, mesmo sem pedido do autor" (STJ-3ª T., REsp 899.869, Min. Gomes de Barros, j. 13.2.07, DJU 26.3.07). No mesmo sentido: STJ-4ª T., AI 599.565-AgRg, Min. Fernando Gonçalves, j. 11.11.08, DJ 1.12.08.

Art. 950: 4. "Em se tratando de ato ilícito gerador de incapacidade para o trabalho, o salário a ser considerado para efeito de cálculos das verbas indenizatórias, deve ser aquele que o trabalhador recebia à época do evento, na hipótese, o fixado em carteira de trabalho" (STJ-RT 850/215: 4ª T., REsp 240.406).

Art. 950: 5. "Indenização por ato ilícito não se confunde com pensão enquanto benefício previdenciário (REsp 811.193/GO, Min. Rel. Jorge Scartezzini, 4ª T., DJ de 6.11.06). A indenização, reconhecida em sentença, representada por pensão mensal vitalícia, devida a quem teve reduzida a capacidade laborativa, tem caráter personalíssimo, perdurando enquanto vivo o seu titular. Falecido o credor, em respeito à natureza da obrigação e aos limites da coisa julgada, os seus dependentes não têm direito a continuar percebendo a indenização" (STJ-RT 864/197: 1ª T., RMS 21.611). "Em que pese a natureza indenizatória da pensão mensal fixada em função da perda da capacidade laborativa do empregado que perdeu a mão em acidente do trabalho, tal indenização somente pode ser paga enquanto se produzir o dano correspondente. Se o empregado, que mensalmente é remunerado em conformidade com o que se determinou na sentença, vem a falecer antes da data-limite nela fixada, não há como habilitar os sucessores a receber a pensão mensal" (STJ-3ª T., REsp 997.056, Min. Nancy Andrighi, j. 3.4.08, um voto vencido, DJ 22.8.08). No mesmo sentido: STJ-2ª T., REsp 1.320.214, Min. Castro Meira, j. 21.8.12, DJ 29.8.12.

Art. 950: 6. Enunciado 48 do CEJ: "O parágrafo único do art. 950 do novo Código Civil institui direito potestativo do lesado para exigir pagamento da indenização de uma só vez, mediante arbitramento do valor pelo juiz, atendido ao disposto nos artigos 944 e 945 e à possibilidade econômica do ofensor".

Enunciado 381 do CEJ: "O lesado pode exigir que a indenização, sob a forma de pensionamento, seja arbitrada e paga de uma só vez, salvo impossibilidade econômica do devedor, caso em que o juiz poderá fixar outra forma de pagamento, atendendo à condição financeira do ofensor e aos benefícios resultantes do pagamento antecipado".

Art. 950: 6a. "O direito potestativo de a vítima solicitar o pagamento imediato da indenização material ocorre apenas na hipótese de redução da capacidade laboral e não nos casos de falecimento (artigo 948 do Código Civil)" (STJ-2ª T., REsp 1.230.007, Min. Castro Meira, j. 17.2.11, DJ 28.2.11; a citação é do voto do relator).

Art. 950: 6b. "O parágrafo único do art. 950 do Código Civil de 2002, que prevê a possibilidade de pagamento de cota única de pensão decorrente de ato ilícito, **não se aplica aos casos de pensão vitalícia.** O pagamento, em parcela única, implica, em tese, a desnaturação do próprio instituto da vitaliciedade, pois a vítima do acidente pode ficar desamparada em determinado momento de sua vida ou provocar o enriquecimento sem causa do credor, caso este faleça de forma prematura. A regra de constituição de capital, aplicada pelo aresto impugnado, nos moldes da Súmula 313 do STJ e do art. 475-Q do Código de Processo Civil de 1973, segue os interesses de ambas as partes e garante o pagamento mensal da pensão vitalícia" (STJ-4ª T., REsp 1.282.069, Min. Luis Felipe, j. 17.5.16, DJ 7.6.16).

Art. 950: 7. "O pagamento de indenização em parcela única **não se configura em um direito absoluto da vítima,** mas, caso requerido, deve ser apreciado pelo julgador, que ponderará as circunstâncias do caso, em especial, a capacidade econômica do ofensor" (STJ-3ª T., REsp 1.531.096, Min. Ricardo Cueva, j. 17.5.16, DJ 23.5.16).

"Deve-se, entretanto, atentar à situação de cada caso, à higidez econômica do devedor e à possibilidade e conveniência de que a pensão seja paga de uma só vez. Deve-se dosar e ponderar a incidência dessa norma, não se podendo aplicar ao pé da letra a disposição referida, antecipando-se as prestações vincendas que deverão ser pagas no decorrer dos anos. Além disso, quando a vítima sobrevive ao evento, como ocorre nos autos, a antecipação das prestações daria ensejo a que o pagamento em parcela única deixasse de atender ao seu estrito objetivo, permitindo enriquecimento ilícito" (STJ-3ª T., REsp 876.448, Min. Sidnei Beneti, j. 17.6.10, DJ 21.9.10; a citação é do voto do relator).

Art. 951. O disposto nos arts. 948, 949 e 950 aplica-se ainda no caso de indenização devida por aquele que, no exercício de atividade profissional, por negligência, imprudência ou imperícia, causar a morte do paciente, agravar-lhe o mal, causar-lhe lesão, ou inabilitá-lo para o trabalho.[1 a 9] [Dispositivo correspondente no CC/1916: art. 1.545.]

Art. 951: 1. "A responsabilidade médica na experiência brasileira contemporânea", por Gustavo Tepedino (RJ 311/18); "Responsabilidade civil do médico", por Márcia Regina Lusa Cadore Weber (Ajuris 95/201, RDPr 18/144 e RSDCPC 36/138); "Responsabilidade civil por erro médico", por Misael Montenegro Filho (RDA 229/125); "Entendendo problemas médico-jurídicos em ginecologia e obstetrícia", por Judith Martins-Costa (RT 831/106); "Erro médico, complicação e prática não médica. Por uma classificação da responsabilidade do profissional de saúde", por Edmundo Machado Ferraz e Roberto Wanderley Nogueira (RT 835/33); "O dever de esclarecimento e a responsabilidade médica", por André Gonçalo Dias Pereira (RT 839/69); "A responsabilidade civil médica frente ao ordenamento jurídico atual", por Domingos Afonso Kriger Filho (RF 380/33); "O erro médico: lei, doutrina e jurisprudência", por Amadeu de Almeida Weinmann (RMDCPC 6/42); "O consumidor e seus direitos diante de erros médicos e falhas de serviços hospitalares", por Andréa de Almeida Brunhari e Ênio Santarelli Zuliani (RMDCPC 47/58, RMDECC 43/35 e RSDCPC 77/95).

Art. 951: 1a. s/ responsabilidade civil dos hospitais, v., no nosso CCLCV, CDC 14, notas 1 e 2. V. tb CDC 14 § 4º.

Art. 951: 1b. A responsabilidade do médico "não decorre do mero insucesso no diagnóstico ou no tratamento, seja clínico ou cirúrgico. Cabe ao paciente demonstrar que o resultado funesto teve por causa a negligência, imprudência ou imperícia do médico, sendo a **prova da culpa imprescindível**" (RF 377/345, acórdão relatado pelo Des. Sergio Cavalieri). No mesmo sentido: RP 119/200.

"A responsabilidade do médico pressupõe o estabelecimento do nexo causal entre causa e efeito da alegada falta médica, tendo em vista que, embora se trate de responsabilidade contratual — cuja obrigação gerada é de meio —, é subjetiva, devendo ser comprovada ainda a culpa do profissional" (STJ-RJM 188/333: 4ª T., REsp 1.078.057).

S/ inversão do ônus da prova nesses casos, v., no nosso CCLCV, CDC 6º, nota 8b.

Art. 951: 1c. "Nas hipóteses em que se discute erro médico, a incerteza não está no dano experimentado, notadamente nas situações em que a vítima vem a óbito. A incerteza está na participação do médico nesse resultado, à medida que, em princípio, o dano é causado por força da doença, e não pela falha de tratamento. Conquanto seja viva a controvérsia, sobretudo no direito francês, acerca da aplicabilidade da teoria da responsabilidade civil pela **perda de uma chance** nas situações de erro médico, é forçoso reconhecer sua aplicabilidade. Basta, nesse sentido, notar que a chance, em si, pode ser considerada um bem autônomo, cuja violação pode dar lugar à indenização de seu equivalente econômico, a exemplo do que se defende no direito americano. Prescinde-se, assim, da difícil sustentação da teoria da causalidade proporcional. Admitida a indenização pela chance perdida, o valor do bem deve ser calculado em uma proporção sobre o prejuízo final experimentado pela vítima. A chance, contudo, jamais pode alcançar o valor do bem perdido. É necessária uma redução proporcional" (STJ-3ª T., REsp 1.254.141, Min. Nancy Andrighi, j. 4.12.12, DJ 20.2.13).

Todavia: "A chamada 'teoria da perda da chance', de inspiração francesa e citada em matéria de responsabilidade civil, aplica-se aos casos em que o dano seja real, atual e certo, dentro de um juízo de probabilidade, e não de mera possibilidade, porquanto o dano potencial ou incerto, no âmbito da responsabilidade civil, em regra, não é indenizável. *In casu*, o v. acórdão recorrido concluiu haver mera possibilidade de o resultado morte ter sido evitado caso a paciente tivesse acompanhamento prévio e contínuo do médico no período pós-operatório, sendo inadmissível, pois, a responsabilização do médico com base na aplicação da 'teoria da perda da chance'" (STJ-RF 405/448: 3ª T., REsp 1.104.665).

S/ perda de uma chance, v. tb. nota 7a, arts. 402, nota 7, e 927, notas 3a, 3c e 5c, no nosso CCLCV, CDC 14, notas 2, *in fine*, 3a, e 7a.

Art. 951: 1d. "O médico que deixa de informar o paciente acerca dos riscos da cirurgia incorre em negligência, e responde civilmente pelos danos resultantes da operação" (STJ-3ª T., AI 818.144-AgRg, Min. Ari Pargendler, j. 9.10.07, DJU 5.11.07). No mesmo sentido: "Dano moral que ocorre *in re ipsa*, sendo obrigação do profissional da saúde os esclarecimentos acerca de qualquer procedimento ou tratamento, notadamente aquele que poderá agravar o quadro e prejudicar a qualidade de sobrevida" (JTJ 355/620: AP 994.09.285412-0, maioria).

Art. 951: 1e. "Na medicina moderna a operação cirúrgica não pode ser compreendida apenas em seu aspecto unitário, pois frequentemente nela interferem múltiplas especialidades médicas. Nesse contexto, normalmente só caberá a responsabilização solidária e objetiva do cirurgião chefe da equipe médica quando o causador do dano for profissional que atue sob predominante subordinação àquele. No caso de médico anestesista, em razão de sua capacitação especializada e de suas funções específicas durante a cirurgia, age com acentuada autonomia, segundo técnicas médico-científicas que domina e suas convicções e decisões pessoais, assumindo, assim, responsabilidades próprias, segregadas, dentro da equipe médica. Destarte, se o dano ao paciente advém, comprovadamente, de ato praticado pelo anestesista, no exercício de seu mister, este responde individualmente pelo evento. O Código de Defesa do Consumidor, em seu art. 14, *caput*, prevê a responsabilidade objetiva aos fornecedores de serviço pelos danos causados ao consumidor em virtude de defeitos na prestação do serviço ou nas informações prestadas — fato do serviço. Todavia, no § 4º do mesmo artigo, excepciona a regra, consagrando a responsabilidade subjetiva dos profissionais liberais. Não há, assim, solidariedade decorrente de responsabilidade objetiva, entre o cirurgião-chefe e o anestesista, por erro médico deste último durante a cirurgia" (STJ-2ª Seção, ED no REsp 605.435, Min. Raul Araújo, j. 14.9.11, maioria, DJ 28.11.12). **Contra:** "Em regra, o cirurgião chefe dirige a equipe, estando os demais profissionais, que participam do ato cirúrgico, subordinados às suas ordens, de modo que a intervenção se realize a contento. No caso ora em análise, restou incontroverso que o anestesista, escolhido pelo chefe da equipe, agiu com culpa, gerando danos irreversíveis à autora, motivo pelo qual não há como afastar a **responsabilidade solidária do cirurgião chefe,** a quem estava o anestesista diretamente subordinado" (STJ-4ª T., REsp 605.435, Min. Luis Felipe, j. 22.9.09, um voto vencido, DJ 16.11.09; nota: esse acórdão foi cassado no julgamento dos subsequentes embargos de divergência).

Art. 951: 1f. "Médico que deixa de prestar **assistência pós-cirúrgica** a paciente que tem seu estado de saúde agravado, alegando que a piora não decorre do ato cirúrgico que realizou, mas de outras causas, encaminhando-a a profissionais diversos, deve responder pelo dano ocasionado à paciente, pois deixou de agir com a cautela necessária, sendo negligente" (STJ-4ª T., REsp 914.329, Min. Luis Felipe, j. 19.8.08, DJ 13.10.08).

Art. 951: 2. "Constatada a realização de **cirurgia reparadora e estética,** o cirurgião assume, na primeira, obrigação de meio, e, provado que agiu culposamente, fica obrigado a ressarcir os prejuízos materiais experimentados pela vítima. Na segunda, assume obrigação de resultado (responsabilidade contratual ou objetiva), devendo indenizar a vítima pelo não cumprimento do contrato, decorrente da deformidade ou de alguma irregularidade" (RT 813/354). "Nas cirurgias de natureza mista — estética e reparadora —, a responsabilidade do médico não pode ser generalizada, devendo ser analisada de forma fracionada, sendo de resultado em relação à sua parcela estética e de meio em relação à sua parcela reparadora" (STJ-RT 914/536: 3ª T., REsp 1.097.955). No mesmo sentido: STJ-4ª T., REsp 819.008, Min. Raul Araújo, j. 4.10.12, DJ 29.10.12. Também enfatizando a condição da cirurgia reparadora como obrigação de meio: RT 849/348, RJM 174/171.

"A obrigação assumida pelo médico, normalmente, é obrigação de meios, posto que objeto do contrato estabelecido com o paciente não é a cura assegurada, mas sim o compromisso do profissional no sentido de uma prestação de cuidados precisos e em consonância com a ciência médica na busca pela cura. Apesar de abalizada doutrina em sentido contrário, este Superior Tribunal de

Justiça tem entendido que a situação é distinta, todavia, quando o médico se compromete com o paciente a alcançar um determinado resultado, o que ocorre no caso da cirurgia plástica meramente estética. Nesta hipótese, segundo o entendimento nesta Corte Superior, o que se tem é uma obrigação de resultados e não de meios. No caso das obrigações de meio, à vítima incumbe, mais do que demonstrar o dano, provar que este decorreu de culpa por parte do médico. Já nas obrigações de resultado, como a que serviu de origem à controvérsia, basta que a vítima demonstre, como fez, o dano (que o médico não alcançou o resultado prometido e contratado) para que a culpa se presuma, havendo, destarte, a inversão do ônus da prova. Não se priva, assim, o médico da possibilidade de demonstrar, pelos meios de prova admissíveis, que o evento danoso tenha decorrido, por exemplo, de motivo de força maior, caso fortuito ou mesmo de culpa exclusiva da 'vítima' (paciente)" (STJ-RDPr 41/323: 4ª T., REsp 236.708).

"A cirurgia estética é uma obrigação de resultado, pois o contratado se compromete a alcançar um resultado específico, que constitui o cerne da própria obrigação, sem o que haverá a inexecução desta. Nessas hipóteses, há a presunção de culpa, com inversão do ônus da prova. O uso da técnica adequada na cirurgia estética não é suficiente para isentar o médico da culpa pelo não cumprimento de sua obrigação" (STJ-3ª T., REsp 1.395.254, Min. Nancy Andrighi, j. 15.10.13, DJ 29.11.13).

"A cirurgia plástica com fim exclusivo ou preponderantemente estético é obrigação de resultado, presumindo-se a culpa do cirurgião, a quem incumbe provar sua inocência ou causa exonerativa" (RT 883/283: TJMS, AP 2006.021397-3/0000-00).

"A obrigação do médico na cirurgia plástica meramente estética é de resultado, pois ninguém em sã consciência se submete aos riscos de uma cirurgia, nem se dispõe a fazer elevados gastos para ficar mais feio do que já era, ou com a mesma aparência" (JTJ 327/441: AP 200.098-4/9-00; a citação é do voto do relator, na p. 445).

Todavia: "Os procedimentos cirúrgicos de fins meramente estéticos caracterizam verdadeira obrigação de resultado, pois neles o cirurgião assume verdadeiro compromisso pelo efeito embelezador prometido. Nas obrigações de resultado, a responsabilidade do profissional da medicina permanece subjetiva. Cumpre ao médico, contudo, demonstrar que os eventos danosos decorreram de fatores externos e alheios à sua atuação durante a cirurgia. Apesar de não prevista expressamente no CDC, a eximente de caso fortuito possui força liberatória e exclui a responsabilidade do cirurgião plástico, pois rompe o nexo de causalidade entre o dano apontado pelo paciente e o serviço prestado pelo profissional. Age com cautela e conforme os ditames da boa-fé objetiva o médico que colhe a assinatura do paciente em 'termo de consentimento informado', de maneira a alertá-lo acerca de eventuais problemas que possam surgir durante o pós-operatório" (STJ-RT 903/196: 3ª T., REsp 1.180.815).

"Malgrado se trate de cirurgia plástica, a cicatrização varia conforme a reação de cada organismo, de modo que eventual aparência em desconformidade com o esperado pela paciente não está abrangido pela denominada obrigação de resultado. Logo, a responsabilização do médico depende da prova de conduta culposa, circunstância ausente na espécie, pois o conjunto probatório revela a adoção de técnica correta e, ainda, inadequado comportamento pós-cirúrgico da autora. Demonstrado que a autora foi devidamente cientificada dos riscos da cirurgia, não houve descumprimento do dever de informação pelo médico" (RT 892/265: TJPR, AP 572.009-2).

Art. 951: 3. "Quando o médico, para salvar a vida do paciente, vê-se na contingência de proceder a intervenção que contenha o risco de causar efeito colateral leve ou grave, sequela, cicatriz aparente ou *deficit* sensorial, não lhe restando outra alternativa para preservar a vida, está-se diante de **inexigibilidade de conduta diversa,** que atua como causa excludente de responsabilidade, ainda que esta seja objetiva" (RT 824/222: caso envolvendo hospital público e relatado pelo Des. Rui Stoco).

Art. 951: 4. "Esquecimento de **agulha no abdômen** da paciente. Negligência. Nexo de causalidade configurado. Indenização por danos morais fixada. Pagamento das despesas com tratamento determinado" (JTJ 333/428: AP 591.562-4/5-00).

Todavia: "A ilicitude desaparece quando, antevendo risco de morte do paciente em caso de prolongamento de cirurgia urgente, o médico encerra o procedimento, mesmo sabendo que fragmento de agulha cirúrgica se perdeu, acidentalmente, no organismo do enfermo. Não sofre danos morais paciente que, tão logo se recupera da cirurgia de urgência, é informado de que parte de material cirúrgico foi deixado em seu organismo e, conscientemente, decide não realizar simples intervenção para extrair o fragmento" (STJ-3ª T., REsp 902.537, Min. Gomes de Barros, j. 17.3.08, DJU 13.5.08).

Art. 951: 5. "Em se tratando de demanda ressarcitória fundada em responsabilidade civil do nosocômio em virtude de danos decorrentes de **infecção hospitalar,** são partes passivas ilegítimas o médico que realizou a intervenção cirúrgica e a entidade mantenedora do plano de saúde" (RT 858/393).

Art. 951: 6. "Responsabilidade civil. Cirurgia de laqueadura de trompas. **Gravidez** após 4 anos. Ausência de provas que pudessem configurar negligência ou imperícia por parte do médico. Não há técnica que tenha finalidade de esterilização por ligadura de trompas que seja eficaz em 100% (cem por cento). Falta de comprovação, no percurso instrutório, de nexo de causalidade ou de qualquer conduta por parte do médico ou da casa de saúde, que pudesse ensejar a condenação a título de dano moral" (RT 871/342). No mesmo sentido: RT 905/336 (TJPR, AP 698.808-7), JTJ 345/210 (AP 591.727.4/9, maioria). Ainda, no caso de uso de dispositivo intrauterino (DIU): RT 904/394 (TRF-2ª Reg., AP 2003.51.01.017872-6).

"A literatura médica informa percentual de insucessos na cirurgia de vasectomia, atribuídos aos mais variados fatores, não sendo a mesma considerada infalível. Não tendo o paciente demonstrado qualquer culpa ou conduta ilícita do médico, muito menos a ausência de informações corretas a respeito do procedimento de vasectomia realizado, a improcedência do pedido de indenização decorrente de gravidez indesejada é medida que se impõe" (RJM 192/214: AP 1.0395.07.016168-6/001). No mesmo sentido, afirmando que a vasectomia é "procedimento médico de meio e não de resultado": JTJ 365/297 (AP 9162172-23.2006.8.26.0000). **Todavia:** "Restou comprovada a veiculação de propaganda enganosa pelo demandado, que prometeu êxito na cirurgia de vasectomia, levando o autor a acreditar que estava estéril e, consequentemente, duvidar da fidelidade de sua mulher, que engravidou após o procedimento" (RJTJERGS 278/269: AP 70034402461).

Art. 951: 6a. "Câncer na tireoide, recidiva após uma primeira cirurgia anos antes. Ablação total contra que se insurge a autora, afirmando previamente não haver sido consultada sobre a necessidade de sua realização. **Autorização escrita** a liberar o cirurgião, todavia, para todos os procedimentos que se fizessem necessários. Necessidade de extração de três tumores que depois se verificou serem malignos. Procedimento correto e de rotina mantido pelo cirurgião, improcedência bem decretada. Afirmação, de que a extração poderia ter sido parcial e não total, cabalmente desmentida pela perícia técnica" (RT 876/187: TJSP, AP 259.975.4/8-00).

Art. 951: 7. "Responsabilidade civil. Paciente que se interna para ablação do ovário esquerdo e que sofre **extirpação do ovário** direito, cuja biopsia não indicou malignidade; hipótese em que ficou caracterizado o erro do médico em extrair órgão sadio, sem prévio diagnóstico, sendo impossível admitir como legítima a mudança de diretriz em pleno curso da operação, por falta de informação e consentimento da mulher. Dever de indenizar do médico e do hospital" (JTJ 314/184: AP 268.872-4/9-00).

"Negligência comprovada de cirurgião que, não obstante os exames terem demonstrado a necessidade de retirada do ovário esquerdo, retira somente o direito e afirma que extirpou os dois. Dano moral consubstanciado nas dores de que padeceu a autora pela hipertrofia do órgão doente, agravado pelo fato de que a afirmativa do requerido de que retirara ambos os ovários dificultou a descoberta da origem das dores" (JTJ 321/1.599: AP 531.387-4/7).

Art. 951: 7a. "Responsabilidade civil **por erro de diagnóstico e perda de uma chance.** Configura negligente atuação do médico que, ao atender jovem que para ele se dirige reclamando de dor abdominal e no testículo, não examina a região escrotal e dispensa o paciente após melhora do quadro doloroso (pela aplicação de Buscopan), porque o diagnóstico de cálculo renal a que chegou pelo equivocado serviço impediu que se detectasse a torção do cordão espermático (infarto testicular), passível de ser revertida se fosse realizada, dentro de 24 horas, a destorção. Paciente que, cinco dias depois, sofre ablação do testículo. Dano moral indenizável, embora inalteradas as funções sexuais e reprodutivas pela preservação de um dos testículos. Espécie de dano estético e fisiológico" (RT 907/872: TJSP, AP 0118869-69.2007.8.26.0100).

Todavia: "A apreciação do erro de diagnóstico por parte do juiz deve ser cautelosa, com tônica especial quando os métodos científicos são discutíveis ou sujeitos a dúvidas, pois nesses casos o erro profissional não pode ser considerado imperícia, imprudência ou negligência. A dúvida sobre o diagnóstico exato da paciente foi atestada por vários especialistas, não sendo possível, portanto, imputar ao recorrente erro crasso passível de caracterizar frustração de uma oportunidade de cura incerta" (STJ-3ª T., REsp 1.622.538, Min. Nancy Andrighi, j. 21.3.17, DJ 24.3.17).

S/ perda de uma chance, v. tb. nota 1c, arts. 402, nota 7, e 927, notas 3a, 3c e 5c, e, no nosso CCLCV, CDC 14, notas 2, *in fine*, 3a, e 7a.

Art. 951: 8. "Intervenção cirúrgica para retirada de um mioma que resultou na retirada de todos os órgãos reprodutivos. Inexistência de provas conclusivas que afastam a necessidade do procedimento adotado, em razão do 'achado cirúrgico'. Tratamento previsto na literatura médica para tratamento da patologia. Profissionais que têm **obrigação de meio** e não de resultado. Responsabilidade não configurada" (JTJ 331/424: AP 555.674-4/2-00).

"Na hipótese, dentre os diversos tratamentos disponibilizados pela medicina para a disfunção erétil (medicamentos orais, injeção intracavernosa, terapia, revascularização, bomba de vácuo etc.), foi indicada a cirurgia de colocação de prótese peniana, o que denota inexistir obrigação de resultado, pois a cirurgia não é considerada de natureza estética. Em se tratando de intervenção cirúrgica que não ostenta natureza estética, mas sim reparadora/terapêutica, a responsabilidade do médico é de meio, ou seja, assume a obrigação de se valer de todos os métodos, em consonância com a técnica (e ética) admitida pela ciência médica, para alcançar determinado resultado, sem, entretanto, responsabilizar-se por este último" (STJ-4ª T., REsp 1.046.632, Min. Marco Buzzi, j. 24.9.13, DJ 13.11.13; a citação é do voto do relator).

Art. 951: 9. "Nos **procedimentos odontológicos,** mormente os ortodônticos, os profissionais da saúde especializados nessa ciência, em regra, comprometem-se pelo resultado, visto que os objetivos relativos aos tratamentos, de cunho estético e funcional, podem ser atingidos com previsibilidade. Tendo a autora demonstrado não ter sido atingida a meta avençada, há presunção de culpa do profissional, com a consequente inversão do ônus da prova, cabendo ao réu demonstrar que não agiu com negligência, imprudência ou imperícia, ou mesmo que o insucesso se deu em decorrência de culpa exclusiva da autora" (STJ-4ª T., REsp 1.238.746, Min. Luis Felipe, j. 18.10.11, DJ 4.11.11).

"Verificada a imperfeição do **tratamento odontológico,** mediante dados concretos, completos e a convencer da existência de ato ilícito, moldado em ação/omissão do profissional, resta configurada a responsabilidade indenizatória. Com relação aos cirurgiões-dentistas, mesmo que em alguns casos se possa dizer que a sua obrigação é de meio, na maioria das vezes apresenta-se como obrigação de resultado" (RJM 189/57: AP 1.0549.05.001623-3/001).

"Implantação de prótese dentária pelo recorrente na cavidade bucal da apelada. Insucesso do procedimento adotado pelo recorrente. Falta do necessário planejamento na execução da implantação. Nexo causal entre a conduta e a lesão. Reconhecimento por prova pericial. Inexistência de indicativo no sentido de que a recorrida teria concorrido para o insucesso da implantação da prótese. Obrigação, na espécie, de resultado. Dano material. Restituição daquilo que foi pago pelo serviço executado pelo réu. Dano moral. Configuração. Intenso sofrimento físico e psíquico experimentado pela autora. Situação constrangedora, ademais, vivenciada pela autora, já que não podia abrir a boca pelo inchaço e pelo odor dela emanado" (JTJ 333/626: AP 567.654-4/4-00).

"Paciente que, ao realizar cirurgia para remoção de sobra de material (fragmento metálico) utilizado no trabalho do canal, perde parte da sensibilidade da mandíbula direita. Obrigação de resultado, sendo que o efeito adverso prova o cumprimento defeituoso do serviço contratado. Dever de indenizar os danos morais, independentemente da reversibilidade ou não da parestesia bucal" (RMDECC 38/124: TJSP, AP 0230907-58.2006.8.26.0100).

Art. 952. Havendo usurpação ou esbulho[1] do alheio, além da restituição da coisa, a indenização consistirá em pagar o valor das suas deteriorações e o devido a título de lucros cessantes;[2] faltando a coisa, dever-se-á reembolsar o seu equivalente ao prejudicado.[3] [Dispositivo correspondente no CC/1916: art. 1.541.]

Parágrafo único. Para se restituir o equivalente, quando não exista a própria coisa, estimar-se-á ela pelo seu preço ordinário e pelo de afeição, contanto que este não se avantaje àquele.[4] [Dispositivo correspondente no CC/1916: art. 1.543.]

Art. 952: 1. v. art. 1.212. V. tb. CP 161 e 162 e CPC 555-I.

Art. 952: 2. v. arts. 402 e 403.

Art. 952: 3. v. art. 944, nota 3 (Súmula 562 do STF e Súmula 54 do STJ).

Art. 952: 4. Entendemos que a limitação do preço de afeição ao valor da coisa, além de inócua, é incorreta. Isso porque há vários exemplos de bens pessoais que, embora de pequeno valor de mercado, têm grande valor sentimental. Ademais, prevalece no ordenamento jurídico nacional a regra da ampla reparabilidade do dano moral (CF 5º-V e X).

Art. 953. A indenização por injúria, difamação[1] ou calúnia consistirá na reparação do dano que delas resulte ao ofendido.[2-2a] [Dispositivo correspondente no CC/1916: art. 1.547-*caput*.]

Parágrafo único. Se o ofendido não puder provar prejuízo material, caberá ao juiz fixar, equitativamente, o valor da indenização, na conformidade das circunstâncias do caso.[3] [Dispositivo correspondente no CC/1916: art. 1.547 § ún.]

Art. 953: 1. "Irrelevante a alegação acerca da veracidade dos fatos imputados à pessoa, para os fins a que se propõe o art. 953 do CC/2002, uma vez que, até para a caracterização do ilícito penal de **difamação,** tal averiguação é dispensada" (RJM 173/240).

Art. 953: 2. Indenização por dano moral: CF 5º-V e X.

Art. 953: 2a. No âmbito eleitoral, v. Lei 4.737, de 15.7.65, art. 243-IX e § 1º.

V. tb. CP 138 a 145.

Art. 953: 3. v. art. 944, nota 3 **(Súmula 37 do STJ).**

Art. 954. A indenização por ofensa à liberdade pessoal consistirá no pagamento das perdas e danos[1] que sobrevierem ao ofendido,[1a] e se este não puder provar prejuízo, tem aplicação o disposto no parágrafo único do artigo antecedente. [Dispositivo correspondente no CC/1916: art. 1.550.]

Parágrafo único. Consideram-se ofensivos da liberdade pessoal: [Dispositivo correspondente no CC/1916: art. 1.551-*caput*.]

I — o cárcere privado;[2] [Dispositivo correspondente no CC/1916: art. 1.551-I.]

II — a prisão por queixa ou denúncia falsa e de má-fé;[3] [Dispositivo correspondente no CC/1916: art. 1.551-II.]

III — a prisão ilegal.[4] [Dispositivo correspondente no CC/1916: art. 1.551-III.]

Art. 954: 1. v. arts. 402 a 405.

Art. 954: 1a. v. arts. 927, nota 1, e 944, nota 3 (Súmula 37 do STJ).

Art. 954: 2. v. CP 148.

Art. 954: 3. v. CP 339.

Art. 954: 4. **CF 5º: "LXXV** — o Estado indenizará o condenado por erro judiciário, assim como o que ficar preso além do tempo fixado na sentença".

V. tb. art. 43, nota 3.

Título X | DAS PREFERÊNCIAS E PRIVILÉGIOS CREDITÓRIOS[1]

✎ **TÍT. X: 1.** "Concurso de preferência e privilégios na execução (com alterações do novo Código Civil brasileiro)", por Cledi de Fátima Manica Moscon (RF 366/17); "Direitos de preferências e privilégios no concurso particular de credores na execução", por Cledi de Fátima Manica Moscon (RP 131/36).

Art. 955. Procede-se à declaração de insolvência toda vez que as dívidas excedam à importância dos bens do devedor.[1] [Dispositivo correspondente no CC/1916: art. 1.554.]

Art. 955: 1. v. CPC/73 art. 748.

Art. 956. A discussão entre os credores[1] pode versar quer sobre a preferência entre eles disputada, quer sobre a nulidade,[2] simulação,[3] fraude,[4-4a] ou falsidade das dívidas e contratos. [Dispositivo correspondente no CC/1916: art. 1.555.]

Art. 956: 1. v. CPC/73 art. 768-*caput*.

Art. 956: 2. v. art. 166.

Art. 956: 3. v. art. 167.

Art. 956: 4. v. arts. 158 a 165.

Art. 956: 4a. **CTN 185:** "Presume-se fraudulenta a alienação ou oneração de bens ou rendas, ou seu começo, por sujeito passivo em débito para com a Fazenda Pública, por crédito tributário regularmente inscrito como dívida ativa".

Art. 957. Não havendo título legal à preferência, terão os credores igual direito sobre os bens do devedor comum. [Dispositivo correspondente no CC/1916: art. 1.556.]

Art. 958. Os títulos legais de preferência são os privilégios e os direitos reais.[1 a 3] [Dispositivo correspondente no CC/1916: art. 1.557.]

Art. 958: 1. v. art. 1.225. V. tb. art. 1.422.

Art. 958: 2. v. CTN 186 a 192 (privilégio fiscal); LEF 4º § 4º e 29 (dívida ativa da Fazenda Pública); CLT 449 § 1º (preferência dos créditos trabalhistas); LRF 83 e 84 (classificação dos créditos na falência).

Art. 958: 2a. Esse dispositivo diz respeito aos direitos reais de garantia (arts. 1.225-VIII, IX e X e 1.419 a 1.510).

Art. 958: 3. **Súmula 144 do STJ:** "Os créditos de natureza alimentícia gozam de preferência, desvinculados os precatórios da ordem cronológica dos créditos de natureza diversa" (v. jurisprudência s/ esta Súmula em RT 719/254 e em RSTJ 80/301 a 333).

Art. 959. Conservam seus respectivos direitos os credores, hipotecários ou privilegiados:[1] [Dispositivo correspondente no CC/1916: art. 1.558-*caput*.]

I — sobre o preço do seguro da coisa gravada com hipoteca ou privilégio, ou sobre a indenização devida, havendo responsável pela perda ou danificação da coisa; [Dispositivo correspondente no CC/1916: art. 1.558-I.]

II — sobre o valor da indenização, se a coisa obrigada a hipoteca ou privilégio for desapropriada.[2] [Dispositivo correspondente no CC/1916: art. 1.558-II.]

Art. 959: 1. v. arts. 960 e 1.425 § 1º (preferência do credor pignoratício, hipotecário ou anticrético, no caso de perecimento da coisa dada em garantia).

Art. 959: 2. v. art. 1.425-V e LD 31.

Art. 960. Nos casos a que se refere o artigo antecedente, o devedor do seguro, ou da indenização, exonera-se pagando sem oposição dos credores hipotecários ou privilegiados. [Dispositivo correspondente no CC/1916: art. 1.559.]

Art. 961. O crédito real[1] prefere ao pessoal de qualquer espécie; o crédito pessoal privilegiado, ao simples; e o privilégio especial,[2] ao geral.[3] [Dispositivo correspondente no CC/1916: art. 1.560.]

Art. 961: 1. v. arts. 1.419 a 1.509 (especialmente o art. 1.422).

Art. 961: 2. v. arts. 963 e 964.

Art. 961: 3. v. arts. 963 e 965.

Art. 962. Quando concorrerem aos mesmos bens, e por título igual, dois ou mais credores da mesma classe especialmente privilegiados, haverá entre eles rateio proporcional ao valor dos respectivos créditos, se o produto não bastar para o pagamento integral de todos.[1] [Dispositivo correspondente no CC/1916: art. 1.562.]

Art. 962: 1. v. art. 964 e CPC 908.

Art. 963. O privilégio especial[1] só compreende os bens sujeitos, por expressa disposição de lei, ao pagamento do crédito que ele favorece; e o geral,[2] todos os bens não sujeitos a crédito real nem a privilégio especial. [Dispositivo correspondente no CC/1916: art. 1.565.]

Art. 963: 1. v. art. 964 e LRF 83-IV.

Art. 963: 2. v. art. 965 e LRF 83-V.

Art. 964. Têm privilégio especial:[1 a 2] [Dispositivo correspondente no CC/1916: art. 1.566-*caput*.]

I — sobre a coisa arrecadada e liquidada, o credor de custas e despesas judiciais feitas com a arrecadação e liquidação; [Dispositivo correspondente no CC/1916: art. 1.566-I.]

II — sobre a coisa salvada, o credor por despesas de salvamento;[3] [Dispositivo correspondente no CC/1916: art. 1.566-II.]

III — sobre a coisa beneficiada, o credor por benfeitorias necessárias ou úteis;[4] [Dispositivo correspondente no CC/1916: art. 1.566-III.]

IV — sobre os prédios rústicos ou urbanos, fábricas, oficinas, ou quaisquer outras construções, o credor[5] de materiais, dinheiro, ou serviços para a sua edificação, reconstrução, ou melhoramento; [Dispositivo correspondente no CC/1916: art. 1.566-IV.]

V — sobre os frutos agrícolas, o credor por sementes, instrumentos e serviços à cultura, ou à colheita; [Dispositivo correspondente no CC/1916: art. 1.566-V.]

VI — sobre as alfaias e utensílios de uso doméstico, nos prédios rústicos ou urbanos, o credor de aluguéis, quanto às prestações do ano corrente e do anterior;[6] [Dispositivo correspondente no CC/1916: art. 1.566-VI.]

VII — sobre os exemplares da obra existente na massa do editor, o autor dela, ou seus legítimos representantes, pelo crédito fundado contra aquele no contrato da edição;[7] [Dispositivo correspondente no CC/1916: art. 1.566-VII.]

VIII — sobre o produto da colheita, para a qual houver concorrido com o seu trabalho, e precipuamente a quaisquer outros créditos, ainda que reais, o trabalhador agrícola, quanto à dívida dos seus salários. [Dispositivo correspondente no CC/1916: art. 1.566-VIII.]

IX — sobre os produtos do abate, o credor por animais.[8] [Sem dispositivo correspondente no CC/1916.]

Art. 964: 1. "O crédito pela nota de crédito rural tem privilégio especial sobre os bens discriminados no art. 1.563 do Código Civil" revogado **(art. 28 do Dec. lei 167, de 14.2.67)**.

"A duplicata rural goza de privilégio especial sobre os bens enumerados no art. 1.563 do Código Civil" revogado **(art. 53 do Dec. lei 167** — v. acima).

"O crédito pela nota de crédito industrial tem privilégio especial sobre os bens discriminados no art. 1.563 do Código Civil" revogado **(Dec. lei 413, de 9.1.69, art. 17)**.

Art. 964: 1a. LRF 83: "A classificação dos créditos na falência obedece à seguinte ordem: ... **IV** — créditos com privilégio especial, a saber: a) os previstos no art. 964 da Lei n. 10.406, de 10 de janeiro de 2002; b) os assim definidos em outras leis civis e comerciais, salvo disposição contrária desta Lei; c) aqueles a cujos titulares a lei confira o direito de retenção sobre a coisa dada em garantia".

Dec. lei 70, de 21.11.66: "Art. 35. O agente fiduciário é autorizado, independentemente de mandato do credor ou do devedor, a receber as quantias que resultarem da purgação do débito ou do primeiro ou segundo públicos leilões, que deverá entregar ao credor ou ao devedor, conforme o caso, deduzidas de sua própria remuneração. ... **§ 2º** Os créditos previstos neste artigo, contra agente fiduciário, são privilegiados, em caso de falência ou concordata".

Lei 7.565, de 19.12.86: "Art. 189. Além dos previstos em lei, constituem créditos privilegiados da União nos processos de liquidação ou falência de empresa de transporte aéreo: I — a quantia despendida pela União para financiamento ou pagamento de aeronaves e produtos aeronáuticos adquiridos pela empresa de transporte aéreo; II — a quantia por que a União se haja obrigado, ainda que parceladamente, para pagamento de aeronaves e produtos aeronáuticos, importados pela empresa de transporte aéreo".

Art. 964: 2. O crédito por honorários de advogado é privilegiado (EA 24-*caput*). A lei vigente não esclarece se o privilégio é geral ou especial; a anterior considerava-o especial (Lei 4.215, de 27.4.63, art. 102).

Art. 964: 3. **Lei 7.203, de 3.7.84** — Dispõe sobre a assistência e salvamento de embarcação, coisa ou bem em perigo no mar, nos portos e nas vias navegáveis interiores (em Lex 1984/334, RDA 157/381): **"Art. 13.** As dívidas decorrentes das operações de assistência e salvamento gozam de privilégio em relação às embarcações, coisas ou bens que estavam em perigo, tendo preferência mesmo em relação aos créditos garantidos por hipoteca ou penhor sobre os referidos bens".

Art. 964: 4. v. art. 96 §§ 3º e 2º, respectivamente.

Art. 964: 5. "A emissão de duplicatas não exclui o privilégio assegurado pelo art. 1.566, IV, do Código Civil, nem produz novação" **(Lei 4.068, de 9.6.62, art. 5º,** em Lex 1962/82, RF 199/403). O art. 1.566-IV do CC 1916 corresponde ao CC atual 964-IV.

Conquanto a Lei 4.068 haja sido revogada, na parte relativa à duplicata, pelo art. 28 da Lei 5.474, de 18.7.68 (RT 393/458, Lex 1968/975, RF 224/413), a disposição supra, por meramente interpretativa, pode ser considerada em vigor.

Art. 964: 6. "O penhor cedular de máquinas e aparelhos utilizados na indústria tem preferência sobre o penhor legal do locador do imóvel de sua situação" **(art. 46-*caput* do Dec. lei 413, de 9.1.69).**

Art. 964: 7. v. LDA 57 a 62.

Art. 964: 8. O inc. IX foi acrescido pela Lei 13.176, de 21.10.15.

Art. 965. Goza de privilégio geral,[1-2] na ordem seguinte, sobre os bens do devedor:[2a] [Dispositivo correspondente no CC/1916: art. 1.569-*caput*.]

I — o crédito por despesa de seu funeral, feito segundo a condição do morto e o costume do lugar;[2b] [Dispositivo correspondente no CC/1916: art. 1.569-I.]

II — o crédito por custas judiciais, ou por despesas com a arrecadação e liquidação da massa; [Dispositivo correspondente no CC/1916: art. 1.569-II.]

III — o crédito por despesas com o luto do cônjuge sobrevivo e dos filhos do devedor falecido, se foram moderadas; [Dispositivo correspondente no CC/1916: art. 1.569-III.]

IV — o crédito por despesas com a doença de que faleceu o devedor, no semestre anterior à sua morte; [Dispositivo correspondente no CC/1916: art. 1.569-IV.]

V — o crédito pelos gastos necessários à mantença do devedor falecido e sua família, no trimestre anterior ao falecimento; [Dispositivo correspondente no CC/1916: art. 1.569-V.]

VI — o crédito pelos impostos devidos à Fazenda Pública, no ano corrente e no anterior;[3-4] [Dispositivo correspondente no CC/1916: art. 1.569-VI.]

VII — o crédito pelos salários dos empregados do serviço doméstico do devedor, nos seus derradeiros seis meses de vida; [Dispositivo correspondente no CC/1916: art. 1.569-VII.]

VIII — os demais créditos de privilégio geral.[5] [Sem dispositivo correspondente no CC/1916.]

Art. 965: 1. s/ honorários de advogado, v. art. 964, nota 2.

Art. 965: 2. **"Art. 707.** O crédito do comissário, relativo a comissões e despesas feitas, goza de privilégio geral, no caso de falência ou insolvência do comitente".

Art. 965: 2a. **LRF 83:** "A classificação dos créditos na falência obedece à seguinte ordem: ... **V** — créditos com privilégio geral, a saber: a) os previstos no art. 964 da Lei n. 10.406, de 10 de janeiro de 2002; b) os previstos no parágrafo único do art. 67 desta Lei; c) os assim definidos em outras leis civis e comerciais, salvo disposição contrária desta Lei".

Art. 965: 2b. v. art. 1.998.

Art. 965: 3. s/ concurso de preferência, em execuções fiscais, v. LEF 29 § ún.

Art. 965: 4. **CTN: "Art. 186** (*redação da LC n. 118, de 9.2.05*). O crédito tributário prefere a qualquer outro, seja qual for sua natureza ou o tempo de sua constituição, ressalvados os créditos decorrentes da legislação do trabalho ou do acidente de trabalho.

"Parágrafo único (*redação da LC 118, de 9.2.05*). Na falência:

"I (*redação da LC 118, de 9.2.05*) — o crédito tributário não prefere aos créditos extraconcursais ou às importâncias passíveis de restituição, nos termos da lei falimentar, nem aos créditos com garantia real, no limite do valor do bem gravado;

"II (*redação da LC 118, de 9.2.05*) — a lei poderá estabelecer limites e condições para a preferência dos créditos decorrentes da legislação do trabalho; e

"III (*redação da LC 118, de 9.2.05*) — a multa tributária prefere apenas aos créditos subordinados.

"Art. 187 (*redação da LC 118, de 9.2.05*). A cobrança judicial do crédito tributário não é sujeita a concurso de credores ou habilitação em falência, recuperação judicial, concordata, inventário ou arrolamento.

"Parágrafo único. O concurso de preferência somente se verifica entre pessoas jurídicas de direito público, na seguinte ordem:

"I — União;

"II — Estados, Distrito Federal e Territórios, conjuntamente e *pro rata*;

"III — Municípios, conjuntamente e *pro rata*.

"Art. 188 (*redação da LC 118, de 9.2.05*). São extraconcursais os créditos tributários decorrentes de fatos geradores ocorridos no curso do processo de falência.

"§ 1º Contestado o crédito tributário, o juiz remeterá as partes ao processo competente, mandando reservar bens suficientes à extinção total do crédito e seus acrescidos, se a massa não puder efetuar a garantia da instância por outra forma, ouvido, quanto à natureza e valor dos bens reservados, o representante da Fazenda Pública interessada.

"§ 2º O disposto neste artigo aplica-se aos processos de concordata.

"Art. 189. São pagos preferencialmente a quaisquer créditos habilitados em inventário ou arrolamento, ou a outros encargos do monte, os créditos tributários vencidos ou vincendos, a cargo do *de cujus* ou de seu espólio, exigíveis no decurso do processo de inventário ou arrolamento.

"Parágrafo único. Contestado o crédito tributário, proceder-se-á na forma do disposto no § 1º do artigo anterior.

"Art. 190. São pagos preferencialmente a quaisquer outros os créditos tributários vencidos ou vincendos, a cargo de pessoas jurídicas de direito privado em liquidação judicial ou voluntária, exigíveis no decurso da liquidação.

"Art. 191 (*redação da LC 118, de 9.2.05*). A extinção das obrigações do falido requer prova de quitação de todos os tributos.

"Art. 191-A (*acrescido pela LC 118, de 9.2.05*). A concessão de recuperação judicial depende da apresentação da prova de quitação de todos os tributos, observado o disposto nos arts. 151, 205 e 206 desta Lei.

"Art. 192. Nenhuma sentença de julgamento de partilha ou adjudicação será proferida sem prova da quitação de todos os tributos relativos aos bens do espólio, ou às suas rendas".

Art. 965: 5. Goza de privilégio geral o crédito do comissário, relativo a comissões e despesas feitas (art. 707).

Livro II | DO DIREITO DE EMPRESA[1-2]

Título I | DO EMPRESÁRIO[1]

Capítulo I | DA CARACTERIZAÇÃO E DA INSCRIÇÃO

LIV. II: 1. "A empresa: novo instituto jurídico", por Jorge Lobo (RT 795/81); "O novo Código Civil e o Livro II 'Do direito de empresa'", por Paulo Roberto Colombo Arnoldi (RT 803/18, RJ 297/19); "A função social da empresa", por Eduardo Tomasevicius Filho (RT 810/33); "O direito empresarial no Mercosul", por Paulo Roberto Colombo Arnoldi (RJ 310/38); "O novo Código Civil brasileiro e a teoria da empresa", por Daniel Carneiro Machado (RDPr 15/9); "O novo conceito de empresa", por Flávia Trentini (RT 813/13); "Análise dos conceitos de *affectio societatis* e de *ligabilidad* como elementos de caracterização das sociedades comerciais", por Álvaro Rodrigues Junior (RDPr 14/87); "O direito da empresa no novo Código Civil", por Cássio Machado Cavalli (RT 828/43, RF 386/51, Ajuris 93/87); "Novo Código Civil. Pessoas jurídicas, empresário, sociedade, estabelecimento, nome comercial e/ou nome empresarial, perdas e danos e prescrição", por José Carlos Tinoco Soares (RT 798/11); "O empresário, a empresa e o Código Civil", por Arnoldo Wald (RF 372/51); "Do direito comercial ao direito empresarial. Formação histórica e tendências do direito brasileiro", por Bruno Nubens Barbosa Miragem (RDPr 17/71); "O empresário no Código Civil brasileiro", por Vinícius José Marques Gontijo (RT 831/147); "Apontamentos sobre a função social da empresa e o moderno direito privado", por Cássio Cavalli (RDPr 22/22); "A empresa no novo Código Civil: elemento unificador do Direito Privado", por Adria Paula Ferronatto (RT 843/11); "Direito de empresa, atividade empresarial, empresa e empresário (à luz do novo Código Civil)", por Irineu Mariani (RT 844/28 e Ajuris 101/111); "Notas sobre o conceito de empresário e empresa no Código Civil brasileiro", por Rachel Sztajn (RDPr 25/233); "Empresa e meio ambiente", por Gisele Ferreira de Araújo (Ajuris 103/147); "A norma de configuração do papel social de empresário no direito brasileiro", por Cássio Machado Cavalli (Ajuris 106/31); "A recente evolução da empresa e o direito", por Arnoldo Wald (RMDCPC 27/5); "Boa-fé nas relações entre sócios", por Ana Beatriz Nunes Barbosa (RF 407/31); "Empreendedorismo e função social da empresa", por Eduardo Tomasevicius Filho (RT 946/129).

LIV. II: 2. LC 123, de 14.12.06 — Institui o Estatuto Nacional da Microempresa e da Empresa de Pequeno Porte, e dá outras providências: **"Art. 3º** (*redação da LC 139, de 10.11.11, em vigor a partir de 1.1.12*). Para os efeitos desta Lei Complementar, consideram-se microempresas ou empresas de pequeno porte a sociedade empresária, a sociedade simples, a empresa individual de responsabilidade limitada e o empresário a que se refere o art. 966 da Lei n. 10.406, de 10 de janeiro de 2002 (Código Civil), devidamente registrados no Registro de Empresas Mercantis ou no Registro Civil de Pessoas Jurídicas, conforme o caso, desde que:

"**I** — no caso da microempresa, aufira, em cada ano-calendário, receita bruta igual ou inferior a R$ 360.000,00 (trezentos e sessenta mil reais); e

"**II** (*redação da LC 155, de 27.10.16, produzindo efeitos a partir de 1º de janeiro de 2018*) — no caso de empresa de pequeno porte, aufira, em cada ano-calendário, receita bruta superior a R$ 360.000,00 (trezentos e sessenta mil reais) e igual ou inferior a R$ 4.800.000,00 (quatro milhões e oitocentos mil reais).

TÍT. I: 1. Disposições transitórias sobre empresas e empresários: arts. 2.031, 2.033, 2.034 e 2.037.

Art. 966. Considera-se empresário[1-2] quem exerce profissionalmente atividade econômica organizada para a produção ou a circulação de bens ou de serviços.[2a] [Sem dispositivo correspondente no CC/1916.]

Parágrafo único. Não se considera empresário quem exerce profissão intelectual,[3] de natureza científica, literária ou artística, ainda com o concurso de auxiliares ou colaboradores, salvo se o exercício da profissão constituir elemento de empresa. [Sem dispositivo correspondente no CC/1916.]

Art. 966: 1. **Enunciado 53 do CEJ:** "Deve-se levar em consideração o princípio da função social na interpretação das normas relativas à empresa, a despeito da falta de referência expressa".

Enunciado 54 do CEJ: "É caracterizador do elemento empresa a declaração da atividade-fim, assim como a prática de atos empresariais".

Enunciado 194 do CEJ: "Os profissionais liberais não são considerados empresários, salvo se a organização dos fatores da produção for mais importante que a atividade pessoal desenvolvida".

Enunciado 195 do CEJ: "A expressão 'elemento de empresa' demanda interpretação econômica, devendo ser analisada sob a égide da absorção da atividade intelectual, de natureza científica, literária ou artística, como um dos fatores da organização empresarial".

Enunciado 197 do CEJ: "A pessoa natural, maior de 16 e menor de 18 anos, é reputada empresário regular se satisfizer os requisitos dos arts. 966 e 967; todavia, não tem direito a concordata preventiva, por não exercer regularmente a atividade por mais de dois anos". A concordata preventiva deu lugar à recuperação judicial ou extrajudicial.

Art. 966: 2. Nome, firma ou denominação do empresário: arts. 1.156, 1.163 a 1.168; adaptação dos empresários ao CC/02: art. 2.031; aplicação aos empresários das leis não revogadas pelo CC/02: art. 2.037.

Art. 966: 2a. "Por exercício profissional da atividade econômica, elemento que integra o núcleo do conceito de empresa, há que se entender a exploração de atividade com finalidade lucrativa. Em se tratando o ECAD de associação civil, que não explora de fato qualquer atividade econômica, visto que desprovida de intento lucrativo, não se subsume, à toda evidência, no conceito de empresa" (STJ-2ª T., REsp 623.367, Min. João Otávio, j. 15.6.04, DJ 9.8.04).

Art. 966: 3. **Enunciado 193 do CEJ:** "O exercício das atividades de natureza exclusivamente intelectual está excluído do conceito de empresa".

Enunciado 196 do CEJ: "A sociedade de natureza simples não tem seu objeto restrito às atividades intelectuais".

Art. 967. É obrigatória a inscrição do empresário[1-1a] no Registro Público de Empresas Mercantis[2] da respectiva sede, antes do início de sua atividade.[2a] [Sem dispositivo correspondente no CC/1916.]

Art. 967: 1. Também é obrigatória a inscrição da sociedade empresária (as do art. 983, nota 1) no Registro Público de Empresas Mercantis (v. art. 985).

Art. 967: 1a. **Enunciado 198 do CEJ:** "A inscrição do empresário na Junta Comercial não é requisito para a sua caracterização, admitindo-se o exercício da empresa sem tal providência. O empresário irregular reúne os requisitos do art. 966, sujeitando-se às normas do Código Civil e da legislação comercial, salvo naquilo em que forem incompatíveis com a sua condição ou diante de expressa disposição em contrário".

Enunciado 199 do CEJ: "A inscrição do empresário ou sociedade empresária é requisito delineador de sua regularidade, e não da sua caracterização".

Art. 967: 2. s/ registro, v. arts. 1.150 a 1.154.

Art. 967: 2a. **Lei 4.728, de 14.7.65** — Disciplina o mercado de capitais e estabelece medidas para o seu desenvolvimento (v. arts. 7º, 8º e 15).

Dec. lei 73, de 21.11.66 — Dispõe sobre o Sistema Nacional de Seguros Privados, regula as operações de seguros e resseguros e dá outras providências (v. arts. 72 a 88).

Lei 8.934, de 18.11.94 — Dispõe sobre o Registro Público de Empresas Mercantis e atividades afins e dá outras providências. Regulamentada pelo **Dec. 1.800, de 30.1.96.**

Dec. 1.102, de 21.11.1903 — Institui regras para o estabelecimento de empresas de armazéns gerais, determinando os direitos e obrigações dessas empresas.

Art. 968. A inscrição do empresário far-se-á mediante requerimento que contenha: [Sem dispositivo correspondente no CC/1916.]

I — o seu nome,[1] nacionalidade, domicílio,[1a] estado civil e, se casado, o regime de bens;[1b] [Sem dispositivo correspondente no CC/1916.]

II — a firma, com a respectiva assinatura autógrafa que poderá ser substituída pela assinatura autenticada com certificação digital ou meio equivalente que comprove a sua autenticidade, ressalvado o disposto no inciso I do § 1º do art. 4º da Lei Complementar n. 123, de 14 de dezembro de 2006;[1c-1d]

III — o capital; [Sem dispositivo correspondente no CC/1916.]

IV — o objeto e a sede[2] da empresa. [Sem dispositivo correspondente no CC/1916.]

§ 1º Com as indicações estabelecidas neste artigo, a inscrição será tomada por termo no livro próprio do Registro Público de Empresas Mercantis, e obedecerá a número de ordem contínuo para todos os empresários inscritos. [Sem dispositivo correspondente no CC/1916.]

§ 2º À margem da inscrição, e com as mesmas formalidades, serão averbadas quaisquer modificações nela ocorrentes.[3] [Sem dispositivo correspondente no CC/1916.]

§ 3º Caso venha a admitir sócios, o empresário individual poderá solicitar ao Registro Público de Empresas Mercantis a transformação de seu registro de empresário para registro de sociedade empresária, observado, no que couber, o disposto nos arts. 1.113 a 1.115 deste Código.[4-4a] [Sem dispositivo correspondente no CC/1916.]

§ 4º O processo de abertura, registro, alteração e baixa do microempreendedor individual de que trata o art. 18-A da Lei Complementar n. 123, de 14 de dezembro de 2006,[4b] bem como qualquer exigência para o início de seu funcionamento deverão ter trâmite especial e simplificado, preferentemente eletrônico, opcional para o empreendedor, na forma a ser disciplinada pelo Comitê para Gestão da Rede Nacional para a Simplificação do Registro e da Legalização de Empresas e Negócios — CGSIM, de que trata o inciso III do art. 2º da mesma Lei.[5] [Sem dispositivo correspondente no CC/1916.]

§ 5º Para fins do disposto no § 4º, poderão ser dispensados o uso da firma, com a respectiva assinatura autógrafa, o capital, requerimentos, demais assinaturas, informações relativas à nacionalidade, estado civil e regime de bens, bem como remessa de documentos, na forma estabelecida pelo CGSIM.[6]

[Sem dispositivo correspondente no CC/1916.]

Art. 968: 1. Nome empresarial: v. arts. 1.155 a 1.168.

Art. 968: 1a. s/ domicílio da pessoa jurídica, v. art. 75-IV e §§ 1º e 2º.

Art. 968: 1b. v. arts. 978 a 980 e 1.639 a 1.688.

Art. 968: 1c. Redação do inc. II de acordo com a LC 147, de 7.8.14.

Art. 968: 1d. **LC 123, de 14.12.06** — Institui o Estatuto Nacional da Microempresa e da Empresa de Pequeno Porte, e dá outras providências: **"Art. 4º** Na elaboração de normas de sua competência, os órgãos e entidades envolvidos na abertura e fechamento de empresas, dos 3 (três) âmbitos de governo, deverão considerar a unicidade do processo de registro e de legalização de empresários e de pessoas jurídicas, para tanto devendo articular as competências próprias com aquelas dos demais membros, e buscar, em conjunto, compatibilizar e integrar procedimentos, de modo a evitar a duplicidade de exigências e garantir a linearidade do processo, da perspectiva do usuário. **§ 1º** (*redação da LC 147, de 7.8.14*) O processo de abertura, registro, alteração e baixa da microempresa e empresa de pequeno porte, bem como qualquer exigência para o início de seu funcionamento, deverão ter trâmite especial e simplificado, preferencialmente eletrônico, opcional para o empreendedor, observado o seguinte: **I** — poderão ser dispensados o uso da firma, com a respectiva assinatura autógrafa, o capital, requerimentos, demais assinaturas, informações relativas ao estado civil e regime de bens, bem como remessa de documentos, na forma estabelecida pelo CGSIM".

Art. 968: 2. **Enunciado 55 do CEJ:** "O domicílio da pessoa jurídica empresarial regular é o estatutário ou o contratual, em que indicada a sede da empresa, na forma dos arts. 968, IV, e 969, combinados com o art. 1.150, todos do Código Civil".

Art. 968: 3. s/ inscrições e averbações no Registro Público de Empresas Mercantis, v. arts. 976, 979, 980, 1.032, 1.048, 1.057 § ún., 1.063, 1.083, 1.084 § 2º, 1.086, 1.102 § ún., 1.121, 1.138 § ún. e 1.174.

Art. 968: 4. O § 3º foi acrescido pela LC 128, de 19.12.08.

Art. 968: 4a. v. art. 1.245, nota 1d.

Art. 968: 4b. **LC 123, de 14.12.06** — Institui o Estatuto Nacional da Microempresa e da Empresa de Pequeno Porte, e dá outras providências: **"Art. 18-A.** O Microempreendedor Individual — MEI poderá optar pelo recolhimento dos impostos e contribuições abrangidos pelo Simples Nacional em valores fixos mensais, independentemente da receita bruta por ele auferida no mês, na forma prevista neste artigo.

"§ 1º (*redação da LC 155, de 27.10.16, produzindo efeitos a partir de 1º de janeiro de 2018*) Para os efeitos desta Lei Complementar, considera-se MEI o empresário individual que se enquadre na definição do art. 966 da Lei n. 10.406, de 10 de janeiro de 2002 — Código Civil, ou o empreendedor que exerça as atividades de industrialização, comercialização e prestação de serviços no âmbito rural, que tenha auferido receita bruta, no ano-calendário anterior, de até R$ 81.000,00 (oitenta e um mil reais), que seja optante pelo Simples Nacional e que não esteja impedido de optar pela sistemática prevista neste artigo.

"§ 2º (*redação da LC 155, de 27.10.16, produzindo efeitos a partir de 1º de janeiro de 2018*) No caso de início de atividades, o limite de que trata o § 1º será de R$ 6.750,00 (seis mil, setecentos e cinquenta reais) multiplicados pelo número de meses compreendido entre o início da atividade e o final do respectivo ano-calendário, consideradas as frações de meses como um mês inteiro".

Art. 968: 5. O § 4º foi acrescido pela Lei 12.470, de 31.8.11.

Art. 968: 6. O § 5º foi acrescido pela Lei 12.470, de 31.8.11.

Art. 969. O empresário que instituir sucursal, filial ou agência, em lugar sujeito à jurisdição de outro Registro Público de Empresas Mercantis, neste deverá também inscrevê-la, com a prova da inscrição originária. [Sem dispositivo correspondente no CC/1916.]

Parágrafo único. Em qualquer caso, a constituição do estabelecimento secundário deverá ser averbada no Registro Público de Empresas Mercantis da respectiva sede.[1] [Sem dispositivo correspondente no CC/1916.]

Art. 969: 1. A sociedade simples possui disposição análoga (art. 1.000).

Art. 970. A lei assegurará tratamento favorecido, diferenciado e simplificado ao empresário rural e ao pequeno empresário,[1 a 2] quanto à inscrição e aos efeitos daí decorrentes.[3-3a] [Sem dispositivo correspondente no CC/1916.]

Art. 970: 1. v. art. 1.179 § 2º.

Art. 970: 1a. **LC 123, de 14.12.06** — Institui o Estatuto Nacional da Microempresa e da Empresa de Pequeno Porte, e dá outras providências: **"Art. 68** (*redação da LC 139, de 10.11.11, em vigor a partir de 1.1.12*). Considera-se pequeno empresário, para efeito de aplicação do disposto nos arts. 970 e 1.179 da Lei n. 10.406, de 10 de janeiro de 2002 (Código Civil), o empresário individual caracterizado como microempresa na forma desta Lei Complementar que aufira receita bruta anual até o limite previsto no § 1º do art. 18-A". V. nota 4b ao art. 968.

Art. 970: 2. **Enunciado 200 do CEJ:** "É possível a qualquer empresário individual, em situação regular, solicitar seu enquadramento como microempresário ou empresário de pequeno porte, observadas as exigências e restrições legais".

Art. 970: 3. s/ questões falimentares referentes às microempresas e empresas de pequeno porte, v. LRF 51 § 2º, 70 a 72 e 168 § 4º.

Art. 970: 3a. **LC 48, de 10.12.84** — Estabelece normas integrantes do Estatuto da Microempresa, relativas à isenção do Imposto sobre Circulação de Mercadorias — ICM e do Imposto sobre Serviços — ISS.

Lei 8.174, de 30.1.91 — Dispõe sobre princípios de Política Agrícola, estabelecendo atribuições ao Conselho Nacional de Política Agrícola (CNPA), tributação compensatória de produtos agrícolas, amparo ao pequeno produtor e regras de fixação e liberação dos estoques públicos.

Lei 10.194, de 14.2.01 — Dispõe sobre a instituição de sociedades de crédito ao microempreendedor, e dá outras providências.

Art. 971. O empresário, cuja atividade rural[1-1a] constitua sua principal profissão, pode, observadas as formalidades de que tratam o art. 968 e seus parágrafos, requerer inscrição[2] no Registro Público de Empresas Mercantis da respectiva sede, caso em que, depois de inscrito, ficará equiparado, para todos os efeitos, ao empresário sujeito a registro.[3] [Sem dispositivo correspondente no CC/1916.]

Art. 971: 1. **Enunciado 201 do CEJ:** "O empresário rural e a sociedade empresária rural, inscritos no registro público de empresas mercantis, estão sujeitos à falência e podem requerer concordata".

✎ **Art. 971: 1a.** "Princípio da função social da empresa agrária", por Frederico Garcia Pinheiro (RMDECC 28/50).

Art. 971: 2. Enunciado 202 do CEJ: "O registro do empresário ou sociedade rural na Junta Comercial é facultativo e de natureza constitutiva, sujeitando-o ao regime jurídico empresarial. É inaplicável esse regime ao empresário ou sociedade rural que não exercer tal opção".

Art. 971: 3. v. art. 984.

Capítulo II | DA CAPACIDADE[1]

CAP. II: 1. Enunciado 396 do CEJ: "A capacidade para contratar a constituição da sociedade submete-se à lei vigente no momento do registro".

Art. 972. Podem exercer a atividade de empresário os que estiverem em pleno gozo da capacidade civil[1] e não forem legalmente impedidos.[2] [Sem dispositivo correspondente no CC/1916.]

✎ **Art. 972: 1.** "O menor empresário: uma análise sob a perspectiva do novo Código Civil e da nova Lei de Falências e Recuperação de Empresas", por Igor Silva de Lima (RT 840/37); "O sócio incapaz nas sociedades limitadas", por Cássio Cavalli (RDPr 54/183).

Art. 972: 2. v. art. 1.011 § 1º (impedimento para administrar sociedade). V. tb. LOM 36-I (magistrados); CF 54-II-*a* (deputados e senadores), 128 § 5º-II-*c* (membros do MP) e 222 (empresa jornalística e de radiodifusão); LRF 102 e 103 (falido); LSA 147 § 1º e 159 § 2º (sociedade por ações).

V. ainda: Lei 6.880, de 9.12.80 (Estatuto dos Militares), art. 29; Lei 8.625, de 12.2.93 (Lei Orgânica Nacional do MP), art. 44-III; Dec. lei 1.001, de 21.10.69 (Código Penal Militar), art. 204; Dec. 84.934, de 21.7.80 (Agências de Turismo), art. 29.

Art. 973. A pessoa legalmente impedida de exercer atividade própria de empresário, se a exercer, responderá pelas obrigações contraídas. [Sem dispositivo correspondente no CC/1916.]

Art. 974. Poderá o incapaz, por meio de representante ou devidamente assistido, continuar a empresa antes exercida por ele enquanto capaz, por seus pais ou pelo autor de herança.[1-1a] [Sem dispositivo correspondente no CC/1916.]

§ 1º Nos casos deste artigo, precederá autorização judicial,[2] após exame das circunstâncias e dos riscos da empresa, bem como da conveniência em continuá-la, podendo a autorização ser revogada pelo juiz, ouvidos os pais, tutores ou representantes legais do menor ou do interdito, sem prejuízo dos direitos adquiridos por terceiros. [Sem dispositivo correspondente no CC/1916.]

§ 2º Não ficam sujeitos ao resultado da empresa os bens que o incapaz já possuía, ao tempo da sucessão ou da interdição, desde que estranhos ao acervo daquela, devendo tais fatos constar do alvará que conceder a autorização. [Sem dispositivo correspondente no CC/1916.]

§ 3º O Registro Público de Empresas Mercantis a cargo das Juntas Comerciais deverá registrar contratos ou alterações contratuais de sociedade que envolva sócio incapaz, desde que atendidos, de forma conjunta, os seguintes pressupostos:[3]

I — o sócio incapaz não pode exercer a administração da sociedade;

II — o capital social deve ser totalmente integralizado;

III — o sócio relativamente incapaz deve ser assistido e o absolutamente incapaz deve ser representado por seus representantes legais.[4]

Art. 974: 1. v. art. 976. V. tb. arts. 115 a 120 (representação).

Art. 974: 1a. **Enunciado 203 do CEJ:** "O exercício da empresa por empresário incapaz, representado ou assistido somente é possível nos casos de incapacidade superveniente ou incapacidade do sucessor na sucessão por morte".

Art. 974: 2. v. art. 976.

Art. 974: 3. O § 3º e os seus incisos foram acrescidos pela Lei 12.399, de 1.4.11.

Art. 974: 4. O absolutamente incapaz (art. 3º) e o relativamente incapaz (art. 4º) são representados ou assistidos por tutor ou curador (arts. 1.774 e 1.781 c/c art. 1.747-I).

Art. 975. Se o representante ou assistente do incapaz for pessoa que, por disposição de lei, não puder exercer atividade de empresário,[1] nomeará, com a aprovação do juiz, um ou mais gerentes. [Sem dispositivo correspondente no CC/1916.]

§ 1º Do mesmo modo será nomeado gerente em todos os casos em que o juiz entender ser conveniente. [Sem dispositivo correspondente no CC/1916.]

§ 2º A aprovação do juiz não exime o representante ou assistente do menor ou do interdito da responsabilidade pelos atos dos gerentes nomeados. [Sem dispositivo correspondente no CC/1916.]

Art. 975: 1. v. art. 972, nota 2.

Art. 976. A prova da emancipação e da autorização do incapaz, nos casos do art. 974, e a de eventual revogação desta, serão inscritas ou averbadas no Registro Público de Empresas Mercantis. [Sem dispositivo correspondente no CC/1916.]

Parágrafo único. O uso da nova firma caberá, conforme o caso, ao gerente; ou ao representante do incapaz; ou a este, quando puder ser autorizado. [Sem dispositivo correspondente no CC/1916.]

Art. 977. Faculta-se aos cônjuges contratar sociedade, entre si ou com terceiros, desde que não tenham casado no regime da comunhão universal de bens,[1] ou no da separação obrigatória.[1a a 4] [Sem dispositivo correspondente no CC/1916.]

Art. 977: 1. v. arts. 1.667 a 1.671.

Art. 977: 1a. "Sociedade entre cônjuges: aplicação do art. 977 do CC/02 às sociedades simples", por Rolf Madaleno e Bibiana Brum Ohira (RBDFS 35/5).

Art. 977: 2. v. art. 1.641.

Art. 977: 3. Enunciado 204 do CEJ: "A proibição de sociedade entre pessoas casadas sob o regime da comunhão universal ou da separação obrigatória só atinge as sociedades constituídas após a vigência do Código Civil de 2002".

Enunciado 205 do CEJ: "Adotar as seguintes interpretações ao art. 977: (1) a vedação à participação de cônjuges casados nas condições previstas no artigo refere-se unicamente a uma mesma sociedade; (2) o artigo abrange tanto a participação originária (na constituição da sociedade) quanto a derivada, isto é, fica vedado o ingresso de sócio casado em sociedade de que já participa o outro cônjuge".

Art. 977: 4. "As restrições previstas no art. 977 do CC/02 impossibilitam que os cônjuges casados sob os regimes de bens ali previstos contratem entre si tanto **sociedades empresárias** quanto **sociedades simples**" (STJ-3ª T., REsp 1.058.165, Min. Nancy Andrighi, j. 14.4.09, DJ 21.8.09).

Art. 978. O empresário casado pode, sem necessidade de outorga conjugal, qualquer que seja o regime de bens, alienar os imóveis que integrem o patrimônio da empresa ou gravá-los de ônus real.[1-2] [Sem dispositivo correspondente no CC/1916.]

Art. 978: 1. "Disposição dos bens da empresa unipessoal: necessidade de outorga uxória do empresário casado", por Olga Juliana Auad e William Teles Freitas (RMDECC 39/5).

Art. 978: 2. Este artigo constitui exceção ao disposto no art. 1.647-I.

Art. 979. Além de no Registro Civil,[1] serão arquivados e averbados, no Registro Público de Empresas Mercantis, os pactos e declarações antenupciais do empresário,[2] o título de doação, herança, ou legado, de bens clausulados de incomunicabilidade ou inalienabilidade.[3] [Sem dispositivo correspondente no CC/1916.]

Art. 979: 1. As escrituras antenupciais devem ser **registradas** no Livro 3 do Registro de Imóveis do domicílio conjugal e **averbadas** nas matrículas dos imóveis do casal (LRP 167-I-12 e II-1, 244 e 245).

Art. 979: 2. v. arts. 1.653 a 1.657.

Art. 979: 3. v. arts. 1.848 e 1.911.

Art. 980. A sentença que decretar ou homologar a separação judicial[1-1a] do empresário e o ato de reconciliação[2] não podem ser opostos a terceiros, antes de arquivados e averbados no Registro Público de Empresas Mercantis. [Sem dispositivo correspondente no CC/1916.]

Art. 980: 1. v., porém, art. 1.571, nota 2b **(Em. Const. 66, de 13.7.10).**

Art. 980: 1a. Também está sujeita a arquivamento e averbação no Registro Público de Empresas Mercantis a sentença proferida em ação de divórcio do empresário.

Art. 980: 2. v. art. 1.577; LDi 46 e 33.

Título I-A DA EMPRESA INDIVIDUAL DE RESPONSABILIDADE LIMITADA[1]

TÍT. I-A: 1. O Título I-A foi acrescido pela Lei 12.441, de 11.7.11, em vigor 180 dias após a sua publicação (DOU 12.7.11).

Art. 980-A. A empresa individual de responsabilidade limitada[1] será constituída por uma única pessoa titular da totalidade do capital social, devidamente integralizado, que não será inferior a 100 (cem) vezes o maior salário mínimo vigente no País.[2-2a]

§ 1º O nome empresarial deverá ser formado pela inclusão da expressão "EIRELI" após a firma ou a denominação social da empresa individual de responsabilidade limitada.[3]

§ 2º A pessoa natural que constituir empresa individual de responsabilidade limitada somente poderá figurar em uma única empresa dessa modalidade.

§ 3º A empresa individual de responsabilidade limitada também poderá resultar da concentração das quotas de outra modalidade societária num único sócio, independentemente das razões que motivaram tal concentração.[3a]

§ 4º (VETADO).

§ 5º Poderá ser atribuída à empresa individual de responsabilidade limitada constituída para a prestação de serviços de qualquer natureza a remuneração decorrente da cessão de direitos patrimoniais de autor ou de imagem, nome, marca ou voz de que seja detentor o titular da pessoa jurídica, vinculados à atividade profissional.

§ 6º Aplicam-se à empresa individual de responsabilidade limitada, no que couber, as regras previstas para as sociedades limitadas.[4]

Art. 980-A: 1. que é uma das modalidades de pessoa jurídica de direito privado (v. art. 44-VI).

S/ desconsideração da personalidade jurídica, v. art. 50 e notas.

Art. 980-A: 2. O art. 980-A, *caput* e parágrafos, foi acrescido pela Lei 12.441, de 11.7.11, em vigor 180 dias após a sua publicação (DOU 12.7.11).

✎ **Art. 980-A: 2a.** "Empresa individual de responsabilidade limitada", por Frederico Garcia Pinheiro (RMDECC 41/59); "A empresa individual de responsabilidade limitada", por Alfredo de Assis Gonçalves Neto (RT 915/153); "A empresa individual de responsabilidade limitada: aspectos societários, tributários e econômicos", por André Lipp Pinto Basto Lupi e Gustavo Miranda Schlösser (RMDECC 43/60); "A complexa identificação da natureza jurídica da empresa individual de responsabilidade limitada — EIRELI", por José Tadeu Neves Xavier (RJ 421/9, RSDCPC 81/29); "EIRELI — Análise crítica e algumas reflexões", por Nelly Potter (RF 418/465).

Art. 980-A: 3. v. art. 1.158.

Art. 980-A: 3a. v. art. 1.033 § ún.

Art. 980-A: 4. v. arts. 1.052 a 1.087.

Título II | DA SOCIEDADE[1 a 4]

Capítulo Único | DISPOSIÇÕES GERAIS

TÍT. II: 1. "Novo Código Civil. Pessoas jurídicas, empresário, sociedade, estabelecimento, nome comercial e/ou nome empresarial, perdas e danos e prescrição", por José Carlos Tinoco Soares (RT 798/11); "As sociedades e o novo Código Civil: uma primeira abordagem do tema", por Pedro Paulo Cristofaro (RF 364/241); "O direito societário e as alterações introduzidas pelo novo Código Civil", por Antonio Cecílio Moreira Pires e João Antonio Wiegerinck (RT 816/11); "Novo Código Civil: unificação do direito das obrigações e direito societário", por Suzy Cavalcante Koury (RDPr 17/184); "Associações e sociedades: semelhanças e distinções à luz da noção de contrato plurilateral", por Rachel Sztajn (RDPr 21/223); "Responsabilidade civil dos sócios e dos administradores de sociedades empresárias (à luz do novo Código Civil)", por Irineu Mariani (RT 834/58 e Ajuris 97/103); "O negócio jurídico societário e hipóteses de responsabilidade dos sócios por dívidas da sociedade empresária", por Augusto Passamani Bufulin (RDPr 57/203).

TÍT. II: 2. Lei aplicável: LINDB 11-*caput*.

TÍT. II: 3. **Disposições transitórias** s/ sociedades: arts. 2.031, 2.033, 2.034 e 2.037.

TÍT. II: 4. **LC 123, de 14.12.06** — Institui o Estatuto Nacional da Microempresa e da Empresa de Pequeno Porte, e dá outras providências: **"Art. 61-A** (*acrescido pela LC 155, de 27.10.16*). Para incentivar as atividades de inovação e os investimentos produtivos, a sociedade enquadrada como microempresa ou empresa de pequeno porte, nos termos desta Lei Complementar, poderá admitir o aporte de capital, que não integrará o capital social da empresa. **§ 1º** As finalidades de fomento a inovação e investimentos produtivos deverão constar do contrato de participação, com vigência não superior a sete anos. **§ 2º** O aporte de capital poderá ser realizado por pessoa física ou por pessoa jurídica, denominadas investidor-anjo. **§ 3º** A atividade constitutiva do objeto social é exercida unicamente por sócios regulares, em seu nome individual e sob sua exclusiva responsabilidade. **§ 4º** O investidor-anjo: **I** — não será considerado sócio nem terá qualquer direito a gerência ou voto na administração da empresa; **II** — não responderá por qualquer dívida da empresa, inclusive em recuperação judicial, não se aplicando a ele o art. 50 da Lei n. 10.406, de 10 de janeiro de 2002 — Código Civil; **III** — será remunerado por seus aportes, nos termos do contrato de participação, pelo prazo máximo de cinco anos. **§ 5º** Para fins de enquadramento da sociedade como microempresa ou empresa de pequeno porte, os valores de capital aportado não são considerados receitas da sociedade. **§ 6º** Ao final de cada período, o investidor-anjo fará jus à remuneração correspondente aos resultados distribuídos, conforme contrato de participação, não superior a 50% (cinquenta por cento) dos lucros da sociedade enquadrada como microempresa ou empresa de pequeno porte. **§ 7º** O investidor-anjo somente poderá exercer o direito de resgate depois de decorridos, no mínimo, dois anos do aporte de capital, ou prazo superior estabelecido no contrato de participação, e seus haveres serão pagos na forma do art. 1.031 da Lei n. 10.406, de 10 de janeiro de 2002 — Código Civil, não podendo ultrapassar o valor investido devidamente corrigido. **§ 8º** O disposto no § 7º deste artigo não impede a transferência da titularidade do aporte para terceiros. **§ 9º** A transferência da titularidade do aporte para terceiro alheio à sociedade dependerá do consentimento dos sócios, salvo estipulação contratual expressa em contrário. **§ 10.** O Ministério da Fazenda poderá regulamentar a tributação sobre retirada do capital investido.

"Art. 61-B (*acrescido pela LC 155, de 27.10.16*). A emissão e a titularidade de aportes especiais não impedem a fruição do Simples Nacional.

"Art. 61-C (*acrescido pela LC 155, de 27.10.16*). Caso os sócios decidam pela venda da empresa, o investidor-anjo terá direito de preferência na aquisição, bem como direito de venda conjunta da titularidade do aporte de capital, nos mesmos termos e condições que forem ofertados aos sócios regulares.

"Art. 61-D (*acrescido pela LC 155, de 27.10.16*). Os fundos de investimento poderão aportar capital como investidores-anjos em microempresas e empresas de pequeno porte".

Art. 981. Celebram contrato de sociedade[1-2] as pessoas que reciprocamente se obrigam a contribuir, com bens ou serviços, para o exercício de atividade econômica e a partilha, entre si, dos resultados. [Sem dispositivo correspondente no CC/1916.]

Parágrafo único. A atividade pode restringir-se à realização de um ou mais negócios determinados. [Sem dispositivo correspondente no CC/1916.]

Art. 981: 1. v., no nosso CCLCV, tít. SOCIEDADES (onde estão a Lei 5.764, de 16.12.71, s/ sociedades cooperativas, e o EA 15 a 17, s/ sociedades de advogados); CF 5º-XVII a 21; CC 44 a 52; LINDB 11; LRP 114 a 126.

— s/ associações, v. CC 53 a 61; s/ fundações, v. CC 62 a 69;

— s/ sociedades imobiliárias, v. Lei 4.380, de 21.8.64, arts. 35 a 43, e Lei 4.728, de 14.7.65, arts. 62 a 65;

— s/ associações de poupança e empréstimo, v. Dec. lei 70, de 21.11.66, arts. 1º a 8º;

— s/ sociedades seguradoras, v. Dec. lei 73, de 21.11.66 (arts. 72 a 88);

— s/ sociedades de caça, v. Lei 5.197, de 3.1.67;

— s/ aeroclubes, v. Dec. lei 205, de 27.2.67;

— s/ participação de capital estrangeiro nas empresas jornalísticas e de radiodifusão sonora e de sons e imagens, v. Lei 10.610, de 20.12.02;

— s/ recuperação judicial e extrajudicial e falência da sociedade empresária, v. LRF (Lei 11.101, de 9.2.05);

— s/ cadastro obrigatório das sociedades empresárias, sociedades simples e empresários individuais que prestam serviços turísticos remunerados, v. Dec. 5.406, de 30.3.05.

Art. 981: 2. **Dec. 7.984, de 8.4.13** — Regulamenta a Lei 9.615, de 24.3.98, que institui normas gerais sobre desporto: **"Art. 42.** É facultado às entidades desportivas profissionais, inclusive às de prática de futebol profissional, constituírem-se como sociedade empresária, segundo um dos tipos regulados pelos arts. 1.039 a 1.092 da Lei n. 10.406, de 10 de janeiro de 2002 — Código Civil".

Art. 982. Salvo as exceções expressas, considera-se empresária[1-1a] a sociedade que tem por objeto o exercício de atividade própria de empresário sujeito a registro[2-2a] (art. 967); e, simples, as demais.[3 a 3b] [Sem dispositivo correspondente no CC/1916.]

Parágrafo único. Independentemente de seu objeto, considera-se empresária a sociedade por ações;[3c] e, simples, a cooperativa.[3d a 5a] [Sem dispositivo correspondente no CC/1916.]

Art. 982: 1. Especificação das sociedades empresárias: art. 983, nota 1.

Art. 982: 1a. **Lei 9.615, de 24.3.98: "Art. 27 § 9º** (*redação da Lei 10.672, de 15.5.03*) É facultado às entidades desportivas profissionais constituírem-se regularmente em sociedade empresária, segundo um dos tipos regulados nos arts. 1.039 a 1.092 da Lei n. 10.406, de 10 de janeiro de 2002 — Código Civil".

Art. 982: 2. ou inscrição (cf. art. 967).

Art. 982: 2a. s/ registro da sociedade empresária e da sociedade simples, v. art. 1.150.

✎ **Art. 982: 3.** "Empresa no novo Código Civil: conceituação e dicotomia entre sociedades simples e empresárias", por Suzy Cavalcante Koury (RDPr 22/277).

Art. 982: 3a. "O novo Código Civil distingue claramente entre sociedade, de fins econômicos, e associações de fins puramente culturais. A sociedade formada por advogados, médicos, etc., constitui sociedade simples, bem distinta da empresária" (Miguel Reale).

Enunciado 196 do CEJ: "A sociedade de natureza simples não tem seu objeto restrito às atividades intelectuais".

Enunciado 382 do CEJ: "Nas sociedades, o registro observa a natureza da atividade (empresarial ou não — art. 966); as demais questões seguem as normas pertinentes ao tipo societário adotado (art. 983). São exceções as sociedades por ações e as cooperativas (art. 982, parágrafo único)".

Art. 982: 3b. Mesmo sendo simples, a sociedade pode adotar qualquer um dos tipos da sociedade empresária, cf. art. 983-*caput*.

Art. 982: 3c. s/ sociedade anônima, v. LSA (Lei 6.404, de 15.12.76).

Art. 982: 3d. s/ sociedade cooperativa, v. Lei 5.764, de 16.12.71.

Art. 982: 4. Embora se trate de sociedade simples, a sociedade cooperativa deve ser inscrita no Registro Público de Empresas Mercantis, a cargo das Juntas Comerciais (v. art. 1.093, nota 4, e Lei 5.764, de 16.12.71, art. 18 § 6º, no nosso CCLCV, tít. SOCIEDADES).

Art. 982: 5. A sociedade em conta de participação também é simples, ressalvado o disposto no art. 983 § ún.

Art. 982: 5a. **Enunciado 207 do CEJ:** "A natureza de sociedade simples da cooperativa, por força legal, não a impede de ser sócia de qualquer tipo societário, tampouco de praticar ato de empresa".

Art. 983. A sociedade empresária deve constituir-se segundo um dos tipos regulados nos arts. 1.039 a 1.092;[1] a sociedade simples[1a-1b] pode constituir-se de conformidade com um desses tipos,[2] e, não o fazendo, subordina-se às normas que lhe são próprias. [Sem dispositivo correspondente no CC/1916.]

Parágrafo único. Ressalvam-se as disposições concernentes à sociedade em conta de participação[3] e à cooperativa,[4] bem como as constantes de leis especiais que, para o exercício de certas atividades, imponham a constituição da sociedade segundo determinado tipo. [Sem dispositivo correspondente no CC/1916.]

Art. 983: 1. i. e.: sociedade em nome coletivo (arts. 1.039 a 1.044); sociedade em comandita simples (arts. 1.045 a 1.051); sociedade limitada (arts. 1.052 a 1.087); sociedade anônima (arts. 1.088 e 1.089); sociedade em comandita por ações (arts. 1.090 a 1.092).

Art. 983: 1a. **Enunciado 206 do CEJ:** "A contribuição do sócio exclusivamente em prestação de serviços é permitida nas sociedades cooperativas (art. 1.094, I) e nas sociedades simples propriamente ditas (art. 983, 2ª parte)".

Art. 983: 1b. v. arts. 997 a 1.038.

Art. 983: 2. **Enunciado 57 do CEJ:** "A opção pelo tipo empresarial não afasta a natureza simples da sociedade".

Art. 983: 3. v. arts. 991 a 996.

Art. 983: 4. v. arts. 1.093 a 1.096 e, Lei 5.764, de 16.12.71.

Art. 984. A sociedade que tenha por objeto o exercício de atividade própria de empresário rural[1] e seja constituída, ou transformada, de acordo com um dos tipos de sociedade empresária, pode, com as formalidades do art. 968, requerer inscrição[2] no Registro Público de Empresas Mercantis da sua sede, caso em que, depois de inscrita, ficará equiparada, para todos os efeitos, à sociedade empresária. [Sem dispositivo correspondente no CC/1916.]

Parágrafo único. Embora já constituída a sociedade segundo um daqueles tipos, o pedido de inscrição se subordinará, no que for aplicável, às normas que regem a transformação.[3] [Sem dispositivo correspondente no CC/1916.]

Art. 984: 1. v. art. 971, nota 1 (Enunciado 201 do CEJ). V. tb. art. 970.

Art. 984: 2. v. art. 971, nota 2 (Enunciado 202 do CEJ).

Art. 984: 3. s/ transformação das sociedades, v. arts. 1.113 a 1.115.

Art. 985. A sociedade adquire personalidade jurídica com a inscrição,[1] no registro próprio[2] e na forma da lei, dos seus atos constitutivos (arts. 45 e 1.150).[3] [Sem dispositivo correspondente no CC/1916.]

Art. 985: 1. v. arts. 988 e 986.

Art. 985: 2. v. art. 1.150. O empresário e as sociedades empresárias (art. 983, nota 1) devem inscrever-se no Registro Público de Empresas Mercantis (art. 967; cf. art. 984); as sociedades simples (arts. 997 a 1.038) devem ser inscritas no Registro Civil das Pessoas Jurídicas (art. 998), salvo as sociedades cooperativas (v. arts. 982, nota 4, e 1.093, nota 2).

Art. 985: 3. s/ inscrição das sociedades simples (exceto a cooperativa), v. LRP 114 a 126. V. tb. Lei 4.503, de 30.11.64 (cadastro geral de pessoas jurídicas, do Ministério da Fazenda); Lei 8.906, de 4.7.94, arts. 1º § 2º e 15 § 1º (Estatuto da Advocacia); Lei 8.934, de 18.11.94 (Registro Público de Empresas Mercantis e atividades afins), regulamentada pelo Dec. 1.800, de 30.1.96; Lei 9.096, de 19.9.95, arts. 7º a 11 (registro dos partidos políticos); Lei 7.433, de 18.12.85 (requisitos para a lavratura de escrituras públicas), regulamentada pelo Dec. 93.240, de 9.9.86.

Subtítulo I | DA SOCIEDADE NÃO PERSONIFICADA[1]

Capítulo I | DA SOCIEDADE EM COMUM[1 a 2]

SUBTÍT. I: 1. "Sociedades não personificadas no Código Civil", por Alexandre Gir Gomes (RDPr 25/59).

CAP. I: 1. s/ união homoafetiva, v. art. 1.723, notas 2 a 2c.

CAP. I: 1a. A **sociedade irregular** é aquela cujo contrato social não está inscrito no registro próprio, ou está, mas de forma inadequada; já a **sociedade de fato** é aquela que nem mesmo possui contrato social escrito. Ambas, sociedade irregular e de fato, **compõem a categoria da sociedade em comum.**

S/ sociedade de fato entre concubinos, v. art. 1.727 e notas.

CAP. I: 2. Enunciado 58 do CEJ: "A sociedade em comum compreende as figuras doutrinárias da sociedade de fato e da irregular".

Enunciado 209 do CEJ: "O art. 986 deve ser interpretado em sintonia com os arts. 985 e 1.150, de modo a ser considerada em comum a sociedade que não tenha seu ato constitutivo inscrito no registro próprio ou em desacordo com as normas legais previstas para esse registro (art. 1.150), ressalvadas as hipóteses de registros efetuados de boa-fé".

Art. 986. Enquanto não inscritos[1-1a] os atos constitutivos, reger-se-á a sociedade, exceto por ações[1b] em organização, pelo disposto neste Capítulo, observadas, subsidiariamente e no que com ele forem compatíveis, as normas da sociedade simples.[2-2a] [Sem dispositivo correspondente no CC/1916.]

Art. 986: 1. v. art. 985.

Art. 986: 1a. **CPC 75 § 2º:** "A sociedade ou associação sem personalidade jurídica não poderá opor a irregularidade de sua constituição quando demandada".

Art. 986: 1b. s/ sociedade por ações, v. **LSA** (Lei 6.404, de 15.12.76).

Art. 986: 2. v. arts. 997 a 1.038.

Art. 986: 2a. **Enunciado 383 do CEJ:** "A falta de registro do contrato social (irregularidade originária — art. 998) ou de alteração contratual versando sobre matéria referida no art. 997 (irregularidade superveniente — art. 999, parágrafo único) conduzem à aplicação das regras da sociedade em comum (art. 986)".

Art. 987. Os sócios, nas relações entre si ou com terceiros, somente por escrito podem provar a existência da sociedade, mas os terceiros podem prová-la de qualquer modo.[1-2] [Sem dispositivo correspondente no CC/1916.]

Art. 987: 1. s/ meios de prova, v. art. 212.

Art. 987: 2. "Restringindo-se o debate à existência de sociedade empresarial irregular (de fato), a exigência intransigente de prova exclusivamente documental da relação jurídica resulta no esvaziamento do instituto, prestigia o enriquecimento sem causa e deturpa o sistema jurídico brasileiro" (STJ-3ª T., REsp 1.430.750, Min. Nancy Andrighi, j. 21.8.14, DJ 8.9.14).

Art. 988. Os bens e dívidas sociais constituem patrimônio especial,[1] do qual os sócios são titulares em comum. [Sem dispositivo correspondente no CC/1916.]

Art. 988: 1. **Enunciado 210 do CEJ:** "O patrimônio especial a que se refere o art. 988 é aquele afetado ao exercício da atividade, garantidor de terceiro, e de titularidade dos sócios em comum, em face da ausência de personalidade jurídica".

Art. 989. Os bens sociais respondem pelos atos de gestão praticados por qualquer dos sócios, salvo pacto expresso limitativo de poderes, que somente terá eficácia contra o terceiro que o conheça ou deva conhecer.[1-2] [Sem dispositivo correspondente no CC/1916.]

Art. 989: 1. cf. art. 1.024.

Art. 989: 2. **Enunciado 211 do CEJ:** "Presume-se disjuntiva a administração dos sócios a que se refere o art. 989".

Art. 990. Todos os sócios[1-1a] respondem solidária[2] e ilimitadamente pelas obrigações sociais, excluído do benefício de ordem, previsto no art. 1.024, aquele que contratou pela sociedade. [Sem dispositivo correspondente no CC/1916.]

Art. 990: 1. s/ entidades esportivas profissionais, v. art. 50, nota 3, e art. 981, nota 2.

Art. 990: 1a. **Enunciado 59 do CEJ:** "Os sócios gestores e os administradores das empresas são responsáveis subsidiária e ilimitadamente pelos atos ilícitos praticados, de má gestão ou contrários ao previsto no contrato social ou estatuto, conforme estabelecem os arts. 990, 1.009, 1.016, 1.017 e 1.091, todos do Código Civil".

Enunciado 212 do CEJ: "Embora a sociedade em comum não tenha personalidade jurídica, o sócio que tem seus bens constritos por dívida contraída em favor da sociedade, e não participou do ato por meio do qual foi contraída a obrigação, tem o direito de indicar bens afetados às atividades empresariais para substituir a constrição".

Art. 990: 2. v. arts. 275 a 285.

Capítulo II — DA SOCIEDADE EM CONTA DE PARTICIPAÇÃO[1]

CAP. II: 1. "Sociedade em conta de participação", por Eduardo Carlezzo (RSDCPC 23/159); "Da sociedade em conta de participação", por Fábio Martins de Andrade (RDPr 33/39); "Reflexos processuais da sociedade em conta de participação", por Eduardo Henrique de Oliveira Yoshikawa (RDDP 116/30).

Art. 991. Na sociedade em conta de participação,[1 a 2] a atividade constitutiva do objeto social é exercida unicamente pelo sócio ostensivo, em seu nome individual e sob sua própria e exclusiva responsabilidade, participando os demais dos resultados correspondentes. [Sem dispositivo correspondente no CC/1916.]

Parágrafo único. Obriga-se perante terceiro tão somente o sócio ostensivo;[3] e, exclusivamente perante este, o sócio participante, nos termos do contrato social. [Sem dispositivo correspondente no CC/1916.]

Art. 991: 1. Proibição de ter firma ou denominação: art. 1.162. Forma de constituição: art. 983 § ún.

Art. 991: 1a. **Dec. lei 2.303, de 21.11.86** — Altera a legislação tributária federal, e dá outras providências: "**Art. 7º** Equiparam-se a pessoas jurídicas, para os efeitos da legislação do imposto de renda, as sociedades em conta de participação. Parágrafo único. Na apuração dos resultados dessas sociedades, assim como na tributação dos lucros apurados e dos distribuídos, serão observadas as normas aplicáveis às demais pessoas jurídicas".

Dec. 3.000, de 26.3.99 — Regulamenta a tributação, fiscalização, arrecadação e administração do Imposto sobre a Renda e Proventos de Qualquer Natureza: "**Art. 254.** A escrituração das operações de sociedade em conta de participação poderá, à opção do sócio ostensivo, ser efetuada nos livros deste ou em livros próprios, observando-se o seguinte: I — quando forem utilizados os livros do sócio ostensivo, os registros contábeis deverão ser feitos de forma a evidenciar os lançamentos referentes à sociedade em conta de participação; II — os resultados e o lucro real correspondentes à sociedade em conta de participação deverão ser apurados e demonstrados destacadamente dos resultados e do lucro real do sócio ostensivo, ainda que a escrituração seja feita nos mesmos livros; III — nos documentos relacionados com a atividade da sociedade em conta de participação, o sócio ostensivo deverá fazer constar indicação de modo a permitir identificar sua vinculação com a referida sociedade".

Art. 991: 2. **Enunciado 208 do CEJ:** "As normas do Código Civil para as sociedades em comum e em conta de participação são aplicáveis independentemente de a atividade dos sócios, ou do sócio ostensivo, ser ou não própria de empresário sujeito a registro (distinção feita pelo art. 982 do Código Civil entre sociedade simples e empresária)".

Art. 991: 3. "Na sociedade em conta de participação o sócio ostensivo é quem se obriga para com terceiros pelos resultados das transações e das obrigações sociais, realizadas ou empreendidas em decorrência da sociedade, nunca o sócio participante ou oculto que nem é conhecido dos terceiros nem com estes nada trata" (STJ-4ª T., REsp 192.603, Min. Barros Monteiro, j. 15.4.04, DJU 1.7.04).

Art. 992. A constituição da sociedade em conta de participação independe de qualquer formalidade[1-2] e pode provar-se por todos os meios de direito.[3] [Sem dispositivo correspondente no CC/1916.]

Art. 992: 1. A sociedade em conta de participação pode ser constituída inclusive por contrato verbal. Todavia, a validade de qualquer negócio jurídico depende da observância do art. 104.

Art. 992: 2. O registro do contrato social não é obrigatório. V. art. 993.

Art. 992: 3. s/ meios de prova, v. art. 212.

Art. 993. O contrato social produz efeito somente entre os sócios, e a eventual inscrição de seu instrumento em qualquer registro não confere personalidade jurídica à sociedade.[1-2] [Sem dispositivo correspondente no CC/1916.]

Parágrafo único. Sem prejuízo do direito de fiscalizar a gestão dos negócios sociais, o sócio participante não pode tomar parte nas relações do sócio ostensivo com terceiros, sob pena de responder solidariamente[3] com este pelas obrigações em que intervier. [Sem dispositivo correspondente no CC/1916.]

Art. 993: 1. **Dec. lei 2.303, de 21.11.86** — Altera a legislação tributária federal, e dá outras providências: **"Art. 7º** Equiparam-se a pessoas jurídicas, para os efeitos da legislação do imposto de renda, as sociedades em conta de participação. Parágrafo único. Na apuração dos resultados dessas sociedades, assim como na tributação dos lucros apurados e dos distribuídos, serão observadas as normas aplicáveis às demais pessoas jurídicas".

Art. 993: 2. "Não há falar em citação da sociedade em conta de participação, que não tem personalidade jurídica, nem existência perante terceiros" (RSTJ 173/244: 3ª T., REsp 474.704).

Art. 993: 3. v. arts. 275 a 285.

Art. 994. A contribuição do sócio participante constitui, com a do sócio ostensivo, patrimônio especial, objeto da conta de participação relativa aos negócios sociais. [Sem dispositivo correspondente no CC/1916.]

§ 1º A especialização patrimonial somente produz efeitos em relação aos sócios. [Sem dispositivo correspondente no CC/1916.]

§ 2º A falência do sócio ostensivo acarreta a dissolução da sociedade e a liquidação da respectiva conta, cujo saldo constituirá crédito quirografário.[1] [Sem dispositivo correspondente no CC/1916.]

§ 3º Falindo o sócio participante, o contrato social fica sujeito às normas que regulam os efeitos da falência nos contratos bilaterais[2] do falido. [Sem dispositivo correspondente no CC/1916.]

Art. 994: 1. i. e., sem privilégio.

Art. 994: 2. v. LRF 117, 119 e 120.

Art. 995. Salvo estipulação em contrário, o sócio ostensivo não pode admitir novo sócio sem o consentimento expresso dos demais. [Sem dispositivo correspondente no CC/1916.]

Art. 996. Aplica-se à sociedade em conta de participação, subsidiariamente e no que com ela for compatível, o disposto para a sociedade simples,[1] e a sua liquidação rege-se pelas normas relativas à prestação de contas,[2-3] na forma da lei processual. [Sem dispositivo correspondente no CC/1916.]

Parágrafo único. Havendo mais de um sócio ostensivo, as respectivas contas serão prestadas e julgadas no mesmo processo. [Sem dispositivo correspondente no CC/1916.]

Art. 996: 1. v. arts. 997 a 1.038.

Art. 996: 2. v. CPC 550 a 553.

Art. 996: 3. "A sociedade em conta de participação extingue-se quando termina o negócio para que se formou, devendo, portanto, o sócio ostensivo, desde logo, prestar contas ao sócio oculto ou participante. Assim sendo, inexistindo a prestação de contas, o sócio oculto pode exigi-la pela via judicial, do que emerge a admissibilidade da eclosão de medida cautelar preparatória, na busca de documentos comuns, aos quais não teve acesso, limitando-se, no entanto, tal exibição a livros-diário, livros-razão e balancetes contábeis, ou seja, a documentos que digam respeito à participação do requerente no negócio" (RT 768/221).

Subtítulo II | DA SOCIEDADE PERSONIFICADA[1]

Capítulo I | DA SOCIEDADE SIMPLES[1]

Seção I | DO CONTRATO SOCIAL

SUBTÍT. II: 1. Enunciado 384 do CEJ: "Nas sociedades personificadas previstas no Código Civil, exceto a cooperativa, é admissível o acordo de sócios, por aplicação analógica das normas relativas às sociedades por ações pertinentes ao acordo de acionistas".

CAP. I: 1. "As sociedades simples do novo Código Civil", por Marlon Tomazette (RT 800/36).

Art. 997. A sociedade constitui-se mediante contrato escrito, particular ou público, que, além de cláusulas estipuladas pelas partes, mencionará:[1 a 2b] [Sem dispositivo correspondente no CC/1916.]

I — nome, nacionalidade, estado civil, profissão e residência dos sócios, se pessoas naturais, e a firma ou a denominação, nacionalidade e sede dos sócios, se jurídicas; [Sem dispositivo correspondente no CC/1916.]

II — denominação, objeto, sede e prazo da sociedade;[3] [Sem dispositivo correspondente no CC/1916.]

III — capital da sociedade, expresso em moeda corrente, podendo compreender qualquer espécie de bens, suscetíveis de avaliação pecuniária; [Sem dispositivo correspondente no CC/1916.]

IV — a quota de cada sócio no capital social, e o modo de realizá-la; [Sem dispositivo correspondente no CC/1916.]

V — as prestações a que se obriga o sócio, cuja contribuição consista em serviços;[4] [Sem dispositivo correspondente no CC/1916.]

VI — as pessoas naturais incumbidas da administração da sociedade, e seus poderes e atribuições;[5] [Sem dispositivo correspondente no CC/1916.]

VII — a participação de cada sócio nos lucros e nas perdas;[6] [Sem dispositivo correspondente no CC/1916.]

VIII — se os sócios respondem, ou não, subsidiariamente,[7] pelas obrigações sociais. [Sem dispositivo correspondente no CC/1916.]

Parágrafo único. É ineficaz em relação a terceiros qualquer pacto separado, contrário ao disposto no instrumento do contrato. [Sem dispositivo correspondente no CC/1916.]

Art. 997: 1. A alteração das matérias mencionadas no art. 997 depende do consentimento de todos os sócios (art. 999).

Art. 997: 2. Ainda que a sociedade simples adote um dos tipos de sociedade empresária, ela se vinculará ao Registro Civil das Pessoas Jurídicas. Mas, nesta hipótese, obedecer-se-ão as normas fixadas para o Registro Público de Empresas Mercantis (cf. art. 1.150 e notas).

V. **Lei 8.934, de 18.11.94** — Dispõe sobre o Registro Público de Empresas Mercantis e atividades afins e dá outras providências (regulamentada pelo Dec. 1.800, de 30.1.96).

Art. 997: 2a. s/ cláusula de eleição de foro, v. art. 1.054, nota 2; requisitos do ato constitutivo da pessoa jurídica, v. LRP 120.

Art. 997: 2b. Enunciado 214 do CEJ: "As indicações contidas no art. 997 não são exaustivas, aplicando-se outras exigências contidas na legislação pertinente para fins de registro".

Art. 997: 3. Enunciado 213 do CEJ: "O art. 997, inc. II, não exclui a possibilidade de sociedade simples utilizar firma ou razão social".

Art. 997: 4. v. arts. 1.006 e 1.007.

Art. 997: 5. v. arts. 1.010 a 1.021 (especialmente art. 1.013).

Art. 997: 6. v. art. 1.007.

Art. 997: 7. Enunciado 61 do CEJ: "O termo 'subsidiariamente', constante do inciso VIII do art. 997 do Código Civil, deverá ser substituído por 'solidariamente', a fim de compatibilizar esse dispositivo com o art. 1.023 do mesmo Código".

Art. 998. Nos trinta dias subsequentes à sua constituição, a sociedade deverá requerer a inscrição do contrato social no Registro Civil das Pessoas Jurídicas[1-1a] do local de sua sede.[2-2a] [Sem dispositivo correspondente no CC/1916.]

§ 1º O pedido de inscrição será acompanhado do instrumento autenticado do contrato, e, se algum sócio nele houver sido representado por procurador, o da respectiva procuração, bem como, se for o caso, da prova de autorização[3] da autoridade competente. [Sem dispositivo correspondente no CC/1916.]

§ 2º Com todas as indicações enumeradas no artigo antecedente, será a inscrição tomada por termo no livro de registro próprio, e obedecerá a número de ordem contínua para todas as sociedades inscritas. [Sem dispositivo correspondente no CC/1916.]

Art. 998: 1. Registro Civil de Pessoas Jurídicas: LRP 114 a 126.

Art. 998: 1a. cf. arts. 45 e 1.150, *in fine*.

Art. 998: 2. Enunciado 215 do CEJ: "A sede a que se refere o *caput* do art. 998 poderá ser a da administração ou a do estabelecimento onde se realizam as atividades sociais".

Art. 998: 2a. v. art. 986, nota 2a (Enunciado 383 do CEJ).

Art. 998: 3. v. arts. 1.123 a 1.141.

Art. 999. As modificações do contrato social, que tenham por objeto matéria indicada no art. 997, dependem do consentimento de todos os sócios; as demais podem ser decididas por maioria absoluta de votos, se o contrato não determinar a necessidade de deliberação unânime.[1] [Sem dispositivo correspondente no CC/1916.]

Parágrafo único. Qualquer modificação do contrato social será averbada, cumprindo-se as formalidades previstas no artigo antecedente.[2-2a] [Sem dispositivo correspondente no CC/1916.]

Art. 999: 1. Enunciado 385 do CEJ: "A unanimidade exigida para a modificação do contrato social somente alcança as matérias referidas no art. 997, prevalecendo, nos demais casos de deliberação dos sócios, a maioria absoluta, se outra mais qualificada não for prevista no contrato".

Art. 999: 2. v. arts. 45, 1.002 a 1.004 § ún., 1.030, 1.058 e 2.033.

Art. 999: 2a. v. art. 986, nota 2a (Enunciado 383 do CEJ).

Art. 1.000. A sociedade simples que instituir sucursal, filial ou agência na circunscrição de outro Registro Civil das Pessoas Jurídicas, neste deverá também inscrevê-la, com a prova da inscrição originária. [Sem dispositivo correspondente no CC/1916.]

Parágrafo único. Em qualquer caso, a constituição da sucursal, filial ou agência deverá ser averbada no Registro Civil da respectiva sede.[1] [Sem dispositivo correspondente no CC/1916.]

Art. 1.000: 1. Hipótese análoga ocorre em caso de constituição de estabelecimento empresarial secundário, cf. art. 969 § ún.

Seção II | DOS DIREITOS E OBRIGAÇÕES DOS SÓCIOS

Art. 1.001. As obrigações[1] dos sócios começam imediatamente com o contrato, se este não fixar outra data, e terminam quando, liquidada a sociedade, se extinguirem as responsabilidades sociais. [Sem dispositivo correspondente no CC/1916.]

Art. 1.001: 1. s/ desconsideração da personalidade jurídica, v. art. 50 e CDC 28.

Art. 1.002. O sócio não pode ser substituído no exercício das suas funções, sem o consentimento dos demais sócios, expresso em modificação do contrato social.[1] [Sem dispositivo correspondente no CC/1916.]

Art. 1.002: 1. v. arts. 999, 1.018 e 1.019. V. tb. LRF 81 § 1º.

Art. 1.003. A cessão[1] total ou parcial de quota, sem a correspondente modificação do contrato social com o consentimento dos demais sócios, não terá eficácia quanto a estes e à sociedade. [Sem dispositivo correspondente no CC/1916.]

Parágrafo único. Até dois anos depois de averbada a modificação do contrato,[1a] responde o cedente solidariamente[2] com o cessionário, perante a sociedade e terceiros, pelas obrigações que tinha como sócio.[3-3a] [Sem dispositivo correspondente no CC/1916.]

Art. 1.003: 1. v. art. 1.057.

Art. 1.003: 1a. "Considerando a distinção entre a pessoa jurídica e a pessoa dos sócios, bem como o objetivo de evitar fraudes, a melhor solução para o caso dos autos é interpretar estritamente o disposto nos arts. 1.003 e 1.057, no sentido de que os efeitos da cessão com relação à sociedade somente se operem depois da efetiva averbação na Junta Comercial. Desse modo, computando-se o prazo a partir da averbação, não se verifica o transcurso de dois anos, devendo-se, portanto, afastar a decadência proclamada pelo Tribunal *a quo*" (STJ-3ª T., REsp 1.415.543, Min. Paulo Sanseverino, j. 7.6.16, DJ 13.6.16; a citação é do voto do relator).

Art. 1.003: 2. v. arts. 275 a 285.

Art. 1.003: 3. v. art. 1.057 § ún.

Art. 1.003: 3a. v. LRF 81 § 1º.

Art. 1.004. Os sócios são obrigados, na forma e prazo previstos, às contribuições estabelecidas no contrato social,[1] e aquele que deixar de fazê-lo, nos trinta dias seguintes ao da notificação pela sociedade, responderá perante esta pelo dano emergente da mora.[2] [Sem dispositivo correspondente no CC/1916.]

Parágrafo único. Verificada a mora, poderá a maioria[3] dos demais sócios preferir, à indenização, a exclusão do sócio remisso,[4] ou reduzir-lhe a quota ao montante já realizado, aplicando-se, em ambos os casos, o disposto no § 1º do art. 1.031. [Sem dispositivo correspondente no CC/1916.]

Art. 1.004: 1. v. art. 997-IV e V.

Art. 1.004: 2. s/ mora, v. arts. 394 a 401.

Art. 1.004: 3. Enunciado 216 do CEJ: "O *quorum* de deliberação previsto no art. 1.004, parágrafo único, e no art. 1.030 é de maioria absoluta do capital representado pelas quotas dos demais sócios, consoante a regra geral fixada no art. 999 para as deliberações na sociedade simples. Esse entendimento aplica-se ao art. 1.058 em caso de exclusão de sócio remisso ou redução do valor de sua quota ao montante já integralizado".

Art. 1.004: 4. v. arts. 1.030, 1.032 e 1.058.

Art. 1.005. O sócio que, a título de quota social, transmitir domínio, posse ou uso, responde pela evicção;[1] e pela solvência do devedor, aquele que transferir crédito.[2] [Sem dispositivo correspondente no CC/1916.]

Art. 1.005: 1. v. arts. 447 a 457.

Art. 1.005: 2. v. art. 297.

Art. 1.006. O sócio, cuja contribuição consista em serviços, não pode, salvo convenção em contrário, empregar-se em atividade estranha à sociedade, sob pena de ser privado de seus lucros e dela excluído.[1] [Sem dispositivo correspondente no CC/1916.]

Art. 1.006: 1. v. arts. 1.030 e 1.032. V. tb. art. 997-V.

Art. 1.007. Salvo estipulação em contrário, o sócio participa dos lucros e das perdas,[1] na proporção das respectivas quotas, mas aquele, cuja contribuição consiste em serviços, somente participa dos lucros na proporção da média do valor das quotas.[2] [Sem dispositivo correspondente no CC/1916.]

Art. 1.007: 1. v. art. 997-VII. V. tb. art. 1.008 e notas.

Art. 1.007: 2. s/ sócio que contribui com serviços, v. art. 997-V.

Art. 1.008. É nula a estipulação contratual[1] que exclua qualquer sócio de participar dos lucros e das perdas.[2-3] [Sem dispositivo correspondente no CC/1916.]

Art. 1.008: 1. Nula é apenas a cláusula, pois o restante do contrato social subsiste.

Art. 1.008: 2. v. art. 1.007.

Art. 1.008: 3. Para a nulidade da estipulação contratual, não se exige que o sócio fique excluído tanto dos lucros quanto das perdas: basta a sua exclusão de um deles para a caracterização da chamada "sociedade leonina", vedada pela lei.

Art. 1.009. A distribuição de lucros ilícitos ou fictícios acarreta responsabilidade solidária[1] dos administradores que a realizarem e dos sócios que os receberem, conhecendo ou devendo conhecer-lhes a ilegitimidade.[2-3] [Sem dispositivo correspondente no CC/1916.]

Art. 1.009: 1. v. arts. 275 a 285.

Art. 1.009: 2. v. art. 990, nota 1a.

Art. 1.009: 3. v. art. 422 (boa-fé).

Seção III | DA ADMINISTRAÇÃO[1]

SEÇ. III: 1. Administração da sociedade: em nome coletivo, art. 1.042; limitada, arts. 1.060 a 1.065.

Art. 1.010. Quando, por lei ou pelo contrato social, competir aos sócios decidir sobre os negócios da sociedade, as deliberações[1] serão tomadas por maioria de votos, contados segundo o valor das quotas de cada um. [Sem dispositivo correspondente no CC/1916.]

§ 1º Para formação da maioria absoluta são necessários votos correspondentes a mais de metade do capital. [Sem dispositivo correspondente no CC/1916.]

§ 2º Prevalece a decisão sufragada por maior número de sócios no caso de empate, e, se este persistir, decidirá o juiz. [Sem dispositivo correspondente no CC/1916.]

§ 3º Responde por perdas e danos[2] o sócio que, tendo em alguma operação interesse contrário[2a] ao da sociedade, participar da deliberação que a aprove graças a seu voto.[3] [Sem dispositivo correspondente no CC/1916.]

Art. 1.010: 1. s/ deliberações, v. arts. 1.071 a 1.080.

Art. 1.010: 2. v. arts. 402 a 405.

Art. 1.010: 2a. Enunciado 217 do CEJ: "Com a regência supletiva da sociedade limitada, pela lei das sociedades por ações, ao sócio que participar de deliberação na qual tenha interesse contrário ao da sociedade aplicar-se-á o disposto no art. 115, § 3º, da Lei n. 6.404/76. Nos demais casos, aplica-se o disposto no art. 1.010, § 3º, se o voto proferido foi decisivo para a aprovação da deliberação, ou o art. 187 (abuso do direito), se o voto não tiver prevalecido".

Art. 1.010: 3. v. art. 1.017 § ún.

Art. 1.011. O administrador da sociedade deverá ter, no exercício de suas funções, o cuidado e a diligência que todo homem ativo e probo costuma empregar na administração de seus próprios negócios. [Sem dispositivo correspondente no CC/1916.]

§ 1º Não podem ser administradores, além das pessoas impedidas por lei especial, os condenados a pena que vede, ainda que temporariamente, o acesso a cargos públicos; ou por crime falimentar,[1] de prevaricação, peita ou suborno,[1a] concussão, peculato;[1b] ou contra a economia popular,[1c] contra o sistema financeiro nacional,[1d] contra as normas de defesa da concorrência,[1e] contra as relações de consumo,[1f] a fé pública[1g] ou a propriedade,[1h] enquanto perdurarem os efeitos da condenação.[2] [Sem dispositivo correspondente no CC/1916.]

§ 2º Aplicam-se à atividade dos administradores, no que couber, as disposições concernentes ao mandato.[3] [Sem dispositivo correspondente no CC/1916.]

Art. 1.011: 1. v. LRF 64 e 168 a 178.

Art. 1.011: 1a. **Enunciado 60 do CEJ:** "As expressões de peita ou suborno do § 1º do art. 1.011 do novo Código Civil devem ser entendidas como corrupção, ativa ou passiva".

Enunciado 218 do CEJ: "Não são necessárias certidões de nenhuma espécie para comprovar os requisitos do art. 1.011 no ato de registro da sociedade, bastando declaração de desimpedimento".

Art. 1.011: 1b. s/ peculato, v. CP 312; s/ concussão, v. CP 316; s/ prevaricação, v. CP 319.

Art. 1.011: 1c. **Lei 1.521, de 26.12.51** — Altera dispositivos da legislação vigente sobre crimes contra a economia popular.

V. tb. art. 65 da LCE.

Art. 1.011: 1d. **Lei 7.492, de 16.6.86** — Define os crimes contra o sistema financeiro nacional, e dá outras providências.

Lei 9.613, de 3.3.98 — Dispõe sobre os crimes de "lavagem" ou ocultação de bens, direitos e valores; a prevenção da utilização do sistema financeiro para os ilícitos previstos nesta Lei; cria o Conselho de Controle de Atividades Financeiras (COAF), e dá outras providências. Alterada pela **Lei 12.683, de 9.7.12.**

Lei 6.385, de 7.12.76 — Dispõe sobre o mercado de valores mobiliários e cria a Comissão de Valores Mobiliários. Os arts. 27-C a 27-F dessa Lei dispõem sobre os crimes contra os mercados de capitais.

Art. 1.011: 1e. **Lei 12.529, de 30.11.11** — Estrutura o Sistema Brasileiro de Defesa da Concorrência; dispõe sobre a prevenção e repressão às infrações contra a ordem econômica; altera a Lei n. 8.137, de 27 de dezembro de 1990, o Decreto-Lei n. 3.689, de 3 de outubro de 1941 — Código de Processo Penal, e a Lei n. 7.347, de 24 de julho de 1985; revoga dispositivos da Lei n. 8.884, de 11 de junho de 1994, e a Lei n. 9.781, de 19 de janeiro de 1999; e dá outras providências.

Lei 8.884, de 11.6.94 — Transforma o Conselho Administrativo de Defesa Econômica (CADE) em autarquia, dispõe sobre a prevenção e a repressão às infrações contra a ordem econômica e dá outras providências.

Lei 8.176, de 8.2.91 — Define crimes contra a ordem econômica e cria o Sistema de Estoques de Combustíveis.

Art. 1.011: 1f. **Lei 8.137, de 27.12.90** — Define crimes contra a ordem tributária, econômica e contra as relações de consumo. Alterada pela **Lei 12.529, de 30.11.11.**

V. tb. CDC 61 a 80.

Art. 1.011: 1g. v. CP 289 a 311.

Art. 1.011: 1h. v. CP 155 a 183.

Art. 1.011: 2. v. arts. 972 e 1.066 § 1º.

V. LIA, principalmente arts. 9º a 11.

Lei 8.112, de 11.12.90 — Dispõe sobre o regime jurídico dos servidores públicos civis da União, das autarquias e das fundações públicas federais: "**Art. 117.** Ao servidor é proibido: ... **X** — participar de gerência ou administração de sociedade privada, personificada ou não personificada, salvo a participação nos conselhos de administração e fiscal de empresas ou entidades em que a União detenha, direta ou indiretamente, participação no capital social ou em sociedade cooperativa constituída para prestar serviços a seus membros, e exercer o comércio, exceto na qualidade de acionista, cotista ou comanditário" (redação de acordo com a Lei 11.094, de 13.1.05).

Art. 1.011: 3. v. arts. 653 a 691.

Art. 1.012. O administrador, nomeado por instrumento em separado, deve averbá-lo[1] à margem da inscrição da sociedade, e, pelos atos que praticar, antes de requerer a averbação, responde pessoal e solidariamente com a sociedade. [Sem dispositivo correspondente no CC/1916.]

Art. 1.012: 1. v. art. 999 § ún.

Art. 1.013. A administração da sociedade, nada dispondo o contrato social, compete separadamente a cada um dos sócios. [Sem dispositivo correspondente no CC/1916.]

§ 1º Se a administração competir separadamente a vários administradores, cada um pode impugnar operação pretendida por outro, cabendo a decisão aos sócios, por maioria de votos.[1] [Sem dispositivo correspondente no CC/1916.]

§ 2º Responde por perdas e danos[2] perante a sociedade o administrador que realizar operações, sabendo ou devendo saber que estava agindo em desacordo com a maioria. [Sem dispositivo correspondente no CC/1916.]

Art. 1.013: 1. v. art. 1.010.

Art. 1.013: 2. v. arts. 402 a 405.

Art. 1.014. Nos atos de competência conjunta de vários administradores, torna-se necessário o concurso de todos, salvo nos casos urgentes, em que a omissão ou retardo das providências possa ocasionar dano irreparável ou grave. [Sem dispositivo correspondente no CC/1916.]

Art. 1.015. No silêncio do contrato, os administradores podem praticar todos os atos pertinentes à gestão da sociedade; não constituindo objeto social, a oneração ou a venda de bens imóveis depende do que a maioria dos sócios decidir.[1] [Sem dispositivo correspondente no CC/1916.]

Parágrafo único. O excesso por parte dos administradores somente pode ser oposto a terceiros se ocorrer pelo menos uma das seguintes hipóteses:[2] [Sem dispositivo correspondente no CC/1916.]

I — se a limitação de poderes estiver inscrita ou averbada no registro próprio da sociedade; [Sem dispositivo correspondente no CC/1916.]

II — provando-se que era conhecida do terceiro; [Sem dispositivo correspondente no CC/1916.]

III — tratando-se de operação evidentemente estranha aos negócios da sociedade. [Sem dispositivo correspondente no CC/1916.]

Art. 1.015: 1. **Enunciado 219 do CEJ:** "Está positivada a teoria *ultra vires* no Direito brasileiro, com as seguintes ressalvas: (a) o ato *ultra vires* não produz efeito apenas em relação à sociedade; (b) sem embargo, a sociedade poderá, por meio de seu órgão deliberativo, ratificá-lo; (c) o Código Civil amenizou o rigor da teoria *ultra vires*, admitindo os poderes implícitos dos administradores para realizar negócios acessórios ou conexos ao objeto social, os quais não constituem operações evidentemente estranhas aos negócios da sociedade; (d) não se aplica o art. 1.015 às sociedades por ações, em virtude da existência de regra especial de responsabilidade dos administradores (art. 158, II, Lei n. 6.404/76)".

Art. 1.015: 2. Daí que: "Verificada a boa-fé do terceiro, restará à pessoa jurídica exigir a reparação pelos danos sofridos em ação regressiva a ser proposta contra o administrador que agiu em excesso de mandato" (STJ-3ª T., REsp 448.471, Min. Nancy Andrighi, j. 20.3.03, DJ 14.4.03).

Art. 1.016. Os administradores[1] respondem solidariamente[2-2a] perante a sociedade[2b] e os terceiros prejudicados, por culpa no desempenho de suas funções.[3] [Sem dispositivo correspondente no CC/1916.]

Art. 1.016: 1. v. art. 990, nota 1a.

Art. 1.016: 2. v. arts. 275 a 285.

Art. 1.016: 2a. "Em regra, o administrador não tem responsabilidade pessoal pelas obrigações que contrair em nome da sociedade e em decorrência de regulares atos de gestão. Todavia, os administradores serão obrigados pessoalmente e solidariamente pelo ressarcimento do dano, na forma da responsabilidade civil por ato ilícito, perante a sociedade e terceiros prejudicados quando, dentro de suas atribuições e poderes, agirem de forma culposa. Considerando-se que na hipótese dos autos ficou comprovado que todos os onze sócios eram administradores e que realizaram uma má gestão da sociedade autora que lhe acarretou comprovados prejuízos de ordem material e que não há incompatibilidade qualquer entre a solidariedade passiva e as obrigações divisíveis, está o credor autorizado a exigir de qualquer dos devedores o cumprimento integral da obrigação, cuja satisfação não extingue os deveres dos coobrigados, os quais podem ser demandados em ação regressiva" (STJ-3ª T., REsp 1.087.142, Min. Nancy Andrighi, j. 18.8.11, DJ 24.8.11).

Art. 1.016: 2b. **Enunciado 220 do CEJ:** "É obrigatória a aplicação do art. 1.016 do Código Civil de 2002, que regula a responsabilidade dos administradores, a todas as sociedades limitadas, mesmo àquelas cujo contrato social preveja a aplicação supletiva das normas das sociedades anônimas".

Art. 1.016: 3. Esta disposição se aplica aos membros do conselho fiscal (v. art. 1.070-*caput*).

Art. 1.017. O administrador que, sem consentimento escrito dos sócios, aplicar créditos ou bens sociais em proveito próprio ou de terceiros, terá de restituí-los à sociedade, ou pagar o equivalente, com todos os lucros resultantes, e, se houver prejuízo, por ele também responderá.[1] [Sem dispositivo correspondente no CC/1916.]

Parágrafo único. Fica sujeito às sanções o administrador que, tendo em qualquer operação interesse contrário ao da sociedade, tome parte na correspondente deliberação.[2] [Sem dispositivo correspondente no CC/1916.]

Art. 1.017: 1. v. arts. 402 a 405 (perdas e danos) e 1.170 (responsabilidade do preposto).

Art. 1.017: 2. v. arts. 990, nota 1a, e 1.010 § 3º.

Art. 1.018. Ao administrador é vedado fazer-se substituir no exercício de suas funções, sendo-lhe facultado, nos limites de seus poderes, constituir mandatários da sociedade, especificados no instrumento os atos e operações que poderão praticar. [Sem dispositivo correspondente no CC/1916.]

Art. 1.019. São irrevogáveis os poderes do sócio investido na administração por cláusula expressa do contrato social,[1] salvo justa causa, reconhecida judicialmente, a pedido de qualquer dos sócios.[2] [Sem dispositivo correspondente no CC/1916.]

Parágrafo único. São revogáveis, a qualquer tempo, os poderes conferidos a sócio por ato separado, ou a quem não seja sócio.[3] [Sem dispositivo correspondente no CC/1916.]

Art. 1.019: 1. v. arts. 997-VI e 999.

Art. 1.019: 2. v. art. 1.060, nota 1.

Art. 1.019: 3. v. arts. 999 e 1.012.

Art. 1.020. Os administradores são obrigados a prestar aos sócios contas justificadas de sua administração, e apresentar-lhes o inventário anualmente, bem como o balanço patrimonial e o de resultado econômico.[1] [Sem dispositivo correspondente no CC/1916.]

Art. 1.020: 1. v. arts. 1.065, 1.069-III, 1.078-I e § 3º, 1.140 e 1.179 a 1.195. V. tb. LRF 168 § 1º-I e II.

Art. 1.021. Salvo estipulação que determine época própria, o sócio pode, a qualquer tempo, examinar os livros e documentos, e o estado da caixa e da carteira da sociedade.[1 a 3] [Sem dispositivo correspondente no CC/1916.]

Art. 1.021: 1. s/ escrituração, v. arts. 1.179 a 1.195. S/ exibição de documento ou coisa, v. tb. CPC 396 a 404 e 417 a 421; s/ o Livro de Registro de Duplicatas, v. LDu 19.

Art. 1.021: 2. Súmula 260 do STF: "O exame de livros comerciais, em ação judicial, fica limitado às transações entre os litigantes".

Art. 1.021: 3. v. **LC 123, de 14.12.06,** que institui o Estatuto Nacional da Microempresa e da Empresa de Pequeno Porte, e dá outras providências, em especial arts. 25 a 27.

Seção IV | DAS RELAÇÕES COM TERCEIROS

Art. 1.022. A sociedade adquire direitos, assume obrigações e procede judicialmente, por meio de administradores com poderes especiais, ou, não os havendo, por intermédio de qualquer administrador. [Sem dispositivo correspondente no CC/1916.]

Art. 1.023. Se os bens da sociedade não lhe cobrirem as dívidas, respondem os sócios pelo saldo, na proporção em que participem das perdas sociais,[1] salvo cláusula de responsabilidade solidária.[2-3] [Sem dispositivo correspondente no CC/1916.]

Art. 1.023: 1. i. e., na proporção das respectivas quotas (art. 1.007).

Art. 1.023: 2. s/ solidariedade passiva, v. arts. 275 a 285; s/ responsabilidade dos sócios, v. CPC 790-II e 795.

V. ainda art. 997, nota 7 (Enunciado 61 do CEJ).

Art. 1.023: 3. "Nas sociedades em que a responsabilidade dos sócios perante as obrigações sociais é ilimitada, como ocorre nas sociedades simples (art. 1.023 do CC/02), não se faz necessária, para que os bens pessoais de seus sócios respondam pelas suas obrigações, a desconsideração da sua personalidade" (STJ-3ª T., REsp 895.792, Min. Paulo Sanseverino, j. 7.4.11, DJ 25.4.11).

Art. 1.024. Os bens particulares dos sócios não podem ser executados por dívidas da sociedade,[1] senão depois de executados os bens sociais.[2] [Sem dispositivo correspondente no CC/1916.]

Art. 1.024: 1. salvo o disposto no art. 990, *in fine.*

Art. 1.024: 2. Esse direito é chamado de benefício de ordem ou benefício da **excussão.** V. tb. CPC 795.

Art. 1.025. O sócio, admitido em sociedade já constituída, não se exime das dívidas sociais anteriores à admissão.[1] [Sem dispositivo correspondente no CC/1916.]

Art. 1.025: 1. v. art. 1.003 § ún. (responsabilidade do cedente pelas obrigações que tinha como sócio).

Art. 1.026. O credor particular de sócio pode, na insuficiência de outros bens do devedor, fazer recair a execução sobre o que a este couber nos lucros da sociedade, ou na parte que lhe tocar em liquidação.[1 a 2a] [Sem dispositivo correspondente no CC/1916.]

Parágrafo único. Se a sociedade não estiver dissolvida, pode o credor requerer a liquidação da quota do devedor,[3] cujo valor, apurado na forma do art. 1.031, será depositado em dinheiro, no juízo da execução, até noventa dias após aquela liquidação. [Sem dispositivo correspondente no CC/1916.]

Art. 1.026: 1. v. art. 1.030 § ún.

✎ **Art. 1.026: 1a.** "A penhora de quotas da sociedade limitada: a harmonia entre os arts. 1.026 do CC/2002 e 655, VI, do CPC", por Cristiano Gomes de Brito (RP 171/49).

Art. 1.026: 2. **Enunciado 387 do CEJ:** "A opção entre fazer a execução recair sobre o que ao sócio couber no lucro da sociedade, ou na parte que lhe tocar em dissolução, orienta-se pelos princípios da menor onerosidade e da função social da empresa".

Enunciado 388 do CEJ: "O disposto no art. 1.026 do Código Civil não exclui a possibilidade de o credor fazer recair a execução sobre os direitos patrimoniais da quota de participação que o devedor possui no capital da sociedade".

Enunciado 389 do CEJ: "Quando se tratar de sócio de serviço, não poderá haver penhora das verbas descritas no art. 1.026, se de caráter alimentar".

Art. 1.026: 2a. "Tendo em vista o disposto no artigo 1.026, combinado com o artigo 1.053, ambos do Código Civil, e os princípios da conservação da empresa e da menor onerosidade da execução, cabia à exequente adotar as devidas cautelas impostas pela lei, requerendo a **penhora dos lucros** relativos às quotas sociais correspondentes à devedora, conforme também a inteligência do artigo 1.027 do Código Civil, **não** podendo ser deferida, **de imediato, a penhora das quotas sociais** de sociedade empresária que se encontra em plena atividade, em prejuízo de terceiros, por dívida estranha à referida pessoa jurídica" (STJ-4ª T., REsp 1.346.712-AgInt, Min. Luis Felipe, j. 14.3.17, DJ 20.3.17).

Art. 1.026: 3. **Enunciado 386 do CEJ:** "Na apuração dos haveres do sócio, por consequência da liquidação de suas quotas na sociedade para pagamento ao seu credor (art. 1.026, parágrafo único), não devem ser consideradas eventuais disposições contratuais restritivas à determinação de seu valor".

Art. 1.027. Os herdeiros do cônjuge de sócio, ou o cônjuge do que se separou judicialmente, não podem exigir desde logo a parte que lhes couber na quota social, mas concorrer à divisão periódica dos lucros, até que se liquide a sociedade.[1] [Sem dispositivo correspondente no CC/1916.]

Art. 1.027: 1. i. e., falecido o cônjuge de um sócio, os herdeiros deste não poderão, desde logo, assumir a sua parte nas quotas da sociedade. Eles somente poderão exigir a parte que lhes couber das quotas sociais após a liquidação da sociedade. O mesmo vale para o cônjuge que se separa judicialmente ou se divorcia de um dos sócios. Obviamente, este dispositivo somente se aplica nos casos em que, em virtude do regime de bens do casamento, o ex-cônjuge e consequentemente seus herdeiros tiverem direito sobre tais quotas sociais.

A razão de ser deste dispositivo remete à *affectio societatis*: os sócios não são obrigados a recepcionar no quadro societário pessoas por quem não tenham afinidade.

Seção V | DA RESOLUÇÃO DA SOCIEDADE EM RELAÇÃO A UM SÓCIO[1]

SEÇ. V: 1. v. arts. 1.085 e 1.086 (resolução da sociedade em relação a sócios minoritários). V. tb. CPC 599 e segs. (ação de dissolução parcial de sociedade).

Art. 1.028. No caso de morte de sócio,[1] liquidar-se-á sua quota, salvo: [Sem dispositivo correspondente no CC/1916.]

I — se o contrato dispuser diferentemente; [Sem dispositivo correspondente no CC/1916.]

II — se os sócios remanescentes optarem pela dissolução da sociedade;[2] [Sem dispositivo correspondente no CC/1916.]

III — se, por acordo com os herdeiros, regular-se a substituição do sócio falecido.[3-4] [Sem dispositivo correspondente no CC/1916.]

Art. 1.028: 1. v. art. 1.032.

Art. 1.028: 2. v. arts. 1.033 a 1.038.

Art. 1.028: 3. **Enunciado 221 do CEJ:** "Diante da possibilidade de o contrato social permitir o ingresso na sociedade do sucessor de sócio falecido, ou de os sócios acordarem com os herdeiros a substituição de sócio falecido, sem liquidação da quota em ambos os casos, é lícita a participação de menor em sociedade limitada, estando o capital integralizado, em virtude da inexistência de vedação no Código Civil".

Art. 1.028: 4. "O falecimento de sócio, em regra, dissolve parcialmente a sociedade por quotas de responsabilidade limitada, hipótese em que caberá ao espólio, representado pelo inventariante, administração transitória das quotas enquanto se apuram os haveres e a divisão do espólio (art. 993, parágrafo único, II, do CPC). Resguarda o art. 1.028, III, do CC/02, em observância ao princípio da preservação da empresa, a possibilidade de os sócios remanescentes e herdeiros acordarem a substituição do sócio falecido. A inclusão do espólio no contrato social, mediante alteração contratual arquivada na junta comercial competente, e o regular exercício da atividade empresarial sob o novo quadro societário ao longo de 16 anos denotam a concreta intenção das partes de ajustarem a sucessão do sócio falecido" (STJ-3ª T., REsp 1.422.934, Min. João Otávio, j. 14.10.14, DJ 25.11.14).

Art. 1.029. Além dos casos previstos na lei ou no contrato, qualquer sócio pode retirar-se da sociedade;[1] se de prazo indeterminado, mediante notificação[1a] aos demais sócios, com antecedência mínima de sessenta dias; se de prazo determinado, provando judicialmente justa causa. [Sem dispositivo correspondente no CC/1916.]

Parágrafo único. Nos trinta dias subsequentes à notificação, podem os demais sócios optar pela dissolução da sociedade.[2] [Sem dispositivo correspondente no CC/1916.]

Art. 1.029: 1. "Com a dissolução parcial da sociedade fundamentada na falta de *affectio societatis*, pode o sócio de sociedade por cotas de responsabilidade limitada pleitear em juízo a sua retirada da referida sociedade. Todavia, tal pedido não é viável para impor aos demais sócios a sua retirada" (RJM 192/163: AP 1.0713.08.078196-4/001).

Art. 1.029: 1a. "O direito de retirada do sócio da sociedade, preconizado no art. 1.029 do CC, fica condicionado à notificação aos demais sócios e sua consequente alteração contratual, devidamente registrada perante o órgão competente" (RJM 189/205: AP 1.0024.06.077611-9/001).

Art. 1.029: 2. v. arts. 1.033 a 1.038.

Art. 1.030. Ressalvado o disposto no art. 1.004 e seu parágrafo único, pode o sócio ser excluído judicialmente, mediante iniciativa da maioria[1] dos demais sócios, por falta grave no cumprimento de suas obrigações,[1a a 2] ou, ainda, por incapacidade superveniente.[3-3a] [Sem dispositivo correspondente no CC/1916.]

Parágrafo único. Será de pleno direito excluído da sociedade o sócio declarado falido,[4] ou aquele cuja quota tenha sido liquidada nos termos do parágrafo único do art. 1.026. [Sem dispositivo correspondente no CC/1916.]

Art. 1.030: 1. **Enunciado 216 do CEJ:** "O *quorum* de deliberação previsto no art. 1.004, § ún., e no art. 1.030 é de maioria absoluta do capital representado pelas quotas dos demais sócios, consoante a regra geral fixada no art. 999 para as deliberações na sociedade simples. Esse entendimento aplica-se ao art. 1.058 em caso de exclusão de sócio remisso ou redução do valor de sua quota ao montante já integralizado".

Art. 1.030: 1a. **Enunciado 67 do CEJ:** "A quebra do *affectio societatis* não é causa para a exclusão do sócio minoritário, mas apenas para dissolução (parcial) da sociedade".

V. art. 1.085. V. tb art. 1.029, nota 1.

Art. 1.030: 1b. "Para exclusão judicial de sócio, **não basta** a alegação de **quebra da *affectio societatis*,** mas a demonstração de justa causa, ou seja, dos motivos que ocasionaram essa quebra" (STJ-RT 914/573: 3ª T., REsp 1.129.222). No mesmo sentido: RT 928/891 (TJSP, EI 0025880-63.2010.8.26.0577/50000, maioria).

Art. 1.030: 1c. "A **prática de atos reiterados** como padrão de normalidade por ambos os sócios e nas três sociedades que mantêm há mais de 40 anos, ainda que irregulares e espúrios, não servem como causa necessária da quebra da *affectio societatis* a fim de configurar justa causa para exclusão de sócio" (STJ-3ª T., REsp 1.286.708, Min. Nancy Andrighi, j. 27.5.14, DJ 5.6.14). Do voto da relatora: "Diante do contexto probatório, a justa causa apontada não foi demonstrada, e as causas consideradas justas pelo Tribunal de origem, no contexto prático da gestão de ambos os sócios, não seriam fundamento para romper o vínculo de afinidade porque tolerado e praticado mutuamente por ambos os sócios. Assim, não há comprovação quanto à culpa pelo rompimento desse vínculo societário, de tal sorte que não se pode impor a um dos sócios a pena de seu desligamento compulsório".

Art. 1.030: 2. Autorizando a exclusão de sócio em **sociedade anônima fechada,** ante a caracterização de justo motivo para tanto: STJ-4ª T., REsp 917.531, Min. Luis Felipe, j. 17.11.11, DJ 1.2.12.

✎ **Art. 1.030: 3.** "Sociedade contratual e o sócio incapaz (incapacidade superveniente) no Código Civil de 2002: uma evidente inconstitucionalidade", por Olney Queiroz Assis (RSDCPC 27/115).

Art. 1.030: 3a. s/ exercício da empresa por empresário incapaz, v. art. 974.

Art. 1.030: 4. v. LRF 94 e 99-V.

Art. 1.031. Nos casos em que a sociedade se resolver em relação a um sócio, o valor da sua quota, considerada pelo montante efetivamente realizado, liquidar-se-á, salvo disposição contratual em contrário, com base na situação patrimonial da sociedade, à data da resolução, verificada em balanço especialmente levantado.[1 a 3b] [Sem dispositivo correspondente no CC/1916.]

§ 1º O capital social sofrerá a correspondente redução, salvo se os demais sócios suprirem o valor da quota.[4] [Sem dispositivo correspondente no CC/1916.]

§ 2º A quota liquidada será paga em dinheiro, no prazo de noventa dias, a partir da liquidação, salvo acordo, ou estipulação contratual em contrário.[5-6] [Sem dispositivo correspondente no CC/1916.]

Art. 1.031: 1. v. arts. 1.026 § ún. e 1.077.

Art. 1.031: 1a. **Súmula 265 do STF:** "Na apuração de haveres, não prevalece o balanço não aprovado pelo sócio falecido, excluído ou que se retirou".

Art. 1.031: 2. **Enunciado 62 do CEJ:** "Com a exclusão do sócio remisso, a forma de reembolso das suas quotas, em regra, deve-se dar com base em balanço especial, realizado na data da exclusão".

Art. 1.031: 2a. "A dissolução parcial de sociedade, com a retirada de um dos sócios, não prevê procedimento de liquidação, incompatível com o objetivo de preservação da atividade empresarial, sendo cabível a indicação de **perito contábil**, pelo juízo, para apuração dos haveres do sócio excluído" (STJ-4ª T., REsp 242.603, Min. Luis Felipe, j. 4.12.08, DJ 18.12.08).

"A simples retirada em decorrência de discórdia entre alguns sócios que, no entanto, não compromete o objetivo da sociedade, sem acarretar sua dissolução total (salvo em relação aos retirantes) não obriga a nomeação de um liquidante para apuração dos haveres e quitação dos retirantes, sendo adequada a liquidação por arbitramento, onde, em linhas gerais, o perito nomeado pelo juiz atua como vero liquidante, viabilizando a continuidade da atividade econômica" (STJ-4ª T., REsp 406.775, Min. Fernando Gonçalves, j. 21.6.05, DJU 1.7.05).

"A nomeação de liquidante somente se faz necessária nos casos de dissolução total da sociedade, porquanto suas atribuições estão relacionadas com a gestão do patrimônio social de modo a regularizar a sociedade que se pretende dissolver. Na dissolução parcial, em que se pretende apurar exclusivamente os haveres do sócio falecido ou retirante, com a preservação da atividade da sociedade, é adequada simplesmente a nomeação de perito técnico habilitado a realizar perícia contábil a fim de determinar o valor da quota-parte devida ao ex-sócio ou aos seus herdeiros" (STJ-3ª T., REsp 1.557.989, Min. Ricardo Cueva, j. 17.3.16, DJ 31.3.16).

Art. 1.031: 3. "A **data-base para apuração dos haveres** coincide com o momento em que o sócio manifestar vontade de se retirar da sociedade limitada estabelecida por tempo indeterminado. Quando o sócio exerce o direito de retirada de sociedade limitada por tempo indeterminado, a sentença apenas declara a dissolução parcial, gerando, portanto, efeitos *ex tunc*" (STJ-3ª T., REsp 646.221, Min. Nancy Andrighi, j. 19.4.05, um voto vencido, DJU 30.5.05).

Reconhecendo como data-base para apuração de haveres o término do prazo de 60 dias previsto no art. 1.029, data em que houve o efetivo desligamento da sócia retirante: STJ-3ª T., REsp 1.602.240, Min. Marco Bellizze, j. 6.12.16, DJ 15.12.16.

"A apuração dos haveres tem por objetivo liquidar o valor real e atual do patrimônio empresarial, a fim de se identificar o valor relativo à quota dos sócios retirantes. Para que não haja enriquecimento indevido de qualquer das partes, a apuração deve ter por base para avaliação a situação patrimonial da data da retirada (art. 1.031, CC/02), a qual, na hipótese dos autos, foi objeto de transação entre as partes ao longo da demanda" (STJ-3ª T., REsp 1.286.708, Min. Nancy Andrighi, j. 27.5.14, DJ 5.6.14).

"Na dissolução parcial de sociedade por cotas de responsabilidade limitada, a apuração dos haveres do sócio dissidente deve ser real e contemporânea à sua retirada" (RJTAMG 61/178).

Todavia: "O balanço de determinação tem por objetivo apurar o valor real e atual do patrimônio empresarial, a fim de se identificar o valor relativo à quota dos sócios excluídos. Para que não haja enriquecimento indevido de qualquer das partes, a apuração deve ter por base para avaliação a situação patrimonial da data da exclusão (art. 1.031, CC/02). Na situação concreta, todavia, o balanço correspondente à data de exclusão dos sócios foi objeto de adulteração, perdendo fé e tornando-se imprestável para suportar o trabalho pericial. Após o transcurso de aproximadamente 19 anos desde a data do evento e o reconhecimento da existência de fraude no balanço patrimonial, não é possível a elaboração de balanço de determinação referente à época da exclusão. Para atendimento da norma individualizada transitada em julgado, é necessária ao juiz a eleição de meios substitutos que permitam a elaboração de balanço de determinação e a busca do valor das quotas, mitigando-se a coisa julgada e a contemporaneidade da situação patrimonial da sociedade parcialmente dissolvida, sob pena benefício à torpeza" (STJ-3ª T., REsp 1.360.221, Min. Nancy Andrighi, j. 25.3.14, DJ 3.6.14).

Art. 1.031: 3a. "O **fundo de comércio** (hoje denominado pelo Código Civil de estabelecimento empresarial — art. 1.142) deve ser levado em conta na aferição dos valores eventualmente devidos a sócio excluído da sociedade. O fato de a sociedade ter apresentado resultados negativos nos anos anteriores à exclusão do sócio não significa que ela não tenha fundo de comércio" (STJ-RT 915/563: 4ª T., REsp 907.014). Em sentido semelhante: STJ-3ª T., REsp 1.147.733, Min. Nancy Andrighi, j. 18.9.12, DJ 21.9.12.

"Não configura ofensa ao art. 1.031 do Código Civil o acolhimento das conclusões de laudo pericial que, ao apurar o valor do fundo de comércio, utiliza-se de sistemática de cálculo consistente na 'projeção da rentabilidade futura trazida ao valor presente', de modo a aferir os efeitos provocados pela perda da parcela intangível do patrimônio ('contas de clientes'), que seguira juntamente com os sócios retirantes, no patrimônio da sociedade" (STJ-4ª T., REsp 968.317, Min. João Otávio, j. 14.4.09, DJ 11.5.09).

Todavia: "Ação de apuração de haveres. Resolução da sociedade em relação a um sócio. Sociedade não empresária. Prestação de serviços intelectuais na área de engenharia. Fundo de comércio. Não caracterização. Exclusão dos bens incorpóreos do cálculo dos haveres" (STJ-4ª T., REsp 958.116, Min. Raul Araújo, j. 22.5.12, maioria, DJ 6.3.13).

Art. 1.031: 3b. "A apuração de haveres — levantamento dos valores referentes à participação do sócio que se retira ou que é excluído da sociedade — se processa da forma prevista no contrato social, uma vez que, nessa seara, prevalece o princípio da força obrigatória dos contratos, cujo fundamento é a autonomia da vontade, desde que observados os limites legais e os princípios gerais do direito. Em ação que versa sobre o inadimplemento dos haveres oriundos da retirada de sócio, a sociedade é constituída em mora com a **citação válida**, que passa então a ser considerada como **termo inicial para o pagamento das parcelas**, sendo certo que aquelas que venceram no curso do processo devem ser pagas de imediato, após o trânsito em julgado da sentença condenatória, enquanto as remanescentes serão adimplidas consoante determinado no contrato social" (STJ-4ª T., REsp 1.239.754, Min. Luis Felipe, j. 15.5.12, DJ 22.5.12).

Art. 1.031: 4. v. art. 1.004 § ún.

Art. 1.031: 5. "O prazo contratual previsto para o pagamento dos haveres do sócio que se retira da sociedade supõe *quantum* incontroverso; se houver divergência a respeito, e só for dirimida em ação judicial, cuja tramitação tenha esgotado o aludido prazo, o pagamento dos haveres é exigível de imediato" (STJ-3ª T., REsp 1.371.843, Min. Paulo Sanseverino, j. 20.3.14, DJ 26.3.14).

Art. 1.031: 6. "A retirada do sócio por dissolução parcial da empresa não se confunde com o direito de recesso, que possui hipóteses de incidência restrita e forma de apuração de haveres distinta. A existência de cláusula contratual específica para pagamento de haveres na hipótese de exercício do direito de recesso não pode ser aplicada por analogia, para os fins de afastar a incidência do art. 1.031, § 2º, do CC/02 na situação concreta de retirada do sócio. Os juros de mora eventualmente devidos em razão do pagamento dos haveres devidos em decorrência da retirada do sócio, no novo contexto legal do art. 1.031, § 2º, do CC/02, terão por termo inicial o vencimento do prazo legal nonagesimal, contado desde a liquidação dos haveres" (STJ-3ª T., REsp 1.286.708, Min. Nancy Andrighi, j. 27.5.14, DJ 5.6.14).

Art. 1.032. A retirada, exclusão ou morte do sócio, não o exime, ou a seus herdeiros, da responsabilidade pelas obrigações sociais anteriores, até dois anos após averbada a resolução da sociedade; nem nos dois primeiros casos, pelas posteriores e em igual prazo, enquanto não se requerer a averbação.[1] [Sem dispositivo correspondente no CC/1916.]

Art. 1.032: 1. v. arts. 968 § 2º, 1.003 § ún. e 1.025. V. tb. LRF 81 § 1º.

Seção VI | DA DISSOLUÇÃO[1 a 2]

SEÇ. VI: 1. "Dissolução, liquidação e extinção da sociedade empresária", por Jonabio Barbosa dos Santos e Anna Tereza de Mendonça Gonçalves (RJ-Lex 52/103).

SEÇ. VI: 1a. v. arts. 51 e 2.034.

S/ dissolução da sociedade por ações, v. LSA 206 e 207; s/ dissolução das sociedades que houverem adquirido personalidade jurídica mediante falsa declaração de seus fins ou que tenham finalidades ilícitas e nocivas, v. Dec. lei 9.085, de 25.3.46, art. 6º.

SEÇ. VI: 2. **Dec. lei 368, de 19.12.68** — Dispõe sobre efeitos de débitos salariais e dá outras providências: **"Art. 1º** A empresa em débito salarial com seus empregados não poderá: ... **III** — ser dissolvida".

Art. 1.033. Dissolve-se a sociedade[1 a 3] quando ocorrer: [Dispositivo correspondente no CC/1916: art. 1.399-*caput*.]

I — o vencimento do prazo de duração, salvo se, vencido este e sem oposição de sócio, não entrar a sociedade em liquidação, caso em que se prorrogará por tempo indeterminado; [Dispositivo correspondente no CC/1916: art. 1.399-I.]

II — o consenso unânime dos sócios; [Dispositivo correspondente no CC/1916: art. 1.399-VI.]

III — a deliberação dos sócios, por maioria absoluta, na sociedade de prazo indeterminado; [Sem dispositivo correspondente no CC/1916.]

IV — a falta de pluralidade de sócios, não reconstituída no prazo de cento e oitenta dias;[3a] [Sem dispositivo correspondente no CC/1916.]

V — a extinção, na forma da lei, de autorização para funcionar.[4] [Sem dispositivo correspondente no CC/1916.]

Parágrafo único. Não se aplica o disposto no inciso IV caso o sócio remanescente, inclusive na hipótese de concentração de todas as cotas da sociedade sob sua titularidade, requeira, no Registro Público de Empresas Mercantis, a transformação do registro da sociedade para empresário individual ou para empresa individual de responsabilidade limitada,[5] observado, no que couber, o disposto nos arts. 1.113 a 1.115 deste Código.[6] [Sem dispositivo correspondente no CC/1916.]

Art. 1.033: 1. v. art. 1.030, nota 1.

Art. 1.033: 2. v. arts. 1.044 e 1.051.

Art. 1.033: 3. "Regularmente dissolvida a sociedade com registro no órgão competente, os ex-sócios têm legitimidade para reclamar a reparação de eventuais prejuízos sofridos" (RT 871/301).

Art. 1.033: 3a. v., porém, o § ún.

Art. 1.033: 4. v. art. 1.037. V. tb. Dec. lei 9.085, de 25.3.46, art. 6º.

Art. 1.033: 5. v. art. 980-A.

Art. 1.033: 6. O § ún. foi acrescido pela Lei 12.441, de 11.7.11, em vigor 180 dias após a sua publicação (DOU 12.7.11).

Art. 1.034. A sociedade pode ser dissolvida judicialmente, a requerimento de qualquer dos sócios, quando: [Sem dispositivo correspondente no CC/1916.]

I — anulada a sua constituição; [Sem dispositivo correspondente no CC/1916.]

II — exaurido o fim social, ou verificada a sua inexequibilidade.[1] [Sem dispositivo correspondente no CC/1916.]

Art. 1.034: 1. "A *affectio societatis* é um elemento específico do contrato de sociedade empresarial, que se exterioriza pela vontade comum dos sócios de que o empreendimento prospere, em prol da sociedade e da atividade por ela desenvolvida. Inexistindo a *affectio societatis*, a consecução do fim social se torna impossível, permitindo a dissolução da sociedade empresarial, a teor do art. 1.034, inciso II, do Código Civil" (RJM 189/205: AP 1.0024.06.077611-9/001).

Todavia: "Se um dos sócios de uma **sociedade por cotas de responsabilidade limitada** pretende dar-lhe continuidade, mesmo contra a vontade da maioria, que busca a sua dissolução total, deve-se prestigiar o princípio da preservação da empresa, acolhendo-se o pedido de sua desconstituição apenas parcial, formulado por aquele, pois a sua continuidade ajusta-se ao interesse coletivo, por importar em geração de empregos, em pagamento de impostos, em promoção do desenvolvimento das comunidades em que se integra, e em outros benefícios gerais" (RSTJ 106/324).

"Admite-se dissolução parcial de **sociedade anônima fechada** de cunho familiar quando houver a quebra da *affectio societatis*, com a retirada dos sócios dissidentes, após a apuração de seus haveres em função do valor real do ativo e do passivo. Se o legislador autorizou os acionistas majoritários a pleitearem a dissolução total da sociedade — hipótese que leva à liquidação da empresa, com a saída de todos os sócios, inclusive os minoritários — está admitida também a sua dissolução parcial. Não há sentido em impedir que os acionistas majoritários busquem permanecer no controle da empresa, até porque representam a maioria do capital social e, a rigor, a vontade dominante no que se refere aos interesses convergentes que, desde o início, caracterizaram a *affectio societatis* e a forma de exploração do objeto social. Nada impede os acionistas minoritários de apresentarem, em sede de defesa, reconvenção, caso concordem com a dissolução parcial mas entendam que os acionistas majoritários é que devem se afastar. Todavia, o que não se pode admitir é que, numa sociedade *intuito personae* com ruptura da *affectio societatis*, os sócios minoritários se postem contrários à dissolução parcial mas não demonstrem interesse em assumir o controle da empresa" (STJ-3ª T., REsp 1.128.431, Min. Nancy Andrighi, j. 11.10.11, DJ 25.10.11). Em sentido semelhante: STJ-4ª T., REsp 917.531, Min. Luis Felipe, j. 17.11.11, DJ 1.2.12.

Art. 1.035. O contrato pode prever outras causas de dissolução, a serem verificadas judicialmente quando contestadas. [Sem dispositivo correspondente no CC/1916.]

Art. 1.036. Ocorrida a dissolução, cumpre aos administradores providenciar imediatamente a investidura do liquidante, e restringir a gestão própria aos negócios inadiáveis, vedadas novas operações, pelas quais responderão solidária[1] e ilimitadamente.[2] [Sem dispositivo correspondente no CC/1916.]

Parágrafo único. Dissolvida de pleno direito a sociedade, pode o sócio requerer, desde logo, a liquidação judicial. [Sem dispositivo correspondente no CC/1916.]

Art. 1.036: 1. v. arts. 275 a 285.

Art. 1.036: 2. v. arts. 1.102 a 1.112 e 2.034.

Art. 1.037. Ocorrendo a hipótese prevista no inciso V do art. 1.033, o Ministério Público, tão logo lhe comunique a autoridade competente, promoverá a liquidação judicial da sociedade, se os administradores não o tiverem feito nos trinta dias seguintes à perda da autorização, ou se o sócio não houver exercido a faculdade assegurada no parágrafo único do artigo antecedente. [Sem dispositivo correspondente no CC/1916.]

Parágrafo único. Caso o Ministério Público não promova a liquidação judicial da sociedade nos quinze dias subsequentes ao recebimento da comunicação, a autoridade competente para conceder a autorização nomeará interventor com poderes para requerer a medida e administrar a sociedade até que seja nomeado o liquidante. [Sem dispositivo correspondente no CC/1916.]

Art. 1.038. Se não estiver designado no contrato social, o liquidante será eleito por deliberação dos sócios, podendo a escolha recair em pessoa estranha à sociedade. [Sem dispositivo correspondente no CC/1916.]

§ 1º O liquidante pode ser destituído, a todo tempo: [Sem dispositivo correspondente no CC/1916.]

I — se eleito pela forma prevista neste artigo, mediante deliberação dos sócios; [Sem dispositivo correspondente no CC/1916.]

II — em qualquer caso, por via judicial, a requerimento de um ou mais sócios, ocorrendo justa causa. [Sem dispositivo correspondente no CC/1916.]

§ 2º A liquidação da sociedade se processa de conformidade com o disposto no Capítulo IX, deste Subtítulo.[1] [Sem dispositivo correspondente no CC/1916.]

Art. 1.038: 1. i. e., de acordo com os arts. 1.102 a 1.112.

Capítulo II | DA SOCIEDADE EM NOME COLETIVO

Art. 1.039. Somente pessoas físicas podem tomar parte na sociedade em nome coletivo,[1] respondendo todos os sócios, solidária[2] e ilimitadamente, pelas obrigações sociais. [Sem dispositivo correspondente no CC/1916.]

Parágrafo único. Sem prejuízo da responsabilidade perante terceiros, podem os sócios, no ato constitutivo, ou por unânime convenção posterior, limitar[3] entre si a responsabilidade de cada um. [Sem dispositivo correspondente no CC/1916.]

Art. 1.039: 1. Firma da sociedade em nome coletivo: art. 1.157.

Art. 1.039: 2. v. arts. 275 a 285.

Art. 1.039: 3. Embora essa limitação não tenha incidência perante terceiros, o sócio que satisfez a dívida em quantia superior a ela poderá, posteriormente, exigir dos outros sócios as respectivas parcelas. V. art. 283.

Art. 1.040. A sociedade em nome coletivo se rege pelas normas deste Capítulo e, no que seja omisso, pelas do Capítulo antecedente.[1] [Sem dispositivo correspondente no CC/1916.]

Art. 1.040: 1. i. e., pelos arts. 997 a 1.038.

Art. 1.041. O contrato deve mencionar, além das indicações referidas no art. 997, a firma social.[1] [Sem dispositivo correspondente no CC/1916.]

Art. 1.041: 1. Firma social é o nome empresarial dessa sociedade, formada, em regra, pelo nome dos sócios ou de alguns deles e pela expressão "& Companhia" ou "& Cia.".

Art. 1.042. A administração da sociedade compete exclusivamente a sócios, sendo o uso da firma, nos limites do contrato, privativo dos que tenham os necessários poderes. [Sem dispositivo correspondente no CC/1916.]

Art. 1.043. O credor particular de sócio não pode, antes de dissolver-se a sociedade, pretender a liquidação da quota do devedor.[1] [Sem dispositivo correspondente no CC/1916.]

Parágrafo único. Poderá fazê-lo quando: [Sem dispositivo correspondente no CC/1916.]

I — a sociedade houver sido prorrogada tacitamente; [Sem dispositivo correspondente no CC/1916.]

II — tendo ocorrido prorrogação contratual, for acolhida judicialmente oposição do credor, levantada no prazo de noventa dias, contado da publicação do ato dilatório. [Sem dispositivo correspondente no CC/1916.]

Art. 1.043: 1. Segundo o **Enunciado 63 do CEJ,** o art. 1.043 deve ser interpretado "no sentido de que só será aplicado às sociedades ajustadas por prazo determinado".

Art. 1.044. A sociedade se dissolve de pleno direito por qualquer das causas enumeradas no art. 1.033 e, se empresária,[1] também pela declaração da falência.[2] [Sem dispositivo correspondente no CC/1916.]

Art. 1.044: 1. v. arts. 982 e 983.

Art. 1.044: 2. v. LRF 77, 81 e 94 a 101.

Capítulo III | DA SOCIEDADE EM COMANDITA SIMPLES[1]

✎ **CAP. III: 1.** "Hora e vez da sociedade em comandita simples", por Douglas Genelhu de Abreu Guilherme (RSDCPC 78/122).

Art. 1.045. Na sociedade em comandita simples tomam parte sócios de duas categorias: os comanditados, pessoas físicas, responsáveis solidária[1] e ilimitadamente pelas obrigações sociais; e os comanditários, obrigados somente pelo valor de sua quota.[2-2a] [Sem dispositivo correspondente no CC/1916.]

Parágrafo único. O contrato deve discriminar os comanditados e os comanditários. [Sem dispositivo correspondente no CC/1916.]

Art. 1.045: 1. v. arts. 275 a 285.

Art. 1.045: 2. v. LRF 123-*caput*.

Art. 1.045: 2a. Porém, se o comanditário praticar ato de gestão ou tiver nome na firma social, sua responsabilidade passará a ser solidária e ilimitada, cf. art. 1.047.

Art. 1.046. Aplicam-se à sociedade em comandita simples as normas da sociedade em nome coletivo,[1] no que forem compatíveis com as deste Capítulo. [Sem dispositivo correspondente no CC/1916.]

Parágrafo único. Aos comanditados cabem os mesmos direitos e obrigações dos sócios da sociedade em nome coletivo. [Sem dispositivo correspondente no CC/1916.]

Art. 1.046: 1. v. arts. 1.039 a 1.044.

Art. 1.047. Sem prejuízo da faculdade de participar das deliberações da sociedade e de lhe fiscalizar as operações, não pode o comanditário praticar qualquer ato de gestão, nem ter o nome na firma social, sob pena de ficar sujeito às responsabilidades de sócio comanditado. [Sem dispositivo correspondente no CC/1916.]

Parágrafo único. Pode o comanditário ser constituído procurador da sociedade, para negócio determinado e com poderes especiais. [Sem dispositivo correspondente no CC/1916.]

Art. 1.048. Somente após averbada a modificação do contrato, produz efeito, quanto a terceiros, a diminuição da quota do comanditário, em consequência de ter sido reduzido o capital social, sempre sem prejuízo dos credores preexistentes. [Sem dispositivo correspondente no CC/1916.]

Art. 1.049. O sócio comanditário não é obrigado à reposição de lucros recebidos de boa-fé e de acordo com o balanço. [Sem dispositivo correspondente no CC/1916.]

Parágrafo único. Diminuído o capital social por perdas supervenientes, não pode o comanditário receber quaisquer lucros, antes de reintegrado aquele. [Sem dispositivo correspondente no CC/1916.]

Art. 1.050. No caso de morte de sócio comanditário, a sociedade, salvo disposição do contrato, continuará com os seus sucessores, que designarão quem os represente. [Sem dispositivo correspondente no CC/1916.]

Art. 1.051. Dissolve-se de pleno direito a sociedade: [Sem dispositivo correspondente no CC/1916.]

I — por qualquer das causas previstas no art. 1.044;[1] [Sem dispositivo correspondente no CC/1916.]

II — quando por mais de cento e oitenta dias perdurar a falta de uma das categorias de sócio. [Sem dispositivo correspondente no CC/1916.]

Parágrafo único. Na falta de sócio comanditado, os comanditários nomearão administrador provisório para praticar, durante o período referido no inciso II e sem assumir a condição de sócio, os atos de administração. [Sem dispositivo correspondente no CC/1916.]

Art. 1.051: 1. v. art. 1.033.

Capítulo IV | DA SOCIEDADE LIMITADA[1-2]

Seção I | DISPOSIÇÕES PRELIMINARES

✎ **CAP. IV: 1.** "A regulamentação das sociedades limitadas", por Vinícius José Marques Gontijo (RT 810/20); "Sociedade limitada ou anônima fechada? O novo dilema dos empreendedores nacionais", por Ricardo Guimarães Moreira (RF 386/203); "Operacionalidade das cláusulas gerais em direito societário (distribuição de dividendos nas sociedades limitadas)", por Norberto da Costa Caruso MacDonald (Ajuris 110/303); "O sócio incapaz nas sociedades limitadas", por Cássio Cavalli (RDPr 54/183); "A natureza das sociedades limitadas: tratamento jurídico conferido às sociedades empresárias e às sociedades simples", por Aline França Campos (RT 940/185).

CAP. IV: 2. Quadro comparativo da legislação vigente s/ sociedades limitadas no Dec. 3.708, de 10.1.19, e no CC: Bol. AASP 2.302, de 17.2.03, supl.

Art. 1.052. Na sociedade limitada,[1-2] a responsabilidade de cada sócio é restrita ao valor de suas quotas, mas todos respondem solidariamente[3] pela integralização do capital social.[4 a 6] [Sem dispositivo correspondente no CC/1916.]

Art. 1.052: 1. **Enunciado 65 do CEJ:** "A expressão 'sociedade limitada', tratada nos arts. 1.052 e seguintes do novo Código Civil, deve ser interpretada *stricto sensu*, como 'sociedade por quotas de responsabilidade limitada'".

Art. 1.052: 2. Firma ou denominação: art. 1.158.

Art. 1.052: 3. v. arts. 275 a 285.

Art. 1.052: 4. v. art. 1.056 § 2º. V. tb. art. 1.058.

✎ **Art. 1.052: 4a.** "Responsabilidade dos administradores por débitos negociais das sociedades limitadas", por Gustavo Saad Diniz (RDPr 18/42); "Responsabilidade dos sócios na sociedade limitada", por André Gustavo Livonesi (RDPr 20/53); "A responsabilidade dos sócios e administradores nas sociedades limitadas", por José Carlos Carota (RF 414/555).

Art. 1.052: 5. A responsabilidade solidária dos sócios pela integralização do capital social somente existe perante terceiros. Nessas condições, ela se faz presente em qualquer caso, não ficando circunscrita a situações específicas (p. ex., falência).

Não há responsabilidade solidária dos sócios pela integralização do capital social perante a sociedade. Aqui, cabe à sociedade cobrar a integralização apenas do sócio inadimplente.

Algumas exceções à regra da limitação da responsabilidade dos sócios: arts. 50 (responsabilidade por abuso da personalidade jurídica); 1.010 § 3º (responsabilidade por voto em deliberação na qual o votante tenha interesse contrário ao da sociedade); 1.012, 1.015, 1.016, 1.017 e 1.158 § 3º (responsabilidade do sócio-administrador); 1.080 (responsabilidade por deliberações infringentes do contrato ou da lei).

Art. 1.052: 6. Se os bens da sociedade limitada sem o capital social totalmente integralizado forem insuficientes para a satisfação da dívida, é lícito ao credor executar bens dos sócios (CPC 790-II), até o valor do capital social não integralizado.

S/ benefício da excussão, v. art. 1.024.

Art. 1.053. A sociedade limitada rege-se, nas omissões deste Capítulo, pelas normas da sociedade simples.[1 a 1b] [Sem dispositivo correspondente no CC/1916.]

Parágrafo único. O contrato social poderá prever a regência supletiva da sociedade limitada pelas normas da sociedade anônima.[2-2a] [Sem dispositivo correspondente no CC/1916.]

Art. 1.053: 1. v. arts. 997 a 1.038.

✎ **Art. 1.053: 1a.** "Aplicação subsidiária das normas na sociedade limitada", por Luís Rodolfo Cruz e Creuz (RIDCPC 43/88).

Art. 1.053: 1b. **Enunciado 222 do CEJ:** "O art. 997, V, não se aplica a sociedade limitada na hipótese de regência supletiva pelas regras das sociedades simples".

Art. 1.053: 2. v. arts. 1.088 e 1.089; Lei 6.404, de 15.12.76 (LSA); v. tb. art. 1.010, nota 2a (Enunciado 217 do CEJ).

Art. 1.053: 2a. **Enunciado 223 do CEJ:** "O parágrafo único do art. 1.053 não significa a aplicação em bloco da Lei n. 6.404/76 ou das disposições sobre a sociedade simples. O contrato social pode adotar, nas omissões do Código sobre as sociedades limitadas, tanto as regras das sociedades simples quanto as das sociedades anônimas".

Art. 1.054. O contrato[1] mencionará, no que couber, as indicações do art. 997, e, se for o caso, a firma social.[1a-2] [Sem dispositivo correspondente no CC/1916.]

Art. 1.054: 1. v. art. 981.

Art. 1.054: 1a. s/ firma social, v. arts. 1.064, 1.155 e 1.158.

Art. 1.054: 2. "Nem no regime anterior nem no novo regime do Código Civil há qualquer disposição que impeça os sócios das sociedades limitadas de estabelecer cláusula de eleição do foro para dirimir suas desavenças" (STJ-RT 866/144: 3ª T., REsp 684.760).

Seção II | DAS QUOTAS[1]

✎ **SEÇ. II: 1.** "Intersecções necessárias entre o direito de família e o direito comercial: as quotas da sociedade limitada na dissolução do casamento, da união estável e na sucessão", por Edenilza Gobbo e Lucíola Fabrete Lopes Nerillo (RBDF 27/5).

Art. 1.055. O capital social divide-se em quotas,[1] iguais ou desiguais, cabendo uma ou diversas a cada sócio. [Sem dispositivo correspondente no CC/1916.]

§ 1º Pela exata estimação de bens conferidos ao capital social respondem solidariamente[2-2a] todos os sócios, até o prazo de cinco anos da data do registro da sociedade. [Sem dispositivo correspondente no CC/1916.]

§ 2º É vedada contribuição que consista em prestação de serviços. [Sem dispositivo correspondente no CC/1916.]

Art. 1.055: 1. **Enunciado 391 do CEJ:** "A sociedade limitada pode adquirir suas próprias quotas, observadas as condições estabelecidas na Lei das Sociedades por Ações".

Art. 1.055: 2. v. arts. 275 a 285.

Art. 1.055: 2a. **Enunciado 224 do CEJ:** "A solidariedade entre os sócios da sociedade limitada pela exata estimação dos bens conferidos ao capital social abrange os casos de constituição e aumento do capital e cessa após cinco anos da data do respectivo registro".

Art. 1.056. A quota é indivisível[1] em relação à sociedade, salvo para efeito de transferência, caso em que se observará o disposto no artigo seguinte. [Sem dispositivo correspondente no CC/1916.]

§ 1º No caso de condomínio de quota, os direitos a ela inerentes somente podem ser exercidos pelo condômino representante, ou pelo inventariante do espólio de sócio falecido. [Sem dispositivo correspondente no CC/1916.]

§ 2º Sem prejuízo do disposto no art. 1.052, os condôminos de quota indivisa respondem solidariamente[2] pelas prestações necessárias à sua integralização. [Sem dispositivo correspondente no CC/1916.]

Art. 1.056: 1. cf. art. 87.

Art. 1.056: 2. v. arts. 275 a 285.

Art. 1.057. Na omissão do contrato, o sócio pode ceder sua quota, total ou parcialmente, a quem seja sócio, independentemente de audiência dos outros, ou a estranho, se não houver oposição de titulares de mais de um quarto do capital social.[1-1a] [Sem dispositivo correspondente no CC/1916.]

Parágrafo único. A cessão terá eficácia quanto à sociedade e terceiros, inclusive para os fins do parágrafo único do art. 1.003, a partir da averbação do respectivo instrumento, subscrito pelos sócios anuentes.[2] [Sem dispositivo correspondente no CC/1916.]

Art. 1.057: 1. v. art. 1.081 § 2º.

Art. 1.057: 1a. "A cessão de quotas sociais em uma sociedade por responsabilidade limitada deve observar regras específicas, previstas no art. 1.057 do CC, em cujo *caput* há permissão para que o contrato social franqueie também a terceiros não sócios o livre-ingresso na sociedade — aproximando-se, assim, das sociedades de capitais — ou imponha condições e restrições de toda ordem à admissão do novo sócio, priorizando o elemento humano como fator de aglutinação na formação do ente social. De uma forma ou de outra, a previsão contratual em sentido diverso prevalece sobre o aludido preceito legal. Quando o instrumento de contrato social silenciar total ou parcialmente

— embora a redação do art. 1.057 do CC não seja suficientemente clara —, é possível, desmembrando as suas normas, conceber a existência de duas regras distintas: (i) a livre-cessão aos sócios; e (ii) a possibilidade de cessão a terceiros estranhos ao quadro social, desde que não haja a oposição de titulares de mais de 25% do capital social. No caso, a validade do negócio jurídico vê-se comprometida pela oposição expressa de cerca de 67% do quadro social, sendo certo que o contrato social apresenta omissão quanto aos critérios a serem observados para a implementação da cessão de posição societária, limitando-se a mencionar a possibilidade dessa operação na hipótese do não exercício do direito de preferência pelos sócios remanescentes. Causa certa estranheza o fato de os sócios remanescentes terem perquirido aos cedentes a qualificação dos cessionários e eles terem se recusado a fornecer, sob a mera alegação de que o contrato não os obrigava a tanto. Afinal, o pedido de esclarecimento consubstanciado na indicação do interessado na aquisição das quotas sociais, conquanto não fosse expressamente previsto no contrato social, era medida previsível e salutar, cujo escopo precípuo era justamente a preservação da *affectio societatis* e, em última instância, da ética, transparência e boa-fé objetiva, elementos que devem nortear as relações interpessoais tanto *externa quanto interna corporis*" (STJ-4ª T., REsp 1.309.188, Min. Luis Felipe, j. 24.4.14, maioria, DJ 15.8.14).

Art. 1.057: 2. **Enunciado 225 do CEJ:** "Sociedade limitada. Instrumento de cessão de quotas. Na omissão do contrato social, a cessão de quotas sociais de uma sociedade limitada pode ser feita por instrumento próprio, averbado junto ao registro da sociedade, independentemente de alteração contratual, nos termos do art. 1.057 e parágrafo único do Código Civil".

Art. 1.058. Não integralizada a quota de sócio remisso, os outros sócios[1] podem, sem prejuízo do disposto no art. 1.004 e seu parágrafo único, tomá-la para si ou transferi-la a terceiros, excluindo o primitivo titular e devolvendo-lhe o que houver pago, deduzidos os juros da mora, as prestações estabelecidas no contrato mais as despesas.[2] [Sem dispositivo correspondente no CC/1916.]

Art. 1.058: 1. v. art. 1.004, nota 3 (Enunciado 216 do CEJ).

Art. 1.058: 2. s/ juros da mora, v. arts. 406 e 407.

Art. 1.059. Os sócios serão obrigados à reposição dos lucros e das quantias retiradas, a qualquer título, ainda que autorizados pelo contrato, quando tais lucros ou quantia se distribuírem com prejuízo do capital.[1-2] [Sem dispositivo correspondente no CC/1916.]

Art. 1.059: 1. s/ modificação do capital social, v. arts. 1.081 a 1.084.

Art. 1.059: 2. Esse dispositivo visa a atender ao "princípio da integridade do capital social", existente para proteger os direitos de terceiros.

Seção III | DA ADMINISTRAÇÃO

Art. 1.060. A sociedade limitada é administrada[1] por uma ou mais pessoas designadas no contrato social ou em ato separado. [Sem dispositivo correspondente no CC/1916.]

Parágrafo único. A administração atribuída no contrato a todos os sócios[2] não se estende de pleno direito aos que posteriormente adquiram essa qualidade. [Sem dispositivo correspondente no CC/1916.]

Art. 1.060: 1. "As discussões judiciais acerca da administração de sociedades limitadas deve caminhar, via de regra, não para a intervenção judicial na empresa, que só ocorrerá em hipóteses excepcionais, mas para a responsabilização do administrador ímprobo, para a anulação de negócios específicos que prejudiquem a sociedade ou, em última análise, para a retirada do sócio dissidente ou dissolução parcial da empresa. A atuação do Poder Judiciário em causas que versem sobre a administração das sociedades deve pautar-se sempre por um critério de intervenção mínima. A Lei permite o afastamento de sócio majoritário da administração da sociedade, mas isso não implica que ele perca os poderes inerentes à sua condição de sócio, entre os quais está o poder de nomear administrador" (STJ-3ª T., MC 14.561, Min. Nancy Andrighi, j. 16.9.08, DJ 8.10.08).

Art. 1.060: 2. "O parágrafo único, do art. 1.060, do NCC, só se aplica aos administradores sócios da empresa, e não a procuradores constituídos pela pessoa jurídica" (STJ-3ª T., REsp 772.687, Min. Gomes de Barros, j. 6.10.05, DJU 14.11.05).

Art. 1.061. A designação de administradores não sócios dependerá de aprovação da unanimidade dos sócios, enquanto o capital não estiver integralizado, e de 2/3 (dois terços), no mínimo, após a integralização.[1-2] [Sem dispositivo correspondente no CC/1916.]

Art. 1.061: 1. Redação dada pela Lei 12.375, de 30.12.10.

Art. 1.061: 2. v. art. 1.076.

Art. 1.062. O administrador designado em ato separado investir-se-á no cargo mediante termo de posse no livro de atas da administração.[1-1a] [Sem dispositivo correspondente no CC/1916.]

§ 1º Se o termo não for assinado nos trinta dias seguintes à designação, esta se tornará sem efeito. [Sem dispositivo correspondente no CC/1916.]

§ 2º Nos dez dias seguintes ao da investidura, deve o administrador[2] requerer seja averbada sua nomeação no registro competente, mencionando o seu nome, nacionalidade, estado civil, residência, com exibição de documento de identidade, o ato e a data da nomeação e o prazo de gestão. [Sem dispositivo correspondente no CC/1916.]

Art. 1.062: 1. A sociedade por ações tem disposição análoga (LSA 149).

Art. 1.062: 1a. A formalidade prevista neste dispositivo legal não se aplica ao administrador designado no contrato social, cuja investidura no cargo se dá pela simples assinatura do instrumento societário — de constituição da sociedade ou de alteração do contrato social — do qual consta sua nomeação.

Art. 1.062: 2. **Enunciado 66 do CEJ:** "A teor do § 2º do art. 1.062 do Código Civil, o administrador só pode ser pessoa natural".

Art. 1.063. O exercício do cargo de administrador cessa pela destituição, em qualquer tempo, do titular, ou pelo término do prazo se, fixado no contrato ou em ato separado, não houver recondução. [Sem dispositivo correspondente no CC/1916.]

§ 1º Tratando-se de sócio nomeado administrador no contrato, sua destituição somente se opera pela aprovação de titulares de quotas correspondentes, no mínimo, a dois terços do capital social, salvo disposição contratual diversa.[1] [Sem dispositivo correspondente no CC/1916.]

§ 2º A cessação do exercício do cargo de administrador deve ser averbada no registro competente, mediante requerimento apresentado nos dez dias seguintes ao da ocorrência. [Sem dispositivo correspondente no CC/1916.]

§ 3º A renúncia de administrador torna-se eficaz, em relação à sociedade, desde o momento em que esta toma conhecimento da comunicação escrita do renunciante; e, em relação a terceiros, após a averbação e publicação.[2] [Sem dispositivo correspondente no CC/1916.]

Art. 1.063: 1. v. art. 1.076.

Art. 1.063: 2. A sociedade por ações tem disposição análoga (LSA 151).

Art. 1.064. O uso da firma ou denominação social é privativo dos administradores que tenham os necessários poderes. [Sem dispositivo correspondente no CC/1916.]

Art. 1.065. Ao término de cada exercício social, proceder-se-á à elaboração do inventário, do balanço patrimonial e do balanço de resultado econômico.[1] [Sem dispositivo correspondente no CC/1916.]

Art. 1.065: 1. v. arts. 1.020, 1.069-III, 1.078-I e § 3º, 1.140 e 1.179 a 1.195.

Seção IV | DO CONSELHO FISCAL[1]

SEÇ. IV: 1. s/ Conselho Fiscal da sociedade por ações, v. LSA 161 a 165.

Art. 1.066. Sem prejuízo dos poderes da assembleia dos sócios,[1] pode o contrato instituir conselho fiscal composto de três ou mais membros e respectivos suplentes, sócios ou não, residentes no País, eleitos na assembleia anual prevista no art. 1.078. [Sem dispositivo correspondente no CC/1916.]

§ 1º Não podem fazer parte do conselho fiscal, além dos inelegíveis enumerados no § 1º do art. 1.011, os membros dos demais órgãos da sociedade ou de outra por ela controlada, os empregados de quaisquer delas ou dos respectivos administradores, o cônjuge ou parente destes até o terceiro grau. [Sem dispositivo correspondente no CC/1916.]

§ 2º É assegurado aos sócios minoritários, que representarem pelo menos um quinto do capital social, o direito de eleger, separadamente, um dos membros do conselho fiscal e o respectivo suplente. [Sem dispositivo correspondente no CC/1916.]

Art. 1.066: 1. v. arts. 1.072 a 1.080.

Art. 1.067. O membro ou suplente eleito, assinando termo de posse lavrado no livro de atas e pareceres do conselho fiscal, em que se mencione o seu nome, nacionalidade, estado civil, residência e a data da escolha, ficará investido nas suas funções, que exercerá, salvo cessação anterior, até a subsequente assembleia anual. [Sem dispositivo correspondente no CC/1916.]

Parágrafo único. Se o termo não for assinado nos trinta dias seguintes ao da eleição, esta se tornará sem efeito. [Sem dispositivo correspondente no CC/1916.]

Art. 1.068. A remuneração dos membros do conselho fiscal será fixada, anualmente, pela assembleia dos sócios que os eleger. [Sem dispositivo correspondente no CC/1916.]

Art. 1.069. Além de outras atribuições determinadas na lei ou no contrato social, aos membros do conselho fiscal incumbem, individual ou conjuntamente, os deveres seguintes: [Sem dispositivo correspondente no CC/1916.]

I — examinar, pelo menos trimestralmente, os livros e papéis da sociedade e o estado da caixa e da carteira, devendo os administradores ou liquidantes prestar-lhes as informações solicitadas; [Sem dispositivo correspondente no CC/1916.]

II — lavrar no livro de atas e pareceres do conselho fiscal o resultado dos exames referidos no inciso I deste artigo; [Sem dispositivo correspondente no CC/1916.]

III — exarar no mesmo livro e apresentar à assembleia anual dos sócios parecer sobre os negócios e as operações sociais do exercício em que servirem, tomando por base o balanço patrimonial e o de resultado econômico;[1] [Sem dispositivo correspondente no CC/1916.]

IV — denunciar os erros, fraudes ou crimes que descobrirem, sugerindo providências úteis à sociedade; [Sem dispositivo correspondente no CC/1916.]

V — convocar a assembleia dos sócios[2] se a diretoria retardar por mais de trinta dias a sua convocação anual, ou sempre que ocorram motivos graves e urgentes;[2a] [Sem dispositivo correspondente no CC/1916.]

VI — praticar, durante o período da liquidação da sociedade, os atos a que se refere este artigo, tendo em vista as disposições especiais reguladoras da liquidação.[3] [Sem dispositivo correspondente no CC/1916.]

Art. 1.069: 1. v. arts. 1.020, 1.065, 1.078-I e § 3º, 1.140, 1.179, 1.188 e 1.189.

Art. 1.069: 2. v. art. 1.152 § 3º.

Art. 1.069: 2a. v. art. 1.073-II.

Art. 1.069: 3. v. arts. 1.102 a 1.112.

Art. 1.070. As atribuições e poderes conferidos pela lei ao conselho fiscal não podem ser outorgados a outro órgão da sociedade, e a responsabilidade de seus membros obedece à regra que define a dos administradores (art. 1.016). [Sem dispositivo correspondente no CC/1916.]

Parágrafo único. O conselho fiscal poderá escolher para assisti-lo no exame[1] dos livros, dos balanços e das contas, contabilista legalmente habilitado,[1a-2] mediante remuneração aprovada pela assembleia dos sócios. [Sem dispositivo correspondente no CC/1916.]

Art. 1.070: 1. v. art. 1.069-I.

Art. 1.070: 1a. v. arts. 1.177 e 1.178.

Art. 1.070: 2. **Dec. lei 9.295, de 27.5.46** — Cria o Conselho Federal de Contabilidade, define as atribuições do Contador e do Guarda-livros, e dá outras providências.

Seção V | DAS DELIBERAÇÕES DOS SÓCIOS

Art. 1.071. Dependem da deliberação[1] dos sócios, além de outras matérias indicadas na lei ou no contrato: [Sem dispositivo correspondente no CC/1916.]

I — a aprovação das contas da administração;[2] [Sem dispositivo correspondente no CC/1916.]

II — a designação dos administradores, quando feita em ato separado;[3] [Sem dispositivo correspondente no CC/1916.]

III — a destituição dos administradores;[4] [Sem dispositivo correspondente no CC/1916.]

IV — o modo de sua remuneração, quando não estabelecido no contrato;[5] [Sem dispositivo correspondente no CC/1916.]

V — a modificação do contrato social;[6] [Sem dispositivo correspondente no CC/1916.]

VI — a incorporação, a fusão e a dissolução da sociedade,[7] ou a cessação do estado de liquidação; [Sem dispositivo correspondente no CC/1916.]

VII — a nomeação e destituição dos liquidantes[8] e o julgamento das suas contas; [Sem dispositivo correspondente no CC/1916.]

VIII — o pedido de concordata.[9-9a] [Sem dispositivo correspondente no CC/1916.]

Art. 1.071: 1. *Quorum* para as deliberações: art. 1.076.

Art. 1.071: 2. v. art. 1.065.

Art. 1.071: 3. v. arts. 1.060, 1.061 e 1.076-II.

Art. 1.071: 4. v. arts. 1.063 § 1º e 1.076-II.

Art. 1.071: 5. v. art. 1.076-II.

Art. 1.071: 6. s/ aumento ou redução do capital, v. arts. 1.081 a 1.086; s/ dissolução da sociedade limitada, v. art. 1.087 c/c arts. 1.044 e 1.033. V. tb. art. 1.076-I.

Art. 1.071: 7. v. arts. 1.113 a 1.122. V. tb. art. 1.076-I.

Art. 1.071: 8. v. art. 1.038.

Art. 1.071: 9. v. art. 1.072 § 4º. V. tb. art. 1.076-II.

Art. 1.071: 9a. A concordata deu lugar à recuperação judicial ou extrajudicial.

Art. 1.072. As deliberações dos sócios,[1] obedecido o disposto no art. 1.010, serão tomadas em reunião ou em assembleia,[1a] conforme previsto no contrato social, devendo ser convocadas[2] pelos administradores[3] nos casos previstos em lei ou no contrato. [Sem dispositivo correspondente no CC/1916.]

§ 1º A deliberação em assembleia será obrigatória se o número dos sócios for superior a dez. [Sem dispositivo correspondente no CC/1916.]

§ 2º Dispensam-se as formalidades de convocação previstas no § 3º do art. 1.152, quando todos os sócios comparecerem ou se declararem, por escrito, cientes do local, data, hora e ordem do dia. [Sem dispositivo correspondente no CC/1916.]

§ 3º A reunião ou a assembleia tornam-se dispensáveis quando todos os sócios decidirem, por escrito, sobre a matéria que seria objeto delas. [Sem dispositivo correspondente no CC/1916.]

§ 4º No caso do inciso VIII do artigo antecedente, os administradores, se houver urgência e com autorização de titulares de mais da metade do capital social, podem requerer concordata preventiva.[4] [Sem dispositivo correspondente no CC/1916.]

§ 5º As deliberações tomadas de conformidade com a lei e o contrato[5] vinculam todos os sócios, ainda que ausentes ou dissidentes. [Sem dispositivo correspondente no CC/1916.]

§ 6º Aplica-se às reuniões dos sócios, nos casos omissos no contrato, o disposto na presente Seção sobre a assembleia.[6] [Sem dispositivo correspondente no CC/1916.]

Art. 1.072: 1. v. art. 1.079.

Art. 1.072: 1a. LC 123, de 14.12.06 — Institui o Estatuto Nacional da Microempresa e da Empresa de Pequeno Porte, e dá outras providências: **"Art. 70.** As microempresas e as empresas de pequeno porte são desobrigadas da realização de reuniões e assembleias em qualquer das situações previstas na legislação civil, as quais serão substituídas por deliberação representativa do primeiro número inteiro superior à metade do capital social.

"§ 1º O disposto no *caput* deste artigo não se aplica caso haja disposição contratual em contrário, caso ocorra hipótese de justa causa que enseje a exclusão de sócio ou caso um ou mais sócios ponham em risco a continuidade da empresa em virtude de atos de inegável gravidade.

"§ 2º Nos casos referidos no § 1º deste artigo, realizar-se-á reunião ou assembleia de acordo com a legislação civil".

Art. 1.072: 2. Prazo da convocação: art. 1.152 § 3º.

Art. 1.072: 3. Convocação pelo conselho fiscal: art. 1.069-V; v. tb. art. 1.073.

Art. 1.072: 4. A concordata deu lugar à recuperação judicial ou extrajudicial.

Art. 1.072: 5. s/ as deliberações infringentes da lei ou do contrato, v. art. 1.080.

Art. 1.072: 6. v. arts. 1.074 a 1.080 (o art. 1.079, especialmente, complementa o art. 1.072 § 6º).

Art. 1.073. A reunião ou a assembleia podem também ser convocadas: [Sem dispositivo correspondente no CC/1916.]

I — por sócio, quando os administradores retardarem a convocação, por mais de sessenta dias, nos casos previstos em lei ou no contrato, ou por titulares de mais de um quinto do capital, quando não atendido, no prazo de oito dias, pedido de convocação fundamentado, com indicação das matérias a serem tratadas; [Sem dispositivo correspondente no CC/1916.]

II — pelo conselho fiscal, se houver, nos casos a que se refere o inciso V do art. 1.069. [Sem dispositivo correspondente no CC/1916.]

Art. 1.074. A assembleia dos sócios instala-se com a presença, em primeira convocação, de titulares de no mínimo três quartos do capital social,[1] e, em segunda, com qualquer número. [Sem dispositivo correspondente no CC/1916.]

§ 1º O sócio pode ser representado na assembleia por outro sócio, ou por advogado, mediante outorga de mandato[2] com especificação dos atos autorizados, devendo o instrumento ser levado a registro, juntamente com a ata. [Sem dispositivo correspondente no CC/1916.]

§ 2º Nenhum sócio, por si ou na condição de mandatário, pode votar matéria que lhe diga respeito diretamente.[3] [Sem dispositivo correspondente no CC/1916.]

Art. 1.074: 1. **Enunciado 226 do CEJ:** "A exigência da presença de três quartos do capital social, como *quorum* mínimo de instalação em primeira convocação, pode ser alterada pelo contrato de sociedade limitada com até dez sócios, quando as deliberações sociais obedecerem à forma de reunião, sem prejuízo da observância das regras do art. 1.076 referentes ao *quorum* de deliberação".

Art. 1.074: 2. **EA 7º:** "São direitos do advogado:... **VI** — ingressar livremente:... **d)** em qualquer assembleia ou reunião de que participe ou possa participar o seu cliente, ou perante a qual este deva comparecer, desde que munido de poderes especiais".

Art. 1.074: 3. "Em regra, o direito de sócio participar nas deliberações sociais é proporcional à sua quota no capital social. Por outro lado, o § 2º do art. 1.074 do Código Civil veda expressamente, com fundamento no princípio da moralidade e do conflito de interesses, que sócio participe de votação de matéria que lhe diga respeito diretamente, como sói a **exclusão de sócio,** haja vista que atinge diretamente sua esfera pessoal e patrimonial" (STJ-4ª T., REsp 1.459.190, Min. Luis Felipe, j. 15.12.15, DJ 1.2.16).

V. tb. art. 1.085, nota 2.

Art. 1.075. A assembleia será presidida e secretariada por sócios escolhidos entre os presentes. [Sem dispositivo correspondente no CC/1916.]

§ 1º Dos trabalhos e deliberações será lavrada, no livro de atas da assembleia, ata assinada pelos membros da mesa e por sócios participantes da reunião, quantos bastem à validade das deliberações, mas sem prejuízo dos que queiram assiná-la. [Sem dispositivo correspondente no CC/1916.]

§ 2º Cópia da ata autenticada pelos administradores, ou pela mesa, será, nos vinte dias subsequentes à reunião, apresentada ao Registro Público de Empresas Mercantis[1] para arquivamento e averbação. [Sem dispositivo correspondente no CC/1916.]

§ 3º Ao sócio, que a solicitar, será entregue cópia autenticada da ata. [Sem dispositivo correspondente no CC/1916.]

Art. 1.075: 1. **Lei 8.934, de 18.11.94** — Dispõe sobre o Registro Público de Empresas Mercantis e atividades afins e dá outras providências. Regulamentada pelo **Dec. 1.800, de 30.1.96.**

Art. 1.076. Ressalvado o disposto no art. 1.061 e no § 1º do art. 1.063, as deliberações dos sócios serão tomadas:[1] [Sem dispositivo correspondente no CC/1916.]

I — pelos votos correspondentes, no mínimo, a três quartos do capital social, nos casos previstos nos incisos V e VI do art. 1.071; [Sem dispositivo correspondente no CC/1916.]

II — pelos votos correspondentes a mais de metade do capital social, nos casos previstos nos incisos II, III, IV e VIII do art. 1.071; [Sem dispositivo correspondente no CC/1916.]

III — pela maioria de votos dos presentes, nos demais casos previstos na lei ou no contrato, se este não exigir maioria mais elevada. [Sem dispositivo correspondente no CC/1916.]

Art. 1.076: 1. **Enunciado 227 do CEJ:** "O *quorum* mínimo para a deliberação da cisão da sociedade limitada é de três quartos do capital social".

Art. 1.077. Quando houver modificação do contrato, fusão da sociedade, incorporação de outra, ou dela por outra,[1] terá o sócio que dissentiu o direito de retirar-se da sociedade, nos trinta dias subsequentes à reunião, aplicando-se, no silêncio do contrato social antes vigente, o disposto no art. 1.031.[2] [Sem dispositivo correspondente no CC/1916.]

Art. 1.077: 1. s/ transformação, incorporação, fusão e cisão das sociedades, v. arts. 1.113 a 1.122.

Art. 1.077: 2. **Enunciado 392 do CEJ:** "Nas hipóteses do art. 1.077 do Código Civil, cabe aos sócios delimitarem seus contornos para compatibilizá-los com os princípios da preservação e da função social da empresa, aplicando-se, supletiva (art. 1.053, parágrafo único) ou analogicamente (art. 4º da LICC), o art. 137, § 3º, da Lei das Sociedades por Ações, para permitir a reconsideração da deliberação que autorizou a retirada do sócio dissidente".

Art. 1.078. A assembleia dos sócios deve realizar-se ao menos uma vez por ano, nos quatro meses seguintes ao término do exercício social, com o objetivo de: [Sem dispositivo correspondente no CC/1916.]

I — tomar as contas dos administradores e deliberar sobre o balanço patrimonial e o de resultado econômico;[1] [Sem dispositivo correspondente no CC/1916.]

II — designar administradores, quando for o caso;[2] [Sem dispositivo correspondente no CC/1916.]

III — tratar de qualquer outro assunto constante da ordem do dia. [Sem dispositivo correspondente no CC/1916.]

§ 1º Até trinta dias antes da data marcada para a assembleia, os documentos referidos no inciso I deste artigo devem ser postos, por escrito, e com a prova do respectivo recebimento, à disposição dos sócios que não exerçam a administração. [Sem dispositivo correspondente no CC/1916.]

§ 2º Instalada a assembleia, proceder-se-á à leitura dos documentos referidos no parágrafo antecedente, os quais serão submetidos, pelo presidente, a discussão e votação, nesta não podendo tomar parte os membros da administração e, se houver, os do conselho fiscal.[3] [Sem dispositivo correspondente no CC/1916.]

§ 3º A aprovação, sem reserva, do balanço patrimonial e do de resultado econômico, salvo erro, dolo ou simulação,[3a] exonera de responsabilidade os membros da administração e, se houver, os do conselho fiscal.[4] [Sem dispositivo correspondente no CC/1916.]

§ 4º Extingue-se em dois anos o direito de anular a aprovação a que se refere o parágrafo antecedente. [Sem dispositivo correspondente no CC/1916.]

Art. 1.078: 1. v. arts. 1.020, 1.065, 1.069-III, 1.140, 1.179, 1.188 e 1.189.

Art. 1.078: 2. e os membros do conselho fiscal (art. 1.066).

Art. 1.078: 3. cf. art. 1.074 § 2º.

Art. 1.078: 3a. s/ erro, v. arts. 138 a 144; s/ dolo, v. arts. 145 a 150; s/ simulação, v. art. 167.

Art. 1.078: 4. Enunciado 228 do CEJ: "As sociedades limitadas estão dispensadas da publicação das demonstrações financeiras a que se refere o § 3º do art. 1.078. Naquelas de até dez sócios, a deliberação de que trata o art. 1.078 pode dar-se na forma dos §§ 2º e 3º do art. 1.072, e a qualquer tempo, desde que haja previsão contratual nesse sentido".

Art. 1.079. Aplica-se às reuniões dos sócios, nos casos omissos no contrato, o estabelecido nesta Seção sobre a assembleia, obedecido o disposto no § 1º do art. 1.072.[1] [Sem dispositivo correspondente no CC/1916.]

Art. 1.079: 1. Este artigo complementa o art. 1.072 § 6º.

Art. 1.080. As deliberações infringentes do contrato ou da lei tornam ilimitada a responsabilidade dos que expressamente as aprovaram.[1 a 3] [Sem dispositivo correspondente no CC/1916.]

Art. 1.080: 1. s/ desconsideração da personalidade jurídica, v. art. 50; deliberações em conformidade com a lei e o contrato, v. art. 1.072 § 5º.

Art. 1.080: 2. Enunciado 229 do CEJ: "A responsabilidade ilimitada dos sócios pelas deliberações infringentes da lei ou do contrato torna desnecessária a desconsideração da personalidade jurídica, por não constituir a autonomia patrimonial da pessoa jurídica escudo para a responsabilização pessoal e direta".

Art. 1.080: 3. "O 'fechamento de fato' da sociedade empresária, com a cessação de suas atividades sem a correspondente baixa no registro do comércio, constitui atitude que pode permitir a aplicação da teoria da desconsideração. Age de forma lícita a sociedade empresária que faz a 'baixa' regular de sua inscrição na Junta, cessando formalmente suas atividades; alternativamente, se não tiver condições de efetuar tal 'baixa' (*v.g.*, por ter dívidas em aberto), deve valer-se do art. 105 da Lei 11.101/05, a Lei de Recuperação e Falências, e requerer sua autofalência, na qual explicitará as causas de sua derrocada, salvaguardando assim o patrimônio pessoal de seus sócios quotistas, ao comprovar a inexistência de atos ilícitos, ao demonstrar que a falência foi apenas resultado do natural risco da atividade empresarial. Encerramento irregular da empresa. Ato ilícito. Responsabilidade do sócio-gerente pela totalidade do débito exequendo, independentemente da proporção da participação no capital social, a teor do art. 1.080 do Código Civil" (JTJ 354/411: AP 992.07.000056-4).

Seção VI | DO AUMENTO E DA REDUÇÃO DO CAPITAL

Art. 1.081. Ressalvado o disposto em lei especial, integralizadas as quotas, pode ser o capital[1] aumentado, com a correspondente modificação do contrato.[1a] [Sem dispositivo correspondente no CC/1916.]

§ 1º Até trinta dias após a deliberação, terão os sócios preferência para participar do aumento, na proporção das quotas de que sejam titulares.[2] [Sem dispositivo correspondente no CC/1916.]

§ 2º À cessão do direito de preferência, aplica-se o disposto no *caput* do art. 1.057. [Sem dispositivo correspondente no CC/1916.]

§ 3º Decorrido o prazo da preferência, e assumida pelos sócios, ou por terceiros, a totalidade do aumento, haverá reunião ou assembleia dos sócios, para que seja aprovada a modificação do contrato. [Sem dispositivo correspondente no CC/1916.]

Art. 1.081: 1. O capital social é uma ficção jurídica que representa o valor dos aportes de recursos que os sócios declaram ter realizado para a consecução do objeto da sociedade.

Representando o montante das quotas subscritas, o capital social tem valor fixo no contrato social, e a sua modificação deve obedecer às disposições legais.

Art. 1.081: 1a. v. arts. 1.071-V e 1.076-I. V. tb. LSA 166.

Art. 1.081: 2. v. LSA 171.

Art. 1.082. Pode a sociedade reduzir o capital, mediante a correspondente modificação do contrato:[1] [Sem dispositivo correspondente no CC/1916.]

I — depois de integralizado, se houver perdas irreparáveis;[2] [Sem dispositivo correspondente no CC/1916.]

II — se excessivo em relação ao objeto da sociedade.[3] [Sem dispositivo correspondente no CC/1916.]

Art. 1.082: 1. v. arts. 1.071-V e 1.076-I. V. tb. LSA 173.

Art. 1.082: 2. v. art. 1.083.

Art. 1.082: 3. v. art. 1.084.

Art. 1.083. No caso do inciso I do artigo antecedente, a redução do capital será realizada com a diminuição proporcional do valor nominal das quotas, tornando-se efetiva a partir da averbação, no Registro Público de Empresas Mercantis,[1] da ata da assembleia que a tenha aprovado. [Sem dispositivo correspondente no CC/1916.]

Art. 1.083: 1. **Lei 8.934, de 18.11.94** — Dispõe sobre o Registro Público de Empresas Mercantis e atividades afins e dá outras providências. Regulamentada pelo **Dec. 1.800, de 30.1.96.**

Art. 1.084. No caso do inciso II do art. 1.082, a redução do capital será feita restituindo-se parte do valor das quotas aos sócios, ou dispensando-se as prestações ainda devidas, com diminuição proporcional, em ambos os casos, do valor nominal das quotas. [Sem dispositivo correspondente no CC/1916.]

§ 1º No prazo de noventa dias, contado da data da publicação da ata da assembleia que aprovar a redução, o credor quirografário, por título líquido anterior a essa data, poderá opor-se ao deliberado. [Sem dispositivo correspondente no CC/1916.]

§ 2º A redução somente se tornará eficaz se, no prazo estabelecido no parágrafo antecedente, não for impugnada, ou se provado o pagamento da dívida ou o depósito judicial do respectivo valor. [Sem dispositivo correspondente no CC/1916.]

§ 3º Satisfeitas as condições estabelecidas no parágrafo antecedente, proceder-se-á à averbação, no Registro Público de Empresas Mercantis,[1] da ata que tenha aprovado a redução. [Sem dispositivo correspondente no CC/1916.]

Art. 1.084: 1. **Lei 8.934, de 18.11.94** — Dispõe sobre o Registro Público de Empresas Mercantis e atividades afins e dá outras providências. Regulamentada pelo **Dec. 1.800, de 30.1.96.**

Seção VII | DA RESOLUÇÃO DA SOCIEDADE EM RELAÇÃO A SÓCIOS MINORITÁRIOS[1]

SEÇ. VII: 1. v. arts. 1.028 a 1.032 (resolução da sociedade em relação a um sócio).

Art. 1.085. Ressalvado o disposto no art. 1.030, quando a maioria dos sócios, representativa de mais da metade do capital social, entender que um ou mais sócios estão pondo em risco a continuidade da empresa, em virtude de atos de inegável gravidade, poderá excluí-los da sociedade, mediante alteração do contrato social, desde que prevista neste a exclusão por justa causa.[1 a 2] [Sem dispositivo correspondente no CC/1916.]

Parágrafo único. A exclusão somente poderá ser determinada em reunião ou assembleia especialmente convocada para esse fim, ciente o acusado em tempo hábil para permitir seu comparecimento e o exercício do direito de defesa.[2a-3] [Sem dispositivo correspondente no CC/1916.]

Art. 1.085: 1. s/ decadência do direito à invalidação da deliberação de exclusão de sócio, v. art. 48, nota 2.

Art. 1.085: 1a. **Enunciado 67 do CEJ:** "A quebra do *affectio societatis* não é causa para a exclusão do sócio minoritário, mas apenas para dissolução (parcial) da sociedade".

V. art. 1.030. V. tb art. 1.029, nota 1.

Art. 1.085: 2. "Para fins de **quórum de deliberação,** não pode ser computada a participação no capital social do sócio excluendo, devendo a apuração se lastrear em 100% do capital restante, isto é, daqueles legitimados a votar. Na hipótese, a exclusão foi aprovada por unanimidade, mas, apesar de reconhecer isso, o Tribunal de origem entendeu pela ilegalidade da deliberação ao fundamento de que os sócios votantes eram detentores do percentual de 79,58% do capital social, inferior aos 85% exigidos pelo contrato social. Nesse contexto, todavia, excluindo-se as quotas representativas de 20,413% do capital da ora recorrida, percebe-se que houve unanimidade dos sócios votantes representativos, por causa da exclusão desta, de 100% do capital social legitimado a deliberar. Portanto, presentes todos os requisitos legais, sendo o expulso sócio minoritário, havendo cláusula permissiva no contrato social com convocação de reunião dos sócios especialmente para tal finalidade, tendo havido a cientificação do excluendo e com conclave realizado com sócios titulares de mais de metade do capital social, necessário reconhecer a legitimidade da deliberação de exclusão" (STJ-4ª T., REsp 1.459.190, Min. Luis Felipe, j. 15.12.15, DJ 1.2.16).

V. tb. art. 1.074, nota 3.

Art. 1.085: 2a. **CF 5º-LV:** "Aos litigantes, em processo judicial ou administrativo, e aos acusados em geral são assegurados o contraditório e ampla defesa, com os meios e recursos a ela inerentes".

Art. 1.085: 3. "Ação de anulação de deliberação de assembleia. Verificado que o sócio excluído não foi convocado para se defender de seu ato de exclusão, julga-se procedente o pedido" (RT 920/532: TJSP, AP 9130800-27.2004.8.26.0000).

Art. 1.086. Efetuado o registro da alteração contratual, aplicar-se-á o disposto nos arts. 1.031 e 1.032. [Sem dispositivo correspondente no CC/1916.]

Seção VIII | DA DISSOLUÇÃO

Art. 1.087. A sociedade dissolve-se, de pleno direito, por qualquer das causas previstas no art. 1.044.[1] [Sem dispositivo correspondente no CC/1916.]

Art. 1.087: 1. O art. 1.044 remete ao art. 1.033.

Capítulo V | DA SOCIEDADE ANÔNIMA[1 a 3]

Seção Única | DA CARACTERIZAÇÃO

CAP. V: 1. Lei das Sociedades Anônimas: Lei 6.404, de 15.12.76, muito modificada pela legislação posterior.

✎ **CAP. V: 2.** "Sociedade limitada ou anônima fechada? O novo dilema dos empreendedores nacionais", por Ricardo Guimarães Moreira (RF 386/203).

CAP. V: 3. **LRF 96 § 1º:** "Não será decretada a falência de sociedade anônima após liquidado e partilhado seu ativo nem do espólio após 1 (um) ano da morte do devedor".

Art. 1.088. Na sociedade anônima[1] ou companhia, o capital divide-se em ações,[2-3] obrigando-se cada sócio ou acionista somente pelo preço de emissão das ações que subscrever ou adquirir. [Sem dispositivo correspondente no CC/1916.]

Art. 1.088: 1. Denominação: art. 1.160.

Art. 1.088: 2. A sociedade anônima é sempre considerada sociedade empresária (cf. art. 982 § ún.).

Art. 1.088: 3. **Súmula 329 do STF:** "O imposto de transmissão *inter vivos* não incide sobre a transferência de ações de sociedade imobiliária".

Súmula 476 do STF: "Desapropriadas as ações de uma sociedade, o poder desapropriante, imitido na posse, pode exercer, desde logo, todos os direitos inerentes aos respectivos títulos".

Art. 1.089. A sociedade anônima rege-se por lei especial,[1] aplicando-se-lhe, nos casos omissos, as disposições deste Código.[1a] [Sem dispositivo correspondente no CC/1916.]

Art. 1.089: 1. Lei 6.404, de 15.12.76.

Art. 1.089: 1a. **Enunciado 230 do CEJ:** "A fusão e a incorporação de sociedade anônima continuam reguladas pelas normas previstas na Lei n. 6.404/76, não revogadas pelo Código Civil (art. 1.089), quanto a esse tipo societário".

Capítulo VI | DA SOCIEDADE EM COMANDITA POR AÇÕES

Art. 1.090. A sociedade em comandita por ações[1] tem o capital dividido em ações,[2] regendo-se pelas normas relativas à sociedade anônima,[3] sem prejuízo das modificações constantes deste Capítulo, e opera sob firma ou denominação. [Sem dispositivo correspondente no CC/1916.]

Art. 1.090: 1. Firma ou denominação: art. 1.161.

Art. 1.090: 2. A sociedade em comandita por ações é sociedade empresária (cf. art. 982 § ún.).

Art. 1.090: 3. v. LSA 280 a 284.

Art. 1.091. Somente o acionista tem qualidade para administrar a sociedade e, como diretor, responde subsidiária e ilimitadamente pelas obrigações da sociedade.[1] [Sem dispositivo correspondente no CC/1916.]

§ 1º Se houver mais de um diretor, serão solidariamente responsáveis,[2] depois de esgotados os bens sociais. [Sem dispositivo correspondente no CC/1916.]

§ 2º Os diretores serão nomeados no ato constitutivo da sociedade, sem limitação de tempo, e somente poderão ser destituídos por deliberação de acionistas que representem no mínimo dois terços do capital social. [Sem dispositivo correspondente no CC/1916.]

§ 3º O diretor destituído ou exonerado continua, durante dois anos, responsável pelas obrigações sociais contraídas sob sua administração. [Sem dispositivo correspondente no CC/1916.]

Art. 1.091: 1. v. LSA 282.

Art. 1.091: 2. v. art. 990, nota 1a. S/ responsabilidade solidária, v. arts. 275 a 285.

Art. 1.092. A assembleia geral não pode, sem o consentimento dos diretores, mudar o objeto essencial da sociedade, prorrogar-lhe o prazo de duração, aumentar ou diminuir o capital social, criar debêntures, ou partes beneficiárias.[1] [Sem dispositivo correspondente no CC/1916.]

Art. 1.092: 1. v. LSA 283.

Capítulo VII | DA SOCIEDADE COOPERATIVA[1-1a]

CAP. VII: 1. v. CF 5º-XVIII, 174 §§ 2º a 4º e 187-VI.

CAP. VII: 1a. **Lei 5.764, de 16.12.71** — Define a Política Nacional de Cooperativismo, institui o regime jurídico das sociedades cooperativas e dá outras providências.

Lei 9.867, de 10.11.99 — Dispõe sobre a criação e o funcionamento de cooperativas sociais, visando a integração social dos cidadãos, conforme especifica.

LC 130, de 17.4.09 — Dispõe sobre o Sistema Nacional de Crédito Cooperativo e revoga dispositivos das Leis n. 4.595, de 31 de dezembro de 1964, e 5.764, de 16 de dezembro de 1971.

Lei 12.690, de 19.7.12 — Dispõe sobre a organização e o funcionamento das Cooperativas de Trabalho; institui o Programa Nacional de Fomento às Cooperativas de Trabalho — PRONACOOP; e revoga o § ún. do art. 442 da Consolidação das Leis do Trabalho — CLT, aprovada pelo Dec. lei n. 5.452, de 1º de maio de 1943 (no nosso CCLCV, tít. SOCIEDADES).

Lei 12.815, de 5.6.13 — Dispõe sobre a exploração direta e indireta pela União de portos e instalações portuárias e sobre as atividades desempenhadas pelos operadores portuários; e dá outras providências: **"Art. 29.** As cooperativas formadas por trabalhadores portuários avulsos, registrados de acordo com esta Lei, poderão estabelecer-se como operadores portuários".

Art. 1.093. A sociedade cooperativa[1] reger-se-á pelo disposto no presente Capítulo, ressalvada a legislação especial.[2 a 4] [Sem dispositivo correspondente no CC/1916.]

Art. 1.093: 1. s/ denominação, v. art. 1.159.

Art. 1.093: 2. s/ legislação especial, v., logo acima, nota 1a a este Cap. VII. V., especialmente, Lei 5.764, de 16.12.71, ínt., no nosso CCLCV, tít. SOCIEDADES.

Art. 1.093: 3. A sociedade cooperativa é sempre sociedade simples (cf. art. 982 § ún.).

Art. 1.093: 4. **Enunciado 69 do CEJ:** "As sociedades cooperativas são sociedades simples, sujeitas a inscrição nas juntas comerciais".

V. Lei 5.764, de 16.12.71, art. 18 § 6º.

Art. 1.094. São características[1] da sociedade cooperativa: [Sem dispositivo correspondente no CC/1916.]

I — variabilidade, ou dispensa do capital social;[2] [Sem dispositivo correspondente no CC/1916.]

II — concurso de sócios em número mínimo necessário a compor a administração da sociedade, sem limitação de número máximo;[3] [Sem dispositivo correspondente no CC/1916.]

III — limitação do valor da soma de quotas do capital social que cada sócio poderá tomar; [Sem dispositivo correspondente no CC/1916.]

IV — intransferibilidade das quotas do capital a terceiros estranhos à sociedade, ainda que por herança; [Sem dispositivo correspondente no CC/1916.]

V — *quorum*, para a assembleia geral funcionar e deliberar, fundado no número de sócios presentes à reunião, e não no capital social representado; [Sem dispositivo correspondente no CC/1916.]

VI — direito de cada sócio a um só voto nas deliberações, tenha ou não capital a sociedade, e qualquer que seja o valor de sua participação; [Sem dispositivo correspondente no CC/1916.]

VII — distribuição dos resultados, proporcionalmente ao valor das operações efetuadas pelo sócio com a sociedade, podendo ser atribuído juro fixo ao capital realizado; [Sem dispositivo correspondente no CC/1916.]

VIII — indivisibilidade do fundo de reserva entre os sócios, ainda que em caso de dissolução da sociedade. [Sem dispositivo correspondente no CC/1916.]

Art. 1.094: 1. v. art. 4º da Lei 5.764, de 16.12.71.

Art. 1.094: 2. Enunciado 206 do CEJ: "A contribuição do sócio exclusivamente em prestação de serviços é permitida nas sociedades cooperativas (art. 1.094, I) e nas sociedades simples propriamente ditas (art. 983, 2ª parte)".

Art. 1.094: 3. v. art. 6º da Lei 5.764, de 16.12.71.

Art. 1.095. Na sociedade cooperativa, a responsabilidade dos sócios pode ser limitada ou ilimitada. [Sem dispositivo correspondente no CC/1916.]

§ 1º É limitada a responsabilidade na cooperativa em que o sócio responde somente pelo valor de suas quotas e pelo prejuízo verificado nas operações sociais, guardada a proporção de sua participação nas mesmas operações.[1] [Sem dispositivo correspondente no CC/1916.]

§ 2º É ilimitada a responsabilidade na cooperativa em que o sócio responde solidária[2] e ilimitadamente pelas obrigações sociais.[3] [Sem dispositivo correspondente no CC/1916.]

Art. 1.095: 1. v. art. 11 da Lei 5.764, de 16.12.71.

Art. 1.095: 2. v. arts. 275 a 285.

Art. 1.095: 3. v. art. 12 da Lei 5.764, de 16.12.71.

Art. 1.096. No que a lei for omissa, aplicam-se as disposições referentes à sociedade simples,[1] resguardadas as características estabelecidas no art. 1.094. [Sem dispositivo correspondente no CC/1916.]

Art. 1.096: 1. v. arts. 997 a 1.038.

Capítulo VIII | DAS SOCIEDADES COLIGADAS

Art. 1.097. Consideram-se coligadas[1] as sociedades que, em suas relações de capital, são controladas, filiadas, ou de simples participação, na forma dos artigos seguintes.[2] [Sem dispositivo correspondente no CC/1916.]

Art. 1.097: 1. s/ balanço patrimonial, v. art. 1.188 § ún.

Art. 1.097: 2. v. LSA 243 a 264 e LRF 43.

Art. 1.098. É controlada:[1] [Sem dispositivo correspondente no CC/1916.]

I — a sociedade de cujo capital outra sociedade possua a maioria dos votos nas deliberações dos quotistas ou da assembleia geral e o poder de eleger a maioria dos administradores; [Sem dispositivo correspondente no CC/1916.]

II — a sociedade cujo controle, referido no inciso antecedente, esteja em poder de outra, mediante ações ou quotas possuídas por sociedades ou sociedades por esta já controladas. [Sem dispositivo correspondente no CC/1916.]

Art. 1.098: 1. v. LSA 243 § 2º.

Art. 1.099. Diz-se coligada ou filiada a sociedade de cujo capital outra sociedade participa com dez por cento ou mais, do capital da outra, sem controlá-la.[1] [Sem dispositivo correspondente no CC/1916.]

Art. 1.099: 1. v. LSA 243 § 1º.

Art. 1.100. É de simples participação a sociedade de cujo capital outra sociedade possua menos de dez por cento do capital com direito de voto. [Sem dispositivo correspondente no CC/1916.]

Art. 1.101. Salvo disposição especial de lei, a sociedade não pode participar de outra, que seja sua sócia, por montante superior, segundo o balanço, ao das próprias reservas, excluída a reserva legal.[1] [Sem dispositivo correspondente no CC/1916.]

Parágrafo único. Aprovado o balanço em que se verifique ter sido excedido esse limite, a sociedade não poderá exercer o direito de voto correspondente às ações ou quotas em excesso, as quais devem ser alienadas nos cento e oitenta dias seguintes àquela aprovação. [Sem dispositivo correspondente no CC/1916.]

Art. 1.101: 1. v. LSA 244.

Capítulo IX | DA LIQUIDAÇÃO DA SOCIEDADE[1-2]

CAP. IX: 1. v. tb. dissolução da sociedade (arts. 1.033 a 1.038).

CAP. IX: 2. s/ liquidação da sociedade e direito intertemporal, v. art. 2.034; s/ liquidação da sociedade anônima, v. LSA 208 a 218.

Art. 1.102. Dissolvida a sociedade e nomeado o liquidante na forma do disposto neste Livro,[1] procede-se à sua liquidação, de conformidade com os preceitos deste Capítulo, ressalvado o disposto no ato constitutivo ou no instrumento da dissolução. [Sem dispositivo correspondente no CC/1916.]

Parágrafo único. O liquidante, que não seja administrador da sociedade, investir-se-á nas funções, averbada a sua nomeação no registro próprio. [Sem dispositivo correspondente no CC/1916.]

Art. 1.102: 1. v. art. 1.038.

Art. 1.103. Constituem deveres do liquidante:[1] [Sem dispositivo correspondente no CC/1916.]

I — averbar e publicar a ata, sentença ou instrumento de dissolução da sociedade; [Sem dispositivo correspondente no CC/1916.]

II — arrecadar os bens, livros e documentos da sociedade, onde quer que estejam; [Sem dispositivo correspondente no CC/1916.]

III — proceder, nos quinze dias seguintes ao da sua investidura e com a assistência, sempre que possível, dos administradores, à elaboração do inventário e do balanço geral do ativo e do passivo; [Sem dispositivo correspondente no CC/1916.]

IV— ultimar os negócios da sociedade, realizar o ativo, pagar o passivo e partilhar o remanescente entre os sócios ou acionistas; [Sem dispositivo correspondente no CC/1916.]

V — exigir dos quotistas, quando insuficiente o ativo à solução do passivo, a integralização de suas quotas e, se for o caso, as quantias necessárias, nos limites da responsabilidade de cada um e proporcionalmente à respectiva participação nas perdas, repartindo-se, entre os sócios solventes e na mesma proporção, o devido pelo insolvente; [Sem dispositivo correspondente no CC/1916.]

VI — convocar assembleia dos quotistas, cada seis meses, para apresentar relatório e balanço do estado da liquidação, prestando conta dos atos praticados durante o semestre, ou sempre que necessário; [Sem dispositivo correspondente no CC/1916.]

VII — confessar a falência da sociedade e pedir concordata,[2] de acordo com as formalidades prescritas para o tipo de sociedade liquidanda; [Sem dispositivo correspondente no CC/1916.]

VIII — finda a liquidação, apresentar aos sócios o relatório da liquidação e as suas contas finais; [Sem dispositivo correspondente no CC/1916.]

IX — averbar a ata da reunião ou da assembleia, ou o instrumento firmado pelos sócios, que considerar encerrada a liquidação. [Sem dispositivo correspondente no CC/1916.]

Parágrafo único. Em todos os atos, documentos ou publicações, o liquidante empregará a firma ou denominação social sempre seguida da cláusula "em liquidação" e de sua assinatura individual, com a declaração de sua qualidade. [Sem dispositivo correspondente no CC/1916.]

Art. 1.103: 1. v. LSA 210 a 212.

Art. 1.103: 2. A concordata deu lugar à recuperação judicial ou extrajudicial.

Art. 1.104. As obrigações e a responsabilidade do liquidante regem-se pelos preceitos peculiares às dos administradores[1] da sociedade liquidanda.[2] [Sem dispositivo correspondente no CC/1916.]

Art. 1.104: 1. Administrador de sociedade simples: arts. 1.010 a 1.021.

Art. 1.104: 2. v. LSA 217.

Art. 1.105. Compete ao liquidante representar a sociedade e praticar todos os atos necessários à sua liquidação, inclusive alienar bens móveis ou imóveis, transigir, receber e dar quitação.[1] [Sem dispositivo correspondente no CC/1916.]

Parágrafo único. Sem estar expressamente autorizado pelo contrato social, ou pelo voto da maioria dos sócios, não pode o liquidante gravar de ônus reais os móveis e imóveis, contrair empréstimos, salvo quando indispensáveis ao pagamento de obrigações inadiáveis, nem prosseguir, embora para facilitar a liquidação, na atividade social. [Sem dispositivo correspondente no CC/1916.]

Art. 1.105: 1. v. LSA 211.

Art. 1.106. Respeitados os direitos dos credores preferenciais,[1] pagará o liquidante as dívidas sociais proporcionalmente, sem distinção entre vencidas e vincendas, mas, em relação a estas, com desconto.[2] [Sem dispositivo correspondente no CC/1916.]

Parágrafo único. Se o ativo for superior ao passivo, pode o liquidante, sob sua responsabilidade pessoal, pagar integralmente as dívidas vencidas. [Sem dispositivo correspondente no CC/1916.]

Art. 1.106: 1. v. arts. 955 a 965.

Art. 1.106: 2. v. LSA 214.

Art. 1.107. Os sócios podem resolver, por maioria de votos, antes de ultimada a liquidação, mas depois de pagos os credores, que o liquidante faça rateios por antecipação da partilha, à medida em que se apurem os haveres sociais.[1] [Sem dispositivo correspondente no CC/1916.]

Art. 1.107: 1. v. LSA 215.

Art. 1.108. Pago o passivo e partilhado o remanescente, convocará o liquidante assembleia dos sócios para a prestação final de contas.[1] [Sem dispositivo correspondente no CC/1916.]

Art. 1.108: 1. v. LSA 216.

Art. 1.109. Aprovadas as contas, encerra-se a liquidação, e a sociedade se extingue, ao ser averbada no registro próprio a ata da assembleia.[1] [Sem dispositivo correspondente no CC/1916.]

Parágrafo único. O dissidente tem o prazo de trinta dias, a contar da publicação da ata, devidamente averbada, para promover a ação que couber.[2] [Sem dispositivo correspondente no CC/1916.]

Art. 1.109: 1. v. LSA 216 § 1º.

Art. 1.109: 2. v. LSA 216 § 2º.

Art. 1.110. Encerrada a liquidação, o credor não satisfeito só terá direito a exigir dos sócios, individualmente, o pagamento do seu crédito, até o limite da soma por eles recebida em partilha, e a propor contra o liquidante ação de perdas e danos.[1-2] [Sem dispositivo correspondente no CC/1916.]

Art. 1.110: 1. v. arts. 402 a 405.

Art. 1.110: 2. v. LSA 218.

Art. 1.111. No caso de liquidação judicial, será observado o disposto na lei processual.[1] [Sem dispositivo correspondente no CC/1916.]

Art. 1.111: 1. v. tb. LSA 209.

Art. 1.112. No curso de liquidação judicial, o juiz convocará, se necessário, reunião ou assembleia para deliberar sobre os interesses da liquidação, e as presidirá, resolvendo sumariamente as questões suscitadas.[1] [Sem dispositivo correspondente no CC/1916.]

Parágrafo único. As atas das assembleias serão, em cópia autêntica, apensadas ao processo judicial. [Sem dispositivo correspondente no CC/1916.]

Art. 1.112: 1. v. LSA 213 § 2º.

Capítulo X DA TRANSFORMAÇÃO, DA INCORPORAÇÃO, DA FUSÃO E DA CISÃO DAS SOCIEDADES[1 a 4]

CAP. X: 1. "Concentração de poder econômico e grupos não acionários perante a ótica do Código Civil (breve análise pontual)", por Vera Helena de Mello Franco (RT 908/205).

CAP. X: 1a. v. art. 2.033. V. tb. LSA 220 a 234.

CAP. X: 2. LRF 50: "Constituem meios de recuperação judicial, observada a legislação pertinente a cada caso, dentre outros:... **II** — cisão, incorporação, fusão ou transformação de sociedade, constituição de subsidiária integral, ou cessão de cotas ou ações, respeitados os direitos dos sócios, nos termos da legislação vigente".

CAP. X: 3. Enunciado 70 do CEJ: "As disposições sobre incorporação, fusão e cisão previstas no Código Civil não se aplicam às sociedades anônimas. As disposições da Lei n. 6.404/76 sobre essa matéria aplicam-se por analogia às demais sociedades, naquilo em que o Código Civil for omisso".

Enunciado 231 do CEJ: "A cisão de sociedades continua disciplinada na Lei n. 6.404/76, aplicável a todos os tipos societários, inclusive no que se refere aos direitos dos credores. Interpretação dos arts. 1.116 a 1.122 do Código Civil".

Enunciado 232 do CEJ: "Nas fusões e incorporações entre sociedades reguladas pelo Código Civil, é facultativa a elaboração de protocolo firmado pelos sócios ou administradores das sociedades; havendo sociedade anônima ou comandita por ações envolvida na operação, a obrigatoriedade do protocolo e da justificação somente a ela se aplica".

CAP. X: 4. "A cisão é uma forma sem onerosidade de sucessão entre pessoas jurídicas, em que o patrimônio da sucedida ou cindida é vertido, total ou parcialmente, para uma ou mais sucessoras, sem contraprestação destas para aquela" (STJ-4ª T., REsp 553.042-SE, Min. Cesar Rocha, j. 25.11.03, DJU 14.6.04).

Art. 1.113. O ato de transformação independe de dissolução ou liquidação da sociedade, e obedecerá aos preceitos reguladores da constituição e inscrição próprios do tipo em que vai converter-se.[1] [Sem dispositivo correspondente no CC/1916.]

Art. 1.113: 1. v. LSA 220.

Art. 1.114. A transformação depende do consentimento de todos os sócios, salvo se prevista no ato constitutivo, caso em que o dissidente poderá retirar-se da sociedade, aplicando-se, no silêncio do estatuto ou do contrato social, o disposto no art. 1.031.[1] [Sem dispositivo correspondente no CC/1916.]

Art. 1.114: 1. v. LSA 221.

Art. 1.115. A transformação não modificará nem prejudicará, em qualquer caso, os direitos dos credores.[1] [Sem dispositivo correspondente no CC/1916.]

Parágrafo único. A falência da sociedade transformada somente produzirá efeitos em relação aos sócios que, no tipo anterior, a eles estariam sujeitos, se o pedirem os titulares de créditos anteriores à transformação, e somente a estes beneficiará.[2] [Sem dispositivo correspondente no CC/1916.]

Art. 1.115: 1. v. LSA 222-*caput*.

Art. 1.115: 2. v. LSA 222 § ún.

Art. 1.116. Na incorporação, uma ou várias sociedades são absorvidas por outra, que lhes sucede em todos os direitos e obrigações, devendo todas aprová-la, na forma estabelecida para os respectivos tipos.[1] [Sem dispositivo correspondente no CC/1916.]

Art. 1.116: 1. v. LSA 227.

Art. 1.117. A deliberação dos sócios da sociedade incorporada deverá aprovar as bases da operação e o projeto de reforma do ato constitutivo. [Sem dispositivo correspondente no CC/1916.]

§ 1º A sociedade que houver de ser incorporada tomará conhecimento desse ato, e, se o aprovar, autorizará os administradores a praticar o necessário à incorporação, inclusive a subscrição em bens pelo valor da diferença que se verificar entre o ativo e o passivo. [Sem dispositivo correspondente no CC/1916.]

§ 2º A deliberação dos sócios da sociedade incorporadora compreenderá a nomeação dos peritos para a avaliação do patrimônio líquido da sociedade, que tenha de ser incorporada.[1] [Sem dispositivo correspondente no CC/1916.]

Art. 1.117: 1. v. arts. 1.071-VI e 1.076-I. V. tb. LSA 227 §§ 1º e 2º.

Art. 1.118. Aprovados os atos da incorporação, a incorporadora declarará extinta a incorporada, e promoverá a respectiva averbação no registro próprio.[1] [Sem dispositivo correspondente no CC/1916.]

Art. 1.118: 1. v. LSA 227 § 3º.

Art. 1.119. A fusão determina a extinção das sociedades que se unem, para formar sociedade nova, que a elas sucederá nos direitos e obrigações.[1] [Sem dispositivo correspondente no CC/1916.]

Art. 1.119: 1. v. LSA 228-*caput*.

Art. 1.120. A fusão será decidida, na forma estabelecida para os respectivos tipos, pelas sociedades que pretendam unir-se. [Sem dispositivo correspondente no CC/1916.]

§ 1º Em reunião ou assembleia dos sócios de cada sociedade, deliberada a fusão e aprovado o projeto do ato constitutivo da nova sociedade, bem como o plano de distribuição do capital social, serão nomeados os peritos para a avaliação do patrimônio da sociedade.[1] [Sem dispositivo correspondente no CC/1916.]

§ 2º Apresentados os laudos, os administradores convocarão reunião ou assembleia dos sócios para tomar conhecimento deles, decidindo sobre a constituição definitiva da nova sociedade. [Sem dispositivo correspondente no CC/1916.]

§ 3º É vedado aos sócios votar o laudo de avaliação do patrimônio da sociedade de que façam parte.[2] [Sem dispositivo correspondente no CC/1916.]

Art. 1.120: 1. v. arts. 1.071-VI e 1.076-I. V. tb. LSA 228 §§ 1º e 2º.

Art. 1.120: 2. cf. art. 1.074 § 4º.

Art. 1.121. Constituída a nova sociedade, aos administradores incumbe fazer inscrever,[1] no registro próprio da sede, os atos relativos à fusão.[2] [Sem dispositivo correspondente no CC/1916.]

Art. 1.121: 1. v. art. 968.

Art. 1.121: 2. v. LSA 228 § 3º.

Art. 1.122. Até noventa dias[1] após publicados os atos relativos à incorporação, fusão ou cisão, o credor anterior, por ela prejudicado, poderá promover judicialmente a anulação deles. [Sem dispositivo correspondente no CC/1916.]

§ 1º A consignação em pagamento prejudicará a anulação pleiteada. [Sem dispositivo correspondente no CC/1916.]

§ 2º Sendo ilíquida a dívida, a sociedade poderá garantir-lhe a execução, suspendendo-se o processo de anulação. [Sem dispositivo correspondente no CC/1916.]

§ 3º Ocorrendo, no prazo deste artigo, a falência da sociedade incorporadora, da sociedade nova ou da cindida, qualquer credor anterior terá direito a pedir a separação dos patrimônios, para o fim de serem os créditos pagos pelos bens das respectivas massas.[2] [Sem dispositivo correspondente no CC/1916.]

Art. 1.122: 1. Para as sociedades anônimas, esse prazo é de sessenta dias, cf. art. 1.089 c/c LSA 232-*caput*.

Art. 1.122: 2. v. LSA 232 §§ 1º a 3º.

Capítulo XI | DA SOCIEDADE DEPENDENTE DE AUTORIZAÇÃO[1-2]

Seção I | DISPOSIÇÕES GERAIS

CAP. XI: 1. v. Dec. lei 2.627, de 26.9.40, arts. 59 a 73 (dispõem s/ a sociedade anônima ou companhia cujo funcionamento depende de autorização do governo, sociedades anônimas ou companhias nacionais e estrangeiras), expressamente mantidos pelo art. 300 da LSA; Dec. lei 73, de 21.11.66, arts. 74 a 77 (dispõem s/ a autorização para o funcionamento das sociedades seguradoras); Lei 5.764, de 16.12.71, arts. 17 a 20 e 63-VI; Lei 7.565, de 19.12.86 (Código Brasileiro de Aeronáutica), arts. 98, 99, 180 a 183, 204 a 207, 210, 212 a 214 e 217 (autorização para o funcionamento de aeroclubes, escolas ou cursos de aviação ou de atividade a ela vinculada, bem como para a exploração de serviços aéreos públicos nacionais ou internacionais); CF 176 § 1º (autorização para pesquisa e lavra de recursos minerais e aproveitamento dos potenciais de energia hidráulica); e LSA 255 e 268.

CAP. XI: 2. Lei 4.595, de 31.12.64 — Dispõe sobre a Política e as Instituições Monetárias, Bancárias e Creditícias, cria o Conselho Monetário Nacional e dá outras providências: **"Art. 10.** Compete privativamente ao Banco Central da República do Brasil:... **IX** — Exercer a fiscalização das instituições financeiras e aplicar as penalidades previstas; **X** — Conceder autorização às instituições financeiras, a fim de que possam: **a)** funcionar no País;... **§ 1º** No exercício das atribuições a que se refere o inc. IX deste artigo, com base nas normas estabelecidas pelo Conselho Monetário Nacional, o Banco Central da República do Brasil, estudará os pedidos que lhe sejam formulados e resolverá conceder ou recusar a autorização pleiteada, podendo incluir as cláusulas que reputar convenientes ao interesse público. **§ 2º** Observado o disposto no parágrafo anterior, as instituições financeiras estrangeiras dependem de autorização do Poder Executivo, mediante decreto, para que possam funcionar no País".

Lei 4.728, de 14.7.65 — Disciplina o mercado de capitais e estabelece medidas para o seu desenvolvimento: **"Art. 11.** Depende de prévia autorização do Banco Central, o funcionamento de sociedades ou firmas individuais que tenham por objeto a subscrição para revenda e a distribuição no mercado de títulos ou valores mobiliários. Parágrafo único. Depende igualmente de aprovação pelo Banco Central: a) a modificação de contratos ou estatutos sociais das sociedades referidas neste artigo; b) a investidura de administradores, responsáveis ou prepostos das sociedades e empresas referidas neste artigo.

"**Art. 49.** Depende de prévia autorização do Banco Central o funcionamento das sociedades de investimento que tenham por objeto: **I** — a aplicação de capital em Carteira diversificada de títulos ou valores mobiliários ou; **II** — a administração de fundos em condomínio ou de terceiros, para aplicação nos termos do inciso anterior. ... **§ 4º** A alteração do estatuto social e a investidura de administradores das sociedades de investimentos dependerão de prévia aprovação do Banco Central".

Lei 8.934, de 18.11.94 — Dispõe sobre o Registro Público de Empresas Mercantis e atividades afins e dá outras providências: "**Art. 35.** Não podem ser arquivados: ... **VIII** — os contratos ou estatutos de sociedades mercantis, ainda não aprovados pelo Governo, nos casos em que for necessária essa aprovação, bem como as posteriores alterações, antes de igualmente aprovadas".

Art. 1.123. A sociedade que dependa de autorização do Poder Executivo para funcionar reger-se-á por este título, sem prejuízo do disposto em lei especial.[1] [Sem dispositivo correspondente no CC/1916.]

Parágrafo único. A competência para a autorização será sempre do Poder Executivo federal. [Sem dispositivo correspondente no CC/1916.]

Art. 1.123: 1. v. arts. 45, 1.033-V, 1.132 e 1.133. V. tb. LINDB 11 § 1º.

Art. 1.124. Na falta de prazo estipulado em lei ou em ato do poder público, será considerada caduca a autorização se a sociedade não entrar em funcionamento nos doze meses seguintes à respectiva publicação. [Sem dispositivo correspondente no CC/1916.]

Art. 1.125. Ao Poder Executivo é facultado, a qualquer tempo, cassar a autorização concedida a sociedade nacional ou estrangeira que infringir disposição de ordem pública ou praticar atos contrários aos fins declarados no seu estatuto.[1] [Sem dispositivo correspondente no CC/1916.]

Art. 1.125: 1. Dec. lei 2.627, de 26.9.40 — Dispõe sobre as sociedades por ações: "**Art. 73.** O Governo Federal poderá, a qualquer tempo, e sem prejuízo da responsabilidade penal que couber, cassar a autorização, concedida às sociedades anônimas, nacionais ou estrangeiras, quando infringirem disposição de ordem pública ou praticarem atos contrários aos fins declarados nos estatutos ou nocivos à economia nacional". Esse dispositivo foi expressamente mantido pelo art. 300 da LSA.

Seção II | DA SOCIEDADE NACIONAL

Art. 1.126. É nacional a sociedade organizada de conformidade com a lei brasileira e que tenha no País a sede de sua administração.[1-1a] [Sem dispositivo correspondente no CC/1916.]

Parágrafo único. Quando a lei exigir que todos ou alguns sócios sejam brasileiros,[2] as ações da sociedade anônima revestirão, no silêncio da lei, a forma nominativa. Qualquer que seja o tipo da sociedade, na sua sede ficará arquivada cópia autêntica do documento comprobatório da nacionalidade dos sócios. [Sem dispositivo correspondente no CC/1916.]

✎ **Art. 1.126: 1.** "Nacionalidade da pessoa jurídica: sistemática no novo Código Civil", por Luiz Antonio Soares Hentz e Gustavo Saad Diniz (RSDCPC 35/48).

Art. 1.126: 1a. v. LINDB 11.

Art. 1.126: 2. v. CF 176 § 1º (pesquisa e lavra de recursos minerais e aproveitamento dos potenciais de energia hidráulica) e 222 e 223 (empresa jornalística e de radiodifusão, regulamentados pela Lei 10.610, de 20.12.02, e pelo Dec. 2.617, de 5.6.98).

V. tb. art. 60 do Dec. lei 2.627, de 26.9.40, expressamente mantido pelo art. 300 da LSA.

Art. 1.127. Não haverá mudança de nacionalidade de sociedade brasileira sem o consentimento unânime dos sócios ou acionistas. [Sem dispositivo correspondente no CC/1916.]

Art. 1.128. O requerimento de autorização de sociedade nacional deve ser acompanhado de cópia do contrato, assinada por todos os sócios, ou, tratando-se de sociedade anônima, de cópia, autenticada pelos fundadores, dos documentos exigidos pela lei especial.[1] [Sem dispositivo correspondente no CC/1916.]

Parágrafo único. Se a sociedade tiver sido constituída por escritura pública, bastará juntar-se ao requerimento a respectiva certidão. [Sem dispositivo correspondente no CC/1916.]

Art. 1.128: 1. v. art. 1.131.

Art. 1.129. Ao Poder Executivo é facultado exigir que se procedam a alterações ou aditamento no contrato ou no estatuto, devendo os sócios, ou, tratando-se de sociedade anônima, os fundadores, cumprir as formalidades legais para revisão dos atos constitutivos, e juntar ao processo prova regular.[1] [Sem dispositivo correspondente no CC/1916.]

Art. 1.129: 1. v. art. 1.131.

Art. 1.130. Ao Poder Executivo é facultado recusar a autorização, se a sociedade não atender às condições econômicas, financeiras ou jurídicas especificadas em lei.[1] [Sem dispositivo correspondente no CC/1916.]

Art. 1.130: 1. v. art. 62 do Dec. lei 2.627, de 26.9.40, expressamente mantido pelo art. 300 da LSA.

Art. 1.131. Expedido o decreto de autorização, cumprirá à sociedade publicar os atos referidos nos arts. 1.128 e 1.129, em trinta dias, no órgão oficial da União, cujo exemplar representará prova para inscrição, no registro próprio, dos atos constitutivos da sociedade.[1] [Sem dispositivo correspondente no CC/1916.]

Parágrafo único. A sociedade promoverá, também no órgão oficial da União e no prazo de trinta dias, a publicação do termo de inscrição.[2] [Sem dispositivo correspondente no CC/1916.]

Art. 1.131: 1. v. art. 1.135 § ún.

V. tb. art. 61 § 3º do Dec. lei 2.627, de 26.9.40, expressamente mantido pelo art. 300 da LSA.

Art. 1.131: 2. v. art. 1.136 § 3º.

Art. 1.132. As sociedades anônimas nacionais, que dependam de autorização do Poder Executivo para funcionar, não se constituirão sem obtê-la, quando seus fundadores pretenderem recorrer a subscrição pública para a formação do capital.[1] [Sem dispositivo correspondente no CC/1916.]

§ 1º Os fundadores deverão juntar ao requerimento cópias autênticas do projeto do estatuto e do prospecto. [Sem dispositivo correspondente no CC/1916.]

§ 2º Obtida a autorização e constituída a sociedade, proceder-se-á à inscrição dos seus atos constitutivos. [Sem dispositivo correspondente no CC/1916.]

Art. 1.132: 1. v. art. 63 do Dec. lei 2.627, de 26.9.40, expressamente mantido pelo art. 300 da LSA. V. tb. LSA 82 a 87 (constituição por subscrição pública).

Art. 1.133. Dependem de aprovação as modificações do contrato ou do estatuto de sociedade sujeita a autorização do Poder Executivo, salvo se decorrerem de aumento do capital social, em virtude de utilização de reservas ou reavaliação do ativo. [Sem dispositivo correspondente no CC/1916.]

Seção III | DA SOCIEDADE ESTRANGEIRA[1-2]

SEÇ. III: 1. v. LINDB 11 § 1º e 17.

SEÇ. III: 2. **Dec. 5.664, de 10.1.06** — Delega competência ao Ministro de Estado do Desenvolvimento, Indústria e Comércio Exterior para autorizar o funcionamento no Brasil de sociedade estrangeira, bem como suas alterações estatutárias ou contratuais, nacionalização e cassação da autorização, nas formas previstas nos arts. 1.134, 1.139 e 1.141 da Lei 10.406, de 10.1.02 — Código Civil, e nos arts. 59 e 73 do Dec. lei 2.627, de 26.9.40, esses últimos expressamente mantidos pelo art. 300 da LSA.

Dec. 92.319, de 23.1.86 — Dispõe sobre o funcionamento, no país, de empresas estrangeiras que têm por objeto a exploração do transporte aéreo e de serviços acessórios.

Lei 8.934, de 18.11.94 — Dispõe sobre o Registro Público de Empresas Mercantis e atividades afins e dá outras providências: **"Art. 32.** O registro compreende: ... **II** — O arquivamento: ... **c)** dos atos concernentes a empresas mercantis estrangeiras autorizadas a funcionar no Brasil".

Lei 12.529, de 30.11.11 — Estrutura o Sistema Brasileiro de Defesa da Concorrência; dispõe sobre a prevenção e repressão às infrações contra a ordem econômica; e dá outras providências: **"Art. 2º § 1º** Reputa-se domiciliada no território nacional a empresa estrangeira que opere ou tenha no Brasil filial, agência, sucursal, escritório, estabelecimento, agente ou representante.

"§ 2º A empresa estrangeira será notificada e intimada de todos os atos processuais previstos nesta Lei, independentemente de procuração ou de disposição contratual ou estatutária, na pessoa do agente ou representante ou pessoa responsável por sua filial, agência, sucursal, estabelecimento ou escritório instalado no Brasil".

Art. 1.134. A sociedade estrangeira, qualquer que seja o seu objeto, não pode, sem autorização do Poder Executivo, funcionar no País, ainda que por estabelecimentos subordinados, podendo, todavia, ressalvados os casos expressos em lei, ser acionista de sociedade anônima brasileira. [Sem dispositivo correspondente no CC/1916.]

§ 1º Ao requerimento de autorização devem juntar-se: [Sem dispositivo correspondente no CC/1916.]

I — prova de se achar a sociedade constituída conforme a lei de seu país; [Sem dispositivo correspondente no CC/1916.]

II — inteiro teor do contrato ou do estatuto; [Sem dispositivo correspondente no CC/1916.]

III — relação dos membros de todos os órgãos da administração da sociedade, com nome, nacionalidade, profissão, domicílio e, salvo quanto a ações ao portador, o valor da participação de cada um no capital da sociedade; [Sem dispositivo correspondente no CC/1916.]

IV — cópia do ato que autorizou o funcionamento no Brasil e fixou o capital destinado às operações no território nacional; [Sem dispositivo correspondente no CC/1916.]

V — prova de nomeação do representante no Brasil, com poderes expressos para aceitar as condições exigidas para a autorização; [Sem dispositivo correspondente no CC/1916.]

VI — último balanço.[1] [Sem dispositivo correspondente no CC/1916.]

§ 2º Os documentos serão autenticados, de conformidade com a lei nacional da sociedade requerente, legalizados no consulado brasileiro da respectiva sede e acompanhados de tradução em vernáculo. [Sem dispositivo correspondente no CC/1916.]

Art. 1.134: 1. v. arts. 1.135 § ún. e 1.141 § 1º. V. tb. art. 64 do Dec. lei 2.627, de 26.9.40, expressamente mantido pelo art. 300 da LSA.

Art. 1.135. É facultado ao Poder Executivo, para conceder a autorização, estabelecer condições convenientes à defesa dos interesses nacionais.[1] [Sem dispositivo correspondente no CC/1916.]

Parágrafo único. Aceitas as condições, expedirá o Poder Executivo decreto de autorização, do qual constará o montante de capital destinado às operações no País, cabendo à sociedade promover a publicação dos atos referidos no art. 1.131 e no § 1º do art. 1.134.[2] [Sem dispositivo correspondente no CC/1916.]

Art. 1.135: 1. v. LINDB 17 e art. 65 do Dec. lei 2.627, de 26.9.40, expressamente mantido pelo art. 300 da LSA.

Art. 1.135: 2. v. art. 1.136 § 1º.

Art. 1.136. A sociedade autorizada não pode iniciar sua atividade antes de inscrita no registro próprio do lugar em que se deva estabelecer. [Sem dispositivo correspondente no CC/1916.]

§ 1º O requerimento de inscrição será instruído com exemplar da publicação exigida no parágrafo único do artigo antecedente, acompanhado de documento do depósito em dinheiro, em estabelecimento bancário oficial, do capital ali mencionado.[1] [Sem dispositivo correspondente no CC/1916.]

§ 2º Arquivados esses documentos, a inscrição será feita por termo em livro especial para as sociedades estrangeiras, com número de ordem contínuo para todas as sociedades inscritas; no termo constarão: [Sem dispositivo correspondente no CC/1916.]

I — nome, objeto, duração e sede da sociedade no estrangeiro; [Sem dispositivo correspondente no CC/1916.]

II — lugar da sucursal, filial ou agência, no País; [Sem dispositivo correspondente no CC/1916.]

III — data e número do decreto de autorização; [Sem dispositivo correspondente no CC/1916.]

IV — capital destinado às operações no País; [Sem dispositivo correspondente no CC/1916.]

V — individuação do seu representante permanente. [Sem dispositivo correspondente no CC/1916.]

§ 3º Inscrita a sociedade, promover-se-á a publicação determinada no parágrafo único do art. 1.131. [Sem dispositivo correspondente no CC/1916.]

Art. 1.136: 1. v. art. 65 § ún. do Dec. lei 2.627, de 26.9.40, expressamente mantido pelo art. 300 da LSA.

Art. 1.137. A sociedade estrangeira autorizada a funcionar ficará sujeita às leis e aos tribunais brasileiros, quanto aos atos ou operações praticados no Brasil.[1] [Sem dispositivo correspondente no CC/1916.]

Parágrafo único. A sociedade estrangeira funcionará no território nacional com o nome que tiver em seu país de origem, podendo acrescentar as palavras "do Brasil" ou "para o Brasil".[2] [Sem dispositivo correspondente no CC/1916.]

Art. 1.137: 1. v. CPC 21 a 24 e LINDB 9º e 12. V. tb. art. 68 do Dec. lei 2.627, de 26.9.40, expressamente mantido pelo art. 300 da LSA.

Art. 1.137: 2. v. art. 66 do Dec. lei 2.627, de 26.9.40, expressamente mantido pelo art. 300 da LSA.

Art. 1.138. A sociedade estrangeira autorizada a funcionar é obrigada a ter, permanentemente, representante no Brasil, com poderes para resolver quaisquer questões e receber citação judicial pela sociedade.[1] [Sem dispositivo correspondente no CC/1916.]

Parágrafo único. O representante somente pode agir perante terceiros depois de arquivado e averbado o instrumento de sua nomeação. [Sem dispositivo correspondente no CC/1916.]

Art. 1.138: 1. v. CPC 75 § 3º e art. 67 do Dec. lei 2.627, de 26.9.40, esse último expressamente mantido pelo art. 300 da LSA.

Art. 1.139. Qualquer modificação no contrato ou no estatuto dependerá da aprovação do Poder Executivo, para produzir efeitos no território nacional.[1] [Sem dispositivo correspondente no CC/1916.]

Art. 1.139: 1. v. art. 69 do Dec. lei 2.627, de 26.9.40, expressamente mantido pelo art. 300 da LSA.

Art. 1.140. A sociedade estrangeira deve, sob pena de lhe ser cassada a autorização, reproduzir no órgão oficial da União, e do Estado, se for o caso, as publicações que, segundo a sua lei nacional, seja obrigada a fazer relativamente ao balanço patrimonial e ao de resultado econômico, bem como aos atos de sua administração.[1] [Sem dispositivo correspondente no CC/1916.]

Parágrafo único. Sob pena, também, de lhe ser cassada a autorização, a sociedade estrangeira deverá publicar o balanço patrimonial e o de resultado econômico das sucursais, filiais ou agências existentes no País.[2] [Sem dispositivo correspondente no CC/1916.]

Art. 1.140: 1. v. arts. 1.020, 1.065, 1.069-III, 1.078-I e § 3º, 1.179, 1.188 e 1.189.

V. tb. art. 70-*caput* do Dec. lei 2.627, de 26.9.40, expressamente mantido pelo art. 300 da LSA.

Art. 1.140: 2. v. art. 70 § ún. do Dec. lei 2.627, de 26.9.40, expressamente mantido pelo art. 300 da LSA.

Art. 1.141. Mediante autorização do Poder Executivo, a sociedade estrangeira admitida a funcionar no País pode nacionalizar-se, transferindo sua sede para o Brasil.[1] [Sem dispositivo correspondente no CC/1916.]

§ 1º Para o fim previsto neste artigo, deverá a sociedade, por seus representantes, oferecer, com o requerimento, os documentos exigidos no art. 1.134, ~~e ainda a prova~~ da realização do capital, pela forma declarada no contrato, ou no estatuto, e do ato em que foi deliberada a nacionalização. [Sem dispositivo correspondente no CC/1916.]

§ 2º O Poder Executivo poderá impor as condições que julgar convenientes à defesa dos interesses nacionais.[2] [Sem dispositivo correspondente no CC/1916.]

§ 3º Aceitas as condições pelo representante, proceder-se-á, após a expedição do decreto de autorização, à inscrição da sociedade e publicação do respectivo termo. [Sem dispositivo correspondente no CC/1916.]

Art. 1.141: 1. v. art. 71 do Dec. lei 2.627, de 26.9.40, expressamente mantido pelo art. 300 da LSA.

Art. 1.141: 2. v. LINDB 17.

Título III | DO ESTABELECIMENTO

Capítulo Único | DISPOSIÇÕES GERAIS[1]

CAP. ÚN.: 1. Enunciado 233 do CEJ: "A sistemática do contrato de trespasse delineada pelo Código Civil nos arts. 1.142 e ss., especialmente seus efeitos obrigacionais, aplica-se somente quando o conjunto de bens transferidos importar a transmissão da funcionalidade do estabelecimento empresarial".

Art. 1.142. Considera-se estabelecimento todo complexo de bens organizado, para exercício da empresa, por empresário, ou por sociedade empresária.[1-2] [Sem dispositivo correspondente no CC/1916.]

✎ **Art. 1.142: 1.** "Novo Código Civil. Pessoas jurídicas, empresário, sociedade, estabelecimento, nome comerciale/ou nome empresarial, perdas e danos e prescrição", por José Carlos Tinoco Soares (RT 798/11); "Empresa e estabelecimento. A avaliação do *Goodwill*", por Sérgio Dulac Müller e Thomas Müller (RJ 318/24); "Apontamentos sobre a teoria do estabelecimento empresarial no direito brasileiro", por Cássio Machado Cavalli (RJ 347/45, RT 858/30).

Art. 1.142: 2. "A discriminação do patrimônio da empresa, mediante a criação de filiais, não afasta a unidade patrimonial da pessoa jurídica, que, na condição de devedora, deve responder com todo o ativo do patrimônio social por suas dívidas, à luz de regra de direito processual prevista no art. 591 do Código de Processo Civil" (STJ-1ª Seção, REsp 1.355.812, Min. Mauro Campbell, j. 22.5.13, DJ 31.5.13).

Art. 1.143. Pode o estabelecimento ser objeto unitário de direitos e de negócios jurídicos, translativos ou constitutivos, que sejam compatíveis com a sua natureza.[1] [Sem dispositivo correspondente no CC/1916.]

Art. 1.143: 1. v. art. 1.164 § ún.

Art. 1.144. O contrato que tenha por objeto a alienação,[1] o usufruto ou arrendamento do estabelecimento, só produzirá efeitos quanto a terceiros depois de averbado à margem da inscrição do empresário, ou da sociedade empresária, no Registro Público de Empresas Mercantis, e de publicado na imprensa oficial. [Sem dispositivo correspondente no CC/1916.]

Art. 1.144: 1. **Enunciado 393 do CEJ:** "A validade da alienação do estabelecimento empresarial não depende de forma específica, observado o regime jurídico dos bens que a exijam".

Art. 1.145. Se ao alienante não restarem bens suficientes para solver o seu passivo, a eficácia da alienação do estabelecimento depende do pagamento de todos os credores, ou do consentimento destes, de modo expresso ou tácito, em trinta dias a partir de sua notificação.[1] [Sem dispositivo correspondente no CC/1916.]

Art. 1.145: 1. **LRF: "Art. 94.** Será decretada a falência do devedor que: ... **III** — pratica qualquer dos seguintes atos, exceto se fizer parte de plano de recuperação judicial: ... **c)** transfere estabelecimento a terceiro, credor ou não, sem o consentimento de todos os credores e sem ficar com bens suficientes para solver seu passivo".

"Art. 129. São ineficazes em relação à massa falida, tenha ou não o contratante conhecimento do estado de crise econômico-financeira do devedor, seja ou não intenção deste fraudar credores: ... **VI** — a venda ou transferência de estabelecimento feita sem o consentimento expresso ou o pagamento de todos os credores, a esse tempo existentes, não tendo restado ao devedor bens suficientes para solver o seu passivo, salvo se, no prazo de 30 (trinta) dias, não houver oposição dos credores, após serem devidamente notificados, judicialmente ou pelo oficial do registro de títulos e documentos".

V. ainda LRF 50-VII.

Art. 1.146. O adquirente do estabelecimento responde pelo pagamento dos débitos anteriores à transferência, desde que regularmente contabilizados, continuando o devedor primitivo solidariamente[1] obrigado pelo prazo de um ano, a partir, quanto aos créditos vencidos, da publicação,[2] e, quanto aos outros, da data do vencimento.[3] [Sem dispositivo correspondente no CC/1916.]

Art. 1.146: 1. v. arts. 275 a 285.

Art. 1.146: 2. publicação na imprensa oficial do contrato de alienação do estabelecimento (v. arts. 1.144 e 1.152).

Art. 1.146: 3. **CTN 133:** "A pessoa natural ou jurídica de direito privado que adquirir de outra, por qualquer título, fundo de comércio ou estabelecimento comercial, industrial ou profissional, e continuar a respectiva exploração, sob a mesma ou outra razão social ou sob firma ou nome individual, responde pelos tributos, relativos ao fundo ou estabelecimento adquirido, devidos até à data do ato:

"I — integralmente, se o alienante cessar a exploração do comércio, indústria ou atividade;

"II — subsidiariamente com o alienante, se este prosseguir na exploração ou iniciar dentro de seis meses a contar da data da alienação, nova atividade no mesmo ou em outro ramo de comércio, indústria ou profissão.

"§ 1º O disposto no *caput* deste artigo não se aplica na hipótese de alienação judicial (*parágrafo incluído pela LC 118, de 9.2.05*):

"I — em processo de falência (*inciso incluído pela LC 118, de 9.2.05*);

"II — de filial ou unidade produtiva isolada, em processo de recuperação judicial (*inciso incluído pela LC 118, de 9.2.05*).

"**§ 2º** Não se aplica o disposto no § 1º deste artigo quando o adquirente for (*parágrafo incluído pela LC 118, de 9.2.05*):

"I — sócio da sociedade falida ou em recuperação judicial, ou sociedade controlada pelo devedor falido ou em recuperação judicial (*inciso incluído pela LC 118, de 9.2.05*);

"II — parente, em linha reta ou colateral até o 4º (quarto) grau, consanguíneo ou afim, do devedor falido ou em recuperação judicial ou de qualquer de seus sócios (*inciso incluído pela LC 118, de 9.2.05*); ou

"III — identificado como agente do falido ou do devedor em recuperação judicial com o objetivo de fraudar a sucessão tributária" (*inciso incluído pela LC 118, de 9.2.05*).

Art. 1.147. Não havendo autorização expressa, o alienante do estabelecimento não pode fazer concorrência ao adquirente, nos cinco anos subsequentes à transferência. [Sem dispositivo correspondente no CC/1916.]

Parágrafo único. No caso de arrendamento ou usufruto do estabelecimento, a proibição prevista neste artigo persistirá durante o prazo do contrato. [Sem dispositivo correspondente no CC/1916.]

Art. 1.148. Salvo disposição em contrário, a transferência importa a sub-rogação[1] do adquirente nos contratos[2] estipulados para exploração do estabelecimento, se não tiverem caráter pessoal, podendo os terceiros rescindir o contrato em noventa dias a contar da publicação da transferência, se ocorrer justa causa, ressalvada, neste caso, a responsabilidade do alienante.[3] [Sem dispositivo correspondente no CC/1916.]

Art. 1.148: 1. v. arts. 346 a 351.

Art. 1.148: 2. Enunciado 234 do CEJ: "Quando do trespasse do estabelecimento empresarial, o contrato de locação do respectivo ponto não se transmite automaticamente ao adquirente".

Art. 1.148: 3. v. art. 90 (universalidade).

Art. 1.149. A cessão[1] dos créditos referentes ao estabelecimento transferido produzirá efeito em relação aos respectivos devedores, desde o momento da publicação da transferência, mas o devedor ficará exonerado se de boa-fé pagar ao cedente. [Sem dispositivo correspondente no CC/1916.]

Art. 1.149: 1. v. arts. 286 a 298.

Título IV | DOS INSTITUTOS COMPLEMENTARES

Capítulo I | DO REGISTRO[1-2]

CAP. I: 1. s/ registro no direito de empresa, v. arts. 45, 967 a 971, 976, 979, 980, 984, 985, 997 a 1.000, 1.075 § 2º, 1.083, 1.084 § 3º, 1.144, 1.174 e 1.181.

CAP. I: 2. **EA 15 § 1º:** "A sociedade de advogados adquire personalidade jurídica com o registro aprovado dos seus atos constitutivos no Conselho Seccional da OAB em cuja base territorial tiver sede".

CPC 75 § 2º: "A sociedade ou associação sem personalidade jurídica não poderá opor a irregularidade de sua constituição quando demandada".

Lei 10.610, de 20.12.02 — Dispõe sobre a participação de capital estrangeiro nas empresas jornalísticas e de radiodifusão sonora e de sons e imagens, conforme o § 4º do art. 222 da Constituição, altera os arts. 38 e 64 da Lei n. 4.117, de 27 de agosto de 1962, o § 3º do art. 12 do Decreto-Lei n. 236, de 28 de fevereiro de 1967, e dá outras providências: **"Art. 5º** Os órgãos de registro comercial ou de registro civil das pessoas jurídicas não procederão ao registro ou arquivamento dos atos societários de empresas jornalísticas e de radiodifusão, caso seja constatada infração dos limites percentuais de participação previstos no art. 2º, sendo nulo o ato de registro ou arquivamento baseado em declaração que omita informação ou contenha informação falsa".

Art. 1.150. O empresário e a sociedade empresária vinculam-se ao Registro Público de Empresas Mercantis[1-2] a cargo das Juntas Comerciais, e a sociedade simples[3-3a] ao Registro Civil das Pessoas Jurídicas,[4-4a] o qual deverá obedecer às normas fixadas para aquele registro, se a sociedade simples adotar um dos tipos de sociedade empresária. [Sem dispositivo correspondente no CC/1916.]

Art. 1.150: 1. v. arts. 967 a 971 (inscrição do empresário).

V. tb. art. 968, nota 2 (Enunciado 55 do CEJ).

Art. 1.150: 2. **Lei 8.934, de 18.11.94** — Dispõe sobre o Registro Público de Empresas Mercantis e atividades afins, e dá outras providências. Regulamentada pelo **Dec. 1.800, de 30.1.96**.

Lei 8.934, de 18.11.94: "Art. 35. Não podem ser arquivados:

"I — os documentos que não obedecerem às prescrições legais ou regulamentares ou que contiverem matéria contrária aos bons costumes ou à ordem pública, bem como os que colidirem com o respectivo estatuto ou contrato não modificado anteriormente;

"II — os documentos de constituição ou alteração de empresas mercantis de qualquer espécie ou modalidade em que figure como titular ou administrador pessoa que esteja condenada pela prática de crime cuja pena vede o acesso à atividade mercantil;

"III — os atos constitutivos de empresas mercantis que, além das cláusulas exigidas em lei, não designarem o respectivo capital, bem como a declaração precisa de seu objeto, cuja indicação no nome empresarial é facultativa;

"IV — a prorrogação do contrato social, depois de findo o prazo nele fixado;

"V — os atos de empresas mercantis com nome idêntico ou semelhante a outro já existente;

"VI — a alteração contratual, por deliberação majoritária do capital social, quando houver cláusula restritiva;

"VII — os contratos sociais ou suas alterações em que haja incorporação de imóveis à sociedade, por instrumento particular, quando do instrumento não constar:

"a) a descrição e identificação do imóvel, sua área, dados relativos à sua titulação, bem como o número da matrícula no registro imobiliário;

"b) a outorga uxória ou marital, quando necessária;

"VIII — os contratos ou estatutos de sociedades mercantis, ainda não aprovados pelo Governo, nos casos em que for necessária essa aprovação, bem como as posteriores alterações, antes de igualmente aprovadas.

"Parágrafo único. A junta não dará andamento a qualquer documento de alteração de firmas individuais ou sociedades, sem que dos respectivos requerimentos e instrumentos conste o Número de Identificação de Registro de Empresas (Nire)".

Art. 1.150: 3. São sempre sociedades simples as sociedades cooperativas (v. art. 982 § ún.); entretanto, devem ser registradas na Junta Comercial, cf. art. 18 § 6º da Lei 5.764, de 16.12.71.

V. art. 1.093, nota 4 (Enunciado 69 do CEJ).

Art. 1.150: 3a. s/ **distinção** entre sociedade empresária e sociedade simples, v. art. 982-*caput*. Apesar da distinção, pode a sociedade simples adotar qualquer um dos tipos da sociedade empresária (cf. art. 983-*caput*), mas, ainda que o faça, ela deverá ser registrada no Registro Civil das Pessoas Jurídicas.

Art. 1.150: 4. v. LRP 114 a 121.

Art. 1.150: 4a. Dec. lei 9.085, de 25.3.46 — Dispõe sobre o registro civil das pessoas jurídicas.

Art. 1.151. O registro dos atos sujeitos à formalidade exigida no artigo antecedente será requerido pela pessoa obrigada em lei, e, no caso de omissão ou demora, pelo sócio ou qualquer interessado. [Sem dispositivo correspondente no CC/1916.]

§ 1º Os documentos necessários[1-1a] ao registro deverão ser apresentados no prazo de trinta dias,[2] contado da lavratura dos atos respectivos. [Sem dispositivo correspondente no CC/1916.]

§ 2º Requerido além do prazo previsto neste artigo, o registro somente produzirá efeito a partir da data de sua concessão. [Sem dispositivo correspondente no CC/1916.]

§ 3º As pessoas obrigadas a requerer o registro responderão por perdas e danos,[3] em caso de omissão ou demora. [Sem dispositivo correspondente no CC/1916.]

Art. 1.151: 1. v. arts. 37 e 63 da Lei 8.934, de 18.11.94.

Art. 1.151: 1a. "A exigência de certidão de regularidade fiscal estadual para o registro de alteração contratual perante a Junta Comercial não está prevista na lei de regência (Lei 8.934/94), nem no decreto federal que a regulamentou (Dec. 1.800/96), mas em decreto estadual, razão pela qual se mostra ilegítima" (STJ-4ª T., REsp 724.015, Min. Antonio Ferreira, j. 15.5.12, DJ 22.5.12).

"Junta Comercial. Exigência de certidão negativa tributária. Antinomia jurídica de segundo grau. Conflito entre o critério cronológico e o da especialidade. Hipótese de prevalência do critério cronológico. Derrogação tácita dos dispositivos de leis tributárias anteriores que condicionavam o ato de arquivamento na Junta Comercial à apresentação de certidão negativa de débitos" (STJ-3ª T., REsp 1.290.954, Min. Paulo Sanseverino, j. 11.2.14, DJ 25.2.14).

Art. 1.151: 2. v. art. 36 da Lei 8.934, de 18.11.94.

Art. 1.151: 3. v. arts. 402 a 405.

Art. 1.152. Cabe ao órgão incumbido do registro verificar a regularidade das publicações[1] determinadas em lei, de acordo com o disposto nos parágrafos deste artigo. [Sem dispositivo correspondente no CC/1916.]

§ 1º Salvo exceção expressa, as publicações ordenadas neste Livro serão feitas no órgão oficial da União ou do Estado, conforme o local da sede do empresário ou da sociedade, e em jornal de grande circulação. [Sem dispositivo correspondente no CC/1916.]

§ 2º As publicações das sociedades estrangeiras serão feitas nos órgãos oficiais da União e do Estado onde tiverem sucursais, filiais ou agências. [Sem dispositivo correspondente no CC/1916.]

§ 3º O anúncio de convocação[2] da assembleia de sócios será publicado por três vezes, ao menos, devendo mediar, entre a data da primeira inserção e a da realização da assembleia, o prazo mínimo de oito dias, para a primeira convocação, e de cinco dias, para as posteriores.[3] [Sem dispositivo correspondente no CC/1916.]

Art. 1.152: 1. **LC 123, de 14.12.06** — Institui o Estatuto Nacional da Microempresa e da Empresa de Pequeno Porte, e dá outras providências: "**Art. 71.** Os empresários e as sociedades de que trata esta Lei Complementar, nos termos da legislação civil, ficam dispensados da publicação de qualquer ato societário".

Art. 1.152: 2. s/ dispensa de convocação, v. art. 1.072 § 2º.

Art. 1.152: 3. v. LSA 124.

Art. 1.153. Cumpre à autoridade competente, antes de efetivar o registro, verificar a autenticidade e a legitimidade do signatário do requerimento, bem como fiscalizar a observância das prescrições legais concernentes ao ato ou aos documentos apresentados.[1] [Sem dispositivo correspondente no CC/1916.]

Parágrafo único. Das irregularidades encontradas deve ser notificado o requerente, que, se for o caso, poderá saná-las, obedecendo às formalidades da lei. [Sem dispositivo correspondente no CC/1916.]

Art. 1.153: 1. v. LSA 97. V. tb. art. 40 da Lei 8.934, de 18.11.94.

Art. 1.154. O ato sujeito a registro, ressalvadas disposições especiais da lei, não pode, antes do cumprimento das respectivas formalidades, ser oposto a terceiro, salvo prova de que este o conhecia. [Sem dispositivo correspondente no CC/1916.]

Parágrafo único. O terceiro não pode alegar ignorância, desde que cumpridas as referidas formalidades. [Sem dispositivo correspondente no CC/1916.]

Capítulo II | DO NOME EMPRESARIAL[1]

CAP. II: 1. **Lei 8.934, de 18.11.94** — Dispõe sobre o Registro Público de Empresas Mercantis e atividades afins e dá outras providências: "**Art. 33.** A proteção ao nome empresarial decorre automaticamente do arquivamento dos atos constitutivos de firma individual e de sociedades, ou de suas alterações.

"**Art. 34.** O nome empresarial obedecerá aos princípios da veracidade e da novidade".

Lei 9.279, de 14.5.96 — Regula direitos e obrigações relativos à propriedade industrial: "**Art. 124.** Não são registráveis como marca: ... **V** — reprodução ou imitação de elemento característico ou diferenciador de título de estabelecimento ou nome de empresa de terceiros, suscetível de causar confusão ou associação com estes sinais distintivos".

Art. 1.155. Considera-se nome empresarial[1-1a] a firma ou a denominação adotada,[2] de conformidade com este Capítulo, para o exercício de empresa. [Sem dispositivo correspondente no CC/1916.]

Parágrafo único. Equipara-se ao nome empresarial, para os efeitos da proteção da lei, a denominação das sociedades simples, associações e fundações. [Sem dispositivo correspondente no CC/1916.]

Art. 1.155: 1. "Novo Código Civil. Pessoas jurídicas, empresário, sociedade, estabelecimento, nome comerciale/ou nome empresarial, perdas e danos e prescrição", por José Carlos Tinoco Soares (RT 798/11); "Nome empresarial", por Luiz Marcelo Figueiras de Góis (RF 385/127); "Nome empresarial: natureza jurídica, distinções, composição e proteção", por Leonardo Gomes de Aquino (RDPr 32/148); "Nome empresarial e a normatização do DNRC", por Cássio Cavalli (RT 912/213); "Nome empresarial: funções e peculiaridades do instituto. Críticas e sugestões a seu tratamento jurídico (estudo realizado de acordo com as alterações da IN DNRC 116/2011)", por Victor Emendörfer Neto (RT 921/215).

Art. 1.155: 1a. v. art. 2.031, nota 1a (Enunciado 395 do CEJ).

Art. 1.155: 2. A **firma** (ou **razão social)** deve ser composta pelo nome de todos os sócios da sociedade, de alguns deles ou de apenas um; já a **denominação** pode ser composta por uma expressão de fantasia, devendo no entanto designar o tipo de atividade realizada pela sociedade.

A firma é obrigatória para o empresário individual, para a sociedade em comandita simples e para a sociedade em nome coletivo; a denominação é obrigatória para a sociedade cooperativa e para a sociedade anônima.

Art. 1.156. O empresário[1] opera sob firma constituída por seu nome, completo ou abreviado, aditando-lhe, se quiser, designação mais precisa da sua pessoa ou do gênero de atividade. [Sem dispositivo correspondente no CC/1916.]

Art. 1.156: 1. s/ conceito de empresário, v. art. 966.

Art. 1.157. A sociedade em que houver sócios de responsabilidade ilimitada operará sob firma, na qual somente os nomes daqueles poderão figurar, bastando para formá-la aditar ao nome de um deles a expressão "e companhia" ou sua abreviatura. [Sem dispositivo correspondente no CC/1916.]

Parágrafo único. Ficam solidária[1] e ilimitadamente responsáveis pelas obrigações contraídas sob a firma social aqueles que, por seus nomes, figurarem na firma da sociedade de que trata este artigo. [Sem dispositivo correspondente no CC/1916.]

Art. 1.157: 1. v. arts. 275 a 285.

Art. 1.158. Pode a sociedade limitada[1] adotar firma ou denominação, integradas pela palavra final "limitada" ou a sua abreviatura.[2] [Sem dispositivo correspondente no CC/1916.]

§ 1º A firma será composta com o nome de um ou mais sócios, desde que pessoas físicas, de modo indicativo da relação social. [Sem dispositivo correspondente no CC/1916.]

§ 2º A denominação deve designar o objeto da sociedade, sendo permitido nela figurar o nome de um ou mais sócios. [Sem dispositivo correspondente no CC/1916.]

§ 3º A omissão da palavra "limitada" determina a responsabilidade solidária[3] e ilimitada dos administradores que assim empregarem a firma ou a denominação da sociedade. [Sem dispositivo correspondente no CC/1916.]

Art. 1.158: 1. v. arts. 1.052 a 1.087.

Art. 1.158: 2. v. arts. 1.054 e 1.064.

Art. 1.158: 3. v. arts. 275 a 285.

Art. 1.159. A sociedade cooperativa[1] funciona sob denominação integrada pelo vocábulo "cooperativa".[2] [Sem dispositivo correspondente no CC/1916.]

Art. 1.159: 1. v. arts. 1.093 a 1.096.

Art. 1.159: 2. v. art. 5º da Lei 5.764, de 16.12.71.

Art. 1.160. A sociedade anônima[1] opera sob denominação designativa do objeto social, integrada pelas expressões "sociedade anônima" ou "companhia", por extenso ou abreviadamente.[2] [Sem dispositivo correspondente no CC/1916.]

Parágrafo único. Pode constar da denominação o nome do fundador, acionista, ou pessoa que haja concorrido para o bom êxito da formação da empresa. [Sem dispositivo correspondente no CC/1916.]

Art. 1.160: 1. v. arts. 1.088 e 1.089.

Art. 1.160: 2. v. LSA 3º.

Art. 1.161. A sociedade em comandita por ações[1] pode, em lugar de firma, adotar denominação designativa do objeto social, aditada da expressão "comandita por ações".[2] [Sem dispositivo correspondente no CC/1916.]

Art. 1.161: 1. v. arts. 1.090 a 1.092.

Art. 1.161: 2. v. LSA 281.

Art. 1.162. A sociedade em conta de participação não pode ter firma ou denominação.[1] [Sem dispositivo correspondente no CC/1916.]

Art. 1.162: 1. v. arts. 991 a 996.

Art. 1.163. O nome de empresário deve distinguir-se de qualquer outro já inscrito no mesmo registro.[1] [Sem dispositivo correspondente no CC/1916.]

Parágrafo único. Se o empresário tiver nome idêntico ao de outros já inscritos, deverá acrescentar designação que o distinga. [Sem dispositivo correspondente no CC/1916.]

Art. 1.163: 1. Lei 8.934, de 18.11.94 — Dispõe sobre o Registro Público de Empresas Mercantis e atividades afins e dá outras providências: **"Art. 35.** Não podem ser arquivados: ... **V** — os atos de empresas mercantis com nome idêntico ou semelhante a outro já existente".

LSA 3º § 2º: "Se a denominação for idêntica ou semelhante a de companhia já existente, assistirá à prejudicada o direito de requerer a modificação, por via administrativa (artigo 97) ou em juízo, e demandar as perdas e danos resultantes".

Lei 9.279, de 14.5.96 — Regula direitos e obrigações relativos à propriedade industrial: **"Art. 195.** Comete crime de concorrência desleal quem: ... **V** — usa, indevidamente, nome comercial, título de estabelecimento ou insígnia alheios ou vende, expõe ou oferece à venda ou tem em estoque produto com essas referências".

Art. 1.164. O nome empresarial não pode ser objeto de alienação. [Sem dispositivo correspondente no CC/1916.]

Parágrafo único. O adquirente de estabelecimento, por ato entre vivos, pode, se o contrato o permitir, usar o nome do alienante, precedido do seu próprio, com a qualificação de sucessor.[1] [Sem dispositivo correspondente no CC/1916.]

Art. 1.164: 1. v. art. 1.143.

Art. 1.165. O nome de sócio que vier a falecer, for excluído ou se retirar, não pode ser conservado na firma social.[1] [Sem dispositivo correspondente no CC/1916.]

Art. 1.165: 1. em obediência ao princípio da veracidade (v. art. 34 da Lei 8.934, de 18.11.94).

Art. 1.166. A inscrição do empresário, ou dos atos constitutivos das pessoas jurídicas, ou as respectivas averbações, no registro próprio, asseguram o uso exclusivo do nome nos limites do respectivo Estado.[1] [Sem dispositivo correspondente no CC/1916.]

Parágrafo único. O uso previsto neste artigo estender-se-á a todo o território nacional, se registrado na forma da lei especial.[2] [Sem dispositivo correspondente no CC/1916.]

Art. 1.166: 1. Lei 9.279, de 14.5.96 — Regula direitos e obrigações relativos à propriedade industrial: **"Art. 195.** Comete crime de concorrência desleal quem: ... **V** — usa, indevidamente, nome comercial, título de estabelecimento ou insígnia alheios ou vende, expõe ou oferece à venda ou tem em estoque produto com essas referências".

Art. 1.166: 2. Lei 8.934, de 18.11.94 — Dispõe sobre o Registro Público de Empresas Mercantis e atividades afins e dá outras providências. Regulamentada pelo Dec. 1.800, de 30.1.96.

Art. 1.167. Cabe ao prejudicado, a qualquer tempo, ação para anular a inscrição do nome empresarial feita com violação da lei ou do contrato.[1] [Sem dispositivo correspondente no CC/1916.]

Art. 1.167: 1. LSA 3º § 2º: "Se a denominação for idêntica ou semelhante a de companhia já existente, assistirá à prejudicada o direito de requerer a modificação, por via administrativa (artigo 97) ou em juízo, e demandar as perdas e danos resultantes".

Art. 1.168. A inscrição do nome empresarial será cancelada, a requerimento de qualquer interessado, quando cessar o exercício da atividade para que foi adotado, ou quando ultimar-se a liquidação da sociedade que o inscreveu.[1] [Sem dispositivo correspondente no CC/1916.]

Art. 1.168: 1. v. arts. 59 e 60 § 1º da Lei 8.934, de 18.11.94.

Capítulo III | DOS PREPOSTOS

Seção I | DISPOSIÇÕES GERAIS

Art. 1.169. O preposto[1] não pode, sem autorização escrita, fazer-se substituir no desempenho da preposição, sob pena de responder pessoalmente pelos atos do substituto e pelas obrigações por ele contraídas. [Sem dispositivo correspondente no CC/1916.]

Art. 1.169: 1. O gerente é uma espécie de preposto, cuja peculiaridade é o caráter permanente de sua condição (cf. art. 1.172).

Art. 1.170. O preposto,[1] salvo autorização expressa, não pode negociar por conta própria ou de terceiro, nem participar, embora indiretamente, de operação do mesmo gênero da que lhe foi cometida, sob pena de responder por perdas e danos[2] e de serem retidos pelo preponente os lucros da operação. [Sem dispositivo correspondente no CC/1916.]

Art. 1.170: 1. Responsabilidade do preponente por ato do preposto: arts. 1.178 e 932-III.

Art. 1.170: 2. v. arts. 402 a 405.

Art. 1.171. Considera-se perfeita a entrega de papéis, bens ou valores ao preposto, encarregado pelo preponente, se os recebeu sem protesto, salvo nos casos em que haja prazo para reclamação. [Sem dispositivo correspondente no CC/1916.]

Seção II | DO GERENTE

Art. 1.172. Considera-se gerente o preposto[1] permanente no exercício da empresa, na sede desta, ou em sucursal, filial ou agência. [Sem dispositivo correspondente no CC/1916.]

Art. 1.172: 1. v. arts. 1.169 a 1.171.

Art. 1.173. Quando a lei não exigir poderes especiais,[1] considera-se o gerente autorizado a praticar todos os atos necessários ao exercício dos poderes que lhe foram outorgados. [Sem dispositivo correspondente no CC/1916.]

Parágrafo único. Na falta de estipulação diversa, consideram-se solidários[2] os poderes conferidos a dois ou mais gerentes. [Sem dispositivo correspondente no CC/1916.]

Art. 1.173: 1. v. art. 661 § 1º.

Art. 1.173: 2. v. arts. 275 a 285.

Art. 1.174. As limitações contidas na outorga de poderes, para serem opostas a terceiros, dependem do arquivamento e averbação do instrumento no Registro Público de Empresas Mercantis,[1-2] salvo se provado serem conhecidas da pessoa que tratou com o gerente.[3] [Sem dispositivo correspondente no CC/1916.]

Parágrafo único. Para o mesmo efeito e com idêntica ressalva, deve a modificação ou revogação do mandato ser arquivada e averbada no Registro Público de Empresas Mercantis. [Sem dispositivo correspondente no CC/1916.]

Art. 1.174: 1. **Lei 8.934, de 18.11.94** — Dispõe sobre o Registro Público de Empresas Mercantis e atividades afins e dá outras providências. Regulamentada pelo **Dec. 1.800, de 30.1.96.**

Art. 1.174: 2. v. arts. 1.150 a 1.154.

Art. 1.174: 3. v. arts. 660, 661, 1.178 e 1.182.

Art. 1.175. O preponente responde com o gerente pelos atos que este pratique em seu próprio nome, mas à conta daquele.[1] [Sem dispositivo correspondente no CC/1916.]

Art. 1.175: 1. v. arts. 932-III, 933, 1.177 e 1.178. V. tb. CDC 34.

Art. 1.176. O gerente pode estar em juízo em nome do preponente, pelas obrigações resultantes do exercício da sua função. [Sem dispositivo correspondente no CC/1916.]

Seção III | DO CONTABILISTA E OUTROS AUXILIARES

Art. 1.177. Os assentos lançados nos livros ou fichas do preponente, por qualquer dos prepostos encarregados de sua escrituração,[1-1a] produzem, salvo se houver procedido de má-fé, os mesmos efeitos como se o fossem por aquele. [Sem dispositivo correspondente no CC/1916.]

Parágrafo único. No exercício de suas funções, os prepostos são pessoalmente responsáveis, perante os preponentes, pelos atos culposos; e, perante terceiros, solidariamente[2] com o preponente, pelos atos dolosos.[3] [Sem dispositivo correspondente no CC/1916.]

Art. 1.177: 1. v. art. 1.182 (responsabilidade do contabilista).

Art. 1.177: 1a. **Dec. lei 9.295, de 27.5.46** — Cria o Conselho Federal de Contabilidade, define as atribuições do Contador e do Guarda-livros, e dá outras providências.

Art. 1.177: 2. v. arts. 275 a 285.

✎ **Art. 1.177: 3.** "Atrocidades contábeis no novo Código Civil", por Eliseu Martins (Rev. AASP 68/87); "A responsabilidade do contabilista — o Código Civil brasileiro e o Decreto-Lei n. 9.295/1946 devidamente atualizado", por Voltaire Marensi (RMDECC 40/24, RJ-Lex 52/58).

Art. 1.178. Os preponentes são responsáveis[1] pelos atos de quaisquer prepostos, praticados nos seus estabelecimentos e relativos à atividade da empresa, ainda que não autorizados por escrito. [Sem dispositivo correspondente no CC/1916.]

Parágrafo único. Quando tais atos forem praticados fora do estabelecimento, somente obrigarão o preponente nos limites dos poderes conferidos por escrito, cujo instrumento pode ser suprido pela certidão ou cópia autêntica do seu teor. [Sem dispositivo correspondente no CC/1916.]

Art. 1.178: 1. v. art. 932-III c/c art. 933.

Capítulo IV | DA ESCRITURAÇÃO[1]

CAP. IV: 1. **Dec. lei 9.295, de 27.5.46** — Cria o Conselho Federal de Contabilidade, define as atribuições do Contador e do Guarda-livros, e dá outras providências.

Dec. lei 486, de 3.3.69 — Dispõe sobre escrituração e livros mercantis e dá outras providências (regulamentado pelo Dec. 64.567, de 22.5.69).

Dec. 6.022, de 22.1.07 — Institui o Sistema Público de Escrituração Digital (Sped).

Art. 1.179. O empresário e a sociedade empresária são obrigados a seguir um sistema de contabilidade, mecanizado ou não, com base na escrituração uniforme de seus livros, em correspondência com a documentação respectiva, e a levantar anualmente o balanço patrimonial[1] e o de resultado econômico.[1a-2] [Sem dispositivo correspondente no CC/1916.]

§ 1º Salvo o disposto no art. 1.180, o número e a espécie de livros ficam a critério dos interessados.[3] [Sem dispositivo correspondente no CC/1916.]

§ 2º É dispensado das exigências deste artigo o pequeno empresário[4] a que se refere o art. 970. [Sem dispositivo correspondente no CC/1916.]

Art. 1.179: 1. v. arts. 1.186 a 1.189.

Art. 1.179: 1a. v. arts. 1.020, 1.065, 1.069-III, 1.078-I e § 3º, 1.140, 1.188 e 1.189.

Art. 1.179: 2. v. LRF 168 §§ 1º a 4º. V. tb. art. 1º do Dec. lei 486, de 3.3.69 e LSA 175 a 188.

Art. 1.179: 3. v. LSA 100 a 102 e CP 297 § 2º.

Art. 1.179: 4. **LC 123, de 14.12.06** — Institui o Estatuto Nacional da Microempresa e da Empresa de Pequeno Porte, e dá outras providências: **"Art. 68** (*redação da LC 139, de 10.11.11, em vigor a partir de 1.1.12*). Considera-se pequeno empresário, para efeito de aplicação do disposto nos arts. 970 e 1.179 da Lei n. 10.406, de 10 de janeiro de 2002 (Código Civil), o empresário individual caracterizado como microempresa na forma desta Lei Complementar que aufira receita bruta anual até o limite previsto no § 1º do art. 18-A". V. nota 4b ao art. 968.

Art. 1.180. Além dos demais livros exigidos por lei,[1-1a] é indispensável o Diário,[2] que pode ser substituído por fichas no caso de escrituração mecanizada ou eletrônica. [Sem dispositivo correspondente no CC/1916.]

Parágrafo único. A adoção de fichas não dispensa o uso de livro apropriado para o lançamento do balanço patrimonial e do de resultado econômico. [Sem dispositivo correspondente no CC/1916.]

Art. 1.180: 1. cf. art. 1.179 § 1º.

Art. 1.180: 1a. v. arts. 32 § 1º e 40 § ún. da Lei 4.728, de 14.7.65; art. 5º do Dec. lei 486, de 3.3.69; LSA 100 a 105; e LDu 19 (no nosso CCLCV, tít. DUPLICATA).

Art. 1.180: 2. v. arts. 1.184 a 1.186.

Art. 1.181. Salvo disposição especial de lei, os livros obrigatórios e, se for o caso, as fichas, antes de postos em uso, devem ser autenticados no Registro Público de Empresas Mercantis.[1] [Sem dispositivo correspondente no CC/1916.]

Parágrafo único. A autenticação não se fará sem que esteja inscrito o empresário, ou a sociedade empresária, que poderá fazer autenticar livros não obrigatórios. [Sem dispositivo correspondente no CC/1916.]

Art. 1.181: 1. v. art. 39 da Lei 8.934, de 18.11.94.

Art. 1.182. Sem prejuízo do disposto no art. 1.174, a escrituração ficará sob a responsabilidade de contabilista legalmente habilitado, salvo se nenhum houver na localidade.[1-1a] [Sem dispositivo correspondente no CC/1916.]

Art. 1.182: 1. **Dec. lei 9.295, de 27.5.46** — Cria o Conselho Federal de Contabilidade, define as atribuições do Contador e do Guarda-livros, e dá outras providências.

Dec. lei 806, de 4.9.69 — Dispõe sobre a profissão de atuário e dá outras providências (regulamentado pelo Dec. 66.408, de 3.4.70).

Art. 1.182: 1a. v. art. 3º do Dec. lei 486, de 3.3.69.

Art. 1.183. A escrituração será feita em idioma e moeda corrente nacionais e em forma contábil, por ordem cronológica de dia, mês e ano, sem intervalos em branco, nem entrelinhas, borrões, rasuras, emendas ou transportes para as margens.[1-1a] [Sem dispositivo correspondente no CC/1916.]

Parágrafo único. É permitido o uso de código de números ou de abreviaturas, que constem de livro próprio, regularmente autenticado. [Sem dispositivo correspondente no CC/1916.]

Art. 1.183: 1. v. art. 226. V. tb. CPC 417 a 419.

Art. 1.183: 1a. v. art. 2º do Dec. lei 486, de 3.3.69, e art. 2º do Dec. 64.567, de 22.5.69.

Art. 1.184. No Diário[1] serão lançadas, com individuação, clareza e caracterização do documento respectivo, dia a dia, por escrita direta ou reprodução, todas as operações relativas ao exercício da empresa. [Sem dispositivo correspondente no CC/1916.]

§ 1º Admite-se a escrituração resumida do Diário, com totais que não excedam o período de trinta dias, relativamente a contas cujas operações sejam numerosas ou realizadas fora da sede do estabelecimento, desde que utilizados livros auxiliares regularmente autenticados, para registro individualizado, e conservados os documentos que permitam a sua perfeita verificação. [Sem dispositivo correspondente no CC/1916.]

§ 2º Serão lançados no Diário o balanço patrimonial e o de resultado econômico, devendo ambos ser assinados por técnico em Ciências Contábeis legalmente habilitado e pelo empresário ou sociedade empresária. [Sem dispositivo correspondente no CC/1916.]

Art. 1.184: 1. v. art. 1.180.

V. ainda art. 5º do Dec. lei 486, de 3.3.69.

Art. 1.185. O empresário ou sociedade empresária que adotar o sistema de fichas de lançamentos poderá substituir o livro Diário pelo livro Balancetes Diários e Balanços, observadas as mesmas formalidades extrínsecas exigidas para aquele.[1] [Sem dispositivo correspondente no CC/1916.]

Art. 1.185: 1. v. arts. 1.180, 1.183, 1.184 e 1.186.

Art. 1.186. O livro Balancetes Diários e Balanços[1] será escriturado de modo que registre: [Sem dispositivo correspondente no CC/1916.]

I — a posição diária de cada uma das contas ou títulos contábeis, pelo respectivo saldo, em forma de balancetes diários; [Sem dispositivo correspondente no CC/1916.]

II — o balanço patrimonial e o de resultado econômico, no encerramento do exercício. [Sem dispositivo correspondente no CC/1916.]

Art. 1.186: 1. v. art. 1.185.

Art. 1.187. Na coleta dos elementos para o inventário serão observados os critérios de avaliação a seguir determinados:[1] [Sem dispositivo correspondente no CC/1916.]

I — os bens destinados à exploração da atividade serão avaliados pelo custo de aquisição, devendo, na avaliação dos que se desgastam ou depreciam com o uso, pela ação do tempo ou outros fatores, atender-se à desvalorização respectiva, criando-se fundos de amortização para assegurar-lhes a substituição ou a conservação do valor; [Sem dispositivo correspondente no CC/1916.]

II — os valores mobiliários, matéria-prima, bens destinados à alienação, ou que constituem produtos ou artigos da indústria ou comércio da empresa, podem ser estimados pelo custo de aquisição ou de fabricação, ou pelo preço corrente, sempre que este for inferior ao preço de custo, e quando o preço corrente ou venal estiver acima do valor do custo de aquisição, ou fabricação, e os bens forem avaliados pelo preço corrente, a diferença entre este e o preço de custo não será levada em conta para a distribuição de lucros, nem para as percentagens referentes a fundos de reserva; [Sem dispositivo correspondente no CC/1916.]

III — o valor das ações e dos títulos de renda fixa pode ser determinado com base na respectiva cotação da Bolsa de Valores; os não cotados e as participações não acionárias serão considerados pelo seu valor de aquisição; [Sem dispositivo correspondente no CC/1916.]

IV — os créditos serão considerados de conformidade com o presumível valor de realização, não se levando em conta os prescritos ou de difícil liquidação, salvo se houver, quanto aos últimos, previsão equivalente. [Sem dispositivo correspondente no CC/1916.]

Parágrafo único. Entre os valores do ativo podem figurar, desde que se preceda, anualmente, à sua amortização: [Sem dispositivo correspondente no CC/1916.]

I — as despesas de instalação da sociedade, até o limite correspondente a dez por cento do capital social; [Sem dispositivo correspondente no CC/1916.]

II — os juros pagos aos acionistas da sociedade anônima, no período antecedente ao início das operações sociais, à taxa não superior a doze por cento ao ano, fixada no estatuto; [Sem dispositivo correspondente no CC/1916.]

III — a quantia efetivamente paga a título de aviamento de estabelecimento adquirido pelo empresário ou sociedade. [Sem dispositivo correspondente no CC/1916.]

Art. 1.187: 1. v. LSA 183.

Art. 1.188. O balanço patrimonial deverá exprimir, com fidelidade e clareza, a situação real da empresa e, atendidas as peculiaridades desta, bem como as disposições das leis especiais, indicará, distintamente, o ativo e o passivo. [Sem dispositivo correspondente no CC/1916.]

Parágrafo único. Lei especial disporá sobre as informações que acompanharão o balanço patrimonial, em caso de sociedades coligadas.[1] [Sem dispositivo correspondente no CC/1916.]

Art. 1.188: 1. v. arts. 1.097 a 1.101 e LSA 247 a 250.

Art. 1.189. O balanço de resultado econômico, ou demonstração da conta de lucros e perdas, acompanhará o balanço patrimonial e dele constarão crédito e débito, na forma da lei especial.[1] [Sem dispositivo correspondente no CC/1916.]

Art. 1.189: 1. v. LSA 176.

Art. 1.190. Ressalvados os casos previstos em lei,[1] nenhuma autoridade, juiz ou tribunal, sob qualquer pretexto, poderá fazer ou ordenar diligência para verificar se o empresário ou a sociedade empresária observam, ou não, em seus livros e fichas, as formalidades prescritas em lei.[2] [Sem dispositivo correspondente no CC/1916.]

Art. 1.190: 1. CTN 195: "Para os efeitos da legislação tributária, não têm aplicação quaisquer disposições legais excludentes ou limitativas do direito de examinar mercadorias, livros, arquivos, documentos, papéis e efeitos comerciais ou fiscais, dos comerciantes industriais ou produtores, ou da obrigação destes de exibi-los. Parágrafo único. Os livros obrigatórios de escrituração comercial e fiscal e os comprovantes dos lançamentos neles efetuados serão conservados até que ocorra a prescrição dos créditos tributários decorrentes das operações a que se refiram".

Lei 8.212, de 24.7.91 — Dispõe sobre a organização da Seguridade Social, institui Plano de Custeio, e dá outras providências: **"Art. 33 (...) § 1º** (*redação da Lei 11.941, de 27.5.09*) É prerrogativa da Secretaria da Receita Federal do Brasil, por intermédio dos Auditores-Fiscais da Receita Federal do Brasil, o exame da contabilidade das empresas, ficando obrigados a prestarem todos os esclarecimentos e informações solicitados o segurado e os terceiros responsáveis pelo recolhimento das contribuições previdenciárias e das contribuições devidas a outras entidades e fundos".

Dec. 3.048, de 6.5.99 — Aprova o Regulamento da Previdência Social, e dá outras providências: **"Art. 231.** É prerrogativa do Ministério da Previdência e Assistência Social, do Instituto Nacional do

Seguro Social e da Secretaria da Receita Federal o exame da contabilidade da empresa, não prevalecendo para esse efeito o disposto nos arts. 17 e 18 do Código Comercial, ficando obrigados a empresa e o segurado a prestarem todos os esclarecimentos e informações solicitados".

LRF 22: "Ao administrador judicial compete, sob a fiscalização do juiz e do Comitê, além de outros deveres que esta Lei lhe impõe: **I** — na recuperação judicial e na falência: ... **c)** dar extratos dos livros do devedor, que merecerão fé de ofício, a fim de servirem de fundamento nas habilitações e impugnações de créditos; ... **III** — na falência: ... **b)** examinar a escrituração do devedor".

Art. 1.190: 2. **Súmula 439 do STF:** "Estão sujeitos à fiscalização tributária ou previdenciária quaisquer livros comerciais, limitado o exame aos pontos objeto da investigação".

Art. 1.191. O juiz só poderá autorizar a exibição integral dos livros[1] e papéis de escrituração quando necessária para resolver questões relativas a sucessão,[1a-1b] comunhão ou sociedade, administração ou gestão à conta de outrem, ou em caso de falência.[2] [Sem dispositivo correspondente no CC/1916.]

§ 1º O juiz ou tribunal que conhecer de medida cautelar ou de ação pode, a requerimento ou de ofício, ordenar que os livros de qualquer das partes, ou de ambas, sejam examinados na presença do empresário ou da sociedade empresária a que pertencerem, ou de pessoas por estes nomeadas, para deles se extrair o que interessar à questão.[2a] [Sem dispositivo correspondente no CC/1916.]

§ 2º Achando-se os livros em outra jurisdição, nela se fará o exame, perante o respectivo juiz. [Sem dispositivo correspondente no CC/1916.]

Art. 1.191: 1. v. CPC 420 e 421.

Art. 1.191: 1a. Este dispositivo refere-se tanto à sucessão *causa mortis* quanto à comercial, relativa à transferência de quotas, ações ou do próprio estabelecimento.

Art. 1.191: 1b. "Não é escusa para a exibição da escrituração da sociedade o incomprovado encerramento das atividades, já que incumbe ao administrador da sociedade diligenciar não só a escrituração da empresa, mas também a comunicação aos sócios de todos os incidentes e percalços ocorridos, sendo certo que o eventual encerramento das atividades sociais, assim como a sucessão da empresa, deveria ter sido precedido da prévia comunicação e anuência de todos os sócios" (Bol. AASP 2.599: TJRJ, AP 58.989/2007; a citação é do voto do relator).

Art. 1.191: 2. v. LSA 105. V. tb. art. 1.192.

Art. 1.191: 2a. **Súmula 260 do STF:** "O exame de livros comerciais, em ação judicial, fica limitado às transações entre os litigantes".

Súmula 390 do STF: "A exibição judicial de livros comerciais pode ser requerida como medida preventiva".

Art. 1.192. Recusada[1] a apresentação dos livros, nos casos do artigo antecedente, serão apreendidos judicialmente e, no do seu § 1º, ter-se-á como verdadeiro o alegado pela parte contrária para se provar pelos livros.[2] [Sem dispositivo correspondente no CC/1916.]

Parágrafo único. A confissão[3] resultante da recusa pode ser elidida por prova documental em contrário. [Sem dispositivo correspondente no CC/1916.]

Art. 1.192: 1. **CP 330:** "Desobedecer a ordem legal de funcionário público: Pena — detenção, de quinze dias a seis meses, e multa".

Art. 1.192: 2. v. CPC 400.

Art. 1.192: 3. v. CPC 389 a 395.

Art. 1.193. As restrições estabelecidas neste Capítulo ao exame da escrituração, em parte ou por inteiro, não se aplicam às autoridades fazendárias, no exercício da fiscalização do pagamento de impostos, nos termos estritos das respectivas leis especiais.[1] [Sem dispositivo correspondente no CC/1916.]

Art. 1.193: 1. v. CTN 195 e 198; Lei 8.137, de 27.12.90, art. 1º (omissão de informação ou declaração falsa diante de autoridades fazendárias); e Lei 8.212, de 24.7.91, art. 33 § 1º.

V. tb. art. 1.190, nota 2 (Súmula 439 do STF).

Art. 1.194. O empresário e a sociedade empresária são obrigados a conservar em boa guarda toda a escrituração, correspondência e mais papéis concernentes à sua atividade, enquanto não ocorrer prescrição ou decadência[1] no tocante aos atos neles consignados.[2] [Sem dispositivo correspondente no CC/1916.]

Art. 1.194: 1. v. arts. 189 a 211.

Art. 1.194: 2. v. art. 4º do Dec. lei 486, de 3.3.69, e art. 5º do Dec. 64.567, de 22.5.69.

Art. 1.195. As disposições deste Capítulo aplicam-se às sucursais, filiais ou agências, no Brasil, do empresário ou sociedade com sede em país estrangeiro.[1] [Sem dispositivo correspondente no CC/1916.]

Art. 1.195.1. v. arts. 1.134 a 1.141 (e notas).

Livro III | DO DIREITO DAS COISAS[1]

Título I | DA POSSE[1-2]

Capítulo I | DA POSSE E SUA CLASSIFICAÇÃO

✎ **LIV. III: 1.** "O projeto de Código Civil e o direito das coisas", por Sérgio José Porto (RT 794/36); "O novo Código Civil e o direito das coisas", por Jackson Rocha Guimarães (RT 798/51); "A limitação da autonomia privada nos direitos reais e pessoais", por Luiz Fernando do Vale de Almeida Guilherme (RDPr 14/281); "Algumas inovações e críticas ao livro dos 'Direitos das coisas' no novo Código Civil", por Eduardo Cambi (RT 823/11).

✎ **TÍT. I: 1.** "A posse e a propriedade no novo Código Civil", por Edílson Pereira Nobre Jr. (RF 364/67 e RDPr 15/17); "A posse e a tutela possessória", por Moacir Adiers (RT 820/61 e RJ 306/19); "Defesa da posse e ações possessórias", por Arruda Alvim (RP 114/9); "Posse no direito brasileiro: para além do *animus* e do *corpus*", por Paulo Lobo (RJ 436/79).

TÍT. I: 2. Ações possessórias: CPC 554 e segs.

Art. 1.196. Considera-se possuidor[1-2] todo aquele que tem de fato o exercício, pleno ou não, de algum dos poderes inerentes à propriedade.[3 a 5] [Dispositivo correspondente no CC/1916: art. 485.]

Art. 1.196: 1. Enunciado 236 do CEJ: "Considera-se possuidor, para todos os efeitos legais, também a coletividade desprovida de personalidade jurídica".

Art. 1.196: 2. "A **ocupação de área pública,** quando irregular, não pode ser considerada como posse, mas como mera detenção" (STJ-2ª T., REsp 556.721, Min. Eliana Calmon, j. 15.9.05, DJU 3.10.05).

Todavia: "Na ocupação de bem público, duas situações devem ter tratamentos distintos: i) aquela em que o particular invade imóvel público e almeja proteção possessória ou indenização/retenção em face do ente estatal e ii) as **contendas possessórias entre particulares** no tocante a imóvel situado em terras públicas. A posse deve ser protegida como um fim em si mesma, exercendo o particular o poder fático sobre a *res* e garantindo sua função social, sendo que o critério para aferir se há posse ou detenção não é o estrutural e sim o funcional. É a afetação do bem a uma finalidade pública que dirá se pode ou não ser objeto de atos possessórias por um particular. A jurisprudência do STJ é sedimentada no sentido de que o particular tem apenas detenção em relação ao Poder Público, não se cogitando de proteção possessória. É possível o manejo de interditos possessórios em litígio entre particulares sobre bem público dominical, pois entre ambos a disputa será relativa à posse. Nos bens do patrimônio disponível do Estado (dominicais), despojados de destinação pública, permite-se a proteção possessória pelos ocupantes da terra pública que venham a lhe dar função social. A ocupação por particular de um bem público abandonado/desafetado — isto é, sem destinação ao uso público em geral ou a uma atividade administrativa —, confere justamente a função social da qual o bem está carente em sua essência. A exegese que reconhece a posse nos **bens dominicais** deve ser conciliada com a regra que veda o reconhecimento da usucapião nos bens públicos (STF, Súm. 340; CF, arts. 183, § 3º; e 192; CC, art. 102); um dos efeitos jurídicos da posse — a usucapião — será limitado, devendo ser mantido, no entanto, a possibilidade de invocação dos interditos possessórios pelo particular" (STJ-4ª T., REsp 1.296.964, Min. Luis Felipe, j. 18.10.16, DJ 7.12.16).

"A ocupação de área pública, sem autorização expressa e legítima do titular do domínio, não pode ser confundida com a mera detenção. Aquele que invade terras e nela constrói sua moradia jamais exercerá a posse em nome alheio. Não há entre ele e o proprietário ou quem assim possa ser qualificado como o que ostenta *jus possidendi* uma relação de dependência ou subordinação. Ainda que a posse não possa ser oposta ao ente público senhor da propriedade do bem, ela pode ser oposta contra outros particulares, tornando admissíveis as ações possessórias entre invasores" (STJ-3ª T., REsp 1.484.304, Min. Moura Ribeiro, j. 10.3.16, DJ 15.3.16).

"Diferentemente do que ocorre com a situação de fato existente sobre bens públicos dominicais — sobre os quais o exercício de determinados poderes ocorre a pretexto de mera detenção —, é possível a posse de particulares sobre **bens públicos de uso comum,** a qual, inclusive, é exercida coletivamente, como composse. Estando presentes a possibilidade de configuração de posse sobre bens públicos de uso comum e a possibilidade de as autoras serem titulares desse direito, deve ser reconhecido o preenchimento das condições da ação" (STJ-3ª T., REsp 1.582.176, Min. Nancy Andrighi, j. 20.9.16, DJ 30.9.16).

S/ detenção, v. art. 1.198; s/ ocupação de área pública, v. arts. 1.219, notas 4, 4a e 7a, e 1.255, nota 2.

Art. 1.196: 3. s/ aquisição da posse, v. arts. 1.204 e segs.; s/ efeitos da posse, v. arts. 1.210 e segs.; s/ perda da posse, v. arts. 1.223 e 1.224.

Art. 1.196: 4. Os poderes inerentes à propriedade são o de usar, gozar, dispor e reivindicar (art. 1.228).

Art. 1.196: 5. "Desnecessária a residência no imóvel para comprovação da posse, na medida em que a concepção atual de posse dispensa permanente contato físico do possuidor com o objeto. Logo, vigilância, limpeza, cercamento do imóvel e depoimentos de testemunhas mostram-se aptos a revelar exercício de posse. Tratando-se da disputa de posse contra posse, há que ser resguardado aquele que exercer a melhor posse, assim considerado o possuidor que detém a posse mais antiga" (RMDAU 45/118: TJDFT, AP 2012.01.1.148007-4).

Art. 1.197. A posse direta,[1] de pessoa que tem a coisa em seu poder, temporariamente, em virtude de direito pessoal, ou real, não anula a indireta,[2] de quem aquela foi havida, podendo o possuidor direto defender a sua posse contra o indireto.[3]

[Dispositivo correspondente no CC/1916: art. 486.]

Art. 1.197: 1. Exemplos de possuidores diretos: usufrutuário, locatário, comodatário.

Art. 1.197: 2. Exemplos de possuidores indiretos: nu-proprietário, locador, comodante.

Art. 1.197: 3. **Enunciado 76 do CEJ:** "O possuidor direto tem direito de defender a sua posse contra o indireto e este contra aquele (art. 1.197, *in fine*, do novo Código Civil)".

Art. 1.198. Considera-se detentor[1-1a] aquele que, achando-se em relação de dependência para com outro, conserva a posse em nome deste e em cumprimento de ordens ou instruções suas.[2-2a] [Dispositivo correspondente no CC/1916: art. 487.]

Parágrafo único. Aquele que começou a comportar-se do modo como prescreve este artigo, em relação ao bem e à outra pessoa, presume-se detentor, até que prove o contrário. [Sem dispositivo correspondente no CC/1916.]

Art. 1.198: 1. s/ ocupação de área pública, v. nota 2 ao art. 1.196; outras situações de mera detenção, v. art. 1.208.

Art. 1.198: 1a. detentor ou "fâmulo da posse".

Art. 1.198: 2. **Enunciado 301 do CEJ:** "É possível a conversão da detenção em posse, desde que rompida a subordinação, na hipótese de exercício em nome próprio dos atos possessórios".

Art. 1.198: 2a. O detentor, cujo exemplo clássico é o caseiro, não tem o direito de invocar proteção possessória, já que a posse não está em seu nome.

"Tendo sido contratado como caseiro, é forçoso reconhecer, portanto, que o agravante não pode ser qualificado como possuidor do imóvel, mas sim como mero detentor, nos termos do art. 1.198 do Código Civil, não adquirindo, assim, a posse do imóvel em questão, consoante previsto no art. 1.208 deste mesmo Código" (JTJ 342/212: AI 7.361.658-1; a citação é do voto do relator).

Art. 1.199. Se duas ou mais pessoas possuírem coisa indivisa, poderá cada uma exercer sobre ela atos possessórios, contanto que não excluam os dos outros compossuidores.[1 a 3] [Dispositivo correspondente no CC/1916: art. 488.]

Art. 1.199: 1. s/ direitos e deveres dos condôminos, v. art. 1.314 e §.

Art. 1.199: 2. "Área comum *pro indiviso*. Turbação. É cabível ação possessória intentada por compossuidores para combater turbação ou esbulho praticado por um deles, cercando fração da gleba comum" (STJ-4ª T., REsp 136.922, Min. Ruy Rosado, j. 18.12.97, DJU 16.3.98).

"Cada compossuidor só poderá exercer sobre a coisa atos possessórios que não excluam a posse dos demais compossuidores. E à semelhança do condomínio, o compossuidor não pode ceder seus direitos sem a anuência dos demais compossuidores. Desse modo, é vedado a qualquer dos compossuidores, por sua própria iniciativa, transformar a composse *pro indiviso* em *pro diviso*, estabelecendo-se em parte da área, à sua livre escolha, e praticando atos de demolição, com notada ofensa ao art. 488 do CC, configurando esbulho à posse dos demais compossuidores, e devendo responder por perdas e danos" (RT 734/347: 1º TASP, AP 594.839-4; ementa da redação). O art. 488 do CC rev. corresponde ao CC 1.199.

Art. 1.199: 3. "O exercício da composse, pelo pretenso usucapiente, não exclui o dos demais compossuidores (aliás, característica fundamental da composse, a teor do artigo 488 do Código Civil de 1916 e artigo 1.199 do Código Civil vigente). Não há se cogitar, portanto, de posse exclusiva exercida pelas autoras, a ensejar a declaração da prescrição aquisitiva" (JTJ 338/335: AP 190.746-4/1-00).

Art. 1.200. É justa a posse que não for violenta, clandestina ou precária.[1 a 4] [Dispositivo correspondente no CC/1916: art. 489.]

✎ **Art. 1.200: 1.** "Os vícios objetivos da posse no ordenamento jurídico brasileiro", por Claudio Ferreira Pazini (RDPr 34/67).

Art. 1.200: 1a. v. art. 1.208.

Art. 1.200: 2. Posse precária é aquela que, adquirida de forma provisória, permanece após o fim do seu prazo de duração, havendo o descumprimento do dever de restituir.

Art. 1.200: 3. **Enunciado 302 do CEJ:** "Pode ser considerado justo título para a posse de boa-fé o ato jurídico capaz de transmitir a posse *ad usucapionem*, observado o disposto no art. 113 do Código Civil".

Art. 1.200: 4. "A invasão é necessariamente clandestina ou violenta, não pode, assim, gerar posse" (STJ-1ª T., REsp 219.579, Min. Gomes de Barros, j. 26.9.00, DJU 4.12.00).

"O fato de o imóvel encontrar-se sem utilização pode evidenciar o descumprimento da função social estabelecida pela Constituição, mas não legitima a ocupação clandestina pela via da invasão coletiva e organizada. As medidas cabíveis para forçar o atendimento do preceito constitucional devem partir da autoridade pública" (RT 739/425: TARS, AI 196.177.349).

Art. 1.201. É de boa-fé[1 a 2a] a posse, se o possuidor ignora o vício, ou o obstáculo que impede a aquisição da coisa. [Dispositivo correspondente no CC/1916: art. 490.]

Parágrafo único. O possuidor com justo título[3 a 5] tem por si a presunção de boa-fé, salvo prova em contrário, ou quando a lei expressamente não admite esta presunção. [Dispositivo correspondente no CC/1916: art. 490 § ún.]

✎ **Art. 1.201: 1.** "A função social do contrato e o princípio da boa-fé no novo Código Civil Brasileiro", por Adriana Mandim Theodoro de Mello (RF 364/3).

Art. 1.201: 2. v. art. 1.202; s/ posse de boa-fé, v. arts. 1.214, 1.217, 1.219, 1.222, 1.238, 1.242, 1.243, 1.254 a 1.260; s/ posse de má-fé, v. arts. 1.216, 1.218, 1.220, 1.222, 1.254, 1.256, 1.258 § ún. e 1.259.

Art. 1.201: 2a. "Embora seja certo que o recorrido sempre teve ciência da mencionada ação rescisória, tendo sido, inclusive, citado para respondê-la, na qualidade de parte (réu), esse fato não transmuda sua posse de boa-fé em posse de má-fé, situação que afastaria o direito de retenção pelas benfeitorias realizadas no imóvel. O fato dos recorrentes terem promovido a ação rescisória não implicaria necessariamente que lhes fosse outorgada a tutela jurisdicional pretendida, de declaração de nulidade da ação de extinção de condomínio, permanecendo, portanto, incólume a boa-fé do recorrido no exercício da posse do bem" (STJ-3ª T., REsp 1.217.597, Min. Nancy Andrighi, j. 27.8.13, DJ 6.9.13).

Art. 1.201: 3. s/ conceito de justo título, v. art. 1.242, nota 1.

Art. 1.201: 3a. **Enunciado 303 do CEJ:** "Considera-se justo título para presunção relativa da boa-fé do possuidor o justo motivo que lhe autoriza a aquisição derivada da posse, esteja ou não materializado em instrumento público ou particular. Compreensão na perspectiva da função social da posse".

Art. 1.201: 3b. "A função social da posse deve complementar o exame da 'melhor posse' para fins de utilização dos interditos possessórios. Quer dizer, alia-se a outros elementos, tais como a antiguidade e a qualidade do título, não podendo ser analisada dissociada de tais critérios, estabelecidos pelo legislador de 2002, a teor do art. 1.201, parágrafo único, do Código Civil, conferindo-se, inclusive, ao portador do justo título a presunção de boa-fé. É importante deixar assente que a própria função social da posse, como valor e critério jurídico-normativo, não tem caráter absoluto, sob pena deste Tribunal, caso coteje de modo preponderante apenas um dos fatores ou requisitos integrados no instituto jurídico, gerar insegurança jurídica no trato de tema por demais relevante, em que o legislador ordinário e o próprio constituinte não pretenderam regrar com cláusulas amplamente abertas. É preciso considerar o critério da função social da posse, complementado a outros parâmetros, como a antiguidade e a qualidade do título, a existência real da relação material com a coisa, sua intensidade, tendo como norte hermenêutico a definição do art. 1.201, parágrafo único, do Código Civil. No caso em foco, o exame do vetor alusivo à função social da posse, como critério jurídico-normativo único, não teria isoladamente influência suficiente para alterar o resultado do processo, a ponto de beneficiar qualquer litigante, porquanto os elementos existentes e, sobretudo, a equivalência de forças dos documentos apresentados tornam dispensáveis considerações segmentadas, não conjunturais, em relação àquele elemento. Merece ser mantida incólume a conclusão das instâncias ordinárias, que valoraram adequadamente os requisitos do art. 927 do CPC e concluíram por negar ao recorrente a melhor posse, com base nos argumentos da antiguidade do título e da efetiva relação material com a coisa possuída. Além disso, observando-se a ordem de alienação do imóvel objeto do presente litígio, verifica-se, em princípio, a correção na cadeia de transferência dominial do bem, até a aquisição da posse pela ora recorrida" (STJ-4ª T., REsp 1.148.631, Min. Marco Buzzi, j. 15.8.13, maioria, DJ 4.4.14).

Art. 1.201: 4. "Nos termos do artigo 1.201 do Código Civil, a existência de justo título instaura a presunção de que a posse é exercida de boa-fé, mas a sua falta, ao contrário, não autoriza a conclusão de que há má-fé. Com efeito, para que a posse seja considerada de boa-fé, basta que o possuidor ignore a existência de obstáculo legal à aquisição da coisa" (STJ-RP 189/380: 3ª T., REsp 855.040).

Art. 1.201: 5. "Estando o contrato de dação de imóvel em pagamento impossibilitado de produzir efeitos jurídicos, o negócio subsiste nos planos da existência e validade, mas fica impedido de produzir resultado no plano da sua eficácia, de modo que o referido instrumento não constitui justo título para fins de proteção possessória. O direito à posse é relativo, podendo esta ser justa em relação a uns e injusta em relação a outros, a depender da relação existente entre os sujeitos, a ser analisada casuisticamente" (STJ-3ª T., REsp 1.347.390, Min. Nancy Andrighi, j. 4.2.14, DJ 17.2.14).

Art. 1.202. A posse de boa-fé só perde este caráter no caso e desde o momento em que as circunstâncias façam presumir que o possuidor não ignora que possui indevidamente. [Dispositivo correspondente no CC/1916: art. 491.]

Art. 1.203. Salvo prova em contrário, entende-se manter a posse o mesmo caráter com que foi adquirida.[1 a 4] [Dispositivo correspondente no CC/1916: art. 492.]

Art. 1.203: 1. "Da possibilidade de interversão da posse precária e a sua configuração em posse *ad usucapionem*", por Carlos José Cordeiro e Josiane Araújo Gomes (RDPr 45/241).

Art. 1.203: 1a. v. art. 1.206. V. tb. art. 1.208, *in fine*.

Art. 1.203: 2. **Enunciado 237 do CEJ:** "É cabível a modificação do título da posse — *interversio possessionis* — na hipótese em que o até então possuidor direto demonstrar ato exterior e inequívoco de oposição ao antigo possuidor indireto, tendo por efeito a caracterização do *animus domini*".

Art. 1.203: 3. "Nada impede que o caráter originário da posse se modifique, motivo pelo qual o fato de ter havido no início da posse da autora um vínculo locatício, não é embaraço ao reconhecimento de que, a partir de um determinado momento, essa mesma mudou de natureza e assumiu a feição de posse em nome próprio, sem subordinação ao antigo dono e, por isso mesmo, com força *ad usucapionem*" (RSTJ 143/370: 4ª T., REsp 154.733).

Mas: "Decorrente a posse da autora de contrato de locação, a ela incumbia produzir prova da transmutação da posse. Para que se verifique a mudança do caráter da posse não própria para própria, o possuidor deve passar a externar conduta típica de proprietário, intitulando-se e agindo como tal perante a comunidade e a administração pública, seja mediante a formulação de pleitos junto à municipalidade, pagamento de tributos, e rompimento, ainda que apenas pelo descumprimento, do contrato por meio do qual a ele transmitida a posse pelo titular do domínio ou anterior possuidor, o que não ocorreu no caso *sub judice*" (RT 912/988: TJRS, AP 70024502494).

S/ inadimplemento do locatário e subsistência do contrato de locação, v., no nosso CCLCV, LI 9º, nota 7a.

Art. 1.203: 4. "Patente a inversão no caráter da posse, vez que cessada a relação de emprego, permaneceram os autores na posse do imóvel por mais de 20 anos, usando a área usucapienda como se sua fosse, sem interrupção e qualquer oposição dos demandados" (RJTJERGS 270/345: AP 70022738488).

"Templo. Pastor que se desfilia dos quadros de obreiros da religião. Transmudação da detenção em posse. Desde quando se desligou da instituição recorrida, rompendo sua subordinação e convertendo a sua detenção em posse, fez-se possível, em tese, a contagem do prazo para fins da usucapião — diante da mudança da natureza jurídica de sua apreensão" (STJ-4ª T., REsp 1.188.937, Min. Luis Felipe, j. 11.3.14, DJ 2.4.14).

Capítulo II | DA AQUISIÇÃO DA POSSE

Art. 1.204. Adquire-se a posse desde o momento em que se torna possível o exercício, em nome próprio, de qualquer dos poderes inerentes à propriedade.[1] [Dispositivo correspondente no CC/1916: art. 493.]

Art. 1.204: 1. v. art. 1.198, nota 2 (Enunciado 301 do CEJ).

Art. 1.205. A posse pode ser adquirida:[1] [Dispositivo correspondente no CC/1916: art. 494-*caput*.]

I — pela própria pessoa que a pretende ou por seu representante; [Dispositivo correspondente no CC/1916: art. 494-I e II.]

II — por terceiro sem mandato, dependendo de ratificação.[2-2a] [Dispositivo correspondente no CC/1916: art. 494-III.]

Art. 1.205: 1. **Enunciado 77 do CEJ:** "A posse das coisas móveis e imóveis também pode ser transmitida pelo constituto possessório". V., a propósito, art. 1.267 § ún.

Art. 1.205: 2. v. art. 662 § ún.

Art. 1.205: 2a. Enquanto não ocorrer a ratificação, esse terceiro será considerado gestor de negócio (v. arts. 861 a 875, especialmente o art. 873).

Art. 1.206. A posse transmite-se aos herdeiros ou legatários do possuidor com os mesmos caracteres.[1] [Dispositivo correspondente no CC/1916: art. 495.]

Art. 1.206: 1. v. arts. 1.203 e 1.784, nota 4.

Art. 1.207. O sucessor universal[1] continua de direito a posse do seu antecessor;[2] e ao sucessor singular é facultado unir sua posse à do antecessor, para os efeitos legais.[3-4] [Dispositivo correspondente no CC/1916: art. 496.]

Art. 1.207: 1. p. ex., o herdeiro. V. art. 1.206.

Art. 1.207: 2. v. art. 1.203.

Art. 1.207: 3. v. art. 1.243.

Art. 1.207: 4. mas não é possível adquiri-la por adjudicação em inventário ou arrolamento (RJM 168/184).

Art. 1.208. Não induzem posse os atos de mera permissão ou tolerância assim como não autorizam a sua aquisição os atos violentos, ou clandestinos, senão depois de cessar a violência ou a clandestinidade.[1-2] [Dispositivo correspondente no CC/1916: art. 497.]

Art. 1.208: 1. Ou seja, enquanto perdurar a violência ou a clandestinidade, não haverá posse, mas mera detenção. Cessadas aquelas, nasce posse injusta, porque viciada na sua origem.

S/ posse injusta, v. art. 1.200. V. tb. art. 1.203.

Art. 1.208: 2. "A posse *ad usucapionem* deve ser exercida, com *animus domini*, de forma mansa e pacífica, durante o lapso prescricional estabelecido em lei. Ausência de *animus domini*. Herdeira que permaneceu no imóvel após o falecimento dos genitores. Não possuía condições financeiras de residir em imóvel próprio. Mera permissão dos demais herdeiros. Posse precária" (JTJ 322/358: AP 990.10.261936-2; maioria).

Art. 1.209. A posse do imóvel faz presumir, até prova contrária, a das coisas móveis que nele estiverem.[1] [Dispositivo correspondente no CC/1916: art. 498.]

Art. 1.209: 1. Esse dispositivo atende ao princípio de que o acessório segue o principal (v. art. 92).

Capítulo III | DOS EFEITOS DA POSSE[1]

CAP. III: 1. v. art. 1.826 (efeitos sobre o possuidor de herança).

Art. 1.210. O possuidor tem direito a ser mantido na posse[1 a 1c] em caso de turbação, restituído no de esbulho,[2-2a] e segurado de violência iminente, se tiver justo receio de ser molestado.[3-3a] [Dispositivo correspondente no CC/1916: art. 499.]

§ 1º O possuidor turbado, ou esbulhado, poderá manter-se ou restituir-se por sua própria força, contanto que o faça logo;[4-4a] os atos de defesa, ou de desforço, não podem ir além do indispensável à manutenção, ou restituição da posse.[5] [Dispositivo correspondente no CC/1916: art. 502-*caput* e § ún.]

§ 2º Não obsta à manutenção ou reintegração na posse a alegação de propriedade, ou de outro direito sobre a coisa.[6-6a] [Dispositivo correspondente no CC/1916: art. 505.]

✎ **Art. 1.210: 1.** "A posse e a tutela possessória", por Moacir Adiers (RJ 306/19); "Da oposição fundada na propriedade: sua viabilidade em sede de ação possessória", por Marcelo Silva Moreira (RDPr 21/175 e 22/201).

Art. 1.210: 1a. **Enunciado 239 do CEJ:** "Na falta de demonstração inequívoca de posse que atenda à função social, deve-se utilizar a noção de 'melhor posse', com base nos critérios previstos no parágrafo único do art. 507 do CC/1916".

Enunciado 238 do CEJ: "Ainda que a ação possessória seja intentada além de 'ano e dia' da turbação ou esbulho, e, em razão disso, tenha seu trâmite regido pelo procedimento ordinário (CPC, art. 924), nada impede que o juiz conceda a tutela possessória liminarmente, mediante antecipação de tutela, desde que presentes os requisitos autorizadores do art. 273, I ou II, bem como aqueles previstos no art. 461-A e §§, todos do CPC".

Art. 1.210: 1b. "A hipoteca, por si só, não limita de nenhuma forma o pleno exercício da posse" (STJ-3ª T., REsp 768.102, Min. Nancy Andrighi, j. 17.4.08, DJU 30.4.08).

Art. 1.210: 1c. "Bem público não pode ser objeto de posse, porque há obstáculo legal. A destinação das coisas públicas é servir ao público" (RT 870/229).

Todavia: "Pode o particular postular a tutela possessória de bem público destinado ao uso comum (estrada municipal), se teve a posse molestada por terceiro" (RJM 180/154).

Art. 1.210: 2. A via adequada para fazer cessar a turbação é a ação de manutenção de posse. Já o remédio para o esbulho é a reintegração de posse. De todo modo, as ações possessórias são fungíveis (CPC 554).

Art. 1.210: 2a. Embora a Administração, pelo princípio da autoexecutoriedade, possa reintegrar-se *ex proprio Marte* na posse de bem público de uso comum, nada impede que o faça através do Judiciário (JTA 118/213, maioria).

Art. 1.210: 3. A ação de *interdito proibitório* é a via adequada para fazer cessar ameaça de turbação ou de esbulho (CPC 567 e 568).

S/ fungibilidade das ações possessórias, v. CPC 554.

Art. 1.210: 3a. **Súmula 228 do STJ (Direito autoral):** "É inadmissível o interdito proibitório para a proteção do direito autoral".

Art. 1.210: 4. v. art. 1.224.

Art. 1.210: 4a. "A turbação e o esbulho ambiental-urbanístico podem — e no caso do Estado, devem — ser combatidos pelo desforço imediato, medida prevista atualmente no art. 1.210, § 1º, do CC e imprescindível à manutenção da autoridade e da credibilidade da Administração, da integridade do patrimônio estatal, da legalidade, da ordem pública e da conservação de bens intangíveis e indisponíveis associados à qualidade de vida das presentes e futuras gerações" (STJ-2ª T., REsp 1.071.741, Min. Herman Benjamin, j. 24.3.09, DJ 16.12.10).

Art. 1.210: 5. v. CP 23-II c/c 25.

Art. 1.210: 6. Súmula 487 do STF: "Será deferida a posse a quem, evidentemente, tiver o domínio, se com base neste for ela disputada".

Esta Súmula não deve ser aplicada às ações puramente possessórias. Aliás, quando os litigantes discutem a posse com base em domínio, mais do que possessória a ação é petitória.

"A Súmula 487 só se aplica nas hipóteses em que ambos os litigantes pretendem a posse a título de domínio, e não quando um deles a defende por ela mesma, até porque não é proprietário do imóvel" (RTJ 123/770). Ainda: "Será deferida a posse a quem evidentemente tiver domínio, apenas se com base neste for a posse disputada por um e por outro dos litigantes" (STJ-4ª T., REsp 6.012, Min. Athos Carneiro, j. 13.8.91, DJU 9.9.91). "Não se aplica a Súmula 487/STF quando não se disputa a posse com base no domínio" (STJ-4ª T., REsp 94.076, Min. Ruy Rosado, j. 27.8.96, DJU 7.10.96).

"Não cabe, em sede possessória, a discussão sobre o domínio, salvo se ambos os litigantes disputam a posse alegando propriedade ou quando duvidosas ambas as posses alegadas" (STJ-4ª T., REsp 5.462, Min. Athos Carneiro, j. 20.8.91, DJU 7.10.91). No mesmo sentido: STJ-RF 410/317 (3ª T., REsp 842.559).

"Não nega vigência ao art. 505 do Cód. Civil e nem contraria a Súmula 487 do STF o acórdão que, ante dúvida existente sobre o domínio, defere a posse a quem a detém" (STJ-3ª T., REsp 3.068, Min. Dias Trindade, j. 5.3.91, DJU 25.3.91). O art. 505 do CC rev. corresponde ao CC 1.210 § 2º.

Art. 1.210: 6a. Enunciado 78 do CEJ: "Tendo em vista a não recepção, pelo novo Código Civil, da *exceptio proprietatis* (art. 1.210, § 2º), em caso de ausência de prova suficiente para embasar decisão liminar ou sentença final ancorada exclusivamente no *jus possessionis* deverá o pedido ser indeferido e julgado improcedente, não obstante eventual alegação e demonstração de direito real sobre o bem litigioso".

Enunciado 79 do CEJ: "A *exceptio proprietatis*, como defesa oponível às ações possessórias típicas, foi abolida pelo Código Civil de 2002, que estabeleceu a absoluta separação entre os juízos possessório e petitório".

Art. 1.211. Quando mais de uma pessoa se disser possuidora, manter-se-á provisoriamente a que tiver a coisa, se não estiver manifesto que a obteve de alguma das outras por modo vicioso.[1] [Dispositivo correspondente no CC/1916: art. 500.]

Art. 1.211: 1. v. art. 1.200.

Art. 1.212. O possuidor pode intentar a ação de esbulho, ou a de indenização,[1] contra o terceiro, que recebeu a coisa esbulhada sabendo que o era.[2] [Dispositivo correspondente no CC/1916: art. 504.]

Art. 1.212: 1. v. art. 952; CPC 555-I.

Art. 1.212: 2. Enunciado 80 do CEJ: "É inadmissível o direcionamento de demanda possessória ou ressarcitória contra terceiro possuidor de boa-fé, por ser parte passiva ilegítima, diante do disposto no art. 1.212 do novo Código Civil. Contra o terceiro de boa-fé cabe tão somente a propositura de demanda de natureza real".

Art. 1.213. O disposto nos artigos antecedentes não se aplica às servidões não aparentes,[1] salvo quando os respectivos títulos provierem do possuidor do prédio serviente, ou daqueles de quem este o houve. [Dispositivo correspondente no CC/1916: art. 509.]

Art. 1.213: 1. **Súmula 415 do STF (Servidão de trânsito):** "Servidão de trânsito não titulada, mas tornada permanente, sobretudo pela natureza das obras realizadas, considera-se aparente, conferindo direito à proteção possessória".

Art. 1.214. O possuidor de boa-fé tem direito, enquanto ela durar, aos frutos percebidos.[1-1a] [Dispositivo correspondente no CC/1916: art. 510.]

Parágrafo único. Os frutos pendentes ao tempo em que cessar a boa-fé devem ser restituídos, depois de deduzidas as despesas da produção e custeio; devem ser também restituídos os frutos colhidos com antecipação.[2-3] [Dispositivo correspondente no CC/1916: art. 511.]

Art. 1.214: 1. s/ construções e plantações, v. arts. 1.253 a 1.259; s/ frutos da coisa comum, v. arts. 1.319 e 1.326.

Art. 1.214: 1a. v. art. 1.200, nota 3 (Enunciado 302 do CEJ).

✎ **Art. 1.214: 2.** "Os efeitos da posse em relação aos frutos e a responsabilidade pela perda ou deterioração da coisa no Código Civil de 2002", por Cláudio Antônio Soares Levada (RDPr 13/9).

Art. 1.214: 3. v. arts. 242 § ún. e 878.

Art. 1.215. Os frutos naturais e industriais reputam-se colhidos e percebidos, logo que são separados; os civis reputam-se percebidos dia por dia.[1] [Dispositivo correspondente no CC/1916: art. 512.]

Art. 1.215: 1. No caso de usufruto, v. arts. 1.396 a 1.398.

Art. 1.216. O possuidor de má-fé responde por todos os frutos colhidos e percebidos, bem como pelos que, por culpa sua, deixou de perceber, desde o momento em que se constituiu de má-fé; tem direito às despesas da produção e custeio.[1] [Dispositivo correspondente no CC/1916: art. 513.]

Art. 1.216: 1. s/ vedação ao enriquecimento sem causa, v. art. 884.

Art. 1.217. O possuidor de boa-fé não responde pela perda ou deterioração da coisa, a que não der causa. [Dispositivo correspondente no CC/1916: art. 514.]

Art. 1.218. O possuidor de má-fé responde pela perda, ou deterioração da coisa, ainda que acidentais, salvo se provar que de igual modo se teriam dado, estando ela na posse do reivindicante. [Dispositivo correspondente no CC/1916: art. 515.]

Art. 1.219. O possuidor de boa-fé tem direito à indenização das benfeitorias[1 a 5a] necessárias e úteis, bem como, quanto às voluptuárias, se não lhe forem pagas, a levantá-las, quando o puder sem detrimento da coisa, e poderá exercer o direito de retenção[6 a 8] pelo valor das benfeitorias necessárias e úteis. [Dispositivo correspondente no CC/1916: art. 516.]

Art. 1.219: 1. v. art. 96.

Art. 1.219: 2. "**Art. 578.** Salvo disposição em contrário, o locatário goza do direito de retenção, no caso de benfeitorias necessárias, ou no de benfeitorias úteis, se estas houverem sido feitas com expresso consentimento do locador".

Súmula 158 do STF (Direito de retenção pelo locatário): "Salvo estipulação contratual averbada no registro imobiliário, não responde o adquirente pelas benfeitorias do locatário".

Art. 1.219: 3. No caso de loteamento urbano, se o contrato for rescindido por culpa do adquirente, "as benfeitorias necessárias ou úteis por ele levadas a efeito no imóvel deverão ser indenizadas, sendo de nenhum efeito qualquer disposição contratual em contrário" (Lei 6.766, de 19.12.79, art. 34).

Embora as construções não sejam benfeitorias, a disposição *supra*, pela sua finalidade, abrange umas e outras.

O arrendatário rural tem direito à indenização das benfeitorias necessárias e úteis; quanto às voluptuárias, somente terá direito a indenização se autorizadas pelo locador do solo (ET 95-VIII).

Art. 1.219: 3a. Não vale a cláusula de renúncia, pelo consumidor, ao direito de indenização por benfeitorias necessárias (CDC 51-*caput*-XVI).

Art. 1.219: 4. "O particular jamais exerce poderes de propriedade (art. 1.196 do CC) sobre **imóvel público,** impassível de usucapião (art. 183, § 3º, da CF). Não poderá, portanto, ser considerado possuidor dessas áreas, senão mero detentor. Essa impossibilidade, por si só, afasta a viabilidade de indenização por acessões ou benfeitorias, pois não prescindem da posse de boa-fé (arts. 1.219 e 1.255 do CC)" (STJ-2ª T., REsp 945.055, Min. Herman Benjamin, j. 2.6.09, DJ 20.8.09). No mesmo sentido: RT 897/222 (TJSP, AP 994.06.107737-2), JTJ 330/512 (AP 332.366-5/4-00).

"A nulidade do contrato de alienação de bem público celebrado entre particulares impõe o retorno das partes ao estado anterior, o que deve ser feito sem que se imponha a indenização por acessões e benfeitorias. Isso porque tais acréscimos não são validamente incorporados ao domínio daquele a quem será restituída a ocupação irregular. Caso contrário, a parte adquirente seria indenizada enquanto a parte alienante, que não realizou as construções, estaria sujeita a perdê-las em definitivo para o ente público titular do domínio sem direito à reparação" (STJ-4ª T., REsp 1.025.552, Min. Isabel Gallotti, j. 4.4.17, maioria, DJ 23.5.17).

Contra, concedendo indenização nessas circunstâncias: STJ-3ª T., REsp 855.040, Min. Sidnei Beneti, j. 22.6.10, DJ 1.7.10; RIDCPC 41/133.

S/ ocupação de área pública, v. tb. nota seguinte, nota 7a e arts. 1.196, nota 2, e 1.255, nota 2.

Art. 1.219: 4a. "Os imóveis pertencentes à União Federal são regidos pelo Decreto-Lei 9.760/46, que em seu art. 71 dispõe que, na falta de assentimento (expresso, inequívoco, válido e atual) da autoridade legitimamente incumbida na sua guarda e zelo, o ocupante poderá ser sumariamente despejado e perderá, sem direito a indenização, tudo quanto haja incorporado ao solo, ficando ainda sujeito ao disposto nos arts. 513, 515 e 517 do Código Civil de 1916. A apropriação, ao arrepio da lei, de terras e imóveis públicos (mais ainda de bem tombado desde 1937), além de acarretar o dever de imediata desocupação da área, dá ensejo à aplicação das sanções administrativas e penais previstas na legislação, bem como à obrigação de reparar eventuais danos causados. Aplica-se às benfeitorias e acessões em área ou imóvel público a lei especial que rege a matéria, e não o Código Civil, daí caber indenização tão só se houver prévia notificação do proprietário (art. 90 do Decreto-Lei 9.760/46). Simples detenção precária não dá ensejo a indenização por acessões e benfeitorias, nem mesmo as ditas necessárias, definidas como 'as que têm por fim conservar o bem ou evitar que se deteriore' (Código Civil, art. 96, § 3º). Situação difícil de imaginar em construções que deverão ser demolidas, por imprestabilidade ou incompatibilidade com as finalidades do Jardim Botânico (visitação pública e conservação da flora), a antítese do fim de 'conservar o bem ou evitar que se deteriore'. Para fazer jus a indenização por acessões e benfeitorias, ao administrado incumbe o ônus de provar: a) a regularidade e a boa-fé da ocupação, exploração ou uso do bem, lastreadas em assentimento expresso, inequívoco, válido e atual; b) o caráter necessário das benfeitorias e das acessões; c) a notificação, escorreita na forma e no conteúdo, do órgão acerca da realização dessas acessões e benfeitorias. Eventual indenização, em nome das acessões e benfeitorias que o ocupante ilegal tenha realizado, deve ser buscada após a desocupação do imóvel, momento e instância em que o Poder Público também terá a oportunidade, a preço de mercado, de cobrar-lhe pelo período em que, irregularmente, ocupou ou explorou o imóvel e por despesas de demolição, assim como pelos danos que tenha causado ao próprio bem, à coletividade e a outros valores legalmente protegidos. Inexiste boa-fé contra expressa determinação legal. Ao revés, entende-se agir de má-fé o particular que, sem título expresso, inequívoco, válido e atual ocupa imóvel público, mesmo depois de notificação para abandoná-lo, situação típica de esbulho permanente, em que cabível a imediata reintegração judicial. Na ocupação, uso ou exploração de bem público, a boa-fé é impresumível, requisitando prova cabal a cargo de quem a alega. Incompatível com a boa-fé agir com o reiterado ânimo de se furtar e até de burlar a letra e o espírito da lei, com sucessivas reformas e ampliações de construção em imóvel público, por isso mesmo feitas à sua conta e risco" (STJ-2ª T., REsp 808.708, Min. Herman Benjamin, j. 18.8.09, DJ 4.5.11).

V. tb. nota anterior.

Art. 1.219: 4b. "Não se podem considerar como benfeitorias indenizáveis construções que, obrigatoriamente, em face do risco que representam e por determinação legal, terão de ser demolidas" (RJM 170/175).

Art. 1.219: 5. "Considerando-se como úteis as benfeitorias que 'aumentam a capacidade de uso da coisa, tornando-a mais produtiva ou de utilização mais fácil', tem-se como tais os armários embutidos e carpete instalados no imóvel" (STJ-3ª T., REsp 845.247, Min. Sidnei Beneti, j. 1.6.10, DJ 18.6.10).

Art. 1.219: 5a. "O pedido de indenização por benfeitorias, ainda que formulado após a contestação, é consequência lógica da procedência do pedido de resolução do contrato, cujo resultado prático é o retorno das partes ao *status quo ante*. Com a retomada do imóvel pela promitente-vendedora, esta não pode locupletar-se, recebendo seu terreno com a construção realizada pelos promitentes-compradores sem a correspondente indenização" (STJ-3ª T., REsp 764.529, Min. Paulo Sanseverino, j. 26.10.10, DJ 9.11.10).

Art. 1.219: 6. v. tb. CPC 917-IV (embargos de retenção por benfeitorias).

Art. 1.219: 7. Enunciado 81 do CEJ: "O direito de retenção previsto no art. 1.219 do Código Civil, decorrente da realização de benfeitorias necessárias e úteis, também se aplica às acessões (construções e plantações), nas mesmas circunstâncias".

Art. 1.219: 7a. "Configurada a ocupação indevida de bem público, não há falar em posse, mas em mera detenção, de natureza precária, o que afasta o direito de retenção por benfeitorias" (STJ-3ª T., REsp 699.374, Min. Menezes Direito, j. 22.3.07, DJU 18.6.07). No mesmo sentido: RIDCPC 41/133.

S/ ocupação de área pública, v. tb. notas 4 e 4a e arts. 1.196, nota 2, e 1.255, nota 2.

Art. 1.219: 7b. "Não há vedação para que seja contratada a renúncia do direito de retenção por benfeitorias, afastada a aplicação do Código de Defesa do Consumidor, porquanto operação de compra e venda entre particulares, destacando o acórdão que não existe desequilíbrio entre as partes" (STJ-3ª T., REsp 697.138, Min. Menezes Direito, j. 7.4.05, DJU 23.5.05).

Art. 1.219: 8. "O direito de retenção assegurado ao possuidor de boa-fé não é absoluto. Pode ele ser limitado pelos princípios da vedação ao enriquecimento sem causa e da boa-fé objetiva, de forma que a retenção não se estenda por prazo indeterminado e interminável. O possuidor de boa-

-fé tem o direito de detenção sobre a coisa, não sendo obrigado a devolvê-la até que seu crédito seja satisfeito, mas não pode se utilizar dela ou perceber seus frutos. Reter uma coisa não equivale a servir-se dela. O uso da coisa retida constitui abuso, gerando o dever de indenizar os prejuízos como se aluguel houvesse. Afigura-se justo que o proprietário deva pagar pelas acessões introduzidas, de boa-fé, no terreno e que, por outro lado, os possuidores sejam obrigados a pagar um valor, a ser arbitrado, a título de aluguel, pelo uso do imóvel. Os créditos recíprocos haverão de ser compensados de forma que o direito de retenção será exercido no limite do proveito que os retentores tenham da propriedade alheia" (STJ-RDPr 37/336: 3ª T., REsp 613.387, um voto vencido).

Art. 1.220. Ao possuidor de má-fé serão ressarcidas somente as benfeitorias necessárias; não lhe assiste o direito de retenção pela importância destas, nem o de levantar as voluptuárias.[1-2] [Dispositivo correspondente no CC/1916: art. 517.]

Art. 1.220: 1. s/ benfeitorias, v. art. 96.

Art. 1.220: 2. Possuidor de má-fé é aquele que sabe ser sua posse violenta, clandestina ou precária (arts. 1.200 e 1.201).

Art. 1.221. As benfeitorias compensam-se[1] com os danos, e só obrigam ao ressarcimento se ao tempo da evicção[2-3] ainda existirem.[4] [Dispositivo correspondente no CC/1916: art. 518.]

Art. 1.221: 1. v. arts. 368 a 380.

Art. 1.221: 2. i. e., da perda da posse pelo vencido.

Art. 1.221: 3. s/ evicção, v. arts. 447 a 457.

Art. 1.221: 4. "Para a compensação do valor das benfeitorias com o valor dos danos, no qual foram incluídos, pelas instâncias ordinárias, os aluguéis pagos pelos autores da ação, estes devem corresponder ao tempo em que cessou a boa-fé dos possuidores (data da citação na ação de imissão) até a data em que manifestaram, nos embargos que vieram a ser julgados procedentes, a pretensão de serem indenizados pelas benfeitorias necessárias e úteis, uma vez que a partir daí estavam exercendo o direito de retenção. O valor dos aluguéis deve corresponder, aproximadamente, ao valor locativo do imóvel objeto da ação" (STJ-4ª T., REsp 279.303, Min. Ruy Rosado, j. 14.12.00, DJU 12.3.01).

Art. 1.222. O reivindicante, obrigado a indenizar as benfeitorias ao possuidor de má-fé, tem o direito de optar entre o seu valor atual e o seu custo; ao possuidor de boa-fé indenizará pelo valor atual. [Dispositivo correspondente no CC/1916: art. 519.]

Capítulo IV | DA PERDA DA POSSE

Art. 1.223. Perde-se a posse quando cessa, embora contra a vontade do possuidor, o poder sobre o bem, ao qual se refere o art. 1.196. [Dispositivo correspondente no CC/1916: art. 520.]

Art. 1.224. Só se considera perdida a posse para quem não presenciou o esbulho, quando, tendo notícia dele, se abstém de retornar[1] a coisa, ou, tentando recuperá-la, é violentamente repelido.[2] [Dispositivo correspondente no CC/1916: art. 522.]

Art. 1.224: 1. "Retornar" ou "retomar"?

Art. 1.224: 2. v. art. 1.210 § 1º.

Título II | DOS DIREITOS REAIS

Capítulo Único | DISPOSIÇÕES GERAIS

Art. 1.225. São direitos reais:[1-1a] [Dispositivo correspondente no CC/1916: art. 674-*caput*.]

I — a propriedade;[2] [Sem dispositivo correspondente no CC/1916.]

II — a superfície;[3] [Sem dispositivo correspondente no CC/1916.]

III — as servidões;[4] [Dispositivo correspondente no CC/1916: art. 674-II.]

IV — o usufruto;[5] [Dispositivo correspondente no CC/1916: art. 674-III.]

V — o uso;[6] [Dispositivo correspondente no CC/1916: art. 674-IV.]

VI — a habitação;[7] [Dispositivo correspondente no CC/1916: art. 674-V.]

VII — o direito do promitente comprador do imóvel;[8] [Sem dispositivo correspondente no CC/1916.]

VIII — o penhor;[9] [Dispositivo correspondente no CC/1916: art. 674-VII.]

IX — a hipoteca;[10] [Dispositivo correspondente no CC/1916: art. 674-IX.]

X — a anticrese;[11] [Dispositivo correspondente no CC/1916: art. 674-VIII.]

XI — a concessão de uso especial para fins de moradia;[12] [Sem dispositivo correspondente no CC/1916.]

XII — a concessão de direito real de uso; e[13]

XIII — a laje.[14]

Art. 1.225: 1. Há outros direitos reais (cf. LRP 167). Quanto à enfiteuse, v. art. 2.038.

Art. 1.225: 1a. "**Multipropriedade imobiliária (*time-sharing*).** Natureza jurídica de direito real. Unidades fixas de tempo. Uso exclusivo e perpétuo durante certo período anual. Parte ideal do multiproprietário. Penhora. Insubsistência" (STJ-3ª T., REsp 1.546.165, Min. João Otávio, j. 26.4.16, maioria, DJ 6.9.16).

Art. 1.225: 2. v. arts. 1.228 a 1.368.

Art. 1.225: 3. v. arts. 1.369 a 1.377.

Art. 1.225: 4. v. arts. 1.378 a 1.389.

Art. 1.225: 5. v. arts. 1.390 a 1.411.

Art. 1.225: 6. v. arts. 1.412 e 1.413.

Art. 1.225: 7. v. arts. 1.414 a 1.416.

Art. 1.225: 8. v. arts. 1.417 e 1.418.

Art. 1.225: 9. v. arts. 1.431 a 1.472.

Art. 1.225: 10. v. arts. 1.473 a 1.505.

Art. 1.225: 11. v. arts. 1.506 a 1.510.

Art. 1.225: 12. O inc. XI foi acrescido pela Lei 11.481, de 31.5.07.

Art. 1.225: 13. Redação do inciso XII de acordo com a Lei 13.465, de 11.7.17.

Art. 1.225: 14. O inciso XIII foi acrescido pela Lei 13.465, de 11.7.17.

Art. 1.226. Os direitos reais sobre coisas móveis, quando constituídos, ou transmitidos por atos entre vivos, só se adquirem[1] com a tradição.[2] [Dispositivo correspondente no CC/1916: art. 675.]

Art. 1.226: 1. Adquirem-se também pela ocupação (art. 1.263).

Art. 1.226: 2. v. arts. 1.267 e 1.268.

Art. 1.227. Os direitos reais sobre imóveis constituídos, ou transmitidos por atos entre vivos, só se adquirem com o registro no Cartório de Registro de Imóveis[1] dos referidos títulos (arts. 1.245 a 1.247),[1a] salvo os casos expressos neste Código.[2] [Dispositivo correspondente no CC/1916: art. 676.]

Art. 1.227: 1. v. LRP 167 a 259.

Art. 1.227: 1a. v. arts. 108, 215, 1.369, 1.378, 1.379, 1.417 e 1.492.

Art. 1.227: 2. Não depende de registro o usufruto de imóveis decorrente de usucapião (art. 1.391) e o dos pais sobre os bens dos filhos menores (art. 1.689-I).

Título III | DA PROPRIEDADE[1 a 3]

Capítulo I | DA PROPRIEDADE EM GERAL

Seção I | DISPOSIÇÕES PRELIMINARES

✎ **TÍT. III: 1.** "A posse e a propriedade no novo Código Civil", por Edílson Pereira Nobre Jr. (RF 364/67); "A transmissão de propriedade no Código Civil brasileiro e no BGB alemão. Um estudo comparado", por Erasmo Gomes (RT 815/38).

TÍT. III: 2. v. CF 5º-XXII a XXVI; CC 1.228 a 1.368; CP 155 a 170 e 180; v., no nosso CCLCV, títs. ÁGUAS, CONDOMÍNIO E INCORPORAÇÃO, CONTRATOS IMOBILIÁRIOS, DESAPROPRIAÇÃO, DIREITO AUTORAL, PROMESSA DE COMPRA E VENDA E LOTEAMENTO, PROPRIEDADE RURAL ADQUIRIDA POR ESTRANGEIRO, TERRA.

TÍT. III: 3. Principais restrições ao direito de propriedade, fora do CC:

ÁGUAS: v., no nosso CCLCV, tít. correspondente.

ÁGUAS MINERAIS: Dec. lei 7.841, de 8.8.45 — Código de Águas Minerais.

CAÇA: v. Fauna.

CONSERVAÇÃO DA NATUREZA: Lei 9.985, de 18.7.00 — Regulamenta o art. 225, § 1º, incisos I, II, III e VII da Constituição Federal, institui o Sistema Nacional de Unidades de Conservação da Natureza, e dá outras providências.

Lei 11.428, de 22.12.06 — Dispõe sobre a utilização e proteção da vegetação nativa do Bioma Mata Atlântica, e dá outras providências (DOU 26.12.06).

Dec. 6.660, de 21.11.08 — Regulamenta dispositivos da Lei n. 11.428, de 22 de dezembro de 2006, que dispõe sobre a utilização e proteção da vegetação nativa do Bioma Mata Atlântica (DOU 24.11.08).

DESAPROPRIAÇÃO: v., no nosso CCLCV, tít. correspondente.

ESTATUTO DA TERRA: Lei 4.504, de 30.11.64 — Dispõe sobre o Estatuto da Terra e dá outras providências (no nosso CCLCV, tít. TERRA, transcrição dos arts. 17 a 23 e 92 a 102).

FAIXA DE FRONTEIRA (v. tb. CF 20 § 2º): **Lei 13.178, de 22.10.15** — Dispõe sobre a ratificação dos registros imobiliários decorrentes de alienações e concessões de terras públicas situadas nas faixas de fronteira; e revoga o Decreto-Lei n. 1.414, de 18 de agosto de 1975, e a Lei n. 9.871, de 23 de novembro de 1999.

Lei 6.634, de 2.5.79 — Dispõe sobre a Faixa de Fronteira, altera o Dec. lei n. 1.135, de 3 de dezembro de 1970, e dá outras providências. Estabelece restrições ao direito de propriedade numa faixa interna de 150 km, paralela à linha divisória do território nacional. Regulamentada pelo **Dec. 85.064, de 26.8.80.**

Lei 9.871, de 23.11.99 — Estabelece prazo para as ratificações de concessões e alienações de terras feitas pelos Estados na faixa de fronteira, e dá outras providências (DOU 24.11.99).

FAUNA: Lei 5.197, de 3.1.67 — Dispõe sobre a proteção à fauna e dá outras providências.

FLORESTAS (v. tb. CF 225 § 4º): **Lei 12.651, de 25.5.12** — Dispõe sobre a proteção da vegetação nativa e dá outras providências (Código Florestal).

Dec. 7.830, de 17.10.12 — Dispõe sobre o Sistema de Cadastro Ambiental Rural, o Cadastro Ambiental Rural, estabelece normas de caráter geral aos Programas de Regularização Ambiental, de que trata a Lei n. 12.651, de 25 de maio de 2012, e dá outras providências.

Dec. 6.514, de 22.7.08 — Dispõe sobre as infrações e sanções administrativas ao meio ambiente, estabelece o processo administrativo federal para apuração destas infrações, e dá outras providências.

Lei 11.284, de 2.3.06 — Dispõe sobre a gestão de florestas públicas para a produção sustentável; institui, na estrutura do Ministério do Meio Ambiente, o Serviço Florestal Brasileiro — SFB; cria o Fundo Nacional de Desenvolvimento Florestal — FNDF; e dá outras providências. Regulamentada pelo **Dec. 6.063, de 20.3.07.**

MINERAÇÃO (v. tb. CF 176 e 177, ADCT 43 e 44, MINÉRIOS PARA A PRODUÇÃO DE ENERGIA NUCLEAR, PETRÓLEO): **Dec. lei 227, de 28.2.67** — Dá nova redação ao Dec. lei n. 1.985 (Código de Minas), de 29 de janeiro de 1940. Esta Lei tem o nome de Código de Mineração.

Lei 7.805, de 18.7.89. Criou o regime de permissão de lavra garimpeira, extinguiu o de matrícula, e deu outras providências. Regulamentada pelo **Dec. 98.812, de 9.1.90.**

Lei 8.901, de 30.6.94 — Regulamenta o disposto no § 2º do art. 176 da Constituição Federal e altera dispositivos do Dec. lei n. 227, de 28 de fevereiro de 1967 — Código de Mineração, adaptando-o às normas constitucionais vigentes.

MINÉRIOS PARA A PRODUÇÃO DE ENERGIA NUCLEAR (v. tb. CF 21-XXIII, 22-XXVI, 225 § 6º e MINERAÇÃO): **Dec. 30.230, de 1.12.51** — Aprova regulamento para pesquisa e lavra de minerais de interesse para a produção de energia atômica.

Dec. lei 1.865, de 26.2.81 — Dispõe sobre a ocupação provisória de imóveis para pesquisa e lavra de substâncias minerais que contenham elementos nucleares.

PATRIMÔNIO HISTÓRICO E CULTURAL (v. tb. CF 216, 5º-LXXIII, 20-X, 23-III, 24-VII e VIII): **Dec. lei 25, de 30.11.37** — Organiza a proteção do patrimônio histórico e artístico nacional.

PESCA: Dec. lei 221, de 28.2.67 — Dispõe sobre a proteção e estímulos à pesca e dá outras providências.

Lei 7.643, de 18.12.87. Proibiu a pesca da baleia, nas águas jurisdicionais brasileiras.

Lei 11.959, de 29.6.09 — Dispõe sobre a Política Nacional de Desenvolvimento Sustentável da Aquicultura e da Pesca, regula as atividades pesqueiras, revoga a Lei 7.679 e dispositivos do Dec. lei 221, e dá outras providências.

PETRÓLEO E GÁS NATURAL (v. CF 177 e ADCT 45; v. tb. MINERAÇÃO): **Lei 9.478, de 6.8.97** — Dispõe sobre a política energética nacional, as atividades relativas ao monopólio do petróleo, institui o Conselho Nacional de Política Energética e a Agência Nacional do Petróleo, e dá outras providências.

Lei 6.340, de 5.7.76 — Estabelece regime especial para o aproveitamento das jazidas de substâncias minerais em áreas específicas objeto de pesquisa ou lavra de petróleo, e dá outras providências.

Dec. lei 1.864, de 26.2.81 — Dispõe sobre a ocupação provisória de imóveis para pesquisa e lavra de petróleo.

Lei 11.909, de 4.3.09 — Dispõe sobre as atividades relativas ao transporte de gás natural, de que trata o art. 177 da Constituição Federal, bem como sobre as atividades de tratamento, processamento, estocagem, liquefação, regaseificação e comercialização de gás natural; altera a Lei n. 9.478, de 6 de agosto de 1997; e dá outras providências.

Lei 12.351, de 22.12.10 — Dispõe sobre a exploração e a produção de petróleo, de gás natural e de outros hidrocarbonetos fluidos, sob o regime de partilha de produção, em áreas do pré-sal e em áreas estratégicas; cria o Fundo Social — FS e dispõe sobre sua estrutura e fontes de recursos; altera dispositivos da Lei n. 9.478, de 6 de agosto de 1997; e dá outras providências.

Lei 12.490, de 16.9.11 — Altera as Leis ns. 9.478, de 6 de agosto de 1997, e 9.847, de 26 de outubro de 1999, que dispõem sobre a política e a fiscalização das atividades relativas ao abastecimento nacional de combustíveis; e dá outras providências.

Lei 12.734, de 30.11.12 — Modifica as Leis n. 9.478, de 6 de agosto de 1997, e n. 12.351, de 22 de dezembro de 2010, para determinar novas regras de distribuição entre os entes da Federação dos *royalties* e da participação especial devidos em função da exploração de petróleo, gás natural e outros hidrocarbonetos fluidos, e para aprimorar o marco regulatório sobre a exploração desses recursos no regime de partilha.

PROPRIEDADE INDUSTRIAL: Lei 9.279, de 14.5.96 — Regula direitos e obrigações relativos à propriedade industrial.

PROPRIEDADE RURAL ADQUIRIDA POR ESTRANGEIRO: v., no nosso CCLCV, tít. correspondente.

ZONAS DE PROTEÇÃO A AERÓDROMOS: Lei 7.565, de 19.12.86 — Dispõe sobre o Código Brasileiro de Aeronáutica. Os arts. 43 a 46 dispõem s/ restrições especiais às propriedades vizinhas dos aeródromos e das instalações de auxílio à navegação aérea.

ZONAS DE PROTEÇÃO A ESTAÇÕES DE RADIOGONOMETRIA E RADIOMONITORAGEM: Lei 6.442, de 26.9.77 — Dispõe sobre áreas de proteção para o funcionamento das estações radiogonométricas de alta frequência do Ministério da Marinha e de radiomonitoragem do Ministério das Comunicações. A edificação de prédios e de estruturas metálicas, numa faixa de terras de 1.000 metros de largura, contígua às estações radiogonométricas e de radiomonitoragem, só é permitida com assentimento ou do Ministério da Marinha, ou do Ministério das Comunicações.

Art. 1.228. O proprietário tem a faculdade de usar, gozar e dispor da coisa, e o direito de reavê-la do poder de quem quer que injustamente a possua ou detenha.[1 a 1b] [Dispositivo correspondente no CC/1916: art. 524-*caput*.]

§ 1º O direito de propriedade deve ser exercido em consonância com as suas finalidades econômicas e sociais[2-2a] e de modo que sejam preservados, de conformidade com o estabelecido em lei especial, a flora, a fauna, as belezas naturais, o equilíbrio ecológico e o patrimônio histórico e artístico, bem como evitada a poluição do ar e das águas. [Sem dispositivo correspondente no CC/1916.]

§ 2º São defesos os atos que não trazem ao proprietário qualquer comodidade, ou utilidade, e sejam animados pela intenção de prejudicar outrem.[3-3a] [Sem dispositivo correspondente no CC/1916.]

§ 3º O proprietário pode ser privado da coisa, nos casos de desapropriação,[4] por necessidade ou utilidade pública ou interesse social, bem como no de requisição, em caso de perigo público iminente.[4a] [Sem dispositivo correspondente no CC/1916.]

§ 4º O proprietário também pode ser privado da coisa se o imóvel reivindicado consistir em extensa área, na posse ininterrupta e de boa-fé, por mais de cinco anos,[5] de considerável número de pessoas, e estas nela houverem realizado, em conjunto ou separadamente, obras e serviços considerados pelo juiz de interesse social e econômico relevante.[6-6a] [Sem dispositivo correspondente no CC/1916.]

§ 5º No caso do parágrafo antecedente, o juiz fixará a justa indenização[7-7a] devida ao proprietário; pago o preço, valerá a sentença como título para o registro do imóvel em nome dos possuidores.[8] [Sem dispositivo correspondente no CC/1916.]

✎ **Art. 1.228: 1.** "Compreendendo os novos limites à propriedade: uma análise do artigo 1.228 do Código Civil brasileiro", por Camilo de Lelis Colani Barbosa e Rodolfo Pamplona Filho (RMDCPC 9/73).

Art. 1.228: 1a. s/ ação reivindicatória em matéria de: condomínio edilício, v. art. 1.331, nota 1; usufruto, v. art. 1.394, nota 2.

Art. 1.228: 1b. A ação própria é a reivindicatória, que segue o procedimento comum (CPC 318 e segs.).

"Extrai-se do art. 1.228 do CC/2002, como requisitos para a propositura da ação reivindicatória, que o autor tenha titularidade do domínio sobre a coisa reivindicada, que a mesma seja individuada, identificada e esteja injustamente em poder do réu. Em ação reivindicatória o objetivo é assegurar ao titular do domínio, o uso e gozo da coisa, *ex vi* do art. 524, hoje art. 1.228 do CC de 2002. Ausente o domínio, a extinção do processo é medida que se impõe" (RT 876/318: TJMG, AP 1.0351.07.080101-1/001).

"A ação de imissão na posse é uma ação real que possui como causas de pedir a propriedade e o direito de sequela (*ius possidendi*). Possui fundamento no art. 1.228 do CC/2002. Assim sendo, é requisito imprescindível desta demanda que a parte autora possua o título de propriedade. A prova carreada nos autos demonstra que a autora adquiriu mediante cessão de direitos hereditários a posse que os alienantes detinham sobre o terreno. Daí se conclui que a autora não é a titular do direito de propriedade do imóvel" (RT 873/305: TJRJ, AP 2008.001.05591).

Art. 1.228: 2. **Disposição transitória: "Art. 2.035 § ún.** "Nenhuma convenção prevalecerá se contrariar preceitos de ordem pública, tais como os estabelecidos por este Código para assegurar a função social da propriedade e dos contratos".

✎ **Art. 1.228: 2a.** "A função social da cidade e da propriedade privada urbana como propriedade de funções", por Jacques Távora Alfonsin (Ajuris 96/141); "A função social dos imóveis agrários", por Fernando Campos Scaff (RT 840/107); "Estatuto da cidade e a função social da propriedade", por Regina Maria Macedo Nery Ferrari (RT 867/52).

✎ **Art. 1.228: 3.** "Abuso do direito: contradição entre o § 2º do art. 1.228 e o art. 187 do Código Civil", por Rodrigo Mazzei (RF 396/207).

Art. 1.228: 3a. **Enunciado 49 do CEJ:** "A regra do art. 1.228, § 2º, do novo Código Civil interpreta-se restritivamente, em harmonia com o princípio da função social da propriedade e com o disposto no art. 187 da mesma lei".

V. art. 187 (abuso de direito).

Art. 1.228: 4. s/ desapropriação, v. CF 5º-XXIV (procedimento), 182 § 3º (prévia e justa indenização em dinheiro), 184 a 186 (desapropriação para fins de reforma agrária).

V. tb. Dec. lei 3.365, de 21.6.41.

Art. 1.228: 4a. **Enunciado 305 do CEJ:** "Tendo em vista as disposições dos §§ 3º e 4º do art. 1.228 do Código Civil, o Ministério Público tem o poder-dever de atuação nas hipóteses de desapropriação, inclusive a indireta, que envolvam relevante interesse público, determinado pela natureza dos bens jurídicos envolvidos".

Art. 1.228: 5. v. art. 2.030 (acréscimo do prazo por disposição transitória).

Art. 1.228: 6. **Enunciado 82 do CEJ:** "É constitucional a modalidade aquisitiva de propriedade imóvel prevista nos §§ 4º e 5º do art. 1.228 do novo Código Civil".

Enunciado 83 do CEJ: "Nas ações reivindicatórias propostas pelo Poder Público, não são aplicáveis as disposições constantes dos §§ 4º e 5º do art. 1.228 do novo Código Civil".

Enunciado 84 do CEJ: "A defesa fundada no direito de aquisição com base no interesse social (art. 1.228, §§ 4º e 5º, do novo Código Civil) deve ser arguida pelos réus da ação reivindicatória, eles próprios responsáveis pelo pagamento da indenização".

Enunciado 304 do CEJ: "São aplicáveis as disposições dos §§ 4º e 5º do art. 1.228 do Código Civil às ações reivindicatórias relativas a bens públicos dominicais, mantido, parcialmente, o Enunciado 83 da I Jornada de Direito Civil, no que concerne às demais classificações dos bens públicos".

Enunciado 306 do CEJ: "A situação descrita no § 4º do art. 1.228 do Código Civil enseja a improcedência do pedido reivindicatório".

Enunciado 307 do CEJ: "Na desapropriação judicial (art. 1.228, § 4º), poderá o juiz determinar a intervenção dos órgãos públicos competentes para o licenciamento ambiental e urbanístico".

Enunciado 309 do CEJ: "O conceito de posse de boa-fé de que trata o art. 1.201 do Código Civil não se aplica ao instituto previsto no § 4º do art. 1.228".

Enunciado 310 do CEJ: "Interpreta-se extensivamente a expressão 'imóvel reivindicado' (art. 1.228, § 4º), abrangendo pretensões tanto no juízo petitório quanto no possessório".

S/ **usucapião especial urbana coletiva,** v. art. 10 da Lei 10.257, de 10.7.01.

✎ **Art. 1.228: 6a.** "Posse *pro labore* do novo Código Civil", por Alex Sandro Ribeiro (RSDCPC 23/148); "A extensão do conceito de 'boa-fé' em limitação ao direito de propriedade definida no art. 1.228, § 4º, do Código Civil: o controvertido instituto da 'expropriação judicial'", por Joel Dias Figueira Júnior (RDPr 21/123); "Hermenêutica e operabilidade dos §§ 4º e 5º do art. 1.228 do Código Civil", por Lucas Abreu Barroso (RDPr 21/130); "Desapropriação judicial no Código Civil", por Luís Paulo Cotrim Guimarães (RT 833/97); "Controvérsias constitucionais acerca do usucapião coletivo", por Pablo Stolze Gagliano (RMDCPC 12/37); "Considerações acerca do instituto previsto no art. 1.228, §§ 4º e 5º, do Código Civil", por Rodrigo Trugillo del Cueto Narbondo (Ajuris 103/271); "A aquisição da propriedade imobiliária pela Acessão Invertida Social: análise sistemática dos parágrafos 4º e 5º do artigo 1.228 do Código Civil", por Pablo Rentería (RTDC 34/71); "Critérios objetivos da 'justa indenização' na desapropriação judicial", por Luís Paulo Cotrim Guimarães (RF 398/155); "A trajetória doutrinária e judicial da desapropriação judicial — perspectivas e prognósticos (§§ 4º e 5º do art. 1.228 do Código Civil)", por Voltaire de Freitas Michel (RBDP 81/143).

Art. 1.228: 7. **Enunciado 240 do CEJ:** "A justa indenização a que alude o parágrafo 5º do art. 1.228 não tem como critério valorativo, necessariamente, a avaliação técnica lastreada no mercado imobiliário, sendo indevidos os juros compensatórios".

Enunciado 241 do CEJ: "O registro da sentença em ação reivindicatória, que opera a transferência da propriedade para o nome dos possuidores, com fundamento no interesse social (art. 1.228, § 5º), é condicionado ao pagamento da respectiva indenização, cujo prazo será fixado pelo juiz".

Enunciado 308 do CEJ: "A justa indenização devida ao proprietário em caso de desapropriação judicial (art. 1.228, § 5º) somente deverá ser suportada pela Administração Pública no contexto das políticas públicas de reforma urbana ou agrária, em se tratando de possuidores de baixa renda e desde que tenha havido intervenção daquela nos termos da lei processual. Não sendo os possuidores de baixa renda, aplica-se a orientação do Enunciado 84 da I Jornada de Direito Civil".

Enunciado 311 do CEJ: "Caso não seja pago o preço fixado para a desapropriação judicial, e ultrapassado o prazo prescricional para se exigir o crédito correspondente, estará autorizada a expedição de mandado para registro da propriedade em favor dos possuidores".

Art. 1.228: 7a. A fixação da justa indenização e os seus desdobramentos (pagamento do preço e registro do imóvel em nome dos possuidores) somente devem ter lugar nos casos em que o réu formular pretensão nesse sentido, isto é, nos casos em que o réu reconvir para essa finalidade. Nas situações em que o réu simplesmente se defender da ação reivindicatória com arrimo na exceção prevista no § 4º, o desfecho do processo deve trazer tão somente a improcedência da demanda.

Art. 1.228: 8. v. nota 2. S/ registro, v. LRP 176-B-V.

Art. 1.229. A propriedade do solo abrange a do espaço aéreo e subsolo correspondentes, em altura e profundidade úteis ao seu exercício, não podendo o proprietário opor-se a atividades que sejam realizadas, por terceiros, a uma altura ou profundidade tais, que não tenha ele interesse legítimo em impedi-las.[1-2] [Dispositivo correspondente no CC/1916: art. 526.]

Art. 1.229: 1. v. art. 1.286 (passagem de cabos e tubulações). V. tb. CF 26 (bens dos Estados) e 177 (monopólio da União das jazidas de petróleo e gás natural); Dec. lei 1.985, de 29.1.40 (Código de Minas); Lei 8.901, de 30.6.94 (regime jurídico das jazidas); Dec. lei 227, de 28.2.67 (Código de Mineração); Dec. lei 3.263, de 12.5.41 (jazidas de petróleos e gases raros); Dec. lei 2.375, de 24.11.87 (Terras Públicas); Lei 6.634, de 2.5.79 (Faixa de Fronteira); Dec. 24.643, de 10.7.34 (Código de Águas); Dec. 28.840, de 8.11.50 (plataforma submarina); Lei 8.617, de 4.1.93 (mar territorial); Lei 9.478, de 6.8.97 (monopólio do petróleo); Lei 12.351, de 22.12.10 (pré-sal); Lei 11.909, de 4.3.09 (gás natural).

Art. 1.229: 2. "O legislador adotou o critério da utilidade como parâmetro definidor da propriedade do subsolo, limitando-a ao proveito normal e atual que pode proporcionar, conforme as possibilidades técnicas então existentes" (STJ-RT 919/770: 3ª T., REsp 1.233.852). Do voto da relatora: "Não tendo havido nenhum prejuízo ou restrição ao direito de uso, gozo e fruição, conclui-se que a parcela do subsolo utilizada pelos recorridos para a realização de obras em seu imóvel não deve ser considerada parte integrante da propriedade dos recorrentes".

Art. 1.230. A propriedade do solo não abrange as jazidas, minas e demais recursos minerais, os potenciais de energia hidráulica,[1] os monumentos arqueológicos e outros bens referidos por leis especiais.[2-3] [Sem dispositivo correspondente no CC/1916.]

Parágrafo único. O proprietário do solo tem o direito de explorar os recursos minerais de emprego imediato na construção civil, desde que não submetidos a transformação industrial, obedecido o disposto em lei especial. [Sem dispositivo correspondente no CC/1916.]

Art. 1.230: 1. CF 176: "As jazidas, em lavra ou não, e demais recursos minerais e os potenciais de energia hidráulica constituem propriedade distinta da do solo, para efeito de exploração ou aproveitamento, e pertencem à União, garantida ao concessionário a propriedade do produto da lavra. § 1º A pesquisa e a lavra de recursos minerais e o aproveitamento dos potenciais a que se refere o *caput* deste artigo somente poderão ser efetuados mediante autorização ou concessão da União, no interesse nacional, por brasileiros ou empresa constituída sob as leis brasileiras e que tenha sua sede e administração no País, na forma da lei, que estabelecerá as condições específicas quando essas atividades se desenvolverem em faixa de fronteira ou terras indígenas. § 2º É assegurada participação ao proprietário do solo nos resultados da lavra, na forma e no valor que dispuser a lei. § 3º A autorização de pesquisa será sempre por prazo determinado, e as autorizações e concessões previstas neste artigo não poderão ser cedidas ou transferidas, total ou parcialmente, sem prévia anuência do poder concedente. § 4º Não dependerá de autorização ou concessão o aproveitamento do potencial de energia renovável de capacidade reduzida".

Art. 1.230: 2. v. art. 1.229, nota 1.

Art. 1.230: 3. v. art. 1.392 § 2º.

Art. 1.231. A propriedade presume-se plena e exclusiva,[1] até prova em contrário. [Dispositivo correspondente no CC/1916: art. 527.]

Art. 1.231: 1. s/ propriedade resolúvel, v. arts. 1.359 e 1.360.

Art. 1.232. Os frutos[1] e mais produtos da coisa pertencem, ainda quando separados, ao seu proprietário, salvo se, por preceito jurídico especial, couberem a outrem. [Dispositivo correspondente no CC/1916: art. 528.]

Art. 1.232: 1. v., no índice, Frutos.

Seção II | DA DESCOBERTA

Art. 1.233. Quem quer que ache coisa alheia perdida[1] há de restituí-la ao dono ou legítimo possuidor.[2-2a] [Dispositivo correspondente no CC/1916: art. 603-*caput*.]

Parágrafo único. Não o conhecendo, o descobridor fará por encontrá-lo, e, se não o encontrar, entregará a coisa achada à autoridade competente.[3] [Dispositivo correspondente no CC/1916: art. 603 § ún.]

Art. 1.233: 1. v. tb. arts. 1.264 a 1.266 (achado do tesouro).

Art. 1.233: 2. v. CP 169 § ún.-II (crime de apropriação de coisa achada).

Art. 1.233: 2a. A descoberta diz respeito à coisa alheia perdida. Se for coisa **sem dono** trata-se de ocupação, cujas consequências jurídicas são diversas (v. art. 1.263).

Art. 1.233: 3. v. CPC 746.

Art. 1.234. Aquele que restituir a coisa achada, nos termos do artigo antecedente, terá direito a uma recompensa não inferior a cinco por cento do seu valor, e à indenização pelas despesas que houver feito com a conservação e transporte da coisa, se o dono não preferir abandoná-la. [Dispositivo correspondente no CC/1916: art. 604.]

Parágrafo único. Na determinação do montante da recompensa, considerar-se-á o esforço desenvolvido pelo descobridor para encontrar o dono, ou o legítimo possuidor, as possibilidades que teria este de encontrar a coisa e a situação econômica de ambos. [Sem dispositivo correspondente no CC/1916.]

Art. 1.235. O descobridor responde pelos prejuízos causados ao proprietário ou possuidor legítimo, quando tiver procedido com dolo. [Dispositivo correspondente no CC/1916: art. 605.]

Art. 1.236. A autoridade competente dará conhecimento da descoberta através da imprensa e outros meios de informação, somente expedindo editais se o seu valor os comportar.[1] [Sem dispositivo correspondente no CC/1916.]

Art. 1.236: 1. v. CPC 746 § 2º.

Art. 1.237. Decorridos sessenta dias da divulgação da notícia pela imprensa, ou do edital, não se apresentando quem comprove a propriedade sobre a coisa, será esta vendida em hasta pública[1] e, deduzidas do preço as despesas, mais a recompensa do descobridor, pertencerá o remanescente ao Município em cuja circunscrição se deparou o objeto perdido. [Dispositivo correspondente no CC/1916: art. 606.]

Parágrafo único. Sendo de diminuto valor, poderá o Município abandonar a coisa em favor de quem a achou. [Sem dispositivo correspondente no CC/1916.]

Art. 1.237: 1. v. CPC 730.

Capítulo II | DA AQUISIÇÃO DA PROPRIEDADE IMÓVEL

Seção I | DA USUCAPIÃO[1-2]

SEÇ. I: 1. v. CF 183 e 191; Lei 6.969, de 10.12.81, e Lei 10.257, de 10.7.01, arts. 9º a 14.

S/ usucapião de servidão aparente, v. art. 1.379.

✎ **SEÇ. I: 2.** "Aquisição e perda da propriedade. Usucapião: roupagem dada pelo novo Código Civil", por Newman Debs (RT 811/24); "Usucapião administrativa: uma alternativa possível", por Fernanda Loures de Oliveira (RDPr 48/129).

Art. 1.238. Aquele que, por quinze anos, sem interrupção, nem oposição,[1-1a] possuir como seu[2] um imóvel, adquire-lhe a propriedade,[2a a 2d] independentemente de título e boa-fé[2e]; podendo requerer ao juiz que assim o declare por sentença,[3] a qual servirá de título para o registro no Cartório de Registro de Imóveis.[3a-3b] [Dispositivo correspondente no CC/1916: art. 550.]

Parágrafo único. O prazo estabelecido neste artigo reduzir-se-á a dez anos[4] se o possuidor houver estabelecido no imóvel a sua moradia habitual, ou nele realizado obras ou serviços de caráter produtivo. [Sem dispositivo correspondente no CC/1916.]

Art. 1.238: 1. No sentido de que "uma vez julgada improcedente a ação possessória, a citação não tem efeito interruptivo da prescrição aquisitiva. Notificação judicial ou protesto para interromper a prescrição aquisitiva deve ter fim específico e declarado": RSTJ 176/351 (4ª T., REsp 149.186, maioria).

Art. 1.238: 1a. "A contestação na ação de usucapião não pode ser erigida à oposição prevista em lei, não tendo o condão de interromper, só por si, o prazo da prescrição aquisitiva" (STJ-3ª T., REsp 234.240, Min. Pádua Ribeiro, j. 2.12.04, dois votos vencidos, DJU 11.4.05; a contestação referida na ementa tinha sido apresentada em ação de usucapião entre as mesmas partes e sobre o mesmo imóvel, julgada improcedente, anteriormente à ação objeto do recurso especial). No mesmo sentido: STJ-4ª T., REsp 1.210.396, Min. Luis Felipe, j. 12.4.12, DJ 19.6.12.

Art. 1.238: 2. A posse direta (art. 1.197) em regra não gera usucapião: "A posse que conduz à usucapião deve ser exercida por certo tempo com *animus domini*, mansa e pacificamente, contínua e ininterruptamente. Preleciona o art. 579 do CC/2002 que comodato é o empréstimo gratuito de coisas não fungíveis. Os atos de mera detenção ou tolerância não induzem posse, conforme preleciona o art. 1.208 do CC/2002" (RT 873/272: TJMG, AP 1.0471.03.005494-7/001). Também negando a usucapião, em caso de posse oriunda de contrato de locação: RT 874/201 (TJSP, AP 400.101.4/2-00).

Todavia, há notícia de acórdãos que aceitam a modificação da natureza da posse ao longo do tempo: "O fato de ser possuidor direto na condição de promitente-comprador de imóvel, a princípio, não impede que este adquira a propriedade do bem por usucapião, uma vez que é possível a transformação do caráter originário daquela posse, de não própria, para própria" (STJ-3ª T., REsp 220.200, Min. Nancy Andrighi, j.16.9.03, DJU 20.10.03). No mesmo sentido: STJ-4ª T., REsp 143.976, Min. Barros Monteiro, j. 6.4.04, DJU 14.6.04.

Entendendo possível a aquisição da propriedade via usucapião por possuidor que inicialmente encontrava-se na posse direta como locatário, mas que, diante do desinteresse do proprietário em cobrar aluguel, passou a exercê-la com *animus domini*: RSTJ 143/370 (4ª T., REsp 154.733).

Art. 1.238: 2a. v. Estatuto do Índio (Lei 6.001, de 19.12.73, em Lex 1973/1.957, RT 458/488, RDA 116/575 e RF 245/457), arts. 33 e 38. V. tb. CF 231 § 4º.

Art. 1.238: 2b. Os bens públicos não estão sujeitos a usucapião (art. 102). V. notas ao art. 102 para usucapião e: domínio útil de bem público sobre o qual haja enfiteuse; bem de sociedade de economia mista.

Art. 1.238: 2c. Não se admite usucapião de **imóvel rural** de área inferior ao módulo (RT 652/65, RJTJESP 62/230, maioria). S/ módulo rural, v. ET 4º e 5º.

Do mesmo modo, não cabe ação de usucapião sobre imóvel que "não atende às normas municipais que estabelecem o módulo mínimo local, para **parcelamento do solo urbano**" (RSTJ 185/430: REsp 402.792, 4ª T.). V. Lei 6.766/79.

Art. 1.238: 2d. "O usucapião por **condômino** é possível, desde que a posse seja exercida com exclusividade sobre o bem almejado" (RJ 175/59). No mesmo sentido: STJ-3ª T., Ag em REsp 22.114-AgRg, Min. João Otávio, j. 5.11.13, DJ 11.11.13; STJ-RDDP 92/134 (4ª T., REsp 668.131).

Art. 1.238: 2e. s/ boa-fé, v. art. 1.201.

Art. 1.238: 3. No mesmo sentido: art. 1.241.

Art. 1.238: 3a. v. LRP-I-28 e 226.

Art. 1.238: 3b. Esse dispositivo trata da **usucapião extraordinária.** S/ usucapião ordinária, v. art. 1.242.

Art. 1.238: 4. v. art. 2.029 (acréscimo do prazo por disposição transitória).

Art. 1.239. Aquele que, não sendo proprietário de imóvel rural ou urbano, possua como sua,[1] por cinco anos ininterruptos, sem oposição, área de terra em zona rural não superior a cinquenta hectares, tornando-a produtiva por seu trabalho ou de sua família, tendo nela sua moradia, adquirir-lhe-á a propriedade.[2-3] [Sem dispositivo correspondente no CC/1916.]

Art. 1.239: 1. Este artigo reproduz textualmente o disposto na CF 191-*caput*, corrigindo um erro de redação: "como sua", em vez de "como seu".

Art. 1.239: 2. Esse dispositivo trata da **usucapião especial rural** ou **usucapião *pro labore*** (v. tb. art. 1º da Lei 6.969, de 10.12.81). S/ usucapião especial urbana, v. art. 1.240.

Art. 1.239: 3. Enunciado 312 do CEJ: "Observado o teto constitucional, a fixação da área máxima para fins de usucapião especial rural levará em consideração o módulo rural e a atividade agrária regionalizada".

Enunciado 313 do CEJ: "Quando a posse ocorre sobre área superior aos limites legais, não é possível a aquisição pela via da usucapião especial, ainda que o pedido restrinja a dimensão do que se quer usucapir".

V. tb. art. 1.243, nota 2 (Enunciado 317 do CEJ).

Art. 1.240. Aquele que possuir, como sua, área urbana[1] de até duzentos e cinquenta metros quadrados,[1a a 4] por cinco anos ininterruptamente e sem oposição,[4a] utilizando-a para sua moradia ou de sua família, adquirir-lhe-á o domínio, desde que não seja proprietário de outro imóvel urbano ou rural.[5] [Sem dispositivo correspondente no CC/1916.]

§ 1º O título de domínio e a concessão de uso serão conferidos ao homem ou à mulher, ou a ambos, independentemente do estado civil. [Sem dispositivo correspondente no CC/1916.]

§ 2º O direito previsto no parágrafo antecedente não será reconhecido ao mesmo possuidor mais de uma vez. [Sem dispositivo correspondente no CC/1916.]

Art. 1.240: 1. Enunciado 85 do CEJ: "Para efeitos do art. 1.240, *caput*, do novo Código Civil, entende-se por 'área urbana' o imóvel edificado ou não, inclusive unidades autônomas vinculadas a condomínios edilícios".

Art. 1.240: 1a. "Módulo mínimo do lote urbano municipal fixado como área de 360 m². Pretensão da parte autora de usucapir porção de 225 m², destacada de um todo maior, dividida em composse. Preenchidos os requisitos do art. 183 da Constituição Federal, o reconhecimento do direito à usucapião especial urbana não pode ser obstado por legislação infraconstitucional que estabeleça módulos urbanos na respectiva área em que situado o imóvel (dimensão do lote)" (STF-Pleno, RE 422.349, Min. Dias Toffoli, j. 29.4.15, maioria, DJ 5.8.15). No mesmo sentido: "Cuida-se de ação de usucapião especial urbana em que a autora pretende usucapir imóvel com área de 35,49 m². Pedido declaratório indeferido pelas instâncias ordinárias sob o fundamento de que o imóvel usucapiendo apresenta metragem inferior à estabelecida na legislação infraconstitucional que dispõe sobre o parcelamento do solo urbano e nos planos diretores municipais. Recurso especial provido" (STJ-3ª T., REsp 1.360.017, Min. Ricardo Cueva, j. 5.5.16, DJ 27.5.16).

Art. 1.240: 2. v. art. 1.239, nota 3 (Enunciado 313 do CEJ).

Art. 1.240: 3. **Enunciado 314 do CEJ:** "Para os efeitos do art. 1.240, não se deve computar, para fins de limite de metragem máxima, a extensão compreendida pela fração ideal correspondente à área comum".

Art. 1.240: 4. "A metragem da área usucapienda na modalidade de usucapião constitucional/especial deve ser de até 250 m², ainda que inserida em área maior, ou seja, cuja matrícula indique metragem superior. O importante é que a posse sobre a área pretendida a usucapir tenha sido exercida unicamente sobre a área de até 250 m². No caso concreto, comprovado foi que a posse exercida pelos autores ocorreu apenas sobre a área postulada de 161,51 m², que é um lote irregular inserido dentro do grande terreno previsto na matrícula" (RMDAU 44/133: TJRS, AP 13163-23.2012.8.21.7000).

"O simples fato de a área usucapienda estar compreendida em terrenos de dimensão superior ao limite legal de duzentos e cinquenta metros quadrados não demonstra impedimento à sua aquisição" (RMDAU 46/122: TJMG, AP 1.0433.09.301608-0/001).

Art. 1.240: 4a. A oposição iniciada após o lapso de cinco anos ininterruptos de posse mansa e pacífica não é capaz de impedir a usucapião especial urbana (RMDAU 46/122: TJMG, AP 1.0433.09.301608-0/001). Do voto do relator: "A posse da autora restou inconteste desde o ano de 1988 até o momento da imissão na posse, cujo mandado foi expedido em 10 de julho de 2009, ultrapassando, portanto, o lapso temporal de 5 (cinco) anos exigíveis *in casu*. É cediço que a sentença da ação de usucapião possui natureza meramente declaratória, e não constitutiva, limitando-se a reconhecer uma prerrogativa já consolidada no mundo jurídico em virtude dos fatos que a originaram, existindo, portanto, o direito de aquisição desde o momento em que cumpridos os requisitos legais, ainda que não reconhecidos judicialmente, pois estes apenas pretendem reconhecer domínio, já anteriormente obtido. Dessa maneira, resta indubitável, no caso em tela, a existência de posse mansa e pacífica pelo prazo necessário à aquisição da mesma pela usucapião, qual seja, 5 (cinco) anos, pois o despejo mencionado pelas testemunhas somente ocorrera posteriormente à consolidação do direito de aquisição, não constituindo, assim, um empecilho à sua declaração".

Art. 1.240: 5. Esse dispositivo reproduz o disposto na CF 183-*caput* e trata da **usucapião especial urbana individual** (v. tb. art. 9º da Lei 10.257, de 10.7.01). S/ usucapião especial urbana coletiva, v. art. 10 da Lei 10.257, de 10.7.01. S/ usucapião especial rural, v. art. 1.239.

Art. 1.240-A. Aquele que exercer, por 2 (dois) anos ininterruptamente e sem oposição, posse direta, com exclusividade, sobre imóvel urbano de até 250m² (duzentos e cinquenta metros quadrados) cuja propriedade divida com ex-cônjuge ou ex-companheiro que abandonou o lar, utilizando-o para sua moradia ou de sua família, adquirir-lhe-á o domínio integral, desde que não seja proprietário de outro imóvel urbano ou rural.[1-2] [Sem dispositivo correspondente no CC/1916.]

§ 1º O direito previsto no *caput* não será reconhecido ao mesmo possuidor mais de uma vez. [Sem dispositivo correspondente no CC/1916.]

§ 2º (VETADO). [Sem dispositivo correspondente no CC/1916.]

Art. 1.240-A: 1. O art. 1.240-A foi acrescido pela Lei 12.424, de 16.6.11.

✎ **Art. 1.240-A: 2.** "Primeiras anotações sobre os pressupostos e a processualização da usucapião familiar", por Roberto Paulino de Albuquerque Jr. e Roberto P. Campos Gouveia Filho (RP 199/369);

"Usucapião especial e abandono de lar. Usucapião entre ex-casal", por Maria Aglaé Tedesco Vilardo (RBDFS 27/46); "Usucapião por abandono do lar conjugal: repercussões no direito de família", por Mônica Guazzelli (RBDFS 28/97); "Aspectos polêmicos da 'usucapião conjugal': questões afetas ao art. 1.240-A do Código Civil brasileiro", por Guilherme Calmon Nogueira da Gama e Thaís Boia Marçal (RDPr 54/257).

Art. 1.241. Poderá o possuidor requerer ao juiz[1-2] seja declarada adquirida, mediante usucapião, a propriedade imóvel.[2a] [Sem dispositivo correspondente no CC/1916.]

Parágrafo único. A declaração obtida na forma deste artigo constituirá título hábil para o registro no Cartório de Registro de Imóveis.[3-4] [Sem dispositivo correspondente no CC/1916.]

Art. 1.241: 1. Ação de usucapião especial: Lei 6.969, de 10.12.81, art. 4º, e Lei 10.257, de 10.7.01, art. 10.

Art. 1.241: 2. **Súmula 237 do STF:** "O usucapião pode ser arguido em defesa". O CC atual consigna, corretamente: "**a** usucapião".

Súmula 391 do STF: "O confinante certo deve ser citado pessoalmente para a ação de usucapião".

Art. 1.241: 2a. **Enunciado 315 do CEJ:** "O art. 1.241 do Código Civil permite que o possuidor que figurar como réu em ação reivindicatória ou possessória formule pedido contraposto e postule ao juiz seja declarada adquirida, mediante usucapião, a propriedade imóvel, valendo a sentença como instrumento para registro imobiliário, ressalvados eventuais interesses de confinantes e terceiros".

Art. 1.241: 3. v. LRP 167-I-28.

Art. 1.241: 4. "A sentença proferida no processo de usucapião (art. 941 do CPC) possui **natureza meramente declaratória** (e não constitutiva), pois apenas reconhece, com oponibilidade *erga omnes*, um direito já existente com a posse *ad usucapionem*, exalando, por isso mesmo, efeitos *ex tunc*. O efeito retroativo da sentença se dá desde a consumação da prescrição aquisitiva. O registro da sentença de usucapião no cartório extrajudicial não é essencial para a consolidação da propriedade imobiliária, porquanto, ao contrário do que ocorre com as aquisições derivadas de imóveis, o ato registral, em tais casos, não possui caráter constitutivo. Assim, a sentença oriunda do processo de usucapião é tão somente título para registro (arts. 945 do CPC; 550 do CC/1916; 1.241, parágrafo único, do CC/2002) — e não título constitutivo do direito do usucapiente, buscando este, com a demanda, atribuir segurança jurídica e efeitos de coisa julgada com a declaração formal de sua condição. O registro da usucapião no cartório de imóveis serve não para constituir, mas para dar publicidade à aquisição originária (alertando terceiros), bem como para permitir o exercício do *ius disponendi* (direito de dispor), além de regularizar o próprio registro cartorial" (STJ-3ª T., REsp 118.360, Min. Vasco Della Giustina, j. 16.12.10, DJ 2.2.11).

"A declaração de usucapião é forma de aquisição originária da propriedade ou de outros direitos reais, modo que se opõe à aquisição derivada, a qual se opera mediante a sucessão da propriedade, seja de forma singular, seja de forma universal. Vale dizer que, na usucapião, a propriedade não é adquirida do anterior proprietário, mas, em boa verdade, contra ele. A propriedade é absolutamente nova e não nasce da antiga. É adquirida a partir da objetiva situação de fato consubstanciada na posse *ad usucapionem* pelo interregno temporal exigido por lei. Aliás, é até mesmo desimportante que existisse antigo proprietário" (STJ-4ª T., REsp 941.464, Min. Luis Felipe, j. 24.4.12, DJ 29.6.12).

"Hipoteca judicial de gleba de terras. Posterior procedência de ação de usucapião de parte das terras hipotecadas. Participação do credor hipotecário na ação de usucapião como assistente do réu. Ausência de cerceamento de defesa. Prevalência da usucapião. Efeitos *ex tunc* da sentença declaratória. Cancelamento parcial da hipoteca judicial" (STJ-4ª T., REsp 620.610, Min. Raul Araújo, j. 3.9.13, DJ 19.2.14).

V. tb. art. 1.499, nota 3a (declaração de usucapião e extinção de hipoteca).

Art. 1.242. Adquire também a propriedade do imóvel aquele que, contínua e incontestadamente, com justo título[1-1a] e boa-fé,[2] o possuir por dez anos.[2a] [Dispositivo correspondente no CC/1916: art. 551-*caput*.]

Parágrafo único. Será de cinco anos[3] o prazo previsto neste artigo se o imóvel houver sido adquirido, onerosamente, com base no registro constante do respectivo cartório, cancelada[4] posteriormente, desde que os possuidores nele tiverem estabelecido a sua moradia, ou realizado investimentos de interesse social e econômico.[5] [Sem dispositivo correspondente no CC/1916.]

Art. 1.242: 1. **Enunciado 86 do CEJ:** "A expressão 'justo título', contida nos arts. 1.242 e 1.260 do Código Civil, abrange todo e qualquer ato jurídico hábil, em tese, a transferir a propriedade, independentemente do registro".

Art. 1.242: 1a. "Ainda que não passível de registro, a jurisprudência do STJ reconhece como justo título, hábil a demonstrar a posse, o instrumento particular de compromisso de compra e venda" (STJ-4ª T., REsp 171.204, Min. Aldir Passarinho Jr., j. 26.6.03, DJU 1.3.04).

"Por justo título, para efeito da usucapião ordinária, deve-se compreender o ato ou fato jurídico que, em tese, possa transmitir a propriedade, mas que, por lhe faltar algum requisito formal ou intrínseco (como a venda *a non domino*), não produz tal efeito jurídico. Tal ato ou fato jurídico, por ser juridicamente aceito pelo ordenamento jurídico, confere ao possuidor, em seu consciente, a legitimidade de direito à posse, como se dono do bem transmitido fosse (*cum animo domini*). O contrato particular de cessão e transferência de direitos e obrigações de instrumento particular de compra e venda, o qual originou a longeva posse exercida pela ora recorrente, para efeito de comprovação da posse, deve ser reputado justo título" (STJ-3ª T., REsp 652.449, Min. Massami Uyeda, j. 15.12.09, DJ 23.3.10). No mesmo sentido: RT 893/299 (TJPR, AP 583.537-8).

Art. 1.242: 2. s/ conceito de boa-fé, v. art. 1.201.

A existência de justo título gera presunção de boa-fé, cf. art. 1.201 § ún.

Art. 1.242: 2a. Esse dispositivo trata da **usucapião ordinária.** S/ usucapião extraordinária, v. art. 1.238.

Art. 1.242: 3. v. art. 2.029 (acréscimo do prazo por disposição transitória).

Art. 1.242: 4. Deve ser "cancelado", e não "cancelada".

Art. 1.242: 5. "Se, por uma peculiaridade do direito brasileiro, é possível promover a restrição do direito de propriedade do adquirente para a proteção de um crédito, a prescrição aquisitiva que beneficia esse adquirente somente pode ser interrompida por um ato que inequivocamente indique a intenção do credor de realizar esse crédito. Se, após dez anos a partir do bloqueio da matrícula, o INSS não requer a declaração de nulidade da compra e venda, não executa o crédito previdenciário que mantém perante o vendedor do imóvel, não requer o reconhecimento de fraude à execução, não penhora o bem controvertido, enfim, não toma providência alguma, é possível reconhecer, ao menos em *status assertionis*, a ocorrência de usucapião tabular, de modo que o indeferimento da petição inicial da ação que a requer é providência exagerada" (STJ-3ª T., REsp 1.133.451, Min. Nancy Andrighi, j. 27.3.12, DJ 18.4.12).

Art. 1.243. O possuidor pode, para o fim de contar o tempo exigido pelos artigos antecedentes, acrescentar à sua posse a dos seus antecessores (art. 1.207), contanto que todas sejam contínuas, pacíficas e, nos casos do art. 1.242, com justo título e de boa-fé.[1-2] [Dispositivo correspondente no CC/1916: art. 552.]

✎ **Art. 1.243: 1.** "*Accessio possessionis* e usucapião constitucional agrário: inaplicabilidade do art. 1.243, primeira parte do Código Civil", por Lucas Abreu Barroso e Gustavo Elias Kallás Rezek (RDPr 28/113).

Art. 1.243: 2. **Enunciado 317 do CEJ:** "A *accessio possessionis*, de que trata o art. 1.243, 1ª parte, do Código Civil, não encontra aplicabilidade relativamente aos arts. 1.239 e 1.240 do mesmo diploma legal, em face da normatividade do usucapião constitucional urbano e rural, arts. 183 e 191, respectivamente".

Art. 1.244. Estende-se ao possuidor o disposto quanto ao devedor acerca das causas que obstam, suspendem ou interrompem a prescrição,[1] as quais também se aplicam à usucapião.[2] [Dispositivo correspondente no CC/1916: art. 553.]

Art. 1.244: 1. v. arts. 197 a 204.

Art. 1.244: 2. Se o prazo da usucapião não corre contra um dos coproprietários, em razão de sua incapacidade, também não corre contra os demais (JTJ 259/219).

Seção II | DA AQUISIÇÃO PELO REGISTRO DO TÍTULO[1-2]

SEÇ. II: 1. **Lei 5.972, de 11.12.73** — Regula o procedimento para o registro da propriedade de bens imóveis discriminados administrativamente ou possuídos pela União.

Lei 6.739, de 5.12.79 — Dispõe sobre a Matrícula e o Registro de Imóveis Rurais, e dá outras providências.

Lei 7.433, de 18.12.85 — Dispõe sobre os requisitos para a lavratura de escrituras públicas (regulamentada pelo Dec. 93.240, de 9.9.86).

Lei 8.935, de 18.11.94 — Regulamenta o art. 236 da Constituição Federal, dispondo sobre serviços notariais e de registro (Lei dos Cartórios).

SEÇ. II: 2. v., no nosso CCLCV, tít. REGISTROS PÚBLICOS.

Art. 1.245. Transfere-se entre vivos a propriedade mediante o registro[1 a 1e] do título translativo[2] no Registro de Imóveis. [Dispositivo correspondente no CC/1916: art. 530-I.]

§ 1º Enquanto não se registrar o título translativo,[3] o alienante continua a ser havido como dono do imóvel. [Sem dispositivo correspondente no CC/1916.]

§ 2º Enquanto não se promover, por meio de ação própria, a decretação de invalidade do registro, e o respectivo cancelamento, o adquirente continua a ser havido como dono do imóvel.[3a a 5] [Sem dispositivo correspondente no CC/1916.]

✎ **Art. 1.245: 1.** "Imposto de transmissão de bens imóveis por ato *inter vivos*. Momento da transferência da propriedade. Registro no álbum imobiliário", por Adelar José Drescher (RJ 320/45).

Art. 1.245: 1a. s/ registro e usucapião, v. art. 1.241, nota 4; s/ registro em nome do expropriante, v. LD 29.

Art. 1.245: 1b. "Duas sendo as promessas de compra e venda sobre o mesmo imóvel, nada importa qual a respectiva ordem cronológica; produz efeitos aquela que foi inscrita no Ofício Imobiliário, não podendo o outro promitente comprador averbar na matrícula do imóvel a pretensão que possa ter contra o promitente vendedor" (STJ-3ª T., RMS 21.479, Min. Ari Pargendler, j. 7.8.07, DJU 16.5.08).

Art. 1.245: 1c. Havendo duas praças do mesmo bem, em processos distintos de execução, prevalece a carta de arrematação registrada em primeiro lugar (Lex-JTA 141/57). "A carta de arrematação é o título de domínio, mas este só se transfere com o registro daquela no Cartório de Registro de Imóveis" (STJ-2ª Seção, CC 105.386, Min. Sidnei Beneti, j. 8.9.10, DJ 15.9.10).

"A arrematação, como dito no art. 694, *caput*, do Código de Processo Civil, após a assinatura do auto, será considerada 'perfeita, acabada e irretratável', contudo a eficácia destinada pelo referido dispositivo não pode se sobrepor a lógica posta pelo sistema registral brasileiro. Ou seja, pela matrícula do bem é que se toma conhecimento de eventuais gravames incidentes sobre ele e pelo registro do título é que se opera a transmissão da propriedade. Dar eficácia *erga omnes* a primeira arrematação não registrada desprestigia a confiança no registro e a boa-fé daqueles que nele confiam" (STJ-4ª T., REsp 1.045.258, Min. Marco Buzzi, j. 26.11.13, DJ 10.12.13).

"A pretensão de quem objetiva a imissão na posse fundamenta-se no direito de propriedade. Visa à satisfação daquele que, sem nunca ter exercido a posse, espera obtê-la judicialmente. Logo, na medida em que a transferência da propriedade imobiliária ocorre com o registro do título aquisitivo — no particular, a carta de arrematação — perante o Registro de Imóveis, somente depois da prática desse ato é que o arrematante estará capacitado a exigir sua imissão na posse do bem" (STJ-3ª T., REsp 1.238.502, Min. Nancy Andrighi, j. 28.5.13, DJ 13.6.13).

Mas: "O arrematante de imóvel tem o direito de receber os valores relativos ao aluguel a partir da lavratura do auto de arrematação, não sendo preciso esperar o registro no cartório do registro de imóveis" (STJ-3ª T., REsp 1.232.559, Min. João Otávio, j. 11.2.14, DJ 17.2.14). No mesmo sentido: STJ-4ª T., REsp 698.234, Min. Raul Araújo, j. 25.3.14, DJ 30.4.14.

Art. 1.245: 1d. "'Transformação' do empresário individual em sociedade limitada. Operação *sui generis*, distinta da transformação de sociedades. Integralização de capital com bem imóvel. Necessidade de registro para transmissão do domínio" (STJ-4ª T., REsp 703.419-AgRg, Min. Antonio Ferreira, j. 2.4.13, DJ 16.4.13).

Art. 1.245: 1e. "O imóvel objeto de separação consensual devidamente homologada pela Vara de Família e Sucessões, cuja propriedade ficou a cargo da ex-esposa do executado, não pode ser objeto de penhora, ainda que o registro da partilha só tenha ocorrido em momento posterior ao ajuizamento da ação de execução" (STJ-3ª T., Ag em REsp 159.917-AgRg, Min. Sidnei Beneti, j. 6.8.13, DJ 30.8.13).

V. tb., no nosso CPCLPV, CPC 674, nota 12, inclusive com a Súmula 84 do STJ.

Art. 1.245: 2. **Enunciado 87 do CEJ:** "Considera-se também título translativo, para fins do art. 1.245 do novo Código Civil, a promessa de compra e venda devidamente quitada (arts. 1.417 e 1.418 do Código Civil e § 6º do art. 26 da Lei n. 6.766/79)".

Art. 1.245: 3. v. art. 1.275 § ún.

Art. 1.245: 3a. **Súmula 496 do STJ:** "Os registros de propriedade particular de imóveis situados em terrenos de marinha não são oponíveis à União".

Art. 1.245: 4. **"O bloqueio administrativo** da matrícula do imóvel não impede a pretensão reivindicatória do suposto proprietário, tendo em vista que 'enquanto não se promover, por meio de ação própria, a decretação de invalidade do registro e o respectivo cancelamento, o adquirente continua a ser havido como dono do imóvel' (art. 1.245, § 2º, CC/2002)" (RT 871/271).

Também não impede a pretensão reivindicatória a **simples propositura da ação própria** para a invalidação do registro: "Não basta, para ilidir a fé pública que o registro imobiliário reveste, o ajuizamento de ação tendente a invalidá-lo; exige-se sua procedência" (STJ-3ª T., REsp 988.505, Min. Nancy Andrighi, j. 26.6.08, DJ 5.8.08).

Art. 1.245: 5. "Não obstante o Juízo de Família seja competente para reconhecer e dissolver a união estável, bem como para determinar a partilha dos bens adquiridos na constância da convivência, eventual nulificação de registro de escritura pública de transferência de propriedade a terceiro que não participou da lide familiar, ainda que com base em simulação, deve ser realizada em **ação autônoma,** a teor do art. 1.245 do CC/02, em decorrência do princípio da fé pública" (STJ-3ª T., REsp 1.485.014, Min. Moura Ribeiro, j. 25.4.17, DJ 15.5.17).

Art. 1.246. O registro é eficaz desde o momento em que se apresentar o título ao oficial do registro, e este o prenotar no protocolo.[1] [Dispositivo correspondente no CC/1916: art. 534.]

Art. 1.246: 1. v. LRP 174, 175, 182 a 188 e 205.

Art. 1.247. Se o teor do registro não exprimir a verdade, poderá o interessado reclamar que se retifique[1] ou anule. [Dispositivo correspondente no CC/1916: art. 860.]

Parágrafo único. Cancelado o registro, poderá o proprietário[2] reivindicar o imóvel, independentemente da boa-fé ou do título do terceiro adquirente. [Sem dispositivo correspondente no CC/1916.]

Art. 1.247: 1. v. LRP 212 a 213 (retificação administrativa) e 216 (retificação contenciosa).

Art. 1.247: 2. i. e., aquele que teve ou terá seu registro revalidado por força do cancelamento do registro posterior.

Seção III | DA AQUISIÇÃO POR ACESSÃO[1]

SEÇ. III: 1. s/ bens imóveis por acessão física, v. art. 79; s/ indenização paga ao evicto por conta de acessão, v. nota 2 ao art. 453.

Art. 1.248. A acessão pode dar-se: [Dispositivo correspondente no CC/1916: art. 536-*caput*.]

I — por formação de ilhas;[1] [Dispositivo correspondente no CC/1916: art. 536-I.]

II — por aluvião;[2] [Dispositivo correspondente no CC/1916: art. 536-II.]

III — por avulsão;[3] [Dispositivo correspondente no CC/1916: art. 536-III.]

IV — por abandono de álveo;[4] [Dispositivo correspondente no CC/1916: art. 536, IV.]

V — por plantações ou construções.[5] [Dispositivo correspondente no CC/1916: art. 536-V.]

Art. 1.248: 1. v. art. 1.249 e CA 23 a 25.

Art. 1.248: 2. v. art. 1.250 e CA 16 a 18.

Art. 1.248: 3. v. art. 1.251 e CA 19 a 22.

Art. 1.248: 4. v. art. 1.252 e CA 26 e 27.

Art. 1.248: 5. v. arts. 1.253 a 1.259.

Subseção I | DAS ILHAS

Art. 1.249. As ilhas que se formarem em correntes comuns ou particulares pertencem aos proprietários ribeirinhos fronteiros, observadas as regras seguintes:[1-2] [Dispositivo correspondente no CC/1916: art. 537-*caput*.]

I — as que se formarem no meio do rio consideram-se acréscimos sobrevindos aos terrenos ribeirinhos fronteiros de ambas as margens, na proporção de suas testadas, até a linha que dividir o álveo em duas partes iguais; [Dispositivo correspondente no CC/1916: art. 537-I.]

II — as que se formarem entre a referida linha e uma das margens consideram-se acréscimos aos terrenos ribeirinhos fronteiros desse mesmo lado; [Dispositivo correspondente no CC/1916: art. 537-II.]

III — as que se formarem pelo desdobramento de um novo braço do rio continuam a pertencer aos proprietários dos terrenos à custa dos quais se constituíram. [Dispositivo correspondente no CC/1916: art. 537-III.]

Art. 1.249: 1. v. CF 20-IV e 26-II e III.

Art. 1.249: 2. v. CA 23 a 25.

Subseção II | DA ALUVIÃO

Art. 1.250. Os acréscimos formados, sucessiva e imperceptivelmente, por depósitos e aterros naturais ao longo das margens das correntes, ou pelo desvio das águas destas, pertencem aos donos dos terrenos marginais, sem indenização.[1] [Dispositivo correspondente no CC/1916: art. 538.]

Parágrafo único. O terreno aluvial, que se formar em frente de prédios de proprietários diferentes, dividir-se-á entre eles, na proporção da testada de cada um sobre a antiga margem. [Dispositivo correspondente no CC/1916: art. 540.]

Art. 1.250: 1. v. CA 16 a 18.

Subseção III | DA AVULSÃO

Art. 1.251. Quando, por força natural violenta, uma porção de terra se destacar de um prédio e se juntar a outro, o dono deste adquirirá a propriedade do acréscimo, se indenizar o dono do primeiro ou, sem indenização, se, em um ano, ninguém houver reclamado.[1] [Sem dispositivo correspondente no CC/1916.]

Parágrafo único. Recusando-se ao pagamento de indenização, o dono do prédio a que se juntou a porção de terra deverá aquiescer a que se remova a parte acrescida. [Dispositivo correspondente no CC/1916: arts. 541 e 542.]

Art. 1.251: 1. v. CA 19 a 22.

Subseção IV | DO ÁLVEO ABANDONADO

Art. 1.252. O álveo abandonado de corrente pertence aos proprietários ribeirinhos das duas margens, sem que tenham indenização os donos dos terrenos por onde as águas abrirem novo curso, entendendo-se que os prédios marginais se estendem até o meio do álveo.[1] [Dispositivo correspondente no CC/1916: art. 544.]

Art. 1.252: 1. v. CA 9º, 26 e 27.

Subseção V | DAS CONSTRUÇÕES E PLANTAÇÕES

Art. 1.253. Toda construção ou plantação existente em um terreno presume-se feita pelo proprietário e à sua custa, até que se prove o contrário. [Dispositivo correspondente no CC/1916: art. 545.]

Art. 1.254. Aquele que semeia, planta ou edifica em terreno próprio com sementes, plantas ou materiais alheios, adquire a propriedade destes; mas fica obrigado a pagar-lhes o valor,[1] além de responder por perdas e danos,[2] se agiu de má-fé. [Dispositivo correspondente no CC/1916: art. 546.]

Art. 1.254: 1. i. e., o valor das sementes, plantas ou materiais empregados.

Art. 1.254: 2. v. arts. 402 a 405.

Art. 1.255. Aquele que semeia, planta ou edifica em terreno alheio perde, em proveito do proprietário, as sementes, plantas e construções; se procedeu de boa-fé,[1-1a] terá direito a indenização.[2-3] [Dispositivo correspondente no CC/1916: art. 547.]

Parágrafo único. Se a construção ou a plantação exceder consideravelmente o valor do terreno, aquele que, de boa-fé, plantou ou edificou, adquirirá a propriedade do solo, mediante pagamento da indenização fixada judicialmente, se não houver acordo. [Sem dispositivo correspondente no CC/1916.]

Art. 1.255: 1. s/ conceito de boa-fé, v. art. 1.201.

Art. 1.255: 1a. **Boa-fé e construção em terreno alheio.** "A ausência de contrato de compra e venda e a existência de registro de penhora, com eficácia *erga omnes*, afastam a presunção de boa-fé do apelante, razão pela qual não há que se falar em dever de indenizar" (RT 897/305: TJPR, AP 614.651-8).

Art. 1.255: 2. "A jurisprudência assentada no Superior Tribunal de Justiça considera indevida a indenização por acessões construídas sobre **área pública** irregularmente ocupada" (STJ-1ª T., REsp 850.970, Min. Teori Zavascki, j. 1.3.11, DJ 11.3.11).

S/ ocupação de área pública, v. arts. 1.196, nota 2, e 1.219, notas 4, 4a e 7a.

Art. 1.255: 3. "Ação de dissolução de sociedade de fato cumulada com alimentos, guarda e partilha de bens. Reconhecimento da sociedade conjugal e dissolução decretada. Pretensão à partilha de imóvel construído em terreno alheio. Direito à meação inexistente. Indenização a ser verificada em ação própria. Inteligência do art. 1.255 do CC" (RT 896/330: TJSC, AP 2009.065059-6).

Art. 1.256. Se de ambas as partes houve má-fé, adquirirá o proprietário as sementes, plantas e construções, devendo ressarcir o valor das acessões.[1] [Dispositivo correspondente no CC/1916: art. 548-*caput*.]

Parágrafo único. Presume-se má-fé no proprietário, quando o trabalho de construção, ou lavoura, se fez em sua presença e sem impugnação sua. [Dispositivo correspondente no CC/1916: art. 548 § ún.]

Art. 1.256: 1. v. art. 1.257.

Art. 1.257. O disposto no artigo antecedente aplica-se ao caso de não pertencerem as sementes, plantas ou materiais a quem de boa-fé os empregou em solo alheio.[1] [Dispositivo correspondente no CC/1916: art. 549-*caput*.]

Parágrafo único. O proprietário das sementes, plantas ou materiais poderá cobrar do proprietário do solo a indenização devida, quando não puder havê-la do plantador ou construtor. [Dispositivo correspondente no CC/1916: art. 549 § ún.]

Art. 1.257: 1. ou seja: as sementes, plantas e materiais serão adquiridos pelo proprietário do solo, o qual indenizará o antigo dono daqueles, caso o plantador ou construtor não possam fazê-lo.

Art. 1.258. Se a construção, feita parcialmente em solo próprio, invade solo alheio em proporção não superior à vigésima parte deste, adquire o construtor de boa-fé a propriedade da parte do solo invadido, se o valor da construção exceder o dessa parte, e responde por indenização que represente, também, o valor da área perdida e a desvalorização da área remanescente.[1] [Sem dispositivo correspondente no CC/1916.]

Parágrafo único. Pagando em décuplo as perdas e danos[1a] previstos neste artigo, o construtor de má-fé adquire a propriedade da parte do solo que invadiu, se em proporção à vigésima parte deste e o valor da construção exceder consideravelmente o dessa parte e não se puder demolir a porção invasora sem grave prejuízo para a construção.[2] [Sem dispositivo correspondente no CC/1916.]

✎ **Art. 1.258: 1.** "Aquisição construtiva de solo alheio: princípio *superficies solo cedit*, boa-fé e função social à luz do Código Civil brasileiro", por Luiz Edson Fachin (RT 922/123).

Art. 1.258: 1a. v. arts. 402 a 405.

Art. 1.258: 2. Enunciado 318 do CEJ: "O direito à aquisição da propriedade do solo em favor do construtor de má-fé (art. 1.258, parágrafo único) somente é viável quando, além dos requisitos explícitos previstos em lei, houver necessidade de proteger terceiros de boa-fé".

Art. 1.259. Se o construtor estiver de boa-fé, e a invasão do solo alheio exceder a vigésima parte deste, adquire a propriedade da parte do solo invadido, e responde por perdas e danos que abranjam o valor que a invasão acrescer à construção, mais o da área perdida e o da desvalorização da área remanescente; se de má-fé, é obrigado a demolir o que nele construiu, pagando as perdas e danos apurados, que serão devidos em dobro.[1] [Sem dispositivo correspondente no CC/1916.]

Art. 1.259: 1. s/ perdas e danos, v. arts. 402 a 405.

Capítulo III | DA AQUISIÇÃO DA PROPRIEDADE MÓVEL

Seção I | DA USUCAPIÃO[1]

SEÇ. I: 1. "Usucapião de coisa móvel nas relações de consumo", por Rogério Ferraz Donnini (RDPr 25/271).

Art. 1.260. Aquele que possuir coisa móvel[1-1a] como sua, contínua e incontestadamente durante três anos, com justo título[2] e boa-fé,[3] adquirir-lhe-á a propriedade.[4-4a] [Dispositivo correspondente no CC/1916: art. 618-*caput* e § ún.]

Art. 1.260: 1. s/ usucapião de imóvel, v. arts. 1.238 a 1.244.

Art. 1.260: 1a. "As ações ao portador transformadas em nominativas são bens usucapíveis, como bens móveis corpóreos" (STJ-3ª T., REsp 1.077.658, Min. Sidnei Beneti, j. 6.3.12, DJ 7.5.12).

Art. 1.260: 2. s/ justo título, v. art. 1.242, nota 1.

Art. 1.260: 3. s/ conceito de boa-fé, v. art. 1.201.

Art. 1.260: 4. Os bens públicos não estão sujeitos a usucapião (art. 102).

Art. 1.260: 4a. v. LRP-I-28 e 226.

Art. 1.261. Se a posse da coisa móvel se prolongar por cinco anos, produzirá usucapião, independentemente de título ou boa-fé.[1] [Dispositivo correspondente no CC/1916: art. 619-*caput*.]

Art. 1.261: 1. "A posse de bem por **contrato de alienação fiduciária** em garantia **não pode levar a usucapião,** seja pelo adquirente, seja por cessionário deste, porque essa posse remonta ao fiduciante, que é a financiadora, a qual, no ato do financiamento, adquire a propriedade do bem, cuja posse direta passa ao comprador fiduciário, conservando a posse indireta (Ihering) e restando essa posse como resolúvel por todo o tempo, até que o financiamento seja pago. A posse, nesse caso, é justa enquanto válido o contrato. Ocorrido o inadimplemento, transforma-se em posse injusta, incapaz de gerar direito a usucapião" (STJ-RT 885/199: 3ª T., REsp 844.098, um voto vencido).

"A transferência a terceiro de veículo gravado como propriedade fiduciária, à revelia do proprietário (credor), constitui ato de clandestinidade, incapaz de induzir posse (art. 1.208 do Código Civil de 2002), sendo por isso mesmo impossível a aquisição do bem por usucapião. De fato, em contratos com alienação fiduciária em garantia, sendo o desdobramento da posse e a possibilidade de busca e apreensão do bem inerentes ao próprio contrato, conclui-se que a transferência da posse direta a terceiros — porque modifica a essência do contrato, bem como a garantia do credor fiduciário — deve ser precedida de autorização" (STJ-RT 898/169: 4ª T., REsp 881.270).

Art. 1.262. Aplica-se à usucapião das coisas móveis o disposto nos arts. 1.243 e 1.244. [Dispositivo correspondente no CC/1916: art. 619 § ún.]

Seção II | DA OCUPAÇÃO

Art. 1.263. Quem se assenhorear de coisa[1] sem dono[2-2a] para logo lhe adquire a propriedade, não sendo essa ocupação defesa por lei.[3] [Dispositivo correspondente no CC/1916: art. 592-*caput*.]

Art. 1.263: 1. móvel

Art. 1.263: 2. s/ coisa perdida que tenha dono, v. arts. 1.233 a 1.237 (descoberta).

Art. 1.263: 2a. A coisa abandonada por seu proprietário (*res derelictae*) e a coisa que nunca foi apropriada (*res nullius*) são consideradas sem dono, podendo sofrer ocupação.

Art. 1.263: 3. **Lei 9.605, de 12.2.98** — Dispõe sobre as sanções penais e administrativas derivadas de condutas e atividades lesivas ao meio ambiente (os **arts. 29 a 37** dispõem s/ os crimes contra a fauna).

Dec. 6.514, de 22.7.08 — Dispõe sobre as infrações e sanções administrativas ao meio ambiente, estabelece o processo administrativo federal para apuração destas infrações, e dá outras providências.

Lei 5.197, de 3.1.67 — Dispõe sobre a proteção à fauna.

Dec. lei 221, de 28.2.67 — Dispõe sobre a proteção e estímulos à pesca.

Lei 11.959, de 29.6.09 — Dispõe sobre a Política Nacional de Desenvolvimento Sustentável da Aquicultura e da Pesca, regula as atividades pesqueiras, revoga a Lei 7.679 e dispositivos do Dec. lei 221, e dá outras providências.

Seção III | DO ACHADO DO TESOURO

Art. 1.264. O depósito antigo de coisas preciosas, oculto e de cujo dono não haja memória, será dividido por igual entre o proprietário do prédio e o que achar o tesouro casualmente.[1-2] [Dispositivo correspondente no CC/1916: art. 607.]

Art. 1.264: 1. v. arts. 1.233 a 1.237 (descoberta); art. 1.392 § 3º (tesouro e usufruto); CP 169 § ún.-I (apropriação de tesouro) e 169 § ún.-II (apropriação de coisa achada).

Art. 1.264: 2. **CF 20:** "São bens da União: (...) **IX** — os recursos minerais, inclusive os do subsolo; **X** — as cavidades naturais subterrâneas e os sítios arqueológicos e pré-históricos".

Lei 3.924, de 26.7.61 — Dispõe sobre os monumentos arqueológicos e pré-históricos: **"Art. 17.** A posse e a salvaguarda dos bens de natureza arqueológica ou pré-histórica constituem, em princípio, direito imanente ao Estado.

"Art. 18. A descoberta fortuita de quaisquer elementos de interesse arqueológico ou pré-histórico, histórico, artístico ou numismático, deverá ser imediatamente comunicada à Diretoria do Patrimônio Histórico e Artístico Nacional, ou aos órgãos oficiais autorizados, pelo autor do achado ou pelo proprietário do local onde tiver ocorrido. Parágrafo único. O proprietário ou ocupante do imóvel onde se tiver verificado o achado, é responsável pela conservação provisória da coisa descoberta, até pronunciamento e deliberação da Diretoria do Patrimônio Histórico e Artístico Nacional.

“**Art. 19.** A infringência da obrigação imposta no artigo anterior implicará na apreensão sumária do achado, sem prejuízo da responsabilidade do inventor pelos danos que vier a causar ao Patrimônio Nacional, em decorrência da omissão”.

Art. 1.265. O tesouro pertencerá por inteiro ao proprietário do prédio, se for achado por ele, ou em pesquisa que ordenou, ou por terceiro não autorizado.[1] [Dispositivo correspondente no CC/1916: art. 608.]

Art. 1.265: 1. Pela leitura do art. 1.264-*in fine*, conclui-se, *contrario sensu*, que esse terceiro não autorizado é aquela pessoa que não achou casualmente o tesouro em prédio alheio, mas sim de forma intencional e sem permissão do proprietário.

Art. 1.266. Achando-se em terreno aforado, o tesouro será dividido por igual entre o descobridor e o enfiteuta,[1] ou será deste por inteiro quando ele mesmo seja o descobridor. [Dispositivo correspondente no CC/1916: art. 609.]

Art. 1.266: 1. s/ enfiteuse, v. arts. 2.038 do CC atual e 678 a 694 do CC revogado.

Seção IV | DA TRADIÇÃO[1-2]

SEÇ. IV: 1. “Tradição e contrato de mútuo, de conta-corrente e de compra e venda”, por Álvaro Villaça Azevedo (RF 392/3).

SEÇ. IV: 2. v. arts. 234, 237, 291, 444, 492, 495, 529, 541 § ún., 579, 809 e 1.226.

Art. 1.267. A propriedade das coisas[1] não se transfere pelos negócios jurídicos antes da tradição.[1a-1b] [Dispositivo correspondente no CC/1916: art. 620.]

Parágrafo único. Subentende-se a tradição quando o transmitente continua a possuir pelo constituto possessório;[2] quando cede ao adquirente o direito à restituição da coisa, que se encontra em poder de terceiro; ou quando o adquirente já está na posse da coisa, por ocasião do negócio jurídico. [Dispositivo correspondente no CC/1916: arts. 620 e 621.]

Art. 1.267: 1. móveis

Art. 1.267: 1a. Na venda sobre documentos, substitui-se a tradição da coisa pela entrega do seu título representativo, cf. art. 529.

Art. 1.267: 1b. “A transferência da propriedade de veículo automotor se dá com a tradição, sendo desnecessário registro da transferência junto ao DETRAN” (RT 885/294: TJMA, AP 001606/2009).

Art. 1.267: 2. Por meio do constituto possessório, o transmitente permanece na posse do bem, mas em nome do adquirente.

Art. 1.268. Feita por quem não seja proprietário, a tradição não aliena a propriedade,[1] exceto se a coisa, oferecida ao público, em leilão ou estabelecimento comercial, for transferida em circunstâncias tais que, ao adquirente de boa-fé, como a qualquer pessoa, o alienante se afigurar dono. [Dispositivo correspondente no CC/1916: art. 622-*caput*, 1ª parte.]

§ 1º Se o adquirente estiver de boa-fé e o alienante adquirir depois a propriedade, considera-se realizada a transferência desde o momento em que ocorreu a tradição.[1a] [Dispositivo correspondente no CC/1916: art. 622-*caput*, 2ª parte.]

§ 2º Não transfere a propriedade a tradição, quando tiver por título um negócio jurídico nulo.[2] [Dispositivo correspondente no CC/1916: art. 622 § ún.]

Art. 1.268: 1. "Nas hipóteses de furto ou roubo não se dá a transmissão da propriedade, nem se transfere legitimamente a posse. Portanto, não perde o titular o direito de sequela, de seguir a coisa e obtê-la de quem a detenha ou possua. E ao terceiro de boa-fé cabe o direito de regresso contra quem lhe transferiu o bem" (STJ-5ª T., RMS 1.710, Min. Edson Vidigal, j. 31.8.94, DJ 7.11.94).

Art. 1.268: 1a. cf. art. 1.420 § 1º.

Art. 1.268: 2. v. art. 166.

Seção V | DA ESPECIFICAÇÃO

Art. 1.269. Aquele que, trabalhando em matéria-prima em parte alheia, obtiver espécie nova, desta será proprietário, se não se puder restituir à forma anterior.[1-2] [Dispositivo correspondente no CC/1916: art. 611.]

Art. 1.269: 1. Outro caso de especificação: art. 1.274 (v. nota 2).

Art. 1.269: 2. v. exemplos de especificação no início do art. 1.270 § 2º.

Art. 1.270. Se toda a matéria for alheia, e não se puder reduzir à forma precedente, será do especificador de boa-fé a espécie nova. [Dispositivo correspondente no CC/1916: art. 612-*caput*.]

§ 1º Sendo praticável a redução, ou quando impraticável, se a espécie nova se obteve de má-fé,[1] pertencerá ao dono da matéria-prima. [Dispositivo correspondente no CC/1916: art. 612 § 1º.]

§ 2º Em qualquer caso, inclusive o da pintura em relação à tela, da escultura, escritura e outro qualquer trabalho gráfico em relação à matéria-prima, a espécie nova será do especificador, se o seu valor exceder consideravelmente o da matéria-prima. [Dispositivo correspondente no CC/1916: art. 612 § 2º.]

Art. 1.270: 1. v. art. 1.271.

Art. 1.271. Aos prejudicados, nas hipóteses dos arts. 1.269 e 1.270, se ressarcirá o dano que sofrerem, menos ao especificador de má-fé, no caso do § 1º do artigo antecedente, quando irredutível a especificação. [Dispositivo correspondente no CC/1916: art. 613.]

Seção VI | DA CONFUSÃO, DA COMISSÃO[1] E DA ADJUNÇÃO

SEÇ. VI: 1. Deve ser "comistão" (v. art. 1.273, nota 1).

Art. 1.272. As coisas pertencentes a diversos donos, confundidas, misturadas ou adjuntadas[1] sem o consentimento deles, continuam a pertencer-lhes, sendo possível separá-las sem deterioração. [Dispositivo correspondente no CC/1916: art. 615-*caput*.]

§ 1º Não sendo possível a separação das coisas, ou exigindo dispêndio excessivo, subsiste indiviso o todo, cabendo a cada um dos donos quinhão proporcional ao valor da coisa com que entrou para a mistura ou agregado. [Dispositivo correspondente no CC/1916: art. 615 § 1º.]

§ 2º Se uma das coisas puder considerar-se principal,[2] o dono sê-lo-á do todo, indenizando os outros. [Dispositivo correspondente no CC/1916: art. 615 § 2º.]

Art. 1.272: 1. Confusão é a mistura de líquidos; comistão é a mistura de sólidos; e adjunção é a justaposição de uma coisa à outra.

Art. 1.272: 2. v. art. 92.

Art. 1.273. Se a confusão, comissão[1] ou adjunção se operou de má-fé, à outra parte caberá escolher entre adquirir a propriedade do todo, pagando o que não for seu, abatida a indenização que lhe for devida, ou renunciar ao que lhe pertencer, caso em que será indenizado. [Dispositivo correspondente no CC/1916: art. 616.]

Art. 1.273: 1. O CC revogado, na Seção III, que antecedia o art. 615, consignava, corretamente, "comistão", e não "comissão".

Art. 1.274. Se da união de matérias de natureza diversa se formar espécie nova, à confusão, comissão[1] ou adjunção aplicam-se as normas dos arts. 1.272 e 1.273.[2] [Dispositivo correspondente no CC/1916: art. 617.]

Art. 1.274: 1. v. art. 1.273, nota 1.

Art. 1.274: 2. A remissão deve ser aos arts. 1.269 a 1.271, que cuidam da formação de espécie nova (especificação). Era neste sentido a remissão feita pelo art. 617 do CC rev.

Capítulo IV | DA PERDA DA PROPRIEDADE

Art. 1.275. Além das causas consideradas neste Código, perde-se a propriedade: [Dispositivo correspondente no CC/1916: art. 589-*caput*.]

I — por alienação; [Dispositivo correspondente no CC/1916: art. 589-I.]

II — pela renúncia; [Dispositivo correspondente no CC/1916: art. 589-II.]

III — por abandono;[1] [Dispositivo correspondente no CC/1916: art. 589-III.]

IV — por perecimento da coisa; [Dispositivo correspondente no CC/1916: art. 589-IV.]

V — por desapropriação.[2] [Sem dispositivo correspondente no CC/1916.]

Parágrafo único. Nos casos dos incisos I e II, os efeitos da perda da propriedade imóvel serão subordinados ao registro do título transmissivo ou do ato renunciativo no Registro de Imóveis.[3-4] [Dispositivo correspondente no CC/1916: art. 589 § 1º.]

Art. 1.275: 1. s/ abandono de imóvel, v. art. 1.276.

Art. 1.275: 2. s/ desapropriação, v. CF 5º-XXII, XXIII, XXIV, 22-II e § ún., 100, 182 § 3º e § 4º-III, 184 a 186; ADCT 33; CC 1.387-*caput*, 1.409, 1.425-V e § 2º, 1.509 § 2º, 519, 959-II e 960 (CC rev. 590, 708, 738, 762-V e § 2º, 808 § 2º, 1.150, 1.558-II e 1.559). V. tb. art. 8º da Lei 10.257, de 10.7.01 (desapropriação de imóvel urbano que não cumpre sua função social, com pagamento em títulos).

V., adiante, no nosso CCLCV, tít. DESAPROPRIAÇÃO, texto integral, com todas as alterações, das seguintes leis sobre desapropriação:

— **Dec. lei 3.365, de 21.6.41** — Dispõe sobre desapropriações por utilidade pública.

— **Lei 4.132, de 10.9.62** — Define os casos de desapropriação por interesse social e dispõe sobre sua aplicação.

— **Lei 8.629, de 25.2.93** — Dispõe sobre a regulamentação dos dispositivos constitucionais relativos à reforma agrária, previstos no Cap. III, Tít. VII, da Constituição Federal.

Art. 1.275: 3. s/ escritura pública de alienação ou renúncia da propriedade, v. art. 108.

S/ registro, no Registro de Imóveis, de títulos transmissíveis de imóveis, v. arts. 1.245 a 1.247 e LRP 167-I. A renúncia da propriedade de imóvel deve ser averbada na matrícula (LRP 167-II).

Art. 1.275: 4. "Tem-se, portanto, que a alteração do registro, em razão do abandono da propriedade, não tem o condão de desconstituir a propriedade do titular, mas, sim, declarar a perda da propriedade daquele" (STJ-3ª T., REsp 1.176.013, Min. Massami Uyeda, j. 22.6.10, DJ 1.7.10).

Art. 1.276. O imóvel urbano que o proprietário abandonar, com a intenção de não mais o conservar em seu patrimônio, e que se não encontrar na posse de outrem, poderá ser arrecadado, como bem vago,[1] e passar, três anos depois, à propriedade do Município ou à do Distrito Federal, se se achar nas respectivas circunscrições.[1a-2] [Dispositivo correspondente no CC/1916: art. 589 § 2º-a.]

§ 1º O imóvel situado na zona rural, abandonado nas mesmas circunstâncias, poderá ser arrecadado, como bem vago, e passar, três anos depois, à propriedade da União, onde quer que ele se localize. [Dispositivo correspondente no CC/1916: art. 589 § 2º-b.]

§ 2º Presumir-se-á de modo absoluto a intenção a que se refere este artigo, quando, cessados os atos de posse, deixar o proprietário de satisfazer os ônus fiscais.[3] [Sem dispositivo correspondente no CC/1916.]

Art. 1.276: 1. v. CPC 746.

Art. 1.276: 1a. Enunciado 316 do CEJ: "Eventual ação judicial de abandono de imóvel, caso procedente, impede o sucesso de demanda petitória".

✎**Art. 1.276: 2.** "A inconstitucionalidade do art. 1.276 do novo CC e a garantia do direito de propriedade", por Adolfo Mamoru Nishiyama (RDPr 18/9); "Abandono e arrecadação de imóveis urbanos na perspectiva da política urbana", por Fernando G. Bruno Filho (RMDAU 42/5).

Art. 1.276: 3. Enunciado 242 do CEJ: "A aplicação do art. 1.276 depende do devido processo legal, em que seja assegurado ao interessado demonstrar a não cessação da posse".

Enunciado 243 do CEJ: "A presunção de que trata o § 2º do art. 1.276 não pode ser interpretada de modo a contrariar a norma-princípio do art. 150, IV, da Constituição da República".

Capítulo V | DOS DIREITOS DE VIZINHANÇA[1 a 3]

Seção I | DO USO ANORMAL DA PROPRIEDADE[1]

✎ **CAP. V: 1.** "Direito de vizinhança: condicionamentos públicos e privados", por Mariana Mencio (IP 66/167); "Direito de vizinhança — o uso abusivo da propriedade imóvel", por José Eulálio Figueiredo de Almeida (RMDAU 41/5).

CAP. V: 2. s/ direito de vizinhança e foro competente, v. CPC 47.

CAP. V: 3. Lei 10.257, de 10.7.01 (Estatuto da Cidade) — Regulamenta os arts. 182 e 183 da Constituição Federal, estabelece diretrizes gerais da política urbana e dá outras providências. Os arts. 36 a 38 dispõem sobre **estudo de impacto de vizinhança.**

SEÇ. I: 1. v. tb. arts. 1.331 a 1.346 e LCE 19 (uso da propriedade em condomínios edilícios).

Art. 1.277. O proprietário ou o possuidor de um prédio tem o direito de fazer cessar as interferências prejudiciais à segurança, ao sossego e à saúde dos que o habitam, provocadas pela utilização de propriedade vizinha.[1 a 4] [Dispositivo correspondente no CC/1916: art. 554.]

Parágrafo único. Proíbem-se as interferências considerando-se a natureza da utilização, a localização do prédio, atendidas as normas que distribuem as edificações em zonas,[5] e os limites ordinários de tolerância dos moradores da vizinhança. [Sem dispositivo correspondente no CC/1916.]

Art. 1.277: 1. s/ direito de construir, v. arts. 1.299 a 1.302 e respectivas notas.

Art. 1.277: 1a. Enunciado 319 do CEJ: "A condução e a solução das causas envolvendo conflitos de vizinhança devem guardar estreita sintonia com os princípios constitucionais da intimidade, da inviolabilidade da vida privada e da proteção ao meio ambiente".

Art. 1.277: 2. Vizinho não é apenas o prédio contíguo (RT 505/74, 696/105, RJTJESP 47/164, Bol. AASP 1.002/34).

"O ocupante do imóvel é parte legítima para figurar no polo passivo da ação de obrigação de fazer, ajuizada pelo proprietário ou pelo inquilino do imóvel vizinho, fundada no mau uso da propriedade" (STJ-3ª T., REsp 622.303, Min. Nancy Andrighi, j. 16.3.04, DJU 26.4.04).

"A ação do proprietário pelo uso nocivo do prédio vizinho pode ser dirigida contra o dono, ainda que locada a coisa" (STJ-4ª T., REsp 480.621, Min. Ruy Rosado, j. 17.6.03, DJU 12.8.03).

Art. 1.277: 3. "Fere o direito de vizinhança e caracteriza o uso nocivo da propriedade a mantença de inúmeros **animais** em precárias condições de higiene e cuidados, que causam aos vizinhos perturbações de toda ordem, especialmente em razão da sujeira, do mau cheiro, do barulho e das invasões na propriedade alheia" (JTJ 292/511).

Todavia: "Obrigação de não fazer. Proprietários de loteamento fechado que visam à interdição de granja avícola em imóvel vizinho. Inadmissibilidade. Irregularidade quanto à autorização para funcionamento expedida pelo órgão de fiscalização agropecuária sanada no curso do processo. Odor inerente a atividade que são incômodos toleráveis. Plano diretor do Município, ademais, que classifica a região como não exclusivamente residencial, autorizando o seu uso rural. Perturbação à segurança, à saúde e ao sossego que não se evidenciam" (RT 922/956: TJSP, AP 0010584-84.2008.8.26.0281; ementa da redação).

Art. 1.277: 4. "Direito de vizinhança. Perturbação ao sossego alheio. Funcionamento de bar em quiosque ao ar livre, com utilização de som mecânico e ao vivo. **Ruídos excessivos.** Limitações ao direito de propriedade, face ao incômodo causado aos vizinhos" (RT 884/315 e Bol. AASP 2.696: TJRS, AP 70018092973).

"A constatação de que o estabelecimento comercial produz elevados níveis de ruído, a ponto de causar grave perturbação ao sossego da vizinhança, fato que constitui dano à saúde da coletividade, justifica a determinação da paralisação de suas atividades, até porque os elementos de prova já apresentados evidenciam a reiterada prática, desrespeitando preceitos a que se encontrava vinculado. Sabendo-se, ademais, que os níveis sonoros apurados são prejudiciais ao sossego, à saúde e à segurança das pessoas, com consequências praticamente irreparáveis, identificado está o *periculum in mora*, a justificar o prevalecimento da medida, não sendo suficiente para afastá-la a afirmação de prejuízo econômico-financeiro propiciado ao réu" (JTJ 347/104: AI 990.09.292840-6).

"Poluição sonora. Imóvel destinado à locação para festas e eventos. Prova técnica. Prescindibilidade. Hipótese em que os depoimentos das testemunhas corroboraram as alegações ministeriais, tornando desnecessária a medição do ruído proveniente do local. Os ruídos urbanos são, hoje, considerados fatores altamente prejudiciais à população urbana, razão pela qual, além da disposição genérica do Código Civil que permite ao proprietário impedir que o vizinho perturbe o seu sossego (art. 1.277), o Poder Público vem alargando, por normas regulamentares, as exigências do silêncio, e os tribunais não têm negado ação, quer aos particulares, quer à Municipalidade, quer ao Ministério Público, para impedir os ruídos molestos aos vizinhos, individualmente, ou à coletividade em geral. Demonstrando a prova testemunhal que os distúrbios noticiados nos autos se referem à realização de eventos noturnos com níveis muito altos de emissão sonora, de se confirmar a sentença que impôs a proibição no que concerne aos eventos/festas, sendo prescindível, para tanto, a realização de prova pericial" (RT 897/295: TJMG, AP 1.0694.07.039949-8/001).

"Direito de vizinhança. Obrigação de não fazer. Mau uso da propriedade. Poluição sonora. Ruído excessivo oriundo de festa realizada pelos apelantes que gerou perturbação aos moradores vizinhos. Relações de vizinhança que limitam o uso do direito de propriedade em prol da boa convivência social (art. 1.277 do CC/2002)" (RT 900/260: TJSP, AP 992.07.025249-0).

Todavia: "Direito de vizinhança. Ruídos decorrentes da utilização do ***playground*** pelos moradores do próprio edifício dos autores. Uso normal da propriedade. Incômodo considerado como dentro dos limites ordinários de tolerância, que se impõe diante da convivência em sociedade" (JTJ 331/370: AP 285.633-4/3-00).

Art. 1.277: 5. "Utilização de imóvel para **fins comerciais** em área exclusivamente residencial. Mau uso caracterizado" (RDPr 16/364; ementa da redação).

Art. 1.278. O direito a que se refere o artigo antecedente não prevalece quando as interferências forem justificadas por interesse público, caso em que o proprietário ou o possuidor, causador delas, pagará ao vizinho indenização cabal. [Sem dispositivo correspondente no CC/1916.]

Art. 1.279. Ainda que por decisão judicial devam ser toleradas as interferências, poderá o vizinho exigir a sua redução, ou eliminação, quando estas se tornarem possíveis. [Sem dispositivo correspondente no CC/1916.]

Art. 1.280. O proprietário ou o possuidor tem direito a exigir do dono do prédio vizinho a demolição, ou a reparação deste, quando ameace ruína,[1] bem como que lhe preste caução pelo dano iminente. [Dispositivo correspondente no CC/1916: art. 555.]

Art. 1.280: 1. v. art. 937.

Art. 1.281. O proprietário ou o possuidor de um prédio, em que alguém tenha direito de fazer obras, pode, no caso de dano iminente, exigir do autor delas as necessárias garantias contra o prejuízo eventual.[1] [Dispositivo correspondente no CC/1916: art. 529.]

Art. 1.281: 1. v. arts. 1.311 a 1.313 e LI 9º-IV e 26.

S/ pesquisa mineral em terreno alheio, v. principalmente arts. 27 e 28 do Dec. lei 227, de 28.2.67 (Código de Mineração).

Seção II | DAS ÁRVORES LIMÍTROFES

Art. 1.282. A árvore, cujo tronco estiver na linha divisória, presume-se pertencer em comum aos donos dos prédios confinantes. [Dispositivo correspondente no CC/1916: art. 556.]

Art. 1.283. As raízes e os ramos de árvore, que ultrapassarem a estrema do prédio, poderão ser cortados, até o plano vertical divisório, pelo proprietário do terreno invadido. [Dispositivo correspondente no CC/1916: art. 558.]

Art. 1.284. Os frutos caídos de árvore do terreno vizinho pertencem ao dono do solo onde caíram, se este for de propriedade particular. [Dispositivo correspondente no CC/1916: art. 557.]

Seção III | DA PASSAGEM FORÇADA

Art. 1.285. O dono do prédio que não tiver acesso a via pública, nascente ou porto, pode, mediante pagamento de indenização cabal, constranger o vizinho a lhe dar passagem, cujo rumo será judicialmente fixado, se necessário.[1-2] [Dispositivo correspondente no CC/1916: arts. 559 e 560.]

§ 1º Sofrerá o constrangimento o vizinho cujo imóvel mais natural e facilmente se prestar à passagem. [Sem dispositivo correspondente no CC/1916.]

§ 2º Se ocorrer alienação parcial do prédio, de modo que uma das partes perca o acesso a via pública, nascente ou porto, o proprietário da outra deve tolerar a passagem. [Sem dispositivo correspondente no CC/1916.]

§ 3º Aplica-se o disposto no parágrafo antecedente ainda quando, antes da alienação, existia passagem através de imóvel vizinho, não estando o proprietário deste constrangido, depois, a dar uma outra. [Sem dispositivo correspondente no CC/1916.]

Art. 1.285: 1. **Enunciado 88 do CEJ:** "O direito de passagem forçada, previsto no art. 1.285 do Código Civil, também é garantido nos casos em que o acesso à via pública for insuficiente ou inadequado, consideradas inclusive as necessidades de exploração econômica".

Art. 1.285: 2. "A passagem forçada constitui modalidade onerosa do direito de vizinhança, cujo pressuposto é o **encravamento do imóvel**; juridicamente, encravado é o imóvel cujo acesso exige do respectivo proprietário despesas excessivas" (STJ-3ª T., REsp 850.867, Min. Ari Pargendler, j. 26.8.08, DJ 26.9.08).

Todavia, dispensando o requisito do encravamento: "Apesar de não se tratar de imóvel encravado, a concessão da servidão funda-se em razões humanitárias e tem por finalidade facilitar a locomoção da beneficiária, pessoa doente e com dificuldades de locomoção. Na hipótese dos autos, a utilização da passagem deve ser estendida ao cônjuge da titular da servidão judicial, enquanto em sua companhia, de forma a garantir efetividade à decisão judicial e facilitar-lhe a locomoção digna" (STJ-3ª T., REsp 1.370.210, Min. Nancy Andrighi, j. 27.8.13, RT 940/575).

Seção IV | DA PASSAGEM DE CABOS E TUBULAÇÕES

Art. 1.286. Mediante recebimento de indenização que atenda, também, à desvalorização da área remanescente, o proprietário é obrigado a tolerar a passagem, através de seu imóvel, de cabos, tubulações e outros condutos subterrâneos de serviços de utilidade pública, em proveito de proprietários vizinhos, quando de outro modo for impossível ou excessivamente onerosa.[1] [Sem dispositivo correspondente no CC/1916.]

Parágrafo único. O proprietário prejudicado pode exigir que a instalação seja feita de modo menos gravoso ao prédio onerado, bem como, depois, seja removida, à sua custa, para outro local do imóvel. [Sem dispositivo correspondente no CC/1916.]

Art. 1.286: 1. v. art. 1.294.

Art. 1.287. Se as instalações oferecerem grave risco, será facultado ao proprietário do prédio onerado exigir a realização de obras de segurança.[1] [Sem dispositivo correspondente no CC/1916.]

Art. 1.287: 1. v. art. 1.294.

Seção V | DAS ÁGUAS[1]

SEÇ. V: 1. v. Dec. 24.643, de 10.7.34 (Código de Águas), arts. 1º a 138.

V. tb. Dec. lei 3.094, de 5.3.41 (fontes de águas minerais, termais e gasosas), e Dec. lei 7.841, de 8.8.45 (Código de Águas Minerais).

Art. 1.288. O dono ou o possuidor do prédio inferior é obrigado a receber as águas que correm naturalmente do superior,[1-1a] não podendo realizar obras que embaracem o seu fluxo; porém a condição natural e anterior do prédio inferior não pode ser agravada por obras feitas pelo dono ou possuidor do prédio superior.[1b-2] [Dispositivo correspondente no CC/1916: art. 563.]

Art. 1.288: 1. Incumbe ao proprietário do prédio inferior "arcar com as obras necessárias à canalização das águas que correm naturalmente de um prédio ao outro, descabendo imputá-las ao réu, proprietário do prédio superior" (RJTJERGS 262/356, AP 70016391476).

Art. 1.288: 1a. "O dono do prédio inferior tem por obrigação receber as águas que correm naturalmente do superior (art. 1.288 do CC), sendo estas águas, no entanto, as pluviais, e não o esgoto" (JTJ 323/649: AP 7.030.324-1).

Art. 1.288: 1b. v. CA 69, no mesmo sentido.

Art. 1.288: 2. "Desabamento de muros e inundação, pelas águas de forte chuva, da residência dos autores, com danificação da própria construção, bem como de móveis e utensílios. Evento decorrente do rebaixamento da guia de calçada, para ingresso e estacionamento de caminhões de transportadora, feito pelo dono do prédio superior, provocando desnível. Artigos 563 do Código Civil e 69 do Código de Águas. Inocorrência de força maior, não se devendo o acidente simplesmente à excepcionalidade pluviométrica" (Lex-JTA 159/112: 1º TASP, AP 636.089-6). O art. 563 do CC rev. corresponde ao CC 1.288.

Art. 1.289. Quando as águas, artificialmente levadas ao prédio superior, ou aí colhidas, correrem dele para o inferior, poderá o dono deste reclamar que se desviem, ou se lhe indenize o prejuízo que sofrer.[1] [Dispositivo correspondente no CC/1916: art. 564.]

Parágrafo único. Da indenização será deduzido o valor do benefício obtido. [Sem dispositivo correspondente no CC/1916.]

Art. 1.289: 1. v. CA 92.

Art. 1.290. O proprietário de nascente,[1] ou do solo onde caem águas pluviais, satisfeitas as necessidades de seu consumo, não pode impedir, ou desviar[2] o curso natural das águas remanescentes pelos prédios inferiores. [Dispositivo correspondente no CC/1916: art. 565.]

Art. 1.290: 1. v. art. 1.310, CA 89 a 92.

Art. 1.290: 2. v. CA 103 § ún.-2º.

Art. 1.291. O possuidor do imóvel superior não poderá poluir[1] as águas indispensáveis às primeiras necessidades da vida dos possuidores dos imóveis inferiores; as demais, que poluir, deverá recuperar, ressarcindo os danos que estes sofrerem, se não for possível a recuperação ou o desvio do curso artificial das águas.[2] [Sem dispositivo correspondente no CC/1916.]

Art. 1.291: 1. v. arts. 1.228 § 1º, *in fine*, 1.309, CA 109 a 116.

Art. 1.291: 2. **Enunciado 244 do CEJ:** "O art. 1.291 deve ser interpretado conforme a Constituição, não sendo facultada a poluição das águas, quer sejam essenciais ou não às primeiras necessidades da vida".

Art. 1.292. O proprietário tem direito de construir barragens, açudes, ou outras obras para represamento de água em seu prédio; se as águas represadas invadirem prédio alheio, será o seu proprietário indenizado pelo dano sofrido, deduzido o valor do benefício obtido. [Sem dispositivo correspondente no CC/1916.]

Art. 1.293. É permitido a quem quer que seja, mediante prévia indenização aos proprietários prejudicados, construir canais,[1] através de prédios alheios, para receber as águas a que tenha direito, indispensáveis às primeiras necessidades da vida, e, desde que não cause prejuízo considerável à agricultura e à indústria, bem como para o escoamento de águas supérfluas ou acumuladas, ou a drenagem de terrenos.[1a-1b] [Dispositivo correspondente no CC/1916: art. 567-*caput*.]

§ 1º Ao proprietário prejudicado, em tal caso, também assiste direito a ressarcimento pelos danos que de futuro lhe advenham da infiltração ou irrupção das águas, bem como da deterioração das obras destinadas a canalizá-las. [Dispositivo correspondente no CC/1916: art. 567 § ún.]

§ 2º O proprietário prejudicado poderá exigir que seja subterrânea a canalização que atravessa áreas edificadas, pátios, hortas, jardins ou quintais. [Sem dispositivo correspondente no CC/1916.]

§ 3º O aqueduto[2] será construído de maneira que cause o menor prejuízo aos proprietários dos imóveis vizinhos, e a expensas do seu dono, a quem incumbem também as despesas de conservação. [Sem dispositivo correspondente no CC/1916.]

Art. 1.293: 1. v. art. 1.296, CA 117.

Art. 1.293: 1a. **Enunciado 245 do CEJ:** "Muito embora omisso acerca da possibilidade de canalização forçada de águas por prédios alheios, para fins da agricultura ou indústria, o art. 1.293 não exclui a possibilidade da canalização forçada pelo vizinho, com prévia indenização aos proprietários prejudicados".

Art. 1.293: 1b. Esse dispositivo assegura o direito à servidão de aqueduto.

Art. 1.293: 2. v. CA 117 a 138.

Art. 1.294. Aplica-se ao direito de aqueduto o disposto nos arts. 1.286 e 1.287. [Sem dispositivo correspondente no CC/1916.]

Art. 1.295. O aqueduto não impedirá que os proprietários cerquem os imóveis e construam sobre ele, sem prejuízo para a sua segurança e conservação; os proprietários dos imóveis poderão usar das águas do aqueduto para as primeiras necessidades da vida.[1] [Sem dispositivo correspondente no CC/1916.]

Art. 1.295: 1. v. CA 130.

Art. 1.296. Havendo no aqueduto águas supérfluas, outros poderão canalizá-las, para os fins previstos no art. 1.293, mediante pagamento de indenização aos proprietários prejudicados e ao dono do aqueduto, de importância equivalente às despesas que então seriam necessárias para a condução das águas até o ponto de derivação.[1] [Sem dispositivo correspondente no CC/1916.]

Parágrafo único. Têm preferência os proprietários dos imóveis atravessados pelo aqueduto. [Sem dispositivo correspondente no CC/1916.]

Art. 1.296: 1. v. CA 134.

Seção VI — DOS LIMITES ENTRE PRÉDIOS E DO DIREITO DE TAPAGEM

Art. 1.297. O proprietário tem direito a cercar, murar, valar ou tapar de qualquer modo o seu prédio, urbano ou rural, e pode constranger o seu confinante a proceder com ele à demarcação[1 a 1c] entre os dois prédios, a aviventar rumos apagados e a renovar marcos destruídos ou arruinados, repartindo-se proporcionalmente entre os interessados as respectivas despesas.[2] [Dispositivo correspondente no CC/1916: arts. 569 e 588-*caput*.]

§ 1º Os intervalos, muros, cercas e os tapumes divisórios,[3] tais como sebes vivas, cercas de arame ou de madeira, valas ou banquetas, presumem-se, até prova em contrário, pertencer a ambos os proprietários confinantes, sendo estes obrigados, de conformidade com os costumes da localidade, a concorrer, em partes iguais, para as despesas de sua construção e conservação.[4] [Dispositivo correspondente no CC/1916: arts. 571 e 588 §§ 1º e 2º.]

§ 2º As sebes vivas, as árvores, ou plantas quaisquer, que servem de marco divisório, só podem ser cortadas, ou arrancadas, de comum acordo entre proprietários. [Sem dispositivo correspondente no CC/1916.]

§ 3º A construção de tapumes especiais para impedir a passagem de animais de pequeno porte, ou para outro fim, pode ser exigida de quem provocou a necessidade deles, pelo proprietário, que não está obrigado a concorrer para as despesas. [Dispositivo correspondente no CC/1916: art. 588 § 3º.]

Art. 1.297: 1. v. CPC 569 e segs.

Art. 1.297: 1a. v. LRP 167-I-23.

Art. 1.297: 1b. "Ação demarcatória visando a fixar os limites, dentro de um mesmo edifício (objeto de condomínio por unidades autônomas) entre uma dessas unidades e a parte comum. Aplicação, no caso, naquilo que for cabível, das normas que regulam a pretensão de demarcar" (STJ-3ª T., REsp 165.223, Min. Eduardo Ribeiro, j. 17.12.98, DJU 8.3.99).

Art. 1.297: 1c. "Mesmo havendo marcos no terreno, permite-se o manejo da demarcatória para fixar os limites se existe divergência de área entre a realidade e os títulos dominiais, geradora de insegurança e controvérsia entre as partes. O ponto decisivo a distinguir a demarcatória em relação à reivindicatória é 'a circunstância de ser imprecisa, indeterminada ou confusa a verdadeira linha de confrontação a ser estabelecida ou restabelecida no terreno'" (STJ-4ª T., REsp 60.110, Min. Sálvio de Figueiredo, j. 5.9.95, DJU 2.10.95).

"Se a linha divisória existente não corresponde aos títulos e não há outros limites, devidamente definidos no terreno, cabível a demarcatória. A reivindicatória supõe a perfeita individuação da coisa" (RSTJ 13/399: 3ª T., REsp 3.193).

Contra, em termos: "Na demarcatória, a confusão dos limites é resultado do desconhecimento do lugar certo em que deve passar a linha que separa os dois prédios. Se essa linha pode ser determinada a partir de marcos já existentes, não há falar em desconhecimento do seu lugar certo" (JTJ 208/35, a citação é do voto do relator).

Art. 1.297: 2. v. CPC 89 (despesas no juízo divisório).

Art. 1.297: 3. condomínio s/ paredes, cercas, muros, valas e tapumes: arts. 1.327 a 1.330.

Art. 1.297: 4. Se um dos confinantes for usufrutuário, v. art. 1.392 § 3º.

Art. 1.298. Sendo confusos, os limites, em falta de outro meio, se determinarão de conformidade com a posse justa;[1] e, não se achando ela provada, o terreno contestado se dividirá por partes iguais entre os prédios, ou, não sendo possível a divisão cômoda, se adjudicará a um deles, mediante indenização ao outro. [Dispositivo correspondente no CC/1916: art. 570.]

Art. 1.298: 1. s/ posse justa, v. art. 1.200.

Seção VII | DO DIREITO DE CONSTRUIR[1]

SEÇ. VII: 1. Dec. lei 25, de 30.11.37 — Organiza a proteção do patrimônio histórico e artístico nacional: **"Art. 18.** Sem prévia autorização do Serviço do Patrimônio Histórico e Artístico Nacional, não se poderá, na vizinhança da coisa tombada, fazer construção que lhe impeça ou reduza a visibilidade, nem nela colocar anúncios ou cartazes, sob pena de ser mandada destruir a obra ou retirar o objeto, impondo-se neste caso a multa de cinquenta por cento do valor do mesmo objeto".

Lei 10.257, de 10.7.01 (Estatuto da Cidade) — Regulamenta os arts. 182 e 183 da Constituição Federal, estabelece diretrizes gerais da política urbana e dá outras providências. Seus **arts. 28 a 31** dispõem s/ a outorga onerosa do direito de construir e seu **art. 35** dispõe s/ a transferência do direito de construir.

Art. 1.299. O proprietário pode levantar em seu terreno as construções que lhe aprouver, salvo o direito dos vizinhos e os regulamentos administrativos.[1 a 3] [Dispositivo correspondente no CC/1916: art. 572.]

Art. 1.299: 1. "Não é qualquer inconveniente relacionado com construção em imóvel contíguo que lesa direito e autoriza o embargo. Ainda que o prédio sofra algum prejuízo no tocante à ventilação e à vista, o proprietário não pode, só por isso, sem que se haja apurado a infração de disposição legal, impedir que o vizinho realize a obra" (RT 664/129).

"A colocação de placa de propaganda que altere a fachada de prédio (em condomínio) se insere no conceito de obra nova, para os efeitos da ação prevista no *caput* do art. 934 do CPC, visto que a expressão deve ser compreendida em seu significado mais amplo" (RJTAMG 53/143).

Art. 1.299: 2. "Direito Administrativo. Poder de Polícia da Municipalidade que além de ter competência para fiscalizar construções irregulares no âmbito de seu território, poderá determinar o seu refazimento, até mesmo a sua demolição, se for o caso. Aplicação do art. 30, VIII, da CF e do art. 1.299, do CC. Uso e ocupação do solo deve ocorrer de forma que melhor atenda ao interesse público" (RT 876/192: TJSP, AP 432.626.5/0-00).

Art. 1.299: 3. "O direito de construir previsto no art. 1.299 do CC/02 abrange inclusive o subsolo, respeitado o critério de utilidade delineado no art. 1.229 do mesmo diploma legal" (STJ-3ª T., REsp 1.233.852, Min. Nancy Andrighi, j. 15.12.11, DJ 1.2.12).

Art. 1.300. O proprietário construirá de maneira que o seu prédio não despeje águas, diretamente, sobre o prédio vizinho.[1] [Dispositivo correspondente no CC/1916: art. 575.]

Art. 1.300: 1. v. CA 105.

Art. 1.301. É defeso abrir janelas, ou fazer eirado, terraço ou varanda, a menos de metro e meio do terreno vizinho.[1 a 3] [Dispositivo correspondente no CC/1916: art. 573-*caput*.]

§ 1º As janelas cuja visão não incida sobre a linha divisória, bem como as perpendiculares, não poderão ser abertas a menos de setenta e cinco centímetros. [Sem dispositivo correspondente no CC/1916.]

§ 2º As disposições deste artigo não abrangem as aberturas para luz ou ventilação, não maiores de dez centímetros de largura sobre vinte de comprimento e construídas a mais de dois metros de altura de cada piso. [Dispositivo correspondente no CC/1916: art. 573 § 1º.]

Art. 1.301: 1. Súmula 120 do STF: "Parede de tijolos de vidro translúcido pode ser levantada a menos de metro e meio do prédio vizinho, não importando servidão sobre ele".

Súmula 414 do STF: "Não se distingue a visão direta da oblíqua na proibição de abrir janela, ou fazer terraço, eirado, ou varanda, a menos de metro e meio do prédio de outrem".

Art. 1.301: 1a. "A proibição inserta no art. 1.301, *caput*, do Código Civil — de não construir janelas a menos de um metro e meio do terreno vizinho — possui **caráter objetivo,** traduzindo verdadeira presunção de devassamento, que não se limita à visão, englobando outras espécies de invasão (auditiva, olfativa e principalmente física). A aferição do descumprimento do disposto na referida regra legal independe da aferição de aspectos subjetivos relativos à eventual atenuação do devassamento visual, se direto ou oblíquo, se efetivo ou potencial" (STJ-3ª T., REsp 1.531.094, Min. Ricardo Cueva, j. 18.10.16, DJ 24.10.16).

Art. 1.301: 2. "Contra a construção do terraço a menos de metro e meio do terreno vizinho, cabia ação de nunciação de obra nova até o momento de sua conclusão, entendendo-se como tal aquela a que faltem apenas trabalhos secundários. Uma vez concluída a obra (faltava apenas a pintura), cabível a ação demolitória, com prazo decadencial de ano e dia, que se iniciou a partir da conclusão e não se interrompeu com a notificação administrativa" (STJ-RT 798/239: 4ª T., REsp 311.507). Inversamente, se a obra ainda não está concluída, cabe a nunciação; e é possível converter aquela nesta (RJTJESP 113/343, JTJ 165/114).

Art. 1.301: 2a. "Um muro, a limitar imóveis urbanos e de reduzidas dimensões, não pode ser considerado como concluído se ainda lhe falta o reboco. Isso porque se trata de obra que pode ser edificada em exíguo período de tempo" (RJTJERGS 146/212).

Art. 1.301: 3. "A regra do Código Civil que proíbe abertura de janela a menos de metro e meio do prédio vizinho não colide com normas municipais que dilargam essa distância, segundo o gabarito da obra" (STJ-3ª T., REsp 6.501, Min. Dias Trindade, j. 10.12.90, DJU 18.2.91).

Art. 1.302. O proprietário pode, no lapso de ano e dia após a conclusão da obra, exigir que se desfaça janela, sacada, terraço ou goteira sobre o seu prédio;[1-1a] escoado o prazo, não poderá, por sua vez, edificar sem atender ao disposto no artigo antecedente, nem impedir, ou dificultar, o escoamento das águas da goteira, com prejuízo para o prédio vizinho. [Dispositivo correspondente no CC/1916: art. 576.]

Parágrafo único. Em se tratando de vãos, ou aberturas para luz, seja qual for a quantidade, altura e disposição, o vizinho poderá, a todo tempo, levantar a sua edificação, ou contramuro, ainda que lhes vede a claridade.[2] [Dispositivo correspondente no CC/1916: art. 573 § 2º.]

Art. 1.302: 1. v. art. 1.312.

Art. 1.302: 1a. "O prazo decadencial de ano e dia para a propositura da ação demolitória previsto no artigo 576 do Código Civil/1916 é limitado às espécies nele mencionadas: janela, sacada, terraço, goteira ou similares. Referido prazo não tem aplicação no caso dos autos, que trata de construção de escada externa integralmente em terreno alheio, invadindo 15 m^2 do lote limítrofe" (STJ-3ª T., REsp 1.218.605, Min. Ricardo Cueva, j. 2.12.14, DJ 9.12.14).

Art. 1.302: 2. "A expressão 'em se tratando de vãos' (parágrafo único do art. 1.302 do CC/02 — equivalente ao § 2º do art. 573 do CC/16) há de ser interpretada como ali subsumida a ventilação, ou areação, no mesmo nível da expressão 'claridade', esta já compreendida explicitamente na locução 'aberturas para luz'" (STJ-3ª T., AI 686.902-AgRg, Min. Vasco Della Giustina, j. 10.11.09, DJ 16.12.09).

Art. 1.303. Na zona rural, não será permitido levantar edificações a menos de três metros do terreno vizinho. [Dispositivo correspondente no CC/1916: art. 577.]

Art. 1.304. Nas cidades, vilas e povoados cuja edificação estiver adstrita a alinhamento, o dono de um terreno pode nele edificar, madeirando na parede divisória do prédio contíguo, se ela suportar a nova construção; mas terá de embolsar ao vizinho metade do valor da parede e do chão correspondentes. [Dispositivo correspondente no CC/1916: art. 579.]

Art. 1.305. O confinante, que primeiro construir, pode assentar a parede divisória até meia espessura no terreno contíguo, sem perder por isso o direito a haver meio valor dela se o vizinho a travejar, caso em que o primeiro fixará a largura e a profundidade do alicerce. [Dispositivo correspondente no CC/1916: art. 580-*caput*.]

Parágrafo único. Se a parede divisória pertencer a um dos vizinhos, e não tiver capacidade para ser travejada pelo outro, não poderá este fazer-lhe alicerce ao pé sem prestar caução àquele, pelo risco a que expõe a construção anterior. [Dispositivo correspondente no CC/1916: art. 580 § ún.]

Art. 1.306. O condômino da parede-meia pode utilizá-la até ao meio da espessura, não pondo em risco a segurança ou a separação dos dois prédios, e avisando previamente o outro condômino das obras que ali tenciona fazer;[1] não pode sem consentimento do outro, fazer, na parede-meia, armários, ou obras semelhantes, correspondendo a outras, da mesma natureza, já feitas do lado oposto. [Dispositivo correspondente no CC/1916: art. 581.]

Art. 1.306: 1. "Muro divisório. Construção clandestina de varanda e abrigo para auto com a utilização de técnica inadequada ao apoiar as vigas de sustentação no muro limítrofe. Comprovação por prova pericial que a obra foi erigida no alinhamento das paredes da residência dos autores. Demolitória procedente com a consequente reconstrução do muro divisório onde antes estava" (Lex-JTA 152/113: 1º TASP, AP 606.255-1).

Art. 1.307. Qualquer dos confinantes pode altear a parede divisória, se necessário reconstruindo-a, para suportar o alteamento; arcará com todas as despesas, inclusive de conservação, ou com metade, se o vizinho adquirir meação também na parte aumentada. [Sem dispositivo correspondente no CC/1916.]

Art. 1.308. Não é lícito encostar à parede divisória chaminés, fogões, fornos ou quaisquer aparelhos ou depósitos suscetíveis de produzir infiltrações ou interferências prejudiciais ao vizinho. [Dispositivo correspondente no CC/1916: art. 583-*caput*.]

Parágrafo único. A disposição anterior não abrange as chaminés ordinárias e os fogões de cozinha. [Dispositivo correspondente no CC/1916: art. 583 § ún.]

Art. 1.309. São proibidas construções capazes de poluir,[1] ou inutilizar, para uso ordinário, a água do poço, ou nascente alheia, a elas preexistentes. [Dispositivo correspondente no CC/1916: art. 584.]

Art. 1.309: 1. v. art. 1.291. V. tb. art. 1.228 § 1º-*in fine* e CA 98.

Art. 1.310. Não é permitido fazer escavações ou quaisquer obras que tirem ao poço ou à nascente de outrem a água indispensável às suas necessidades normais.[1] [Dispositivo correspondente no CC/1916: art. 585.]

Art. 1.310: 1. v. CA 96 a 101.

Art. 1.311. Não é permitida a execução de qualquer obra ou serviço suscetível de provocar desmoronamento ou deslocação de terra, ou que comprometa a segurança do prédio vizinho, senão após haverem sido feitas as obras acautelatórias.[1] [Sem dispositivo correspondente no CC/1916.]

Parágrafo único. O proprietário do prédio vizinho tem direito a ressarcimento pelos prejuízos que sofrer, não obstante haverem sido realizadas as obras acautelatórias.[2] [Sem dispositivo correspondente no CC/1916.]

Art. 1.311: 1. v. art. 1.281.

Art. 1.311: 2. v. art. 927 § ún.

Art. 1.312. Todo aquele que violar as proibições estabelecidas nesta Seção é obrigado a demolir as construções feitas, respondendo por perdas e danos.[1] [Dispositivo correspondente no CC/1916: art. 586.]

Art. 1.312: 1. v. arts. 402 a 405.

Art. 1.313. O proprietário ou ocupante do imóvel é obrigado a tolerar que o vizinho entre no prédio, mediante prévio aviso, para: [Dispositivo correspondente no CC/1916: art. 587-*caput*.]

I — dele temporariamente usar, quando indispensável à reparação, construção, reconstrução ou limpeza de sua casa ou do muro divisório; [Dispositivo correspondente no CC/1916: art. 587-*caput*.]

II — apoderar-se de coisas suas, inclusive animais que aí se encontrem casualmente.[1] [Sem dispositivo correspondente no CC/1916.]

§ 1º O disposto neste artigo aplica-se aos casos de limpeza ou reparação de esgotos, goteiras, aparelhos higiênicos, poços e nascentes e ao aparo de cerca viva. [Dispositivo correspondente no CC/1916: art. 587 § ún.]

§ 2º Na hipótese do inciso II, uma vez entregues as coisas buscadas pelo vizinho, poderá ser impedida a sua entrada no imóvel. [Sem dispositivo correspondente no CC/1916.]

§ 3º Se do exercício do direito assegurado neste artigo provier dano, terá o prejudicado direito a ressarcimento. [Dispositivo correspondente no CC/1916: art. 587-*caput*.]

Art. 1.313: 1. v. art. 1.297 § 3º (tapumes para impedir a passagem de animais).

S/ invasão de animais em propriedade vizinha, v. art. 1.277, nota 3.

Capítulo VI | DO CONDOMÍNIO GERAL[1]

Seção I | DO CONDOMÍNIO VOLUNTÁRIO

Subseção I | DOS DIREITOS E DEVERES DOS CONDÔMINOS

CAP. VI: 1. v., no nosso CCLCV, tít. CONDOMÍNIO E INCORPORAÇÃO.

Art. 1.314. Cada condômino[1-1a] pode usar da coisa conforme sua destinação, sobre ela exercer todos os direitos compatíveis com a indivisão,[2] reivindicá-la de terceiro,[2a] defender a sua posse[2b] e alhear a respectiva parte ideal,[3] ou gravá-la.[4] [Dispositivo correspondente no CC/1916: art. 623-I a III.]

Parágrafo único. Nenhum dos condôminos pode alterar a destinação da coisa comum, nem dar posse, uso ou gozo dela a estranhos, sem o consenso dos outros. [Dispositivo correspondente no CC/1916: arts. 628 e 633.]

✎ **Art. 1.314: 1.** "A imissão provisória do expropriante diante do direito condominial", por Nelson Kojranski (RIASP ano 5, n. 10, p. 144).

Art. 1.314: 1a. s/ condômino e: usucapião, v. art. 1.238, nota 2d; falência, v. LRF 123 § 2º; retificação de registro ou averbação, v. LRP 213-II § 10.

Art. 1.314: 2. v. art. 1.791 § ún.

Art. 1.314: 2a. "Qualquer dos condôminos tem legitimidade para reivindicar de terceiro a coisa em comum" (RSTJ 75/380).

Art. 1.314: 2b. No sentido de que a ação de imissão na posse não pode ser ajuizada por um condômino em face do outro, mas apenas por condômino em face de terceiro: JTJ 309/259.

Art. 1.314: 3. com a restrição do art. 1.322.

Art. 1.314: 4. Pode também exigir a divisão da coisa comum (art. 1.320).

Art. 1.315. O condômino é obrigado, na proporção de sua parte, a concorrer para as despesas de conservação ou divisão da coisa, e a suportar os ônus a que estiver sujeita.[1 a 3] [Dispositivo correspondente no CC/1916: art. 624-*caput*.]

Parágrafo único. Presumem-se iguais as partes ideais dos condôminos. [Sem dispositivo correspondente no CC/1916.]

Art. 1.315: 1. v. arts. 1.320, 1.321 e CPC 89.

S/ cobrança por associação de moradores de despesas de manutenção de loteamento de morador não associado, v. Dec. lei 271, de 28.2.67, art. 3º, nota 3a (no nosso CCLCV, tít. PROMESSA DE COMPRA E VENDA E LOTEAMENTO).

Art. 1.315: 1a. "Os **cônjuges,** coproprietários de imóvel, respondem solidariamente pelas despesas de condomínio, mas esta responsabilidade não implica litisconsórcio necessário em razão da natureza pessoal da ação de cobrança de cotas condominiais" (STJ-3ª T., REsp 838.526, Min. Sidnei Beneti, j. 26.2.08, DJU 13.3.08).

Art. 1.315: 1b. O ex-cônjuge, coproprietário do imóvel, responde pelas despesas condominiais, ainda que não mais resida no imóvel (RJM 199/95: AP 1.0024.09.733825-5/001; no caso, havia acordo homologado judicialmente por ocasião da separação do casal, relegando a partilha dos bens para momento ulterior e destinando o apartamento provisoriamente para a residência da ex-cônjuge). Do voto do relator: "A despeito de o negócio jurídico celebrado pelo apelante não ser apto a gerar efeitos perante o condomínio, nada obsta seja eventual direito de regresso exercido em ação própria, caso convencionado que apenas o possuidor arcará com as despesas para conservação da coisa".

S/ uso exclusivo do imóvel por um dos ex-cônjuges e despesas condominiais, v. tb. art. 1.667, nota 4.

Art. 1.315: 2. "Se a despesa condominial é **dívida *propter rem*** que onera o próprio bem e se o coproprietário por ela responde integralmente como devedor solidário, a coisa comum pode ser penhorada por inteiro, mesmo que executado apenas um dos codevedores. Inteligência do art. 1.315 c/c os arts. 275 e 280, do Código Civil de 2002" (JTJ 297/324). Nesses casos, o terceiro que teve o bem constrito não deve ficar alheio aos atos do processo. Faz-se indispensável, ao menos, sua intimação acerca da constrição levada a efeito e da eventual praça ou leilão do bem penhorado, na medida em que lhe é dado defender seu patrimônio por meio de embargos ou impugnação.

Art. 1.315: 3. "Desnecessidade de aplicação da teoria da desconsideração da personalidade jurídica aos condomínios. Possibilidade de redirecionamento da execução em relação aos condôminos após esgotadas as tentativas de constrição de bens do condomínio, em respeito ao princípio da menor onerosidade para o devedor. Hipótese em que houve penhora de créditos, mas não se esgotaram as possibilidades de realização desses créditos em favor do exequente. Redirecionamento da execução descabido no caso concreto" (STJ-3ª T., REsp 1.486.478, Min. Paulo Sanseverino, j. 5.4.16, DJ 28.4.16).

Art. 1.316. Pode o condômino eximir-se do pagamento das despesas e dívidas, renunciando à parte ideal. [Sem dispositivo correspondente no CC/1916.]

§ 1º Se os demais condôminos assumem as despesas e as dívidas, a renúncia lhes aproveita, adquirindo a parte ideal de quem renunciou, na proporção dos pagamentos que fizerem. [Sem dispositivo correspondente no CC/1916.]

§ 2º Se não há condômino que faça os pagamentos, a coisa comum será dividida. [Sem dispositivo correspondente no CC/1916.]

Art. 1.317. Quando a dívida houver sido contraída por todos os condôminos, sem se discriminar a parte de cada um na obrigação, nem se estipular solidariedade,[1] entende-se que cada qual se obrigou proporcionalmente ao seu quinhão na coisa comum. [Dispositivo correspondente no CC/1916: art. 626.]

Art. 1.317: 1. v. arts. 275 a 285.

Art. 1.318. As dívidas contraídas por um dos condôminos em proveito da comunhão, e durante ela, obrigam o contratante; mas terá este ação regressiva[1] contra os demais. [Dispositivo correspondente no CC/1916: art. 625-*caput*.]

Art. 1.318: 1. v. CPC 125-II.

Art. 1.319. Cada condômino responde aos outros pelos frutos que percebeu da coisa[1-2] e pelo dano que lhe causou. [Dispositivo correspondente no CC/1916: art. 627.]

Art. 1.319: 1. No mesmo sentido: art. 1.326.

Art. 1.319: 2. "Na propriedade em comum, quem ocupa integralmente imóvel de que é coproprietário, deve pagar aluguel aos demais condôminos, aos quais são assegurados os direitos inerentes ao domínio e perceber os frutos produzidos pela coisa comum" (STJ-6ª T., REsp 72.190, Min. Vicente Leal, j. 24.6.97, DJU 1.9.97).

"Se apenas um dos condôminos ocupa o imóvel com exclusividade, faz jus, o outro, à indenização, a título de aluguel, na proporção de sua cota-parte" (RT 864/325).

"Se existe impedimento concreto para a utilização conjunta do bem por ambos os usufrutuários, alternativa não resta senão a imposição da obrigação de pagar aluguel por aquele que o utiliza com exclusividade" (RJM 181/63).

"Convencionado na separação do casal que o imóvel residencial seria partilhado, tocando metade para cada cônjuge, e permanecendo em comum até a alienação, o fato de o marido deter a posse exclusiva dá à mulher o direito à indenização correspondente ao uso da propriedade comum" (STJ-2ª Seção, ED no REsp 130.605, Min. Ruy Rosado, j. 13.10.99, maioria, DJU 23.4.01). Considerando que, para tal indenização, "não se leva em consideração o valor locativo do bem, que de locação não se trata": STJ-4ª T., REsp 399.640, Min. Ruy Rosado, j. 6.8.02, DJU 16.9.02.

"Com a separação do casal cessa a comunhão de bens, de modo que, embora ainda não operada a partilha do patrimônio comum do casal, é facultado a um dos ex-cônjuges exigir do outro que estiver na posse e uso exclusivos de determinado imóvel, a título de indenização, parcela correspondente à metade da renda de um presumido aluguel, devida a partir da citação. Enquanto não dividido o imóvel, a propriedade do casal sobre o bem remanesce, sob as regras que regem o instituto do condomínio, notadamente aquela que estabelece que cada condômino responde aos outros pelos frutos que percebeu da coisa, nos termos do art. 1.319 do CC/02. Assim, se apenas um dos condôminos reside no imóvel, abre-se a via da indenização àquele que se encontra privado da fruição da coisa. Subsiste, em igual medida, a obrigação de ambos os condôminos, na proporção de cada parte, de concorrer para as despesas inerentes à manutenção da coisa, o que engloba os gastos resultantes da necessária regularização do imóvel junto aos órgãos competentes, dos impostos, taxas e encargos que porventura onerem o bem, além, é claro, da obrigação de promover a sua venda, para que se ultime a partilha, nos termos em que formulado o acordo entre as partes. Inteligência do art. 1.315 do CC/02" (STJ-3ª T., REsp 983.450, Min. Nancy Andrighi, j. 2.2.10, DJ 10.2.10).

"Na separação e no divórcio, sob pena de gerar enriquecimento sem causa, o fato de certo bem comum ainda pertencer indistintamente aos ex-cônjuges, por não ter sido formalizada a partilha, não representa automático empecilho ao pagamento de indenização pelo uso exclusivo do bem por um deles, desde que a parte que toca a cada um tenha sido definida por qualquer meio inequívoco. Na hipótese dos autos, tornado certo pela sentença o quinhão que cabe a cada um dos ex-cônjuges, aquele que utiliza exclusivamente o bem comum deve indenizar o outro, proporcionalmente. Registre-se que a indenização pelo uso exclusivo do bem por parte do alimentante pode influir no valor da prestação de alimentos, pois afeta a renda do obrigado, devendo as obrigações serem reciprocamente consideradas pelas instâncias ordinárias, sempre a par das peculiaridades do caso concreto. O termo inicial para o ressarcimento deve ser a data da ciência do pedido da parte contrária, que, no caso, deu-se com a intimação" (STJ-2ª Seção, REsp 1.250.362, Min. Raul Araújo, j. 8.2.17, maioria, DJ 20.2.17).

Todavia, ponderando que para um condômino poder exigir do outro contraprestação em razão do uso da coisa comum é preciso que haja resistência a esse uso e que ele impeça a fruição do bem por outrem, não sendo nada devido quando a utilização exclusiva acontece por simples desinteresse: STJ-RT 844/201 (Corte Especial, ED no REsp 622.472).

"Nos termos do artigo 1.571, III, do Código Civil, a sociedade conjugal apenas termina pela separação judicial, razão pela qual não há que se falar em ato ilícito gerador do dever de indenizar durante a constância do casamento, sendo o uso exclusivo do imóvel decorrente de cumprimento de ordem judicial que determinou a separação de corpos" (STJ-3ª T., AI 1.212.247-AgRg, Min. Sidnei Beneti, j. 27.4.10, DJ 12.5.10).

"União estável. Ressarcimento de aluguel por uso exclusivo de bem comum ainda não partilhado formalmente. Ausência de definição da parte que toca a cada um dos ex-cônjuges. Impossibilidade da cobrança. Na hipótese, não houve definição ou reconhecimento inequívoco da cota que caberia a cada uma das partes sobre o imóvel em comento, não se prestando, para tanto, apenas o registro público do imóvel em que ambos constam como adquirentes, especialmente no caso em que expressamente indeferida a partilha do bem, por decisão transitada em julgado, ante a controvertida contribuição das partes para a aquisição do imóvel" (STJ-4ª T., REsp 1.456.716-AgRg, Min. Raul Araújo, j. 18.4.17, DJ 10.5.17).

"Em se tratando de imóvel ainda pertencente à sociedade conjugal, tendo em vista que, mesmo após a separação judicial, não foi providenciada a partilha do patrimônio do casal, a sua ocupação somente pela ex-esposa deve ser tida como mero uso de coisa comum, sem, no entanto, gerar a obrigação de pagamento de aluguel mensal ao ex-marido" (RJM 182/182, AP 1.0145.05.280729-7/001).

"Difere o condomínio propriamente dito, que é o chamado condomínio de quotas, de origem romana, da comunhão entre cônjuges, de origem germânica, que é a chamada comunhão de 'mãos juntas'. No primeiro, há uma cotitularidade sobre cada objeto individualizado, e sua essência é a possibilidade de alienação da respectiva parte ideal; no segundo, há uma cotitularidade sobre um conjunto de patrimônio, em que os comunheiros não têm uma determinada parte ideal na propriedade comum, mas apenas o direito de uso e gozo da coisa comum. Somente a cessação da comunhão pela partilha definirá os bens que caberão na meação de cada consorte, apreciando-se o patrimônio total existente na época da separação de fato. Enquanto tal não ocorrer, exerce a ré um direito de família próprio, de uso da coisa comum, não suscetível de ser remunerado, porquanto o autor, deixando o imóvel que era o lar conjugal para formar outro lar com outra mulher, renunciou ao seu uso" (RT 784/232: TJSP, AP 105.964-4/9).

V. tb. arts. 1.689, nota 2a, e 2.020, nota 1a.

S/ uso exclusivo do imóvel por um dos ex-cônjuges e despesas condominiais, v. arts. 1.315, nota 1b, e 1.667, nota 4.

Art. 1.320. A todo tempo será lícito ao condômino exigir a divisão[1] da coisa comum,[2-2a] respondendo o quinhão de cada um pela sua parte nas despesas da divisão.[3] [Dispositivo correspondente no CC/1916: art. 629-*caput*.]

§ 1º Podem os condôminos acordar que fique indivisa a coisa comum por prazo não maior de cinco anos, suscetível de prorrogação ulterior. [Dispositivo correspondente no CC/1916: art. 629 § ún.]

§ 2º Não poderá exceder de cinco anos a indivisão estabelecida pelo doador ou pelo testador. [Dispositivo correspondente no CC/1916: art. 630.]

§ 3º A requerimento de qualquer interessado e se graves razões o aconselharem, pode o juiz determinar a divisão da coisa comum antes do prazo. [Sem dispositivo correspondente no CC/1916.]

Art. 1.320: 1. v. CPC 588 e segs.

Art. 1.320: 2. divisível. Do contrário, aplica-se o art. 1.322.

Art. 1.320: 2a. "Em sendo divisível a coisa comum, não pode o condômino exigir sua alienação. No caso, o condomínio resolve-se com a divisão (Código Beviláqua, art. 629). Ofende o art. 629 do

CC/1916 (*art. 1.320 do CC/2002*) a decisão que — em reconhecendo ser divisível o bem sob condomínio — determina sua venda" (STJ-3ª T., REsp 791.147, Min. Gomes de Barros, j. 27.2.07, DJU 26.3.07).

Art. 1.320: 3. v. CPC 89.

Art. 1.321. Aplicam-se à divisão do condomínio, no que couber, as regras de partilha de herança (arts. 2.013 a 2.022). [Sem dispositivo correspondente no CC/1916.]

Art. 1.322. Quando a coisa for indivisível, e os consortes não quiserem adjudicá-la a um só, indenizando os outros, será vendida e repartido o apurado, preferindo-se, na venda, em condições iguais de oferta, o condômino ao estranho, e entre os condôminos aquele que tiver na coisa benfeitorias mais valiosas, e, não as havendo, o de quinhão maior.[1 a 5] [Dispositivo correspondente no CC/1916: art. 632.]

Parágrafo único. Se nenhum dos condôminos tem benfeitorias na coisa comum e participam todos do condomínio em partes iguais, realizar-se-á licitação entre estranhos e, antes de adjudicada a coisa àquele que ofereceu maior lanço, proceder-se-á à licitação entre os condôminos, a fim de que a coisa seja adjudicada a quem afinal oferecer melhor lanço, preferindo, em condições iguais, o condômino ao estranho. [Sem dispositivo correspondente no CC/1916.]

Art. 1.322: 1. LRF 123 § 2º: "Nos casos de condomínio indivisível de que participe o falido, o bem será vendido e deduzir-se-á do valor arrecadado o que for devido aos demais condôminos, facultada a estes a compra da quota-parte do falido nos termos da melhor proposta obtida".

Art. 1.322: 2. s/ preferência do condômino para a aquisição da coisa indivisível, v. art. 504; s/indivisibilidade de imóvel rural em fração inferior ao módulo, v. ET 65; Lei 4.947, de 6.4.66, art. 10 § 2º (na redação da Lei 5.672, de 2.7.71); Lei 5.868, de 12.12.72, art. 8º; Dec. 62.504, de 8.4.68; Dec. 72.106, de 18.4.73, art. 39.

Quanto às alterações de uso do solo rural, para fins urbanos, v. Lei 6.766, de 19.12.79, art. 53.

Art. 1.322: 3. s/ loteamento rural, em face do módulo, v. Lei 4.947, de 6.4.66, art. 10 (cujo § 2º foi alterado pela Lei 5.672, de 2.7.71), que se acha transcrito na nota 2 ao art. 1º do Dec. lei 58, de 10.12.37, no nosso CCLCV, tít. PROMESSA DE COMPRA E VENDA E LOTEAMENTO.

Art. 1.322: 4. "Mesmo sendo **pessoa jurídica de direito público a proprietária de fração ideal do bem imóvel indivisível,** é legítima a sua alienação pela forma da extinção de condomínio, por provocação de outro condômino. Nesse caso, a autorização legislativa para a alienação da fração ideal pertencente ao domínio público é dispensável, porque inerente ao regime da propriedade condominial" (STJ-RJM 174/404: 1ª T., REsp 655.787, um voto vencido).

Art. 1.322: 4a. "A existência de cláusula de inalienabilidade recaindo sobre uma fração de bem imóvel, não impede a extinção do condomínio. Na hipótese, haverá sub-rogação da cláusula de inalienabilidade, que incidirá sobre o produto da alienação do bem, no percentual correspondente a fração gravada" (STJ-3ª T., REsp 729.701, Min. Nancy Andrighi, j. 15.12.05, DJU 1.2.06).

Art. 1.322: 5. "Pressuposto imprescindível para a extinção do condomínio é a copropriedade, a qual se comprova mediante registro de título translativo hábil no Cartório de Registro de Imóveis

(CC/2002, art. 1.245). Embasada a causa de pedir em meros contratos de promessa de compra e venda, que sequer registrados estão, impõe-se o reconhecimento da carência de ação" (RT 871/352).

Subseção II | DA ADMINISTRAÇÃO DO CONDOMÍNIO

Art. 1.323. Deliberando a maioria[1] sobre a administração da coisa comum, escolherá o administrador, que poderá ser estranho ao condomínio; resolvendo alugá-la, preferir-se-á, em condições iguais, o condômino ao que não o é.[1a] [Dispositivo correspondente no CC/1916: arts. 635 e 636.]

Art. 1.323: 1. v. art. 1.325.

Art. 1.323: 1a. s/ exercício de preferência por condômino, v. arts. 504 e 1.322.

V. tb. CPC 725-IV.

Art. 1.324. O condômino que administrar sem oposição dos outros presume-se representante comum.[1] [Dispositivo correspondente no CC/1916: art. 640.]

Art. 1.324: 1. Esse é um caso de mandato tácito (v. art. 656).

Art. 1.325. A maioria será calculada pelo valor dos quinhões. [Dispositivo correspondente no CC/1916: art. 637-*caput*.]

§ 1º As deliberações serão obrigatórias, sendo tomadas por maioria absoluta. [Dispositivo correspondente no CC/1916: art. 637 § 1º.]

§ 2º Não sendo possível alcançar maioria absoluta, decidirá o juiz, a requerimento de qualquer condômino, ouvidos os outros. [Dispositivo correspondente no CC/1916: art. 637 § 2º.]

§ 3º Havendo dúvida quanto ao valor do quinhão, será este avaliado judicialmente. [Sem dispositivo correspondente no CC/1916.]

Art. 1.326. Os frutos da coisa comum, não havendo em contrário estipulação ou disposição de última vontade, serão partilhados na proporção dos quinhões.[1] [Dispositivo correspondente no CC/1916: art. 638.]

Art. 1.326: 1. No mesmo sentido: art. 1.319.

Seção II | DO CONDOMÍNIO NECESSÁRIO

Art. 1.327. O condomínio por meação de paredes, cercas, muros e valas regula-se pelo disposto neste Código (arts. 1.297 e 1.298; 1.304 a 1.307). [Dispositivo correspondente no CC/1916: art. 642.]

Art. 1.328. O proprietário que tiver direito a estremar um imóvel com paredes, cercas, muros, valas ou valados, tê-lo-á igualmente a adquirir meação na parede, muro, valado ou cerca do vizinho,[1] embolsando-lhe metade do que atualmente valer a obra e o terreno por ela ocupado (art. 1.297). [Dispositivo correspondente no CC/1916: art. 643.]

Art. 1.328: 1. v. art. 1.330.

Art. 1.329. Não convindo os dois no preço da obra, será este arbitrado por peritos, a expensas de ambos os confinantes. [Dispositivo correspondente no CC/1916: art. 644.]

Art. 1.330. Qualquer que seja o valor da meação, enquanto aquele que pretender a divisão não o pagar ou depositar, nenhum uso poderá fazer na parede, muro, vala, cerca ou qualquer outra obra divisória. [Dispositivo correspondente no CC/1916: art. 645.]

Capítulo VII | DO CONDOMÍNIO EDILÍCIO[1 a 4]

Seção I | DISPOSIÇÕES GERAIS

CAP. VII: 1. "O condomínio edilício no novo Código Civil", por Carlos Alberto Dabus Maluf (Rev. AASP 68/61); "Natureza jurídica do condomínio no sistema jurídico dos Estados Unidos da América do Norte", por Maria Regina Pagetti Cross (RDPr 18/163); "Condomínio em edifícios: o problema da sua atual regulamentação sob a perspectiva civil-constitucional", por Samir José Caetano Martins (RT 841/77); "Natureza jurídica do condomínio voluntário e edilício", por Carlos Alberto Dabus Maluf (Rev. AASP 98/75); "Responsabilidade civil em condomínios edilícios", por Tarlei Lemos Pereira (RDPr 46/149); "Condomínio edilício — aspectos controvertidos", por Ênio Santarelli Zuliani (RMDCPC 43/87, RJ-Lex 52/81).

CAP. VII: 2. v. Lei 4.591, de 16.12.64.

S/ a não aplicação das normas do CDC às relações entre condomínio e condômino, v., no nosso CCLCV, CDC, nota 2 à Lei 8.078.

CAP. VII: 3. Enunciado 89 do CEJ: "O disposto nos arts. 1.331 a 1.358 do novo Código Civil aplica-se, no que couber, aos condomínios assemelhados, tais como loteamentos fechados, multipropriedade imobiliária e clubes de campo".

Enunciado 90 do CEJ: "Deve ser reconhecida personalidade jurídica ao condomínio edilício" (redação conforme o Enunciado 246, que suprimiu a parte final: "nas relações jurídicas inerentes às atividades de seu peculiar interesse").

CAP. VII: 4. Assuntos principais:

— Administração 1.347 a 1.356

— Assembleia geral 1.349 a 1.355, 1.341, 1.342, 1.348-I e VIII, 1.357; LCE 24 a 27, 30

— Comissão de representantes LCE 50, 61

— Conselho consultivo LCE 23

— Conselho Fiscal 1.356

— Construção LCE 48 a 62: por administração LCE 58 a 62; por empreitada LCE 55 a 57

— Convenção do condomínio 1.333, 1.334, 1.351; LCE 9º a 11

— Demolição e reconstrução LCE 14, 17

— Desapropriação 1.358

— Despesas LCE 12

— Deveres do condômino 1.336 a 1.338; LCE 10

— Direitos do condômino 1.335, 1.339

— Guarda de veículos LCE 2º § 1º

— Incorporação LCE 28 a 31

— Incorporador LCE 29 e 30, 32 a 47

— Infrações LCE 63 a 66

— Locação 1.338

— Multas 1.336 § 2º, 1.337; LCE 12 § 3º

— Reconstrução ou venda do edifício 1.357

— Regimento interno 1.334-V

— Seguro 1.346, 1.348-IX; LCE 13

— Síndico 1.347, 1.348 a 1.350; LCE 22

— Sinistro LCE 16

Art. 1.331. Pode haver, em edificações, partes que são propriedade exclusiva, e partes que são propriedade comum dos condôminos.[1] [Sem dispositivo correspondente no CC/1916.]

§ 1º As partes suscetíveis de utilização independente, tais como apartamentos, escritórios, salas, lojas e sobrelojas, com as respectivas frações ideais no solo e nas outras partes comuns, sujeitam-se a propriedade exclusiva, podendo ser alienadas e gravadas livremente por seus proprietários, exceto os abrigos para veículos, que não poderão ser alienados ou alugados a pessoas estranhas ao condomínio, salvo autorização expressa na convenção de condomínio.[1a a 1c]

§ 2º O solo, a estrutura do prédio, o telhado, a rede geral de distribuição de água, esgoto, gás e eletricidade, a calefação e refrigeração centrais, e as demais partes comuns, inclusive o acesso ao logradouro público, são utilizados em comum[2-2a] pelos condôminos, não podendo ser alienados separadamente, ou divididos. [Sem dispositivo correspondente no CC/1916.]

§ 3º A cada unidade imobiliária caberá, como parte inseparável, uma fração ideal no solo e nas outras partes comuns, que será identificada em forma decimal ou ordinária no instrumento de instituição do condomínio.[3] [Sem dispositivo correspondente no CC/1916.]

§ 4º Nenhuma unidade imobiliária pode ser privada do acesso ao logradouro público. [Sem dispositivo correspondente no CC/1916.]

§ 5º O terraço de cobertura é parte comum, salvo disposição contrária da escritura de constituição do condomínio.[4] [Sem dispositivo correspondente no CC/1916.]

Art. 1.331: 1. "Em se tratando de assenhoreamento de área comum de condomínio edilício por terceiro, a competente **ação reivindicatória** só poderá ser ajuizada pelo próprio condomínio, salvo se o uso desse espaço comum for: (1) exclusivo de um ou mais condôminos ou (2) essencial ao exercício do direito de usar, fruir ou dispor de uma ou mais unidades autônomas. Nesses dois casos excepcionais, haverá legitimação concorrente e interesse de agir tanto do condomínio como dos condôminos diretamente prejudicados" (STJ-RF 405/433: 3ª T., REsp 1.015.652).

"Em condomínio edilício, a vaga de garagem pode ser enquadrada como: (i) unidade autônoma (art. 1.331, § 1º, do CC), desde que lhe caiba matrícula independente no Registro de Imóveis, sendo, então, de uso exclusivo do titular; (ii) direito acessório, quando vinculado a um apartamento, sendo, assim, de uso particular; ou (iii) área comum, quando sua fruição couber a todos os condôminos indistintamente. A via da ação reivindicatória não é franqueada àquele que pretende obter direito exclusivo de vaga no estacionamento, quando este, na verdade, configura direito acessório da unidade autônoma ou área de uso comum, uma vez que, nessas hipóteses, inexiste requisito essencial ao seu ajuizamento, qual seja, a individualização do bem reivindicando. No caso em exame, as vagas na garagem encontram-se na área comum do edifício ou são acessórias aos apartamentos, a depender do que regula a convenção do condomínio, o que se torna ainda mais evidente ante a ausência de matrícula autônoma no Registro de Imóveis, descabendo, por isso, o manejo da ação reivindicatória" (STJ-4ª T., REsp 1.152.148, Min. Luis Felipe, j. 13.8.13, DJ 2.9.13).

Art. 1.331: 1a. Redação do § 1º conforme a Lei 12.607, de 4.4.12.

✎ **Art. 1.331: 1b.** "Ponderações acerca da nova redação do § 1º do art. 1.331 do Código Civil: uma nova hipótese de impenhorabilidade?", por Venceslau Tavares Costa Filho (RP 220/355).

Art. 1.331: 1c. v. LCE 2º § 2º. V. ainda art. 1.338, nota 2 (Enunciado 320 do CEJ).

S/ convenção de condomínio, v. especialmente art. 1.333 e LCE 9º.

Art. 1.331: 2. Enunciado 247 do CEJ: "No condomínio edilício é possível a utilização exclusiva de área 'comum' que, pelas próprias características da edificação, não se preste ao 'uso comum' dos demais condôminos".

Art. 1.331: 2a. "Diante das circunstâncias concretas dos autos, nos quais os proprietários de duas unidades condominiais fazem uso exclusivo de área de propriedade comum, que há mais de 30 anos só eram utilizadas pelos moradores das referidas unidades, pois eram os únicos com acesso ao local, e estavam autorizados por assembleia condominial, tal situação deve ser mantida, por aplicação do princípio da boa-fé objetiva" (RSTJ 159/366: 3ª T., REsp 356.821).

Todavia: "Possessória. Interdito proibitório. Uso e gozo exclusivo de área comum destinada a vaga de garagem em condomínio edilício. Impossibilidade. Área comum de condomínio que não pode ser utilizada privativamente, nem vendida separadamente ou dividida. Impossibilidade de ser negado direito aos demais condôminos ao uso de área comum. Ato de tolerância do condomínio e demais condôminos permitindo a utilização da referida área por longa data, que não induz a posse" (JTJ 341/345: AP 7.345.650-5).

"A mera explicitação de que o uso exclusivo do terraço não é transmissível a terceiros, além de convergir com a natureza transitória do instituto, não frustra qualquer expectativa do condômino beneficiado. Entretanto, a superveniente exigência de uma remuneração pelo uso (não inferior à taxa condominial), após o transcurso de mais de trinta anos de exercício sem contraprestação de ordem pecuniária (apenas de conservação e manutenção) destoa da boa-fé objetiva que deve permear a relação jurídica *sub judice*" (STJ-4ª T., REsp 1.035.778, Min. Marco Buzzi, j. 5.12.13, maioria, DJ 3.3.15).

Art. 1.331: 3. Redação do § 3º conforme a Lei 10.931, de 2.8.04.

Art. 1.331: 4. v. art. 1.344.

Art. 1.332. Institui-se o condomínio edilício por ato entre vivos ou testamento, registrado no Cartório de Registro de Imóveis,[1-1a] devendo constar daquele ato, além do disposto em lei especial:[2-2a] [Sem dispositivo correspondente no CC/1916.]

I — a discriminação e individualização das unidades de propriedade exclusiva, estremadas uma[3] das outras e das partes comuns; [Sem dispositivo correspondente no CC/1916.]

II — a determinação da fração ideal atribuída a cada unidade, relativamente ao terreno e partes comuns; [Sem dispositivo correspondente no CC/1916.]

III — o fim a que as unidades se destinam. [Sem dispositivo correspondente no CC/1916.]

Art. 1.332: 1. v. LRP 167-I-17.

Art. 1.332: 1a. "Registro em nome do condomínio de carta de arrematação de imóvel. Inadmissibilidade. Ausência de capacidade aquisitiva" (JTJ 322/2.388: TJSP, AI 524.302-4/4-00).

Art. 1.332: 2. e no art. 1.334

Art. 1.332: 2a. v. LCE 7º.

Art. 1.332: 3. Deve ser "umas", e não "uma".

Art. 1.333. A convenção[1 a 2a] que constitui o condomínio edilício deve ser subscrita pelos titulares de, no mínimo, dois terços das frações ideais e torna-se, desde logo, obrigatória para os titulares de direito sobre as unidades, ou para quantos sobre elas tenham posse ou detenção. [Sem dispositivo correspondente no CC/1916.]

Parágrafo único. Para ser oponível contra terceiros, a convenção do condomínio deverá ser registrada no Cartório de Registro de Imóveis.[3] [Sem dispositivo correspondente no CC/1916.]

Art. 1.333: 1. v. arts. 1.334 e 1.351; LCE 9º a 11.

Art. 1.333: 2. Súmula 260 do STJ (Convenção de condomínio): "A convenção de condomínio aprovada, ainda que sem registro, é eficaz para regular as relações entre os condôminos" (v. jurisprudência s/ esta Súmula em RSTJ 155/237 a 257).

Art. 1.333: 2a. Aplicam-se as regras do novo CC às convenções condominiais anteriores à sua vigência (RJ 313/117).

Art. 1.333: 3. v. LRP 167-I-17.

Art. 1.334. Além das cláusulas referidas no art. 1.332[1] e das que os interessados houverem por bem estipular, a convenção determinará:[1a] [Sem dispositivo correspondente no CC/1916.]

I — a quota proporcional e o modo de pagamento das contribuições dos condôminos para atender às despesas ordinárias e extraordinárias do condomínio;[1b] [Sem dispositivo correspondente no CC/1916.]

II — sua forma de administração; [Sem dispositivo correspondente no CC/1916.]

III — a competência das assembleias, forma de sua convocação e *quorum* exigido para as deliberações; [Sem dispositivo correspondente no CC/1916.]

IV — as sanções a que estão sujeitos os condôminos, ou possuidores; [Sem dispositivo correspondente no CC/1916.]

V — o regimento interno.[2] [Sem dispositivo correspondente no CC/1916.]

§ 1º A convenção poderá ser feita por escritura pública ou por instrumento particular. [Sem dispositivo correspondente no CC/1916.]

§ 2º São equiparados aos proprietários, para os fins deste artigo, salvo disposição em contrário, os promitentes compradores e os cessionários de direitos relativos às unidades autônomas.[3] [Sem dispositivo correspondente no CC/1916.]

Art. 1.334: 1. e das exigidas pela LCE 9º § 3º.

Art. 1.334: 1a. "O condomínio só responde por furtos ocorridos nas suas áreas comuns se isso estiver expressamente previsto na respectiva convenção" (STJ-2ª Seção, ED no REsp 268.669, Min. Ari Pargendler, j. 8.3.06, DJU 26.4.06). No mesmo sentido: RT 870/226.

Por isso, "a circunstância de existir porteiro ou vigia na guarita não resulta em que o condomínio estaria a assumir a prefalada guarda e vigilância dos automóveis, que se encontram estacionados na área comum" (STJ-4ª T., REsp 618.533, Min. Quaglia Barbosa, j. 3.5.07, DJU 4.6.07).

"Ação de ressarcimento de danos. Furto de bens no interior de unidade condominial. Inexistência do dever de guarda do condomínio, expressamente assumido em convenção ou deliberação assemblear regular, pelos bens dos condôminos que se achem nas respectivas unidades autônomas. Culpa não demonstrada. Improcedência da demanda" (RT 878/211: TJSP, AP 1.001.516-0/0).

"O condomínio não responde pelos danos morais sofridos por condômino, em virtude de lesão corporal provocada por outro condômino, em suas áreas comuns, salvo se o dever jurídico de agir e impedir a ocorrência do resultado estiver previsto na respectiva convenção condominial" (STJ-RJ 386/151: 3ª T., REsp 1.036.917).

S/ responsabilidade civil do condomínio por ato de empregado seu, v. art. 932, nota 5a.

Art. 1.334: 1b. "Lojas térreas. Responsabilidade dos titulares dessas unidades pelo rateio de despesas, se assim o determinar a Convenção, pouco importando que tais imóveis tenham acesso independente e não se sirvam das áreas e equipamentos comuns" (JTJ 312/53). No mesmo sentido: RJTJERGS 258/315 (AP 70015874852).

Art. 1.334: 2. Enunciado 248 do CEJ: "O *quorum* para alteração do regimento interno do condomínio edilício pode ser livremente fixado na convenção".

A convenção de condomínio pode prever *quorum* qualificado de 2/3 para alteração do regimento interno (STJ-4ª T., REsp 1.169.865, Min. Luis Felipe, j. 13.8.13, DJ 2.9.13).

Art. 1.334: 3. s/ promitentes compradores, v. arts. 1.417 e 1.418; s/ cessão de crédito, v. arts. 286 a 298.

Art. 1.335. São direitos do condômino:[1] [Sem dispositivo correspondente no CC/1916.]

I — usar, fruir e livremente dispor das suas unidades;[2] [Sem dispositivo correspondente no CC/1916.]

II — usar das partes comuns,[3] conforme a sua destinação, e contanto que não exclua a utilização dos demais compossuidores; [Sem dispositivo correspondente no CC/1916.]

III — votar nas deliberações da assembleia e delas participar, estando quite.[4] [Sem dispositivo correspondente no CC/1916.]

Art. 1.335: 1. v. tb. art. 1.339.

Art. 1.335: 2. Por isso: "É vedado à assembleia de condomínio extinguir vagas de garagem que dispõem de matrícula própria e pertencem a um dos condôminos, ausente à reunião, sob alegação de que a quantidade total não é comportada no espaço físico disponível" (STJ-4ª T., REsp 400.767, Min. Aldir Passarinho Jr., j. 24.4.07, DJU 28.5.07).

"Assembleia que decide mudar o desenho das vagas de garagens do subsolo, aplicando um mecanismo de junção das três vagas, que são independentes, dos autores, como se formassem um conjunto, com total prejuízo da função desses bens. Alteração que caracteriza esbulho e autoriza a proteção possessória" (RMDAU 14/149).

✎ **Art. 1.335: 3.** "Perturbação da área condominial de uso comum", por Julio Pinheiro Faro Homem de Siqueira (RDPr 42/276).

Art. 1.335: 4. "A unidade isolada constitui elemento primário da formação do condomínio edilício, e se sujeita a direitos e deveres, que devem ser entendidos como inerentes a cada unidade, o que é corroborado pela natureza *propter rem* da obrigação condominial. Estando a obrigação de pagar a taxa condominial vinculada não à pessoa do condômino, mas à unidade autônoma, também o dever de quitação e a penalidade advinda do seu descumprimento estão relacionados a cada unidade. O fato de um condômino ser proprietário de mais de uma unidade autônoma em nada altera a relação entre unidade isolada e condomínio. Se o condômino está quite em relação a alguma unidade, não pode ter seu direito de participação e voto — em relação àquela unidade — tolhido" (STJ-3ª T., REsp 1.375.160, Min. Nancy Andrighi, j. 1.10.13, DJ 7.10.13).

Art. 1.336. São deveres do condômino:[1] [Sem dispositivo correspondente no CC/1916.]

I — contribuir para as despesas do condomínio[1a a 3] na proporção das suas frações ideais, salvo disposição em contrário na convenção;[3a-3b] [Sem dispositivo correspondente no CC/1916.]

II — não realizar obras que comprometam a segurança da edificação; [Sem dispositivo correspondente no CC/1916.]

III — não alterar a forma e a cor da fachada, das partes e esquadrias externas;[3c-3d] [Sem dispositivo correspondente no CC/1916.]

IV — dar às suas partes a mesma destinação que tem a edificação, e não as utilizar de maneira prejudicial ao sossego, salubridade e segurança dos possuidores, ou aos bons costumes.[3e-3f] [Sem dispositivo correspondente no CC/1916.]

§ 1º O condômino que não pagar a sua contribuição ficará sujeito aos juros moratórios convencionados[3g-3h] ou, não sendo previstos, os de um por cento ao mês e multa de até dois por cento sobre o débito.[4 a 4e] [Sem dispositivo correspondente no CC/1916.]

§ 2º O condômino, que não cumprir qualquer dos deveres estabelecidos nos incisos II a IV, pagará a multa prevista no ato constitutivo ou na convenção, não podendo ela ser superior a cinco vezes o valor de suas contribuições mensais, independentemente das perdas e danos[5] que se apurarem; não havendo disposição expressa, caberá à assembleia geral, por dois terços no mínimo dos condôminos restantes, deliberar sobre a cobrança da multa.[6-7] [Sem dispositivo correspondente no CC/1916.]

Art. 1.336: 1. v. LCE 10. S/ deveres relacionados ao uso de partes comuns, v. art. 1.335, nota 3 (referência bibliográfica); s/ responsabilidade do locador, v., no nosso CCLCV, LI 22, nota 1.

Art. 1.336: 1a. "A responsabilidade pelo pagamento de cotas condominiais no regime da propriedade horizontal", por Eduardo Sócrates Castanheira Sarmento Filho (RF 346/65); "Despesas de condomínio: abusos da minoria qualificada", por Murilo Giordan Santos (RDPr 16/216); "Despesas condominiais devidas por lojas térreas em edifícios", por Renato Ventura Ribeiro (RT 849/111).

Art. 1.336: 1b. s/ prescrição e pretensão de cobrança das despesas do condomínio, v. art. 206, nota 8; s/ uso exclusivo do imóvel por um dos ex-cônjuges e despesas condominiais, v. arts. 1.315, nota 1b, e 1.667, nota 4.

Art. 1.336: 1c. "A 'responsabilidade pelas despesas de condomínio pode recair tanto sobre o promitente vendedor quanto sobre o promissário comprador, dependendo das circunstâncias do caso' (EREsp 138.389/MG, Rel. Min. Sálvio de Figueiredo, DJ de 13.9.99). No presente caso, havendo prova de que os recibos foram emitidos pelo condomínio contra o atual ocupante, com isso mostrando ter pleno conhecimento do fato, não tem a empresa responsabilidade pelo pagamento das cotas condominiais, sendo insuficiente a simples ausência de registro" (STJ-3ª T., REsp 579.943, Min. Menezes Direito, j. 5.8.04, DJU 16.11.04).

"O promitente-vendedor não responde pelos encargos condominiais devidos após a alienação do imóvel feita por meio de promessa de compra e venda em caráter irrevogável e irretratável, mesmo que, apesar de transferida a posse, não tenha sido alterado o registro do imóvel" (STJ-4ª T., REsp 655.267, Min. Jorge Scartezzini, j. 17.2.05, DJU 21.3.05).

"Despesas de condomínio. Cobrança. **Legitimidade passiva do promissário comprador.** Ausência de registro da promessa de compra e venda no Cartório de Registro de Imóveis. Irrelevância. Ciência do condomínio. Exercício da posse pelo promissário-comprador. Responsabilidade pelas despesas" (JTJ 292/60).

"Compromisso de compra e venda não registrado. Ciência inequívoca do condomínio. Ilegitimidade passiva do vendedor. Tendo o condomínio ciência inequívoca da venda do imóvel e tratando-se de **ônus *propter rem*** que grava o próprio bem, a dívida condominial se transfere ao comprador, que tem de saldá-la para manter o equilíbrio econômico-financeiro da comunidade que passou a integrar" (Bol. AASP 2.676: TJSP, AP 992.09.085379-1). No mesmo sentido: JTJ 302/43 (AP 903.482-0/9).

"A dívida condominial constitui obrigação *propter rem*, de sorte que, aderindo ao imóvel, passa à responsabilidade do novo adquirente, ainda que se cuide de **cotas anteriores à transferência do domínio,** ressalvado o seu direito de regresso contra o antigo proprietário" (STJ-4ª T., REsp 869.155, Min. Aldir Passarinho Jr., j. 15.5.07, DJU 25.6.07). "Para garantir o equilíbrio econômico e financeiro do condomínio, a cota-parte atribuível a cada unidade é considerada obrigação *propter rem*. Por isso, o arrematante de imóvel em condomínio responde pelas cotas condominiais em atraso, ainda que anteriores à aquisição" (STJ-3ª T., REsp 400.997, Min. Castro Filho, j. 6.4.04, DJU 26.4.04).

Dando pela responsabilidade do promitente vendedor: "No caso, havendo no acórdão recorrido informação de que o condomínio não tinha conhecimento da cessão, não há falar em ilegitimidade passiva" (STJ-3ª T., REsp 541.878, Min. Menezes Direito, j. 5.2.04, DJU 29.3.04). No mesmo sentido: STJ-4ª T., REsp 327.429, Min. Barros Monteiro, j. 21.8.01, DJU 19.11.01; JTJ 305/394.

"Alienada a propriedade por 'compromisso de compra e venda', 'enquanto não se registrar o título translativo, o alienante continua a ser havido como dono do imóvel' (art. 1.245, § 1º, do novo CC). Se não há elemento seguro a indicar que o promitente comprador exerceu posse direta sobre o imóvel, a responsabilidade pelo pagamento das cotas condominiais é do promitente vendedor" (STJ-3ª T., REsp 722.501, Min. Gomes de Barros, j. 27.2.07, um voto vencido, DJU 28.5.07).

"A existência de eventual cláusula no compromisso de venda e compra, atribuindo de forma diversa a responsabilidade pelo pagamento das cotas condominiais, quando não há imissão na posse do bem pelo promitente comprador, obriga somente os contratantes e poderá fundamentar o exercício do direito de regresso, mas não vincula o condomínio" (STJ-3ª T., REsp 1.297.239, Min. Nancy Andrighi, j. 8.4.14, DJ 29.4.14).

Em síntese: "O que define a responsabilidade pelo pagamento das obrigações condominiais não é o registro do compromisso de compra e venda, mas a relação jurídica material com o imóvel, representada pela imissão na posse pelo promissário comprador e pela ciência inequívoca do condomínio acerca da transação. Havendo compromisso de compra e venda não levado a registro, a responsabilidade pelas despesas de condomínio pode recair tanto sobre o promitente vendedor quanto sobre o promissário comprador, dependendo das circunstâncias de cada caso concreto. Se ficar comprovado: (i) que o promissário comprador se imitira na posse; e (ii) o condomínio teve ciência inequívoca da transação, afasta-se a legitimidade passiva do promitente vendedor para responder por despesas condominiais relativas a período em que a posse foi exercida pelo promissário comprador" (STJ-2ª Seção, REsp 1.345.331, Min. Luis Felipe, j. 8.4.15, DJ 20.4.15).

V. tb. art. 1.345 e notas; e, no nosso CCLCV, LCE 4º § ún. e 12, com respectivas notas.

Art. 1.336: 1d. "A parcela relativa às despesas condominiais, por sua peculiar natureza, é indivisível perante o condomínio, de sorte que, em caso de inadimplemento, sendo a unidade de propriedade de dois ou mais titulares, face ao princípio da solidariedade, pode o credor optar pela cobrança exclusiva de qualquer um dos condôminos" (JTJ 321/1.389: AP 1.078.558-0/0).

"Ação de cobrança. Cotas condominiais. Legitimidade passiva do herdeiro, que detém a posse do imóvel, ainda que não tenha sido homologada a partilha. Até a partilha, o direito dos coerdeiros será indivisível e regular-se-á pelas normas relativas ao condomínio. Cabe ao condômino antecipar as despesas para pagar o débito, referente às cotas condominiais, tendo ação regressiva contra os demais, ou contra o próprio espólio" (RT 843/350).

Art. 1.336: 2. "É o usufrutuário responsável pelo pagamento das cotas de condomínio" (RSTJ 174/311).

Art. 1.336: 2a. "As cotas condominiais são imprescindíveis à manutenção do condomínio, que sobrevive da contribuição de todos em benefício da propriedade comum que usufruem, e representam os gastos efetuados mês a mês, de sorte que gozam de autonomia umas das outras, não prevalecendo a presunção contida no art. 322 do Código Civil (correspondente ao art. 943 do Código de 1916), de que a mais antiga parcela estaria paga se as subsequentes o estiverem" (STJ-2ª Seção, ED no REsp 712.106, Min. João Otávio, j. 9.12.09, DJ 16.12.09). Assim: "Constitui ônus do condômino comprovar que efetuou o pagamento de cada uma, ainda que já vencida há mais tempo" (STJ-4ª T., REsp 679.010, Min. Aldir Passarinho Jr., j. 27.9.05, um voto vencido, DJU 5.12.05). **Contra:** "O art. 943 do Código Civil, ao dizer que 'quando o pagamento for em quotas periódicas, a quitação da última estabelece, até prova em contrário, a presunção de estarem solvidas as anteriores', estabelece uma presunção relativa em favor do devedor, incumbindo ao credor, uma vez por aquele demonstrado o pagamento das parcelas posteriores, produzir prova que desconstitua tal presunção, não havendo de invocar-se a inaplicabilidade dessa norma às verbas condominiais, posto que se refere ela às obrigações em geral" (STJ-4ª T., REsp 70.170, Min. Sálvio de Figueiredo, j. 18.4.00, DJU 12.6.00).

Art. 1.336: 2b. O condômino que litiga contra o condomínio não fica excluído do rateio das despesas para o custeio dos honorários do advogado que patrocina os interesses deste no respectivo processo (STJ-3ª T., REsp 1.185.061, Min. Ricardo Cueva, j. 16.9.14, DJ 30.9.14; JTJ 342/410: AP 460.886-4/2-00; v. p. 415).

V. tb., no nosso CCLCV, LCE 12, nota 1a.

Art. 1.336: 2c. "A unidade condominial com acesso direto à via pública não está sujeita às taxas gerais atinentes aos demais apartamentos, salvo se a convenção dispõe em contrário" (STJ-4ª T., REsp 646.406, Min. Jorge Scartezzini, j. 1.3.05, DJU 21.3.05). No mesmo sentido: STJ-RT 772/178.

S/ despesas do condomínio edilício, v. LCE 12.

Art. 1.336: 3. "Não ostentando a Convenção de Condomínio natureza puramente contratual, inadmissível é ao condômino invocar a **exceção de contrato não cumprido** para escusar-se ao pagamento das cotas condominiais" (STJ-RT 832/180).

Art. 1.336: 3a. Redação do inciso I conforme a Lei 10.931, de 2.8.04.

Art. 1.336: 3b. "Há, pois, uma presunção de legitimidade dos valores cobrados de cada condômino" (JTJ 310/53).

✎ **Art. 1.336: 3c.** "Da alteração de fachada no condomínio horizontal", por Vanderci Alvarez (RDPr 23/271).

Art. 1.336: 3d. "Modificação de janelas e esquadrias sem autorização do condomínio. Desfazimento determinado. Ainda que luxuosa a modificação, se ela altera o exterior de cada unidade, deve se submeter ao crivo assemblear ou estar autorizada pela convenção, sob pena de desfazimento" (RJM 191/260: AP 1.0024.08.966234-0/001).

"Tendo o proprietário de um dos apartamentos substituído as janelas originais por venezianas de alumínio, alterando consideravelmente a fachada e as laterais do edifício e perturbando a harmonia da construção, deve ser condenado a desfazer a obra, em prazo razoável, sob pena de multa diária" (RJM 174/109).

"Condomínio. Colocação de blindex na varanda de unidade residencial. Alteração da forma externa. Fachada. Violação às normas da convenção do condomínio e do Código Civil" (RT 871/372).

Todavia: "Condômino que utilizou vidro fumê liso ao invés do vidro incolor canelado estabelecido como norma condominial. Material que não compromete a estética ou a segurança do prédio" (JTJ 314/50: AP 226.926-4/9-00). Do voto do relator: "a ideia de uniformidade visual estética não pode ser levada a ponto de exigir exatamente a mesma aparência para todas as unidades condominiais, de forma tão rigorosamente indistinta, coibindo qualquer detalhe de personalização, como se pudessem ser impostos a todos exatamente os mesmos gostos e preferências e na espécie não se vislumbra na vidraça em questionamento nada que extrapole o limite de uniformidade da aparência externa do edifício em questão".

"Esquadrias e janelas substituídas por peças semelhantes às originais, mas em alumínio e com proteção termo-acústica. Inocorrência de prejuízo estético ou afetação negativa da área comum. Instalação de aparelhos de ar-condicionado. Sistema *split*. Unidades externas colocadas em área de uso comum. Parte interna de muretas que envolvem o telhado. Possibilidade. Adequação ao local. Uso de modernas técnicas. Invisibilidade externa. Fachada não afetada. Segurança geral e estrutural do prédio preservada. Alterações que não prejudicam os demais condôminos nem ofendem substancialmente a convenção de condomínio ou a legislação civil" (JTJ 333/579: AP 1.162.849-0/9).

V. tb. Lei 4.591, de 16.12.64, art. 10.

Art. 1.336: 3e. "O exercício de posições jurídicas encontra-se limitado pela boa-fé objetiva. Assim, o condômino não pode exercer suas pretensões de forma anormal ou exagerada com a finalidade de prejudicar seu vizinho. Mais especificamente não se pode impor ao vizinho uma convenção condominial que jamais foi observada na prática e que se encontra completamente desconexa da realidade vivenciada no condomínio. A *suppressio*, regra que se desdobra do princípio da boa-fé objetiva, reconhece a perda da eficácia de um direito quando este longamente não é exercido ou observado. Não age no exercício regular de direito a sociedade empresária que se estabelece em edifício cuja destinação mista é aceita, de fato, pela coletividade dos condôminos e pelo próprio condomínio, pretendendo justificar o excesso de ruído por si causado com a imposição de regra constante da convenção condominial, que impõe o uso exclusivamente comercial, mas que é letra morta desde sua origem" (STJ-3ª T., REsp 1.096.639, Min. Nancy Andrighi, j. 9.12.08, DJ 12.2.09).

Art. 1.336: 3f. "Pretendida permissão de manutenção de animal em unidade autônoma. Inadmissibilidade. Vedação pela convenção condominial. Inexistência de quaisquer outros animais no local, por opção dos moradores. Direito individual que não pode ser imposto à coletividade de moradores" (JTJ 315/68: AP 345.553-4/4-00, maioria). No mesmo sentido: RMDAU 14/115.

A permanência de cão da raça *pit bull* no edifício representa um risco à segurança dos condôminos e funcionários (RDPr 25/331).

Todavia: "Cão de grande porte que circula com liberdade em área comum de condomínio. Animal que, em razão do porte, representa perigo para os vizinhos. Sentença de procedência, para determinar a retirada do animal do condomínio. Possibilidade de manter o animal no condomínio, desde que tomadas as precauções necessárias. Recurso dos requeridos parcialmente provido, para autorizar a permanência do animal, desde que tomadas as cautelas necessárias para garantir a integridade de pessoas, com a imposição de multa de R$ 3.000,00 (nesta data) no primeiro descumprimento e imediata remoção do animal ao centro de controle de zoonoses do Município (ou da região, se o caso), no caso de reincidência" (RT 918/941: TJSP, AP 0000799-82.2010.8.26.0587).

"Perturbação do sossego alheio comprovado. Situação anômala que interfere na esfera do direito da vizinhança. Criação de cães em apartamento. Número de animais (05) que deve ser tido como excessivo. Animais que latem constantemente conforme depoimentos prestados por testemunhas. Adoção de critério de razoabilidade. Requerido deve restringir a dois animais em sua unidade condominial" (RT 934/772: TJPR, AP 957.797-9).

Contra: "Pretensão visando o ingresso e permanência de animal de pequeno porte. Convenção condominial que proíbe a manutenção de qualquer espécie de animal nas dependências do condomínio. Abusividade, na hipótese. Ausência de prova de que o animal coloque em risco a salubridade do ambiente ou importune o sossego dos demais moradores" (RMDAU 34/131: TJSP, AP 9135048-65.2006.8.26.0000).

"Embora expresso o regimento interno do condomínio proibindo manter cães e gatos nas unidades autônomas, a observância da regra exige o exame de provas e das circunstâncias peculiares do caso. Demonstrado que se trata de animal de pequeno porte (gato), inofensivo e saudável, e que mantê-lo no interior do apartamento não traz qualquer incômodo, transtorno ou perigo aos demais condôminos, mitiga-se a regra" (RMDAU 48/136: TJDFT, AI 2013.00.2.009684-4).

Art. 1.336: 3g. "Após o advento do Código Civil de 2002, é possível fixar na convenção do condomínio **juros moratórios acima de 1% ao mês** em caso de inadimplemento das taxas condominiais" (STJ-RT 903/164: 3ª T., REsp 1.002.525).

Art. 1.336: 3h. "Os juros moratórios e a correção monetária incidem a partir do vencimento de cada parcela na ação de cobrança de cotas condominiais" (STJ-4ª T., Ag 1.291.541-EDcl, Min. João Otávio, j. 5.5.11, DJ 12.5.11).

✎ **Art. 1.336: 4.** "Condomínio: qual a porcentagem que deve incidir sobre a multa por inadimplência?", por Fábio Campos de Aquino (RDPr 16/83).

Art. 1.336: 4a. v. LCE 12 § 3º.

Art. 1.336: 4b. A 2ª Seção do STJ tem dado conotação cogente à disposição que limita o valor da multa a dois por cento: STJ-4ª T., REsp 753.546, Min. Jorge Scartezzini, j. 4.8.05, DJU 29.8.05; STJ-3ª T., REsp 718.217, Min. Menezes Direito, j. 14.6.05, DJU 1.7.05. No mesmo sentido: JTJ 337/636 (AP 1.036.263-0/9).

Contra, ponderando que este § 1º tem caráter dispositivo também no tocante à multa, autorizando as partes a "contratar de forma diversa da lei, já que versa sobre interesse particular dos condôminos, daí por que prevalece a norma convencional em sentido contrário, que prevê multa mais pesada", inclusive, por não existir relação de consumo no caso (RJ 311/116). No mesmo sentido, consignando que este § 1º não revogou o art. 12, § 3º, da LCE: RT 826/344.

Art. 1.336: 4c. "O abatimento concedido pelo condomínio ao pagamento antecipado reflete uma cobrança dissimulada de multa em percentual proibido, eis que, de acordo com o art. 1.336, § 1º, do Código Civil, a multa pelo atraso no pagamento da contribuição condominial deve ser de até 2% sobre o débito. O desconto de 13% concedido para as cotas condominiais pagas antes do prazo estipulado é vedado pela legislação" (RT 900/326: TJRJ, AP 0008726-74.2004.8.19.0209).

Art. 1.336: 4d. A partir do vencimento da cota condominial são **devidos juros e correção monetária** (STJ-4ª T., REsp 679.019, Min. Jorge Scartezzini, j. 2.6.05, DJU 20.6.05).

Art. 1.336: 4e. "O inadimplemento de taxas condominiais **não autoriza a suspensão,** por determinação da assembleia geral de condôminos, quanto ao uso **de serviços essenciais,** em clara afronta ao direito de propriedade e sua função social e à dignidade da pessoa humana, em detrimento da utilização de meios expressamente previstos em lei para a cobrança da dívida condominial. Não sendo o elevador um mero conforto em se tratando de edifício de diversos pavimentos, com apenas um apartamento por andar, localizando-se o apartamento da recorrente no oitavo pavimento, o equipamento passa a ter *status* de essencial à própria utilização da propriedade exclusiva. O corte do serviço dos elevadores gerou dano moral, tanto do ponto de vista subjetivo, analisando as peculiaridades da situação concreta, em que a condição de inadimplente restou ostensivamente exposta, como haveria, também, tal dano *in re ipsa*, pela mera violação de um direito da personalidade" (STJ-3ª T., REsp 1.401.815, Min. Nancy Andrighi, j. 3.12.13, DJ 13.12.13).

"**Restrição** imposta na convenção condominial **de acesso à área comum destinada ao lazer do condômino em mora** e de seus familiares. Ilicitude. Reconhecimento. A vedação de acesso e de utilização de qualquer área comum pelo condômino e de seus familiares, independentemente de sua destinação (se de uso essencial, recreativo, social, lazer etc.), com o único e ilegítimo propósito de expor ostensivamente a condição de inadimplência perante o meio social em que residem, desborda dos ditames do princípio da dignidade humana" (STJ-3ª T., REsp 1.564.030, Min. Marco Bellizze, j. 9.8.16, DJ 19.8.16).

Art. 1.336: 5. v. arts. 402 a 405.

Art. 1.336: 6. "Condomínio que providenciou o desligamento do registro de água por inadimplemento de despesas condominiais pelo autor. Inadmissibilidade. Serviço de natureza essencial. Impossibilidade de uso arbitrário das próprias razões. Débitos condominiais devem ser exigidos de forma própria" (RT 865/190).

Art. 1.336: 7. Multa e solidariedade entre proprietário e locatário. "O proprietário do apartamento responde *in solidum* por fato imputável ao seu locatário, em face da obrigação de vigilância que deve ter o titular de domínio sobre os acontecimentos relacionados com o imóvel de sua propriedade" (RT 893/343: TJSC, AP 2007.006431-1).

Art. 1.337. O condômino, ou possuidor, que não cumpre reiteradamente com os seus deveres[1] perante o condomínio poderá, por deliberação de três quartos dos condôminos restantes, ser constrangido a pagar multa[1a] correspondente até ao quíntuplo do valor atribuído à contribuição para as despesas condominiais, conforme a gravidade das faltas e a reiteração, independentemente das perdas e danos[2] que se apurem.[3-4] [Sem dispositivo correspondente no CC/1916.]

Parágrafo único. O condômino ou possuidor que, por seu reiterado comportamento antissocial, gerar incompatibilidade de convivência com os demais condôminos ou possuidores, poderá ser constrangido a pagar multa correspondente ao décuplo do valor atribuído à contribuição para as despesas condominiais, até ulterior deliberação da assembleia.[5-6] [Sem dispositivo correspondente no CC/1916.]

Art. 1.337: 1. previstos em lei, na convenção ou no regimento interno.

Art. 1.337: 1a. independentemente de previsão no ato constitutivo ou na convenção.

Art. 1.337: 2. v. arts. 402 a 405.

Art. 1.337: 3. v. tb. LCE 21.

Art. 1.337: 4. Enunciado 92 do CEJ: "As sanções do art. 1.337 do novo Código Civil não podem ser aplicadas sem que se garanta direito de defesa ao condômino nocivo".

Contra, entendendo que a aplicação de multa ao condômino não exige "a obediência a normas do devido processo legal, próprias do processo judicial": RT 807/310.

✎**Art. 1.337: 5.** "Tutela de exclusão do condômino nocivo", por Jorge Elias Nehme (RT 806/44); "Exclusão do condômino por reiterado comportamento antissocial à luz do novo Código Civil", por

Américo Isidoro Angélico (RDPr 17/99); "Da possibilidade de 'expulsão' do condômino antissocial", por Werner Braun Rizk (RJ 330/77); "Condomínio edilício e exclusão do condômino nocivo", por Álvaro Villaça Azevedo (RMDCPC 27/48); "O que fazer com o condômino antissocial que não muda o comportamento nocivo, apesar das multas aplicadas?", por Ênio Santarelli Zuliani (RMDCPC 39/25).

Art. 1.337: 6. ou seja: a multa é aplicada pelo síndico e deve ser ulteriormente submetida à apreciação da assembleia. V. art. 1.348-VII.

Art. 1.338. Resolvendo o condômino alugar área no abrigo para veículos, preferir-se-á, em condições iguais, qualquer dos condôminos a estranhos,[1] e, entre todos, os possuidores.[2] [Sem dispositivo correspondente no CC/1916.]

Art. 1.338: 1. v. art. 1.331 § 1º.

Art. 1.338: 2. Enunciado 320 do CEJ: "O direito de preferência de que trata o art. 1.338 deve ser assegurado não apenas nos casos de locação, mas também na hipótese de venda da garagem".

Art. 1.339. Os direitos de cada condômino às partes comuns são inseparáveis de sua propriedade exclusiva; são também inseparáveis das frações ideais correspondentes as unidades imobiliárias, com as suas partes acessórias.[1] [Sem dispositivo correspondente no CC/1916.]

§ 1º Nos casos deste artigo é proibido alienar ou gravar os bens em separado. [Sem dispositivo correspondente no CC/1916.]

§ 2º É permitido ao condômino alienar parte acessória de sua unidade imobiliária a outro condômino, só podendo fazê-lo a terceiro se essa faculdade constar do ato constitutivo do condomínio, e se a ela não se opuser a respectiva assembleia geral.[2] [Sem dispositivo correspondente no CC/1916.]

Art. 1.339: 1. "Não se aplica o art. 1.339 do CC a boxe de estacionamento autonomamente registrado no registro de imóveis" (STJ-4ª T., AI 1.179.583-EDcl, Min. Isabel Gallotti, j. 15.5.12, DJ 24.5.12).

Art. 1.339: 2. v. art. 1.331 § 1º.

Art. 1.340. As despesas[1] relativas a partes comuns de uso exclusivo de um condômino, ou de alguns deles, incumbem a quem delas se serve.[2] [Sem dispositivo correspondente no CC/1916.]

Art. 1.340: 1. s/ despesas do condomínio, v. art. 1.336-I (bem como o § 1º) e LCE 12.

Art. 1.340: 2. "O condômino não deve arcar, no rateio de despesas condominiais, com aquelas que digam respeito a serviços ou utilidades que não têm nenhuma utilidade para ele, a exemplo de despesas de gás e manobrista de lojas, quando o contrato de locação tem como objeto vagas de garagem" (Bol. AASP 2.573).

Art. 1.341. A realização de obras no condomínio depende: [Sem dispositivo correspondente no CC/1916.]

I — se voluptuárias,[1] de voto de dois terços dos condôminos; [Sem dispositivo correspondente no CC/1916.]

II — se úteis, de voto da maioria dos condôminos. [Sem dispositivo correspondente no CC/1916.]

§ 1º As obras ou reparações necessárias podem ser realizadas, independentemente de autorização,[2] pelo síndico, ou, em caso de omissão ou impedimento deste, por qualquer condômino. [Sem dispositivo correspondente no CC/1916.]

§ 2º Se as obras ou reparos necessários forem urgentes e importarem em despesas excessivas, determinada sua realização, o síndico ou o condômino que tomou a iniciativa delas dará ciência à assembleia, que deverá ser convocada imediatamente. [Sem dispositivo correspondente no CC/1916.]

§ 3º Não sendo urgentes, as obras ou reparos necessários, que importarem em despesas excessivas, somente poderão ser efetuadas após autorização da assembleia, especialmente convocada pelo síndico, ou, em caso de omissão ou impedimento deste, por qualquer dos condôminos. [Sem dispositivo correspondente no CC/1916.]

§ 4º O condômino que realizar obras ou reparos necessários será reembolsado das despesas que efetuar, não tendo direito à restituição das que fizer com obras ou reparos de outra natureza, embora de interesse comum. [Sem dispositivo correspondente no CC/1916.]

Art. 1.341: 1. obras voluptuárias, úteis ou necessárias: v. art. 96.

Art. 1.341: 2. Independem de autorização apenas se forem urgentes e não implicarem despesas excessivas, cf. § 3º.

Art. 1.342. A realização de obras, em partes comuns, em acréscimo às já existentes, a fim de lhes facilitar ou aumentar a utilização, depende da aprovação de dois terços dos votos dos condôminos, não sendo permitidas construções, nas partes comuns, suscetíveis de prejudicar a utilização, por qualquer dos condôminos, das partes próprias, ou comuns. [Sem dispositivo correspondente no CC/1916.]

Art. 1.343. A construção de outro pavimento, ou, no solo comum, de outro edifício, destinado a conter novas unidades imobiliárias, depende da aprovação da unanimidade dos condôminos.[1] [Sem dispositivo correspondente no CC/1916.]

Art. 1.343: 1. Também depende de aprovação unânime a mudança da destinação do edifício ou da unidade imobiliária (v. art. 1.351, *in fine*).

Art. 1.344. Ao proprietário do terraço de cobertura incumbem as despesas da sua conservação, de modo que não haja danos às unidades imobiliárias inferiores.[1] [Sem dispositivo correspondente no CC/1916.]

Art. 1.344: 1. v. arts. 1.331 § 5º e 1.336.

Art. 1.345. O adquirente de unidade responde pelos débitos do alienante, em relação ao condomínio, inclusive multas e juros moratórios.[1-2] [Sem dispositivo correspondente no CC/1916.]

Art. 1.345: 1. "O **adquirente de imóvel** em condomínio responde pelas cotas condominiais em atraso, ainda que anteriores à aquisição, ressalvado o seu direito de regresso contra o antigo proprietário" (STJ-3ª T., REsp 1.119.090, Min. Nancy Andrighi, j. 22.2.11, DJ 2.3.11).

"A obrigação de pagamento dos débitos condominiais alcança os novos titulares do imóvel que não participaram da fase de conhecimento da ação de cobrança, em razão da natureza *propter rem* da dívida. Em caso de alienação de objeto litigioso, a sentença proferida entre as partes originárias, estende seus efeitos ao adquirente ou ao cessionário" (STJ-3ª T., REsp 1.653.143, Min. Nancy Andrighi, j. 16.5.17, DJ 22.5.17).

"O adquirente do imóvel do qual se originaram as despesas de condomínio é responsável pelo pagamento dos débitos anteriores à aquisição, de modo que admissível a substituição do polo passivo da execução como autoriza o disposto no art. 1.345 do CC/2002" (JTJ 302/380).

"O **arrematante** de imóvel em condomínio responde pelas cotas condominiais em atraso, ainda que anteriores à aquisição" (STJ-3ª T., REsp 682.664-AgRg, Min. Nancy Andrighi, j. 18.8.05, DJ 5.9.05). No mesmo sentido: STJ-4ª T., REsp 506.183, rel. Min. Fernando Gonçalves, j. 2.12.03, DJU 25.2.04; RT 815/410, RF 288/241, JTJ 372/152 (AI 308222-98.2011.8.26.0000). **Todavia,** em caso no qual o edital da hasta pública não informava a existência dos débitos condominiais, o arrematante foi liberado do pagamento desses débitos (STJ-3ª T., REsp 1.044.890-EDcl, Min. Sidnei Beneti, j. 2.12.10, DJ 17.2.11). Assim: "A responsabilização do arrematante por eventuais encargos omitidos no edital de praça é incompatível com os princípios da segurança jurídica e da proteção da confiança. Considerando a ausência de menção no edital da praça acerca dos ônus incidentes sobre o imóvel, conclui-se pela impossibilidade de substituição do polo passivo da ação de cobrança de cotas condominiais, mesmo diante da natureza *propter rem* da obrigação" (STJ-3ª T., REsp 1.297.672, Min. Nancy Andrighi, j. 24.9.13, DJ 1.10.13). **Ainda,** liberando o arrematante de pagar o valor remanescente cobrado pelo condomínio, em caso no qual o produto da arrematação foi insuficiente para quitar todos os débitos condominiais: JTJ 375/604 (EI 149585-11.2009.8.26.0100/50002, um voto vencido).

"O adquirente de imóvel em condomínio responde pelas cotas condominiais em atraso, ainda que anteriores à aquisição, ressalvado o seu direito de regresso contra o antigo proprietário. Entendimento que se aplica à União na hipótese de ingresso de imóveis em seu patrimônio em decorrência de **pena de perdimento** aplicada em processo criminal. O condomínio se enquadra no conceito de lesado previsto nos arts. 91, II, do CP, e 133, parágrafo único, do CPP, não podendo ser prejudicado em virtude do confisco do bem em prol da União, cujo direito de propriedade, nesse caso, subsiste apenas em caráter precário (até que haja a arrematação do bem em hasta pública) e residual (recebendo o saldo credor, após o ressarcimento das vítimas, lesados e terceiros de boa-fé). Sendo o imóvel confiscado pela União objeto de execução para pagamento de dívida condominial, o bem é litigioso, sujeitando-se ao comando do art. 42, § 3º, do CPC, que excepciona a regra do art. 472 do CPC, possibilitando que a sentença proferida entre as partes originárias repercuta na esfera jurídica do terceiro adquirente. Nada impede a realização das hastas públicas nos autos da execução movida pelo condomínio, devendo o produto da arrematação dos imóveis confiscados ser primeiro destinado à satisfação do débito condominial, repassando-se o saldo à União, que passará a ter direito de regresso contra os executados pelo período anterior ao perdimento dos imóveis" (STJ-3ª T., REsp 1.366.894, Min. Nancy Andrighi, j. 22.4.14, DJ 2.6.14).

V. tb. art. 1.336, nota 1c, e, no nosso CCLCV, LCE 4º § ún. e 12, com respectivas notas.

Art. 1.345: 2. "Se o vendedor declarou inexistir débitos condominiais, havendo-os, o adquirente do imóvel tem pretensão e ação contra ele, não contra o condomínio" (STJ-3ª T., AI 653.907-AgRg, Min. Ari Pargendler, j. 20.4.06, DJU 13.3.08).

Art. 1.346. É obrigatório o seguro de toda a edificação[1] contra o risco de incêndio ou destruição, total ou parcial. [Sem dispositivo correspondente no CC/1916.]

Art. 1.346: 1. v. art. 1.348-IX, LCE 13.

Seção II | DA ADMINISTRAÇÃO DO CONDOMÍNIO

Art. 1.347. A assembleia[1] escolherá um síndico,[2-3] que poderá não ser condômino, para administrar o condomínio, por prazo não superior a dois anos, o qual poderá renovar-se. [Sem dispositivo correspondente no CC/1916.]

Art. 1.347: 1. s/ assembleia geral, v. arts. 1.349 a 1.355, 1.341, 1.342, 1.348-I e VIII, 1.357, LCE 24 a 27, 30.

Art. 1.347: 2. s/ síndico, v. arts. 1.348, 1.349, 1.350, LCE 22.

Art. 1.347: 3. O condomínio edilício regularmente instituído, registrado no Registro de Imóveis (art. 1.332), é representado pelo síndico (art. 1.348-II); quanto à representação do condomínio edilício irregular, sem registro, incide o art. 1.324.

Art. 1.348. Compete ao síndico: [Sem dispositivo correspondente no CC/1916.]

I — convocar a assembleia dos condôminos; [Sem dispositivo correspondente no CC/1916.]

II — representar, ativa e passivamente, o condomínio, praticando, em juízo ou fora dele, os atos necessários à defesa dos interesses comuns;[1 a 1b] [Sem dispositivo correspondente no CC/1916.]

III — dar imediato conhecimento à assembleia da existência de procedimento judicial ou administrativo, de interesse do condomínio; [Sem dispositivo correspondente no CC/1916.]

IV — cumprir e fazer cumprir a convenção, o regimento interno e as determinações da assembleia; [Sem dispositivo correspondente no CC/1916.]

V — diligenciar a conservação e a guarda das partes comuns e zelar pela prestação dos serviços que interessem aos possuidores; [Sem dispositivo correspondente no CC/1916.]

VI — elaborar o orçamento da receita e da despesa relativa a cada ano; [Sem dispositivo correspondente no CC/1916.]

VII — cobrar dos condôminos as suas contribuições, bem como impor e cobrar as multas devidas; [Sem dispositivo correspondente no CC/1916.]

VIII — prestar contas à assembleia, anualmente e quando exigidas;[1c] [Sem dispositivo correspondente no CC/1916.]

IX — realizar o seguro da edificação.[2] [Sem dispositivo correspondente no CC/1916.]

§ 1º Poderá a assembleia investir outra pessoa, em lugar do síndico, em poderes de representação. [Sem dispositivo correspondente no CC/1916.]

§ 2º O síndico pode transferir a outrem, total ou parcialmente, os poderes de representação ou as funções administrativas, mediante aprovação da assembleia, salvo disposição em contrário da convenção. [Sem dispositivo correspondente no CC/1916.]

Art. 1.348: 1. v. LCE 22 § 1º-*a* e CPC 75-XI.

Art. 1.348: 1a. **Enunciado 90 do CEJ:** "Deve ser reconhecida personalidade jurídica ao condomínio edilício" (redação conforme o Enunciado 246, que suprimiu a parte final: "nas relações jurídicas inerentes às atividades de seu peculiar interesse").

Art. 1.348: 1b. O condomínio, através do síndico, tem legitimidade:

— "para pleitear reparação de danos por defeitos de construção ocorridos na área comum do edifício, bem como na área individual de cada unidade habitacional, podendo defender tanto os interesses coletivos quanto os individuais homogêneos dos moradores" (RSTJ 104/334). No mesmo sentido: STJ-3ª T., REsp 63.941-7, Min. Eduardo Ribeiro, j. 26.6.96, DJU 26.8.96;

— "para propor ação de indenização por danos ao prédio que afetem a todos os condôminos" (RSTJ 101/335);

— para a ação de desapropriação indireta de parte de sua área comum (STJ-2ª T., REsp 412.774, Min. Eliana Calmon, j. 4.6.02, DJU 19.8.02).

— para pedir o adimplemento de servidão de água (STJ-3ª T., REsp 1.124.506, Min. Nancy Andrighi, j. 19.6.12, DJ 14.11.12).

Todavia: "O condomínio é parte ilegítima para pleitear pedido de compensação por danos morais em nome dos condôminos" (STJ-3ª T., REsp 1.177.862, Min. Nancy Andrighi, j. 3.5.11, DJ 1.8.11).

V. tb., no nosso CCLCV, LCE 22, nota 1a. V. ainda, no nosso CPCLPV, CPC 75, nota 26.

Art. 1.348: 1c. "Não há dúvidas a respeito da responsabilidade do síndico, na qualidade de representante e administrador do condomínio, de prestar contas de sua gestão, já que lhe cabe administrar e gerir valores e interesses alheios. Forçoso, portanto, reconhecer a ilegitimidade do condomínio para figurar no polo passivo da demanda" (STJ-3ª T., REsp 707.506, Min. Sidnei Beneti, j. 15.12.09, DJ 18.12.09).

V. tb., no nosso CCLCV, LCE 22, nota 1c.

Art. 1.348: 2. v. art. 1.346, LCE 13.

Art. 1.349. A assembleia,[1] especialmente convocada para o fim estabelecido no § 2º do artigo antecedente, poderá, pelo voto da maioria absoluta de seus membros, destituir o síndico que praticar irregularidades, não prestar contas, ou não administrar convenientemente o condomínio.[2] [Sem dispositivo correspondente no CC/1916.]

Art. 1.349: 1. "Pretensão de destituição de síndico. Ação aforada por condômino. Inviabilidade. Ato de competência privativa do órgão que o escolheu, qual seja, a assembleia geral" (RJTJERGS 273/438: AP 70026129908).

Art. 1.349: 2. "A destituição do síndico decorre da prática de irregularidades, recusa à prestação de contas ou administração inconveniente, por deliberação da maioria absoluta dos membros de assembleia específica (CC 1.349). **Confusão patrimonial e desorganização gerencial,** isto é, a administração inconveniente do condomínio, levou a assembleia a deliberar legitimamente pela destituição da síndica" (Bol. AASP 2.718: TJDFT, AP 20080410114603).

Art. 1.350. Convocará o síndico, anualmente, reunião da assembleia dos condôminos, na forma prevista na convenção, a fim de aprovar o orçamento das despesas, as contribuições dos condôminos e a prestação de contas, e eventualmente eleger-lhe o substituto e alterar o regimento interno.[1] [Sem dispositivo correspondente no CC/1916.]

§ 1º Se o síndico não convocar a assembleia, um quarto dos condôminos poderá fazê-lo. [Sem dispositivo correspondente no CC/1916.]

§ 2º Se a assembleia não se reunir, o juiz decidirá, a requerimento de qualquer condômino. [Sem dispositivo correspondente no CC/1916.]

Art. 1.350: 1. s/ assembleias extraordinárias, v. art. 1.355.

Art. 1.351. Depende da aprovação de 2/3 (dois terços) dos votos dos condôminos a alteração da convenção; a mudança da destinação do edifício, ou da unidade imobiliária, depende da aprovação pela unanimidade dos condôminos.[1 a 3] [Sem dispositivo correspondente no CC/1916.]

Art. 1.351: 1. Redação alterada pela Lei 10.931, de 2.8.04.

Art. 1.351: 2. Também depende de aprovação unânime a construção de outro pavimento ou, no solo comum, de outro edifício (v. art. 1.343).

Art. 1.351: 2a. "Expressa a convenção de condomínio a exigir unanimidade para alteração do critério de rateio da contribuição condominial, inválida a alteração da convenção, para suprimir essa cláusula, ao *quorum* de somente dois terços, sob invocação do disposto no art. 1.351 do Cód. Civil de 2002" (STJ-3ª T., REsp 1.230.916, Min. Sidnei Beneti, j. 27.3.12, DJ 11.5.12).

Art. 1.351: 3. Não depende da aprovação pela unanimidade dos coproprietários de condomínio residencial "a simples instalação de antena de telefonia celular, no topo do prédio, propiciando vantagem financeira ao condomínio, pela locação do espaço físico, em nada modificando o uso adotado" (RMDAU 23/143: TJGO, AP 137677-8/188, maioria).

Art. 1.352. Salvo quando exigido *quorum* especial,[1] as deliberações da assembleia serão tomadas, em primeira convocação, por maioria de votos dos condôminos presentes que representem pelo menos metade das frações ideais.[1a a 3] [Sem dispositivo correspondente no CC/1916.]

Parágrafo único. Os votos serão proporcionais às frações ideais no solo e nas outras partes comuns pertencentes a cada condômino, salvo disposição diversa da convenção de constituição do condomínio. [Sem dispositivo correspondente no CC/1916.]

Art. 1.352: 1. *quorum* especial: v. arts. 1.336 § 2º, 1.337, 1.341 a 1.343, 1.349 e 1.357-*caput*.

Art. 1.352: 1a. Este artigo prevê um ***quorum* para a instalação da assembleia** em primeira convocação, que ocorrerá com a presença de condôminos "que representem pelo menos metade das frações ideais", e outro ***quorum* para as deliberações,** que se darão por "maioria de votos dos condôminos presentes", salvo quando exigido *quorum* especial.

V. tb. art. 1.353, nota 1.

Art. 1.352: 2. "A assembleia, na qualidade de órgão deliberativo, é o palco onde, sob os influxos dos argumentos e dos contra-argumentos, pode-se chegar ao voto que melhor reflita a vontade dos condôminos e, portanto, não é de admitir-se a ratificação posterior para completar *quorum* eventualmente não verificado na sua realização" (STJ-3ª T., REsp 1.120.140, Min. Massami Uyeda, j. 6.10.09, DJ 23.10.09).

Art. 1.352: 3. "O uso de **procurações** em assembleias condominiais constitui questão situada no âmbito dos direitos patrimoniais disponíveis dos condôminos. Dessa forma, cada condomínio edilício tem a liberdade de definir, em convenção, as regras de utilização de procurações por seus condôminos, não podendo o Poder Judiciário interferir ou regular a manifestação de vontade dos condôminos sobre atos que digam respeito exclusivamente ao uso, gozo e disposição de seu patrimônio, sobretudo porque inexiste, no Código Civil ou na Lei 4.591/64, qualquer dispositivo legal que limite o quantitativo de procurações em assembleias de condomínios edilícios" (RJ-Lex 60/281: TJDFT, AI 2012.00.2.009532-9).

Art. 1.353. Em segunda convocação, a assembleia poderá deliberar por maioria dos votos dos presentes,[1] salvo quando exigido *quorum* especial.[2] [Sem dispositivo correspondente no CC/1916.]

Art. 1.353: 1. Em segunda convocação, **não se exige *quorum* para a instalação da assembleia.** Mas as deliberações continuam dependentes da aprovação da "maioria dos votos dos presentes, salvo quando exigido *quorum* especial".

V. tb. art. 1.352, nota 1a.

Art. 1.353: 2. *quorum* especial: v. arts. 1.336 § 2º, 1.337, 1.341 a 1.343, 1.349 e 1.357-*caput*.

Art. 1.354. A assembleia não poderá deliberar se todos os condôminos não forem convocados para a reunião.[1-2] [Sem dispositivo correspondente no CC/1916.]

Art. 1.354: 1. v. arts. 1.348-I e 1.350.

Art. 1.354: 2. "Ainda que de forma diversa da convenção condominial, se o ato convocatório alcançar seu objetivo, qual seja, dar prévia ciência à coletividade sobre a realização da assembleia, não se justifica sua anulação, tratando-se, assim, de mera irregularidade. Se a esmagadora maioria compareceu e votou unanimemente pelo reajuste da taxa e ainda elegeu os cargos de direção, têm-se por legítimas as decisões tomadas na assembleia e a eficácia inequívoca da convocação realizada" (Bol. AASP 2.691: TJDFT, AP 20060910146100).

Art. 1.355. Assembleias extraordinárias poderão ser convocadas pelo síndico ou por um quarto dos condôminos.[1] [Sem dispositivo correspondente no CC/1916.]

Art. 1.355: 1. s/ assembleia ordinária, v. art. 1.350.

Art. 1.356. Poderá haver no condomínio um conselho fiscal,[1] composto de três membros, eleitos pela assembleia, por prazo não superior a dois anos, ao qual compete dar parecer sobre as contas do síndico. [Sem dispositivo correspondente no CC/1916.]

Art. 1.356: 1. A LCE 13 prevê tb. a eleição de um conselho consultivo.

Seção III | DA EXTINÇÃO DO CONDOMÍNIO

Art. 1.357. Se a edificação for total ou consideravelmente destruída, ou ameace ruína, os condôminos deliberarão em assembleia sobre a reconstrução, ou venda, por votos que representem metade mais uma das frações ideais. [Sem dispositivo correspondente no CC/1916.]

§ 1º Deliberada a reconstrução, poderá o condômino eximir-se do pagamento das despesas respectivas, alienando os seus direitos a outros condôminos, mediante avaliação judicial. [Sem dispositivo correspondente no CC/1916.]

§ 2º Realizada a venda, em que se preferirá, em condições iguais de oferta, o condômino ao estranho, será repartido o apurado entre os condôminos, proporcionalmente ao valor das suas unidades imobiliárias. [Sem dispositivo correspondente no CC/1916.]

Art. 1.358. Se ocorrer desapropriação, a indenização será repartida na proporção a que se refere o § 2º do artigo antecedente. [Sem dispositivo correspondente no CC/1916.]

Seção IV | DO CONDOMÍNIO DE LOTES[1]

SEÇ. IV: 1. A Seção IV foi acrescida pela Lei 13.465, de 11.7.17.

Art. 1.358-A. Pode haver, em terrenos, partes designadas de lotes que são propriedade exclusiva e partes que são propriedade comum dos condôminos.[1]

§ 1º A fração ideal de cada condômino poderá ser proporcional à área do solo de cada unidade autônoma, ao respectivo potencial construtivo ou a outros critérios indicados no ato de instituição.

§ 2º Aplica-se, no que couber, ao condomínio de lotes o disposto sobre condomínio edilício neste Capítulo, respeitada a legislação urbanística.

§ 3º Para fins de incorporação imobiliária, a implantação de toda a infraestrutura ficará a cargo do empreendedor.

Art. 1.358-A: 1. O art. 1.358-A foi acrescido pela Lei 13.465, de 11.7.17.

Capítulo VIII | DA PROPRIEDADE RESOLÚVEL[1]

CAP. VIII: 1. v. art. 1.953.

Art. 1.359. Resolvida a propriedade pelo implemento da condição[1] ou pelo advento do termo,[2] entendem-se também resolvidos os direitos reais[3] concedidos na sua pendência, e o proprietário, em cujo favor se opera a resolução, pode reivindicar a coisa do poder de quem a possua ou detenha. [Dispositivo correspondente no CC/1916: art. 647.]

Art. 1.359: 1. v. art. 121.

Art. 1.359: 2. v. art. 131.

Art. 1.359: 3. v. art. 1.225.

Art. 1.360. Se a propriedade se resolver por outra causa superveniente,[1] o possuidor, que a tiver adquirido por título anterior à sua resolução, será considerado proprietário perfeito, restando à pessoa, em cujo benefício houve a resolução, ação contra aquele cuja propriedade se resolveu para haver a própria coisa ou o seu valor. [Dispositivo correspondente no CC/1916: art. 648.]

Art. 1.360: 1. i. e., se ela se resolver fora das hipóteses de condição resolutiva e termo final, como nos casos de revogação da doação por ingratidão ou por inexecução de encargo (v. arts. 555, 557 e 563).

Capítulo IX | DA PROPRIEDADE FIDUCIÁRIA[1-2]

CAP. IX: 1. v., no nosso CCLCV, tít. ALIENAÇÃO FIDUCIÁRIA, Lei 4.728, de 14.7.65, art. 66-B (contrato de alienação fiduciária celebrado no âmbito do mercado financeiro e de capitais, bem como em garantia de créditos fiscais e previdenciários), Dec. lei 911, de 1.11.69 (normas processuais sobre alienação fiduciária), e Lei 9.514, de 20.11.97 (alienação fiduciária de coisa imóvel). V. tb. Lei 7.565, de 19.12.86 — Código Brasileiro de Aeronáutica (Lex 1986/1.285, RF 296/483), cujos arts. 148 a 152 dispõem sobre a alienação fiduciária de aeronave.

CAP. IX: 2. v. LRF 49 § 3º e LI 32 § ún.

Art. 1.361. Considera-se fiduciária a propriedade resolúvel[1] de coisa móvel infungível[2] que o devedor, com escopo de garantia, transfere ao credor. [Sem dispositivo correspondente no CC/1916.]

§ 1º Constitui-se a propriedade fiduciária com o registro do contrato, celebrado por instrumento público ou particular, que lhe serve de título, no Registro de Títulos e Documentos[3] do domicílio do devedor,[3a] ou, em se tratando de veículos, na repartição competente para o licenciamento, fazendo-se a anotação no certificado de registro.[3b a 5] [Sem dispositivo correspondente no CC/1916.]

§ 2º Com a constituição da propriedade fiduciária, dá-se o desdobramento da posse, tornando-se o devedor possuidor direto[6] da coisa. [Sem dispositivo correspondente no CC/1916.]

§ 3º A propriedade superveniente, adquirida pelo devedor, torna eficaz, desde o arquivamento, a transferência da propriedade fiduciária. [Sem dispositivo correspondente no CC/1916.]

Art. 1.361: 1. v. arts. 1.359 e 1.360.

Art. 1.361: 2. v. art. 85.

Art. 1.361: 3. v. LRP 129-5º. A alienação fiduciária de coisa **imóvel** se constitui pelo registro, do contrato que lhe serve de título, no Registro de Imóveis (Lei 9.514, de 20.11.97, art. 23). Neste sentido: LRP 167-I-35.

Art. 1.361: 3a. Cartório competente para o registro do contrato. "Alienação fiduciária. Registro duplo. Necessidade. Pela Lei 6.015, em seu art. 130, os contratos devem ser registrados no domicílio das partes contratantes, e quando eles forem diversos, em cada um dos ofícios se fará o registro" (RTJE 113/113). "Para surtir efeitos em relação a terceiros, os contratos de alienação fiduciária em que forem as partes residentes em circunscrições territoriais diversas deverão ser registrados em todas elas, ou seja, tanto no domicílio do credor como no do financiado alienante" (RT 648/117). No mesmo sentido: RF 322/240.

✎ **Art. 1.361: 3b.** "O Código Civil e a alienação fiduciária de veículos", por Arruda Alvim (RJ 356/27).

Art. 1.361: 3c. Em matéria de coisa fungível e de cessão fiduciária envolvendo coisas móveis e títulos de crédito, v., no nosso CCLCV, Lei 4.728, de 14.7.65, art. 66-B, nota 6.

Art. 1.361: 3d. **Súmula 92 do STJ (Registro do contrato):** "A terceiro de boa-fé não é oponível a alienação fiduciária não anotada no Certificado de Registro do veículo automotor" (v. jurisprudência s/ esta Súmula em RSTJ 61/145).

Art. 1.361: 4. "O registro do contrato de alienação fiduciária no Cartório de Títulos e Documentos, previsto no inciso 5º do art. 129 da Lei de Registros Públicos (Lei n. 6.015/73), não revela condição para a transferência da propriedade do bem, senão, procedimento tendente a emprestar publicidade e, *a fortiori*, efeito *erga omnes* ao ato translatício, evitando prejuízos jurídicos ao terceiro de boa-fé" (STJ-1ª Seção, ED no REsp 875.634-AgRg, Min. Luiz Fux, j. 10.2.10, DJ 1.3.10). "Não é necessário o registro do contrato garantido por alienação fiduciária no Cartório de Títulos e Documentos para que tenha validade e eficácia, uma vez que tal providência tem o intuito apenas de dar ciência a terceiros" (STJ-4ª T., Ag em REsp 206.250-EDcl-AgInt, Min. Isabel Gallotti, j. 4.4.17, DJ 18.4.17).

Assim: "Inviável determinar que o órgão administrativo exija o prévio registro cartorial do contrato de alienação fiduciária para a expedição do certificado de registro do veículo, sem que a lei o faça" (STJ-2ª T., REsp 770.315, Min. Peçanha Martins, j. 4.4.06, DJU 15.5.06).

Art. 1.361: 5. Antes do advento do CC/02, há notícia de acórdão no sentido de que a **alienação fiduciária de aeronave** "vale contra terceiros se registrado o respectivo instrumento no Registro de Títulos e Documentos, independente de anotação no Registro Aeronáutico Brasileiro" (STF-Pleno, RTJ 92/221).

Art. 1.361: 6. v. art. 1.197.

Art. 1.362. O contrato, que serve de título à propriedade fiduciária, conterá:[1] [Sem dispositivo correspondente no CC/1916.]

I — o total da dívida, ou sua estimativa; [Sem dispositivo correspondente no CC/1916.]

II — o prazo, ou a época do pagamento; [Sem dispositivo correspondente no CC/1916.]

III — a taxa de juros, se houver; [Sem dispositivo correspondente no CC/1916.]

IV — a descrição da coisa objeto da transferência, com os elementos indispensáveis à sua identificação. [Sem dispositivo correspondente no CC/1916.]

Art. 1.362: 1. **CDC 53-*caput*:** "Nos contratos de compra e venda de móveis ou imóveis mediante pagamento em prestações, bem como nas alienações fiduciárias em garantia, consideram-se nulas de pleno direito as cláusulas que estabeleçam a perda total das prestações pagas em benefício do credor que, em razão do inadimplemento, pleitear a resolução do contrato e a retomada do produto alienado".

Art. 1.363. Antes de vencida a dívida, o devedor, a suas expensas e risco, pode usar[1] a coisa segundo sua destinação, sendo obrigado, como depositário: [Sem dispositivo correspondente no CC/1916.]

I — a empregar na guarda da coisa a diligência exigida por sua natureza; [Sem dispositivo correspondente no CC/1916.]

II — a entregá-la ao credor, se a dívida não for paga no vencimento. [Sem dispositivo correspondente no CC/1916.]

Art. 1.363: 1. v. art. 1.361 § 2º.

Art. 1.364. Vencida a dívida, e não paga,[1] fica o credor obrigado a vender, judicial ou extrajudicialmente, a coisa a terceiros, a aplicar o preço no pagamento de seu crédito e das despesas de cobrança, e a entregar o saldo, se houver, ao devedor. [Sem dispositivo correspondente no CC/1916.]

Art. 1.364: 1. Súmula 72 do STJ (Comprovação da mora): "A comprovação da mora é imprescindível à busca e apreensão do bem alienado fiduciariamente" (v. jurisprudência s/ esta Súmula em RSTJ 49/17 a 33).

Art. 1.365. É nula a cláusula que autoriza o proprietário fiduciário a ficar com a coisa alienada em garantia, se a dívida não for paga no vencimento.[1-2] [Sem dispositivo correspondente no CC/1916.]

Parágrafo único. O devedor pode, com a anuência do credor, dar seu direito eventual à coisa em pagamento da dívida, após o vencimento desta. [Sem dispositivo correspondente no CC/1916.]

Art. 1.365: 1. No mesmo sentido: art. 1.428.

Art. 1.365: 2. ou seja: é nulo, nesse caso, o denominado **pacto comissório.**

Art. 1.366. Quando, vendida a coisa, o produto não bastar para o pagamento da dívida e das despesas de cobrança, continuará o devedor obrigado pelo restante. [Sem dispositivo correspondente no CC/1916.]

Art. 1.367. A propriedade fiduciária em garantia de bens móveis ou imóveis sujeita-se às disposições do Capítulo I do Título X do Livro III da Parte Especial deste Código e, no que for específico, à legislação especial pertinente, não se equiparando, para quaisquer efeitos, à propriedade plena de que trata o art. 1.231.[1]

Art. 1.367: 1. Redação de acordo com a Lei 13.043, de 13.11.14.

Art. 1.368. O terceiro, interessado ou não, que pagar a dívida, se sub-rogará[1] de pleno direito no crédito e na propriedade fiduciária. [Sem dispositivo correspondente no CC/1916.]

Art. 1.368: 1. v. arts. 346 a 351.

Art. 1.368-A. As demais espécies de propriedade fiduciária ou de titularidade fiduciária submetem-se à disciplina específica das respectivas leis especiais, somente se aplicando as disposições deste Código naquilo que não for incompatível com a legislação especial.[1-2] [Sem dispositivo correspondente no CC/1916.]

Art. 1.368-A: 1. O art. 1.368-A foi acrescido pela Lei 10.931, de 2.8.04.

Art. 1.368-A: 2. v. nota 1 ao Cap. IX, que antecede o art. 1.361.

Art. 1.368-B. A alienação fiduciária em garantia de bem móvel ou imóvel confere direito real de aquisição ao fiduciante, seu cessionário ou sucessor.[1]

Parágrafo único. O credor fiduciário que se tornar proprietário pleno do bem, por efeito de realização da garantia, mediante consolidação da propriedade, adjudicação, dação ou outra forma pela qual lhe tenha sido transmitida a propriedade plena, passa a responder pelo pagamento dos tributos sobre a propriedade e a posse, taxas, despesas condominiais e quaisquer outros encargos, tributários ou não, incidentes sobre o bem objeto da garantia, a partir da data em que vier a ser imitido na posse direta do bem.

Art. 1.368-B: 1. O art. 1.368-B foi acrescido pela Lei 13.043, de 13.11.14.

Título IV | DA SUPERFÍCIE[1 a 3]

✎**TÍT. IV: 1.** "O direito de superfície e o novo Código Civil", por Ricardo Pereira Lira (RF 364/251); "Direito de superfície e espaço aéreo", por Ricardo Pereira Lira (RF 365/191); "Direito de superfície", por Sílvio de Salvo Venosa (RMDCPC 5/5); "Noções conceituais sobre o direito de superfície no Código Civil e no Estatuto da Cidade", por Leandro Soares Lomeu (RIDCPC 54/103); "O direito de superfície sobre propriedade urbana", por Carlos Bastide Horbach (RDPr 40/110); "O direito de superfície e a *sobrelevação* (o direito de construir na edificação alheia ou *direito de laje*)", por Rodrigo Mazzei (RF 416/243, RJ 409/67).

TÍT. IV: 2. Lei 10.257, de 10.7.01 (Estatuto da Cidade) — Regulamenta os arts. 182 e 183 da Constituição Federal, estabelece diretrizes gerais da política urbana e dá outras providências: **"Art. 21.** O proprietário urbano poderá conceder a outrem o direito de superfície do seu terreno, por tempo determinado ou indeterminado, mediante escritura pública registrada no cartório de registro de imóveis.

"§ 1º O direito de superfície abrange o direito de utilizar o solo, o subsolo ou o espaço aéreo relativo ao terreno, na forma estabelecida no contrato respectivo, atendida a legislação urbanística.

"§ 2º A concessão do direito de superfície poderá ser gratuita ou onerosa.

"§ 3º O superficiário responderá integralmente pelos encargos e tributos que incidirem sobre a propriedade superficiária, arcando, ainda, proporcionalmente à sua parcela de ocupação efetiva, com os encargos e tributos sobre a área objeto da concessão do direito de superfície, salvo disposição em contrário do contrato respectivo.

"§ 4º O direito de superfície pode ser transferido a terceiros, obedecidos os termos do contrato respectivo.

"§ 5º Por morte do superficiário, os seus direitos transmitem-se a seus herdeiros.

"Art. 22. Em caso de alienação do terreno, ou do direito de superfície, o superficiário e o proprietário, respectivamente, terão direito de preferência, em igualdade de condições à oferta de terceiros.

"Art. 23. Extingue-se o direito de superfície:

I — pelo advento do termo;

II — pelo descumprimento das obrigações contratuais assumidas pelo superficiário.

"Art. 24. Extinto o direito de superfície, o proprietário recuperará o pleno domínio do terreno, bem como das acessões e benfeitorias introduzidas no imóvel, independentemente de indenização, se as partes não houverem estipulado o contrário no respectivo contrato.

"§ 1º Antes do termo final do contrato, extinguir-se-á o direito de superfície se o superficiário der ao terreno destinação diversa daquela para a qual for concedida.

"§ 2º A extinção do direito de superfície será averbada no cartório de registro de imóveis".

TÍT. IV: 3. **Enunciado 93 do CEJ:** "As normas previstas no Código Civil, regulando o direito de superfície, não revogam as normas relativas a direito de superfície constantes do Estatuto da Cidade (Lei n. 10.257/2001), por ser instrumento de política de desenvolvimento urbano".

Art. 1.369. O proprietário pode conceder a outrem o direito[1] de construir ou de plantar em seu terreno, por tempo determinado,[1a] mediante escritura pública devidamente registrada no Cartório de Registro de Imóveis.[2] [Sem dispositivo correspondente no CC/1916.]

Parágrafo único. O direito de superfície não autoriza obra no subsolo,[3] salvo se for inerente ao objeto da concessão. [Sem dispositivo correspondente no CC/1916.]

Art. 1.369: 1. **Enunciado 249 do CEJ:** "A propriedade superficiária pode ser autonomamente objeto de direitos reais de gozo e de garantia, cujo prazo não exceda a duração da concessão da superfície, não se lhe aplicando o art. 1.474".

Enunciado 250 do CEJ: "Admite-se a constituição do direito de superfície por cisão".

Enunciado 321 do CEJ: "Os direitos e obrigações vinculados ao terreno e, bem assim, aqueles vinculados à construção ou à plantação formam patrimônios distintos e autônomos, respondendo cada um dos seus titulares exclusivamente por suas próprias dívidas e obrigações, ressalvadas as fiscais decorrentes do imóvel".

Art. 1.369: 1a. Apenas o direito de superfície sobre os imóveis rurais não pode ser concedido por tempo indeterminado; quanto aos imóveis urbanos, há permissão expressa no Estatuto da Cidade (art. 21-*caput*).

Art. 1.369: 2. s/ direito de superfície de imóvel urbano, v. nota 2 ao Tít. IV que antecede o art. 1.369; s/ registros públicos, v. LRP 167-I-39 e II-20.

Art. 1.369: 3. O direito de superfície sobre imóvel urbano autoriza obra no subsolo (Estatuto da Cidade, art. 21 § 1º), mas são bens da União "os recursos minerais, inclusive os do subsolo".

Art. 1.370. A concessão da superfície será gratuita ou onerosa; se onerosa, estipularão as partes se o pagamento será feito de uma só vez, ou parceladamente.[1-2] [Sem dispositivo correspondente no CC/1916.]

Art. 1.370: 1. v. art. 21 § 2º da Lei 10.257, de 10.7.01, em nota 2 ao Tít. IV que antecede o art. 1.369 (direito de superfície de imóvel urbano).

Art. 1.370: 2. A remuneração que se estabelece no contrato de concessão onerosa de superfície chama-se *solarium*.

Art. 1.371. O superficiário responderá pelos encargos e tributos que incidirem sobre o imóvel.[1-2] [Sem dispositivo correspondente no CC/1916.]

Art. 1.371: 1. **Enunciado 94 do CEJ:** "As partes têm plena liberdade para deliberar, no contrato respectivo, sobre o rateio dos encargos e tributos que incidirão sobre a área objeto da concessão do direito de superfície".

Art. 1.371: 2. v. art. 21 § 3º da Lei 10.257, de 10.7.01, em nota 2 ao Tít. IV que antecede o art. 1.369 (direito de superfície de imóvel urbano).

Art. 1.372. O direito de superfície pode transferir-se a terceiros e, por morte do superficiário, aos seus herdeiros.[1] [Sem dispositivo correspondente no CC/1916.]

Parágrafo único. Não poderá ser estipulado pelo concedente, a nenhum título, qualquer pagamento pela transferência. [Sem dispositivo correspondente no CC/1916.]

Art. 1.372: 1. v. art. 21 §§ 4º e 5º da Lei 10.257, de 10.7.01, em nota 2 ao Tít. IV que antecede o art. 1.369 (direito de superfície de imóvel urbano).

Art. 1.373. Em caso de alienação do imóvel ou do direito de superfície, o superficiário ou o proprietário tem direito de preferência, em igualdade de condições.[1] [Sem dispositivo correspondente no CC/1916.]

Art. 1.373: 1. v. art. 22 da Lei 10.257, de 10.7.01, em nota 2 ao Tít. IV que antecede o art. 1.369 (direito de superfície de imóvel urbano).

Art. 1.374. Antes do termo final, resolver-se-á a concessão se o superficiário der ao terreno destinação diversa daquela para que foi concedida.[1] [Sem dispositivo correspondente no CC/1916.]

Art. 1.374: 1. v. art. 24 § 1º da Lei 10.257, de 10.7.01, em nota 2 ao Tít. IV que antecede o art. 1.369 (direito de superfície de imóvel urbano).

Art. 1.375. Extinta a concessão, o proprietário passará a ter a propriedade plena sobre o terreno, construção ou plantação, independentemente de indenização, se as partes não houverem estipulado o contrário.[1] [Sem dispositivo correspondente no CC/1916.]

Art. 1.375: 1. v. art. 24-*caput* da Lei 10.257, de 10.7.01, em nota 2 ao Tít. IV que antecede o art. 1.369 (direito de superfície de imóvel urbano).

Art. 1.376. No caso de extinção do direito de superfície em consequência de desapropriação, a indenização cabe ao proprietário e ao superficiário, no valor correspondente ao direito real de cada um.[1] [Sem dispositivo correspondente no CC/1916.]

Art. 1.376: 1. Enunciado 322 do CEJ: "O momento da desapropriação e as condições da concessão superficiária serão considerados para fins da divisão do montante indenizatório (art. 1.376), constituindo-se litisconsórcio passivo necessário simples entre proprietário e superficiário".

Art. 1.377. O direito de superfície, constituído por pessoa jurídica de direito público interno, rege-se por este Código, no que não for diversamente disciplinado em lei especial.[1-2] [Sem dispositivo correspondente no CC/1916.]

Art. 1.377: 1. v., em nota 2 ao Tít. IV que antecede o art. 1.369, arts. 21 a 24 da Lei 10.257, de 10.7.01 (Estatuto da Cidade). V. tb. nota 3 ao Tít. IV que antecede o art. 1.369 (Enunciado 93 do CEJ).

Art. 1.377: 2. **Lei 4.947, de 6.4.66** — Fixa normas de Direito Agrário, dispõe sobre o sistema de organização e funcionamento do Instituto Brasileiro de Reforma Agrária, e dá outras providências.

Lei 8.629, de 25.2.93 — Dispõe sobre a regulamentação dos dispositivos constitucionais relativos à reforma agrária, previstos no Cap. III, Tít. VII, da Constituição Federal.

Lei 9.636, de 15.5.98 — Dispõe sobre a regularização, administração, aforamento e alienação de bens imóveis de domínio da União, altera dispositivos dos Decs. leis 9.760, de 5.9.46, e 2.398, de 21.12.87, regulamenta o § 2º do art. 49 do ADCT, e dá outras providências.

Título V | DAS SERVIDÕES[1 a 3]

Capítulo I | DA CONSTITUIÇÃO DAS SERVIDÕES

TÍT. V: 1. Os arts. 59 e 60 do Código de Mineração **(Dec. lei 227, de 28.2.67** — RT 381/367, Lex 1967/499, RF 219/429), conforme renumeração determinada pelo Dec. lei 318, de 14.3.67, instituem servidão, em favor do minerador, sobre a propriedade onde se localiza a jazida, bem como sobre as limítrofes.

TÍT. V: 2. Os arts. 9º-A, 9º-B e 9º-C da Lei 6.938, de 31.8.81, dispõem sobre a instituição de servidão ambiental pelo proprietário, com o intuito de limitar o uso de toda a sua propriedade, ou de parte dela, para preservar, conservar ou recuperar os recursos ambientais existentes. Essa servidão ambiental deverá ser averbada no Registro de Imóveis, cf. LRP 167-II-23.

TÍT. V: 3. s/ cancelamento da servidão, v. LRP 256 e 257; s/ servidão de trânsito e águas, v. CA 12, 17 e 35; s/ servidão de aqueduto, v. CA 77 e 117 a 138.

Art. 1.378. A servidão[1] proporciona utilidade para o prédio dominante, e grava o prédio serviente,[2] que pertence a diverso dono, e constitui-se mediante declaração expressa dos proprietários, ou por testamento, e subsequente registro no Cartório de Registro de Imóveis.[3 a 4] [Dispositivo correspondente no CC/1916: arts. 695 e 697.]

Art. 1.378: 1. **Súmula 120 do STF:** "Parede de tijolos de vidro translúcido pode ser levantada a menos de metro e meio do prédio vizinho, não importando servidão sobre ele".

Art. 1.378: 2. O prédio serviente suporta o encargo de permitir alguma ação do prédio dominante ou o de não fazer algo em relação a este último.

Art. 1.378: 3. v. LRP 167-I-6.

Art. 1.378: 3a. "Tendo a presente demanda dois escopos básicos — quais sejam, constituir a servidão e indenizar a limitação à propriedade daí advinda —, devem figurar no polo passivo tanto os proprietários da área na qual se pretende implantar a limitação, como também os possuidores legítimos do terreno. A posse é um fenômeno fático que merece proteção jurídica, e, via de consequência, pode ser indenizada. Nem se diga que a indenização do possuidor caberia ao proprietário, porque quem causa o prejuízo na hipótese, ainda que licitamente, é o ente que pretende instituir a servidão, e não o proprietário" (STJ-2ª T., REsp 953.910, Min. Mauro Campbell, j. 18.8.09, DJ 10.9.09).

Art. 1.378: 4. A servidão de trânsito não se confunde com a passagem forçada (art. 1.285). Ao contrário desta, cuja constituição é compulsória ao prédio serviente, aquela geralmente se origina de um acordo de vontades ou de um exercício incontestado e contínuo por um período de tempo (art. 1.379).

Art. 1.379. O exercício incontestado e contínuo de uma servidão aparente,[1] por dez anos, nos termos do art. 1.242,[1a] autoriza o interessado a registrá-la em seu nome no Registro de Imóveis, valendo-lhe como título a sentença que julgar consumado[2] a usucapião.[2a] [Dispositivo correspondente no CC/1916: art. 698-*caput*.]

Parágrafo único. Se o possuidor não tiver título, o prazo da usucapião será de vinte anos.[3-4] [Dispositivo correspondente no CC/1916: art. 698 § ún.]

Art. 1.379: 1. s/ servidão aparente, v. art. 1.385, nota 1b (Súmula 415 do STF).

Art. 1.379: 1a. i. e., com justo título e boa-fé.

Art. 1.379: 2. *sic*; deve ser "consumada".

Art. 1.379: 2a. v. LRP 167-I-28.

Art. 1.379: 3. **Enunciado 251 do CEJ:** "O prazo máximo para o usucapião extraordinário de servidões deve ser de 15 anos, em conformidade com o sistema geral de usucapião previsto no Código Civil".

Art. 1.379: 4. O legislador não foi razoável ao estabelecer prazo de usucapião extraordinário de 20 anos para constituir servidão. Na medida em que para usucapir a propriedade plena do imóvel bastam 15 anos (art. 1.238), não há razão de se exigir prazo maior para autorizar o interessado a registrar simples direito real sobre coisa alheia em seu nome.

Capítulo II | DO EXERCÍCIO DAS SERVIDÕES

Art. 1.380. O dono de uma servidão[1] pode fazer todas as obras necessárias à sua conservação e uso, e, se a servidão pertencer a mais de um prédio, serão as despesas rateadas entre os respectivos donos. [Dispositivo correspondente no CC/1916: art. 699.]

Art. 1.380: 1. i. e., o dono do prédio dominante, em benefício do qual a servidão foi instituída.

Art. 1.381. As obras a que se refere o artigo antecedente devem ser feitas pelo dono do prédio dominante, se o contrário não dispuser expressamente o título. [Dispositivo correspondente no CC/1916: art. 700.]

Art. 1.382. Quando a obrigação incumbir ao dono do prédio serviente, este poderá exonerar-se, abandonando, total ou parcialmente, a propriedade ao dono do dominante. [Dispositivo correspondente no CC/1916: art. 701.]

Parágrafo único. Se o proprietário do prédio dominante se recusar a receber a propriedade do serviente, ou parte dela, caber-lhe-á custear as obras. [Sem dispositivo correspondente no CC/1916.]

Art. 1.383. O dono do prédio serviente não poderá embaraçar de modo algum o exercício legítimo da servidão. [Dispositivo correspondente no CC/1916: art. 702.]

Art. 1.384. A servidão pode ser removida, de um local para outro, pelo dono do prédio serviente e à sua custa, se em nada diminuir as vantagens do prédio dominante, ou pelo dono deste e à sua custa, se houver considerável incremento da utilidade e não prejudicar o prédio serviente.[1] [Dispositivo correspondente no CC/1916: art. 703.]

Art. 1.384: 1. "A remoção de servidão antiga, conquanto admissível, nos termos do CC 1.384, não pode ser feita **unilateralmente.** A situação anterior deve ser restaurada" (JTJ 371/442: AP 92596-91.2009.8.26.0000).

Art. 1.385. Restringir-se-á o exercício da servidão às necessidades do prédio dominante, evitando-se, quanto possível, agravar o encargo ao prédio serviente.[1] [Dispositivo correspondente no CC/1916: art. 704-*caput*.]

§ 1º Constituída para certo fim, a servidão não se pode ampliar a outro.[1a] [Dispositivo correspondente no CC/1916: art. 704 § ún.]

§ 2º Nas servidões de trânsito,[1b] a de maior inclui a de menor ônus, e a menor exclui a mais onerosa.[2] [Dispositivo correspondente no CC/1916: art. 705.]

§ 3º Se as necessidades da cultura, ou da indústria, do prédio dominante impuserem à servidão maior largueza, o dono do serviente é obrigado a sofrê-la; mas tem direito a ser indenizado pelo excesso. [Dispositivo correspondente no CC/1916: art. 706-*caput*.]

Art. 1.385: 1. "Não se vislumbra qualquer turbação ao direito de passagem do apelante, decorrente da colocação de uma porteira pelos apelados, se a chave do respectivo cadeado foi por estes disponibilizada àquele" (RJM 185/57: AP 1.0116.06.007134-1/002). **Contra:** JTJ 338/164 (AI 7.328.851-8).

Art. 1.385: 1a. "O art. 1.385 do diploma material, que disciplina a servidão, é claro ao dispor que ela não se constitui para propiciar ao dono do prédio dominante a realização de caprichos e veleidades, mas sim para permitir-lhe a razoável satisfação de necessidades ligadas à utilização do imóvel de que é titular. Restando induvidoso que o imóvel do requerido não se encontra encravado, na medida em que existe outra via a permitir o seu acesso, configura ato turbativo a ampliação de simples passagem de pedestres, para permitir o trânsito de veículos, por mera conveniência e comodidade" (RJM 192/259: AI 1.0297.08.008394-4/001).

Art. 1.385: 1b. **Súmula 415 do STF:** "Servidão de trânsito não titulada, mas tornada permanente, sobretudo pela natureza das obras realizadas, considera-se aparente, conferindo direito à proteção possessória".

Art. 1.385: 2. p. ex.: uma servidão de trânsito para automóveis (mais onerosa) inclui a de trânsito para pedestres (menos onerosa), e essa exclui aquela.

Art. 1.386. As servidões prediais são indivisíveis, e subsistem, no caso de divisão dos imóveis, em benefício de cada uma das porções do prédio dominante, e continuam a gravar cada uma das do prédio serviente, salvo se, por natureza, ou destino, só se aplicarem a certa parte de um ou de outro. [Dispositivo correspondente no CC/1916: art. 707.]

Capítulo III | DA EXTINÇÃO DAS SERVIDÕES

Art. 1.387. Salvo nas desapropriações, a servidão, uma vez registrada, só se extingue, com respeito a terceiros, quando cancelada.[1] [Dispositivo correspondente no CC/1916: art. 708.]

Parágrafo único. Se o prédio dominante estiver hipotecado, e a servidão se mencionar no título hipotecário, será também preciso, para a cancelar, o consentimento do credor.[2] [Dispositivo correspondente no CC/1916: art. 712.]

Art. 1.387: 1. v. arts. 1.388 e 1.389. V. tb. LRP 256 e 257.

Art. 1.387: 2. v. LRP 256.

Art. 1.388. O dono do prédio serviente tem direito, pelos meios judiciais,[1] ao cancelamento do registro, embora o dono do prédio dominante lho impugne: [Dispositivo correspondente no CC/1916: art. 709-*caput*.]

I — quando o titular houver renunciado a sua servidão; [Dispositivo correspondente no CC/1916: art. 709-I.]

II — quando tiver cessado, para o prédio dominante, a utilidade ou a comodidade, que determinou a constituição da servidão; [Dispositivo correspondente no CC/1916: art. 709-II.]

III — quando o dono do prédio serviente resgatar a servidão.[2] [Dispositivo correspondente no CC/1916: art. 709-III.]

Art. 1.388: 1. "Não é possível ao juízo negar cumprimento a uma servidão estabelecida em registro público, com fundamento na invalidade ou na caducidade desse registro, se não há uma ação proposta para esse fim específico pelo titular do prédio serviente. O que motiva a existência de registros públicos é a necessidade de conferir a terceiros segurança jurídica quanto às relações neles refletidas. Para que se repute ineficaz a servidão, é preciso que seja retificado o registro, e tal retificação somente pode ser requerida em ação na qual figurem, no polo passivo, todos os proprietários dos terrenos nos quais tal servidão se desmembrou, notadamente considerando a indivisibilidade desse direito real. Não obstante, a lei é expressa em reputar a água bem essencial à vida. Se há escassez no condomínio que fora beneficiado pela servidão, não é possível, em ponderação de valores, privilegiar o uso comercial da água, pelo titular do prédio serviente, em detrimento de seu uso para o abastecimento humano. A falta de requerimento de implementação da servidão por anos após firmado o contrato indica que o condomínio cumpriu com seu dever de colaboração, buscando seu abastecimento por fontes autônomas. Uma vez constatada a insuficiência dessas fontes, contudo, não se pode reputar caduca a servidão com fundamento no instituto da *supressio*. O princípio da boa-fé objetiva não pode atuar contrariamente a quem colaborou para o melhor encaminhamento da relação jurídica de direito material" (STJ-3ª T., REsp 1.124.506, Min. Nancy Andrighi, j. 19.6.12, maioria, DJ 14.11.12).

Art. 1.388: 2. O resgate é uma renúncia expressa, mediante escritura pública, através da qual o serviente libera-se do encargo pagando ao dominante uma determinada quantia.

Art. 1.389. Também se extingue a servidão, ficando ao dono do prédio serviente a faculdade de fazê-la cancelar, mediante a prova da extinção: [Dispositivo correspondente no CC/1916: arts. 710-*caput* e 711.]

I — pela reunião dos dois prédios no domínio da mesma pessoa;[1] [Dispositivo correspondente no CC/1916: art. 710-I.]

II — pela supressão das respectivas obras por efeito de contrato, ou de outro título expresso; [Dispositivo correspondente no CC/1916: art. 710-II.]

III — pelo não uso, durante dez anos contínuos. [Dispositivo correspondente no CC/1916: art. 710-III.]

Art. 1.389: 1. Isso porque a diversidade de donos é requisito essencial para a existência de servidão (v. art. 1.378).

Título VI | DO USUFRUTO[1 a 3]

Capítulo I | DISPOSIÇÕES GERAIS

✎ **TÍT. VI: 1.** "Venda de imóveis com reserva de usufruto e regime das reparações ordinárias e extraordinárias — O novo mercado da nua-propriedade imobiliária", por Eduardo C. Silveira Marchi (RTDC 34/3, RT 875/11).

TÍT. VI: 2. **CF 231: "§ 2º:** As terras tradicionalmente ocupadas pelos índios destinam-se a sua posse permanente, cabendo-lhes o usufruto exclusivo das riquezas do solo, dos rios e dos lagos nelas existentes".

TÍT. VI: 3. s/ diferença entre usufruto e uso, v. art. 1.412, nota 1.

Art. 1.390. O usufruto[1] pode recair em um ou mais bens, móveis ou imóveis, em um patrimônio inteiro,[2] ou parte deste, abrangendo-lhe, no todo ou em parte, os frutos e utilidades. [Dispositivo correspondente no CC/1916: art. 714.]

Art. 1.390: 1. s/ usufruto, v. arts. 1.144, 1.147 § ún., 1.416, 1.652-I, 1.689-I, 1.693, 1.816 § ún., 1.921, 1.946 e 1.952 § ún.

V. tb. CPC 799-II, 804 § 6º, 889-III.

Art. 1.390: 2. "Usufruto. Instituição sobre todo o patrimônio imobiliário. Usufrutuária casada com o instituidor sob o regime de separação obrigatória de bens. Morte do instituidor que ocasionou aos filhos, herdeiros necessários, restrição do exercício dos direitos sobre a legítima da herança. Determinação judicial para que a usufrutuária deposite, em Juízo, a metade dos aluguéis dos imóveis. Dedução apenas do valor da metade das despesas de administração e conservação, devidamente comprovadas no ato dos depósitos" (Bol. AASP 2.579).

Art. 1.391. O usufruto de imóveis, quando não resulte de usucapião, constituir-se-á mediante registro no Cartório de Registro de Imóveis.[1-2] [Dispositivo correspondente no CC/1916: art. 715.]

Art. 1.391: 1. v. LRP 167-I-7.

Art. 1.391: 2. Não depende de registro no Cartório de Registro de Imóveis o usufruto dos bens dos filhos pelos pais, previsto no art. 1.689-I.

Art. 1.392. Salvo disposição em contrário, o usufruto estende-se aos acessórios da coisa e seus acrescidos.[1] [Dispositivo correspondente no CC/1916: art. 716.]

§ 1º Se, entre os acessórios e os acrescidos, houver coisas consumíveis,[1a-1b] terá o usufrutuário o dever de restituir, findo o usufruto, as que ainda houver e, das outras, o equivalente em gênero, qualidade e quantidade, ou, não sendo possível, o seu valor, estimado ao tempo da restituição. [Dispositivo correspondente no CC/1916: art. 726-*caput*.]

§ 2º Se há no prédio em que recai o usufruto florestas ou os recursos minerais a que se refere o art. 1.230, devem o dono e o usufrutuário prefixar-lhe a extensão do gozo e a maneira de exploração. [Dispositivo correspondente no CC/1916: art. 725.]

§ 3º Se o usufruto recai sobre universalidade[2] ou quota-parte de bens, o usufrutuário tem direito à parte do tesouro achado[3] por outrem, e ao preço pago pelo vizinho do prédio usufruído, para obter meação em parede, cerca, muro, vala ou valado.[4] [Dispositivo correspondente no CC/1916: arts. 727 e 728.]

Art. 1.392: 1. s/ acessórios, v. art. 92; s/ acrescidos, v. arts. 1.248 a 1.259.

Art. 1.392: 1a. s/ bens consumíveis, v. art. 86.

Art. 1.392: 1b. O usufruto sobre bens consumíveis é conhecido como **usufruto impróprio.**

Art. 1.392: 2. v. art. 90.

Art. 1.392: 3. v. arts. 1.264 a 1.266.

Art. 1.392: 4. v. art. 1.297-*caput*.

Art. 1.393. Não se pode transferir o usufruto por alienação;[1] mas o seu exercício pode ceder-se por título gratuito[1a] ou oneroso.[2-3] [Dispositivo correspondente no CC/1916: art. 717.]

Art. 1.393: 1. "Descabe a **partilha de usufruto,** porquanto direito real que não admite, nos termos do CC 1.393, transferência por alienação, mas, unicamente, cedência de seu exercício a título oneroso ou gratuito. Impossibilidade, consequentemente, de exercício comum e de partilha, tampouco de ressarcimento pela fruição do bem" (Bol. AASP 2.721: TJRS, AP 70034054791).

Art. 1.393: 1a. Essa cessão a título gratuito equivale ao comodato (v. arts. 579 a 585).

Art. 1.393: 2. Essa cessão a título oneroso equivale à locação (v. arts. 565 a 578).

Art. 1.393: 3. O **direito real de usufruto** não é penhorável (RT 797/274), mas a penhora pode recair sobre a **nua-propriedade** (STJ-RDPr 43/409: 3ª T., REsp 925.687, com a ressalva de que se resguarda "o direito real de usufruto, inclusive após a arrematação ou a adjudicação, até que haja sua extinção"; RT 668/112, 828/253, RJTAMG 69/359) ou sobre o exercício do usufruto — notadamente os **frutos** (STJ-3ª T., REsp 242.031, Min. Ari Pargendler, j. 2.10.03, um voto vencido, DJU 29.3.04; JTJ 332/69: AI 589.181-4/6-00).

A penhora do exercício do usufruto "recairá sobre as comodidades do usufruto e sobre a faculdade de perceber os frutos e vantagens da coisa frutuária" (RT 573/196). No mesmo sentido: RT 592/127, 649/104, 717/218, 759/278, JTJ 170/249, Lex-JTA 141/30, maioria, JTJ 310/97. É preciso, por isso, que seja bem individuada, mencionando com clareza sobre o que incide (RT 654/89, RJTJESP 126/309, 766/306).

A penhora do exercício do usufruto é possível independentemente de estar ou não o usufrutuário ocupando pessoalmente o imóvel (RT 592/127, 649/104). **Contra,** admitindo a penhora sobre o exercício do usufruto somente no caso de o usufrutuário não utilizar diretamente a coisa: RT 796/304; JTJ 336/211: AI 7.317.163-6; ou, se esta se acha alugada, não constituir renda para a sua manutenção: RT 638/123.

Há um acórdão entendendo que, como o usufruto é alienável somente ao nu-proprietário, só é possível sua penhora em execução por este movida contra o usufrutuário (RT 654/89 e Bol. AASP 1.636/106).

Capítulo II | DOS DIREITOS DO USUFRUTUÁRIO

Art. 1.394. O usufrutuário tem direito à posse, uso, administração e percepção dos frutos.[1-2] [Dispositivo correspondente no CC/1916: art. 718.]

Art. 1.394: 1. s/ frutos, v. arts. 1.395 a 1.398.

Art. 1.394: 2. "O usufrutuário — na condição de possuidor direto do bem — pode valer-se das ações possessórias contra o possuidor indireto (nu-proprietário) e — na condição de titular de um direito real limitado (usufruto) — também tem legitimidade/interesse para a propositura de ações de caráter petitório, tal como a reivindicatória, contra o nu-proprietário ou contra terceiros" (STJ-3ª T., REsp 1.202.843, Min. Ricardo Cueva, j. 21.10.14, DJ 28.10.14).

Art. 1.395. Quando o usufruto recai em títulos de crédito, o usufrutuário tem direito a perceber os frutos e a cobrar as respectivas dívidas. [Dispositivo correspondente no CC/1916: art. 719.]

Parágrafo único. Cobradas as dívidas, o usufrutuário aplicará, de imediato, a importância em títulos da mesma natureza,[1] ou em títulos da dívida pública federal, com cláusula de atualização monetária segundo índices oficiais regularmente estabelecidos. [Sem dispositivo correspondente no CC/1916.]

Art. 1.395: 1. v. art. 1.410-VII.

Art. 1.396. Salvo direito adquirido por outrem, o usufrutuário faz seus os frutos naturais, pendentes ao começar o usufruto, sem encargo de pagar as despesas de produção. [Dispositivo correspondente no CC/1916: art. 721-*caput*.]

Parágrafo único. Os frutos naturais,[1] pendentes ao tempo em que cessa o usufruto, pertencem ao dono, também sem compensação das despesas.[2] [Dispositivo correspondente no CC/1916: art. 721 § ún.]

Art. 1.396: 1. cf. art. 1.215.

Art. 1.396: 2. v. art. 1.214.

Art. 1.397. As crias dos animais pertencem ao usufrutuário, deduzidas quantas bastem para inteirar as cabeças de gado existentes ao começar o usufruto. [Dispositivo correspondente no CC/1916: art. 722.]

Art. 1.398. Os frutos civis,[1] vencidos na data inicial do usufruto, pertencem ao proprietário, e ao usufrutuário os vencidos na data em que cessa o usufruto. [Dispositivo correspondente no CC/1916: art. 723.]

Art. 1.398: 1. v. art. 1.215.

Art. 1.399. O usufrutuário pode usufruir em pessoa, ou mediante arrendamento,[1] o prédio, mas não mudar-lhe a destinação econômica, sem expressa autorização do proprietário. [Sem dispositivo correspondente no CC/1916.]

Art. 1.399: 1. A possibilidade de arrendamento encontra amparo no art. 1.393, o qual permite a transferência do exercício de usufruto.

Capítulo III | DOS DEVERES DO USUFRUTUÁRIO

Art. 1.400. O usufrutuário, antes de assumir o usufruto, inventariará, à sua custa, os bens que receber, determinando o estado em que se acham, e dará caução, fidejussória ou real, se lha exigir o dono, de velar-lhes pela conservação,[1] e entregá-los findo o usufruto. [Dispositivo correspondente no CC/1916: art. 729.]

Parágrafo único. Não é obrigado à caução o doador que se reservar o usufruto da coisa doada. [Dispositivo correspondente no CC/1916: art. 731-I.]

Art. 1.400: 1. v. art. 1.402.

Art. 1.401. O usufrutuário que não quiser ou não puder dar caução suficiente perderá o direito de administrar o usufruto; e, neste caso, os bens serão administrados pelo proprietário, que ficará obrigado, mediante caução, a entregar ao usufrutuário o rendimento deles, deduzidas as despesas de administração, entre as quais se incluirá a quantia fixada pelo juiz como remuneração do administrador. [Dispositivo correspondente no CC/1916: art. 730.]

Art. 1.402. O usufrutuário não é obrigado a pagar as deteriorações resultantes do exercício regular do usufruto.[1] [Dispositivo correspondente no CC/1916: art. 732.]

Art. 1.402: 1. No mesmo sentido: para locação de coisas, v. art. 569-IV.

Art. 1.403. Incumbem ao usufrutuário:[1] [Dispositivo correspondente no CC/1916: art. 733-*caput*.]

I — as despesas ordinárias de conservação dos bens no estado em que os recebeu; [Dispositivo correspondente no CC/1916: art. 733-I.]

II — as prestações e os tributos devidos pela posse ou rendimento da coisa usufruída.[2] [Dispositivo correspondente no CC/1916: art. 733-II.]

Art. 1.403: 1. s/ extinção do usufruto por culpa do usufrutuário, v. art. 1.410-VII e notas.

Art. 1.403: 2. "Segundo lição do saudoso mestre Pontes de Miranda, 'o direito de usufruto compreende o usar e fruir, ainda que não exerça, e a pretensão a que outrem, inclusive o dono, se o há, do bem, ou do patrimônio, se abstenha de intromissão tal que fira o uso e a fruição exclusivos. É direito, *erga omnes*, de exclusividade do usar e do fruir'. O renomado jurista perlustra, ainda, acerca do dever do usufrutuário de suportar certos encargos, que 'os encargos públicos ordinários são os impostos e taxas, que supõem uso e fruto da propriedade, como o imposto territorial e o predial'. Dessarte, nas hipóteses de usufruto de imóvel, não há falar em solidariedade passiva do proprietário e do usufrutuário no tocante ao imposto sobre a propriedade predial e territorial urbana quando apenas o usufrutuário é quem detém o direito de usar e fruir exclusivamente do bem" (STJ-2ª T., REsp 691.714, Min. Franciulli Netto, j. 22.3.05, DJ 27.6.05). No mesmo sentido: "O usufrutuário, que colhe os proveitos do bem, é o responsável pelo pagamento do IPTU, nos termos do art. 733, II, do Código Civil, na proporção de seu usufruto" (STJ-3ª T., REsp 203.098, Min. Menezes Direito, j. 9.12.99, DJ 8.3.00). O art. 733-II do CC rev. corresponde ao CC 1.403-II.

Art. 1.404. Incumbem ao dono as reparações extraordinárias e as que não forem de custo módico; mas o usufrutuário lhe pagará os juros do capital despendido com as que forem necessárias à conservação, ou aumentarem o rendimento da coisa usufruída. [Dispositivo correspondente no CC/1916: art. 734-*caput*.]

§ 1º Não se consideram módicas as despesas superiores a dois terços do líquido rendimento em um ano. [Dispositivo correspondente no CC/1916: art. 734 § ún.]

§ 2º Se o dono não fizer as reparações a que está obrigado, e que são indispensáveis à conservação da coisa, o usufrutuário pode realizá-las, cobrando daquele a importância despendida. [Sem dispositivo correspondente no CC/1916.]

Art. 1.405. Se o usufruto recair num patrimônio,[1] ou parte deste, será o usufrutuário obrigado aos juros da dívida que onerar o patrimônio ou a parte dele. [Dispositivo correspondente no CC/1916: art. 736.]

Art. 1.405: 1. v. arts. 89 a 91.

Art. 1.406. O usufrutuário é obrigado a dar ciência ao dono de qualquer lesão produzida contra a posse da coisa, ou os direitos deste. [Sem dispositivo correspondente no CC/1916.]

Art. 1.407. Se a coisa estiver segurada,[1] incumbe ao usufrutuário pagar, durante o usufruto, as contribuições do seguro. [Dispositivo correspondente no CC/1916: art. 735-*caput*.]

§ 1º Se o usufrutuário fizer o seguro, ao proprietário caberá o direito dele resultante contra o segurador. [Dispositivo correspondente no CC/1916: art. 735 § 1º.]

§ 2º Em qualquer hipótese, o direito do usufrutuário fica sub-rogado[2] no valor da indenização do seguro. [Dispositivo correspondente no CC/1916: art. 735 § 2º.]

Art. 1.407: 1. v. art. 1.408.

Art. 1.407: 2. v. arts. 346 a 351.

Art. 1.408. Se um edifício sujeito a usufruto for destruído sem culpa do proprietário, não será este obrigado a reconstruí-lo, nem o usufruto se restabelecerá, se o proprietário reconstruir à sua custa o prédio; mas se a indenização do seguro[1] for aplicada à reconstrução do prédio, restabelecer-se-á o usufruto. [Dispositivo correspondente no CC/1916: art. 737.]

Art. 1.408: 1. v. art. 1.407.

Art. 1.409. Também fica sub-rogada no ônus do usufruto, em lugar do prédio, a indenização paga, se ele for desapropriado,[1] ou a importância do dano, ressarcido pelo terceiro responsável no caso de danificação ou perda. [Dispositivo correspondente no CC/1916: art. 738.]

Art. 1.409: 1. **LD 31:** "Ficam sub-rogados no preço quaisquer ônus ou direitos que recaiam sobre o bem expropriado".

Capítulo IV | DA EXTINÇÃO DO USUFRUTO

Art. 1.410. O usufruto extingue-se,[1-1a] cancelando-se[2] o registro no Cartório de Registro de Imóveis: [Dispositivo correspondente no CC/1916: art. 739-*caput*.]

I — pela renúncia[2a] ou morte do usufrutuário; [Dispositivo correspondente no CC/1916: art. 739-I.]

II — pelo termo de sua duração;[3] [Dispositivo correspondente no CC/1916: art. 739-II.]

III — pela extinção da pessoa jurídica, em favor de quem o usufruto foi constituído, ou, se ela perdurar, pelo decurso de trinta anos da data em que se começou a exercer; [Dispositivo correspondente no CC/1916: art. 741.]

IV — pela cessação do motivo de que se origina; [Dispositivo correspondente no CC/1916: art. 739-III.]

V — pela destruição da coisa, guardadas as disposições dos arts. 1.407, 1.408, 2ª parte, e 1.409; [Dispositivo correspondente no CC/1916: art. 739-IV.]

VI — pela consolidação;[4] [Dispositivo correspondente no CC/1916: art. 739-V.]

VII — por culpa do usufrutuário, quando aliena,[4a] deteriora,[4b] ou deixa arruinar os bens, não lhes acudindo com os reparos de conservação,[4c] ou quando, no usufruto de títulos de crédito, não dá às importâncias recebidas a aplicação prevista no parágrafo único do art. 1.395; [Dispositivo correspondente no CC/1916: art. 739-VII.]

VIII — pelo não uso, ou não fruição, da coisa em que o usufruto recai (arts. 1.390 e 1.399).[5-6] [Sem dispositivo correspondente no CC/1916.]

Art. 1.410: 1. v. CPC 725-VI.

Art. 1.410: 1a. "O art. 1.410 do Código Civil elenca, exaustivamente, as causas de extinção do usufruto voluntário. Os motivos alegados pelo nu-proprietário não são suficientes para extinguir o usufruto instituído por sua livre manifestação de vontade. Não estabelecido termo ou condição, o usufruto é vitalício" (RF 388/327).

Art. 1.410: 2. v. LRP 248 a 254.

Art. 1.410: 2a. "A renúncia ao usufruto não alcança o direito real de habitação, que decorre de lei e se destina a proteger o cônjuge sobrevivente mantendo-o no imóvel destinado à residência da família" (RSTJ 200/309: 3ª T., REsp 565.820, um voto vencido).

Art. 1.410: 3. Legado sem termo expresso: art. 1.921

Art. 1.410: 4. i. e., pela reunião das condições de usufrutuário e proprietário em uma só pessoa.

Art. 1.410: 4a. "Também carece de razoabilidade o argumento recursal de que deve o recurso ser provido para que se declare a extinção do usufruto em razão de o apelado haver locado o imóvel objeto consubstanciador da lide, haja vista que, nos termos do art. 1.393 do Código Civil, o que é vedado é a transferência do usufruto por alienação, podendo, no entanto, ser objeto de cessão o respectivo exercício, onerosa ou gratuitamente" (Bol. AASP 2.647: TJMG, AP 1.0105.06.188112-1/001; a citação é do voto do relator).

Art. 1.410: 4b. "A exegese do inciso VII do art. 1.410 do Código Civil indica a possibilidade da extinção de usufruto quando o usufrutuário não envida os cuidados necessários para a preservação do bem. Todavia, não é toda e qualquer deterioração que autoriza a extinção do usufruto com fulcro em tal preceito, sendo imprescindível a comprovação de uma deterioração anormal, que ultrapasse os limites do mero uso, transmudando-se em manifesto abuso" (Bol. AASP 2.647: TJMG, AP 1.0105.06.188112-1/001).

Art. 1.410: 4c. "O acúmulo de dívidas de responsabilidade do usufrutuário sobre o imóvel inclui-se entre as causas de extinção descritas nesse inciso, notadamente na hipótese em que a desídia do usufrutuário chega a ponto de permitir a propositura de ação de execução pelos credores, da qual resultaria o praceamento do bem. A perda do imóvel em alienação judicial não se diferencia, do ponto de vista substancial, de sua deterioração ou de sua ruína" (STJ-RTDC 36/213: 3ª T., REsp 1.018.179).

Todavia: "Embora seja obrigação do usufrutuário efetivar o pagamento de tributos devidos pela posse ou rendimento da coisa usufruída (art. 1.403-II), a falta do respectivo pagamento não enseja a extinção do usufruto, conforme se extrai da leitura do art. 1.410 e incisos do Código Civil. A alegação de risco de que o imóvel possa vir a ser objeto de execução fiscal, resultando inclusive em sua perda, embora séria, não se afigura determinante para a consecução do seu intento de querer ver declarada a extinção do usufruto, por falta de enquadramento legal. Anote-se, no entanto, que o apelante, na qualidade de nu-proprietário do imóvel em referência e de filho do apelado, poderá evitar ocorrência de tal perda, quitando o mencionado imposto" (Bol. AASP 2.647: TJMG, AP 1.0105.06.188112-1/001; a citação é do voto do relator).

Art. 1.410: 5. **Enunciado 252 do CEJ:** "A extinção do usufruto pelo não uso, de que trata o art. 1.410, inc. VIII, independe do prazo previsto no art. 1.389, inc. III, operando-se imediatamente. Tem-se por desatendida, nesse caso, a função social do instituto".

"No intuito de assegurar o cumprimento da função social da propriedade gravada, o Código Civil, sem prever prazo determinado, autoriza a extinção do usufruto pelo não uso ou pela não fruição do bem sobre o qual ele recai. A aplicação de prazos de natureza prescricional não é cabível quando a demanda não tem por objetivo compelir a parte adversa ao cumprimento de uma prestação. Tratando-se de usufruto, tampouco é admissível a incidência, por analogia, do prazo extintivo das servidões, pois a circunstância que é comum a ambos os institutos — extinção pelo não uso — não decorre, em cada hipótese, dos mesmos fundamentos. A extinção do usufruto pelo não uso pode ser levada a efeito sempre que, diante das circunstâncias da hipótese concreta, se constatar o não atendimento da finalidade social do bem gravado. No particular, as premissas fáticas assentadas pelo acórdão recorrido revelam, de forma cristalina, que a finalidade social do imóvel gravado pelo usufruto não estava sendo atendida pela usufrutuária, que tinha o dever de adotar uma postura ativa de exercício de seu direito" (STJ-3ª T., REsp 1.179.259, Min. Nancy Andrighi, j. 14.5.13, DJ 24.5.13).

Art. 1.410: 6. "Não procede a reintegração de posse com fundamento no direito de usufruto se este se encontra extinto pelo não uso" (RJM 192/238: AP 1.0382.07.071542-2/001; no caso, considerou-se "que o autor durante seis anos não exerceu posse sobre o imóvel").

Art. 1.411. Constituído o usufruto em favor de duas ou mais pessoas, extinguir-se-á a parte em relação a cada uma das que falecerem, salvo se, por estipulação expressa, o quinhão desses couber ao sobrevivente.[1] [Dispositivo correspondente no CC/1916: art. 740.]

Art. 1.411: 1. cf. art. 1.946.

Título VII | DO USO[1]

TÍT. VII: 1. v. LRP 167-I-7.

Art. 1.412. O usuário usará da coisa e perceberá os seus frutos, quanto o exigirem as necessidades suas e de sua família.[1] [Dispositivo correspondente no CC/1916: art. 742.]

§ 1º Avaliar-se-ão as necessidades pessoais do usuário conforme a sua condição social e o lugar onde viver. [Dispositivo correspondente no CC/1916: art. 743.]

§ 2º As necessidades da família do usuário compreendem as de seu cônjuge, dos filhos solteiros e das pessoas de seu serviço doméstico. [Dispositivo correspondente no CC/1916: art. 744-I a III.]

Art. 1.412: 1. Tanto no uso como no usufruto há um direito real de uso da coisa. Porém, no uso a percepção dos frutos (direito real de fruição) é algo excepcional, limitado às necessidades do usuário e de sua família; já no usufruto a percepção dos frutos faz parte da essência do instituto, não sofrendo aquele tipo de limitação.

Art. 1.413. São aplicáveis ao uso, no que não for contrário à sua natureza, as disposições relativas ao usufruto.[1] [Dispositivo correspondente no CC/1916: art. 745.]

Art. 1.413: 1. v. arts. 1.390 a 1.411.

Título VIII | DA HABITAÇÃO[1]

TÍT. VIII: 1. v. LRP 167-I-7.

Art. 1.414. Quando o uso consistir no direito de habitar gratuitamente casa alheia,[1] o titular deste direito não a pode alugar, nem emprestar, mas simplesmente ocupá-la com sua família.[2] [Dispositivo correspondente no CC/1916: art. 746.]

Art. 1.414: 1. O cônjuge sobrevivente tem direito real de habitação no imóvel que era destinado à residência da família (art. 1.831). Isso também se aplica à união estável (v. arts. 1.723, nota 1a, e 1.831, nota 1a).

Art. 1.414: 2. "A renúncia ao usufruto não alcança o direito real de habitação, que decorre de lei e se destina a proteger o cônjuge sobrevivente mantendo-o no imóvel destinado à residência da família" (RSTJ 200/309: 3ª T., REsp 565.820, um voto vencido).

Art. 1.415. Se o direito real de habitação for conferido a mais de uma pessoa, qualquer delas que sozinha habite a casa não terá de pagar aluguel à outra, ou às outras, mas não as pode inibir de exercerem, querendo, o direito, que também lhes compete, de habitá-la. [Dispositivo correspondente no CC/1916: art. 747.]

Art. 1.416. São aplicáveis à habitação, no que não for contrário à sua natureza, as disposições relativas ao usufruto.[1] [Dispositivo correspondente no CC/1916: art. 748.]

Art. 1.416: 1. v. arts. 1.390 a 1.411.

Título IX | DO DIREITO DO PROMITENTE COMPRADOR[1-2]

TÍT. IX: 1. v. Dec. lei 58, de 10.12.37, no nosso CCLCV, tít. PROMESSA DE COMPRA E VENDA E LOTEAMENTO. (v. tb. o **ementário** desse tít.).

✎ **TÍT. IX: 2.** "Compromisso de compra e venda com eficácia real. Direito do promitente comprador", por Sílvio de Salvo Venosa (RMDCPC 1/77).

Art. 1.417. Mediante promessa de compra e venda,[1] em que se não pactuou arrependimento,[1a] celebrada por instrumento público ou particular, e registrada no Cartório de Registro de Imóveis,[2] adquire o promitente comprador direito real à aquisição do imóvel.[3-4] [Sem dispositivo correspondente no CC/1916.]

Art. 1.417: 1. s/ contrato preliminar, v. arts. 462 a 466.

Art. 1.417: 1a. **Súmula 412 do STF (Arrependimento na promessa de venda):** "No compromisso de compra e venda com cláusula de arrependimento, a devolução do sinal, por quem o deu, ou a sua restituição em dobro, por quem o recebeu, exclui indenização maior, a título de perdas e danos, salvo os juros moratórios e os encargos do processo". V. art. 420.

Art. 1.417: 2. v. LRP 167-I-9, 18 e 20.

Art. 1.417: 3. Enunciado 95 do CEJ: "O direito à adjudicação compulsória (art. 1.418 do novo Código Civil), quando exercido em face do promitente vendedor, não se condiciona ao registro da promessa de compra e venda no cartório do registro imobiliário (Súmula n. 239 do STJ)".

A **Súmula 239 do STJ** dispõe o seguinte:

"O direito à adjudicação compulsória não se condiciona ao registro do compromisso de compra e venda no cartório de imóveis".

Art. 1.417: 4. Enunciado 253 do CEJ: "O promitente comprador, titular de direito real (art. 1.417), tem a faculdade de reivindicar de terceiro o imóvel prometido à venda".

Art. 1.418. O promitente comprador, titular de direito real, pode exigir do promitente vendedor, ou de terceiros, a quem os direitos deste forem cedidos, a outorga da escritura definitiva de compra e venda, conforme o disposto no instrumento preliminar; e, se houver recusa, requerer ao juiz a adjudicação do imóvel.[1-2] [Sem dispositivo correspondente no CC/1916.]

✎ **Art. 1.418: 1.** "Compromisso de compra e venda em face do Código Civil de 2002: contrato preliminar e adjudicação compulsória", por Hamid Charaf Bdine Jr. (RT 843/58).

Art. 1.418: 2. v. art. 1.417, nota 3, e art. 16 do Dec. lei 58, de 10.12.37.

Título X | DO PENHOR, DA HIPOTECA E DA ANTICRESE[1]

Capítulo I | DISPOSIÇÕES GERAIS

TÍT. X: 1. Outros direitos reais de garantia: alienação fiduciária (arts. 1.361 a 1.368 e, no nosso CCLCV, tít. ALIENAÇÃO FIDUCIÁRIA) e cédula hipotecária (art. 1.486 e, no nosso CCLCV, tít. CÉDULA HIPOTECÁRIA). V. tb., no nosso CCLCV, os títs. CÉDULA DE PRODUTO RURAL, TÍTULOS DE CRÉDITO À EXPORTAÇÃO, TÍTULOS DE CRÉDITO COMERCIAL, TÍTULOS DE CRÉDITO INDUSTRIAL e TÍTULOS DE CRÉDITO RURAL.

V., ainda, Lei 10.931, de 2.8.04, arts. 12 a 17 (letra de crédito imobiliário), 18 a 25 (cédula de crédito imobiliário) e 26 a 45 (cédula de crédito bancário).

Art. 1.419. Nas dívidas garantidas por penhor, anticrese ou hipoteca, o bem dado em garantia fica sujeito, por vínculo real, ao cumprimento da obrigação.[1] [Dispositivo correspondente no CC/1916: art. 755.]

Art. 1.419: 1. v. LRF 50 § 1º, 129-III e 163 § 4º. V. tb. CPC 674 § 2º-IV (embargos de terceiro e garantia real).

Art. 1.420. Só aquele que pode alienar poderá empenhar, hipotecar ou dar em anticrese; só os bens que se podem alienar poderão ser dados em penhor, anticrese ou hipoteca.[1] [Dispositivo correspondente no CC/1916: art. 756-*caput*.]

§ 1º A propriedade superveniente[2] torna eficaz, desde o registro, as garantias reais estabelecidas por quem não era dono. [Dispositivo correspondente no CC/1916: art. 756 § ún.]

§ 2º A coisa comum a dois ou mais proprietários não pode ser dada em garantia real, na sua totalidade, sem o consentimento de todos; mas cada um pode individualmente dar em garantia real a parte que tiver.[3] [Dispositivo correspondente no CC/1916: art. 757.]

Art. 1.420: 1. Exemplos de restrições a alienabilidade: arts. 1.647-I, 1.691-*caput* e 1.717.

Art. 1.420: 2. s/ aquisição superveniente da propriedade: e tradição, v. art. 1.268 § 1º; e propriedade fiduciária, v. art. 1.361 § 3º.

Art. 1.420: 3. v. art. 1.314.

Art. 1.421.[1] O pagamento de uma ou mais prestações da dívida não importa exoneração correspondente da garantia, ainda que esta compreenda vários bens, salvo disposição expressa no título ou na quitação.[2] [Dispositivo correspondente no CC/1916: art. 758.]

Art. 1.421: 1. Os arts. 1.421, 1.425, 1.426, 1.427 e 1.436 aplicam-se à alienação fiduciária (v. art. 1.367).

Art. 1.421: 2. v. arts. 324 e 902 §§ 1º e 2º.

Art. 1.422. O credor hipotecário e o pignoratício têm o direito de excutir[1] a coisa hipotecada ou empenhada, e preferir,[1a] no pagamento, a outros credores, observada, quanto à hipoteca, a prioridade no registro.[1b] [Dispositivo correspondente no CC/1916: art. 759-*caput*.]

Parágrafo único. Excetuam-se da regra estabelecida neste artigo as dívidas que, em virtude de outras leis,[2-2a] devam ser pagas precipuamente a quaisquer outros créditos. [Dispositivo correspondente no CC/1916: art. 759 § ún.]

Art. 1.422: 1. v. arts. 1.430 e 1.455 § ún., *in fine*.

Art. 1.422: 1a. v. arts. 958, 959 e 961.

Art. 1.422: 1b. v. art. 1.493 § ún.

Art. 1.422: 2. v. arts. 955 a 965.

Art. 1.422: 2a. v. CTN 186 a 192 (privilégio fiscal); LEF 4º § 4º e 29 (dívida ativa da Fazenda Pública); CLT 449 § 1º (preferência dos créditos trabalhistas); LRF 83 e 84 (classificação dos créditos na falência).

Art. 1.423. O credor anticrético tem direito a reter em seu poder o bem, enquanto a dívida não for paga; extingue-se esse direito decorridos quinze anos da data de sua constituição.[1] [Dispositivo correspondente no CC/1916: art. 760.]

Art. 1.423: 1. v. art. 1.507 § 2º.

Art. 1.424. Os contratos de penhor, anticrese ou hipoteca declararão, sob pena de não terem eficácia:[1] [Dispositivo correspondente no CC/1916: art. 761-*caput*.]

I — o valor do crédito, sua estimação, ou valor máximo; [Dispositivo correspondente no CC/1916: art. 761-I.]

II — o prazo fixado para pagamento; [Dispositivo correspondente no CC/1916: art. 761-II.]

III — a taxa dos juros, se houver; [Dispositivo correspondente no CC/1916: art. 761-III.]

IV — o bem dado em garantia com as suas especificações.[2] [Dispositivo correspondente no CC/1916: art. 761-IV.]

Art. 1.424: 1. "Os requisitos elencados no art. 761 do Código revogado (art. 1.424 do CC/2002) não constituem elementos nucleares do penhor, sem os quais inexistiria o próprio contrato; sequer se ligam à validade mesma do acordo. Constituem, ao revés, verdadeiras condições de sua plena eficácia no mundo jurídico, isto é, da validade de sua oponibilidade a terceiros. Assim, devem ser mantidas, porque válidas, as disposições firmadas entre as partes originárias" (STJ-4ª T., REsp 226.041, Min. Quaglia Barbosa, j. 12.6.07, DJU 29.6.07).

Art. 1.424: 2. "Instituída a hipoteca sobre certas unidades que seriam construídas, devidamente especificadas e numeradas no ato levado a registro, não pode a garantia ter eficácia frente a terceiros para estender-se sobre outras não indicadas no registro" (STJ-4ª T., REsp 239.231, Min. Ruy Rosado, j. 16.12.99, DJ 3.4.00).

Art. 1.425. A dívida considera-se vencida:[1 a 2a] [Dispositivo correspondente no CC/1916: art. 762-*caput*.]

I — se, deteriorando-se, ou depreciando-se o bem dado em segurança, desfalcar a garantia, e o devedor, intimado, não a reforçar ou substituir;[2b] [Dispositivo correspondente no CC/1916: art. 762-I.]

II — se o devedor cair em insolvência[3] ou falir;[3a] [Dispositivo correspondente no CC/1916: art. 762-II.]

III — se as prestações não forem pontualmente pagas, toda vez que deste modo se achar estipulado o pagamento.[4] Neste caso, o recebimento posterior da prestação atrasada importa renúncia do credor ao seu direito de execução imediata; [Dispositivo correspondente no CC/1916: art. 762-III.]

IV — se perecer o bem dado em garantia, e não for substituído;[4a-5] [Dispositivo correspondente no CC/1916: art. 762-IV.]

V — se se desapropriar o bem dado em garantia, hipótese na qual se depositará a parte do preço que for necessária para o pagamento integral do credor.[6-6a] [Dispositivo correspondente no CC/1916: art. 762-V.]

§ 1º Nos casos de perecimento da coisa dada em garantia, esta se sub-rogará na indenização do seguro, ou no ressarcimento do dano, em benefício do credor, a quem assistirá sobre ela preferência até seu completo reembolso.[7] [Dispositivo correspondente no CC/1916: art. 762 § 1º.]

§ 2º Nos casos dos incisos IV e V, só se vencerá a hipoteca antes do prazo estipulado, se o perecimento, ou a desapropriação recair sobre o bem dado em garantia, e esta não abranger outras; subsistindo, no caso contrário, a dívida reduzida, com a respectiva garantia sobre os demais bens, não desapropriados ou destruídos. [Dispositivo correspondente no CC/1916: art. 762 § 2º.]

Art. 1.425: 1. Também se considera vencida nos casos do art. 333 e do art. 1.445 § ún.

Art. 1.425: 1a. v. art. 1.426.

Art. 1.425: 2. Outra hipótese de vencimento antecipado do crédito hipotecário: art. 1.475 § ún.

Art. 1.425: 2a. O art. 1.425 aplica-se às alienações fiduciárias (v. art. 1.367).

Art. 1.425: 2b. v., porém, art. 1.427.

Art. 1.425: 3. v. CPC/73 art. 751-I.

Art. 1.425: 3a. v. LRF 77, 129-III e 163 § 4º.

Art. 1.425: 4. s/ purgação da mora pelo devedor, v. art. 401-I.

Art. 1.425: 4a. v. art. 959-I.

Art. 1.425: 5. v. §§ 1º e 2º.

Art. 1.425: 6. v. § 2º.

Art. 1.425: 6a. v. arts. 959-II e 1.509 § 2º. V. tb. LD 31.

Art. 1.425: 7. quanto à anticrese, v., porém, art. 1.509 § 2º.

Art. 1.426. Nas hipóteses do artigo anterior, de vencimento antecipado da dívida, não se compreendem os juros correspondentes ao tempo ainda não decorrido. [Dispositivo correspondente no CC/1916: art. 763.]

Art. 1.427. Salvo cláusula expressa, o terceiro que presta garantia real por dívida alheia não fica obrigado a substituí-la, ou reforçá-la, quando, sem culpa sua, se perca, deteriore, ou desvalorize.[1] [Dispositivo correspondente no CC/1916: art. 764.]

Art. 1.427: 1. v. art. 1.425-I.

Art. 1.428. É nula a cláusula que autoriza o credor pignoratício, anticrético ou hipotecário a ficar com o objeto da garantia, se a dívida não for paga no vencimento.[1 a 2c] [Dispositivo correspondente no CC/1916: art. 765.]

Parágrafo único. Após o vencimento, poderá o devedor dar a coisa em pagamento da dívida.[3] [Sem dispositivo correspondente no CC/1916.]

Art. 1.428: 1. ou seja: é nulo, nesse caso, o denominado **pacto comissório.**

Art. 1.428: 2. **Lei 4.864, de 29.11.65, art. 23 § 3º:** "É nula a cláusula que autoriza o cessionário fiduciário a ficar com os direitos cedidos em garantia, se a dívida não for paga no seu vencimento". V. tb. art. 1.365.

Art. 1.428: 2a. A nulidade do pacto comissório não prejudica a validade da cláusula que legitimamente instituiu o direito real de garantia (RSTJ 28/564: 3ª T., REsp 10.952). V. art. 184.

Art. 1.428: 2b. "Resta perfeitamente configurada a figura do pacto comissório, pois, simulando a celebração de contratos de compromisso de compra e venda, foram instituídas verdadeiras garantias reais aos ajustes de *factoring*, permitindo que, em caso de inadimplência, fossem os bens transmitidos diretamente ao credor. Avença nula de pleno direito, consoante o disposto no art. 765 do CC/16, atual art. 1.428 do CC/02" (STJ-4ª T., REsp 954.903, Min. Marco Buzzi, j. 11.12.12, DJ 1.2.13).

Art. 1.428: 2c. "No caso em exame, não se verifica a cristalização de pacto comissório, mormente porque o **contrato de mútuo** foi firmado em 30.7.2002, ao passo que o **compromisso de compra e venda** do imóvel ocorreu em 6.5.2003, isto é, quase 1 ano após a celebração do contrato primevo. Além disso, não houve previsão, no contrato de mútuo, de cláusula que estabelecesse que, em caso de não pagamento, o imóvel passaria a pertencer ao credor. Verifica-se, portanto, que, na hipótese vertente, não ocorreu nulidade, notadamente porque os contratos **não foram celebrados concomitantemente,** sendo o ato de compra posterior ao mútuo, caracterizando-se, em verdade, a legítima possibilidade de dar a coisa em pagamento da dívida após o vencimento, máxime em virtude da natureza jurídica alternativa das obrigações que ficaram à livre escolha do devedor, consubstanciadas no pagamento do empréstimo ou na venda de 61% dos imóveis oferecidos em garantia" (STJ-4ª T., REsp 1.424.930, Min. Luis Felipe, j. 13.12.16, maioria, DJ 24.2.17).

Art. 1.428: 3. "Admissível a dação em pagamento, não o é, entretanto, a promessa de fazê-la, mediante avença no mesmo ato em que contratado o mútuo e constituída a garantia hipotecária" (RSTJ 28/564: 3ª T., REsp 10.952).

Art. 1.429. Os sucessores do devedor não podem remir[1] parcialmente o penhor ou a hipoteca na proporção dos seus quinhões; qualquer deles, porém, pode fazê-lo no todo. [Dispositivo correspondente no CC/1916: art. 766-*caput*.]

Parágrafo único. O herdeiro ou sucessor que fizer a remição fica sub-rogado nos direitos do credor pelas quotas que houver satisfeito. [Dispositivo correspondente no CC/1916: art. 766 § ún.]

Art. 1.429: 1. v. art. 1.481.

Art. 1.430. Quando, excutido[1] o penhor, ou executada a hipoteca, o produto não bastar para pagamento da dívida e despesas judiciais, continuará o devedor obrigado pessoalmente pelo restante.[2 a 4] [Dispositivo correspondente no CC/1916: art. 767.]

Art. 1.430: 1. v. art. 1.422-*caput*.

Art. 1.430: 2. v. LRF 83-VI-*b*.

Art. 1.430: 3. cf. CPC/73 arts. 774 a 776.

Art. 1.430: 4. v. art. 1.488 § 3º.

Capítulo II | DO PENHOR[1]

Seção I | DA CONSTITUIÇÃO DO PENHOR

CAP. II: 1. v. arts. 1.419 a 1.430, bem como, no nosso CCLCV, títs. CÉDULA DE PRODUTO RURAL e TÍTULOS DE CRÉDITO RURAL.

Art. 1.431. Constitui-se o penhor[1] pela transferência efetiva da posse que, em garantia do débito ao credor ou a quem o represente, faz o devedor, ou alguém por ele, de uma coisa móvel, suscetível de alienação. [Dispositivo correspondente no CC/1916: art. 768.]

Parágrafo único. No penhor rural, industrial, mercantil e de veículos, as coisas empenhadas continuam em poder do devedor, que as deve guardar e conservar.[2] [Dispositivo correspondente no CC/1916: art. 769.]

Art. 1.431: 1. v. CPC 784-V, 799-I, 804-*caput* e 889-V. V. tb. LINDB 8º § 2º.

Art. 1.431: 2. "O Código Comercial, a teor do revogado art. 271, tratava o penhor mercantil como contrato, todavia o Código Civil inclui o penhor entre os direitos reais de garantia, sem que tenha procedido à substancial modificação em sua disciplina. Com efeito, em que pese o Diploma civilista não dispor textualmente acerca da possibilidade de fazer-se a tradição simbólica, isso ressai nítido da leitura de seu art. 1.431, parágrafo único, que estabelece que no penhor rural, industrial, mercantil e de veículos, 'as coisas empenhadas continuam em poder do devedor'. À luz do art. 1.431, § ún., do Código Civil c/c os arts. 31 e 35 da Lei 10.931/04, ainda que o dador não figure como emitente (devedor) da cédula de crédito bancário (obrigação principal), sendo, pois, terceiro em relação a essa avença, é possível que a garantia real seja constituída por bem de sua titularidade" (STJ-4ª T., REsp 1.377.908, Min. Luis Felipe, j. 21.5.13, DJ 1.7.13).

Art. 1.432. O instrumento do penhor deverá ser levado a registro, por qualquer dos contratantes; o do penhor comum será registrado no Cartório de Títulos e Documentos.[1] [Sem dispositivo correspondente no CC/1916.]

Art. 1.432: 1. v. LRP 127-II (penhor comum) e IV; penhor de máquinas: LRP 167-I-4; penhor rural: LRP 167-I-15.

Seção II | DOS DIREITOS DO CREDOR PIGNORATÍCIO

Art. 1.433. O credor pignoratício tem direito: [Sem dispositivo correspondente no CC/1916.]

I — à posse da coisa empenhada; [Sem dispositivo correspondente no CC/1916.]

II — à retenção dela, até que o indenizem das despesas devidamente justificadas, que tiver feito, não sendo ocasionadas por culpa sua; [Dispositivo correspondente no CC/1916: art. 772.]

III — ao ressarcimento do prejuízo que houver sofrido por vício[1] da coisa empenhada; [Dispositivo correspondente no CC/1916: art. 773.]

IV — a promover a execução judicial,[2] ou a venda amigável, se lhe permitir expressamente o contrato, ou lhe autorizar o devedor mediante procuração; [Sem dispositivo correspondente no CC/1916.]

V — a apropriar-se dos frutos[3] da coisa empenhada que se encontra em seu poder; [Sem dispositivo correspondente no CC/1916.]

VI — a promover a venda antecipada, mediante prévia autorização judicial, sempre que haja receio fundado de que a coisa empenhada se perca ou deteriore, devendo o preço ser depositado. O dono da coisa empenhada pode impedir a venda antecipada, substituindo-a, ou oferecendo outra garantia real idônea. [Sem dispositivo correspondente no CC/1916.]

Art. 1.433: 1. v. arts. 441 a 446.

Art. 1.433: 2. v. art. 1.435-V, CPC 784-V.

Art. 1.433: 3. v. art. 1.435-III.

Art. 1.434. O credor não pode ser constrangido a devolver a coisa empenhada, ou uma parte dela, antes de ser integralmente pago, podendo o juiz, a requerimento do proprietário, determinar que seja vendida apenas uma das coisas, ou parte da coisa empenhada, suficiente para o pagamento do credor. [Dispositivo correspondente no CC/1916: art. 772.]

Seção III | DAS OBRIGAÇÕES DO CREDOR PIGNORATÍCIO

Art. 1.435. O credor pignoratício é obrigado: [Dispositivo correspondente no CC/1916: art. 774-*caput*.]

I — à custódia da coisa, como depositário,[1] e a ressarcir ao dono a perda ou deterioração de que for culpado, podendo ser compensada na dívida, até a concorrente quantia, a importância da responsabilidade;[1a] [Dispositivo correspondente no CC/1916: arts. 774-*caput*-IV e 775.]

II — à defesa da posse da coisa empenhada e a dar ciência, ao dono dela, das circunstâncias que tornarem necessário o exercício de ação possessória; [Sem dispositivo correspondente no CC/1916.]

III — a imputar o valor dos frutos, de que se apropriar (art. 1.433, inciso V) nas despesas de guarda e conservação, nos juros e no capital da obrigação garantida, sucessivamente; [Sem dispositivo correspondente no CC/1916.]

IV — a restituí-la, com os respectivos frutos e acessões, uma vez paga a dívida; [Dispositivo correspondente no CC/1916: art. 774-II.]

V — a entregar o que sobeje do preço, quando a dívida for paga, no caso do inciso IV do art. 1.433.[2] [Dispositivo correspondente no CC/1916: art. 774-III.]

Art. 1.435: 1. v. arts. 627 a 652.

Art. 1.435: 1a. "Na hipótese de roubo ou furto de joias que se encontravam depositadas em agência bancária, por força de contrato de penhor, o credor pignoratício, vale dizer, o banco, deve pagar ao proprietário das joias subtraídas a quantia equivalente ao valor de mercado das mesmas, descontando-se os valores dos mútuos referentes ao contrato de penhor" (STJ-3ª T., REsp 730.925, Min. Nancy Andrighi, j. 20.4.06, DJ 15.5.06).

"O credor pignoratício assume o *status* de depositário dos bens empenhados, respondendo pela perda ou deterioração que a coisa vier a sofrer, salvo nas hipóteses de força maior, caso fortuito ou culpa exclusiva da vítima. Entretanto, os casos de roubo e furto a bancos não se inserem em tais excludentes, porquanto a própria natureza da atividade bancária pressupõe a prevenção contra tais riscos. Em outras palavras, cabe à instituição financeira tomar as medidas necessárias para evitar a ocorrência desses eventos, sob pena de responder a terceiros pelos prejuízos que lhes forem causados. A indenização estabelecida por meio do contrato de mútuo celebrado é passível de revisão pelo Judiciário, tendo em vista que tais negócios jurídicos revestem-se da característica de típicos contratos de adesão. De fato, a cláusula limitadora da indenização fixa o *quantum* indenizatório à proporção de 150% do valor estabelecido por conta da avaliação unilateralmente realizada pela instituição financeira. Tal avaliação, contudo, por ser realizada exclusivamente pelos profissionais pertencentes aos quadros funcionais da CEF, não está imune de reexame na via judicial para o fim de ser aferido o seu acerto ou não. Tal função é precípua do Poder Judiciário, sendo o mesmo responsável por ditar o direito com a característica da definitividade própria aos provimentos que emite, atributo de que não se revestem os atos praticados pela empresa pública em referência" (RT 925/803: TRF-3ª Reg., AP 0002688-76.2001.4.03.6111-AgRg).

V. tb. art. 927, nota 6e.

Art. 1.435: 2. v. CPC 907.

Seção IV | DA EXTINÇÃO DO PENHOR

Art. 1.436. Extingue-se o penhor: [Dispositivo correspondente no CC/1916: art. 802-*caput*.]

I — extinguindo-se a obrigação; [Dispositivo correspondente no CC/1916: art. 802-I.]

II — perecendo a coisa;[1] [Dispositivo correspondente no CC/1916: art. 802-II.]

III — renunciando o credor;[1a] [Dispositivo correspondente no CC/1916: art. 802-III.]

IV — confundindo-se na mesma pessoa as qualidades de credor e de dono da coisa;[2] [Dispositivo correspondente no CC/1916: art. 802-V.]

V — dando-se a adjudicação judicial, a remissão[3] ou a venda da coisa empenhada, feita pelo credor ou por ele autorizada. [Dispositivo correspondente no CC/1916: art. 802-VI.]

§ 1º Presume-se a renúncia do credor quando consentir na venda particular do penhor sem reserva de preço, quando restituir a sua posse ao devedor,[4] ou quando anuir à sua substituição por outra garantia. [Dispositivo correspondente no CC/1916: art. 803.]

§ 2º Operando-se a confusão tão somente quanto a parte da dívida pignoratícia, subsistirá inteiro o penhor quanto ao resto. [Dispositivo correspondente no CC/1916: art. 804.]

Art. 1.436: 1. "O perecimento por completo da coisa empenhada não induz à extinção da obrigação principal, pois o penhor é apenas acessório desta, perdurando, por conseguinte, a obrigação do devedor, embora com caráter pessoal e não mais real" (STJ-3ª T., REsp 730.925, Min. Nancy Andrighi, j. 20.4.06, DJ 15.5.06).

Art. 1.436: 1a. v. § 1º.

Art. 1.436: 2. v. § 2º. V. tb. arts. 381 a 384.

Art. 1.436: 3. No caso, trata-se de "remição" (resgate, pagamento), e não de "remissão" (renúncia, perdão).

Art. 1.436: 4. v. art. 387.

Art. 1.437. Produz efeitos a extinção do penhor depois de averbado o cancelamento[1] do registro,[2] à vista da respectiva prova. [Sem dispositivo correspondente no CC/1916.]

Art. 1.437: 1. v. LRP 248 a 250.

Art. 1.437: 2. v. art. 1.432 e nota 1.

Seção V | DO PENHOR RURAL[1]

Subseção I | DISPOSIÇÕES GERAIS

SEÇ. V: 1. Lei 492, de 30.9.37 — Regula o penhor rural e a cédula pignoratícia.

Os dispositivos dessa lei cuja matéria foi objeto de expressa regulação pelo Código Civil estão **implicitamente revogados.** É o caso, p. ex., dos arts. 7º-*caput* e 13-*caput* da Lei 492, cuja matéria foi expressamente regulada pelo art. 1.439 do CC.

V. tb., no nosso CCLCV, títs. CÉDULA DE PRODUTO RURAL e TÍTULOS DE CRÉDITO RURAL.

Art. 1.438. Constitui-se o penhor rural mediante instrumento público ou particular, registrado no Cartório de Registro de Imóveis da circunscrição em que estiverem situadas as coisas empenhadas.[1-1a] [Dispositivo correspondente no CC/1916: art. 796-*caput*.]

Parágrafo único. Prometendo pagar em dinheiro a dívida, que garante com penhor rural, o devedor poderá emitir, em favor do credor, cédula rural pignoratícia, na forma determinada em lei especial.[2] [Sem dispositivo correspondente no CC/1916.]

Art. 1.438: 1. v. LRP 167-I-15.

Art. 1.438: 1a. O registro do penhor rural tem natureza constitutiva, "de sorte que não se pode tratar como tal o ajuste ao qual falte esse requisito formal" (STJ-4ª T., REsp 35.109, Min. Sálvio de Figueiredo, j. 3.9.96, DJU 23.9.96).

Art. 1.438: 2. v. arts. 14 a 19 do Dec. lei 167, de 14.2.67.

Art. 1.439. O penhor agrícola e o penhor pecuário não podem ser convencionados por prazos superiores aos das obrigações garantidas.[1-1a] [Dispositivo correspondente no CC/1916: arts. 782 e 788-*caput*.]

§ 1º Embora vencidos os prazos, permanece a garantia, enquanto subsistirem os bens que a constituem. [Sem dispositivo correspondente no CC/1916.]

§ 2º A prorrogação deve ser averbada[2] à margem do registro respectivo, mediante requerimento do credor e do devedor. [Sem dispositivo correspondente no CC/1916.]

Art. 1.439: 1. Redação do *caput* de acordo com a Lei 12.873, de 24.10.13.

Art. 1.439: 1a. v. art. 61 do Dec. lei 167, de 14.2.67.

S/ prazo do penhor de veículos, v. art. 1.466.

Art. 1.439: 2. v. LRP 246-*caput*.

Art. 1.440. Se o prédio estiver hipotecado, o penhor rural poderá constituir-se independentemente da anuência do credor hipotecário, mas não lhe prejudica o direito de preferência, nem restringe a extensão da hipoteca, ao ser executada. [Dispositivo correspondente no CC/1916: art. 783.]

Art. 1.441. Tem o credor direito a verificar o estado das coisas empenhadas, inspecionando-as onde se acharem, por si ou por pessoa que credenciar.[1-2] [Sem dispositivo correspondente no CC/1916.]

Art. 1.441: 1. O penhor industrial e mercantil (art. 1.450) e o penhor de veículos têm disposições similares. V. ainda art. 1.431 § ún.

Art. 1.441: 2. Se houver expedição de cédula de crédito rural, os bens empenhados deverão ser necessariamente segurados (cf. art. 76 do Dec. lei 167, de 14.2.67).

Subseção II | DO PENHOR AGRÍCOLA[1]

SUBSEÇ. II: 1. s/ prazo máximo do penhor agrícola, v. art. 1.439.

Art. 1.442. Podem ser objeto de penhor: [Dispositivo correspondente no CC/1916: art. 781-*caput*.]

I — máquinas[1] e instrumentos de agricultura; [Dispositivo correspondente no CC/1916: art. 781-I.]

II — colheitas pendentes, ou em via de formação;[2] [Dispositivo correspondente no CC/1916: art. 781-II.]

III — frutos acondicionados ou armazenados; [Dispositivo correspondente no CC/1916: art. 781-III.]

IV — lenha cortada e carvão vegetal; [Dispositivo correspondente no CC/1916: art. 781-IV.]

V — animais do serviço ordinário de estabelecimento agrícola. [Dispositivo correspondente no CC/1916: art. 781-V.]

Art. 1.442: 1. v. LRP 167-I-4.

Art. 1.442: 2. v. art. 1.443.

Art. 1.443. O penhor agrícola que recai sobre colheita pendente, ou em via de formação, abrange a imediatamente seguinte, no caso de frustrar-se ou ser insuficiente a que se deu em garantia.[1] [Sem dispositivo correspondente no CC/1916.]

Parágrafo único. Se o credor não financiar a nova safra, poderá o devedor constituir com outrem novo penhor, em quantia máxima equivalente à do primeiro; o segundo penhor terá preferência sobre o primeiro, abrangendo este apenas o excesso apurado na colheita seguinte. [Sem dispositivo correspondente no CC/1916.]

Art. 1.443: 1. "Plano de recuperação aprovado. Novação de créditos anteriores ao pedido de recuperação. Inexistência de esvaziamento, substituição ou supressão de garantias reais (penhora agrícola de safras). Harmonização entre o art. 50, § 1º, da Lei 11.101/05 e o art. 1.443 do Código Civil. Preservação não apenas dos interesses dos credores, mas também das próprias garantias contratadas, fazendo, na espécie, aplicar-se o art. 1.443 do CCB, cuja incidência não ofende o quanto disposto no § 1º do art. 50 da Lei 11.101/05, já que não se estará a substituir o penhor agrícola das safras, nem a suprimi-lo, restando a garantia hígida, acaso sobrevenha o insucesso da recuperação. Impedir a empresa em recuperação de transformar as suas colheitas no produto que será objeto de renda para o pagamento das suas diuturnas obrigações, e de cumprir os contratos consoante esquematizado no plano, apenas malograria o objetivo principal da recuperação" (STJ-3ª T., REsp 1.388.948, Min. Paulo Sanseverino, j. 1.4.14, DJ 8.4.14).

Subseção III | DO PENHOR PECUÁRIO

Art. 1.444. Podem ser objeto de penhor os animais que integram a atividade pastoril, agrícola ou de lacticínios.[1] [Sem dispositivo correspondente no CC/1916.]

Art. 1.444: 1. s/ prazo máximo do penhor pecuário, v. art. 1.439.

Art. 1.445. O devedor não poderá alienar os animais empenhados sem prévio consentimento, por escrito, do credor.[1] [Dispositivo correspondente no CC/1916: art. 785.]

Parágrafo único. Quando o devedor pretende alienar o gado empenhado ou, por negligência, ameace prejudicar o credor, poderá este requerer se depositem os animais sob a guarda de terceiro, ou exigir que se lhe pague a dívida de imediato. [Dispositivo correspondente no CC/1916: art. 786.]

Art. 1.445: 1. v. CP 171 § 2º-III (crime de defraudação de penhor).

Art. 1.446. Os animais da mesma espécie, comprados para substituir os mortos, ficam sub-rogados no penhor. [Dispositivo correspondente no CC/1916: art. 787-*caput*.]

Parágrafo único. Presume-se a substituição prevista neste artigo, mas não terá eficácia contra terceiros, se não constar de menção adicional ao respectivo contrato, a qual deverá ser averbada. [Dispositivo correspondente no CC/1916: art. 787 § ún.]

Seção VI | DO PENHOR INDUSTRIAL E MERCANTIL[1-2]

SEÇ. VI: 1. v., no nosso CCLCV, tít. TÍTULOS DE CRÉDITO INDUSTRIAL.

SEÇ. VI: 2. **Dec. lei 4.191, de 18.3.42** — Dispõe sobre o penhor de máquinas e aparelhos utilizados na indústria quando instalados em imóvel alugado a terceiro e dá outras providências.

Art. 1.447. Podem ser objeto de penhor máquinas, aparelhos, materiais, instrumentos, instalados e em funcionamento, com os acessórios ou sem eles; animais, utilizados na indústria; sal e bens destinados à exploração das salinas; produtos de suinocultura, animais destinados à industrialização de carnes e derivados; matérias-primas e produtos industrializados.[1] [Sem dispositivo correspondente no CC/1916.]

Parágrafo único. Regula-se pelas disposições relativas aos armazéns gerais o penhor das mercadorias neles depositadas.[2] [Sem dispositivo correspondente no CC/1916.]

Art. 1.447: 1. v., s/ penhor cedular, art. 20 do Dec. lei 413, de 9.1.69.

Art. 1.447: 2. **Dec. 1.102, de 21.11.1903 (Armazéns gerais)** — Institui regras para o estabelecimento de empresas de armazéns gerais, determinando os direitos e obrigações dessas empresas. O CC de 1916 e o novo CC não estabeleceram regras específicas para as empresas de armazéns gerais (STJ-3ª T., REsp 476.458, Min. Nancy Andrighi, j. 4.8.05, DJU 29.8.05).

Art. 1.448. Constitui-se o penhor industrial, ou o mercantil, mediante instrumento público ou particular, registrado no Cartório de Registro de Imóveis da circunscrição onde estiverem situadas as coisas empenhadas.[1] [Sem dispositivo correspondente no CC/1916.]

Parágrafo único. Prometendo pagar em dinheiro a dívida, que garante com penhor industrial ou mercantil, o devedor poderá emitir, em favor do credor, cédula do respectivo crédito, na forma e para os fins que a lei especial determinar.[2] [Sem dispositivo correspondente no CC/1916.]

Art. 1.448: 1. v. LRP 167-I-4.

Art. 1.448: 2. v. Dec. lei 413, de 9.1.69, arts. 9º a 14.

Art. 1.449. O devedor não pode, sem o consentimento por escrito do credor, alterar as coisas empenhadas ou mudar-lhes a situação, nem delas dispor. O devedor que, anuindo o credor, alienar as coisas empenhadas, deverá repor outros bens da mesma natureza, que ficarão sub-rogados no penhor.[1] [Sem dispositivo correspondente no CC/1916.]

Art. 1.449: 1. O penhor rural pecuário tem dispositivos similares: arts. 1.445 e 1.446.

Art. 1.450. Tem o credor direito a verificar o estado das coisas empenhadas, inspecionando-as onde se acharem, por si ou por pessoa que credenciar.[1] [Sem dispositivo correspondente no CC/1916.]

Art. 1.450: 1. O penhor rural (art. 1.441) e o penhor de veículos (art. 1.464) têm disposições similares. V. ainda art. 1.431 § ún.

Seção VII — DO PENHOR DE DIREITOS E TÍTULOS DE CRÉDITO[1-2]

SEÇ. VII: 1. s/ títulos de crédito, v. arts. 887 a 926 e, no nosso CCLCV, títs. CHEQUE e LETRA DE CÂMBIO.

SEÇ. VII: 2. s/ penhor de títulos de crédito e recuperação judicial, v. LRF 49 § 5º.

Art. 1.451. Podem ser objeto de penhor direitos, suscetíveis de cessão, sobre coisas móveis.[1] [Sem dispositivo correspondente no CC/1916.]

Art. 1.451: 1. v. art. 83-II.

Art. 1.452. Constitui-se o penhor de direito mediante instrumento público ou particular, registrado no Registro de Títulos e Documentos.[1] [Sem dispositivo correspondente no CC/1916.]

Parágrafo único. O titular de direito empenhado deverá entregar ao credor pignoratício os documentos comprobatórios desse direito, salvo se tiver interesse legítimo em conservá-los. [Sem dispositivo correspondente no CC/1916.]

Art. 1.452: 1. v. LRP 127-III e 129.

Art. 1.453. O penhor de crédito não tem eficácia senão quando notificado ao devedor; por notificado tem-se o devedor que, em instrumento público ou particular, declarar-se ciente da existência do penhor. [Sem dispositivo correspondente no CC/1916.]

Art. 1.454. O credor pignoratício deve praticar os atos necessários à conservação e defesa do direito empenhado e cobrar os juros e mais prestações acessórias compreendidas na garantia. [Sem dispositivo correspondente no CC/1916.]

Art. 1.455. Deverá o credor pignoratício cobrar o crédito empenhado, assim que se torne exigível. Se este consistir numa prestação pecuniária, depositará a importância recebida, de acordo com o devedor pignoratício, ou onde o juiz determinar; se consistir na entrega da coisa, nesta se sub-rogará o penhor. [Sem dispositivo correspondente no CC/1916.]

Parágrafo único. Estando vencido o crédito pignoratício, tem o credor direito a reter, da quantia recebida, o que lhe é devido, restituindo o restante ao devedor; ou a excutir[1-1a] a coisa a ele entregue.[2] [Sem dispositivo correspondente no CC/1916.]

Art. 1.455: 1. v. CPC 784-V.

Art. 1.455: 1a. v. art. 1.422-*caput*.

Art. 1.455: 2. v. arts. 1.433 e 1.459.

Art. 1.456. Se o mesmo crédito for objeto de vários penhores, só ao credor pignoratício, cujo direito prefira[1] aos demais, o devedor deve pagar; responde por perdas e danos[2] aos demais credores o credor preferente que, notificado por qualquer um deles, não promover oportunamente a cobrança. [Sem dispositivo correspondente no CC/1916.]

Art. 1.456: 1. em razão de registro anterior de sua penhora.

Art. 1.456: 2. v. arts. 402 a 405.

Art. 1.457. O titular do crédito empenhado só pode receber o pagamento com a anuência, por escrito, do credor pignoratício, caso em que o penhor se extinguirá.[1-2] [Sem dispositivo correspondente no CC/1916.]

Art. 1.457: 1. v. arts. 1.436 e 1.437. V. tb. LRP 164 a 166.

Art. 1.457: 2. extinguir-se-á porque essa anuência corresponde a uma renúncia do credor pignoratício à garantia (mas não ao crédito em si).

Art. 1.458. O penhor, que recai sobre título de crédito, constitui-se mediante instrumento público ou particular ou endosso pignoratício,[1] com a tradição do título ao credor, regendo-se pelas Disposições Gerais deste Título[2] e, no que couber, pela presente Seção. [Sem dispositivo correspondente no CC/1916.]

Art. 1.458: 1. v. art. 918.

Art. 1.458: 2. v. arts. 1.419 a 1.430.

Art. 1.459. Ao credor, em penhor de título de crédito, compete o direito de:[1] [Dispositivo correspondente no CC/1916: art. 792-*caput*.]

I — conservar a posse do título e recuperá-la de quem quer que o detenha; [Dispositivo correspondente no CC/1916: art. 792-I.]

II — usar dos meios judiciais convenientes para assegurar os seus direitos, e os do credor do título empenhado; [Dispositivo correspondente no CC/1916: art. 792-III.]

III — fazer intimar ao devedor do título que não pague ao seu credor, enquanto durar o penhor;[2] [Dispositivo correspondente no CC/1916: art. 792-II.]

IV — receber a importância consubstanciada no título e os respectivos juros, se exigíveis, restituindo o título ao devedor, quando este solver a obrigação. [Dispositivo correspondente no CC/1916: art. 792-IV.]

Art. 1.459: 1. v. arts. 1.433 e 1.455.

Art. 1.459: 2. v. art. 1.460.

Art. 1.460. O devedor do título empenhado que receber a intimação prevista no inciso III do artigo antecedente, ou se der por ciente do penhor, não poderá pagar ao seu credor. Se o fizer, responderá solidariamente[1] por este, por perdas e danos,[2] perante o credor pignoratício.[3] [Dispositivo correspondente no CC/1916: art. 794.]

Parágrafo único. Se o credor der quitação ao devedor do título empenhado, deverá saldar imediatamente a dívida, em cuja garantia se constituiu o penhor.[4] [Dispositivo correspondente no CC/1916: art. 795.]

Art. 1.460: 1. v. arts. 275 a 285.

Art. 1.460: 2. v. arts. 402 a 405.

Art. 1.460: 3. v. art. 1.453.

Art. 1.460: 4. v., porém, art. 1.457.

Seção VIII | DO PENHOR DE VEÍCULOS[1]

SEÇ. VIII: 1. v. TCI 20-V.

Art. 1.461. Podem ser objeto de penhor os veículos empregados em qualquer espécie de transporte ou condução.[1-2] [Sem dispositivo correspondente no CC/1916.]

Art. 1.461: 1. Este dispositivo comporta algumas ressalvas. A principal delas refere-se a navios e aeronaves, que não podem ser objeto de penhor, mas sim de hipoteca (art. 1.473-VI e VII).

Art. 1.461: 2. "É inadmissível a penhora de elevador de edifício de apartamento, porquanto se encontra incorporado à estrutura do prédio" (RSTJ 192/414: 4ª T., REsp 259.994).

Art. 1.462. Constitui-se o penhor, a que se refere o artigo antecedente, mediante instrumento público ou particular, registrado no Cartório de Títulos e Documentos[1] do domicílio do devedor, e anotado no certificado de propriedade.[1a] [Sem dispositivo correspondente no CC/1916.]

Parágrafo único. Prometendo pagar em dinheiro a dívida garantida com o penhor, poderá o devedor emitir cédula de crédito,[2] na forma e para os fins que a lei especial determinar. [Sem dispositivo correspondente no CC/1916.]

Art. 1.462: 1. v. LRP 129-7º.

Art. 1.462: 1a. Como regra geral, o penhor constitui-se mediante a transferência efetiva da posse da coisa móvel (art. 1.431). Esse não é o caso, entretanto, do penhor especial de veículos, já que neste o bem permanece com o devedor.

Art. 1.462: 2. s/ cédula de crédito industrial, v. Dec. lei 413, de 9.1.69, arts. 9º a 14.

Art. 1.463. Não se fará o penhor de veículos sem que estejam previamente segurados contra furto, avaria, perecimento e danos causados a terceiros.[1] [Sem dispositivo correspondente no CC/1916.]

Art. 1.463: 1. v. art. 1.425 § 1º. S/ seguros, v. arts. 757 a 788.

Art. 1.464. Tem o credor direito a verificar o estado do veículo empenhado, inspecionando-o onde se achar, por si ou por pessoa que credenciar.[1] [Sem dispositivo correspondente no CC/1916.]

Art. 1.464: 1. O penhor rural (art. 1.441) e o penhor industrial e mercantil (art. 1.450) possuem disposições similares. V. ainda art. 1.431 § ún.

Art. 1.465. A alienação, ou a mudança, do veículo empenhado sem prévia comunicação ao credor importa no vencimento antecipado[1] do crédito pignoratício.[2] [Sem dispositivo correspondente no CC/1916.]

Art. 1.465: 1. v. tb. art. 1.425. V. ainda arts. 333-III e 1.426.
Art. 1.465: 2. CP 171 § 2º-III (crime de defraudação de penhor).

Art. 1.466. O penhor de veículos só se pode convencionar pelo prazo máximo de dois anos, prorrogável até o limite de igual tempo, averbada[1] a prorrogação à margem do registro respectivo.[2] [Sem dispositivo correspondente no CC/1916.]

Art. 1.466: 1. v. LRP 167-II-5.

Art. 1.466: 2. s/ prazos do penhor rural, v. art. 1.439.

Seção IX | DO PENHOR LEGAL

Art. 1.467. São credores pignoratícios, independentemente de convenção:[1] [Dispositivo correspondente no CC/1916: art. 776-*caput*.]

I — os hospedeiros, ou fornecedores de pousada ou alimento,[2] sobre as bagagens, móveis, joias ou dinheiro que os seus consumidores ou fregueses tiverem consigo nas respectivas casas ou estabelecimentos, pelas despesas ou consumo que aí tiverem feito; [Dispositivo correspondente no CC/1916: art. 776-I.]

II — o dono do prédio rústico ou urbano, sobre os bens móveis que o rendeiro ou inquilino tiver guarnecendo o mesmo prédio, pelos aluguéis ou rendas. [Dispositivo correspondente no CC/1916: art. 776-II.]

Art. 1.467: 1. Lei 6.533, de 24.5.78 — Dispõe sobre a regulamentação das profissões de artista e de técnico em espetáculos de diversões, e dá outras providências: **"Art. 31.** Os profissionais de que trata esta lei têm penhor legal sobre o equipamento e todo o material de propriedade do empregador, utilizado na realização de programa, espetáculo ou produção, pelo valor das obrigações não cumpridas pelo empregador".

Art. 1.467: 2. v. art. 1.468. V. tb. arts. 1.469 e 1.470.

Art. 1.468. A conta das dívidas enumeradas no inciso I do artigo antecedente será extraída conforme a tabela impressa, prévia e ostensivamente exposta na casa, dos preços de hospedagem, da pensão ou dos gêneros fornecidos, sob pena de nulidade do penhor.[1] [Dispositivo correspondente no CC/1916: art. 777.]

Art. 1.468: 1. cf. CDC 6º-III.

Art. 1.469. Em cada um dos casos do art. 1.467, o credor poderá tomar em garantia um ou mais objetos até o valor da dívida. [Dispositivo correspondente no CC/1916: art. 778.]

Art. 1.470. Os credores, compreendidos no art. 1.467, podem fazer efetivo o penhor, antes de recorrerem à autoridade judiciária, sempre que haja perigo na demora, dando aos devedores comprovante dos bens de que se apossarem. [Dispositivo correspondente no CC/1916: art. 779.]

Art. 1.471. Tomado o penhor, requererá o credor, ato contínuo, a sua homologação judicial.[1] [Dispositivo correspondente no CC/1916: art. 780.]

Art. 1.471: 1. v. CPC 703 a 706.

Art. 1.472. Pode o locatário impedir a constituição do penhor mediante caução idônea.[1] [Sem dispositivo correspondente no CC/1916.]

Art. 1.472: 1. v. art. 1.467-II. V. tb. LI 37 a 42.

Capítulo III | DA HIPOTECA[1]

Seção I | DISPOSIÇÕES GERAIS

CAP. III: 1. v., no nosso CCLCV, tít. CÉDULA HIPOTECÁRIA; v. tb., no nosso CCLCV, em TÍTULOS DE CRÉDITO RURAL, Dec. lei 167, de 14.2.67 (arts. 20 a 24: cédula rural hipotecária; arts. 25 a 26: cédula rural hipotecária e pignoratícia). V., ainda, no nosso CCLCV, **Súmula 308 do STJ** em LCE 31-A, nota 1, e Lei 4.864/65, art. 22, nota 1 (tít. CONTRATOS IMOBILIÁRIOS, no nosso CCLCV).

Art. 1.473. Podem ser objeto de hipoteca: [Dispositivo correspondente no CC/1916: art. 810-*caput*.]

I — os imóveis e os acessórios dos imóveis conjuntamente com eles; [Dispositivo correspondente no CC/1916: art. 810-I e II.]

II — o domínio direto; [Dispositivo correspondente no CC/1916: art. 810-III.]

III — o domínio útil; [Dispositivo correspondente no CC/1916: art. 810-IV.]

IV — as estradas de ferro;[1] [Dispositivo correspondente no CC/1916: art. 810-V.]

V — os recursos naturais a que se refere o art. 1.230, independentemente do solo onde se acham; [Dispositivo correspondente no CC/1916: art. 810-VI.]

VI — os navios;[2] [Dispositivo correspondente no CC/1916: art. 810-VII.]

VII — as aeronaves;[3] [Sem dispositivo correspondente no CC/1916.]

VIII — o direito de uso especial para fins de moradia;[4] [Sem dispositivo correspondente no CC/1916.]

IX — o direito real de uso;[5] [Sem dispositivo correspondente no CC/1916.]

X — a propriedade superficiária.[6] [Sem dispositivo correspondente no CC/1916.]

§ 1º A hipoteca dos navios e das aeronaves reger-se-á pelo disposto em lei especial.[7] [Sem dispositivo correspondente no CC/1916.]

§ 2º Os direitos de garantia instituídos nas hipóteses dos incisos IX e X do *caput* deste artigo ficam limitados à duração da concessão ou direito de superfície, caso tenham sido transferidos por período determinado.[8] [Sem dispositivo correspondente no CC/1916.]

Art. 1.473: 1. v. arts. 1.502 a 1.505.

Art. 1.473: 2. **Dec. 18.871, de 13.8.29** — Promulga a Convenção de Direito Internacional Privado, de Havana (RT 72/476). Esta Convenção, conhecida sob a denominação de Código Bustamante, dispõe: **"Art. 278.** A hipoteca marítima e os privilégios e garantias de caráter real, constituídos de acordo com a lei do pavilhão, têm efeitos extraterritoriais, até nos países cuja legislação não conheça ou não regule essa hipoteca ou esses privilégios".

Lei 7.652, de 3.2.88 — Dispõe sobre o registro da propriedade marítima, e dá outras providências (Lex 1988/89, RF 301/357). Os arts. 12 a 14 dispõem sobre o registro da hipoteca naval e outros ônus.

Art. 1.473: 3. v. Lei 7.565, de 19.12.86 (Código Brasileiro de Aeronáutica), arts. 138 a 147, em Lex 1986/1.285, RF 296/483.

Art. 1.473: 4. O inc. VIII foi acrescido pela Lei 11.481, de 31.5.07.

Art. 1.473: 5. O inc. IX foi acrescido pela Lei 11.481, de 31.5.07.

Art. 1.473: 6. O inc. X foi acrescido pela Lei 11.481, de 31.5.07.

Art. 1.473: 7. O § ún. passou a § 1º, com a inserção do § 2º pela Lei 11.481, de 31.5.07.

Art. 1.473: 8. O § 2º foi acrescido pela Lei 11.481, de 31.5.07.

Art. 1.474. A hipoteca abrange todas as acessões, melhoramentos ou construções do imóvel.[1] Subsistem os ônus reais constituídos e registrados, anteriormente à hipoteca, sobre o mesmo imóvel.[2] [Dispositivo correspondente no CC/1916: art. 811.]

Art. 1.474: 1. s/ benfeitorias, v. arts. 96 e 97; s/ acessões, v. art. 1.248.

Art. 1.474: 2. Assim, a anterior hipoteca já constituída e registrada também subsiste diante da nova garantia.

Art. 1.475. É nula a cláusula que proíbe ao proprietário alienar imóvel hipotecado.[1-2] [Sem dispositivo correspondente no CC/1916.]

Parágrafo único. Pode convencionar-se que vencerá o crédito hipotecário, se o imóvel for alienado. [Sem dispositivo correspondente no CC/1916.]

Art. 1.475: 1. Este dispositivo preserva o *jus disponendi* do proprietário do imóvel, que abrange, dentre outros direitos, o de constituir outras hipotecas sobre o bem hipotecado (v. art. seguinte).

Art. 1.475: 2. "O art. 1.475 do diploma civil vigente considera nula a cláusula que veda a alienação do imóvel hipotecado, admitindo, entretanto, que a referida transmissão importe no vencimento antecipado da dívida. Dispensa-se, assim, a anuência do credor para alienação do imóvel hipotecado em enunciação explícita de um princípio fundamental dos direitos reais. Deveras, jamais houve vedação de alienação do imóvel hipotecado, ou gravado com qualquer outra garantia real, porquanto função da sequela, o titular do direito real tem o direito de seguir o imóvel em poder de quem quer que o detenha, podendo excuti-lo mesmo que tenha sido transferido para o patrimônio de outrem distinto da pessoa do devedor. Dessarte, referida regra não alcança as hipotecas vinculadas ao **Sistema Financeiro da Habitação,** posto que para esse fim há lei especial — Lei n. 8.004/90 —, a qual não veda a alienação, mas apenas estabelece como requisito a interveniência do credor hipotecário e a assunção, pelo novo adquirente, do saldo devedor existente na data da venda, em sintonia com a regra do art. 303 do Código Civil de 2002" (STJ-1ª T., REsp 627.424, Min. Luiz Fux, j. 6.3.07, maioria, DJ 28.5.07). V. Lei 8.004, de 14.3.90, especialmente art. 1º.

Art. 1.476. O dono do imóvel hipotecado pode constituir outra hipoteca[1] sobre ele, mediante novo título, em favor do mesmo ou de outro credor.[2-3] [Dispositivo correspondente no CC/1916: art. 812.]

Art. 1.476: 1. v. arts. 1.477 e 1.478.

Art. 1.476: 2. Esse instituto é conhecido como **sub-hipoteca,** a qual só poderá realizar-se caso o valor do imóvel seja superior ao da dívida garantida pela primeira hipoteca.

Art. 1.476: 3. A constituição de nova(s) hipoteca(s) independe de prévia anuência do credor hipotecário em primeiro grau, tendo em vista que ela não interfere nos efeitos da garantia já constituída (v. art. 1.474, nota 2).

Todavia, s/ concordância do credor hipotecário a respeito da alienação ou oneração do imóvel no Sistema Financeiro da Habitação, v. art. 1.475, nota 2.

Art. 1.477. Salvo o caso de insolvência do devedor,[1] o credor da segunda hipoteca, embora vencida, não poderá executar o imóvel antes de vencida a primeira.[2] [Dispositivo correspondente no CC/1916: art. 813-*caput*.]

Parágrafo único. Não se considera insolvente o devedor por faltar ao pagamento das obrigações garantidas por hipotecas posteriores à primeira. [Dispositivo correspondente no CC/1916: art. 813 § ún.]

Art. 1.477: 1. s/ insolvência, v. art. 955. V. tb. CPC/73 art. 748.

Art. 1.477: 2. Este dispositivo regula a relação de todas as hipotecas de grau superior em relação às de grau inferior. Assim, p. ex., o credor da terceira hipoteca, embora vencida, não pode executá-la enquanto não vencerem as hipotecas registradas anteriormente.

Art. 1.478. Se o devedor da obrigação garantida pela primeira hipoteca não se oferecer, no vencimento, para pagá-la, o credor da segunda[1] pode promover-lhe a extinção,[1a] consignando a importância[2] e citando o primeiro credor para recebê-la e o devedor para pagá-la; se este não pagar, o segundo credor, efetuando o pagamento, se sub-rogará nos direitos da hipoteca anterior, sem prejuízo dos que lhe competirem contra o devedor comum.[3] [Dispositivo correspondente no CC/1916: art. 814-*caput* e § 2º.]

Parágrafo único. Se o primeiro credor estiver promovendo a execução da hipoteca, o credor da segunda depositará a importância do débito e as despesas judiciais. [Dispositivo correspondente no CC/1916: art. 814 § 1º.]

Art. 1.478: 1. ou da terceira, ou da quarta... (v. art. 1.477, nota 2).

Art. 1.478: 1a. A rigor, nesse caso, não ocorre a extinção da hipoteca, mas mera sub-rogação do credor com hipoteca posterior nos direitos do credor com hipoteca anterior.

Art. 1.478: 2. v. CPC 539 e segs.

Art. 1.478: 3. v. LRP 270 a 273 (remição de imóvel hipotecado). V. tb. nota 1 a LRP 270.

Art. 1.479. O adquirente do imóvel hipotecado, desde que não se tenha obrigado pessoalmente a pagar as dívidas aos credores hipotecários, poderá exonerar-se da hipoteca, abandonando-lhes[1] o imóvel. [Sem dispositivo correspondente no CC/1916.]

Art. 1.479: 1. i. e., abandonando em favor dos credores hipotecários, para que eles promovam a excussão do imóvel.

Art. 1.480. O adquirente notificará o vendedor e os credores hipotecários, deferindo-lhes, conjuntamente, a posse do imóvel, ou o depositará em juízo.[1] [Sem dispositivo correspondente no CC/1916.]

Parágrafo único. Poderá o adquirente exercer a faculdade de abandonar o imóvel hipotecado, até as vinte e quatro horas subsequentes à citação, com que se inicia o procedimento executivo. [Sem dispositivo correspondente no CC/1916.]

Art. 1.480: 1. v. art. 1.479.

Art. 1.481. Dentro em trinta dias, contados do registro do título aquisitivo, tem o adquirente do imóvel hipotecado o direito de remi-lo,[1] citando os credores hipotecários e propondo importância não inferior ao preço por que o adquiriu. [Dispositivo correspondente no CC/1916: art. 815-*caput* e § 1º.]

§ 1º Se o credor impugnar o preço da aquisição ou a importância oferecida, realizar-se-á licitação, efetuando-se a venda judicial a quem oferecer maior preço, assegurada preferência ao adquirente do imóvel. [Dispositivo correspondente no CC/1916: art. 815 § 2º.]

§ 2º Não impugnado pelo credor, o preço da aquisição ou o preço proposto pelo adquirente, haver-se-á por definitivamente fixado para a remissão[2] do imóvel, que ficará livre de hipoteca, uma vez pago ou depositado o preço. [Sem dispositivo correspondente no CC/1916.]

§ 3º Se o adquirente deixar de remir o imóvel, sujeitando-o a execução, ficará obrigado a ressarcir os credores hipotecários da desvalorização que, por sua culpa, o mesmo vier a sofrer, além das despesas judiciais da execução. [Sem dispositivo correspondente no CC/1916.]

§ 4º Disporá de ação regressiva contra o vendedor o adquirente que ficar privado do imóvel em consequência de licitação ou penhora, o que pagar a hipoteca, o que, por causa de adjudicação ou licitação, desembolsar com o pagamento da hipoteca importância excedente à da compra e o que suportar custas e despesas judiciais. [Dispositivo correspondente no CC/1916: art. 816 § 4º.]

Art. 1.481: 1. s/ remição do imóvel hipotecado, v. art. 1.484, LRP 266 a 276; s/ assunção do débito pelo adquirente de imóvel hipotecado, v. art. 303.

Art. 1.481: 2. *sic*; deve ser "remição".

Art. 1.482. .... [1]

Art. 1.482: 1. Revogado expressamente pela Lei 13.105, de 16.3.15, em vigor um ano após sua publicação (DOU 17.3.15).

Art. 1.483. .... [1]

Art. 1.483: 1. Revogado expressamente pela Lei 13.105, de 16.3.15, em vigor um ano após sua publicação (DOU 17.3.15).

Art. 1.484. É lícito aos interessados fazer constar das escrituras o valor entre si ajustado dos imóveis hipotecados, o qual, devidamente atualizado, será a base para as arrematações, adjudicações e remições, dispensada a avaliação.[1-2] [Dispositivo correspondente no CC/1916: art. 818.]

Art. 1.484: 1. v. CPC 871-I.

Art. 1.484: 2. "Não prevalência da disposição de caráter processual do art. 818 do Código Civil, em face dos preceitos adjetivos mais modernos, que autorizam a avaliação dos bens dados em garantia, independentemente do valor acordado para o bem na escritura em que constituída a hipoteca" (STJ-4ª T., AI 305.622-AgRg, Min. Aldir Passarinho Jr., j. 12.3.02, DJU 20.5.02). No mesmo sentido: STJ-3ª T., REsp 1.163.585-AgRg, Min. Ricardo Cueva, j. 17.10.13, DJ 28.10.13. O art. 818 do CC rev. corresponde ao CC 1.484.

Art. 1.485. Mediante simples averbação,[1] requerida por ambas as partes, poderá prorrogar-se a hipoteca, até (30) trinta anos da data do contrato. Desde que perfaça esse prazo,[1a] só poderá subsistir o contrato de hipoteca[1b] reconstituindo-se por novo título e novo registro; e, nesse caso, lhe será mantida a precedência, que então lhe competir.[2 a 3] [Sem dispositivo correspondente no CC/1916.]

Art. 1.485: 1. v. LRP 246-*caput*.

Art. 1.485: 1a. O prazo de perempção da hipoteca é decadencial, razão pela qual ele não se suspende nem se interrompe.

Art. 1.485: 1b. Esta regra, portanto, não vale para as hipotecas legais e judiciárias, mas tão somente para as convencionais. V. tb. art. 1.498.

Art. 1.485: 2. Redação alterada pela Lei 10.931, de 2.8.04.

✎ **Art. 1.485: 2a.** "A extinção da hipoteca pelo decurso do tempo no regime do Código Civil de 2002", por Humberto Theodoro Jr. (RMDCPC 22/17).

Art. 1.485: 3. v. LRP 238.

Art. 1.486. Podem o credor e o devedor, no ato constitutivo da hipoteca, autorizar a emissão da correspondente cédula hipotecária,[1] na forma e para os fins previstos em lei especial. [Sem dispositivo correspondente no CC/1916.]

Art. 1.486: 1. v. Dec. lei 70, de 21.11.66, arts. 9º a 28.

Art. 1.487. A hipoteca pode ser constituída para garantia de dívida futura ou condicionada, desde que determinado o valor máximo do crédito a ser garantido.[1] [Sem dispositivo correspondente no CC/1916.]

§ 1º Nos casos deste artigo, a execução da hipoteca dependerá de prévia e expressa concordância do devedor quanto à verificação da condição, ou ao montante da dívida. [Sem dispositivo correspondente no CC/1916.]

§ 2º Havendo divergência entre o credor e o devedor, caberá àquele fazer prova de seu crédito. Reconhecido este, o devedor responderá, inclusive, por perdas e danos,[2] em razão da superveniente desvalorização do imóvel. [Sem dispositivo correspondente no CC/1916.]

✎ **Art. 1.487: 1.** "Hipoteca de dívida futura e processo de execução", por Eduardo Henrique de Oliveira Yoshikawa (RDDP 35/38).

Art. 1.487: 2. v. arts. 402 a 405.

Art. 1.488. Se o imóvel, dado em garantia hipotecária, vier a ser loteado, ou se nele se constituir condomínio edilício,[1] poderá o ônus ser dividido, gravando cada lote ou unidade autônoma, se o requererem ao juiz o credor, o devedor ou os donos, obedecida a proporção entre o valor de cada um deles e o crédito.[2] [Sem dispositivo correspondente no CC/1916.]

§ 1º O credor só poderá se opor ao pedido de desmembramento do ônus, provando que o mesmo importa em diminuição de sua garantia. [Sem dispositivo correspondente no CC/1916.]

§ 2º Salvo convenção em contrário, todas as despesas judiciais ou extrajudiciais necessárias ao desmembramento do ônus correm por conta de quem o requerer. [Sem dispositivo correspondente no CC/1916.]

§ 3º O desmembramento do ônus não exonera o devedor originário da responsabilidade a que se refere o art. 1.430, salvo anuência do credor. [Sem dispositivo correspondente no CC/1916.]

Art. 1.488: 1. v. arts. 1.331 a 1.358.

Art. 1.488: 2. "O art. 1.488 do CC/02, que regula a possibilidade de fracionamento de hipoteca, consubstancia uma das hipóteses de materialização do princípio da função social dos contratos, aplicando-se, portanto, imediatamente às relações jurídicas em curso, nos termos do art. 2.035 do CC/02" (STJ-3ª T., REsp 691.738, Min. Nancy Andrighi, j. 12.5.05, um voto vencido, DJU 26.9.05).

Seção II | DA HIPOTECA LEGAL[1]

SEÇ. II: 1. v. ECA 201-IV, LRP 274.

Art. 1.489. A lei confere hipoteca:[1-2] [Dispositivo correspondente no CC/1916: art. 827-*caput*.]

I — às pessoas de direito público interno (art. 41) sobre os imóveis pertencentes aos encarregados da cobrança, guarda ou administração dos respectivos fundos e rendas; [Dispositivo correspondente no CC/1916: art. 827-V.]

II — aos filhos, sobre os imóveis do pai ou da mãe que passar a outras núpcias, antes de fazer o inventário do casal anterior;[3] [Dispositivo correspondente no CC/1916: art. 827-III.]

III — ao ofendido, ou aos seus herdeiros, sobre os imóveis do delinquente, para satisfação do dano causado pelo delito e pagamento das despesas judiciais;[3a] [Dispositivo correspondente no CC/1916: art. 827-VI.]

IV — ao coerdeiro, para garantia do seu quinhão ou torna da partilha, sobre o imóvel adjudicado ao herdeiro reponente;[4] [Dispositivo correspondente no CC/1916: art. 827-VIII.]

V — ao credor sobre o imóvel arrematado, para garantia do pagamento do restante do preço da arrematação. [Sem dispositivo correspondente no CC/1916.]

Art. 1.489: 1. s/ hipoteca judiciária, v. CPC 495.

Art. 1.489: 2. A quem incumbe promover a especialização da hipoteca legal? v. art. 1.497 § 1º.

Art. 1.489: 3. v. arts. 1.523-I e 1.641-I.

Art. 1.489: 3a. Enquanto ainda for incerta a obrigação de indenizar o dano causado pelo crime, o pedido de especialização da hipoteca legal deve ser dirigido ao juízo penal (RT 810/270: 1º TACSP, AP 1.095.212-8). V. tb. CP 91-I.

Art. 1.489: 4. v. art. 2.019 § 1º.

Art. 1.490. O credor da hipoteca legal, ou quem o represente, poderá, provando a insuficiência dos imóveis especializados, exigir do devedor que seja reforçado com outros. [Dispositivo correspondente no CC/1916: art. 819.]

Art. 1.491. A hipoteca legal pode ser substituída por caução de títulos da dívida pública federal ou estadual, recebidos pelo valor de sua cotação mínima no ano corrente; ou por outra garantia, a critério do juiz, a requerimento do devedor. [Sem dispositivo correspondente no CC/1916.]

Seção III | DO REGISTRO DA HIPOTECA

Art. 1.492. As hipotecas serão registradas no cartório do lugar do imóvel, ou no de cada um deles, se o título se referir a mais de um.[1] [Dispositivo correspondente no CC/1916: art. 831.]

Parágrafo único. Compete aos interessados,[2] exibido o título, requerer o registro da hipoteca. [Dispositivo correspondente no CC/1916: art. 838.]

Art. 1.492: 1. v. LRP 169. V. tb. LRP 167-I-2.

Art. 1.492: 2. Interessados no registro da hipoteca podem ser, p. ex., além do credor hipotecário, o devedor ou o terceiro prestador da garantia.

Art. 1.493. Os registros e averbações seguirão a ordem em que forem requeridas,[1] verificando-se ela pela da sua numeração sucessiva no protocolo.[2] [Dispositivo correspondente no CC/1916: art. 833-*caput*.]

Parágrafo único. O número de ordem determina a prioridade, e esta a preferência entre as hipotecas.[3-3a] [Dispositivo correspondente no CC/1916: art. 833 § ún.]

Art. 1.493: 1. *sic*; o correto é "requeridos".

Art. 1.493: 2. v. LRP 182.

Art. 1.493: 3. v. LRP 186.

Art. 1.493: 3a. v. arts. 1.422-*caput, in fine*, e 1.495.

Art. 1.494. Não se registrarão no mesmo dia duas hipotecas, ou uma hipoteca e outro direito real, sobre o mesmo imóvel, em favor de pessoas diversas,[1] salvo se as escrituras, do mesmo dia, indicarem a hora em que foram lavradas. [Dispositivo correspondente no CC/1916: art. 836.]

Art. 1.494: 1. v. LRP 190 a 192.

Art. 1.495. Quando se apresentar ao oficial do registro título de hipoteca que mencione a constituição de anterior, não registrada, sobrestará ele na inscrição da nova, depois de a prenotar, até trinta dias, aguardando que o interessado inscreva a precedente;[1] esgotado o prazo, sem que se requeira a inscrição desta, a hipoteca ulterior será registrada e obterá preferência. [Dispositivo correspondente no CC/1916: art. 837.]

Art. 1.495: 1. v. LRP 189.

Art. 1.496. Se tiver dúvida[1] sobre a legalidade do registro requerido, o oficial fará, ainda assim, a prenotação do pedido. Se a dúvida, dentro em noventa dias, for julgada improcedente, o registro efetuar-se-á com o mesmo número que teria na data da prenotação; no caso contrário, cancelada esta, receberá o registro o número correspondente à data em que se tornar a requerer. [Dispositivo correspondente no CC/1916: arts. 834 e 835.]

Art. 1.496: 1. v., s/ dúvida, LRP 198 a 207.

Art. 1.497. As hipotecas legais, de qualquer natureza, deverão ser registradas e especializadas.[1] [Dispositivo correspondente no CC/1916: art. 843.]

§ 1º O registro e a especialização das hipotecas legais incumbem a quem está obrigado a prestar a garantia, mas os interessados podem promover a inscrição delas, ou solicitar ao Ministério Público que o faça. [Dispositivo correspondente no CC/1916: art. 843.]

§ 2º As pessoas, às quais incumbir o registro e a especialização das hipotecas legais, estão sujeitas a perdas e danos[2] pela omissão. [Dispositivo correspondente no CC/1916: art. 845.]

Art. 1.497: 1. v. art. 1.498.

Art. 1.497: 2. v. arts. 402 a 405.

Art. 1.498. Vale o registro da hipoteca, enquanto a obrigação perdurar;[1] mas a especialização, em completando vinte anos, deve ser renovada. [Dispositivo correspondente no CC/1916: art. 830.]

Art. 1.498: 1. s/ prazo de perempção da hipoteca convencional, v. art. 1.485. V. tb. LRP 238.

Seção IV | DA EXTINÇÃO DA HIPOTECA

Art. 1.499. A hipoteca extingue-se:[1] [Dispositivo correspondente no CC/1916: art. 849-*caput*.]

I — pela extinção da obrigação principal;[2] [Dispositivo correspondente no CC/1916: art. 849-I.]

II — pelo perecimento da coisa; [Dispositivo correspondente no CC/1916: art. 849-II.]

III — pela resolução da propriedade;[3-3a] [Dispositivo correspondente no CC/1916: art. 849-II.]

IV — pela renúncia do credor; [Dispositivo correspondente no CC/1916: art. 849-III.]

V — pela remição;[4] [Dispositivo correspondente no CC/1916: art. 849-IV.]

VI — pela arrematação ou adjudicação.[5] [Dispositivo correspondente no CC/1916: art. 849-VII.]

Art. 1.499: 1. Este rol não é exaustivo. A hipoteca também pode se extinguir, p. ex., pela perempção (art. 1.485) ou pela consolidação (i. e., pela reunião em uma só pessoa das figuras de credor hipotecário e proprietário do imóvel). V. tb. art. 1.500.

S/ cancelamento da hipoteca, v. ainda LRP 248 a 259.

Art. 1.499: 2. "Se a obrigação principal não foi completamente adimplida, devem subsistir os gravames hipotecários sobre os bens dados em garantia da dívida" (STJ-3ª T., REsp 299.118, Min. Nancy Andrighi, j. 18.12.01, DJU 3.6.02).

Art. 1.499: 3. v. art. 1.359.

Art. 1.499: 3a. "Os direitos reais de garantia não subsistem se desaparecer o 'direito principal' que lhe dá suporte, como no caso de perecimento da propriedade por qualquer motivo. Com a **usucapião,** a propriedade anterior, gravada pela hipoteca, extingue-se e dá lugar a uma outra, *ab novo*, que não decorre da antiga, porquanto não há transferência de direitos, mas aquisição originária. Se a própria propriedade anterior se extingue, dando lugar a uma nova, originária, tudo o que gravava a antiga propriedade — e lhe era acessório — também se extinguirá. Assim, com a declaração de aquisição de domínio por usucapião, deve desaparecer o gravame real hipotecário constituído pelo antigo proprietário, antes ou depois do início da posse *ad usucapionem*, seja porque a sentença apenas declara a usucapião com efeitos *ex tunc*, seja porque a usucapião é forma originária de aquisição de propriedade, não decorrente da antiga e não guardando com ela relação de continuidade" (STJ-4ª T., REsp 941.464, Min. Luis Felipe, j. 24.4.12, DJ 29.6.12).

S/ efeitos da declaração de usucapião, v. art. 1.241, nota 4.

Art. 1.499: 4. v. arts. 1.481 a 1.484.

Art. 1.499: 5. v., porém, art. 1.501.

S/ adjudicação, v. CPC 876 a 878.

Art. 1.500. Extingue-se ainda a hipoteca com a averbação, no Registro de Imóveis, do cancelamento do registro, à vista da respectiva prova.[1] [Dispositivo correspondente no CC/1916: art. 851.]

Art. 1.500: 1. v. LRP 251 e 259.

Art. 1.501. Não extinguirá a hipoteca, devidamente registrada, a arrematação ou adjudicação, sem que tenham sido notificados judicialmente os respectivos credores hipotecários, que não forem de qualquer modo partes na execução.[1] [Dispositivo correspondente no CC/1916: art. 826.]

Art. 1.501: 1. "Se o credor hipotecário foi notificado dos termos da execução e deixou o processo correr, sem manifestar o seu interesse, opera-se a extinção da hipoteca" (RTJ 97/817). No mesmo sentido: RTJ 99/901; STJ-4ª T., REsp 36.757-3, Min. Barros Monteiro, j. 24.5.94, DJU 5.9.94; JTA 104/235.

"O objetivo da notificação, de que trata o art. 1.501 do Código Civil, é levar ao conhecimento do credor hipotecário o fato de que o bem gravado foi penhorado e será levado à praça de modo que este possa vir a juízo em defesa de seus direitos, adotando as providências que entender mais convenientes, dependendo do caso concreto. Realizada a intimação do credor hipotecário, nos moldes da legislação de regência (arts. 619 e 698 do Código de Processo Civil), a arrematação extingue a hipoteca, operando-se a sub-rogação do direito real no preço e transferindo-se o bem ao adquirente livre e desembaraçado de tais ônus por força do efeito purgativo do gravame. Extinta a hipoteca pela arrematação, eventual saldo remanescente em favor do credor hipotecário poderá ser buscado contra o devedor originário, que responderá pessoalmente pelo restante do débito (art. 1.430 do Código Civil). Sem notícia nos autos de efetiva impugnação da avaliação do bem ou da arrematação em virtude de preço vil, não é possível concluir pela manutenção do gravame simplesmente porque o valor foi insuficiente para quitar a integralidade do crédito hipotecário" (STJ-3ª T., REsp 1.201.108, Min. Ricardo Cueva, j. 17.5.12, DJ 23.5.12).

V. tb., no nosso CPCLPV, CPC 799-I, 804-*caput* e 889-V, bem como respectivas notas.

Seção V | DA HIPOTECA DE VIAS FÉRREAS[1]

SEÇ. V: 1. Dec. lei 3.109, de 12.3.41 — Dispõe sobre o registro de alienações de estradas de ferro.

Art. 1.502. As hipotecas sobre as estradas de ferro serão registradas no Município da estação inicial da respectiva linha.[1] [Dispositivo correspondente no CC/1916: art. 852.]

Art. 1.502: 1. v. LRP 171.

Art. 1.503. Os credores hipotecários não podem embaraçar a exploração da linha, nem contrariar as modificações, que a administração deliberar, no leito da estrada, em suas dependências, ou no seu material. [Dispositivo correspondente no CC/1916: art. 853.]

Art. 1.504. A hipoteca será circunscrita à linha ou às linhas especificadas na escritura e ao respectivo material de exploração, no estado em que ao tempo da execução estiverem; mas os credores hipotecários poderão opor-se à venda da estrada, à de suas linhas, de seus ramais ou de parte considerável do material de exploração; bem como à fusão com outra empresa, sempre que com isso a garantia do débito enfraquecer. [Dispositivo correspondente no CC/1916: art. 854.]

Art. 1.505. Na execução das hipotecas será intimado o representante da União ou do Estado, para, dentro em quinze dias, remir a estrada de ferro hipotecada, pagando o preço da arrematação ou da adjudicação. [Dispositivo correspondente no CC/1916: art. 855.]

Capítulo IV | DA ANTICRESE[1]

CAP. IV: 1. v. CPC 784-V, 799-I, 804-*caput* e 889-V. V. tb. LRP 167-I-11, 178-I, 220-IV e 241. V. ainda art. 17 § 3º da Lei 9.514, de 20.11.97.

Art. 1.506. Pode o devedor ou outrem por ele, com a entrega do imóvel ao credor, ceder-lhe o direito de perceber, em compensação da dívida, os frutos e rendimentos. [Dispositivo correspondente no CC/1916: art. 805-*caput*.]

§ 1º É permitido estipular que os frutos e rendimentos do imóvel sejam percebidos pelo credor à conta de juros, mas se o seu valor ultrapassar a taxa máxima[1] permitida em lei para as operações financeiras, o remanescente será imputado ao capital.[2] [Dispositivo correspondente no CC/1916: art. 805 § 1º.]

§ 2º Quando a anticrese recair sobre bem imóvel, este poderá ser hipotecado pelo devedor ao credor anticrético, ou a terceiros, assim como o imóvel hipotecado poderá ser dado em anticrese. [Dispositivo correspondente no CC/1916: art. 805 § 2º.]

Art. 1.506: 1. s/ taxa de juros, v. art. 406 e notas.

Art. 1.506: 2. s/ imputação do pagamento, v. arts. 352 a 355.

Art. 1.507. O credor anticrético pode administrar os bens dados em anticrese e fruir seus frutos e utilidades, mas deverá apresentar anualmente balanço, exato e fiel, de sua administração. [Dispositivo correspondente no CC/1916: art. 806.]

§ 1º Se o devedor anticrético não concordar com o que se contém no balanço, por ser inexato, ou ruinosa a administração, poderá impugná-lo, e, se o quiser, requerer a transformação em arrendamento, fixando o juiz o valor mensal do aluguel, o qual poderá ser corrigido anualmente. [Sem dispositivo correspondente no CC/1916.]

§ 2º O credor anticrético pode, salvo pacto em sentido contrário, arrendar os bens dados em anticrese a terceiro, mantendo, até ser pago, direito de retenção do imóvel,[1] embora o aluguel desse arrendamento não seja vinculativo para o devedor. [Dispositivo correspondente no CC/1916: art. 806.]

Art. 1.507: 1. v. art. 1.423.

Art. 1.508. O credor anticrético responde pelas deteriorações que, por culpa sua, o imóvel vier a sofrer,[1] e pelos frutos e rendimentos que, por sua negligência, deixar de perceber. [Dispositivo correspondente no CC/1916: art. 807.]

Art. 1.508: 1. v. art. 569-IV.

Art. 1.509. O credor anticrético pode vindicar os seus direitos contra o adquirente dos bens, os credores quirografários[1] e os hipotecários posteriores ao registro da anticrese. [Dispositivo correspondente no CC/1916: art. 808-*caput*.]

§ 1º Se executar os bens por falta de pagamento da dívida, ou permitir que outro credor o execute, sem opor o seu direito de retenção[2] ao exequente, não terá preferência sobre o preço. [Dispositivo correspondente no CC/1916: art. 808 § 1º.]

§ 2º O credor anticrético não terá preferência sobre a indenização do seguro, quando o prédio seja destruído,[3] nem, se forem desapropriados os bens, com relação à desapropriação.[4] [Dispositivo correspondente no CC/1916: art. 808 § 2º.]

Art. 1.509: 1. i. e., sem privilégio algum.

Art. 1.509: 2. v. art. 1.507 § 2º.

Art. 1.509: 3. v. art. 1.425 § 1º.

Art. 1.509: 4. v. art. 1.425-V.

Art. 1.510. O adquirente dos bens dados em anticrese poderá remi-los,[1] antes do vencimento da dívida, pagando a sua totalidade à data do pedido de remição[1a] e imitir-se-á, se for o caso, na sua posse. [Sem dispositivo correspondente no CC/1916.]

Art. 1.510: 1. v. art. 1.481.

Art. 1.510: 1a. Terá o adquirente direito de regresso contra o vendedor para reaver a quantia paga pela remição dos bens dados em anticrese.

Título XI | DA LAJE[1]

TÍT. XI: 1. O Tít. XI foi acrescido pela Lei 13.465, de 11.7.17.

Art. 1.510-A. O proprietário de uma construção-base poderá ceder a superfície superior ou inferior de sua construção a fim de que o titular da laje mantenha unidade distinta daquela originalmente construída sobre o solo.[1]

§ 1º O direito real de laje contempla o espaço aéreo ou o subsolo de terrenos públicos ou privados, tomados em projeção vertical, como unidade imobiliária autônoma, não contemplando as demais áreas edificadas ou não pertencentes ao proprietário da construção-base.

§ 2º O titular do direito real de laje responderá pelos encargos e tributos que incidirem sobre a sua unidade.

§ 3º Os titulares da laje, unidade imobiliária autônoma constituída em matrícula própria, poderão dela usar, gozar e dispor.

§ 4º A instituição do direito real de laje não implica a atribuição de fração ideal de terreno ao titular da laje ou a participação proporcional em áreas já edificadas.

§ 5º Os Municípios e o Distrito Federal poderão dispor sobre posturas edilícias e urbanísticas associadas ao direito real de laje.

§ 6º O titular da laje poderá ceder a superfície de sua construção para a instituição de um sucessivo direito real de laje, desde que haja autorização expressa dos titulares da construção-base e das demais lajes, respeitadas as posturas edilícias e urbanísticas vigentes.

Art. 1.510-A: 1. O art. 1.510-A foi acrescido pela Lei 13.465, de 11.7.17.

Art. 1.510-B. É expressamente vedado ao titular da laje prejudicar com obras novas ou com falta de reparação a segurança, a linha arquitetônica ou o arranjo estético do edifício, observadas as posturas previstas em legislação local.[1]

Art. 1.510-B: 1. O art. 1.510-B foi acrescido pela Lei 13.465, de 11.7.17.

Art. 1.510-C. Sem prejuízo, no que couber, das normas aplicáveis aos condomínios edilícios, para fins do direito real de laje, as despesas necessárias à conservação e fruição das partes que sirvam a todo o edifício e ao pagamento de serviços de interesse comum serão partilhadas entre o proprietário da construção-base e o titular da laje, na proporção que venha a ser estipulada em contrato.[1]

§ 1º São partes que servem a todo o edifício:

I — os alicerces, colunas, pilares, paredes-mestras e todas as partes restantes que constituam a estrutura do prédio;

II — o telhado ou os terraços de cobertura, ainda que destinados ao uso exclusivo do titular da laje;

III — as instalações gerais de água, esgoto, eletricidade, aquecimento, ar condicionado, gás, comunicações e semelhantes que sirvam a todo o edifício; e

IV — em geral, as coisas que sejam afetadas ao uso de todo o edifício.

§ 2º É assegurado, em qualquer caso, o direito de qualquer interessado em promover reparações urgentes na construção na forma do parágrafo único do art. 249 deste Código.

Art. 1.510-C: 1. O art. 1.510-C foi acrescido pela Lei 13.465, de 11.7.17.

Art. 1.510-D. Em caso de alienação de qualquer das unidades sobrepostas, terão direito de preferência, em igualdade de condições com terceiros, os titulares da construção-base e da laje, nessa ordem, que serão cientificados por escrito para que se manifestem no prazo de trinta dias, salvo se o contrato dispuser de modo diverso.[1]

§ 1º O titular da construção-base ou da laje a quem não se der conhecimento da alienação poderá, mediante depósito do respectivo preço, haver para si a parte alienada a terceiros, se o requerer no prazo decadencial de cento e oitenta dias, contado da data de alienação.

§ 2º Se houver mais de uma laje, terá preferência, sucessivamente, o titular das lajes ascendentes e o titular das lajes descendentes, assegurada a prioridade para a laje mais próxima à unidade sobreposta a ser alienada.

Art. 1.510-D: 1. O art. 1.510-D foi acrescido pela Lei 13.465, de 11.7.17.

Art. 1.510-E. A ruína da construção-base implica extinção do direito real de laje, salvo:[1]

I — se este tiver sido instituído sobre o subsolo;

II — se a construção-base não for reconstruída no prazo de cinco anos.

Parágrafo único. O disposto neste artigo não afasta o direito a eventual reparação civil contra o culpado pela ruína.

Art. 1.510-E: 1. O art. 1.510-E foi acrescido pela Lei 13.465, de 11.7.17.

Livro IV | DO DIREITO DE FAMÍLIA[1 a 2]

Título I | DO DIREITO PESSOAL

Subtítulo I | DO CASAMENTO[1-2]

Capítulo I | DISPOSIÇÕES GERAIS

LIV. IV: 1. "O direito de família e o novo Código Civil: principais alterações", por Sérgio Gischkow Pereira (RT 804/43); "Direito de família no novo Código Civil", por Euclides Benedito de Oliveira (RIASP ano 5, n. 10, p. 236, e RT 822/11); "O direito de família e o Código Civil de 2002", por Heloisa Helena Barboza (RF 364/151); "Notas sobre as ações de família à luz do novo Código Civil", por José Maria Rosa Tesheiner (RJ 311/44); "Reflexões sobre o Direito de Família no novo Código Civil", por João Batista Arruda Giordano (Ajuris 87/183); "O Direito de Família e o novo Código Civil", por Sérgio Gischkow Pereira (RJ 313/7); "A proteção social à família", por Wagner Balera (RDPr 13/264); "O direito de família e o novo Código Civil: alguns aspectos polêmicos ou inovadores", por Sérgio Gischkow Pereira (Ajuris 90/285 e RT 823/87); "Direito de família no novo Código Civil", por Ricardo Rodrigues Gama (RF 370/147); "A família da pós-modernidade: em busca da dignidade perdida da pessoa humana", por Cristiano Chaves de Farias (RDPr 19/56 e RMDCPC 2/101); "A repersonalização das relações de família", por Paulo Luiz Netto Lôbo (RDPr 19/243 e RBDF 24/136); "Sociedade de afeto: um nome para a família", por Maria Berenice Dias (RBDF 22/32); "Os sete pecados capitais do novo Direito de Família", por Eduardo de Oliveira Leite (RT 833/66); "O valor do afeto para a dignidade humana nas relações de família", por Cleber Affonso Angeluci (RJ 331/75); "Direito constitucional à família", por Cristiano Chaves de Farias (RBDF 23/5); "As sociedades afetivas e sua evolução", por José Russo (RBDF 32/40); "O direito de família no contexto de organizações socioafetivas: dinâmica, instabilidade e polifamiliaridade", por Andréa Aldrovandi e Rafael Lazzarotto Simioni (RBDF 34/5); "O princípio da boa-fé objetiva no direito de família", por Flávio Tartuce (RBDF 35/5); "Acercamiento al derecho de familia y al sistema judicial de familia de Costa Rica", por Diego Benavides Santos (Ajuris 102/369); "O Código Civil de 2002 e as entidades familiares. Direito convivencial: uma tentativa de conformação principiológica", por Roberto Figueiredo (RBDF 36/17); "Princípio da solidariedade familiar", por Paulo Lôbo (RBDFS 0/144); "Novas perspectivas do Direito de Família", por Euclides de Oliveira (Just. 197/121); "Socioafetividade no direito de família: a persistente trajetória de um conceito fundamental", por Paulo Luiz Netto Lôbo (RBDFS 5/5); "A companhia de capital fechado no direito de família", por Rolf Madaleno (RJ 371/39); "Inovação e tradição do direito de família contemporâneo sob o novo Código Civil brasileiro", por Luiz Edson Fachin (RJ 389/77); "Teoria tridimensional do direito de família", por Belmiro Pedro Marx Welter (RJ 390/11); "A teoria da perda de uma chance aplicada ao direito de família: utilizar com moderação", por Cristiano Chaves de Farias (RF 406/87).

LIV. IV: 1a. **CF 226-*caput*:** "A família, base da sociedade, tem especial proteção do Estado".

LIV. IV: 2. v. arts. 1.511 a 1.783, LINDB 7º, 18 e 19, CP 235 a 249; v. tb., no nosso CCLCV, títs. ALIMENTOS, CRIANÇA, ADOLESCENTE E JOVEM, DIVÓRCIO E SEPARAÇÃO JUDICIAL, INVESTIGAÇÃO DE PATERNIDADE, PESSOA COM DEFICIÊNCIA, UNIÃO ESTÁVEL.

S/ responsabilidade civil nas relações familiares, v. art. 186, nota 4.

SUBTÍT. I: 1. "A ditadura do afeto: uma crítica à introdução do sentimento como valor jurídico", por Caio Martins Cabeleira (RDFAS 1/43).

SUBTÍT. I: 2. O Estatuto dos **Militares** (Lei 6.880, de 9.12.80), em seus arts. 144 e 145, dispõe sobre casamento de militar da ativa.

A Lei 11.440, de 29.12.06, disciplina, dentre outros assuntos, a autorização para casamento, com pessoa estrangeira, de **funcionário do Serviço Exterior** do Ministério das Relações Exteriores.

Art. 1.511. O casamento estabelece comunhão plena de vida, com base na igualdade[1] de direitos e deveres[2-2a] dos cônjuges. [Sem dispositivo correspondente no CC/1916.]

✎ **Art. 1.511: 1.** "A mulher e o novo Código Civil: a confirmação do princípio da isonomia", por Karina Melissa Cabral (RDPr 17/135).

Art. 1.511: 2. s/ direitos e deveres dos cônjuges, v. arts. 1.565 a 1.570.

Art. 1.511: 2a. **CF 226: "§ 5º** Os direitos e deveres referentes à sociedade conjugal são exercidos igualmente pelo homem e pela mulher".

Art. 1.512. O casamento é civil e gratuita a sua celebração.[1] [Sem dispositivo correspondente no CC/1916.]

Parágrafo único. A habilitação para o casamento, o registro e a primeira certidão serão isentos de selos, emolumentos e custas, para as pessoas cuja pobreza for declarada,[2] sob as penas da lei. [Sem dispositivo correspondente no CC/1916.]

Art. 1.512: 1. cf. CF 226 § 1º.

Art. 1.512: 2. O termo "declarada" deve ser interpretado no sentido de que basta a simples afirmação dos nubentes de sua pobreza para que seja concedida a isenção, podendo a autoridade competente exigir comprovação em caso de fundada suspeita, a exemplo do que ocorre nos casos de gratuidade da justiça (v. CPC 99 § 2º).

Art. 1.513. É defeso a qualquer pessoa, de direito público ou privado, interferir na comunhão de vida instituída pela família.[1-2] [Sem dispositivo correspondente no CC/1916.]

Art. 1.513: 1. **CF 226: "§ 7º** Fundado nos princípios da dignidade da pessoa humana e da paternidade responsável, o planejamento familiar é livre decisão do casal, competindo ao Estado propiciar recursos educacionais e científicos para o exercício desse direito, vedada qualquer forma coercitiva por parte de instituições oficiais ou privadas".

V. ainda art. 1.565 § 2º.

Art. 1.513: 2. **Lei 9.263, de 12.1.96** — Regula o § 7º do art. 226 da Constituição Federal, que trata do planejamento familiar, estabelece penalidades e dá outras providências.

Art. 1.514. O casamento se realiza no momento em que o homem e a mulher[1-1a] manifestam, perante o juiz, a sua vontade de estabelecer vínculo conjugal, e o juiz os declara casados.[2] [Dispositivo correspondente no CC/1916: art. 194.]

Art. 1.514: 1. **Res. 175 do CNJ, de 14.5.13: "Art. 1º** É vedada às autoridades competentes a recusa de habilitação, celebração de casamento civil ou de conversão de união estável em casamento entre pessoas de mesmo sexo.

"Art. 2º A recusa prevista no art. 1º implicará a imediata comunicação ao respectivo juiz corregedor para as providências cabíveis".

Art. 1.514: 1a. Autorizando o casamento entre **pessoas do mesmo sexo:** "Os arts. 1.514, 1.521, 1.523, 1.535 e 1.565, todos do Código Civil de 2002, não vedam expressamente o casamento entre pessoas do mesmo sexo, e não há como se enxergar uma vedação implícita ao casamento homoafetivo sem afronta a caros princípios constitucionais, como o da igualdade, o da não discriminação, o da dignidade da pessoa humana e os do pluralismo e livre planejamento familiar" (STJ-4ª T., REsp 1.183.378, Min. Luis Felipe, j. 25.10.11, maioria, RJ-Lex 59/182 e RT 925/379).

S/ união estável entre pessoas do mesmo sexo, v. art. 1.723, notas 2 e segs.

Art. 1.514: 2. v. arts. 1.535, 1.538, 1.540 e 1.542.

Art. 1.515. O casamento religioso,[1-2] que atender às exigências da lei para a validade do casamento civil, equipara-se a este, desde que registrado[3] no registro próprio, produzindo efeitos a partir da data de sua celebração.[4] [Sem dispositivo correspondente no CC/1916.]

Art. 1.515: 1. "A recepção do casamento religioso e o novo Código Civil", por Paulo Restiffe Neto e Félix Ruiz Alonso (RT 817/35).

Art. 1.515: 2. **CF 226: "§ 2º** O casamento religioso tem efeito civil, nos termos da lei".

Art. 1.513: 3. s/ registro do casamento religioso para efeitos civis, v. LRP 71 a 75.

Art. 1.515: 4. **Lei 1.110, de 23.5.50** — Regula o reconhecimento dos efeitos civis ao casamento religioso.

Art. 1.516. O registro do casamento religioso submete-se aos mesmos requisitos exigidos para o casamento civil.[1] [Sem dispositivo correspondente no CC/1916.]

§ 1º O registro civil do casamento religioso deverá ser promovido dentro de noventa dias de sua realização, mediante comunicação do celebrante ao ofício competente, ou por iniciativa de qualquer interessado, desde que haja sido homologada previamente a habilitação regulada neste Código. Após o referido prazo, o registro dependerá de nova habilitação. [Sem dispositivo correspondente no CC/1916.]

§ 2º O casamento religioso, celebrado sem as formalidades exigidas neste Código, terá efeitos civis se, a requerimento do casal, for registrado, a qualquer tempo, no registro civil, mediante prévia habilitação perante a autoridade competente e observado o prazo do art. 1.532. [Sem dispositivo correspondente no CC/1916.]

§ 3º Será nulo o registro civil do casamento religioso se, antes dele, qualquer dos consorciados houver contraído com outrem casamento civil.[2] [Sem dispositivo correspondente no CC/1916.]

Art. 1.516: 1. v. arts. 1.525 a 1.532 e 1.536. S/ registro do casamento religioso para efeitos civis, v. LRP 71 a 75.

Art. 1.516: 2. v. art. 1.521-VI.

Capítulo II | DA CAPACIDADE PARA O CASAMENTO[1]

CAP. II: 1. "Incapacidades e impedimentos matrimoniais no novo Código Civil", por Inacio de Carvalho Neto (RIDF 44/94).

Art. 1.517. O homem e a mulher com dezesseis anos podem casar, exigindo-se autorização de ambos os pais, ou de seus representantes legais, enquanto não atingida a maioridade civil.[1-2] [Dispositivo correspondente no CC/1916: arts. 183-XII e 185.]

Parágrafo único. Se houver divergência entre os pais, aplica-se o disposto no parágrafo único do art. 1.631. [Dispositivo correspondente no CC/1916: art. 186-*caput*.]

Art. 1.517: 1. É anulável o casamento celebrado com infração ao art. 1.517 (v. art. 1.550-I e II). S/ invalidade do casamento, v. tb arts. 1.550 a 1.553.

Art. 1.517: 2. **Dec. 66.605, de 20.5.70** — Promulga a Convenção sobre consentimento para casamento, idade mínima para casamento e registro de casamento, adotada pela Assembleia Geral das Nações Unidas.

Art. 1.518. Até a celebração do casamento podem os pais ou tutores revogar a autorização.[1-2] [Dispositivo correspondente no CC/1916: art. 187.]

Art. 1.518: 1. Redação da Lei 13.146, de 6.7.15, em vigor 180 dias após a sua publicação (DOU 7.7.15).

Art. 1.518: 2. v. art. 1.514.

Art. 1.519. A denegação do consentimento, quando injusta, pode ser suprida pelo juiz.[1-2] [Dispositivo correspondente no CC/1916: art. 188.]

Art. 1.519: 1. Nesse caso, o regime de bens deverá ser o da separação, cf. art. 1.641-III.

Art. 1.519: 2. v. ECA 148 § ún.-*c*.

Art. 1.520. Excepcionalmente, será permitido o casamento de quem ainda não alcançou a idade núbil (art. 1.517),[1] para evitar imposição ou cumprimento de pena criminal[2-3] ou em caso de gravidez.[4] [Dispositivo correspondente no CC/1916: art. 214-*caput*.]

Art. 1.520: 1. **Enunciado 329 do CEJ:** "A permissão para casamento fora da idade núbil merece interpretação orientada pela dimensão substancial do princípio da igualdade jurídica, ética e moral entre o homem e a mulher, evitando-se, sem prejuízo do respeito à diferença, tratamento discriminatório".

✎ Art. 1.520: 2. "Reflexos do direito penal no direito de família: Lei n. 11.106/2005. Anulação e permissão para o casamento", por Gustavo Filipe Barbosa Garcia (RBDF 34/65).

Art. 1.520: 3. A Lei 11.106, de 28.3.05, revogou o art. 107-VII do CP, segundo o qual extinguia-se a punibilidade "pelo casamento do agente com a vítima, nos crimes contra os costumes".

Art. 1.520: 4. "Suplementação da idade de menor próximo de alcançar os dezesseis anos, embora não seja o caso de gravidez da moça que deseja casar ou de matrimônio que se quer realizar para evitar imposição de pena criminal. Posição adotada em prol do aspecto social do casamento, evitando que a radical interpretação restritiva obstaculize projetos existenciais legítimos de jovens que, precocemente, iniciaram a experiência sexual e que já se posicionam, na sociedade, como um casal na mais completa acepção do conceito familiar" (RIDF 45/183).

"Menor que está a poucos dias de completar dezesseis, que vive em união estável, e possui a concordância dos pais para a conversão da situação fática em casamento. Necessidade de aplicar a restrição legal segundo uma apreciação do escopo social da norma. Incidência do art. 5º da LICC e art. 421 do CC/2002 de ampla aplicação. Necessidade de facilitação da conversão da união estável em casamento. Situação desejada por todos os envolvidos que formaliza a situação de fato. Impossibilidade de exigir o advento de uma gravidez para a concessão da autorização reclamada" (RT 880/182 e JTJ 332/524: AP 589.370-4/9-00).

Todavia: "Não alcançada a idade núbil — 16 anos, a teor do art. 1.517 do Código Civil —, não caracterizadas nenhuma das hipóteses exceptivas do art. 1.520 do Diploma Substantivo, nem mesmo particular excepcionalidade a justificar a extensão almejada na irresignação, mister a manutenção da improcedência do pleito de suprimento da idade para o casamento" (RT 899/299: TJSC, AP 2010.015818-2). No mesmo sentido: RT 932/986 (TJRS, AP 70051959690).

Capítulo III | DOS IMPEDIMENTOS[1-2]

CAP. III: 1. "Reflexões sobre os impedimentos matrimoniais e a união estável no novo Código Civil", por Débora Vanessa Caús Brandão (RT 805/11).

CAP. III: 2. v. LINDB 7º § 1º.

Art. 1.521. Não podem casar:[1 a 2] [Dispositivo correspondente no CC/1916: art. 183-*caput*.]

I — os ascendentes com os descendentes, seja o parentesco natural ou civil;[2a] [Dispositivo correspondente no CC/1916: art. 183-I.]

II — os afins[3] em linha reta;[4-4a] [Dispositivo correspondente no CC/1916: art. 183-II.]

III — o adotante com quem foi cônjuge do adotado e o adotado com quem o foi do adotante; [Dispositivo correspondente no CC/1916: art. 183-III.]

IV — os irmãos, unilaterais ou bilaterais, e demais colaterais,[5] até o terceiro grau inclusive;[6 a 6c] [Dispositivo correspondente no CC/1916: art. 183-IV.]

V — o adotado com o filho do adotante; [Dispositivo correspondente no CC/1916: art. 183-V.]

VI — as pessoas casadas;[7] [Dispositivo correspondente no CC/1916: art. 183-VI.]

VII — o cônjuge sobrevivente com o condenado por homicídio ou tentativa de homicídio contra o seu consorte. [Dispositivo correspondente no CC/1916: art. 183-VIII.]

Art. 1.521: 1. s/ casamento entre pessoas do mesmo sexo, v. art. 1.514, notas 1 e segs.

S/ crime de: bigamia, v. CP 235; induzimento a erro essencial e ocultação de impedimento, v. CP 236; conhecimento prévio de impedimento, v. CP 237.

Art. 1.521: 1a. "**Art. 1.723 § 1º** A **união estável** não se constituirá se ocorrerem os impedimentos do art. 1.521; não se aplicando a incidência do inciso VI no caso de a pessoa casada se achar separada de fato ou judicialmente".

V. tb. nota 3 ao art. 1.523.

Art. 1.521: 2. É nulo o casamento celebrado com infringência de impedimento (art. 1.548-II).

Art. 1.521: 2a. "**Art. 1.593.** O parentesco é natural ou civil, conforme resulte de consanguinidade ou outra origem".

Art. 1.521: 3. v. art. 1.595.

Art. 1.521: 4. v. art. 1.591.

Art. 1.521: 4a. "Casamento. Ação de anulação fundada na existência do impedimento previsto no artigo 1.521, II, do Código Civil. Mulher que vivia em união estável com o filho do contraente. Vínculo de afinidade caracterizado (artigo 1.595 do Código Civil) a nulificar o matrimônio" (JTJ 339/426: AP 604.649-4/0-00).

Art. 1.521: 5. v. art. 1.592.

Art. 1.521: 6. Dec. lei n. 3.200, de 19.4.41 — Dispõe sobre a organização e proteção da família: "**Art. 1º** O casamento de colaterais, legítimos ou ilegítimos do terceiro grau, é permitido nos termos do presente decreto-lei.

"**Art. 2º** Os colaterais do terceiro grau, que pretendam casar-se, ou seus representantes legais, se forem menores, requererão ao juiz competente para a habilitação que nomeie dois médicos de reconhecida capacidade, isentos de suspeição para examiná-los e atestar-lhes a sanidade, afirmando não haver inconveniente, sob o ponto de vista da saúde de qualquer deles e da prole, na realização do matrimônio.

"§ 1º Se os dois médicos divergirem quanto à conveniência do matrimônio, poderão os nubentes, conjuntamente, requerer ao Juiz que nomeie terceiro, como desempatador.

"§ 2º Sempre que, a critério do Juiz, não for possível a nomeação de dois médicos idôneos, poderá ele incumbir do exame um só médico, cujo parecer será conclusivo.

"§ 3º O exame médico será feito extrajudicialmente, sem qualquer formalidade, mediante simples apresentação do requerimento despachado pelo Juiz.

"§ 4º Poderá o exame médico concluir não apenas pela declaração da possibilidade ou da irrestrita inconveniência do casamento, mas ainda pelo reconhecimento de sua viabilidade em época ulterior, uma vez feito, por um dos nubentes ou por ambos, o necessário tratamento de saúde. Nesta última hipótese, provando a realização do tratamento, poderão os interessados pedir ao juiz que determine novo exame médico, na forma do presente artigo.

"§ 5º (Revogado pela Lei 5.891, de 12.6.73.)

"§ 6º O atestado, constante de um só ou mais instrumentos, será entregue aos interessados, não podendo qualquer que se refira ao outro, sob penas do art. 153 do Código Penal.

"§ 7º Quando o atestado dos dois médicos, havendo ou não desempatador, ou do único médico, no caso do § 2º deste artigo, afirmar a inexistência de motivo que desaconselhe o matrimônio, poderão os interessados promover o processo de habilitação, apresentando, com o requerimento inicial, a prova de sanidade, devidamente autenticada. Se o atestado declarar a inconveniência do casamento, prevalecerá, em toda a plenitude, o impedimento matrimonial.

"§ 8º Sempre que na localidade não se encontrar médico que possa ser nomeado, o juiz designará profissional de localidade próxima a que irão os nubentes.

"§ 9º (Revogado pela Lei 5.891, de 12.6.73.)

"**Art. 3º** Se algum dos nubentes, para frustrar os efeitos do exame médico desfavorável, pretender habilitar-se, ou habilitar-se para casamento, perante outro juiz, incorrerá na pena do art. 237 do Código Penal".

Art. 1.521: 6a. Enunciado 98 do CEJ: "O inciso IV do art. 1.521 do novo Código Civil deve ser interpretado à luz do Dec. lei n. 3.200/41, no que se refere à possibilidade do casamento entre colaterais de terceiro grau".

Art. 1.521: 6b. Não há antinomia entre o Dec. lei 3.200 e o CC/02 (RT 887/325: TJRN, AP 2009.002388-5; RBDF 41/91, com comentário de Euclides de Oliveira).

Art. 1.521: 6c. "Matrimônio realizado entre tio e sobrinha. Ato que não pode ser validado com a realização de perícia médica, pois esta deve ser feita antes da celebração do casamento. Alegação de desconhecimento da lei que não procede, diante da declaração dos nubentes de serem primos, quando da habilitação. Inteligência do art. 1.521, IV, do CC" (RT 840/249: TJSP, AP 374.941-4/2-00).

Todavia: "A discussão relativa à nulidade preconizada pelo art. 1.548 do CC-02, que se reporta aos impedimentos, na espécie, consignados no art. 1.521, IV, do CC-02 (casamento entre colaterais, até o terceiro grau, inclusive), fenece por falta de escopo, tendo em vista que o quase imediato óbito de um dos nubentes não permitiu o concúbito pós-casamento, não havendo que se falar, por conseguinte, em riscos eugênicos, realidade que, na espécie, afasta a impositividade da norma, porquanto lhe retira seu lastro teleológico" (STJ-3ª T., REsp 1.330.023, Min. Nancy Andrighi, j. 5.11.13, DJ 29.11.13).

Art. 1.521: 7. A ação para declarar a nulidade do casamento por bigamia é imprescritível (RSTJ 132/398: 4ª T., REsp 85.794).

Art. 1.522. Os impedimentos podem ser opostos,[1] até o momento da celebração do casamento, por qualquer pessoa capaz.[2-2a] [Dispositivo correspondente no CC/1916: art. 189-III.]

Parágrafo único. Se o juiz, ou o oficial de registro, tiver conhecimento da existência de algum impedimento, será obrigado a declará-lo. [Dispositivo correspondente no CC/1916: art. 189-I e II.]

Art. 1.522: 1. v. art. 1.529.

Art. 1.522: 2. v. LRP 67 §§ 2º e 5º.

Art. 1.522: 2a. Já as causas suspensivas, por serem de interesse privado dos familiares, somente podem ser arguidas pelos parentes em linha reta de um dos nubentes ou pelos colaterais em segundo grau, cf. art. 1.524.

Capítulo IV | DAS CAUSAS SUSPENSIVAS

Art. 1.523. Não devem casar:[1 a 3] [Sem dispositivo correspondente no CC/1916.]

I — o viúvo ou a viúva que tiver filho do cônjuge falecido, enquanto não fizer inventário dos bens do casal e der partilha aos herdeiros;[4-4a] [Dispositivo correspondente no CC/1916: art. 183-XIII.]

II — a viúva, ou a mulher cujo casamento se desfez por ser nulo ou ter sido anulado, até dez meses depois do começo da viuvez, ou da dissolução da sociedade conjugal;[5] [Dispositivo correspondente no CC/1916: art. 183-XIV.]

III — o divorciado, enquanto não houver sido homologada ou decidida a partilha dos bens do casal;[6] [Sem dispositivo correspondente no CC/1916.]

IV — o tutor ou o curador e os seus descendentes, ascendentes, irmãos, cunhados ou sobrinhos, com a pessoa tutelada ou curatelada, enquanto não cessar a tutela ou curatela, e não estiverem saldadas as respectivas contas.[7-7a] [Dispositivo correspondente no CC/1916: art. 183-XV.]

Parágrafo único. É permitido aos nubentes solicitar ao juiz que não lhes sejam aplicadas as causas suspensivas previstas nos incisos I, III e IV deste artigo, provando-se a inexistência de prejuízo, respectivamente, para o herdeiro, para o ex-cônjuge e para a pessoa tutelada ou curatelada; no caso do inciso II, a nubente deverá provar nascimento de filho, ou inexistência de gravidez, na fluência do prazo. [Sem dispositivo correspondente no CC/1916.]

Art. 1.523: 1. Também não devem casar os menores de 18 anos e maiores de 16, salvo se autorizados pelos pais ou seus representantes legais (arts. 1.517 a 1.520).

Art. 1.523: 2. É obrigatório o regime da separação de bens aos que se casarem com infração do art. 1.523 (v. art. 1.641-I).

Art. 1.523: 3. **"Art. 1.723 § 2º** As causas suspensivas do art. 1.523 não impedirão a caracterização da **união estável".**

V. tb. nota 1a ao art. 1.521.

Art. 1.523: 4. v. art. 1.489-II (caso de hipoteca legal).

Art. 1.523: 4a. "Não se faz necessário a efetiva homologação da partilha (por meio de sentença), para se permitir o regime de comunhão universal de bens nas novas núpcias do viúvo que tem filhos do casamento anterior, desde que aquela tenha sido iniciada, com a apresentação de todos os bens a serem partilhados, de modo a afastar a possibilidade de confusão de patrimônios dos bens do novo casal com os dos filhos da união anterior" (RSTJ 182/360: REsp 343.719, 4ª T.).

Art. 1.523: 5. v. arts. 1.641-I e 1.598.

Art. 1.523: 6. O divórcio pode ser concedido sem que haja prévia partilha dos bens do casal (art. 1.581). Nessa situação, o novo casamento do divorciado deverá ter o regime da separação obrigatória de bens (art. 1.641-I).

V. tb. § ún.

Art. 1.523: 7. v. art. 1.641-I.

Art. 1.523: 7a. s/ prestação de contas na tutela e curatela, v. arts. 1.755 a 1.762 e 1.781; s/ cessação da tutela e curatela, v. arts. 1.763 a 1.766 e 1.781.

Art. 1.524. As causas suspensivas da celebração do casamento podem ser arguidas pelos parentes em linha reta de um dos nubentes, sejam consanguíneos ou afins, e pelos colaterais em segundo grau, sejam também consanguíneos ou afins.[1 a 3] [Dispositivo correspondente no CC/1916: art. 190-I e II.]

Art. 1.524: 1. Já os impedimentos, por serem de interesse público, podem ser opostos por qualquer pessoa capaz, cf. art. 1.522. Ademais, as causas suspensivas não podem ser reconhecidas pelo juiz ou pelo oficial de registro, por falta de expressa previsão legal, ao contrário dos impedimentos, cf. art. 1.522 § ún.

Art. 1.524: 2. s/ relações de parentesco, v. arts. 1.591 a 1.595.

Art. 1.524: 3. **Enunciado 330 do CEJ:** "As causas suspensivas da celebração do casamento poderão ser arguidas inclusive pelos parentes em linha reta de um dos nubentes e pelos colaterais em segundo grau, por vínculo decorrente de parentesco civil".

Capítulo V DO PROCESSO DE HABILITAÇÃO PARA O CASAMENTO[1]

CAP. V: 1. v. LRP 67 a 69.

Art. 1.525. O requerimento de habilitação para o casamento será firmado por ambos os nubentes,[1] de próprio punho, ou, a seu pedido, por procurador, e deve ser instruído com os seguintes documentos: [Dispositivo correspondente no CC/1916: art. 180-*caput*.]

I — certidão de nascimento ou documento equivalente; [Dispositivo correspondente no CC/1916: art. 180-I.]

II — autorização por escrito das pessoas sob cuja dependência legal estiverem, ou ato judicial que a supra;[2] [Dispositivo correspondente no CC/1916: art. 180-III.]

III — declaração de duas testemunhas maiores, parentes ou não, que atestem conhecê-los e afirmem não existir impedimento que os iniba de casar; [Dispositivo correspondente no CC/1916: art. 180-IV.]

IV — declaração do estado civil, do domicílio e da residência atual dos contraentes e de seus pais, se forem conhecidos; [Dispositivo correspondente no CC/1916: art. 180-II.]

V — certidão de óbito do cônjuge falecido, de sentença declaratória de nulidade ou de anulação de casamento, transitada em julgado, ou do registro da sentença de divórcio. [Dispositivo correspondente no CC/1916: art. 180-V.]

Art. 1.525: 1. s/ casamento entre pessoas do mesmo sexo, v. art. 1.514, notas 1 e segs.

Art. 1.525: 2. v. art. 1.517.

Art. 1.526. A habilitação será feita pessoalmente perante o oficial do Registro Civil,[1] com a audiência do Ministério Público.[1a-2] [Sem dispositivo correspondente no CC/1916.]

Parágrafo único. Caso haja impugnação do oficial, do Ministério Público ou de terceiro, a habilitação será submetida ao juiz.[3-4] [Sem dispositivo correspondente no CC/1916.]

Art. 1.526: 1. v. LRP 67-*caput*.

Art. 1.526: 1a. Redação do *caput* de acordo com a Lei 12.133, de 17.12.09, em vigor 30 dias após a sua publicação (DOU 18.12.09).

Art. 1.526: 2. v. LRP 67 § 1º.

Art. 1.526: 3. O § ún. foi acrescido pela Lei 12.133, de 17.12.09, em vigor 30 dias após a sua publicação (DOU 18.12.09).

Art. 1.526: 4. v. LRP 67 §§ 2º e 3º.

Art. 1.527. Estando em ordem a documentação, o oficial extrairá o edital, que se afixará durante quinze dias nas circunscrições do Registro Civil de ambos os nubentes, e, obrigatoriamente, se publicará na imprensa local, se houver.[1] [Dispositivo correspondente no CC/1916: art. 181-*caput*.]

Parágrafo único. A autoridade competente, havendo urgência,[2] poderá dispensar a publicação. [Dispositivo correspondente no CC/1916: art. 182 § ún.]

Art. 1.527: 1. v. art. 1.531.

Art. 1.527: 2. v. arts. 1.520, 1.539 e 1.540.

Art. 1.528. É dever do oficial do registro esclarecer os nubentes a respeito dos fatos que podem ocasionar a invalidade do casamento,[1] bem como sobre os diversos regimes de bens.[2-3] [Sem dispositivo correspondente no CC/1916.]

Art. 1.528: 1. v. arts. 1.521 e 1.548 a 1.564.

Art. 1.528: 2. v. arts. 1.639 a 1.688.

Art. 1.528: 3. v. LRP 28. V. tb. art. 1.640, nota 1b (Enunciado 331 do CEJ).

Art. 1.529. Tanto os impedimentos[1] quanto as causas suspensivas[2] serão opostos em declaração escrita e assinada, instruída com as provas do fato alegado, ou com a indicação do lugar onde possam ser obtidas. [Sem dispositivo correspondente no CC/1916.]

Art. 1.529: 1. v. art. 1.521.

Art. 1.529: 2. v. art. 1.523.

Art. 1.530. O oficial do registro dará aos nubentes ou a seus representantes nota da oposição, indicando os fundamentos, as provas e o nome de quem a ofereceu.[1] [Dispositivo correspondente no CC/1916: art. 191-*caput*.]

Parágrafo único. Podem os nubentes requerer prazo razoável para fazer prova contrária aos fatos alegados, e promover as ações civis e criminais contra o oponente de má-fé. [Dispositivo correspondente no CC/1916: art. 191 § ún.]

Art. 1.530: 1. v. LRP 67 § 5º.

Art. 1.531. Cumpridas as formalidades dos arts. 1.526 e 1.527 e verificada a inexistência de fato obstativo, o oficial do registro extrairá o certificado de habilitação.[1] [Dispositivo correspondente no CC/1916: art. 181 § 1º.]

Art. 1.531: 1. v. arts. 1.532 e 1.533.

Art. 1.532. A eficácia da habilitação será de noventa dias, a contar da data em que foi extraído o certificado. [Dispositivo correspondente no CC/1916: art. 181 § 1º.]

Capítulo VI | DA CELEBRAÇÃO DO CASAMENTO[1]

CAP. VI: 1. Lei 1.110, de 23.5.50 — Regula o reconhecimento dos efeitos civis ao casamento religioso. S/ a conversão da união estável em casamento, v. art. 1.726; s/ o registro do casamento religioso para efeitos civis, v. LRP 71 a 75.

Art. 1.533. Celebrar-se-á o casamento, no dia, hora e lugar previamente designados pela autoridade que houver de presidir o ato, mediante petição dos contraentes, que se mostrem habilitados com a certidão do art. 1.531. [Dispositivo correspondente no CC/1916: art. 192.]

Art. 1.534. A solenidade realizar-se-á na sede do cartório, com toda publicidade, a portas abertas, presentes pelo menos duas testemunhas, parentes ou não dos contraentes, ou, querendo as partes e consentindo a autoridade celebrante, noutro edifício público ou particular. [Dispositivo correspondente no CC/1916: art. 193-*caput*.]

§ 1º Quando o casamento for em edifício particular, ficará este de portas abertas durante o ato. [Dispositivo correspondente no CC/1916: art. 193 § ún.]

§ 2º Serão quatro as testemunhas na hipótese do parágrafo anterior e se algum dos contraentes não souber ou não puder escrever. [Dispositivo correspondente no CC/1916: art. 193 § ún.]

Art. 1.535. Presentes os contraentes, em pessoa ou por procurador[1] especial, juntamente com as testemunhas e o oficial do registro, o presidente do ato, ouvida aos nubentes a afirmação de que pretendem casar por livre e espontânea vontade, declarará efetuado o casamento, nestes termos:[2]

"De acordo com a vontade que ambos acabais de afirmar perante mim, de vos receberdes por marido e mulher, eu, em nome da lei, vos declaro casados". [Dispositivo correspondente no CC/1916: art. 194.]

Art. 1.535: 1. v. art. 1.542.

Art. 1.535: 2. v. arts. 1.514 e 1.538.

Art. 1.536. Do casamento, logo depois de celebrado, lavrar-se-á o assento[1] no livro de registro. No assento, assinado pelo presidente do ato, pelos cônjuges, as testemunhas, e o oficial do registro, serão exarados:[2] [Dispositivo correspondente no CC/1916: art. 195.]

I — os prenomes, sobrenomes, datas de nascimento, profissão, domicílio e residência atual dos cônjuges;[3] [Dispositivo correspondente no CC/1916: art. 195-I.]

II — os prenomes, sobrenomes, datas de nascimento ou de morte, domicílio e residência atual dos pais; [Dispositivo correspondente no CC/1916: art. 195-II.]

III — o prenome e sobrenome do cônjuge precedente e a data da dissolução do casamento anterior; [Dispositivo correspondente no CC/1916: art. 195-III.]

IV — a data da publicação dos proclamas e da celebração do casamento; [Dispositivo correspondente no CC/1916: art. 195-IV.]

V — a relação dos documentos apresentados ao oficial do registro; [Dispositivo correspondente no CC/1916: art. 195-V.]

VI — o prenome, sobrenome, profissão, domicílio e residência atual das testemunhas; [Dispositivo correspondente no CC/1916: art. 195-VI.]

VII — o regime do casamento, com a declaração da data e do cartório em cujas notas foi lavrada a escritura antenupcial,[4] quando o regime não for o da comunhão parcial, ou o obrigatoriamente estabelecido.[5] [Dispositivo correspondente no CC/1916: art. 195-VII.]

Art. 1.536: 1. v. LRP 70.

Art. 1.536: 2. Também será consignado o instrumento da autorização para casar (art. 1.537).

Art. 1.536: 3. O assento deverá consignar também o sobrenome que os nubentes adotarão após o casamento (v., a propósito, art. 1.565 § 1º).

Art. 1.536: 4. v. arts. 1.653 a 1.657.

Art. 1.536: 5. Se o regime de bens for o obrigatoriamente estabelecido por lei (art. 1.641), o assento, quando possível, deve mencionar essa circunstância.

Art. 1.537. O instrumento da autorização para casar[1] transcrever-se-á integralmente na escritura antenupcial.[2] [Dispositivo correspondente no CC/1916: art. 196.]

Art. 1.537: 1. v. arts. 1.517 a 1.520 e 1.525-II.

Art. 1.537: 2. v. art. 1.654 (eficácia do pacto antenupcial realizado por menor).

Art. 1.538. A celebração do casamento será imediatamente suspensa se algum dos contraentes:[1] [Dispositivo correspondente no CC/1916: art. 197-*caput*.]

I — recusar a solene afirmação da sua vontade; [Dispositivo correspondente no CC/1916: art. 197-I.]

II — declarar que esta não é livre e espontânea; [Dispositivo correspondente no CC/1916: art. 197-II.]

III — manifestar-se arrependido. [Dispositivo correspondente no CC/1916: art. 197-III.]

Parágrafo único. O nubente que, por algum dos fatos mencionados neste artigo, der causa à suspensão do ato, não será admitido a retratar-se no mesmo dia. [Dispositivo correspondente no CC/1916: art. 197 § ún.]

Art. 1.538: 1. v. art. 1.535.

Art. 1.539. No caso de moléstia grave de um dos nubentes, o presidente do ato irá celebrá-lo onde se encontrar o impedido, sendo urgente, ainda que à noite, perante duas testemunhas que saibam ler e escrever. [Dispositivo correspondente no CC/1916: art. 198-*caput*.]

§ 1º A falta ou impedimento da autoridade competente para presidir o casamento suprir-se-á por qualquer dos seus substitutos legais, e a do oficial do Registro Civil por outro *ad hoc*, nomeado pelo presidente do ato. [Dispositivo correspondente no CC/1916: art. 198 § 1º.]

§ 2º O termo avulso, lavrado pelo oficial *ad hoc*, será registrado no respectivo registro dentro em cinco dias, perante duas testemunhas, ficando arquivado. [Dispositivo correspondente no CC/1916: art. 198 § 2º.]

Art. 1.540. Quando algum dos contraentes estiver em iminente risco de vida,[1-2] não obtendo a presença da autoridade à qual incumba presidir o ato, nem a de seu substituto, poderá o casamento ser celebrado na presença de seis testemunhas, que com os nubentes não tenham parentesco em linha reta, ou, na colateral, até segundo grau.[3 a 5] [Dispositivo correspondente no CC/1916: art. 199 § ún.]

Art. 1.540: 1. v. LRP 76.

Art. 1.540: 2. Indeferindo o pedido de homologação do casamento nuncupativo, em razão da falta de urgência: "Inobstante a gravidade da doença seja evidente, entre a data da declaração e o óbito decorreu mais de vinte dias, o suficiente para que as providências previstas no art. 1.539 do CC fossem tomadas" (RT 881/221: TJSP, AP 504.155-4/6-00; a citação é do voto do relator).

Art. 1.540: 3. Trata-se do **casamento nuncupativo.**

A respeito, v. tb. arts. 1.521, nota 6c, *in fine*, 1.541 e 1.542 § 2º.

Art. 1.540: 3a. "A inquestionável manifestação da vontade do nubente enfermo, no momento do casamento, fato corroborado pelas 6 testemunhas exigidas por lei, ainda que não realizada de viva voz, supre a exigência legal quanto ao ponto" (STJ-3ª T., REsp 1.330.023, Min. Nancy Andrighi, j. 5.11.13, DJ 29.11.13).

Art. 1.540: 4. O casamento nuncupativo depende da observância de todas as formalidades previstas neste artigo e no art. 1.541, não sendo suficiente para o seu aperfeiçoamento a simples manifestação de vontade do nubente à beira da morte (RT 841/338: TJRN, AP 2004.003554-3; 798/385: TJRN, AP 98.000855-7).

Art. 1.540: 5. "Não existem objetivos pré-constituídos para o casamento, que descumpridos, imporiam sua nulidade, mormente naqueles realizados com evidente possibilidade de óbito de um dos nubentes — casamento nuncupativo —, pois esses se afastam tanto do usual que, salvaguardadas as situações constantes dos arts. 166 e 167 do CC-02, que tratam das nulidades do negócio jurídico, devem, independentemente do fim perseguido pelos nubentes, ser ratificados judicialmente. E no amplo espectro que se forma com essa assertiva, nada impede que o casamento nuncupativo realizado tenha como motivação central, ou única, a consolidação de meros efeitos sucessórios em favor de um dos nubentes — pois essa circunstância não macula o ato com um dos vícios citados nos arts. 166 e 167 do CC-02: incapacidade; ilicitude do motivo e do objeto; malferimento da forma, fraude ou simulação" (STJ-3ª T., REsp 1.330.023, Min. Nancy Andrighi, j. 5.11.13, DJ 29.11.13).

Art. 1.541. Realizado o casamento, devem as testemunhas comparecer perante a autoridade judicial mais próxima, dentro em dez dias, pedindo que lhes tome por termo a declaração de: [Dispositivo correspondente no CC/1916: art. 200-*caput*.]

I — que foram convocadas por parte do enfermo; [Dispositivo correspondente no CC/1916: art. 200-I.]

II — que este parecia em perigo de vida, mas em seu juízo; [Dispositivo correspondente no CC/1916: art. 200-II.]

III — que, em sua presença, declararam os contraentes, livre e espontaneamente, receber-se por marido e mulher. [Dispositivo correspondente no CC/1916: art. 200-III.]

§ 1º Autuado o pedido e tomadas as declarações, o juiz procederá às diligências necessárias para verificar se os contraentes podiam ter-se habilitado, na forma ordinária,[1] ouvidos os interessados que o requererem, dentro em quinze dias. [Dispositivo correspondente no CC/1916: art. 200 § 1º.]

§ 2º Verificada a idoneidade dos cônjuges para o casamento, assim o decidirá a autoridade competente, com recurso voluntário às partes. [Dispositivo correspondente no CC/1916: art. 200 § 2º.]

§ 3º Se da decisão não se tiver recorrido, ou se ela passar em julgado, apesar dos recursos interpostos, o juiz mandará registrá-la no livro do Registro dos Casamentos. [Dispositivo correspondente no CC/1916: art. 200 § 3º.]

§ 4º O assento assim lavrado retrotrairá os efeitos do casamento, quanto ao estado dos cônjuges, à data da celebração. [Dispositivo correspondente no CC/1916: art. 200 § 4º.]

§ 5º Serão dispensadas as formalidades deste e do artigo antecedente, se o enfermo convalescer e puder ratificar o casamento na presença da autoridade competente e do oficial do registro. [Dispositivo correspondente no CC/1916: art. 200 § 5º.]

Art. 1.541: 1. v. arts. 1.525 a 1.532.

Art. 1.542. O casamento pode celebrar-se mediante procuração,[1-1a] por instrumento público, com poderes especiais. [Dispositivo correspondente no CC/1916: art. 201-*caput*.]

§ 1º A revogação do mandato não necessita chegar ao conhecimento do mandatário; mas, celebrado o casamento sem que o mandatário ou o outro contraente tivessem ciência da revogação, responderá o mandante por perdas e danos.[2] [Sem dispositivo correspondente no CC/1916.]

§ 2º O nubente que não estiver em iminente risco de vida poderá fazer-se representar no casamento nuncupativo.[3-4] [Sem dispositivo correspondente no CC/1916.]

§ 3º A eficácia do mandato não ultrapassará noventa dias. [Sem dispositivo correspondente no CC/1916.]

§ 4º Só por instrumento público se poderá revogar o mandato. [Sem dispositivo correspondente no CC/1916.]

Art. 1.542: 1. v. art. 1.550-V.

Art. 1.542: 1a. Entendendo, por analogia, que é possível também mediante procuração requerer a extinção do vínculo matrimonial: RIDF 45/164 (no caso, a parte autora residia no exterior e o outro cônjuge estava em local incerto).

Art. 1.542: 2. v. arts. 402 a 405.

Art. 1.542: 3. Casamento nuncupativo é aquele previsto no art. 1.540.

Art. 1.542: 4. *A contrario sensu*, o nubente que estiver em iminente risco de vida não poderá ser representado por procurador.

Capítulo VII | DAS PROVAS DO CASAMENTO

Art. 1.543. O casamento celebrado no Brasil prova-se pela certidão do registro.[1-2] [Dispositivo correspondente no CC/1916: art. 202-*caput*.]

Parágrafo único. Justificada a falta ou perda do registro civil, é admissível qualquer outra espécie de prova. [Dispositivo correspondente no CC/1916: art. 202 § ún.]

Art. 1.543: 1. v. arts. 9º-I, 1.515 e 1.516. V. tb. LRP 70 a 76.

Art. 1.543: 2. Dec. lei 7.485, de 23.4.45 — Dispõe sobre a prova do casamento nas habilitações aos benefícios do seguro social, e dá outras providências.

Art. 1.544. O casamento de brasileiro, celebrado no estrangeiro, perante as respectivas autoridades ou os cônsules brasileiros,[1] deverá ser registrado em cento e oitenta dias,[1a] a contar da volta de um ou de ambos os cônjuges ao Brasil, no cartório do respectivo domicílio, ou, em sua falta, no 1º Ofício da Capital do Estado em que passarem a residir.[2-3] [Dispositivo correspondente no CC/1916: art. 204 § ún.]

✎ **Art. 1.544: 1.** "Casamento perante autoridade consular", por José Russo (RBDF 23/55).

Art. 1.544: 1a. "O casamento entre brasileiros celebrado no exterior produz efeitos no território nacional mesmo que averbado após o prazo de 180 dias previsto no art. 1.544 do CC/02, porquanto o traslado da referida certidão para o cartório brasileiro se destina apenas a fazer prova de sua celebração, não interferindo em sua validade e eficácia no âmbito do território nacional" (RJM 191/98: AP 1.0024.07.506350-3/002).

Art. 1.544: 2. v., no nosso CCLCV, LINDB 7º, especialmente nota 7c, 18 e 19. V. tb. no nosso CCLCV LRP 32, especialmente nota 3.

Art. 1.544: 3. Dec. 23.102, de 28.5.47 — Aprova o Regulamento para o Serviço Consular Honorário do Brasil: **"Art. 15.** São expressamente proibidos aos Consulados ou Vice-Consulados honorários os seguintes atos: ... **VII)** celebrar casamentos".

Art. 1.545. O casamento de pessoas que, na posse do estado de casadas,[1] não possam manifestar vontade, ou tenham falecido, não se pode contestar em prejuízo da prole comum, salvo mediante certidão do Registro Civil que prove que já era casada alguma delas, quando contraiu o casamento impugnado.[2] [Dispositivo correspondente no CC/1916: art. 203.]

Art. 1.545: 1. Posse do estado de casados é a situação de fato que demonstre o convívio público, notório e estável de duas pessoas como marido e mulher, servindo de prova indireta e excepcional do casamento nos termos do artigo *supra*.

Art. 1.545: 2. v. art. 1.547.

Art. 1.546. Quando a prova da celebração legal do casamento resultar de processo judicial, o registro da sentença no livro do Registro Civil produzirá, tanto no que toca aos cônjuges como no que respeita aos filhos, todos os efeitos civis desde a data do casamento. [Dispositivo correspondente no CC/1916: art. 205.]

Art. 1.547. Na dúvida entre as provas favoráveis e contrárias, julgar-se-á pelo casamento, se os cônjuges, cujo casamento se impugna, viverem ou tiverem vivido na posse do estado de casados.[1] [Dispositivo correspondente no CC/1916: art. 206.]

Art. 1.547: 1. s/ posse do estado de casados, v. art. 1.545, nota 1.

Capítulo VIII | DA INVALIDADE DO CASAMENTO[1-2]

CAP. VIII: 1. Na hipótese de casamento nulo, a ação declaratória de nulidade pode ser proposta por qualquer interessado ou pelo MP; não há prazo para a propositura dessa ação e pode o juiz conhecer *ex officio* da nulidade. Na hipótese de casamento anulável, a ação anulatória de casamento sujeita-se a prazo decadencial (arts. 1.555 e 1.560), somente poderá ser proposta pelo cônjuge prejudicado ou, em alguns casos, por interessados previstos em lei, e a anulabilidade não pode ser conhecida de ofício. No entanto, contrariando a regra geral das nulidades no direito privado, nos dois casos, o decreto de invalidade produz efeitos *ex tunc*, salvo exceção prevista pelos arts. 1.561 e 1.563.

CAP. VIII: 2. v. LRP 100.

Art. 1.548. É nulo o casamento contraído: [Dispositivo correspondente no CC/1916: art. 207.]

I — (Revogado);[1]

II — por infringência de impedimento.[2] [Dispositivo correspondente no CC/1916: art. 207.]

Art. 1.548: 1. O inc. I foi revogado pela Lei 13.146, de 6.7.15, em vigor 180 dias após a sua publicação (DOU 7.7.15).

Art. 1.548: 2. v. art. 1.521.

Art. 1.549. A decretação de nulidade de casamento,[1] pelos motivos previstos no artigo antecedente, pode ser promovida mediante ação direta, por qualquer interessado, ou pelo Ministério Público.[2] [Dispositivo correspondente no CC/1916: art. 208 § ún.]

Art. 1.549: 1. Postula-se a nulidade do casamento através da ação de nulidade de casamento (ou ação declaratória de nulidade de casamento).

Art. 1.549: 2. v. CPC 17 e 177.

Art. 1.550. É anulável o casamento:[1 a 1b] [Dispositivo correspondente no CC/1916: art. 209.]

I — de quem não completou a idade mínima para casar;[2] [Sem dispositivo correspondente no CC/1916.]

II — do menor em idade núbil, quando não autorizado por seu representante legal;[3] [Sem dispositivo correspondente no CC/1916.]

III — por vício da vontade, nos termos dos arts. 1.556 a 1.558;[4-4a] [Sem dispositivo correspondente no CC/1916.]

IV — do incapaz de consentir ou manifestar, de modo inequívoco, o consentimento; [Sem dispositivo correspondente no CC/1916.]

V— realizado pelo mandatário,[5] sem que ele ou o outro contraente soubesse da revogação[6] do mandato, e não sobrevindo coabitação entre os cônjuges; [Sem dispositivo correspondente no CC/1916.]

VI — por incompetência da autoridade celebrante.[7-7a] [Dispositivo correspondente no CC/1916: art. 208-*caput*.]

§ 1º Equipara-se à revogação a invalidade do mandato judicialmente decretada.[8] [Sem dispositivo correspondente no CC/1916.]

§ 2º **A pessoa com deficiência mental ou intelectual em idade núbia poderá contrair matrimônio, expressando sua vontade diretamente ou por meio de seu responsável ou curador.**[9-10] [Sem dispositivo correspondente no CC/1916.]

Art. 1.550: 1. "Casamento anulável no Código Civil e repercussões da Lei 11.106/2005", por Gustavo Filipe Barbosa Garcia (RT 840/114).

Art. 1.550: 1a. Prazos para a anulação: arts. 1.560 e 1.555.

S/ competência para a ação de anulação de casamento, v. CPC 53-I.

Art. 1.550: 1b. "O pedido de anulação de casamento não está sem objeto diante do julgamento da ação de divórcio, considerando que seus efeitos são mais intensos e abrangentes" (STJ-3ª T., REsp 650.133, Min. Menezes Direito, j. 25.9.06, DJU 26.2.07).

Art. 1.550: 2. v. arts. 1.551, 1.517, 1.552 e 1.553.

Art. 1.550: 3. v. arts. 1.551, 1.517 e 1.555.

Art. 1.550: 4. v. arts. 1.556 a 1.559: erro essencial e coação.

Art. 1.550: 4a. v. CP 239.

Art. 1.550: 5. v. arts. 1.542 e 1.535.

Art. 1.550: 6. v. § 1º.

Art. 1.550: 7. v. art. 1.554.

Art. 1.550: 7a. v. CP 238.

Art. 1.550: 8. O primitivo § ún. foi renumerado pela Lei 13.146, de 6.7.15, em vigor 180 dias após a sua publicação (DOU 7.7.15).

Art. 1.550: 9. O § 2º foi incluído pela Lei 13.146, de 6.7.15, em vigor 180 após a sua publicação (DOU 7.7.15).

Art. 1.550: 10. v. arts. 1.767 e segs. V. tb. EPD 6º-I.

Art. 1.551. Não se anulará, por motivo de idade, o casamento de que resultou gravidez.[1] [Dispositivo correspondente no CC/1916: art. 215.]

Art. 1.551: 1. v. arts. 1.517, 1.520 e 1.550-I.

Art. 1.552. A anulação do casamento dos menores de dezesseis anos será requerida:[1] [Dispositivo correspondente no CC/1916: art. 213-*caput*.]

I — pelo próprio cônjuge menor; [Dispositivo correspondente no CC/1916: art. 213-I.]

II — por seus representantes legais; [Dispositivo correspondente no CC/1916: art. 213-II.]

III — por seus ascendentes. [Dispositivo correspondente no CC/1916: art. 213-III.]

Art. 1.552: 1. v. art. 1.560 § 1º.

Art. 1.553. O menor que não atingiu a idade núbil[1] poderá, depois de completá-la, confirmar seu casamento, com a autorização de seus representantes legais, se necessária, ou com suprimento judicial. [Dispositivo correspondente no CC/1916: art. 211.]

Art. 1.553: 1. v. art. 1.550-I. V. tb. art. 1.517.

Art. 1.554. Subsiste o casamento celebrado por aquele que, sem possuir a competência exigida na lei, exercer publicamente as funções de juiz de casamentos e, nessa qualidade, tiver registrado o ato no Registro Civil.[1] [Sem dispositivo correspondente no CC/1916.]

Art. 1.554: 1. v. art. 1.550-VI.

Art. 1.555. O casamento do menor em idade núbil, quando não autorizado por seu representante legal,[1] só poderá ser anulado se a ação for proposta em cento e oitenta dias,[2] por iniciativa do incapaz, ao deixar de sê-lo, de seus representantes legais ou de seus herdeiros necessários. [Dispositivo correspondente no CC/1916: art. 178 § 5º-III.]

§ 1º O prazo estabelecido neste artigo será contado do dia em que cessou a incapacidade, no primeiro caso; a partir do casamento, no segundo; e, no terceiro, da morte do incapaz. [Dispositivo correspondente no CC/1916: art. 178 § 5º-III.]

§ 2º Não se anulará o casamento quando à sua celebração houverem assistido os representantes legais do incapaz, ou tiverem, por qualquer modo, manifestado sua aprovação. [Sem dispositivo correspondente no CC/1916.]

Art. 1.555: 1. v. art. 1.550-II.

Art. 1.555: 2. Também é de 180 dias o prazo para anulação do casamento de menor sem idade núbil, cf. art. 1.560 § 1º.

Art. 1.556. O casamento pode ser anulado por vício da vontade,[1 a 1b] se houve por parte de um dos nubentes, ao consentir, erro essencial[2] quanto à pessoa do outro.[3] [Dispositivo correspondente no CC/1916: art. 218.]

Art. 1.556: 1. v. art. 1.550-III.

Art. 1.556: 1a. É causa de anulação de matrimônio a **gravidez simulada** que foi determinante para que o noivo consentisse em se casar (JTJ 262/36).

Art. 1.556: 1b. "Se o cônjuge varão contrai núpcias com a mulher em razão de sua gravidez e vem a descobrir posteriormente que o **filho,** na realidade, **pertence a terceiro,** resta configurado o erro essencial quanto à pessoa do outro, investido de força bastante à anulação do casamento, a teor do art. 218 do CC, independentemente de a esposa ter ou não agido dolosamente" (RT 767/235: TJSP, AP 88.837-4/8, ementa da redação). O art. 218 do CC rev. corresponde ao CC 1.556. No mesmo sentido, inclusive condenando a ré em indenização por danos morais: JTJ 350/624 (AP 994.09.318754-4). V. tb. art. 1.557-I.

Art. 1.556: 2. v. arts. 138 e 139-II. V. tb. art. 1.560-III (prazo para anulação do casamento).

Art. 1.556: 3. v. CP 236 (crime de induzimento a erro essencial e ocultação de impedimento).

Art. 1.557. Considera-se erro essencial[1] sobre a pessoa do outro cônjuge: [Dispositivo correspondente no CC/1916: art. 219-*caput*.]

I — o que diz respeito à sua identidade,[1a] sua honra e boa fama, sendo esse erro tal que o seu conhecimento ulterior torne insuportável a vida em comum ao cônjuge enganado;[1b a 3] [Dispositivo correspondente no CC/1916: art. 219-I.]

II — a ignorância de crime, anterior ao casamento, que, por sua natureza, torne insuportável a vida conjugal;[3a] [Dispositivo correspondente no CC/1916: art. 219-II.]

III — a ignorância, anterior ao casamento, de defeito físico irremediável[3b] que não caracterize deficiência ou de moléstia grave e transmissível, por contágio ou por herança, capaz de pôr em risco a saúde do outro cônjuge ou de sua descendência;[3c-3d] [Dispositivo correspondente no CC/1916: art. 219-III.]

IV — (Revogado).[4]

Art. 1.557: 1. v. arts. 138 e 139-II. V. tb. art. 1.560-III (prazo para anulação do casamento).

Art. 1.557: 1a. O noivo que mente à noiva, afirmando ter curso superior e ser proprietário de estabelecimento de ensino, não diz a verdade quanto à sua identidade civil ou social, o que enseja a anulação do casamento por erro essencial (RT 842/199).

Art. 1.557: 1b. v. art. 1.556, notas 1a e 1b.

Art. 1.557: 1c. "Caso em que restou bem demonstrado que a apelada, ao aceitar casar com o apelante, tinha apenas a intenção de obter metade do patrimônio dele, e que sequer admitiu a ocorrência de relação sexual, nos menos de três meses de convivência conjugal. Hipótese na qual resta bem caracterizado o erro essencial, que deve levar à decretação de anulação do casamento" (RT 925/1.057: TJRS, AP 70046384459).

Art. 1.557: 2. A ulterior descoberta de que o cônjuge mantinha **relacionamento amoroso fora do namoro** influencia na sua honra e boa fama e configura erro essencial quanto à pessoa, ensejador da invalidação do casamento (JTJ 298/43). No mesmo sentido: "Erro essencial. Narração de adultério e abandono do lar nos primeiros dias após as bodas" (JTJ 312/48, ementa da redação).

Art. 1.557: 2a. A ulterior descoberta de que o cônjuge é **toxicômano** torna a convivência e a coabitação insuportáveis (JTJ 249/31).

Art. 1.557: 2b. O fato de o marido assumir compromissos comerciais acima de suas posses não enseja a anulação do matrimônio (RSTJ 142/320: 4ª T., REsp 134.690). No mesmo sentido, não configura erro de identidade moral apto a anular casamento o fato de o cônjuge fazer gastos desmedidos com despesas pessoais (JTJ 265/233, acórdão bem fundamentado).

Art. 1.557: 2c. "Alegação de que, após o casamento, o apelado demitiu-se do emprego e passou a viver às expensas da apelante. Ausência dos requisitos necessários à anulação dispostos no artigo 1.557, inciso I, do Código Civil. Apelante que continuou convivendo com o marido mesmo após ciência dos fatos. Iniciativa do apelado em deixar o lar conjugal. Aplicação da regra contida no art. 1.559 do mesmo diploma de lei. Erro que, ademais, pressupõe preexistência do vício de conduta e não seu aparecimento após o matrimônio" (JTJ 341/237: AP 607.487-4/1-00).

Art. 1.557: 3. "Se a opção pela rápida celebração do casamento com pessoa que conheceu por site de relacionamento retirou do autor a possibilidade de convivência prévia para conhecer a personalidade instável da requerida, não há falar em anulação de casamento. As hipóteses do art. 1.557 do CC/2002 que caracterizam erro essencial constituem *numerus clausus*, descabendo interpretação extensiva. No caso, não configurado erro de identidade, honra e boa fama" (RT 907/1.082: TJRS, AP 70039523204).

Art. 1.557: 3a. "Pedido ajuizado três meses após o enlace, por ter se revelado a sequência de crimes de estelionato praticados pela esposa antes do casamento. Elementos que indicam que o autor desconhecia a vida pregressa da esposa quando se casou. Prova da ciência do marido anterior ao casamento que incumbia à ré e não foi realizada. Incidência do art. 1.557, I e II, do CC" (JTJ 375/293: AP 17329-96.2008.8.26.0405).

Art. 1.557: 3b. "Marido, portador de deformidade peniana congênita (hipospádia). Ausência de comprovação de anterior ciência da mulher. Defeito equiparável à **impotência instrumental,** que frustra a plena satisfação sexual também procurada no casamento" (JTJ 251/39).

Art. 1.557: 3c. Redação do inc. III de acordo com a Lei 13.146, de 6.7.15, em vigor 180 dias após a sua publicação (DOU 7.7.15).

Art. 1.557: 3d. v. art. 1.559.

Art. 1.557: 4. O inc. IV foi revogado pela Lei 13.146, de 6.7.15, em vigor 180 dias após a sua publicação (DOU 7.7.15).

Art. 1.558. É anulável o casamento em virtude de coação,[1] quando o consentimento de um ou de ambos os cônjuges houver sido captado mediante fundado temor de mal considerável e iminente para a vida, a saúde e a honra, sua ou de seus familiares.[2] [Sem dispositivo correspondente no CC/1916.]

Art. 1.558: 1. v. art. 1.550-III. V. tb. arts. 151 a 155 (coação). V. ainda art. 1.560-IV (prazo para anulação do casamento).

Art. 1.558: 2. "Casamento. Anulação. Inadmissibilidade. Adolescente que, por **temor reverencial ao pai,** precipita-se em contrair núpcias, em face do conhecimento, pelos genitores, da manutenção de relações sexuais com seu namorado. Situação que não caracteriza coação, pois não restou configurado que a vontade emitida pela nubente foi induzida por força da insinuação de outrem" (RT 778/335: TJAL, REO 99.000977-7).

Art. 1.559. Somente o cônjuge que incidiu em erro, ou sofreu coação, pode demandar a anulação do casamento; mas a coabitação, havendo ciência do vício, valida o ato, ressalvadas as hipóteses dos incisos III e IV do art. 1.557. [Dispositivo correspondente no CC/1916: art. 210-I.]

Art. 1.560. O prazo para ser intentada a ação de anulação do casamento, a contar da data da celebração, é de: [Sem dispositivo correspondente no CC/1916.]

I — cento e oitenta dias, no caso do inciso IV do art. 1.550; [Dispositivo correspondente no CC/1916: art. 178 § 5º-II.]

II — dois anos, se incompetente a autoridade celebrante;[1] [Dispositivo correspondente no CC/1916: art. 208-*caput*.]

III — três anos, nos casos dos incisos I a IV do art. 1.557; [Dispositivo correspondente no CC/1916: art. 178 § 7º-I.]

IV — quatro anos, se houver coação.[2-2a] [Sem dispositivo correspondente no CC/1916.]

§ 1º Extingue-se, em cento e oitenta dias, o direito de anular o casamento dos menores de dezesseis anos,[3] contado o prazo para o menor do dia em que perfez essa idade; e da data do casamento, para seus representantes legais ou ascendentes. [Dispositivo correspondente no CC/1916: art. 178 § 5º-III.]

§ 2º Na hipótese do inciso V do art. 1.550, o prazo para anulação do casamento é de cento e oitenta dias, a partir da data em que o mandante tiver conhecimento da celebração. [Sem dispositivo correspondente no CC/1916.]

Art. 1.560: 1. v. arts. 1.550-VI e 1.554.

Art. 1.560: 2. v. art. 1.558.

Art. 1.560: 2a. Esse inciso **alterou** o art. 1º do Dec. lei 4.529, de 30.7.42, o qual estabelecia que "a ação do cônjuge coacto para anular o casamento prescreverá em dois anos contados da data da sua celebração".

Art. 1.560: 3. Também é de 180 dias o prazo para anulação do casamento de menor com idade núbil, cf. art. 1.555.

Art. 1.561. Embora anulável ou mesmo nulo,[1] se contraído de boa-fé por ambos os cônjuges, o casamento, em relação a estes como aos filhos, produz todos os efeitos até o dia da sentença anulatória.[2 a 2b] [Dispositivo correspondente no CC/1916: art. 221-*caput*.]

§ 1º Se um dos cônjuges estava de boa-fé ao celebrar o casamento, os seus efeitos civis só a ele e aos filhos aproveitarão.[3] [Dispositivo correspondente no CC/1916: art. 221 § ún.]

§ 2º Se ambos os cônjuges estavam de má-fé ao celebrar o casamento, os seus efeitos civis só aos filhos aproveitarão.[4] [Sem dispositivo correspondente no CC/1916.]

Art. 1.561: 1. v. art. 1.563.

✎ **Art. 1.561: 2.** "Considerações sobre o casamento putativo", por Gustavo Filipe Barbosa Garcia (RT 919/109).

Art. 1.561: 2a. Esse dispositivo trata do denominado **casamento putativo.**

Art. 1.561: 2b. "A mulher que reclama alimentos a eles tem direito mas até à data da sentença. Anulado ou declarado nulo o casamento, desaparece a condição de cônjuges" (RSTJ 130/225: 3ª T., REsp 69.108). No mesmo sentido: "O casamento putativo gera efeitos civis até a declaração de nulidade do ato. A partir de então o contraente de boa-fé deixa de ter direitos patrimoniais e de pensão alimentícia, por não mais existir a condição de cônjuge" (RT 840/334: TJMS, AP 2003.010814-9/0000-00).

Art. 1.561: 3. s/ casamento anulado por culpa de um dos cônjuges, v. art. 1.564; união estável putativa, v. art. 1.727, nota 3.

Art. 1.561: 4. v. LDi 14 § ún. V. tb. art. 1.617.

Art. 1.562. Antes de mover a ação de nulidade do casamento, a de anulação, a de separação judicial,[1] a de divórcio direto ou a de dissolução de união estável, poderá requerer a parte, comprovando sua necessidade, a separação de corpos,[1a a 3a] que será concedida pelo juiz com a possível brevidade. [Dispositivo correspondente no CC/1916: art. 223.]

Art. 1.562: 1. v. art. 1.571, nota 2b **(Em. Const. 66, de 13.7.10).**

Art. 1.562: 1a. "Ponderações relevantes sobre a separação de corpos: aspectos processuais, substanciais e seu tratamento pela doutrina e jurisprudência modernas", por Maria Isabel El Maerrawi (RIDF 45/136).

Art. 1.562: 1b. v. LDi 7º § 1º. S/ alimentos provisórios, v. LA 4º.

Quanto à guarda dos filhos, v. art. 1.585 c/c art. 1.584.

Art. 1.562: 1c. "Separação de corpos. Decretação que depende apenas do **exame da existência do casamento.** Hipótese em que se mostra inoportuna e impertinente a discussão que envolva fatos a serem apreciados na ação de separação judicial" (RT 819/289: TJCE, AI 2000.0013.1944-3/0). No mesmo sentido: "Na separação provisória de corpos como processo cautelar, a única prova a ser examinada é a da existência do casamento. A gravidade do fato que a legitima resulta, por presunção legal, do enunciado da própria ação de dissolução da sociedade conjugal que vai ser proposta" (RT 722/165). **Contra,** entendendo que deva ser feita menção ao direito ameaçado pela permanência do requerente no lar conjugal e à lesão que lhe possa advir da coabitação com a mulher: RJTJESP 53/137.

Art. 1.562: 1d. A separação de corpos pode ser concedida, a requerimento conjunto dos cônjuges, mesmo antes de completado o **prazo** para ser requerida a **separação consensual** (RT 518/95 e RJTJESP 53/169, RT 601/74, 636/71, 699/69, 862/227, RJTJESP 94/179, 96/185, 99/176, JTJ 199/75, 200/124, 207/130, RF 301/175, 321/202, RCJ 1/77, RP 44/286, com comentário de Gelson Amaro de Souza) e, neste caso, não se exige que o pedido principal seja formulado no prazo de trinta dias (RT 756/225). V. CPC 308.

Não é possível, porém, que no pedido cautelar de separação de corpos os cônjuges estabeleçam condições somente cabíveis no caso de separação consensual (RT 640/98), como, por exemplo, a partilha dos bens do casal (RT 715/129, maioria, e JTJ 174/120, maioria).

Art. 1.562: 2. "Separação de corpos. Relevância prática da distinção entre simples pedido de afastamento espontâneo do lar e pedido de **afastamento coativo do outro cônjuge.** Na última hipótese, salvo casos excepcionais, deve o magistrado ouvir o réu, antes de resolver sobre solicitação de liminar; outrossim, poderá ordenar provas para verificar quem deve retirar-se do lar ou dele ser retirado" (RJTJERGS 176/706).

Art. 1.562: 2a. "Separação de corpos. Ajuizamento para fixação da data da **separação de fato** do casal. Admissibilidade, ainda que fora dos casos usuais, para preservação de outros aspectos juridicamente relevantes até a separação consensual ou judicial" (JTJ 273/146: AP 271.396-4/3).

Art. 1.562: 3. "A anterior separação de fato não impede que seja outorgado alvará de separação de corpos com o objetivo de legalizar a situação em que se encontram os cônjuges, sendo a medida perfeitamente admissível, inclusive para regularizar situação, na tentativa de se evitar a alegação de **abandono do lar** como argumento de defesa ou acusação no processo de separação judicial, não havendo como prevalecer a decisão que julga extinto o processo por falta de interesse de agir" (RT 781/349: TJMG, AP 142.444/9). No mesmo sentido: RT 525/66, 541/97, 712/148, 781/349, 810/391, RJTJESP 61/189, 63/135, 99/175, 100/207, JTJ 165/141, 169/231, RTJE 148/224, Bol. AASP 1.061/78.

Art. 1.562: 3a. **Separação de corpos entre companheiros.** "A concubina tem o direito líquido e certo de ver apreciado seu pedido de separação de corpos, cujo processo não pode ser extinto sob a alegação de que tal providência somente cabe aos casados, estando ela livre para seguir o seu caminho, abandonando lar e filhos" (STJ 4ª T., RMS 5.422-5, Min. Ruy Rosado, j. 24.4.95, DJU 29.5.95).

"Em face do novo sistema constitucional, que reconhece a **união estável** como entidade familiar, possível a concessão da liminar para o afastamento de um dos concubinos do imóvel onde coabitam, com base na medida cautelar inominada prevista no art. 798 do CPC" (RJTAMG 58/46). No mesmo sentido: RSTJ 25/472, STJ-RJ 171/49, RT 721/87, 785/231, RJTJESP 132/202, JTJ 141/142, 160/53, 164/119, 183/144, 187/63, 212/122, 236/152, 236/154, RJTJERGS 146/298, 166/233, Bol. AASP 1.773/486, maioria, JTJ 310/218.

Contra: RT 675/186, 695/88.

"A medida cautelar inominada que visa ao afastamento do companheiro do lar conjugal **não pode ter caráter satisfativo,** devendo, destarte, ser ajuizada no prazo legal a ação principal, uma vez que há a necessidade de se preservar o exercício dos direitos e obrigações dos companheiros, como se casados fossem" (RT 808/234).

Art. 1.563. A sentença que decretar[1] a nulidade do casamento retroagirá à data da sua celebração,[2] sem prejudicar a aquisição de direitos, a título oneroso, por terceiros de boa-fé, nem a resultante de sentença transitada em julgado. [Sem dispositivo correspondente no CC/1916.]

Art. 1.563: 1. v. LRP 100.

Art. 1.563: 2. v., porém, art. 1.561.

Art. 1.564. Quando o casamento for anulado por culpa de um dos cônjuges, este incorrerá:[1] [Dispositivo correspondente no CC/1916: art. 232-*caput*.]

I — na perda de todas as vantagens havidas do cônjuge inocente;[1a] [Dispositivo correspondente no CC/1916: art. 232-I.]

II — na obrigação de cumprir as promessas que lhe fez no contrato antenupcial.[2] [Dispositivo correspondente no CC/1916: art. 232-II.]

Art. 1.564: 1. v. art. 1.561 § 1º.

Art. 1.564: 1a. "Se a autora já era casada, não poderia ter contraído novas núpcias, pelo que, nulificado o segundo matrimônio, verifica-se também inviável o reconhecimento da existência de sociedade de fato geradora de direitos patrimoniais justamente em favor da ex-cônjuge virago, que cometeu patente ilegalidade" (STJ-4ª T., REsp 513.895, Min. Aldir Passarinho Jr., j. 10.6.08, DJ 29.3.10).

No caso de concubinato, v. art. 1.727, nota 3.

Art. 1.564: 2. v. arts. 1.639 e 1.653 a 1.657.

Capítulo IX | DA EFICÁCIA DO CASAMENTO

Art. 1.565. Pelo casamento, homem e mulher assumem mutuamente a condição de consortes, companheiros e responsáveis pelos encargos da família. [Dispositivo correspondente no CC/1916: art. 240-*caput*.]

§ 1º Qualquer dos nubentes, querendo, poderá acrescer ao seu o sobrenome do outro.[1 a 2c] [Dispositivo correspondente no CC/1916: art. 240 § ún.]

§ 2º O planejamento familiar é de livre decisão do casal, competindo ao Estado propiciar recursos educacionais e financeiros para o exercício desse direito, vedado qualquer tipo de coerção por parte de instituições privadas ou públicas.[3-3a] [Sem dispositivo correspondente no CC/1916.]

✎ **Art. 1.565: 1.** "O nome da mulher no casamento, na separação, no divórcio e na viuvez", por Silmara Juny de Abreu Chinelato (Rev. AASP 68/69).

Art. 1.565: 1a. "Possível o pleito de adoção do sobrenome dentro de uma união estável, em aplicação analógica do art. 1.565, § 1º, do CC/02, devendo-se, contudo, em atenção às peculiaridades dessa relação familiar, ser feita sua prova documental, por instrumento público, com anuência do companheiro cujo nome será adotado" (STJ-3ª T., REsp 1.206.656, Min. Nancy Andrighi, j. 16.10.12, maioria, RT 930/463). No mesmo sentido: RT 931/731 (TJMT, AP 52150/2012).

V. tb., no nosso CCLCV, LRP 57, nota 4a.

Art. 1.565: 2. O acréscimo de sobrenome deverá constar do assento matrimonial. Com a extinção da sociedade conjugal, tal acréscimo de sobrenome poderá ser mantido (art. 1.571 § 2º) ou perdido (art. 1.578), conforme o caso.

Também se admite que a mulher, em razão da viuvez, exclua de seu nome o patronímico do marido (RSTJ 162/271: 3ª T., REsp 363.794; RJTJESP 137/227; RJTJERGS 216/400).

Art. 1.565: 2a. "Desde que não haja prejuízo à ancestralidade, nem à sociedade, é possível a supressão de um patronímico, pelo casamento, pois o nome civil é direito da personalidade" (STJ-RF 385/299: 3ª T., REsp 662.799).

No sentido de que o cônjuge pode adotar o patronímico familiar do outro, mas não pode excluir totalmente o sobrenome de sua família: RF 347/335, maioria.

Art. 1.565: 2b. "A alteração de preferência deve ocorrer no momento da habilitação, mas não há óbices legais para que ocorra posteriormente, ainda mais se não causar prejuízo à personalidade da requerente nem à de terceiros" (RJM 185/89: AP 1.0024.06.130477-0/001).

"O art. 1.565, § 1º, do Código Civil de 2002 autoriza a inclusão do sobrenome de um dos nubentes no nome do outro, o que se dá mediante solicitação durante o processo de habilitação, e, após a celebração do casamento, com a lavratura do respectivo registro. Nessa hipótese, a alteração do nome de um ou de ambos os noivos é realizada pelo oficial de registro civil de pessoas naturais, sem a necessidade de intervenção judicial. Dada a multiplicidade de circunstâncias da vida humana, a opção conferida pela legislação de inclusão do sobrenome do outro cônjuge não pode ser limitada, de forma peremptória, à data da celebração do casamento. Podem surgir situações em que a mudança se faça conveniente ou necessária em período posterior, enquanto perdura o vínculo conjugal. Nesses casos, já não poderá a alteração de nome ser procedida diretamente pelo oficial de registro de pessoas naturais, que atua sempre limitado aos termos das autorizações legais, devendo ser motivada e requerida perante o Judiciário, com o ajuizamento da ação de retificação de registro civil prevista nos arts. 57 e 109 da Lei 6.015/73. Trata-se de procedimento judicial de jurisdição voluntária, com participação obrigatória do Ministério Público" (STJ-4ª T., REsp 910.094, Min. Raul Araújo, j. 4.9.12, RT 936/425).

Art. 1.565: 2c. "Indefere-se o pedido de retificação de registro civil se a hipótese não se enquadra em nenhuma daquelas previstas em lei a autorizarem a mudança do prenome. O nome de família da mulher, adotado pelo homem quando do casamento, não pode ser alterado à alegação de ter ocorrido mero equívoco da escrivã, se consta do processo a explícita opção do marido agora insatisfeito" (RBDFS 12/151: TJMG, AP 1.0515.06.021344-1/001).

V., no nosso CCLCV, LRP 57 e notas.

Art. 1.565: 3. **Enunciado 99 do CEJ:** "O art. 1.565, § 2º, do Código Civil não é norma destinada apenas às pessoas casadas, mas também aos casais que vivem em companheirismo, nos termos do art. 226, *caput*, §§ 3º e 7º, da Constituição Federal de 1988, e não revogou o disposto na Lei n. 9.263/96".

Art. 1.565: 3a. v. art. 1.513.

Art. 1.566. São deveres[1 a 2a] de ambos os cônjuges: [Dispositivo correspondente no CC/1916: art. 231-*caput*.]

I — fidelidade recíproca;[2b-3] [Dispositivo correspondente no CC/1916: art. 231-I.]

II — vida em comum, no domicílio conjugal;[4] [Dispositivo correspondente no CC/1916: art. 231-II.]

III — mútua assistência;[4a] [Dispositivo correspondente no CC/1916: art. 231-III.]

IV — sustento, guarda e educação dos filhos;[5-5a] [Dispositivo correspondente no CC/1916: art. 231-IV.]

V — respeito e consideração mútuos. [Sem dispositivo correspondente no CC/1916.]

Art. 1.566: 1. s/ deveres dos companheiros, v. art. 1.724.

Art. 1.566: 2. **CF 226:** "§ 5º Os direitos e deveres referentes à sociedade conjugal são exercidos igualmente pelo homem e pela mulher".

Art. 1.566: 2a. **CF 229:** "Os pais têm o dever de assistir, criar e educar os filhos menores, e os filhos maiores têm o dever de ajudar e amparar os pais na velhice, carência ou enfermidade".

Art. 1.566: 2b. Cessam, com o divórcio, os deveres de fidelidade conjugal e de vida em comum (art. 1.576).

Art. 1.566: 3. "Transgride o dever de sinceridade o cônjuge que, deliberadamente, omite a verdadeira paternidade biológica dos filhos gerados na constância do casamento, mantendo o consorte na ignorância" (STJ-RBDFS 1/84: 3ª T., REsp 742.137).

Art. 1.566: 4. v. nota 2b.

Art. 1.566: 4a. "O dever de mútua assistência permanece até que sejam definitivamente rompidos os laços conjugais", motivo pelo qual "os alimentos provisionais são deferidos para a mantença da mulher durante o processo de separação judicial" (RT 840/358).

✎ **Art. 1.566: 5.** "O caráter não patrimonial do dever de sustento na perspectiva constitucional", por Flávio Luís de Oliveira (RBDF 22/5).

Art. 1.566: 5a. v. art. 1.568; v. tb. Alimentos (arts. 1.694 a 1.710), Guarda de filho (arts. 1.583 a 1.590) e Poder familiar (arts. 1.630 a 1.638). V. ainda ECA 22.

Art. 1.567. A direção da sociedade conjugal será exercida, em colaboração, pelo marido e pela mulher,[1] sempre no interesse do casal e dos filhos.[1a] [Dispositivo correspondente no CC/1916: art. 233-*caput*.]

Parágrafo único. Havendo divergência, qualquer dos cônjuges poderá recorrer ao juiz, que decidirá tendo em consideração aqueles interesses.[2] [Sem dispositivo correspondente no CC/1916.]

Art. 1.567: 1. salvo nas hipóteses contidas no art. 1.570.

Art. 1.567: 1a. v. arts. 1.647, 1.648 e 1.651. V. tb. CPC 73 e 74.

Art. 1.567: 2. v. arts. 1.720-*caput*, 1.631 § ún. e 1.517 § ún.; ECA 21.

Art. 1.568. Os cônjuges são obrigados a concorrer, na proporção de seus bens e dos rendimentos do trabalho, para o sustento da família e a educação dos filhos,[1] qualquer que seja o regime patrimonial.[2] [Dispositivo correspondente no CC/1916: art. 233-IV.]

Art. 1.568: 1. A maioridade do filho, por si só, não afasta a obrigação de alimentar (v., no nosso CCLCV, LA 13, nota 5).

Art. 1.568: 2. Mas no regime da separação de bens admite-se estipulação contrária no pacto antenupcial, cf. art. 1.688.

Art. 1.569. O domicílio[1] do casal será escolhido por ambos os cônjuges, mas um e outro podem ausentar-se do domicílio conjugal para atender a encargos públicos, ao exercício de sua profissão, ou a interesses particulares relevantes.[2] [Dispositivo correspondente no CC/1916: art. 233-III.]

Art. 1.569: 1. v. arts. 70 a 79.

Art. 1.569: 2. v. arts. 1.566-II e 1.573-IV.

Art. 1.570. Se qualquer dos cônjuges estiver em lugar remoto ou não sabido,[1] encarcerado por mais de cento e oitenta dias, interditado[2] judicialmente ou privado, episodicamente, de consciência, em virtude de enfermidade ou de acidente, o outro exercerá com exclusividade a direção da família, cabendo-lhe a administração dos bens. [Dispositivo correspondente no CC/1916: art. 251-*caput* e § ún.-I.]

Art. 1.570: 1. v. art. 25.

Art. 1.570: 2. v. arts. 1.767 e segs. V. tb. CPC 747 e segs.

Capítulo X — DA DISSOLUÇÃO DA SOCIEDADE E DO VÍNCULO CONJUGAL[1]

✎ **CAP. X: 1.** "Da possibilidade de ressarcimento dos danos decorrentes da dissolução da sociedade conjugal", por Nara Rubia Alves de Resende (RBDF 21/5).

Art. 1.571. A sociedade conjugal termina: [Sem dispositivo correspondente no CC/1916.]

I — pela morte de um dos cônjuges;[1] [Sem dispositivo correspondente no CC/1916.]

II — pela nulidade ou anulação do casamento;[1a] [Sem dispositivo correspondente no CC/1916.]

III — pela separação judicial;[2 a 2c] [Sem dispositivo correspondente no CC/1916.]

IV — pelo divórcio.[3-3a] [Sem dispositivo correspondente no CC/1916.]

§ 1º O casamento válido só se dissolve pela morte de um dos cônjuges ou pelo divórcio, aplicando-se a presunção estabelecida neste Código quanto ao ausente.[4-4a] [Sem dispositivo correspondente no CC/1916.]

§ 2º Dissolvido o casamento pelo divórcio direto[5] **ou por conversão,**[6-6a] **o cônjuge poderá manter**[7-7a] **o nome de casado; salvo, no segundo caso, dispondo em contrário a sentença de separação judicial.**[8] [Sem dispositivo correspondente no CC/1916.]

✎ **Art. 1.571: 1.** "A morte presumida como causa de dissolução do casamento", por Inacio de Carvalho Neto (Ajuris 98/99).

Art. 1.571: 1a. Casamento nulo: art. 1.548; anulável: arts. 1.550, 1.556 e 1.559.

✎ **Art. 1.571: 2.** "A Emenda Constitucional n. 66/2010: semelhanças, diferenças e inutilidades entre separação e divórcio — O direito intertemporal", por Rodrigo da Cunha Pereira (RMDCPC 37/5, RBDFS 17/5); "A nova Emenda do divórcio: primeiras reflexões", por Pablo Stolze Gagliano (RBDFS 16/5, RF 410/439); "O divórcio, após a Emenda Constitucional n. 66, de 2010", por Pedro Roberto Decomain (RDDP 90/108); "Emenda Constitucional n. 66 e a possibilidade jurídica do pedido de separação", por Walsir Edson Rodrigues Jr. e Dierle Nunes (RBDFS 18/5); "A PEC do divórcio. A revolução do século em matéria de direito de família. A passagem de um sistema antidivorcista para o divorcista pleno", por José Fernando Simão (RBDFS 17/14); "Emenda Constitucional do divórcio", por Álvaro Villaça Azevedo (RMDCPC 39/88); "O divórcio e separação no Brasil — algumas considerações após a aprovação da EC 66", por Marianna Chaves (RBDFS 20/5); "Sobrevive a separação conjugal", por Clito Fornaciari Jr. (RMDCPC 43/40); "Emenda Constitucional n. 66/2010 e a supressão dos prazos para o divórcio: pontos positivos e negativos", por Lígia Barbieri Mantovani e Giana Lisa Zanardo Sartori (RJ 421/57).

Art. 1.571: 2a. A separação judicial pode ser consensual ou litigiosa. Aplicam-se tanto à esta quanto àquela a LDi 3º, 7º, 8º, 13, 15, 16, 21 a 25, 41, 42 e 46; e tão somente à separação consensual a LDi 4º, 9º, 34 (principalmente) e 39.

A LDi foi muito alterada pelo atual CC (v. arts. 1.572 a 1.578).

V. nota seguinte.

Art. 1.571: 2b. Em. Const. 66, de 13.7.10 — Dá nova redação à CF 226 § 6º, que dispõe sobre a dissolubilidade do casamento civil pelo divórcio, suprimindo o requisito de prévia separação judicial por mais de 1 ano ou de comprovada separação de fato por mais de 2 anos.

A antiga redação da CF 226 § 6º era do seguinte teor: "O casamento civil pode ser dissolvido pelo divórcio, após prévia separação judicial por mais de um ano nos casos expressos em lei, ou comprovada separação de fato por mais de dois anos". Com o advento da **Em. Const. 66, de 13.7.10,** o referido § 6º passou a dispor apenas que "o casamento civil pode ser dissolvido pelo divórcio".

Não obstante, é importante registrar que nenhum dispositivo legal foi **revogado expressamente** por conta da referida Em. Const.

Seguem manifestações jurisprudenciais a respeito do tema:

— "A separação é modalidade de extinção da sociedade conjugal, pondo fim aos deveres de coabitação e fidelidade, bem como ao regime de bens, podendo, todavia, ser revertida a qualquer momento pelos cônjuges (Código Civil, arts. 1571, III e 1.577). O divórcio, por outro lado, é forma de dissolução do vínculo conjugal e extingue o casamento, permitindo que os ex-cônjuges celebrem novo matrimônio (Código Civil, arts. 1571, IV e 1.580). São institutos diversos, com consequências e regramentos jurídicos distintos. A Emenda Constitucional 66/2010 **não revogou os artigos do Código Civil que tratam da separação judicial**" (STJ-4ª T., REsp 1.247.098, Min. Isabel Gallotti, j. 14.3.17, maioria, DJ 16.5.17).

"A aprovação da EC 66/2010, ao dar nova redação ao § 6º do art. 226 da CF/1988, que dispõe sobre a dissolubilidade do casamento civil pelo divórcio, não enseja automática revogação da legislação infraconstitucional que disciplina a dissolução da sociedade e do vínculo conjugal. Para que isso ocorra, indispensável seja modificado o Código Civil, que, por ora, preserva em pleno vigor os dispositivos atinentes à separação judicial e ao divórcio. Inteligência do art. 2º § 1º da LICC (Dec.-lei 4.657/1942)" (RT 910/1.046: TJRS, AP 70040795247, maioria; bem fundamentado). No mesmo sentido: RT 906/870 (TJES, AI 24100917921), 924/1.058 (TJRS, AP 70045626108).

"A Emenda Constitucional 66/10 não aboliu a separação judicial do ordenamento jurídico pátrio, limitando-se à desconstitucionalização do tema, conferindo ao legislador ordinário liberdade para sua regulamentação, em consonância com os reclamos da sociedade pós-moderna. Deve ser reformada a sentença que converte a ação de separação judicial em divórcio, sem observância do lapso temporal exigido pelo art. 1.580 do Código Civil" (RT 918/1.101: TJMG, AP 1.0028.11.000116-2/001).

Contra: "Separação judicial litigiosa. Instituto extinto pela EC n. 66, que deu nova redação ao art. 226 § 6º da CF. Intimação das partes para que se manifestassem sobre o interesse da conversão da ação em divórcio. Inércia das partes. Divórcio decretado" (JTJ 366/292: AP 9211780.87.2006.8.26.0000).

— No sentido de que "o divórcio passou a **independer de restrição temporal ou causal,** tornando-se o simples exercício de um direito potestativo": RBDFS 19/145 [TJMG, AP 1.0210.09.061665-2/001(1)].

"A Emenda Constitucional n. 66/2010 modificou o § 6º do art. 226 da Constituição Federal e, assim, não mais requer o decurso de dois anos para a conversão da separação de fato em divórcio, como consignava o art. 1.580, § 2º, do Código Civil; neste novo contexto normativo, a sentença estrangeira pode ser integrada sem ofender o panorama jurídico pátrio" (STJ-Corte Especial, SE 261, Min. Humberto Martins, j. 19.6.13, DJ 1.7.13).

"Evidente a eliminação da exigência de comprovação de lapso temporal para ingresso com o divórcio. Não é correto, do ponto de vista da moderna hermenêutica que hoje se aplica, ignorar a prevalência absoluta, sobre todas as outras, da norma constitucional, que tem vida e efetividade desde o momento que adquire vigência, reformando tudo que está no ordenamento infraconstitucional em desacordo com a norma atual. Como todas as leis retiram a sua validade direta ou indiretamente da Constituição, a mudança da norma constitucional determina consequentemente a mudança no fundamento de validade das normas encontradas em vigor. Não se pode exigir, para dar efeito à Emenda Constitucional em referência, que revela claramente a nova ordem constitucional da dissolução do casamento, que se faça a reforma da lei não recepcionada" (JTJ 373/104: AI 0244014-08.2011.8.26.0000).

— No sentido de que a separação não mais depende de requisito temporal para sua efetivação: "Em uma interpretação lógico-sistêmica, não há como entender preservados os requisitos de um ano de separação de fato, quando litigioso o pedido (art. 1.572, § 1º, do CC), ou ano de casamento, quando consensual (art. 1.574 do CC), na medida em que, para o divórcio, este mesmo Colegiado já disse não mais subsistirem (Súmula 37). Ocorre que, notoriamente, o instituto do divórcio possui efeitos muito mais contundentes do que o da separação judicial, pois rompe o vínculo matrimonial, enquanto esta última desfaz apenas a sociedade conjugal. Logo, não se mostra coerente exigir mais para o menos e menos para o mais" (RT 924/1.058: TJRS, AP 70045626108).

Art. 1.571: 2c. ou extrajudicial (CPC 733).

Art. 1.571: 3. v. arts. 1.579 a 1.582.

Art. 1.571: 3a. "Falecendo o varão antes de transitada em julgado a decisão que concedeu o divórcio, embora em execução provisória, porque pendente o julgamento de recursos contra os despachos que não admitiram os especiais, o estado civil do cônjuge sobrevivente é de viúva, não de divorciada" (STJ-3ª T., REsp 239.195, Min. Menezes Direito, j. 20.9.01, maioria, DJU 5.11.01).

Art. 1.571: 4. "Novo casamento do cônjuge do ausente", por Zeno Veloso (RBDF 23/37); "O momento de dissolução do casamento do ausente", por Jayme de Souza Vieira Lima Filho (RBDF 42/5).

Art. 1.571: 4a. v. arts. 6º e 22.

Art. 1.571: 5. v. art. 1.580 § 2º e LDi 40. V. tb. CPC 733.

Art. 1.571: 6. v. art. 1.580.

Art. 1.571: 6a. v. nota 2b **(Em. Const. 66, de 13.7.10).**

Art. 1.571: 7. v. art. 1.565 § 1º.

Art. 1.571: 7a. Autorizando a mulher a seguir com o nome de casada, em razão de ela assim ser conhecida no seu círculo social há 45 anos e de o homem não ter trazido qualquer motivo plausível em prol da sua oposição: RT 843/352.

Art. 1.571: 8. v. art. 1.578.

Art. 1.572. Qualquer dos cônjuges poderá propor a ação de separação judicial,[1] imputando ao outro qualquer ato que importe grave violação dos deveres do casamento e torne insuportável a vida em comum.[1a a 2] [Sem dispositivo correspondente no CC/1916.]

§ 1º A separação judicial pode também ser pedida se um dos cônjuges provar ruptura da vida em comum há mais de um ano[3] e a impossibilidade de sua reconstituição. [Sem dispositivo correspondente no CC/1916.]

§ 2º O cônjuge pode ainda pedir a separação judicial quando o outro estiver acometido de doença mental grave, manifestada após o casamento, que torne impossível a continuação da vida em comum, desde que, após uma duração de dois anos, a enfermidade tenha sido reconhecida de cura improvável. [Sem dispositivo correspondente no CC/1916.]

§ 3º No caso do § 2º, reverterão ao cônjuge enfermo, que não houver pedido a separação judicial, os remanescentes dos bens que levou para o casamento, e se o regime dos bens adotado o permitir, a meação dos adquiridos na constância da sociedade conjugal. [Sem dispositivo correspondente no CC/1916.]

Art. 1.572: 1. v. art. 1.571, nota 2b **(Em. Const. 66, de 13.7.10).**

Art. 1.572: 1a. "A proclamação da liberdade de não permanecer casado (ou: um réquiem para a culpa na dissolução das relações afetivas", por Cristiano Chaves de Farias (RDPr 16/46 e 20/83); "A culpa na ruptura do casamento", por Regina Beatriz Tavares da Silva (RIASP ano 5, n. 10, p. 149); "Redesenhando os contornos da dissolução do casamento (casar e permanecer casado: eis a questão)", por Cristiano Chaves de Farias (RJ 318/45); "Danos morais em família? Conjugalidade, parentalidade e responsabilidade civil", por Maria Celina Bodin de Moraes (RF 386/183); "A culpa nas relações de casamento e de união estável", por Regina Beatriz Tavares da Silva (Rev. AASP 98/186).

Art. 1.572: 1b. v. art. 1.573. V. tb., no nosso CCLCV, LDi 5º e notas. S/ deveres dos cônjuges, v. art. 1.566.

Art. 1.572: 2. **Enunciado 100 do CEJ:** "Na separação, recomenda-se apreciação objetiva de fatos que tornem evidente a impossibilidade da vida em comum".

Art. 1.572: 3. i. e., se for provada a separação de fato por mais de um ano.

Art. 1.573. Podem caracterizar a impossibilidade da comunhão de vida a ocorrência de algum dos seguintes motivos:[1] [Sem dispositivo correspondente no CC/1916.]

I — adultério; [Sem dispositivo correspondente no CC/1916.]

II — tentativa de morte; [Sem dispositivo correspondente no CC/1916.]

III — sevícia ou injúria grave; [Sem dispositivo correspondente no CC/1916.]

IV — abandono voluntário do lar conjugal, durante um ano contínuo; [Sem dispositivo correspondente no CC/1916.]

V — condenação por crime infamante; [Sem dispositivo correspondente no CC/1916.]

VI — conduta desonrosa. [Sem dispositivo correspondente no CC/1916.]

Parágrafo único. O juiz poderá considerar outros fatos[2-2a] que tornem evidente a impossibilidade da vida em comum. [Sem dispositivo correspondente no CC/1916.]

Art. 1.573: 1. "Irrelevante, para fins de procedência de ação de separação judicial fundamentada em grave violação dos deveres do casamento, o simples fato de o autor ainda frequentar o antigo lar conjugal, o que não representa indulgência do lesado" (RT 667/91).

"Ainda que tenha havido pretenso ou tácito perdão do cônjuge varão atinente à conduta irregular pretérita da varoa, esse pretenso perdão não serve de óbice a posterior decreto de separação judicial fundada em culpa da varoa, mormente se esta persiste em sua conduta irregular" (RBDF 34/119).

V. art. 1.571, nota 2b **(Em. Const. 66, de 13.7.10).**

Art. 1.573: 2. "O afeto como fator preponderante para a manutenção da sociedade conjugal", por Ezequiel Paulo Zanellato (RBDF 28/45 e Ajuris 99/93).

Art. 1.573: 2a. "Na linha de entendimento mais recente e em atenção às diretrizes do novo Código Civil, evidenciado o desejo de ambos os cônjuges em extinguir a sociedade conjugal, a separação deve ser decretada, mesmo que a pretensão posta em juízo tenha como causa de pedir a existência de conduta desonrosa" (STJ-4ª T., REsp 433.206, Min. Sálvio de Figueiredo, j. 6.3.03, DJU 7.4.03).

"Ainda que se requeira a separação judicial com imputação de culpa e essa não reste provada nos autos, o juiz pode decretá-la caso verifique, nas provas coligidas aos autos, a insuportabilidade da vida em comum, situação em que a decretação da separação não implica julgamento diverso do pedido" (STJ-3ª T., REsp 466.329, Min. Nancy Andrighi, j. 22.6.04, DJU 11.10.04).

"É possível entender 'falta de amor' como fundamento suficiente para aquilatar a impossibilidade da vida em comum" (JTJ 351/443: AP 994.04.072296-1; a citação é do voto do relator).

"Separação. Ação e reconvenção. Improcedência de ambos os pedidos. Evidenciada a insuportabilidade da vida em comum, e manifestado por ambos os cônjuges, pela ação e reconvenção, o propósito de se separarem, o mais conveniente é reconhecer esse fato e decretar a separação, sem imputação da causa a qualquer das partes" (RSTJ 174/411: 4ª T., REsp 467.184). No mesmo sentido: STJ-3ª T., REsp 783.137, Min. Nancy Andrighi, j. 25.9.06, DJU 9.10.06.

"Restando demonstrado nos autos, pelo depoimento das partes e de suas testemunhas, o lapso temporal de um ano e a impossibilidade de reconstituição da vida comum (art. 1.572, § 1º, do CC/2002), impõe-se a decretação da separação litigiosa, com a consequente dissolução da sociedade conjugal, independentemente da existência de culpa de qualquer dos cônjuges" (RT 865/289).

"Separação judicial. Não comprovadas as recíprocas imputações de injúria grave deduzidas pelos cônjuges. Evidenciada, entretanto, a ruptura da vida em comum há vários anos e a impossibilidade de sua reconstituição. Transformação da separação-sanção em separação-remédio. Aplicação da regra do § único do artigo 1.573 do Código Civil" (RT 893/229: TJSP, AP 615.313.4/2-00).

Enunciado 254 do CEJ: "Formulado o pedido de separação judicial com fundamento na culpa (art. 1.572 e/ou art. 1.573 e incisos), o juiz poderá decretar a separação do casal diante da constatação da insubsistência da comunhão plena de vida (art. 1.511) — que caracteriza hipótese de 'outros fatos que tornem evidente a impossibilidade da vida em comum' — sem atribuir culpa a nenhum dos cônjuges".

V., no nosso CCLCV, LDi 5º e notas.

Art. 1.574. Dar-se-á a separação judicial[1] por mútuo consentimento dos cônjuges[1a] se forem casados por mais de um ano e o manifestarem perante o juiz, sendo por ele devidamente homologada a convenção.[1b a 3] [Sem dispositivo correspondente no CC/1916.]

Parágrafo único. O juiz pode recusar a homologação e não decretar a separação judicial se apurar que a convenção não preserva suficientemente os interesses dos filhos ou de um dos cônjuges. [Sem dispositivo correspondente no CC/1916.]

Art. 1.574: 1. v. art. 1.571, nota 2b **(Em. Const. 66, de 13.7.10).**

Art. 1.574: 1a. O mútuo consentimento também autoriza a separação extrajudicial, uma vez atendidos os demais requisitos do CPC 733.

Art. 1.574: 1b. É válida a cláusula de renúncia a alimentos em separação judicial (v. art. 1.707, nota 3).

Art. 1.574: 1c. Súmula 336 do STJ: "A mulher que renunciou aos alimentos na separação judicial tem direito à pensão previdenciária por morte do ex-marido, comprovada a necessidade econômica superveniente".

Art. 1.574: 2. Quanto à guarda dos filhos, v. art. 1.583.

Art. 1.574: 3. s/ aspectos processuais da separação consensual, v. CPC 731.

Art. 1.575. A sentença de separação judicial[1] importa a separação de corpos[1a] e a partilha de bens.[1b a 3] [Sem dispositivo correspondente no CC/1916.]

Parágrafo único. A partilha de bens poderá ser feita mediante proposta dos cônjuges e homologada pelo juiz ou por este decidida. [Sem dispositivo correspondente no CC/1916.]

Art. 1.575: 1. v. art. 1.571, nota 2b **(Em. Const. 66, de 13.7.10).**

Art. 1.575: 1a. se esta já não tiver sido concedida antes (v. art. 1.562).

✎**Art. 1.575: 1b.** "As manobras dolosas e contrárias à boa-fé objetiva perfilhadas ao ensejo da partilha de bens", por Priscila M. P. Corrêa da Fonseca (RBDFS 7/38); "Partilha amigável na dissolução da sociedade conjugal e da união estável. Anulação por vício de consentimento. Manifesta desproporção de quinhões. Boa-fé", por Humberto Theodoro Júnior e Juliana Cordeiro de Faria (RMDCPC 62/75).

Art. 1.575: 1c. v. LDi 7º.

S/ promessa de doação ou doação dos pais aos filhos, feita na partilha, em separação judicial, v. art. 538, nota 3, e art. 541, nota 3.

Art. 1.575: 2. Enunciado 255 do CEJ: "Não é obrigatória a partilha de bens na separação judicial". A partilha de bens não guarda relação de necessariedade com a dissolução da sociedade conjugal (v. arts. 1.580, nota 2, e 1.581).

Art. 1.575: 3. "Verificada severa **desproporcionalidade da partilha,** a sua anulação pode ser decretada sempre que, pela dimensão do prejuízo causado a um dos consortes, verifique-se a ofensa à sua dignidade. O critério de considerar violado o princípio da dignidade da pessoa humana apenas nas hipóteses em que a partilha conduzir um dos cônjuges a situação de miserabilidade não pode ser tomado de forma absoluta. Há situações em que, mesmo destinando-se a um dos consortes patrimônio suficiente para a sua sobrevivência, a intensidade do prejuízo por ele sofrido, somada a indicações de que houve dolo por parte do outro cônjuge, possibilitam a anulação do ato" (STJ-RT 906/627 e RDDP 96/177: 3ª T., REsp 1.200.708).

Art. 1.576. A separação judicial[1] põe termo aos deveres de coabitação e fidelidade recíproca[1a] e ao regime de bens.[2-3] [Sem dispositivo correspondente no CC/1916.]

Parágrafo único. O procedimento judicial da separação caberá somente aos cônjuges,[4] e, no caso de incapacidade,[5] serão representados pelo curador, pelo ascendente ou pelo irmão. [Sem dispositivo correspondente no CC/1916.]

Art. 1.576: 1. e a extrajudicial também (CPC 733).
V. art. 1.571, nota 2b **(Em. Const. 66, de 13.7.10).**

Art. 1.576: 1a. v. art. 1.566-I e II.

Art. 1.576: 2. v. arts. 1.639 a 1.688.

Art. 1.576: 3. v. LDi 3º.

Art. 1.576: 4. No divórcio, v. art. 1.582.

Art. 1.576: 5. v. arts. 3º e 4º.

Art. 1.577. Seja qual for a causa da separação judicial[1] e o modo como esta se faça, é lícito aos cônjuges restabelecer,[1a] a todo tempo, a sociedade conjugal, por ato regular em juízo.[2-2a] [Sem dispositivo correspondente no CC/1916.]

Parágrafo único. A reconciliação em nada prejudicará o direito de terceiros, adquirido antes e durante o estado de separado, seja qual for o regime de bens.[3-4] [Sem dispositivo correspondente no CC/1916.]

Art. 1.577: 1. v. art. 1.571, nota 2b **(Em. Const. 66, de 13.7.10).**

Art. 1.577: 1a. Averbação, no registro público, da reconciliação: v. art. 10-I. V. tb. LRP 101 e 107 § 2º.

Art. 1.577: 2. v. LDi 46.

Art. 1.577: 2a. "Falecimento do cônjuge varão após o pedido. Remanesce o interesse processual da outra parte no julgamento da demanda. Restando satisfeitos os requisitos do art. 1.577 do Código Civil, não há razão para negativa do pedido inicial. A superveniente morte do varão não impede o julgamento de mérito do pedido" (Bol. AASP 2.586: TJDFT, AP 2005.01.1.095769-8).

"Separação judicial. Pedido de reconstituição da sociedade conjugal, formulado diretamente pelos cônjuges e pelo advogado comum. Demora no exame do pedido, com o falecimento do varão. Extinção do processo decretada. Inadmissibilidade. Recurso provido para se homologar a reconstituição, retroagidos os efeitos à data da manifestação de vontade dos cônjuges" (JTJ 273/200: AP 269.563-4/6-00).

Art. 1.577: 3. s/ reconciliação de empresário, v. art. 980.

Art. 1.577: 4. A sentença homologatória da reconciliação produz **efeitos** somente **ex nunc,** justamente para preservar direitos de terceiros (JTJ 261/418: AI 250.419-4/6).

Art. 1.578. O cônjuge declarado culpado na ação de separação judicial[1] perde o direito de usar o sobrenome do outro,[1a] desde que expressamente requerido pelo cônjuge inocente e se a alteração não acarretar:[1b] [Sem dispositivo correspondente no CC/1916.]

I — evidente prejuízo para a sua identificação; [Sem dispositivo correspondente no CC/1916.]

II — manifesta distinção entre o seu nome de família e o dos filhos havidos da união dissolvida; [Sem dispositivo correspondente no CC/1916.]

III — dano grave reconhecido na decisão judicial. [Sem dispositivo correspondente no CC/1916.]

§ 1º O cônjuge inocente na ação de separação judicial poderá renunciar, a qualquer momento, ao direito de usar o sobrenome do outro.[2] [Sem dispositivo correspondente no CC/1916.]

§ 2º Nos demais casos caberá a opção pela conservação do nome de casado.[3] [Sem dispositivo correspondente no CC/1916.]

Art. 1.578: 1. v. art. 1.571, nota 2b **(Em. Const. 66, de 13.7.10).**

Art. 1.578: 1a. v. art. 1.565 § 1º. V. tb. art. 1.571 § 2º.

Art. 1.578: 1b. "O art. 1.578 do Código Civil prevê a perda do direito de uso do nome de casado para o caso de o cônjuge ser declarado culpado na ação de separação judicial. Mesmo nessas hipóteses, porém, a perda desse direito somente terá lugar se não ocorrer uma das situações previstas nos incisos I a III do referido dispositivo legal. Assim, a perda do direito ao uso do nome é exceção, e não regra" (STJ-4ª T., Ag em REsp 204.908-AgRg, Min. Raul Araújo, j. 4.11.14, DJ 3.12.14).

Art. 1.578: 2. "Pode a mulher, a qualquer tempo depois da separação ou divórcio, escolher voltar ou não a utilizar seu nome de solteira. Faculdade que encontra amparo no exercício do direito personalíssimo da mulher" (RT 872/372: TJRS, AP 70022522148).

Art. 1.578: 3. "A conservação do nome de casado depende da opção do cônjuge que adotou o nome do outro ao casar, não podendo um exigir do outro a retomada imotivada do nome de solteiro. Inteligência do artigo 1.578, § 2º, do Código Civil" (RT 893/321: TJRS, AP 70031551237).

"A não apresentação de contestação ao pedido de divórcio pelo cônjuge virago não pode ser entendida como manifestação de vontade no sentido de opção pelo uso do nome de solteira (CC, art. 1.578, § 2º)" (STJ-4ª T., Ag em REsp 204.908-AgRg, Min. Raul Araújo, j. 4.11.14, DJ 3.12.14).

Art. 1.579. O divórcio[1] não modificará os direitos e deveres[1a] dos pais em relação aos filhos. [Sem dispositivo correspondente no CC/1916.]

Parágrafo único. Novo casamento de qualquer dos pais, ou de ambos, não poderá importar restrições aos direitos e deveres previstos neste artigo.[2] [Sem dispositivo correspondente no CC/1916.]

Art. 1.579: 1. s/ divórcio, v. Lei 6.515, de 26.12.77. S/ divórcio extrajudicial, v. CPC 733.

Art. 1.579: 1a. v. arts. 1.566-IV, 1.568 e ECA 22.

Art. 1.579: 2. v. arts. 1.636 e 1.588.

Art. 1.580. Decorrido um ano do trânsito em julgado da sentença que houver decretado a separação judicial, ou da decisão concessiva da medida cautelar de separação de corpos, qualquer das partes poderá requerer sua conversão em divórcio.[1 a 2] [Sem dispositivo correspondente no CC/1916.]

§ 1º A conversão em divórcio da separação judicial dos cônjuges será decretada por sentença, da qual não constará referência à causa que a determinou. [Sem dispositivo correspondente no CC/1916.]

§ 2º O divórcio poderá ser requerido, por um ou por ambos os cônjuges, no caso de comprovada separação de fato por mais de dois anos.[2a-3] [Sem dispositivo correspondente no CC/1916.]

Art. 1.580: 1. s/ divórcio, v. Lei 6.515, de 26.12.77. S/ divórcio extrajudicial, v. CPC 733.

Art. 1.580: 1a. **CF 226: "§ 6º** (*redação da Em. Const. 66, de 13.7.10*) O casamento civil pode ser dissolvido pelo divórcio".

V., ainda, art. 1.571, notas 2 e 2b.

Art. 1.580: 1b. Trata-se do **divórcio indireto** (conversão da separação em divórcio).

Art. 1.580: 2. "Divórcio indireto (por conversão). Requisitos para deferimento. Prévia partilha de bens. Inexigibilidade. Nova perspectiva do direito de família. Arts. 1.580 e 1.581 do CC/02. A regulamentação das ações de estado, na perspectiva contemporânea do fenômeno familiar, afasta-se da tutela do direito essencialmente patrimonial, ganhando autonomia e devendo ser interpretada com vistas à realização ampla da dignidade da pessoa humana. A tutela jurídica do direito patrimonial, por sua vez, deve ser atendida por meio de vias próprias e independentes, desobstruindo o caminho para a realização do direito fundamental de busca da felicidade" (STJ-3ª T., REsp 1.281.236, Min. Nancy Andrighi, j. 19.3.13, DJ 26.3.13). No mesmo sentido: RJ 316/121.

Art. 1.580: 2a. v., porém, art. 1.571, nota 2b **(Em. Const. 66, de 13.7.10).**

Art. 1.580: 3. Trata-se do **divórcio direto.**

Art. 1.581. O divórcio pode ser concedido sem que haja prévia partilha de bens.[1 a 3] [Sem dispositivo correspondente no CC/1916.]

Art. 1.581: 1. v. art. 1.580, nota 2.

S/ novo casamento do divorciado, sem que tenha havido a partilha de bens do casamento anterior, v. arts. 1.523-III e 1.641-I; s/ sentença da separação judicial e partilha de bens, v. art. 1.575, inclusive nota 2; s/ partilha de bens, na petição de separação consensual, v., no nosso CPCLPV, CPC 731-I, inclusive nota 4.

Art. 1.581: 2. **Súmula 197 do STJ:** "O divórcio direto pode ser concedido sem que haja partilha dos bens" (v. jurisprudência s/ esta Súmula em RSTJ 101/421).

Art. 1.581: 3. "Divórcio litigioso. Determinada partilha de bem imóvel. Inviabilidade. Apartamento pertencente ao Projeto Cingapura. Autora que detém apenas permissão de uso. Ato administrativo unilateral e precário. Natureza do ato que obsta a partilha" (RT 868/218).

Art. 1.582. O pedido de divórcio somente competirá aos cônjuges.[1] [Sem dispositivo correspondente no CC/1916.]

Parágrafo único. Se o cônjuge for incapaz para propor a ação ou defender-se, poderá fazê-lo o curador, o ascendente ou o irmão. [Sem dispositivo correspondente no CC/1916.]

Art. 1.582: 1. Na separação judicial, v. art. 1.576 § ún.

Capítulo XI | DA PROTEÇÃO DA PESSOA DOS FILHOS[1]

CAP. XI: 1. v., no nosso CCLCV, ECA 33 a 35, bem como suas respectivas notas.

Art. 1.583. A guarda será unilateral ou compartilhada.[1 a 5] [Sem dispositivo correspondente no CC/1916.]

§ 1º Compreende-se por guarda unilateral a atribuída a um só dos genitores ou a alguém que o substitua (art. 1.584, § 5º) e, por guarda compartilhada a responsabilização conjunta e o exercício de direitos e deveres do pai e da mãe que não vivam sob o mesmo teto, concernentes ao poder familiar dos filhos comuns.[5a] [Sem dispositivo correspondente no CC/1916.]

§ 2º Na guarda compartilhada, o tempo de convívio com os filhos deve ser dividido de forma equilibrada com a mãe e com o pai, sempre tendo em vista as condições fáticas e os interesses dos filhos.[6-6a]

§ 3º Na guarda compartilhada, a cidade considerada base de moradia dos filhos será aquela que melhor atender aos interesses dos filhos.[7-7a]

§ 4º (VETADO)

§ 5º A guarda unilateral obriga o pai ou a mãe que não a detenha a supervisionar os interesses dos filhos, e, para possibilitar tal supervisão, qualquer dos genitores sempre será parte legítima para solicitar informações e/ou prestação de contas, objetivas ou subjetivas, em assuntos ou situações que direta ou indiretamente afetem a saúde física e psicológica e a educação de seus filhos.[8]

Art. 1.583: 1. Redação do *caput* de acordo com a Lei 11.698, de 13.6.08, em vigor 60 dias após a sua publicação (DOU 16.6.08).

✎**Art. 1.583: 1a.** "Da guarda compartilhada em oposição à guarda unilateral", por Claudete Carvalho Canezin (RBDF 28/5); "Anotações sobre a guarda compartilhada", por Flávio Augusto de Oliveira Santos (RDPr 22/96); "As perspectivas e o exercício da guarda compartilhada consensual e litigiosa", por Fabíola Santos Albuquerque (RBDF 31/19); "Guarda compartilhada de filhos", por Edivane Paixão e Fernanda Oltramari (RBDF 32/50); "Guarda de filhos", por Ênio Santarelli Zuliani (RIDCPC 43/66, RMDCPC 13/38, RJ 349/33); "Guarda compartilhada", por Águida Arruda Barbosa (RMDCPC 6/60); "Guarda compartilhada — Considerações interdisciplinares", por Giselle Câmara

Groeninga (RJ 371/31); "Guarda e convivência dos filhos após a Lei n. 11.698/2008", por Paulo Lôbo (RBDFS 6/23); "A guarda compartilhada e a Lei n. 11.698/2008", por Leonardo Barreto Moreira Alves (RBDFS 6/36); "Razões e contrarrazões para aplicação da guarda compartilhada", por Leila Maria Torraca de Brito e Emmanuela Neves Gonsalves (RT 886/69); "Guarda compartilhada e visitas: a nova perspectiva de impor sanções por violações ao direito de ter o filho em sua companhia ou de visitá-lo, como estabelecido", por Ênio Santarelli Zuliani (RMDCPC 35/9); "Guarda compartilhada — a difícil passagem da teoria à prática: a realidade da Lei n. 11.698/2008", por Maria Lúcia Luz Leiria (RJ 409/10).

Art. 1.583: 2. s/ proteção da pessoa dos filhos, v. LDi 9º a 16; s/ atribuição da guarda ao réu e necessidade de reconvenção, v., no nosso CPCLPV, CPC 343, nota 2c; s/ guarda de filhos e regime de visita, na petição inicial da separação judicial, v. CPC 731-III. V. ainda ECA 33 a 35 (guarda de filho menor).

Art. 1.583: 3. "Nos processos em que se litiga pela guarda de menor, não se atrela a temática ao direito da mãe ou do pai, ou ainda de outro familiar, mas sim, e sobretudo, ao **direito da criança** a uma estrutura familiar que lhe confira segurança e todos os elementos necessários a um crescimento equilibrado" (STJ-3ª T., REsp 916.350, Min. Nancy Andrighi, j. 11.3.08, DJU 26.3.08).

"A proteção integral, conferida pelo ECA, à criança e ao adolescente como pessoa em desenvolvimento, deve pautar de forma indelével as decisões que poderão afetar o menor em sua subjetividade. Sob a ótica dos direitos da criança e do adolescente, não são os pais que têm direito ao filho, mas sim, e sobretudo, é o menor que tem direito a uma estrutura familiar que lhe confira segurança e todos os elementos necessários a um crescimento equilibrado. Devem as partes pensar de forma comum no bem-estar do menor, sem intenções egoísticas, para que ele possa, efetivamente, usufruir harmonicamente da família que possui, tanto a materna, quanto a paterna, porque toda criança ou adolescente tem direito a ser criado e educado no seio da sua família, conforme dispõe o art. 19 do ECA" (STJ-3ª T., REsp 1.076.834, Min. Nancy Andrighi, j. 10.2.09, DJ 4.8.09).

Art. 1.583: 4. "A **guarda compartilhada** busca a plena proteção do melhor interesse dos filhos, pois reflete, com muito mais acuidade, a realidade da organização social atual que caminha para o fim das rígidas divisões de papéis sociais definidas pelo gênero dos pais. A guarda compartilhada é o ideal a ser buscado no exercício do poder familiar entre pais separados, mesmo que demandem deles reestruturações, concessões e adequações diversas, para que seus filhos possam usufruir, durante sua formação, do ideal psicológico de duplo referencial. Apesar de a separação ou do divórcio usualmente coincidirem com o ápice do distanciamento do antigo casal e com a maior evidenciação das diferenças existentes, o melhor interesse do menor, ainda assim, dita a aplicação da guarda compartilhada como regra, **mesmo na hipótese de ausência de consenso.** A inviabilidade da guarda compartilhada, por ausência de consenso, faria prevalecer o exercício de uma potestade inexistente por um dos pais. E diz-se inexistente, porque contrária ao escopo do poder familiar que existe para a proteção da prole. A imposição judicial das atribuições de cada um dos pais, e o período de convivência da criança sob guarda compartilhada, quando não houver consenso, é medida extrema, porém necessária à implementação dessa nova visão, para que não se faça do texto legal, letra morta. A **custódia física conjunta** é o ideal a ser buscado na fixação da guarda compartilhada, porque sua implementação quebra a monoparentalidade na criação dos filhos, fato corriqueiro na guarda unilateral, que é substituída pela implementação de condições propícias à continuidade da existência de fontes bifrontais de exercício do poder familiar. A fixação de um lapso temporal qualquer, em que a custódia física ficará com um dos pais, permite que a mesma rotina do filho seja vivenciada à luz do contato materno e paterno, além de habilitar a criança a ter uma visão tridimensional da realidade, apurada a partir da síntese dessas isoladas experiências interativas. O estabelecimento da custódia física conjunta, sujeita-se, contudo, à possibilidade prática de sua implementação, devendo ser observadas as peculiaridades fáticas que envolvem pais e filho, como a localização das residências, capacidade financeira das partes, disponibilidade de tempo e rotinas do menor, além de outras circunstâncias que devem ser observadas. A guarda compartilhada deve ser tida como regra, e a custódia física conjunta — sempre que possível — como sua efetiva expressão" (STJ-3ª T., REsp 1.251.000, Min. Nancy Andrighi, j. 23.8.11, DJ 31.8.11).

"A nova redação do art. 1.584 do Código Civil irradia, com força vinculante, a peremptoriedade da guarda compartilhada. O termo 'será' não deixa margem a debates periféricos, fixando a presunção — *jure tantum* — de que se houver interesse na guarda compartilhada por um dos ascendentes, será esse o sistema eleito, salvo se um dos genitores [ascendentes] declarar ao magistrado que não deseja a guarda do menor (art. 1.584, § 2º, *in fine*, do CC)" (STJ-3ª T., REsp 1.626.495, Min. Nancy Andrighi, j. 15.9.16, DJ 30.9.16).

Determinando o compartilhamento da guarda mesmo em situação de ausência de consenso entre os pais: RT 925/1.077 (TJSE, AP 6867/2011, maioria).

"A peculiaridade da situação dos autos, que retrata a longa coabitação do menor com a **avó e o tio paternos,** desde os quatro meses de idade, os bons cuidados àquele dispensados, e a anuência dos genitores quanto à pretensão dos recorrentes, também endossada pelo Ministério Público Estadual, é recomendável, em benefício da criança, a concessão da guarda compartilhada" (STJ-4ª T., REsp 1.147.138, Min. Aldir Passarinho Jr., j. 11.5.10, DJ 27.5.10).

"É possível deferir a guarda compartilhada entre os **pais e a avó materna,** visto que a pretensão resulta do consenso entre as partes e visa ampliar a proteção da criança" (RBDFS 18/151: TJMS, AP 2010.016220-8/0000-00).

Todavia: "A guarda compartilhada não pode ser exercida quando os guardiões possuem uma **relação conflituosa,** sob o risco de se comprometer o bem-estar dos menores e perpetuar o litígio parental. Na definição de guarda de filhos menores, é preciso atender, antes de tudo, aos interesses deles" (RT 878/271: TJMG, AP 1.0775.05.004678-5/001). No mesmo sentido: RJTJERGS 273/93 (AI 70025244955).

"A guarda compartilhada deve ser buscada no exercício do poder familiar entre pais separados, mesmo que demande deles reestruturações, concessões e adequações diversas para que os filhos possam usufruir, durante a formação, do ideal psicológico de duplo referencial. Em atenção ao melhor interesse do menor, mesmo na ausência de consenso dos pais, a guarda compartilhada deve ser aplicada, cabendo ao Judiciário a imposição das atribuições de cada um. Contudo, essa regra cede quando os desentendimentos dos pais ultrapassarem o mero dissenso, podendo resvalar, em razão da imaturidade de ambos e da atenção aos próprios interesses antes dos do menor, em prejuízo de sua formação e saudável desenvolvimento (art. 1.586 do CC/2002)" (STJ-3ª T., REsp 1.417.868, Min. João Otávio, j. 10.5.16, DJ 10.6.16).

"As peculiariedades do caso concreto inviabilizam a implementação da guarda compartilhada, tais como a **dificuldade geográfica** e a realização do princípio do melhor interesse dos menores, que obstaculizam, a princípio, sua efetivação" (STJ-3ª T., REsp 1.605.477, Min. Ricardo Cueva, j. 21.6.16, DJ 27.6.16).

V. tb. art. 1.584, nota 3a.

Art. 1.583: 4a. "A alternância da posse física do menor entre os genitores, sendo aquele submetido ora aos cuidados do pai, ora da mãe, configura **guarda alternada,** repudiada pela doutrina e pela jurisprudência, e não guarda compartilhada, na qual os pais regem, em conjunto, a vida da prole, tomando as decisões necessárias à sua educação e criação. Apurando-se através dos estudos sociais realizados nos autos que a criança tem maior vínculo afetivo com seu pai, deve ser fixada sua residência naquela do genitor" (Bol. AASP 2.701: TJMG, AP 1.0324.07.057434-2/001). Do voto do relator: "A guarda compartilhada é aquela pela qual pai e mãe fazem-se presentes em todas as decisões da vida dos filhos, ainda que o casal não mais conviva sob o mesmo teto, pois este instituto não exige a posse física da criança por ambos, mas apenas a posse jurídica, consubstanciada na participação constante dos genitores, em conjunto e harmonicamente, em todas as decisões que envolvem sua prole; já a guarda alternada pressupõe a posse física do menor por ambos os pais para que eles possam reger sua vida, devendo aquele permanecer determinado período com o pai e outro com a mãe. Assim, ao pretender que o menor permaneça uma semana com a mãe e outra com o pai, alternando-se o responsável pelos seus cuidados, pleiteiam as partes, em verdade, guarda alternada".

Todavia, chancelando a seguinte regulação para a guarda, por entender que no caso há efetiva guarda compartilhada, e não alternada: "Quanto aos dias que cada qual deverá ficar com a criança deverá imperar o bom senso dos pais levando-se em conta os interesses da própria criança, aliás, como já decidido. De qualquer forma, entendo que cada um dos pais deverá ter a criança, de forma alternada aos sábados, domingos e feriados. Nos dias da semana o pai poderá ficar com a criança por quatro dias na primeira semana e a mãe por três, também de forma alternada, quando a mãe, na próxima semana ficará com a criança por quatro e o pai por 3 e assim sucessivamente. Idem com relação às festas de fim de ano, quando deverá ser também de forma alternada: um ficará no Natal e o outro na Confraternização Universal (primeiro dia do ano). Cada um terá a criança em sua companhia por 15 dias nas férias escolares de meio e fim de ano, também alternadamente" (STJ-3ª T., REsp 1.251.000, Min. Nancy Andrighi, j. 23.8.11, DJ 31.8.11; a citação é do voto da relatora). Ainda do voto da relatora: "De se ressaltar, ainda, que a custódia física conjunta, preconizada na guarda compartilhada, em muito se diferencia da guarda alternada. Na guarda alternada, a criança fica em um período de tempo — semana, mês, semestre ou ano — sob a guarda de um dos pais que detém e exerce, durante o respectivo período, o Poder Familiar de forma exclusiva".

Art. 1.583: 4b. "A guarda deverá ser atribuída ao genitor que revele **melhores condições** para exercê-la e, objetivamente, mais aptidão para propiciar ao filho, afeto — não só no universo genitor-filho como também no do grupo familiar em que está a criança inserida —, saúde, segurança e educação" (STJ-3ª T., REsp 1.076.834, Min. Nancy Andrighi, j. 10.2.09, DJ 4.8.09).

"Se a conduta da mãe, nos termos do traçado probatório delineado pelo Tribunal de origem, denota plenas condições de promover o sustento, a guarda, a educação do menor, bem assim assegurar a efetivação de seus direitos e facultar seu desenvolvimento físico, intelectual, moral, espiritual e social, em condições de liberdade e de dignidade, com todo o amor, carinho e zelo inerentes à relação materno-filial, deve-lhe ser atribuída a guarda da filha, porquanto revela melhores condições para exercê-la, conforme dispõe o art. 1.584 do CC/02. Melhores condições para o exercício da guarda de menor, na acepção jurídica do termo, evidencia não só o aparelhamento econômico daquele que se pretende guardião do menor, mas, acima de tudo, o atendimento ao melhor interesse da criança, no sentido mais completo alcançável" (STJ-3ª T., REsp 916.350, Min. Nancy Andrighi, j. 11.3.08, DJU 26.3.08).

"Ação de guarda. Genitora. Ré confessa do assassinato do pai dos menores. Direito das crianças de viverem no seio da família natural e usufruir do convívio materno. Genitora que reúne perfeitas condições de criar e educar os filhos, apesar da tragédia envolvendo a morte do companheiro. Crianças submetidas a fortes pressões psicológicas por parte da avó paterna com relação à mãe" (RJM 181/58: AP 1.0672.02.080641-6/001).

"A guarda tem por finalidade o amparo e a proteção ao menor, tanto no que diz respeito à assistência econômica como também no que se refere ao amparo moral, emocional e disciplinar de que necessita uma criança para ver definido quem é a autoridade em sua vida, devendo ser preservada sua rotina e o contato frequente com o genitor que não possuir sua guarda. No presente caso, há de se considerar que o menor possui atualmente 7 anos de idade, e convive no núcleo familiar paterno desde o seu nascimento, com o consentimento expresso de sua mãe. O parecer técnico realizado pelo Serviço Psicossocial Forense atesta que o menor está sendo bem cuidado pelos avós na casa destes, onde se encontra totalmente adaptado e tendo nesta o seu referencial de lar. Logo, não há motivo para a transferência da guarda" (Bol. AASP 2.571: TJDFT, AP 2004.09.1.013852-8).

"Restando demonstrado que a mãe vem descurando da boa formação psicológica e educacional do filho, por manter conduta moral inadequada, enquanto o pai possui melhores condições para prover assistência material, moral e educacional ao infante, defere-se a guarda definitiva ao progenitor" (RBDF 28/122).

Art. 1.583: 5. Modificação de guarda. "No direito de família, notadamente quando se trata do interesse de menores, a responsabilidade do julgador é redobrada: é a vida da criança que está para ser decidida, e para uma criança, muitas vezes, um simples gesto implica causar-lhe um trauma tão profundo, que se refletirá por toda a sua vida adulta. Por esse motivo, toda a mudança brusca deve ser, na medida do possível, evitada. Nos processos envolvendo a guarda de menores, a verossimilhança deve ser analisada com maior rigor. Tirar a criança do convívio com sua mãe, com quem esteve, sempre, desde o nascimento, é medida que só pode ser adotada em casos extremos" (STJ-3ª T., AI 1.121.907-AgRg, Min. Nancy Andrighi, j. 5.5.09, maioria, DJ 3.6.09).

"Modificação de guarda. Menor que é deixada com tia, juntamente com outros cinco irmãos. Pai que pretende a guarda da filha. Possibilidade. Situação retratada nos autos que enseja o deferimento do pedido, sempre atendendo ao melhor interesse da criança" (RT 882/180: TJSP, AP 551.636.4/0-00).

Art. 1.583: 5a. O § 1º foi acrescido pela Lei 11.698, de 13.6.08, em vigor 60 dias após a sua publicação (DOU 16.6.08).

Art. 1.583: 6. O § 2º foi alterado pela Lei 13.058, de 22.12.14.

Art. 1.583: 6a. v. nota 4a.

Art. 1.583: 7. O § 3º foi alterado pela Lei 13.058, de 22.12.14.

Art. 1.583: 7a. v. nota 4, *in fine*.

Art. 1.583: 8. O § 5º foi acrescido pela Lei 13.058, de 22.12.14.

Art. 1.584. A guarda, unilateral ou compartilhada,[1] poderá ser:[1a] [Sem dispositivo correspondente no CC/1916.]

I — requerida, por consenso, pelo pai e pela mãe, ou por qualquer deles, em ação autônoma de separação,[1b] de divórcio, de dissolução de união estável ou em medida cautelar; [Sem dispositivo correspondente no CC/1916.]

II — decretada pelo juiz, em atenção a necessidades específicas do filho, ou em razão da distribuição de tempo necessário ao convívio deste com o pai e com a mãe. [Sem dispositivo correspondente no CC/1916.]

§ 1º Na audiência de conciliação, o juiz informará ao pai e à mãe o significado da guarda compartilhada, a sua importância, a similitude de deveres e direitos atribuídos aos genitores e as sanções pelo descumprimento de suas cláusulas.[2] [Sem dispositivo correspondente no CC/1916.]

§ 2º Quando não houver acordo entre a mãe e o pai quanto à guarda do filho, encontrando-se ambos os genitores aptos a exercer o poder familiar, será aplicada a guarda compartilhada, salvo se um dos genitores declarar ao magistrado que não deseja a guarda do menor.[3-3a]

§ 3º Para estabelecer as atribuições do pai e da mãe e os períodos de convivência sob guarda compartilhada, o juiz, de ofício ou a requerimento do Ministério Público, poderá basear-se em orientação técnico-profissional ou de equipe interdisciplinar, que deverá visar à divisão equilibrada do tempo com o pai e com a mãe.[4 a 5]

§ 4º A alteração não autorizada ou o descumprimento imotivado de cláusula de guarda unilateral ou compartilhada poderá implicar a redução de prerrogativas atribuídas ao seu detentor.[6]

§ 5º Se o juiz verificar que o filho não deve permanecer sob a guarda do pai ou da mãe, deferirá a guarda a pessoa que revele compatibilidade com a natureza da medida, considerados, de preferência, o grau de parentesco e as relações de afinidade e afetividade.[7 a 11]

§ 6º Qualquer estabelecimento público ou privado é obrigado a prestar informações a qualquer dos genitores sobre os filhos destes, sob pena de multa de R$ 200,00 (duzentos reais) a R$ 500,00 (quinhentos reais) por dia pelo não atendimento da solicitação.[12]

Art. 1.584: 1. s/ guarda compartilhada, v. tb. art. 1.583, especialmente nota 4; s/ guarda alternada, v. art. 1.583, nota 4a.

Art. 1.584: 1a. Redação do *caput* de acordo com a Lei 11.698, de 13.6.08, em vigor 60 dias após a sua publicação (DOU 16.6.08).

Art. 1.584: 1b. v. art. 1.571, nota 2b **(Em. Const. 66, de 13.7.10).**

Art. 1.584: 2. O § 1º foi acrescido pela Lei 11.698, de 13.6.08, em vigor 60 dias após a sua publicação (DOU 16.6.08).

Art. 1.584: 3. O § 2º foi alterado pela Lei 13.058, de 22.12.14.

Art. 1.584: 3a. "A nova redação do art. 1.584 do Código Civil irradia, com força vinculante, a peremptoriedade da guarda compartilhada. O termo 'será' não deixa margem a debates periféricos, fixando a presunção — *jure tantum* — de que se houver interesse na guarda compartilhada por um dos ascendentes, será esse o sistema eleito, salvo se um dos genitores [ascendentes] declarar ao magistrado que não deseja a guarda do menor (art. 1.584, § 2º, *in fine*, do CC). A guarda compartilhada somente deixará de ser aplicada, quando houver inaptidão de um dos ascendentes para o exercício do poder familiar, fato que deverá ser declarado prévia ou incidentalmente à ação de guarda, por meio de decisão judicial, no sentido da suspensão ou da perda do Poder Familiar" (STJ-3ª T., REsp 1.629.994, Min. Nancy Andrighi, j. 6.12.16, DJ 15.12.16).

V. tb. art. 1.583, nota 4.

Art. 1.584: 4. O § 3º foi alterado pela Lei 13.058, de 22.12.14.

Art. 1.584: 4a. Distinção entre guarda compartilhada e guarda alternada: v. art. 1.583, nota 4a.

Art. 1.584: 5. Enunciado 335 do CEJ: "A guarda compartilhada deve ser estimulada, utilizando-se, sempre que possível, da mediação e da orientação de equipe interdisciplinar".

Art. 1.584: 6. O § 4º foi alterado pela Lei 13.058, de 22.12.14.

Art. 1.584: 7. O § 5º foi alterado pela Lei 13.058, de 22.12.14.

Art. 1.584: 8. s/ guarda compartilhada entre tio e avó, v. art. 1.583, nota 4; direito de visita, v. art. 1.589 e notas; inserção da criança ou adolescente em família substituta, v. ECA 28.

Art. 1.584: 9. Enunciado 334 do CEJ: "A guarda de fato pode ser reputada como consolidada diante da estabilidade da convivência familiar entre a criança ou o adolescente e o terceiro guardião, desde que seja atendido o princípio do melhor interesse".

Art. 1.584: 10. "Dar-se preferência a alguém pertencente ao grupo familiar — na hipótese a **avó** — para que seja preservada a identidade da criança bem como seu vínculo com os pais biológicos, significa resguardar ainda mais o interesse do menor, que poderá ser acompanhado de perto pelos genitores e ter a continuidade do afeto e a proximidade da avó materna, sua guardiã desde tenra idade, que sempre lhe destinou todos os cuidados, atenção, carinhos e provê sua assistência moral, educacional e material. O deferimento da guarda não é definitivo, tampouco faz cessar o poder familiar, o que permite aos pais, futuramente, quando alcançarem estabilidade financeira, reverter a situação se assim entenderem, na conformidade do art. 35 do ECA" (STJ-3ª T., REsp 993.458, Min. Nancy Andrighi, j. 7.10.08, DJ 23.10.08).

V. tb., no nosso CCLCV, ECA 33, nota 2a.

Art. 1.584: 10a. "Verificado que estudo social, o parecer psicológico e o relatório psicossocial realizados nos autos apresentam robustos elementos desfavoráveis à concessão da guarda de adolescente especial do sexo feminino ao pai, o qual, inclusive, responde a inquérito por suspeita de ser autor do assassinato que vitimou a mãe da menor, não se apresenta recomendável deferir-lhe a guarda da filha. Demonstrado robustamente nos autos que a guarda da menor pela **tia materna** atende perfeitamente ao princípio do melhor interesse do menor, faz-se imperioso o acolhimento dos embargos infringentes" (RT 923/1.030: TJMA, EI 112.143/2012).

Todavia: "Os concêntricos patamares estabelecidos em lei para a fixação da guarda de menor focam-se, primeiramente, na ideia de que a convivência familiar — *stricto sensu* — é, primariamente, um direito da própria criança, pois, da teia familiar originária, aufere o conforto psicológico da sensação de pertencimento e retira os primeiros elementos para a construção do sentimento de sua própria identidade, originando-se, daí, a ordem hierárquica de presunção de maior bem-estar para a criança e o adolescente, em relação ao ambiente em que devem conviver, dado pela sequência: família natural, família natural estendida e família substituta. Somente, na consecutiva impossibilidade de manutenção da criança nesses núcleos de família natural, poderão os menores ser colocados em família natural estendida, devendo os fatores que justifiquem a excepcionalidade ser objetivamente comprovados, como pareceres técnicos que informem a existência de sólidos elementos desabonadores da conduta do genitor preterido. À mingua dessas excepcionais circunstâncias, a questão fática de residir a criança durante algum período com a tia não pode servir de obstáculo à concretização do direito do infante à convivência com sua família natural, mormente se nunca houve abandono do genitor em relação à sua prole" (STJ-3ª T., REsp 1.388.966, Min. Nancy Andrighi, j. 22.5.14, DJ 13.6.14).

Art. 1.584: 11. "Guarda. Ação procedente. Fixação em favor da **madrasta**. Prova dos autos que demonstra que o *decisum* melhor atende aos interesses do menor" (RT 880/180: TJSP, AP 555.582-4/2-00).

Art. 1.584: 12. O § 6º foi acrescido pela Lei 13.058, de 22.12.14.

Art. 1.585. Em sede de medida cautelar de separação de corpos,[1] em sede de medida cautelar de guarda ou em outra sede de fixação liminar de guarda, a decisão sobre guarda de filhos, mesmo que provisória, será proferida preferencialmente após a oitiva de ambas as partes perante o juiz, salvo se a proteção aos interesses dos filhos exigir a concessão de liminar sem a oitiva da outra parte, aplicando-se as disposições do art. 1.584.[2-3]

Art. 1.585: 1. v. art. 1.562.

Art. 1.585: 2. Redação de acordo com a Lei 13.058, de 22.12.14.

Art. 1.585: 3. e as do art. 1.586.

Art. 1.586. Havendo motivos graves, poderá o juiz, em qualquer caso, a bem dos filhos, regular de maneira diferente da estabelecida nos artigos antecedentes a situação deles para com os pais.[1] [Sem dispositivo correspondente no CC/1916.]

Art. 1.586: 1. cf. LINDB 5º.

Art. 1.587. No caso de invalidade do casamento,[1] havendo filhos comuns, observar-se-á o disposto nos arts. 1.584 e 1.586. [Sem dispositivo correspondente no CC/1916.]

Art. 1.587: 1. i. e., tanto na hipótese de casamento nulo como na de anulável (v. cap. que antecede o art. 1.548). Casamento: nulo (art. 1.548); anulável (art. 1.550).

Art. 1.588. O pai ou a mãe que contrair novas núpcias não perde o direito de ter consigo os filhos,[1] que só lhe poderão ser retirados por mandado judicial, provado que não são tratados convenientemente.[2] [Dispositivo correspondente no CC/1916: art. 329.]

Art. 1.588: 1. v. arts. 1.630 e 1.579 § ún. V. tb. art. 1.636.

Art. 1.588: 2. **Enunciado 337 do CEJ:** "O fato de o pai ou a mãe constituírem nova união não repercute no direito de terem os filhos do leito anterior em sua companhia, salvo quando houver comprometimento da sadia formação e do integral desenvolvimento da personalidade destes".

Enunciado 338 do CEJ: "A cláusula de não tratamento conveniente para a perda da guarda dirige-se a todos os que integrem, de modo direto ou reflexo, as novas relações familiares".

Art. 1.589. O pai ou a mãe, em cuja guarda não estejam os filhos, poderá visitá-los[1 a 2b] e tê-los em sua companhia, segundo o que acordar[3] com o outro cônjuge, ou for fixado pelo juiz, bem como fiscalizar sua manutenção e educação.[4-4a] [Sem dispositivo correspondente no CC/1916.]

Parágrafo único. O direito de visita estende-se a qualquer dos avós, a critério do juiz, observados os interesses da criança ou do adolescente.[5 a 7] [Sem dispositivo correspondente no CC/1916.]

✎ **Art. 1.589: 1.** "Direito à visita ou poder-dever de visitar: o princípio da afetividade como orientação dignificante no direito de família humanizado", por Joubert R. Rezende (RBDF 28/150); "Guarda de filhos não é posse ou propriedade", por Regina Beatriz Tavares da Silva (RJ 374/51).

Art. 1.589: 2. "Com base no princípio do melhor interesse da criança e no novo conceito eudemonista socioafetivo de família consagrado pela Constituição Federal de 1988, o direito de visita, que anteriormente era concebido apenas a quem detinha a guarda ou o poder familiar da criança, deve ser estendido a outras pessoas que com ela possuam relação de amor, carinho e afeto. Assim, considerando que o requerente conviveu com o requerido, menor de idade, durante cinco preciosos anos de sua vida, como se seu pai fosse, não se pode negar o **vínculo socioafetivo** que os une, advindo daí a fundamentação para o pedido de visita" (RT 883/298: TJMG, AP 1.0024.07.803449-3/001).

Art. 1.589: 2a. "Revogação do direito de visitação de filha menor. Possibilidade. Genitor ausente e cumprindo pena privativa de liberdade. Preservação do melhor interesse da criança. O **direito de visitação** garantido ao pai ou à mãe que não tenha a guarda da criança, não obstante a sua natureza afetiva, não tem caráter definitivo e não é absoluto. Ele **pode ser restringido temporariamente ou suprimido em situações excepcionais,** como na hipótese em que tal direito confronte diretamente com o princípio da proteção integral da criança e do adolescente, consagrado no art. 227 da CF/1988 e no Estatuto da Criança e do Adolescente (Lei n. 8.069/1990), de modo que eles tenham sua integridade física e emocional preservadas" (STJ-3ª T., REsp 1.497.628, Min. Moura Ribeiro, j. 1.3.16, DJ 7.3.16).

"Agravo de instrumento. Destituição do poder familiar. Pedido de suspensão de visitas do pai à menor, mesmo em local público a tanto destinado. Ocorrência de denúncia do Ministério Público, quanto à prática de crime sexual contra infante, pelo genitor. Laudo psicológico recomendando a suspensão de visitas pelo genitor, por ora. Agravo provido para determinar a providência, considerado tanto o princípio do *cuidado*, com o valor jurídico a ele pertinente, e o quanto disposto nos arts. 1º, III, 227 e 229, 2ª parte, da CF, até final julgamento da lide, ressalvada ulterior e diversa deliberação" (JTJ 347/41: AI 661.476-4/7-00).

Art. 1.589: 2b. "A determinação de que o paciente se submeta a exame toxicológico para que seja viável a decisão acerca da visitação das filhas menores não caracteriza constrangimento da sua liberdade de ir e vir, tão pouco, ilegalidade ou abuso de poder passível de exame em *habeas corpus*" (STJ-4ª T., HC 269.499, Min. Isabel Gallotti, j. 24.6.14, DJ 1.8.14).

Art. 1.589: 3. v. CPC 731-III.

Art. 1.589: 4. "Menor. Viagem ao exterior. Genitora que recebeu proposta de emprego em Lisboa. Novo domicílio da detentora da guarda. Pretensão a envolver melhorias nas condições de vida. Pai que não ofereceu oposição séria e fundada ao pedido" (JTJ 269/355: AI 278.124-4/4-00).

Todavia: "Menor. Suprimento de autorização paterna para viagem ao exterior. Indeferimento. Prejuízo à criança que se afastaria da escola em pleno período letivo, além de mantê-la distante do meio sociofamiliar que tanto preza. Transtornos evidentes ao direito de visitas pelo progenitor" (JTJ 262/174, AP 96.988-0/5-00).

Art. 1.589: 4a. Negando a ação de prestação de contas para o pai contra a mãe, em relação à pensão alimentícia paga ao filho, com a ponderação de que, no caso, cabe ao alimentante apenas fiscalizar a aplicação dos valores pagos, ressalvado o direito de o próprio filho exigir contas da mãe quanto à pensão paga pelo pai, o que pode ser feito através do MP: JTJ 239/164.

"Aquele que presta alimentos não detém interesse processual para ajuizar ação de prestação de contas em face da mãe da alimentada, porquanto ausente a utilidade do provimento jurisdicional invocado, notadamente porque quaisquer valores que sejam porventura apurados em favor do alimentante estarão cobertos pelo manto do princípio da irrepetibilidade dos alimentos já pagos" (STJ-3ª T., REsp 985.061, Min. Nancy Andrighi, j. 20.5.08, DJU 16.6.08). No mesmo sentido: STJ-4ª T., REsp 970.147, Min. Marco Buzzi, j. 4.9.12, maioria, DJ 16.10.12.

Afirmando que "a guardiã legal dos menores não tem o dever de prestar contas acerca da utilização dos alimentos em favor dos menores": RT 863/241.

Art. 1.589: 5. O § ún. foi acrescido pela Lei 12.398, de 28.3.11.

✎ **Art. 1.589: 5a.** "Direitos e deveres dos avós — alimentos e visitação", por Álvaro Villaça Azevedo (RIDF 45/38); "Poder familiar, tutela, curatela e guarda de incapazes e o direito dos avós de visita aos netos — aspectos abrangentes da Lei 12.398/2011", por Rosa Maria Barreto Borrielo de Andrade Nery (RT 907/21); "Direito dos avós", por Lourival Serejo (RBDFS 25/65).

Art. 1.589: 6. Enunciado 333 do CEJ: "O direito de visita pode ser estendido aos avós e pessoas com as quais a criança ou o adolescente mantenha vínculo afetivo, atendendo ao seu melhor interesse".

Art. 1.589: 7. "Menor. Regulamentação de visita. Avó que não possui convivência boa com o pai da já adolescente. Imposição da visitação à neta. Inadequacidade. Consideração, sempre que possível, da vontade da menor, a fim de serem evitados efeitos indesejados, como a rejeição" (JTJ 312/245: AP 362.735-4/0-00).

Art. 1.590. As disposições relativas à guarda e prestação de alimentos aos filhos menores estendem-se aos maiores incapazes.[1] [Sem dispositivo correspondente no CC/1916.]

Art. 1.590: 1. s/ alimentos, v. arts. 1.694 a 1.710.

Subtítulo II | DAS RELAÇÕES DE PARENTESCO[1-2]

Capítulo I | DISPOSIÇÕES GERAIS

✎ **SUBTÍT. II: 1.** "Os operadores do direito frente às questões da parentalidade", por Euclides de Oliveira (RBDF 20/150); "A tripla parentalidade (biológica, registral e socioafetiva)", por Adalgisa Wiedemann Chaves (RBDF 31/143).

SUBTÍT. II: 2. Súmula Vinculante 13 do STF: "A nomeação de cônjuge, companheiro ou parente em linha reta, colateral ou por afinidade, até o terceiro grau, inclusive, da autoridade nomeante ou de servidor da mesma pessoa jurídica investido em cargo de direção, chefia ou assessoramento, para o exercício de cargo em comissão ou de confiança ou, ainda, de função gratificada na administração pública direta e indireta em qualquer dos Poderes da União, dos Estados, do Distrito Federal e dos Municípios, compreendido o ajuste mediante designações recíprocas, viola a Constituição Federal".

Art. 1.591. São parentes em linha reta[1] as pessoas que estão umas para com as outras na relação de ascendentes e descendentes. [Dispositivo correspondente no CC/1916: art. 330.]

Art. 1.591: 1. v. art. 1.595 § 2º.

Art. 1.592. São parentes em linha colateral[1] ou transversal, até o quarto grau, as pessoas provenientes de um só tronco, sem descenderem uma da outra.[2] [Dispositivo correspondente no CC/1916: art. 331.]

Art. 1.592: 1. v. arts. 12 § ún., 228-V, 1.521-IV, 1.524, 1.540, 1.731-II, 1.822 § ún., 1.829-IV, 1.839, 1.840 e 1.850.

Art. 1.592: 2. ex.: irmãos, tios, sobrinhos e primos. Os irmãos podem ser germanos (oriundos dos mesmos pais) ou unilaterais (oriundos apenas da mesma mãe ou do mesmo pai).

Art. 1.593. O parentesco é natural ou civil, conforme resulte de consanguinidade ou outra origem.[1-2] [Sem dispositivo correspondente no CC/1916.]

Art. 1.593: 1. v. arts. 1.596, nota 2 (paternidade sociológica ou socioafetiva), 1.597-V (filhos por inseminação artificial heteróloga) e 1.618 e 1.619 e ECA 39 a 52-D (adoção).

Art. 1.593: 2. Enunciado 103 do CEJ: "O Código Civil reconhece, no art. 1.593, outras espécies de parentesco civil além daquele decorrente da adoção, acolhendo, assim, a noção de que há também parentesco civil no vínculo parental proveniente quer das técnicas de reprodução assistida heteróloga relativamente ao pai (ou mãe) que não contribuiu com seu material fecundante, quer da paternidade socioafetiva, fundada na posse do estado de filho".

Enunciado 256 do CEJ: "A posse do estado de filho (parentalidade socioafetiva) constitui modalidade de parentesco civil".

Art. 1.594. Contam-se, na linha reta, os graus de parentesco pelo número de gerações, e, na colateral, também pelo número delas, subindo de um dos parentes até ao ascendente comum, e descendo até encontrar o outro parente. [Dispositivo correspondente no CC/1916: art. 333.]

Art. 1.595. Cada cônjuge ou companheiro é aliado aos parentes do outro pelo vínculo da afinidade. [Dispositivo correspondente no CC/1916: art. 334.]

§ 1º O parentesco por afinidade limita-se aos ascendentes, aos descendentes e aos irmãos do cônjuge ou companheiro. [Sem dispositivo correspondente no CC/1916.]

§ 2º Na linha reta, a afinidade não se extingue com a dissolução do casamento ou da união estável.[1] [Dispositivo correspondente no CC/1916: art. 335.]

Art. 1.595: 1. Assim, mesmo após o fim do casamento ou da união estável, permanecem os laços entre sogro e nora, sogra e genro, padrasto e enteada etc., de modo que um continua impedido de casar com o outro.

Já na linha colateral, o parentesco por afinidade desaparece com a extinção do casamento ou da união estável, de modo que os cunhados podem se casar nessas circunstâncias.

Capítulo II | DA FILIAÇÃO[1]

✎ **CAP. II: 1.** "Direito ao estado de filiação e direito à origem genética: uma distinção necessária", por Paulo Luiz Netto Lôbo (RJ 316/19 e RBDF 19/133); "Filhos do coração", por Rolf Madaleno (RBDF 23/22); "Filiação sucessória", por Rolf Madaleno (RBDFS 1/25).

Art. 1.596. Os filhos, havidos ou não da relação de casamento, ou por adoção, terão os mesmos direitos e qualificações,[1-2] proibidas quaisquer designações discriminatórias relativas à filiação.[3] [Sem dispositivo correspondente no CC/1916.]

Art. 1.596: 1. **CF 227: "§ 6º** Os filhos, havidos ou não da relação do casamento, ou por adoção, terão os mesmos direitos e qualificações, proibidas quaisquer designações discriminatórias relativas à filiação".

Art. 1.596: 2. "A **paternidade sociológica** é um ato de opção, fundando-se na liberdade de escolha de quem ama e tem afeto, o que não acontece, às vezes, com quem apenas é a fonte geratriz. Embora o ideal seja a concentração entre as paternidades jurídica, biológica e socioafetiva, o reconhecimento da última não significa o desapreço à biologização, mas atenção aos novos paradigmas oriundos da instituição das entidades familiares. Uma de suas formas é a 'posse do estado de filho', que é a exteriorização da condição filial, seja por levar o nome, seja por ser aceito como tal pela sociedade, com visibilidade notória e pública. Liga-se ao princípio da aparência, que corresponde a uma situação que se associa a um direito ou estado, e que dá segurança jurídica, imprimindo caráter de seriedade à relação aparente. Isso ainda ocorre com o 'estado de filho afetivo', que além do nome, que não é decisivo, ressalta o tratamento e a reputação, eis que a pessoa é amparada, cuidada e atendida pelo indigitado pai, como se filho fosse. O ativismo judicial e a peculiar atuação do juiz de família impõem, em afago à solidariedade humana e veneração respeitosa ao princípio da dignidade da pessoa, que se supere a formalidade processual, determinando o registro da filiação do autor, com veredito declaratório nesta investigação de paternidade socioafetiva, e todos os seus consectários" (RJTJERGS 248/229, maioria).

"Paternidade e maternidade socioafetiva. Autora que, com o óbito da mãe biológica, contando com apenas quatro anos de idade, ficou sob a guarda de casal que por mais de duas décadas dispensou a ela o mesmo tratamento concedido aos filhos genéticos, sem quaisquer distinções. Prova eloquente demonstrando que a demandante era tratada como filha, tanto que os nomes dos pais afetivos, contra os quais é direcionada a ação, encontram-se timbrados nos convites de debutante, formatura e casamento da acionante" (RT 928/1.071: TJSC, AP 2011.034517-3).

"A paternidade ou maternidade socioafetiva é concepção jurisprudencial e doutrinária recente, ainda não abraçada, expressamente, pela legislação vigente, mas a qual se aplica, de forma analógica, no que forem pertinentes, as regras orientadoras da filiação biológica. A norma princípio estabelecida no art. 27, *in fine*, do ECA afasta as restrições à busca do reconhecimento de filiação e, quando conjugada com a possibilidade de filiação socioafetiva, acaba por reorientar, de forma ampliativa, os restritivos comandos legais hoje existentes, para assegurar ao que procura o reconhecimento de vínculo de filiação socioafetivo, trânsito desimpedido de sua pretensão. Nessa senda, não se pode olvidar que a construção de uma relação socioafetiva, na qual se encontre caracterizada, de maneira indelével, a posse do estado de filho, dá a esse o direito subjetivo de pleitear, em juízo, o reconhecimento desse vínculo, mesmo por meio de ação de investigação de paternidade, *a priori*, restrita ao reconhecimento forçado de vínculo biológico. Não demonstrada a chamada posse do estado de filho, torna-se inviável a pretensão" (STJ-3ª T., REsp 1.189.663, Min. Nancy Andrighi, j. 6.9.11, DJ 15.9.11).

V. tb. arts. 1.603, nota 3, e 1.606, nota 2.

Art. 1.596: 3. **Lei 8.560, de 29.12.92** — Regula a investigação de paternidade dos filhos havidos fora do casamento e dá outras providências: **"Art. 5º** No registro de nascimento não se fará qualquer referência à natureza da filiação, à sua ordem em relação a outros irmãos do mesmo prenome, exceto gêmeos, ao lugar e cartório do casamento dos pais e ao estado civil destes.

"Art. 6º Das certidões de nascimento não constarão indícios de a concepção haver sido decorrente de relação extraconjugal.

"§ 1º Não deverá constar, em qualquer caso, o estado civil dos pais e a natureza da filiação, bem como o lugar e cartório do casamento, proibida referência à presente lei".

Art. 1.597. Presumem-se concebidos na constância do casamento os filhos:[1] [Dispositivo correspondente no CC/1916: art. 338-*caput*.]

I — nascidos cento e oitenta dias, pelo menos, depois de estabelecida a convivência conjugal; [Dispositivo correspondente no CC/1916: art. 338-I.]

II — nascidos nos trezentos dias subsequentes à dissolução da sociedade conjugal, por morte, separação judicial,[1a] nulidade e anulação do casamento;[1b] [Dispositivo correspondente no CC/1916: art. 338-II.]

III — havidos por fecundação artificial[1c-1d] homóloga,[1e] mesmo que falecido o marido; [Sem dispositivo correspondente no CC/1916.]

IV — havidos, a qualquer tempo, quando se tratar de embriões excedentários,[2] decorrentes de concepção artificial homóloga; [Sem dispositivo correspondente no CC/1916.]

V — havidos por inseminação artificial heteróloga,[2a-2b] desde que tenha prévia autorização do marido.[3] [Sem dispositivo correspondente no CC/1916.]

Art. 1.597: 1. "Reprodução humana assistida e filiação na perspectiva dos direitos de personalidade", por José Jairo Gomes (RDPr 22/136); "O fenômeno da paternidade socioafetiva: a filiação e a revolução da genética", por Jédison Daltrozo Maidana (RBDF 24/50); "Técnicas de reprodução assistida e o biodireito", por Jesualdo Eduardo de Almeida Júnior (RT 838/87); "Reproduções assistidas à luz do novo Código Civil", por Lidia Elizabeth Penaloza Jaramillo Gama (RF 380/493); "Reprodução assistida: os direitos dos embriões congelados e daqueles que os geram", por Suzana Stoffel Martins Albano (RBDF 34/72); "Considerações acerca dos efeitos jurídicos do uso indevido de material genético", por Domingos Afonso Kriger Filho (RJ 347/87).

Art. 1.597: 1a. v. art. 1.571, nota 2b **(Em. Const. 66, de 13.7.10).**

Art. 1.597: 1b. "Se nosso ordenamento jurídico, notadamente o próprio texto constitucional (art. 226, § 3º), admite a **união estável** e reconhece nela a existência de entidade familiar, nada mais razoável de se conferir interpretação sistemática ao art. 1.597, inciso II, do Código Civil, para que passe a contemplar, também, a presunção de concepção dos filhos na constância de união estável. Na espécie, o companheiro da mãe da menor faleceu 239 (duzentos e trinta e nove) dias antes do seu nascimento. Portanto, dentro da esfera de proteção conferida pelo inciso II do art. 1.597 do Código Civil, que presume concebidos na constância do casamento os filhos nascidos nos trezentos dias subsequentes, entre outras hipóteses, em razão de sua morte" (STJ-3ª T., REsp 1.194.059, Min. Massami Uyeda, j. 6.11.12, RBDFS 31/109, com comentário de Cristiano Chaves de Farias).

Art. 1.597: 1c. Enunciado 105 do CEJ: "As expressões 'fecundação artificial', 'concepção artificial' e 'inseminação artificial' constantes, respectivamente, dos incisos III, IV e V do art. 1.597 deverão ser interpretadas como 'técnica de reprodução assistida'".

Enunciado 106 do CEJ: "Para que seja presumida a paternidade do marido falecido, será obrigatório que a mulher, ao se submeter a uma das técnicas de reprodução assistida com o material genético do falecido, esteja na condição de viúva, sendo obrigatório, ainda, que haja autorização escrita do marido para que se utilize seu material genético após sua morte".

Enunciado 257 do CEJ: "As expressões 'fecundação artificial', 'concepção artificial' e 'inseminação artificial', constantes, respectivamente, dos incs. III, IV e V do art. 1.597 do Código Civil, devem ser interpretadas restritivamente, não abrangendo a utilização de óvulos doados e a gestação de substituição".

Art. 1.597: 1d. v. CF 225 § 1º-II e V, regulamentados pela Lei 11.105, de 24.3.05.

Art. 1.597: 1e. A fecundação artificial homóloga é aquela realizada com sêmen do próprio cônjuge. Se o sêmen utilizado for de outro homem, a fecundação artificial é heteróloga (v. inc. V).

Art. 1.597: 2. Enunciado 107 do CEJ: "Finda a sociedade conjugal, na forma do art. 1.571, a regra do inciso IV somente poderá ser aplicada se houver autorização prévia, por escrito, dos ex-cônjuges, para a utilização dos embriões excedentários, só podendo ser revogada até o início do procedimento de implantação desses embriões".

✎ **Art. 1.597: 2a.** "A reprodução assistida heteróloga sob a ótica do novo Código", por Guilherme Calmon Nogueira da Gama (RT 817/11 e RBDF 19/41); "A inseminação artificial heteróloga", por Lidia Elizabeth Penaloza Jaramillo Gama (RF 377/451).

Art. 1.597: 2b. v. nota 1e.

Art. 1.597: 3. Enunciado 104 do CEJ: "No âmbito das técnicas de reprodução assistida envolvendo o emprego de material fecundante de terceiros, o pressuposto fático da relação sexual é substituído pela vontade (ou, eventualmente, pelo risco da situação jurídica matrimonial) juridicamente qualificada, gerando presunção absoluta ou relativa de paternidade no que tange ao marido da mãe da criança concebida, dependendo da manifestação expressa (ou implícita) de vontade no curso do casamento".

Enunciado 258 do CEJ: "Não cabe a ação prevista no art. 1.601 do Código Civil se a filiação tiver origem em procriação assistida heteróloga, autorizada pelo marido nos termos do inc. V do art. 1.597, cuja paternidade configura presunção absoluta".

Art. 1.598. Salvo prova em contrário, se, antes de decorrido o prazo previsto no inciso II do art. 1.523, a mulher contrair novas núpcias e lhe nascer algum filho, este se presume do primeiro marido, se nascido dentro dos trezentos dias a contar da data do falecimento deste e, do segundo, se o nascimento ocorrer após esse período e já decorrido o prazo a que se refere o inciso I do art. 1.597. [Dispositivo correspondente no CC/1916: art. 340.]

Art. 1.599. A prova da impotência do cônjuge para gerar, à época da concepção, ilide a presunção da paternidade. [Dispositivo correspondente no CC/1916: art. 342.]

Art. 1.600. Não basta o adultério da mulher, ainda que confessado, para ilidir a presunção legal da paternidade.[1] [Dispositivo correspondente no CC/1916: art. 343.]

Art. 1.600: 1. v. arts. 1.601 e 1.602.

Art. 1.601. Cabe ao marido[1] o direito de contestar a paternidade[1a a 2] dos filhos nascidos de sua mulher, sendo tal ação imprescritível.[2a a 4] [Dispositivo correspondente no CC/1916: art. 344.]

Parágrafo único. Contestada a filiação, os herdeiros do impugnante têm direito de prosseguir na ação. [Dispositivo correspondente no CC/1916: art. 345.]

Art. 1.601: 1. ou ao companheiro (STJ-RT 814/193: 4ª T., REsp 440.394).

Fora eles, ninguém mais tem legitimidade para propor a ação negatória de paternidade. Assim: "Cabe apenas ao marido a propositura da ação negatória de paternidade, prevista no art. 1.601 do CC/02, tendo por objeto restritivamente a impugnação da paternidade de filhos havidos no casamento" (STJ-4ª T., Ag em REsp 199.308-AgRg, Min. Luis Felipe, j. 25.9.12, DJ 3.10.12).

"Somente o pai registral possui legitimidade para a ação na qual se busca impugnar a paternidade — usualmente denominada de ação negatória de paternidade —, não podendo ser ajuizada por terceiros com mero interesse econômico" (STJ-4ª T., REsp 1.412.946, Min. Luis Felipe, j. 17.3.16, DJ 22.4.16).

S/ legitimidade para a ação declaratória de inexistência de filiação, fundada em falsidade ideológica, v. art. 1.604, nota 1b.

Art. 1.601: 1a. "Ação de investigação de paternidade", por Alexandre Betini (RT 799/725); "Prazo para impugnar a paternidade", por Marco Túlio de Carvalho Rocha (RJ 296/42); "Negatória de paternidade e anulação de registro civil: certezas e instabilidades", por Leila Maria Torraca de Brito (RBDF 36/5).

Art. 1.601: 1b. v. art. 1.597, nota 3 (Enunciados 104 e 258 do CEJ). V., no nosso CCLCV, tít. INVESTIGAÇÃO DE PATERNIDADE. V. ainda LRP 29 § 1º-b e 102-1º.

Art. 1.601: 1c. "Mesmo considerando a prevalência dos interesses da criança que deve nortear a condução do processo em que se discute de um lado o direito do pai de negar a paternidade em razão do estabelecimento da verdade biológica e, de outro, o direito da criança de ter preservado seu estado de filiação, verifica-se que não há prejuízo para esta, porquanto à menor socorre o direito de perseguir a verdade real em ação investigatória de paternidade, para valer-se, aí sim, do direito indisponível de reconhecimento do estado de filiação e das consequências, inclusive materiais, daí advindas" (STJ-3ª T., REsp 878.954, Min. Nancy Andrighi, j. 7.5.07, DJU 28.5.07).

Art. 1.601: 2. "O filho nascido na constância do casamento, tem legitimidade para propor ação para identificar seu verdadeiro ancestral. A ação negatória de paternidade atribuída privativamente ao marido, não exclui a ação de investigação de paternidade proposta pelo filho contra o suposto pai ou seus sucessores" (STJ-3ª T., REsp 765.479, Min. Gomes de Barros, j. 7.3.06, DJU 24.4.06). Em sentido semelhante: STF-Pleno, AR 1.244-EI, Min. Cármen Lúcia, j. 22.9.16, DJ 30.3.17.

Art. 1.601: 2a. **ECA 27:** "O reconhecimento do estado de filiação é direito personalíssimo, indisponível e imprescritível, podendo ser exercitado contra o pai ou seus herdeiros, sem qualquer restrição, observado o segredo de justiça".

Art. 1.601: 3. **Súmula 149 do STF (Prescrição):** "É imprescritível a ação de investigação de paternidade, mas não o é a de petição de herança".

V. tb. arts. 205, nota 3, 1.604, nota 2a, e 1.614, nota 2.

Art. 1.601: 4. No processo instaurado para a declaração negativa da paternidade, não há espaço para o ingresso de terceiro interessado na tutela dos direitos do filho, que são tutelados pelo MP (STJ-3ª T., REsp 886.124, Min. Gomes de Barros, j. 20.9.07, DJU 19.11.07). Ou seja, não há aplicação analógica do art. 1.615.

Art. 1.602. Não basta a confissão materna para excluir a paternidade.[1] [Dispositivo correspondente no CC/1916: art. 346.]

Art. 1.602: 1. v. art. 1.600. V. tb. art. 213 e CPC 392.

Art. 1.603. A filiação prova-se pela certidão do termo de nascimento registrada no Registro Civil.[1 a 3] [Sem dispositivo correspondente no CC/1916.]

Art. 1.603: 1. v. LRP 50 a 66.

Art. 1.603: 1a. v. art. 9º-I.

Art. 1.603: 2. **Enunciado 108 do CEJ:** "No fato jurídico do nascimento, mencionado no art. 1.603, compreende-se, à luz do disposto no art. 1.593, a filiação consanguínea e também a socioafetiva".

Art. 1.603: 3. "A relação socioafetiva serve para preservar uma filiação juridicamente já constituída, modo voluntário, pelo registro (que define, no plano jurídico, a existência do laço — art. 1.603 do CC), jamais sendo suficiente para constituí-la de modo forçado, à revelia da vontade do genitor. Dar tamanha extensão à parentalidade socioafetiva resultará, por certo, não em proteção aos interesses de crianças e de adolescentes, mas, ao contrário, em desserviço a eles, pois, se consolidada tal tese, ninguém mais correrá o risco de tomar uma criança em guarda, com receio de, mais adiante, se ver réu de uma investigatória de paternidade ou maternidade" (RJTJERGS 259/218: AP 70014775159, maioria).

V. tb. art. 1.596, nota 2.

Art. 1.604. Ninguém pode vindicar estado contrário ao que resulta do registro de nascimento, salvo provando-se erro ou falsidade do registro.[1 a 3] [Dispositivo correspondente no CC/1916: art. 348.]

✎ **Art. 1.604: 1.** "As verdades parentais e a ação vindicatória de filho", por Flávio Tartuce (RBDFS 4/29).

Art. 1.604: 1a. v. art. 1.608. V. tb. LRP 113 e CP 241 a 243.

Art. 1.604: 1b. "A ação declaratória de inexistência de filiação legítima, por comprovada falsidade ideológica, é suscetível de ser intentada não só pelo suposto filho, mas também por outros **legítimos interessados**" (STJ-4ª T., REsp 139.118, Min. Sálvio de Figueiredo, j. 26.5.03, DJU 25.8.03). "A anulação do registro de nascimento ajuizada com fulcro no art. 348 do Código Civil, em virtude de falsidade ideológica, pode ser pleiteada por quem tenha legítimo interesse moral ou material na declaração da nulidade" (STJ-4ª T., REsp 257.119, Min. Cesar Rocha, j. 20.2.01, DJU 2.4.01). "Não se tratando de negatória de paternidade, mas de ação declaratória de inexistência de filiação, por alegada falsidade ideológica no registro de nascimento, não apenas o pai é legítimo para intentá-la, mas também outros legítimos interessados" (STJ-3ª T., REsp 939.657-AgRg, Min. Nancy Andrighi, j. 1.12.09, DJ 14.12.09).

Consideram-se legitimados para pedir a desconstituição do registro:

— os **filhos** do pai registral, ou seja, os irmãos da pessoa registrada como filha: "O pretenso **irmão** da ré tem legitimidade ativa para pleitear a anulação de registro de seu nascimento, com fundamento na falsidade ideológica (art. 348 do CC de 1916, atual art. 1.604)" (STJ-RJ 373/147: 4ª T., REsp 799.588). No mesmo sentido: STJ-3ª T., REsp 1.170.148-AgRg, Min. Paulo Sanseverino, j. 15.3.12, DJ 21.3.12; RJM 184/162 (AI 1.0607.06.028958-6/001);

— "os **irmãos** daquele que prestou declarações falsas ao registro civil, atribuindo-se a paternidade da criança", ou seja, os **tios** da pessoa registrada como filha (STJ-4ª T., REsp 434.759, Min. Ruy Rosado, j. 17.9.02, DJU 10.2.03);

— os **pais** do suposto pai, ou seja, os **avós** da pessoa registrada como filha (RSTJ 30/322, RF 377/361, Bol. AASP 2.252/2.147, RJM 166/208);

— aquele que afirma ser o **verdadeiro pai** (RSTJ 96/249), podendo, inclusive, cumular pedido de reconhecimento de paternidade (RJM 168/236). **Contra,** negando esse direito ao pretenso pai biológico: RT 897/340 (TJSC, AP 2009.037289-8), JTJ 316/380 (AI 457.549-4/8, maioria).

Todavia, entendendo que carecem "a esposa e os demais filhos de legitimidade, sobretudo **enquanto vivo o 'pai do registro',** o qual nunca suscitou erro ou falsidade na concepção do ato registral": Bol. AASP 2.574 (a citação é do voto do relator).

"Ação de anulação de registro de nascimento. Art. 1.604 do Código Civil. Pretensão que vindica bem jurídico próprio dos herdeiros. **Ilegitimidade ativa do espólio.** O espólio não detém legitimidade para o ajuizamento da ação, uma vez que a sua capacidade processual é voltada para a defesa de interesses que possam afetar a esfera patrimonial dos bens que compõem a herança, até que ocorra a partilha. Como, no caso, a demanda veicula direito de natureza pessoal, que não importa em aumento ou diminuição do acervo hereditário, a legitimidade ativa deve ser reconhecida apenas em favor dos herdeiros, que poderão ingressar com nova ação, em nome próprio, se assim o desejarem" (STJ-3ª T., REsp 1.497.676, Min. Marco Bellizze, j. 9.5.17, DJ 31.5.17).

S/ legitimidade para a ação negatória de paternidade, v. art. 1.601, nota 1.

Art. 1.604: 1c. Nas demandas em que se vindicar estado contrário ao que resulta do registro de nascimento, a citação do pai registral é impositiva, na condição de litisconsorte necessário (CPC

114). "Conquanto desnecessária a prévia propositura de ação anulatória de registro civil, sendo bastante o ajuizamento direto da ação investigatória de paternidade, é essencial, sob pena de nulidade, a integração à lide, como litisconsorte necessário, do pai registral, que deve ser obrigatoriamente citado para a demanda onde é interessado direto, pois nela concomitantemente postulada a desconstituição da sua condição de genitor" (STJ-4ª T., REsp 512.278, Min. Aldir Passarinho Jr., j. 14.10.08, DJ 3.11.08).

Art. 1.604: 2. "É ilegítimo o pedido de retificação de assento de nascimento, fundado em acordo extrajudicial de reconhecimento de paternidade, para a inclusão de terceiro como pai do menor, em substituição àquele constante do respectivo assento de nascimento, uma vez que, por tratar-se de direito indisponível, é imprescindível que a pretensão se dê pela via judicial, mediante propositura de ação de nulidade do registro de nascimento, oportunizando a participação de todos os interessados na lide, mormente se o suposto genitor, que levou a efeito o registro e deu a alegada falsa declaração de paternidade, é casado com a mãe do infante" (RT 844/247; ementa da redação).

Art. 1.604: 2a. "A falsidade ideológica de registro de nascimento torna-o anulável, e não nulo, e, portanto, a ação que visa desconstituir o aludido ato jurídico sujeita-se a **prazo decadencial de quatro anos**" (STJ-4ª T., REsp 844.462-AgRg, Min. João Otávio, j. 20.5.10, DJ 27.5.10).

Todavia, no sentido de que é **"imprescritível** o direito ao reconhecimento do estado filial, interposto com fundamento na falsidade do registro": RSTJ 171/297 (4ª T., REsp 139.118). No caso, "trata-se de ação de irmão contra irmã, fundada no art. 348 do mesmo diploma legal, requerendo a nulidade do registro dessa última". O art. 348 do CC rev. corresponde ao CC 1.604.

"O filho tem o direito de buscar sua identidade biológica a qualquer tempo, não ocorrendo decadência ou prescrição da pretensão, pois busca conhecer a verdade real e, conforme o caso, alterar o assento de nascimento" (STJ-3ª T., Ag em REsp 309.548-AgRg, Min. João Otávio, j. 27.5.14, DJ 3.6.14).

V. tb. arts. 205, nota 3, 1.601, e 1.614, nota 2.

Art. 1.604: 3. Enunciado 339 do CEJ: "A paternidade socioafetiva, calcada na vontade livre, não pode ser rompida em detrimento do melhor interesse do filho".

"A ausência de vínculo biológico é fato que por si só não revela a falsidade da declaração de vontade consubstanciada no ato do reconhecimento. A relação socioafetiva é fato que não pode ser, e não é, desconhecido pelo Direito. Inexistência de nulidade do assento lançado em registro civil. O STJ vem dando prioridade ao critério biológico para o reconhecimento da filiação naquelas circunstâncias em que há dissenso familiar, onde a relação socioafetiva desapareceu ou nunca existiu. Não se pode impor os deveres de cuidado, de carinho e de sustento a alguém que, não sendo o pai biológico, também não deseja ser pai socioafetivo. A *contrario sensu*, se o afeto persiste de forma que pais e filhos constroem uma relação de mútuo auxílio, respeito e amparo, é acertado desconsiderar o vínculo meramente sanguíneo, para reconhecer a existência de filiação jurídica" (STJ-RIDF 44/153: 3ª T., REsp 878.941). No mesmo sentido: STJ-RT 893/194 e RBDFS 13/130 (4ª T., REsp 709.608). Ainda: "Desconsiderar o vínculo socioafetivo enraizado entre o pai que consta do registro e a adolescente, em prol apenas de uma mera vinculação genética, é ignorar a nova exegese do Direito de Família brasileiro que busca pautar-se, entre outros valores, no princípio da paternidade responsável" (Bol. AASP 2.650: TJRJ, AP 2008.001.51947-AgRg).

"Apesar do resultado negativo do exame de DNA, deve ser mantido o assento de paternidade no registro de nascimento, tendo em vista o caráter socioafetivo da relação que perdurou por aproximadamente vinte anos, como se pai e filha fossem" (RBDF 0/102).

"O reconhecimento espontâneo da paternidade somente pode ser desfeito quando demonstrado vício de consentimento, isto é, para que haja possibilidade de anulação do registro de nascimento de menor cuja paternidade foi reconhecida, é necessária prova robusta no sentido de que o 'pai registral' foi de fato, por exemplo, induzido a erro, ou, ainda, que tenha sido coagido a tanto" (STJ-RDDP 72/139: 3ª T., REsp 1.003.628). "Negatória de paternidade. Inadmissibilidade. Reconhecimento livre e espontâneo, sem indução por erro ou qualquer outro vício de consentimento, durante período de convivência em união estável. Hipótese de paternidade socioafetiva" (RT 864/250). "As alegações do recorrido de que foi convencido pela mãe do menino a registrá-lo como se seu filho fosse e de que o fez por apreço a ela não configuram erro ou qualquer outro vício do consentimento, e, portanto, não são, por si sós, motivos hábeis a justificar a anulação do assento de nascimento, levado a efeito por ele, quatro anos antes, quando, em juízo, voluntariamente reconheceu ser o pai da criança, embora sabendo não sê-lo" (STJ-3ª T., REsp 1.229.044, Min. Nancy Andrighi, j. 4.6.13, DJ 13.6.13). No mesmo sentido: RT 868/383, 889/382 (TJSC, AP 2009.004712-2).

"O ajuizar de uma ação negatória de paternidade com o intuito de dissipar dúvida sobre a existência de vínculo biológico, restando inequívoco nos autos, conforme demonstrado no acórdão impugnado, que o pai sempre suspeitou a respeito da ausência de tal identidade e, mesmo assim, registrou, de forma voluntária e consciente, a criança como sua filha, coloca por terra qualquer possibilidade de se alegar a existência de vício de consentimento, o que indiscutivelmente acarreta a carência da ação, sendo irreprochável a extinção do processo, sem resolução do mérito. Se a causa de pedir da negatória de paternidade repousa em mera dúvida acerca do vínculo biológico, extingue-se o processo, sem resolução do mérito, nos termos do art. 267-VI do CPC, por carência da ação" (STJ-3ª T., REsp 1.067.438, Min. Nancy Andrighi, j. 3.3.09, DJ 20.5.09).

"O reconhecimento espontâneo da paternidade daquele que, mesmo tendo dúvidas quanto à paternidade biológica, registra como seu filho que não o é, tipifica verdadeira adoção, irrevogável, descabendo posteriormente a pretensão anulatória do registro de nascimento" (RBDF 19/94). No mesmo sentido: RBDF 36/128, RT 874/197 (TJSP, AP 389.953-4/1-00), 886/234 (TJDFT, EI na AP 1999061003958-5, maioria).

"Para que fique caracterizado o erro, é necessária a prova do engano não intencional na manifestação da vontade de registrar. Mesmo que não tenha ficado demonstrada a construção de qualquer vínculo de afetividade entre as partes, no decorrer de mais de 50 anos, a dúvida que o recorrente confessa que sempre existiu, mesmo antes da criança nascer, de que ele era seu filho, já é suficiente para afastar a ocorrência do vício de consentimento — erro — no momento do registro voluntário. No entendimento desta Corte, para que haja efetiva possibilidade de anulação do registro de nascimento, é necessária prova robusta no sentido de que o pai foi de fato induzido a erro, ou ainda, que tenha sido coagido a tanto" (STJ-3ª T., REsp 1.433.470, Min. Nancy Andrighi, j. 15.5.14, DJ 22.5.14).

"Sendo a filiação um estado social, comprovada a posse do estado de filho, não se justifica a anulação de registro de nascimento por nele não constar o nome do pai biológico, e sim o do pai afetivo" (RJTJERGS 248/257). No mesmo sentido: RT 862/363, 870/370, 872/341 (TJPA, AP 2007.3007294-5).

"A paternidade biológica não tem o condão de vincular, inexoravelmente, a filiação, apesar de deter peso específico ponderável, ante o liame genético para definir questões relativas à filiação. Pressupõe, no entanto, para a sua prevalência, da concorrência de elementos imateriais que efetivamente demonstram a ação volitiva do genitor em tomar posse da condição de pai ou mãe. A filiação socioafetiva, por seu turno, ainda que despida de ascendência genética, constitui uma relação de fato que deve ser reconhecida e amparada juridicamente. Isso porque a parentalidade que nasce de uma decisão espontânea, frise-se, arrimada em boa-fé, deve ter guarida no Direito de Família. Nas relações familiares, o princípio da boa-fé objetiva deve ser observado e visto sob suas funções integrativas e limitadoras, traduzidas pela figura do *venire contra factum proprium* (proibição de comportamento contraditório), que exige coerência comportamental daqueles que buscam a tutela jurisdicional para a solução de conflitos no âmbito do Direito de Família. Na hipótese, a evidente má-fé da genitora e a incúria do recorrido, que conscientemente deixou de agir para tornar pública sua condição de pai biológico e, quiçá, buscar a construção da necessária paternidade socioafetiva, toma-lhes o direito de se insurgirem contra os fatos consolidados. A omissão do recorrido, que contribuiu decisivamente para a perpetuação do engodo urdido pela mãe, atrai o entendimento de que a ninguém é dado alegar a própria torpeza em seu proveito (*nemo auditur propriam turpitudinem allegans*) e faz fenecer a sua legitimidade para pleitear o direito de buscar a alteração no registro de nascimento de sua filha biológica" (STJ-3ª T., REsp 1.087.163, Min. Nancy Andrighi, j. 18.8.11, DJ 31.8.11).

Julgando improcedente ação declaratória de maternidade cumulada com pedido de anulação de registro, ajuizada pela mãe biológica em face do casal para o qual ela espontaneamente entregara a criança, sob o argumento de não ter condições para criá-la na época: "Tendo como prisma a integridade psicológica da menor, não se pode entender como justa e razoável sua retirada de lugar que considera seu lar e com pessoas que considera seus pais, lá criada desde os primeiros dias de vida, como medida protetiva ao direito daquela que, nada obstante tenha emprestado à criança seus dados genéticos, contribuiu decisivamente para a consolidação dos laços afetivos supra referidos" (RF 392/431).

Todavia: "Se, à época da realização do registro de nascimento, a filiação foi declarada tão somente com base nas afirmativas feitas pela genitora do menor, que induziram o declarante a acreditar ser o pai da criança, é possível questionar a paternidade em ação negatória, com base em vício de consentimento. Se o vínculo biológico foi afastado por prova genética (exame de DNA) e, por depoimentos, comprovou-se a ausência de vínculo afetivo entre o declarante e o menor, não há como manter filiação em desacordo com a realidade. Nas ações de estado, prevalece o princípio da verdade real, que deve ser afastado apenas em circunstâncias particulares e especiais, considerando-se o caso concreto" (STJ-3ª T., REsp 1.362.557, Min. João Otávio, j. 7.10.14, maioria, DJ 9.12.14).

"Conquanto tenha a investigante sido acolhida em lar 'adotivo' e usufruído de uma relação socioafetiva, nada lhe retira o direito, em havendo sua insurgência ao tomar conhecimento de sua real história, de ter acesso à sua verdade biológica que lhe foi usurpada, desde o nascimento até a idade madura" (STJ-RBDFS 19/137: 3ª T., REsp 833.712). No mesmo sentido, ponderando que, "se o pai registral não passou de um pai no papel, se não surgiu entre ambos um vínculo de afetividade, se não se está na presença de uma filiação socioafetiva, imperativo será desconstituir o vínculo registral, fazer reconhecer a verdade biológica e proceder à alteração do registro": RBDF 43/105 (a citação é do voto da relatora, Des. Maria Berenice Dias).

"Se é o próprio filho quem busca o reconhecimento do vínculo biológico com outrem, porque durante toda a sua vida foi induzido a acreditar em uma verdade que lhe foi imposta por aqueles que o registraram, não é razoável que se lhe imponha a prevalência da paternidade socioafetiva, a fim de impedir sua pretensão. O reconhecimento do estado de filiação constitui direito personalíssimo, indisponível e imprescritível, que pode ser exercitado, portanto, sem qualquer restrição, em face dos pais ou seus herdeiros. Ainda que haja a consequência patrimonial advinda do reconhecimento do vínculo jurídico de parentesco, ela não pode ser invocada como argumento para negar o direito do recorrido à sua ancestralidade. Afinal, todo o embasamento relativo à possibilidade de investigação da paternidade, na hipótese, está no valor supremo da dignidade da pessoa humana e no direito do recorrido à sua identidade genética" (STJ-3ª T., REsp 1.401.719, Min. Nancy Andrighi, j. 8.10.13, DJ 15.10.13).

"É de prevalecer a paternidade socioafetiva sobre a biológica para garantir direitos aos filhos, na esteira do princípio do melhor interesse da prole, sem que, necessariamente, a assertiva seja verdadeira quando é o filho que busca a paternidade biológica em detrimento da socioafetiva. No caso de ser o filho — o maior interessado na manutenção do vínculo civil resultante do liame socioafetivo — quem vindica estado contrário ao que consta no registro civil, socorre-lhe a existência de 'erro ou falsidade' (art. 1.604 do CC/02) para os quais não contribuiu. Afastar a possibilidade de o filho pleitear o reconhecimento da paternidade biológica, no caso de 'adoção à brasileira', significa impor-lhe que se conforme com essa situação criada à sua revelia e à margem da lei. A paternidade biológica gera, necessariamente, uma responsabilidade não evanescente e que não se desfaz com a prática ilícita da chamada 'adoção à brasileira', independentemente da nobreza dos desígnios que a motivaram. E, do mesmo modo, a filiação socioafetiva desenvolvida com os pais registrais não afasta os direitos da filha resultantes da filiação biológica, não podendo, no caso, haver equiparação entre a adoção regular e a chamada 'adoção à brasileira'" (STJ-4ª T., REsp 1.167.993, Min. Luis Felipe, j. 18.12.12, maioria, DJ 15.3.13).

"A filiação socioafetiva encontra amparo na cláusula geral de tutela da personalidade humana, que salvaguarda a filiação como elemento fundamental na formação da identidade e definição da personalidade da criança. A superveniência do fato jurídico representado pela morte da criança, ocorrido após a interposição do recurso especial, impõe o emprego da norma contida no art. 462 do CPC, porque faz fenecer o direito, que tão somente à criança pertencia, de ser abrigada pela filiação socioafetiva" (STJ-3ª T., REsp 450.566, Min. Nancy Andrighi, j. 3.5.11, DJ 11.5.11).

Contra, no sentido de que o resultado do exame de DNA basta para a desconstituição do registro: "O reconhecimento dos filhos através de registro público é irrevogável, no entanto, tal fato não implica na vedação de questionamentos em torno da filiação, desde que haja elementos suficientes para buscar a desconstituição do reconhecimento anteriormente formulado. Para desconstituir o registro de nascimento é necessário erro ou falsidade, contudo tenho que o exame de DNA, por ter como resultado um erro essencial sobre o estado da pessoa, é prova capaz de desconstituí-lo, pois derruba, por completo, a verdade jurídica nele estabelecida. Diante de uma prova tecnológica e cientificamente avançada como o exame de DNA e, ainda, não havendo, nos autos, elementos suficientes para contradizer o resultado por ele alcançado, não há razão para decidir contrariamente à sua conclusão" (RT 869/311, maioria).

V. tb. arts. 1.601, nota 1c, e 1.609, nota 1.

Art. 1.605. Na falta, ou defeito, do termo de nascimento, poderá provar-se[1-2] a filiação por qualquer modo admissível em direito:[3] [Dispositivo correspondente no CC/1916: art. 349-*caput*.]

I — quando houver começo de prova por escrito, proveniente dos pais, conjunta ou separadamente; [Dispositivo correspondente no CC/1916: art. 349-I.]

II — quando existirem veementes presunções resultantes de fatos já certos. [Dispositivo correspondente no CC/1916: art. 349-II.]

Art. 1.605: 1. Enunciado 109 do CEJ: "A restrição da coisa julgada oriunda de demandas reputadas improcedentes por insuficiência de prova não deve prevalecer para inibir a busca da identidade genética pelo investigando".

Art. 1.605: 2. s/ prova, v. arts. 212 a 232.

Art. 1.605: 3. v. CPC 400-II.

Art. 1.606. A ação de prova de filiação compete ao filho, enquanto viver, passando aos herdeiros, se ele morrer menor ou incapaz.[1-2] [Dispositivo correspondente no CC/1916: art. 350.]

Parágrafo único. Se iniciada a ação pelo filho, os herdeiros poderão continuá-la, salvo se julgado extinto o processo. [Dispositivo correspondente no CC/1916: art. 351.]

Art. 1.606: 1. v. ECA 27 e LRP 102-2º. V. ainda, art. 2º da Lei 8.560, de 29.12.92.

Art. 1.606: 2. "O direito ao reconhecimento judicial de **vínculo paternal,** seja ele genético ou **socioafetivo,** é pessoal, podendo ser transferido entre filhos e netos apenas de forma sucessiva, na hipótese em que a ação tiver sido iniciada pelo próprio filho e não houver sido extinto o processo. Interpretação do art. 1.606 e parágrafo único, do Código Civil. A ação foi proposta pelos netos objetivando o reconhecimento de vínculo socioafetivo entre a mãe, pré-morta, e os avós, um deles também já falecido, que a teriam criado como filha desde os 3 anos de idade, carecendo os autores, portanto, de legitimidade ativa *ad causam*, sendo-lhes resguardado, porém, o direito de demandar em nome próprio" (STJ-3ª T., REsp 1.492.861, Min. Marco Bellizze, j. 2.8.16, DJ 16.8.16).

V. tb. art. 1.596, nota 2.

Capítulo III | DO RECONHECIMENTO DOS FILHOS[1 a 3]

CAP. III: 1. v., no nosso CCLCV, tít. INVESTIGAÇÃO DE PATERNIDADE.

CAP. III: 2. v. ECA 27, LRP 59 e 113 e LJE 3º § 2º, *in fine*.

CAP. III: 3. Enunciado 339 do CEJ: "A paternidade socioafetiva, calcada na vontade livre, não pode ser rompida em detrimento do melhor interesse do filho".

Art. 1.607. O filho havido fora do casamento pode ser reconhecido pelos pais, conjunta ou separadamente.[1-2] [Dispositivo correspondente no CC/1916: art. 355.]

Art. 1.607: 1. v. arts. 1.596 e 1.693-I. V. tb. CF 227 § 6º e ECA 26.

Art. 1.607: 2. "O direito de reconhecer voluntariamente a prole é personalíssimo e, portanto, intransmissível aos herdeiros, não existindo no direito positivo pátrio norma que atribua efeitos jurídicos ao ato pelo qual aqueles reconhecem a condição de irmão, se o pai não o fez em vida. Falecido o suposto genitor sem manifestação expressa acerca da existência de filho *extra matrimonium*, a pretensão de inclusão do seu nome no registro de nascimento poderá ser deduzida apenas na via judicial, por meio de ação investigatória de paternidade" (STJ-3ª T., REsp 832.330, Min. Castro Filho, j. 20.3.07, DJU 2.4.07).

Todavia, há acórdãos no sentido de que os pais do pai já falecido, isto é, os avós, podem reconhecer extrajudicialmente o filho de seu filho, ou seja, o neto, em situações nas quais não haja conflito de interesses (RBDF 20/130, 21/89).

Art. 1.608. Quando a maternidade constar do termo do nascimento do filho, a mãe só poderá contestá-la, provando a falsidade do termo, ou das declarações nele contidas.[1] [Dispositivo correspondente no CC/1916: art. 356.]

Art. 1.608: 1. v. art. 1.604. V. tb. LRP 113 e CP 241 a 243.

Art. 1.609. O reconhecimento dos filhos havidos fora do casamento é irrevogável[1] e será feito: [Dispositivo correspondente no CC/1916: art. 357-*caput*.]

I — no registro do nascimento;[1a] [Dispositivo correspondente no CC/1916: 357-*caput*.]

II — por escritura pública ou escrito particular, a ser arquivado em cartório; [Dispositivo correspondente no CC/1916: art. 357-*caput*.]

III — por testamento, ainda que incidentalmente manifestado;[2] [Dispositivo correspondente no CC/1916: art. 357-*caput*.]

IV — por manifestação direta e expressa perante o juiz, ainda que o reconhecimento não haja sido o objeto único e principal do ato que o contém. [Dispositivo correspondente no CC/1916: art. 357-*caput*.]

Parágrafo único. O reconhecimento pode preceder o nascimento do filho ou ser posterior ao seu falecimento, se ele deixar descendentes. [Dispositivo correspondente no CC/1916: art. 357 § ún.]

Art. 1.609: 1. O que a lei veda é a retratação pura e simples do reconhecimento; se este é inverídico, admite-se a propositura de ação para anulá-lo, movida pelo suposto pai (RT 779/227, 811/229, 851/213, 860/354, 863/239, RBDF 40/133) ou "intentada por quem quer que nisso tenha interesse" (RT 656/76).

V. tb. art. 1.604 e notas.

Art. 1.609: 1a. v. art. 10-II; LRP 29 § 1º-*b*, *c* e *d*.

Art. 1.609: 2. v. art. 1.610.

Art. 1.610. O reconhecimento não pode ser revogado,[1] nem mesmo quando feito em testamento.[2] [Sem dispositivo correspondente no CC/1916.]

Art. 1.610: 1. v. art. 1.609, nota 1.

Art. 1.610: 2. v. art. 1.609-III.

Art. 1.611. O filho havido fora do casamento, reconhecido por um dos cônjuges, não poderá residir no lar conjugal sem o consentimento do outro.[1] [Dispositivo correspondente no CC/1916: art. 359.]

Art. 1.611: 1. Dec. lei 3.200, de 19.4.41 — Dispõe sobre a organização e proteção da família: "**Art. 15.** Se um dos cônjuges negar consentimento para que resida no lar conjugal o filho natural reconhecido do outro, caberá ao pai ou à mãe, que o reconheceu, prestar-lhe, fora do seu lar, inteira assistência, assim como alimentos correspondentes à condição social em que viva, iguais aos que prestar ao filho legítimo se o tiver".

Art. 1.612. O filho reconhecido, enquanto menor, ficará sob a guarda do genitor que o reconheceu, e, se ambos o reconheceram e não houver acordo, sob a de quem melhor atender aos interesses do menor.[1-2] [Dispositivo correspondente no CC/1916: art. 360.]

Art. 1.612: 1. v. arts. 1.583 a 1.586.

Quanto ao filho não reconhecido pelo pai, v. art. 1.633.

Art. 1.612: 2. Dec. lei 3.200, de 19.4.41 — Dispõe sobre a organização e proteção da família: "**Art. 16** (*redação dada pela Lei 5.582, de 16.6.70*). O filho natural enquanto menor ficará sob o poder do genitor que o reconheceu e, se ambos o reconheceram, sob o poder da mãe, salvo se de tal solução advier prejuízo ao menor.

"§ 1º (*incluído pela Lei 5.582, de 16.6.70*) Verificado que não deve o filho permanecer em poder da mãe ou do pai, deferirá o Juiz a sua guarda a pessoa notoriamente idônea, de preferência da família de qualquer dos genitores.

"§ 2º (*incluído pela Lei 5.582, de 16.6.70*) Havendo motivos graves, devidamente comprovados, poderá o Juiz, a qualquer tempo e caso, decidir de outro modo, no interesse do menor".

Art. 1.613. São ineficazes a condição[1] e o termo[2] apostos ao ato de reconhecimento do filho. [Dispositivo correspondente no CC/1916: art. 361.]

Art. 1.613: 1. v. art. 121.

Art. 1.613: 2. v. art. 131.

Art. 1.614. O filho maior não pode ser reconhecido sem o seu consentimento, e o menor pode impugnar o reconhecimento, nos quatro anos que se seguirem à maioridade, ou à emancipação.[1 a 3] [Dispositivo correspondente no CC/1916: art. 362.]

✎ **Art. 1.614: 1.** "A investigação de paternidade e o artigo 1.614 do Código Civil", por Sérgio Gischkow Pereira (Ajuris 94/283); "Princípio constitucional da paternidade responsável: diretrizes para a reinterpretação do art. 1.614 do Código Civil", por Vanessa Ribeiro Corrêa Sampaio Souza (RBDFS 31/17).

Art. 1.614: 1a. "Falece legítimo interesse econômico ou moral, faltando, pois, condição da ação (CPC, art. 267, VI), ao pretenso genitor que, durante clima de animosidade, demonstrado por acionamento judicial e dissensões, move ação de reconhecimento de paternidade e anulação de registro de nascimento contra suposta filha, registrada há cerca de quarenta anos, pelos mesmos genitores do autor e, portanto, sua irmã" (STJ-3ª T., REsp 903.613, Min. Sidnei Beneti, j. 24.6.08, DJ 5.8.08).

Art. 1.614: 2. "A regra que impõe o prazo de quatro anos para impugnar o reconhecimento da paternidade constante do registro civil só é aplicável ao filho natural que pretende afastar a paternidade por mero ato de vontade, com o objetivo único de desconstituir o reconhecimento da filiação, sem contudo buscar constituir nova relação. A decadência, portanto, não atinge o direito do filho que busca o reconhecimento da verdade biológica em investigação de paternidade e a consequente anulação do registro com base na falsidade deste" (STJ-3ª T., REsp 987.987, Min. Nancy Andrighi, j. 21.8.08, DJ 5.9.08). No mesmo sentido: STJ-4ª T., REsp 681.837, Min. Jorge Scartezzini, j. 2.6.05, DJU 20.6.05.

Contra: "Se a parte já contava mais de 30 anos de idade ao ajuizar a ação e sempre soube da inexistência do liame biológico com os pais registrais, mas manteve com eles e com o irmão proveniente dessa relação estreito liame social e afetivo, descabe buscar a desconstituição do vínculo, tendo ocorrido de forma indelével a decadência do seu direito" (RJTJERGS 248/248: AP 70011110327, maioria; no caso, foram cumulados os pedidos de investigação de paternidade, de anulação de registro e de petição de herança).

V. tb. arts. 205, nota 3, 1.601, e 1.604, nota 2a.

Art. 1.614: 3. v. art. 4º da Lei 8.560, de 29.12.92.

Art. 1.615. Qualquer pessoa, que justo interesse tenha, pode contestar a ação de investigação de paternidade,[1] ou maternidade.[2] [Dispositivo correspondente no CC/1916: art. 365.]

Art. 1.615: 1. v. art. 2º da Lei 8.560, de 29.12.92.

Art. 1.615: 2. Diversamente, para caso de ação declaratória negativa da paternidade, v. art. 1.601, nota 4.

Art. 1.616. A sentença que julgar procedente a ação de investigação produzirá os mesmos efeitos do reconhecimento;[1] mas poderá ordenar que o filho se crie e eduque fora da companhia dos pais ou daquele que lhe contestou essa qualidade.[2] [Dispositivo correspondente no CC/1916: art. 366.]

Art. 1.616: 1. v. LRP 29 § 1º-*d*.

Art. 1.616: 2. v. arts. 1.584 § 5º e 1.586.

Art. 1.617. A filiação materna ou paterna pode resultar de casamento declarado nulo, ainda mesmo sem as condições do putativo.[1-2] [Dispositivo correspondente no CC/1916: art. 367.]

Art. 1.617: 1. Casamento putativo: art. 1.561. Casamento nulo: art. 1.548.

Art. 1.617: 2. Ou seja, subsiste a presunção de paternidade e de maternidade dos filhos havidos de casamento nulo, porque, ainda que provada a má-fé de ambos os cônjuges, os efeitos civis do casamento "aos filhos aproveitarão" (art. 1.561 § 2º).

Capítulo IV | DA ADOÇÃO[1 a 3]

CAP. IV: 1. "Igualdade entre a filiação biológica e socioafetiva", por Belmiro Pedro Welter (RDPr 14/111); "A filiação adotiva dos menores e o novo modelo de família previsto na Constituição Federal de 1988", por Fernanda Stracke Moor (Ajuris 83/135); "A família nos estudos psicossociais de adoção: experiência de uma vara da infância e da juventude", por Niva Maria Vasques Campos e Liana Fortunato Costa (RT 813/114); "Adoção plena: um instituto do amor", por Anabel Vitória Mendonça de Souza (RBDF 28/78); "O processo de adoção. Brasil (1998-2006)", por Carla Hecht Domingos (RBDF 38/38).

CAP. IV: 2. v. arts. 558, 1.521-I, III e V, 1.593, 1.596, 1.635-IV e 1.763-II. V. tb. CF 227 § 6º.

CAP. IV: 3. **Lei 10.421, de 15.4.02** — Estende à mãe adotiva o direito à licença-maternidade e ao salário-maternidade, alterando a Consolidação das Leis do Trabalho e a Lei 8.213, de 24.7.91.

V. arts. 208 e 210 da Lei 8.112, de 11.12.90 (concessão de licença para servidor público federal que adotar filho).

Art. 1.618. A adoção de crianças e adolescentes será deferida na forma prevista pela Lei n. 8.069, de 13 de julho de 1990 — Estatuto da Criança e do Adolescente.[1-2] [Sem dispositivo correspondente no CC/1916.]

Parágrafo único. ....[3]

Art. 1.618: 1. Redação do *caput* de acordo com a Lei 12.010, de 3.8.09, em vigor 90 dias após a sua publicação (DOU 4.8.09).

Art. 1.618: 2. v. especialmente ECA 39 a 52-D e notas, no nosso CCLCV, tít. CRIANÇA, ADOLESCENTE E JOVEM.

Art. 1.618: 3. O § ún. foi expressamente revogado pela Lei 12.010, de 3.8.09, em vigor 90 dias após a sua publicação (DOU 4.8.09).

Art. 1.619. A adoção de maiores de dezoito anos dependerá da assistência efetiva do poder público e de sentença constitutiva, aplicando-se, no que couber, as regras gerais da Lei n. 8.069, de 13 de julho de 1990 — Estatuto da Criança e do Adolescente.[1 a 4] [Sem dispositivo correspondente no CC/1916.]

Art. 1.619: 1. Redação do art. 1.619 de acordo com a Lei 12.010, de 3.8.09, em vigor 90 dias após a sua publicação (DOU 4.8.09).

Art. 1.619: 2. "Na vigência do Código Civil de 2002, é indispensável o processo judicial, mesmo para a adoção de maiores de 18 anos, não sendo possível realizar o ato por intermédio de escritura pública" (STJ-4ª T., REsp 703.362, Min. Luis Felipe, j. 25.10.10, DJ 8.6.10).

Art. 1.619: 3. "Remetendo o art. 1.619 do Código Civil, que trata da adoção de maiores de dezoito anos, a aplicação dos dispositivos da Lei 8.069/90 — Estatuto da Criança e do Adolescente, impõe-se a observância do rito processual nele encartado, no que couber. Os requisitos legais para a adoção da pessoa maior e capaz são os mesmos para a adoção do menor, a saber: a) diferença de idade de dezesseis anos entre adotante e adotado (art. 42, § 3º, ECA); b) consentimento do adotando maior de 18 anos (art. 45, § 2º, ECA); c) impedimentos matrimoniais quanto à família adotiva como em relação à família natural; d) proibição de ser adotado por avós, irmãos, tutores e curadores (art. 42, § 1º, ECA); e e) direito sucessório assegurado (art. 41, § 2º, ECA). Todavia, o requisito primordial à adoção é a demonstração de forma cabal da existência de vínculo afetivo que une os adotantes e adotados e da convivência harmônica entre os mesmos, eis que nos termos do art. 43

da Lei 8.069/90: 'a adoção será deferida quando apresentar reais vantagens para o adotando e fundar-se em motivos legítimos'. No caso em comento, além da irregularidade na manifestação de vontade e da falta de representação da pretensa adotante, não houve comprovação acerca da existência de laço afetivo entre os adotantes e o adotado, bem como de uma convivência harmônica entre os mesmos, pois residentes em países distintos, inegavelmente, desde fevereiro de 2008. Não preenchidos os requisitos necessários ao prosseguimento do feito, impõe-se a manutenção da sentença recorrida" (RT 932/901: TJES, AP 0017624-75.2011.8.08.0035).

Art. 1.619: 4. "A adoção de pessoa maior e plenamente capaz é questão que envolve interesse individual e disponível, **não dependente do consentimento dos pais biológicos** do adotando" (STJ-3ª T., REsp 1.421.409, Min. João Otávio, j. 18.8.16, DJ 25.8.16).

Art. 1.620. .... [1]

Art. 1.620: 1. O art. 1.620 foi expressamente revogado pela Lei 12.010, de 3.8.09, em vigor 90 dias após a sua publicação (DOU 4.8.09).

Art. 1.621. .... [1]

§ 1º .... [2]

§ 2º .... [3]

Art. 1.621: 1. O art. 1.621 foi expressamente revogado pela Lei 12.010, de 3.8.09, em vigor 90 dias após a sua publicação (DOU 4.8.09).

Art. 1.621: 2. O § 1º foi expressamente revogado pela Lei 12.010, de 3.8.09, em vigor 90 dias após a sua publicação (DOU 4.8.09).

Art. 1.621: 3. O § 2º foi expressamente revogado pela Lei 12.010, de 3.8.09, em vigor 90 dias após a sua publicação (DOU 4.8.09).

Art. 1.622. .... [1]

Parágrafo único. .... [2]

Art. 1.622: 1. O art. 1.622 foi expressamente revogado pela Lei 12.010, de 3.8.09, em vigor 90 dias após a sua publicação (DOU 4.8.09).

Art. 1.622: 2. O § ún. foi expressamente revogado pela Lei 12.010, de 3.8.09, em vigor 90 dias após a sua publicação (DOU 4.8.09).

Art. 1.623. .... [1]

Parágrafo único. .... [2]

Art. 1.623: 1. O art. 1.623 foi expressamente revogado pela Lei 12.010, de 3.8.09, em vigor 90 dias após a sua publicação (DOU 4.8.09).

Art. 1.623: 2. O § ún. foi expressamente revogado pela Lei 12.010, de 3.8.09, em vigor 90 dias após a sua publicação (DOU 4.8.09).

Art. 1.624. .... [1]

Art. 1.624: 1. O art. 1.624 foi expressamente revogado pela Lei 12.010, de 3.8.09, em vigor 90 dias após a sua publicação (DOU 4.8.09).

Art. 1.625. .... [1]

Art. 1.625: 1. O art. 1.625 foi expressamente revogado pela Lei 12.010, de 3.8.09, em vigor 90 dias após a sua publicação (DOU 4.8.09).

Art. 1.626. .... [1]

Parágrafo único. .... [2]

Art. 1.626: 1. O art. 1.626 foi expressamente revogado pela Lei 12.010, de 3.8.09, em vigor 90 dias após a sua publicação (DOU 4.8.09).

Art. 1.626: 2. O § ún. foi expressamente revogado pela Lei 12.010, de 3.8.09, em vigor 90 dias após a sua publicação (DOU 4.8.09).

Art. 1.627. .... [1]

Art. 1.627: 1. O art. 1.627 foi expressamente revogado pela Lei 12.010, de 3.8.09, em vigor 90 dias após a sua publicação (DOU 4.8.09).

Art. 1.628. .... [1]

Art. 1.628: 1. O art. 1.628 foi expressamente revogado pela Lei 12.010, de 3.8.09, em vigor 90 dias após a sua publicação (DOU 4.8.09).

Art. 1.629. .... [1]

Art. 1.629: 1. O art. 1.629 foi expressamente revogado pela Lei 12.010, de 3.8.09, em vigor 90 dias após a sua publicação (DOU 4.8.09).

Capítulo V | DO PODER FAMILIAR[1]

Seção I | DISPOSIÇÕES GERAIS

CAP. V: 1. v., no nosso CCLCV, tít. CRIANÇA, ADOLESCENTE E JOVEM.

Art. 1.630. Os filhos estão sujeitos ao poder familiar, enquanto menores.[1] [Dispositivo correspondente no CC/1916: art. 379.]

Art. 1.630: 1. v. arts. 5º (maioridade civil) e 1.612 (guarda do filho).

Art. 1.631. Durante o casamento e a união estável, compete o poder familiar aos pais; na falta ou impedimento de um deles, o outro o exercerá com exclusividade. [Dispositivo correspondente no CC/1916: art. 380-*caput*.]

Parágrafo único. Divergindo os pais quanto ao exercício do poder familiar, é assegurado a qualquer deles recorrer ao juiz para solução do desacordo.[1-1a] [Dispositivo correspondente no CC/1916: art. 380 § ún.]

Art. 1.631: 1. "O direito de audição de crianças e jovens em processo de regulação do exercício do poder familiar", por Gustavo Ferraz de Campos Mônaco e Maria Luiza Ferraz de Campos (RBDF 32/5).

Art. 1.631: 1a. v. arts. 1.567 § ún., 1.690 § ún., 1.517 § ún.; ECA 21.

Art. 1.632. A separação judicial,[1] o divórcio e a dissolução da união estável não alteram as relações entre pais e filhos senão quanto ao direito, que aos primeiros cabe, de terem em sua companhia os segundos.[2] [Dispositivo correspondente no CC/1916: art. 381.]

Art. 1.632: 1. v. art. 1.571, nota 2b **(Em. Const. 66, de 13.7.10).**

Art. 1.632: 2. v. arts. 1.583 a 1.590. V. tb. LDi 27.

Art. 1.633. O filho, não reconhecido pelo pai, fica sob poder familiar exclusivo da mãe; se a mãe não for conhecida ou capaz de exercê-lo, dar-se-á tutor ao menor.[1] [Dispositivo correspondente no CC/1916: art. 383.]

Art. 1.633: 1. v. arts. 1.638 (destituição judicial do poder familiar) e 1.728 (tutela do filho menor).

Seção II | DO EXERCÍCIO DO PODER FAMILIAR[1]

SEÇ. II: 1. s/ crimes ligados ao poder familiar, v. CP 244 a 249.

Art. 1.634. Compete a ambos os pais, qualquer que seja a sua situação conjugal, o pleno exercício do poder familiar, que consiste em, quanto aos filhos:[1]

I — dirigir-lhes a criação e a educação;[1a]

II — exercer a guarda unilateral ou compartilhada nos termos do art. 1.584;[1b]

III — conceder-lhes ou negar-lhes consentimento para casarem;[2]

IV — conceder-lhes ou negar-lhes consentimento para viajarem ao exterior;[2a]

V — conceder-lhes ou negar-lhes consentimento para mudarem sua residência permanente para outro Município;

VI — nomear-lhes tutor[3] por testamento ou documento autêntico, se o outro dos pais não lhe sobreviver, ou o sobrevivo não puder exercer o poder familiar;

VII — representá-los judicial e extrajudicialmente até os 16 (dezesseis) anos, nos atos da vida civil, e assisti-los, após essa idade,[4] nos atos em que forem partes, suprindo-lhes o consentimento;[5]

VIII — reclamá-los de quem ilegalmente os detenha;

IX — exigir que lhes prestem obediência, respeito e os serviços próprios de sua idade e condição.

Art. 1.634: 1. Redação do *caput* e incisos de acordo com a Lei 13.058, de 22.12.14.

Art. 1.634: 1a. s/ dever dos pais de prestar alimentos aos filhos, v. art. 1.566-IV. V. tb. ECA 22.

Art. 1.634: 1b. v. arts. 1.583 a 1.589, 1.612 e 1.631 a 1.633. V. tb. ECA 33 a 35.

Art. 1.634: 2. v. arts. 1.517 e 1.555.

Art. 1.634: 2a. v. ECA 83 a 85.

Art. 1.634: 3. v. art. 1.729.

Art. 1.634: 4. "após essa idade", i. e., até completarem 18 anos (art. 5º).

Art. 1.634: 5. v. tb. art. 1.690.

Seção III | DA SUSPENSÃO E EXTINÇÃO DO PODER FAMILIAR[1]

SEÇ. III: 1. v. ECA 155 a 163.

Art. 1.635. Extingue-se o poder familiar: [Dispositivo correspondente no CC/1916: art. 392-*caput*.]

I — pela morte dos pais ou do filho; [Dispositivo correspondente no CC/1916: art. 392-I.]

II — pela emancipação, nos termos do art. 5º, parágrafo único; [Dispositivo correspondente no CC/1916: art. 392-II.]

III — pela maioridade;[1] [Dispositivo correspondente no CC/1916: art. 392-III.]

IV — pela adoção;[2] [Dispositivo correspondente no CC/1916: art. 392-IV.]

V — por decisão judicial, na forma do art. 1.638. [Dispositivo correspondente no CC/1916: art. 395-*caput*.]

Art. 1.635: 1. i. e., aos 18 anos (art. 5º).

Art. 1.635: 2. A adoção transfere o poder familiar dos pais consanguíneos para os pais adotivos (ECA 41).

Art. 1.636. O pai ou a mãe que contrai novas núpcias, ou estabelece união estável, não perde, quanto aos filhos do relacionamento anterior, os direitos ao poder familiar,[1] exercendo-os sem qualquer interferência do novo cônjuge ou companheiro. [Dispositivo correspondente no CC/1916: art. 393.]

Parágrafo único. Igual preceito ao estabelecido neste artigo aplica-se ao pai ou à mãe solteiros que casarem ou estabelecerem união estável. [Sem dispositivo correspondente no CC/1916.]

Art. 1.636: 1. v. art. 1.588.

Art. 1.637. Se o pai, ou a mãe, abusar de sua autoridade, faltando aos deveres a eles inerentes ou arruinando os bens dos filhos,[1] cabe ao juiz, requerendo algum parente, ou o Ministério Público,[1a] adotar a medida que lhe pareça reclamada pela segurança do menor e seus haveres, até suspendendo o poder familiar, quando convenha. [Dispositivo correspondente no CC/1916: art. 394-*caput*.]

Parágrafo único. Suspende-se igualmente o exercício do poder familiar ao pai ou à mãe condenados por sentença irrecorrível, em virtude de crime cuja pena exceda a dois anos de prisão.[2] [Dispositivo correspondente no CC/1916: art. 394 § ún.]

Art. 1.637: 1. v. art. 1.691.

Art. 1.637: 1a. s/ legitimidade para o pedido de perda ou suspensão do poder familiar, v., mais amplamente, ECA 155.

Art. 1.637: 2. v. CP 92-II.

Art. 1.638. Perderá por ato judicial o poder familiar o pai ou a mãe que:[1-1a] [Dispositivo correspondente no CC/1916: art. 395-*caput*.]

I — castigar imoderadamente o filho;[1b] [Dispositivo correspondente no CC/1916: art. 395-I.]

II — deixar o filho em abandono;[2-2a] [Dispositivo correspondente no CC/1916: art. 395-II.]

III — praticar atos contrários à moral e aos bons costumes;[3] [Dispositivo correspondente no CC/1916: art. 395-III.]

IV — incidir, reiteradamente, nas faltas previstas no artigo antecedente. [Sem dispositivo correspondente no CC/1916.]

Art. 1.638: 1. v. art. 1.635-V.

Art. 1.638: 1a. "Destituição do pátrio poder. Menor. Família substituta. Caso peculiar. Migração da mãe para o sul do Brasil em busca de melhores condições. Maus-tratos e situação de risco. Confirmação. Pretensão de atribuição da guarda à avó materna. Inexistência de vínculo com a família estendida (avós, tios e primos). Adoção concluída. Prevalência do interesse do menor. Estabilidade na criação e formação. Estando a criança em situação de risco e não subsistindo nenhum vínculo afetivo entre ela e a família de origem, prevalece o interesse da menor, que deve ser inserida em família substituta, sobretudo quando há notícia de que o processo de adoção já foi concluído" (STJ-3ª T., REsp 1.422.929, Min. João Otávio, j. 24.4.14, maioria, DJ 12.8.14).

Art. 1.638: 1b. v. CP 136.

Art. 1.638: 2. v. CP 244 a 247 (crimes contra a assistência familiar).

Art. 1.638: 2a. "Se não há controvérsia sobre o fato de a menor ter sido vítima de negligência e de maus-tratos e encontrar-se em situação de risco, destitui-se o pátrio poder" (STJ-3ª T., REsp 1.422.929, Min. João Otávio, j. 24.4.14, maioria, DJ 12.8.14).

"Estando as crianças privadas dos cuidados indispensáveis à sua saúde, segurança pessoal e moralidade, caracterizado está o abandono destas pela mãe" (RT 827/421). No mesmo sentido: RBDF 31/104. Ainda, destituindo os pais do poder familiar "em virtude do alcoolismo e da falta de estrutura familiar": RT 826/335 (TJPR, AP 152.301-7). Também: RT 940/707 (TJDF, AP 2012.01.3.003029-2).

"Pais alcoólatras. Situação de risco evidenciada. Ambiente familiar não propício à formação da menor e ao seu desenvolvimento sadio. Constada, ademais, negligência daqueles em relação à infante. Ausência de cuidado com sua saúde, alimentação, educação e higiene" (RT 887/339: TJSC, AP 2009.001881-5).

"Comprovada a violação aos deveres inerentes ao poder familiar, em razão do histórico de negligência e drogadição da genitora, que abandonou a filha recém-nascida na maternidade, não mais voltando a procurá-la, resta configurada situação grave de risco autorizadora da destituição do poder familiar" (RT 901/321: TJRS, AP 70034858712).

"Destituição do poder familiar. Adolescente de 12 anos que engravida do padrasto e, após o nascimento da filha, envolve-se com drogas e prostituição. Riscos de que, mantida sob a guarda da avó, a garotinha venha a repetir a história da mãe. Núcleo familiar da bisavó tampouco adequado para a criação da menor. Impossibilidade de manutenção na família de origem. Princípio da proteção integral que deve prevalecer sobre o direito da adolescente em criar a filha" (RT 909/767: TJSP, AP 990.10.447562-7, maioria).

"Justifica a extinção do poder familiar a negligência nos deveres de sustentar, educar e guardar o menor, por não deter a mãe e a família biológica condições de provê-lo com os cuidados necessários ao seu desenvolvimento saudável, sob o aspecto físico, intelectual, emocional, afetivo, emotivo, espiritual e social. Hipótese em que o infante nasceu com problemas de atraso de desenvolvimento psicomotor e a mãe foi diagnosticada com retardo moderado, com idade mental de seis a nove anos, sendo incapaz de oferecer os cuidados mínimos ao seu filho" (RT 925/993: TJMG, AP 1.0702.10.008067-1/001).

Art. 1.638: 3. Extinguindo o poder familiar de mãe que se prostituía na frente da criança e sofria de alcoolismo: RT 872/213 (TJSP, AP 154.450-0/2-00).

Título II | DO DIREITO PATRIMONIAL[1]

Subtítulo I | DO REGIME DE BENS ENTRE OS CÔNJUGES[1 a 4]

Capítulo I | DISPOSIÇÕES GERAIS

✎ **TÍT. II: 1.** "A questão patrimonial na relação matrimonial", por Schirlei Gonçalves de Oliveira (RJ 320/37); "Aspectos patrimoniais do direito de família no Brasil", por Cibele Pinheiro Marçal Tucci (RNDFS 1/37).

SUBTÍT. I: 1. **Disposição transitória: "Art. 2.039.** O regime de bens nos casamentos celebrados na vigência do Código Civil anterior, Lei n. 3.071, de 1º de janeiro de 1916, é o por ele estabelecido". V. art. 2.039, nota 2.

SUBTÍT. I: 2. Os cônjuges podem contratar sociedade entre si ou com terceiros, desde que não sejam casados no regime da comunhão universal de bens (arts. 1.667 a 1.671) ou no da separação obrigatória (art. 1.641). É o que dispõe o art. 977.

✎ **SUBTÍT. I: 3.** "Regime de bens no Código Civil brasileiro vigente", por Denise Willhelm Gonçalves (RT 819/11 e RBDF 22/109); "Observações sobre os regimes de bens e o novo Código Civil", por Sérgio Gischkow Pereira (Ajuris 100/347 e RBDF 30/5); "Controvérsias sobre regime de bens no novo Código Civil", por Gustavo Tepedino (RBDFS 2/5 e Rev. AASP 98/111); "A crise conjugal e o colapso dos atuais modelos de regime de bens", por Rolf Madaleno (RBDFS 25/5); "A escolha do consorte e do regime de bens sob a perspectiva da análise econômica do direito", por Cristiana Sanchez Gomes-Ferreira (RJ 436/9).

SUBTÍT. I: 4. v. LRP 167-I-12 e II-1, 178-V e LINDB 7º §§ 4º e 5º.

Art. 1.639. É lícito aos nubentes, antes de celebrado o casamento, estipular, quanto aos seus bens, o que lhes aprouver.
[Dispositivo correspondente no CC/1916: art. 256-*caput*.]

§ 1º O regime de bens entre os cônjuges começa a vigorar desde a data do casamento.[1] [Dispositivo correspondente no CC/1916: art. 230.]

§ 2º É admissível alteração do regime de bens,[2 a 2b] mediante autorização judicial[3-3a] em pedido motivado de ambos os cônjuges, apurada a procedência das razões invocadas e ressalvados os direitos de terceiros.[4 a 6] [Sem dispositivo correspondente no CC/1916.]

Art. 1.639: 1. A separação judicial põe termo ao regime de bens (art. 1.576).

Art. 1.639: 2. "Alteração do regime de bens e o art. 2.039 do Código Civil", por Heloisa Helena Barboza (RF 327/101); "Modificação do regime de bens no casamento: aspectos gerais e reflexos no patrimônio imobiliário do casal", por Luciano Lopes Passarelli (RDPr 21/139); "Mutabilidade do regime patrimonial de bens no casamento e na união estável. Conflito de normas", por Érica Verícia de Oliveira Canuto (RBDF 22/151); "A mudança do regime de bens no casamento em face do novo Código Civil brasileiro", por Clayton Reis (RBDF 20/5); "A alteração do regime de bens: possibilidade de retroagir", por Sérgio Gischkow Pereira (RBDF 23/66); "Modificação do regime de bens entre os cônjuges", por Laércio Galati (RDPr 23/234); "O direito adquirido e o regime de bens", por Rolf Madaleno (RJ 348/27); "Ação de modificação de regime matrimonial de bens", por Eduardo Henrique de Oliveira Yoshikawa (RDDP 73/36); "Questões relevantes sobre a mutabilidade do regime de bens do casamento", por José Tadeu Neves Xavier (RDPr 52/193).

Art. 1.639: 2a. **Enunciado 113 do CEJ:** "É admissível alteração do regime de bens entre os cônjuges, quando então o pedido, devidamente motivado e assinado por ambos os cônjuges, será objeto de autorização judicial, com ressalva dos direitos de terceiros, inclusive dos entes públicos, após perquirição de inexistência de dívida de qualquer natureza, exigida ampla publicidade".

Enunciado 260 do CEJ: "A alteração do regime de bens prevista no § 2º do art. 1.639 do Código Civil também é permitida nos casamentos realizados na vigência da legislação anterior". No mesmo sentido: STJ-RDDP 35/121 (4ª T., REsp 730.546); STJ-RMDCPC 16/105 (3ª T., REsp 821.807); RT 874/204 (TJSP, AP 448.010-4/8-00), JTJ 301/54, RBDF 25/76, RMDCPC 10/136. V. tb. art. 2.039, nota 2.

"Regime de bens. Separação obrigatória. Casamento realizado sob a égide do Código Civil de 1916. Mulher, à época, maior de 50 anos. Pretendida modificação para o regime da comunhão universal. Indeferimento da inicial. Processo extinto. Impossibilidade. Aplicação do art. 1.639 § 2º. Dispositivo legal que não contém restrição/ressalva a quaisquer dos regimes de bens. Inciso II do art. 1.641 do CC que fere frontalmente os princípios da igualdade e da dignidade da pessoa humana. Norma dissonante do regramento constitucional. Sentença anulada. Prosseguimento do feito determinado" (JTJ 323/276: AP 389.806.4/1-00). **Contra:** "Modificação de regime de bens no casamento. Matrimônio realizado na vigência do CC de 1916. Mulher, na ocasião, tinha 58 anos de idade. Regime da separação de bens observou o disposto no art. 258, § ún., II, do estatuto referido. Pretensão de alteração do regime, em decorrência do CC de 2002, não tem amparo legal, haja vista o caráter protetivo da legislação, não obstante os apelantes a adjetivarem de caprichosa e anacrônica" (RT 886/202: TJSP, AP 609.485.4/7-00).

Enunciado 262 do CEJ: "A obrigatoriedade da separação de bens, nas hipóteses previstas nos incs. I e III do art. 1.641 do Código Civil, não impede a alteração do regime, desde que superada a causa que o impôs".

Art. 1.639: 2b. "Regime de bens. Pretensão da mudança de comunhão parcial para separação de bens. Necessidade de as partes procederem ao **inventário** e à **partilha** de eventuais bens adquiridos após o casamento, a ser homologada pelo juiz, antes da expedição do mandado de averbação ao registro civil de pessoas naturais. A separação de bens **não retroage** à época da celebração do casamento, passando a vigorar daqui para diante" (JTJ 329/566: AP 561.634-4/0-00).

"Reconhecimento da eficácia 'ex nunc' da alteração do regime de bens, tendo por termo inicial a data do trânsito em julgado da decisão judicial que o modificou. Interpretação do art. 1.639, § 2º, do CC/2002" (STJ-3ª T., REsp 1.300.036, Min. Paulo Sanseverino, j. 13.5.14, DJ 20.5.14).

Todavia: "Alteração de regime de bens de casamento, de separação total para comunhão universal de bens, em face da permissão contida no § 2º do art. 1.639 do novo CC. Pretensão de que a alteração **retroaja** à data da celebração do casamento. Circunstâncias excepcionais que justificam o pleito. Superada a causa que impôs o regime da separação de bens (suprimento judicial por ausência de idade núbil da virago). Eventuais direitos de terceiros que devem ser ressalvados" (JTJ 341/408: AP 505.889-4/2-00).

Art. 1.639: 3. "O art. 1.639, § 2º, do novo CC, exige análise de requisitos específicos pelo douto magistrado singular para a modificação do regime de bens, sob pena de não o fazendo, acarretar a nulidade absoluta do pronunciamento judicial exarado" (RT 836/292).

Art. 1.639: 3a. "Sendo deferida a alteração de regime, desnecessário será lavrar escritura pública, sendo bastante a expedição do competente mandado judicial. O pacto antenupcial é ato notarial; a alteração do regime matrimonial é ato judicial" (RBDF 25/76).

Art. 1.639: 4. "A melhor interpretação que se deve conferir ao art. 1.639, § 2º, do CC/02 é a que não exige dos cônjuges justificativas exageradas ou provas concretas do prejuízo na manutenção do regime de bens originário, sob pena de se esquadrinhar indevidamente a própria intimidade e a vida privada dos consortes. No caso em exame, foi pleiteada a alteração do regime de bens do casamento dos ora recorrentes, manifestando eles como justificativa a constituição de sociedade de responsabilidade limitada entre o cônjuge varão e terceiro, providência que é acauteladora de eventual comprometimento do patrimônio da esposa com a empreitada do marido. A divergência conjugal quanto à condução da vida financeira da família é justificativa, em tese, plausível à alteração do regime de bens, divergência essa que, em não raras vezes, se manifesta ou se intensifica quando um dos cônjuges ambiciona enveredar-se por uma nova carreira empresarial, fundando, como no caso em apreço, sociedade com terceiros na qual algum aporte patrimonial haverá de ser feito, e do qual pode resultar impacto ao patrimônio comum do casal" (STJ-4ª T., REsp 1.119.462, Min. Luis Felipe, j. 26.2.13, RBDFS 34/98; com comentário de Érica Verícia Canuto de Oliveira Veras).

Art. 1.639: 5. "A manifestação de vontade das partes, comprovada a ausência de prejuízo a terceiros, possibilita a alteração do regime de bens adotado por ocasião da celebração do casamento, mesmo quando celebrado sob a égide do Código Civil de 1916. Há inadmissibilidade do pleito por colidência ao permissivo legal quando tramita ação indenizatória contra o cônjuge-varão na esfera cível, com sentença condenatória no juízo criminal, impossibilitando a conversão do regime de bens" (RJTJERGS 275/312: AP 70024823247).

"Alteração de regime de bens. Existência de execuções movidas em desfavor do varão. Ausência de patrimônio pela sociedade conjugal. Todavia, possibilidade de que futuros bens obtidos pelo esforço comum respondam pelo débito ao menos em sua meação. Inteligência do art. 591 do CPC e art. 1.658 do CC/02. Modificação que não pode estorvar interesses dos credores. Necessidade de prévia solução do passivo. Sentença de improcedência" (RT 880/187: TJSP, AP 589.897-4/3).

Art. 1.639: 6. "Dispensável a formalidade emanada de Provimento do Tribunal de Justiça de publicação de editais acerca da alteração do regime de bens, mormente pelo fato de se tratar de providência da qual não cogita a legislação aplicável. O princípio da publicidade, em tal hipótese, é atendido pela publicação da sentença que defere o pedido e pelas anotações e alterações procedidas nos registros próprios, com averbação no registro civil de pessoas naturais e, sendo o caso, no registro de imóveis" (STJ-4ª T., REsp 776.455, Min. Raul Araújo, j. 17.4.12, DJ 26.4.12).

Art. 1.640. Não havendo convenção, ou sendo ela nula ou ineficaz, vigorará, quanto aos bens entre os cônjuges, o regime da comunhão parcial.[1-1a] [Dispositivo correspondente no CC/1916: art. 258-*caput*.]

Parágrafo único. Poderão os nubentes, no processo de habilitação, optar por qualquer dos regimes que este Código regula.[1b] Quanto à forma, reduzir-se-á a termo a opção pela comunhão parcial,[2] fazendo-se o pacto antenupcial por escritura pública, nas demais escolhas.[3-3a] [Sem dispositivo correspondente no CC/1916.]

Art. 1.640: 1. v. arts. 1.658 a 1.666.

Art. 1.640: 1a. O regime da comunhão parcial é também conhecido como **regime legal de bens** ou regime **supletivo**. Já o art. 1.641 dispõe s/ o regime da separação legal de bens.

Art. 1.640: 1b. **Enunciado 331 do CEJ:** "O estatuto patrimonial do casal pode ser definido por escolha de regime de bens distinto daqueles tipificados no Código Civil (art. 1.639 e parágrafo único do art. 1.640), e, para efeito de fiel observância do disposto no art. 1.528 do Código Civil, cumpre certificação a respeito, nos autos do processo de habilitação matrimonial".

Art. 1.640: 2. v. arts. 1.658 a 1.666. No caso do art. 1.665, há necessidade de pacto antenupcial.

Art. 1.640: 3. i. e., no regime de comunhão universal de bens (arts. 1.667 a 1.671), no de participação final nos aquestos (arts. 1.672 a 1.686; cf. art. 1.656) e no de separação de bens (arts. 1.687 e 1.688). Obviamente, no regime legal de separação obrigatória (art. 1.641) não cabe pacto antenupcial.

Art. 1.640: 3a. s/ escritura pública, v. art. 215.

Art. 1.641. É obrigatório o regime da separação de bens[1 a 2b] no casamento: [Dispositivo correspondente no CC/1916: art. 258 § ún.]

I — das pessoas que o contraírem com inobservância das causas suspensivas da celebração do casamento;[3] [Dispositivo correspondente no CC/1916: art. 258 § ún-I.]

II — da pessoa maior de 70 (setenta) anos;[3a a 4]

III — de todos os que dependerem, para casar, de suprimento judicial.[5] [Dispositivo correspondente no CC/1916: art. 258 § ún.-IV.]

Art. 1.641: 1. s/ vedação de sociedade entre pessoas casadas sob o regime da separação obrigatória de bens, v. art. 977; s/ prerrogativas dos cônjuges, independentemente do regime de bens, v. art. 1.642; s/ regime de separação convencional de bens, v. arts. 1.687 e 1.688; s/ regime da separação obrigatória de bens e união estável, v. art. 1.725, nota 2a.

Art. 1.641: 2. **Súmula 377 do STF:** "No regime de separação legal de bens, comunicam-se os adquiridos na constância do casamento".

Segue a interpretação da jurisprudência para essa Súmula: "Em se tratando de regime de separação obrigatória (CC, art. 258 — *art. 1.641 do CC atual*), comunicam-se os bens adquiridos na constância do casamento pelo esforço comum. O enunciado n. 377 da Súmula do STF deve restringir-se aos aquestos resultantes da conjugação de esforços do casal, em exegese que se afeiçoa à evolução do pensamento jurídico e repudia o enriquecimento sem causa" (RSTJ 39/413, STJ-RT 691/194, STJ-RF 320/84). No mesmo sentido: RT 846/256.

"Apesar de o casamento haver sido contraído pelo regime da separação de bens no exterior, os bens adquiridos na constância da vida comum, quase à totalidade transcorrida no Brasil, devem se comunicar, desde que resultantes do esforço comum. Exclusão, portanto, do patrimônio existente em nome da viúva, obtido pelo labor individual, doação ou herança, incorporando-se os demais ao espólio do cônjuge varão, para partilha e meação, a serem apurados em ação própria" (STJ-4ª T., REsp 123.633, Min. Aldir Passarinho Jr., j. 17.3.09, maioria, DJ 30.3.09).

Contra, a nosso ver sem razão, determinando a comunicação dos aquestos nessas circunstâncias independentemente da prova do esforço comum: STJ-3ª T., REsp 208.640, Min. Menezes Direito, j. 15.2.01, DJ 28.5.01; STJ-4ª T., REsp 1.008.684-AgRg, Min. Antonio Ferreira, j. 24.4.12, DJ 2.5.12.

S/ comunicabilidade de aquestos e: regime da separação de bens instituído por convenção dos cônjuges, v. art. 1.687, nota 2; pessoas em união estável que, se casadas fossem, deveriam sê-lo pelo regime da separação obrigatória de bens, v. art. 1.725, nota 2a.

Art. 1.641: 2a. "São válidas as **doações** promovidas, na constância do casamento, por cônjuges que contraíram matrimônio pelo regime da separação legal de bens, por três motivos: (i) o CC/16 não as veda, fazendo-o apenas com relação às doações antenupciais; (ii) o fundamento que justifica a restrição aos atos praticados por homens maiores de sessenta anos ou mulheres maiores que cinquenta, presente à época em que promulgado o CC/16, não mais se justifica nos dias de hoje, de modo que a manutenção de tais restrições representa ofensa ao princípio da dignidade da pessoa humana; (iii) nenhuma restrição seria imposta pela lei às referidas doações caso o doador não tivesse se casado com a donatária, de modo que o Código Civil, sob o pretexto de proteger o patrimônio dos cônjuges, acaba fomentando a união estável em detrimento do casamento, em ofensa ao art. 226, § 3º, da Constituição Federal" (STJ-RDDP 74/141 e RBDFS 10/141: 3ª T., REsp 471.958). No mesmo sentido: RT 901/228 (TJSP, AP 994.04.033199-7).

Art. 1.641: 2b. Sendo a situação impositiva do regime da separação obrigatória de bens, não se admite que os nubentes firmem pacto antenupcial para que o casamento seja regulado pelo regime da separação convencional de bens (RT 900/275: TJSP, AP 994.09.337258-8; caso de viúvo com filhos que casou antes da ultimação da partilha dos bens do cônjuge falecido).

Art. 1.641: 3. v. arts. 1.523 e 1.639, nota 2a (Enunciado 262 do CEJ).

Art. 1.641: 3a. Redação de acordo com a Lei 12.344, de 9.12.10. A redação anterior era a seguinte: "II — da pessoa maior de sessenta anos".

✎ **Art. 1.641: 3b.** "Aspectos patrimoniais do casamento do maior de 60 anos: antes e depois do novo Código Civil", por Frederico Liserre Barruffini (RDPr 29/150).

Art. 1.641: 4. Enunciado 261 do CEJ: "A obrigatoriedade do regime da separação de bens não se aplica a pessoa maior de sessenta anos, quando o casamento for precedido de união estável iniciada antes dessa idade". No mesmo sentido: RT 848/319, RMDCPC 10/136.

Art. 1.641: 5. v. arts. 1.519 e 1.639, nota 2a (Enunciado 262 do CEJ).

Art. 1.642. Qualquer que seja o regime de bens, tanto o marido quanto a mulher podem livremente:[1] [Sem dispositivo correspondente no CC/1916.]

I — praticar todos os atos de disposição e de administração necessários ao desempenho de sua profissão, com as limitações estabelecidas no inciso I do art. 1.647; [Sem dispositivo correspondente no CC/1916.]

II — administrar os bens próprios; [Sem dispositivo correspondente no CC/1916.]

III — desobrigar ou reivindicar os imóveis que tenham sido gravados ou alienados sem o seu consentimento ou sem suprimento judicial;[1a] [Dispositivo correspondente no CC/1916: art. 248-II.]

IV — demandar a rescisão dos contratos de fiança[1b] e doação, ou a invalidação do aval,[1c] realizados pelo outro cônjuge com infração do disposto nos incisos III e IV do art. 1.647;[2] [Dispositivo correspondente no CC/1916: art. 248-III.]

V — reivindicar os bens comuns, móveis ou imóveis, doados ou transferidos pelo outro cônjuge ao concubino, desde que provado que os bens não foram adquiridos pelo esforço comum destes, se o casal estiver separado de fato por mais de cinco anos;[3-4] [Dispositivo correspondente no CC/1916: art. 248-IV.]

VI — praticar todos os atos que não lhes forem vedados expressamente. [Dispositivo correspondente no CC/1916: art. 248-VII.]

Art. 1.642: 1. v. arts. 1.643 e 1.647.

Art. 1.642: 1a. v. arts. 1.645 e 1.646. V. tb. art. 1.647-I.

Art. 1.642: 1b. v. art. 1.647-III.

Art. 1.642: 1c. v. art. 1.647-III.

Art. 1.642: 2. v. arts. 1.645 e 1.646.

Art. 1.642: 3. v. art. 1.645.

Art. 1.642: 4. Para que a reivindicação seja possível, é necessário que marido e mulher não estejam separados de fato há mais de cinco anos e que o bem reivindicado não tenha sido adquirido pelo esforço comum dos concubinos.

Art. 1.643. Podem os cônjuges, independentemente de autorização um do outro:[1] [Sem dispositivo correspondente no CC/1916.]

I — comprar, ainda a crédito, as coisas necessárias à economia doméstica; [Dispositivo correspondente no CC/1916: art. 247-I.]

II — obter, por empréstimo, as quantias que a aquisição dessas coisas possa exigir. [Dispositivo correspondente no CC/1916: art. 247-II.]

Art. 1.643: 1. v. art. 1.644.

Art. 1.644. As dívidas contraídas para os fins do artigo antecedente obrigam solidariamente[1-2] ambos os cônjuges. [Sem dispositivo correspondente no CC/1916.]

Art. 1.644: 1. v. arts. 275 a 285.

Art. 1.644: 2. "Solidariedade dos cônjuges por dívidas contraídas em benefício da economia doméstica. Inteligência dos arts. 1.643 e 1.644 do CC de 2002. Legitimidade extraordinária do cônjuge, cujos bens se sujeitam à execução, na forma do art. 592, inciso IV, do CPC" (JTJ 342/217: AI 7.371.870-0).

Art. 1.645. As ações fundadas nos incisos III, IV e V do art. 1.642 competem ao cônjuge prejudicado e a seus herdeiros.[1] [Dispositivo correspondente no CC/1916: art. 249.]

Art. 1.645: 1. v. arts. 1.646, 1.649 e 1.650.

Art. 1.646. No caso dos incisos III e IV do art. 1.642, o terceiro, prejudicado com a sentença favorável ao autor, terá direito regressivo contra o cônjuge, que realizou o negócio jurídico, ou seus herdeiros. [Dispositivo correspondente no CC/1916: art. 250.]

Art. 1.647. Ressalvado o disposto no art. 1.648, nenhum dos cônjuges pode, sem autorização do outro, exceto no regime da separação absoluta:[1 a 1d] [Sem dispositivo correspondente no CC/1916.]

I — alienar ou gravar de ônus real[2] os bens imóveis;[2a a 5] [Dispositivo correspondente no CC/1916: art. 235-I.]

II — pleitear, como autor ou réu, acerca desses bens ou direitos;[5a-6] [Dispositivo correspondente no CC/1916: art. 235-II.]

III — prestar fiança[7 a 8] ou aval;[8a a 9] [Dispositivo correspondente no CC/1916: art. 235-III.]

IV — fazer doação, não sendo remuneratória, de bens comuns, ou dos que possam integrar futura meação. [Dispositivo correspondente no CC/1916: art. 235-IV.]

Parágrafo único. São válidas as doações nupciais feitas aos filhos quando casarem ou estabelecerem economia separada.
[Dispositivo correspondente no CC/1916: art. 236.]

Art. 1.647: 1. "Ser ou não ser: outorga conjugal e solidariedade familiar", por José Fernando Simão (RBDFS 3/56).

Art. 1.647: 1a. **Lei 11.977, de 7.7.09** — Dispõe sobre o Programa Minha Casa, Minha Vida — PMCMV e a regularização fundiária de assentamentos localizados em áreas urbanas; e dá outras providências: **"Art. 73-A** (*redação da Lei 12.693, de 24.7.12*). Excetuados os casos que envolvam recursos do FGTS, os contratos em que o beneficiário final seja mulher chefe de família, no âmbito do PMCMV ou em programas de regularização fundiária de interesse social promovidos pela União, Estados, Distrito Federal ou Municípios, poderão ser firmados independentemente da outorga do cônjuge, afastada a aplicação do disposto nos arts. 1.647 a 1.649 da Lei n. 10.406, de 10 de janeiro de 2002 (Código Civil).

"§ 1º (*incluído pela Lei 12.424, de 16.6.11*) O contrato firmado na forma do *caput* será registrado no registro de imóveis competente, sem a exigência de documentos relativos a eventual cônjuge.

"§ 2º (*incluído pela Lei 12.424, de 16.6.11*) Prejuízos sofridos pelo cônjuge por decorrência do previsto neste artigo serão resolvidos em perdas e danos".

Art. 1.647: 1b. No regime da separação absoluta de bens, nenhum dos cônjuges precisa de autorização do outro para praticar os atos previstos nos incisos I a IV. Entre os atos que pode livremente praticar, o mais importante vem a ser alienar bens ou gravá-los com ônus real (art. 1.687).

S/ suprimento judicial da autorização do cônjuge, v. art. 1.648.

Art. 1.647: 1c. A autorização da mulher é chamada de **outorga uxória** e a do marido de **outorga marital.**

Art. 1.647: 1d. Entendendo que a expressão "regime da separação absoluta" compreende apenas o regime da separação convencional de bens, não atingindo o regime da **separação legal de bens,** razão pela qual, neste regime, seria exigível a outorga uxória ou marital: "A exigência de outorga uxória ou marital para os negócios jurídicos de (presumidamente) maior expressão econômica previstos no artigo 1.647 do Código Civil (como a prestação de aval ou a alienação de imóveis) decorre da necessidade de garantir a ambos os cônjuges meio de controle da gestão patrimonial, tendo em vista que, em eventual dissolução do vínculo matrimonial, os consortes terão interesse na partilha dos bens adquiridos onerosamente na constância do casamento. Nas hipóteses de casamento sob o regime da separação legal, os consortes, por força da Súmula n. 377/STF, possuem o interesse pelos bens adquiridos onerosamente ao longo do casamento, razão por que é de rigor garantir-lhes o mecanismo de controle de outorga uxória/marital para os negócios jurídicos previstos no artigo 1.647 da lei civil" (STJ-RT 895/237: 3ª T., REsp 1.163.074, Min. Massami Uyeda). V. tb. nota 9.

Art. 1.647: 2. i. e., gravar de hipoteca, penhor ou anticrese.

Art. 1.647: 2a. v. art. 1.656 (regime de participação final nos aquestos e pacto antenupcial para livre disposição de bens).

Art. 1.647: 2b. **Enunciado 340 do CEJ:** "No regime da comunhão parcial de bens é sempre indispensável a autorização do cônjuge, ou seu suprimento judicial, para atos de disposição sobre bens imóveis".

Art. 1.647: 3. Se um dos cônjuges estiver impossibilitado para a administração dos bens, o outro poderá alienar os imóveis mediante autorização judicial, cf. art. 1.651-III.

Art. 1.647: 4. O empresário casado pode, sem necessidade de outorga conjugal, qualquer que seja o regime de bens, alienar os imóveis que integrem o patrimônio da empresa ou gravá-los de ônus real (art. 978).

Art. 1.647: 4a. "Não deve ser preservada a meação da **companheira** do devedor que agiu de má-fé, omitindo viver em união estável para oferecer bem do casal em **hipoteca,** sob pena de sacrifício da segurança jurídica em prejuízo do credor" (STJ-RT 866/173: 3ª T., REsp 952.141).

Todavia: "Somente aquele que pode alienar pode instituir hipoteca, de modo que a garantia real constituída sobre a integralidade do imóvel do casal, à revelia de um dos companheiros, prevalece somente sobre a parcela do bem pertencente àquele que estabeleceu o gravame" (RBDF 41/115).

V. tb. notas 5 e 8.

Art. 1.647: 5. "Reconhecimento da incidência da regra do art. 1.647, I, do CCB sobre as uniões estáveis, adequando-se, todavia, os efeitos do seu desrespeito às nuanças próprias da ausência de exigências formais para a constituição dessa entidade familiar. Necessidade de preservação dos efeitos, em nome da segurança jurídica, dos atos jurídicos praticados de boa-fé, que é presumida em nosso sistema jurídico. A invalidação da **alienação** de imóvel comum, realizada sem o consentimento do **companheiro,** dependerá da publicidade conferida à união estável mediante a averbação de contrato de convivência ou da decisão declaratória da existência de união estável no Ofício do Registro de Imóveis em que cadastrados os bens comuns, ou pela demonstração de má-fé do adquirente. Hipótese dos autos em que não há qualquer registro no álbum imobiliário em que inscrito o imóvel objeto de alienação em relação à copropriedade ou mesmo à existência de união estável, devendo-se preservar os interesses do adquirente de boa-fé" (STJ-3ª T., REsp 1.424.275, Min. Paulo Sanseverino, j. 4.12.14, DJ 16.12.14).

V. tb. notas 4a e 8.

✎ **Art. 1.647: 5a.** "A participação das pessoas casadas no processo", por Fredie Didier Jr. (RMDCPC 8/5).

Art. 1.647: 6. v. CPC 73.

Art. 1.647: 7. Súmula 332 do STJ: "A fiança prestada sem autorização de um dos cônjuges implica a ineficácia total da garantia".

Daí não se poder cogitar de considerar a fiança "parcialmente eficaz para constranger a meação do cônjuge varão" (STJ-5ª T., REsp 772.419, Min. Arnaldo Esteves, j. 16.3.06, DJU 24.4.06). No mesmo sentido: STJ-4ª T., REsp 277.010, Min. Barros Monteiro, j. 8.6.04, DJU 27.9.04; RT 860/329.

Todavia: "Ao declarar estado civil diverso daquele que verdadeiramente ostenta, o fiador (cônjuge varão) violou os princípios da boa-fé objetiva e da lealdade contratual, por isso que não pode se aproveitar da própria torpeza a fim de se eximir da responsabilidade que assumira, em prejuízo dos locadores, que, no caso, são considerados terceiros de boa-fé. Contudo, a embargante não pode sofrer as consequências negativas decorrentes do procedimento indigno do cônjuge varão. Assim, emerge como correta a solução aplicada pelo sentenciante de piso no sentido de entender por eficaz a fiança prestada, ressalvando, contudo, de seus efeitos a meação da ora recorrente (embargante), vez que esta não participou do negócio jurídico em questão" (Bol. AASP 2.657: TJRJ, AP 2009.001.08581). No mesmo sentido: STJ-6ª T., REsp 1.095.441-AgRg, Min. Og Fernandes, j. 17.5.11, DJ 1.6.11; STJ-3ª T., REsp 1.328.235, Min. Sidnei Beneti, j. 4.6.13, DJ 28.6.13; RJM 200/88 (AP 1.0687.09.072314-3/001).

"Fiador que, ao prestar fiança em contrato de locação não se qualifica como casado, não se pode eximir dos efeitos de sua omissão. Inexigibilidade de outorga uxória. Validade da fiança" (RJTJERGS 254/294: AP 70012269585).

V. tb. nota 8b e art. 1.650, nota 2.

Art. 1.647: 7a. "Deve ser considerada válida a fiança prestada pelo cônjuge sem outorga uxória na hipótese em que a **esposa** encontrava-se em **local incerto e não sabido** há mais de 13 (treze) anos e a declaração de ausência somente foi requerida em juízo quando transcorridos mais de 4 (quatro) da concessão da garantia e quase 3 (três) anos da arrematação do imóvel pertencente ao casal, por terceiro de boa-fé, realizada nos autos da execução do contrato de locação inadimplido" (STJ-RT 901/163: 5ª T., REsp 900.255).

Art. 1.647: 7b. "A ausência do necessário consentimento do cônjuge para a prestação de fiança somente poderá ser suprida se for realizada por escrito, por meio de instrumento público ou particular autenticado. A **assinatura** do cônjuge, na qualidade de mera **testemunha** instrumental do contrato de locação, não é capaz de suprir essa exigência" (STJ-3ª T., REsp 1.185.982, Min. Nancy Andrighi, j. 14.12.10, DJ 2.2.11).

Art. 1.647: 8. "Em sede de fiança, a exigência de outorga uxória ou marital só incide em hipóteses do civilmente casado, inaplicável ao instituto da **união estável**" (JTJ 373/372: AP 9121750-35.2008.8.26.0000).

"Contrato de locação. Fiança. Fiadora que convivia em união estável. Inexistência de outorga uxória. Dispensa. Validade da garantia. Inaplicabilidade da Súmula 332/STJ. A exigência de outorga uxória a determinados negócios jurídicos transita exatamente por este aspecto em que o tratamento diferenciado entre casamento e união estável é justificável. É por intermédio do ato jurídico cartorário e solene do casamento que se presume a publicidade do estado civil dos contratantes, de modo que, em sendo eles conviventes em união estável, hão de ser dispensadas as vênias conjugais para a concessão de fiança. Desse modo, não é nula nem anulável a fiança prestada por fiador convivente em união estável sem a outorga uxória do outro companheiro" (STJ-4ª T., REsp 1.299.866, Min. Luis Felipe, j. 25.2.14, DJ 21.3.14). No mesmo sentido: STJ-3ª T., Ag em REsp 841.104-AgInt, Min. Ricardo Cueva, j. 16.6.16, DJ 27.6.16.

V. tb. nota 8b e notas 4a e 5.

✎ **Art. 1.647: 8a.** "Conflito entre o novo Código Civil e a Lei Uniforme de Genebra quanto à obrigatoriedade da outorga uxória para validade do aval", por Paulo Roberto Colombo Arnoldi (RT 810/15).

Art. 1.647: 8b. "O **aval** prestado pelo cônjuge sem a devida outorga uxória é anulável, tendo o reconhecimento da nulidade o objetivo de tornar **insubsistente toda a garantia,** e não apenas de preservar a meação" (STJ-4ª T., REsp 1.028.014-AgInt, Min. Raul Araújo, j. 16.8.16, DJ 1.9.16).

Todavia: Enunciado 114 do CEJ: "O aval não pode ser anulado por falta de vênia conjugal, de modo que o inciso III do art. 1.647 apenas caracteriza a inoponibilidade do título ao cônjuge que não assentiu". No mesmo sentido: RMDECC 25/127 (TJMG, AP 1.0134.07.090325-4/001), JTJ 348/210 (AP 990.09.332996-4).

V. tb. nota 7.

Art. 1.647: 8c. Dispensando a outorga conjugal para o aval em **títulos de crédito típicos ou nominados:** "É imprescindível proceder-se à interpretação sistemática para a correta compreensão do art. 1.647, III, do CC/2002, de modo a harmonizar os dispositivos do Diploma civilista. Nesse passo, coerente com o espírito do Código Civil, em se tratando da disciplina dos títulos de crédito, o art. 903 estabelece que 'salvo disposição diversa em lei especial, regem-se os títulos de crédito pelo disposto neste Código'. No tocante aos títulos de crédito nominados, o Código Civil deve ter uma aplicação apenas subsidiária, respeitando-se as disposições especiais, pois o objetivo básico da regulamentação dos títulos de crédito, no novel Diploma civilista, foi permitir a criação dos denominados títulos atípicos ou inominados, com a preocupação constante de diferençar os títulos atípicos dos títulos de crédito tradicionais, dando aos primeiros menos vantagens. A necessidade de outorga conjugal para o aval em títulos inominados — de livre criação — tem razão de ser no fato de que alguns deles não asseguram nem mesmo direitos creditícios, a par de que a possibilidade de circulação é, evidentemente, deveras mitigada. A negociabilidade dos títulos de crédito é decorrência do regime jurídico-cambial, que estabelece regras que dão à pessoa para quem o crédito é transferido maiores garantias do que as do regime civil. As normas das leis especiais que regem os títulos de crédito nominados, *v.g.*, letra de câmbio, nota promissória, cheque, duplicata, cédulas e notas de crédito, continuam vigentes e se aplicam quando dispuserem diversamente do Código Civil de 2002, por força do art. 903 do Diploma civilista. Com efeito, com o advento do Diploma civilista, passou a existir uma dualidade de regramento legal: os títulos de crédito típicos ou nominados continuam a ser disciplinados pelas leis especiais de regência, enquanto os títulos atípicos ou inominados subordinam-se às normas do novo Código, desde que se enquadrem na definição de título de crédito constante no art. 887 do Código Civil" (STJ-4ª T., REsp 1.633.399, Min. Luis Felipe, j. 10.11.16, DJ 1.12.16). No mesmo sentido: STJ-3ª T., REsp 1.526.560, Min. Paulo Sanseverino, j. 16.3.17, DJ 16.5.17.

Art. 1.647: 9. "É necessária a vênia conjugal para a prestação de aval por pessoa casada sob o regime da **separação obrigatória de bens,** à luz do artigo 1.647, III, do Código Civil" (STJ-RT 895/237: 3ª T., REsp 1.163.074). V. tb. nota 1d.

Art. 1.648. Cabe ao juiz, nos casos do artigo antecedente, suprir a outorga, quando um dos cônjuges a denegue sem motivo justo, ou lhe seja impossível concedê-la.[1-2] [Dispositivo correspondente no CC/1916: art. 237.]

Art. 1.648: 1. v. arts. 1.567 § ún. e 1.570. V. tb. CPC 74.

Art. 1.648: 2. O CPC não previu expressamente o procedimento relativo ao suprimento de autorização ou de outorga. Aplicando no caso as regras dos procedimentos de jurisdição voluntária: RT 530/90, RJTJESP 59/219.

Art. 1.649. A falta de autorização, não suprida pelo juiz, quando necessária (art. 1.647), tornará anulável o ato praticado, podendo o outro cônjuge pleitear-lhe a anulação, até dois anos depois de terminada a sociedade conjugal.[1-2] [Sem dispositivo correspondente no CC/1916.]

Parágrafo único. A aprovação torna válido o ato, desde que feita por instrumento público, ou particular, autenticado. [Sem dispositivo correspondente no CC/1916.]

Art. 1.649: 1. v. arts. 1.645, 1.646 e 1.650. V. tb. CPC 74 § ún.

Art. 1.649: 2. "O prazo decadencial de 2 anos, estipulado inicialmente para o consorte prejudicado, reflete-se também nos **herdeiros** que, no lugar daquele, buscará a anulabilidade de um ato negocial defectível" (STJ-4ª T., REsp 1.273.639, Min. Luis Felipe, j. 10.3.16, DJ 18.4.16).

Art. 1.650. A decretação de invalidade dos atos praticados sem outorga, sem consentimento, ou sem suprimento do juiz, só poderá ser demandada pelo cônjuge a quem cabia concedê-la, ou por seus herdeiros.[1-2] [Dispositivo correspondente no CC/1916: art. 239.]

Art. 1.650: 1. v. arts. 1.645 a 1.649.

Art. 1.650: 2. "A nulidade da fiança só pode ser demandada pelo cônjuge que não a subscreveu, ou por seus respectivos herdeiros. Afasta-se a legitimidade do cônjuge autor da fiança para alegar sua nulidade, pois a ela deu causa. Tal posicionamento busca preservar o princípio consagrado na lei substantiva civil segundo a qual não poder invocar a nulidade do ato aquele que o praticou, valendo-se da própria ilicitude para desfazer o negócio. A nulidade da fiança também não pode ser declarada *ex officio*, à falta de base legal, por não se tratar de nulidade absoluta, à qual a lei comine tal sanção, independentemente da provocação do cônjuge ou herdeiros, legitimados a argui-la. Ao contrário, trata-se de nulidade relativa, válida e eficaz entre o cônjuge que a concedeu, o afiançado e o credor da obrigação, sobrevindo sua invalidade quando, e se, legitimamente suscitada, por quem de direito, vier a ser reconhecida judicialmente, quando, então, em sua totalidade será desconstituído tal contrato acessório" (STJ-5ª T., REsp 772.419, Min. Arnaldo Esteves, j. 16.3.06, DJU 24.4.06). No mesmo sentido: STJ-6ª T., REsp 1.024.785-EDcl-AgRg, Min. Paulo Gallotti, j. 14.10.08, DJ 17.11.08; STJ-RSDCPC 71/144 (4ª T., Ag 1.165.674-EDcl-AgRg); RMDCPC 13/129.

Art. 1.651. Quando um dos cônjuges não puder exercer a administração dos bens que lhe incumbe,[1] segundo o regime de bens, caberá ao outro: [Sem dispositivo correspondente no CC/1916.]

I — gerir os bens comuns e os do consorte;[2] [Dispositivo correspondente no CC/1916: art. 251 § ún.-I e III.]

II — alienar os bens móveis comuns; [Dispositivo correspondente no CC/1916: art. 251 § ún.-II.]

III — alienar os imóveis comuns e os móveis ou imóveis do consorte, mediante autorização judicial. [Dispositivo correspondente no CC/1916: art. 251 § ún.-IV.]

Art. 1.651: 1. v. art. 1.570. V. tb. arts. 1.775 e 1.783.
Art. 1.651: 2. v. art. 1.652.

Art. 1.652. O cônjuge, que estiver na posse dos bens particulares do outro, será para com este e seus herdeiros responsável: [Dispositivo correspondente no CC/1916: art. 260-*caput*.]

I — como usufrutuário, se o rendimento for comum;[1] [Dispositivo correspondente no CC/1916: art. 260-I.]

II — como procurador, se tiver mandato expresso ou tácito para os administrar;[2] [Dispositivo correspondente no CC/1916: art. 260-II.]

III — como depositário, se não for usufrutuário, nem administrador.[3] [Dispositivo correspondente no CC/1916: art. 260-III.]

Art. 1.652: 1. v. arts. 1.390 a 1.411.
Art. 1.652: 2. v. arts. 653 a 691.
Art. 1.652: 3. v. arts. 627 a 652.

Capítulo II | DO PACTO ANTENUPCIAL

Art. 1.653. É nulo o pacto antenupcial[1] se não for feito por escritura pública,[2-2a] e ineficaz se não lhe seguir o casamento. [Dispositivo correspondente no CC/1916: art. 256 § ún.-I e II.]

Art. 1.653: 1. s/ vigência do regime da comunhão parcial, no caso de nulidade ou ineficácia da convenção, v. art. 1.640; s/ ineficácia do pacto antenupcial, em relação aos bens amealhados no período de união estável anterior ao casamento, v. art. 1.725, nota 2b.

Art. 1.653: 2. v. art. 1.640 § ún., 2ª parte.

Art. 1.653: 2a. "A certidão de casamento não é suficiente para demonstrar que o casamento foi celebrado sob o regime de separação de bens. É imprescindível tenha havido pacto antenupcial com convenção nesse sentido" (STJ-RT 783/255: 3ª T., REsp 173.018).

Art. 1.654. A eficácia do pacto antenupcial, realizado por menor, fica condicionada à aprovação de seu representante legal, salvo as hipóteses de regime obrigatório de separação de bens.[1] [Sem dispositivo correspondente no CC/1916.]

Art. 1.654: 1. Somente se cogita de pacto antenupcial envolvendo menor nas situações de casamento realizado mediante autorização dos pais ou representantes legais (art. 1.517). Tal pacto, evidentemente, não é obrigatório, mas se for da vontade dos nubentes celebrá-lo, nessas condições, deverão obter a aprovação do seu representante.

Na hipótese de casamento realizado mediante suprimento judicial (arts. 1.519 e 1.520), não há espaço para pacto antenupcial, já que o regime de bens deve ser necessariamente o da separação obrigatória (art. 1.641-III).

Art. 1.655. É nula a convenção ou cláusula dela que contravenha disposição absoluta de lei. [Dispositivo correspondente no CC/1916: art. 257-II.]

Art. 1.656. No pacto antenupcial, que adotar o regime de participação final nos aquestos,[1] poder-se-á convencionar a livre disposição dos bens imóveis, desde que particulares. [Sem dispositivo correspondente no CC/1916.]

Art. 1.656: 1. v. arts. 1.672 a 1.686.

Art. 1.657. As convenções antenupciais não terão efeito perante terceiros senão depois de registradas, em livro especial, pelo oficial do Registro de Imóveis do domicílio dos cônjuges.[1] [Dispositivo correspondente no CC/1916: art. 261.]

Art. 1.657: 1. v. LRP 167-I-12 e II-1, 178-V, 244 e 245.

Capítulo III | DO REGIME DE COMUNHÃO PARCIAL

Art. 1.658. No regime de comunhão parcial, comunicam-se os bens que sobrevierem ao casal, na constância do casamento, com as exceções dos artigos seguintes.[1] [Sem dispositivo correspondente no CC/1916.]

Art. 1.658: 1. Aplica-se o regime de comunhão parcial aos casos de pacto antenupcial ausente, nulo ou ineficaz (art. 1.640) e à união estável, salvo contrato escrito entre os companheiros (art. 1.725).

Art. 1.659. Excluem-se da comunhão:[1 a 1b] [Dispositivo correspondente no CC/1916: art. 269-*caput*.]

I — os bens que cada cônjuge possuir ao casar,[1c-1d] e os que lhe sobrevierem, na constância do casamento, por doação[1e] ou sucessão, e os sub-rogados em seu lugar; [Dispositivo correspondente no CC/1916: art. 269-I.]

II — os bens adquiridos com valores exclusivamente pertencentes a um dos cônjuges em sub-rogação dos bens particulares;[2-2a] [Dispositivo correspondente no CC/1916: art. 269-II.]

III — as obrigações anteriores ao casamento;[2b] [Dispositivo correspondente no CC/1916: art. 270-I.]

IV — as obrigações provenientes de atos ilícitos, salvo reversão em proveito do casal;[3] [Dispositivo correspondente no CC/1916: art. 270-II.]

V — os bens de uso pessoal, os livros e instrumentos de profissão; [Sem dispositivo correspondente no CC/1916.]

VI — os proventos do trabalho pessoal de cada cônjuge;[4 a 6] [Sem dispositivo correspondente no CC/1916.]

VII — as pensões, meios-soldos, montepios e outras rendas semelhantes. [Sem dispositivo correspondente no CC/1916.]

✎ **Art. 1.659: 1.** "Regime de bens e algumas absurdas incomunicabilidades", por Maria Berenice Dias (RMDCPC 13/34); "Da comunicabilidade de bens no regime da comunhão parcial de bens e a justa interpretação do art. 1.659 do Código Civil", por Marco Antonio de Oliveira Camargo (RDPr

34/153); "A incomunicabilidade das quotas de sociedades de advogados", por Paulo Macedonia Pereira (RMDCPC 62/92).

Art. 1.659: 1a. "O conjunto de bens adquiridos por um dos cônjuges, após a **separação de fato,** não se comunica ao outro, não podendo, por isso, ser partilhado" (STJ-3ª T., AI 682.230-AgRg, Min. Vasco Della Giustina, j. 16.6.09, DJ 24.6.09).

V. tb. arts. 1.660, nota 2, e 1.668, nota 1a.

Art. 1.659: 1b. "No que concerne aos **créditos decorrentes de ação de reparação civil** movida pelo ex-cônjuge em face de terceiro, considerando que não há, no acórdão impugnado, qualquer elucidação a respeito do que teria gerado a pretensão reparatória, fazendo apenas alusão a 'eventuais valores provenientes de ações de dano moral e patrimonial', deve ser mantida a incomunicabilidade de possíveis valores advindos do julgamento da referida ação, porque, conforme declarado no acórdão recorrido, os prováveis danos sofridos unicamente pelo ex-cônjuge revestem-se de **caráter 'personalíssimo'"** (STJ-3ª T., REsp 1.024.169, Min. Nancy Andrighi, j. 13.4.10, DJ 28.4.10).

Art. 1.659: 1c. No mesmo sentido: art. 1.661.

Art. 1.659: 1d. "O imóvel adquirido pelo varão antes da constância do casamento e quitado posteriormente deve ser também partilhado meio a meio para os divorciados, porque a **quitação** ocorreu com o concurso do trabalho de ambos os cônjuges" (RJM 166/71).

Art. 1.659: 1e. "O regime de comunhão parcial de bens tem, por testa, a ideia de que há compartilhamento dos esforços do casal na construção do patrimônio comum, mesmo quando a aquisição do patrimônio decorre, diretamente, do labor de apenas um dos consortes. Na **doação,** no entanto, há claro descolamento entre a aquisição de patrimônio e uma perceptível congruência de esforços do casal, pois não se verifica a contribuição do não donatário na incorporação do patrimônio. Nessa hipótese, o aumento patrimonial de um dos consortes prescinde da participação direta ou indireta do outro, sendo fruto da liberalidade de terceiros, razão pela qual, a doação realizada a um dos cônjuges, em relações matrimoniais regidas pelo regime de comunhão parcial de bens, somente serão comunicáveis quando o doador expressamente se manifestar neste sentido e, no silêncio, presumir-se-á feitas **apenas ao donatário"** (STJ-3ª T., REsp 1.318.599, Min. Nancy Andrighi, j. 23.4.13, DJ 2.5.13).

Art. 1.659: 2. i.e., se um dos cônjuges, durante o casamento, adquirir um bem com o produto da venda de um outro bem que já era dele antes do casamento, o bem adquirido não entra na comunhão.

Art. 1.659: 2a. "No regime de comunhão parcial, a aquisição de bem durante o matrimônio por um dos cônjuges, mediante pagamento cuja origem tenha sido a venda de bens exclusivos, em princípio conduz à exclusão desse bem da comunhão, seja porque tem por título uma causa preexistente ao casamento (art. 272, CC/16), seja porque se configurou a sub-rogação de bem particular (art. 269, inciso II). Porém, 'para que a sub-rogação possa produzir esse efeito, deve o bem ser adquirido com valores exclusivamente pertencentes ao dono do bem substituído. Se com valores dele concorrerem valores da comunhão ou do outro cônjuge, estabelecer-se-á um condomínio' (SANTOS, J. M. de Carvalho. *Código Civil Brasileiro interpretado*. vol. V. 14 ed. Rio de Janeiro: Freitas Bastos, 1988, p. 89). Havendo aquisição de bens durante o casamento pagos parcialmente mediante sub-rogação de patrimônio particular de um dos cônjuges, somente o quinhão proporcional à sub-rogação será excluído da partilha — e destinado exclusivamente a um dos cônjuges —, devendo a diferença ser dividida à razão de 50% para cada um dos consortes" (STJ-4ª T., REsp 963.983, Min. Luis Felipe, j. 12.6.12, DJ 16.8.12).

Art. 1.659: 2b. O regime de comunhão universal possui disposição similar: art. 1.668-III.

Art. 1.659: 3. **Súmula 251 do STJ:** "A meação só responde pelo ato ilícito quando o credor, na execução fiscal, provar que o enriquecimento dele resultante aproveitou ao casal".

Art. 1.659: 4. **LDA 39:** "Os direitos patrimoniais do autor, excetuados os rendimentos resultantes de sua exploração, não se comunicam, salvo pacto antenupcial em contrário".

Art. 1.659: 5. "Ao cônjuge casado pelo regime de comunhão parcial de bens é devida a meação das **verbas trabalhistas** pleiteadas judicialmente durante a constância do casamento. As verbas indenizatórias decorrentes da rescisão de contrato de trabalho só devem ser excluídas da comunhão quando o direito trabalhista tenha nascido ou tenha sido pleiteado após a separação do casal" (STJ-3ª T., REsp 646.529, Min. Nancy Andrighi, j. 21.6.05, DJU 22.8.05).

"A indenização trabalhista correspondente a direitos adquiridos na constância do casamento integra o acervo patrimonial partilhável" (STJ-4ª T., Ag em REsp 1.152-AgRg, Min. Marco Buzzi, j. 7.5.13, DJ 13.5.13).

"O entendimento que melhor se coaduna com a essência do regime da comunhão parcial de bens, no que se refere aos direitos trabalhistas perseguidos por um dos cônjuges em ação judicial, é aquele que estabelece sua comunicabilidade, desde o momento em que pleiteados. Assim o é porque o 'fato gerador' de tais créditos ocorre no momento em que se dá o desrespeito, pelo empregador, aos direitos do empregado, fazendo surgir uma pretensão resistida. Sob esse contexto, se os acréscimos laborais tivessem sido pagos à época em que nascidos os respectivos direitos, não haveria dúvida acerca da sua comunicação entre os cônjuges, não se justificando tratamento desigual apenas por uma questão temporal imposta pelos trâmites legais a que está sujeito um processo perante o Poder Judiciário. Para que o ganho salarial insira-se no monte-partível é necessário, portanto, que o cônjuge tenha exercido determinada atividade laborativa e adquirido direito de retribuição pelo trabalho desenvolvido, na constância do casamento. Se um dos cônjuges efetivamente a exerceu e, pleiteando os direitos dela decorrentes, não lhe foram reconhecidas as vantagens daí advindas, tendo que buscar a via judicial, a sentença que as reconhece é declaratória, fazendo retroagir, seus efeitos, à época em que proposta a ação. O direito, por conseguinte, já lhe pertencia, ou seja, já havia ingressado na esfera de seu patrimônio, e, portanto, integrado os bens comuns do casal. Consequentemente, ao cônjuge que durante a constância do casamento arcou com o ônus da defasagem salarial de seu consorte, o que presumivelmente demandou-lhe maior colaboração no sustento da família, não se pode negar o direito à partilha das verbas trabalhistas nascidas e pleiteadas na constância do casamento, ainda que percebidas após a ruptura da vida conjugal" (STJ-3ª T., REsp 1.024.169, Min. Nancy Andrighi, j. 13.4.10, DJ 28.4.10).

"Deve ser reconhecido o direito à meação dos valores do FGTS auferidos durante a constância do casamento", o que afasta da meação parcela de imóvel adquirida com valores depositados no FGTS antes do casamento: STJ-2ª Seção, REsp 1.399.199, Min. Luis Felipe, j. 9.3.16, maioria, DJ 22.4.16.

Todavia, afirmando que o valor depositado em conta vinculada ao Fundo de Garantia por Tempo de Serviço fica excluído da comunhão: "Partilha indevida, por não integrar o patrimônio comum" (RT 888/223: TJSP, AP 566.291-4/0-00).

V. tb. arts. 1.668, notas 5 e segs., e 1.725, notas 3 e 4.

Art. 1.659: 6. "Os **proventos de aposentadoria,** percebidos por cônjuge casado em regime de comunhão universal e durante a vigência da sociedade conjugal, constituem patrimônio particular do consorte ao máximo enquanto mantenham caráter alimentar. Perdida essa natureza, como na hipótese de acúmulo do capital mediante depósito das verbas em aplicação financeira, o valor originado dos proventos de um dos consortes passa a integrar o patrimônio comum do casal, devendo ser partilhado quando da extinção da sociedade conjugal. Interpretação sistemática dos comandos contidos nos arts. 1.659, VI, 1.668, V, 1.565, 1.566, III, e 1.568, todos do Código Civil" (STJ-4ª T., REsp 1.053.473, Min. Marco Buzzi, j. 2.10.12, DJ 10.10.12).

Art. 1.660. Entram na comunhão:[1] [Dispositivo correspondente no CC/1916: art. 271-*caput*.]

I — os bens adquiridos na constância do casamento por título oneroso, ainda que só em nome de um dos cônjuges;[1a-1b] [Dispositivo correspondente no CC/1916: art. 271-I.]

II — os bens adquiridos por fato eventual,[2] com ou sem o concurso de trabalho ou despesa anterior; [Dispositivo correspondente no CC/1916: art. 271-II.]

III — os bens adquiridos por doação, herança ou legado, em favor de ambos os cônjuges; [Dispositivo correspondente no CC/1916: art. 271-III.]

IV — as benfeitorias[3] **em bens particulares de cada cônjuge;** [Dispositivo correspondente no CC/1916: art. 271-IV.]

V — os frutos dos bens comuns, ou dos particulares de cada cônjuge,[4-5] **percebidos na constância do casamento, ou pendentes ao tempo de cessar a comunhão.** [Dispositivo correspondente no CC/1916: art. 271-V.]

Art. 1.660: 1. "O **valor do capital social** integralizado de determinada empresa é parâmetro adequado para a partilha especialmente quando a separação de fato do casal, ocasião em que finda o regime de bens, ocorre em momento muito próximo à sua constituição. Ausência de necessidade de realização de balanço contábil referente a apenas um mês para aferir o valor real a ser partilhado, já que o percentual de participação do recorrido em tão curto período de tempo não justificaria a alteração do critério adotado pelo Tribunal de origem, à luz das provas constantes dos autos" (STJ-3ª T., REsp 1.595.775, Min. Ricardo Cueva, j. 9.8.16, DJ 16.8.16).

V. tb. art. 1.725, nota 2d.

Art. 1.660: 1a. Diversamente, no regime de participação final nos aquestos: art. 1.681.

Art. 1.660: 1b. v., porém, art. 1.659-II.

Art. 1.660: 2. p. ex.: prêmio de loteria, de sorteio, de rifa, etc. Todavia: "Se um dos cônjuges adquire bilhete de loteria premiado durante a separação de fato, sendo evidente a ausência de contribuição do outro consorte, o prêmio não deve ser partilhado" (RJM 169/114). V. tb. arts. 1.659, nota 1a, e 1.668, nota 1a.

Art. 1.660: 3. realizadas na constância do casamento.

Art. 1.660: 4. Todavia: "O doador pode dispor em cláusula expressa a incomunicabilidade dos frutos de bem doado no benefício exclusivo do cônjuge beneficiário antes da celebração de casamento sob o regime de comunhão parcial dos bens. O mandamento legal previsto no art. 265 do Código Civil de 1916 (correspondente ao art. 1.669 do atual Código Civil), de natureza genérica, não veda previsão em sentido contrário" (STJ-3ª T., REsp 1.164.887, Min. Ricardo Cueva, j. 24.4.14, DJ 29.4.14).

Art. 1.660: 5. "A capitalização de reservas e lucros decorrente da própria atividade empresarial constitui produto da sociedade por incrementar o seu capital social. O **lucro destinado à conta de reserva,** que não é distribuído aos sócios, não integra o acervo comum do casal, tendo em vista pertencer apenas à sociedade e não ao sócio. A **quantia destinada a futuro aumento de capital não** deve ser objeto de **partilha** em virtude do fim de união estável, pois não está incluída no conceito de fruto, à luz do art. 1.660, inciso V, do Código Civil" (STJ-3ª T., REsp 1.595.775, Min. Ricardo Cueva, j. 9.8.16, DJ 16.8.16).

Art. 1.661. **São incomunicáveis os bens cuja aquisição tiver por título uma causa anterior ao casamento.**[1-2] [Dispositivo correspondente no CC/1916: art. 272.]

Art. 1.661: 1. cf. art. 1.659-I. V. tb. art. 1.659-II.

Art. 1.661: 2. "Imóvel cuja aquisição tenha causa anterior ao casamento realizado sob o regime de comunhão parcial de bens, com transcrição no registro imobiliário na constância deste, é incomunicável" (STJ-3ª T., REsp 707.092, Min. Nancy Andrighi, j. 28.6.05, DJ 1.8.05).

Art. 1.662. **No regime da comunhão parcial, presumem-se adquiridos na constância do casamento os bens móveis,**[1] **quando não se provar que o foram em data anterior.** [Dispositivo correspondente no CC/1916: art. 273.]

Art. 1.662: 1. s/ bens móveis, v. arts. 82 a 84.

Art. 1.663. A administração do patrimônio comum compete a qualquer dos cônjuges.[1-1a] [Dispositivo correspondente no CC/1916: art. 274.]

§ 1º As dívidas contraídas no exercício da administração obrigam os bens comuns e particulares do cônjuge que os administra, e os do outro na razão do proveito que houver auferido.[2-3] [Dispositivo correspondente no CC/1916: art. 274.]

§ 2º A anuência de ambos os cônjuges é necessária para os atos, a título gratuito, que impliquem cessão do uso ou gozo dos bens comuns. [Sem dispositivo correspondente no CC/1916.]

§ 3º Em caso de malversação dos bens, o juiz poderá atribuir a administração a apenas um dos cônjuges. [Sem dispositivo correspondente no CC/1916.]

Art. 1.663: 1. v. arts. 1.567, 1.570 e 1.642-II.

Art. 1.663: 1a. Já a administração do patrimônio particular compete ao cônjuge proprietário, salvo convenção diversa (cf. art. 1.665).

Art. 1.663: 2. Quanto às dívidas contraídas na administração dos bens particulares, v. art. 1.666. S/ dívidas contraídas por um dos cônjuges no regime de participação final nos aquestos, v. art. 1.677. V. ainda art. 1.664.

Art. 1.663: 3. "Dívida contraída pelo apelado, mas na vigência do casamento, e em proveito do negócio que servia de fonte de renda ao casal, deve ser dividida igualitariamente. Comprovado que o apelado utilizava cheques da apelante para pagamento de despesas comuns (ou até exclusivas dele), mostra-se de rigor determinar a partilha de saldo devedor em conta corrente da apelante, na data da separação de fato. Débito que estava sendo cobrado da apelante em ação de execução, e que ela já pagou, deve ser reconhecido como sendo comum, porquanto comprovado que teve por origem a aquisição de um veículo, em plena constância do casamento" (RT 902/340: TJRS, AP 70037084142).

Art. 1.664. Os bens da comunhão respondem pelas obrigações contraídas pelo marido ou pela mulher para atender aos encargos da família, às despesas de administração e às decorrentes de imposição legal.[1] [Sem dispositivo correspondente no CC/1916.]

Art. 1.664: 1. v. arts. 1.643 e 1.663 § 1º.

Art. 1.665. A administração e a disposição dos bens constitutivos do patrimônio particular competem ao cônjuge proprietário, salvo convenção diversa em pacto antenupcial.[1-2] [Sem dispositivo correspondente no CC/1916.]

Art. 1.665: 1. Já a administração do patrimônio comum compete a qualquer dos cônjuges, cf. art. 1.663-*caput*.

Art. 1.665: 2. v. art. 1.642-II.

Art. 1.666. As dívidas, contraídas por qualquer dos cônjuges na administração de seus bens particulares[1] e em benefício destes,[2] não obrigam os bens comuns. [Sem dispositivo correspondente no CC/1916.]

Art. 1.666: 1. Quanto às dívidas contraídas na administração do patrimônio comum, v. art. 1.663 § 1º. S/ dívidas contraídas por um dos cônjuges no regime de participação final nos aquestos, v. art. 1.677.

Art. 1.666: 2. v., por outro lado, art. 1.664.

Capítulo IV | DO REGIME DE COMUNHÃO UNIVERSAL

Art. 1.667. O regime de comunhão universal importa a comunicação de todos os bens presentes e futuros dos cônjuges[1-2] e suas dívidas passivas,[3-4] com as exceções do artigo seguinte. [Dispositivo correspondente no CC/1916: art. 262.]

Art. 1.667: 1. v. arts. 977, 1.783, 1.829-I. V. tb. LA 4º § ún.

Art. 1.667: 2. "Regime de bens. Comunhão universal. Alegação de que os bens foram adquiridos com os proventos exclusivos do agravante. Irrelevância. Dinheiro utilizado para a formação do patrimônio comum do casal. Aplicação do disposto no art. 1.667 do CC. Desnecessidade de apuração da origem dos recursos para a formação do acervo de bens" (JTJ 300/379).

Art. 1.667: 3. "No regime da comunhão universal de bens partilham-se todas as dívidas contraídas na constância do casamento, tenham ou não revertido em prol do casal. Inteligência do artigo 1.667 do CCB" (RT 893/321: TJRS, AP 70031551237).

Art. 1.667: 4. "Débito de prestações de financiamento e tributos, decorrentes de contrato de financiamento imobiliário no qual os dois ex-cônjuges figuram como compradores, deve ser suportado por ambos, independentemente de quem faz uso do bem. Mas o débito condominial relativo ao mesmo imóvel deve ser suportado integralmente pela parte que, exclusivamente, fez uso do imóvel comum" (RT 893/321: TJRS, AP 70031551237).

S/ uso exclusivo do imóvel por um dos ex-cônjuges e despesas condominiais, v. tb. art. 1.315, nota 1b.

Art. 1.668. São excluídos da comunhão:[1 a 1b] [Dispositivo correspondente no CC/1916: art. 263-*caput*.]

I — os bens doados ou herdados com a cláusula de incomunicabilidade[2] e os sub-rogados em seu lugar; [Dispositivo correspondente no CC/1916: art. 263-II.]

II — os bens gravados de fideicomisso[3] e o direito do herdeiro fideicomissário, antes de realizada a condição suspensiva; [Dispositivo correspondente no CC/1916: art. 263-III.]

III — as dívidas anteriores ao casamento,[3a] salvo se provierem de despesas com seus aprestos, ou reverterem em proveito comum; [Dispositivo correspondente no CC/1916: art. 263-VII.]

IV — as doações antenupciais[4] feitas por um dos cônjuges ao outro com a cláusula de incomunicabilidade; [Dispositivo correspondente no CC/1916: art. 263-VIII.]

V — os bens referidos nos incisos V a VII do art. 1.659.[5 a 6] [Sem dispositivo correspondente no CC/1916.]

Art. 1.668: 1. As obrigações provenientes de ato ilícito são excluídas da comunhão? v. art. 1.659-IV, relativo ao regime da comunhão parcial, e, no CC rev., art. 263-VI.

Art. 1.668: 1a. "Os bens adquiridos por um dos cônjuges **separado de fato** há longos anos não integram o patrimônio do casal para efeito de partilha, desde que havidos após a separação de fato" (RT 831/365).

"Veículo adquirido por financiamento, pago quase que inteiramente pelo varão após a separação de fato, deve permanecer com ele e não deve ser partilhado. A partilha deve se dar apenas em relação aos valores do financiamento que foram pagos na constância do casamento" (RT 893/321: TJRS, AP 70031551237).

Não tem direito à meação da herança "o cônjuge que encontrava-se separado de fato quando transmitida a herança. Tal fato ocasionaria enriquecimento sem causa, porquanto o patrimônio foi adquirido individualmente, sem qualquer colaboração do cônjuge. A preservação do condomínio patrimonial entre cônjuges após a separação de fato é incompatível com orientação do novo Código Civil, que reconhece a união estável estabelecida nesse período, regulada pelo regime da comunhão parcial de bens (CC 1.725). Assim, em regime de comunhão universal, a comunicação de bens e dívidas deve cessar com a ruptura da vida comum, respeitado o direito de meação do patrimônio adquirido na constância da vida conjugal" (STJ-RF 402/442: 4ª T., REsp 555.771). No mesmo sentido: RT 840/251 (TJSP, AI 388.303-4/9-00), 893/321 (TJRS, AP 70031551237).

V. tb. arts. 1.659, nota 1a, e 1.660, nota 2.

Art. 1.668: 1b. "A sobrepartilha é instituto utilizado em casos de desconhecimento de uma das partes a respeito de determinado bem, no momento da partilha, seja ou não por ocultação maliciosa ou, ainda, se situados em lugar remoto da sede do juízo. Embora os bens sonegados não se confundam com os descobertos após a partilha, ambos pressupõem o desconhecimento de sua existência por umas das partes. Nessa linha, é bem de ver que não é todo e qualquer bem que não foi partilhado que pode ser considerado sonegado. São considerados sonegados os bens que, embora devessem ser partilhados, não o foram, em razão de ocultação daquele que estava em sua administração. Isto é, a sobrepartilha de bens sonegados encontra fundamento no desconhecimento ou ocultação sobre determinado bem por uma das partes. No caso em exame, como assinalado, tal não ficou caracterizado, de acordo com o que entendeu o Tribunal de origem, não servindo o instituto a corrigir arrependimentos quanto à divisão já realizada. O prévio conhecimento da autora sobre a existência das cotas e ações objeto da ação de sobrepartilha apurado pelo Tribunal de origem é fundamento suficiente para a improcedência da ação no caso concreto" (STJ-4ª T., REsp 1.204.253, Min. Luis Felipe, j. 27.5.14, DJ 15.8.14).

Art. 1.668: 2. v. arts. 1.669 e 1.911.

Art. 1.668: 3. v. arts. 1.951 a 1.960.

Art. 1.668: 3a. O regime de comunhão parcial possui disposição similar: art. 1.659-III.

Art. 1.668: 4. v. art. 546.

Art. 1.668: 5. "No regime de comunhão universal de bens, os honorários advocatícios, provenientes do trabalho do cônjuge inventariado, percebidos no decorrer do casamento, ingressam no patrimônio comum do casal, porquanto lhes guarneceram do necessário para seu sustento, devendo, portanto, integrar a meação da viúva inventariante. Muito embora as relações intrafamiliares tenham adquirido matizes diversos, com as mais inusitadas roupagens, há de se ressaltar a peculiaridade que se reproduz infindavelmente nos lares mais tradicionais não só brasileiros, como no mundo todo, em que o marido exerce profissão, dela auferindo renda, e a mulher, mesmo que outrora inserida no mercado de trabalho, abandonou a profissão que exercia antes do casamento, por opção ou até mesmo por imposição das circunstâncias, para se dedicar de corpo e alma à criação dos filhos do casal e à administração do lar, sem o que o falecido não teria a tranquilidade e serenidade necessárias para ascender profissionalmente e, consequentemente, acrescer o patrimônio, fruto, portanto, do trabalho e empenho de ambos" (STJ-RT 874/166: 3ª T., REsp 895.344). **Contra:** "As terras nuas e as TDAs recebidas pelo falecido, a título de pagamento de honorários advocatícios, são frutos civis do trabalho e não comunicam com a viúva, casados que eram sob o regime da comunhão universal de bens" (RJTJERGS 258/127: EI 70012506572, maioria).

"Integra a comunhão a indenização trabalhista correspondente a direitos adquiridos durante o tempo de casamento sob o regime de comunhão universal" (STJ-2ª Seção, ED no REsp 421.801, Min.

Cesar Rocha, j. 22.9.04, um voto vencido, DJU 17.12.04). No mesmo sentido: RT 893/321 (TJRS, AP 70031551237; nota: a ementa oficial foi reproduzida de forma equivocada na revista).

V. tb. arts. 1.659, notas 5 e segs., e 1.725, notas 3 e 4.

Art. 1.668: 5a. "Admite-se a comunicação da indenização decorrente de anistia política, mesmo que percebida após a ruptura da vida conjugal, na medida em que coincidirem o período considerado para o cálculo da indenização e a constância do matrimônio" (STJ-3ª T., REsp 1.205.188, Min. Nancy Andrighi, j. 12.4.11, DJ 25.4.11).

Art. 1.668: 5b. "No regime da comunhão universal de bens, as verbas percebidas a título de benefício previdenciário resultantes de um direito que nasceu e foi pleiteado durante a constância do casamento devem entrar na partilha, ainda que recebidas após a ruptura da vida conjugal" (STJ-RBDFS 6/138 e Bol. AASP 2.611: 3ª T., REsp 918.173).

Art. 1.668: 6. "A indenização, ou pensão mensal, decorrente de seguro por invalidez não integra a comunhão universal de bens. Entendimento diverso provocaria um comprometimento da subsistência do segurado, com a diminuição da renda destinada ao seu sustento após a invalidez, e, ao mesmo tempo, ensejaria o enriquecimento indevido do ex-cônjuge, porquanto seria um bem conseguido por esse apenas às custas do sofrimento e do prejuízo pessoal daquele" (STJ-3ª T., REsp 631.475, Min. Nancy Andrighi, j. 13.11.07, um voto vencido, DJU 8.2.08). V. tb. art. 1.725, nota 4.

Art. 1.669. A incomunicabilidade dos bens enumerados no artigo antecedente não se estende aos frutos, quando se percebam ou vençam durante o casamento.[1] [Dispositivo correspondente no CC/1916: art. 265.]

Art. 1.669: 1. Este artigo não impede que o doador estabeleça no ato da doação a incomunicabilidade dos frutos (v. art. 1.660, nota 4).

Art. 1.670. Aplica-se ao regime da comunhão universal o disposto no Capítulo antecedente, quanto à administração dos bens.[1] [Sem dispositivo correspondente no CC/1916.]

Art. 1.670: 1. v. arts. 1.663, 1.665 e 1.666.

Art. 1.671. Extinta a comunhão, e efetuada a divisão do ativo e do passivo, cessará a responsabilidade de cada um dos cônjuges para com os credores do outro. [Dispositivo correspondente no CC/1916: art. 268.]

Capítulo V | DO REGIME DE PARTICIPAÇÃO FINAL NOS AQUESTOS[1]

✎ **CAP. V: 1.** "O regime da participação final nos aquestos no Código Civil de 2002", por Silvano Andrade do Bomfim (RBDFS 9/59).

Art. 1.672. No regime de participação final nos aquestos, cada cônjuge possui patrimônio próprio, consoante disposto no artigo seguinte, e lhe cabe, à época da dissolução da sociedade conjugal, direito à metade dos bens adquiridos pelo casal, a título oneroso, na constância do casamento. [Sem dispositivo correspondente no CC/1916.]

Art. 1.673. Integram o patrimônio próprio os bens que cada cônjuge possuía ao casar e os por ele adquiridos, a qualquer título, na constância do casamento. [Sem dispositivo correspondente no CC/1916.]

Parágrafo único. A administração desses bens é exclusiva de cada cônjuge, que os poderá livremente alienar, se forem móveis.[1-2] [Sem dispositivo correspondente no CC/1916.]

Art. 1.673: 1. s/ bens móveis, v. arts. 82 a 84.

Art. 1.673: 2. Quanto à alienação de bens imóveis, em regra, há necessidade de autorização do outro cônjuge (art. 1.647-I).Todavia, esta pode ser dispensada no pacto antenupcial (art. 1.656).

Art. 1.674. Sobrevindo a dissolução da sociedade conjugal, apurar-se-á o montante dos aquestos, excluindo-se da soma dos patrimônios próprios:[1] [Sem dispositivo correspondente no CC/1916.]

I — os bens anteriores ao casamento e os que em seu lugar se sub-rogaram; [Sem dispositivo correspondente no CC/1916.]

II — os que sobrevieram a cada cônjuge por sucessão ou liberalidade; [Sem dispositivo correspondente no CC/1916.]

III — as dívidas relativas a esses bens. [Sem dispositivo correspondente no CC/1916.]

Parágrafo único. Salvo prova em contrário, presumem-se adquiridos durante o casamento os bens móveis.[2] [Sem dispositivo correspondente no CC/1916.]

Art. 1.674: 1. Conforme o *caput* e os incisos deste artigo, entrarão, no montante dos aquestos, somente os bens adquiridos por cada cônjuge de forma onerosa e na constância do casamento. Cf. tb. art. 1.672.

Art. 1.674: 2. v., porém, art. 1.680, nota 1.

Art. 1.675. Ao determinar-se o montante dos aquestos, computar-se-á o valor das doações feitas por um dos cônjuges, sem a necessária autorização do outro;[1] nesse caso, o bem poderá ser reivindicado pelo cônjuge prejudicado ou por seus herdeiros, ou declarado no monte partilhável, por valor equivalente ao da época da dissolução. [Sem dispositivo correspondente no CC/1916.]

Art. 1.675: 1. v. art. 1.647-IV e § ún. V. tb. arts. 176 e 1.649.

Art. 1.676. Incorpora-se ao monte o valor dos bens alienados em detrimento da meação,[1] se não houver preferência do cônjuge lesado, ou de seus herdeiros, de os reivindicar. [Sem dispositivo correspondente no CC/1916.]

Art. 1.676: 1. i.e., quando a alienação for intencionalmente prejudicial à futura meação.

Art. 1.677. Pelas dívidas posteriores ao casamento, contraídas por um dos cônjuges, somente este responderá, salvo prova[1] de terem revertido, parcial ou totalmente, em benefício do outro.[2] [Sem dispositivo correspondente no CC/1916.]

Art. 1.677: 1. É do credor o ônus da prova.

Art. 1.677: 2. v. art. 1.686. No regime de comunhão parcial, v. arts. 1.663 § 1º e 1.666.

Art. 1.678. Se um dos cônjuges solveu uma dívida do outro com bens do seu patrimônio, o valor do pagamento deve ser atualizado e imputado, na data da dissolução, à meação do outro cônjuge. [Sem dispositivo correspondente no CC/1916.]

Art. 1.679. No caso de bens adquiridos pelo trabalho conjunto, terá cada um dos cônjuges uma quota igual no condomínio ou no crédito por aquele modo estabelecido. [Sem dispositivo correspondente no CC/1916.]

Art. 1.680. As coisas móveis, em face de terceiros, presumem-se do domínio do cônjuge devedor, salvo se o bem for de uso pessoal do outro.[1-2] [Sem dispositivo correspondente no CC/1916.]

Art. 1.680: 1. Esse dispositivo tem como principal objetivo facilitar a execução da dívida que um dos cônjuges tenha em favor de terceiro de boa-fé, ao presumir que as coisas móveis do casal são de domínio do cônjuge devedor.

Art. 1.680: 2. v. art. 1.674 § ún.

Art. 1.681. Os bens imóveis são de propriedade do cônjuge cujo nome constar no registro. [Sem dispositivo correspondente no CC/1916.]

Parágrafo único. Impugnada a titularidade, caberá ao cônjuge proprietário provar a aquisição regular dos bens. [Sem dispositivo correspondente no CC/1916.]

Art. 1.682. O direito à meação não é renunciável, cessível ou penhorável na vigência do regime matrimonial. [Sem dispositivo correspondente no CC/1916.]

Art. 1.683. Na dissolução do regime de bens por separação judicial[1] ou por divórcio,[2] verificar-se-á o montante dos aquestos à data em que cessou a convivência. [Sem dispositivo correspondente no CC/1916.]

Art. 1.683: 1. v. art. 1.571, nota 2b **(Em. Const. 66, de 13.7.10).**

Art. 1.683: 2. v. art. 1.571-IV.

Art. 1.684. Se não for possível nem conveniente a divisão de todos os bens em natureza, calcular-se-á o valor de alguns ou de todos para reposição em dinheiro ao cônjuge não proprietário. [Sem dispositivo correspondente no CC/1916.]

Parágrafo único. Não se podendo realizar a reposição em dinheiro, serão avaliados e, mediante autorização judicial, alienados tantos bens quantos bastarem. [Sem dispositivo correspondente no CC/1916.]

Art. 1.685. Na dissolução da sociedade conjugal por morte,[1] verificar-se-á a meação do cônjuge sobrevivente de conformidade com os artigos antecedentes, deferindo-se a herança aos herdeiros na forma estabelecida neste Código.[2] [Sem dispositivo correspondente no CC/1916.]

Art. 1.685: 1. v. art. 1.571-I.

Art. 1.685: 2. v. arts. 1.829 a 1.844.

Art. 1.686. As dívidas de um dos cônjuges, quando superiores à sua meação, não obrigam ao outro, ou a seus herdeiros.[1] [Sem dispositivo correspondente no CC/1916.]

Art. 1.686: 1. v. art. 1.677.

Capítulo VI | DO REGIME DE SEPARAÇÃO DE BENS[1]

CAP. VI: 1. Regime da separação obrigatória de bens: art. 1.641.

Art. 1.687. Estipulada a separação de bens, estes permanecerão sob a administração exclusiva de cada um dos cônjuges, que os poderá livremente alienar ou gravar de ônus real.[1-2] [Dispositivo correspondente no CC/1916: art. 276.]

Art. 1.687: 1. s/ desnecessidade de autorização do cônjuge para a prática de determinados atos no regime da separação de bens, v. art. 1.647.

Art. 1.687: 2. "A cláusula do pacto antenupcial que exclui a comunicação dos aquestos impede o reconhecimento de uma sociedade de fato entre marido e mulher para o efeito de dividir os bens adquiridos depois do casamento" (STJ-RIDCPC 48/149: 3ª T., REsp 404.088, um voto vencido). No mesmo sentido: STJ-RT 776/176 (4ª T., REsp 83.750).

Todavia: "A circunstância de os cônjuges haverem pactuado, como regime de bens, o da separação, não impede que se unam, em empreendimento estranho ao casamento. Isso ocorrendo, poderá caracterizar-se a sociedade de fato, admitindo-se sua dissolução, com a consequente partilha de bens. O que não se há de reconhecer é a existência de tal sociedade, apenas em virtude da vida em comum, com o entendimento dos deveres que decorram da existência do consórcio" (STJ-3ª T., REsp 30.513, Min. Eduardo Ribeiro, j. 26.4.94, DJU 13.6.94). No mesmo sentido: "O regime jurídico da separação de bens voluntariamente estabelecido é imutável e deve ser observado, admitindo-se, todavia, excepcionalmente, a participação patrimonial de um cônjuge sobre bem do outro, se efetivamente demonstrada, de modo concreto, a aquisição patrimonial pelo esforço comum, caso dos autos, em que uma das fazendas foi comprada mediante permuta com cabeças de gado que pertenciam ao casal" (STJ-4ª T., REsp 286.514, Min. Aldir Passarinho Jr., j. 2.8.07, DJU 22.10.07).

S/ comunicabilidade de aquestos e regime da separação legal de bens, v. art. 1.641, nota 2.

Art. 1.688. Ambos os cônjuges são obrigados a contribuir para as despesas do casal na proporção dos rendimentos de seu trabalho e de seus bens, salvo estipulação em contrário no pacto antenupcial.[1] [Dispositivo correspondente no CC/1916: art. 277.]

Art. 1.688: 1. v. arts. 1.567 e 1.568.

Subtítulo II DO USUFRUTO E DA ADMINISTRAÇÃO DOS BENS DE FILHOS MENORES

Art. 1.689. O pai e a mãe, enquanto no exercício do poder familiar:[1] [Dispositivo correspondente no CC/1916: art. 385.]

I — são usufrutuários dos bens dos filhos;[2-2a] [Dispositivo correspondente no CC/1916: art. 389.]

II — têm a administração dos bens dos filhos menores sob sua autoridade.[3-4] [Dispositivo correspondente no CC/1916: art. 385.]

Art. 1.689: 1. v., porém, art. 1.693.

Art. 1.689: 2. s/ usufruto, v. arts. 1.390 a 1.411.

Art. 1.689: 2a. "O exercício do direito real de usufruto de imóvel de filho, com base no poder familiar, compete aos pais de forma conjunta, conforme o disposto no art. 1.689, I, do CC-02. A aplicação direta do regramento, contudo, apenas é possível na constância do relacionamento, pois, findo o casamento, ou a união estável, no mais das vezes, ocorre a separação física do casal, fato que torna inviável o exercício do usufruto de forma conjunta. Nessa hipótese, é factível cobrança do equivalente à metade da locação do imóvel, pois a simples ocupação do bem por um dos ex-consortes representa impedimento de cunho concreto, ou mesmo psicológico, à utilização simultânea pelo outro usufrutuário" (STJ-3ª T., REsp 1.098.864, Min. Nancy Andrighi, j. 4.9.12, DJ 21.9.12).

V. tb. arts. 1.319, nota 2, e 2.020, nota 1a.

Art. 1.689: 3. v. art. 1.691. S/ curador especial para menor herdeiro, v. art. 1.733 § 2º.

Art. 1.689: 4. "Não há óbice a que a genitora levante os valores da indenização que cabem a cada um dos filhos menores, de família humilde, para aplicação em alimentação, instrução e educação visando ao seu futuro, o que constitui melhor investimento social do que a mera manutenção do numerário por longos anos em caderneta de poupança até a maioridade, como ditado pelas instâncias ordinárias, aplicação que, a longo prazo, tem revelado perdas em relação à inflação real" (STJ-4ª T., REsp 534.521, Min. Aldir Passarinho Jr., j. 16.10.08, DJ 3.11.08).

"Os valores destinados aos irmãos menores da vítima de acidente fatal, depositados em cadernetas de poupança, podem ser livremente movimentados pela mãe, porque no exercício do poder familiar e da administração dos bens dos filhos" (STJ-3ª T., REsp 727.056, Min. Nancy Andrighi, j. 17.8.06, DJ 4.9.06). Em sentido semelhante: RT 877/297 (TJPA, AI 2007.3.009782-8).

Todavia: "O poder legal de administração dos bens dos filhos menores aos pais, conferido pela redação do art. 1.689, II, do Código Civil, não comporta o de disposição. Dessa forma, sendo as quantias expressivas, sua entrega incondicionada à genitora significaria, na verdade, a possibilidade de dispor das referidas importâncias como lhe aprouvesse, o que não está amparado pela Lei e não atende, sobretudo, aos interesses dos menores. A disposição do art. 1.689, II, do Código Civil, não pode ser interpretada de forma absoluta mas, sim, em harmonia com outros diplomas legais, que enfrentam o exercício do poder familiar, à luz de princípios que objetivam, em última análise, a proteção integral dos interesses dos filhos menores. Em casos de recebimento de indenizações em favor de menores, é mister que convertam-se estas em pecúlio, a serem preservados até a maioridade, ou se levantado antes, seja comprovada a necessidade, mediante a evidente utilidade para o beneficiário. Ainda que adquiridos por direito próprio, a indenização devida aos menores, submete-se, igualmente, às disposições da Lei n. 6.858/80. Tratando-se de numerário decorrente de indenização, não se percebe qualquer ilegalidade na determinação que pretendeu preservar o montante percebido desde logo, de forma a servir, em momento próprio e oportuno, aos próprios interesses dos menores, quiçá para estudos ou para a própria subsistência. Tais cautelas não significam, de forma alguma, ingerência no poder familiar, sendo que o direito ao levantamento permanece e poderá ser exercido sempre que circunstâncias se apresentem, bastando, para tanto, a devida justificação" (STJ-RMDCPC 39/116: 3ª T., REsp 1.110.775).

Art. 1.690. Compete aos pais, e na falta de um deles ao outro, com exclusividade, representar os filhos menores de dezesseis anos, bem como assisti-los até completarem a maioridade ou serem emancipados.[1] [Dispositivo correspondente no CC/1916: art. 384-V.]

Parágrafo único. Os pais devem decidir em comum as questões relativas aos filhos e a seus bens; havendo divergência, poderá qualquer deles recorrer ao juiz para a solução necessária.[2] [Dispositivo correspondente no CC/1916: art. 380 § ún.]

Art. 1.690: 1. No mesmo sentido: art. 1.634-V.

Art. 1.690: 2. v. art. 1.631 § ún.

Art. 1.691. Não podem os pais alienar, ou gravar de ônus real os imóveis dos filhos, nem contrair, em nome deles, obrigações que ultrapassem os limites da simples administração, salvo por necessidade ou evidente interesse da prole, mediante prévia autorização do juiz.[1 a 3] [Dispositivo correspondente no CC/1916: art. 386.]

Parágrafo único. Podem pleitear a declaração de nulidade dos atos previstos neste artigo:[4] [Dispositivo correspondente no CC/1916: art. 388-*caput*.]

I — os filhos;[4a] [Dispositivo correspondente no CC/1916: art. 388-I.]

II — os herdeiros;[4b] [Dispositivo correspondente no CC/1916: art. 388-II.]

III — o representante legal. [Dispositivo correspondente no CC/1916: art. 388-III.]

Art. 1.691: 1. v. art. 1.637 (suspensão do poder familiar).

Art. 1.691: 2. "A contratação de advogado com pactuação de honorários advocatícios *ad exitum* por representante do incapaz caracteriza ato simples de administração. A prática de atos de simples administração, decorrente do poder familiar, prescinde de prévia autorização judicial" (STJ-3ª T., REsp 1.233.261, Min. Nancy Andrighi, j. 21.2.13, DJ 27.2.13; no caso, porém, houve redução da verba honorária combinada de 30% do valor da condenação para 15% do valor depositado judicialmente). **Todavia:** "O Código Civil, apesar de outorgar aos pais amplos poderes de administração sobre os bens dos filhos, não autoriza a realização de atos que extrapolem a simples gerência e conservação do patrimônio do representado. Se o representante legal assume, sem prévia autorização judicial, contrato de prestação de serviços advocatícios em nome da filha, sendo o valor fixado dos honorários desproporcional (30% do valor total da causa), com o consequente comprometimento do patrimônio da representada, deve avocar para si a obrigação, ainda mais se considerado que, no caso concreto, os advogados contratados prestaram mais serviços ao representante do que à representada" (STJ-3ª T., AI 1.065.953-AgRg, Min. Sidnei Beneti, j. 7.10.08, DJ 28.10.08).

"Prestação de serviços advocatícios. Honorários. Contrato escrito firmado pela genitora representando sua filha menor. Nulidade absoluta por ausência de formalidade legal (autorização judicial). Arbitramento compatível com a razoabilidade, sem destoar do teor do trabalho realizado, afastando-se estimativa modesta ou que implique em lucro excessivo ao causídico" (JTJ 342/639: AP 1.124.343-0/3; no caso, foram fixados honorários em 6% do benefício econômico, em vez dos combinados "20% sobre o valor comercial dos bens inventariados").

Art. 1.691: 3. "A transação, por ser negócio jurídico bilateral, que implica concessões recíprocas, não constitui ato de mera administração a autorizar o pai a praticá-la em nome dos filhos menores independentemente de autorização judicial" (STJ-3ª T., REsp 292.974, Min. Nancy Andrighi, j. 29.5.01, DJU 25.6.01). Esse acórdão foi mantido no julgamento dos subsequentes embargos de divergência: "São indispensáveis a autorização judicial e a intervenção do Ministério Público em acordo extrajudicial firmado pelos pais dos menores, em nome deles, para fins de receber indenização por ato ilícito" (STJ-2ª Seção, ED no REsp 292.974, Min. Sálvio de Figueiredo Teixeira, j. 12.2.03, um voto vencido, DJU 15.9.03).

Art. 1.691: 4. A prescrição não corre entre ascendentes e descendentes durante o poder familiar (art. 197-II), nem contra os absolutamente incapazes (art. 198-I).

Art. 1.691: 4a. Se o filho for menor, aplica-se o disposto no art. 1.692.

Art. 1.691: 4b. i. e., os herdeiros do filho, após o falecimento deste.

Art. 1.692. Sempre que no exercício do poder familiar colidir o interesse dos pais com o do filho, a requerimento deste ou do Ministério Público o juiz lhe dará curador especial.[1 a 3]
[Dispositivo correspondente no CC/1916: art. 387.]

Art. 1.692: 1. v. ECA 142 § ún. e 148 § ún.-*f*.

Art. 1.692: 2. Embora este dispositivo legal esteja localizado em subtítulo que trata da administração dos bens dos filhos, ele pode ser aplicado em outras hipóteses de conflito entre o interesse destes com o dos pais.

Art. 1.692: 3. "Pensão alimentícia. Ação de prestação de contas. Pretensão manifestada pelo pai, ex-marido, contra a mãe, ex-esposa. Ilegitimidade *ad causam*. Colidência de interesses entre a genitora, guardiã e administradora dos bens, com os interesses dos filhos, que impõe que a ação seja intentada através de curador especial. Inteligência do art. 387 do CC" (RT 781/239: TJSP, AP 151.703-4/0). O art. 387 do CC rev. corresponde ao CC 1.692.

Art. 1.693. Excluem-se do usufruto e da administração dos pais:[1] [Dispositivo correspondente no CC/1916: art. 391-*caput*.]

I — os bens adquiridos pelo filho havido fora do casamento, antes do reconhecimento; [Dispositivo correspondente no CC/1916: art. 391-I.]

II — os valores auferidos pelo filho maior de dezesseis anos, no exercício de atividade profissional e os bens com tais recursos adquiridos; [Dispositivo correspondente no CC/1916: art. 391-II.]

III — os bens deixados ou doados ao filho, sob a condição de não serem usufruídos, ou administrados, pelos pais; [Dispositivo correspondente no CC/1916: art. 391-III.]

IV — os bens que aos filhos couberem na herança, quando os pais forem excluídos da sucessão.[2] [Dispositivo correspondente no CC/1916: art. 391-IV.]

Art. 1.693: 1. v. art. 1.689.

Art. 1.693: 2. v. arts. 1.814 e 1.816 § ún.

Subtítulo III | DOS ALIMENTOS[1 a 3]

✎ **SUBTÍT. III: 1.** "Os alimentos no novo Código Civil", por Luiz Felipe Brasil Santos (Ajuris 89/217); "A obrigação alimentar no novo Código Civil", por Marcelo Truzzi (RBDF 21/33); "O princípio da solidariedade e algumas de suas aplicações ao direito de família — abandono afetivo e alimentos", por Flávio Tartuce (RBDFS 30/5, RJ-Lex 60/165).

SUBTÍT. III: 2. v. Lei 5.478, de 25.7.68 (ação de alimentos), e Lei 11.804, de 5.11.08 (alimentos gravídicos).

SUBTÍT. III: 3. v. CPC 189-II (segredo de justiça), 215-II (não suspensão da ação de alimentos durante as férias forenses), 292-III (valor da causa na ação de alimentos), 528 a 533 (cumprimento da sentença que condena ao pagamento de alimentos), 911 a 913 (execução de alimentos), 1.012 § 1º-II (efeito da apelação contra sentença que condena a pagar alimentos).

Em matéria de idoso, v. EId 11 a 14.

Art. 1.694. Podem os parentes, os cônjuges ou companheiros pedir uns aos outros os alimentos de que necessitem para viver de modo compatível com a sua condição social, inclusive para atender às necessidades de sua educação. [Dispositivo correspondente no CC/1916: art. 396.]

§ 1º Os alimentos devem ser fixados na proporção das necessidades do reclamante e dos recursos da pessoa obrigada.[1 a 5a] [Dispositivo correspondente no CC/1916: art. 400.]

§ 2º Os alimentos serão apenas os indispensáveis à subsistência, quando a situação de necessidade resultar de culpa de quem os pleiteia.[6] [Sem dispositivo correspondente no CC/1916.]

Art. 1.694: 1. v. arts. 1.699 (mudança superveniente da situação financeira do alimentante ou alimentando), 1.700 (transmissão da obrigação aos herdeiros) e 1.702 (alimentos para o cônjuge inocente na separação litigiosa).

Para algumas diretrizes na fixação do valor dos alimentos, v., no nosso CCLCV, LA 11 e notas.

S/ a influência da guarda do alimentando no valor da pensão, v. art. 1.701, nota 1a.

Art. 1.694: 2. Súmula 226 do STF. "Na ação de desquite, os alimentos são **devidos desde a inicial** e não da data da decisão que os concede".

Art. 1.694: 3. Filhos de relacionamentos diferentes podem receber pensões distintas do mesmo alimentante (RJM 55/106).

Art. 1.694: 3a. "Não se justifica o arbitramento de verba alimentar em favor de ex-esposa, se os elementos trazidos aos autos são suficientes para comprovar que a mesma deles não necessita, máxime em razão do longo período de separação de fato, sem pedido de auxílio material, restando, ainda, ausente a comprovação acerca da possibilidade do alimentante" (RT 871/307).

Art. 1.694: 3b. "União estável. Caracterização. Pedido de alimentos pela ex-companheira. Não cabimento. Mulher jovem, com profissão e apta ao trabalho" (RT 865/177).

Art. 1.694: 4. "Na hipótese de o cônjuge apontado como culpado ser o prestador de alimentos, desnecessária a realização de provas que firam seu direito à intimidade e privacidade, porquanto a pensão não será aferida em razão da medida de sua culpabilidade (pensão não é pena), mas pela possibilidade que tem de prestar associada à necessidade de receber do alimentando" (STJ-4ª T., RMS 28.336, Min. João Otávio, j. 24.3.09, DJ 6.4.09).

Art. 1.694: 5. "Os alimentos devidos entre ex-cônjuges devem ser fixados por **prazo certo,** suficiente para, levando-se em conta as condições próprias do alimentado, permitir-lhe uma potencial inserção no mercado de trabalho" (STJ-3ª T., REsp 1.559.564, Min. Nancy Andrighi, j. 22.11.16, DJ 30.11.16). Do voto da relatora: "Tirando hipóteses excepcionais, como a incapacidade física duradoura para o labor ou, ainda, a impossibilidade prática de inserção no mercado de trabalho, os alimentos devidos ao ex-cônjuge devem ser fixados por prazo determinado **(alimentos temporários),** considerado suficiente para permitir a adaptação do alimentado à nova realidade, que a ruptura do relacionamento lhe impôs, e possibilitar a reconstrução de sua vida sem a dependência econômica do ex-cônjuge. Essa é a plena absorção do conceito de excepcionalidade dos alimentos devidos entre ex-cônjuges, que repudia a anacrônica tese de que o alimentado possa quedar-se inerte — quando tenha capacidade laboral — e deixar ao alimentante a perene obrigação de sustentá-lo".

"A obrigação de prestar alimentos transitórios — a tempo certo — é cabível, em regra, quando o alimentando é pessoa com idade, condições e formação profissional compatíveis com uma provável inserção no mercado de trabalho, necessitando dos alimentos apenas até que atinja sua autonomia financeira, momento em que se emancipará da tutela do alimentante — outrora provedor do lar —, que será então liberado da obrigação, a qual se extinguirá automaticamente" (STJ-RT 903/180 e RBDFS 18/125: 3ª T., REsp 1.025.769). No caso, foram fixados alimentos para os dois anos seguintes ao trânsito em julgado da decisão que os concedeu.

"Alimentos transitórios — de cunho resolúvel — são obrigações prestadas, notadamente entre ex-cônjuges ou ex-companheiros, em que o credor, em regra pessoa com idade apta para o trabalho, necessita dos alimentos apenas até que se projete determinada condição ou ao final de certo tempo, circunstância em que a obrigação extinguir-se-á automaticamente. Na hipótese dos autos, o pagamento da mensalidade referente à pós-graduação era possível, no curso da sociedade conjugal, em razão da condição financeira do casal. Após a ruptura da sociedade conjugal, embora a ex-companheira exerça atividade laboral, seu salário tornou-se insuficiente para arcar com os custos referentes ao mestrado, motivo pelo qual são devidos alimentos transitórios, até a conclusão do curso de pós-graduação" (STJ-3ª T., REsp 1.388.955, Min. Nancy Andrighi, j. 19.11.13, DJ 29.11.13).

"Admite-se a fixação provisória de alimentos quando, rompida a relação matrimonial, necessita o ex-cônjuge alimentado de período para adequar-se à nova realidade profissional e financeira. É princípio do direito alimentar que, observado o caso concreto, tanto quanto possível, a pensão seja fixada, considerando-se a capacidade do alimentante e o padrão de vida propiciado à alimentada" (STJ-3ª T., REsp 1.353.941, Min. João Otávio, j. 16.4.13, maioria, DJ 24.5.13). No caso, fixaram-se alimentos no valor de R$ 50.000,00 por 18 meses.

"Os chamados alimentos compensatórios, ou prestação compensatória, não têm por finalidade suprir as necessidades de subsistência do credor, tal como ocorre com a pensão alimentícia regulada pelo art. 1.694 do CC/2002, senão corrigir ou atenuar grave desequilíbrio econômico-financeiro ou abrupta alteração do padrão de vida do cônjuge desprovido de bens e de meação. Os alimentos devidos entre ex-cônjuges devem, em regra, ser fixados com termo certo, assegurando-se ao alimentando tempo hábil para sua inserção, recolocação ou progressão no mercado de trabalho, que lhe possibilite manter, pelas próprias forças, o *status* social similar ao período do relacionamento" (STJ-4ª T., REsp 1.290.313, Min. Antonio Ferreira, j. 12.11.13, maioria, DJ 7.11.14). No caso, foi determinada a cessação dos alimentos quando se completarem três anos da publicação do acórdão do recurso especial.

"A estipulação de pensão alimentícia pelo lapso temporal de 12 (doze) meses se mostra razoável, uma vez que a requerida é uma pessoa saudável, com apenas 29 anos de idade, que tem condição de se inserir no mercado de trabalho e conseguir uma vaga de emprego com remuneração suficiente para sua subsistência" (RBDFS 31/176: TJDFT, AP 2011.07.1.014430-7).

Todavia: "*In casu*, o Tribunal de origem, analisando o acervo fático-probatório dos autos, entendeu por fixar a pensão para ex-cônjuge por **prazo indeterminado,** considerando sua idade avançada e o fato de não ter exercido atividade remunerada durante os trinta anos de casamento, o que dificultaria, certamente, seu ingresso no mercado de trabalho. Tal entendimento está em sintonia com a jurisprudência desta Corte" (STJ-3ª T., Ag em REsp 896.324-AgInt, Min. Marco Bellizze, j. 1.9.16, DJ 8.9.16).

V. tb. art. 1.699, nota 3b.

Art. 1.694: 5a. "A obrigação alimentícia deve ser mantida enquanto pendente a partilha do patrimônio comum do ex-casal manifestamente procrastinada pelo ex-cônjuge recalcitrante, que se encontra na exclusiva posse e administração dos bens e não coopera para que a controvérsia seja dirimida judicialmente" (STJ-3ª T., REsp 1.287.579, Min. Ricardo Cueva, j. 11.6.13, DJ 2.8.13).

V. tb., no nosso CCLCV, LA 4º, nota 6.

Art. 1.694: 6. v. art. 1.704 § ún.

Art. 1.695. São devidos os alimentos quando quem os pretende não tem bens suficientes, nem pode prover, pelo seu trabalho, à própria mantença, e aquele, de quem se reclamam, pode fornecê-los, sem desfalque do necessário ao seu sustento.[1-2] [Dispositivo correspondente no CC/1916: art. 399-*caput*.]

Art. 1.695: 1. v. CP 244 (crime de abandono material).

Art. 1.695: 2. **CF 5º-LXVII:** "Não haverá prisão civil por dívida, salvo a do responsável pelo inadimplemento voluntário e inescusável de obrigação alimentícia e a do depositário infiel".

CF 229: "Os pais têm o dever de assistir, criar e educar os filhos menores, e os filhos maiores têm o dever de ajudar e amparar os pais na velhice, carência ou enfermidade".

Art. 1.696. O direito à prestação de alimentos é recíproco entre pais e filhos,[1 a 1c] e extensivo a todos os ascendentes, recaindo a obrigação nos mais próximos em grau, uns em falta de outros.[2] [Dispositivo correspondente no CC/1916: art. 397.]

Art. 1.696: 1. s/ maioridade do filho credor de alimentos, v., no nosso CCLCV, LA 13, nota 5.

Art. 1.696: 1a. cf. CF 229.

Art. 1.696: 1b. **Enunciado 341 do CEJ:** "Para os fins do art. 1.696, a relação socioafetiva pode ser elemento gerador de obrigação alimentar".

Enunciado 112 do CEJ: "Em acordos celebrados antes do advento do novo Código, ainda que expressamente convencionado que os alimentos cessarão com a maioridade, o juiz deve ouvir os interessados, apreciar as circunstâncias do caso concreto e obedecer ao princípio *rebus sic stantibus*".

Art. 1.696: 1c. "É descabido o pedido de alimentos, com fundamento no dever de solidariedade, pelo genitor que nunca cumpriu com os deveres inerentes ao poder familiar, deixando de pagar alimentos e prestar aos filhos os cuidados e o afeto de que necessitavam em fase precoce de seu desenvolvimento" (RBDF 35/107).

Art. 1.696: 2. v. arts. 871, 1.697 e 1.698. V. tb., no nosso CCLCV, LA 1º e notas.

S/ legitimidade passiva de avós, v., no nosso CCLCV, LA 1º, notas 6a e 6b.

Art. 1.697. Na falta[1] dos ascendentes cabe a obrigação aos descendentes, guardada a ordem de sucessão e, faltando estes, aos irmãos, assim germanos como unilaterais.[1a a 2] [Dispositivo correspondente no CC/1916: art. 398.]

Art. 1.697: 1. "São chamados, primeiramente, a prestar alimentos, os parentes mais próximos em grau, só fazendo recair a obrigação nos mais remotos, à falta daqueles; essa **falta** deve ser compreendida, conforme interpretação conjugada dos arts. 1.697 e 1.698 do CC/02, para além da **ausência** de parentes de grau mais próximo, como a **impossibilidade** ou, ainda, a **insuficiência financeira** desses de suportar o encargo" (STJ-3ª T., REsp 1.120.922, Min. Nancy Andrighi, j. 23.11.10, DJ 7.12.10).

Art. 1.697: 1a. Irmãos germanos são os oriundos dos mesmos pais; unilaterais são os provenientes apenas da mesma mãe ou do mesmo pai.

Art. 1.697: 1b. Assim: "A obrigação alimentar entre irmãos (germanos ou unilaterais) é subsidiária, porque somente ocorre na falta ou incapacidade de ascendentes e descendentes" (RJM 183/139: AP 1.0027.07.118511-3/001). No mesmo sentido: JTJ 327/208 (AP 520.523-4/3-00).

Art. 1.697: 2. "Na falta de ascendentes e descendentes, a obrigação é estendida somente aos irmãos tanto germanos quanto unilaterais. Não houve extensão aos **tios, sobrinhos ou primos**" (RJM 187/50: AI 1.0112.07.072770-9/001).

V. tb. art. 305, nota 2, e, no nosso CCLCV, LA 1º, nota 6e.

Art. 1.698. Se o parente, que deve alimentos em primeiro lugar, não estiver em condições de suportar totalmente o encargo, serão chamados a concorrer os de grau imediato;[1] sendo várias as pessoas obrigadas a prestar alimentos, todas devem concorrer na proporção dos respectivos recursos, e, intentada ação contra uma delas, poderão as demais ser chamadas a integrar a lide.[2 a 3a] [Sem dispositivo correspondente no CC/1916.]

Art. 1.698: 1. Enunciado 342 do CEJ: "Observadas as suas condições pessoais e sociais, os avós somente serão obrigados a prestar alimentos aos netos em caráter exclusivo, sucessivo, complementar e não solidário, quando os pais destes estiverem impossibilitados de fazê-lo, caso em que as necessidades básicas dos alimentandos serão aferidas, prioritariamente, segundo o nível econômico-financeiro dos seus genitores".

V. art. 1.694 § 1º e, no nosso CCLCV, LA 1º, nota 6a.

Art. 1.698: 2. "A intervenção de terceiros sob a luz do art. 1.698 do novo CC e o Estatuto do Idoso", por Nelson Finotti Silva (RP 119/285).

Art. 1.698: 3. v. art. 1.694 § 1º e CPC 113.

Art. 1.698: 3a. Ressalvado o caso específico de idoso (v. EId 12), não há solidariedade em matéria de obrigação alimentar. Por isso, a integração do devedor de alimentos ao processo previamente instaurado não ocorre por meio de chamamento ao processo. Trata-se de integração *sui generis*, que não encontra paralelo nas figuras de intervenção de terceiros reguladas no Código de Processo Civil. Uma vez integrado o terceiro ao processo nessas circunstâncias, tem-se a formação de litisconsórcio facultativo ulterior.

"Não obstante se possa inferir do texto do art. 1.698 do CC — norma de natureza especial — que o credor de alimentos detém a faculdade de ajuizar ação apenas contra um dos coobrigados, não há óbice legal a que o demandado exponha, circunstanciadamente, a arguição de não ser o único devedor e, por conseguinte, adote a iniciativa de chamamento de outro potencial devedor para integrar a lide" (STJ-4ª T., REsp 964.866, Min. João Otávio, j. 1.3.11, DJ 11.3.11).

V. tb., no nosso CCLCV, LA 1º, notas 6a e 6b.

Art. 1.699. Se, fixados os alimentos, sobrevier mudança na situação financeira[1 a 2] de quem os supre, ou na de quem os recebe,[3] poderá o interessado reclamar ao juiz, conforme as circunstâncias, exoneração,[3a-3b] redução ou majoração do encargo.[4 a 6] [Dispositivo correspondente no CC/1916: art. 401.]

Art. 1.699: 1. "Os alimentos devidos entre ex-cônjuges serão fixados com termo certo, a depender das circunstâncias fáticas próprias da hipótese sob discussão, assegurando-se, ao alimentado, tempo hábil para sua inserção, recolocação ou progressão no mercado de trabalho, que lhe possibilite manter pelas próprias forças, *status* social similiar ao período do relacionamento. Serão, no entanto, perenes, nas excepcionais circunstâncias de incapacidade laboral permanente, ou ainda, quando se constatar a impossibilidade prática de inserção no mercado de trabalho. Em qualquer uma das hipóteses, sujeitam-se os alimentos à cláusula *rebus sic stantibus*, podendo os valores ser alterados quando houver variação no binômio necessidade/possibilidade. Se os alimentos devidos a ex-cônjuge não forem fixados por termo certo, o pedido de desoneração total, ou parcial, poderá **dispensar a existência de variação no binômio necessidade/possibilidade,** quando demonstrado o pagamento de pensão por lapso temporal suficiente para que o alimentado revertesse a condição desfavorável que detinha, no momento da fixação desses alimentos" (STJ-RDDP 102/144: 3ª T., REsp 1.188.399). Em sentido semelhante: STJ-4ª T., REsp 1.370.778, Min. Marco Buzzi, j. 10.3.16, maioria, DJ 4.4.16.

"Há casos em que é possível revisar o pensionamento mesmo sem comprovada alteração nas condições financeiras das partes. Tal ocorre, por exemplo, naquelas hipóteses onde é inquestionável que a manutenção do pensionamento no valor em que foi originalmente fixado, mediante acordo, acarretará a ruína financeira do alimentante" (RJ 316/115: TJRS, AP 70007212673).

Art. 1.699: 1a. "A modificação das condições econômicas de possibilidade ou de necessidade das partes constitui elemento condicionante da revisão e da exoneração de alimentos, sem o que não há que se adentrar na esfera de análise do pedido, fulcrado no art. 1.699 do CC/02. As necessidades do reclamante e os recursos da pessoa obrigada devem ser sopesados tão somente após a verificação da necessária ocorrência da mudança na situação financeira das partes, isto é, para que se faça o cotejo do binômio, na esteira do princípio da proporcionalidade, previsto no art. 1.694, § 1º, do CC/02, deve o postulante primeiramente demonstrar de maneira satisfatória os elementos condicionantes da revisional de alimentos, nos termos do art. 1.699 do CC/02. Se não há prova do decréscimo das necessidades dos credores, ou do depauperamento das condições econômicas do devedor, a **constituição de nova família,** resultando ou não em nascimento de filho, não importa na redução da pensão alimentícia prestada a filhos havidos da união anterior" (STJ-3ª T., REsp 1.027.930, Min. Nancy Andrighi, j. 3.3.09, DJ 16.3.09). Em sentido semelhante: STJ-4ª T., Ag em REsp 808.033-AgRg, Min. Raul Araújo, j. 17.3.16, DJ 13.4.16.

Todavia: "A constituição de nova família pelo alimentante, com filhos, constitui motivo a ser ponderado para a verificação da alegada mudança em sua situação financeira" (RSTJ 176/348: 4ª T., REsp 109.259).

"O advento de prole resultante da celebração de um novo casamento representa encargo superveniente que pode autorizar a diminuição do valor da prestação alimentícia antes estipulado, uma vez que, por princípio de equidade, todos os filhos comungam do mesmo direito de terem o seu sustento provido pelo genitor comum, na proporção das possibilidades deste e necessidades daqueles" (STJ-3ª T., REsp 244.015, Min. Castro Filho, j. 19.4.05, dois votos vencidos, DJU 5.9.05).

Art. 1.699: 2. "A simples alegação de desemprego não é o bastante para eximir o devedor do pagamento das prestações acordadas" (STJ-4ª T., HC 22.489, Min. Barros Monteiro, j. 17.9.02, DJU 2.12.02).

"Não basta ao alimentante asserir que se acha desempregado. É de rigor que demonstre, de modo cabal, não lhe ser possível arcar com o pagamento da prestação acordada" (RT 840/250).

Art. 1.699: 3. v. arts. 1.694 § 1º e 1.695.

Art. 1.699: 3a. "Por restar fixado pelo Tribunal Estadual, de forma induvidosa, que a alimentanda não apenas apresenta plenas condições de inserção no mercado de trabalho como também efetivamente exerce atividade laboral, e mais, caracterizada essa atividade como potencialmente apta a mantê-la com o mesmo *status* social que anteriormente gozava, ou ainda alavancá-la a patamares superiores, deve ser julgado procedente o pedido de exoneração deduzido pelo alimentante" (STJ-3ª T., REsp 933.355, Min. Nancy Andrighi, j. 25.3.08, DJU 11.4.08).

Art. 1.699: 3b. "Os alimentos devidos entre ex-cônjuges não podem servir de fomento ao ócio ou ao enriquecimento sem causa. Por isso, quando fixados sem prazo determinado, a análise da pretensão do devedor de se exonerar da obrigação não se restringe à prova da alteração do binômio necessidade-possibilidade, mas deve agregar e ponderar outras circunstâncias, como a capacidade potencial do alimentado para o trabalho e o tempo decorrido entre o início da prestação alimentícia e a data do pedido de desoneração. Particularmente, impõe-se a exoneração da obrigação alimentar tendo em vista que a alimentada está trabalhando, embora tenha afirmado que o valor recebido em contrapartida é insuficiente à própria manutenção, sendo, ademais, relevante o fato de que a obrigação de prestar alimentos, correspondentes a doze salários mínimos, subsiste há mais de dezoito anos, tempo esse suficiente e além do razoável para que ela pudesse se restabelecer e seguir a vida sem o apoio financeiro do ex-cônjuge" (STJ-3ª T., REsp 1.396.957, Min. Nancy Andrighi, j. 3.6.14, DJ 20.6.14).

"Os alimentos devidos entre ex-cônjuges devem ser fixados por prazo certo, suficiente para, levando-se em conta as condições próprias do alimentado, permitir-lhe uma potencial inserção no mercado de trabalho em igualdade de condições com o alimentante. Particularmente, impõe-se a exoneração da obrigação alimentar tendo em vista que a alimentada tem condições de exercer sua profissão, tem uma fonte de renda e recebeu pensão alimentícia por nove anos, tempo esse suficiente e além do razoável para que ela pudesse se restabelecer e seguir a vida sem o apoio financeiro do ex-cônjuge" (STJ-3ª T., REsp 1.616.889, Min. Nancy Andrighi, j. 13.12.16, DJ 1.2.17).

V. tb. art. 1.694, nota 5.

Art. 1.699: 4. v. LA 13 e 15. V. tb. CPC 505-I.

Art. 1.699: 5. "O pensionamento deve atender tanto às necessidades do alimentando quanto às possibilidades do alimentante, sendo as partes envolvidas as mais indicadas para proceder a essa avaliação, ficando a atuação do órgão jurisdicional, em princípio, restrita à homologação de um acordo de vontades, reservada a sua intervenção direta tão somente para as situações de dissensão, quando não for possível a conciliação. Destarte, em âmbito de ação revisional, tendo o próprio alimentante sugerido na inicial a fixação dos alimentos provisórios em determinado valor, o qual foi adotado de pronto pelo juiz, fica o tribunal impossibilitado de, utilizando-se de parâmetros outros, rever essa decisão, para arbitrá-los em patamar inferior, agravando a situação dos beneficiários" (STJ-3ª T., REsp 595.900, Min. Castro Filho, j. 7.12.06, DJU 12.2.07).

Art. 1.699: 6. "A variabilidade — característica dos alimentos —, além de possibilitar a majoração, redução, ou mesmo exoneração da obrigação alimentar, também pode ser aplicada à fórmula para o cumprimento da obrigação que inclui a prestação de alimentos *in natura*, notadamente quando a alimentada aponta dificuldades para usufruir dessa fração dos alimentos" (STJ-3ª T., REsp 1.284.177, Min. Nancy Andrighi, j. 4.10.11, DJ 24.10.11).

Art. 1.700. A obrigação de prestar alimentos transmite-se aos herdeiros[1 a 3] do devedor, na forma do art. 1.694.[4] [Dispositivo correspondente no CC/1916: art. 402.]

Art. 1.700: 1. "Nota sobre a transmissão dos alimentos no novo Código Civil", por Maria Teresa Moreira Lima (RF 364/229); "Os alimentos e a transmissibilidade da obrigação de prestá-los", por Walsir Edson Rodrigues Júnior (RBDF 37/42).

Art. 1.700: 1a. No mesmo sentido: art. 943, quanto a pensão que tenha como causa ato ilícito.

Art. 1.700: 2. A transmissão somente se dá *intra vires hereditatis* (v. art. 1.792).

Enunciado 343 do CEJ: "A transmissibilidade da obrigação alimentar é limitada às forças da herança".

Art. 1.700: 2a. "O espólio tem a obrigação de prestar alimentos àquele a quem o *de cujus* devia, mesmo vencidos após a sua morte. Enquanto não encerrado o inventário e pagas as quotas devidas aos sucessores, o autor da ação de alimentos e presumível herdeiro não pode ficar sem condições de subsistência no decorrer do processo. Exegese do art. 1.700 do novo CC" (STJ-2ª Seção, REsp 219.199, Min. Fernando Gonçalves, j. 10.12.03, um voto vencido, DJU 3.5.04). No mesmo sentido: RT 839/317 (ponderando, todavia, que "os valores recebidos a tal título serão descontados do quinhão hereditário que couber ao alimentado"), JTJ 205/17, 312/347, RJ 179/84.

"Malgrado a divergência doutrinária e jurisprudencial sobre o alcance da alteração sobre o tema no âmbito do Código Civil de 2002, e apesar de sua natureza personalíssima, o fato é que previu o novo Código que 'a obrigação de prestar alimentos transmite-se aos herdeiros do devedor' (art. 1.700), não podendo a massa inventariada nem os herdeiros, contudo, responder por valores superiores à força da herança, haja vista ser a dívida oriunda de obrigação pretérita do morto e não originária daqueles (arts. 1.792 e 1.997 e En. 343 do CJF)" (STJ-4ª T., HC 256.793, Min. Luis Felipe, j. 1.10.13, DJ 15.10.13).

Todavia: "Observado que os alimentos pagos pelo *de cujus* à recorrida, ex-companheira, decorrem de acordo celebrado no momento do encerramento da união estável, a referida obrigação, de natureza personalíssima, extingue-se com o óbito do alimentante, cabendo ao espólio recolher, tão somente, eventuais débitos não quitados pelo devedor quando em vida. Fica ressalvada a irrepetibilidade das importâncias percebidas pela alimentada" (STJ-2ª Seção, REsp 1.354.693, Min. Antonio Ferreira, j. 26.11.14, maioria, DJ 20.2.15).

Art. 1.700: 3. "**Inexistindo condenação prévia** do autor da herança, não há por que falar em transmissão do dever jurídico de prestar alimentos, em razão do seu caráter personalíssimo e, portanto, intransmissível" (STJ-4ª T., REsp 775.180, Min. João Otávio, j. 15.12.09, DJ 2.2.10). No mesmo sentido: "Se a obrigação alimentar não foi constituída antes da morte do companheiro da apelante, não há falar em fixação de alimentos em face do espólio, uma vez que a correta interpretação do CC 1.700 é no sentido de que se transmite aos herdeiros a dívida constituída antes do falecimento do devedor, sem que isso signifique a transferência da condição de alimentante" (RJM 190/177: AP 1.0024.09.632850-5/001). Ainda: STJ-3ª T., Ag em REsp 271.410-AgRg, Min. Sidnei Beneti, j. 23.4.13, DJ 7.5.13.

Art. 1.700: 4. v. arts. 1.821, 1.997 e LDi 23.

Art. 1.701. A pessoa obrigada a suprir alimentos poderá pensionar o alimentando, ou dar-lhe hospedagem e sustento, sem prejuízo do dever de prestar o necessário à sua educação, quando menor.[1-1a] [Dispositivo correspondente no CC/1916: art. 403-*caput*.]

Parágrafo único. Compete ao juiz, se as circunstâncias o exigirem, fixar a forma do cumprimento da prestação.[2] [Dispositivo correspondente no CC/1916: art. 403 § ún.]

Art. 1.701: 1. v. arts. 1.920 e 1.928 § ún.

Art. 1.701: 1a. "A partir da modificação da guarda de menor, quando este passa a viver com o alimentante, torna-se mister a redução do percentual da pensão alimentícia, na parte que cabe a esse filho, sob pena de ser criado um acréscimo injustificável no valor do débito alimentar" (RJM 165/136). V. tb., no nosso CCLCV, LA 11, nota 5.

Art. 1.701: 2. "O fim do consenso que regulava a forma de prestação alimentar, aliado a pedido do alimentado para que haja conversão dos alimentos *in natura* para pecúnia, são elementos suficientes para autorizar o julgador, com base no § ún. do art. 1.701 do CC/02, a fixar de pronto nova forma de cumprimento da prestação que deverá, prioritariamente, privilegiar o pagamento de alimentos em dinheiro" (STJ-3ª T., REsp 1.284.177, Min. Nancy Andrighi, j. 4.10.11, DJ 24.10.11).

Art. 1.702. Na separação judicial litigiosa, sendo um dos cônjuges inocente e desprovido de recursos, prestar-lhe-á o outro a pensão alimentícia que o juiz fixar, obedecidos os critérios estabelecidos no art. 1.694.[1] [Sem dispositivo correspondente no CC/1916.]

Art. 1.702: 1. v. arts. 1.572, 1.573, 1.704 e LDi 19. No caso de separação e divórcio consensuais, v. art. 1.574, nota 1b, LDi 40 § 2º-II e CPC 731-II.

V. art. 1.571, nota 2b **(Em. Const. 66, de 13.7.10).**

Art. 1.703. Para a manutenção dos filhos, os cônjuges separados judicialmente[1-2] contribuirão na proporção de seus recursos.[3] [Sem dispositivo correspondente no CC/1916.]

Art. 1.703: 1. v. art. 1.571, nota 2b **(Em. Const. 66, de 13.7.10).**

Art. 1.703: 2. ou divorciados.

Art. 1.703: 3. "O dever de prestar alimentos aos filhos menores impúberes independe da demonstração da necessidade"; nesse caso, "para que se estabeleça a relação obrigacional entre o alimentante e o alimentando, basta que haja a comprovação do vínculo jurídico a unir as partes" (STJ-3ª T., REsp 241.832, Min. Menezes Direito, j. 17.6.03, DJU 1.9.03).

S/ cessação dos alimentos, em razão da maioridade do filho, v., no nosso CCLCV, LA 13, nota 5.

Art. 1.704. Se um dos cônjuges separados judicialmente vier a necessitar de alimentos, será o outro obrigado a prestá-los mediante pensão a ser fixada pelo juiz, caso não tenha sido declarado culpado na ação de separação judicial.[1-2] [Sem dispositivo correspondente no CC/1916.]

Parágrafo único. Se o cônjuge declarado culpado vier a necessitar de alimentos, e não tiver parentes em condições de prestá-los, nem aptidão para o trabalho, o outro cônjuge será obrigado a assegurá-los, fixando o juiz o valor indispensável à sobrevivência.[3-4] [Sem dispositivo correspondente no CC/1916.]

Art. 1.704: 1. v. art. 1.702.

V., ainda, art. 1.571, nota 2b **(Em. Const. 66, de 13.7.10).**

Art. 1.704: 2. "Não há falar-se em renúncia do direito aos alimentos ante a **simples inércia** de seu exercício, porquanto o ato abdicativo do direito deve ser expresso e inequívoco. Em atenção ao princípio da mútua assistência, **mesmo após o divórcio,** não tendo ocorrido a renúncia aos alimentos por parte do cônjuge que, em razão dos longos anos de duração do matrimônio, não exercera atividade econômica, se vier a padecer de recursos materiais, por não dispor de meios para suprir as próprias necessidades vitais (alimentos necessários), seja por incapacidade laborativa, seja por insuficiência de bens, poderá requerê-la de seu ex-consorte, desde que preenchidos os requisitos legais" (STJ-4ª T., REsp 1.073.052, Min. Marco Buzzi, j. 11.6.13, DJ 2.9.13).

V. tb. art. 1.707, nota 3.

✎ **Art. 1.704: 3.** "O novo divórcio e seus reflexos no direito a alimentos", por Rodolfo Pamplona Filho e Luiz Carlos de Assis Jr. (RJ-Lex 61/50).

Art. 1.704: 4. cf. art. 1.694 § 2º. V. tb. art. 1.572.

Art. 1.705. Para obter alimentos, o filho havido fora do casamento pode acionar o genitor, sendo facultado ao juiz determinar, a pedido de qualquer das partes, que a ação se processe em segredo de justiça.[1] [Sem dispositivo correspondente no CC/1916.]

Art. 1.705: 1. v. art. 7º da Lei 8.560, de 29.12.92. V. tb. CPC 189-II (segredo de justiça), 215-II (não suspensão da ação de alimentos durante as férias forenses), 292-III (valor da causa na ação de alimentos), 528 a 533 (cumprimento da sentença que condena ao pagamento de alimentos), 911 a 913 (execução de alimentos), 1.012 § 1º-II (efeito da apelação contra sentença que condena a pagar alimentos).

Art. 1.706. Os alimentos provisionais serão fixados pelo juiz, nos termos da lei processual.[1] [Sem dispositivo correspondente no CC/1916.]

Art. 1.706: 1. A lei processual não mais disciplina alimentos provisionais. S/ alimentos provisórios, v. LA 4º.

Art. 1.707. Pode o credor não exercer, porém lhe é vedado renunciar[1 a 4] o direito a alimentos, sendo o respectivo crédito insuscetível de cessão, compensação[4a] ou penhora. [Dispositivo correspondente no CC/1916: art. 404.]

✎ **Art. 1.707: 1.** "Renúncia a alimentos", por Rolf Madaleno (RBDF 27/146).

Art. 1.707: 2. **Enunciado 263 do CEJ:** "O art. 1.707 do Código Civil não impede seja reconhecida válida e eficaz a renúncia manifestada por ocasião do divórcio (direto ou indireto) ou da dissolução da 'união estável'. A irrenunciabilidade do direito a alimentos somente é admitida enquanto subsista vínculo de Direito de Família".

Art. 1.707: 3. Aos olhos da jurisprudência, a irrenunciabilidade prevista no art. 1.707 contempla apenas os parentes, não alcançando os cônjuges:

"A cláusula de renúncia a alimentos, constante em acordo de separação devidamente homologado, é válida e eficaz, não permitindo ao ex-cônjuge que renunciou a pretensão de ser pensionado ou voltar a pleitear o encargo" (STJ-3ª T., REsp 701.902, Min. Nancy Andrighi, j. 15.9.05, DJU 3.10.05). Ainda: STJ-4ª T., REsp 199.427, Min. Fernando Gonçalves, j. 9.3.04, DJU 29.3.04; JTJ 284/20, 309/40 (bem fundamentado); RT 854/195, 860/252; RBDF 19/90; Bol. AASP 2.686 (TJDFT, AP 20080111480364).

Com isso, segue **superada** a **Súmula 379 do STF** ("No acordo de desquite não se admite renúncia aos alimentos, que poderão ser pleiteados ulteriormente, verificados os pressupostos legais"), que já não vinha sendo aplicada mesmo antes do advento do vigente CC. V. STJ-RT 713/228 (3ª T., REsp 37.151), RSTJ 145/419 (4ª T., REsp 70.630).

V. tb. arts. 1.574, notas 1b e 1c, e 1.704, nota 2.

Art. 1.707: 3a. "União estável. Dissolução. Se no momento da separação há dispensa quanto à prestação alimentícia sem nenhuma ressalva quanto a essa parcela, não pode um dos ex-companheiros, posteriormente, postular alimentos, dado que já definitivamente dissolvido qualquer vínculo existente entre eles" (STJ-4ª T., REsp 674.233, Min. Fernando Gonçalves, j. 12.4.05, DJU 9.5.05).

Art. 1.707: 3b. "União estável. Escritura pública de reconhecimento. Alimentos. Cláusula de dispensa prévia. Alteração da situação financeira na constância da união. Ação de alimentos ajuizada após a dissolução do vínculo. Viabilidade. Irrenunciabilidade dos alimentos devidos na constância do vínculo conjugal. Nulidade da cláusula de renúncia. São irrenunciáveis os alimentos devidos na constância do vínculo familiar (art. 1.707 do CC/2002). Não obstante considere-se válida e eficaz a renúncia manifestada por ocasião de acordo de separação judicial ou de divórcio, nos termos da reiterada jurisprudência do Superior Tribunal de Justiça, não pode ser admitida enquanto perdurar a união estável" (STJ-4ª T., REsp 1.178.233, Min. Raul Araújo, j. 18.11.14, DJ 9.12.14).

Art. 1.707: 4. "A obrigação de prestar alimentos somente se instaura entre cônjuges ou, no caso de estar desfeito o vínculo matrimonial pelo divórcio, se os ex-cônjuges a pactuaram ainda durante o casamento, no máximo no ajuste de divórcio. Se as partes são divorciadas, não produz efeito de obrigação alimentícia o acerto particular em que uma assume o ônus de entregar determinada quantia à outra" (RT 836/308: TJRJ, AP 11820/04).

Art. 1.707: 4a. s/ compensação em matéria de alimentos, v., no nosso CCLCV, LA 1º, nota 10a.

Art. 1.708. Com o casamento, a união estável ou o concubinato do credor, cessa o dever de prestar alimentos.[1 a 2a] [Sem dispositivo correspondente no CC/1916.]

Parágrafo único. Com relação ao credor cessa, também, o direito a alimentos, se tiver procedimento indigno em relação ao devedor.[2b a 3] [Sem dispositivo correspondente no CC/1916.]

✎ **Art. 1.708: 1.** "A exoneração da pensão alimentícia devida ao ex-cônjuge", por Priscila Maria Pereira Corrêa da Fonseca (RBDFS 16/20).

Art. 1.708: 1a. s/ união estável, v. art. 1.723; s/ concubinato, v. art. 1.727.

Art. 1.708: 1b. **Enunciado 265 do CEJ:** "Na hipótese de concubinato, haverá necessidade de demonstração da assistência material prestada pelo concubino a quem o credor de alimentos se uniu".

Art. 1.708: 1c. "A desoneração de alimentos prestados a ex-cônjuge, por força da constituição de novo relacionamento familiar da alimentada, abrange tanto os alimentos pagos em dinheiro como aqueles prestados diretamente, por meio de utilidades ou gêneros alimentícios. O proveito direto é o elemento a ser considerado para se definir o destinatário dos alimentos que não são pagos em dinheiro. Os débitos relativos ao IPTU, luz, água e telefone, embora não possam ser considerados, todos, como obrigações *propter rem*, são de alguma forma ligados ao imóvel e, à exceção do IPTU, caracterizam obrigação pessoal, usualmente do proprietário do imóvel, se este residir no local. Sob essa orientação, o pagamento de IPTU, água, luz e telefone, invariavelmente, encontrará o proprietário do imóvel como destinatário ou porque está mantendo desonerado o seu patrimônio — no caso da obrigação *propter rem* — ou, ainda, porque está, tão somente, adimplindo obrigações pessoais que assumiu e das quais usufrui, à medida que lhe convém. Os benefícios reflexos que os filhos têm pelo pagamento dos referidos débitos são, *in casu*, absorvidos pela obrigação materna em relação à sua prole, que continua a existir, embora haja o pagamento de alimentos pelo pai, porquanto cediço que a obrigação de criar os filhos é conjunta" (STJ-RT 913/595: 3ª T., REsp 1.087.164).

Art. 1.708: 2. "O fato de a mulher manter relacionamento afetivo com outro homem não é causa bastante para a dispensa da pensão alimentar prestada pelo ex-marido, acordada quando da separação consensual, diferentemente do que aconteceria se estabelecida união estável" (STJ-RT 797/200). No mesmo sentido: RBDF 25/74. **Contra:** RBDF 19/110.

Mas para a caracterização da união estável exoneratória do credor, não se exige a "convivência sob o mesmo teto" (RT 887/2237: TJSP, AP 551.812.4/4-00).

Art. 1.708: 2a. "Tendo a requerida, após o casamento desfeito, instaurado nova sociedade afetiva, impõe-se a exoneração alimentar do devedor para com a alimentada, a teor do art. 1.708 do CC. Se os princípios da boa-fé e da eticidade subjugam a relação pós-matrimônio entre ex-cônjuges, a alimentada tem obrigação de comunicar ao alimentante a cessação de seu crédito alimentício, sob pena de pagamento indevido do devedor para a credora através de ardil que leva ao locupletamento ilícito. Ausente a licitude na conduta da credora, deve ela **restituir** ao suposto devedor a **verba alimentar** indevida e ilicitamente recebida ao longo do tempo, a partir da sociedade afetiva que o ex-cônjuge desconhecia" (RT 876/367: TJSC, AP 2004.034220-9).

✎ **Art. 1.708: 2b.** "A indignidade como causa de escusabilidade do dever de alimentar", por Giselda Maria Fernandes Novaes Hironaka (Rev. AASP 98/101).

Art. 1.708: 2c. s/ revogação de doação por ingratidão, v. art. 557; s/ redução do valor da pensão alimentícia para quantia indispensável à sobrevivência do cônjuge culpado pela separação, v. art. 1.704 § ún.; s/ exclusão da sucessão por indignidade, v. art. 1.814-I e II.

Art. 1.708: 3. Enunciado 264 do CEJ: "Na interpretação do que seja procedimento indigno do credor, apto a fazer cessar o direito a alimentos, aplicam-se, por analogia, as hipóteses dos incs. I e II do art. 1.814 do Código Civil".

Enunciado 345 do CEJ: "O 'procedimento indigno' do credor em relação ao devedor, previsto no parágrafo único do art. 1.708 do Código Civil, pode ensejar a exoneração ou apenas a redução do valor da pensão alimentícia para quantia indispensável à sobrevivência do credor".

Art. 1.709. O novo casamento do cônjuge devedor não extingue a obrigação constante da sentença de divórcio.[1-2] [Sem dispositivo correspondente no CC/1916.]

Art. 1.709: 1. v. art. 1.699, nota 1a, e LDi 30.

Art. 1.709: 2. "O simples fato de constituir nova família não importa em redução de pensão à ex-esposa, especialmente se não houve modificação para pior na situação econômica do ex-marido" (STJ-3ª T., REsp 475.167, Min. Pádua Ribeiro, j. 25.2.03, DJU 24.3.03).

Art. 1.710. As prestações alimentícias, de qualquer natureza,[1] serão atualizadas segundo índice oficial regularmente estabelecido.[2 a 4] [Sem dispositivo correspondente no CC/1916.]

Art. 1.710: 1. "De qualquer natureza"; ou seja, também as prestações alimentícias previstas como reparação de ato ilícito. V. art. 948-II. V. tb. CPC 533.

Art. 1.710: 2. s/ pensão alimentícia e salário mínimo, v., no nosso CCLCV, LA 11, nota 2a.

Art. 1.710: 3. "Nos termos do art. 1.710 do CC/02, a atualização monetária deve constar expressamente da decisão concessiva de alimentos, os quais podem ser fixados em número de salários mínimos" (STJ-RT 903/180 e RBDFS 18/125: 3ª T., REsp 1.025.769).

Art. 1.710: 4. "Por ser a correção monetária mera recomposição do valor real da pensão alimentícia, é de rigor que conste, expressamente, da decisão concessiva de alimentos — sejam **provisórios ou definitivos** —, o índice de atualização monetária, conforme determina o art. 1.710 do Código Civil. Diante do lapso temporal transcorrido, deveria ter havido incidência da correção monetária sobre o valor dos alimentos provisórios, independentemente da iminência da prolação de sentença, na qual seria novamente analisado o binômio necessidade-possibilidade para determinação do valor definitivo da pensão. Na hipótese, para a correção monetária, faz-se mais adequada a utilização do **INPC,** em consonância com a jurisprudência do STJ, no sentido da utilização do referido índice para correção monetária dos débitos judiciais" (STJ-3ª T., REsp 1.258.824, Min. Nancy Andrighi, j. 24.4.14, DJ 30.5.14).

Subtítulo IV | DO BEM DE FAMÍLIA[1-2]

✎ **SUBTÍT. IV: 1.** "Bem de família e o novo Código Civil brasileiro", por Denise Willhelm Gonçalves (RDPr 17/116); "Instituição voluntária do bem de família conforme o novo Código Civil", por Josiane Dalla Vechia (RSDCPC 32/75).

SUBTÍT. IV: 2. Dec. lei 3.200, de 19.4.41 — Dispõe sobre a organização e proteção da família (v. seus arts. 8º § 5º e 19 a 23). V. tb. LRP 260 a 265.

Art. 1.711. Podem os cônjuges, ou a entidade familiar,[1] mediante escritura pública[2] ou testamento, destinar parte de seu patrimônio para instituir bem de família, desde que não ultrapasse um terço do patrimônio líquido existente ao tempo da instituição, mantidas as regras sobre a impenhorabilidade do imóvel residencial estabelecida em lei especial.[3] [Dispositivo correspondente no CC/1916: art. 70-*caput*.]

Parágrafo único. O terceiro poderá igualmente instituir bem de família por testamento ou doação, dependendo a eficácia do ato da aceitação expressa de ambos os cônjuges beneficiados ou da entidade familiar beneficiada. [Sem dispositivo correspondente no CC/1916.]

✎ **Art. 1.711: 1.** "Da instituição de bem de família no caso de união estável", por Mariana Ribeiro Santiago (RDPr 18/176).

Art. 1.711: 2. v. art. 1.713 § 1º.

Art. 1.711: 3. v. Lei 8.009, de 29.3.90.

Art. 1.712. O bem de família consistirá em prédio residencial urbano ou rural, com suas pertenças e acessórios,[1] destinando-se[2] em ambos os casos a domicílio familiar, e poderá abranger valores mobiliários,[3] cuja renda será aplicada na conservação do imóvel e no sustento da família. [Sem dispositivo correspondente no CC/1916.]

Art. 1.712: 1. s/ pertenças e acessórios, v. arts. 92 e 93.

Art. 1.712: 2. v. art. 1.717.

Art. 1.712: 3. v. art. 1.713.

Art. 1.713. Os valores mobiliários, destinados aos fins previstos no artigo antecedente, não poderão exceder o valor do prédio instituído em bem de família, à época de sua instituição. [Sem dispositivo correspondente no CC/1916.]

§ 1º Deverão os valores mobiliários ser devidamente individualizados no instrumento de instituição do bem de família. [Sem dispositivo correspondente no CC/1916.]

§ 2º Se se tratar de títulos nominativos,[1] a sua instituição como bem de família deverá constar dos respectivos livros de registro. [Sem dispositivo correspondente no CC/1916.]

§ 3º O instituidor poderá determinar que a administração dos valores mobiliários seja confiada a instituição financeira,[2] bem como disciplinar a forma de pagamento da respectiva renda aos beneficiários, caso em que a responsabilidade dos administradores obedecerá às regras do contrato de depósito.[3] [Sem dispositivo correspondente no CC/1916.]

Art. 1.713: 1. s/ títulos nominativos, v. arts. 921 a 926.

Art. 1.713: 2. v. art. 1.718.

Art. 1.713: 3. v. arts. 627 a 646.

Art. 1.714. O bem de família, quer instituído pelos cônjuges ou por terceiro, constitui-se pelo registro de seu título no Registro de Imóveis.[1] [Sem dispositivo correspondente no CC/1916.]

Art. 1.714: 1. v. LRP 167-I-1 e 260 a 265.

Art. 1.715. O bem de família é isento de execução por dívidas posteriores à sua instituição, salvo as que provierem de tributos relativos ao prédio, ou de despesas de condomínio.[1] [Dispositivo correspondente no CC/1916: art. 70-*caput*.]

Parágrafo único. No caso de execução pelas dívidas referidas neste artigo, o saldo existente será aplicado em outro prédio, como bem de família, ou em títulos da dívida pública, para sustento familiar, salvo se motivos relevantes aconselharem outra solução, a critério do juiz. [Sem dispositivo correspondente no CC/1916.]

Art. 1.715: 1. v. art. 1.716. V. tb. CPC 832 c/c 833-I e LRF 108 § 4º.

Art. 1.716. A isenção de que trata o artigo antecedente durará enquanto viver um dos cônjuges, ou, na falta destes, até que os filhos completem a maioridade.[1] [Dispositivo correspondente no CC/1916: art. 70 § ún.]

Art. 1.716: 1. v. arts. 1.719, 1.721 e 1.722.

Art. 1.717. O prédio e os valores mobiliários, constituídos como bem da família, não podem ter destino diverso do previsto no art. 1.712 ou serem alienados sem o consentimento dos interessados e seus representantes legais, ouvido o Ministério Público.[1] [Dispositivo correspondente no CC/1916: art. 72.]

Art. 1.717: 1. v. art. 1.719. V. tb. CPC 832 c/c 833-I e LRF 108 § 4º.

Art. 1.718. Qualquer forma de liquidação da entidade administradora, a que se refere o § 3º do art. 1.713, não atingirá os valores a ela confiados, ordenando o juiz a sua transferência para outra instituição semelhante, obedecendo-se, no caso de falência, ao disposto sobre pedido de restituição.[1] [Sem dispositivo correspondente no CC/1916.]

Art. 1.718: 1. s/ pedido de restituição, v. LRF 85 a 93.

Art. 1.719. Comprovada a impossibilidade da manutenção do bem de família nas condições em que foi instituído, poderá o juiz, a requerimento dos interessados, extingui-lo ou autorizar a sub-rogação dos bens que o constituem em outros, ouvidos o instituidor e o Ministério Público. [Sem dispositivo correspondente no CC/1916.]

Art. 1.720. Salvo disposição em contrário do ato de instituição, a administração do bem de família compete a ambos os cônjuges, resolvendo o juiz em caso de divergência.[1] [Sem dispositivo correspondente no CC/1916.]

Parágrafo único. Com o falecimento de ambos os cônjuges, a administração passará ao filho mais velho, se for maior, e, do contrário, a seu tutor.[2] [Sem dispositivo correspondente no CC/1916.]

Art. 1.720: 1. v. art. 1.567 § ún.

Art. 1.720: 2. v. art. 1.741.

Art. 1.721. A dissolução[1] da sociedade conjugal não extingue o bem de família. [Sem dispositivo correspondente no CC/1916.]

Parágrafo único. Dissolvida a sociedade conjugal pela morte de um dos cônjuges,[2] o sobrevivente poderá pedir a extinção do bem de família, se for o único bem do casal. [Sem dispositivo correspondente no CC/1916.]

Art. 1.721: 1. v. arts. 1.571 a 1.582.

Art. 1.721: 2. cf. art. 1.571-I.

Art. 1.722. Extingue-se,[1] igualmente, o bem de família com a morte de ambos os cônjuges e a maioridade dos filhos, desde que não sujeitos a curatela.[2] [Sem dispositivo correspondente no CC/1916.]

Art. 1.722: 1. v. arts. 1.716 e 1.721.

Art. 1.722: 2. v. art. 1.767 (sujeitos a curatela).

Título III | DA UNIÃO ESTÁVEL[1 a 3]

TÍT. III: 1. CF 226: "**§ 3º** Para efeito da proteção do Estado, é reconhecida a união estável entre o homem e a mulher como entidade familiar, devendo a lei facilitar sua conversão em casamento.

"**§ 4º** Entende-se, também, como entidade familiar a comunidade formada por qualquer dos pais e seus descendentes".

TÍT. III: 2. Segundo o enunciado 97 do CEJ (texto integral em nota 1 ao art. 25), as regras do Código Civil que se referem apenas ao cônjuge devem ser estendidas ao companheiro.

✎ **TÍT. III: 3.** "Reflexões sobre os impedimentos matrimoniais e a união estável no novo Código Civil", por Débora Vanessa Caús Brandão (RT 805/11); "Dano moral na separação, divórcio e união estável", por Belmiro Pedro Welter (RT 775/128); "O novo Código Civil e a união estável", por José Carlos Barbosa Moreira (RDPr 13/51 e RSDCPC 21/5); "A união estável perante o novo Código Civil", por Helder Martinez Dal Col (RT 818/11 e RF 379/97); "Da união estável no novo Código Civil", pelo Min. Carlos Alberto Menezes Direito (RF 369/51); "União estável como direito fundamental e lacunas em nosso ordenamento", por Sergio Luiz Monteiro Salles (RDPr 21/235); "União estável e casamento: adequação da disciplina da união estável no Código Civil à Constituição Federal", por Wilson J. Comel e Denise Damo Comel (RT 832/37); "Novo Código Civil e família informal", por José de Farias Tavares (RBDF 19/5); "União estável e concubinato no novo Código Civil", por Marco Túlio Murano Garcia (RBDF 20/32); "União estável e contratos de namoro no NCCB", por Helder Martinez Dal Col (RBDF 23/126); "A escritura pública de união estável como prova *juris tantum* da paternidade", por Assuelma Arantes da Silva (RDPr 41/31); "Contratos afetivos: o temor do amor", por Sílvio de Salvo Venosa (RMDCPC 44/82, RJ-Lex 53/183).

Art. 1.723. É reconhecida como entidade familiar a união estável[1 a 1c] entre o homem e a mulher,[2 a 2c] configurada na convivência pública, contínua e duradoura[3] e estabelecida com o objetivo de constituição de família.[3a a 3e] [Sem dispositivo correspondente no CC/1916.]

§ 1º A união estável não se constituirá se ocorrerem os impedimentos do art. 1.521;[4] não se aplicando a incidência do inciso VI no caso de a pessoa casada se achar separada de fato ou judicialmente.[4a] [Sem dispositivo correspondente no CC/1916.]

§ 2º As causas suspensivas do art. 1.523 não impedirão a caracterização da união estável. [Sem dispositivo correspondente no CC/1916.]

Art. 1.723: 1. s/ presunção da concepção de filho na constância da união estável, v. art. 1.597, nota 1b; s/ uso do nome do companheiro pela companheira, v. art. 1.565, nota 1a, e, no nosso CCLCV, LRP 57, nota 4a; s/ pensão previdenciária, v. nota 1c.

No nosso CPCLPV, v. CPC 53-I (foro competente para ação de dissolução), 612, nota 3 (reconhecimento em sede de inventário), 628, nota 2a (reserva de bens em inventário).

Art. 1.723: 1a. Entendemos que as **Leis 8.971, de 29.12.94, e 9.278, de 10.5.96, foram implícita e parcialmente revogadas** pelos arts. 1.723 a 1.727 do CC, na medida em que estes passaram a regular a matéria relativa à união estável. Ficaram a salvo da revogação os arts. 7º § ún. (direito real de habitação) e 9º (regras processuais) da Lei 9.278, de 10.5.96, que tratam de temas não disciplinados pela legislação ulterior e, assim, continuam em vigor.

Lei 9.278, de 10.5.96: "Art. 7º § ún. Dissolvida a união estável por morte de um dos conviventes, o sobrevivente terá direito real de habitação, enquanto viver ou não constituir nova união ou casamento, relativamente ao imóvel destinado à residência da família.

(...)

"Art. 9º Toda a matéria relativa à união estável é de competência do Juízo da Vara de Família, assegurado o segredo de justiça".

S/ revogação implícita, v. LINDB 2º e §§ e CC 2.045, nota 2.

S/ competência do Juízo da Vara de Família, v. tb. nota seguinte; s/ direito real de habitação, v. tb. art. 1.831, nota 1a.

Art. 1.723: 1b. É cabível a ação de dissolução da união estável (v. art. 1.562).

"União estável. Dissolução. Interesse de agir. Partilha do patrimônio comum. Ajuste consensual. A união estável autoriza os parceiros a procurar, amigavelmente, o Poder Judiciário para fazer a respectiva dissolução" (STJ-3ª T., REsp 178.262, Min. Menezes Direito, j. 19.5.05, dois votos vencidos, DJU 29.8.05).

"A ação declaratória de união estável e sua dissolução, em que pese tratar-se de direito personalíssimo, admite plenamente, após a morte da parte originária, sua **substituição**, no caso, **pelos herdeiros** do *de cujus*" (RT 900/292: TJGO, AP 249588-54).

"Os **herdeiros** do falecido companheiro têm legitimidade para **propor ação** de reconhecimento da união estável" (RJTJERGS 250-251/247).

"É competente o **Juízo da Família** não só para o processo e julgamento de ações visando ao reconhecimento da união estável, mas também para a partilha do patrimônio durante ela amealhado pelos conviventes, em consonância com o prescrito no art. 9º da Lei 9.278/96. Embora, em um primeiro momento, a pretensão inicial em ação declaratória de reconhecimento de sociedade de fato vise precipuamente a decisão judicial sobre a existência do relacionamento afetivo mantido entre os conviventes, impossível dissociar as questões atinentes à aquisição patrimonial da análise desse relacionamento, de modo que inconveniente a cisão da competência entre o Juízo de reconhecimento da união estável e o da partilha do patrimônio adquirido durante a união, a que tudo, afinal, remonta" (STJ-3ª T., REsp 1.281.552, Min. Sidnei Beneti, j. 3.11.11, DJ 2.2.12).

Todavia: "Discussão relativa à legitimidade ativa de **credor** para propositura de ação declaratória de união estável entre o devedor e terceiro. Compete exclusivamente aos titulares da relação que se pretende ver declarada, a demonstração do *animus*, ou seja, do elemento subjetivo consubstanciado no desejo anímico de constituir família. Ainda que possa haver algum interesse econômico ou financeiro de terceiro credor no reconhecimento da união estável, ele terá caráter reflexo e indireto, o que não justifica a sua intervenção na relação processual que tem por objetivo declarar a existência de relacionamento afetivo entre as partes" (STJ-3ª T., REsp 1.353.039, Min. Nancy Andrighi, j. 7.11.13, DJ 18.11.13).

Art. 1.723: 1c. "A **previdência** privada não perde o seu caráter social pelo só fato de decorrer de avença firmada entre particulares. Assim, incontroversa a união estável, como no caso, a companheira de participante de plano dessa natureza faz jus à pensão por morte, mesmo não estando expressamente inscrita no instrumento de adesão" (STJ-RT 863/202: 4ª T., REsp 844.522).

"É prescindível a designação pelo servidor falecido de sua companheira como beneficiária de pensão vitalícia, se a união estável restou comprovada por outros meios" (STJ-6ª T., REsp 550.141, Min. Quaglia Barbosa, j. 16.9.04, DJU 4.10.04). No mesmo sentido: STJ-5ª T., REsp 553.115, Min. Jorge Scartezzini, j. 25.5.04, DJU 2.8.04.

✎ **Art. 1.723: 2.** "O casamento como um instituto de direito civil: a homoafetividade", por Gabriela Soares Balestero (RBDFS 22/25); "A inclusão dos excluídos: a regulamentação jurisdicional para a família homoafeiva e o ativismo judicial", por César Leandro de Almeida Rabelo, Cláudia Mara de Almeida Rabelo Viegas e Leonardo Macedo Poli (RBDFS 27/106).

Art. 1.723: 2a. s/ união homoafetiva e: adoção, v., no nosso CCLCV, ECA 42, notas 1 e 1a; pedido de reserva de bens no inventário, v., no nosso CPCLPV, CPC 628, nota 3.

S/ casamento entre pessoas do mesmo sexo, v. art. 1.514, notas 1 e segs.

Art. 1.723: 2b. Instrução Normativa 126, de 17.8.11, do Diretor-Geral da Secretaria do STF — Dispõe sobre os procedimentos para reconhecimento da união estável no âmbito do Supremo Tribunal Federal.

Res. 175, de 14.5.13, do CNJ — Dispõe sobre a habilitação, celebração de casamento civil, ou de conversão de união estável em casamento, entre pessoas de mesmo sexo:

"Art. 1º É vedada às autoridades competentes a recusa de habilitação, celebração de casamento civil ou de conversão de união estável em casamento entre pessoas de mesmo sexo.

"Art. 2º A recusa prevista no art. 1º implicará a imediata comunicação ao respectivo juiz corregedor para as providências cabíveis".

Art. 1.723: 2c. "Ante a possibilidade de interpretação em sentido preconceituoso ou discriminatório do art. 1.723 do Código Civil, não resolúvel à luz dele próprio, faz-se necessária a utilização da técnica de 'interpretação conforme à Constituição'. Isso para excluir do dispositivo em causa qualquer significado que impeça o reconhecimento da união contínua, pública e duradoura entre **pessoas do mesmo sexo** como família. Reconhecimento que é de ser feito segundo as mesmas regras e com as mesmas consequências da união estável heteroafetiva" (STF-Pleno, ADI 4.277, Min. Ayres Britto, j. 5.5.11, DJ 14.10.11).

"O Supremo Tribunal Federal — apoiando-se em valiosa hermenêutica construtiva e invocando princípios essenciais (como os da dignidade da pessoa humana, da liberdade, da autodeterminação, da igualdade, do pluralismo, da intimidade, da não discriminação e da busca da felicidade) — reconhece assistir, a qualquer pessoa, o direito fundamental à orientação sexual, havendo proclamado, por isso mesmo, a plena **legitimidade ético-jurídica da união homoafetiva como entidade familiar,** atribuindo-lhe, em consequência, verdadeiro estatuto de cidadania, em ordem a permitir que se extraiam, em favor de parceiros homossexuais, relevantes consequências no plano do Direito, notadamente no campo previdenciário, e, também, na esfera das relações sociais e familiares. A **extensão, às uniões homoafetivas, do mesmo regime jurídico aplicável à união estável** entre pessoas de gênero distinto justifica-se e legitima-se pela direta incidência, dentre outros, dos princípios constitucionais da igualdade, da liberdade, da dignidade, da segurança jurídica e do postulado constitucional implícito que consagra o direito à busca da felicidade, os quais configuram, numa estrita dimensão que privilegia o sentido de inclusão decorrente da própria Constituição da República (art. 1º, III, e art. 3º, IV), fundamentos autônomos e suficientes aptos a conferir suporte legitimador à qualificação das conjugalidades entre pessoas do mesmo sexo como espécie do gênero entidade familiar. A proteção das minorias e dos grupos vulneráveis qualifica-se como fundamento imprescindível à plena legitimação material do Estado Democrático de Direito. Incumbe, por isso mesmo, ao Supremo Tribunal Federal, em sua condição institucional de guarda da Constituição (o que lhe confere 'o monopólio da última palavra' em matéria de interpretação constitucional), desempenhar função contramajoritária, em ordem a dispensar efetiva proteção às minorias contra eventuais excessos (ou omissões) da maioria, eis que ninguém se sobrepõe, nem mesmo os grupos majoritários, à autoridade hierárquico-normativa e aos princípios superiores consagrados na Lei Fundamental do Estado" (STF-2ª T., RE 477.554-AgRg, Min. Celso de Mello, j. 16.8.11, DJ 26.8.11). No mesmo sentido: RT 849/165, 883/273 (TJMA, AP 020371/2008), RJTJERGS 261/256 (AP 70016660383).

"Os princípios da igualdade e da dignidade humana, que têm como função principal a promoção da autodeterminação e impõem tratamento igualitário entre as diferentes estruturas de convívio sob o âmbito do direito de família, justificam o reconhecimento das parcerias afetivas entre homossexuais como mais uma das várias modalidades de entidade familiar. O art. 4º da LICC permite a equidade na busca da Justiça. O manejo da analogia frente à lacuna da lei é perfeitamente aceitável para alavancar, como entidades familiares, as uniões de afeto entre pessoas do mesmo sexo. Para ensejar o reconhecimento, como entidades familiares, é de rigor a demonstração inequívoca da presença dos elementos essenciais à caracterização de entidade familiar diversa e que serve, na hipótese, como parâmetro diante do vazio legal — a de união estável — com a evidente exceção da diversidade de sexos. Demonstrada a convivência, entre duas pessoas do mesmo sexo, pública, contínua e duradoura, estabelecida com o objetivo de constituição de família, sem a ocorrência dos impedimentos do art. 1.521 do CC/02, com a exceção do inc. VI quanto à pessoa casada separada de fato ou judicialmente, haverá, por consequência, o reconhecimento dessa parceria como entidade familiar, com a respectiva atribuição de efeitos jurídicos dela advindos. Comprovada a existência de união afetiva entre pessoas do mesmo sexo, é de se reconhecer o direito do companheiro à **meação dos bens** adquiridos a título oneroso ao longo do relacionamento, mesmo que registrados unicamente em nome de um dos parceiros, **sem que se exija,** para tanto, a **prova do esforço comum,** que nesses casos é presumida" (STJ-2ª Seção, REsp 1.085.646, Min. Nancy Andrighi, j. 11.5.11, maioria, DJ 26.9.11).

"Comprovada a existência de união afetiva entre pessoas do mesmo sexo, é de se reconhecer o direito do companheiro sobrevivente de receber **benefícios previdenciários** decorrentes do plano de previdência privada no qual o falecido era participante, com os idênticos efeitos operados pela união estável. Se, por força do art. 16 da Lei 8.213/91, a necessária dependência econômica para a concessão da pensão por morte entre companheiros de união estável é presumida, também o é no caso de companheiros do mesmo sexo, diante do emprego da analogia que se estabeleceu entre essas duas entidades familiares" (STJ-RT 896/157: 3ª T., REsp 1.026.981).

"É de ser reconhecida judicialmente a união homoafetiva mantida entre duas mulheres de forma pública e ininterrupta pelo período de 16 anos. A homossexualidade é um fato social que se perpetua através dos séculos, não mais podendo o Judiciário se olvidar de emprestar a tutela jurisdicional a uniões que, enlaçadas pelo afeto, assumem feição de família. A união pelo amor é que caracteriza a entidade familiar, e não apenas a diversidade de sexos. É o afeto a mais pura exteriorização do ser e do viver, de forma que a marginalização das relações homoafetivas constitui afronta aos direitos humanos por ser forma de privação do direito à vida, violando os princípios da dignidade humana e da igualdade" (RJTJERGS 255/183; acórdão relatado pela Des. Maria Berenice Dias).

"A pretensão expressamente manifestada de reconhecimento judicial de união estável homoafetiva é dotada de interesse de agir, não se prestando a escritura pública de declaração de sociedade de fato para efeitos patrimoniais — anteriormente firmada pelos recorrentes — à consecução dos mesmos efeitos decorrentes da declaração de existência de uma entidade familiar. A pretensão de ver reconhecida a união estável homoafetiva como uma sociedade de natureza familiar vai além de eventual intenção de se fazer prova voltada à concessão de visto definitivo de permanência do recorrente estrangeiro no Brasil, afigurando-se o procedimento de justificação insuficiente para a consecução do fim almejado pelos autores" (STJ-3ª T., REsp 1.370.542, Min. Nancy Andrighi, j. 5.11.13, DJ 29.11.13).

"O *status* de entidade familiar atribuído às uniões homoafetivas pelo STF exige que os julgamentos que versam acerca do reconhecimento das aludidas uniões sejam realizados pelos **Juízos das Varas de Família,** e não mais pelos Juízos das Varas Cíveis" (RT 910/927: TJES, CC 100100029121). No mesmo sentido: STJ-4ª T., REsp 964.489, Min. Antonio Ferreira, j. 12.3.13, DJ 20.3.13; STJ-3ª T., REsp 1.291.924, Min. Nancy Andrighi, j. 28.5.13, RT 938/584; RT 918/970 (TJSP, CC 0130844-58.2011.8.26.0000).

Assim, ficou **superado** o entendimento no sentido de que a união entre pessoas do mesmo sexo configuraria mera sociedade de fato (p/ esse entendimento, v. STJ-3ª T., REsp 773.136, Min. Nancy Andrighi, j. 10.10.06, DJU 13.11.06; STJ-RJ 332/113: 4ª T., REsp 502.995; JTJ 312/467; 341/464: AP 643.179-4/0-00, maioria; 352/270: AP 990.10.120213-1).

Art. 1.723: 3. Para a configuração da união estável, a lei não exige um prazo mínimo de convivência (JTJ 366/255: AP 9254236-86.2005.8.26.0000).

✎**Art. 1.723: 3a.** "O ânimo de constituir família como elemento caracterizador da união estável", por Fernando Malheiros Filho (Ajuris 98/83 e RDPr 22/66).

Art. 1.723: 3b. Embora seja um importante elemento indicador da união estável, a coabitação não lhe é indispensável. Nesse sentido, **Súmula 382 do STF:** "A vida em comum sob o mesmo teto, *more uxorio*, não é indispensável à caracterização do concubinato" (essa súmula é anterior ao novo CC, quando não havia distinção entre união estável e concubinato).

"Não exige a lei específica a coabitação como requisito essencial para caracterizar a união estável. Na realidade, a convivência sob o mesmo teto pode ser um dos fundamentos a demonstrar a relação comum, mas a sua ausência não afasta, de imediato, a existência da união estável" (STJ-RDPr 21/359: 4ª T., REsp 474.962). No mesmo sentido: STJ-RT 879/202 e RDPr 36/315 (3ª T., REsp 275.839); JTJ 343/431 (AP 278.001-4/3-00).

"Mesmo que a ex-convivente tenha ido morar no exterior, a qual enviava, periodicamente, dinheiro para aquele que ficou no Brasil, a fim de contribuir para o sustento da entidade familiar, existe a união estável" (RJM 183/72: AP 1.0451.05.004111-5/001).

Art. 1.723: 3c. "Caso em que se reconhece a união estável. Prova que as partes buscaram ter filhos tanto com inseminação *in vitro* como pela via da adoção, que faz reconhecer mais relevância e maior constância da relação entre apelante e apelado, do que eventuais outros relacionamentos" (RJTJERGS 266/239: AP 70018626648).

Art. 1.723: 3d. "A configuração da união estável é ditada pela confluência dos parâmetros expressamente declinados, hoje, no art. 1.723 do CC-02, que tem elementos objetivos descritos na norma: convivência pública, sua continuidade e razoável duração, e um elemento subjetivo: o desejo de constituição de família. A congruência de todos os fatores objetivos descritos na norma, não levam, necessariamente, à conclusão sobre a existência de união estável, mas tão somente informam a existência de um relacionamento entre as partes. O desejo de constituir uma família, por seu turno, é essencial para a caracterização da união estável pois distingue um relacionamento, dando-lhe a marca da união estável, ante outros tantos que, embora públicos, duradouros e não raras vezes com prole, não têm o escopo de serem família, porque assim não quiseram seus atores principais. A demanda declaratória de união estável não pode prescindir de um diligente perscrutar sobre o 'querer constituir família', desejo anímico, que deve ser nutrido por ambos os conviventes, e a falta dessa conclusão impede o reconhecimento da união estável" (STJ-3ª T., REsp 1.263.015, Min. Nancy Andrighi, j. 19.6.12, DJ 26.6.12).

"A dedicação e a solidariedade prestadas pela ora recorrente ao namorado, ponto incontroverso nos autos, por si só, não tem o condão de transmudar a relação de namoro para a de união estável, assim compreendida como unidade familiar. Revela-se imprescindível, para tanto, a presença inequívoca do intuito de constituir uma família, de ambas as partes, desiderato, contudo, que não se infere das condutas e dos comportamentos exteriorizados" (STJ-3ª T., REsp 1.257.819, Min. Massami Uyeda, j. 1.12.11, DJ 15.12.11).

"O relacionamento afetivo-sexual entre homem e mulher, ainda que ostensivo e de alguma duração, não caracteriza, necessariamente, a existência de união estável. Entre pessoas maduras e de bom nível sociocultural é comum o envolvimento emocional, que se materializa com a frequência a festas, viagens ao exterior e troca de bilhetes amorosos, sem que isso implique desejo de constituir família" (RDPr 15/364).

Art. 1.723: 3e. "A análise dos requisitos para configuração da união estável deve centrar-se na conjunção de fatores presente em cada hipótese, como a *affectio societatis* familiar, a participação de esforços, a posse do estado de casado, a continuidade da união, e também a **fidelidade.** Uma sociedade que apresenta como elemento estrutural a monogamia não pode atenuar o dever de fidelidade — que integra o conceito de lealdade e respeito mútuo — para o fim de inserir no âmbito do Direito de Família relações afetivas paralelas e, por consequência, desleais, sem descurar que o núcleo familiar contemporâneo tem como escopo a busca da realização de seus integrantes, vale dizer, a busca da felicidade. Ao analisar as lides que apresentam paralelismo afetivo, deve o juiz, atento às peculiaridades multifacetadas apresentadas em cada caso, decidir com base na dignidade da pessoa humana, na solidariedade, na afetividade, na busca da felicidade, na liberdade, na igualdade, bem assim, com redobrada atenção ao primado da monogamia, com os pés fincados no princípio da eticidade. Na hipótese, a recorrente não logrou êxito em demonstrar, nos termos da legislação vigente, a existência da união estável com o recorrido, podendo, no entanto, pleitear, em processo próprio, o reconhecimento de uma eventual sociedade de fato entre eles" (STJ-3ª T., REsp 1.348.458, Min. Nancy Andrighi, j. 8.5.14, DJ 25.6.14).

V. tb. art. 1.727, nota 3.

✎ "Famílias simultâneas *versus* família monogâmica: a nova decisão do STJ", por Débora Gozzo e Wilson Ricardo Ligiera (RNDFS 1/58).

Art. 1.723: 4. s/ sociedade de fato mantida por homem e mulher, um dos quais casado com outra pessoa, v. art. 1.727 e notas.

Art. 1.723: 4a. A convivência de pessoas impedidas de casar (art. 1.521) constitui concubinato (art. 1.727) e não união estável. Todavia, o impedimento do inciso VI do art. 1.521 ("as pessoas casadas") é mitigado. Assim, pessoa casada mas separada de fato ou judicialmente pode constituir união estável.

"Se rompido de fato há anos, o casamento não impede o reconhecimento da união estável" (STJ-3ª T., AI 966.256-AgRg, Min. Ari Pargendler, j. 27.5.08, DJ 5.11.08). No mesmo sentido: JTJ 342/431 (AP 617.651-4/9-00), RJ 416/155 (TRF-2ª Reg., AP 2003.51.10.004649-5).

V., ainda, art. 1.571, nota 2b **(Em. Const. 66, de 13.7.10).**

Art. 1.724. As relações pessoais entre os companheiros obedecerão aos deveres de lealdade, respeito e assistência, e de guarda, sustento e educação dos filhos.[1] [Sem dispositivo correspondente no CC/1916.]

Art. 1.724: 1. cf. art. 1.566. S/ direito a alimentos, v. art. 1.694, nota 3b; s/ renúncia a alimentos, v. art. 1.707, notas 3a e 3b; s/ oferta de alimentos, v., no nosso CCLCV, LA 24, nota 2a.

Art. 1.725. Na união estável, salvo contrato escrito entre os companheiros,[1] aplica-se às relações patrimoniais, no que couber, o regime da comunhão parcial de bens.[1a a 4] [Sem dispositivo correspondente no CC/1916.]

Art. 1.725: 1. "O pacto de convivência formulado em particular, pelo casal, na qual se opta pela adoção da regulação patrimonial da futura relação como símil ao regime de comunhão universal, é válido, desde que escrito" (STJ-3ª T., REsp 1.459.597, Min. Nancy Andrighi, j. 1.12.16, DJ 15.12.16).

✎ **Art. 1.725: 1a.** "A retroatividade restritiva do contrato de convivência", por Rolf Madaleno (RBDF 33/147).

Art. 1.725: 1b. v. arts. 1.658 a 1.666.

Art. 1.725: 2. **Enunciado 115 do CEJ:** "Há presunção de comunhão de aquestos na constância da união extramatrimonial mantida entre os companheiros, sendo desnecessária a prova do esforço comum para se verificar a comunhão dos bens".

Enunciado 346 do CEJ: "Na união estável o regime patrimonial obedecerá à norma vigente no momento da aquisição de cada bem, salvo contrato escrito".

"A comunicabilidade de bens adquiridos na constância da união estável é regra e, como tal, deve prevalecer sobre as exceções, que merecem interpretação restritiva. Deve-se reconhecer a contribuição indireta do companheiro, que consiste no apoio, conforto moral e solidariedade para a formação de uma família. Se a participação de um dos companheiros se resume a isto, ao auxílio imaterial, tal fato não pode ser ignorado pelo direito" (STJ-3ª T., REsp 915.297, Min. Nancy Andrighi, j. 13.11.08, dois votos vencidos, DJ 3.3.09).

"Ficando comprovada a união estável, presume-se a mútua colaboração dos conviventes para aquisição do imóvel residencial. A ausência de provas acerca da contribuição material à formação do patrimônio não permite, por si, a exclusão do direito à meação do imóvel. A contribuição imaterial para formação do núcleo familiar enseja o direito à partilha do imóvel" (STJ-3ª T., REsp 1.136.345, Min. Sidnei Beneti, j. 23.2.10, DJ 18.3.10).

"Na união estável, vigente o regime da comunhão parcial, há presunção absoluta de que os bens adquiridos onerosamente na constância da união são resultado do esforço comum dos conviventes. Desnecessidade de comprovação da participação financeira de ambos os conviventes na aquisição de bens, considerando que o suporte emocional e o apoio afetivo também configuram elemento imprescindível para a construção do patrimônio comum. Os bens adquiridos onerosamente apenas não se comunicam quando configuram bens de uso pessoal ou instrumentos da profissão ou ainda quando há sub-rogação de bens particulares, o que deve ser provado em cada caso" (STJ-3ª T., REsp 1.295.991, Min. Paulo Sanseverino, j. 11.4.13, DJ 17.4.13).

"Uma vez reconhecida a união estável, impera sejam partilhados igualitariamente os bens adquiridos, a título oneroso, na sua vigência, sem que se perquira da contribuição de cada convivente, bastando que fiquem comprovadas, portanto, a época e a forma de aquisição" (RT 831/399). No mesmo sentido: RT 864/305.

Art. 1.725: 2a. Aplica-se o regime da **separação obrigatória de bens** à união estável de convivente que tenha idade acima daquela prevista no art. 1.641-II (STJ-RT 904/215 e RDDP 91/168: 4ª T., REsp 646.259, maioria). Do voto do relator: "Nesse passo, apenas os bens adquiridos na constância da união estável, e desde que comprovado o esforço comum, devem ser amealhados pela companheira, nos termos da Súmula 377 do STF. Necessário ressaltar a importância da demonstração do esforço comum, mesmo porque, a prevalecer tese contrária, estar-se-ia igualando o regime da separação legal obrigatória ao regime da comunhão parcial de bens". No mesmo sentido: STJ-3ª T., REsp 1.369.860, Min. João Otávio, j. 19.8.14, um voto vencido, DJ 4.9.14.

Todavia: "A restrição aos atos praticados por pessoas com idade igual ou superior a 60 (sessenta) anos representa ofensa ao princípio da dignidade da pessoa humana. Embora tenha prevalecido no âmbito do STJ o entendimento de que o regime aplicável na união estável entre sexagenários é o da separação obrigatória de bens, segue esse regime temperado pela Súmula 377 do STF, com a comunicação dos bens adquiridos onerosamente na constância da união, sendo presumido o esforço comum, o que equivale à aplicação do regime da **comunhão parcial**" (STJ-3ª T., REsp 1.171.820, Min. Nancy Andrighi, j. 7.12.10, dois votos vencidos, DJ 27.4.10).

V. tb. art. 1.641, nota 2 (Súmula 377 do STF).

Art. 1.725: 2b. O pacto antenupcial de separação de bens não atinge o patrimônio comum dos cônjuges, amealhado durante o período de união estável anterior ao casamento (STJ-RDPr 26/355: 4ª T., REsp 680.738).

"O pacto antenupcial prévio ao segundo casamento, adotando o regime da separação total de bens ainda durante a convivência em união estável, possui o efeito imediato de regular os atos a ele posteriores havidos na relação patrimonial entre os conviventes, uma vez que não houve estipulação diversa" (STJ-4ª T., REsp 1.483.863, Min. Isabel Gallotti, j. 10.5.16, maioria, DJ 22.6.16).

"Convolada em casamento uma união estável ou sociedade de fato, optando o casal por um regime restritivo de compartilhamento do patrimônio individual, devem liquidar o patrimônio até então construído para, após sua partilha, estabelecer novas bases de compartilhamento patrimonial. A não liquidação e partilha do patrimônio adquirido durante o convívio pré-nupcial, caracterizado como sociedade de fato ou união estável, importa na prorrogação da cotitularidade, antes existente, para dentro do casamento, sendo desinfluente, quanto a esse acervo, o regime de bens adotado para viger no casamento" (STJ-3ª T., REsp 1.263.234, Min. Nancy Andrighi, j. 11.6.13, DJ 1.7.13).

Art. 1.725: 2c. Os bens adquiridos com recursos obtidos antes do início da convivência ficam excluídos da meação apurada por ocasião da morte de um dos conviventes (RT 844/235).

Art. 1.725: 2d. "A valorização patrimonial das cotas sociais de sociedade limitada, adquiridas antes do início do período de convivência, decorrente de mero fenômeno econômico, e não do esforço comum dos companheiros, não se comunica" (STJ-3ª T., REsp 1.173.931, Min. Paulo Sanseverino, j. 22.10.13, RT 940/440).

V. tb. art. 1.660, nota 1.

Art. 1.725: 3. De acordo com a jurisprudência, **entra na partilha de bens** em razão da dissolução da união estável:

— **"créditos trabalhistas** nascidos e pleiteados na constância da união estável" (STJ-4ª T., Ag em REsp 604.725-AgInt, Min. Marco Buzzi, j. 1.9.16, DJ 8.9.16);

— "A conta vinculada mantida para depósitos mensais do **FGTS** pelo empregador constitui um crédito de evolução contínua, que se prolonga no tempo, isto é, ao longo da vida laboral do empregado o fato gerador da referida verba se protrai, não se evidenciando a sua disponibilidade a qualquer momento, mas tão somente nas hipóteses em que a lei permitir. As verbas de natureza trabalhista nascidas e pleiteadas na constância da união estável comunicam-se entre os companheiros" (STJ-3ª T., REsp 758.548, Min. Nancy Andrighi, j. 3.10.06, DJ 13.11.06).

"Os valores relacionados ao Fundo de Garantia por Tempo de Serviço — FGTS, consoante exegese dos arts. 1.658 e 1.660, I, do CC, são exclusivos de seu titular e, por esse motivo, não se comunicam. Contudo, uma vez movimentados tais recursos para a aquisição de bens na constância do casamento ou união estável, perdem a característica da incomunicabilidade e se transformam em patrimônio comum do casal" (RT 893/264: TJDFT, EI 2005.01.1.028758-6, maioria);

— os bens adquiridos com o **resultado do trabalho** pessoal do convivente: "Os frutos civis do trabalho são comunicáveis quando percebidos, sendo que a incomunicabilidade apenas atinge o direito ao seu recebimento. Interpretação restritiva do art. 1.659, VI, do Código Civil, sob pena de se malferir a própria natureza do regime da comunhão parcial. Caso concreto em que o automóvel deve integrar a partilha, por ser presumido o esforço do recorrente na construção da vida conjugal, a despeito de qualquer participação financeira. Sub-rogação de bem particular da recorrida que deve ser preservada, devendo integrar a partilha apenas a parte do bem imóvel integrante do patrimônio comum" (STJ-3ª T., REsp 1.295.991, Min. Paulo Sanseverino, j. 11.4.13, DJ 17.4.13).

V. tb. arts. 1.659, notas 5 e segs., e 1.668, notas 5 e segs.

Art. 1.725: 4. De acordo com a jurisprudência, **não entra na partilha de bens** em razão da dissolução da união estável:

— "Na dissolução da união estável, a partilha de bens refere-se ao patrimônio comum formado pelo casal, não se computando **indenizações** percebidas a título personalíssimo por quaisquer dos ex-companheiros, tal qual a recebida em razão de acidentes de trabalho, pois certo que a reparação deve ser feita àquele que sofreu o dano e que carrega consigo a deficiência adquirida. A indenização recebida em razão do pagamento de seguro de pessoa cujo risco previsto era a invalidez temporária ou permanente não constitui frutos ou rendimentos do trabalho" (STJ-RDDP 70/134: 4ª T., REsp 848.998). V. tb. art. 1.668, nota 6;

— **"Imóvel alienado pelo varão à companheira,** no período de vida em comum, não é bem sujeito à partilha. É que, havendo compra e venda do imóvel, com o respectivo pagamento das parcelas ao réu, como apontado pelas instâncias ordinárias, a manutenção do bem no inventário de partilha implicaria o enriquecimento ilícito da parte, que já recebera o valor correspondente ao imóvel ao aliená-lo à companheira. Eventual discussão sobre a validade do negócio jurídico concluído pelos companheiros somente poderá ser realizada mediante ação própria" (STJ-4ª T., REsp 738.464, Min. Luis Felipe, j. 13.10.09, DJ 2.2.10);

— **imóvel construído em terreno alheio** (v. art. 1.255, nota 3).

Art. 1.726. A união estável poderá converter-se em casamento, mediante pedido dos companheiros ao juiz e assento no Registro Civil.[1] [Sem dispositivo correspondente no CC/1916.]

Art. 1.726: 1. v. CF 226 § 3º, *in fine*.

Art. 1.727. As relações não eventuais entre o homem e a mulher, impedidos de casar,[1-1a] constituem concubinato.[1b a 4] [Sem dispositivo correspondente no CC/1916.]

Art. 1.727: 1. s/ impedimentos para casar, v. art. 1.521.

Art. 1.727: 1a. A pessoa casada mas separada de fato ou judicialmente pode constituir união estável (v. art. 1.723 § 1º, especialmente nota 4a).

Art. 1.727: 1b. "União estável e concubinato no novo Código Civil", por Marco Túlio Murano Garcia (RBDF 20/32).

Art. 1.727: 2. Súmula 380 do STF: "Comprovada a existência de **sociedade de fato** entre os concubinos, é cabível a sua dissolução judicial, com a partilha do patrimônio adquirido pelo **esforço comum**".

Diferentemente do que ocorre na união estável (v. art. 1.725 e notas), no concubinato deverá haver prova do esforço comum a fim de que a partilha seja feita.

Assim, a união estável, por ser reconhecida como entidade familiar, recebe proteção legal e automática quanto às suas relações patrimoniais; já no concubinato o máximo que se pode reconhecer é a existência de sociedade de fato entre os concubinos, mediante comprovação do esforço comum na aquisição de bens.

"A inexistência da prova de patrimônio adquirido pelo esforço comum é circunstância suficiente para afastar a configuração de sociedade de fato, porque é pressuposto para seu reconhecimento. Desse modo, a simples convivência sob a roupagem de concubinato não confere direito ao reconhecimento de sociedade de fato, que somente emerge diante da efetiva comprovação de esforço mútuo despendido pelos concubinos para a formação de patrimônio comum. Isso porque a existência de sociedade de fato pressupõe, necessariamente, a aquisição de bens ao longo do relacionamento, para que se possa ter por caracterizado o patrimônio comum" (STJ-3ª T., REsp 1.170.799-AgRg, Min. Nancy Andrighi, j. 3.8.10, um voto vencido, DJ 6.12.10).

Art. 1.727: 2a. "Em ação de dissolução de sociedade de fato cumulada com partilha de bens imóveis ajuizada em face de homem casado sob o regime da comunhão universal, deve a esposa figurar no polo passivo da demanda, ante o litisconsórcio passivo necessário" (STJ-RBDFS 10/151: 4ª T., REsp 885.951).

Art. 1.727: 3. Em princípio, "a existência de **impedimento para se casar por parte de um dos companheiros,** como, por exemplo, na hipótese de a pessoa ser casada, mas não separada de fato ou judicialmente, obsta a constituição de união estável" (STJ-4ª T., REsp 684.407, Min. Jorge Scartezzini, j. 3.5.05, DJU 27.6.05; STJ-3ª T., REsp 631.465, Min. Nancy Andrighi, j. 5.8.04, DJU 23.8.04). Ainda: "Não caracteriza união estável legalmente protegida o relacionamento adulterino na constância do casamento" (JTJ 294/64). No mesmo sentido: STJ-5ª T., REsp 813.175, Min. Felix Fischer, j. 23.8.07, dois votos vencidos, DJU 29.10.07; JTJ 288/81, RJM 169/97.

"Constando expressamente que muito embora tenha o falecido se relacionado com a recorrente por longo período — 30 anos — com prole comum, em nenhum momento o cônjuge varão deixou a mulher, ainda que separados judicialmente — mas não de fato —, o que confirma o **paralelismo das relações afetivas** mantidas pelo falecido, deve ser confirmado o quanto decidido pelo TJPR, que, rente aos fatos, rente à vida, verificou a ausência de comprovação de requisitos para a configuração da união estável, em especial, a posse do estado de casados" (STJ-3ª T., REsp 1.107.192, Min. Nancy Andrighi, j. 20.4.10, um voto vencido, DJ 27.5.10).

A **preexistência de união estável** também impede a caracterização de ulterior e concomitante união estável (STJ-RT 900/238: 3ª T., REsp 1.157.273). "Havendo sentença transitada em julgado a reconhecer a união estável entre o falecido e sua companheira em determinado período, descabe o reconhecimento de outra união estável, simultânea àquela, com pessoa diversa" (STJ-4ª T., REsp 912.926, Min. Luis Felipe, j. 22.2.11, DJ 7.6.11).

Nessas condições, quem conviveu com pessoa casada ou em prévia união estável não participa da sucessão desta (STJ-RJTJERGS 267/39: 3ª T., REsp 931.155) nem pode postular parte da pensão deixada pelo *de cujus* (STF-RDDP 69/149: 1ª T., RE 397.762, um voto vencido; STJ-5ª T., REsp 813.175, Min. Felix Fischer, j. 23.8.07, dois votos vencidos, DJU 29.10.07; STJ-6ª T., REsp 674.176, Min. Hamilton Carvalhido, j. 17.3.09, dois votos vencidos, DJ 31.8.09; STJ-2ª T., REsp 1.344.664-AgRg, Min. Humberto Martins, j. 6.11.12, DJ 14.11.12; STJ-RDDP 98/139: 4ª T., REsp 1.185.653; RT 890/377: TRF-2ª Reg., AP 447.664; 897/344: TJSC, AI 2009.066056-6; 908/791: TRF-5ª Reg., AP 2006.81.02.000831-2; 925/794: TRF-2ª Reg., AP 2007.51.03.003335-8; JTJ 342/377: AP 267.616-5/8-00; RSDA 101/114: TRF-2ª Reg., AP 2010.51.51.002753-5, maioria).

Todavia, reconhecendo a **união estável putativa,** em caso no qual a companheira desconhecia o casamento do outro companheiro, o qual apenas "mantinha convivência esporádica com a esposa": Bol. AASP 2.676 (TJSP, AP 634.281-4/4-00; maioria). Em sentido semelhante: "É de se dar proteção jurídica a ambas as companheiras em comprovado o estado de recíproca putatividade quanto ao duplo convívio com o mesmo varão, mostrando-se justa a solução que alvitra a divisão da pensão derivada do falecimento dele e da terceira mulher com quem fora casado" (RBDFS 25/164 e RJ-Lex 54/296: TJSC, AP 2009.041434-7). V. tb. art. 1.561 § 1º.

"Pensão por morte de falecido servidor. Rateio entre a esposa e a companheira. Possibilidade. Comprovação da vida em comum que teve com o falecido servidor. Existência. Prova material. Ação declaratória. Filho do casal" (RT 908/785: TRF-5ª Reg., AP 2005.82.00.011690-3).

Ponderando que na **"sociedade de fato entre concubinos** é, para as consequências jurídicas que lhe decorram das relações obrigacionais, irrelevante o casamento de qualquer deles": STJ-4ª T., REsp 229.069, Min. Fernando Gonçalves, j. 26.4.05, DJU 16.5.05.

"A sociedade de fato mantida com a concubina rege-se pelo direito das obrigações e não pelo de família. Inexiste impedimento a que o homem casado, além da sociedade conjugal, mantenha outra, de fato ou de direito, com terceiro. Não há cogitar de pretensa dupla meação. A censurabilidade do adultério não haverá de conduzir a que se locuplete, com o esforço alheio, exatamente aquele que o pratica" (RSTJ 68/368, RT 719/295, RJ 214/48; o mesmo acórdão, da 3ª Turma do STJ).

No sentido de que quem conviveu com pessoa casada somente participa nos bens desta se provar o esforço comum para a aquisição do patrimônio: RT 865/174.

Contra, reconhecendo união estável constituída na constância do casamento: "a presença da afetividade, como fundamento, e a finalidade da entidade, além da estabilidade, com comunhão de vida, e a ostensibilidade, levam ao reconhecimento de famílias simultâneas" (RT 920/1.105: TJPE, AP 176862-7).

"Estando demonstrada, no plano dos fatos, a coexistência de duas relações afetivas públicas, duradouras e contínuas, mantidas com a finalidade de constituir família, é devido o seu reconhecimento jurídico à conta de uniões estáveis, sob pena de negar a ambas a proteção do direito. Ausentes os impedimentos previstos no art. 1.521 do Código Civil, a caracterização da união estável paralela como concubinato somente decorreria da aplicação analógica do art. 1.727 da mesma lei, o que implicaria ofensa ao postulado hermenêutico que veda o emprego da analogia para a restrição de direitos. Os bens adquiridos na constância da união dúplice são partilhados entre as companheiras e o companheiro. Meação que se transmuda em 'triação', pela simultaneidade das relações" (RNDFS 1/158: TJPE, AP 296.862-5, maioria).

V. tb. art. 1.723, nota 3e.

No caso de pessoa já casada que se casa novamente, v. art. 1.564, nota 1a.

✎ "União estável de pessoas casadas (breves comentários ao acórdão do STJ prolatado nos autos do REsp 1.107.192-PR)", por Mário Luiz Delgado (RBDFS 18/84).

Art. 1.727: 4. "Se com o término do casamento não há possibilidade de se pleitear indenização por serviços domésticos prestados, tampouco quando se finda a união estável, muito menos com o cessar do concubinato haverá qualquer viabilidade de se postular tal direito, sob pena de se cometer grave discriminação frente ao casamento, que tem primazia constitucional de tratamento; ora, se o cônjuge no casamento nem o companheiro na união estável fazem jus à indenização, muito menos o concubino pode ser contemplado com tal direito, pois teria mais do que se casado fosse. A concessão da indenização por serviços domésticos prestados à concubina situaria o concubinato em posição jurídica mais vantajosa que o próprio casamento, o que é incompatível com as diretrizes constitucionais fixadas pelo art. 226 da CF/88 e com o Direito de Família, tal como concebido. A relação de cumplicidade, consistente na troca afetiva e na mútua assistência havida entre os concubinos, ao longo do concubinato, em que auferem proveito de forma recíproca, cada qual a seu modo, seja por meio de auxílio moral, seja por meio de auxílio material, não admite que após o rompimento da relação, ou ainda, com a morte de um deles, a outra parte cogite pleitear indenização por serviços domésticos prestados, o que certamente caracterizaria locupletação ilícita. Não se pode mensurar o afeto, a intensidade do próprio sentimento, o desprendimento e a solidariedade na dedicação mútua que se visualiza entre casais. O amor não tem preço. Não há valor econômico em uma relação afetiva. Acaso houver necessidade de dimensionar-se a questão em termos econômicos, poder-se-á incorrer na conivência e até mesmo estímulo àquela conduta reprovável em que uma das partes serve-se sexualmente da outra e, portanto, recompensa-a com favores" (STJ-RDDP 82/134: 3ª T., REsp 872.659).

"Inviável a concessão de indenização à concubina, que mantivera relacionamento com homem casado, uma vez que tal providência eleva o concubinato a nível de proteção mais sofisticado que o existente no casamento e na união estável, tendo em vista que nessas uniões não se há falar em indenização por serviços domésticos prestados, porque, verdadeiramente, de serviços domésticos não se cogita, senão de uma contribuição mútua para o bom funcionamento do lar, cujos benefícios ambos experimentam ainda na constância da união" (STJ-RBDFS 16/133: 4ª T., REsp 988.090).

Contra: "Pacífica é a orientação das Turmas da 2ª Seção do STJ no sentido de indenizar os serviços domésticos prestados pela concubina ao companheiro durante o período da relação, direito que não é esvaziado pela circunstância de ser o concubino casado, se possível, como no caso, identificar a existência de dupla vida em comum, com a esposa e a companheira, por período superior a trinta anos. Pensão devida durante o período do concubinato, até o óbito do concubino" (STJ-4ª T., REsp 303.604, Min. Aldir Passarinho Jr., j. 20.3.03, DJ 23.6.03).

"Não é razoável deixar ao desamparo a companheira de mais de uma dezena de anos, o que representa o locupletamento à custa do afeto e dedicação alheia, sendo cabível estimar-se indenização correspondente ao tempo de convivência" (RJTJERGS 249/188; no caso tratava-se de concubina, apesar de constar 'companheira' na ementa).

Concedendo indenização por serviços prestados no valor de R$ 12.000,00 por ano de convivência concubinária para a concubina que não comprovou contribuição direta para o acervo patrimonial do amásio: RT 881/208 (TJSP, AP 395.385-4/8-00).

Título IV | DA TUTELA, DA CURATELA E DA TOMADA DE DECISÃO APOIADA[1 a 3]

Capítulo I | DA TUTELA[1-2]

Seção I | DOS TUTORES

TÍT. IV: 1. Redação do Tít. IV de acordo com a Lei 13.146, de 6.7.15, em vigor 180 dias após a sua publicação (DOU 7.7.15).

TÍT. IV: 2. s/ tutela e curatela, v. CPC 759 a 763; s/ processo de interdição, v. CPC 747 a 758.

Em matéria penal, v. CP 92-II, 248 e 249.

TÍT. IV: 3. **"Art. 197.** Não corre a prescrição: ... **III** — entre tutelados ou curatelados e seus tutores ou curadores, durante a tutela ou curatela".

CAP. I: 1. v. ECA 28, 32, 36 a 38, 131 a 140, 148 § ún.-*a*, 164 a 170 e 249. V. tb. arts. 7º a 11 da Lei 6.001, de 19.12.73 (Estatuto do Índio).

CAP. I: 2. **"Art. 206.** Prescreve: ... **§ 4º** Em quatro anos, a pretensão relativa à tutela, a contar da data da aprovação das contas".

Art. 1.728. Os filhos menores são postos em tutela: [Dispositivo correspondente no CC/1916: art. 406-*caput*.]

I — com o falecimento dos pais, ou sendo estes julgados ausentes;[1] [Dispositivo correspondente no CC/1916: art. 406-I.]

II — em caso de os pais decaírem do poder familiar.[2] [Dispositivo correspondente no CC/1916: art. 406-II.]

Art. 1.728: 1. v. arts. 6º, 22 a 39 e 1.635-I.

Art. 1.728: 2. v. arts. 1.635-V, 1.637 e 1.638.

Art. 1.729. O direito de nomear tutor compete aos pais, em conjunto.[1] [Dispositivo correspondente no CC/1916: art. 407-*caput*.]

Parágrafo único. A nomeação deve constar de testamento[2] ou de qualquer outro documento autêntico.[3] [Dispositivo correspondente no CC/1916: art. 407 § ún.]

Art. 1.729: 1. v. art. 1.634-VI.

Art. 1.729: 2. v. arts. 1.857 e segs.

Art. 1.729: 3. v. ECA 37.

Art. 1.730. É nula a nomeação de tutor pelo pai ou pela mãe que, ao tempo de sua morte, não tinha o poder familiar.[1] [Dispositivo correspondente no CC/1916: art. 408.]

Art. 1.730: 1. v. arts. 1.635 e 1.638.

Art. 1.731. Em falta de tutor nomeado pelos pais incumbe a tutela aos parentes consanguíneos do menor, por esta ordem:[1-2] [Dispositivo correspondente no CC/1916: art. 409-*caput*.]

I — aos ascendentes, preferindo o de grau mais próximo ao mais remoto; [Dispositivo correspondente no CC/1916: art. 409-I.]

II — aos colaterais até o terceiro grau, preferindo os mais próximos aos mais remotos, e, no mesmo grau, os mais velhos aos mais moços; em qualquer dos casos, o juiz escolherá entre eles o mais apto a exercer a tutela em benefício do menor. [Dispositivo correspondente no CC/1916: art. 409-I e II.]

Art. 1.731: 1. s/ relações de parentesco, v. arts. 1.591 a 1.595; s/ incapazes de exercer a tutela, v. art. 1.735; s/ escusa dos tutores, v. arts. 1.736 a 1.739.

Art. 1.731: 2. que não é inflexível, "podendo ser alterada no interesse do menor" (STJ-3ª T., REsp 710.204, Min. Nancy Andrighi, j. 17.8.06, DJU 4.9.06).

Art. 1.732. O juiz nomeará tutor idôneo e residente no domicílio do menor: [Dispositivo correspondente no CC/1916: art. 410-*caput*.]

I — na falta de tutor testamentário[1] ou legítimo;[1a] [Dispositivo correspondente no CC/1916: art. 410-I.]

II — quando estes forem excluídos ou escusados da tutela;[2] [Dispositivo correspondente no CC/1916: art. 410-II.]

III — quando removidos por não idôneos o tutor legítimo e o testamentário.[3] [Dispositivo correspondente no CC/1916: art. 410-III.]

Art. 1.732: 1. v. art. 1.729 § ún.

Art. 1.732: 1a. v. art. 1.731.

Art. 1.732: 2. v. arts. 1.735, 1.736 e 1.766.

Art. 1.732: 3. v. art. 1.735. V. tb. CPC 761 a 763.

Art. 1.733. Aos irmãos órfãos dar-se-á um só tutor. [Dispositivo correspondente no CC/1916: art. 411-*caput*.]

§ 1º No caso de ser nomeado mais de um tutor por disposição testamentária sem indicação de precedência, entende-se que a tutela foi cometida ao primeiro, e que os outros lhe sucederão pela ordem de nomeação, se ocorrer morte, incapacidade, escusa ou qualquer outro impedimento.[1] [Dispositivo correspondente no CC/1916: art. 411-*caput*.]

§ 2º Quem institui um menor herdeiro, ou legatário seu,[2] poderá nomear-lhe curador especial para os bens deixados, ainda que o beneficiário se encontre sob o poder familiar, ou tutela. [Dispositivo correspondente no CC/1916: art. 411 § ún.]

Art. 1.733: 1. v. arts. 1.735 a 1.737.

Art. 1.733: 2. s/ disposições testamentárias, v. arts. 1.897 e segs.

Art. 1.734. As crianças e os adolescentes cujos pais forem desconhecidos, falecidos ou que tiverem sido suspensos ou destituídos do poder familiar terão tutores nomeados pelo Juiz ou serão incluídos em programa de colocação familiar, na forma prevista pela Lei n. 8.069, de 13 de julho de 1990 — Estatuto da Criança e do Adolescente.[1-2] [Sem dispositivo correspondente no CC/1916.]

Art. 1.734: 1. Redação de acordo com a Lei 12.010, de 3.8.09, em vigor 90 dias após a sua publicação (DOU 4.8.09).

Art. 1.734: 2. v. art. 1.752-*caput*. V. tb. ECA 28 a 38 e 90 a 97.

Seção II | DOS INCAPAZES DE EXERCER A TUTELA

Art. 1.735. Não podem ser tutores e serão exonerados da tutela, caso a exerçam: [Dispositivo correspondente no CC/1916: art. 413-*caput*.]

I — aqueles que não tiverem a livre administração de seus bens; [Dispositivo correspondente no CC/1916: art. 413-I.]

II — aqueles que, no momento de lhes ser deferida a tutela, se acharem constituídos em obrigação para com o menor, ou tiverem que fazer valer direitos contra este, e aqueles cujos pais, filhos ou cônjuges tiverem demanda contra o menor;[1] [Dispositivo correspondente no CC/1916: art. 413-II.]

III — os inimigos do menor, ou de seus pais, ou que tiverem sido por estes expressamente excluídos da tutela; [Dispositivo correspondente no CC/1916: art. 413-III.]

IV — os condenados por crime de furto, roubo, estelionato, falsidade, contra a família ou os costumes, tenham ou não cumprido pena;[2] [Dispositivo correspondente no CC/1916: art. 413-IV.]

V — as pessoas de mau procedimento, ou falhas em probidade, e as culpadas de abuso em tutorias anteriores; [Dispositivo correspondente no CC/1916: art. 413-V.]

VI — aqueles que exercerem função pública incompatível com a boa administração da tutela. [Dispositivo correspondente no CC/1916: art. 413-VI.]

Art. 1.735: 1. v. art. 1.751.

Art. 1.735: 2. v. CP 155 a 157, 171 e 213 a 239.

Seção III | DA ESCUSA DOS TUTORES

Art. 1.736. Podem escusar-se da tutela: [Dispositivo correspondente no CC/1916: art. 414-*caput*.]

I — mulheres casadas; [Dispositivo correspondente no CC/1916: art. 414-I.]

II — maiores de sessenta anos; [Dispositivo correspondente no CC/1916: art. 414-II.]

III — aqueles que tiverem sob sua autoridade mais de três filhos; [Dispositivo correspondente no CC/1916: art. 414-III.]

IV — os impossibilitados por enfermidade; [Dispositivo correspondente no CC/1916: art. 414-IV.]

V — aqueles que habitarem longe do lugar onde se haja de exercer a tutela; [Dispositivo correspondente no CC/1916: art. 414-V.]

VI — aqueles que já exercerem tutela ou curatela; [Dispositivo correspondente no CC/1916: art. 414-VI.]

VII — militares em serviço. [Dispositivo correspondente no CC/1916: art. 414-VII.]

Art. 1.737. Quem não for parente do menor não poderá ser obrigado a aceitar a tutela, se houver no lugar parente idôneo, consanguíneo ou afim, em condições de exercê-la.[1] [Dispositivo correspondente no CC/1916: art. 415.]

Art. 1.737: 1. s/ relações de parentesco, v. arts. 1.591 a 1.595.

Art. 1.738. A escusa apresentar-se-á nos dez dias[1] subsequentes à designação, sob pena de entender-se renunciado o direito de alegá-la; se o motivo escusatório ocorrer depois de aceita a tutela,[2] os dez dias contar-se-ão do em que ele sobrevier. [Dispositivo correspondente no CC/1916: art. 416.]

Art. 1.738: 1. v. CPC 760, que estipula no caso prazo de 5 dias.

Art. 1.738: 2. v. art. 1.764-II.

Art. 1.739. Se o juiz não admitir a escusa, exercerá o nomeado a tutela, enquanto o recurso interposto não tiver provimento, e responderá desde logo pelas perdas e danos[1] que o menor venha a sofrer.[2] [Dispositivo correspondente no CC/1916: art. 417.]

Art. 1.739: 1. v. arts. 402 a 405.

Art. 1.739: 2. v. CPC 760 § 2º.

Seção IV | DO EXERCÍCIO DA TUTELA

Art. 1.740. Incumbe ao tutor, quanto à pessoa do menor:[1-1a] [Dispositivo correspondente no CC/1916: art. 424-*caput*.]

I — dirigir-lhe a educação, defendê-lo e prestar-lhe alimentos, conforme os seus haveres e condição; [Dispositivo correspondente no CC/1916: art. 424-I.]

II — reclamar do juiz que providencie, como houver por bem, quando o menor haja mister correção; [Dispositivo correspondente no CC/1916: art. 424-II.]

III — adimplir os demais deveres que normalmente cabem aos pais, ouvida a opinião do menor, se este já contar doze anos de idade. [Sem dispositivo correspondente no CC/1916.]

Art. 1.740: 1. v. arts. 932-II, 933, 942 e 1.768-I. V. tb. ECA 53 a 58.

Art. 1.740: 1a. CTN 134: "Nos casos de impossibilidade de exigência do cumprimento da obrigação principal pelo contribuinte, respondem solidariamente com este nos atos em que intervierem ou pelas omissões de que forem responsáveis: ... **II** — os tutores e curadores, pelos tributos devidos por seus tutelados ou curatelados".

Art. 1.741. Incumbe ao tutor, sob a inspeção do juiz,[1] administrar os bens do tutelado, em proveito deste, cumprindo seus deveres com zelo e boa-fé. [Dispositivo correspondente no CC/1916: art. 422.]

Art. 1.741: 1. "Cabe ao juiz que decidiu a interdição analisar o pedido de alvará judicial para a venda de bem do curatelado" (RT 860/292).

Art. 1.742. Para fiscalização dos atos do tutor, pode o juiz nomear um protutor.[1] [Sem dispositivo correspondente no CC/1916.]

Art. 1.742: 1. v. art. 1.752 §§ 1º e 2º.

Art. 1.743. Se os bens e interesses administrativos exigirem conhecimentos técnicos, forem complexos, ou realizados em lugares distantes do domicílio do tutor, poderá este, mediante aprovação judicial, delegar a outras pessoas físicas ou jurídicas o exercício parcial da tutela. [Sem dispositivo correspondente no CC/1916.]

Art. 1.744. A responsabilidade do juiz será:[1] [Sem dispositivo correspondente no CC/1916.]

I — direta e pessoal, quando não tiver nomeado o tutor, ou não o houver feito oportunamente; [Dispositivo correspondente no CC/1916: art. 421.]

II — subsidiária, quando não tiver exigido garantia legal do tutor,[2] nem o removido, tanto que se tornou suspeito. [Sem dispositivo correspondente no CC/1916.]

Art. 1.744: 1. v. CPC 143-II.

Art. 1.744: 2. v. art. 1.745 § ún.

Art. 1.745. Os bens do menor serão entregues ao tutor mediante termo especificado deles e seus valores, ainda que os pais o tenham dispensado. [Dispositivo correspondente no CC/1916: art. 423.]

Parágrafo único. Se o patrimônio do menor for de valor considerável, poderá o juiz condicionar o exercício da tutela à prestação de caução bastante, podendo dispensá-la se o tutor for de reconhecida idoneidade.[1 a 3] [Sem dispositivo correspondente no CC/1916.]

Art. 1.745: 1. v. arts. 1.744-II, CPC 759 e ECA 37.

Art. 1.745: 2. Disposição transitória: "Art. 2.040. A hipoteca legal dos bens do tutor ou curador inscrita em conformidade com o inciso IV do art. 827 do Código Civil anterior, Lei n. 3.071, de 1º de janeiro de 1916, poderá ser cancelada, obedecido o disposto no parágrafo único do art. 1.745 deste Código".

Art. 1.745: 3. O Código Civil não exige a hipoteca legal para o exercício da função de tutor, de modo que o juiz pode condicionar o exercício da tutela à qualquer forma de garantia (RT 852/345: TJRJ, AP 2005.001.43577).

Art. 1.746. Se o menor possuir bens, será sustentado e educado a expensas deles, arbitrando o juiz para tal fim as quantias que lhe pareçam necessárias, considerado o rendimento da fortuna do pupilo quando o pai ou a mãe não as houver fixado.[1] [Dispositivo correspondente no CC/1916: art. 425.]

Art. 1.746: 1. v. arts. 1.740-I e 1.753.

Art. 1.747. Compete mais ao tutor: [Dispositivo correspondente no CC/1916: art. 426-*caput*.]

I — representar o menor, até os dezesseis anos, nos atos da vida civil, e assisti-lo, após essa idade,[1] nos atos em que for parte; [Dispositivo correspondente no CC/1916: art. 426-I.]

II — receber as rendas e pensões do menor, e as quantias a ele devidas; [Dispositivo correspondente no CC/1916: art. 426-II.]

III — fazer-lhe as despesas de subsistência e educação, bem como as de administração, conservação e melhoramentos de seus bens; [Dispositivo correspondente no CC/1916: art. 426-III.]

IV — alienar os bens do menor destinados a venda;[2] [Dispositivo correspondente no CC/1916: art. 426-IV.]

V — promover-lhe, mediante preço conveniente, o arrendamento de bens de raiz. [Dispositivo correspondente no CC/1916: art. 427-V.]

Art. 1.747: 1. i. e., até os 18 anos (v. art. 5º).

Art. 1.747: 2. v. art. 1.750.

Art. 1.748. Compete também ao tutor, com autorização do juiz: [Dispositivo correspondente no CC/1916: art. 427-*caput*.]

I — pagar as dívidas do menor; [Dispositivo correspondente no CC/1916: art. 427-II.]

II — aceitar por ele heranças, legados ou doações,[1] ainda que com encargos; [Dispositivo correspondente no CC/1916: art. 427-III.]

III — transigir; [Dispositivo correspondente no CC/1916: art. 427-IV.]

IV — vender-lhe os bens móveis, cuja conservação não convier, e os imóveis[2] nos casos em que for permitido; [Dispositivo correspondente no CC/1916: art. 427-VI.]

V — propor em juízo as ações, ou nelas assistir o menor, e promover todas as diligências a bem deste, assim como defendê-lo nos pleitos contra ele movidos.[3] [Dispositivo correspondente no CC/1916: art. 427-VII.]

Parágrafo único. No caso de falta de autorização, a eficácia de ato do tutor depende da aprovação ulterior do juiz. [Sem dispositivo correspondente no CC/1916.]

Art. 1.748: 1. v., porém, art. 543.

Art. 1.748: 2. v. art. 1.750.

Art. 1.748: 3. "Curatela. Ação de complementação de proventos. Decisão que determinou regularização da representação processual dos coautores incapazes, nos termos do art. 1.748, V, do CC. Descabimento. Ajuizamento da demanda não implica em risco de prejuízo patrimonial para os interessados. O escopo dos dispositivos do Código Civil é o de proteger o hipossuficiente e não obstar o exercício de seus direitos" (JTJ 358/180: AI 990.10.503625-2). V. art. 1.774.

Art. 1.749. Ainda com a autorização judicial, não pode o tutor, sob pena de nulidade: [Dispositivo correspondente no CC/1916: art. 428-*caput*.]

I — adquirir por si, ou por interposta pessoa, mediante contrato particular, bens móveis ou imóveis pertencentes ao menor;[1] [Dispositivo correspondente no CC/1916: art. 428-I.]

II — dispor dos bens do menor a título gratuito;[2] [Dispositivo correspondente no CC/1916: art. 428-II.]

III — constituir-se cessionário de crédito ou de direito, contra o menor. [Dispositivo correspondente no CC/1916: art. 428-III.]

Art. 1.749: 1. v. art. 497-I.

Art. 1.749: 2. v. art. 580.

Art. 1.750. Os imóveis pertencentes aos menores sob tutela somente podem ser vendidos quando houver manifesta vantagem, mediante prévia avaliação judicial e aprovação do juiz.[1-2] [Dispositivo correspondente no CC/1916: art. 429.]

Art. 1.750: 1. v. arts. 1.747-IV e 1.748-IV. V. tb. CPC 725-III e 730.

Art. 1.750: 2. "Pedido de expedição de alvará para permuta da parte pertencente a interdito (1/7) em imóvel rural com imóveis urbanos, um dos quais de residência dele. Indeferimento, ao argumento de que ficará na mesma situação financeira. Permuta cuja natureza não compreende essa vantagem. Benefício consistente em que deixa ele estado de comunhão em área rural que não administra e de que não aufere benefício, para ser titular de imóveis urbanos, usando um como moradia e podendo obter renda do outro. Sentença reformada para autorizar a expedição do alvará" (JTJ 342/267: AP 546.769.4/5-00).

Art. 1.751. Antes de assumir a tutela, o tutor declarará tudo o que o menor lhe deva, sob pena de não lhe poder cobrar, enquanto exerça a tutoria, salvo provando que não conhecia o débito quando a assumiu.[1] [Dispositivo correspondente no CC/1916: art. 430.]

Art. 1.751: 1. v. art. 1.735-II.

Art. 1.752. O tutor responde pelos prejuízos que, por culpa, ou dolo, causar ao tutelado; mas tem direito a ser pago pelo que realmente despender no exercício da tutela, salvo no caso do art. 1.734, e a perceber remuneração proporcional à importância dos bens administrados.[1-1a] [Dispositivo correspondente no CC/1916: art. 431-*caput*.]

§ 1º Ao protutor será arbitrada uma gratificação módica pela fiscalização efetuada.[2] [Sem dispositivo correspondente no CC/1916.]

§ 2º São solidariamente[3] responsáveis pelos prejuízos as pessoas às quais competia fiscalizar a atividade do tutor, e as que concorreram para o dano.[3a] [Sem dispositivo correspondente no CC/1916.]

Art. 1.752: 1. v. arts. 197-III, 1.741, 1.760 e 1.761.

Art. 1.752: 1a. "O curador tem direito de receber remuneração pela administração do patrimônio do interdito, à luz do disposto no art. 1.752, *caput*, do CC/02, aplicável ao instituto da curatela, por força da redação do art. 1.774 do CC/02. Afigura-se, no entanto, indevida a fixação realizada pelo próprio curador e a consequente retenção de rendas do interdito. A **remuneração do curador** deverá ser requerida ao **Juiz que a fixará** com comedição, para não combalir o patrimônio do interdito, mas ainda assim compensar o esforço e tempo despendidos pelo curador no exercício de seu múnus" (STJ-3ª T., REsp 1.205.113, Min. Nancy Andrighi, j. 6.9.11, DJ 14.9.11).

Art. 1.752: 2. v. art. 1.742.

Art. 1.752: 3. v. arts. 275 a 285.

Art. 1.752: 3a. v. arts. 1.741 a 1.744.

Seção V | DOS BENS DO TUTELADO

Art. 1.753. Os tutores não podem conservar em seu poder dinheiro dos tutelados, além do necessário para as despesas ordinárias com o seu sustento, a sua educação e a administração de seus bens.[1] [Dispositivo correspondente no CC/1916: art. 432-*caput*.]

§ 1º Se houver necessidade, os objetos de ouro e prata, pedras preciosas e móveis serão avaliados por pessoa idônea e, após autorização judicial, alienados, e o seu produto convertido em títulos, obrigações e letras de responsabilidade direta ou indireta da União ou dos Estados, atendendo-se preferentemente à rentabilidade, e recolhidos ao estabelecimento bancário oficial[1a] ou aplicado na aquisição de imóveis, conforme for determinado pelo juiz.[2] [Dispositivo correspondente no CC/1916: art. 432 § 1º.]

§ 2º O mesmo destino previsto no parágrafo antecedente terá o dinheiro proveniente de qualquer outra procedência. [Dispositivo correspondente no CC/1916: art. 432 § 1º.]

§ 3º Os tutores respondem pela demora na aplicação dos valores acima referidos, pagando os juros legais[3] desde o dia em que deveriam dar esse destino, o que não os exime da obrigação, que o juiz fará efetiva, da referida aplicação. [Dispositivo correspondente no CC/1916: art. 432 § 2º.]

Art. 1.753: 1. v. art. 1.746. V. tb. CP 168 § 1º-II (crime de apropriação indébita).

Art. 1.753: 1a. "Depósito de numerário pertencente ao interdito. Determinação a que se proceda em banco oficial do Estado. Aplicação do CC 1.753 §§ 1º e 2º, c/c CPC 666-I. Possibilidade do levantamento do dinheiro necessário para as despesas ordinárias" (JTJ 288/187: AP 342.056-4/4; ementa da redação).

Art. 1.753: 2. v. arts. 1.748-IV, 1.754 e 1.757 § ún. V. tb. CPC 725-III e 730.

Art. 1.753: 3. v. arts. 406 e 407.

Art. 1.754. Os valores que existirem em estabelecimento bancário oficial, na forma do artigo antecedente, não se poderão retirar, senão mediante ordem do juiz, e somente: [Dispositivo correspondente no CC/1916: art. 433-*caput*.]

I — para as despesas com o sustento e educação do tutelado, ou a administração de seus bens;[1-2] [Dispositivo correspondente no CC/1916: art. 433-I.]

II — para se comprarem bens imóveis e títulos, obrigações ou letras, nas condições previstas no § 1º do artigo antecedente; [Dispositivo correspondente no CC/1916: art. 433-II.]

III — para se empregarem em conformidade com o disposto por quem os houver doado, ou deixado; [Dispositivo correspondente no CC/1916: art. 433-III.]

IV — para se entregarem aos órfãos, quando emancipados, ou maiores, ou, mortos eles, aos seus herdeiros. [Dispositivo correspondente no CC/1916: art. 433-IV.]

Art. 1.754: 1. cf. art. 1.747-III.

Art. 1.754: 2. "Seguro de vida e acidentes pessoais. Ação de consignação em pagamento. Pedido da segurada, por intermédio de sua filha e curadora, de levantamento da quantia depositada pela seguradora. Admissibilidade. Curadora da segurada (interditada) que detém o poder de administrar seus bens e zelar por sua saúde. Valor depositado pela seguradora a título de indenização que não se mostra superior ao necessário para as despesas ordinárias com o seu sustento e a administração de seus bens, tal como previsto nos artigos 1.753 e 1.754 do Código Civil. Tem a segurada inválida, que se encontra interditada, direito de receber o montante da indenização de seguro de vida e acidentes pessoais, por intermédio de sua filha e curadora, pois não se pode admitir que a quantia contratada fique *ad eternum* depositada em juízo em razão de sua incapacidade. É da curadora, em favor da curatelada, a disposição sobre o numerário a ser recebido" (RT 901/198: TJSP, AI 990.09.318362-5).

Seção VI | DA PRESTAÇÃO DE CONTAS[1]

SEÇ. VI: 1. s/ ação de exigir contas, v. CPC 550 a 553.

Art. 1.755. Os tutores, embora o contrário tivessem disposto os pais dos tutelados, são obrigados a prestar contas da sua administração.[1] [Dispositivo correspondente no CC/1916: art. 434.]

Art. 1.755: 1. Se o curador for o cônjuge do interdito, v. art. 1.783.

Art. 1.756. No fim de cada ano de administração, os tutores submeterão ao juiz o balanço respectivo, que, depois de aprovado, se anexará aos autos do inventário. [Dispositivo correspondente no CC/1916: art. 435.]

Art. 1.757. Os tutores prestarão contas de dois em dois anos, e também quando, por qualquer motivo, deixarem o exercício da tutela ou toda vez que o juiz achar conveniente. [Dispositivo correspondente no CC/1916: art. 436-*caput*.]

Parágrafo único. As contas serão prestadas em juízo,[1] e julgadas depois da audiência dos interessados, recolhendo o tutor imediatamente a estabelecimento bancário oficial os saldos, ou adquirindo bens imóveis, ou títulos, obrigações ou letras, na forma do § 1º do art. 1.753. [Dispositivo correspondente no CC/1916: art. 436 § ún.]

Art. 1.757: 1. v. CPC 550 a 553.

Art. 1.758. Finda a tutela pela emancipação ou maioridade, a quitação do menor não produzirá efeito antes de aprovadas as contas pelo juiz, subsistindo inteira, até então, a responsabilidade do tutor.[1] [Dispositivo correspondente no CC/1916: art. 437.]

Art. 1.758: 1. v. art. 206 § 4º (prescrição da pretensão relativa à tutela).

Art. 1.759. Nos casos de morte, ausência, ou interdição do tutor, as contas serão prestadas por seus herdeiros ou representantes. [Dispositivo correspondente no CC/1916: art. 438.]

Art. 1.760. Serão levadas a crédito do tutor todas as despesas justificadas e reconhecidamente proveitosas ao menor.[1] [Dispositivo correspondente no CC/1916: art. 439.]

Art. 1.760: 1. v. art. 1.752-*caput.*

Art. 1.761. As despesas com a prestação das contas serão pagas pelo tutelado.[1] [Dispositivo correspondente no CC/1916: art. 440.]

Art. 1.761: 1. v. art. 1.752-*caput.*

Art. 1.762. O alcance do tutor,[1] bem como o saldo contra o tutelado, são dívidas de valor e vencem juros[2] desde o julgamento definitivo das contas. [Dispositivo correspondente no CC/1916: art. 441.]

Art. 1.762: 1. Alcance é o eventual saldo a favor do tutelado e a débito do tutor, decorrente de desfalque ocorrido no patrimônio daquele por conta de ato ou omissão deste.

Art. 1.762: 2. v. arts. 405 a 407.

Seção VII | DA CESSAÇÃO DA TUTELA

Art. 1.763. Cessa a condição de tutelado: [Dispositivo correspondente no CC/1916: art. 442-*caput.*]

I — com a maioridade ou a emancipação do menor;[1] [Dispositivo correspondente no CC/1916: art. 442-I.]

II — ao cair o menor sob o poder familiar, no caso de reconhecimento[2] ou adoção.[2a] [Dispositivo correspondente no CC/1916: art. 442-II.]

Art. 1.763: 1. v. art. 5º.

Art. 1.763: 2. v. arts. 1.607 a 1.617.

Art. 1.763: 2a. v. arts. 1.618 e 1.619 e ECA 39 a 52-D (adoção).

Art. 1.764. Cessam as funções do tutor: [Dispositivo correspondente no CC/1916: art. 443-*caput.*]

I — ao expirar o termo, em que era obrigado a servir;[1] [Dispositivo correspondente no CC/1916: art. 443-I.]

II — ao sobrevir escusa legítima;[2] [Dispositivo correspondente no CC/1916: art. 443-II.]

III — ao ser removido.[3] [Dispositivo correspondente no CC/1916: art. 443-III.]

Art. 1.764: 1. v. art. 1.765.

Art. 1.764: 2. v. arts. 1.736 a 1.739.

Art. 1.764: 3. v. arts. 1.735, 1.744-II e 1.766. V. tb. ECA 38 e 164 e CPC 761 a 763.

Art. 1.765. O tutor é obrigado a servir por espaço de dois anos.[1] [Dispositivo correspondente no CC/1916: art. 444-*caput*.]

Parágrafo único. Pode o tutor continuar no exercício da tutela, além do prazo previsto neste artigo, se o quiser e o juiz julgar conveniente ao menor. [Dispositivo correspondente no CC/1916: art. 444 § ún.]

Art. 1.765: 1. v. art. 1.764-I e CPC 763.

Art. 1.766. Será destituído o tutor, quando negligente, prevaricador ou incurso em incapacidade.[1] [Dispositivo correspondente no CC/1916: art. 445.]

Art. 1.766: 1. v. arts. 1.735, 1.744-II e 1.764-III. V. tb. ECA 38 e 164 e CPC 761 a 763.

Capítulo II | DA CURATELA[1-2]

Seção I | DOS INTERDITOS[1-2]

CAP. II: 1. v. CPC 747 e segs. V. tb. CP 92-II, 248 e 249. V. ainda LRP 94-6º e 104.

CAP. II: 2. **Lei 10.216, de 6.4.01** — Dispõe sobre a proteção e os direitos das pessoas portadoras de transtornos mentais e redireciona o modelo assistencial em saúde mental.

Lei 13.146, de 6.7.15 — Institui a Lei Brasileira de Inclusão da Pessoa com Deficiência (Estatuto da Pessoa com Deficiência).

SEÇ. I: 1. "Aspectos da ação de interdição", por Eduardo Henrique de Oliveira Yoshikawa (RDDP 62/15).

SEÇ. I: 2. s/ registro público da interdição, v. art. 9º-III. V. tb. LRP 29-V, 92 e 93.

Art. 1.767. Estão sujeitos a curatela: [Dispositivo correspondente no CC/1916: art. 446-*caput*.]

I — aqueles que, por causa transitória ou permanente, não puderem exprimir sua vontade;[1 a 4a] [Dispositivo correspondente no CC/1916: art. 446-I.]

II — (Revogado);[4b]

III — os ébrios habituais e os viciados em tóxico;[5-5a] [Sem dispositivo correspondente no CC/1916.]

IV — (Revogado);[6]

V — os pródigos.[7] [Dispositivo correspondente no CC/1916: art. 446-III.]

Art. 1.767: 1. Redação do inc. I de acordo com a Lei 13.146, de 6.7.15, em vigor 180 dias após a sua publicação (DOU 7.7.15).

Art. 1.767: 2. v. arts. 4º-III, 1.775-A e 1.777.

V. tb. EPD 2º (pessoa com deficiência).

Art. 1.767: 3. No sentido de que falta interesse processual ao pedido de interdição de **menor** absolutamente incapaz, ainda que este seja **portador de Síndrome de Down,** na medida em que ele já está sujeito ao poder familiar em razão da idade: JTJ 313/224.

Art. 1.767: 3a. **"Transtorno afetivo** apenas **episódico"** não configura doença mental a exigir interdição (RBDF 43/79).

Art. 1.767: 3b. "A doença que acomete o interditando classifica-se como **Hipomania** (CID-F30), a qual não é capaz de interditá-lo, pois esta não implica limitações deste ou qualquer incapacidade para manifestar sua vontade (Centro Brasileiro de Estimulação Magnética Transcraniana — CBREMT e Revista de Psiquiatria Clínica). O laudo médico constante nos autos afirmou que o interditando possui condições de gerir seus atos, trabalhar para se manter, capacidade de aprendizado, mesmo sendo a patologia de caráter irreversível. Digo isso, porque o fato de ser irreversível não significa dizer que a doença apresentada o incapacita para tais atos" (RT 931/751: TJPA, AP 20113008078-6).

Art. 1.767: 4. "Interdição. Pedido formulado por genitor objetivando a interdição de filho. **Transtorno bipolar.** Laudo pericial que concluiu pela incapacidade do interditando de gerir sua vida e administrar seus bens, com comprometimento mental crescente. Réu que já sofreu ação penal pública por atirar contra pessoas, bem como ação de cobrança na ocasião em que tentou alienar bens da residência. Procedência do pedido" (RT 921/876: TJSP, AP 0026429-64.2007.8.26.0032).

Todavia: "Interdição. Pessoa portadora de transtorno afetivo bipolar. Ausência de incapacidade total para os atos da vida civil. Descabimento. Se os laudos médicos atestam que a interditanda não apresenta total incapacidade para os atos da vida civil, descabe a medida extrema de interdição" (RT 891/378: TJRS, AP 70032057432).

Art. 1.767: 4a. "Recurso especial no qual se discute se pessoa que praticou atos infracionais equivalentes aos crimes tipificados no art. 121, § 2º, II, III e IV **(homicídios triplamente qualificados),** dos quais foram vítimas o padrasto, a mãe de criação e seu irmão de 03 (três) anos de idade, e que ostenta condição psiquiátrica descrita como **transtorno não especificado da personalidade** (CID 10 — F 60.9), está sujeita à curatela, em processo de interdição promovido pelo Ministério Público Estadual. A sociopatia, quando há prévia manifestação de violência por parte do sociopata, demonstra, inelutavelmente, percepção desvirtuada das regras sociais, dos limites individuais e da dor e sofrimento alheio, condições que apesar de não infirmarem, *per se*, a capacidade do indivíduo gerenciar sua vida civil, por colocarem em xeque a própria vida do interditando e de outrem, autorizam a sua curatela para que ele possa ter efetivo acompanhamento psiquiátrico, de forma voluntária ou coercitiva, com ou sem restrições à liberdade, a depender do quadro mental constatado, da evolução — se houver — da patologia, ou de seu tratamento" (STJ-3ª T., REsp 1.306.687, Min. Nancy Andrighi, j. 18.3.14, maioria, DJ 22.4.14).

Art. 1.767: 4b. O inc. II foi revogado pela Lei 13.146, de 6.7.15, em vigor 180 dias após a sua publicação (DOU 7.7.15).

Art. 1.767: 5. Redação do inc. III de acordo com a Lei 13.146, de 6.7.15, em vigor 180 dias após a sua publicação (DOU 7.7.15).

Art. 1.767: 5a. v. art. 4º-II.

Art. 1.767: 6. O inc. IV foi revogado pela Lei 13.146, de 6.7.15, em vigor 180 dias após a sua publicação (DOU 7.7.15).

Art. 1.767: 7. v. arts. 4º-IV e 1.782.

Art. 1.768. O processo que define os termos da curatela deve ser promovido:[1 a 1b] [Dispositivo correspondente no CC/1916: art. 447-*caput*.]

I — ....[2]

II — ....[3]

III — ....[4]

IV — pela própria pessoa.[5] [Sem dispositivo correspondente no CC/1916.]

Art. 1.768: 1. Redação do *caput* de acordo com a Lei 13.146, de 6.7.15, em vigor 180 dias após a sua publicação (DOU 7.7.15).

Art. 1.768: 1a. O CPC 1.072-II dispôs sobre a revogação do art. 1.768. Ocorre que ulteriormente sobreveio a Lei 13.146, de 6.7.15, dando nova redação ao *caput* e ao inc. IV do CC 1.768, que subsistem, por prevalecer, no ponto, a lei posterior (cf. LINDB 2º § 2º).

Art. 1.768: 1b. s/ processo de interdição, v. CPC 747 e segs., em especial, CPC 747, que traz rol com outras pessoas legitimadas a pedir a sua instauração, além da própria pessoa.

Art. 1.768: 2. O inc. I foi revogado pela Lei 13.105, de 16.3.15, em vigor um ano após a sua publicação (DOU 17.3.15).

Art. 1.768: 3. O inc. II foi revogado pela Lei 13.105, de 16.3.15, em vigor um ano após a sua publicação (DOU 17.3.15).

Art. 1.768: 4. O inc. III foi revogado pela Lei 13.105, de 16.3.15, em vigor um ano após a sua publicação (DOU 17.3.15).

Art. 1.768: 5. O inc. IV foi acrescido pela Lei 13.146, de 6.7.15, em vigor 180 dias após a sua publicação (DOU 7.7.15).

Art. 1.769. O Ministério Público somente promoverá o processo que define os termos da curatela:[1 a 2] [Dispositivo correspondente no CC/1916: art. 448-*caput*.]

I — nos casos de deficiência mental ou intelectual;[2a] [Dispositivo correspondente no CC/1916: art. 448-I.]

II — ....[3]

III — se, existindo, forem menores ou incapazes as pessoas mencionadas no inciso II.[4-5] [Dispositivo correspondente no CC/1916: art. 448-III.]

Art. 1.769: 1. Redação do *caput* de acordo com a Lei 13.146, de 6.7.15, em vigor 180 dias após a sua publicação (DOU 7.7.15).

Art. 1.769: 1a. O CPC 1.072-II dispôs sobre a revogação do art. 1.769. Ocorre que ulteriormente sobreveio a Lei 13.146, de 6.7.15, dando nova redação ao *caput* e aos incs. I e III do CC 1.769, que subsistem, por prevalecer, no ponto, a lei posterior (cf. LINDB 2º § 2º).

Art. 1.769: 2. V. CPC 748.

Art. 1.769: 2a. Redação do inc. I de acordo com a Lei 13.146, de 6.7.15, em vigor 180 dias após a sua publicação (DOU 7.7.15).

Art. 1.769: 3. O inc. II foi revogado pela Lei 13.105, de 16.3.15, em vigor um ano após a sua publicação (DOU 17.3.15).

Art. 1.769: 4. Redação do inc. III de acordo com a Lei 13.146, de 6.7.15, em vigor 180 dias após a sua publicação (DOU 7.7.15).

Art. 1.769: 5. O inc. II foi revogado (v. nota 3). Para disposições semelhantes, v. CPC 748-II.

Art. 1.770. ....[1]

Art. 1.770: 1. O art. 1.770 foi expressamente revogado pela Lei 13.105, de 16.3.15, em vigor um ano após a sua publicação (DOU 17.3.15).

Art. 1.771. Antes de se pronunciar acerca dos termos da curatela, o juiz, que deverá ser assistido por equipe multidisciplinar, entrevistará pessoalmente o interditando.[1 a 2] [Dispositivo correspondente no CC/1916: art. 450.]

Art. 1.771: 1. Redação de acordo com a Lei 13.146, de 6.7.15, em vigor 180 dias após a sua publicação (DOU 7.7.15).

Art. 1.771: 1a. O CPC 1.072-II dispôs sobre a revogação do art. 1.771. Ocorre que ulteriormente sobreveio a Lei 13.146, de 6.7.15, dando nova redação ao CC 1.771, que subsiste, por prevalecer, no ponto, a lei posterior (cf. LINDB 2º § 2º).

Art. 1.771: 2. v. CPC 751 a 754.

Art. 1.772. O juiz determinará, segundo as potencialidades da pessoa, os limites da curatela,[1] circunscritos às restrições constantes do art. 1.782, e indicará curador.[1a-2] [Dispositivo correspondente no CC/1916: art. 451.]

Parágrafo único. Para a escolha do curador, o juiz levará em conta a vontade e as preferências do interditando, a ausência de conflito de interesses e de influência indevida, a proporcionalidade e a adequação às circunstâncias da pessoa. [Sem dispositivo correspondente no CC/1916.]

Art. 1.772: 1. v. CPC 755, EPD 85 e LRP 92-6º.

Art. 1.772: 1a. O CPC 1.072-II dispôs sobre a revogação do art. 1.772. Ocorre que ulteriormente sobreveio a Lei 13.146, de 6.7.15, dando nova redação ao *caput* do CC 1.772 e acrescentando-lhe parágrafo único, que subsistem, por prevalecer, no ponto, a lei posterior (cf. LINDB 2º § 2º).

Art. 1.772: 2. Redação do *caput* e do § ún. de acordo com a Lei 13.146, de 6.7.15, em vigor 180 dias após a sua publicação (DOU 7.7.15).

Art. 1.773. .... [1]

Art. 1.773: 1. O art. 1.773 foi expressamente revogado pela Lei 13.105, de 16.3.15, em vigor um ano após a sua publicação (DOU 17.3.15).

Art. 1.774. Aplicam-se à curatela as disposições concernentes à tutela,[1-2] com as modificações dos artigos seguintes. [Dispositivo correspondente no CC/1916: art. 453.]

Art. 1.774: 1. No mesmo sentido: art. 1.781.

Art. 1.774: 2. v. arts. 1.728 a 1.766, bem como as respectivas notas.

Art. 1.775. O cônjuge ou companheiro, não separado judicialmente ou de fato, é, de direito, curador do outro, quando interdito.[1-2] [Dispositivo correspondente no CC/1916: art. 454-*caput*.]

§ 1º Na falta do cônjuge ou companheiro, é curador legítimo o pai ou a mãe; na falta destes, o descendente que se demonstrar mais apto. [Dispositivo correspondente no CC/1916: art. 454 § 1º.]

§ 2º Entre os descendentes, os mais próximos precedem aos mais remotos. [Dispositivo correspondente no CC/1916: art. 454 § 2º.]

§ 3º Na falta das pessoas mencionadas neste artigo, compete ao juiz a escolha do curador.[3] [Dispositivo correspondente no CC/1916: art. 454 § 3º.]

Art. 1.775: 1. v. arts. 1.570 e 1.651. V. tb. art. 1.783. V. ainda CPC 755.

Art. 1.775: 2. "Ainda que o cônjuge mulher separada de fato do interditando não tivesse legitimidade para propor a ação de interdição, em razão do disposto no art. 1.775 do CC/2002, no caso específico, onde não há notícia de outra pessoa capaz de exercer a curadoria dele, justifica-se a sua legitimidade, se a filha maior, que pretende exercer o encargo, também apresenta fragilidade emocional, já tendo sido internada em clínica psiquiátrica" (RT 858/378).

Art. 1.775: 3. Ao contrário do que sugere o texto legal, **a ordem de preferência de nomeação nele expressa não tem caráter absoluto.** Nesse sentido, nomeando curador:

— a filha, em detrimento do cônjuge: JTJ 343/35 (AI 623.956-4/0-00);

— a irmã, em detrimento da filha, pois "a curatela somente deve ser deferida a quem tem melhores condições de exercer o encargo": RJM 174/211;

— dativo, ante a animosidade entre os filhos do interditando: RT 877/190 (TJSP, AI 561.389-4/0-00). No mesmo sentido: RT 902/224 (TJSP, AI 990.10.059370-6).

Art. 1.775-A. Na nomeação de curador para a pessoa com deficiência, o juiz poderá estabelecer curatela compartilhada a mais de uma pessoa.[1]

Art. 1.775-A: 1. O art. 1.775-A foi introduzido pela Lei 13.146, de 6.7.15, em vigor 180 dias após a sua publicação (DOU 7.7.15).

Art. 1.776. ....[1]

Art. 1.776: 1. O art. 1.776 foi expressamente revogado pela Lei 13.146, de 6.7.15, em vigor 180 dias após a sua publicação (DOU 7.7.15).

Art. 1.777. As pessoas referidas no inciso I do art. 1.767 receberão todo o apoio necessário para ter preservado o direito à convivência familiar e comunitária, sendo evitado o seu recolhimento em estabelecimento que os afaste desse convívio.[1-2]

Art. 1.777: 1. Redação de acordo com a Lei 13.146, de 6.7.15, em vigor 180 dias após a sua publicação (DOU 7.7.15).

Art. 1.777: 2. v. EPD 6º-V e Lei 10.216, de 6.4.01, art. 4º, nota 1, ambos no nosso CCLCV, tít. PESSOA COM DEFICIÊNCIA.

Art. 1.778. A autoridade do curador estende-se à pessoa e aos bens dos filhos do curatelado, observado o art. 5º.[1] [Dispositivo correspondente no CC/1916: art. 458.]

Art. 1.778: 1. v. art. 1.779 § ún.

Seção II | DA CURATELA DO NASCITURO E DO ENFERMO OU PORTADOR DE DEFICIÊNCIA FÍSICA

Art. 1.779. Dar-se-á curador ao nascituro,[1] se o pai falecer estando grávida a mulher, e não tendo o poder familiar.[1a] [Dispositivo correspondente no CC/1916: art. 462-*caput*.]

Parágrafo único. Se a mulher estiver interdita, seu curador será o do nascituro.[2] [Dispositivo correspondente no CC/1916: art. 462 § ún.]

Art. 1.779: 1. v. art. 2º.

Art. 1.779: 1a. v. arts. 1.638 e 1.800.

Art. 1.779: 2. v. art. 1.778.

Art. 1.780. ....[1]

Art. 1.780: 1. O art. 1.780 foi expressamente revogado pela Lei 13.146, de 6.7.15, em vigor 180 dias após a sua publicação (DOU 7.7.15).

Seção III | DO EXERCÍCIO DA CURATELA

Art. 1.781. As regras a respeito do exercício da tutela[1] aplicam-se ao da curatela, com a restrição do art. 1.772 e as desta Seção.[2] [Dispositivo correspondente no CC/1916: art. 453.]

Art. 1.781: 1. v. arts. 1.728 a 1.766.

Art. 1.781: 2. No mesmo sentido: art. 1.774.

Art. 1.782. A interdição do pródigo só o privará de, sem curador, emprestar, transigir, dar quitação, alienar, hipotecar, demandar ou ser demandado, e praticar, em geral, os atos que não sejam de mera administração.[1] [Dispositivo correspondente no CC/1916: art. 459.]

Art. 1.782: 1. v. arts. 1.767-V e 1.772.

Art. 1.783. Quando o curador for o cônjuge e o regime de bens do casamento for de comunhão universal,[1] não será obrigado à prestação de contas,[2] salvo determinação judicial.[3] [Dispositivo correspondente no CC/1916: art. 455-*caput*.]

Art. 1.783: 1. v. arts. 1.667 a 1.671.

Art. 1.783: 2. v. arts. 1.755 a 1.762 c/c arts. 1.774 e 1.781.

Art. 1.783: 3. v. arts. 1.570, 1.651 e 1.775-*caput*.

Capítulo III | DA TOMADA DE DECISÃO APOIADA[1]

CAP. III: 1. Capítulo acrescido pela Lei 13.146, de 6.7.15, em vigor 180 dias após a sua publicação (DOU 7.7.15).

Art. 1.783-A. A tomada de decisão apoiada é o processo pelo qual a pessoa com deficiência elege pelo menos 2 (duas) pessoas idôneas, com as quais mantenha vínculos e que gozem de sua confiança, para prestar-lhe apoio na tomada de decisão sobre atos da vida civil, fornecendo-lhes os elementos e informações necessários para que possa exercer sua capacidade.

§ 1º Para formular pedido de tomada de decisão apoiada, a pessoa com deficiência e os apoiadores devem apresentar termo em que constem os limites do apoio a ser oferecido e os compromissos dos apoiadores, inclusive o prazo de vigência do acordo e o respeito à vontade, aos direitos e aos interesses da pessoa que devem apoiar.

§ 2º O pedido de tomada de decisão apoiada será requerido pela pessoa a ser apoiada, com indicação expressa das pessoas aptas a prestarem o apoio previsto no *caput* deste artigo.

§ 3º Antes de se pronunciar sobre o pedido de tomada de decisão apoiada, o juiz, assistido por equipe multidisciplinar, após oitiva do Ministério Público,[1] ouvirá pessoalmente o requerente e as pessoas que lhe prestarão apoio.

§ 4º A decisão tomada por pessoa apoiada terá validade e efeitos sobre terceiros, sem restrições, desde que esteja inserida nos limites do apoio acordado.

§ 5º Terceiro com quem a pessoa apoiada mantenha relação negocial pode solicitar que os apoiadores contra-assinem o contrato ou acordo, especificando, por escrito, sua função em relação ao apoiado.

§ 6º Em caso de negócio jurídico que possa trazer risco ou prejuízo relevante, havendo divergência de opiniões entre a pessoa apoiada e um dos apoiadores, deverá o juiz, ouvido o Ministério Público,[2] decidir sobre a questão.

§ 7º Se o apoiador agir com negligência, exercer pressão indevida ou não adimplir as obrigações assumidas, poderá a pessoa apoiada ou qualquer pessoa apresentar denúncia ao Ministério Público ou ao juiz.

§ 8º Se procedente a denúncia, o juiz destituirá o apoiador e nomeará, ouvida a pessoa apoiada e se for de seu interesse, outra pessoa para prestação de apoio.

§ 9º A pessoa apoiada pode, a qualquer tempo, solicitar o término de acordo firmado em processo de tomada de decisão apoiada.

§ 10. O apoiador pode solicitar ao juiz a exclusão de sua participação do processo de tomada de decisão apoiada, sendo seu desligamento condicionado à manifestação do juiz sobre a matéria.

§ 11. Aplicam-se à tomada de decisão apoiada, no que couber, as disposições referentes à prestação de contas na curatela.[3]

Art. 1.783-A: 1. v. CPC 178-II.

Art. 1.783-A: 2. v. CPC 178-II.

Art. 1.783-A: 3. v. arts. 1.781 e 1.783 c/c arts. 1.755 a 1.762.

Livro V | DO DIREITO DAS SUCESSÕES[1-2]

Título I | DA SUCESSÃO EM GERAL[1]

Capítulo I | DISPOSIÇÕES GERAIS

LIV. V: 1. CF 5º: "XXX — é garantido o direito de herança".

LIV. V: 2. "O novo direito sucessório brasileiro", por Rolf Madaleno (RJ 291/35); "Direito das sucessões brasileiro. Disposições gerais e sucessão legítima", por Giselda Maria Fernandes Novaes Hironaka (RT 808/20); "O direito das sucessões no novo Código Civil brasileiro", por Maria Aracy Menezes da Costa (Ajuris 88/261); "Planejamento sucessório: uma questão de reflexão", por Silvia Maria Benedetti Teixeira (RBDF 31/5); "Princípios constitucionais e o Direito das Sucessões", por Carlos Roberto Barbosa Moreira (RF 390/45); "Novo Código Civil — sucessão dos cônjuges", por Zeno Veloso (Rev. AASP 98/234); "Casar ou não casar? Dúvidas sobre questões sucessórias", por Maria Berenice Dias (RBDFS 17/27).

TÍT. I: 1. v. arts. 6º, 26 a 39, 80-II, 426, 1.206 e 1.207. V. tb. LINDB 10.
S/ processo de inventário e partilha, v. CPC 610 a 673.

Art. 1.784. Aberta a sucessão,[1] a herança transmite-se, desde logo, aos herdeiros legítimos e testamentários.[2 a 5] [Dispositivo correspondente no CC/1916: art. 1.572.]

Art. 1.784: 1. A sucessão abre-se no momento da morte do autor da herança.

Art. 1.784: 2. A transmissão desde logo da herança (*droit de saisine*) não tem lugar no caso de **vacância** (v. art. 1.822, nota 2a).

Art. 1.784: 2a. "Em observância ao princípio da *saisine*, corolário da premissa de que inexiste direito sem o respectivo titular, a herança, compreendida como sendo o acervo de bens, obrigações e direitos, transmite-se, como um todo, imediata e indistintamente aos herdeiros. Ressalte-se, contudo, que os herdeiros, neste primeiro momento, imiscuir-se-ão apenas na posse indireta dos bens transmitidos. A posse direta, conforme se demonstrará, ficará a cargo de quem detém a posse de fato dos bens deixados pelo *de cujus* ou do inventariante, a depender da existência ou não de inventário aberto. De todo modo, enquanto não há individualização da quota pertencente a cada herdeiro, o que se efetivará somente com a consecução da partilha, é a herança, nos termos do artigo supracitado, que responde por eventual obrigação deixada pelo *de cujus*. Nessa perspectiva, o espólio, que também pode ser conceituado como a universalidade de bens deixada pelo *de cujus*, assume, por expressa determinação legal, o viés jurídico-formal, que lhe confere legitimidade *ad causam* para demandar e ser demandado em todas aquelas ações em que o *de cujus* integraria o polo ativo ou passivo da demanda, se vivo fosse. Pode-se concluir que o fato de inexistir, até o momento da prolação do acórdão recorrido, inventário aberto (e, portanto, inventariante nomeado), não faz dos herdeiros, individualmente considerados, partes legítimas para responder pela obrigação, objeto da ação de cobrança, pois, como assinalado, **enquanto não há partilha,** é a herança que responde por eventual obrigação deixada pelo *de cujus* e **é o espólio**, como parte formal, **que detém legitimidade passiva *ad causam* para integrar a lide.** Na espécie, por tudo o que se expôs, revela-se absolutamente correta a promoção da ação de cobrança em face do espólio, representado pela cônjuge supérstite, que, nessa qualidade, detém, preferencialmente, a administração, de fato, dos bens do *de cujus*, conforme dispõe o artigo 1.797 do Código Civil" (STJ-RP 203/398: 3ª T., REsp 1.125.510).

V., no nosso CPCLPV, CPC 75, nota 17.

Art. 1.784: 3. que já "podem defendê-la em sua totalidade" (STJ-4ª T., REsp 650.821, Min. Cesar Rocha, j. 27.3.07, DJU 17.9.07; no caso, considerou-se que os herdeiros, mesmo antes da ultimação do inventário, já poderiam tomar medidas como a de pedir a dissolução de sociedade anônima, nos termos da LSA 206-III, considerando-se, para efeito do preenchimento do requisito necessário para tanto — representação mínima de 5% do capital social —, as ações deixadas pelo *de cujus*).

Art. 1.784: 3a. **Legitimidade ativa *ad causam* concorrente entre o espólio e os herdeiros.** "Por força do princípio da *saisine*, previsto no art. 1.784 do CC, a morte de uma pessoa opera de pleno direito a transmissão de seus bens e direitos aos herdeiros, que adquirem, ao lado do espólio, a legitimidade para a defesa do acervo hereditário. Interpretação conjunta dos arts. 1.791 e 1.314 do CC" (RT 896/276: TJMG, AP 1.0433.08.264977-6/001).

V., no nosso CPCLPV, CPC 75, nota 16c.

Art. 1.784: 4. "A **transmissão da posse** ao herdeiro se dá *ex lege*. O exercício fático da posse não é requisito essencial para que este tenha direito à proteção possessória contra eventuais atos de turbação ou esbulho, tendo em vista que a transmissão da posse (seja ela direta ou indireta) dos bens da herança se dá *ope legis*, independentemente da prática de qualquer outro ato" (STJ-RJ 391/129 e RP 188/362: 3ª T., REsp 537.363).

Art. 1.784: 4a. "Em razão do princípio da *saisine*, o herdeiro não necessita proceder ao registro do formal de partilha para que os bens herdados lhe sejam transmitidos" (STJ-RP 207/478: 6ª T., REsp 1.290.042).

"O direito hereditário é forma de aquisição da propriedade imóvel (direito de *Saisine*). Aberta a sucessão, o domínio e a posse da herança transmitem-se *incontinenti* aos herdeiros, podendo qualquer um dos coerdeiros reclamar bem, integrante do acervo hereditário, de terceiro que indevidamente o possua (CC/1916, arts. 530, IV, 1.572 e 1.580, parágrafo único; CC/2002, arts. 1.784 e 1.791, parágrafo único). Legitimidade ativa de herdeiro na **ação reivindicatória** reconhecida" (STJ-4ª T., REsp 1.117.018, Min. Raul Araújo, j. 18.5.17, DJ 14.6.17).

Art. 1.784: 4b. "O herdeiro tem legitimidade *ad causam* para ajuizar ação declaratória de nulidade de negócio jurídico realizado pelo inventariante" (STJ-3ª T., REsp 1.101.708, Min. Massami Uyeda, j. 28.6.11, DJ 2.8.11).

Art. 1.784: 5. Transmite-se com a herança o **aval** dado pelo *de cujus*. V. art. 897, nota 3.

Art. 1.785. A sucessão abre-se no lugar do último domicílio do falecido.[1] [Dispositivo correspondente no CC/1916: art. 1.578.]

Art. 1.785: 1. v. CPC 23-II e 48.

Art. 1.786. A sucessão dá-se por lei[1] ou por disposição de última vontade.[2] [Dispositivo correspondente no CC/1916: art. 1.573.]

Art. 1.786: 1. v. arts. 1.829 a 1.856.

Art. 1.786: 2. v. arts. 1.857 a 1.990.

Art. 1.787. Regula a sucessão e a legitimação para suceder a lei vigente ao tempo da abertura daquela.[1 a 3] [Dispositivo correspondente no CC/1916: art. 1.577.]

Art. 1.787: 1. **Disposição transitória: "Art. 2.041.** As disposições deste Código relativas à ordem da vocação hereditária (arts. 1.829 a 1.844) não se aplicam à sucessão aberta antes de sua vigência, prevalecendo o disposto na lei anterior (Lei n. 3.071, de 1º de janeiro de 1916)".

Art. 1.787: 2. **CF 5º: "XXXI** — a sucessão de bens de estrangeiros situados no País será regulada pela lei brasileira em benefício do cônjuge ou dos filhos brasileiros, sempre que não lhes seja mais favorável a lei pessoal do *de cujus*".

V. tb. LINDB 10 § 1º.

Art. 1.787: 3. "Deve ser mantida a sentença que reduz as disposições testamentárias formalizadas sob a égide do Código Civil de 1916 quando, ocorrida a morte do cônjuge já na vigência do Código Civil de 2002, o sobrevivente, agora considerado herdeiro necessário, restou excluído da sucessão, visando, assim, não só à preservação da vontade do testador, mas, também, a parte cabível a este último" (RT 893/290: TJMG, 1.0261.08.059923-4/001). V. art. 1.967, nota 3.

Art. 1.788. Morrendo a pessoa sem testamento, transmite[1] a herança aos herdeiros legítimos; o mesmo ocorrerá quanto aos bens que não forem compreendidos no testamento;[2] e subsiste a sucessão legítima se o testamento caducar,[3] ou for julgado nulo.[3a] [Dispositivos correspondentes no CC/1916: arts. 1.574 e 1.575.]

Art. 1.788: 1. *sic*; deve ser "transmite-se".

Art. 1.788: 2. No mesmo sentido: arts. 1.906, 1.908 e 1.966; de certo modo, tb. art. 1.944.

Art. 1.788: 3. v. arts. 1.939 e 1.940.

Art. 1.788: 3a. v. arts. 1.909 e 1.969 a 1.975.

Art. 1.789. Havendo herdeiros necessários,[1] o testador só poderá dispor da metade da herança.[2-2a] [Dispositivo correspondente no CC/1916: art. 1.576.]

Art. 1.789: 1. v. arts. 1.845 a 1.850.

Art. 1.789: 2. Essa metade da qual o testador não pode dispor, destinada aos herdeiros necessários, denomina-se **legítima.**

Art. 1.789: 2a. v. arts. 1.846, 1.857 § 1º e 2.018.

Art. 1.790. A companheira ou o companheiro participará da sucessão do outro,[1] quanto aos bens adquiridos onerosamente na vigência da união estável, nas condições seguintes: [Sem dispositivo correspondente no CC/1916.]

I — se concorrer com filhos comuns, terá direito a uma quota equivalente à que por lei for atribuída ao filho; [Sem dispositivo correspondente no CC/1916.]

II — se concorrer com descendentes só do autor da herança, tocar-lhe-á a metade do que couber a cada um daqueles; [Sem dispositivo correspondente no CC/1916.]

III — se concorrer com outros parentes sucessíveis, terá direito a um terço da herança; [Sem dispositivo correspondente no CC/1916.]

IV — não havendo parentes sucessíveis, terá direito à totalidade da herança. [Sem dispositivo correspondente no CC/1916.]

Art. 1.790: 1. Declarando incidentalmente a inconstitucionalidade do art. 1.790: "No sistema constitucional vigente, é **inconstitucional** a diferenciação de regimes sucessórios entre cônjuges e companheiros, devendo ser aplicado, em ambos os casos, o regime estabelecido no artigo 1.829 do Código Civil" (STF-Pleno, RE 878.694, Min. Roberto Barroso, j. 10.5.17, maioria, *apud* Inf. STF n. 864, de 8 a 12 de maio de 2017). V. art. 1.829 e notas.

Capítulo II | DA HERANÇA E DE SUA ADMINISTRAÇÃO

Art. 1.791. A herança defere-se como um todo unitário,[1] ainda que vários sejam os herdeiros. [Dispositivo correspondente no CC/1916: art. 1.580.]

Parágrafo único. Até a partilha, o direito dos coerdeiros, quanto à propriedade e posse da herança, será indivisível,[1a a 2b] e regular-se-á pelas normas relativas ao condomínio.[3 a 5] [Dispositivo correspondente no CC/1916: art. 1.580.]

Art. 1.791: 1. v. art. 91.

✎ **Art. 1.791: 1a.** "Efeitos da indivisibilidade da herança", por Eduardo Henrique de Oliveira Yoshikawa (RDDP 118/9).

Art. 1.791: 2. v. art. 88. V. tb. arts. 1.784, notas 3 e segs., e 1.991, nota 3; Lei 8.629, de 25.2.93, art. 2º, nota 1a (no nosso CCLCV, tít. DESAPROPRIAÇÃO).

Art. 1.791: 2a. "Aberta a sucessão, o domínio é transmitido de imediato aos herdeiros e os direitos são indivisíveis, até a partilha, de sorte que é vedado ao viúvo-meeiro, da mesma forma que em vida não poderia fazê-lo sem a outorga uxória, gravar imóvel objeto do inventário já aberto com ônus hipotecário" (STJ-4ª T., REsp 304.800, Min. Aldir Passarinho Jr., j. 19.4.07, DJU 28.5.07).

Art. 1.791: 2b. "Considerando que é a própria indivisibilidade do bem objeto da herança que cria em favor dos herdeiros a situação de condomínio que lhes autoriza a, *de per si*, atuar na defesa do patrimônio comum, é de se concluir que sempre que presente essa situação, estará configurada a legitimidade destacada. Em outras palavras, a restrição temporal imposta pelo artigo 1.580 do Código Civil de 1916 — 'até a partilha', só se aplica em relação aos bens que foram objeto da partilha, porque em relação aos demais, sujeitos a uma sobrepartilha, persiste a situação de indivisibilidade e, por conseguinte, a legitimação" (STJ-3ª T., REsp 844.248, Min. Sidnei Beneti, j. 20.5.10, DJ 10.6.10).

Art. 1.791: 3. v. arts. 1.314 a 1.322.

Art. 1.791: 4. "Tal como ocorre em relação a um condômino, ao coerdeiro é dada a legitimidade *ad causam* para reivindicar, independentemente da formação de litisconsórcio com os demais coerdeiros, a coisa comum que esteja indevidamente em poder de terceiro, nos moldes no art. 1.314 da lei civil" (STJ-3ª T., REsp 1.192.027, Min. Massami Uyeda, j. 19.8.10, DJ 6.9.10).

Art. 1.791: 5. "Ainda que a coisa seja passível de divisão, enquanto não tiver ocorrido a partilha ou a delimitação do espaço a ser utilizado por cada condômino, necessária a anuência dos compossuidores para que determinado condômino possa dar posse, uso ou gozo da propriedade comum a terceiro" (STJ-3ª T., REsp 1.168.834, Min. Nancy Andrighi, j. 21.6.11, DJ 30.6.11).

"O princípio da indivisibilidade da herança, inserto no art. 1.580 do Código Civil de 1916, veda a alienação, por herdeiro, de coisa singularmente considerada do patrimônio a ser inventariado. Sem embargo, poderá ser realizada a alienação de bem específico, desde que haja concordância de todos os sucessores e autorização judicial, providência esta que viabilizará o controle de legalidade do negócio jurídico, coibindo fraudes e prejuízo aos demais herdeiros e aos credores" (STJ-4ª T., REsp 1.072.511, Min. Marco Buzzi, j. 12.3.13, DJ 30.4.13).

"O termo aditivo ao contrato de compra e venda de imóvel rural, questionado pelos ora agravados, foi corretamente anulado pelo Tribunal de Justiça, pois fora firmado entre o comprador e a viúva-

-meeira, como vendedora, antes da nomeação desta como inventariante do espólio do cônjuge varão falecido, também vendedor na versão original do contrato. A invalidação operou-se por ter sido o aditivo firmado sem autorização judicial e sem a participação dos filhos, herdeiros do *de cujus*, os quais passaram a ser coproprietários de parcela do patrimônio do falecido tão logo aberta a sucessão, em harmonia com o princípio da *saisine*. A viúva-meeira não pode ser considerada 'inventariante natural', mas sim administradora provisória, até ser nomeada e assinar o termo de compromisso de inventariante" (STJ-4ª T., REsp 1.145.366-AgRg, Min. Raul Araújo, j. 8.4.14, DJ 30.4.14).

Art. 1.792. O herdeiro não responde por encargos superiores às forças da herança;[1 a 2] incumbe-lhe, porém, a prova do excesso, salvo se houver inventário que a escuse, demonstrando o valor dos bens herdados. [Dispositivo correspondente no CC/1916: art. 1.587.]

Art. 1.792: 1. No mesmo sentido: arts. 1.997-*caput* e 1.821.

Art. 1.792: 1a. v. CPC 796. V. tb. art. 1.700, nota 2 (Enunciado 343 do CEJ).

Art. 1.792: 2. Entre tais encargos, está o aval dado pelo *de cujus*. V. art. 897, nota 3.

Art. 1.793. O direito à sucessão aberta, bem como o quinhão de que disponha o coerdeiro, pode ser objeto de cessão por escritura pública.[1 a 1d] [Sem dispositivo correspondente no CC/1916.]

§ 1º Os direitos, conferidos ao herdeiro em consequência de substituição[2] ou de direito de acrescer,[2a] presumem-se[2b] não abrangidos pela cessão feita anteriormente.[2c] [Sem dispositivo correspondente no CC/1916.]

§ 2º É ineficaz a cessão, pelo coerdeiro, de seu direito hereditário sobre qualquer bem da herança considerado singularmente.[3] [Sem dispositivo correspondente no CC/1916.]

§ 3º Ineficaz é a disposição, sem prévia autorização do juiz da sucessão, por qualquer herdeiro, de bem componente do acervo hereditário, pendente a indivisibilidade.[4] [Sem dispositivo correspondente no CC/1916.]

✎ **Art. 1.793: 1.** "A forma dos negócios jurídicos no direito das sucessões", por Kleber Luiz Zanchim (RDPr 35/173).

Art. 1.793: 1a. s/ escritura pública, v. art. 215. V. tb. art. 1.795, nota 1.

Art. 1.793: 1b. "**Art. 80.** Consideram-se imóveis para os efeitos legais: ... **II** — o direito à sucessão aberta".

Art. 1.793: 1c. somente após a abertura da sucessão, já que a herança de pessoa viva não pode ser objeto de contrato (art. 426).

Art. 1.793: 1d. "A cessão de direitos hereditários, sem outorga uxória, pelo marido casado em regime de comunhão de bens, é ineficaz em relação à metade da mulher" (STJ-4ª T., REsp 60.820, Min. Ruy Rosado, j. 21.6.95, DJU 14.8.95).

Art. 1.793: 2. v. arts. 1.947 a 1.960.

Art. 1.793: 2a. v. arts. 1.941 a 1.946.

Art. 1.793: 2b. Essa presunção é relativa, na medida em que o herdeiro pode ceder também os direitos de representação e de acrescer.

Art. 1.793: 2c. Os negócios jurídicos benéficos interpretam-se restritivamente (art. 114).

Art. 1.793: 3. Esse dispositivo justifica-se pelo caráter unitário e indivisível da herança até a partilha, cf. art. 1.791.

Art. 1.793: 4. v. CPC 619-I.

Art. 1.794. O coerdeiro não poderá ceder a sua quota hereditária a pessoa estranha à sucessão, se outro coerdeiro a quiser, tanto por tanto.[1-2] [Sem dispositivo correspondente no CC/1916.]

Art. 1.794: 1. v. arts. 504 e 1.795.

Art. 1.794: 2. "O direito de preferência disciplinado nos arts. 1.794 e 1.795 do CC é inerente à qualidade de herdeiro, que não se transfere ao cessionário. De consequência, este não tem legitimidade ativa *ad causam* para pleitear a anulação de cessão de direitos hereditários feita por um dos herdeiros a terceiro" (RT 857/294).

Art. 1.795. O coerdeiro, a quem não se der conhecimento da cessão, poderá, depositado o preço, haver para si a quota cedida a estranho, se o requerer até cento e oitenta dias após a transmissão.[1] [Sem dispositivo correspondente no CC/1916.]

Parágrafo único. Sendo vários os coerdeiros a exercer a preferência, entre eles se distribuirá o quinhão cedido, na proporção das respectivas quotas hereditárias. [Sem dispositivo correspondente no CC/1916.]

Art. 1.795: 1. "A cessão de direitos hereditários, sem a observância do direito de preferência dos demais herdeiros, encontra óbice no CC 1.795. O prazo decadencial imposto ao coerdeiro prejudicado conta-se a partir da transmissão, contudo, será contado apenas da sua ciência acerca do negócio jurídico quando não é seguida a formalidade legal imposta pelo CC 1.793 e a transmissão não se dá por escritura pública" (RJM 190/237: AP 1.0251.07.021397-9/001).

Art. 1.796. No prazo de trinta dias,[1] a contar da abertura da sucessão, instaurar-se-á inventário do patrimônio hereditário, perante o juízo[1a] competente no lugar da sucessão,[1b] para fins de liquidação e, quando for o caso, de partilha da herança.[2-3] [Dispositivo correspondente no CC/1916: art. 1.770-*caput*.]

Art. 1.796: 1. Este prazo passou a ser de **dois meses** (v. CPC 611).

Art. 1.796: 1a. Se todos os herdeiros forem capazes e concordes, é possível também a abertura de inventário perante o tabelionato de notas (cf. CPC 610).

Art. 1.796: 1b. v. CPC 48.

Art. 1.796: 2. s/ inventário e partilha, v. arts. 1.991 a 2.022 e CPC 610 a 673.

Art. 1.796: 3. Súmula 542 do STF: "Não é inconstitucional a multa instituída pelo estado-membro, como sanção pelo retardamento do início ou da ultimação do inventário".

Art. 1.797. Até o compromisso do inventariante,[1] a administração da herança caberá, sucessivamente:[1a] [Sem dispositivo correspondente no CC/1916.]

I — ao cônjuge ou companheiro, se com o outro convivia ao tempo da abertura da sucessão; [Sem dispositivo correspondente no CC/1916.]

II — ao herdeiro que estiver na posse e administração dos bens, e, se houver mais de um nessas condições, ao mais velho; [Sem dispositivo correspondente no CC/1916.]

III — ao testamenteiro;[2] [Sem dispositivo correspondente no CC/1916.]

IV — a pessoa de confiança do juiz, na falta ou escusa das indicadas nos incisos antecedentes, ou quando tiverem de ser afastadas por motivo grave levado ao conhecimento do juiz. [Sem dispositivo correspondente no CC/1916.]

Art. 1.797: 1. v. art. 1.991.
Art. 1.797: 1a. s/ a figura do administrador provisório, v. CPC 613 e 614.

Art. 1.797: 2. v. arts. 1.976 a 1.990.

Capítulo III | DA VOCAÇÃO HEREDITÁRIA[1]

CAP. III: 1. s/ ordem da vocação hereditária, v. arts. 1.829 a 1.844.

Art. 1.798. Legitimam-se a suceder as pessoas nascidas ou já concebidas[1 a 2] no momento da abertura da sucessão. [Sem dispositivo correspondente no CC/1916.]

Art. 1.798: 1. v. art. 2º.

✎ **Art. 1.798: 1a.** "A reprodução humana assistida *post mortem* e o direito sucessório do concebido — uma interpretação constitucional da legitimidade sucessória a partir do princípio da isonomia", por Dario Alexandre Guimarães Nóbrega (RBDFS 20/39).

Art. 1.798: 2. Enunciado 267 do CEJ: "A regra do art. 1.798 do Código Civil deve ser estendida aos embriões formados mediante o uso de técnicas de reprodução assistida, abrangendo, assim, a vocação hereditária da pessoa humana a nascer cujos efeitos patrimoniais se submetem às regras previstas para a petição da herança".

Art. 1.799. Na sucessão testamentária podem ainda ser chamados a suceder: [Dispositivo correspondente no CC/1916: art. 1.717.]

I — os filhos, ainda não concebidos, de pessoas indicadas pelo testador, desde que vivas estas ao abrir-se a sucessão;[1 a 1b] [Dispositivo correspondente no CC/1916: art. 1.718.]

II — as pessoas jurídicas;[2] [Sem dispositivo correspondente no CC/1916.]

III — as pessoas jurídicas, cuja organização for determinada pelo testador sob a forma de fundação.[3] [Sem dispositivo correspondente no CC/1916.]

✎ **Art. 1.799: 1.** "Fideicomisso e sucessores não concebidos: exame de uma questão controvertida", por Carlos Roberto Barbosa Moreira (RF 399/49).

Art. 1.799: 1a. v. art. 1.800.

Art. 1.799: 1b. **Enunciado 268 do CEJ:** "Nos termos do inc. I do art. 1.799, pode o testador beneficiar filhos de determinada origem, não devendo ser interpretada extensivamente a cláusula testamentária respectiva".

Art. 1.799: 2. v. arts. 40 a 69.

Art. 1.799: 3. v. arts. 62 a 69.

Art. 1.800. No caso do inciso I do artigo antecedente, os bens da herança serão confiados, após a liquidação ou partilha, a curador nomeado pelo juiz. [Sem dispositivo correspondente no CC/1916.]

§ 1º Salvo disposição testamentária em contrário, a curatela caberá à pessoa cujo filho o testador esperava ter por herdeiro, e, sucessivamente, às pessoas indicadas no art. 1.775. [Sem dispositivo correspondente no CC/1916.]

§ 2º Os poderes, deveres e responsabilidades do curador, assim nomeado, regem-se pelas disposições concernentes à curatela dos incapazes,[1] no que couber. [Sem dispositivo correspondente no CC/1916.]

§ 3º Nascendo com vida o herdeiro esperado, ser-lhe-á deferida a sucessão, com os frutos e rendimentos relativos à deixa, a partir da morte do testador. [Sem dispositivo correspondente no CC/1916.]

§ 4º Se, decorridos dois anos após a abertura da sucessão, não for concebido o herdeiro esperado, os bens reservados, salvo disposição em contrário do testador, caberão aos herdeiros legítimos. [Sem dispositivo correspondente no CC/1916.]

Art. 1.800: 1. v. arts. 1.767 a 1.783.

Art. 1.801. Não podem ser nomeados herdeiros nem legatários:[1] [Dispositivo correspondente no CC/1916: art. 1.719-*caput*.]

I — a pessoa que, a rogo, escreveu o testamento, nem o seu cônjuge ou companheiro, ou os seus ascendentes e irmãos;[1a-1b] [Dispositivo correspondente no CC/1916: art. 1.719-I.]

II — as testemunhas do testamento; [Dispositivo correspondente no CC/1916: art. 1.719-II.]

III — o concubino do testador casado, salvo se este, sem culpa sua, estiver separado de fato do cônjuge há mais de cinco anos;[2-3] [Dispositivo correspondente no CC/1916: art. 1.719-III.]

IV — o tabelião, civil ou militar, ou o comandante ou escrivão, perante quem se fizer, assim como o que fizer ou aprovar o testamento. [Dispositivo correspondente no CC/1916: art. 1.719-IV.]

Art. 1.801: 1. v. art. 1.900-V.

Art. 1.801: 1a. O descendente de quem escreveu o testamento também não pode ser nomeado legatário (cf. CC 1.802 § ún.).

Art. 1.801: 1b. "As testemunhas impedidas de participarem do ato são as resultantes de parentesco por consanguinidade, não as por afinidade" (RSTJ 81/274: 4ª T., REsp 7.197).

Art. 1.801: 2. **Enunciado 269 do CEJ:** "A vedação do art. 1.801, inc. III, do Código Civil não se aplica à união estável, independentemente do período de separação de fato (art. 1.723, § 1º)".

Art. 1.801: 3. s/ concubinato, v. art. 1.727. V., porém, art. 1.803.

Art. 1.802. São nulas as disposições testamentárias em favor de pessoas não legitimadas a suceder, ainda quando simuladas sob a forma de contrato oneroso, ou feitas mediante interposta pessoa.[1] [Dispositivo correspondente no CC/1916: art. 1.720.]

Parágrafo único. Presumem-se pessoas interpostas os ascendentes, os descendentes, os irmãos e o cônjuge ou companheiro do não legitimado a suceder. [Dispositivo correspondente no CC/1916: art. 1.720.]

Art. 1.802: 1. v. arts. 1.801 e 1.900-V.

Art. 1.803. É lícita a deixa ao filho do concubino, quando também o for do testador.[1-1a] [Sem dispositivo correspondente no CC/1916.]

Art. 1.803: 1. No mesmo sentido, a **Súmula 447 do STF:** "É válida a disposição testamentária em favor de filho adulterino do testador com sua concubina".

Art. 1.803: 1a. Diferentemente do concubino (v. art. 1.801-III), o filho deste com o testador tem vocação hereditária.

Capítulo IV | DA ACEITAÇÃO E RENÚNCIA DA HERANÇA

Art. 1.804. Aceita a herança, torna-se definitiva a sua transmissão ao herdeiro, desde a abertura da sucessão.[1-2] [Sem dispositivo correspondente no CC/1916.]

Parágrafo único. A transmissão tem-se por não verificada quando o herdeiro renuncia à herança. [Sem dispositivo correspondente no CC/1916.]

Art. 1.804: 1. Há presunção relativa de que o herdeiro aceitou a herança, que só pode ser afastada por meio de renúncia expressa (v. § ún. e art. 1.806). V. tb. art. 1.807, *in fine.*

Art. 1.804: 2. A aceitação pode ser expressa ou tácita (v. art. 1.805).

Art. 1.805. A aceitação da herança, quando expressa, faz-se por declaração escrita; quando tácita, há de resultar tão somente de atos próprios da qualidade de herdeiro.[1] [Dispositivo correspondente no CC/1916: art. 1.581 § 1º.]

§ 1º Não exprimem aceitação de herança os atos oficiosos, como o funeral do finado, os meramente conservatórios, ou os de administração e guarda provisória. [Dispositivo correspondente no CC/1916: art. 1.581 § 2º.]

§ 2º Não importa igualmente aceitação a cessão gratuita, pura e simples, da herança, aos demais coerdeiros. [Dispositivo correspondente no CC/1916: art. 1.582.]

Art. 1.805: 1. s/ aceitação tácita, v. art. 1.812, nota 1.

Art. 1.806. A renúncia da herança deve constar expressamente de instrumento público[1-1a] ou termo judicial.[2 a 6] [Dispositivo correspondente no CC/1916: art. 1.581-*caput*.]

Art. 1.806: 1. s/ escritura pública, v. art. 215.

Art. 1.806: 1a. "**Art. 80.** Consideram-se imóveis para os efeitos legais: ... **II** — o direito à sucessão aberta".

Art. 1.806: 2. v., porém, art. 1.913 (legado com encargo).

Art. 1.806: 3. A renúncia da herança por termo nos autos do processo dispensa a lavratura de escritura pública (RT 840/253).

Art. 1.806: 4. "A renúncia à herança depende de ato solene, a saber, escritura pública ou termo nos autos de inventário; petição manifestando a renúncia, com a promessa de assinatura do termo judicial, não produz efeitos sem que essa formalidade seja ultimada" (STJ-3ª T., REsp 431.695, Min. Ari Pargendler, j. 21.5.02, DJ 5.8.02).

Art. 1.806: 5. "O ato de renúncia à herança deve constar expressamente de instrumento público ou de termo nos autos, sob pena de invalidade. Daí se segue que a constituição de mandatário para a renúncia à herança deve obedecer à mesma forma, não tendo validade a outorga por instrumento particular" (STJ-3ª T., REsp 1.236.671, Min. Sidnei Beneti, j. 9.10.12, um voto vencido, DJ 4.3.13).

Art. 1.806: 6. "Embora o art. 1.806 do Código Civil admita que a renúncia à herança possa ser efetivada por instrumento público ou termo judicial, a meação não se confunde com a herança" (STJ-3ª T., REsp 1.196.992, Min. Nancy Andrighi, j. 6.8.13, RP 226/409).

V. tb. art. 541, nota 1a.

Art. 1.807. O interessado em que o herdeiro declare se aceita, ou não, a herança, poderá, vinte dias após aberta a sucessão, requerer ao juiz prazo razoável, não maior de trinta dias, para, nele, se pronunciar o herdeiro, sob pena de se haver a herança por aceita.[1] [Dispositivo correspondente no CC/1916: art. 1.584.]

Art. 1.807: 1. v. arts. 1.805-*caput* e 1.806.

Art. 1.808. Não se pode aceitar ou renunciar a herança em parte, sob condição[1] ou a termo.[2] [Dispositivo correspondente no CC/1916: art. 1.583.]

§ 1º O herdeiro, a quem se testarem legados,[3] pode aceitá-los, renunciando a herança; ou, aceitando-a, repudiá-los. [Dispositivo correspondente no CC/1916: art. 1.583.]

§ 2º O herdeiro, chamado, na mesma sucessão, a mais de um quinhão hereditário, sob títulos sucessórios diversos, pode livremente deliberar quanto aos quinhões que aceita e aos que renuncia. [Sem dispositivo correspondente no CC/1916.]

Art. 1.808: 1. v. art. 121.

Art. 1.808: 2. v. art. 131.

Art. 1.808: 3. s/ legados, v. arts. 1.912 a 1.940.

Art. 1.809. Falecendo o herdeiro antes de declarar se aceita a herança, o poder de aceitar passa-lhe aos herdeiros, a menos que se trate de vocação adstrita a uma condição suspensiva,[1] ainda não verificada.[2] [Dispositivo correspondente no CC/1916: art. 1.585.]

Parágrafo único. Os chamados à sucessão do herdeiro falecido antes da aceitação, desde que concordem em receber a segunda herança, poderão aceitar ou renunciar a primeira. [Sem dispositivo correspondente no CC/1916.]

Art. 1.809: 1. v. arts. 125 e 1.897.

Art. 1.809: 2. v. art. 1.933.

Art. 1.810. Na sucessão legítima, a parte do renunciante acresce à dos outros herdeiros da mesma classe e, sendo ele o único desta, devolve-se aos da subsequente.[1] [Dispositivo correspondente no CC/1916: art. 1.589.]

Art. 1.810: 1. s/ ordem da vocação hereditária na sucessão legítima, v. arts. 1.829 a 1.844.

Art. 1.811. Ninguém pode suceder, representando herdeiro renunciante.[1] Se, porém, ele for o único legítimo da sua classe, ou se todos os outros da mesma classe renunciarem a herança, poderão os filhos vir à sucessão, por direito próprio, e por cabeça. [Dispositivo correspondente no CC/1916: art. 1.588.]

Art. 1.811: 1. v. arts. 1.810, 1.851 e 1.856.

Art. 1.812. São irrevogáveis os atos de aceitação ou de renúncia da herança.[1] [Dispositivo correspondente no CC/1916: art. 1.590.]

Art. 1.812: 1. "A concordância com os termos das primeiras declarações apresentadas pela inventariante, bem como a juntada aos autos de instrumento de procuração, constituem formas de aceitação tácita da herança, que, nos termos do art. 1.812 do CC/2002, é irrevogável" (RJM 189/101: AI 1.0223.07.217289-1/001).

Art. 1.813. Quando o herdeiro prejudicar os seus credores, renunciando à herança, poderão eles, com autorização do juiz, aceitá-la em nome do renunciante.[1-2] [Dispositivo correspondente no CC/1916: art. 1.586.]

§ 1º A habilitação dos credores se fará no prazo de trinta dias seguintes ao conhecimento do fato. [Sem dispositivo correspondente no CC/1916.]

§ 2º Pagas as dívidas do renunciante, prevalece a renúncia quanto ao remanescente, que será devolvido aos demais herdeiros. [Dispositivo correspondente no CC/1916: art. 1.586.]

Art. 1.813: 1. v. arts. 158 a 165 (fraude à execução).

V. tb. art. 391 e CPC 789.

Art. 1.813: 2. "O pedido de aceitação da herança realizado pelo credor do executado/renunciante, nos autos do arrolamento de bens do falecido pai deste, somente pode ser formulado até o momento imediatamente anterior ao da sentença de homologação da partilha. Após a divisão do patrimônio do *de cujus*, acolhida a renúncia por parte do executado, os bens passaram a integrar o patrimônio dos demais herdeiros. Inexistindo recurso de terceiro prejudicado e transitada em julgado a sentença que homologou a partilha, resta ao credor, se for o caso e se preenchidos os demais requisitos legais, arguir, em ação própria, a anulação da partilha homologada" (STJ-RT 893/205: 4ª T., REsp 754.468).

Capítulo V | DOS EXCLUÍDOS DA SUCESSÃO

Art. 1.814. São excluídos da sucessão[1] os herdeiros ou legatários:[2-2a] [Dispositivo correspondente no CC/1916: art. 1.595-*caput*.]

I — que houverem sido autores, coautores ou partícipes de homicídio doloso, ou tentativa deste, contra a pessoa de cuja sucessão se tratar, seu cônjuge, companheiro, ascendente ou descendente; [Dispositivo correspondente no CC/1916: art. 1.595-I.]

II — que houverem acusado caluniosamente em juízo o autor da herança[2b] ou incorrerem em crime contra a sua honra,[3] ou de seu cônjuge ou companheiro; [Dispositivo correspondente no CC/1916: art. 1.595-II.]

III — que, por violência ou meios fraudulentos, inibirem ou obstarem o autor da herança de dispor livremente de seus bens por ato de última vontade. [Dispositivo correspondente no CC/1916: art. 1.595-III.]

Art. 1.814: 1. v. tb. deserdação (arts. 1.961 a 1.965).

Art. 1.814: 2. Esse dispositivo trata da exclusão por **indignidade.**

Art. 1.814: 2a. s/ conferência de doações recebidas por aquele que foi excluído da sucessão, v. art. 2.008.

Art. 1.814: 2b. "Realçando-se o viés punitivo da deserdação, entende-se que a melhor interpretação jurídica acerca da questão consiste em compreender que o artigo 1.595, II, do Código Civil 1916 não se contenta com a acusação caluniosa em juízo qualquer, senão em **juízo criminal.** Ausente a comprovação de que as manifestações do herdeiro recorrido tenham ensejado 'investigação policial, processo judicial, instauração de investigação administrativa, inquérito civil ou ação de improbidade administrativa' (artigo 339 do Código Penal) em desfavor do testador, a improcedência da ação de deserdação é medida que se impõe" (STJ-RMDCPC 41/114: 3ª T., REsp 1.185.122).

Art. 1.814: 3. v. CP 138 a 145.

Art. 1.815. A exclusão do herdeiro ou legatário, em qualquer desses casos de indignidade, será declarada por sentença.[1] [Dispositivo correspondente no CC/1916: art. 1.596.]

Parágrafo único. O direito de demandar[2 a 4] a exclusão do herdeiro ou legatário extingue-se em quatro anos, contados da abertura da sucessão. [Dispositivo correspondente no CC/1916: art. 178 § 9º-IV.]

Art. 1.815: 1. v. art. 1.939-IV.

Art. 1.815: 2. através da ação declaratória de indignidade.

Art. 1.815: 3. **Enunciado 116 do CEJ:** "O Ministério Público, por força do art. 1.815 do novo Código Civil, tem legitimidade para propor ação visando à declaração da indignidade de herdeiro ou legatário".

Art. 1.815: 4. "Se o autor não possui herdeiros necessários que possam vir a ajuizar ação de indignidade quando este vier a falecer, nem é possível deserdar sua companheira por testamento, em razão de não ser sua herdeira necessária, a ação de indignidade por ele proposta, mesmo que em vida, apontando que a companheira não é digna de herdar, deve ser processada, diante da lacuna legislativa referente à hipótese contida nos autos" (RT 879/331: TJMS, AP 2007.026708-9/0000-00).

Art. 1.816. São pessoais os efeitos da exclusão; os descendentes do herdeiro excluído sucedem,[1] como se ele morto fosse antes da abertura da sucessão. [Dispositivo correspondente no CC/1916: art. 1.599.]

Parágrafo único. O excluído da sucessão não terá direito ao usufruto ou à administração dos bens que a seus sucessores couberem na herança, nem à sucessão eventual desses bens.[2] [Dispositivo correspondente no CC/1916: art. 1.602.]

Art. 1.816: 1. Já no caso de renúncia à herança, em regra, os descendentes do renunciante não sucedem (v. art. 1.811).

Art. 1.816: 2. v. arts. 1.689 e 1.693-IV.

Art. 1.817. São válidas as alienações onerosas de bens hereditários a terceiros de boa-fé,[1] e os atos de administração legalmente praticados pelo herdeiro, antes da sentença de exclusão; mas aos herdeiros subsiste, quando prejudicados, o direito de demandar-lhe perdas e danos.[2] [Dispositivo correspondente no CC/1916: art. 1.600.]

Parágrafo único. O excluído da sucessão é obrigado a restituir os frutos e rendimentos que dos bens da herança houver percebido, mas tem direito a ser indenizado das despesas com a conservação deles. [Dispositivo correspondente no CC/1916: art. 1.598.]

Art. 1.817: 1. v. art. 1.827 § ún.

Art. 1.817: 2. v. arts. 402 a 405.

Art. 1.818. Aquele que incorreu em atos que determinem a exclusão da herança será admitido a suceder, se o ofendido o tiver expressamente reabilitado em testamento, ou em outro ato autêntico. [Dispositivo correspondente no CC/1916: art. 1.597.]

Parágrafo único. Não havendo reabilitação expressa, o indigno, contemplado em testamento do ofendido, quando o testador, ao testar, já conhecia a causa da indignidade, pode suceder no limite da disposição testamentária. [Sem dispositivo correspondente no CC/1916.]

Capítulo VI | DA HERANÇA JACENTE[1]

CAP. VI: 1. v. CPC 738 e segs.

Art. 1.819. Falecendo alguém sem deixar testamento nem herdeiro legítimo notoriamente conhecido, os bens da herança, depois de arrecadados,[1] ficarão sob a guarda e administração de um curador,[2-3] até a sua entrega ao sucessor devidamente habilitado ou à declaração de sua vacância.[4] [Dispositivo correspondente no CC/1916: art. 1.591-*caput* e I.]

Art. 1.819: 1. v. art. 28 § 2º.

Art. 1.819: 2. s/ representação em juízo da herança jacente, v. CPC 75-VI.

Art. 1.819: 3. "Tratando-se de herança jacente, não tem aplicação a norma do CPC 985, que trata da figura do administrador provisório no inventário, mas sim a do CPC 1.143" (STJ-3ª T., AI 475.911-AgRg, Min. Ari Pargendler, j. 16.10.03, DJ 19.12.03).

Art. 1.819: 4. Os bens da herança jacente são arrecadados e confiados à guarda e administração de um curador nomeado pelo juiz. Trata-se de um estado provisório, tendo em vista que a herança jacente passa a ser vacante, se não aparecer herdeiro dentro do prazo para habilitação. V. art. 1.820.

Art. 1.820. Praticadas as diligências de arrecadação e ultimado o inventário, serão expedidos editais na forma da lei processual, e, decorrido um ano de sua primeira publicação, sem que haja herdeiro habilitado, ou penda habilitação, será a herança declarada vacante.[1-2] [Dispositivo correspondente no CC/1916: art. 1.593-*caput* § ún.]

Art. 1.820: 1. Herança vacante: CPC 743.

Art. 1.820: 2. "Antes da declaração da vacância, o bem arrecadado não passa ao domínio do ente público" (RSTJ 94/215). No mesmo sentido: RSTJ 142/216, STJ-RT 738/236, 755/201.

Art. 1.821. É assegurado aos credores o direito de pedir o pagamento das dívidas reconhecidas, nos limites das forças da herança.[1-1a] [Sem dispositivo correspondente no CC/1916.]

Art. 1.821: 1. cf. arts. 1.792 e 1.997-*caput*.

Art. 1.821: 1a. v. CPC 741 § 4º.

Art. 1.822. A declaração de vacância da herança não prejudicará os herdeiros que legalmente se habilitarem;[1] mas, decorridos cinco anos da abertura da sucessão, os bens arrecadados passarão ao domínio do Município ou do Distrito Federal, se localizados nas respectivas circunscrições, incorporando-se ao domínio da União quando situados em território federal.[2-2a] [Dispositivo correspondente no CC/1916: art. 1.594-*caput*.]

Parágrafo único. Não se habilitando até a declaração de vacância, os colaterais[3] ficarão excluídos da sucessão. [Dispositivo correspondente no CC/1916: art. 1.594 § ún.]

Art. 1.822: 1. v. CPC 743.

Art. 1.822: 2. Dec. lei 8.207, de 22.11.45: "Art. 3º Adquirindo o domínio dos bens arrecadados, a União, o Estado ou o Distrito Federal ficam obrigados a aplicá-los em fundações destinadas ao desenvolvimento do ensino universitário, e o Ministério Público respectivo velará por essa aplicação".

Art. 1.822: 2a. "Os bens jacentes são transferidos ao ente público no momento da declaração da vacância, não se aplicando, desta forma, o princípio da *saisine*" (STJ-3ª T., AI 851.228-AgRg, Min. Sidnei Beneti, j. 23.9.08, DJ 13.10.08). No mesmo sentido: STJ-4ª T., REsp 100.290, Min. Barros Monteiro, j. 14.5.02, DJU 26.8.02.

"Até a declaração de vacância a favor do Estado, corre o prazo para que o imóvel possa ser usucapido pelo particular que o detém" (STJ-4ª T., REsp 170.666, Min. Aldir Passarinho Jr., j. 14.2.06, DJU 13.3.06).

"Usucapião. Constitucional urbano. Art. 183-*caput* da CF. Alegação de não ser o imóvel suscetível de aquisição por usucapião, por ser ele bem público. Descabimento. Inaplicabilidade do princípio da *saisine*. Estado que não é herdeiro. Herança jacente que somente passa ao domínio do Poder Público após a declaração de vacância. Inocorrência no presente caso. *Animus domini* do requerente demonstrado. Sentença de procedência mantida" (JTJ 323/657: AP 224.107-4/7-00).

Art. 1.822: 3. v. art. 1.592.

Art. 1.823. Quando todos os chamados a suceder renunciarem[1] à herança, será esta desde logo declarada vacante. [Dispositivo correspondente no CC/1916: art. 1.591-II.]

Art. 1.823: 1. v. arts. 1.804 § ún., 1.806 e 1.812.

Capítulo VII | DA PETIÇÃO DE HERANÇA

Art. 1.824. O herdeiro pode, em ação de petição de herança,[1-1a] demandar o reconhecimento de seu direito sucessório, para obter a restituição da herança, ou de parte dela, contra quem, na qualidade de herdeiro, ou mesmo sem título, a possua.[2] [Sem dispositivo correspondente no CC/1916.]

Art. 1.824: 1. Súmula 149 do STF (Prescrição): "É imprescritível a ação de investigação de paternidade, mas não o é a de petição de herança".

Prescreve a ação de petição de herança em dez anos (art. 205), a contar da abertura da sucessão (art. 1.784). **Todavia:** "A teor do art. 189 do Código Civil, o termo inicial para o ajuizamento da ação de petição de herança é a data do trânsito em julgado da ação de investigação de paternidade, quando, em síntese, confirma-se a condição de herdeiro" (STJ-3ª T., REsp 1.475.759, Min. João Otávio, j. 17.5.16, DJ 20.5.16).

Art. 1.824: 1a. "A ação rescisória não é o remédio processual adequado a ser manejado pelos herdeiros que não participaram do processo de inventário, buscando atacar a partilha homologada em procedimento sem contencioso. Inteligência das regras dos arts. 1.824 e 1.825 do Código Civil de 2002" (STJ-3ª T., REsp 940.455, Min. Paulo Sanseverino, j. 17.5.11, DJ 23.5.11).

Art. 1.824: 2. v. CPC 628.

Art. 1.825. A ação de petição de herança, ainda que exercida por um só dos herdeiros, poderá compreender todos os bens hereditários. [Sem dispositivo correspondente no CC/1916.]

Art. 1.826. O possuidor da herança está obrigado à restituição dos bens do acervo, fixando-se-lhe a responsabilidade segundo a sua posse, observado o disposto nos arts. 1.214 a 1.222. [Sem dispositivo correspondente no CC/1916.]

Parágrafo único. A partir da citação, a responsabilidade do possuidor se há de aferir pelas regras concernentes à posse de má-fé e à mora.[1] [Sem dispositivo correspondente no CC/1916.]

Art. 1.826: 1. s/ posse de má-fé, v. arts. 1.216, 1.218, 1.220 e 1.222; s/ mora, v. arts. 394 a 401 e 405.

Art. 1.827. O herdeiro pode demandar os bens da herança, mesmo em poder de terceiros, sem prejuízo da responsabilidade do possuidor originário pelo valor dos bens alienados. [Sem dispositivo correspondente no CC/1916.]

Parágrafo único. São eficazes as alienações feitas, a título oneroso, pelo herdeiro aparente[1] a terceiro de boa-fé.[2] [Sem dispositivo correspondente no CC/1916.]

Art. 1.827: 1. ex. de herdeiro aparente: herdeiro excluído por indignidade ou afastado por testamento posterior; sucessor testamentário que o deixa de ser em virtude de rompimento ou anulação do testamento.

Art. 1.827: 2. cf. art. 1.817-*caput*.

Art. 1.828. O herdeiro aparente, que de boa-fé houver pago um legado,[1] não está obrigado a prestar o equivalente ao verdadeiro sucessor, ressalvado a este o direito de proceder contra quem o recebeu. [Sem dispositivo correspondente no CC/1916.]

Art. 1.828: 1. v. art. 1.934.

Título II | DA SUCESSÃO LEGÍTIMA[1]

Capítulo I | DA ORDEM DA VOCAÇÃO HEREDITÁRIA[1-2]

✎ **TÍT. II: 1.** "Sucessão legítima no novo Código Civil", por Gustavo Rene Nicolau (RDPr 21/112, RIDF 44/48).

✎ **CAP. I: 1.** "Concorrência sucessória à luz dos princípios norteadores do Código Civil de 2002", por Guilherme Calmon Nogueira da Gama (RBDF 29/11); "Concorrência sucessória e a nova ordem de vocação hereditária", por Euclides de Oliveira (RBDF 29/26); "Concorrência sucessória e conflito de leis", por Gustavo Ferraz de Campos Monaco (RBDF 29/173).

CAP. I: 2. Disposição transitória: "Art. 2.041. As disposições deste Código relativas à ordem da vocação hereditária (arts. 1.829 a 1.844) não se aplicam à sucessão aberta antes de sua vigência, prevalecendo o disposto na lei anterior (Lei n. 3.071, de 1º de janeiro de 1916)".

Art. 1.829. A sucessão legítima defere-se na ordem seguinte:[1] [Dispositivo correspondente no CC/1916: art. 1.603-*caput*.]

I — aos descendentes, em concorrência com o cônjuge sobrevivente,[2-2a] salvo se casado este com o falecido no regime da comunhão universal,[2b] ou no da separação obrigatória de bens (art. 1.640, parágrafo único);[3-3a] ou se, no regime da comunhão parcial, o autor da herança não houver deixado bens particulares;[4-5] [Dispositivo correspondente no CC/1916: art. 1.603-I.]

II — aos ascendentes, em concorrência com o cônjuge;[5a] [Dispositivo correspondente no CC/1916: art. 1.603-II.]

III — ao cônjuge sobrevivente;[5b a 6a] [Dispositivo correspondente no CC/1916: art. 1.603-III.]

IV — aos colaterais.[7] [Dispositivo correspondente no CC/1916: art. 1.603-IV.]

✎ **Art. 1.829: 1.** "A nova ordem de vocação hereditária e a sucessão dos cônjuges", por Eduardo de Oliveira Leite (RT 815/32); "Cônjuge sobrevivente, herdeiro concorrente", por Wilson J. Comel (RT 820/50); "A vocação hereditária e a concorrência do cônjuge com os descendentes ou ascendentes do falecido (art. 1.829, I, do Código Civil de 2002)", por João Agnaldo Donizeti Gandini e Cristiane Bassi Jacob (RBDF 25/9, RJ 322/56 e RT 834/11); "A herança do cônjuge sobrevivo e o novo Código Civil", por Fernanda de Souza Rabello (Ajuris 86/111); "Os direitos sucessórios do cônjuge sobrevivo", por José Carlos Teixeira Giorgis (RBDF 29/88); "Reflexões acerca do direito sucessório do cônjuge no Código Civil de 2002", por Helena de Azeredo Orselli (RIDCPC 39/110); "Os direitos sucessórios do cônjuge e do companheiro no Código Civil de 2002: uma abordagem à luz do Direito Civil Constitucional", por Ana Luiza Maia Nevares (RBDF 36/139); "A sucessão do cônjuge e do companheiro no novo Código Civil", por Inacio de Carvalho Neto (RT 803/11); "Sucessão em torno do cônjuge herdeiro: a polêmica instalada sobre o assunto", por Rogério Licastro Torres de Mello (RMDCPC 14/56); "Sucessão do cônjuge à luz da Constituição Federal", por Carlos José de Castro Costa (RBDFS 14/5).

Art. 1.829: 2. Não se deve confundir **herança** com **participação na sociedade conjugal.**

O cônjuge sobrevivente pode ser **herdeiro** do morto:

— se concorrer com descendentes deste (arts. 1.829-I e 1.832);

— se concorrer com ascendentes deste (arts. 1.829-II, 1.836 e 1.837);

— na falta de ascendentes ou descendentes do morto (arts. 1.829-III e 1.838).

Além disso, tem direito real de habitação sobre o imóvel de residência da família (art. 1.831).

Art. 1.829: 2a. Enunciado 270 do CEJ: "O art. 1.829, inc. I, só assegura ao cônjuge sobrevivente o direito de concorrência com os descendentes do autor da herança quando casados no regime da separação convencional de bens ou, se casados nos regimes da comunhão parcial ou participação final nos aquestos, o falecido possuísse bens particulares, hipóteses em que a concorrência se restringe a tais bens, devendo os bens comuns (meação) ser partilhados exclusivamente entre os descendentes".

Art. 1.829: 2b. "Quando casado no regime da comunhão universal de bens, considerando que metade do patrimônio já pertence ao cônjuge sobrevivente (meação), este não terá o direito de herança, posto que a exceção do art. 1.829, I, o exclui da condição de herdeiro concorrente com os descendentes" (STJ-3ª T., RMS 22.684, Min. Nancy Andrighi, j. 7.5.07, DJU 28.5.07).

Art. 1.829: 3. A remissão deve ser ao art. 1.641, e não ao art. 1.640 § ún.

Art. 1.829: 3a. "O cônjuge, qualquer que seja o regime de bens adotado pelo casal, é herdeiro necessário (art. 1.845 do Código Civil). **No regime de separação convencional de bens, o cônjuge sobrevivente concorre com os descendentes do falecido.** A lei afasta a concorrência apenas quanto ao regime da separação legal de bens prevista no art. 1.641 do Código Civil. Interpretação do art. 1.829, I, do Código Civil" (STJ-2ª Seção, REsp 1.382.170, Min. João Otávio, j. 22.4.15, um voto vencido, DJ 26.5.15). Em sentido semelhante: Bol. AASP 2.673 (TJSP, AI 595.009-4/1-00, bem fundamentado).

"O art. 1.829, I, do Código Civil de 2002 confere ao cônjuge casado sob a égide do regime de separação convencional a condição de herdeiro necessário, que concorre com os descendentes do falecido independentemente do período de duração do casamento, com vistas a garantir-lhe o mínimo necessário para uma sobrevivência digna. O intuito de plena comunhão de vida entre os cônjuges (art. 1.511 do Código Civil) conduziu o legislador a incluir o cônjuge sobrevivente no rol dos herdeiros necessários (art. 1.845), o que reflete irrefutável avanço do Código Civil de 2002 no campo sucessório, à luz do princípio da vedação ao retrocesso social. O pacto antenupcial celebrado no regime de separação convencional somente dispõe acerca da incomunicabilidade de bens e o seu modo de administração no curso do casamento, não produzindo efeitos após a morte por inexistir no ordenamento pátrio previsão de ultratividade do regime patrimonial apta a emprestar eficácia póstuma ao regime matrimonial. O fato gerador no direito sucessório é a morte de um dos cônjuges, e não, como cediço no direito de família, a vida em comum. As situações, porquanto distintas, não comportam tratamento homogêneo, à luz do princípio da especificidade, motivo pelo qual a intransmissibilidade patrimonial não se perpetua *post mortem*. O concurso hereditário na separação convencional impõe-se como norma de ordem pública, sendo nula qualquer convenção em sentido contrário, especialmente porque o referido regime não foi arrolado como exceção à regra da concorrência posta no art. 1.829, I, do Código Civil. O regime da separação convencional de bens escolhido livremente pelos nubentes à luz do princípio da autonomia de vontade (por meio do pacto antenupcial), não se confunde com o regime da separação legal ou obrigatória de bens, que é imposto de forma cogente pela legislação (art. 1.641 do Código Civil), e no qual efetivamente não há concorrência do cônjuge com o descendente. Aplicação da máxima de hermenêutica de que não pode o intérprete restringir onde a lei não excepcionou, sob pena de violação do dogma da separação dos Poderes (art. 2º da Constituição Federal de 1988). O novo Código Civil, ao ampliar os direitos do cônjuge sobrevivente, assegurou ao casado pela comunhão parcial cota na herança dos bens particulares, ainda que os únicos deixados pelo falecido, direito que pelas mesmas razões deve ser conferido ao casado pela separação convencional, cujo patrimônio é, inexoravelmente, composto somente por acervo particular" (STJ-3ª T., REsp 1.472.945, Min. Ricardo Cueva, j. 23.10.14, maioria, DJ 19.11.14). Esse acórdão foi mantido no julgamento dos subsequentes embargos de divergência (STJ-2ª Seção, ED no REsp 1.472.945-AgRg, Min. Antonio Ferreira, j. 24.6.15, DJ 29.6.15).

Contra: "O regime de separação obrigatória de bens, previsto no art. 1.829, inc. I, do CC/02, é gênero que congrega duas espécies: (i) separação legal; (ii) separação convencional. Uma decorre da lei e a outra da vontade das partes, e ambas obrigam os cônjuges, uma vez estipulado o regime de separação de bens, à sua observância. Não remanesce, para o cônjuge casado mediante separação de bens, direito à meação, tampouco à concorrência sucessória, respeitando-se o regime de bens estipulado, que obriga as partes na vida e na morte. Nos dois casos, portanto, o cônjuge sobrevivente não é herdeiro necessário. Entendimento em sentido diverso, suscitaria clara antinomia entre os arts. 1.829, inc. I, e 1.687, do CC/02, o que geraria uma quebra da unidade sistemática da lei codificada, e provocaria a morte do regime de separação de bens. Por isso, deve prevalecer a interpretação que conjuga e torna complementares os citados dispositivos. Se o casal firmou pacto no sentido de não ter patrimônio comum e, se não requereu a alteração do regime estipulado, não houve doação de um cônjuge ao outro durante o casamento, tampouco foi deixado testamento ou legado para o cônjuge sobrevivente, quando seria livre e lícita qualquer dessas providências, não deve o intérprete da lei alçar o cônjuge sobrevivente à condição de herdeiro necessário, concorrendo com os descendentes, sob pena de clara violação ao regime de bens pactuado. Haveria, induvidosamente, em tais situações, a alteração do regime matrimonial de bens *post mortem*, ou seja, com o fim do casamento pela morte de um dos cônjuges, seria alterado o regime de separação convencional de bens pactuado em vida, permitindo ao cônjuge sobrevivente o recebimento de bens de exclusiva propriedade do autor da herança, patrimônio ao qual recusou, quando do pacto antenupcial, por vontade própria" (STJ-3ª T., REsp 992.749, Min. Nancy Andrighi, j. 1.12.09, RDPr 42/402). Do voto da relatora: "Ao volver os olhos para o processo em análise, imprescindível auscultar a situação fática vivenciada pelo casal — declarada desde já a insuscetibilidade de seu reexame nesta via recursal: (i) não houve longa convivência, mas um casamento que durou meses, mais especificamente, 10 meses; (ii) quando desse segundo casamento, o autor da herança já havia formado todo seu patrimônio e padecia de doença incapacitante".

Também afirmando que o cônjuge sobrevivente casado pelo regime da separação convencional de bens não concorre com os descendentes: RT 864/129 e RF 391/498 (o mesmo acórdão), RMDCPC 61/147 (TJSP, AI 2053432-46.2013.8.26.0000).

✎ "Separação convencional, separação legal e separação obrigatória: reflexões a respeito da concorrência sucessória e o alcance do artigo 1.829, I, do CC — Recurso especial n. 992.749/MS", por José Fernando Simão (RBDFS 15/5).

Art. 1.829: 4. No regime de **comunhão parcial,** o cônjuge só concorrerá com os descendentes se houver **bens particulares,** e **somente quanto a esses bens,** pois quanto aos bens comuns ele já teve sua participação garantida por meio da meação. Do contrário, teriam os descendentes uma enorme desvantagem: o cônjuge receberia metade dos bens comuns na condição de cônjuge-meeiro e mais outra parte desses bens como herdeiro, restando aos descendentes uma proporção muito pequena.

"No regime da comunhão parcial de bens, o cônjuge sobrevivente não concorre com os descendentes em relação aos bens integrantes da meação do falecido. Interpretação do art. 1.829, inc. I, do Código Civil. Tendo em vista as circunstâncias da causa, restaura-se a decisão que determinou a partilha, entre o cônjuge sobrevivente e a descendente, apenas dos bens particulares do falecido" (STJ-4ª T., REsp 974.241, Min. Isabel Gallotti, j. 7.6.11, DJ 5.10.11).

Contra, incluindo na herança do cônjuge supérstite bem comum e excluindo dela bens particulares: "A melhor interpretação, portanto, é aquela que prima pela valorização da vontade das partes na escolha do regime de bens, mantendo-a intacta, assim na vida como na morte dos cônjuges. Desse modo, preserva-se o regime da comunhão parcial de bens, de acordo com o postulado da autodeterminação, ao contemplar o cônjuge sobrevivente com o direito à meação, além da concorrência hereditária sobre os bens comuns, haja ou não bens particulares, partilháveis, estes, unicamente entre os descendentes" (STJ-3ª T., REsp 1.377.084, Min. Nancy Andrighi, j. 8.10.13, RDPr 56/415; a citação é do voto da relatora).

Art. 1.829: 5. v. arts. 1.832 a 1.835.

Art. 1.829: 5a. v. arts. 1.836 e 1.837.

Art. 1.829: 5b. v. arts. 1.830, 1.831 e 1.838.

Art. 1.829: 6. "A definição da ordem de vocação hereditária é competência atribuída ao legislador, que, no novo Código Civil, erigiu o cônjuge sobrevivente à condição de herdeiro necessário, **independentemente do regime de bens** adotado no casamento. O regime de bens entre os cônjuges, contratado por meio do pacto antenupcial, extingue-se com a morte de um dos contratantes, não podendo produzir efeitos depois de extinto" (STJ-3ª T., REsp 1.501.332, Min. João Otávio, j. 23.8.16, DJ 26.8.16).

V. art. 1.845.

Art. 1.829: 6a. "Direito das sucessões. **Bem gravado com cláusula de inalienabilidade. Cônjuge que não perde a condição de herdeiro.** O art. 1.829 do Código Civil enumera os chamados a suceder e define a ordem em que a sucessão é deferida. O dispositivo preceitua que o cônjuge é também herdeiro e nessa qualidade concorre com descendentes (inciso I) e ascendentes (inciso II). Na falta de descendentes e ascendentes, o cônjuge herda sozinho (inciso III). Só no inciso IV é que são contemplados os colaterais. A cláusula de incomunicabilidade imposta a um bem não se relaciona com a vocação hereditária. Assim, se o indivíduo recebeu por doação ou testamento bem imóvel com a referida cláusula, sua morte não impede que seu herdeiro receba o mesmo bem" (STJ-4ª T., REsp 1.552.553, Min. Isabel Gallotti, j. 24.11.15, DJ 11.2.16).

V. tb. art. 1.911, nota 1d.

Art. 1.829: 7. v. arts. 1.592 a 1.594 e 1.839 a 1.843.

Art. 1.830. Somente é reconhecido direito sucessório ao cônjuge sobrevivente se, ao tempo da morte do outro, não estavam separados judicialmente, nem separados de fato há mais de dois anos, salvo prova, neste caso, de que essa convivência se tornara impossível sem culpa do sobrevivente.[1-2] [Sem dispositivo correspondente no CC/1916.]

✎ **Art. 1.830: 1.** "A concorrência sucessória e o trânsito processual: a culpa mortuária", por Rolf Madaleno (RBDF 29/144).

Art. 1.830: 2. v. art. 1.571, nota 2b **(Em. Const. 66, de 13.7.10).**

Art. 1.831. Ao cônjuge sobrevivente, qualquer que seja o regime de bens, será assegurado, sem prejuízo da participação que lhe caiba na herança, o direito real de habitação relativamente ao imóvel destinado à residência da família, desde que seja o único daquela natureza a inventariar.[1 a 4] [Dispositivo correspondente no CC/1916: art. 1.611 § 2º.]

Art. 1.831: 1. s/ direito real de habitação, v. arts. 1.414 a 1.416.

Art. 1.831: 1a. **Enunciado 117 do CEJ:** "O direito real de habitação deve ser estendido ao **companheiro**, seja por não ter sido revogada a previsão da Lei n. 9.278/96, seja em razão da interpretação analógica do art. 1.831, informado pelo art. 6º, *caput*, da Constituição Federal de 1988".

"A disciplina geral promovida pelo Código Civil acerca do regime sucessório dos companheiros não revogou as disposições constantes da Lei 9.278/96 nas questões em que verificada a compatibilidade. A legislação especial, ao conferir direito real de habitação ao companheiro sobrevivente, subsiste diante da omissão do Código Civil em disciplinar tal direito àqueles que convivem em união estável" (STJ-4ª T., REsp 1.156.744, Min. Marco Buzzi, j. 9.10.12, DJ 18.10.12).

Reconhecendo que o direito real de habitação ao companheiro subsiste mesmo com o advento do novo Código Civil: JTJ 337/37 (AI 589.196-4/4-00), RT 922/937 (TJSP, AP 0002036-90.2010.8.26.0187).

"É possível a arguição do direito real de habitação para fins exclusivamente possessórios, independentemente de seu reconhecimento anterior em ação própria declaratória de união estável. No caso, a sentença apenas veio a declarar a união estável na motivação do decisório, de forma incidental, sem repercussão na parte dispositiva e, por conseguinte, sem alcançar a coisa julgada (CPC, art. 469), mantendo aberta eventual discussão no tocante ao reconhecimento da união estável e seus efeitos decorrentes" (STJ-4ª T., REsp 1.203.144, Min. Luis Felipe, j. 27.5.14, DJ 15.8.14).

V. tb. art. 1.723, nota 1a, e Lei 9.278, de 10.5.96, art. 7º § ún.

✎ "O direito real da habitação e o usufruto nas leis concubinárias frente ao novo Código Civil", por Luciana Rezende Souza (RF 373/155); "Da inexistência do direito real de habitação em favor do companheiro sobrevivente após o advento do Código Civil de 2002", por Rogério Ribeiro Domingues (RF 395/665); "O direito real de habitação na sucessão do companheiro", por José Tadeu Neves Xavier (RDpr 59/261).

Art. 1.831: 2. **Enunciado 271 do CEJ:** "O cônjuge pode renunciar ao direito real de habitação, nos autos do inventário ou por escritura pública, sem prejuízo de sua participação na herança".

Art. 1.831: 2a. "A constituição do direito real de habitação do cônjuge supérstite emana exclusivamente da lei, sendo certo que seu reconhecimento de forma alguma repercute na definição de propriedade dos bens partilhados. Em se tratando de direito ***ex vi lege***, seu reconhecimento não precisa necessariamente dar-se por ocasião da partilha dos bens deixados pelo *de cujus*, inocorrendo, por conseguinte, ofensa à coisa julgada. Nesse quadro, a superveniente declaração do direito real de habitação dispensa prévia rescisão ou anulação da partilha, pois com ela não encerra qualquer oposição" (STJ-4ª T., REsp 1.125.901, Min. Marco Buzzi, j. 20.6.13, DJ 6.9.13).

Art. 1.831: 2b. O direito real de habitação conferido ao cônjuge sobrevivente **não exige o registro imobiliário** (STJ-4ª T., REsp 74.729, Min. Sálvio de Figueiredo, j. 9.12.97, DJU 2.3.98; STJ-RDPr 27/336: 3ª T., REsp 565.820, um voto vencido; RJTJESP 95/255).

Art. 1.831: 3. "O fato de a companheira ter adquirido **outro imóvel residencial** com o dinheiro recebido pelo seguro de vida do falecido não resulta exclusão de seu direito real de habitação referente ao imóvel em que residia com o companheiro, ao tempo da abertura da sucessão. Ademais, o imóvel em questão adquirido pela ora recorrente não faz parte dos bens a inventariar" (STJ-4ª T., REsp 1.249.227, Min. Luis Felipe, j. 17.12.13, maioria, DJ 25.3.14).

Art. 1.831: 3a. "O direito real de habitação sobre o imóvel que servia de residência do casal deve ser conferido ao cônjuge/companheiro sobrevivente não apenas quando houver descendentes comuns, mas também quando concorrerem **filhos exclusivos** do *de cujus*" (STJ-3ª T., REsp 1.134.387, Min. Sidnei Beneti, j. 16.4.13, maioria, DJ 29.5.13).

Art. 1.831: 3b. "O cônjuge sobrevivente tem direito real de habitação sobre o imóvel em que residia o casal, desde que seja o único dessa natureza e que integre o patrimônio comum ou particular do cônjuge falecido no momento da abertura da sucessão. Peculiaridade do caso, pois o cônjuge falecido já não era mais proprietário do imóvel residencial, mas mero usufrutuário, tendo sido extinto o usufruto pela sua morte. Figurando a viúva sobrevivente como mera comodatária, correta a decisão concessiva da reintegração de posse em favor dos herdeiros do falecido" (STJ-3ª T., REsp 1.273.222, Min. Paulo Sanseverino, j. 18.6.13, DJ 21.6.13).

Art. 1.831: 3c. "Não há direito real de habitação se o imóvel no qual os companheiros residiam era propriedade conjunta do falecido e de mais doze irmãos. O direito real à habitação limita os direitos de propriedade, porém, quem deve suportar tal limitação são os herdeiros do *de cujus*, e não quem já era proprietário do imóvel antes do óbito e havia permitido sua utilização a título de comodato" (STJ-4ª T., REsp 1.212.121, Min. Luis Felipe, j. 3.12.13, RT 942/328).

"Toda a matriz sociológica e constitucional que justifica a concessão do direito real de habitação ao cônjuge supérstite deixa de ter razoabilidade, em especial porque o condomínio formado pelos irmãos do falecido preexiste à abertura da sucessão, pois a copropriedade foi adquirida muito antes do óbito do marido da recorrida, e não em decorrência deste evento" (STJ-3ª T., REsp 1.184.492, Min. Nancy Andrighi, j. 1.4.14, DJ 7.4.14).

Art. 1.831: 4. O direito real de habitação não dá direito à percepção de frutos (v. art. 2.020, nota 2).

Art. 1.832. Em concorrência com os descendentes (art. 1.829, inciso I) caberá ao cônjuge quinhão igual ao dos que sucederem por cabeça, não podendo a sua quota ser inferior à quarta parte da herança, se for ascendente dos herdeiros com que concorrer.[1] [Sem dispositivo correspondente no CC/1916.]

✎ **Art. 1.832: 1.** "A concorrência sucessória do cônjuge nos casos de filiação híbrida", por Gustavo André Guimarães Medeiros (RBDFS 25/77).

Art. 1.833. Entre os descendentes, os em grau mais próximo excluem os mais remotos, salvo o direito de representação.[1] [Sem dispositivo correspondente no CC/1916.]

Art. 1.833: 1. v. arts. 1.851 a 1.856.

Art. 1.834. Os descendentes da mesma classe têm os mesmos direitos à sucessão de seus ascendentes.[1-2] [Sem dispositivo correspondente no CC/1916.]

Art. 1.834: 1. v. CF 227 § 6º.

Art. 1.834: 2. i.e., cada um dos descendentes de mesmo grau receberá parte igual à dos demais.

Art. 1.835. Na linha descendente, os filhos sucedem por cabeça, e os outros descendentes, por cabeça ou por estirpe,[1] conforme se achem ou não no mesmo grau.[1a-2] [Dispositivo correspondente no CC/1916: art. 1.604.]

Art. 1.835: 1. **Sucessão por cabeça** é aquela que envolve herdeiros de igual classe e grau.

Já a **sucessão por estirpe** ocorre nos casos em que há concorrência de herdeiros de graus diferentes dentro da mesma classe, sendo que os mais remotos são chamados por representação (arts. 1.851 e segs.). Assim, p. ex., se o *de cujus* tinha três filhos vivos e um premorto, que deixou dois filhos, estes também participarão da herança. Nesse caso, a herança será dividida em quatro partes: três delas cabendo aos filhos sobreviventes, que herdam por direito próprio, e a quarta parte cabendo aos dois netos, filhos do descendente premorto, que herdam por estirpe.

Art. 1.835: 1a. Grau: art. 1.594.

Art. 1.835: 2. v. art. 1.833.

Art. 1.836. Na falta de descendentes, são chamados à sucessão os ascendentes, em concorrência com o cônjuge sobrevivente.[1-1a] [Dispositivo correspondente no CC/1916: art. 1.606.]

§ 1º Na classe dos ascendentes, o grau mais próximo exclui o mais remoto, sem distinção de linhas.[2-3] [Dispositivo correspondente no CC/1916: art. 1.607.]

§ 2º Havendo igualdade em grau e diversidade em linha, os ascendentes da linha paterna herdam a metade, cabendo a outra aos da linha materna.[4] [Dispositivo correspondente no CC/1916: art. 1.608.]

Art. 1.836: 1. cf. art. 1.829-II.

V. tb. arts. 1.830 e 1.837.

Art. 1.836: 1a. "Em nenhum momento o legislador condicionou a concorrência entre ascendentes e cônjuge supérstite ao **regime de bens** adotado no casamento. Com a dissolução da sociedade conjugal operada pela morte de um dos cônjuges, o sobrevivente terá direito, além do seu quinhão na herança do *de cujus*, conforme o caso, à sua meação, agora sim regulado pelo regime de bens adotado no casamento" (STJ-3ª T., REsp 954.567, Min. Massami Uyeda, j. 10.5.11, DJ 18.5.11).

Art. 1.836: 2. v. art. 1.852.

Art. 1.836: 3. Isso significa que a existência, p. ex., de avó paterna exclui a possibilidade de serem chamados a suceder, concomitantemente, os bisavós pela linha materna.

Art. 1.836: 4. Assim, p. ex., deixando o *de cujus*, pela linha paterna, somente o avô, e pela materna, avô e avó, caberá ao primeiro 50% da herança, ao avô materno 25% e à avó os restantes 25% da herança do neto.

Art. 1.837. Concorrendo com ascendente em primeiro grau, ao cônjuge tocará um terço da herança; caber-lhe-á a metade desta se houver um só ascendente, ou se maior for aquele grau.[1] [Sem dispositivo correspondente no CC/1916.]

Art. 1.837: 1. i. e., se concorrer com o pai e a mãe do falecido, o cônjuge terá direito a um terço; se concorrer com um só dos pais do falecido ou com seus avós ou bisavós, terá direito à metade da herança.

Art. 1.838. Em falta de descendentes e ascendentes, será deferida a sucessão por inteiro ao cônjuge sobrevivente.[1] [Dispositivo correspondente no CC/1916: art. 1.611-*caput*.]

Art. 1.838: 1. cf. art. 1.829-III.

V., porém, art. 1.830.

Art. 1.839. Se não houver cônjuge sobrevivente, nas condições estabelecidas no art. 1.830, serão chamados a suceder os colaterais até o quarto grau.[1] [Dispositivo correspondente no CC/1916: art. 1.612.]

Art. 1.839: 1. cf. art. 1.829-IV.

V. tb. arts. 1.592 e 1.840 a 1.842.

Art. 1.840. Na classe dos colaterais,[1-1a] os mais próximos excluem os mais remotos,[1b] salvo o direito de representação concedido aos filhos de irmãos.[2 a 3] [Dispositivo correspondente no CC/1916: art. 1.613.]

Art. 1.840: 1. v. arts. 1.592 e 1.594.

Art. 1.840: 1a. Para excluir os colaterais, v. art. 1.850.

Art. 1.840: 1b. Tanto os tios do autor da herança quantos os sobrinhos deste são seus colaterais de 3º grau. Não obstante, havendo concorrência entre eles, o Código Civil optou por dar preferência aos sobrinhos, filhos de irmãos falecidos, em detrimento dos tios (art. 1.843). Trata-se portanto de exceção à regra da igualdade entre herdeiros de mesmo grau.

Art. 1.840: 2. v. art. 1.853.

Art. 1.840: 2a. "Na classe colateral, apenas os sobrinhos herdam por representação, sendo que, nas demais situações, aqueles que se encontrarem em grau de parentesco mais próximo herdarão, excluindo o direito de representação dos mais distantes. Os parentes colaterais de 4º grau só são chamados a suceder por direito próprio, mas não por representação, ou seja, só herdam se o falecido não tiver deixado nenhum colateral de 3º grau" (STJ-4ª T., REsp 950.301-AgRg, Min. João Otávio, j. 22.6.10, DJ 1.7.10; caso em que a prima do *de cujus* foi excluída da sucessão, por não concorrer com os tios deste).

Art. 1.840: 2b. "Inventário. Exclusão de colateral. Sobrinha-neta. Existência de outros herdeiros colaterais de grau mais próximo. Herança por representação de sobrinho premorto. Impossibilidade" (STJ-RT 915/429 e RMDCPC 45/109: 3ª T., REsp 1.064.363). Do voto da relatora: "Na hipótese, os dois irmãos da falecida são premortos, tendo, portanto, sido chamados a suceder, por cabeça, nos termos do referido art. 1.617 do Código Civil (*art. 1.843 do Código Civil de 2002*), os seus sobrinhos, na condição de colaterais de terceiro grau. O pai da recorrente era sobrinho da falecida. Todavia, ele já havia falecido e o direito de representação, na sucessão colateral, por expressa disposição legal, está limitado aos filhos dos irmãos, não se estendendo aos sobrinhos-netos, como é o caso da recorrente".

Art. 1.840: 3. "Tratando a hipótese de sucessão transversal, em que não há concorrência entre tios do falecido e sobrinhos filhos de irmãos deste, mas sim, entre os tios (3º grau) e sobrinhos-netos

(4º grau), os tios preferem aos sobrinhos, herdando por cabeça, prevalecendo a regra do art. 1.840, de que o grau mais próximo exclui o mais remoto" (RJTJERGS 257/205).

Art. 1.841. Concorrendo à herança do falecido irmãos bilaterais com irmãos unilaterais, cada um destes herdará metade do que cada um daqueles herdar.[1-2] [Dispositivo correspondente no CC/1916: art. 1.614.]

Art. 1.841: 1. v., simetricamente, art. 1.843 § 2º.

Art. 1.841: 2. "A constitucional discriminação entre irmãos germanos e unilaterais na sucessão dos colaterais", por Inacio de Carvalho Neto (Ajuris 84/133).

Art. 1.842. Não concorrendo à herança irmão bilateral, herdarão, em partes iguais, os unilaterais.[1] [Dispositivo correspondente no CC/1916: art. 1.616.]

Art. 1.842: 1. v., simetricamente, art. 1.843 § 3º.

Art. 1.843. Na falta de irmãos, herdarão os filhos destes e, não os havendo, os tios.[1] [Dispositivo correspondente no CC/1916: art. 1.617-*caput*.]

§ 1º Se concorrerem à herança somente filhos de irmãos falecidos, herdarão por cabeça. [Dispositivo correspondente no CC/1916: art. 1.617 § 1º.]

§ 2º Se concorrem filhos de irmãos bilaterais com filhos de irmãos unilaterais, cada um destes herdará a metade do que herdar cada um daqueles.[2] [Dispositivo correspondente no CC/1916: art. 1.617 § 2º.]

§ 3º Se todos forem filhos de irmãos bilaterais, ou todos de irmãos unilaterais, herdarão por igual.[3] [Dispositivo correspondente no CC/1916: art. 1.617 § 3º.]

Art. 1.843: 1. s/ direito de representação na linha transversal, v. art. 1.853. V. ainda art. 1.840, nota 1b.

Art. 1.843: 2. v., simetricamente, art. 1.841.

Art. 1.843: 3. v., simetricamente, art. 1.842.

Art. 1.844. Não sobrevivendo cônjuge, ou companheiro, nem parente algum sucessível, ou tendo eles renunciado a herança, esta se devolve ao Município ou ao Distrito Federal, se localizada nas respectivas circunscrições, ou à União, quando situada em território federal.[1] [Dispositivo correspondente no CC/1916: art. 1.619.]

Art. 1.844: 1. v. art. 1.822.

Capítulo II | DOS HERDEIROS NECESSÁRIOS

Art. 1.845. São herdeiros necessários os descendentes, os ascendentes e o cônjuge.[1] [Sem dispositivo correspondente no CC/1916.]

Art. 1.845: 1. v. art. 1.829-I a III. S/ relações de parentesco, v. arts. 1.591 a 1.595.

Art. 1.846. Pertence[1] aos herdeiros necessários, de pleno direito, a metade dos bens da herança, constituindo a legítima.[2-3] [Dispositivo correspondente no CC/1916: art. 1.721.]

Art. 1.846: 1. v., porém, arts. 1.814 e 1.961.

✎ **Art. 1.846: 2.** "O princípio da intangibilidade da legítima", por Rodrigo Santos Neves (RJ 375/61).

Art. 1.846: 3. v. arts. 1.789, 1.857 § 1º e 2.018.

Art. 1.847. Calcula-se a legítima sobre o valor dos bens existentes na abertura da sucessão, abatidas as dívidas e as despesas do funeral, adicionando-se, em seguida, o valor dos bens sujeitos a colação.[1] [Dispositivo correspondente no CC/1916: art. 1.722.]

Art. 1.847: 1. v. art. 1.789. S/ colação, v. arts. 2.002 a 2.012.

Art. 1.848. Salvo se houver justa causa, declarada no testamento, não pode o testador estabelecer cláusula de inalienabilidade, impenhorabilidade, e de incomunicabilidade, sobre os bens da legítima.[1 a 1b] [Dispositivo correspondente no CC/1916: art. 1.723.]

§ 1º Não é permitido ao testador estabelecer a conversão dos bens da legítima em outros de espécie diversa. [Dispositivo correspondente no CC/1916: art. 1.723.]

§ 2º Mediante autorização judicial e havendo justa causa, podem ser alienados os bens gravados,[2] convertendo-se o produto em outros bens, que ficarão sub-rogados nos ônus dos primeiros. [Sem dispositivo correspondente no CC/1916.]

Art. 1.848: 1. Disposição transitória: "Art. 2.042. Aplica-se o disposto no *caput* do art. 1.848, quando aberta a sucessão no prazo de um ano após a entrada em vigor deste Código, ainda que o testamento tenha sido feito na vigência do anterior, Lei n. 3.071, de 1º de janeiro de 1916; se, no prazo, o testador não aditar o testamento para declarar a justa causa de cláusula aposta à legítima, não subsistirá a restrição".

Art. 1.848: 1a. "Embora o autor da herança tenha deixado testamento público no qual fez inserir, como disposição única, que todos os bens imóveis deixados aos seus filhos deveriam ser gravados com cláusula de incomunicabilidade, com a vigência do CC de 2002 passou-se a exigir a indicação de justa causa para que a restrição tivesse eficácia, tendo sido concedido o prazo de 1 ano após a entrada em vigor do Código, para que fosse feito o aditamento (CC, art. 1.848 c/c 2.042), o que não foi observado, no caso, pelo testador" (STJ-3ª T., REsp 1.207.103, Min. Marco Bellizze, j. 2.12.14, DJ 11.12.14).

Art. 1.848: 1b. "Não podem se tornar incongruentes as regras do Direito de Família e do Direito Sucessório, mas se imbricar, quando cuidem de tratos comuns. As normas sobre a incomunicabilidade de bens transitam um e outro Direito, sem confronto, mas o mesmo não ocorre quando se cogite dos **frutos** do patrimônio, cuja incomunicabilidade é vedada no cânone matrimonial, sem que no Direito Hereditário se permita ou proíba sua clausulação. Numa interpretação sistemática, frente à existência de uma única disposição, e proibitiva no âmbito da família, não se admite possa estender a incomunicabilidade também aos frutos, pois isso acarretaria uma violação da única regra existente, fragilizando a leitura coerente do sistema civil. É impositiva a conclusão, desta forma, que não se podem clausular os frutos" (RJTJERGS 248/268).

Art. 1.848: 2. Dec. lei 6.777, de 8.8.44 — Dispõe sobre a sub-rogação de imóveis gravados ou inalienáveis (RT 152/337, Lex 1944/283, RF 100/197):

"Art. 1º Na sub-rogação de imóveis gravados ou inalienáveis, estes serão sempre substituídos por outros imóveis ou apólices da dívida pública.

"Art. 2º Se requerida a sub-rogação mediante permuta por apólices da dívida pública, o juiz mandará vender o imóvel em hasta pública, ressalvando ao interessado o direito de conservá-lo livre, desde que, antes de assinado o auto de arrematação, ofereça, em substituição, apólices de valor igual ou superior ao do maior lanço acima da avaliação, ou ao desta, na falta de licitante".

S/ o assunto, v. art. 1.911 § ún.; CPC 725-II.

Art. 1.849. O herdeiro necessário, a quem o testador deixar a sua parte disponível, ou algum legado, não perderá o direito à legítima.[1] [Dispositivo correspondente no CC/1916: art. 1.724.]

Art. 1.849: 1. v. art. 1.789.

Art. 1.850. Para excluir da sucessão os herdeiros colaterais, basta que o testador disponha de seu patrimônio sem os contemplar.[1] [Dispositivo correspondente no CC/1916: art. 1.725.]

Art. 1.850: 1. Isso porque os parentes colaterais não fazem parte do rol de herdeiros necessários (cf. art. 1.845). E, caso não haja herdeiros necessários, inexistirá legítima (art. 1.846), podendo o testador dispor de todo o seu patrimônio em favor de quem ele quiser (cf. art. 1.789).

Capítulo III | DO DIREITO DE REPRESENTAÇÃO

Art. 1.851. Dá-se o direito de representação, quando a lei chama certos parentes do falecido a suceder em todos os direitos, em que ele sucederia, se vivo fosse.[1] [Dispositivo correspondente no CC/1916: art. 1.620.]

Art. 1.851: 1. Exercendo o direito de representação, o parente do autor da herança concorre **por estirpe** (v. art. 1.835, nota 1).

Art. 1.852. O direito de representação dá-se na linha reta descendente,[1] mas nunca na ascendente.[2] [Dispositivo correspondente no CC/1916: art. 1.621.]

Art. 1.852: 1. v. art. 1.833.

Art. 1.852: 2. Por isso, o ascendente só pode herdar por direito próprio. V. art. 1.836 §§ 1º e 2º, notas 3 e 4.

Art. 1.853. Na linha transversal,[1] somente se dá o direito de representação em favor dos filhos de irmãos do falecido, quando com irmãos deste concorrerem.[2] [Dispositivo correspondente no CC/1916: art. 1.622.]

Art. 1.853: 1. v. art. 1.592.

Art. 1.853: 2. v. art. 1.840.

Art. 1.854. Os representantes só podem herdar, como tais, o que herdaria o representado, se vivo fosse.[1] [Dispositivo correspondente no CC/1916: art. 1.623.]

Art. 1.854: 1. cf. art. 1.851.

Art. 1.855. O quinhão do representado partir-se-á por igual entre os representantes. [Dispositivo correspondente no CC/1916: art. 1.624.]

Art. 1.856. O renunciante à herança de uma pessoa poderá representá-la na sucessão de outra.[1] [Dispositivo correspondente no CC/1916: art. 1.625.]

Art. 1.856: 1. s/ renúncia e representação, v. tb. art. 1.811.

Título III | DA SUCESSÃO TESTAMENTÁRIA[1 a 2a]

Capítulo I | DO TESTAMENTO EM GERAL

✎ **TÍT. III: 1.** "Propriedade e herança: o testamento por meios eletrônicos e a relação com os direitos da personalidade do testador", por Jorge José Lawand (RF 405/257).

TÍT. III: 2. v. CPC 735 a 737.

TÍT. III: 2a. Enquanto o testador ainda estiver vivo, seu testamento não pode ser considerado ato jurídico perfeito. Por conta disso, lei superveniente à elaboração do testamento é apta a modificar as disposições que regulam esse instituto. V. art. 2.042.

Art. 1.857. Toda pessoa capaz[1] pode dispor, por testamento,[1a] da totalidade dos seus bens, ou de parte deles, para depois de sua morte. [Dispositivo correspondente no CC/1916: art. 1.626.]

§ 1º A legítima dos herdeiros necessários não poderá ser incluída no testamento.[2] [Sem dispositivo correspondente no CC/1916.]

§ 2º São válidas as disposições testamentárias de caráter não patrimonial,[3] ainda que o testador somente a elas se tenha limitado. [Sem dispositivo correspondente no CC/1916.]

Art. 1.857: 1. v. arts. 1.860 e 1.861.

Art. 1.857: 1a. "Constatada em perícia judicial a falsidade 'grosseira' da assinatura da testadora, o Magistrado pode reconhecê-la, independentemente de prévio pleito das partes, visto tratar-se de matéria de ordem pública" (STJ-4ª T., REsp 594.112, Min. Massami Uyeda, j. 3.4.08, DJU 16.6.08).

Art. 1.857: 2. v. arts. 1.845 a 1.848. S/ testamento e legislação superveniente em matéria de herdeiro necessário, v. art. 1.787, nota 3.

Art. 1.857: 3. v. arts. 1.609-III, 1.729 § ún. e 1.881.

Art. 1.858. O testamento é ato personalíssimo, podendo ser mudado a qualquer tempo.[1-2] [Dispositivo correspondente no CC/1916: art. 1.626.]

Art. 1.858: 1. s/ revogação do testamento, v. arts. 1.969 a 1.972.

Art. 1.858: 2. O reconhecimento de filho, feito em testamento, é irrevogável (arts. 1.609-III e 1.610).

Art. 1.859. Extingue-se em cinco anos o direito de impugnar a validade do testamento, contado o prazo da data do seu registro.[1] [Sem dispositivo correspondente no CC/1916.]

Art. 1.859: 1. v. arts. 1.900, 1.903 e 1.909.

Capítulo II | DA CAPACIDADE DE TESTAR

Art. 1.860. Além dos incapazes,[1] não podem testar os que, no ato de fazê-lo, não tiverem pleno discernimento.[2 a 3] [Dispositivo correspondente no CC/1916: art. 1.627-III.]

Parágrafo único. Podem testar os maiores de dezesseis anos. [Sem dispositivo correspondente no CC/1916.]

Art. 1.860: 1. A lei exige pleno discernimento da pessoa para testar e não prevê que ela possa se valer da assistência para praticar esse ato, tendo em vista seu caráter personalíssimo. Sendo assim, em regra, além dos absolutamente incapazes (art. 3º), também os relativamente incapazes (art. 4º) não podem testar, ressalvado o caso dos maiores de 16 e menores de 18 anos (v. § ún.).

Art. 1.860: 2. "Anulação de testamento. Testador que era detentor de mal de Hodgkin. Hipótese, entretanto, de ausência de comprometimento da saúde mental. Existência de provas da conservação da lucidez do testador até os últimos momentos da sua vida" (RT 887/230: TJSP, AP 333.342.4/0).

Art. 1.860: 2a. "Só a dificuldade de falar, a afasia, não induz ausência de juízo perfeito para testar. Ausência de comprovação da incapacidade mental ou falta de lucidez do finado para testar. Exigência de prova cabal de que o finado, quando da lavratura do testamento, não tivesse plena capacidade de discernimento de seus atos. Incabível a anulação. Testemunhas instrumentárias do testamento público, que disseram que o finado estava entendendo bem. Mera suspeita de incapacidade em virtude do AVC, do finado. Prova que era ônus dos autores" (JTJ 342/401: AP 429.976-4/6-00).

Art. 1.860: 3. "Testamento. Anulação. Testador psicopata esquizofrênico. Incapacidade mental reconhecida pelo órgão previdenciário, sem revisão superveniente, mais de vinte anos antes do ato. Prova oral convergente. Sentença de procedência" (JTJ 318/339: AP 490.569.4/0-00).

Art. 1.861. A incapacidade superveniente do testador não invalida o testamento, nem o testamento do incapaz se valida com a superveniência da capacidade.[1] [Dispositivo correspondente no CC/1916: art. 1.628.]

Art. 1.861: 1. Isso significa que a capacidade testamentária ativa deve existir no momento de elaboração do testamento.

Capítulo III | DAS FORMAS ORDINÁRIAS DO TESTAMENTO

Seção I | DISPOSIÇÕES GERAIS

Art. 1.862. São testamentos ordinários:[1] [Dispositivo correspondente no CC/1916: art. 1.629-*caput*.]

I — o público;[1a] [Dispositivo correspondente no CC/1916: art. 1.629-I.]

II — o cerrado;[2] [Dispositivo correspondente no CC/1916: art. 1.629-II.]

III — o particular.[3] [Dispositivo correspondente no CC/1916: art. 1.629-III.]

Art. 1.862: 1. s/ testamentos especiais, v. arts. 1.886 a 1.896.

Art. 1.862: 1a. v. arts. 1.864 a 1.867.

Art. 1.862: 2. v. arts. 1.868 a 1.875.

Art. 1.862: 3. v. arts. 1.876 a 1.880.

Art. 1.863. É proibido o testamento conjuntivo,[1] seja simultâneo, recíproco ou correspectivo.[2-3] [Dispositivo correspondente no CC/1916: art. 1.630.]

Art. 1.863: 1. i. e., o testamento realizado por mais de uma pessoa, dispondo sobre seus patrimônios em um mesmo instrumento.

Art. 1.863: 2. **Simultâneo** é o testamento em que dois ou mais testadores beneficiam terceiro. **Recíproco** é o testamento em que dois ou mais testadores se beneficiam mutuamente. **Correspectivo** é o testamento em que dois ou mais testadores fazem disposições que retribuem outras correspondentes.

Art. 1.863: 3. O Código Civil "veda o testamento conjuntivo, em que há, no mesmo ato, a participação de mais alguém além do testador, a indicar que o ato, necessariamente unilateral na sua realização, assim não o foi, pela presença direta de outro testador, a descaracterizá-lo com o vício da nulidade. Não se configurando, na espécie, a última hipótese, já que o testamento do *de cujus*, deixando suas cotas para sua ex-sócia e concubina, e o outro por ela feito, constituíram atos distintos, em que cada um compareceu individualmente para expressar seu desejo sucessório" (STJ-RT 787/189: 4ª T., REsp 88.388).

"Não ocorreu, no caso, testamento conjuntivo, *uno contextu*, ou de mão comum, mas foram feitos dois testamentos em separado, relativamente aos quais o tabelião, com sua fé, certificou, sem qualquer elemento de prova em contrário, a plena capacidade dos testadores e a livre manifestação de sua vontade. O fato de marido e mulher fazerem, cada qual, o seu testamento, na mesma data, local e perante as mesmas testemunhas e tabelião, legando um ao outro a respectiva parte disponível, não importa em se tolherem, mutuamente, a liberdade, desde que o façam em testamentos distintos: cada um conserva a liberdade de revogar ou modificar o seu testamento" (STF-1ª T., RE 93.603, Min. Néri da Silveira, j. 31.5.94, maioria, DJ 4.8.95).

Seção II | DO TESTAMENTO PÚBLICO

Art. 1.864. São requisitos essenciais do testamento público:[1] [Dispositivo correspondente no CC/1916: art. 1.632-*caput*.]

I — ser escrito por tabelião ou por seu substituto legal em seu livro de notas, de acordo com as declarações do testador, podendo este servir-se de minuta, notas ou apontamentos; [Dispositivo correspondente no CC/1916: art. 1.632-I.]

II — lavrado o instrumento, ser lido[1a] em voz alta pelo tabelião ao testador e a duas testemunhas,[2 a 2b] a um só tempo; ou pelo testador, se o quiser, na presença destas e do oficial; [Dispositivo correspondente no CC/1916: art. 1.632-III.]

III — ser o instrumento, em seguida à leitura, assinado pelo testador,[3] pelas testemunhas e pelo tabelião.[4] [Dispositivo correspondente no CC/1916: art. 1.632-IV.]

Parágrafo único. O testamento público pode ser escrito manualmente ou mecanicamente, bem como ser feito pela inserção da declaração de vontade em partes impressas de livro de notas, desde que rubricadas todas as páginas pelo testador, se mais de uma. [Sem dispositivo correspondente no CC/1916.]

Art. 1.864: 1. O testamento público pode ser lavrado fora das dependências do tabelionato, sem que isso afete a sua validade (RT 870/211). Mas, nesse caso, é requisito de validade do testamento que ele tenha sido lavrado por tabelião atuante no município da sua lavratura (RJ-Lex 59/233: TJAL, AP 2011.003823-0; no caso, anulou-se testamento lavrado em Maceió por tabelião de Coruripe).

V. Lei 8.935, de 18.11.94, arts. 8º e 9º.

Art. 1.864: 1a. v. art. 1.866.

Art. 1.864: 2. v. art. 228.

Art. 1.864: 2a. **"Art. 1.801.** Não podem ser nomeados herdeiros nem legatários: ... **II** — as testemunhas do testamento".

Art. 1.864: 2b. "Nos termos do art. 228, IV e V, do Código Civil vigente (CC/16, art. 1.650), não podem ser admitidos como testemunhas o interessado no litígio, o amigo íntimo ou o inimigo capital das partes, bem como os cônjuges, os ascendentes, os descendentes e os colaterais, até o terceiro grau de alguma das partes, por consanguinidade, ou afinidade. *In casu*, houve violação dos referidos dispositivos legais, na medida em que o testamento público teve como testemunhas um amigo íntimo e a nora da única beneficiária da disposição de última vontade" (STJ-4ª T., REsp 1.155.641, Min. Raul Araújo, j. 13.12.11, DJ 28.9.12).

Art. 1.864: 3. v. art. 1.865.

Art. 1.864: 4. "A vontade manifestada pelo autor do testamento de dispor sobre os bens disponíveis da herança, em detrimento da filha reconhecida *a posteriori* — intuito sobre o qual, como visto, nem mesmo a recorrente controverte —, restou substancialmente demonstrada, cuja verificação deu-se, de modo uníssono, pelas instâncias ordinárias com esteio nos elementos de prova reunidos nos autos. Segundo apurado, o testador, contando com oitenta e oito anos à época da efetuação do testamento, justamente para prevenir posterior e infundada alegação de incapacidade, apresentou laudos médicos que atestavam sua plena sanidade mental. É dizer, o testador, por sua própria iniciativa, deixou comprovado, por ocasião da confecção do documento, que a manifestação acerca da destinação de seus bens, na parte disponível da herança, expressada no testamento público por ele subscrito, representava, de modo livre e consciente, verdadeiramente a sua última vontade. O proceder adotado pelo testador revelou inequívoca preocupação em assegurar que as disposições de última vontade insertas em seu testamento fossem efetivamente observadas. Não há na lei de regência qualquer limitação (máxima) de idade para testar, tampouco exigência de que o autor do testamento comprove sua capacidade para o ato. Não obstante, o testador assim acautelou-se. Há que se pontuar, ainda, não remanescer qualquer dúvida, a considerar o laudo pericial conclusivo, acolhido pelas instâncias precedentes, de que o autor do testamento efetivamente apôs sua assinatura no documento, por ocasião de sua lavratura. Aliás, a própria adoção da forma pública do testamento revela a intenção do testador de valer-se da segurança e seriedade a ela inerente. Todas essas circunstâncias, de fato, deixaram evidenciada a congruência entre o disposto no testamento e o real propósito de seu autor. Em que pese a existência de vício de forma (testemunhas instrumentárias, funcionários do cartório, que não presenciaram a lavratura do testamento, apondo as respectivas assinaturas posteriormente), a confirmar a reiterada atuação antijurídica da Tabeliã, a quem incumbia, imediatamente, zelar pela observância dos requisitos formais, inviável, na hipótese dos autos, frustrar a manifestação de última vontade encerrada no testamento público, quando esta, a partir dos elementos de prova reunidos nos autos, refletiu, indene de dúvidas, a real intenção de seu autor" (STJ-3ª T., REsp 1.419.726, Min. Marco Bellizze, j. 9.12.14, DJ 16.12.14).

Art. 1.865. Se o testador não souber, ou não puder assinar, o tabelião ou seu substituto legal assim o declarará, assinando, neste caso, pelo testador, e, a seu rogo, uma das testemunhas instrumentárias.[1-2] [Dispositivo correspondente no CC/1916: art. 1.633.]

Art. 1.865: 1. v. art. 1.864-III.

Art. 1.865: 2. Mas "não podem ser nomeados herdeiros nem legatários a pessoa que, a rogo, escreveu o testamento, nem o seu cônjuge ou companheiro, ou os seus ascendentes e irmãos" (art. 1.801-I).

Art. 1.866. O indivíduo inteiramente surdo, sabendo ler, lerá o seu testamento, e, se não o souber, designará quem o leia em seu lugar, presentes as testemunhas. [Dispositivo correspondente no CC/1916: art. 1.636.]

Art. 1.867. Ao cego só se permite o testamento público, que lhe será lido, em voz alta, duas vezes, uma pelo tabelião ou por seu substituto legal, e a outra por uma das testemunhas, designada pelo testador, fazendo-se de tudo circunstanciada menção no testamento. [Dispositivo correspondente no CC/1916: art. 1.637.]

Seção III | DO TESTAMENTO CERRADO

Art. 1.868. O testamento escrito pelo testador, ou por outra pessoa, a seu rogo,[1] e por aquele assinado, será válido se aprovado pelo tabelião ou seu substituto legal, observadas as seguintes formalidades: [Dispositivo correspondente no CC/1916: art. 1.638-I e II.]

I — que o testador o entregue ao tabelião em presença de duas testemunhas;[2-2a] [Dispositivo correspondente no CC/1916: art. 1.638-IV.]

II — que o testador declare que aquele é o seu testamento e quer que seja aprovado; [Dispositivo correspondente no CC/1916: art. 1.638-V.]

III — que o tabelião lavre, desde logo, o auto de aprovação, na presença de duas testemunhas, e o leia, em seguida, ao testador e testemunhas; [Dispositivo correspondente no CC/1916: art. 1.638-VI.]

IV — que o auto de aprovação seja assinado pelo tabelião, pelas testemunhas e pelo testador. [Dispositivo correspondente no CC/1916: art. 1.638-IX.]

Parágrafo único. O testamento cerrado pode ser escrito mecanicamente, desde que seu subscritor numere e autentique, com a sua assinatura, todas as páginas. [Sem dispositivo correspondente no CC/1916.]

Art. 1.868: 1. v. art. 1.801-I.

Art. 1.868: 2. v. art. 228.

Art. 1.868: 2a. **"Art. 1.801.** Não podem ser nomeados herdeiros nem legatários: ... **II** — as testemunhas do testamento".

Art. 1.869. O tabelião deve começar o auto de aprovação imediatamente depois da última palavra do testador, declarando, sob sua fé, que o testador lhe entregou para ser aprovado na presença das testemunhas; passando a cerrar e coser o instrumento aprovado.[1] [Dispositivo correspondente no CC/1916: art. 1.638-VII e XI.]

Parágrafo único. Se não houver espaço na última folha do testamento, para início da aprovação, o tabelião aporá nele o seu sinal público, mencionando a circunstância no auto. [Dispositivo correspondente no CC/1916: art. 1.638-VIII.]

Art. 1.869: 1. Revogação: art. 1.972.

Art. 1.870. Se o tabelião tiver escrito o testamento a rogo do testador, poderá, não obstante, aprová-lo. [Dispositivo correspondente no CC/1916: art. 1.639.]

Art. 1.871. O testamento pode ser escrito em língua nacional ou estrangeira, pelo próprio testador, ou por outrem, a seu rogo.[1] [Dispositivo correspondente no CC/1916: art. 1.640.]

Art. 1.871: 1. cf. art. 1.868-*caput*.

Art. 1.872. Não pode dispor de seus bens em testamento cerrado quem não saiba ou não possa[1] ler. [Dispositivo correspondente no CC/1916: art. 1.641.]

Art. 1.872: 1. O cego só pode dispor em testamento público, cf. art. 1.867.

Art. 1.873. Pode fazer testamento cerrado o surdo-mudo, contanto que o escreva todo, e o assine de sua mão, e que, ao entregá-lo ao oficial público, ante as duas testemunhas, escreva, na face externa do papel ou do envoltório, que aquele é o seu testamento, cuja aprovação lhe pede. [Dispositivo correspondente no CC/1916: art. 1.642.]

Art. 1.874. Depois de aprovado e cerrado, será o testamento entregue ao testador, e o tabelião lançará, no seu livro, nota do lugar, dia, mês e ano em que o testamento foi aprovado e entregue. [Dispositivo correspondente no CC/1916: art. 1.643.]

Art. 1.875. Falecido o testador, o testamento será apresentado ao juiz, que o abrirá e o fará registrar, ordenando seja cumprido, se não achar vício externo que o torne eivado de nulidade ou suspeito de falsidade.[1] [Dispositivo correspondente no CC/1916: art. 1.644.]

Art. 1.875: 1. v. art. 1.972 e CPC 735.

Seção IV | DO TESTAMENTO PARTICULAR[1]

SEÇ. IV: 1. "O testamento particular no Código Civil de 2002", por Sílvio de Salvo Venosa (RMDCPC 11/46).

Art. 1.876. O testamento particular pode ser escrito de próprio punho ou mediante processo mecânico.[1] [Dispositivo correspondente no CC/1916: art. 1.645.]

§ 1º Se escrito de próprio punho, são requisitos essenciais à sua validade seja lido[1a] e assinado por quem o escreveu,[1b] na presença de pelo menos três testemunhas,[2-2a] que o devem subscrever. [Dispositivo correspondente no CC/1916: art. 1.645-II e III.]

§ 2º Se elaborado por processo mecânico, não pode conter rasuras ou espaços em branco, devendo ser assinado pelo testador, depois de o ter lido na presença de pelo menos três testemunhas, que o subscreverão.[3] [Sem dispositivo correspondente no CC/1916.]

Art. 1.876: 1. s/ testamento escrito em língua estrangeira, v. art. 1.880.

Art. 1.876: 1a. "Não há falar em nulidade do ato de disposição de última vontade (testamento particular), apontando-se preterição de formalidade essencial (leitura do testamento perante as três testemunhas), quando as provas dos autos confirmam, de forma inequívoca, que o documento foi firmado pelo próprio testador, por livre e espontânea vontade, e por três testemunhas idôneas, não pairando qualquer dúvida quanto à capacidade mental do *de cujus*, no momento do ato. O rigor formal deve ceder ante a necessidade de se atender à finalidade do ato, regularmente praticado pelo testador" (STJ-3ª T., REsp 828.616, Min. Castro Filho, j. 5.9.06, DJU 23.10.06).

Art. 1.876: 1b. "A jurisprudência desta Corte tem flexibilizado as formalidades prescritas em lei no tocante às testemunhas do testamento particular quando o documento tiver sido escrito e assinado pelo testador e as demais circunstâncias dos autos indicarem que o ato reflete a vontade do testador. No caso dos autos, o testamento é **apócrifo,** não sendo, portanto, possível concluir, de modo seguro, que o testamento redigido de próprio punho exprime a real vontade do testador" (STJ-3ª T., REsp 1.444.867, Min. Ricardo Cueva, j. 23.9.14, maioria, DJ 31.10.14).

Art. 1.876: 2. v. art. 228.

Art. 1.876: 2a. **"Art. 1.801.** Não podem ser nomeados herdeiros nem legatários: ... **II** — as testemunhas do testamento".

Art. 1.876: 3. "Testamento particular datilografado. Ausência de leitura e de assinaturas da testadora e de testemunhas nas duas primeiras laudas do instrumento. Recurso a que se dá provimento para anular a escritura" (RBDFS 1/110: TJMG, AP 1.0024.00.136365-4/001, maioria).

Art. 1.877. Morto o testador, publicar-se-á em juízo o testamento, com citação dos herdeiros legítimos.[1] [Dispositivo correspondente no CC/1916: art. 1.646.]

Art. 1.877: 1. s/ sucessão legítima, v. art. 1.829; procedimento de confirmação do testamento particular, v. CPC 737.

Art. 1.878. Se as testemunhas forem contestes[1] sobre o fato da disposição, ou, ao menos, sobre a sua leitura perante elas, e se reconhecerem as próprias assinaturas, assim como a do testador, o testamento será confirmado. [Dispositivo correspondente no CC/1916: art. 1.647.]

Parágrafo único. Se faltarem testemunhas, por morte ou ausência, e se pelo menos uma delas o reconhecer, o testamento poderá ser confirmado, se, a critério do juiz, houver prova suficiente de sua veracidade. [Dispositivo correspondente no CC/1916: art. 1.648.]

Art. 1.878: 1. i.e., se elas estiverem de acordo.

Art. 1.879. Em circunstâncias excepcionais declaradas na cédula, o testamento particular de próprio punho e assinado pelo testador, sem testemunhas, poderá ser confirmado, a critério do juiz.[1-2] [Sem dispositivo correspondente no CC/1916.]

✎**Art. 1.879: 1.** "Notas sobre testamento particular excepcional", por José Carlos Teixeira Giorgis (RBDF 43/5).

Art. 1.879: 2. Esse dispositivo refere-se ao denominado **testamento de emergência.**

Art. 1.880. O testamento particular pode ser escrito em língua estrangeira, contanto que as testemunhas a compreendam. [Dispositivo correspondente no CC/1916: art. 1.649.]

Capítulo IV | DOS CODICILOS[1]

CAP. IV: 1. v. CPC 737.

Art. 1.881. Toda pessoa capaz de testar[1] poderá, mediante escrito particular seu, datado e assinado, fazer disposições especiais sobre o seu enterro,[2] sobre esmolas de pouca monta a certas e determinadas pessoas, ou, indeterminadamente, aos pobres[3] de certo lugar, assim como legar móveis, roupas ou joias, de pouco valor, de seu uso pessoal. [Dispositivo correspondente no CC/1916: art. 1.651.]

Art. 1.881: 1. v. art. 1.860.

Art. 1.881: 2. v. art. 1.998.

Art. 1.881: 3. v. art. 1.902.

Art. 1.882. Os atos a que se refere o artigo antecedente, salvo direito de terceiro, valerão como codicilos, deixe ou não testamento o autor.[1] [Dispositivo correspondente no CC/1916: art. 1.652.]

Art. 1.882: 1. Mas se ele deixar testamento feito posteriormente, este deverá confirmar ou modificar tais atos, sob pena de se considerarem revogados, cf. art. 1.884.

Art. 1.883. Pelo modo estabelecido no art. 1.881, poder-se-ão nomear ou substituir testamenteiros.[1] [Dispositivo correspondente no CC/1916: art. 1.653.]

Art. 1.883: 1. s/ testamenteiro, v. arts. 1.976 a 1.990.

Art. 1.884. Os atos previstos nos artigos antecedentes revogam-se por atos iguais, e consideram-se revogados, se, havendo testamento posterior, de qualquer natureza, este os não confirmar ou modificar. [Dispositivo correspondente no CC/1916: art. 1.654.]

Art. 1.885. Se estiver fechado o codicilo, abrir-se-á do mesmo modo que o testamento cerrado.[1] [Dispositivo correspondente no CC/1916: art. 1.655.]

Art. 1.885: 1. v. art. 1.875. V. tb. CPC 735.

Capítulo V | DOS TESTAMENTOS ESPECIAIS

Seção I | DISPOSIÇÕES GERAIS

Art. 1.886. São testamentos especiais: [Dispositivos correspondentes no CC/1916: arts. 1.656 a 1.663.]

I — o marítimo;[1] [Dispositivos correspondentes no CC/1916: arts. 1.656 a 1.659.]

II — o aeronáutico;[2] [Sem dispositivo correspondente no CC/1916.]
III — o militar.[3] [Dispositivos correspondentes no CC/1916: arts. 1.660 a 1.663.]

Art. 1.886: 1. v. arts. 1.888 a 1.892.

Art. 1.886: 2. v. arts. 1.888 a 1.892.

Art. 1.886: 3. v. arts. 1.893 a 1.896.

Art. 1.887. Não se admitem outros testamentos especiais além dos contemplados neste Código. [Dispositivo correspondente no CC/1916: art. 1.631.]

Seção II DO TESTAMENTO MARÍTIMO E DO TESTAMENTO AERONÁUTICO[1-2]

SEÇ. II: 1. v. CPC 737.

SEÇ. II: 2. "**Art. 1.801.** Não podem ser nomeados herdeiros nem legatários: ... **IV** — o tabelião, civil ou militar, ou o comandante ou escrivão, perante quem se fizer, assim como o que fizer ou aprovar o testamento".

Art. 1.888. Quem estiver em viagem, a bordo de navio nacional, de guerra ou mercante, pode testar perante o comandante, em presença de duas testemunhas, por forma que corresponda ao testamento público[1] ou ao cerrado.[2] [Dispositivo correspondente no CC/1916: art. 1.656-*caput*.]

Parágrafo único. O registro do testamento será feito no diário de bordo. [Sem dispositivo correspondente no CC/1916.]

Art. 1.888: 1. v. arts. 1.864 a 1.867.

Art. 1.888: 2. v. arts. 1.868 a 1.875.

Art. 1.889. Quem estiver em viagem, a bordo de aeronave militar ou comercial, pode testar perante pessoa designada pelo comandante, observado o disposto no artigo antecedente. [Sem dispositivo correspondente no CC/1916.]

Art. 1.890. O testamento marítimo ou aeronáutico ficará sob a guarda do comandante, que o entregará às autoridades administrativas do primeiro porto ou aeroporto nacional, contra recibo averbado no diário de bordo. [Dispositivo correspondente no CC/1916: art. 1.657 § 1º.]

Art. 1.891. Caducará o testamento marítimo, ou aeronáutico, se o testador não morrer na viagem, nem nos noventa dias subsequentes ao seu desembarque em terra, onde possa fazer, na forma ordinária, outro testamento. [Dispositivo correspondente no CC/1916: art. 1.658.]

Art. 1.892. Não valerá o testamento marítimo, ainda que feito no curso de uma viagem, se, ao tempo em que se fez, o navio estava em porto onde o testador pudesse desembarcar e testar na forma ordinária. [Dispositivo correspondente no CC/1916: art. 1.659.]

Seção III | DO TESTAMENTO MILITAR[1-2]

SEÇ. III: 1. v. CPC 737.

SEÇ. III: 2. "**Art. 1.801.** Não podem ser nomeados herdeiros nem legatários: ... **IV** — o tabelião, civil ou militar, ou o comandante ou escrivão, perante quem se fizer, assim como o que fizer ou aprovar o testamento".

Art. 1.893. O testamento dos militares e demais pessoas a serviço das Forças Armadas em campanha, dentro do País ou fora dele, assim como em praça sitiada, ou que esteja de comunicações interrompidas, poderá fazer-se, não havendo tabelião ou seu substituto legal, ante duas, ou três testemunhas, se o testador não puder, ou não souber assinar, caso em que assinará por ele uma delas.[1] [Dispositivo correspondente no CC/1916: art. 1.660-*caput*.]

§ 1º Se o testador pertencer a corpo ou seção de corpo destacado, o testamento será escrito pelo respectivo comandante, ainda que de graduação ou posto inferior. [Dispositivo correspondente no CC/1916: art. 1.660 § 1º.]

§ 2º Se o testador estiver em tratamento em hospital, o testamento será escrito pelo respectivo oficial de saúde, ou pelo diretor do estabelecimento. [Dispositivo correspondente no CC/1916: art. 1.660 § 2º.]

§ 3º Se o testador for o oficial mais graduado, o testamento será escrito por aquele que o substituir. [Dispositivo correspondente no CC/1916: art. 1.660 § 3º.]

Art. 1.893: 1. i. e., se o testador souber e puder assinar, necessitará de duas testemunhas; se não souber ou não puder, necessitará de três.

Art. 1.894. Se o testador souber escrever, poderá fazer o testamento de seu punho, contanto que o date e assine por extenso, e o apresente aberto ou cerrado, na presença de duas testemunhas ao auditor, ou ao oficial de patente, que lhe faça as vezes neste mister. [Dispositivo correspondente no CC/1916: art. 1.661-*caput*.]

Parágrafo único. O auditor, ou o oficial a quem o testamento se apresente notará, em qualquer parte dele, lugar, dia, mês e ano, em que lhe for apresentado, nota esta que será assinada por ele e pelas testemunhas. [Dispositivo correspondente no CC/1916: art. 1.661 § ún.]

Art. 1.895. Caduca o testamento militar, desde que, depois dele, o testador esteja, noventa dias seguidos, em lugar onde possa testar na forma ordinária, salvo se esse testamento apresentar as solenidades prescritas no parágrafo único do artigo antecedente. [Dispositivo correspondente no CC/1916: art. 1.662.]

Art. 1.896. As pessoas designadas no art. 1.893, estando empenhadas em combate, ou feridas, podem testar oralmente, confiando a sua última vontade a duas testemunhas.[1] [Dispositivo correspondente no CC/1916: art. 1.663-*caput*.]

Parágrafo único. Não terá efeito o testamento se o testador não morrer na guerra ou convalescer do ferimento. [Dispositivo correspondente no CC/1916: art. 1.663 § ún.]

Art. 1.896: 1. Trata-se do **testamento militar nuncupativo.**

Capítulo VI | DAS DISPOSIÇÕES TESTAMENTÁRIAS

Art. 1.897. A nomeação de herdeiro, ou legatário,[1] pode fazer-se pura e simplesmente, sob condição,[1a] para certo fim[2] ou modo, ou por certo motivo.[3] [Dispositivo correspondente no CC/1916: art. 1.664.]

Art. 1.897: 1. Herdeiro é aquele que herda a título universal toda a herança ou uma fração dela. Já o legatário herda a título singular um ou mais bens determinados pelo testador.

Art. 1.897: 1a. v. arts. 121 e segs. V. tb. art. 1.693-III.

Art. 1.897: 2. v. arts. 62 e 1.902.

Art. 1.897: 3. Se o motivo indicado constar como razão determinante da disposição testamentária, é possível a invalidação desta se provado o erro do testador, p. ex., quanto à pessoa designada no testamento (cf. art. 1.903).

Art. 1.898. A designação do tempo em que deva começar ou cessar o direito do herdeiro,[1] salvo nas disposições fideicomissárias,[2] ter-se-á por não escrita. [Dispositivo correspondente no CC/1916: art. 1.665.]

Art. 1.898: 1. Já quanto ao legatário essa designação é permitida, cf. art. 1.924.

Art. 1.898: 2. v. arts. 1.951 a 1.960.

Art. 1.899. Quando a cláusula testamentária for suscetível de interpretações diferentes, prevalecerá a que melhor assegure a observância da vontade do testador.[1-2] [Dispositivo correspondente no CC/1916: art. 1.666.]

Art. 1.899: 1. cf. art. 112.

Art. 1.899: 2. Os prazos no testamento presumem-se em favor do herdeiro (art. 133).

Art. 1.900. É nula a disposição:[1] [Dispositivo correspondente no CC/1916: art. 1.667-*caput*.]

I — que institua herdeiro ou legatário sob a condição captatória de que este disponha, também por testamento, em benefício do testador, ou de terceiro; [Dispositivo correspondente no CC/1916: art. 1.667-I.]

II — que se refira a pessoa incerta, cuja identidade não se possa averiguar;[2] [Dispositivo correspondente no CC/1916: art. 1.667-II.]

III — que favoreça a pessoa incerta, cometendo a determinação de sua identidade a terceiro;[3] [Dispositivo correspondente no CC/1916: art. 1.667-III.]

IV — que deixe a arbítrio do herdeiro, ou de outrem, fixar o valor do legado;[4] [Dispositivo correspondente no CC/1916: art. 1.667-IV.]

V — que favoreça as pessoas a que se referem os arts. 1.801 e 1.802. [Sem dispositivo correspondente no CC/1916.]

Art. 1.900: 1. v. art. 1.859 (prazo para anulação do testamento) e art. 1.909 (prazo para anulação de disposições testamentárias).

Art. 1.900: 2. v. art. 1.903.

Art. 1.900: 3. v., porém, art. 1.901-I.

Art. 1.900: 4. v., porém, art. 1.901-II.

Art. 1.901. Valerá a disposição: [Dispositivo correspondente no CC/1916: art. 1.668-*caput*.]

I — em favor de pessoa incerta que deva ser determinada por terceiro, dentre duas ou mais pessoas mencionadas pelo testador, ou pertencentes a uma família, ou a um corpo coletivo, ou a um estabelecimento por ele designado;[1] [Dispositivo correspondente no CC/1916: art. 1.668-I.]

II — em remuneração de serviços prestados ao testador, por ocasião da moléstia de que faleceu, ainda que fique ao arbítrio do herdeiro ou de outrem determinar o valor do legado.[2] [Dispositivo correspondente no CC/1916: art. 1.668-II.]

Art. 1.901: 1. v. art. 1.900-III.

Art. 1.901: 2. v. art. 1.900-IV.

Art. 1.902. A disposição geral em favor dos pobres, dos estabelecimentos particulares de caridade, ou dos de assistência pública, entender-se-á relativa aos pobres do lugar do domicílio do testador ao tempo de sua morte, ou dos estabelecimentos aí sitos, salvo se manifestamente constar que tinha em mente beneficiar os de outra localidade.[1] [Dispositivo correspondente no CC/1916: art. 1.669-*caput*.]

Parágrafo único. Nos casos deste artigo, as instituições particulares preferirão sempre às públicas. [Dispositivo correspondente no CC/1916: art. 1.669 § ún.]

Art. 1.902: 1. v. art. 1.881 (codicilo).

Art. 1.903. O erro na designação da pessoa do herdeiro, do legatário, ou da coisa legada anula a disposição,[1] salvo se, pelo contexto do testamento, por outros documentos, ou por fatos inequívocos, se puder identificar a pessoa ou coisa a que o testador queria referir-se.[2] [Dispositivo correspondente no CC/1916: art. 1.670.]

Art. 1.903: 1. v. art. 1.909 § ún. (prazo).

Art. 1.903: 2. v. arts. 142. V. tb. arts. 1.899 (regra interpretativa) e 1.900-II (nulidade de disposição em favor de pessoa incerta).

Art. 1.904. Se o testamento nomear dois ou mais herdeiros, sem discriminar a parte de cada um, partilhar-se-á por igual, entre todos, a porção disponível[1] do testador.[2] [Dispositivo correspondente no CC/1916: art. 1.671.]

Art. 1.904: 1. v. art. 1.789.

Art. 1.904: 2. v. art. 1.907.

Art. 1.905. Se o testador nomear certos herdeiros individualmente e outros coletivamente, a herança será dividida em tantas quotas quantos forem os indivíduos e os grupos designados.[1] [Dispositivo correspondente no CC/1916: art. 1.672.]

Art. 1.905: 1. i.e., cada grupo será considerado como uma parte, equiparando-se ao herdeiro individual: se houver um herdeiro individualmente nomeado e três grupos de herdeiros coletivamente nomeados, a herança será dividida em quatro partes.

Art. 1.906. Se forem determinadas as quotas de cada herdeiro, e não absorverem toda a herança, o remanescente pertencerá aos herdeiros legítimos, segundo a ordem da vocação hereditária.[1] [Dispositivo correspondente no CC/1916: art. 1.673.]

Art. 1.906: 1. Em sentido semelhante, v. arts. 1.788 e 1.966. V. tb. arts. 1.829 e 1.908.

Art. 1.907. Se forem determinados os quinhões de uns e não os de outros herdeiros, distribuir-se-á por igual a estes últimos o que restar, depois de completas as porções hereditárias dos primeiros.[1] [Dispositivo correspondente no CC/1916: art. 1.674.]

Art. 1.907: 1. v. art. 1.904.

Art. 1.908. Dispondo o testador que não caiba ao herdeiro instituído certo e determinado objeto, dentre os da herança, tocará ele aos herdeiros legítimos.[1] [Dispositivo correspondente no CC/1916: art. 1.675.]

Art. 1.908: 1. Em sentido semelhante, v. art. 1.788. V. tb. art. 1.906.

Art. 1.909. São anuláveis as disposições testamentárias inquinadas de erro,[1] dolo[2] ou coação.[3] [Sem dispositivo correspondente no CC/1916.]

Parágrafo único. Extingue-se em quatro anos o direito de anular a disposição, contados de quando o interessado tiver conhecimento do vício.[4] [Sem dispositivo correspondente no CC/1916.]

Art. 1.909: 1. v. arts. 138 a 144. V. tb. art. 1.903.

Art. 1.909: 2. v. arts. 145 a 150.

Art. 1.909: 3. v. arts. 151 a 155.

Art. 1.909: 4. Já para anular todo o testamento, o prazo é de cinco anos, contado da data do seu registro (v. art. 1.859).

Art. 1.910. A ineficácia de uma disposição testamentária importa a das outras que, sem aquela, não teriam sido determinadas pelo testador.[1] [Sem dispositivo correspondente no CC/1916.]

Art. 1.910: 1. cf. art. 184.

Art. 1.911. A cláusula de inalienabilidade, imposta aos bens por ato de liberalidade,[1-1a] implica impenhorabilidade e incomunicabilidade.[1b a 2] [Dispositivo correspondente no CC/1916: art. 1.676.]

Parágrafo único. No caso de desapropriação de bens clausulados, ou de sua alienação, por conveniência econômica do donatário ou do herdeiro,[3] mediante autorização judicial, o produto da venda converter-se-á em outros bens, sobre os quais incidirão as restrições apostas aos primeiros.[4] [Dispositivos correspondentes no CC/1916: arts. 1.676 e 1.677.]

Art. 1.911: 1. s/ cláusula de inalienabilidade, imposta em testamento, v. art. 1.848; s/ registro, no Registro de Imóveis, v. LRP 167-II-11.

Art. 1.911: 1a. Há um acórdão admitindo **cláusula de inalienabilidade adjeta à garantia hipotecária** e seu registro no Registro de Imóveis: "Oferecido o bem ao credor hipotecário, com adicional garantia de inalienabilidade, devidamente registrada, sem possibilidade de se configurar fraude à execução, porque anterior ao ajuizamento desta, fica inviável a penhora decorrente" (STJ-3ª T., REsp 440.798, Min. Menezes Direito, j. 26.6.03, DJU 8.9.03).

Art. 1.911: 1b. **CPC 832:** "Não estão sujeitos à execução os bens que a lei considera impenhoráveis ou inalienáveis".

Art. 1.911: 1c. **Súmula 49 do STF:** "A cláusula de inalienabilidade inclui a incomunicabilidade dos bens".

Art. 1.911: 1d. "Os gravames da inalienabilidade, impenhorabilidade e incomunicabilidade são instituídos em garantia do donatário, sendo possível o cancelamento do vínculo pelo doador em vida, com anuência do donatário. Porém, após a morte do doador, as cláusulas tornam-se irretratáveis, perdurando até o falecimento do donatário, ou do último sobrevivente, se houver mais de um donatário, mesmo em se tratando de adiantamento de legítima" (RJ 313/112).

"A cláusula de inalienabilidade vitalícia tem vigência enquanto viver o beneficiário, passando livres e desembaraçados aos seus herdeiros os bens objeto da restrição" (STJ-3ª T., REsp 1.101.702, Min. Nancy Andrighi, j. 22.9.09, DJ 9.10.09).

V. tb. art. 1.829, nota 6a.

Art. 1.911: 1e. "Se a alienação do imóvel gravado permite uma melhor adequação do patrimônio à sua função social e possibilita ao herdeiro sua sobrevivência e bem-estar, a comercialização do bem vai ao encontro do propósito do testador, que era, em princípio, o de amparar adequadamente o beneficiário das cláusulas de inalienabilidade, impenhorabilidade e incomunicabilidade. A vedação contida no art. 1.676 do CC/16 poderá ser amenizada sempre que for verificada a presença de situação excepcional de necessidade financeira, apta a recomendar a liberação das restrições instituídas pelo testador" (STJ-RDPr 46/426: 3ª T., REsp 1.158.679).

"Doação. Cancelamento de cláusulas restritivas de inalienabilidade e impenhorabilidade. Possibilidade. Desnecessidade de sub-rogação. Donatárias que dispõem de outros bens, mas não têm disponibilidade financeira para o pagamento de impostos e custeio para reforma de imóveis destinados à produção de renda (JTJ 374/314: AP 9169028-66.2007.8.26.0000; ementa da redação).

Art. 1.911: 2. "As dívidas dos herdeiros não serão pagas com os bens que lhes foram transmitidos em herança, quando gravados com cláusulas de inalienabilidade e impenhorabilidade, por disposição de última vontade. Tais bens respondem, entretanto, pelas dívidas contraídas pelo autor da herança. A cláusula testamentária de inalienabilidade não impede a penhora em execução contra o espólio" (STJ-RT 871/207 e RIDF 46/154: 3ª T., REsp 998.031).

O bem gravado com cláusulas de incomunicabilidade, impenhorabilidade e inalienabilidade responde por dívidas condominiais em função dele devidas (JTJ 315/379: AI 1.080.053-0/1).

Art. 1.911: 3. **Dec. lei 6.777, de 8.8.44** — Dispõe sobre a sub-rogação de imóveis gravados ou inalienáveis (RT 152/337, Lex 1944/283, RF 100/197):

"**Art. 1º** Na sub-rogação de imóveis gravados ou inalienáveis, estes serão sempre substituídos por outros imóveis ou apólices da dívida pública.

"**Art. 2º** Se requerida a sub-rogação mediante permuta por apólices da dívida pública, o juiz mandará vender o imóvel em hasta pública, ressalvando ao interessado o direito de conservá-lo livre, desde que, antes de assinado o auto de arrematação, ofereça, em substituição, apólices de valor igual ou superior ao do maior lanço acima da avaliação, ou ao desta, na falta de licitante".

V. art. 1.848 § 2º.

Art. 1.911: 4. "A existência de cláusula de inalienabilidade recaindo sobre uma fração de bem imóvel, não impede a extinção do condomínio. Na hipótese, haverá sub-rogação da cláusula de inalienabilidade, que incidirá sobre o produto da alienação do bem, no percentual correspondente a fração gravada" (STJ-3ª T., REsp 729.701, Min. Nancy Andrighi, j. 15.12.05, DJU 1.2.06).

Capítulo VII | DOS LEGADOS

Seção I | DISPOSIÇÕES GERAIS

Art. 1.912. É ineficaz o legado de coisa certa que não pertença ao testador no momento da abertura da sucessão.[1-2] [Dispositivo correspondente no CC/1916: art. 1.678.]

Art. 1.912: 1. v. art. 1.939-II.

Art. 1.912: 2. "Nos termos dos arts. 16, I, e 76, § 2º, ambos da Lei 8.213/91; e do art. 1.678 do CC/1916 (correspondente ao art. 1.912 do CC atual), os benefícios previdenciários decorrentes da morte do segurado não podem ser objeto de disposição testamentária, eis que não são direitos pertencentes ao testador, mas aos seus beneficiários" (STJ-3ª T., REsp 887.271, Min. Nancy Andrighi, j. 18.9.07, DJU 8.10.07).

Art. 1.913. Se o testador ordenar que o herdeiro ou legatário entregue coisa de sua propriedade a outrem,[1] não o cumprindo ele, entender-se-á que renunciou à herança ou ao legado.[2] [Dispositivo correspondente no CC/1916: art. 1.679.]

Art. 1.913: 1. s/ possibilidade de ressarcimento, v. art. 1.935.

Art. 1.913: 2. s/ renúncia da herança, v. arts. 1.804 a 1.813.

Art. 1.914. Se tão somente em parte a coisa legada pertencer ao testador, ou, no caso do artigo antecedente, ao herdeiro ou ao legatário, só quanto a essa parte valerá o legado.[1] [Dispositivo correspondente no CC/1916: art. 1.680.]

Art. 1.914: 1. v. art. 1.916.

Art. 1.915. Se o legado for de coisa que se determine pelo gênero,[1] será o mesmo cumprido, ainda que tal coisa não exista entre os bens deixados pelo testador.[2] [Dispositivo correspondente no CC/1916: art. 1.681.]

Art. 1.915: 1. Pode o testador, p. ex., estabelecer que o legado consistirá em uma casa cujo valor não ultrapasse R$ 200.000,00.

Art. 1.915: 2. s/ forma de cumprimento dessa disposição testamentária, v. arts. 1.929 a 1.931.

Art. 1.916. Se o testador legar coisa sua, singularizando-a, só terá eficácia o legado se, ao tempo do seu falecimento, ela se achava entre os bens da herança; se a coisa legada existir entre os bens do testador, mas em quantidade inferior à do legado, este será eficaz apenas quanto à existente.[1] [Dispositivo correspondente no CC/1916: art. 1.682.]

Art. 1.916: 1. v. art. 1.914.

Art. 1.917. O legado de coisa que deva encontrar-se em determinado lugar só terá eficácia se nele for achada, salvo se removida a título transitório. [Dispositivo correspondente no CC/1916: art. 1.683.]

Art. 1.918. O legado de crédito, ou de quitação de dívida,[1] terá eficácia somente até a importância desta, ou daquele, ao tempo da morte do testador. [Dispositivo correspondente no CC/1916: art. 1.685-*caput*.]

§ 1º Cumpre-se o legado, entregando o herdeiro ao legatário o título respectivo. [Dispositivo correspondente no CC/1916: art. 1.685 § 1º.]

§ 2º Este legado não compreende as dívidas posteriores à data do testamento. [Dispositivo correspondente no CC/1916: art. 1.685 § 2º.]

Art. 1.918: 1. O legado de quitação de dívida corresponde ao perdão (remissão) de uma dívida em que o testador seja o credor e o legatário seja o devedor.

Art. 1.919. Não o declarando expressamente o testador, não se reputará compensação[1] da sua dívida o legado que ele faça ao credor. [Dispositivo correspondente no CC/1916: art. 1.686.]

Parágrafo único. Subsistirá integralmente o legado, se a dívida lhe foi posterior, e o testador a solveu antes de morrer. [Dispositivo correspondente no CC/1916: art. 1.686.]

Art. 1.919: 1. s/ compensação, v. arts. 368 a 380.

Art. 1.920. O legado de alimentos[1] abrange o sustento, a cura, o vestuário e a casa, enquanto o legatário viver, além da educação, se ele for menor.[2] [Dispositivo correspondente no CC/1916: art. 1.687.]

Art. 1.920: 1. v. art. 1.928 § ún.

Art. 1.920: 2. Pode o testador estipular o valor exato dos alimentos, bem como uma limitação temporal para as prestações (p. ex., até o legatário atingir a maioridade). No silêncio do testamento, entende-se que o legado deve ser vitalício e fixado conforme os critérios previstos neste dispositivo legal, considerando-se também as necessidades específicas do alimentante e as próprias forças da herança (v. art. 1.792).

Art. 1.921. O legado de usufruto, sem fixação de tempo, entende-se deixado ao legatário por toda a sua vida.[1] [Dispositivo correspondente no CC/1916: art. 1.688.]

Art. 1.921: 1. s/ extinção do usufruto, v. art. 1.410.

Art. 1.922. Se aquele que legar um imóvel lhe ajuntar depois novas aquisições, estas, ainda que contíguas, não se compreendem no legado, salvo expressa declaração em contrário do testador. [Dispositivo correspondente no CC/1916: art. 1.689-*caput*.]

Parágrafo único. Não se aplica o disposto neste artigo às benfeitorias necessárias, úteis ou voluptuárias[1] feitas no prédio legado. [Dispositivo correspondente no CC/1916: art. 1.689 § ún.]

Art. 1.922: 1. v. art. 96.

Seção II | DOS EFEITOS DO LEGADO E DO SEU PAGAMENTO

Art. 1.923. Desde a abertura da sucessão, pertence ao legatário a coisa certa, existente no acervo, salvo se o legado estiver sob condição[1] suspensiva.[2] [Dispositivo correspondente no CC/1916: art. 1.692.]

§ 1º Não se defere de imediato a posse da coisa, nem nela pode o legatário entrar por autoridade própria. [Dispositivo correspondente no CC/1916: art. 1.690 § ún.]

§ 2º O legado de coisa certa existente na herança transfere também ao legatário os frutos que produzir,[3] desde a morte do testador, exceto se dependente de condição suspensiva, ou de termo inicial. [Dispositivo correspondente no CC/1916: art. 1.692.]

Art. 1.923: 1. v. art. 121.

Art. 1.923: 2. v. art. 1.924.

Art. 1.923: 3. "Recaindo o legado em ações de sociedade comercial e sendo o dividendo a parcela do lucro que corresponde a cada ação, uma vez resolvida sua distribuição, integra o patrimônio do legatário" desde o dia da morte do testador (RT 659/75: TJSP, AP 120.733-1).

Art. 1.924. O direito de pedir o legado não se exercerá, enquanto se litigue sobre a validade do testamento, e, nos legados condicionais, ou a prazo, enquanto esteja pendente a condição ou o prazo não se vença. [Dispositivo correspondente no CC/1916: art. 1.691.]

Art. 1.925. O legado em dinheiro só vence juros[1] desde o dia em que se constituir em mora[2] a pessoa obrigada a prestá-lo. [Dispositivo correspondente no CC/1916: art. 1.693.]

Art. 1.925: 1. v. arts. 405 a 407.

Art. 1.925: 2. v. arts. 394 a 401.

Art. 1.926. Se o legado consistir em renda vitalícia ou pensão periódica, esta ou aquela correrá da morte do testador.[1-2] [Dispositivo correspondente no CC/1916: art. 1.694.]

Art. 1.926: 1. v. art. 1.928 § ún.

Art. 1.926: 2. Pode o testador estipular, no entanto, termo inicial ou condição suspensiva para o pagamento do legado (v. art. 1.924, *in fine*).

Art. 1.927. Se o legado for de quantidades certas, em prestações periódicas, datará da morte do testador o primeiro período, e o legatário terá direito a cada prestação, uma vez encetado cada um dos períodos sucessivos, ainda que venha a falecer antes do termo dele.[1] [Dispositivo correspondente no CC/1916: art. 1.695.]

Art. 1.927: 1. i.e., uma vez iniciado cada período, o legatário terá direito à respectiva prestação *in totum*, ainda que venha a falecer antes do seu termo. Neste caso, portanto, seus sucessores terão direito à prestação inteira, de maneira que dela não se exclui a fração referente aos dias decorridos após a morte do legatário.

S/ exigibilidade da prestação periódica, v. art. 1.928.

Art. 1.928. Sendo periódicas as prestações, só no termo de cada período se poderão exigir. [Dispositivo correspondente no CC/1916: art. 1.696-*caput*.]

Parágrafo único. Se as prestações forem deixadas a título de alimentos,[1] pagar-se-ão no começo de cada período, sempre que outra coisa não tenha disposto o testador. [Dispositivo correspondente no CC/1916: art. 1.696 § ún.]

Art. 1.928: 1. v. art. 1.920 e notas.

Art. 1.929. Se o legado consiste em coisa determinada pelo gênero, ao herdeiro tocará escolhê-la, guardando o meio-termo entre as congêneres da melhor e pior qualidade.[1-2] [Dispositivo correspondente no CC/1916: art. 1.697.]

Art. 1.929: 1. v. art. 244.

Art. 1.929: 2. v. arts. 1.915, 1.930 e 1.931.

Art. 1.930. O estabelecido no artigo antecedente será observado, quando a escolha for deixada a arbítrio de terceiro; e, se este não a quiser ou não a puder exercer, ao juiz competirá fazê-la, guardado o disposto na última parte do artigo antecedente.[1] [Dispositivo correspondente no CC/1916: art. 1.698.]

Art. 1.930: 1. v. art. 252 § 4º.

Art. 1.931. Se a opção foi deixada ao legatário, este poderá escolher, do gênero determinado, a melhor coisa que houver na herança; e, se nesta não existir coisa de tal gênero, dar-lhe-á de outra congênere o herdeiro, observada a disposição na última parte do art. 1.929. [Dispositivo correspondente no CC/1916: art. 1.699.]

Art. 1.932. No legado alternativo, presume-se deixada ao herdeiro a opção.[1] [Dispositivo correspondente no CC/1916: art. 1.700.]

Art. 1.932: 1. s/ obrigações alternativas, v. arts. 252 a 256; perecimento da coisa legada, v. art. 1.940.

Art. 1.933. Se o herdeiro ou legatário a quem couber a opção falecer antes de exercê-la, passará este poder aos seus herdeiros. [Dispositivo correspondente no CC/1916: art. 1.701-*caput*.]

Art. 1.934. No silêncio do testamento, o cumprimento dos legados incumbe aos herdeiros e, não os havendo, aos legatários, na proporção do que herdaram. [Sem dispositivo correspondente no CC/1916.]

Parágrafo único. O encargo estabelecido neste artigo, não havendo disposição testamentária em contrário, caberá ao herdeiro ou legatário incumbido pelo testador da execução do legado; quando indicados mais de um, os onerados dividirão entre si o ônus, na proporção do que recebam da herança. [Dispositivos correspondentes no CC/1916: arts. 1.702 e 1.703.]

Art. 1.935. Se algum legado consistir em coisa pertencente a herdeiro ou legatário (art. 1.913), só a ele incumbirá cumpri-lo, com regresso contra os coerdeiros, pela quota de cada um, salvo se o contrário expressamente dispôs o testador. [Dispositivo correspondente no CC/1916: art. 1.704.]

Art. 1.936. As despesas e os riscos da entrega do legado correm à conta do legatário, se não dispuser diversamente o testador. [Dispositivo correspondente no CC/1916: art. 1.705.]

Art. 1.937. A coisa legada entregar-se-á, com seus acessórios,[1] no lugar e estado em que se achava ao falecer o testador, passando ao legatário com todos os encargos[2] que a onerarem.[3] [Dispositivo correspondente no CC/1916: art. 1.706.]

Art. 1.937: 1. v. art. 92.

V. tb. arts. 1.922 e 1.923 § 2º.

Art. 1.937: 2. v. arts. 136, 137 e 1.938.

Art. 1.937: 3. "A caução em dinheiro, dada pelo locatário a locador posteriormente falecido, com a extinção da locação passa a ser dívida da herança, incumbindo a esta o ônus de sua devolução, e não ao legatário, que adquiriu a propriedade do imóvel locado sem o encargo expresso da restituição" (RSTJ 47/337: 4ª T., REsp 26.871).

Art. 1.938. Nos legados com encargo,[1] aplica-se ao legatário o disposto neste Código quanto às doações de igual natureza.[2] [Dispositivo correspondente no CC/1916: art. 1.707.]

Art. 1.938: 1. v. arts. 136 e 137.
Art. 1.938: 2. v. arts. 553, 555 e 562.

Seção III | DA CADUCIDADE DOS LEGADOS

Art. 1.939. Caducará o legado: [Dispositivo correspondente no CC/1916: art. 1.708-*caput*.]

I — se, depois do testamento, o testador modificar a coisa legada, ao ponto de já não ter a forma nem lhe caber a denominação que possuía; [Dispositivo correspondente no CC/1916: art. 1.708-I.]

II — se o testador, por qualquer título, alienar no todo ou em parte a coisa legada; nesse caso, caducará até onde ela deixou de pertencer ao testador;[1] [Dispositivo correspondente no CC/1916: art. 1.708-II.]

III — se a coisa perecer ou for evicta,[2] vivo ou morto o testador, sem culpa do herdeiro ou legatário incumbido do seu cumprimento;[3] [Dispositivo correspondente no CC/1916: art. 1.708-III.]

IV — se o legatário for excluído da sucessão, nos termos do art. 1.815; [Dispositivo correspondente no CC/1916: art. 1.708-IV.]

V — se o legatário falecer antes do testador. [Dispositivo correspondente no CC/1916: art. 1.708-V.]

Art. 1.939: 1. v. arts. 1.912 e 1.914.

Art. 1.939: 2. v. arts. 447 a 457.

Art. 1.939: 3. v. art. 1.934.

Art. 1.940. Se o legado for de duas ou mais coisas alternativamente,[1] e algumas delas perecerem, subsistirá quanto às restantes;[2] perecendo parte de uma, valerá, quanto ao seu remanescente, o legado. [Dispositivo correspondente no CC/1916: art. 1.709.]

Art. 1.940: 1. v. art. 1.932.

Art. 1.940: 2. v., analogamente, art. 253.

Capítulo VIII | DO DIREITO DE ACRESCER ENTRE HERDEIROS E LEGATÁRIOS[1]

CAP. VIII: 1. "Direito de acrescer: breves apontamentos e análise jurisprudencial", por Luiz Ricardo Coragem Dumit (RDPr 24/135).

Art. 1.941. Quando vários herdeiros, pela mesma disposição testamentária, forem conjuntamente chamados à herança em quinhões não determinados,[1] e qualquer deles não puder ou não quiser aceitá-la, a sua parte acrescerá à dos coerdeiros, salvo o direito do substituto.[2] [Dispositivo correspondente no CC/1916: art. 1.710-*caput*.]

Art. 1.941: 1. "Quando o testador fixa a cota ou o objeto de cada sucessor, não há direito de acrescer entre os demais herdeiros ou legatários. Ocorre a conjunção *verbis tantum* quando são utilizadas as expressões 'partes iguais', 'partes equivalentes', ou outras que denotem o mesmo significado, o que exclui o direito de acrescer" (STJ-3ª T., REsp 565.097, Min. Castro Filho, j. 9.3.04, DJ 19.4.04).

Art. 1.941: 2. v. art. 1.947.

Art. 1.942. O direito de acrescer competirá aos colegatários, quando nomeados conjuntamente a respeito de uma só coisa, determinada e certa, ou quando o objeto do legado não puder ser dividido sem risco de desvalorização.[1] [Dispositivo correspondente no CC/1916: art. 1.710 § ún.]

Art. 1.942: 1. v. art. 1.943.

Art. 1.943. Se um dos coerdeiros ou colegatários, nas condições do artigo antecedente, morrer antes do testador; se renunciar a herança ou legado, ou destes for excluído, e, se a condição sob a qual foi instituído não se verificar, acrescerá o seu quinhão, salvo o direito do substituto, à parte dos coerdeiros ou colegatários conjuntos. [Dispositivo correspondente no CC/1916: art. 1.712.]

Parágrafo único. Os coerdeiros ou colegatários, aos quais acresceu o quinhão daquele que não quis ou não pôde suceder, ficam sujeitos às obrigações ou encargos que o oneravam.[1] [Dispositivo correspondente no CC/1916: art. 1.714-*caput*.]

Art. 1.943: 1. s/ encargos, v. arts. 136, 1.937 e 1.938.

Art. 1.944. Quando não se efetua o direito de acrescer, transmite-se aos herdeiros legítimos[1] a quota vaga do nomeado.[2] [Dispositivo correspondente no CC/1916: art. 1.713.]

Parágrafo único. Não existindo o direito de acrescer entre os colegatários, a quota do que faltar acresce ao herdeiro ou ao legatário incumbido de satisfazer esse legado, ou a todos os herdeiros, na proporção dos seus quinhões, se o legado se deduziu da herança. [Dispositivo correspondente no CC/1916: art. 1.715.]

Art. 1.944: 1. v. art. 1.829.

Art. 1.944: 2. s/ requisitos para existir o direito de acrescer entre: herdeiros testamentários, v. art. 1.941; colegatários, v. art. 1.942.

Art. 1.945. Não pode o beneficiário do acréscimo repudiá-lo separadamente[1] da herança ou legado que lhe caiba, salvo se o acréscimo comportar encargos especiais impostos pelo testador; nesse caso, uma vez repudiado, reverte o acréscimo para a pessoa a favor de quem os encargos foram instituídos. [Sem dispositivo correspondente no CC/1916.]

Art. 1.945: 1. i. e., ele somente poderá repudiar o acréscimo se renunciar à totalidade da herança ou do legado.

Art. 1.946. Legado um só usufruto conjuntamente a duas ou mais pessoas, a parte da que faltar acresce aos colegatários. [Dispositivo correspondente no CC/1916: art. 1.716.]

Parágrafo único. Se não houver conjunção entre os colegatários, ou se, apesar de conjuntos, só lhes foi legada certa parte do usufruto, consolidar-se-ão na propriedade as quotas dos que faltarem, à medida que eles forem faltando. [Dispositivo correspondente no CC/1916: art. 1.716.]

Capítulo IX | DAS SUBSTITUIÇÕES

Seção I | DA SUBSTITUIÇÃO VULGAR E DA RECÍPROCA

Art. 1.947. O testador pode substituir outra pessoa ao herdeiro ou ao legatário nomeado, para o caso de um ou outro não querer ou não poder aceitar a herança ou o legado, presumindo-se que a substituição foi determinada para as duas alternativas, ainda que o testador só a uma se refira.[1] [Dispositivo correspondente no CC/1916: art. 1.729.]

Art. 1.947: 1. A parte final deste dispositivo não passa de simples **regra interpretativa,** tendo em vista que é a vontade do testador que deve subsistir, se houver disposição em sentido contrário ao da presunção legal. Assim, se o testador dispuser expressamente que a substituição não deverá ocorrer em determinado caso, essa manifestação prevalecerá.

Art. 1.948. Também é lícito ao testador substituir muitas pessoas por uma só, ou vice-versa, e ainda substituir com reciprocidade[1] ou sem ela. [Dispositivo correspondente no CC/1916: art. 1.730.]

Art. 1.948: 1. i. e., um herdeiro ou legatário será substituto de outro e vice-versa.

Art. 1.949. O substituto fica sujeito à condição[1] ou encargo[2] imposto ao substituído, quando não for diversa a intenção manifestada pelo testador, ou não resultar outra coisa da natureza da condição ou do encargo. [Dispositivo correspondente no CC/1916: art. 1.731.]

Art. 1.949: 1. v. art. 121.

Art. 1.949: 2. v. arts. 136 e 137.

Art. 1.950. Se, entre muitos coerdeiros ou legatários de partes desiguais, for estabelecida substituição recíproca, a proporção dos quinhões fixada na primeira disposição entender-se-á mantida na segunda;[1-2] se, com as outras anteriormente nomeadas, for incluída mais alguma pessoa na substituição, o quinhão vago pertencerá em partes iguais aos substitutos. [Dispositivo correspondente no CC/1916: art. 1.732.]

Art. 1.950: 1. p. ex.: caso sejam nomeados quatro coerdeiros ou legatários, substitutos entre si, com direito a 2/5, 1/5, 1/5 e 1/5 da herança ou legado, não aceitando esse último sua quota, os outros três a receberão na mesma proporção em que foram nomeados, com o primeiro deles recebendo o dobro dos demais.

Art. 1.950: 2. *A contrario sensu*, se forem coerdeiros ou legatários de parcelas iguais, o quinhão vago pertencerá em partes iguais aos substitutos.

Seção II | DA SUBSTITUIÇÃO FIDEICOMISSÁRIA[1]

SEÇ. II: 1. "O novo Código Civil e as inovações no direito das sucessões: a nova forma da substituição fideicomissária", por Hélio Borghi (RDPr 31/91).

Art. 1.951. Pode o testador[1] instituir herdeiros ou legatários, estabelecendo que, por ocasião de sua morte, a herança ou o legado se transmita ao fiduciário, resolvendo-se[2] o direito deste, por sua morte, a certo tempo ou sob certa condição, em favor de outrem, que se qualifica de fideicomissário.[3-4] [Dispositivo correspondente no CC/1916: art. 1.733.]

Art. 1.951: 1. fideicomitente.

Art. 1.951: 2. s/ propriedade resolúvel, v. arts. 1.359 e 1.360.

Art. 1.951: 3. s/ propriedade fiduciária, v. arts. 1.361 a 1.368-A. V. tb. art. 1.668-II (bens excluídos da comunhão), LRP 167-II-11 (averbação da constituição de fideicomisso).

Art. 1.951: 4. "Fideicomisso. Instituto que não pode servir para deserdação ou mera atribuição de usufruto ao herdeiro necessário para que a herança seja transmitida a terceiro. Legítima do herdeiro necessário que não é alcançada por ato de vontade do autor da herança" (RT 789/222: TJSP, AP 110.559-4/2-00).

Art. 1.952. A substituição fideicomissária somente se permite em favor dos não concebidos ao tempo da morte do testador.[1] [Sem dispositivo correspondente no CC/1916.]

Parágrafo único. Se, ao tempo da morte do testador, já houver nascido o fideicomissário, adquirirá este a propriedade dos bens fideicometidos, convertendo-se em usufruto[2] o direito do fiduciário. [Sem dispositivo correspondente no CC/1916.]

Art. 1.952: 1. v. arts. 1.799-I e 1.959.

Art. 1.952: 2. v. arts. 1.390 a 1.411.

Art. 1.953. O fiduciário tem a propriedade da herança ou legado, mas restrita e resolúvel.[1-2] [Dispositivo correspondente no CC/1916: art. 1.734-*caput*.]

Parágrafo único. O fiduciário é obrigado a proceder ao inventário dos bens gravados, e a prestar caução de restituí-los se o exigir o fideicomissário. [Dispositivo correspondente no CC/1916: art. 1.734 § ún.]

Art. 1.953: 1. s/ propriedade resolúvel, v. arts. 1.359 e 1.360.

Art. 1.953: 2. "Patenteando-se que a venda de imóvel objeto de fideicomisso realizou-se em prejuízo de menor fideicomissária, ainda que mediante alvará judicial em que representada pelo fiduciário, ante a aquisição de imóvel de valor sensivelmente menor, anula-se a venda do imóvel fideicomitido" (STJ-3ª T., REsp 945.027, Min. Sidnei Beneti, j. 19.8.08, maioria, DJ 24.11.08).

Art. 1.954. Salvo disposição em contrário do testador, se o fiduciário renunciar a herança ou o legado, defere-se ao fideicomissário o poder de aceitar. [Sem dispositivo correspondente no CC/1916.]

Art. 1.955. O fideicomissário pode renunciar[1] a herança ou o legado, e, neste caso, o fideicomisso caduca, deixando de ser resolúvel a propriedade do fiduciário, se não houver disposição contrária do testador.[2] [Dispositivo correspondente no CC/1916: art. 1.735.]

Art. 1.955: 1. v. art. 1.806.

Art. 1.955: 2. v. art. 1.958 (morte do fideicomissário).

Art. 1.956. Se o fideicomissário aceitar a herança ou o legado, terá direito à parte que, ao fiduciário, em qualquer tempo acrescer.[1] [Dispositivo correspondente no CC/1916: art. 1.736.]

Art. 1.956: 1. s/ direito de acrescer, v. arts. 1.941 a 1.946.

Art. 1.957. Ao sobrevir a sucessão,[1] o fideicomissário responde pelos encargos da herança que ainda restarem. [Dispositivo correspondente no CC/1916: art. 1.737.]

Art. 1.957: 1. i.e., a transmissão da herança ou do legado do fiduciário ao fideicomissário (v. art. 1.951).

Art. 1.958. Caduca o fideicomisso se o fideicomissário morrer antes do fiduciário, ou antes de realizar-se a condição resolutória do direito deste último; nesse caso, a propriedade consolida-se no fiduciário, nos termos do art. 1.955.[1-2] [Dispositivo correspondente no CC/1916: art. 1.738.]

Art. 1.958: 1. s/ substituição do fideicomissário, v. art. 1.959, nota 2.

Art. 1.958: 2. "Fideicomisso. Caducidade. Morte do fideicomissário anterior à do fiduciário. Propriedade consolidada na pessoa do fiduciário. Direito eventual que não se transmite aos herdeiros do fideicomissário premorto. Extinção do fideicomisso" (JTJ 159/75: AP 201.307-1).

Art. 1.959. São nulos os fideicomissos além do segundo grau.[1-2] [Dispositivo correspondente no CC/1916: art. 1.739.]

Art. 1.959: 1. i. e., é nulo o fideicomisso pelo qual o fideicomissário deva transmitir a herança ou o legado a outrem. Desse modo, admite-se a substituição fideicomissária uma única vez.

Todavia, a nulidade da determinação de fideicomisso além de 2º grau não atinge a validade daquele de 1º grau (v. art. 1.960).

Art. 1.959: 2. "A lei veda a substituição fiduciária além do segundo grau. **O fideicomissário, porém, pode ter substituto,** que terá posição idêntica à do substituído, pois o que se proíbe é a sequência de fiduciários, não a substituição vulgar do fiduciário ou do fideicomissário. A substituição fideicomissária é compatível com a substituição vulgar e ambas podem ser estipuladas na mesma cláusula testamentária. Dá-se o que a doutrina denomina substituição compendiosa. Assim, é válida a cláusula testamentária pela qual o testador pode dar substituto ao fideicomissário para o caso deste vir a falecer antes do fiduciário ou de se realizar a condição resolutiva, com o que se impede a caducidade do fideicomisso. É o que se depreende do art. 1.958 c.c. 1.955, parte final, do Código Civil" (STJ-4ª T., REsp 1.221.817, Min. Isabel Gallotti, j. 10.12.13, DJ 18.12.13).

Art. 1.960. A nulidade da substituição ilegal não prejudica a instituição, que valerá sem o encargo resolutório.[1] [Dispositivo correspondente no CC/1916: art. 1.740.]

Art. 1.960: 1. i. e., ainda que haja disposição testamentária estabelecendo a substituição do fideicomissário (v. art. 1.959, nota 1), deve subsistir a instituição do fideicomisso até o 2º grau. Nesse caso, desconsidera-se aquela previsão e o fideicomissário adquire a propriedade plena dos bens que lhe forem transmitidos pelo fiduciário.

Capítulo X | DA DESERDAÇÃO[1]

CAP. X: 1. "Apontamentos sobre a deserdação", por Cristiano Pretto (RBDFS 21/19); "Aspectos processuais da deserdação", por Eduardo Henrique de Oliveira Yoshikawa (RDDP 117/32).

Art. 1.961. Os herdeiros necessários podem ser privados de sua legítima, ou deserdados, em todos os casos em que podem ser excluídos da sucessão.[1 a 3] [Dispositivo correspondente no CC/1916: art. 1.741.]

Art. 1.961: 1. Casos de exclusão: art. 1.814.

S/ exclusão de herdeiros colaterais, v. art. 1.850.

Art. 1.961: 2. A deserdação só pode ser ordenada em testamento e com expressa declaração de causa (v. art. 1.964). Essa disposição testamentária, todavia, não produz efeitos automáticos, pois "ao herdeiro instituído, ou àquele a quem aproveite a deserdação, incumbe provar a veracidade da causa alegada pelo testador" (art. 1.965).

Art. 1.961: 3. Por analogia com a exclusão por indignidade (v. art. 1.816), deve-se entender que também na deserdação a pena é pessoal, podendo os herdeiros do deserdado herdar por representação (art. 1.851).

Art. 1.962. Além das causas mencionadas no art. 1.814, autorizam a deserdação dos descendentes por seus ascendentes: [Dispositivo correspondente no CC/1916: art. 1.744-*caput*.]

I — ofensa física; [Dispositivo correspondente no CC/1916: art. 1.744-I.]

II — injúria grave;[1] [Dispositivo correspondente no CC/1916: art. 1.744-II.]

III — relações ilícitas com a madrasta ou com o padrasto; [Dispositivo correspondente no CC/1916: art. 1.744-IV.]

IV — desamparo do ascendente em alienação mental ou grave enfermidade. [Dispositivo correspondente no CC/1916: art. 1.744-V.]

Art. 1.962: 1. O ajuizamento de ação de interdição e o pedido de remoção do cargo de inventariante consistem em exercício regular de direito, de modo que, por si, não configuram injúria grave para fins de deserdação, "o que poderia ocorrer, ao menos em tese, se restasse devidamente caracterizado o abuso de tal direito, circunstância não verificada na espécie" (STJ-RMDCPC 41/114: 3ª T., REsp 1.185.122).

Art. 1.963. Além das causas enumeradas no art. 1.814, autorizam a deserdação dos ascendentes pelos descendentes: [Dispositivo correspondente no CC/1916: art. 1.745-*caput*.]

I — ofensa física; [Dispositivo correspondente no CC/1916: art. 1.745-I.]

II — injúria grave; [Dispositivo correspondente no CC/1916: art. 1.745-II.]

III — relações ilícitas com a mulher ou companheira do filho ou a do neto, ou com o marido ou companheiro da filha ou o da neta; [Dispositivo correspondente no CC/1916: art. 1.745-III.]

IV — desamparo do filho ou neto com deficiência mental ou grave enfermidade. [Dispositivo correspondente no CC/1916: art. 1.745-IV.]

Art. 1.964. Somente com expressa declaração de causa pode a deserdação ser ordenada em testamento.[1] [Dispositivo correspondente no CC/1916: art. 1.742.]

Art. 1.964: 1. v. art. 1.965.

Art. 1.965. Ao herdeiro instituído, ou àquele a quem aproveite a deserdação, incumbe provar a veracidade da causa alegada pelo testador. [Dispositivo correspondente no CC/1916: art. 1.743-*caput*.]

Parágrafo único. O direito de provar a causa da deserdação extingue-se no prazo de quatro anos, a contar da data da abertura do testamento.[1] [Dispositivo correspondente no CC/1916: art. 178 § 9º-IV.]

Art. 1.965: 1. O prazo para demandar a exclusão por indignidade também é de quatro anos, só que "contados da abertura da sucessão" (art. 1.815 § ún.).

Capítulo XI | DA REDUÇÃO DAS DISPOSIÇÕES TESTAMENTÁRIAS

Art. 1.966. O remanescente pertencerá aos herdeiros legítimos,[1] quando o testador só em parte dispuser da quota hereditária disponível.[2] [Dispositivo correspondente no CC/1916: art. 1.726.]

Art. 1.966: 1. s/ sucessão legítima, v. arts. 1.829 e segs.

Art. 1.966: 2. Em sentido semelhante, v. arts. 1.788 e 1.906.

Art. 1.967. As disposições que excederem a parte disponível[1] reduzir-se-ão aos limites dela, de conformidade com o disposto nos parágrafos seguintes.[1a] [Dispositivo correspondente no CC/1916: art. 1.727-*caput*.]

§ 1º Em se verificando excederem as disposições testamentárias a porção disponível, serão proporcionalmente reduzidas as quotas do herdeiro ou herdeiros instituídos, até onde baste,[1b] e, não bastando, também os legados, na proporção do seu valor.[2-3] [Dispositivo correspondente no CC/1916: art. 1.727 § 1º.]

§ 2º Se o testador, prevenindo o caso, dispuser que se inteirem, de preferência, certos herdeiros e legatários, a redução far-se-á nos outros quinhões ou legados, observando-se a seu respeito a ordem estabelecida no parágrafo antecedente. [Dispositivo correspondente no CC/1916: art. 1.727 § 2º.]

Art. 1.967: 1. Se o testador tiver herdeiros necessários, ele só poderá dispor de metade de sua herança; a outra metade constitui a legítima (v. art. 1.846).

Art. 1.967: 1a. s/ doação, v. art. 549.

Art. 1.967: 1b. Assim, suponha-se que o *de cujus* tenha deixado três filhos e herança no montante de R$ 120.000,00. Tendo ele instituído dois outros herdeiros por testamento, cada um deles com 1/3 da herança (R$ 40.000,00), e ainda tendo beneficiado legatário com um bem no valor de R$ 20.000,00, as disposições testamentárias somariam R$ 100.000,00, excedendo a parte disponível em R$ 40.000,00. Nesse caso, se fosse exigida a redução do excesso, esta se daria com a retirada de R$ 20.000,00 de cada um dos herdeiros testamentários.

Art. 1.967: 2. Assim, suponha-se que o *de cujus* tenha deixado três filhos e herança no montante de R$ 120.000,00. Tendo ele instituído dois outros herdeiros por testamento, cada um deles com 1/6 da herança (R$ 20.000,00), e ainda tendo beneficiado legatário com um bem no valor de R$ 70.000,00, as disposições testamentárias somariam R$ 110.000,00, excedendo a parte disponível em R$ 50.000,00. Nesse caso, se fosse exigida a complementação da legítima, os herdeiros instituídos nada herdariam e ainda seria preciso reduzir o legado em R$ 10.000,00.

Art. 1.967: 3. Enunciado 118 do CEJ: "O testamento anterior à vigência do novo Código Civil se submeterá à redução prevista no § 1º do art. 1.967, naquilo que atingir a porção reservada ao cônjuge sobrevivente, elevado que foi à condição de herdeiro necessário". V. art. 1.787, nota 3.

Art. 1.968. Quando consistir em prédio divisível[1] o legado sujeito a redução, far-se-á esta dividindo-o proporcionalmente. [Dispositivo correspondente no CC/1916: art. 1.728-*caput*.]

§ 1º Se não for possível a divisão, e o excesso do legado montar a mais de um quarto do valor do prédio, o legatário deixará inteiro na herança o imóvel legado, ficando com o direito de pedir aos herdeiros o valor que couber na parte disponível; se o excesso não for de mais de um quarto, aos herdeiros fará tornar em dinheiro o legatário, que ficará com o prédio. [Dispositivo correspondente no CC/1916: art. 1.728 § 1º.]

§ 2º Se o legatário for ao mesmo tempo herdeiro necessário,[2] poderá inteirar sua legítima no mesmo imóvel, de preferência aos outros, sempre que ela e a parte subsistente do legado lhe absorverem o valor. [Dispositivo correspondente no CC/1916: art. 1.728 § 2º.]

Art. 1.968: 1. v. art. 87.

Art. 1.968: 2. v. arts. 1.845 a 1.850.

Capítulo XII | DA REVOGAÇÃO DO TESTAMENTO

Art. 1.969. O testamento pode ser revogado[1] pelo mesmo modo e forma como pode ser feito.[2 a 3a] [Dispositivo correspondente no CC/1916: art. 1.746.]

Art. 1.969: 1. É irrevogável, porém, a disposição testamentária que contenha reconhecimento de filho (arts. 1.609-III e 1.610).

Art. 1.969: 2. v. art. 1.858.

Art. 1.969: 3. "Manuscrito desprovido da necessária formalidade não possui o condão de revogar testamento anterior, lavrado com observância das solenidades legais" (RSTJ 81/274: 4ª T., REsp 7.197).

Art. 1.969: 3a. "Testamento. Revogação do revogador. Restabelecimento do primeiro testamento. Inadmissibilidade. Inexistência no terceiro de declaração explícita do testador nesse sentido. É lícito ao testador fazer reviver disposições testamentárias já revogadas, necessário sendo, porém, que manifeste sua intenção desenganadamente" (JTJ 150/151: AP 195.539-1). Analogicamente, v. LINDB 2º § 3º.

Art. 1.970. A revogação do testamento pode ser total ou parcial. [Dispositivo correspondente no CC/1916: art. 1.747-*caput*.]

Parágrafo único. Se parcial, ou se o testamento posterior não contiver cláusula revogatória expressa, o anterior subsiste em tudo que não for contrário ao posterior. [Dispositivo correspondente no CC/1916: art. 1.747 § ún.]

Art. 1.971. A revogação produzirá seus efeitos, ainda quando o testamento, que a encerra, vier a caducar por exclusão, incapacidade ou renúncia do herdeiro nele nomeado; não valerá, se o testamento revogatório for anulado por omissão ou infração de solenidades essenciais ou por vícios intrínsecos. [Dispositivo correspondente no CC/1916: art. 1.748.]

Art. 1.972. O testamento cerrado[1] que o testador abrir ou dilacerar, ou for aberto ou dilacerado com seu consentimento, haver-se-á como revogado. [Dispositivo correspondente no CC/1916: art. 1.749.]

Art. 1.972: 1. v. arts. 1.868 a 1.875.

Capítulo XIII | DO ROMPIMENTO DO TESTAMENTO

Art. 1.973. Sobrevindo descendente sucessível ao testador, que não o tinha ou não o conhecia quando testou, rompe-se o testamento em todas as suas disposições, se esse descendente sobreviver ao testador.[1 a 2] [Dispositivo correspondente no CC/1916: art. 1.750.]

Art. 1.973: 1. s/ ação de investigação de paternidade e rompimento do testamento, v. art. 1.975, nota 4.

Art. 1.973: 1a. Esse dispositivo se explica pela presunção de que o testador não teria feito testamento se possuísse ou conhecesse descendente seu, ou o teria contemplado naquele.

Art. 1.973: 1b. "No caso concreto, **o novo herdeiro,** que sobreveio, por adoção *post mortem*, **já era conhecido do testador** que expressamente o contemplou no testamento e ali consignou, também, a sua intenção de adotá-lo. A pretendida incidência absoluta do art. 1.750 do Cód. Civil de 1916, em vez de preservar a vontade esclarecida do testador, implicaria a sua frustração" (STJ-3ª T., REsp 985.093, Min. Sidnei Beneti, j. 5.8.10, maioria, DJ 24.9.10).

Art. 1.973: 2. Se o testador já tinha descendente sucessível por ocasião da confecção do testamento, o surgimento de um novo herdeiro não afeta a disposição de última vontade (STJ-3ª T., REsp 539.605, Min. Castro Filho, j. 27.4.04, DJU 10.5.04; STJ-4ª T., REsp 240.720, Min. Aldir Passarinho Jr., j. 21.8.03, DJU 6.10.03).

"O art. 1.973 somente tem incidência se, à época da disposição testamentária, o falecido não tivesse prole ou não a conhecesse, mostrando-se inaplicável na hipótese de o falecido já possuir descendente e sobrevier outro(s) depois da lavratura do testamento" (STJ-4ª T., REsp 1.169.639, Min. Luis Felipe, j. 11.12.12, DJ 4.2.13).

Art. 1.974. Rompe-se também o testamento feito na ignorância de existirem outros herdeiros necessários.[1] [Dispositivo correspondente no CC/1916: art. 1.751.]

Art. 1.974: 1. s/ herdeiros necessários, v. arts. 1.845 e segs. V. tb. art. 1.973, nota 2.

Art. 1.975. Não se rompe o testamento, se o testador dispuser da sua metade,[1] não contemplando os herdeiros necessários[2] de cuja existência saiba, ou quando os exclua dessa parte.[3-4] [Dispositivo correspondente no CC/1916: art. 1.752.]

Art. 1.975: 1. v. art. 1.789.

Art. 1.975: 2. v. arts. 1.845 e 1.846.

Art. 1.975: 3. Isso porque o testador é obrigado a destinar metade da herança aos herdeiros necessários (art. 1.789), mas não a contemplá-los na parte disponível correspondente à outra metade, quando deles tenha conhecimento.

Art. 1.975: 4. "Rompimento de testamento pela superveniência de descendentes herdeiras necessárias, reconhecidas como tal por força de **investigação de paternidade** após a feitura do documento. Conhecimento do testador acerca da existência das filhas não reconhecidas. Disposição sobre a metade disponível com o claro propósito de beneficiar uma das filhas. Possibilidade. Art. 1.975 do CC/02. Não se rompe o testamento se, do contexto, se conclui que o inventariante tinha conhecimento da existência de outras filhas e claramente pretendeu beneficiar aquela havida no casamento, limitando-se a contemplá-la com sua parte disponível" (RJTJERGS 258/153: AI 70015732878, maioria). No mesmo sentido: RT 897/309 (TJPR, AP 625.169-2).

Capítulo XIV | DO TESTAMENTEIRO

Art. 1.976. O testador pode nomear[1] um ou mais[2] testamenteiros, conjuntos ou separados, para lhe darem cumprimento às disposições de última vontade.[3] [Dispositivo correspondente no CC/1916: art. 1.753.]

Art. 1.976: 1. A nomeação ou substituição de testamenteiro pode ser feita através de codicilo (art. 1.883).

Art. 1.976: 2. v. art. 1.986.

Art. 1.976: 3. s/ ausência de disposição testamentária nomeando testamenteiro, v. art. 1.984.

Art. 1.977. O testador pode conceder ao testamenteiro a posse e a administração da herança, ou de parte dela, não havendo cônjuge ou herdeiros necessários.[1] [Dispositivo correspondente no CC/1916: art. 1.754-*caput*.]

Parágrafo único. Qualquer herdeiro pode requerer partilha imediata, ou devolução da herança, habilitando o testamenteiro com os meios necessários para o cumprimento dos legados, ou dando caução de prestá-los. [Dispositivo correspondente no CC/1916: art. 1.754 § ún.]

Art. 1.977: 1. v. arts. 1.797-III (testamenteiro administrador da herança), 1.990 e CPC 617-V (testamenteiro inventariante).

Art. 1.978. Tendo o testamenteiro a posse e a administração dos bens, incumbe-lhe requerer inventário e cumprir o testamento.[1] [Dispositivo correspondente no CC/1916: art. 1.755-*caput*.]

Art. 1.978: 1. v. CPC 615 e 616-IV.

Art. 1.979. O testamenteiro nomeado, ou qualquer parte interessada, pode requerer, assim como o juiz pode ordenar, de ofício, ao detentor do testamento, que o leve a registro. [Dispositivo correspondente no CC/1916: art. 1.756.]

Art. 1.980. O testamenteiro é obrigado a cumprir as disposições testamentárias,[1] no prazo marcado pelo testador, e a dar contas do que recebeu e despendeu, subsistindo sua responsabilidade enquanto durar a execução do testamento. [Dispositivo correspondente no CC/1916: art. 1.757.]

Art. 1.980: 1. Não cumpre as disposições testamentárias o testamenteiro que "somente apresentou testamento quando encerrado o inventário com a devida partilha e arquivados os autos" (JTJ 301/454).

Art. 1.981. Compete ao testamenteiro, com ou sem o concurso do inventariante e dos herdeiros instituídos, defender a validade do testamento. [Dispositivo correspondente no CC/1916: art. 1.760.]

Art. 1.982. Além das atribuições exaradas nos artigos antecedentes, terá o testamenteiro as que lhe conferir o testador, nos limites da lei. [Dispositivo correspondente no CC/1916: art. 1.761.]

Art. 1.983. Não concedendo o testador prazo maior, cumprirá o testamenteiro o testamento e prestará contas em cento e oitenta dias, contados da aceitação da testamentaria.[1] [Dispositivo correspondente no CC/1916: art. 1.762-*caput*.]

Parágrafo único. Pode esse prazo ser prorrogado se houver motivo suficiente. [Dispositivo correspondente no CC/1916: art. 1.762 § ún.]

Art. 1.983: 1. v. art. 1.980.

Art. 1.984. Na falta de testamenteiro nomeado pelo testador,[1] a execução testamentária compete a um dos cônjuges, e, em falta destes, ao herdeiro nomeado pelo juiz. [Dispositivo correspondente no CC/1916: art. 1.763.]

Art. 1.984: 1. v. art. 1.976.

Art. 1.985. O encargo da testamentaria não se transmite aos herdeiros do testamenteiro, nem é delegável; mas o testamenteiro pode fazer-se representar[1] em juízo e fora dele, mediante mandatário[2] com poderes especiais.[3] [Dispositivo correspondente no CC/1916: art. 1.764.]

Art. 1.985: 1. s/ representação, v. arts. 115 a 120.

Art. 1.985: 2. s/ mandato, v. arts. 653 a 691.

Art. 1.985: 3. Não pode o testamenteiro outorgar mandato com **poderes gerais** de administração (arts. 660 e 661), pois isso equivaleria à delegação do encargo da testamentaria.

Art. 1.986. Havendo simultaneamente mais de um testamenteiro, que tenha aceitado o cargo, poderá cada qual exercê-lo, em falta dos outros; mas todos ficam solidariamente[1] obrigados a dar conta dos bens que lhes forem confiados, salvo se cada um tiver, pelo testamento, funções distintas, e a elas se limitar. [Dispositivo correspondente no CC/1916: art. 1.765.]

Art. 1.986: 1. v. arts. 275 a 285.

Art. 1.987. Salvo disposição testamentária em contrário, o testamenteiro, que não seja herdeiro ou legatário, terá direito a um prêmio,[1-2] que, se o testador não o houver fixado,[3] será de um a cinco por cento,[3a] arbitrado pelo juiz, sobre a herança líquida,[4-5] conforme a importância dela e maior ou menor dificuldade na execução do testamento. [Dispositivo correspondente no CC/1916: art. 1.766-*caput*.]

Parágrafo único. O prêmio arbitrado será pago à conta da parte disponível, quando houver herdeiro necessário. [Dispositivo correspondente no CC/1916: art. 1.766 § ún.]

Art. 1.987: 1. "Considerações acerca do prêmio devido ao testamenteiro", por Luís Borrelli Neto (RDPr 43/311).

Art. 1.987: 2. "A despeito de a ineficácia da referida cláusula afetar todo o testamento, não há que se falar em afastamento do pagamento do prêmio ao testamenteiro, a pretexto de que a sua atuação no feito teria sido singela, uma vez que o maior ou menor esforço no cumprimento das disposições testamentárias deve ser considerado apenas como critério para a fixação da vintena, que poderá variar entre o mínimo de 1% e o máximo de 5% sobre a herança líquida (CC, art. 1.987), mas não para ensejar a sua supressão. Na hipótese, a fiel execução da disposição testamentária foi obstada pela própria inação do disponente ante a exigência da lei, razão pela qual não pode ser atribuída ao testamenteiro nenhuma responsabilidade por seu descumprimento, sendo de se ressaltar que a perda do direito ao prêmio só é admitida, excepcionalmente, em caso de sua remoção, nas situações previstas em lei (CC, art. 1.989 e CPC, art. 1.140, I e II)" (STJ-3ª T., REsp 1.207.103, Min. Marco Bellizze, j. 2.12.14, DJ 11.12.14).

Art. 1.987: 3. "Se é lícito ao juiz remover o testamenteiro ou determinar a perda do prêmio por não cumprir as disposições testamentárias (CPC 1.140), é-lhe possível arbitrar um valor compatível para remunerar o trabalho irregular e negligente na execução do testamento", que, no caso, foi de 1%, não obstante o testador o houvesse fixado em 5% (STJ-3ª T., REsp 418.931, Min. Gomes de Barros, j. 25.4.06, dois votos vencidos, DJU 1.8.06).

Art. 1.987: 3a. Há um acórdão entendendo que assiste ao testamenteiro o direito de insurgir-se contra homologação de partilha amigável, a fim de que seja feita a avaliação dos bens e apurado o justo valor de seu prêmio (RT 664/142).

Art. 1.987: 4. s/ conceito de herança líquida, v. RT 507/73 e Bol. AASP 970/85.

Art. 1.987: 5. "Testamenteiro. Prêmio. Tem como base de cálculo o total da herança líquida, ainda que haja herdeiros necessários, e não apenas a metade disponível, ou os bens de que dispôs em testamento o *de cujus*. Pelo pagamento, entretanto, não responderão as legítimas dos herdeiros necessários, deduzindo-se o prêmio da metade disponível" (RSTJ 66/395: 3ª T., REsp 39.891).

Art. 1.988. O herdeiro ou o legatário nomeado testamenteiro poderá preferir o prêmio à herança ou ao legado.[1] [Dispositivo correspondente no CC/1916: art. 1.767.]

Art. 1.988: 1. v. art. 1.987, 1ª parte.

Art. 1.989. Reverterá à herança o prêmio que o testamenteiro perder, por ser removido ou por não ter cumprido o testamento.[1] [Dispositivo correspondente no CC/1916: art. 1.768.]

Art. 1.989: 1. Não cumpre as disposições testamentárias o testamenteiro que "somente apresentou testamento quando encerrado o inventário com a devida partilha e arquivados os autos" (JTJ 301/454).

Art. 1.990. Se o testador tiver distribuído toda a herança em legados,[1] exercerá o testamenteiro as funções de inventariante.[2] [Dispositivo correspondente no CC/1916: art. 1.769.]

Art. 1.990: 1. v. arts. 1.912 a 1.940.

Art. 1.990: 2. v. art. 1.991. V. tb. CPC 617-V e 618 e segs.

Título IV | DO INVENTÁRIO E DA PARTILHA

Capítulo I | DO INVENTÁRIO[1-2]

CAP. I: 1. v. CPC 610 e segs.

CAP. I: 2. Quem pode requerer o inventário? v. CPC 615 e 616. Quanto ao testamenteiro, v. art. 1.978 e CPC 616-IV.

Art. 1.991. Desde a assinatura do compromisso[1] até a homologação da partilha, a administração da herança será exercida pelo inventariante.[2-3] [Sem dispositivo correspondente no CC/1916.]

Art. 1.991: 1. Antes da assinatura do compromisso, v. art. 1.797.

Art. 1.991: 2. s/ inventário, v. CPC 610 e segs., bem como respectivas notas, no nosso CPCLPV.

Art. 1.991: 3. "A administração pelo inventariante do acervo hereditário, tornado indivisível pelas regras do Direito das Sucessões, não esbarra no direito de meação, este oriundo do Direito de Família, e que é conferido ao companheiro quando da dissolução da união estável ou pela morte de um dos consortes. O art. 1.725 do CC/02 estabelece o regime da comunhão parcial de bens para reger as relações patrimoniais entre os companheiros, excetuando estipulação escrita em contrário. Assim, com a morte de um dos companheiros, do patrimônio do autor da herança retira-se a meação do companheiro sobrevivente, que não se transmite aos herdeiros do falecido por ser decorrência patrimonial do término da união estável, conforme os postulados do Direito de Família. Ou seja, entrega-se a meação ao companheiro sobrevivo, e, somente então, defere-se a herança aos herdeiros do falecido, conforme as normas que regem o Direito Sucessório. Frisa-se, contudo, que, sobre a provável ex-companheira, incidirão as mesmas obrigações que oneram o inventariante, devendo ela requerer autorização judicial para promover qualquer alienação, bem como prestar contas dos bens sob sua administração" (STJ-3ª T., REsp 975.964, Min. Nancy Andrighi, j. 15.2.11, DJ 16.5.11).

Capítulo II | DOS SONEGADOS[1]

CAP. II: 1. v. CPC 621 e 669-I; s/ sobrepartilha dos bens sonegados, v. art. 2.022.

Art. 1.992. O herdeiro que sonegar bens da herança, não os descrevendo no inventário quando estejam em seu poder, ou, com o seu conhecimento, no de outrem, ou que os omitir na colação,[1] a que os deva levar, ou que deixar de restituí-los, perderá o direito que sobre eles lhe cabia.[2 a 5] [Dispositivo correspondente no CC/1916: art. 1.780.]

Art. 1.992: 1. v. arts. 2.002 a 2.012.

Art. 1.992: 2. v. arts. 1.993, 1.995 e 2.002-*caput*.

Art. 1.992: 3. "A ação de sonegados não tem como pressuposto a prévia interpelação do herdeiro, nos autos do inventário. Se houver a arguição, a omissão ou a negativa do herdeiro caracterizará o dolo, admitida prova em contrário. Inexistindo arguição nos autos do inventário, a prova do dolo deverá ser apurada durante a instrução. Admitido o desvio de bens, mas negado o dolo, não é aplicável a pena de sonegados, mas os bens devem ser sobrepartilhados" (STJ-4ª T., REsp 163.195, Min. Ruy Rosado, j. 12.5.98, DJU 29.6.98). Também no sentido de que a **omissão escusável** de herdeiro não enseja a pena de sonegados, que somente deve ser aplicada se presente a intenção de fraudar a legítima: JTJ 312/310.

"A simples renitência do herdeiro, mesmo após interpelação, não configura dolo, sendo necessário, para tanto, demonstração inequívoca de que seu comportamento foi inspirado pela fraude. Não caracterizado o dolo de sonegar, afasta-se a pena da perda dos bens (CC, art. 1.992)" (STJ-3ª T., REsp 1.196.946, Min. João Otávio, j. 19.8.14, maioria, DJ 5.9.14).

Entendendo que há sonegação ainda que o inventariante não haja procedido com dolo, mas deixando de impor a pena de sonegados porque o processo de inventário já se findara e os bens que deveriam ser sobrepartilhados tinham sido alienados: JTJ 159/110 (no caso, reconheceu-se ao autor da ação de sonegados o direito a indenização). V. art. 1.995.

Art. 1.992: 4. "É cabível o ajuizamento da ação de sonegados quando não trazidos à colação os numerários doados pelo pai a alguns dos herdeiros para a aquisição de bens imóveis" (STJ-3ª T., REsp 1.196.946, Min. João Otávio, j. 19.8.14, maioria, DJ 5.9.14).

Art. 1.992: 5. "No regime da comunhão universal de bens, cada cônjuge tem a posse e propriedade em comum, indivisa de todos os bens, cabendo a cada um a metade ideal. Assim, entende-se que cada cônjuge contribui com metade das doações feitas, razão pela qual não se pode apontar como sonegada, no inventário do marido, a metade doada pela esposa" (STJ-3ª T., REsp 1.196.946, Min. João Otávio, j. 19.8.14, maioria, DJ 5.9.14).

Art. 1.993. Além da pena cominada no artigo antecedente, se o sonegador for o próprio inventariante, remover-se-á, em se provando a sonegação, ou negando ele a existência dos bens, quando indicados.[1] [Dispositivo correspondente no CC/1916: art. 1.781.]

Art. 1.993: 1. v. CPC 622-VI.

Art. 1.994. A pena de sonegados só se pode requerer e impor em ação movida pelos herdeiros[1] ou pelos credores da herança.[1a a 2a] [Dispositivo correspondente no CC/1916: art. 1.782-*caput*.]

Parágrafo único. A sentença que se proferir na ação de sonegados, movida por qualquer dos herdeiros ou credores, aproveita aos demais interessados.[3] [Dispositivo correspondente no CC/1916: art. 1.782 § ún.]

Art. 1.994: 1. ou pelos legatários.

Art. 1.994: 1a. "Como a colação tem por escopo equalizar as legítimas dos herdeiros necessários, falece interesse jurídico à viúva-meeira para o ajuizamento das ações de sonegados, visto que estes não serão acrescidos à sua meação" (STJ-3ª T., REsp 1.196.946, Min. João Otávio, j. 19.8.14, maioria, DJ 5.9.14).

Art. 1.994: 2. "O cônjuge meeiro ou comparte em algum bem comum, com o *de cujus* e depois com os herdeiros, responde passivamente à ação de sonegados" (RSTJ 3/1.067).

Art. 1.994: 2a. A ação de sonegados está sujeita a prazo prescricional de dez anos (art. 205). Nesse sentido: STJ-3ª T., REsp 1.196.946-EDcl-AgRg, Min. Sidnei Beneti, j. 18.11.10, DJ 21.3.11.

V. tb. art. 1.996, nota 2a.

Art. 1.994: 3. "A ação de sonegados pode ser ajuizada pelo herdeiro em benefício próprio e dos demais" (STJ-3ª T., REsp 36.450, Min. Cláudio Santos, j. 18.4.95, DJU 15.5.95).

Art. 1.995. Se não se restituírem os bens sonegados, por já não os ter o sonegador em seu poder, pagará ele a importância dos valores que ocultou, mais as perdas e danos.[1] [Dispositivo correspondente no CC/1916: art. 1.783.]

Art. 1.995: 1. v. arts. 402 a 405.

Art. 1.996. Só se pode arguir de sonegação o inventariante depois de encerrada a descrição dos bens, com a declaração, por ele feita, de não existirem outros por inventariar e partir, assim como arguir o herdeiro, depois de declarar-se no inventário que não os possui.[1 a 3] [Dispositivo correspondente no CC/1916: art. 1.784.]

✎ **Art. 1.996: 1.** "O termo inicial da prescrição da ação de sonegados e algumas questões práticas de ordem processual e material", por Leonardo de Faria Beraldo (RBDFS 30/67).

Art. 1.996: 2. v., no nosso CPCLPV, CPC 621 e notas.

Art. 1.996: 2a. "A prescrição da ação de sonegados, de dez anos, conta-se a partir do encerramento do inventário, pois, até essa data, podem ocorrer novas declarações, trazendo-se bens a inventariar" (STJ-3ª T., REsp 1.196.946, Min. João Otávio, j. 19.8.14, maioria, DJ 5.9.14).

V. tb. art. 1.994, nota 2a.

Art. 1.996: 3. "A ação de sonegados deve ser intentada após as últimas declarações prestadas no inventário, no sentido de não haver mais bens a inventariar. Sem haver a declaração, no inventário, de não haver outros bens a inventariar, falta à ação de sonegados uma das condições, o interesse processual, em face da desnecessidade de utilização do procedimento" (STJ-RT 816/180: 4ª T., REsp 265.859). No mesmo sentido: RSTJ 3/1.067 (3ª T., REsp 52).

Capítulo III | DO PAGAMENTO DAS DÍVIDAS

Art. 1.997. A herança responde pelo pagamento das dívidas[1] do falecido; mas, feita a partilha, só respondem os herdeiros, cada qual em proporção da parte que na herança lhe coube.[2-2a] [Dispositivo correspondente no CC/1916: art. 1.796-*caput*.]

§ 1º Quando, antes da partilha, for requerido no inventário o pagamento de dívidas constantes de documentos, revestidos de formalidades legais, constituindo prova bastante da obrigação, e houver impugnação, que não se funde na alegação de pagamento, acompanhada de prova valiosa, o juiz mandará reservar,[3] em poder do inventariante, bens suficientes para solução do débito, sobre os quais venha a recair oportunamente a execução. [Dispositivo correspondente no CC/1916: art. 1.796 § 1º.]

§ 2º No caso previsto no parágrafo antecedente, o credor será obrigado a iniciar a ação de cobrança no prazo de trinta dias, sob pena de se tornar de nenhum efeito a providência indicada. [Dispositivo correspondente no CC/1916: art. 1.796 § 2º.]

Art. 1.997: 1. v., no nosso CPCLPV, CPC 796 e 642 a 646 e respectivas notas. Em matéria de improbidade administrativa, v., ainda no nosso CPCLPV, LIA 8º, nota 2.

Art. 1.997: 2. v. tb. art. 1.792, no mesmo sentido.

Art. 1.997: 2a. "Após a homologação da partilha e havendo mais de um herdeiro, revela-se incabível a constrição de bem herdado por um deles para a garantia de toda a dívida deixada pela de *cujus*, pois a responsabilidade do sucessor é proporcional ao seu quinhão" (STJ-6ª T., REsp 1.290.042, Min. Maria Thereza, j. 1.12.11, DJ 29.2.12).

Art. 1.997: 3. v. CPC 643 § ún.

Art. 1.998. As despesas funerárias, haja ou não herdeiros legítimos, sairão do monte da herança;[1] mas as de sufrágios[1a] por alma do falecido só obrigarão a herança quando ordenadas em testamento ou codicilo.[2] [Dispositivo correspondente no CC/1916: art. 1.797.]

Art. 1.998: 1. v. arts. 965-I e 1.847.

Art. 1.998: 1a. como missas e eventos religiosos.

Art. 1.998: 2. v. art. 1.881.

Art. 1.999. Sempre que houver ação regressiva de uns contra outros herdeiros, a parte do coerdeiro insolvente dividir-se-á em proporção entre os demais. [Dispositivo correspondente no CC/1916: art. 1.798.]

Art. 2.000. Os legatários e credores da herança podem exigir que do patrimônio do falecido se discrimine o do herdeiro, e, em concurso com os credores deste, ser-lhes-ão preferidos no pagamento.[1] [Dispositivo correspondente no CC/1916: art. 1.799.]

Art. 2.000: 1. i. e., os legatários e credores da herança terão preferência sobre os credores do herdeiro.

Art. 2.001. Se o herdeiro for devedor ao espólio, sua dívida será partilhada igualmente entre todos, salvo se a maioria consentir que o débito seja imputado inteiramente no quinhão do devedor. [Dispositivo correspondente no CC/1916: art. 1.800.]

Capítulo IV | DA COLAÇÃO[1-2]

✎ **CAP. IV: 1.** "O instituto da colação no Código Civil de 2002", por Fernanda Souza Rabello (RJ 326/89); "Inventário. Superveniência de filhos. Colação de bens. A admissibilidade do sequestro dos frutos e dos rendimentos", por Alexandre Pasquali Parise (RBDF 33/11 e Ajuris 99/7).

CAP. IV: 2. v., no nosso CPCLPV, CPC 639 a 641 e respectivas notas. S/ colação e herdeiro ausente, renunciante ou excluído, v. CPC 618-VI.

Art. 2.002. Os descendentes[1-1a] que concorrerem à sucessão do ascendente comum são obrigados, para igualar as legítimas,[2] a conferir o valor das doações que dele em vida receberam, sob pena de sonegação.[3 a 4a] [Dispositivo correspondente no CC/1916: art. 1.786.]

Parágrafo único. Para cálculo da legítima, o valor dos bens conferidos será computado na parte indisponível, sem aumentar a disponível.[5] [Dispositivo correspondente no CC/1916: art. 1.785.]

Art. 2.002: 1. "Todo ato de liberalidade, inclusive doação, feito a descendente e/ou herdeiro necessário, nada mais é que adiantamento de legítima, impondo, portanto, o dever de trazer à colação, sendo irrelevante a condição dos demais herdeiros: se supervenientes ao ato de liberalidade, se irmãos germanos ou unilaterais" (STJ-3ª T., REsp 730.483, Min. Nancy Andrighi, j. 3.5.05, DJ 20.6.05).

Art. 2.002: 1a. Além dos descendentes do *de cujus*, também seu **cônjuge** supérstite deve conferir o valor das doações que dele recebeu (v. art. 544). V. tb. art. 2.003.

Art. 2.002: 2. v. art. 1.846.

Art. 2.002: 3. "Devem ser relacionados no inventário valores vultosos de caderneta de poupança conjunta, mantida por herdeiros com o *de cujus*, ante a retirada deste da titularidade da conta, permanecendo o valor, não trazido ao inventário, em poder dos herdeiros. Válido o julgamento da matéria obrigacional, antecedente do direito à colação, de alta indagação e dependente de provas, por Juízo de Vara Cível, para o qual declinada, sem recurso, a competência, pelo Juízo do inventário. Ação de colação adequada, não se exigindo a propositura, em seu lugar, de ação de sobrepartilha, consequência do direito de colação de sonegados cujo reconhecimento é antecedente necessário da sobrepartilha. O direito à colação de bens do *de cujus* em proveito de herdeiros necessários subsiste diante da partilha amigável no processo de inventário, em que omitida a declaração dos bens doados inoficiosamente e que, por isso, devem ser colacionados" (STJ-3ª T., REsp 1.343.263, Min. Sidnei Beneti, j. 4.4.13, DJ 11.4.13).

Art. 2.002: 3a. "Havendo partilha em vida e distribuição equânime dos bens entre os herdeiros (CC, art. 1.776), não se justifica a colação, ainda que faltando a dispensa expressa, pelo doador, no ato da liberalidade" (RT 662/83).

O art. 1.776 do CC rev. corresponde ao art. 2.018 do CC.

Art. 2.002: 4. "O instituto da colação diz respeito, tão somente, à sucessão legítima; assim, os bens eventualmente conferidos não aumentam a metade disponível do autor da herança, de sorte que benefício algum traz ao **herdeiro testamentário** a reivindicação de bem não colacionado no inventário. Destarte, o herdeiro testamentário não tem legitimidade ativa para exigir à colação bem sonegado por herdeiro necessário (descendente sucessivo) em processo de inventário e partilha" (STJ-RT 898/164: 3ª T., REsp 400.948).

Art. 2.002: 4a. "O direito de exigir colação é privativo dos herdeiros necessários. Ilegitimidade de o **testamenteiro** exigir a colação" (STJ-3ª T., REsp 170.037, Min. Waldemar Zveiter, j. 13.4.99, DJ 24.5.99).

Art. 2.002: 5. v. art. 1.847.

Art. 2.003. A colação tem por fim igualar, na proporção estabelecida neste Código, as legítimas dos descendentes e do cônjuge sobrevivente, obrigando também os donatários que, ao tempo do falecimento do doador, já não possuírem os bens doados. [Dispositivos correspondentes no CC/1916: arts. 1.785 e 1.787.]

Parágrafo único. Se, computados os valores das doações feitas em adiantamento de legítima,[1] não houver no acervo bens suficientes para igualar as legítimas dos descendentes e do cônjuge, os bens assim doados serão conferidos em espécie, ou, quando deles já não disponha o donatário, pelo seu valor ao tempo da liberalidade. [Sem dispositivo correspondente no CC/1916.]

Art. 2.003: 1. v. art. 544.

Art. 2.004. O valor de colação dos bens doados será aquele, certo ou estimativo, que lhes atribuir o ato de liberalidade.[1-1a] [Dispositivo correspondente no CC/1916: art. 1.792-*caput*.]

§ 1º Se do ato de doação não constar valor certo, nem houver estimação feita naquela época, os bens serão conferidos na partilha pelo que então se calcular valessem ao tempo da liberalidade. [Dispositivo correspondente no CC/1916: art. 1.792 § 1º.]

§ 2º Só o valor dos bens doados entrará em colação; não assim o das benfeitorias[2] acrescidas, as quais pertencerão ao herdeiro donatário, correndo também à conta deste os rendimentos ou lucros, assim como os danos e perdas[2a] que eles sofrerem. [Dispositivo correspondente no CC/1916: art. 1.792 § 2º.]

Art. 2.004: 1. Diversamente: CPC 639.

V., no nosso CPCLPV, CPC 639 e notas.

Art. 2.004: 1a. Enunciado 119 do CEJ: "Para evitar o enriquecimento sem causa, a colação será efetuada com base no valor da época da doação, nos termos do *caput* do art. 2.004, exclusivamente na hipótese em que o bem doado não mais pertença ao patrimônio do donatário. Se, ao contrário, o bem ainda integrar seu patrimônio, a colação se fará com base no valor do bem na época da abertura da sucessão, nos termos do art. 1.014 do CPC, de modo a preservar a quantia que efetivamente integrará a legítima quando esta se constituiu, ou seja, na data do óbito (resultado da interpretação sistemática do art. 2.004 e seus parágrafos, juntamente com os arts. 1.832 e 884 do Código Civil)".

Art. 2.004: 2. v. art. 96.

Art. 2.004: 2a. v. arts. 402 a 405.

Art. 2.005. São dispensadas da colação as doações que o doador determinar saiam da parte disponível, contanto que não a excedam, computado o seu valor ao tempo da doação.[1] [Dispositivo correspondente no CC/1916: art. 1.788.]

Parágrafo único. Presume-se imputada na parte disponível a liberalidade feita a descendente que, ao tempo do ato, não seria chamado à sucessão na qualidade de herdeiro necessário.[2] [Sem dispositivo correspondente no CC/1916.]

Art. 2.005: 1. v. art. 2.006.

Art. 2.005: 2. p. ex.: a doação feita ao neto quando o filho estava vivo.

Art. 2.006. A dispensa da colação pode ser outorgada pelo doador em testamento, ou no próprio título de liberalidade. [Dispositivo correspondente no CC/1916: art. 1.789.]

Art. 2.007. São sujeitas à redução as doações em que se apurar excesso quanto ao que o doador poderia dispor, no momento da liberalidade.[1] [Dispositivo correspondente no CC/1916: art. 1.790 § ún.]

§ 1º O excesso será apurado com base no valor que os bens doados tinham, no momento da liberalidade. [Sem dispositivo correspondente no CC/1916.]

§ 2º A redução da liberalidade far-se-á pela restituição ao monte do excesso assim apurado; a restituição será em espécie, ou, se não mais existir o bem em poder do donatário, em dinheiro, segundo o seu valor ao tempo da abertura da sucessão, observadas, no que forem aplicáveis, as regras deste Código sobre a redução das disposições testamentárias.[2] [Sem dispositivo correspondente no CC/1916.]

§ 3º Sujeita-se a redução, nos termos do parágrafo antecedente, a parte da doação feita a herdeiros necessários que exceder a legítima e mais a quota disponível. [Sem dispositivo correspondente no CC/1916.]

§ 4º Sendo várias as doações a herdeiros necessários, feitas em diferentes datas, serão elas reduzidas a partir da última, até a eliminação do excesso. [Sem dispositivo correspondente no CC/1916.]

Art. 2.007: 1. v. art. 549.

Art. 2.007: 2. v. art. 2.003 § ún.

Art. 2.008. Aquele que renunciou[1] a herança ou dela foi excluído,[2] deve, não obstante, conferir as doações recebidas, para o fim de repor o que exceder o disponível.[3] [Dispositivo correspondente no CC/1916: art. 1.790-*caput*.]

Art. 2.008: 1. v. arts. 1.804 a 1.813.

Art. 2.008: 2. v. arts. 1.814 e 1.961.

Art. 2.008: 3. v. CPC 618-VI e 640.

Art. 2.009. Quando os netos, representando[1] os seus pais, sucederem aos avós, serão obrigados a trazer à colação, ainda que não o hajam herdado, o que os pais teriam de conferir. [Dispositivo correspondente no CC/1916: art. 1.791.]

Art. 2.009: 1. v. arts. 1.851 a 1.856.

Art. 2.010. Não virão à colação os gastos ordinários do ascendente com o descendente, enquanto menor, na sua educação, estudos, sustento, vestuário, tratamento nas enfermidades, enxoval, assim como as despesas de casamento, ou as feitas no interesse de sua defesa em processo-crime. [Dispositivo correspondente no CC/1916: art. 1.793.]

Art. 2.011. As doações remuneratórias de serviços feitos ao ascendente também não estão sujeitas a colação.[1-2] [Dispositivo correspondente no CC/1916: art. 1.794.]

Art. 2.011: 1. Isso porque as doações remuneratórias, até o valor dos serviços prestados (art. 540), não configuram mera liberalidade.

Art. 2.011: 2. Para a caracterização da doação como remuneratória, no seu instrumento deve haver "expressa menção dos motivos e valor dos serviços que a liberalidade visou gratificar, bem como a declaração expressa da desnecessidade de colação daquela doação, sob pena de entendê-la como adiantamento de legítima" (RJM 169/203 — ementa da redação).

Art. 2.012. Sendo feita a doação por ambos os cônjuges, no inventário de cada um se conferirá por metade.[1] [Dispositivo correspondente no CC/1916: art. 1.795.]

Art. 2.012: 1. Este dispositivo somente se aplica no caso de doação por ambos os cônjuges. No caso de doação por um só dos cônjuges, ainda que casado sob o regime da comunhão universal de bens, ele não incide (STJ-3ª T., AI 1.001.208-AgRg, Min. Sidnei Beneti, j. 19.2.09, DJ 9.3.09).

Capítulo V | DA PARTILHA

Art. 2.013. O herdeiro pode sempre requerer a partilha,[1] ainda que o testador o proíba, cabendo igual faculdade aos seus cessionários e credores.[2] [Dispositivo correspondente no CC/1916: art. 1.772-*caput*.]

Art. 2.013: 1. v. CPC 610 a 614 e 647 a 658.

Art. 2.013: 2. s/ registro do formal de partilha, v. LRP-I-25.

Art. 2.014. Pode o testador indicar os bens e valores que devem compor os quinhões hereditários, deliberando ele próprio a partilha,[1] que prevalecerá, salvo se o valor dos bens não corresponder às quotas estabelecidas. [Sem dispositivo correspondente no CC/1916.]

Art. 2.014: 1. v. art. 2.018.

Art. 2.015. Se os herdeiros forem capazes, poderão fazer partilha amigável,[1] por escritura pública, termo nos autos do inventário, ou escrito particular, homologado pelo juiz.[2] [Dispositivo correspondente no CC/1916: art. 1.773.]

Art. 2.015: 1. Prazo para anulação da partilha: art. 2.027 § ún.

Art. 2.015: 2. s/ arrolamento, v. CPC 659 a 667.

Art. 2.016. Será sempre judicial a partilha,[1] se os herdeiros divergirem,[1a] assim como se algum deles for incapaz.[2] [Dispositivo correspondente no CC/1916: art. 1.774.]

Art. 2.016: 1. v. CPC 647 a 658.

Art. 2.016: 1a. Havendo divergência entre os herdeiros, o juiz pode nomear perito para a avaliação dos bens que compõem o acervo hereditário, a fim de que a partilha seja a mais igual possível (RT 862/231).

Art. 2.016: 2. v. arts. 3º a 5º.

Art. 2.017. No partilhar os bens, observar-se-á, quanto ao seu valor, natureza e qualidade, a maior igualdade possível.[1] [Dispositivo correspondente no CC/1916: art. 1.775.]

Art. 2.017: 1. Assim, p. ex., se a herança é composta tanto de bens móveis quanto de imóveis, cada quinhão hereditário deverá ser composto, na medida do possível, por uns e por outros.

Art. 2.018. É válida a partilha feita por ascendente, por ato entre vivos ou de última vontade,[1] contanto que não prejudique a legítima dos herdeiros necessários.[2 a 3] [Dispositivo correspondente no CC/1916: art. 1.776.]

Art. 2.018: 1. v. art. 2.014.

Art. 2.018: 2. s/ legítima e herdeiros necessários, v. arts. 1.789 e 1.845 a 1.850; nulidade de doação sem reserva de parte e usufruto, v. art. 548, nota 1.

Art. 2.018: 2a. Se a partilha em vida não atender a legítima de algum herdeiro necessário, parece-nos que o problema se resolveria por meio da redução dos quinhões dos demais herdeiros (v. arts. 1.966 a 1.968). Não seria caso de colação, porque a partilha antecipada não pode ser equiparada à doação propriamente dita, embora a esta muito se assemelhe.

Art. 2.018: 3. "Havendo partilha em vida e distribuição equânime dos bens entre os herdeiros (CC, art. 1.776), não se justifica a colação, ainda que faltando a dispensa expressa, pelo doador, no ato da liberalidade" (RT 662/83: TJSP, AI 130.745-1). O art. 1.776 do CC rev. corresponde ao CC 2.018.

Art. 2.019. Os bens insuscetíveis de divisão cômoda, que não couberem na meação do cônjuge sobrevivente[1] ou no quinhão de um só herdeiro, serão vendidos[1a] judicialmente, partilhando-se o valor apurado, a não ser que haja acordo para serem adjudicados a todos.[2] [Dispositivo correspondente no CC/1916: art. 1.777.]

§ 1º Não se fará a venda judicial se o cônjuge sobrevivente ou um ou mais herdeiros requererem lhes seja adjudicado o bem, repondo aos outros, em dinheiro, a diferença, após avaliação atualizada. [Dispositivo correspondente no CC/1916: art. 1.777.]

§ 2º Se a adjudicação for requerida por mais de um herdeiro, observar-se-á o processo da licitação. [Sem dispositivo correspondente no CC/1916.]

Art. 2.019: 1. "Na partilha dos bens do espólio, o julgador deve evitar, ao máximo, a constituição de condomínio sobre os mesmos, sendo esta uma forma de serem prevenidos futuros litígios. Sendo possível a inclusão do imóvel em que residia o casal na meação do cônjuge supérstite e não se opondo diretamente os demais herdeiros contra isso, imperiosa a invalidação da sentença que homologou o plano judicial de partilha contra a vontade das partes interessadas" (RJM 180/112).

Art. 2.019: 1a. "Não se afigura correta a decisão do juiz que defere o pedido de alvará para a alienação de apenas 50% do bem" (RJM 168/116).

Art. 2.019: 2. s/ alienação de coisa indivisível, v. art. 1.322; hipoteca legal para garantia de quinhão hereditário ou torna da partilha, v. 1.489-IV.

Art. 2.020. Os herdeiros em posse dos bens da herança, o cônjuge sobrevivente e o inventariante[1] são obrigados a trazer ao acervo os frutos que perceberam, desde a abertura da sucessão;[1a-2] têm direito ao reembolso das despesas necessárias e úteis que fizeram, e respondem pelo dano a que, por dolo ou culpa, deram causa. [Dispositivo correspondente no CC/1916: art. 1.778.]

Art. 2.020: 1. v. CPC 614 (administrador provisório).

Art. 2.020: 1a. "Aquele que ocupa exclusivamente imóvel deixado pelo falecido deverá pagar aos demais herdeiros valores a título de aluguel proporcional, quando demonstrada oposição à sua ocupação exclusiva. O termo inicial para o pagamento dos valores deve coincidir com a efetiva oposição, judicial ou extrajudicial, dos demais herdeiros" (STJ-3ª T., REsp 570.723, Min. Nancy Andrighi, j. 27.3.07, dois votos vencidos, DJU 20.8.07).

V. tb. arts. 1.319, nota 2, e 1.689, nota 2a.

Art. 2.020: 2. "Arrolamento. Legatária e companheira sobrevivente na posse de imóvel comum a ex-cônjuge e demais herdeiras. Dever de trazer ao acervo os frutos percebidos (art. 2.020 do CC). Direito real de habitação que não se confunde com o usufruto e não abrange a percepção de aluguéis. Determinação de prestar contas mantida" (RT 871/220).

Art. 2.021. Quando parte da herança consistir em bens remotos do lugar do inventário, litigiosos, ou de liquidação morosa ou difícil, poderá proceder-se, no prazo legal, à partilha dos outros, reservando-se aqueles para uma ou mais sobrepartilhas, sob a guarda e a administração do mesmo ou diverso inventariante, e consentimento da maioria dos herdeiros.[1-2] [Dispositivo correspondente no CC/1916: art. 1.779.]

Art. 2.021: 1. v. CPC 669-III, IV e § ún. e 670. V. tb. art. 2.022.

Art. 2.021: 2. "Na hipótese de existirem bens sujeitos à sobrepartilha por serem litigiosos ou por estarem situados em lugar remoto da sede do juízo onde se processa o inventário, o espólio permanece existindo, ainda que transitada em julgado a sentença que homologou a partilha dos demais bens do espólio" (STJ-3ª T., REsp 284.669, Min. Nancy Andrighi, j. 10.4.01, DJU 13.8.01). Assim: "Encerrado o inventário, mas ainda havendo bens a partilhar, não se pode concluir pela extinção da figura do espólio" (STJ-4ª T., REsp 977.365, Min. Fernando Gonçalves, j. 26.2.08, DJU 10.3.08).

Art. 2.022. Ficam sujeitos a sobrepartilha[1] os bens sonegados[1a] e quaisquer outros bens da herança de que se tiver ciência após a partilha.[2] [Dispositivo correspondente no CC/1916: art. 1.779.]

Art. 2.022: 1. v. art. 2.021.

Art. 2.022: 1a. v. arts. 1.992 a 1.996.

Art. 2.022: 2. v. CPC 669-I e II e 670.

S/ sobrepartilha de bem sonegado em matéria de separação judicial, v. art. 1.668, nota 1b.

Capítulo VI | DA GARANTIA DOS QUINHÕES HEREDITÁRIOS

Art. 2.023. Julgada a partilha, fica o direito de cada um dos herdeiros circunscrito aos bens do seu quinhão. [Dispositivo correspondente no CC/1916: art. 1.801.]

Art. 2.024. Os coerdeiros são reciprocamente obrigados a indenizar-se no caso de evicção[1] dos bens aquinhoados.[2] [Dispositivo correspondente no CC/1916: art. 1.802.]

Art. 2.024: 1. v. arts. 447 a 457.

Art. 2.024: 2. v., porém, art. 2.025.

Art. 2.025. Cessa a obrigação mútua estabelecida no artigo antecedente, havendo convenção em contrário, e bem assim dando-se a evicção por culpa do evicto, ou por fato posterior à partilha.[1] [Dispositivo correspondente no CC/1916: art. 1.803.]

Art. 2.025: 1. v. art. 448.

Art. 2.026. O evicto será indenizado pelos coerdeiros na proporção de suas quotas hereditárias, mas, se algum deles se achar insolvente, responderão os demais na mesma proporção, pela parte desse, menos a quota que corresponderia ao indenizado. [Dispositivo correspondente no CC/1916: art. 1.804.]

Capítulo VII | DA ANULAÇÃO DA PARTILHA

Art. 2.027. A partilha é anulável pelos vícios e defeitos que invalidam, em geral, os negócios jurídicos.[1 a 3]

Parágrafo único. Extingue-se em um ano o direito de anular a partilha.[4] [Sem dispositivo correspondente no CC/1916.]

Art. 2.027: 1. Redação da Lei 13.105, de 16.3.15, em vigor um ano após sua publicação (DOU 17.3.15).

Art. 2.027: 2. s/ vícios e defeitos do negócio jurídico, v. arts. 138 a 165; desconstituição de partilha, v. CPC 657 e 658.

Art. 2.027: 3. "A invalidação de partilha não opera necessariamente apenas sobre a metade atribuída aos herdeiros, mas pode atingir a própria meação da viúva, dês que questionadas a justeza e igualdade na divisão entre o cônjuge supérstite e os herdeiros" (RSTJ 32/381: 4ª T., REsp 12.824).

Art. 2.027: 4. s/ partilha e união estável, v. art. 178, nota 1b.

Livro Complementar | DAS DISPOSIÇÕES FINAIS E TRANSITÓRIAS[1]

✎ **LIV. COMPL.: 1.** "As disposições finais e transitórias do novo Código Civil", por José Raimundo Gomes da Cruz (RF 364/195).

Art. 2.028. Serão os da lei anterior os prazos,[1] quando reduzidos por este Código, e se, na data de sua entrada em vigor, já houver transcorrido mais da metade do tempo estabelecido na lei revogada.[1a a 2] [Sem dispositivo correspondente no CC/1916.]

Art. 2.028: 1. Este dispositivo regula apenas prazos prescricionais ou também é aplicável aos decadenciais?

Humberto Theodoro Jr. entende que essa regra de transição fica restrita aos prazos prescricionais, pois os decadenciais devem sempre ser regidos pela lei em vigor no momento da constituição do direito a que aderem (RMDCPC 22/21).

✎**Art. 2.028: 1a.** "O direito intertemporal e a aplicabilidade do novo Código Civil", por Vilian Bollmann (RF 364/281); "Prescrição: os prazos reduzidos pelo novo Código Civil e a crise na aplicação da regra transitória de prescrição", por Samir El Hajjar (RSDCPC 24/133); "A redução dos prazos de prescrição e o novo Código Civil", por Jânio de Souza Machado (RT 805/20); "Prescrição. Os prazos prescricionais e o direito intertemporal à luz do princípio constitucional da isonomia: interpretação do art. 2.028 do novo Código Civil", por Guilherme Soares de Oliveira Ortolan (RSDCPC 27/93 e RF 384/455); "Indispensável reequacionamento das questões fundamentais de direito intertemporal", por Fernando Noronha (RJ 325/38 e RT 837/55); "A aplicação da lei nova a prazos prescricionais em curso: o Código Civil de 2002 e suas regras de transição", por Alexandre dos Santos Cunha (Ajuris 102/9); "A intertemporalidade e seus critérios", por José Roberto de Castro Neves (RF 382/105); "A redução do prazo prescricional no Código Civil brasileiro de 2002 para a indenização por responsabilidade civil e a segurança jurídica: análise crítica da redação do art. 2.028 do CC/2002", por Leonardo Cesar de Agostini (RDPr 26/183).

Art. 2.028: 1b. **Enunciado 50 do CEJ:** "A partir da vigência do novo Código Civil, o prazo prescricional das ações de reparação de danos que não houver atingido a metade do tempo previsto no Código Civil de 1916 fluirá por inteiro, nos termos da nova lei (art. 206)".

Enunciado 299 do CEJ: "Iniciada a contagem de determinado prazo sob a égide do Código Civil de 1916, e vindo a lei nova a reduzi-lo, prevalecerá o prazo antigo, desde que transcorrido mais de metade deste na data da entrada em vigor do novo Código. O novo prazo será contado a partir de 11 de janeiro de 2003, desprezando-se o tempo anteriormente decorrido, salvo quando o não aproveitamento do prazo já decorrido implicar aumento do prazo prescricional previsto na lei revogada, hipótese em que deve ser aproveitado o prazo já decorrido durante o domínio da lei antiga, estabelecendo-se uma continuidade temporal".

Art. 2.028: 2. O texto estabelece dois requisitos para que continue sendo aplicável ao prazo a lei velha: a) que ele tenha sido reduzido pela lei nova; b) que, contado pela lei velha, haja decorrido mais de metade do prazo. Não preenchidos esses requisitos, aplica-se o atual Código Civil.

"Dois requisitos cumulativos devem estar presentes para viabilizar a incidência do prazo prescricional do CC/16: i) o prazo da lei anterior deve ter sido reduzido pelo CC/02; e ii) mais da metade do prazo estabelecido na lei revogada já deveria ter transcorrido no momento em que o CC/02 entrou em vigor, em 11.1.03" (STJ-3ª T., REsp 1.032.952, Min. Nancy Andrighi, j. 17.3.09, DJ 26.3.09).

Outra coisa, porém, é saber a partir de quando, neste caso, incide o prazo da lei nova: do fato gerador ou da vigência do Código Civil? É óbvio que só poderá ser a partir do Código Civil, pois, do contrário, o prazo, na maior parte das vezes, estaria consumado antes de seu início, o que é absurdo. Nesse sentido: RT 832/246, 871/221; RMDCPC 12/110, JTJ 337/181 (AI 7.286.445-8), 357/420 (AP 991.07.042139-0).

Assim: "A contagem do prazo reduzido se dá por inteiro e com marco inicial no dia 11.1.03, em homenagem à segurança e à estabilidade das relações jurídicas" (STJ-4ª T., REsp 717.457, Min. Cesar Rocha, j. 27.3.07, DJU 21.5.07). No mesmo sentido: STJ-3ª T., REsp 896.635, Min. Nancy Andrighi, j. 26.2.08, DJU 10.3.08.

Cf., a propósito, em nosso CPCLPV, a nota 1a ao art. 1º da Lei 6.969, de 10.12.81, e, mais extensamente, a nota 1 ao art. 9º da Lei 10.257, de 10.7.01 (estes dois últimos no tít. USUCAPIÃO ESPECIAL).

Art. 2.029. Até dois anos após a entrada em vigor deste Código, os prazos estabelecidos no parágrafo único do art. 1.238 e no parágrafo único do art. 1.242 serão acrescidos de dois anos, qualquer que seja o tempo transcorrido na vigência do anterior, Lei n. 3.071, de 1º de janeiro de 1916. [Sem dispositivo correspondente no CC/1916.]

Art. 2.030. O acréscimo de que trata o artigo antecedente, será feito nos casos a que se refere o § 4º do art. 1.228. [Sem dispositivo correspondente no CC/1916.]

Art. 2.031. As associações, sociedades e fundações, constituídas na forma das leis anteriores, bem como os empresários, deverão se adaptar às disposições deste Código até 11 de janeiro de 2007.[1-1a] [Sem dispositivo correspondente no CC/1916.]

Parágrafo único. O disposto neste artigo não se aplica às organizações religiosas[2] nem aos partidos políticos.[2a-3] [Sem dispositivo correspondente no CC/1916.]

Art. 2.031: 1. Redação de acordo com a Lei 11.127, de 28.6.05 (DOU 29.6.05).

Art. 2.031: 1a. **Enunciado 73 do CEJ:** "Não havendo a revogação do art. 1.060 do Código Civil, nem a modificação do § 2º do art. 1.158 do mesmo diploma, é de interpretar-se este dispositivo no sentido de não aplicá-lo à denominação das sociedades anônimas e sociedades limitadas já existentes, em razão de se tratar de direito inerente à sua personalidade".

Enunciado 394 do CEJ: "Ainda que não promovida a adequação do contrato social no prazo previsto no art. 2.031 do Código Civil, as sociedades não perdem a personalidade jurídica adquirida antes de seu advento".

Enunciado 395 do CEJ: "A sociedade registrada antes da vigência do Código Civil não está obrigada a adaptar seu nome às novas disposições".

Art. 2.031: 2. s/ organizações religiosas, v. art. 44-IV e § 1º.

Art. 2.031: 2a. § ún. acrescido pela Lei 10.825, de 22.12.03 (DOU 23.12.03).

Art. 2.031: 3. s/ partidos políticos, v. art. 44-V e § 3º.

Art. 2.032. As fundações, instituídas segundo a legislação anterior, inclusive as de fins diversos dos previstos no parágrafo único do art. 62, subordinam-se, quanto ao seu funcionamento, ao disposto neste Código.[1] [Sem dispositivo correspondente no CC/1916.]

Art. 2.032: 1. v. arts. 62 a 69.

Art. 2.033. Salvo o disposto em lei especial, as modificações dos atos constitutivos das pessoas jurídicas referidas no art. 44, bem como a sua transformação, incorporação, cisão ou fusão,[1] regem-se desde logo por este Código. [Sem dispositivo correspondente no CC/1916.]

Art. 2.033: 1. v. arts. 1.113 a 1.122 e 2.034.

Art. 2.034. A dissolução e a liquidação das pessoas jurídicas referidas no artigo antecedente, quando iniciadas antes da vigência deste Código, obedecerão ao disposto nas leis anteriores.[1-2] [Sem dispositivo correspondente no CC/1916.]

Art. 2.034: 1. "À dissolução da sociedade deve ser aplicada a regra vigente no momento do ajuizamento da ação. Pouco importa, por isso, que a sociedade tenha sido constituída antes do advento do novo Código Civil, ou mesmo a antecedência dos fatos que deram origem à ação de dissolução" (RJ 316/112; a citação é do voto do relator).

Art. 2.034: 2. v. arts. 1.102 a 1.112. V. tb. LSA 206 a 218.

Art. 2.035. A validade dos negócios e demais atos jurídicos,[1] constituídos antes da entrada em vigor deste Código, obedece ao disposto nas leis anteriores, referidas no art. 2.045, mas os seus efeitos, produzidos após a vigência deste Código, aos preceitos dele se subordinam, salvo se houver sido prevista pelas partes determinada forma de execução.[1a-1b] [Sem dispositivo correspondente no CC/1916.]

Parágrafo único. Nenhuma convenção prevalecerá se contrariar preceitos de ordem pública, tais como os estabelecidos por este Código para assegurar a função social da propriedade e dos contratos.[2] [Sem dispositivo correspondente no CC/1916.]

Art. 2.035: 1. v. arts. 104 a 188.

✎**Art. 2.035: 1a.** "Direito intertemporal e os contratos de trato sucessivo no novo Código Civil", por Daniel Guerra Gunzburger (RF 380/21); "Controvérsias constitucionais no Código Civil: o art. 2.035 e a necessidade de uma nova abordagem sobre o princípio da (ir)retroatividade", por Mário Luiz Delgado Régis (RMDCPC 3/40).

Art. 2.035: 1b. Enunciado 300 do CEJ: "A lei aplicável aos efeitos atuais dos contratos celebrados antes do novo Código Civil será a vigente na época da celebração; todavia, havendo alteração legislativa que evidencie anacronismo da lei revogada, o juiz equilibrará as obrigações das partes contratantes, ponderando os interesses traduzidos pelas regras revogada e revogadora, bem como a natureza e a finalidade do negócio".

Art. 2.035: 2. s/ função social: dos contratos, v. art. 421; da propriedade, v. art. 1.228 § 1º.

Art. 2.036. A locação do prédio urbano, que esteja sujeita à lei especial,[1] por esta continua a ser regida. [Sem dispositivo correspondente no CC/1916.]

Art. 2.036: 1. v. Lei 8.245, de 18.10.91.

Art. 2.037. Salvo disposição em contrário, aplicam-se aos empresários[1] e sociedades empresárias[2] as disposições de lei não revogadas por este Código, referentes a comerciantes, ou a sociedades comerciais, bem como a atividades mercantis.[3] [Sem dispositivo correspondente no CC/1916.]

Art. 2.037: 1. v. arts. 966 a 980.

Art. 2.037: 2. v. art. 982.

Art. 2.037: 3. **v., no nosso CCLCV, tít. SOCIEDADES.** S/ sociedades seguradoras, v. Dec. lei 73, de 21.11.66 (arts. 72 a 88); s/ sociedades de caça, v. Lei 5.197, de 3.1.67; s/ sociedades imobiliárias, v. Lei 4.728, de 14.7.65, arts. 62 a 65; s/ aeroclubes, v. Dec. lei 205, de 27.2.67; s/ recuperação judicial e extrajudicial e falência da sociedade empresária, v. LRF (Lei 11.101, de 9.2.05); s/ sociedade por ações, v. LSA (Lei 6.404, de 15.12.76); s/ registro público de empresas mercantis e atividades afins, v. Lei 8.934, de 18.11.94 (regulamentada pelo Dec. 1.800, de 30.1.96); s/ microempresa e empresa de pequeno porte, v. LC 123, de 14.12.06; s/ franquia empresarial, v. Lei 8.955, de 15.12.94.

Art. 2.038. Fica proibida a constituição de enfiteuses e subenfiteuses, subordinando-se as existentes, até sua extinção, às disposições do Código Civil anterior, Lei n. 3.071, de 1º de janeiro de 1916, e leis posteriores.[1] [Sem dispositivo correspondente no CC/1916.]

§ 1º Nos aforamentos a que se refere este artigo é defeso: [Sem dispositivo correspondente no CC/1916.]

I — cobrar laudêmio ou prestação análoga nas transmissões de bem aforado, sobre o valor das construções ou plantações; [Sem dispositivo correspondente no CC/1916.]

II — constituir subenfiteuse. [Sem dispositivo correspondente no CC/1916.]

§ 2º A enfiteuse dos terrenos de marinha e acrescidos regula-se por lei especial.[2] [Sem dispositivo correspondente no CC/1916.]

Art. 2.038: 1. v. CC rev. 678 a 694.

Art. 2.038: 2. **Dec. lei 9.760, de 5.9.46** — Dispõe sobre os bens imóveis da União e dá outras providências (arts. 64 § 2º, 99 a 103).

Lei 9.636, de 15.5.98 — Dispõe sobre a regularização, administração, aforamento e alienação de bens imóveis de domínio da União, altera dispositivos dos Decs. leis 9.760, de 5.9.46, e 2.398, de 21.12.87, regulamenta o § 2º do art. 49 do ADCT, e dá outras providências.

Art. 2.039. O regime de bens nos casamentos[1] celebrados na vigência do Código Civil anterior, Lei n. 3.071, de 1º de janeiro de 1916, é o por ele estabelecido.[2] [Sem dispositivo correspondente no CC/1916.]

Art. 2.039: 1. v. arts. 1.639 a 1.688.

Art. 2.039: 2. "Apresenta-se razoável, *in casu*, não considerar o art. 2.039 do CC/2002 como óbice à aplicação de norma geral, constante do art. 1.639, § 2º, do CC/2002, concernente à alteração incidental de regime de bens nos casamentos ocorridos sob a égide do CC/1916, desde que ressalvados os direitos de terceiros e apuradas as razões invocadas pelos cônjuges para tal pedido, não havendo que se falar em retroatividade legal" (STJ-4ª T., REsp 730.546, Min. Jorge Scartezzini, j. 23.8.05, DJU 3.10.05). No mesmo sentido: Bol. AASP 2.647 (TJSP, AP 415.328-4/2).

Art. 2.040. A hipoteca legal dos bens do tutor ou curador, inscrita em conformidade com o inciso IV do art. 827 do Código Civil anterior, Lei n. 3.071, de 1º de janeiro de 1916, poderá ser cancelada,[1] obedecido o disposto no parágrafo único do art. 1.745 deste Código. [Sem dispositivo correspondente no CC/1916.]

Art. 2.040: 1. v. LRP 251.

Art. 2.041. As disposições deste Código relativas à ordem da vocação hereditária (arts. 1.829 a 1.844) não se aplicam à sucessão aberta antes de sua vigência,[1] prevalecendo o disposto na lei anterior (Lei n. 3.071, de 1º de janeiro de 1916).[2] [Sem dispositivo correspondente no CC/1916.]

Art. 2.041: 1. cf. art. 1.787.

Art. 2.041: 2. v. CC rev. 1.603 a 1.619.

Art. 2.042. Aplica-se o disposto no *caput* do art. 1.848, quando aberta a sucessão no prazo de um ano após a entrada em vigor deste Código, ainda que o testamento tenha sido feito na vigência do anterior, Lei n. 3.071, de 1º de janeiro de 1916; se, no prazo, o testador não aditar o testamento para declarar a justa causa de cláusula aposta à legítima, não subsistirá a restrição.[1] [Sem dispositivo correspondente no CC/1916.]

Art. 2.042: 1. v. nota 2a ao Tít. III que antecede o art. 1.857.

Art. 2.043. Até que por outra forma se disciplinem, continuam em vigor as disposições de natureza processual, administrativa ou penal, constantes de leis cujos preceitos de natureza civil hajam sido incorporados a este Código. [Sem dispositivo correspondente no CC/1916.]

Art. 2.044. Este Código entrará em vigor 1 (um) ano após a sua publicação.[1] [Dispositivo correspondente no CC/1916: art. 1.806.]

Art. 2.044: 1. Publicado no DOU de 11.1.02, o novo Código Civil entrou em vigor em 12.1.03, de acordo com o art. 8º § 1º da LC 95, de 26.2.98, na redação da LC 107, de 26.4.01 (v. texto desse § 1º, já atualizado, em nota 1 ao art. 132).

Art. 2.045. Revogam-se a Lei n. 3.071, de 1º de janeiro de 1916 — Código Civil e a Parte Primeira do Código Comercial, Lei n. 556, de 25 de junho de 1850.[1-2] [Dispositivo correspondente no CC/1916: art. 1.807.]

Art. 2.045: 1. A revogação refere-se aos arts. 1º a 456 do CCo, continuando, porém, em vigor as demais disposições.

Enunciado 75 do CEJ: "A disciplina de matéria mercantil no novo Código Civil não afeta a autonomia do direito comercial".

Art. 2.045: 2. **Enunciado 74 do CEJ:** "Apesar da falta de menção expressa, como exigido pelas LCs 95/98 e 107/2001, estão revogadas as disposições de leis especiais que contiverem matéria regulada inteiramente no novo Código Civil, como, v.g., as disposições da Lei n. 6.404/76, referente à sociedade comandita por ações, e do Decreto n. 3.708/1919, sobre sociedade de responsabilidade limitada".

Art. 2.046. Todas as remissões, em diplomas legislativos, aos Códigos referidos no artigo antecedente, consideram-se feitas às disposições correspondentes deste Código. [Sem dispositivo correspondente no CC/1916.]

Brasília, 10 de janeiro de 2002; 181º da Independência e 114º da República — FERNANDO HENRIQUE CARDOSO — *Aloysio Nunes Ferreira Filho.*

Índice Alfabético-Remissivo*

A

* Não havendo outra indicação, a citação do texto de lei se refere ao Código Civil. A ordem numérica dos artigos e alfabética das remissões nem sempre foi atendida neste índice, tendo-se preferido pôr em primeiro lugar os artigos e remissões que tratam mais diretamente do assunto.

Geralmente, os artigos referidos no título já não são mencionados nos subtítulos que o integram. Duas exceções são feitas a esta orientação: a primeira, quando os subtítulos correspondem a subdivisões dos títulos (Posse 1.196 a 1.224: indireta 1.197); a segunda, quando, a nosso critério, abordam aspecto importante.

Os dois-pontos, em seguida ao subtítulo, indicam subdivisão da matéria (Administração dos bens: do curatelado 1.774 c/c 1.753 e 1.754; do tutelado 1.753 e 1.754). O ponto e vírgula, após o subtítulo, indica que a matéria aí contida é semelhante, tendo sido reunida ao subtítulo para maior rapidez e facilidade de consulta (Força maior — na compra e venda 492 § 1º; na gestão de negócios 868; na locação 575).

E

G

H

J

M

N

P

Q

R

S

U

W

X